MANAGEMENT INFORMATION SYSTEMS

제3판

미래 비즈니스를 위한

경영정보시스템

R. Kelly Rainer, Brad Prince, Hugh J. Watson 지음

박기우, 신민수, 심선영, 박재홍, 이경희, 김병수 옮김

WILEY Σ시그마프레스

미래 비즈니스를 위한 **경영정보시스템** 제3판

발행일 | 2016년 9월 1일 1쇄 발행

지은이 | R. Kelly Rainer, Brad Prince, Hugh J. Watson
옮긴이 | 박기우, 신민수, 심선영, 박재홍, 이경희, 김병수
발행인 | 강학경
발행처 | Σ**시그마프레스**
디자인 | 차인선
편집 | 문수진

등록번호 | 제10-2642호
주소 | 서울특별시 영등포구 양평로 22길 21 선유도코오롱디지털타워 A401~403호
전자우편 | sigma@spress.co.kr
홈페이지 | http://www.sigmapress.co.kr
전화 | (02)323-4845, (02)2062-5184~8
팩스 | (02)323-4197
ISBN | 978-89-6866-745-9

Management Information Systems, Third Edition

* 책값은 책 뒤표지에 있습니다.

* 이 도서의 국립중앙도서관 출판예정도서목록(CIP)은 서지정보유통지원시스템 홈페이지 (http://seoji.nl.go.kr)와 국가자료공동목록시스템(http://www.nl.go.kr/kolisnet)에 서 이용하실 수 있습니다.(CIP제어번호 : CIP2016018003)

학생들에게

학생들에게

당신은 왜 여기 있는가? 우리는 당신에게 철학적 질문을 던지고 있는 것이 아니다. 그것을 위한 과목은 따로 있다. 우리는 당신이 왜 한 학기에 걸쳐서 정보시스템에 대하여 배우려고 하는지 묻고 있는 것이다. 회계, 마케팅, 혹은 일반경영 전공자인 당신이 왜 이 주제를 배워야만 하는 가? 당신은 'IT 안에 나를 위한 것이 무엇이 있나?' 하며 궁금해할지 모른다. 간략한 답변은 'IT 는 비즈니스에 관한 것이다'라고 할 수 있고, 보다 더 긴 답변은 이 책의 목표이다.

정보시스템이 세계를 매우 작은 공간으로 만들어감에 따라 글로벌 경쟁이 빠르게 심화되고 있다. 결과적으로 기업들은 운영 효율성 제고, 새로운 제품 및 서비스 개발, 새로운 비즈니스 모델 개발, 차별화된 고객 서비스 제공, 의사결정 역량 제고 등을 통해 경쟁 우위를 확보하는 방 안을 찾기 위해 끊임없이 노력하고 있다. 이런 측면에서 정보시스템 개론 수업이 당신의 선택 한 분야에서의 성공을 위해 매우 중요하다는 것은 명백하다.

정보시스템의 빠른 발전은 오늘날의 역동적인 디지털 사업 환경 속에서 당신이 경영학도로 서 지속적인 변화를 마주하게 될 것임을 의미한다. 우리는 이 책을 머지않아 전문경영인이 될 경영 분야의 모든 전공자를 위해 집필했다. 우리는 다음과 같은 세 가지 목표를 가지고 있다.

1. 당신이 조직에 입사하자마자 성공적일 수 있도록 돕는다.
2. 당신이 개인, 조직, 사회 전체를 위한 정보시스템의 중요성을 이해하도록 돕는다.
3. 당신이 당신 조직의 정보시스템에 대해 능숙한 사용자가 될 수 있도록 돕는다.

이 목표들을 달성하기 위해 우리는 당신이 당신의 직업에서 정보시스템을 효과적으로 사용하 는 데 필요한 본질적이고 관련성이 높은 지식을 제공하고자 했다.

이를 위해 우리가 제안하는 방법은 교재를 따라 **적극적으로 참여**하라는 것이다. 모든 장의 각 절은 단지 교과서를 읽는 것을 넘어 당신이 무언가 행하기를 요구하는 활동들을 포함하고 있다. 이 활동들은 당신이 왜 그 내용이 당신의 미래 비즈니스 경력에 유용한지 이해하도록 도 울 것이다.

우리는 당신이 이 능동적 접근방법을 즐기고 '나를 위한 IT는 무엇인가'에 대해 더 풍부한 이 해를 가지고 성공적으로 과목을 마칠 수 있기를 소망한다.

Kelly Rainer, Brad Prince, Hugh Watson

강사들에게

강사들에게

우리는 당신과 같다. 정보시스템 기본 과목을 가르치는 우리 모두는 학생들이 이 과목에 있는 주제들의 중요성과 관련성을 이해하기 어렵다는 것을 알고 있다. 결과적으로 학생들은 시험 전에 단순히 내용들을 암기하고, 시험이 끝나자마자 모두 잊어버린다. 우리 모두 학생들이 더 깊이 이해하기를 바란다. 우리는 이 목표를 달성하는 가장 좋은 방법이 과목의 내용에 대해 학생들의 참여를 증진시키는, 즉 직접 해보는 능동적 학습이라는 것을 알고 있다.

따라서 능동적 학습과 학생 참여가 이 책의 핵심 원칙이다. 우리는 학생들을 문제해결, 창의적 사고, 기회 활용 등에 적극적으로 참여시킬 필요가 있음을 인식하고 있다. 각 장의 각 절은 충분한 직접 참여 연습 문제, 활동, 그리고 짧은 사례를 포함한다. 각 장의 마지막에는 학생들이 소프트웨어 응용 프로그램 도구를 사용하도록 하는 연습문제가 있다. 이런 활동을 통해 우리는 학생들이 그들의 학습한 개념을 가지고 정보시스템을 활용해 어떻게 조직의 목표를 달성하고, 제품을 개발하며, 문제 해결을 위해 엑셀 및 데이터베이스를 사용할지 이해할 수 있도록 했다.

다음 페이지에 있는 '이 책의 구성'에서 목표, 특징, 우리의 새로운 본문과 함께 제공된 보조자료에 대해 보다 상세히 서술할 것이다. 우리는 당신이 이 접근 방법에 따라 강의하는 것을 즐기기 바란다!

Kelly Rainer, Brad Prince, Hugh Watson

이 책의 구성

장 구성

각 장은 다음과 같은 내용들을 포함한다.

- 개요 : 각 장에서 다룰 주요 개념들을 나열한다.
- 학습목표 : 각 장을 공부한 뒤 꼭 기억해야 할 핵심 내용을 제공한다.
- 도입 사례 : 비즈니스 문제를 해결하기 위해 정보시스템을 활용한 소기업이나 신생 기업들에 대한 짧은 사례를 다룬다. 다른 경영정보시스템 서적에서는 대부분 대기업 사례를 다루고 있다. 그와 대조적으로 이 책의 도입 사례는 소기업 및 신생 기업도 정보시스템을 활용해 해결해야 할 사업 문제가 있음을 보여줄 것이다. 학생들은 소기업이나 신생 기업처럼 경영정보시스템 부서가 없거나 큰 비용을 지출하지 않는 경우에 창의적으로 정보시스템 솔루션을 찾고 구축하는 방법에 대해 배우게 될 것이다. 이런 사례들은 비즈니스 창업 계획을 가진 학생들의 기업가 정신을 제고하는 데 도움을 줄 것이다.
- 개념 적용 : 교육학적으로 독특한 이 책의 구조는 학생들이 능동적으로 교재에 참여할 수 있도록 설계되었다는 것이다. 각 장의 하위 절에 있는 읽을 자료들 다음에는 개념 적용 활동이 바로 뒤따른다. 이 활동들은 온라인 동영상, 기사, 그리고 학생들이 방금 학습한 것을 즉시 적용하도록 요구하는 실천 활동들에 대한 링크를 제공한다. 강사는 WileyPLUS를 통해 개념 적용 활동과 함께 각 절의 일부 내용을 할당할 수 있고 퀴즈를 낼 수도 있다. 각 개념 적용은 다음과 같이 구성되었다.

  > 배경 : 관련된 읽을 자료의 상황 속에 활동을 자리매김
  > 활동 : 학생들이 직접 수행해야 하는 활동
  > 결과물 : 학생들이 활동을 수행하기 위해 마쳐야 하는 다양한 작업

- 비즈니스에서 IT : 실제 비즈니스에 응용할 수 있는 짧은 사례들로, 각 장에서 습득한 개념과 관련된 사례 질문을 포함한다.
- 개인에게 IT : 이 짤막한 글은 학생들의 일상생활과 MIS 개념의 관련성을 설명한다.
- 다음 절로 넘어가기 전에… : 다음 절로 넘어가기 전에 핵심 개념들을 복습하여 학생들의 이해를 돕는다.
- 사례 : 실제 조직에서 정보시스템의 활용 사례들을 살펴봄으로써, 각 장에서 익힌 개념들을 실제 비즈니스 환경에 적용하도록 돕는다.
- 나를 위한 IT는 무엇인가? : 각 장에서 다룬 주제와 내용들이 회계, 재무, 마케팅, 생산/운영 관리, 인적자원관리, 경영정보시스템 등 다른 분야와 어떤 관련이 있는지를 설명한다.
- 요약 : 각 장 학습목표에서 언급되었던 사항을 요약하여, 각 장의 핵심 개념들을 복습할 수 있도록 한다.
- 토론 주제, 문제 해결 활동 : 현장 연구를 통해 실전에서 활용하는 방법을 습득한다. 연습 문제는 각 장에서 논의된 개념들을 직접 적용할 수 있는 기회를 제공한다.

- **협력 활동** : 팀 연습과제는 학생들이 다른 기능적 역할을 맡아 협력해서 비즈니스 문제를 풀게 한다. 이 연습은 학생들이 실제 기업에서의 팀 역학을 경험하면서 IS 도구를 사용해 비즈니스 문제를 풀 수 있는 직접 경험을 하게 한다.
- **마무리 사례** : 각 장은 실제 회사들이 겪고 있는 비즈니스 문제를 다룬 두 가지 사례 연구를 포함한다. 각 사례에 비즈니스 문제 해결을 위한 정보시스템 솔루션과 적용 결과들을 제시함으로써, 학생들은 핵심 개념들을 다시 한 번 익힐 수 있다. 각 사례에는 핵심 개념에 대한 이해를 증진하고자 토론 주제를 제시한다.
- **스프레드시트 활동** : 엑셀 활용 역량을 제고하고 각 장에서 배운 개념들을 활용하여 비즈니스 문제를 해결하기 위해 스프레드시트 프로젝트를 포함한다. 각 활동은 결과물, 질문, 토론 주제로 구성되어 있다. WileyPLUS에서 학생들이 실습할 수 있는 엑셀 자료를 제공한다.
- **데이터베이스 활동** : 각 장은 학생들이 배웠던 개념들을 이용하여 문제를 해결하는 데이터베이스 프로젝트를 포함한다. 액세스가 활용될 것이며 과제, 질문, 토론 주제도 포함되어 있다. WileyPLUS에서 학생들이 실습할 수 있는 자료 및 파일을 제공한다.
- **인턴십 활동** : 각 장의 인턴십 활동에서는 4개의 산업(의료업, 은행업, 제조업, 소매업)에서 발생할 수 있는 비즈니스 문제점을 다루고 있다. 학생들은 이런 비즈니스 문제점을 해결하기 위해 유용한 도구를 제공하는 여러 가지 소프트웨어 데모를 사용하도록 되어 있다. 그러면 학생들은 인턴처럼 행동하고 각 장에서 배운 개념을 적용하여 비즈니스 문제를 해결해야 한다.
- **용어 해설** : 각 장에서 다뤘던 핵심적인 용어들에 대한 정의를 제공한다.

핵심 특징

학생 참여

학생들이 단어만을 기억하는 것보다 내용을 더 깊게 이해할 수 있도록 하였다. 직접 참여할 수 있는 활동과 능동적인 교육을 통해 학생들의 참여를 증진시키고자 노력하였다. 모든 장에서는 문제 해결, 창의적 사고, 기회 활용 역량을 제고하고자 다양한 자료를 제공하였다.

또한 각 장마다 다양한 연습 문제, 활동, 사례, 소프트웨어 활용 자료 등을 포함하였다.

여러 부서의 관점에서 접근

정보시스템의 중요성을 이해시키기 위해 각 장에서 익힌 개념이 회계, 재무, 마케팅, 생산/운영관리, 인적자원관리, 경영정보시스템 부서에 어떤 관련이 있는지 기술해주었다. 아울러 '나를 위한 IT는 무엇인가?'에서는 핵심 개념이 각 부서와 어떻게 관계가 있는지를 요약해서 보여주었다.

여러 산업의 다양하고 독특한 사례

대기업, 중소기업, 정부, 비영리기관 등의 생생한 사례들은 학생들이 개념을 재미있게 익힐 수 있게 도와준다. 회사들이 경영 활동에서 정보시스템을 어떻게 혁신적으로 활용하고 있는지, 비용을 어떻게 책정하는지에 대해 실제 사례를 통해 살펴보았다. 또한 향후 여러 학생들이 근무하게 될 중소기업 및 신생 기업 사례도 다루었다. 각 장에서는 도입 사례, 마무리 사례, 비즈니스에서 IT, 사례 등을 통해 비즈니스와 정보시스템의 관계에 대해 지속적으로 언급하였다.

성공과 실패

다른 교과서처럼 정보시스템의 성공적인 구축에 관한 여러 사례들을 제시하였다. 또한 실패 사례에서 교훈을 얻기 위해 정보시스템의 여러 실패 사례도 함께 다루었다. 정보시스템의 오용은 매우 비싼 대가를 치를 수 있기 때문이다.

글로벌 초점

글로벌 경쟁, 파트너십, 트레이딩에 대한 이해가 현대 기업 환경에서 성공의 핵심적인 요인이기 때문에, 이 책에서는 다양한 국가의 사례 및 예제를 제공하였다. 또한 수출입, 국제적 기업 경영, 전자 무역에서 정보시스템의 역할에 대해 살펴보았다. 글로벌 사례는 아이콘으로 강조해 두었다.

혁신과 창의성

오늘날 급격하게 변하는 비즈니스 환경에서 혁신과 창의성은 효과적으로 수익을 얻을 수 있는 필수적인 요인으로 간주되고 있다. 이 책에서는 정보시스템이 기업의 혁신과 창의성에 어떻게 영향을 미치는지 설명하였다.

윤리

최근 기사에 자주 언급되는 기업 스캔들은 대부분 윤리적인 측면과 연관이 있다. 전반적으로 기업 윤리에 관한 예제 및 사례를 다수 포함하고 있으며, 특히 제6장에서 윤리와 프라이버시 문제에 대해서 다루었다. 이러한 사례를 아이콘으로 강조해 두었다.

제3판의 새로운 특징

- 내용의 변화

  - 제3장에서 빅데이터에 대한 새로운 절이 추가되었다.
  - 비즈니스 프로세스를 제2장에 확장하여 포함하였다.
  - 제11장에 기업 자원 계획에 대한 새로운 섹션이 추가되었다.
  - 소셜 컴퓨팅에 대한 내용이 확대되어 제8장에 업데이트 되었다.
  - 비즈니스에서 IT, 도입 사례, 마무리 사례가 전부 새롭게 혹은 업데이트 되었다.

- 교육적 변화

  - '개념 적용' 활동이 각 장의 목표에 직접적으로 맞게 변경되고 간소화되었다.
  - '인턴십 활동'이 제2판의 루비클럽을 대신하여 새롭게 생겼다. 각 인턴십 활동은 비즈니스 문제를 해결하기 위해 새로운 도구를 적용할 수 있도록 소프트웨어 데모를 통한 활동이 담겨 있다.
  - '협력 활동'은 Google Drive를 사용하도록 수정되었다.

역자 서문

요즘 학생들에게, 쌀이 모자라 쌀과 보리를 섞어 먹는 혼식을 하고, 쌀 막걸리 제조를 금지했던 시절의 이야기를 하면 이해할 수 있을까? 몽당연필을 볼펜 케이스에 끼워 쓰던 시절, 연습장을 연필로 한 번 쓰고 볼펜으로 또 한 번 쓰던 시절의 이야기를 해주면 어떤 표정을 지을까? 게다가 그 시절이 불과 한 세대 전인 약 30년 전이라고 말해준다면?

삼성경제연구소에 근무하던 1996년, 부모님 건강이 안 좋아져 사드렸던 우리나라 최초의 CDMA휴대전화는 아래의 사진과 같았다. 20년 전의 이 휴대전화 사진을 학생들에게 보여주면, 과연 휴대전화라는 것을 알기는 할까? 혹시 무전기라고 답하지는 않을까?

지난 30년, 20년이 이러했는데 앞으로의 20년, 30년은 어떨까? 아니, 10년 후 세상이라도 우리는 예측할 수 있을까? 지난 30년 혹은 20년의 변화를 생각할 때 아마 어느 누구도 섣불리 10년 후의 세상이 이렇다 저렇다 예측하기 힘들 것이다. 하지만 과거 한 세대를 바탕으로 10년 후에도 우리 삶을 지배할 두 가지 기술을 생각해본다면 그건 아마도 정보통신기술(Information & Communication Technology, ICT)과 생물학(Biology)이 아닐까? 그리고 아마도 이 둘이 합쳐진 바이오 테크놀로지(Bio Technology) 혹은 바이오인포매틱스(bioinformatics)가 또 다른 하나가 아닐까?

2016년 현재, 침만 뱉어서 보내면 300만 개 유전자 중 핵심적인 30만 개 정도를 분석해 보내주는 회사가 이미 이 지구상에 존재한다. 그것도 단 20만 원 정도의 가격에. 미국의 유명한 여배우 안젤리나 졸리는 자기의 유전자 분석을 통해 본인이 유방암에 걸릴 확률이 87%에 이른다는 것을 알고는 건강한 유방을 절제하는 수술까지 감행했다. 이처럼 정보통신기술과 바이오 기술이 결합해 만들어내는 우리의 미래는 상상을 초월하며, 이 기술들이 우리의 일상생활과 기업경영에 미치는 영향 또한 더욱 광범위하고 중요해지고 있다.

이것이 우리가 최신 정보를 담은 교재로 정보시스템을 늘 공부해야 하는 이유이다. 이 책은 이런 점에서 다른 교재와 차별화된다. 이 책은 최신 기술의 변화가 개인, 조직과 기업 경영, 그리고 사회에 미치는 영향을 광범위하게 다룬다. 또한 바이오산업을 포함한 다양한 산업에 걸쳐 풍부한 사례를 제공하고 회계/재무, 마케팅, 생산, 인사관리 등 경영의 모든 기능과 관련하여 경영정보시스템이 미치는 영향을 심도 있게 다루고 있다. 또 학생들이 급변하는 환경 속에서도 능동적으로 대응할 수 있도록 문제 해결 능력과 비판적 사고 능력을 길러준다. 특히 문제해결 중심 학습법(problem-based learning)에 기초해서 강의를 진행하는 교수들에게는 이 책이 담고 있는 풍부한 사례와 학생 활동이 큰 도움이 됨은 물론, 교재 전체를 통해 일관되게 등장하는 여러 사례와 토론 주제, 팀 과제 등이 매우 유용할 것이다.

이 책은 많은 사람들의 수고에 의해 만들어졌다. 바쁜 연구와 강의 일정 중에도 마감일을 지켜 충실한 번역을 해주신 공동 역자들과 한 글자 한 글자 꼼꼼히 번역을 감수해준 (주)시그마프레스 편집부 여러분께 진심으로 감사의 말씀을 드린다. 이 교재가 한 치 앞을 예상하기 어려운 시대 변화 속에서도 그 본질을 통찰할 수 있는 학생들을 양성하는 데 도움이 되기를 기대해 본다.

대표역자
성균관대학교 교수 박기우

요약 차례

차례

제9장 e-비즈니스와 전자상거래

제10장 무선, 모바일 컴퓨팅과 모바일 커머스

제11장 조직 내 정보시스템

제 **1** 장

정보시스템에 대하여

학습목표 **>>>**

1. 오늘날 정보시스템의 숙련된 사용자가 되는 것이 왜 중요한지 이유를 확인한다.

2. 조직 내 다양한 컴퓨터 기반 정보시스템에 대해 기술한다.

3. 정보기술이 관리자와 일반 직원에게 영향을 미치는 방식을 논의한다.

4. 정보기술 사용의 증가가 사회에 미치는 긍정적 · 부정적 영향을 확인한다.

도입 사례 > 사업가에게 회사를 설립할 수 있도록 도와준 앤젤리스트

사업가는 회사를 설립하기 위해 어렵고 시간이 걸리는 자금조달의 과정을 거친다. 수십 년간 사업가들은 상류사회에 합류하는 과정과 같이 실리콘밸리의 작고 부유한 앤젤 투자자 그룹들에게서 자금을 얻으려 하였다. 그들은 개인 네트워크를 사용해서 자본가들과 미팅을 잡아야 했고, 개인적으로 협상을 하고 공정한 시장가치 혹은 더 나은 기회에 대해서 인지하지 못했다.

이런 개인들에게 도움을 주기 위해서 2010년 샌프란시스코에서 앤젤리스트(AngelList)(https://angel.co)는 '초기 단계 창업기업'—스타트업(startups)이라고 함—이 그들의 아이디어를 게시하고 어쩌면 위험할 수 있는 기업들을 포함한 투자자들을 만날 수 있는 온라인 포럼을 만들었다. 앤젤리스트의 미션은 스타트업 투자를 투명하고 효율적이게 하는 것이다.

MKT 앤젤리스트는 어떻게 활동하는가? 기본적으로 스타트업은 이 사이트에 접속하여 이전의 재정후원자 그리고 이미 가지고 있는 자본 등 그들의 정보를 작성하여 프로파일를 만든다. 그다음 프로파일을 활용하여 수백의 보증된 금융회사를 포함한 부유한 개인과 기업에게 접근한다. 사기를 방지하기 위해 앤젤리스트는 투자자들에게 이전의 투자에 대한 실적을 요구하여 검열한다. 동시에 웹사이트에 등록된 스타트업들을 철저히 조사한다.

앤젤리스트는 처음으로 투자를 받으려는 스타트업들에게 서비스를 제한한다. 예를 들어 스타트업에게 관련된 양식을 작성하도록 규제한다. 웹사이트에 '연합체(Syndicates)'라는 기능이 있다. 이는 '리드(lead)'라는 단독의 투자자 밑으로 다른 투자자들이 공동 출자하도록 한다. 그 후 언제든지 리드가 스타트업을 시원이라고 하면 '배커(backers)'도 그렇게 하는 것이다. 리드가 그 기간을 정한다. 예를 들어 리드는 배커들에게 15%의 수수료 그리고 스

© shironosov/iStockphoto

타트업이 합병을 하거나 공개되었을 때 얻게 되는 수익의 일부를 요구할 수 있다.

개인 택시 서비스 우버(Uber)(www.uber.com)와 아이돌보미 웹사이트 어반시터(Urbansitter)(www.urbansitter.com) 같은 스타트업들은 앤젤리스트를 이용해 새로운 투자자를 만났고 빠르게 자금을 조달하였다. 다른 예로 스프리그(Sprig)(www.eatsprig.com)라는 샌프란시스코의 저녁 배달 서비스업체는 앤젤리스트에서 단 하루 만에 새로운 주방을 위한 자금을 모두 얻었다.

2013년 말, 앤젤리스트는 웹사이트에 스타트업 직업 목록을 추가하였다. 추가로 2012년 미 연방법에 스타트업의 필요조건 규제를 낮추라는 직업법에 자금조달 규정을 완화하라고 미국 정부에 로비하였다. 이 회사의 목표는 보증받은 투자자들 이외에 대중들이 이 사이트를 활용하여 유망한 스타트업에게 자금을 제공해주는 것이다.

2014년 중반에 앤젤리스트는 42,000개 이상의 비즈니스를 집중 조명하고, 28,000개의 소개와 함께 기업가들을 잠재적 투자자들에게 제공하였다.

출처 : B. Stone, "The Social Network for Startups," *Bloomberg BusinessWeek*, January 20-26, 2014; F. Lardinois, "OnTheGo Raises $700K Seed Round From Foundry Group's AngelList Syndicate and Others to Improve Smart Glasses," *TechCrunch*, January 6, 2014; L. Rao, "Kima Ventures Will Allow Startups to Raise $150K Within 15 Days Via AngelList," *TechCrunch*, December 4, 2013; N. Hughes, "Will AngelList Help or Hurt Startup Fundraising," *GeekWire*, October 12, 2013; A. Davidson, "Follow the Money: AngelList Has Blown Open Early-Stage Investments," *Wired*, May 17, 2013; P. Sloan, "AngelList Attacks Another Startup Pain Point: Legal Fees," *CNET News*, September 5, 2012; L. Rao, "AngelList Launches Docs to Help Startups Sign and Close Seed Rounds Online with Low Legal Fees," *TechCrunch*, September 5, 2012; www.angellist.com, accessed January 20, 2014.

질문

1. 앤젤리스트가 기업가들에게 제안하는 장점은 무엇인가?

2. 앤젤리스트를 이용함에 있어서 기업가들이 마주하게 될 잠재적 단점은 무엇인가? (힌트 : 만약 당신이 앤젤리스트에 기업 프로파일을 올렸는데 자금을 조달할 투자자가 나타나지 않는다면?)

서론

본론으로 들어가기 전에 정보기술과 정보시스템에 대해 정의를 할 필요가 있다. **정보기술**(information technology, IT)은 사람들이 정보를 가지고 작업하고 조직의 정보처리 요구를 지원하는 데 사용하는 모든 컴퓨터 기반 장치들과 연관이 있다. **정보시스템**(information system, IS)은 특정한 목적을 위해 정보를 수집, 처리, 저장, 분석, 전파한다.

IT는 개인, 조직, 그리고 우리 일상에 지대한 영향을 끼친다. 비록 이 책이 IT가 여러 가지 방식으로 근대 조직에 가져온 변화에 집중하고 있지만, 당신은 IT가 개인과 사회, 글로벌 경제, 그리고 물리적 환경에 끼친 중요성에 대해서도 배울 수 있을 것이다. 덧붙여 IT는 우리의 세계를 더 작게, 그리고 더 많은 사람들이 소통하고, 협력하고, 경쟁하게 함으로써 디지털 경쟁의 장의 수준을 끌어올렸다.

당신이 졸업을 하게 되면, 자신만의 사업을 시작하거나 공공부문이건 민간부문이건, 영리목적 혹은 비영리목적 조직의 일원이 되어 일을 하게 될 것이다. 당신의 조직은 정보기술로 인해 급격한 변화를 일으키는 환경에서 살아남기 위해 경쟁할 것이다. 이 환경은 글로벌하며, 광범위하게 상호 연계되어 있고, 매우 경쟁적이고 1년 365일 계속되며, 실시간으로 이루어지고, 정보 집중적이다. 성공적으로 경쟁하기 위해서 당신의 조직은 꼭 IT를 효과적으로 사용해야 한다.

이 장을 읽는 동안, 당신이 배우게 될 정보기술이 모든 규모의 사업에 중요하게 작용한다는 사실을 알게 될 것이다. 당신의 전공이 무엇이든, 어떤 산업에서 일하든, 또는 회사의 규모와 상관없이 IT에 대한 공부를 통해 이득을 볼 것이다. 누가 아는가? 당신에게 좋은 아이디어가 떠올라 여기서 배운 것을 사용해서 사업가가 되고 당신의 비즈니스를 시작하게 될지! 도입 사례에서 본 것과 같이 IT(AngelList.com의 유형)를 이용하여 당신의 비즈니스를 키우기 위해 필요한 자금을 조달받을 수 있다.

현재의 환경은 당신 조직에게만 경쟁이 치열한 것이 아니라, 당신 스스로에게도 그렇다. 당신은 각국의 인재들과 경쟁해야 한다. 그렇기 때문에 IT를 효과적으로 사용해야 한다.

따라서 이 장은 IT에 대한 지식이 왜 필요한지에 대해 논의할 것이다. 또한 데이터, 정보, 지식을 구별하고 응용 프로그램으로부터 컴퓨터 기반 정보시스템을 구별할 것이다. 끝으로 조직과 사회 전반에 걸쳐 미치는 영향에 대해서도 알아볼 것이다.

1.1 왜 정보시스템을 공부해야 하는가

당신의 세대는 역사적으로 가장 연결이 잘된 세대이다. 당신은 온라인에서 자랐다. 문자적으로 표현하자면 손아귀에서 벗어난 적이 없다고 할 수 있다. 다른 어떤 세대보다도 많은 업무를 위해 많은 정보기술(디지털 기기 형태)을 사용했고 정보의 홍수 속에 있다. MIT Technology Review는 당신을 연결형 인간(Homo conexus)으로 정의했다. 20년 전 대학생들은 상상할 수 없을 정도로 정보기술은 당신의 삶에 깊숙이 파고들었다.

근본적으로, 당신은 이동 정보 네트워크(movable information network)에 둘러싸여 끊임없이 컴퓨팅 활동을 하고 있다. 당신의 네트워크는 당신이 지니고 있는 디지털 기기들(예 : 노트북, 태블릿 PC, 스마트폰), 당신이 이동 중 접속하는 유무선 네트워크, 그리고 정보를 찾고 타인과 대화하고 협력을 하기 위한 웹 기반 도구들 간의 끊임없는 협력으로 만들어진다. 당신의 네트워크는 당신이 언제 어디서든지 어떤 정보든 찾을 수 있게 하며, 이동통신기기를 통해 어디서든 당신의 아이디어를 다시 웹에 올릴 수 있게 한다. 당신이 온라인으로 하는 일들을 생각해보면 자주 휴대전화를 사용한다는 점을 알 수 있다. 수강신청, 수업 듣기(꼭 대학교가 아니더라도), 수강계획서와 관련 정보 및 파워포인트, 그리고 강의에 대한 정보를 얻기도 한다. 연구논문, 발표자료를 참고하기도 하고 고지서를 처리하는 등의 은행 업무도 처리한다. 조사, 쇼핑, 그리고 회사나 다른 사람으로부터 물건을 구매하기도 하며 또 당신의 '물건'을 팔기도 한다. 일자리 검색을 하거나 지원을 하고, 여행에 필요한 예약(호텔, 비행기, 렌트카)도 한다. 자신만의 블로그를 만들기도 하며 팟캐스트나 텔레비전 방송을 만들기도 한다. 자신만의 페이스북 페이지를 제작하고 유튜브에 동영상을 올리기도 한다. 디지털 사진을 수정하고 프린트하며 자신이 좋아하는 CD나 DVD를 '굽기(burn)'도 한다. RSS 피드를 사용해서 개인의 전자신문을 만들기도 하고 친구와 가족들에게 하루종일 문자를 보내거나 트위터를 하기도 하며 이 외에도 다양한 활동을 한다. (주 : 이 중 어떤 부분이라도 모르는 부분이 있다고 걱정하지 말라. 여기서 언급한 모든 것들은 이 책을 읽는 동안 상세하게 다루어질 것이다.)

Media Bakery

요즘 학생들은 대부분 다양한 무선 기기들과 연결되어 있다.

숙련된 사용자인 당신!

여기서 궁금한 점은 왜 당신이 정보시스템(IS)과 정보기술(IT)에 대해 배워야 하는지다. 어쨌든 당신은 다양한 활동을 위해 사용되는 컴퓨터(또는 다른 어떤 전자기기)에 익숙하고, 지난 몇 년간 웹서핑을 했으며, 스스로 당신 회사의 경영정보시스템(MIS) 부서가 설치한 모든 IT 응용 프로그램을 잘 다룰 수 있다고 생각한다.

정답은 당신이 **숙련된 사용자**(informed user)라는 문장에 깔려 있다. 이 말은 정보시스템과 정보기술을 잘 아는 사람을 의미한다. 당신이 왜 숙련된 사용자가 되어야 하는지에 대해서는 많은 이유가 있다.

보통 숙련된 사용자들은 어떤 기술을 사용하게 되든지 더 많은 가치를 얻어낸다. 숙련된 IT 사용자가 된다면 당신은 많은 혜택을 누리게 될 것이다.

MIS

- 첫째, 당신은 조직의 IT 응용 프로그램으로부터 많은 혜택을 얻을 수 있는데, 왜냐하면 당신은 이 응용 프로그램(그림 1.1 참조)의 '배후'에 무엇이 있는지 이해하기 때문이다. 이 말은 즉 당신 컴퓨터 화면에서 보는 것들은 그 화면 '배후'에서 MIS 부서에 의해 당신에게 전달된 것이라는 의미이다.

- 둘째, 당신은 인풋을 통해 조직의 IT 응용 프로그램의 질을 향상시켜야 하는 자리에 있을 것이기 때문이다.

- 셋째, 신규 졸업자라고 해도, 짧은 기간 내에 조직에서 사용될 IT 응용 프로그램을 추천하거나 또는 그 선택을 돕는 위치에 있게 될 것이기 때문이다.

사용자 | MIS

© Slawomir Fajer/iStockphoto

그림 1.1 IT 기술은 많은 가능성을 열어주는데 그 이유는 IT가 매우 광범위하게 활용되기 때문이다.

- 넷째, 숙련된 사용자는 기존 기술의 빠른 발전과 새로운 정보기술을 모두 포용할 수 있기 때문이다. '매사에 훤히 알고 있다'는 것은 '새롭고 발전된' 기술이 당신 조직에 끼칠 영향을 예측하고 이런 기술을 채택하고 사용하는 것에 대해 추천을 할 수 있도록 도울 것이다.

- 다섯째, IT가 어떻게 당신 조직의 성과 향상과 팀워크, 그리고 생산성까지 증진할 수 있는지 이해하게 될 것이다.

- 마지막으로, 당신이 사업가가 될 생각이 있다면, 숙련된 사용자가 되는 것이 당신의 비즈니스를 시작할 때 IT를 사용함에 있어 많은 도움이 될 것이다.

나아가, 조직 내 IS 기능 관리는 더 이상 IS 부서만의 책임이 아니다. 오히려 이 과정의 모든 단계에서 사용자들이 주요한 역할을 하고 있다. 이 책의 궁극적인 목적은 사용자의 관점에서 조직이 IS 기능을 관리할 수 있게 기여하는 것이다. 간단하게 말하자면, 우리는 당신이 숙련된 사용자가 되도록 돕고 싶다!

IT는 취업기회를 제공한다

정보기술은 현대 비즈니스에서 중요하기 때문에 많은 취업기회를 제공하고 있다. 전통적 IT 스태프인 프로그래머, 비즈니스 분석가, 시스템 분석가, 그리고 디자이너에 대한 수요가 높다. 또한 인터넷과 전자상거래, 네트워크 보안, 텔레커뮤니케이션, 그리고 멀티미디어 디자인 같은 분야에는 높은 보수를 받는 일들이 존재한다.

정보시스템 분야는 정보시스템을 디자인하고 구축하는 사람들, 그것을 사용하는 사람들, 그리고 시스템을 관리하는 사람들을 포함한다. 여기서 가장 높은 직위는 최고정보관리책임자(CIO)이다.

CIO는 IS 기능을 책임지는 관리자다. 대부분의 현대 조직에서 CIO는 최고경영자(CEO), 최고재무책임자(CFO), 그리고 다른 고위 관리자들과 함께 일한다. 그렇기 때문에 남녀를 불문하고 조직 전략 구성 단계에 활발하게 참여한다. 오늘날 디지털 환경에서 IS 기능은 조직 내에서 점차 중요성이 커지고 전략적으로 변하고 있다. 그 결과 대부분의 CIO가 IS 부서에서 나오고 있지만, 사업부문(예 : 마케팅, 회계 등)의 고위 관리자에서 나오는 경우도 증가하고 있다. 그렇기 때문에 전공 분야와 상관없이 당신도 언젠가 조직의 CIO가 될 수 있다. 이것이 바로 왜 정보시

© shironosov/iStockphoto

학생들뿐만이 아니다. 오늘날의 전문직은 일을 위해 컴퓨터를 조작할 줄 알아야 한다.

스템의 숙련자가 되어야 하는지에 대한 이유이다.

표 1.1은 IT 관련 직업 목록과 그에 대한 설명을 제공한다. IT 관련 직업 경력에 대한 더 자세한 설명은 www.computerworld.com/careertopics/careers와 www.monster.com을 참조하기 바란다.

IS에서 취업기회는 많으며 향후 10년간 그 현상이 유지될 것으로 예측된다. 사실 *U.S. News & World Report*와 *Money*는 2013년에 '100개의 최고 직업'을 선정하였고 Forbes가 '10개의 최고 직업'을 선정하였다. 순위를 보도록 하자. (잡지마다 다른 기준으로 순위를 정하기 때문에 다를 수 있다.) 보다시피, 3개의 잡지 순위에서 MIS 전공 관련 직업이 매우 상위권에 있다. 잡지사의 직업 순위는 다음과 같다.

Forbes

#1 소프트웨어 개발자

표 1.1 정보기술 관련 직업

직위	직업 설명
최고정보관리책임자(CIO)	IS 관리자 중 최고 직급, 조직의 모든 전략적 계획을 관리
IS 디렉터	조직의 모든 시스템과 IS 조직 전체의 운영을 관리
정보 센터 관리자	헬프 데스크, 핫라인, 훈련, 컨설팅 같은 IS 서비스를 관리
애플리케이션 개발 관리자	새로운 시스템 개발 프로젝트를 조정하고 관리
프로젝트 관리자	새로운 특정 시스템 개발 프로젝트를 관리
시스템 관리자	특정한 기존 시스템 관리
운영 관리자	데이터와 컴퓨터 센터의 일상적 운영을 감독
프로그램 관리자	모든 애플리케이션 프로그래밍을 조정
시스템 분석가	사용자와 프로그래머를 연결, 새로운 애플리케이션을 위한 정보 요구조건과 기술적 특성을 결정
비즈니스 분석가	사업 문제에 대한 해결책 제시에 집중, IT가 어떻게 하면 혁신적으로 사용될 수 있을지 보여주기 위해 사용자와 긴밀히 연계
시스템 프로그래머	새로운 시스템의 소프트웨어 또는 기존 시스템 소프트웨어 유지를 위한 컴퓨터 코드 생성
애플리케이션 프로그래머	새로운 애플리케이션 개발 또는 기존 애플리케이션 유지를 위한 컴퓨터 코드 생성
최신 기술 관리자	기술 트렌드를 예견하고, 새로운 기술을 평가하고 실험
네트워크 관리자	기업의 보이스와 데이터 네트워크를 조정하고 관리
데이터베이스 관리자	조직의 데이터베이스를 관리하고 데이터베이스 관리 소프트웨어를 감독
보안 관리자	정보시스템의 윤리적이고 합법적인 사용을 감독
웹마스터	조직의 웹사이트 관리
웹디자이너	웹사이트와 페이지 생성

#4 시스템 분석가

#6 네트워크와 시스템 관리자

U.S. News & World Report

#4 컴퓨터 시스템 분석가

#6 데이터베이스 관리자

#7 소프트웨어 개발자

#9 웹 개발자

#20 IT 관리자

Money

#3 소프트웨어 설계자

#5 데이터베이스 관리자

#9 소프트웨어 개발자

#13 IT 컨설턴트

#21 시스템 관리자

#28 IT비즈니스 분석가

더 나아가 *Forbes*가 2012년에 '가장 가치 있는 대학 전공 15개'를 확인하였는데, 그 순위에서 2개의 경영전공과목이 있었다 — 8위의 경영정보시스템과 14위의 재무.

IS 커리어는 직무적인 성장을 제공할 뿐만 아니라 연봉도 그에 못지않게 수준급이다. 노동시장 트렌드를 살피고 분석하는 미 노동부 내 기관인 노동통계국은 '컴퓨터와 정보시스템 관리자'의 평균 연봉이 약 115,000달러인 것에 주목했다.

자원 관리

현대 조직에서 정보시스템을 관리하는 일은 매우 어렵고 복잡한 일이다. 다양한 요소가 이 복잡성에 기여한다. 첫째, 정보시스템은 조직에 있어서 거대한 전략적 가치이다. 기업은 여기에 지나칠 정도로 의지하는데, 몇몇 경우를 보면, 어떤 시스템이 작동되지 않는 경우(아주 짧은 시간이라고 해도) 회사가 제 구실을 하지 못한다(이런 상황을 '정보시스템의 인질이 된다'라고 한다). 둘째, 정보시스템을 확보하고 작동시키고 유지하는 데 많은 비용이 든다.

정보시스템 관리를 어렵게 하는 세 번째 요소는 조직 내 MIS 기능의 진화이다. 1950년대 초에 처음 컴퓨터가 사용되었을 때, MIS 부서는 조직에서 단지 컴퓨팅 자원인 메인프레임만을 '소유'하고 있었다. 이 당시 최종 사용자는 메인프레임과 직접적으로 상호작용하지 않았다.

반면에 현대 조직에서 컴퓨터는 모든 부서에서 사용되며, 거의 모든 사원이 업무에 컴퓨터를 사용한다. 이런 상황을 **최종 사용자 컴퓨팅**(end user computing)이라고 하는데, 이것이 MIS 부서가 최종 사용자와 파트너십을 이루는 견인차 역할을 했다. MIS 부서는 이제 최종 사용자들에게 컨설턴트로서의 역할을 하며, 이들을 고객으로 여기고 있다. 사실 MIS 부서의 주요 기능은 IT를 사용해 최종 사용자들의 사업 문제를 해결하는 일이다.

이런 개발의 결과로 인해, 정보자원 관리 역할은 이제 MIS 부서와 최종 사용자로 나뉘었다. 이 변화는 다음과 같은 여러 가지 중요한 질문을 만들었다 — 어떤 자원이 누구에 의해 관리되는가? MIS 부서의 역할, 구조, 그리고 조직 내에서의 위치는 무엇인가? 어떤 것이 MIS 부서와 최종 사용자 간 적절한 관계인가? 누가 무엇을 하든지, MIS 부서와 최종 사용자가 긴밀한 협업을 한다는 점이 중요하다.

MIS 부서와 최종 사용자 간 정보자원을 개발하고 관리하는 역할을 조절하고 나누는 일에 정해진 기준은 없다. 다만, 분배는 조직의 규모와 성격, IT 자원의 크기와 종류, 컴퓨팅에 대한 조직의 태도, 최고 관리자들의 컴퓨터에 대한 태도, 기술의 숙련도, 아웃소싱된 IT 업무의 정도와 성격, 그리고 회사가 운영되는 국가에 이르기까지 여러 요인에 좌우된다. 일반적으로 MIS 부서

표 1.2 정보시스템 부서의 변화된 역할

MIS 부서의 전통적인 기능

- 시스템 개발 관리와 시스템 프로젝트 관리
  - 최종 사용자로서 당신은 시스템 개발 단계에서 중요한 인풋을 한다. 제14장에서 시스템 개발에 대해 배울 것이다.

- 컴퓨터 센터를 포함한 컴퓨터 작동 관리

- 직원 채용, 교육, 그리고 IS 능력 개발

- 기술적 서비스 제공

- 기반시설 계획, 개발, 관리
  - 최종 사용자로서 당신은 당신 부서의 IS 기반 구조의 필요에 대해 핵심적 인풋을 제공할 것이다.

MIS 부서의 새로운 컨설팅 기능

- 전략적 정보시스템의 개발과 디자인
  - 최종 사용자로서 당신의 정보 욕구는 새로운 전략적 정보시스템 개발을 자주 요청할 것이다. 당신은 어떤 전략적 시스템이 필요한지 결정하고(왜냐하면 당신은 MIS 부서보다 자신의 사업에 필요한 것들을 더 잘 알기 때문이다), 이 시스템을 개발하기 위해 노력을 할 것이다.

- 인터넷과 전자상거래를 사업에 도입
  - 최종 사용자로서 당신은 사업에서 인터넷과 전자상거래를 효과적으로 사용하는 일에 전적인 책임을 지고 있다. MIS 부서와 함께 업무 완수를 위해 일할 것이다.

- 인터넷, 인트라넷, 엑스트라넷을 포함한 시스템 통합 관리
  - 최종 사용자로서 당신은 사업목표 달성을 위해 인터넷, 사내 인트라넷, 그리고 엑스트라넷을 어떻게 사용할지 결정해야 한다. 인터넷, 사내 인트라넷, 엑스트라넷을 가장 효과적으로 사용하기 위해 MIS 부서에 조언을 하는 일에 최종적인 책임을 갖고 있다.

- 비 MIS 관리자(non-MIS manager)에게 IT에 대한 교육 제공
  - 당신의 부서는 사원들에게 IT에 대해서 어떻게 가르쳐야 할지 MIS 부서에 조언하는 책임을 지고 있다.

- MIS 사원들에게 사업에 대한 교육 제공
  - MIS 부서와 사업부문 간의 커뮤니케이션은 양방향이다. 당신은 MIS 사원들에게 사업에 대해, 그 중요성, 그리고 목표에 대한 교육을 책임진다.

- 사업부문 책임자와 파트너십
  - 기본적으로 당신은 MIS 부서와 파트너십을 맺게 될 것이다. 이 파트너십을 '양자 간 동등'한 것으로 보며 성공을 확신해야 한다.

- 아웃소싱 관리
  - 아웃소싱은 사업상의 필요로 인해 이루어진다. 그렇기 때문에 아웃소싱 판단은 크게 사업부문(예 : 당신과 함께)과 같이 결정된다. MIS 부서는 당신과 가까이 일하며, 커뮤니케이션 대역, 보안 등에 대한 기술적 문제들에 대해 조언할 것이다.

- IT에 관한 혁신적 아이디어를 키우기 위해 사업과 기술적 지식을 적극적으로 사용
  - 당신의 사업에 있어 필요가 때로는 당신의 목적 달성을 위해 정보시스템을 어떻게 효과적으로 사용할지에 대한 혁신적 아이디어로 이끌 것이다. 이런 혁신적 IS 사용을 실제로 실현하기 가장 좋은 방법은 MIS 부서와 함께 긴밀하게 협업을 하는 것이다. 이런 긴밀한 파트너십은 놀라운 시너지효과를 가져온다!

- 비즈니스 파트너와 함께 사업적 동맹 맺기
  - 사업부문이 필요는 특별히 공급사슬을 따라 협력관계를 이끌 것이다. 다시 말해 MIS 부서는 하드웨어와 소프트웨어의 호환성, 엑스트라넷 실행, 커뮤니케이션, 그리고 보안을 포함한 다양한 문제에 대해 당신의 조언가가 될 것이다.

는 기업 차원의 공유된 자원에 책임이 있으며, 최종 사용자는 부서의 자원에 대한 책임이 있다. 표 1.2는 MIS 부서의 전통적 기능과 다양하며 새로운 컨설팅 기능 모두를 설명한다.

그러면 최종 사용자는 어떤 역할을 하는가? 표 1.2를 자세히 살펴보라. 전통적인 MIS 기능하에 당신은 당신이 (최종 사용자로서) 결정적 인풋을 제공할 두 가지 기능을 볼 것이다. 컨설팅 기능하에 당신은 각 기능을 위해 주요 책임이 어떻게 행사되고 MIS 부서가 조언자로서 어떻게 행동하는지 보게 될 것이다. '비즈니스에서 IT 1.1'에서는 조지아 주에 있는 대학교 시스템이 어떻게 IT 자원을 관리하는지 31개의 고등교육기관을 통해 삽화하였다.

비즈니스에서 IT 1.1

조지아 주의 학생들에게 IT의 지원

높은 학력을 위한 변화로 두 가지 주요 요인은 낮은 비용과 성능 개선이다. 높은 학력에 따른 비용이 수년간 빠르게 많아졌고, 이로 인해 저소득 가족들은 높은 학력에 대해 더 많은 거리감이 생기고 걱정을 하게 되었기에 대학들은 비용을 낮춰야 했다. 또한 대학교는 더 많은 학생을 졸업시켜야 하고 동시에 질 높은 교육 경험을 제공해야 하는 부담이 컸기 때문에 성능 개선이 필요했다. 중요한 것은 대학들은 낮은 비용으로 더 많은 것을 제공해야 하는 부담이 늘었다는 점이다.

조지아 주의 대학 시스템(USG; www.usg.edu)은 이 모순된 목표를 달성하기 위해 최첨단 정보기술을 도입했다. USG는 조지아 주 31개 대학교육 공공기업 조직이다. 조지아 주 정부 내 이사회에서 관리하는 이 시스템은 기관 내 멤버들의 목표와 전반적 방침을 수립한다.

 이 방침은 대학들이 새로운 기술을 사용해서(예를 들면 강의를 동영상으로 전달한다) 교육을 하도록 되어 있다. 또한 대학교 IT 조직들은 비용을 절감하고 내부적으로 그리고 대학교 간의 효율성을 높이기 위해 혁신적 전략을 장치해야 한다. 주 자금이 줄어들고 높은 학력을 위한 학생들의 비용 부담이 커지면서 이 요구조건은 필수적이 되었다. 이 일을 달성하기 위해서 대학의 IT 부서는 융통성이 있어야 하고 기업가적이어야 한다.

정부 내 이사회 대학 부총장인 CIO 카버(curtis carver)가 이 방침을 시행함에 있어 주요한 책임을 맡고 있다. 카버는 31개의 독립된 생각을 가진 대학 CIO들과 협력해야 한다. 이 자리는 그에게 서비스 판매를 요구한다. USG의 기관들은 기술계약을 그들 스스로 하도록 추구한다. 그래서 카버는 3~5개 대학들이 같은 제품을 사도록 계획하고 그들의 구매를 통합하고 서비스를 집중화할 수 있도록 시나리오를 구성하였다. 이것은 비용을 절감시킬 뿐 아니라 데이터베이스 관리와 분석 등의 분야에서 직원 부족 현상을 완화하는 데 도움을 주었다. IT의 중심 조직의 비전 선언문은 '만약 우리의 고객이 IT 서비스를 제공받을 사람을 뽑는다면, 그들은 우리를 선택할 것이다'라고 주장한다. 카버가 문제점을 해결하기 위해 어떻게 전략을 이용했는지 좀 더 자세한 예시를 보자.

한 대학의 한 수업은 정원 초과인데, 다른 학교의 같은 수업에 빈 자리가 있는 상황이 있다. 이런 상황을 관리하기 위해서, 대학들은 몇몇의 이러한 수업들에 대해 대학들 간에 영상 강의를 제공하기도 한다. 하지만 학생들은 등록 절차에서 심각한 문제를 제기한다.

또한 정원 초과된 수업과 대기해야 하는 상황은 학생들의 졸업 시점을 늦

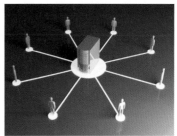
© Spectral-Design/iStockphoto

추고 이는 학자금 대출을 늘게 하고 그들이 사회에 나가 직장을 잡는 것 또한 늦추게 된다. 소수의 업체는 대학 간 등록을 가능하게 하는 소프트웨어를 판매하고 있지만, 카버는 이것을 복잡하고 많은 비용이 든다고 판단하였다. 대안으로, USG 시스템 개발자들은 대학 간 등록을 가능하게 하기 위해 컴퓨터 코드를 개발하였다. 이 소프트웨어는 USG 대학들 전반에 걸쳐 학생 정보시스템을 통합하여 각 수업의 총정원을 재현하였다. 이 시스템은 각 학생들의 본 학교의 인터페이스와 완벽하게 닮은 인터페이스를 제공한다. 그래서 만약에 코스탈조지아대학교(Coastal Georgia University)의 한 학생이 조지아주립대학교(University of Georgia)에 수업을 등록하면, 이 시스템은 코스탈조지아 시스템과 동일해서 추가적으로 등록을 하거나 등록비를 더 내지 않아도 된다. 현재 수천 명의 학생은 Intra-Georgia Registration Sharing System 혹은 Ingress라고 부르는 이 대학간 등록 시스템을 사용해서 수업에 등록하고 있다.

개발자들이 Ingress를 만든 후, 카버는 이 시스템이 최선책이라고 대학 멤버들을 설득해야 했다. 대학 CIO들은 가끔 이 서비스를 사용할지 여부에 대한 선택권이 있었다. 이 글을 쓰고 있는 현재 31개 USG 대학 중 22곳이 Ingress를 사용하고 있거나 도입 중에 있다. 카버는 개별 클라우드를 통해 주요 그룹에게 전달하는 데이터 나눔 센터 서비스에서도 동일한 접근을 사용했다. USG는 또한 30만 명의 주 학생들이 사용하는 Desire2Learn이라는 학습 관리 시스템의 작동을 중앙집권화했다. 마지막으로 카버는 USG가 Ingress를 다른 기관에도 판매할 수 있을지 탐색하고 있다.

출처 : C. Murphy, "Chiefs of the Year," *InformationWeek*, December 16, 2013; K. Flinders, "Universities Investing in Back-Office IT Systems," *Computer Weekly*, March 2, 2012; "University IT Departments Can Drive Efficiencies and Modernisation," *The Guardian*, June, 2011; "Information Technology in Higher Education: Survey of Chief Information Officers," *The Chronicle of Higher Education*, 2010; www.usg.edu, accessed January 25, 2014.

1. 조지아 주 대학 시스템이 그 시스템 안의 개별 대학들의 정보자원을 어떻게 관리하고 있는지 서술하라.

2. 조지아 주 대학 시스템에서 정보시스템의 중앙 관리는 어떤 장점을 갖

고 있는가?

3. 조지아 주 대학 시스템에서 정보시스템의 중앙 관리는 어떤 단점을 갖고 있는가?

다음 절로 넘어가기 전에…

1. 자신이 숙련된 사용자인지 점수를 매겨보라.
   (이것은 시험이 아니니 정직하게 답하라!)

2. 정보시스템에서 숙련된 사용자가 얻는 이득에 대해 설명하라.

3. IT 분야가 제공하는 다양한 취업기회에 대해 논의해보라.

개념 적용 1.1

학습목표 1.1 오늘날 정보시스템의 숙련된 사용자가 되는 것이 왜 중요한지 이유를 확인한다.

1단계 – 배경(당신이 배워야 하는 것)

1.1절은 비즈니스가 현대 기술을 활용하여 어떻게 그들의 고객과 공급자와 파트너와 다른 조직들을 연결시켜 생산성을 높이는지 논하고 있다. 이 연결성은 단순히 비즈니스를 지원하기 위해서 존재하는 것이 아니다. 당신은 얼마나 연결되어 있는지 실감하는가? 컴퓨터와 정보시스템은 우리의 일상생활에 기본적인 특징이 되었다. 대부분이 휴대전화를 손이 닿을 곳에 가지고 있고 불과 5분 전에도 보았을 것이다. 전화는 이제 더 이상 그냥 전화가 아니다. 오히려 가족, 친구, 쇼핑, 내비게이션, 엔터테인먼트(게임, 영화, 음악 등), 그리고 더 많은 것들과 연결해준다.

당신이 직장생활을 할 때, 당신은 아마 정보시스템과 거래를 포스트하고 검색을 하고 정보를 기록하는 것과 인터페이스할 것이다. 이 과업을 성취하기 위해서 어떤 산업으로 직장을 갖던지 컴퓨터와 함께 일을 효과적으로 해야 한다.

2단계 – 활동(당신이 해야 하는 것)

3개의 지역 비즈니스 웹사이트를 접속하라(은행, 치과, 소매점). 당신은 그들이 비즈니스 운용을 지지하기 위해 어떤 종류의 정보시스템을 사용하는지 알아낼 수 있는지 정보를 조사해 보라. 당신은 이 3개의 비즈니스 중에 유사점과 차이점을 찾을 수 있을 것이다. 또한 함께 일할 사람을 찾고 있는지 보라. 만약 그렇다면, 어떤 전문적 기술을 요하는가? 당신이 찾은 것들을 1~2문단으로 요약하라.

3단계 – 과제(당신이 제출해야 하는 것)

당신의 조사를 바탕으로 정보기술에서 왜 숙련된 사용자가 되는 것이 중요한지 5개의 이유를 알아보라. 당신의 이유를 지지하기 위해 요약한 결과를 참조하라. 교수님께 이 내용을 보내고 또한 잊지 말라. 당신은 진짜 세상(정확히 지역 세상)을 이제 본 것이고 이 수업을 듣는 이유를 확인한 것이다.

1.2 컴퓨터 기반 정보시스템의 개요

조직은 MIS의 기능적 분야들을 경영정보시스템 부서, 정보시스템 부서, 정보기술 부서, 정보 서비스 부서 등 여러 개의 다른 이름으로 부른다. 이름과 상관없이, 이 기능적인 분야들은 사람들이 정보를 처리하고 관리하는 것과 관련된 일을 수행하는 것을 돕기 위해 정보기술 도구를 계획하고, 개발하고, 관리하며, 사용하는 것이다. 정보기술은 사람들이 정보를 가지고 일을 하고, 조직의 정보와 정보처리에 대한 필요를 처리하기 위해 사용하는 컴퓨터 기반의 도구를 말한다.

앞서 말했듯이, 정보시스템은 특별한 목표를 위해 정보를 모으고, 처리하고, 저장하고, 분석하며, 전달한다. 정보시스템의 목적은 정확한 정보를 정확한 사람에게 적절한 시간에 정확한 양과 정확한 형태로 가져다주기 위한 것이라고 말한다. 정보시스템이 유용한 정보를 가져다주기 위해 고안된 것이기 때문에, 우리는 정보와 유사한 용어인 데이터(data)와 지식(knowledge)을 구별할 필요가 있다(그림 1.2 참조).

데이터 항목(data item)은 특별한 의미를 전달하고자 정리되지는 않았지만, 기록되고 분류되어 저장된 사물, 사건, 행동, 거래에 대한 기초적인 기술이다. 데이터 항목은 숫자나 글자, 수치, 소리, 이미지들이 될 수 있다. 데이터 항목의 예시는 숫자들의 모음(예 : 3.11, 2.96, 3.95, 1.99, 2.08)이나 알파벳들의 모음(예 : B, A, C, A, B, D, F, C)이다.

정보(information)는 그것들이 의미를 갖고, 수용자에게 가치가 있도록 정리된 데이터를 말한다. 예를 들어 학점(grade point average, GPA)은 그것 자체로는 데이터지만, 학생과 그의 학점이 함께 짝을 이루고 있다면 정보이다. 수용자는 정보를 가지고 의미를 해석하고, 결론과 영향을 추출해낸다. 앞서 제시된 데이터의 예시에 대해 생각해보자. 대학교 맥락에서 본다면, 숫

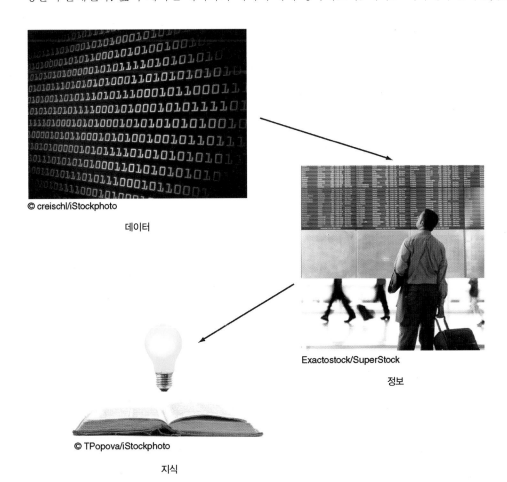

© creischl/iStockphoto

데이터

Exactostock/SuperStock

정보

© TPopova/iStockphoto

지식

그림 1.2 정보와 지식의 토대인 2진 부호는 복잡한 결정을 하는 데 중요한 열쇠이다.

자는 평점이 되고, 알파벳은 경영정보시스템 수업의 학점이 될 수 있다.

지식(knowledge)은 이해와 경험, 축적된 배움, 그리고 현재 비즈니스 문제에 적용하며 생긴 전문지식을 전달하기 위해 정리되고 처리된 데이터나 정보로 이루어져 있다. 예를 들어 당신의 학교에서 열리는 회사 리크루팅에서는 학점 3.0 이상인 학생이 경영학과에서 성공을 거두었다는 것을 오랜 시간을 통해 찾아냈다. 이렇게 축적된 지식에 기반하여, 그 회사는 학점이 3.0이 넘는 학생만 인터뷰하기로 결정할 수도 있다. 많은 사람들의 경험과 전문지식이 반영된 조직지식은 모든 직원들에게 크게 가치가 있다.

다음의 예시를 생각해보자.

데이터	정보	지식
무정황(情況)	**대학 맥락**	
3.16	3.16 + 존 존스 = GPA	* 직장인 후보
2.92	2.92 + 수 스미스 = GPA	* 대학원생 후보
1.39	1.39 + 카일 오언스 = GPA	* 장학생 후보
3.95	3.95 + 톰 엘리아스 = GPA	
무정황(情況)	**프로야구선수 맥락**	
3.16	3.16 + 켄 라이스 = ERA	* 피처를 유지할지, 트레이드할지,
2.92	2.92 + 에드 디아스 = ERA	마이너리그로 보낼지
1.39	1.39 + 휴 카 = ERA	* 연봉협상
3.95	3.95 + 닉 포드 = ERA	
GPA = 학점(높을수록 좋음)		
ERA = 방어율(낮을수록 좋음)		

당신은 여기서 아무런 정황 없이는 같은 데이터 항목도 다른 문맥들에서는 전혀 다른 것을 의미할 수 있다는 것을 알 수 있다.

이제 당신은 데이터, 정보 그리고 지식에 대해 정확히 이해할 수 있을 것이므로, 우리는 초점을 컴퓨터 기반 정보시스템으로 옮겨보고자 한다. 전에 언급했듯이, 이 시스템들은 데이터를 당신이 이용할 수 있는 정보와 지식으로 처리해준다.

컴퓨터 기반 정보시스템(computer-based information system, CBIS)은 의도하는 업무의 일부 혹은 전체를 수행하기 위해 컴퓨터 기술을 사용하는 정보시스템이다. 비록 모든 정보시스템이 컴퓨터화되어 있지는 않지만, 오늘날은 대부분 그렇다. 이러한 이유 때문에 정보시스템이라는 용어는 컴퓨터 기반 정보시스템과 동의어로 쓰인다. 다음은 컴퓨터 기반 정보시스템의 기본적인 구성요소이다. 처음 네 가지는 **정보기술 요소**(information technology component)라고 불린다. 그림 1.3은 이 네 가지 요소가 컴퓨터 기반 정보시스템과 어떻게 상호작용하는지를 보여준다.

- **하드웨어**(hardware)는 프로세서, 모니터, 키보드, 프린터와 같은 장비이다. 이 장비들은 함께 데이터와 정보를 받아들이고, 처리하고, 보여준다.
- **소프트웨어**(software)는 하드웨어가 데이터를 처리할 수 있게 하는 프로그램이나 프로그램들의 모음이다.
- **데이터베이스**(database)는 데이터를 포함하고 있는 관련된 파일들이나 표들의 모음이다.
- **네트워크**(network)는 서로 다른 컴퓨터들이 자료를 공유할 수 있도록 하는 연결 시스템

하드웨어
© Dzianis/iStockphoto

데이터베이스
© Alex Slobodkin/iStockphoto

절차   절차

© Blend_Images/iStockphoto
컴퓨터 기반 정보시스템

절차   절차

소프트웨어
© Oleksiy Mark/iStockphoto

네트워크
© alexsl/iStockphoto

(무선 혹은 유선)이다.

- **절차**(procedure)는 정보를 처리하고 원하는 결과를 생성하기 위해 하드웨어와 소프트웨어, 데이터베이스, 네트워크를 어떻게 결합하는지에 대한 지시들의 모음이다.
- **사용자**(people)는 하드웨어와 소프트웨어를 사용하고, 그것에 접속하며, 그 결과물을 사용하는 개인들이다.

그림 1.4는 이 요소들이 조직의 다양한 정보시스템을 이루기 위해 어떻게 통합되는지를 보여주고 있다. 도표의 아랫부분에서부터 시작해서, IT 요소인 하드웨어, 소프트웨어, 네트워크(무선 혹은 유선) 그리고 데이터베이스가 **IT플랫폼**(information technology platform)을 이루고 있는 것을 볼 수 있다. IT 부서에서는 이 요소들을 정보시스템을 개발하고, 보안과 위험을 감시하고, 데이터를 관리하기 위해 사용한다. 이러한 활동들을 **정보기술 서비스**(information technology service)라고 부른다. 정보기술 요소들과, 정보기술 서비스가 모여 조직의 **정보기술 기반구조**(information technology infrastructure)를 구성한다. 피라미드의 제일 꼭대기에는 다양한 조직적 정보시스템들이 있다.

컴퓨터 기반 정보시스템은 많은 능력을 갖고 있다. 표 1.3은 가장 중요한 것들을 요약하고 있다.

정보시스템은 넓은 범위의 응용 프로그램들을 통해 이 다양한 업무들을 수행한다. **응용 프로그램**(application, app, application program)은 특별한 업무나 비즈니스 처리 과정을 지원하기 위해 고안된 컴퓨터 프로그램이다. 각각의 기능 부서나 사업 내 부서는 여러 개의 응용 프로그램을 사용한다. 예를 들어 인적자원 부서는 때로는 지원자들을 가려내기 위해 한 응용 프로그램을 사용하고, 다른 응용 프로그램은 고용전환을 모니터링하기 위해 사용한다. 한 부서 응용 프로그램들의 모음을 주로 **부서 정보시스템**(departmenalt information system) 혹은 기능적 분야 **정보시스템**(functional area information system)이라고 부른다. 예를 들어 인적자원 분야에서

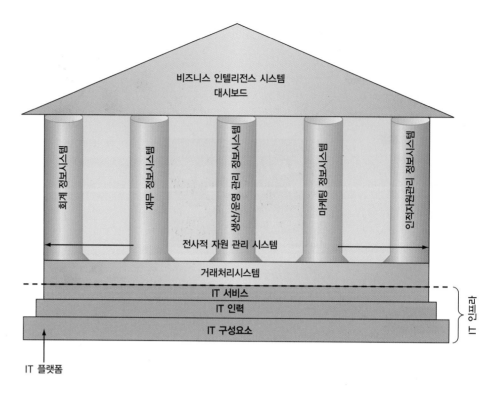

비즈니스 인텔리전스 시스템
대시보드

회계 정보시스템

재무 정보시스템

생산/운영 관리 정보시스템

마케팅 정보시스템

인적자원관리 정보시스템

전사적 자원 관리 시스템

거래처리시스템

IT 서비스

IT 인력

IT 구성요소

IT 인프라

그림 1.4 조직 안의 IT 구성요소

IT 플랫폼

표 1.3 정보시스템의 주요 능력

- 빠른 속도, 많은 양의 수치 계산
- 조직 간 혹은 조직 내에서 빠르고 정확한 커뮤니케이션과 협력 제공
- 작은 공간에 쉽게 접속할 수 있는 막대한 양의 정보 저장
- 전 세계적으로 막대한 양의 정보에 빠르고 저렴하게 접근 가능
- 막대한 양의 데이터를 빠르고 효율적으로 해석
- 반자동화 사업과 수동 작업의 자동화

사용하는 응용 프로그램의 모음은 인적자원 정보시스템(human resources information system, HRIS)이라고 부른다. 응용 프로그램들의 모음, 즉 부서 정보시스템은 회계, 재무, 마케팅, 생산/운영 등의 다른 분야에서도 쓰일 수 있다.

컴퓨터 기반 정보시스템의 유형

현대의 조직들은 여러 가지 다른 유형의 정보시스템을 사용한다. 그림 1.4는 하나의 조직에서 기능하는 정보시스템들의 다른 유형들을 보여주고, 그림 1.5는 여러 조직에서 기능하는 다른 유형들의 정보시스템을 보여주고 있다. 당신은 이제 거래처리시스템, 관리 정보시스템, 그리고 전사적 자원 관리 시스템을 제11장에서 배울 것이다. 제12장에서는 고객 관계 관리(customer relationship management, CRM)시스템, 제13장에서는 공급사슬 관리(supply chain management, SCM)시스템을 배울 것이다.

다음 절에서는 현대 기업에서 사용하는 다양한 종류의 정보시스템을 배울 것이다. 그리고 이러한 시스템들이 제공하는 지원의 종류도 배울 것이다.

정보시스템이 제공하는 지원의 범위 어떠한 정보시스템은 조직의 일부를 지원하고, 다른 것들

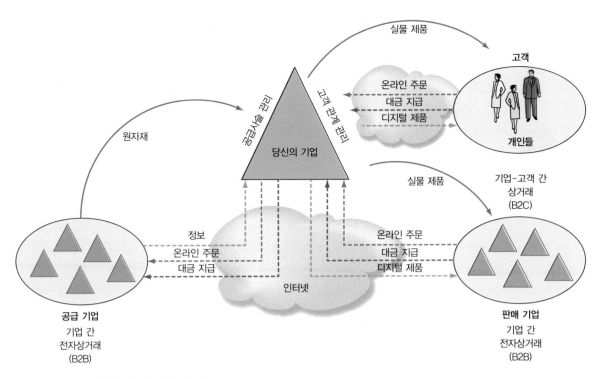

 위 그림의 레이블들:

- 실물 제품
- 고객
- 온라인 주문 / 대금 지급 / 디지털 제품
- 개인들
- 공급사슬 관리
- 고객 관계 관리
- 당신의 기업
- 원자재
- 정보 / 온라인 주문 / 대금 지급
- 인터넷
- 실물 제품
- 온라인 주문 / 대금 지급 / 디지털 제품
- 기업-고객 간 상거래 (B2C)
- 공급 기업 / 기업 간 전자상거래 (B2B)
- 판매 기업 / 기업 간 전자상거래 (B2B)

그림 1.5 다양한 조직에서 기능하는 정보시스템

은 전체 조직을 지원하며, 어떠한 것들은 조직들의 집합을 지원한다. 이 절은 이러한 모든 시스템을 다룬다.

조직의 각 부서나 기능적 분야는 그들만의 고유한 응용 프로그램이나 정보시스템 모음을 가지고 있었다는 것을 기억해보자. 이러한 **기능 정보시스템**(functional area information system, FAIS)은 그림 1.4의 비즈니스 인텔리전스 시스템과 대시보드에서 꼭대기에 있는 정보시스템을 지원하는 기둥이다. 이름이 제시하듯이, 각각의 FAIS는 조직 내의 특정한 기능적 분야를 지원한다. 예를 들어 회계 정보시스템(accounting IS), 재무 정보시스템(finance IS), 생산/운영 관리(POM) 정보시스템, 마케팅 정보시스템(marketing IS), 인적자원 정보시스템(human resource IS) 등이 있다.

조직의 다양한 기능적 분야들 내의 이러한 IT 시스템들의 예시를 생각해보자. 재무와 회계 분야에서 관리자들은 수익과 비즈니스 활동을 예측하고, 가장 조건이 좋은 자원과 자금의 사용을 결정하고, 조직이 기본적으로 건전한 상태인지, 모든 재무 보고서와 문서가 정확한지 확인하기 위해 감사를 수행하는 데 IT 시스템을 사용한다.

판매와 마케팅에서 관리자들은 다음과 같은 기능을 수행하기 위해 정보기술을 사용한다.

- 제품 분석 : 새로운 상품과 서비스를 개발한다.
- 장소 분석 : 생산과 배송 시설을 위한 가장 좋은 장소를 결정한다.
- 프로모션 분석 : 가장 좋은 광고 채널을 알아낸다.
- 가격 분석 : 가장 높은 총수익을 얻기 위한 제품가격을 책정한다.

© Sonda Dawes/The Image Works

또한 마케팅 관리자들은 그들과 고객의 관계를 관리하기 위해 정보기술을 사용한다. 제조 분야에서 관리자들은 고객정보를 처리하고, 생산계획을 짜고, 재고 수준을 조절하고, 제품 품질을 모니터링하는 데 정보기술을 사용한다. 그들은 또한 제품을 디자인하고 생산하는 데 정보기술을 사용한다. 이러한 과정들을 CAD(computer-assisted design)와 CAM(computer-assisted manufacturing)이라 부른다.

인적자원 분야의 관리자들은 채용 과정을 관리하고, 지원자를 분석하고 선별하며, 새로운 직원을 채용하는 데 정보기술을 사용한다. 그들은 또한 정보기술을 직원들이 그들 자신의 경력을 관리하고, 직원에 대한 성취도 시험을 관리하고, 직원 생산성을 감독하는 데 사용한다. 마지막으로, 그들은 급여와 수당을 관리하는 것에 정보기술을 사용한다.

전사적 자원 관리시스템과 거래처리 시스템, 이 2개의 정보시스템은 전체 조직을 지원한다. **전사적 자원 관리시스템**[enterprise resource planning(ERP) system]은 FAIS 간의 소통 부족을 보완하기 위해 고안되었다. 그 결과로, 그림 1.4에서 보여지듯이 ERP 시스템을 여러 FAIS에 걸쳐 있다. 기존에는 다양한 FAIS가 홀로 사용되는 시스템으로 개발되었고, 서로 효율적으로 소통되지 않았기 때문에 ERP 시스템은 중요한 혁신이었다. ERP 시스템은 이러한 문제를 공동 데이터베이스로 FAIS를 밀접하게 통합함으로써 해결했다. 그렇게 함으로써 그들은 조직의 기능적 분야들 간의 소통을 강화했다. 이러한 이유로, 전문가들은 ERP 시스템이 조직의 생산력 증가에 큰 영향을 주었다고 평가한다.

거래처리시스템(transaction processing system, TPS)은 각 데이터를 생산하는 조직의 기본적인 사업 거래들의 데이터를 모니터링하고, 모으고, 저장하고, 처리하는 것을 지원한다. 예를 들어 당신이 월마트에서 계산을 할 때, 종업원이 제품을 바코드 리더기에 매번 갖다 대면, 이것은 한 번의 거래이다. 거래에 대한 정의는 조직마다 다르다. 예를 들어 회계에서 거래란 기업의 회계 차트를 바꾸는 모든 것이다. 정보시스템에서 거래에 대한 정의는 광범위하다. 거래는 회사의 데이터베이스를 바꾸는 모든 것이다. 회계 차트는 기업 데이터베이스의 한 부분일 뿐이다. 학생이 MIS 수업의 반을 옮기는 시나리오를 생각해보자. 이 이동은 대학 입장에서는 거래지만, 대학 회계 부서의 거래는 아닐 것이다(학비는 변하지 않을 것이다).

TPS는 데이터를 지속적으로, 주로 실시간으로 모은다. 즉 데이터가 생성되자마자 회사의 데이터베이스에 인풋 데이터를 제공한다. TPS는 핵심적인 운영을 지원하기 때문에 회사의 성공에 매우 중요한 것으로 여겨진다. 거의 모든 ERP 시스템은 TPS이다. 하지만 모든 TPS가 ERP 시스템은 아니다. 사실 현대의 ERP 시스템은 이전에 조직의 기능적 정보시스템에서 처리했던 많은 기능을 통합했다. TPS와 ERP에 대해서는 제11장에서 자세히 배울 것이다.

ERP 시스템과 TPS는 한 조직 내에서 주로 기능한다. 하나 혹은 그 이상의 조직들을 연결하는 정보시스템을 **조직 간 정보시스템**(interorganizational information system, IOS)이라고 부른다. IOS는 다양한 기업 간 운영을 지원하는데, 공급사슬 관리가 가장 잘 알려져 있다. 조직의 **공급사슬**(supply chain)은 자재, 지식, 돈, 서비스가 가공되기 전의 공급자로부터 공장과 창고를 거쳐 마지막으로 고객에게 가기까지의 흐름이다.

그림 1.5의 공급사슬이 물질적 흐름, 정보의 흐름, 재정적 흐름을 보여준다는 것에 주목하자. 디지털 제품들은 전자적 형태로 표현 가능한 음악과 소프트웨어 같은 것이다. 정보 흐름, 재무 흐름, 디지털 제품은 인터넷을 통해 움직이고, 실물 제품은 운송된다. 예를 들어 당신이 www.dell.com에서 주문하면, 당신의 정보는 인터넷을 통해 델에게 가다 당신의 거래가 끝나면(당신의 신용카드가 승인되어 주문이 처리되면), 델은 당신에게 컴퓨터를 운송해준다. (공급사슬에 대해서는 제13장에서 더 다룰 것이다.)

전자상거래 시스템[electronic commerce(e-commerce) system]은 조직 간 정보시스템의 또 다른 유형이다. 조직 간의 거래를 가능하게 해주는 전자상거래 시스템은 기업 간(B2B) 전자상거래라 불리고, 고객과 기업 간 거래 수행을 도와주는 것은 기업과 고객 간(B2C) 전자상거래라 불린다. 전자상거래 시스템은 주로 인터넷에 기반하고 있다. 그림 1.5는 B2B와 B2C 전자상거래를 보여주고 있다. 전자상거래는 중요한 내용이라서 제9장에서 추가적인 예시와 함께 다른 유형의 전자상거래 시스템에 대해 배울 것이다.

조직원들에 대한 지원 지금까지 당신은 특정한 분야와 운영을 지원하는 정보시스템에 집중해 왔다. 이제 우리는 조직 내 특정한 구성원을 지원하는 정보시스템에 대해 배울 것이다.

조직의 모든 계층에서 관리자를 지원하는 **사무직 직원**은 회계장부 담당자, 비서, 전자파일링 직원, 보험처리사 등을 포함한다. 하급 관리자는 직원들에게 업무를 할당하고, 지불 주문을 하는 등 일상적인 결정을 내리는 그날그날의 운영을 처리한다. **중간 관리자**는 단기 계획과 조직, 관리 등의 활동을 다루는 운영전략상의 결정을 내린다.

지식노동자(knowledge worker)는 재무와 마케팅 분석가, 변호사, 회계사와 같은 전문 인력들이다. 모든 지식노동자는 특정한 분야에서 전문가이다. 그들은 비즈니스에 쓰이는 지식과 정보를 창조한다. 지식노동자들은 중간 관리자와 임원들에게 조언자 역할을 수행한다. 마지막으로, 임원은 사업이 수행되는 방식을 바꿀 수 있는 상황에 대한 결정을 한다. 임원 결정의 예는 새로운 생산라인의 도입, 다른 사업의 합병, 외국으로의 공장 이전 등이 있다.

사무 자동화 시스템(OAS)은 주로 사무직 직원과 중간 이하 관리자, 그리고 지식노동자를 지원한다. 이 직원들은 서류를 만들고(워드프로세서와 데스크톱 출판 소프트웨어), 스케줄 관리(전자 달력), 그리고 소통(이메일, 보이스메일, 화상회의, 그룹웨어) 등에 사용한다.

FAIS는 주로 중간 관리자들을 위해 데이터를 요약하고 보고서를 준비하지만, 때로는 하급 관리자들을 위한 업무를 수행하기도 한다. 이 보고서들은 주로 특정한 기능적 분야에 관한 것이기 때문에, 보고서 생성기(report generator, RPG)는 정보시스템의 중요한 기능적 분야의 유형이다.

비즈니스 인텔리전스 시스템[business intelligence(BI) system]은 주로 중간 관리자와 지식노동자에게 복잡하고 일상적이지 않은 결정들에 대한 컴퓨터 기반 지원을 제공한다(하급 관리자를 지원하기도 하지만 범위가 더 작다). 이 시스템들은 주로 데이터 웨어하우스와 함께 사용되는데, 사용자가 자기 고유의 데이터 분석을 할 수 있도록 해준다. BI 시스템에 대해 제5장에서 배울 것이다.

전문가 시스템(expert system, ES)은 추론 능력, 지식, 그리고 특정한 분야 내의 전문지식을 적용해서 전문가의 일을 복제하려는 시도를 한 것이다. 전문가 시스템은 주로 의사결정과 관련된 많은 응용 분야에서 가치가 있지만 의사결정과 관련된 영역에만 국한되지는 않는다. 예를 들어 내비게이션 시스템은 길을 선택하기 위해 규칙을 사용하지만, 우리는 주로 이러한 시스템을 전문가 시스템으로 생각하지는 않는다. 전문가 시스템은 홀로 쓰이는 시스템으로 운영될 수도 있고, 혹은 다른 응용 프로그램에 삽입될 수도 있다.

대시보드 또는 **디지털 대시보드**(digital dashboard)는 조직의 모든 관리자를 지원하는 정보시스템의 특별한 형태이다. 대시보드는 시의적절한 정보에 대한 **빠른** 접근과, 보고서 형태의 구조화된 정보에 대한 직접적인 접근을 제공한다. 임원에게 필요한 정보로 재단된 대시보드는 임원 대시보드(executive dashboard)라 한다. 제5장에서 대시보드에 대해 이야기할 것이다.

표 1.4는 조직의 서로 다른 정보시스템 유형에 대한 개관을 보여주고 있다.

표 1.4 조직의 정보시스템 유형

시스템 유형	기능	예시
기능적 분야 정보시스템	특정한 기능 분야 활동들을 지원한다.	급여 처리 시스템
거래처리 시스템	비즈니스 이벤트로부터 발생하는 거래 데이터를 처리한다.	월마트의 계산대
전사적 자원 관리 시스템	조직의 모든 기능적 분야를 통합한다.	오라클, SAP
사무 자동화 시스템	개인과 그룹의 일상적인 업무 활동을 지원한다.	마이크로소프트 오피스
경영정보시스템	주로 한 기능적 분야의 거래데이터를 요약한 보고서를 생산한다.	각 고객에 대한 판매 보고서
의사결정 지원 시스템	데이터와 분석 도구에 대한 접근을 제공한다.	예산 변경에 따른 'what-if' 분석
전문가 시스템	특정 분야의 전문가를 모방하고 결정한다.	신용카드 승인 분석
임원 대시보드	임원에게 중요한 비즈니스의 측면들을 구조화하고 요약해서 제공한다.	제품별 판매 상태
공급사슬 관리 시스템	조직 내의 제품, 서비스, 정보의 흐름을 관리한다.	공급자를 월마트에게 연결하는 월마트의 소매점 연결 시스템
전자상거래 시스템	조직 간 거래와 조직과 고객 간 거래를 가능하게 한다.	www.dell.com

다음 절로 넘어가기 전에…

1. 컴퓨터 기반 정보시스템은 무엇인가?
2. 컴퓨터 기반 정보시스템의 요소를 설명하라.
3. 응용 프로그램은 무엇인가?
4. 정보시스템이 어떻게 지식노동자에게 지원을 제공하는지 설명하라.
5. 우리가 일반 직원에서 임원으로 조직 내 계층이 올라감에 따라, 정보시스템에 의한 지원 유형이 어떻게 달라지는가?

개념 적용 1.2

학습목표 1.2 조직 내 다양한 컴퓨터 기반 정보시스템에서 지원하고 있는 활동들을 구분한다.

1단계 – 배경

이 절은 당신이 일할 기능 부서와 그 부서들을 지원하는 서로 다른 시스템에 대해 논의하였다. 이 기능 부서들은 대부분의 경영대학에서 당신이 선택할 수 있는 전공이다. 4개의 주요 기능 부서는 마케팅과 판매, 재무와 회계, 제조, 인적자원 관리다. 종종 서로 다른 기능 부서들이 회사 내에 있는 같은 데이터베이스와 네트워크를 사용하면서도 그들의 특정한 필요를 지원하는 데 또 이들을 사용한다. 이 활동은 당신이 서로 다른 기능 부서에 있어서 정보시스템의 역할을 이해하는 데 도움을 줄 것이다.

2단계 – 활동

대부분의 회사에 있는 마케팅과 판매, 재무와 회계, 제조, 그리고 인적자원 관리 부서의 주요 기능을 설명하는 이 절의 자료들을 살펴보라. 그리고 나서 거래처리 시스템, 경영정보시스템, 그리고 의사결정 지원 시스템의 기본 기능을 살펴보라. 기능 부서와 그를 지원하는 정보시스템에 대해 확실히 이해했다면 당신은 다음 활동으로 넘어갈 준비가 된 것이다.

3단계 – 과제

다양한 컴퓨터 기반의 정보시스템에 의해 완결되어야 하는 활동들로 다음의 차트를 완성하라, 도움을 주기 위해 각 정보시스템에 1개의 항목을 미리 채워 놓았다. 차트를 완성하면 교수에게 제출하라.

	거래처리	경영처 관리	의사결정 지원
마케팅/판매	자료 입력		
재무/회계			
인적자원			EEOC 기준 준수
제조		재고 보고	

1.3 IT는 어떻게 조직에 영향을 미치는가

이 책 전반에서 당신은 IT가 어떻게 다양한 종류의 조직에 영향을 미치는지에 대한 수많은 예시를 만나게 될 것이다. 이 부분은 현대 조직에 대한 IT 영향의 개관을 제공한다. 이 부분을 읽으면서 당신은 이 각각의 영향들이 당신에게도 어떻게 영향을 주는지 배우게 될 것이다.

IT는 중간 관리자의 수를 줄일 것이다

IT는 관리자들을 더욱 생산적으로 만들고, 한 사람의 관리자에게 보고할 수 있는 직원의 수를 늘린다. 이러한 방법으로 IT는 궁극적으로 관리자와 전문가의 수를 줄인다. 그러므로 앞으로는 조직들이 더 적은 관리자와 스태프, 라인 관리자를 필요로 할 것이라고 추측하는 것이 합리적이다. 이러한 추세가 구체화된다면 승진 기회는 줄어들 것이며, 승진은 더욱 경쟁적이 될 것이다. 결론 : 학교에서 주의를 기울여라!

IT는 관리자의 일을 변화시킬 것이다

관리자의 가장 중요한 일 중 한 가지는 결정을 내리는 것이다. IT의 주요한 결과 중 한 가지는 관리자들이 결정을 내리는 방식의 변화이다. 이러한 방법으로, IT는 궁극적으로 관리자의 일을 변화시키고 있다.

IT는 종종 관리자에게 실시간 정보를 제공한다. 이것은 관리자가 결정을 내리는 데 적은 시간이 드는 것을 의미하고 그들의 일을 더욱 스트레스 높은 일로 만든다. 다행히도 IT는 관리자가 진행 중인 일에 대한 많은 양의 정보를 다루는 것을 도와주는 다양한 도구를 제공한다. 예를 들어 대시보드와 같은 비즈니스 인텔리전스 애플리케이션, 검색 엔진, 그리고 인트라넷 등이다.

우리는 이 부분에서 일반 관리자들에 초점을 두었다. 이제 당신에게 초점을 두어보자. IT의 진보로 인해 당신은 지정학적으로 분산되어 있는 직원과 팀을 더욱 잘 지휘하게 될 것이다. 직원들은 언제 어디서든 일을 할 수 있고, 팀은 전 세계적으로 분산되어 있는 직원들로 구성될 수 있다. 텔레프레전스(telepresence, 제4장에서 논의)와 같은 정보기술은 당신이 이 사람들을 직접 자주 보지 않아도 관리하는 것을 도와줄 수 있다. 이러한 직원들을 전자적으로 혹은 '원격'으로 관리하는 것이 표준이 될 것이다. 원격 관리는 성과는 강조하되, 개인적 관계와 사무실 역학관계는 덜 중요하게 될 것이다. 당신은 당신의 직원들에게 그들이 조직 안에서 가치 있는 조직원이라는 것을 재확신시켜야 할 것이다. 그렇게 함으로써 그들이 느끼게 될지도 모르는 고립감과 고독감을 줄이게 될 것이다.

IT가 직무를 없애버릴까?

모든 직원의 주요한 걱정 중 한 가지는 직무 안정성이다. 현대 조직의 끊임없는 비용감소 방법은 종종 대량 해고를 동반한다. 간단히 말해 조직은 오늘날 강도 높은 경쟁 환경에서 더 적은 수로 더 많은 일을 함으로써 대응한다. 당신의 직위에 상관없이, 당신은 지속적으로 당신의 조직에 가치를 더해야 하며, 당신의 상관이 이러한 가치를 알게 만들어야 한다.

많은 기업들은 경기침체, 글로벌 경쟁, 맞춤화 요구 증대, 그리고 고객의 세련화에 IT에 대한 투자 증대로 대응하고 있다. 사실, 지속적으로 컴퓨터의 지능과 능력이 진보함에 따라 사람을 기계로 대체하는 것의 경쟁우위는 급속도로 증가하고 있다. 이러한 과정은 종종 직원 해고로 이어진다. 그러나 동시에 IT는 전자 의학기록 관리와 나노기술과 같이 완전히 새로운 범주의 직업을 만들어내기도 한다.

IT는 직원들에게 영향을 준다

많은 사람들은 컴퓨터화 때문에 정체성의 상실을 경험해 왔다. 컴퓨터가 컴퓨터화가 되지 않은 시스템에서 존재하던 인간의 요소를 줄이거나 혹은 제거해 버리기 때문에 사람들은 단지 또 하나의 숫자라고 느낀다.

인터넷은 컴퓨터와 텔레비전보다 더욱 많은 고립을 초래할 조짐을 보인다. 사람들이 그들의 거실에서 일과 쇼핑을 하도록 촉진하는 것은 우울증, 외로움과 같이 불행한 심리적 상태를 만들어낸다.

IT는 직원의 건강과 안전에 영향을 준다 비록 컴퓨터와 정보시스템이 일반적으로 '진보'의 대리자로 여겨지더라도, 반대로 이것들은 개인의 건강과 안전에 영향을 미칠 수 있다. 이 점에 대한 예시를 보여주기 위하여, 우리는 IT와 관련된 직무 스트레스와 키보드의 장시간 사용이라는 두 가지 이슈를 살펴보고자 한다.

직원의 업무량과 책임감의 증가는 직무 스트레스를 유발할 수 있다. 비록 컴퓨터화가 생산성 향상을 통해 조직에 이익을 주었지만, 직원들의 업무량을 증가시킨 것도 사실이다. 어떤 직원은 부담감을 느끼고 그들의 업무 수행에 대해 지속적으로 걱정을 한다. 이러한 걱정과 스트레스의 감정은 그들의 육체적, 정신적 건강을 해치는 동시에 직원의 생산성을 향상시키기보다는 하락시킨다. 관리자는 훈련을 제공하고, 직원들 사이에 업무량을 재분배하고, 직원들을 더 고용함으로써 이러한 문제들을 경감해주는 데 도움이 될 수 있다.

더욱 구체적 수준에서, 키보드의 오랜 사용은 요통과 팔목과 손가락의 근육긴장과 같은 반복적 긴장 장애로 이어질 수 있다. 손목터널증후군은 특히 손목과 손에 영향을 주는 반복적 긴장 장애의 고통스러운 형태이다.

디자이너들은 장기간 컴퓨터 사용과 연관된 잠재적 문제들을 안다. 이러한 문제들을 해결하기 위하여 그들은 더 나은 컴퓨터 환경을 설계하려고 노력한다. 고통과 병을 최소화하기 위한 직무 환경과 기계를 디자인하는 과학을 **인간공학**(ergonomics)이라 부른다. 인간공학의 목표는 안전하고 채광이 좋으며 편안한 환경을 창조하는 것이다. 인간공학적 설계 상품의 예로는 눈의 피로와 피해 문제를 줄이는 눈부심 방지 스크린과 요통을 줄이기 위한 인체 윤곽 의자가 있다. 그림 1.6은 인체공학 상품의 예를 보여주고 있다.

IT는 장애를 가진 사람들에게 기회를 제공한다 컴퓨터는 말과 시각 인식 능력을 결합함으로써 장애를 가진 사람에게 새로운 고용 기회들을 만들어낼 수 있다. 예를 들어 타자를 치지 못하는 사람은 음성 인식 키보드를 사용할 수 있으며 이동을 못하는 사람은 재택근무를 할 수 있다.

더 나아가, 컴퓨터에 맞추어진 장비는 장애를 가진 사람들에게 그들이 일반적으로 할 수 없는 일을 하게 해준다. 당신은 웹과 그래픽 사용자 인터페이스(예 : 마이크로소프트 윈도우)가

Media Bakery

(a)

Media Bakery

(b)

그림 1.6 컴퓨터 사용자를 보호하는 경제적 상품

(a) 손목지지대
(b) 척추지지대
(c) 눈 보호 필터(광학 유리)
(d) 조정 가능한 발 거치대

Media Bakery

(a)

Media Bakery

(b)

여전히 손상된 시력을 가진 사람들의 삶을 어렵게 만든다는 점을 알아야 한다. 이 문제를 해결하기 위한 소리 나는 스크린과 음성 인터페이스의 추가는 그래픽 인터페이스가 표준이 되기 이전 시대와 같이 (여러 가지) 기능성을 복원할 수 있다.

다른 장치들은 일상적이지만 유용한 방법으로 장애를 가진 사람들의 삶의 질을 향상하는 데 도움을 준다. 양방향 필기 전화기, 책장 넘기는 로봇, 머리 손질기, 병원침대에서 동물원이나 박물관을 여행할 수 있는 비디오들이 그 예이다. 몇몇 조직은 장애를 가진 사람들을 위해 IT 디자인을 전문화하고 있다.

┌───┐
│ **다음 절로** 넘어가기 **전에…**   │
│   │
│ 1. 왜 모든 기능 분야의 직원들은 IT에 대한 지식이 있어야 하는가? │
│ 2. IT가 어떻게 관리자의 일을 변화시킬 것인지 묘사하라.   │
│ 3. IT가 직원들에게 영향을 주는 몇 가지 방법에 대하여 논해보라. │
└───┘

개념 적용 1.3

학습목표 1.3 정보기술이 관리자와 일반 직원에게 영향을 미치는 방식을 논의한다.

1단계 – 배경

1.3절은 비즈니스에서 정보시스템을 사용하는 본질적 이유가 일상적인 활동에 가치를 더하기 때문이라는 점을 지적한다. 사실 IS는 관리자와 비관리자의 특성을 근본적으로 바꿨다. 관리자는 월간 자료로만 가능했던 기존 정보의 족적을 즉각적으로 찾기 위해 IS를 이용했다. 보조직원은 달력과 전 직원의 스케줄을 보고 미팅 스케줄을 좀 더 쉽게 잡을 수 있게 되었다. 영업 관리자는 고객을 만나면서 현재 판매 가능한 제품을 확인할 수 있게 되었다. 이것들은 현재 비즈니스에서 기술이 바꿔 놓은 수많은 작업 환경 중에 일부도 되지 않는다.

당신이 직업적으로 흥미로워하는 산업을 생각해보라. 사진? 치과? 은행? 패션? 부동산? 운송? 한 가지(혹은 2~3개) 분야를 정한 다음에 웹에서 "어떻게 정보시스템이 [당신이 정한 분야를] 바꾸었는가?"를 검색하라. 예를 들면 "어떻게 정보시스템이 치과의학을 바꾸었는가?"를 검색하면 많은 흥미로운 정보를 얻을 수 있을 것이다.

3단계 – 과제

당신이 찾은 것들을 바탕으로, 정보시스템이 관리자와 비관리자에게 어떤 영향을 미치는지 최소한 세 가지를 몇 개의 문단으로 작성하라. 교수님께 이 과제물을 제출하라. 당신이 정보를 찾은 링크를 포함하는 것을 확실히 해야 한다.

1.4 왜 정보시스템이 사회에 중요한가

이 절에서는 왜 정보시스템이 사회에 중요한지에 대하여 아주 자세하게 설명할 것이다. 사회에 대한 IT 영향의 다른 예시들은 책 전반을 통해 나타날 것이다.

IT는 우리 삶의 질에 영향을 준다

IT는 우리의 삶의 질에 매우 중요한 의미를 갖는다. 직장은 전통적으로 한 곳에 모여 아침 9시부터 오후 5시까지 일하는 것에서 어느 곳에서나 하루 24시간 일하는 것으로 확장될 수 있다. 비록 이것이 근로자의 자유시간 총량을 증가시키지는 않더라도 자유시간의 질을 막대하게 개선할 수 있는 유연성을 제공할 수 있다.

그러나 반대로 IT는 근로자들이 휴가 중일 때조차 절대 사무실에서 벗어날 수 없게 하는 '끊임없는 연락' 상황에 놓이게 할 수 있다. 사실 최근의 투표에서 응답자의 대부분이 그들의 최근 휴가에 노트북과 스마트폰을 가져갔고, 또 모든 응답자가 휴대전화를 가져갔다는 것을 보여주었다. 더 나아가, 대부분의 응답자는 휴가 중에 일을 했고 그들 모두는 정기적으로 이메일을 확인했다.

로봇의 진화

한때 공상과학 영화에서만 볼 수 있었던 로봇은 실용적 일을 수행하는 분야에서 더욱 일반화되고 있다. 사실 '로봇 개', 간호 로봇, 그리고 다른 기계적 존재들은 우리가 알아채기 전에 우리의 동료가 될 것이다. 전 세계적으로 준자동화(quasi-autonomous) 기계들은 공장, 병원, 농장에서 보편화되고 있다. 우리 가정에서 아이로봇(www.irobot.com)은 바닥을 청소하는 룸바, 바닥을 닦는 스쿠바, 차고를 청소하는 더티독, 수영장을 청소하는 베로, 그리고 하수로를 청소하는 루즈를 생산하고 있다. 이 장의 마무리 사례에서는 새로운, 더 사람에 가까운 로봇인 백스터에 대해 알아보았다.

로봇은 여러 분야에서 점점 더 많이 활용되고 있다. '비즈니스에서 IT 1.2'에서는 3개의 추가적 로봇 종류에 대해서 논하고 있다 — 텔레프레전스 로봇, 무인자동차, 무인항공기.

로봇의 다른 종류

텔레프레전스 로봇. 텔레프레전스 로봇은 카메라, 마이크, 스피커, 그리고 생중계 비디오를 보여주는 화면을 가진 바퀴 달린 로봇이고 원격 조정을 통하여 사람들을 멀리 있는 건물로 가상으로 움직일 수 있게 한다. 이런 로봇 지지자들은 다른 장소에서 당신을 상징하는 것을 원격 조정함으로써 당신의 접촉성을 향상시키고, 영향력을 높이고, 권위를 과시할 수 있다고 주장한다. 이 로봇은 직장동료, 고객, 의뢰인들과 연결을 꾸준히 유지할 수 있게 한다. 흥미롭게도 이 로봇은 사람들이 사람 사이의 미팅에서 느낄 수 있는 어색함의 장벽을 무너뜨린다.

텔레프레전스 로봇은 기업에서 발생하는 여행이나 화상회의에 드는 비용을 절감할 수 있도록 설계되었다. 그들은 복잡한 화상회의를 사용하지 않아도 멀리 떨어진 회사나 장소에서 풍부한 의사소통을 경험할 수 있도록 한다.

또한 사업을 함에 있어 텔레프레전스 로봇은 여러 분야에 이용된다. 예를 들면 집을 구입하고자 하는 사람들에게 거리감 있는 집들도 가상으로 보여줄 수 있고, 사무실 야간 순찰을 저렴한 비용에 제공할 수 있고, 관리자들이 현장을 감독하도록 할 수 있고, 그리고 외식을 하고 있는 부모님들이 집에 남아 있는 아이들을 지켜볼 수 있다.

실제로 텔레메디슨과 같이 텔레프레전스 로봇은 의사들이 멀리 있더라도 침대 머리맡에서 상담해주듯이 할 수 있다. 하나의 자세한 예로, 브라질 올림픽조직위원회는 2016년 리우데자네이루에서 열리는 올림픽의 수술실에 텔레프레전스 로봇을 가져다 놓을 것이다. 위원회의 최고 의료 담당자는 의사가 경기에 함께 하지 못하는 선수가 수술을 받을 경우 브라질 전문의에게 조언할 수 있다고 설명하였다.

무인자동차. 무인은 일반적으로 사람의 조종 없이 기계가 의사결정을 할 수 있는 것을 뜻한다. 가장 잘 알려진 무인자동차의 예는 구글드라이버리스카(Google driverless car)이다. 구글은 이 무인자동차가 50만 마일을 사고 없이 자율주행했다고 발표했다. 2014년 중반, 4개 주(네바다, 플로리다, 캘리포니아, 미시간)가 무인자동차의 주행 법안을 통과시켰다. 그럼에도 구글은 상업적으로 개발할 것인지에 대한 계획은 발표하지 않았다. 캘리포니아 주 차량관리부 검사는 '사람이 차량을 조작한다고 추정한다'는 주의 법을 인용하며 구글의 기술이 '여러 방면에서 법을 앞서가고 있다'고 염려하고 있다.

아우디, 도요타, 캐딜락, 포드 또한 무인자동차를 개발하고 있다. 구글의 무인 시험 자동차는 대당 15만 달러의 장비 비용이 드는 것에 주목해야 한다. 많은 자동차 제조회사들이 무인자동차를 계발함에 따라 그 가격은 의심할 여지없이 빠르게 낮아질 것이다.

무인항공기. '드론'으로 알려진 무인항공기는 사람 파일럿 없이 작동하는 항공기이다. 이것은 항공기 내부에 탑재되어 있는 컴퓨터로 자체적으로 조종되거나 혹은 지상이나 다른 항공기의 조종사가 원격으로 조종한다. 무인항공기는 군사적 용도로 크게 배치되었지만, 민원을 위한 경찰, 소방, 비군사적 안보인 출입국관리, 그리고 파이프라인 감시로서의 활용도 많아지고 있다. 드론의 한 가지 흥미로운 용도로 소매업 부분이 있다. 2014년, 아마존 CEO 베조스(Jeff Bezos)는 5파운드 미만 무게의 택배 배달에 드론의 사용을 평가하고 있다고 발표하였다.

무인항공기에서 무인기술을 개발하는 궁극적인 목표는 사람 파일럿을 대체하기 위함이다. 결국 무인항공기는 인공지능으로 이륙, 착륙, 그리고 그들 스스로 조종할 수 있도록 하는 것이 목표이다. 하지만 이 무인기술의 인지 그리고 더 중요한 것은 이런 기술을 둘러싼 정치 풍토가 무인항공기의 활용과 발달에 제한을 줄지 여부는 두고 보아야 한다.

미국 내부적으로 무인항공기 사용에 대해 많은 논란이 있다(미군은 현재 파키스탄과 예멘에 무인항공기를 배치하였다). 드론은 감시용으로 매우 영향력 있고, 안면 인식 시스템, 자동차 번호판 스캐너, 열 화상 카메라, 오픈 와이파이 스캐너, 그리고 더 많은 종류의 센서를 탑재할 수 있다. 2012년 1월 10일, 언론의 자유와 사생활 관리 분야의 활동그룹인 전자프런티어재단(Electronic Frontier Foundation, EFF)은 미 연방항공국을 정보의 자유 법률에 따라 고소했다. 그래서 미 연방항공국은 처음으로 국내 무인항공기 허가를 받은 모든 공공단체와 민간기업 리스트를 공개하였다. 그중에는 국토안보부의 미국 세관 및 국경보호기관(U.S. Customs and Border Protection Agency, CBP)도 있었다. CBP는 2005년부터 미국 국경 순찰을 위해 무인항공기를 사용해 왔다. 리스트의 기업들 중에는 FBI, 국방부, 그리고 지역 법집행기관들도 있었다.

중요한 것은, 미국 국민들은 무인항공기를 이용한 항공감시로부터 법적 사생활 보호가 많이 되고 있지 않다는 것이다. 한 가지 예로, 미 대법원에서는 개인 부동산이더라도 개인은 공공 공역에서 경찰의 감시로부터 사생활 권리가 없다고 했다. 무인항공기의 감시로부터 법적 보호가 낮기 때문에 시민 자유 옹호 단체들은 사생활 보호와 무인항공기가 사용되는 개인정보에 대한 법과 규정을 만들도록 미 정부를 압박했다.

출처 : T. Simonite, "A Telepresence Machine to Watch the Kids or Visit Grandma," *MIT Technology Review*, January 15, 2014; R. Nakashima, "Carmakers: Driverless Cars Need Legal Framework," *ABC News*, January 10, 2014; H. Kelly, "Driverless Car Tech Gets Serious at CES," *CNN*, January 9, 2014; "Balancing Safety, Privacy in Use of Drones," *Star Tribune*, January 7, 2014; "Ford Joins Driverless Car Stampede," *Automotive News*, December 12, 2013; T. Jackovics, "Florida Aims to Lead Driverless Car Revolution," *The Tampa Tribune*, November 10, 2013; A. Vance, "Google Self-Driving Robot Cars Are Ruining My Commute," *Bloomberg BusinessWeek*, March 28, 2013; J. Horgen, "Unmanned Flight," *National Geographic*, March 2013; W. Knight, "The Perfect Parking Garage: No Drivers Required," *MIT Technology Review*, March 27, 2013; "Your Alter Ego on Wheels," *The Economist*, March 9, 2013; M. Whittington, "Law Proposed in Texas to Require Licensed Driver in Self-Driving Vehicles," *Yahoo! News*, March 8, 2013; M. Stewart, "Drones Patrolling U.S. Borders Spark Controversy Over Privacy," *TheDenverChannel.com*, February 24, 2013; J. Lynch, "FAA Releases New Drone List – Is Your Town on the Map?" *Electronic Freedom Foundation*, February 7, 2013; T. Chea, "Telepresence Robots Let Employees 'Beam' into Work," *Associated Press*, January 1, 2013; J. Oram, "Governor Brown Signs California Driverless Car Law at Google HQ," *WebProNews*, September 27, 2012; M. Slosson, "Google Gets First Self-Driven Car License in Nevada," *Reuters*, May 8, 2012; www.xaxxon.com, www.roboticsvalley.com, accessed March 23, 2014.

질문

1. (a) 텔레프레전스 로봇, (b) 무인자동차, (c) 드론의 단점에 대해 논의하라.

2. 당신은 무인자동차를 탈 의향이 있는가? 그 이유를 설명하라.

3. 무인자동차가 보편화됨에 따라 어떤 직업이 가장 큰 위험에 처하게 될 것인가? 답을 뒷받침하라.

4. 법집행기관의 사생활 관련 이슈와 국내의 드론 사용에 대해 토론해보라.

아마도 머지않아 로봇이 스스로 결정을 내리고 익숙하지 않은 상황을 다루며 인간과 상호작용하는 것을 볼 수 있을 것이다. 또한 로봇은 여러 가지 상황, 특히 인간에게 반복적이고 가혹하고 위험한 특정 상황에서 무척 유용하다.

건강관리 향상

IT는 건강관리 전달이라는 측면에서 주요한 향상을 가져왔다. 의료인은 더 빠르고 나은 진료와 치명적인 병에 걸린 환자를 더욱 정확하게 관찰하기 위해 IT를 사용한다. IT는 또한 새로운 약을 연구하고 개발하는 과정을 간소화했다. 전문가 시스템은 의사의 질병 진료를 도와준다. 그리고 기계적 시력은 방사선 전문의의 직무를 향상시켰다. 외과 전문의는 복잡한 수술을 계획하기 위해 가상현실을 사용한다. 그들은 또한 원거리 수술을 하기 위해 로봇의 움직임을 조정하여 외과 로봇을 사용하고 있다. 게다가, 의사들은 화상회의를 통해 복잡한 의학 상황을 토론한다. 그리고 새로운 컴퓨터 시뮬레이션은 실습 중인 의사들이 환자들에게 해를 가하는 위험 부담 없이 가상 수술 과정을 체험하는 촉각을 재현한다.

건강관리를 위한 모든 정보기술이 비싸거나 복잡하지 않다. '비즈니스에서 IT 1.3'에서는 어떻게 잠지(Zamzee)가 어린이들의 체중감소를 위해 게임과 연관된 개념을 활용했는지 설명하고 있다.

비즈니스에서 IT 1.3

몸 좋은 어린이를 만들다

제리는 자신이 얼마큼 육체적 활동에 참여하고 있는지 많은 관심을 가지고 있지 않았다. 그러나 하루는 그가 잠지(Zamzee)라는 작은 활동추적기를 허리에 차고 농구를 했다. 그 후 그는 컴퓨터 USB에 그 장치를 연결하고 그 장치의 가속도계에 수집된 데이터를 업로드하였다. 가속도계는 그 장치를 착용한 사람의 움직이는 속도와 거리를 측정해준다. 성인 계보기로 유명한 핏비트(FitBit, www.fitbit.com)와 다르게 제리의 잠지는 그가 몇 걸음을 걸었는지 혹은 얼마나 많은 칼로리를 소모하였는지 알려주지 않는다. 대신 그의 활동에 대한 점수를 준다. 이 점수는 Zamzee.com이라는 가상세계에서 그를 상징하는 아바타가 사용할 수 있는 통화가 된다. 만약 제리가 지속적으로 운동을 한다면 그는 결국 충분한 '잠즈(Zamz)'를 모으게 되어 실제로 아이팟 나노(16,000잠즈) 혹은 위(Wii) 콘솔(18,000잠즈)을 살 수 있다.

제리의 경험은 게임에 중독된 아이들이 소아비만과 같은 어려운 사회적 문제를 해결해 나가고자 하는 잠지의 목표를 설명해준다. 게임과 무관한 것에 게임적 생각과 게임 역학을 이용해서 사용자가 문제점을 해결하도록 하는 이 개념을 *게이미피케이션*(gamification)이라고 한다.

체중감량이나 다이어트에 초점을 두기보다는, 잠지는 11~14세의 어린이들의 활동을 보상해주고 싶었다. 잠지가 이 인구를 대상으로 설정한 이유는 그때가 신체 활동이 가파르게 떨어진다는 연구가 있었기 때문이다. 또 중요한 것은 아이들이 평생 습관을 갖게 되는 시기이기 때문이다.

잠지는 2013년 이베이(eBay) 설립자 오미다이어(Pierre Omidyer)와 그의 부인 팸이 투자하여 론칭한 비영리단체 홉랩(HopeLab)에서 시작된 영리 목적의 벤처 기업이다. 2013년 중순에는 견본 프로그램이 애틀랜타, 시카고, 호놀룰루와 샌프란시스코의 학교와 지역사회에서 진행되었다.

제리는 애틀랜타의 보이&걸 클럽에 있는 잠지를 사용한 중학생 남자아이였다. 조지아 주는 미국에서 소아비만으로 2위였고 중학생 절반 이상이 질병관리센터가 권장하는 1일 활동량에 미치지 못했다. 이런 상황은 너무 심각해서 애틀랜타의 어린이 건강관리에서는 최근에 비만 어린이를 겨냥한 캠페인을 출시하였다.

© monkeybusinessimages/iStockphoto

잠지는 채찍보다 당근에 집중하였다. 부모님들은 그들의 아이들이 잠즈를 얻는 것을 지원하기 위해 계좌에 저금하였다(물론 마요 클리닉과 같은 파일럿 프로그램 때 자금을 지원해준 기부자가 있다).

'당신 자녀의 머릿속에 오신걸 환영합니다(Welcome to Your Child's Brain)'의 저자인 신경과학자 아모트(Sandra Aamodt)는 잠지가 아이들의 몸무게가 아닌 신체 활동에 초점을 둔 것에 찬사를 보냈다. 그녀는 내적 동기유발이 외적 보상보다 더 오래 지속된다는 연구가 있다고 주의를 주었다(내적 동기유발은 돈이나 성적같은 외부적 보상이 아닌 개인 내부에서 생긴다). 그것을 명심하며 잠지 개발자들은 아이들을 동기유발할 여러 가지 방법을 시도하였다. 그들은 가상과 금전적 보상의 결합이 성공적일 것이라고 찾아냈다.

잠지에 따르면 잠지를 사용하는 젊은 사람들은 그렇지 않은 사람들보다 평균적으로 거의 60% 이상 더 움직인다.

출처 : "New Zamzee for Groups Program Curriculum Helps Instructors Increase Youth Physical Activity," *Boston Globe*, November 21, 2013; "Zamzee Partners with Safe Routes to School Initiative in West Coast Communities," *San Jose Mercury News*, November 13, 2013; "Zamzee Improves Kids' Health Using Gamification Tools from Bunchball," *Yahoo!Finance*, March 8, 2013; N. Mott, "Zamzee Cracks Gamified Fitness…, For the Children," *Pandodaily.com*, October 5, 2012; M. Frazier, "Virtual World Takes on Childhood Obesity," *MIT Technology Review*, May 16, 2012; J. Temple, "Jury Out on Zamzee, Other Forms of 'Gamification'," *San Francisco Chronicle*, February 26, 2012; H. Shaughnessy, "The Day I Knew Gamification Would be a Winner," *Forbes*, February 8, 2012; www.zamzee.com, accessed April 5, 2014.

질문

1. 왜 잠지는 어린이들이 체중을 감소하게 돕기 위해 게임을 사용했는가?

2. 잠지가 성인들의 체중감소에도 성공할 수 있을까? 이유를 설명하라.

건강관리 시스템과 연관된 다른 수천 가지 애플리케이션은 매우 중요하다. 이러한 시스템은 보험사기의 발견에서부터 재무와 마케팅 관리에 대한 스케줄을 관리하는 것에 이른다.

인터넷은 유용한 의료 정보의 막대한 양을 포함하고 있다(www.webmd.com 참조). 오스트레일리아 브리즈번에 있는 프린세스알렉산드라병원의 연구자들은 *New England Journal of Medicine*에 출간된 26개의 어려운 진단 사례를 확인하는 흥미로운 연구를 하였다. 그들은 각각의 연구에서 3~5개의 검색 용어를 선택한 다음 구글에서 검색하였다. 연구원은 구글이 중요하다고 등급을 매기고 증상과 징후에 적합해 보이는 세 가지 진단을 선택하고 기록하였다. 그다음 이러한 결과를 저널에 공표된 정확한 진단과 비교하였다. 그들은 구글 검색이 26개의 경우 중 15개, 즉 57%의 성공률로 정확한 진단을 내렸다는 것을 발견하였다. 그러나 연구원들은 자가진단의 위험성을 경고했다. 그들은 사람들이 구글과 WebMD(www.webmd.com)와 같은 의료 웹사이트에서 얻은 정보를 그들의 건강관리나 외과의사에게 질문하는 데만 사용할 것을 권고하였다. 제2장의 마무리 사례 1에서는 IBM 왓슨 시스템(Watson system)의 의료 응용 프로그램을 보게 될 것이다.

> **다음 절로 넘어가기 전에…**
>
> 1. IT에 의해 발생 가능한 삶의 질 향상은 무엇인가? IT가 우리의 삶의 질에 부정적 영향을 미치는 것들은 무엇인가?
>
> 2. 로봇의 진화를 묘사하라. 그리고 이것이 인간에게 주는 함의는 무엇인지 고려해보라.
>
> 3. IT가 건강관리를 어떻게 향상시켰는지 설명하라.

개념 적용 1.4

학습목표 1.4 정보기술 사용의 증가가 사회에 미치는 긍정적 · 부정적 영향을 확인한다.

1단계 – 배경

이 절에서 읽은 것처럼 IS는 사회에 지대한 영향을 미친다. 이 절은 우리의 삶에 얼마나 연결되어 있는지 당신의 흥미를 일으키기 위해 삶의 질 개선, 로봇, 그리고 건강관리에 대해 초점을 두었다. 불행히도 삶의 질을 개선할 수 있는 이러한 기술들은 경제적 · 정치적 문제를 일으킬 수 있다. 예를 들어 제품을 더 능률적으로 만들 수 있는 로봇은 사람들의 직업을 앗아갈 것이다. 비슷하게, 건강관리의 개선은 데이터 노출과 사생활 침해를 불러올 수 있다.

2단계 – 활동

'기술과 일/생활의 균형'을 웹에서 검색해보라. 정보기술의 사용이 늘어남에 따라 긍정적 · 부정적 효과를 이해하는 데 도움을 줄 수 있는 프로그램, 기사, 연구, 제안, 그리고 다른 것들도 찾아보라.

삶의 질, 로봇, 건강관리, 일/삶의 균형에 대한 긍정적·부정적 영향을 알아볼 수 있게 표를 만들어보라. 아래의 예시와 같이 표를 만들어 교수님께 제출하라.

	긍정적 영향	부정적 영향
삶의 질		
로봇		
건강관리		
일/삶의 균형		

나를 위한 IT는 무엇인가?

1.2절에서는 우리는 IT가 조직의 각 기능 영역을 어떻게 지원하는지 논의하였다. 여기서 우리는 MIS의 기능을 점검한다.

MIS 경영정보시스템 전공자

MIS는 조직의 모든 다른 기능 영역을 직접적으로 지원한다. 즉 MIS 기능은 각 기능 영역이 의사결정을 하기 위해 필요로 하는 정보를 제공하는 역할을 하고 있다. MIS 직원의 전반적인 목적은 사용자의 성과를 증대하고 IT 이용 시 발생하는 비즈니스 문제를 해결하는 데 도움을 주는 것이다. 이 목표를 달성하기 위해, MIS 직원은 정보 요구사항 및 각 기능 영역과 관련된 기술을 모두 이해해야 한다. 그러나 자신의 위치를 감안할 때, MIS 직원은 '회사의 요구'를 우선시하고 그다음으로 '기술'을 생각해야 한다.

요약

1. 오늘날 정보시스템의 숙련된 사용자가 되는 것이 왜 중요한지 이유를 확인한다.

    IT의 숙련된 사용자가 얻을 수 있는 혜택은 다음과 같다.

    > 당신은 당신의 응용 프로그램 '배후'에 무엇이 있는지를 알게 되기 때문에 조직의 응용 프로그램으로부터 더 혜택을 받을 수 있다.
    > 당신은 조직의 IT 응용 프로그램에 인풋을 제공할 수 있기 때문에, 그러한 응용 프로그램들의 질을 높일 수 있다.
    > 당신은 더 빨리 당신의 조직이 사용할 IT 프로그램들을

    추천하고 선택하는 것에 참여하는 위치가 될 수 있다.

    > 당신은 현재 정보기술의 빠른 발전과 새로운 기술의 등장을 따라잡을 수 있다.
    > 당신은 '새롭고 향상된' 기술들이 당신의 조직에 미칠 잠재적인 영향에 대해 이해할 수 있고, 그 기술들의 채택과 사용에 대해 추천할 수 있는 자격을 갖출 수 있다.
    > 당신의 조직에서 정보시스템을 관리하는 데 중요한 역할을 할 수 있다.
    > 당신 자신의 사업을 시작한다면 IT를 사용하는 위치에 있을 수 있다.

2. 조직 내 다양한 형태의 컴퓨터 기반 정보시스템에 대해 기술한다.

> 거래처리 시스템은 각각의 데이터를 생산하는 조직의 비즈니스 거래들의 데이터를 모니터링하고, 모으고, 저장하고, 처리하는 것을 지원한다.

> 기능적 분야 정보시스템은 조직 내의 특정한 기능적 분야를 지원한다.

> 조직 간 정보시스템은 공급사슬 관리로 알려진 많은 조직 간 운영을 지원한다.

> 전사적 자원 관리 시스템은 공통 데이터베이스를 통해 기능 부서의 정보시스템을 통합하여 기능 부서 정보시스템 간 커뮤니케이션 부족을 바로잡는다.

> 전자상거래 시스템은 조직 간의 거래를 가능하게 해주거나(기업 간 전자상거래), 고객이 기업과 거래를 수행하는 것을 도와준다(기업-고객 간 전자상거래).

> 사무 자동화 시스템은 전형적으로 서류 작성, 자원 스케줄링, 소통 등에 사용되며 주로 사무직의 직원과 중·하급 관리자, 그리고 지식노동자를 지원한다.

> 비즈니스 인텔리전스 시스템은 주로 중간 관리자나 지식노동자를 위해 복잡하고, 일상적이지 않은 결정에 대한 컴퓨터 기반 지원을 제공한다.

> 전문가 시스템은 추론 능력, 지식, 그리고 특정한 분야 내의 전문지식을 적용해서 사람 전문가의 일을 복제하려는 시도를 한다.

3. 정보기술이 관리자와 일반 직원에게 영향을 미치는 방식을 논의한다.

IT가 관리자에게 미칠 수 있는 잠재적 영향은 다음과 같다.

> IT는 중간 관리자의 수를 줄일 것이다.

> IT는 관리자에게 실시간 혹은 실시간에 가까운 정보를 제공할 것이고, 이는 관리자들이 의사결정을 하는 데 더 적은 시간이 들 것임을 의미한다.

> IT는 관리자들이 지정학적으로 흩어져 있는 직원들을 감독할 수 있는 가능성을 높여준다.

IT가 직원에게 미칠 수 있는 잠재적 영향은 다음과 같다.

> IT가 직무를 없앨 것이다.

> IT는 직원이 자아정체성을 잃게 할 수 있다.

> IT는 직업 스트레스나 반복성 긴장 장애 같은 신체적 문제를 일으킬 수 있다.

4. 정보기술 사용의 증가가 사회에 미치는 긍정적·부정적 영향을 확인한다.

긍정적인 사회적 영향

> IT는 장애가 있는 사람들에게 기회를 줄 수 있다.

> IT는 사람들의 업무에 유연성을 줄 수 있다(일을 언제 어디서든 할 수 있다).

> 로봇이 일상적인 일들을 할 수 있다.

> IT가 건강관리의 향상을 도울 수 있다.

부정적인 사회적 영향

> IT는 개인에게 건강의 문제를 일으킬 수 있다.

> IT는 직원이 지속적인 업무 요구를 받도록 할 수 있다.

> IT가 환자에게 그들의 건강 문제에 대해 잘못 알릴 수 있다.

>>> 용어 해설

거래처리 시스템 각각의 데이터를 생산하는 조직의 기본적인 비즈니스 거래들의 데이터를 모니터링하고, 모으고, 저장하고, 처리하는 것을 지원함

공급사슬 물질, 지식, 돈, 서비스가 가공되기 전의 공급자로부터 공장과 창고를 거쳐 고객에게 가기까지의 흐름

기능 정보시스템 조직 내의 특정한 기능적 분야에 대해 지원하는 정보시스템

네트워크 서로 다른 컴퓨터들이 자료를 공유할 수 있도록 하는 연결하는 시스템(무선 혹은 유선)

대시보드 시의적절한 정보에 대한 빠른 접근과 보고서 형태의 구조화된 정보에 대한 직접적인 접근으로 조직의 모든 관리자를 지원하는 정보시스템의 특별한 형태

데이터베이스 관련된 파일들의 모음이나 데이터를 포함하고 있는 표

데이터 항목 기록되고 분류되어 저장되었지만, 특별한 의미를 전달하기 위해 정리되지는 않은 사물, 사건, 행동, 거래들

의 기초적인 표현

비즈니스 인텔리전스 시스템 주로 중간 관리자나 지식노동자를 위해 복잡하고 일상적이지 않은 결정에 대한 컴퓨터 기반 지원을 제공하는 시스템

사무 자동화 시스템 서류를 만들고 자원 스케줄링, 소통 등에 사용되며 주로 사무직의 직원과 중·하급 관리자, 그리고 지식노동자를 지원함

소프트웨어 하드웨어가 데이터를 처리할 수 있게 하는 프로그램이나 프로그램들의 모음

숙련된 사용자 정보시스템과 정보기술에 대해 지식이 있는 사용자

응용 프로그램 특정한 업무나 비즈니스 처리를 지원하기 위해 고안된 컴퓨터 프로그램

인간공학 안전하고, 밝고, 편안한 환경을 만드는 것을 목표로 기계와 업무 환경을 사람들에게 맞게 변경하는 과학

전문가 시스템 추론 능력, 지식, 그리고 특정한 분야 내의 전문지식을 적용해서 사람 전문가의 일을 복제하려는 시도를 한 것

전자상거래 시스템 조직 간 정보시스템의 또 다른 유형. 전자상거래 시스템은 조직 간의 거래를 가능하게 해주는 기업 간(B2B) 전자상거래와 고객이 기업과 거래를 수행하는 것을 도와주는 기업-고객 간(B2C) 전자상거래로 분류됨

전사적 자원 관리 시스템 공통 데이터베이스를 통해 기능 부서의 정보시스템을 통합하여 기능 부서 정보시스템 간 커뮤니케이션 부족을 바로잡는 정보시스템

절차 정보를 처리하고 원하는 결과를 생성하기 위해 하드웨어와 소프트웨어, 데이터베이스, 네트워크를 어떻게 결합하는지에 대한 지시들의 모음

정보 사용자에게 의미와 가치가 있도록 정리된 데이터

정보기술 사람들이 정보를 이용해 일을 하고 정보와 조직의 정보처리 요구를 지원하기 위해 사용하는 컴퓨터 기반의 도구

정보기술 기반구조 IT 구성요소와 IT 서비스를 결합한 것

정보기술 서비스 IT 부서에서는 IT 요소들을 정보시스템을 개발하고, 보안과 위험을 감시하고, 데이터를 관리하기 위해 사용함

정보기술 요소 하드웨어, 소프트웨어, 데이터베이스, 네트워크

정보시스템 특정한 목표를 위해 정보를 수집하고, 처리하고, 저장하고, 분석하고, 전달하는 것

조직 간 정보시스템 2개 혹은 그 이상의 조직을 연결하는 정보시스템

지식 이해와 경험, 축적된 배움, 그리고 현재 비즈니스 문제에 적용하며 생긴 전문지식을 전달하기 위해 조직화되고 처리된 데이터나 정보로 이루어져 있음

지식노동자 재무와 마케팅 분석가, 변호사, 회계사와 같은 전문적인 사람들. 모든 지식노동자는 특정한 분야에서 전문가이다. 그들은 그들의 비즈니스와 통합된 지식과 정보를 창조한다.

컴퓨터 기반 정보시스템 의도된 업무의 일부 혹은 전체를 수행하기 위해 컴퓨터 기술을 사용하는 정보시스템

하드웨어 프로세서, 모니터, 키보드, 프린터와 같은 장비로, 이 장비들은 함께 데이터와 정보를 받아들이고, 처리하고, 보여줌

IT 플랫폼 하드웨어, 소프트웨어, 네트워크(무선 혹은 유선), 그리고 데이터베이스에 의해 구성된 것

>>> 토론 주제

1. 당신이 시작하고 싶은 비즈니스를 설명하라. 정보기술이 어떻게 (a) 비즈니스를 위한 아이디어를 찾고 연구하는 데 도움을 주는지, (b) 비즈니스 계획을 만드는 데 도움을 주는지, (c) 당신의 비즈니스 자금에 도움을 주는지 논의하라.

2. 당신의 대학은 주에서 뛰어난 고등학생들을 선발하고 싶어 한다. (a) 이 과정에서 모집하는 사람들이 얻을 수 있는 데이터의 예시, (b) 모집하는 사람들이 데이터로부터 처리할 수 있는 정보, (c) 모집하는 사람들이 이 정보로부터 추론할 수 있는 지식의 예를 들라.

3. 데이터, 정보, 지식이라는 용어가 다른 사람들에게 다른 의미를 가질 수 있는지 당신의 의견을 예시로 보충하라.

4. 정보기술은 '상시 연락'을 가능하게 한다. 당신의 상사와 고객들과 항상 연락 가능하다는 것의 장점과 단점을 설명하라.

5. 로봇은 인간이 위험한 상황에서 일하는 것으로부터 안전을 지켜줄 수 있는 긍정적인 효과를 가지고 있다. 업무현장에 부정적인 영향을 미치는 것은 무엇인가?

6. 웹에서 스스로가 너무 많은 의학 정보를 얻게 되는 것이 당신을 위험에 빠뜨릴 수 있는가? 그렇다면/그렇지 않다면 왜 그런가? 원인을 들어 답하라.

7. 전체적으로 IT가 사회에 가져올 수 있는 다른 영향들을

설명해보라.

8. 고용자들이 모든 기능적 영역에서 IT에 친숙해져야 하는 주요 이유는 무엇인가?

9. 프린세스알렉산드라병원의 연구를 보자('건강관리 향상' 부분 참조). 구글 검색에서 정확한 진단을 찾을 확률이 57%라는 것에 대해 어떻게 생각하는가? 당신은 이 결과에 감명받았는가? 왜 그런가 혹은 왜 아닌가? 자가 진단을 위한 이러한 연구에서 암시하는 것은 무엇인가?

10. 웹에서의 방대한 양의 의학 정보는 좋은 것인가? 환자의 입장에서 대답해보고, 또 의사의 입장에서 답해보라.

>>> 문제 해결 활동

1. IT 분야에 고용기회를 제공하는 웹사이트를 방문하라. 유명한 예시로는 www.dice.com, www.monster.com, www.collegerecruiter.com, www.careerbuilder.com, www.jobcentral.com, www.job.com, www.career.com, www.simplyhired.com, www.truecareers.com이 있다. 회계사, 마케팅 인력, 재무 인력, 영업 인력, 그리고 인사담당자에게 제공된 월급을 IT 인력의 월급과 비교하라. IT 월급의 정보를 위해서는 *Computerworld*의 연례 월급 설문지를 참고하라.

2. UPS(www.ups.com) 웹사이트에 접속하라.
   a. 고객들이 택배를 보내기 전에 어떠한 정보가 이용 가능한지를 알아보라.
   b. '택배 트래킹' 시스템에 대해 알아보라.
   c. 40파운드 짜리, 10×20×15인치 크기의 박스를 당신

의 고향에서부터 캘리포니아의 롱 비치(혹은 만약 당신이 롱 비치 근처에 산다면 랜싱이나 미시간)까지 보내는 데 얼마인지 계산해보라. 가장 빠른 배달과 가장 싼 가격 간의 차이를 비교해보라. 기간이 얼마나 걸리는가? UPS가 제공하는 비즈니스 서비스에는 어떠한 것들이 있는지 알아보라. 비즈니스 고객이었을 경우 어떻게 이 과정들이 더 쉬워지는가?

3. 국토안보부에 대한 정보를 인터넷으로 검색해보라. 가능한 정보를 검토하고, 그 부서의 정보기술의 역할에 대해 설명하라.

4. www.irobot.com에 접속하여 교육과 연구를 위한 회사의 로봇을 조사하라. 다른 회사의 제조 로봇을 웹에서 조사하여, 그 상품을 아이로봇과 비교해보라.

>>> 협력 활동

1단계 - 배경

이 장은 IS가 현대의 비즈니스 환경을 변화시킨 많은 방법을 제시했다. 이 과목을 통해 배우겠지만 IS 분야의 성장으로 많은 새로운 직업이 생겨났다. 예를 들면 타이피스트와 같이 많은 직업이 사라지고 워드프로세싱 프로그램을 만드는 소프트웨어 개발자와 같은 다른 직업이 등장했다. 이번 활동은 그것들이 지지하는 현실 사회의 여러 가지 기능적 분야 시스템과 위치들에 대해 알려줄 것이다.

2단계 - 활동

마케팅, 회계, 재무, 인적자원, 실행계획의 기능적 분야별로 최소한 5명으로 조를 만들어라. 당신은 지정된 분야별로 개별적으로 프로젝트를 시작한 후 조원들과 모여 협력하여 마무리하라.

개별적으로, 당신의 지정된 기능 분야에 일자리를 얻기 위해 친숙해져야 하는 종류의 시스템을 확인하라(인적자원의 ADP와 같은). 또한 어떻게 이 시스템들이 기능적 분야를

지지하는지 연구하라.

모든 조원들이 연구를 끝낸 후에, 조별로 모여서 현재의 직업 시장과 각각의 기능적 분야를 지지하는 기술들에 대해 논의해보라.

3단계 – 과제

개별적으로 찾아낸 정보들로 아래의 예시된 표를 작성하라. 구글 드라이브를 사용하여 조원들과 공유하라. 그런 다음, 찾아낸 가장 중요한 정보와 어떻게 이 정보를 이용하여 앞으로 나갈 것인지 조별 경험을 간단히 요약하여 작성한 후 교수님께 알려라.

기능적 분야	기능적 시스템	어떻게 시스템이 기능적 분야를 지지하는가?

마무리 사례 1 〉 정보기술의 산업 전반적 영향

비즈니스 문제 〉〉〉 2014년 중반 소프트웨어를 통해 산업을 변화시키기 위해 요구되는 모든 기술이 개발되고 통합되었으며, 세계적으로 보급되었다. 오늘날 10억 명 이상의 사람들이 광대역 인터넷에 연결되어 있다. 전 세계적으로 50억 명 이상이 휴대전화를 사용하고 있다. 이 50억 명 중 10억 명의 사용자는 인터넷에 즉시, 그리고 항상 접근할 수 있는 스마트폰 이용자이다.

게다가 소프트웨어 프로그래밍 도구와 인터넷 기반의 서비스 덕분에 많은 산업의 기업들이 새로운 기반구조에 대한 투자나 새로운 조직 구성원에 대한 훈련 없이 새로운 소프트웨어 기반의 창업을 하고 있다. 예를 들어 2000년에 기본 인터넷 응용 프로그램을 운영하는 비용은 월 15만 달러가량이었다. 현재 같은 프로그램을 아마존 클라우드에서 운영한다면 월 1,000달러 정도의 비용이 든다.

요약하면, 소프트웨어는 모든 산업에 파괴적 혁신을 가져오고 있으며 모든 조직은 이 파괴적 혁신에 대비해야 한다. 많은 기업이 이 파괴적 혁신에 대응하고자 시도하고 있다—일부는 성공하고 일부는 실패했다.

소프트웨어 문제 〉〉〉 여러 산업에 걸친 소프트웨어의 파괴적 혁신에 대한 예를 살펴보자. 이 많은 예는 두 가지 시나리오에 초점을 두고 있다—(1) 기존 시장의 선두 기업들이 소프트웨어에 의해 어떻게 붕괴되었는지, 그리고 (2) 새로운 기업이 소프트웨어를 사용하여 어떻게 경쟁우위를 점하게

되는지 보게 될 것이다.

- **서적판매업** : 소프트웨어의 파괴적 혁신의 극적인 예는 보더스(Borders)의 운명이다. 2001년 보더스는 자신의 온라인 사업을 아마존에 넘기는 데 동의했다. 이유는 온라인 서적판매가 전략적이지도, 중요하지도 않다고 느꼈기 때문이다. 같은 달, www.borders.com은 반스앤노블의 웹사이트(www.bn.com)로 연결되는 링크를 제공하는 것으로 대체되었다. 2012년 1월, 반스앤노블은 회사가 기대했던 것보다 2배나 많은 손실을 기록할 것이라고 분석가들에게 경고했다. 회사는 성장하고 있는 전자책 사업인 눅(Nook)을 오프라인 서점으로부터 독립시키는 것을 고려하고 있었다.

오늘날, 세계에서 가장 큰 서점은 아마존, 즉 소프트웨어 회사이다. 그 핵심 역량은 물리적 점포 없이 가상에서 어떤 상품이든 판매하는 소프트웨어 엔진이다. 아마존은 심지어 자사의 웹사이트를 기존의 책이 아니라 킨들의 전자책 판매를 촉진하도록 재정비하였다. (2012년 8월, 아마존은 하드커버 책과 종이표지 책 모두를 합친 것보다 전자책의 판매량이 더 많았다고 발표하였다.) 즉 이제는 책 자체도 소프트웨어인 것이다. (여기서 중요한 것은, 2014년 중반 전자책의 인기가 많아지고 있지만, 약 80%의 책 판매량은 인쇄 책이었다는 점이다.)

- **음악 산업** : 현재 시장을 지배하는 음악회사는 애플의 아이

튠즈(www.apple.com/itunes), 스포티파이(www.spotify.com), 판도라(www.pandora.com) 등 소프트웨어 회사이다. 전통적인 레코드 제작사는 이제 이런 소프트웨어 회사들에게 음악을 제공하기 위해 존재한다. 2014년 중반, 미국의 레코딩산업협회는 저작권 침해, 불법 다운로드 및 디지털 음원 파일 공유와 계속 맞서 싸웠다. 예를 들어 2014년 4월 미국 레코딩산업협회는 메가업로드(www.megaupload.com)를 저작권 침해로 고소하였다. 흥미롭게도 미국 사법부는 2012년 메가업로드 웹사이트를 폐쇄시켰다.

- 비디오 산업 : 소프트웨어 기업인 넷플릭스(www.netflix.com)에 의해 붕괴되기 전까지는 블록버스터—체인점을 통해 비디오와 보조제품들을 빌려주고 판매함—가 이 산업의 선두주자였다. 2014년 중반, 넷플릭스는 어떤 비디오 서비스보다도 가장 많은 400만 구독자를 가졌다. 2011년 2월 블록버스터는 파산을 선언했고 한 달 뒤 디쉬 네트웍스에 합병되었다.

- 소프트웨어 산업 : 기존 소프트웨어 기업인 오라클과 마이크로소프트는 세일즈포스닷컴 같은 기업이 제공하는 SAAS(software-as-a-service) 제품과 오픈 핸드셋 얼라이언스(www.openhandsetalliance.com)에 의해 개발되고 구글이 이끈 안드로이드 오픈소스에 점점 더 위협을 받고 있다.

- 비디오게임 산업 : 현재 가장 빠르게 성장하고 있는 오락기업은 역시 소프트웨어 회사인 비디오게임 제작사이다. 예는 아래와 같다.
  ○ 징가(www.zynga.com)는 팜빌을 제작하고 순전히 온라인으로 그 게임을 판매한다.
  ○ 앵그리버드를 제작한 로비오(www.rovio.com)는 2012년에 2억 달러의 판매수익을 올렸다. 2009년 후반 아이폰에 앵그리버드를 도입했을 때 이 회사는 거의 파산 상태였다.
  ○ 인터넷을 통해서 온라인으로만 판매되는 비디오게임 마인크래프트(www.minecraft.net)는 2009년에 처음으로 출시되었다. 2013년 9월까지 3,200만 명이 넘는 사람들이 이 게임을 다운받았다. 재미있게도 마인크래프트의 개발자인 퍼슨(Markus Persson)은 게임의 마케팅을 위해 한 푼도 쓰지 않았다. 게임은 오직 입소문으로 판매되었다.

- 사진 산업 : 이 산업은 소프트웨어에 의해서 수년 전에 붕괴되었다. 오늘날 소프트웨어에 의해 작동하는 카메라가 장착되지 않은 휴대전화를 사는 것은 거의 불가능하다. 사진들은 영구적인 보관과 전 세계적인 공유를 위해 인터넷에 자동으로 업로드된다. 사진 시장의 선두 주자로는 셔터플라이(www.shutterfly.com), 스냅피시(www.snapfish.com), 플리커(www.flickr.com), 인스타그램(www.instagram.com)이 있다. 카메라와 거의 동의어였던 과거 시장의 선두주자 코닥은 2012년 1월에 파산했다.
  ○ 매일 사람들은 페이스북에 3억 5,000만 장 이상의 사진을 올린다. 스냅챗(www.snapchat.com)은 다른 사람들에게 사진이나 동영상을 보낼 수 있고 몇 초 후 스스로 사라지는 스마트폰 애플리케이션이다. 스냅챗 이용자들은 매일 1억 장 이상의 스냅을 나누고 있다.

- 마케팅 산업 : 오늘날 가장 큰 직접 마케팅 회사는 페이스북(www.facebook.com), 구글(www.google.com), 포스퀘어(www.foursquare.com) 등이다. 이 회사들은 소매마케팅 산업을 파괴적으로 혁신하기 위해 소프트웨어를 사용하고 있다.

- 인력채용 산업 : 링크드인(www.linkedin.com)은 기존의 인력채용 산업을 붕괴시키는, 가장 빠르게 성장하는 인력채용회사이다. 사상 처음으로 구직자는 구인 기업들이 구직자를 실시간으로 찾아볼 수 있도록 자신의 이력서를 유지할 수 있다.

- 재무 서비스 산업 : 소프트웨어는 재무 서비스 산업을 변화시켰다. 실상 모든 재무거래는 소프트웨어에 의해 이루어진다. 그리고 재무 서비스 분야의 많은 선구적 투자자들은 소프트웨어 회사이다. 예를 들어 스퀘어(https://squareup.com)는 이동전화를 가지고 누구라도 신용카드지불을 받는 것이 가능하게 한다.

- 자금조달 산업 : 2013년 초반 장편영화 회사인 베로니카 마스의 창업자 조엘 실버와 롭 토마스는 킥스타터(www.kickstarter.com)를 사용해서 영화를 제작하기 위한 자금을 모았다. 그들은 목표인 200만 달러를 단 10시간 만에 달성했다. 킥스타터는 모든 거래의 5%를 가져간다.

- 유전체 산업 : 일루미나(www.illumina.com)는 인간 유전체 과정에서 2007년 100만 달러에서 2014년 1,000달러 미만으로 비용을 절감했다. 일루미나의 기술은 의학 연구자들의 암을 유발하는 특정한 유전적 돌연변이를 대상으로 한 항암제 개발을 도와주었다.

- **영화 산업** : 장편의 컴퓨터로 제작되는 영화를 만드는 과정은 믿을 수 없을 정도로 IT에 집중되어 있다. 스튜디오는 엄청난 숫자의 서버, 섬세한 소프트웨어와 거대한 저장고를 포함한 최첨단의 정보기술이 필요하다.

  애니메이션, TV 프로그램, 온라인 가상세계를 제작하는 드림웍스애니메이션(www.dreamworksanimation.com)을 고려해보라. 이 스튜디오는 슈렉, 마다가스카르, 쿵푸팬더, 드래곤 길들이기를 포함한 26개의 영화를 제작하였다. 2013년 하반기에는 100억 달러 이상의 이익을 올렸다.

  크루즈 패밀리와 같은 영화 한 편은 50만 파일과 300테라바이트(1테라바이트는 10억 바이트이다) 이상의 데이터 관리가 필요하고 8,000만 CPU를 사용한다. 드림웍스 경영 관계자는 '사실 우리는 영화처럼 보이는 데이터를 제작하는 것이다. 우리는 디지털 제작 회사'라고 이야기한다.

  또한 소프트웨어는 주로 물리적 세상에서 비즈니스를 하는 산업도 파괴적으로 혁신한다. 다음의 예를 고려해보라.

- **자동차 산업** : 현대적인 자동차를 보면, 소프트웨어가 엔진을 구동하고, 안전을 조정하며, 탑승자들을 즐겁게 하고, 운전자를 목적지까지 안내하며, 자동차를 이동통신망, 인공위성, GPS 네트워크와 연결한다. 현대적인 자동차의 다른 소프트웨어 기능은 자동차를 이동통신 핫스팟으로 변화시키는 와이파이 수신기, 연비 향상을 돕는 소프트웨어, 자동 병렬주차를 가능케 하는 초음파 센서 등을 포함한다.

  POM

  다음 단계는 모든 차량을 네트워크로 연결하는 것이다. 소프트웨어에 의해 조종되는 무인 자동차는 이미 구글과 다른 자동차 회사들에 의해 시험 중이다('비즈니스에서 IT 1.2' 참조).

- **물류 산업** : 현재 소매시장의 선두주자인 월마트는 시장에서의 지배적 지위를 유지하기 위해 소프트웨어를 사용해서 물류와 유통 능력을 향상시킨다.

- **우편업** : 배달물품에 관한 정보가 물품만큼 중요하다는 점을 가장 먼저 인식했던 페덱스는 35만 고객의 우편과 배달을 돕기 위한 사이트를 위해 현재 수백 명의 개발자를 고용하고 있다.

- **정유업** : 이 산업의 회사들은 유전과 가스탐사에 핵심적인 슈퍼컴퓨팅과 자료의 시각화와 분석에 있어 선구적 기업들이었다.

- **농업** : 농업은 위성을 이용해 토양에 적합한 종자 선택에

대한 분석을 포함해 점점 더 소프트웨어에 의해 동력을 얻고 있다. 추가적으로 정밀농업은 글로벌 위치추적 시스템과 소프트웨어에 의해 조종되는 자동화된 무인 트랙터를 사용한다.

- **국방** : 심지어는 국방도 점점 소프트웨어에 의존하고 있다. 현대 전투병은 지능과 통신, 물류, 그리고 무기 사용을 안내하는 소프트웨어의 웹에 맞춰져 있다. 소프트웨어에 의해 조정되는 무인기는 인간 파일럿을 위험에 처하게 하지 않고 공습을 감행한다. ('비즈니스에서 IT 1.2'의 논의를 떠올려보라.) 정보기관은 잠재적인 테러계획을 밝히고 쫓기 위해 소프트웨어를 사용해 대규모의 데이터 마이닝을 실행한다.

- **소매 산업** : 여성들은 오랜 기간 백화점에서 특별한 날을 위해 샀다가 착용 후 다음 날 다시 반납하는 '빌린' 드레스가 있었다. 이제 렌트더런웨이(www.renttherunway. com)가 값비싼 옷들을 더 많은 여성들에게 제공하는 패션 비즈니스를 재정립하고 있다. 이 회사는 기존의 전통적인 물리적 소매업자들을 무너뜨리고 있다. 결국, 매우 낮은 가격으로 빌릴 수 있는데 왜 드레스를 구입하는가? 몇몇 백화점들은 렌트더런웨이 때문에 매우 위협을 느껴서 백화점 내의 판매원들에게 그 웹사이트에 보여진 상품들은 모두 끌어내리겠다고 하였다.

  렌트더런웨이는 미국 내 가장 큰 드라이클리닝 회사를 포함해 200명의 직원이 있다. 웹사이트에는 300만 명 이상의 이용자가 있고, 170명의 디자이너가 제작한 3만 5,000벌의 드레스와 7,000개의 액세서리가 있다.

- **텔레비전 산업** : 에어리오(www.aereo.com)는 새로운 유통모델을 발전시켰다. 이 회사는 데이터 센터의 작은 안테나를 통해(각각의 구독자마다 하나의 안테나) 휴대기기나 다른 접속기의 인터넷 접속으로 구독자들에게 무료 방송을 제공한다. 이 서비스는 2012년 2월에 시작되었다. 이 회사는 시작과 동시에 주요 방송사 협력단(CBS, NBC 컴캐스트, 디즈니 ABC, 21세기 폭스)으로부터 저작권 침해 고소를 당했다.

  2013년 4월 1일, 연방은 하급법원이 밝혀낸 에어리오의 비디오 스트림은 '대중 공연'이 아니라서 저작권 침해로 여겨지지 않는다고 항소했다. 이 일은 궁극적으로 미 대법원의 판결이다.

- **교육 산업** : 대학 졸업생들은 약 1조 달러의 학자금 빚을 지고 있는데 이는 졸업생들에게 큰 짐이 되고 있다. 유니버

시티나우(www.unow.com)은 일하는 성인들이 온라인이나 자신의 공간에서 접근 가능하도록 대학을 만들었다. 늘어나는 라이벌들과 유니버시티나우와의 두 가지 다른 성격은 (1) 저렴한 가격(1년간의 학비와 책값을 포함해 최소 2,600달러)과 (2) 준학사부터 M.B.A까지 인가된 학위이다.

- 변호 산업 : 오늘날 전자적 증거 수집(e-discovery) 소프트웨어 애플리케이션은 사람이 할 수 있는 시간의 단 일부분의 시간만으로 문서를 분석할 수 있다. 예를 들어 블랙스톤 디스커버리(www.blackstonediscovery.com)는 한 회사가 150만 개의 문서를 분석하는 데 10만 달러 미만의 비용이 들었다. 이 회사는 이 작업을 사람이 하려면 약 150만 달러의 비용이 들것이라고 추정했다.

  e-디스커버리 애플리케이션은 관련 용어를 사용해 문서를 빠르게 찾는 것을 넘어선다. 수십만 개의 문서 중에 특정 용어가 없더라도 관련된 개념을 찾아낼 수 있다. 이 애플리케이션들은 또한 활동이나 사람 간의 관계—누가 무엇을 하고, 언제, 그리고 누가 누구에게 이야기했는지—에서 존재하는 정보의 문서를 분석할 수 있다.

- 의학 산업 : 몇몇 스타트업들은 의사의 의무를 수행해줄 기기장치와 그에 따른 소프트웨어를 제공한다. 예를 들면 아이네트라(www.eyenetra.com)은 네트라-지(Netra-G)라는 기기를 만들었는데 이는 안구의 굴절오차—원시인지 근시인지—를 스마트폰 스크린과 비싸지 않은 플라스틱 쌍안경을 사용해서 측정한다.

  다른 2개의 신생 기업으로 얼라이브코어와 셀스코프가 있다. 얼라이브코어(www.alivecor.com)는 아이폰에 부착되는 심장 모니터를 판매하고 있고, 셀스코프(www.cellscope.com)는 부모들이 아이들의 중이염을 진단할 수 있는 스마트폰 카메라를 개발하였다.

결과 〉〉〉 당신이 본 것처럼 소프트웨어에 의해 운영되고 온라인 서비스를 통해 제공되는 주요 비즈니스와 산업은 영화에서 농업, 그리고 국방에 이르기까지 점점 늘어나고 있다. 산업의 종류에 관계 없이 기업들은 기존의 경쟁자들과 파괴적 소프트웨어를 개발 중인 혁신적인 기술 기업들의 지속적인 위협에 직면해 있다. 이러한 위협은 미래에 기업들이 더 민첩해지도록, 또 경쟁 위협에 보다 빠르고 효율적이고 효과적으로 대응하도록 요구한다.

출처 : S. Young, "Computer-Controlled Anesthesia Could be Safer for Patients," *MIT Technology Review*, October 31, 2013; "How to Use an iPhone to Diagnose Eye Disease," *KurzweilAI.net*, September 26, 2013; A. Regalado, "When Smartphones Do a Doctor's Job," *MIT Technology Review*, September 13, 2013; D. Talbot, "Aereo's on a Roll," *MIT Technology Review*, May 15, 2013; C. Howard, M. Noer, and T. Post, "Disruptors," *Forbes*, April 15, 2013; S. Mendelson, "Can Fox and DreamWorks Combined Challenge Disney's Animation Empire?" *Forbes*, April 10, 2013; S. Greengard, "DreamWorks Takes a Picture-Perfect Approach to IT," *Baseline Magazine*, April 1, 2013; M. K. Rodriguez, "Traditional vs. Disruptive Tech: What's Best for Your Business?" *Amadeus Consulting White Paper*, February 28, 2013; S. Noonoo, "How Disruptive Technologies Are Leading the Next Great Education Revolution," *T.H.E. Journal*, January 16, 2013; J. Leber, "Parents Could Skip the Doctor's Office with This Device," *MIT Technology Review*, June 14, 2012; De La Merced, "Eastman Kodak Files for Bankruptcy," *The Wall Street Journal*, January 19, 2012; J. Trachtenberg and M. Peers, "Barnes & Noble Seeks Next Chapter," *The Wall Street Journal*, January 6, 2012; "Driverless Car: Google Awarded U.S. Patent for Technology," *BBC News*, December 15, 2011; J. McKendrick, "Five Non-IT Companies That Are Now Indistinguishable from Software Companies," *ZDNet*, December 7, 2011; A. Bleicher, "Five Reasons Every Company Should Act Like a Software Startup," *Forbes*, November 14, 2011; B. Austen, "The End of Borders and the Future of Books," *Bloomberg Business Week*, November 10, 2011; A. Regalado, "Your Heartbeat on an iPhone," *MIT Technology Review*, September 14, 2011; M. Andreessen, "Why Software Is Eating the World," *The Wall Street Journal*, August 20, 2011; J. Knee, "Why Content Isn't King," *The Atlantic*, July/August, 2011; J. Checkler and J. Trachtenberg, "Bookseller Borders Begins a New Chapter … 11," *The Wall Street Journal*, February 17, 2011.

질문

1. 만약 오늘날 모든 기업이 기술 기업이라면, 이것이 회사 구성원에게는 무엇을 의미하는가? 당신의 답을 구체적인 예를 들어 이야기해보라.

2. 만약 오늘날 모든 기업이 기술 기업이라면, 이것이 경영대학의 각 전공에 의미하는 바는 무엇인가? 당신의 답을 구체적인 예를 들어 이야기해보라.

마무리 사례 2 〉 백스터 : 당신의 바로 옆에서 일하러 갑니다

문제 〉〉〉 제조업은 미국 경제에서 2조 달러를 차지한다. 지난 60년간, 제조업에서 작업자의 생산성은 매년 3.7%의 성장을 해 왔다.

과거에 미국은 고부가가치 제조 직업을 유지하면서 저부가가치 직업은 다른 곳으로 보냈다. 흥미롭게 '다른 곳'의 의미는 시간이 흐름에 따라 변화하였다. 예를 들면 단순한 제품인 장난감을 제조한다면 저임금인 장소로 꾸준히 보내졌다. 제2차 세계대전이 끝난 후 일본에 저임금 노동자가 많아졌고, 이런 제조사들은 일본으로 옮겨졌다. 일본 경제가 회복함에 따라 삶의 기준이 높아졌고, 저임금 제조업들은 한국으로 옮겨졌고 일본과 같은 현상이 나타났다. 또 이 단순한 제품을 제조하는 회사는 대만으로 옮겨졌고 중국, 그리고 최근에는 베트남으로 옮겨졌다.

제조 기업의 관점에서 본다면 고학력 그리고 숙련된 노동자들은 단순한 제품을 제조하는 낮은 기술을 필요로 직업에 대한 관심이 낮다. 결과적으로, 세계는 저임금 노동을 가능하게 할 곳이 점차적으로 없어지게 될 것이다. 그래서 질문은 "어떻게 해야 값싼 제품을 숙련되지 않은, 저임금의 노동으로 만들어야 하는 순환을 깰 수 있을까?"이고, 아마 로봇이 정답일 것이다.

초기 해결책 : 산업용 로봇 〉〉〉

미국의 첫 번째 산업용 로봇은 1961년 뉴저지 주 유잉에 위치하고 있는 제너럴 모터스에서 시작되었다. 이 로봇은 유니메이트라고 불렸고 뜨거운 차량의 단조품을 액체 수조에 넣어 냉각시키는 일을 하였다. 그 당시 기업들은 비싸고 큰 사이즈의 컴퓨터를 산업용 로봇에 넣을 수 없었다. 센서 또한 매우 비쌌다. 결과적으로 초기의 산업용 로봇은 효율적이지 못하고 둔했으며 반복된 행동을 하는 것은 컴퓨터 프로그램을 통해 매우 세밀하게 정의된 경로에 따라서만 수행되었다.

오늘날의 산업용 로봇도 아직 세밀하게 정의되고 반복적인 작업만 수행하고 있다. 그러나 그들은 적응성이 없고, 융통성이 없고, 사용이 쉽지 않고, 아주 비싸다. 또한 대부분의 산업용 로봇은 사람들 주위에서 안전하지 않다. 그리고 산업용 로봇을 현장에서 작동시키기까지 18개월의 통합기간이 필요하다.

2014년 중반 현재, 미국의 70% 정도의 산업용 로봇은 자동차 회사에서 사용되고 있다. 이런 기계들은 종종 회사의 비용을 절약하는 방법이라고 판단되기도 한다. 그러나 한 로봇을 현장에서 작동시키기 위해 로봇 가격의 3~5배 비용이 통합의 용도로 투자된다. 통합이 되려면 컴퓨터 프로그래머와 기계 전문가가 필요하다. 또한 기업들은 로봇이 작업을 하면서 사람들과 부딪치지 않게 주변에 안전을 위한 철창을 설치해야 한다. 나아가, 대부분의 산업용 로봇은 그 주변에서 어떤 일들이 일어나고 있는지 감지할 수 있는 센서가 없다.

미국에는 직원 500명 미만의 소규모 제조기업이 30만 개 이상 있다. 이 회사들의 대부분은 위에 나열된 이유들 때문에 산업용 로봇을 가지고 있지 않다. 그리고 거의 모든 회사가 비교적 소규모 제작을 하는데 이 의미는 회사들은 지속적으로 디자인과 제작 과정을 변경한다는 것이다. 이 중 몇 개

의 기업은 다른 회사를 위해 여러 가지 제품을 폭넓게 제작하는 '잡종 인쇄소'라고 불린다. 그들은 개개인의 고객의 필요에 따라 주문 제작 가능한 것이 전공이다. 산업용 로봇을 사용하는 공장의 종류는 제작 기간이 4개월 미만인 경우가 드물다. 잡종 인쇄소의 경우 제작 기간은 짧게는 1시간이다. 다시 말해 작은 제조 기업들은 다른 종류의 로봇이 필요하다.

다음 세대 해결책 : 백스터 〉〉〉

빠르게 변화하는 컴퓨터의 영상, 처리 능력, 보관, 낮은 가격의 센서, 어수선한 환경에서 계획하고 움직일 수 있게 하는 새로운 소프트웨어 알고리즘과 연결성이 로봇의 본성을 바꿨다. 리싱크로보틱스(www.rethinkrobotics.com)는 이런 기술적 개선을 2만 2,000달러에 판매되는 산업용 로봇 백스터(Baxter)와 함께 했다. 백스터는 기존의 산업용 로봇과는 많이 다르다. 이것은 비싸거나 정교한 안전을 위한 철창도 필요 없다. 오히려 사람들이 백스터와 작업공간을 나누어 사용할 수 있다.

다른 산업용 로봇들과 다르게, 백스터는 박스 바로 밖에서 작업을 한다. 이는 약 한 시간 만에 공장의 작업흐름에 맞게 통합된다. 백스터는 또한 특별한 프로그래밍이 필요하지 않다.

백스터와의 상호작용은 전통적 상업용 로봇을 작동하는 것보다 사람과 일하는 것과 흡사하다. 만약 백스터가 조립라인에서 있어서는 안 되는 무언가를 줍게 되면 작업자는 그의 손을 잡고 그 물건을 내려놓게 하기 위해 로봇을 움직일수 있다.

백스터는 또한 여러 가지 센서를 가지고 있는데, 깊이 센서와 손목에 카메라들이 있어서 손으로 볼 수 있다. 이것은 지속적으로 다른 사물들을 인지할 수 있도록 눈앞 세상의 수학적 모델을 만들고 조정한다.

백스터의 다른 이점으로는 다른 공장의 작업자들이 길들일 수 있다는 것이다. 단 5분 만에 이 로봇을 전에 본 적 없는 작업자들도 백스터가 단순한 작업을 할 수 있도록 길들이는 것을 배울 수 있다. 예를 들어 백스터가 수행하길 원하는 작업의 일부분을 보여주면 백스터가 나머지 작업을 추론할수 있다. 또한 만약 사람이 백스터와 상호작용을 하거나 작업의 일부를 한다면, 그 로봇은 나머지 작업을 어떻게 수행하는지 알아낼 수 있다.

결과 〉〉〉

리싱크로보틱스는 2012년 9월 18일에 백스터를 출시하였다. 그 이후로 백스터는 여러 회사에 고용되었다. 예를 들어 백스터는 케이넥스(www.knex.com)라는 필라

델피아 밖에 있는 슈퍼마리오 장난감을 쌓아서 중국으로 보내는 회사에서 일한다. 백스터는 또한 3개의 플라스틱 회사 ―로돈(www.rodongroup.com), 나이프로(www.nypro.com), 뱅가드플라스틱 주식회사(www.vanguardplastics.com)― 에서 일한다.

연간 수입 600만 달러의 작은 회사인 뱅가드플라스틱을 좀 더 자세히 보자. 뱅가드는 1,000 대기 압력으로 플라스틱 알갱이를 부숴 다른 모양으로 만들어내는 최신식의 자동화 전기 압력기를 작동시킨다. 주문 제작한 산업용 로봇은 반제품을 수집하여 컨베이어로 옮겨준다.

뱅가드의 주요 통계는 매출 나누기 공수이다. 뱅가드 경영진들은 회사가 지속되기 위해서는 이 통계가 매년 1% 이상씩 증가해야 한다고 주장한다. 이 목표를 달성하기 위한 단 한 가지 방법은 생산성을 높이는 것이다.

아직도 손으로 수행되는 한 가지 루틴 작업은 포장이다. 예를 들어 한 가지 압력품으로 액상 약품을 포장하기 위해 사용되는, 의학 회사로 2센트에 판매되는 작고 특별한 질감의 플라스틱 컵이다. 시간당 9달러를 받는 계약직원이 컵을 쌓고 플라스틱 봉지로 쌓인 컵을 포장한다. 이것이 뱅가드가 백스터를 사용하고 있는 작업이다. 뱅가드는 비용의 효율성에 따라 백스터를 유지하고 이 로봇은 1명의 계약직원을 대체한다―이는 회사의 투자금을 1년 안에 회수하게 된다.

리싱크로보틱스는 작업자들이 관리할 수 있는 사용하기 쉬운 기계를 제공함으로써 그들에게 권한을 준다고 주장한다. 사실, 리싱크는 기술의 혁신을 통해 미국 제조회사들을 구출하고 있다고 주장한다. 이것은 백스터가 미국 제조자들에게 해외 저임금 노동자들과 경쟁할 만큼 비용을 충분히 낮추는 데 도움을 주었다는 것이다.

그러나, 백스터는 향후 미국 내 저숙련된 노동자에 대한 의문을 높이고 있다―얼마나 빠르게 백스터가 이런 작업자들을 대신할 수 있을까, 그리고 그들이 대체된 후에는 그들이 어떻게 될 것인가?

출처 : J. Morton, "Baxter the Robot Rolls On In," *The New Zealand Herald*, January 21, 2014; B. Trebilcock, "Is There a Robot in Your Distribution Future?" Modern Materials Handling, December 1, 2013; S. Castellanos, "Rethink Robotics to Distribute Baxter in Japan," *Boston Business Journal*, November 6, 2013; M. Naitove, "'Collaborative' Robot Works Safely, Comfortably Alongside Human Workers," *Plastics Technology*, November 2013; J. Markoff, "Making Robots More Like Us," *The New York Times*, October 28, 2013; K. Alspach, "New Brain for Baxter: Rethink Robotics Releases Baxter 2.0 Software," *Boston Business Journal*, September 23, 2013; B. Jackson, "Baxter the Friendly Robot," *Yale Daily News Magazine*, September 8, 2013; R. Brooks, "Robots at Work: Toward a Smarter Factory," *The Futurist*, May-June, 2013; G. Anderson, "Help Wanted: Robots to Fill Service Jobs," *Retail Wire*, April 10, 2013; J. Young, "The New Industrial Revolution," *The Chronicle of Higher Education*, March 25, 2013; L. Kratochwill, "Rethink's Baxter Robot Got a Job Packaging Toys and Sending Them to China," *Fast Company*, February 26, 2013; A. Regalado, "Small Factories Give Baxter the Robot a Cautious Once-Over," *MIT Technology Review*, January 16, 2013; T. Geron, "The Robots Are Coming," *Forbes*, November 12, 2012; W. Knight, "This Robot Could Transform Manufacturing," *MIT Technology Review*, September 18, 2012; F. Harrop, "Buckle Up for the Robot Revolution," *Rasmussen Reports*, September 18, 2012; K. Alspach, "Rethink Robotics Unveils 'Human-Like' Robot," *Boston Business Journal*, September 18, 2012; J. Markoff, "Skilled Work, Without the Worker," *The New York Times*, August 19, 2012; J. Leber, "The Next Wave of Factory Robots," *MIT Technology Review*, July 23, 2012; www.rethinkrobotics.com, accessed April 4, 2013.

질문

1. 리싱크로보틱스는 백스터가 작업자들을 대체할 필요가 없다고 주장한다. 다만, 이것은 작업자들을 고임금 직업으로 이행시켜주는 것이다(예 : 프로그래밍 백스터 로봇과 감독 백스터 로봇). 백스터가 작은 제조 기업들의 작업자들을 대체할 것인가? 왜 혹은 왜 아닌가? 당신의 답을 뒷받침하여라.

2. 백스터에 따른 노동조합의 가능한 반응을 논의하라.

3. 백스터의 추가적으로 가능한 애플리케이션을 논의하라.

인턴십 활동 〉 ● first noble bank

정보시스템은 조직의 모든 측면에 영향을 준다. 이것은 특히 고객이 은행과 소통하고, 고지서를 지불하고, 계좌를 관리하고, 전반적인 은행 활동을 함에 있어서 IS가 대혁신을 한 은행 산업에 더 적용된다. 은행의 관점에서 IS는 고객들과 소통하고, 대출 결정을 하고, 계좌 상태를 주시하고, 더 많은 것들을 더 쉽게 만들어주었다.

이 인턴십 활동에서 당신은 퍼스트 노블 은행의 IT 임원이자 부사장인 제레미 파를 위해 일할 것이다. 제레미는 그의 고객들에게 모바일 제공 서비스와 관련하여 퍼스트 노블을 21세기화하기 위해 열심히 일했다. 다음은 제레미에게서 받은 이 과제에 대한 설명이 담긴 이메일이다.

안녕하세요!

당신이 나를 도와주어야 하는 아주 중요한 프로젝트가 있어요. 나는 우리 고객들에게 제공할 모바일 플랫폼을 찾고 있어요. 당신도 알다시피, 대부분의 은행은 그들만의 플랫폼을 만들지 않아요. 대신 그들은 그들의 요구와 고객의 요구에 맞는 소프트웨어 제공자를 찾죠. 나는 당신이 예를 들어 어떻게 다른 은행들이 그들의 이점을 생각해서 모바일 플랫폼을 도입했는지 웹을 검색해주길 바라요. 특별히 다음의 방법에 따라서 완성해주세요.

첫째, 최소한 3개의 현지 은행이나 신용조합 같은 금융기관의 웹사이트를 검토해주세요. 어떤 모바일 은행 도구를 그들의 고객에게 제공하고 있는지, 개인과 기업 고객에게 다른 도구를 제공하고 있는지, 어떤 도구가 기본적인지, 그리고 어떤 것이 부과 계좌의 한 부분으로 제공되는지 비교할 수 있게 노트 부탁합니다.

다음으로, 유튜브에서 "ACI가 싱글 플랫폼으로 전 세계적 온라인 뱅킹을 제공한다"를 검색해보세요. 며칠 전 이 동영상을 우연히 발견했는데 볼 시간이 없었고, 회사가 제공하는 모바일 제품을 검토할 수 없었어요. 당신은 아마 그 영상을 통해서 혹은 구글 검색을 통해 회사의 웹주소를 찾을 수 있을 거예요. 만약 그 동영상을 찾지 못한다면 전 세계적 ACI로 검색해보고 그들의 모바일 채널 관리자를 찾아보세요.

마지막으로 다음의 질문에 대한 답을 포함해서 짧은 보고서를 작성해주세요.

1. 현지 은행의 검토를 통해 우리가 모바일 포맷에서 어떤 도구들이 필요하고 구현할 수 있는가?
2. ACI 모바일 솔루션이 우리의 개인 고객과 기업 고객에게 잘 맞을까?
3. ACI 제품이 다른 종류/레벨의 고객에 따라 다른 제안을 적용할 수 있을까?
4. 우리는 다른 시스템이 필요할까 아니면 이 시스템이 우리의 요구를 만족시킬 수 있을까?
5. 이 웹사이트를 보고 난 후 전반적 인상은 어떠한가? 그들을 믿을 수 있는가?

당신의 도움에 미리 고맙습니다.
제레미 파

주 : 이 편지에 있는 모든 링크는 http://www.wiley.com/go/rainer/MIS3e/internship에서 이용 가능하다.

스프레드시트 활동 〉 스프레드시트의 소개

1단계 - 배경

스프레드시트는 데이터를 정리하고 분석하는 데 강력한 도구이다. 하나의 스프레드시트는 데이터를 가지고 있는 많은 행과 열의 칸으로 만들어져 있다. 이 데이터는 기본적인 수학계산부터 많이 복잡한 통계적 모델까지 공식을 사용해서 작업할 수 있다. 결과는 숫자의 포맷 혹은 차트나 그래프로 표현될 수 있다.

스프레드시트를 모으면 워크북이 된다. 워크북은 분리된 시트에 저장된 데이터를 하나로 통합할 수 있게 해주기 때문에 개별 스프레드시트보다 더 강력하다. 가장 유명한 스프레드시트 프로그램은 마이크로소프트 엑셀이다. 구글의 무료 클라우드 기반 프로그램 시트는 구글이 더 많은 기능을 추가함에 따라 유명세를 더하고 있다.

2단계 - 활동

당신이 라퀴타의 여행 비용 리포트의 개별 아이템을 합계하도록 부탁받았다고 생각해보자. 다음과 같이 6개의 비용이 있다.

호텔	$453.48	비행기	$311.26
식사	$84.25	개별 자동차 마일리지	$44.31
렌트카	$112.94	기타	$25.00

당신은 합계를 계산해야 한다. 하나의 뻔한 방법은 단순히 계산기를 사용하는 것이다. 이 숫자들을 더하면 라퀴타의 비용 리포트는 $1,031.34가 된다. 그러나 당신은 이 과정을 스프레드시트를 사용해서 작업할 수도 있다.

위에 나열된 숫자들의 합계를 계산하기 위해 스프레드시트를 만들어라. 'Sum' 공식을 사용하라. 만약 당신이 이 공식에 대해 도움이 필요하면, 당신이 선택한 스프레드시트 프로그램의 도움 기능을 이용하라. 비록 쉬운 활동이지만, 이는 스프레드시트 활용의 힘을 입증할 것이다.

3단계 – 과제

http://www.wiley.com/go/rainer/MIS3e/spreadsheet를 방문하고 이 절에 해당하는 링크를 누른다. 이것은 아무 스프레드시트 도구로나 열리는 .XLS 파일이다. 이 파일은 3개 시트로 구성된다.

- 3개 렌트카의 1년간 매일의 운행 기록
- 응급실에서 만난 환자의 숫자
- 지역별 매출

(페이지 밑에서 탭을 사용해서 시트 간 이동이 가능하다.) 새로 습득한 'Sum' 공식 지식을 사용해서 빠르게 3개 시트의 합계를 계산하라.

스프레드시트의 설명을 따르고 최종 작업을 교수님께 제출하라.

이 스프레드시트 기술의 추가적인 도움은 WileyPLUS에서 받을 수 있다. 'Microsoft Office 2013 Lab Manual Spreadsheet Module: Excel 2013'을 열어 Lesson 1: Launching Excel과 Lesson 2: Entering Data and Issuing Commands를 검토하라.

데이터베이스 활동 〉 데이터베이스의 소개

1단계 – 배경

데이터베이스는 데이터와 그들 간의 연관성을 저장하는 논리적으로 관련된 파일들의 묶음이다. 이것은 하나의 파일과 여러 개의 파일의 다른 점을 강조하여 설명할 수 있다. 다음과 같은 데이터가 고객의 정보 파일을 표현한다고 생각해보자.

이름	주소	주문	아이템	영업 사원	결제	잔고

이제 같은 테이블에서 여러 고객이 여러 개의 주문을 했다고 생각해보자. 데이터의 중복이 많아질 것이고 (모든 줄에 이름과 주소) 내용의 불일치와 부정확한 데이터가 나타날 위험이 늘어난다.

데이터베이스는 나뉘고, 정상화되고, 데이터는 여러 테이블에 들어갈 수 있고, 모든 것을 같이 묶을 수 있는 1차 키인 하나의 데이터로 만들어질 수 있다. 이 테이블은 아래와 같이 복제되었다. 고객 정보는 단 한 번만 입력되었고 이는 고객 ID로 묶이게 된다. 이 시스템의 가장 중요한 이점은 사용자가 이 정보를 한 장소에서 업데이트할 수 있고 그 업데이트된 정보는 고객이 조회할 때마다 자동으로 나타난다는 것이다.

이 디자인의 아름다움은 매우 복잡한 데이터 구조와 분석을 가능하게 하는 것이다. 이 예시는 아주 간단하다. 하지만 한 조직의 모든 기능과 닿아 있는 데이터베이스를 생각해보라. ERP라는 이 데이터베이스는 7만 5,000개 이상의 테이블을 포함하고 있다.

2단계 – 활동

이번 활동에서 당신은 액세스 데이터베이스를 다운받고 이 기능과 친숙해져라. 특히 당신에게 가능한 리본, 명령어, 메뉴, 도움 옵션, 뷰 기능을 배워야 한다. 이 첫 번째 활동의 목적은 어떻게 이 액세스 데이터베이스의 방향을 읽는지를 배우는 것이다.

3단계 – 과제

http://www.wiley.com/go/rainer/MIS3e/database를 방문하고 이 절에 해당하는 링크를 누른다. 거기에는 데이터베이스를 통해 안내해주는 여러 가지 질문으로 구성된 설명 PDF가 있는데 과제에 따른 더 자세한 설명을 제공해준다.

이 데이터베이스 기술의 추가적인 도움은 WileyPLUS에서 받을 수 있다. 'Microsoft Office 2013 Lab Manual Database Module: Access 2013'을 열어 Lesson 1: Launching Access를 검토하라.

이름	주소	고객 ID

주문	아이템

고객 ID	잔고

고객 ID	주문	결제

제**2**장

조직 전략, 경쟁우위, 정보시스템

개요

2.1 사업 압력, 조직적 대응 방안, IT 지원

2.2 경쟁우위와 전략적 정보시스템

학습목표 **> > >**

1. 다양한 사업 압력에 따른 효과적인 IT 대응을 알아본다.

2. 조직이 포터의 다섯 가지 경쟁세력에 대응하기 위해 전형적으로 채택하는 전략을 기술한다.

도입 사례 > 그럽허브 심리스 ▌

2013년 8월, 2개의 분리된 회사—심리스(www.seamless.com)와 그럽허브(www.grubhub.com)—가 하나의 회사로 결합되며 그럽허브 심리스(GS)라고 불렀다. 2개의 브랜드를 모두 보유하고 있는 이 새로운 조직은 음식 배달 업계에서 선두를 달리고 있다. 이 두 브랜드는 비슷한 제품을 제공하고 있다.

- 그럽허브의 다이너 제품은 GrubHub.com 웹사이트와 그럽허브의 외식가들에게 실시간 알림 혹은 주문 조회가 가능한 시스템의 모바일 애플리케이션인 트랙유어그럽을 포함한다. 그럽허브의 레스토랑 제품은 레스토랑 내부의 태블릿으로 주문 확인 절차를 능률화하는 오더허브와 배달 운전자들의 노선을 더 효과적으로 계획하는 것을 도와주는 딜리버리허브를 포함한다. 이 두 가지 제품은 트랙유어그럽을 통해 그럽허브 외식가들에게 실시간 업데이트를 제공하도록 협력했다.

- 심리스의 다이너 제품은 seamless.com 웹사이트와 외식가들에게 실시간 주문 조회를 제공하는 심리스의 시스템인 모바일 애플리케이션 푸드트래커를 포함한다. 심리스의 레스토랑 제품은 부스트이고 이는 레스토랑 내부의 태블릿으로 주문 확인 절차를 간소화하는 데 도움을 준다. 심리스는 비즈니스들이 모든 음식의 주문과 결제를 하나의 계정으로 통합할 수 있게 해주었다. 이것은 세 가지 주문 옵션을 제공한다—개인 식사, 단체 주문, 기업 케이터링.

GS 손님들은 그들의 실제 주소를 입력하면서 시작한다. 그러면 이 서비스는 해당 주소로 배달 가능한 레스토랑과 설정된 반경 내의 포장 주문 가능한 레스토랑의 리스트를 알려준다. 사용자들은 또한 그들의 도시 안에 있는 레스토랑이나 요리법, 레스토랑 이름, 혹은 특성 아이템별로 눌러볼 수 있다. 사용자가 무엇을 원하는지 정한 후에는, 그들은 GS 웹사이트를 통해서 주문할 수도 있고 유선상으로 주문할 수도 있다. GS는 후기, 쿠폰, 특가 상품과 모

© Tijana87/iStockphoto

든 주문을 추적하고 관찰하는 24시간 고객 서비스를 제공한다.

GS의 전문분야는 초기에 주로 산업의 기술적인 면에 집중했다. 기업이 웨이터로 일했던 사람들을 채용하면서, 레스토랑에 관한 고급 전문 지식을 가진 사람들을 채용하는 것에서 초점이 멀어졌다. 그래서 2013년 후반부터 GS 본부에서는 주방에서 일하는 사람들과 배달 운전기사들만 보내주었다.

GS는 주문을 관리하기 위한 태블릿을 레스토랑에 제공하였다. 회사는 또한 회계 관리자를 채용하여 산업의 매출 데이터를 기반으로 레스토랑을 조언하도록 하였다. 예를 들어 스포츠바에서는 전미 미식축구 리그 때에는 더 많은 핫윙을 판매한다는 것을 인지하고 있다. GS는 주변 레스토랑에서 몇 마리의 닭을 필요로 하는지 정확하게 예측할 수 있다고 주장한다. 사실 GS는 메뉴에 있는 아이템이 품절되었을 때 직원들이 태블릿을 사용해서 온라인 메뉴를 바로 조정할 수 있다고 주장한다. GS 주문의 절반이 태블릿을 통해 처리된다.

GS의 전략은 주문의 약 10~20% 이상의 수수료를 정당화하기 위하여 자신을 레스토랑의 운영과 통합하는 것이다. 소규모 비즈니스는 일반적으로 수수료가 GS처럼 높은 데이터 서비스를 제공하는 회사에 회의적이다. 편리한 태블릿은 10~20%의 수익차감을 상쇄하기 충분하지 않을 것이다. 산업분석가들은 오더허브의 주된 가치는 GS이지 레스토랑이 아님에 주목했다. 사실 분석가들은 GS와 그의 경쟁사인 딜리버리(www.delivery.com)와 잇24(www.eat24.com) 사이에서 경쟁하는 것은 레스토랑의 최선의 이익이라고 주장한다.

이런 문제점과 경쟁적 시장에도 불구하고, 2014년 중반 GS는 런던과 미국 내 600개 이상 도시의 26,500개 레스토랑에서 일평균 15만 건의 온라인 주문을 받고 있다. 이 회사는 2013년 300만 다이너를 제공했다.

출처 : J. Brustein, "GrubHub Puts Data on Its Menu," *Bloomberg Business Week*, December 23, 2013 – January 5, 2014; L. Lazare, "GrubHub and Seamless Complete Merger," *Chicago Business Journal*, August 9, 2013; A. Moscaritolo, "GrubHub 'Track Your Grub' Lets You Keep Tabs on Your Order," *PC Magazine*, November 13, 2012; A. Shontell, "The Digital 100: The World's Most Valuable Private Tech Companies," *Business Insider*, November 7, 2012; www.grubhub.com, www.seamless.com, accessed February 14, 2014.

질문

1. 이 장을 미리 보라. 그럽허브 심리스는 포터의 경쟁우위 전략 중 어떤 것을 추구하는가? 당신의 답을 설명하라.

2. 시장에서 GS가 경쟁우위를 갖기 위해 개발해야 할 추가적인 애플리케이션을 제안하라.

서론

조직은 현대의 첨단기술에 굉장한 복잡함 속에서 경영된다. 결과적으로 무수한 사업 압력을 받게 된다. 정보시스템(IS)은 조직이 사업 압력에 대응하도록 도와주고 조직의 글로벌 전략을 지원해준다는 점에서 매우 중요한 역할을 한다. 당신이 이 장을 읽어 나가면, 경쟁우위를 제공하는 정보시스템은 올바르게 사용될 경우 **전략적**이라는 것을 알게 될 것이다.

경쟁우위(competitive advantage)란 비용, 품질 혹은 속도와 같은 특정한 면에서 경쟁사들보다 이점을 가지고 있는 것을 말한다. 이는 시장을 주도할 수 있게 이끌고 평균 이상의 수익을 낼 수 있게 해준다. 전략과 경쟁우위는 여러 형식으로 나타난다.

비록 더 비용이 많이 드는 기술을 사용하는 회사들도 많지만, 도입 사례에서 다루었던 그럽허브 심리스가 보여주듯이 기업가 정신과 IT가 당신에게 해줄 수 있는 것에 대한 명확한 이해가 합쳐져서 월스트리트 CIO에게 했듯이 기업가에게 경쟁우위를 제공한다. 이 장을 공부하면서 당신의 분야에서 대중적인 IT를 활용해 재미있고 새로운 일을 하고 있는 소기업에 대해 생각해보라. 트위터, 페이스북, 아마존, 페이팔의 획기적인 사용을 찾아보았는가? 아니라면, 당신이 이러한 기술을 사용해서 수익을 볼 수 있는 비즈니스를 생각해볼 수 있겠는가?

이 장은 여러 가지 이유로 당신에게 중요하다. 첫째, 이 장에서 다루는 사업 압력은 당신의 조직에 영향을 미칠 것이고 당신에게도 영향을 줄 것이다. 이에 따른 결과로, 당신은 정보시스템이 어떻게 당신과 당신의 조직을 도와주고 이러한 사업 압력에 대응하는지 그 방식을 이해하게 될 것이다.

게다가 경쟁우위를 획득하는 것은 당신 조직의 생존을 위해 필수적이다. 많은 조직이 그들 직원들의 노력을 통하여 경쟁우위를 성취한다. 그러므로 전략과 정보시스템이 전략과 경쟁적 지위에 어떻게 영향을 미치는지에 대해 박학다식해지는 것은 당신의 거리어에 도움이 될 것이다.

이 장은 당신으로 하여금 조직의 전략, 임무, 목표에 친숙해지도록 북돋을 것이고 문제점을 이해하고 어떻게 수익을 창출해내는지를 알려줄 것이다. 또한 조직 전략에 정보기술이 어떻게 기여하는지에 대한 이해를 높이는 데 도움을 줄 것이다. 나아가, 새로운 기술 채택 여부와 기존의 기술을 더욱 효과적으로 사용할 수 있는 방법에 대해 의사결정을 하는 비즈니스와 IT 위원회의 일원이 될 가능성이 높다. 이 장을 살펴보고 나서 당신은 조직 내에서 이러한 위원회에 즉각적인 기여를 할 수 있을 것이다.

정보시스템(IS)은 대기업에서와 마찬가지로 중소기업에도 전략적일 수 있다. 이 장의 도입 사례인 그럽허브 심리스는 어떻게 정보시스템이 온라인 음식 주문 서비스 업체인 그럽허브에게 전략적으로 중요한지 설명하고 있다.

이 장에서 당신은 정보시스템이 어떻게 조직이 사업 압력에 대응하는 것을 가능하게 하는지에 대해 알게 될 것이다. 다음으로 정보시스템이 시장에서 조직이 경쟁우위를 얻을 수 있도록 어떻게 도와주는지에 대해 배우게 될 것이다.

2.1 사업 압력, 조직적 대응 방안, IT 지원

현대 사회의 조직들은 도전적인 환경에서 경쟁을 한다. 경쟁력을 유지하기 위해서 그들은 매우 격동적인 환경에서 발생하는 문제와 기회에 신속하게 대응해야 한다. 이 장에서는 현대 조직들이 직면하고 있는 주요 압력 중 일부를 살펴볼 것이고 이러한 압력에 대응하기 위해 사용하는 전략들에 대해서 살펴보도록 할 것이다.

사업 압력

기업 환경(business environment)이란 기업 활동을 운영하는 사회적, 법적, 경제적, 물리적, 그리고 정치적 요인의 조합이다. 이러한 요소들 중 어느 한 부분에 있어 급격한 변화는 조직에 사업 압력을 줄 수 있다. 보통 조직 차원에서는 IT에 의해 지원되는 활동으로 이러한 압력에 대응한다. 그림 2.1은 사업 압력, 조직적 성과 및 대응 방안, 그리고 IT 지원 간의 관계를 보여준다. 당신은 사업 압력의 세 가지 주요 유형인 시장, 기술, 사회적 압력에 대해 살펴볼 것이다.

시장 압력 시장 압력(market pressure)은 글로벌 경제, 극심한 경쟁, 직장 성격의 변화, 그리고 소비자의 힘 상승으로 발생한다. 각각의 요인들을 좀 더 자세히 살펴보자.

글로벌화 글로벌화(globalization)는 정보기술의 급격한 발전으로 경제적, 사회적, 문화적, 생태학적 요인들이 통합되고 상호 의존적이게 되는 것을 의미한다. 풀리처상 수상자인 프리드먼(Thomas Friedman)은 그의 저서 『세계는 평평하다』(*The World Is Flat*)에서 기술로 인해 글로벌 경쟁 공간이 균등하게 만들어지고 있다고 주장하였다.

프리드먼은 글로벌화를 세 시대로 구분했다. 첫 번째 시대는 1492년부터 1800년까지 지속된 글로벌화 1.0이다. 이 시대 동안에 글로벌화를 진행시켰던 동력은 얼마나 많은 인력과 말, 풍력 또는 증기력을 한 나라가 전개할 수 있는지였다.

두 번째 시대는 글로벌화 2.0으로 1800년부터 2000년까지 지속되었다. 이 시대에서 글로벌화의 동력은 다국적 기업, 즉 본사를 자국에 가지고 있고 여러 국가에서 기업 활동을 하는 기업의 출현이었다. 이 시대 처음 100년 동안 글로벌화 동력은 전보, 전화, 컴퓨터, 위성, 광섬유 케이블, 인터넷 및 WWW로부터 발생하는 이동통신비용을 낮추는 데 있었다. 현대 글로벌 경제는 이 시대 동안에 진화하기 시작하였다.

2000년 즈음에 전 세계는 글로벌화 3.0의 시대에 진입하였다. 이 시대의 글로벌화는 프리드먼이 지칭한 열 가지 '수평화' 힘의 융합에 의해 진행되었다. 표 2.1은 이러한 힘을 보여준다.

프리드먼에 따르면 각 시대는 뚜렷한 포커스에 의해 특징지을 수 있다고 주장한다. 글로벌화 1.0의 포커스는 국가, 글로벌화 2.0의 포커스는 기업, 글로벌화 3.0의 포커스는 집단과 개인에 있다.

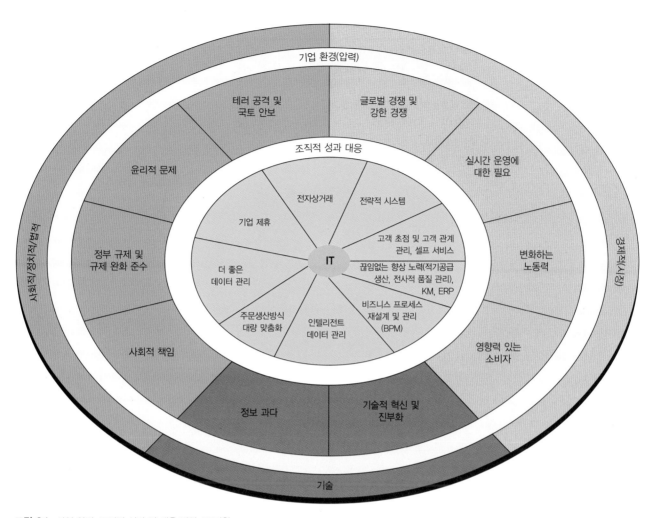

그림 2.1 사업 압력, 조직적 성과 및 대응 방안, IT 지원

표 2.1에서 보다시피, 프리드먼의 열 가지 수평화 중 아홉 가지가 정보기술과 직접적으로 연관이 있다는 것에 주목하라(베를린 장벽 붕괴를 제외한 나머지). 이러한 수평화의 힘은 개인들로 하여금 무제한적인 정보, 서비스, 엔터테인먼트에의 접근, 지식 교환, 제품 및 서비스의 생산과 판매에 있어서 어디서든지, 시간 제약을 받지 않고 연결되고, 계산하고, 소통하고, 협동하고, 경쟁할 수 있게 해주었다. 이제 사람과 조직은 지리적, 시간적, 물리적 거리 혹은 언어 장벽의 구애를 받을 필요가 없게 되었다. 핵심은 글로벌화가 경쟁을 눈에 띄게 증가시키고 있다는 점이다.

이러한 관측은 우리의 논의를 더욱 중요하게 만들어준다. 단순하게 대입해서, 당신과 당신이 들어갈 조직은 전 세계의 모든 사람들 및 조직과 경쟁을 할 것이다.

글로벌화의 몇몇 사례를 고려해보자. 미국, 캐나다, 멕시코를 포함한 북미자유무역협정 (NAFTA)과 같은 지역적 협약은 세계 무역량의 증가와 경쟁의 증가에 기여했다. 게다가 신흥 경제국으로서 중국과 인도의 부상은 글로벌 경쟁을 더욱 증가시켰다.

글로벌 시장에서 기업이 씨름해야 하는 중요한 압력 중 하나가 나라마다 다양한 수준의 인건비다. 보편적으로, 인건비는 미국, 일본과 같은 선진국이 중국, 엘살바도르와 같은 개발도상국보다 비싸다. 또한 선진국은 보통 의료보험과 같은 큰 혜택을 회사원들에게 제공함으로써 기업을 운영하는 비용이 더욱 비싸다. 그러므로 노동 집약형 산업의 대부분이 인건비가 적은 나

표 2.1 프리드먼의 열 가지 수평화

- **1989년 11월 9일 베를린 장벽의 붕괴**
  - 자유시장경제로의 전환 및 중앙계획경제로부터의 탈피
  - EU의 부상 및 세계를 단일 글로벌 시장으로 보는 시각

- **1995년 8월 9일 넷스케이프 공개**
  - 인터넷과 WWW 대중화

- **작업흐름(워크플로) 소프트웨어의 개발**
  - 인간의 간섭 없이 컴퓨터 애플리케이션이 상호 작동할 수 있도록 함
  - 지리적 위치에 상관없이 직원들 간의 조정과 통합을 빠르고 긴밀하게 함

- **업로딩**
  - 인터넷 사용자들에게 콘텐츠를 만들고 웹에 올릴 수 있는 권한 부여
  - 콘텐츠에 대해 수동적인 접근에서 적극적, 참여적, 협력적으로 전환

- **아웃소싱**
  - 회사가 자체적으로 수행하고 있었던 작업을 외부의 다른 회사가 수행하도록 하는 계약을 맺고 위탁하여 처리하는 것(예 : 고객 콜센터를 인도로 이전하는 것)

- **오프쇼어링**
  - 사업 활동이나 공정의 전체 또는 일부를 해외 지역으로 재배치하는 것(예 : 제조 사업부 전체를 중국으로 이전하는 것)

- **공급사슬**
  - 기업, 공급자, 소비자가 함께 수평적으로 참여해서 협력하고 효율을 증대하기 위해 정보 공유를 하는 네트워크 형성을 이끈 기술적 혁명

- **인소싱**
  - 기업이나 조직의 서비스와 기능을 그것을 전문으로 하는 다른 회사에 위임하는 것(예 : 델은 페덱스가 델의 물류 프로세스를 맡도록 함)

- **인포밍**
  - 검색 엔진에 의해 잘 표현된 정보를 탐색할 수 있는 능력

- **스테로이드(컴퓨팅, 인스턴트 메시지, 파일 공유, 무선 기술, 인터넷 전화, 화상 회의, 컴퓨터 그래픽)**
  - 다른 수평화 힘을 확장하는 기술
  - 모든 형식의 컴퓨팅과 협력을 디지털, 모바일, 퍼스널화

라로 이전해 왔다. IT의 발전은 이와 같은 현상을 더욱 가속화했다.

그러나 해외에서 제품을 생산하는 것은 예전처럼 더 이상 비용 절감을 가져오지 않고, 미국 내에서 제조하는 것이 더 이상 비싸지도 않다. 예를 들어 중국 내 제조업에 종사하는 인구의 임금은 2002~2013년 사이 2배 증가했고, 중국의 통화 가치는 꾸준히 상승하고 있다.

노동인구 변화의 본질 노동인구는 특히 선진국에서 점점 다양해지고 있다. 증가하는 수의 여성, 편부모, 소수 인종, 장애인이 현재 모든 형태의 위치에 고용되어 있다. IT로 인하여 이러한 노동인구들이 전통적인 노동인구들에 통합되는 충격을 완화해주고 있다. IT는 또한 사람들로 하여금 재택 근무를 할 수 있게 해주는데, 이는 어린아이가 있는 부모들과 기동성 혹은 교통 문제에 직면하고 있는 사람들에게 상당한 혜택이다.

영향력 있는 소비자 소비자가 그들이 얻는 상품 및 서비스에 대해 점점 더 많이 알게 됨에 따라 세련되어지고 기대가 증가한다. 소비자들은 인터넷을 활용하여 상품 및 서비스에 대한 세부적인 정보를 찾을 수 있고 가격을 비교할 수 있으며 전자식 경매에서 상품을 구입할 수 있다.

조직은 고객의 중요성에 대해 인식하고 그들을 획득하고 유지하기 위한 노력을 증가시켜 왔다. 현대 사회의 기업들은 고객들의 요구를 알고 더 정확한 예측을 하기 위해서 고객들에 대해

가능한 한 많이 알려고 피나는 노력을 한다. 이러한 프로세스를 고객 밀착이라고 하는데 고객 경험을 극대화하기 위한 조직 차원의 노력으로 고객 관계 관리의 중요한 요소이다. 고객 관계 관리에 대해서는 제12장에서 살펴볼 것이다.

기술 압력 사업 압력의 두 번째 범주는 기술과 관련된 압력으로 이루어져 있다. 주요한 두 가지 기술 관련 압력은 기술적 혁신과 정보 과다이다.

기술적 혁신과 진부화 새로운 기술 및 향상된 기술은 상품의 대체, 대안적인 서비스 및 최상의 품질을 급속도로 창출하거나 지원한다. 그 결과 오늘날의 최첨단 상품은 곧 진부화되고 새로운 것으로 금방 대체될 것이다. 예를 들어 얼마나 빠른 주기로 새로운 버전의 스마트폰이 시장에 출시되는가? 전자책, 잡지, 신문은 얼마나 빠르게 기존의 것들을 대체했는가? 이러한 변화로 인해 기업은 소비자의 요구를 끊임없이 이해해야만 하는 상황에 놓여 있다.

애플 아이패드(www.apple.com/ipad)의 빠른 기술적 혁신을 생각해보자.

- 애플은 첫 번째 아이패드를 2010년 4월에 출시하여 단 80일 만에 300만 대를 판매하였다.
- 애플은 11개월 뒤인 2011년 3월 11일에 아이패드 2를 출시하였다.
- 애플은 2012년 3월 7일에 아이패드 3를 출시하였다.
- 애플은 2012년 11월 2일에 네 번째 아이패드를 아이패드 미니와 함께 출시하였다.
- 2013년 11월 1일 애플은 다섯 번째 아이패드를 출시하였고 이를 아이패드 에어라고 불렀다.
- 2013년 11월 12일 애플은 새로운 아이패드 미니를 레티나 디스플레이로 출시하였다.

기술적 혁신의 한 가지 징후로 'bring your own device(BYOD)'가 있다. BYOD는 직원들이 개인 소유의 정보통신기기(노트북, 태블릿 PC, 스마트폰)를 직장에 가져와서 개인 용도로 사용하고 직원용 사내 네트워크에도 접속할 수 있도록 허락하는 정책이다. 교육용 버전의 BYOD는 학생들 개인 소유의 기기를 학교 네트워크에 접속하여 사용할 수 있도록 한다.

BYOD의 빠른 확산은 IT 분야에 큰 도전을 의미한다. 기기들에 대한 전적 통제와 관리의 기능을 잃을 수 있고, 직원들은 이제 기업 비즈니스를 개인 소유의 여러 기기로 사용할 수 있게 되었기 때문이다.

좋은 소식은 BYOD가 직원들의 생산성과 만족도를 높여주었다는 것이다. 사실 몇몇 직원들은 BYOD 특권으로 추가지급을 받지 않고 더 오랜 시간 근무를 하였다.

나쁜 소식은 보안 문제이다. BYOD 정책으로 많은 기업들은 시스템 파괴 소프트웨어(악성 소프트웨어, 제7장에서 논의되는 내용)의 경험이 늘어났다. 더 나아가 민감하고 독점적인 정보를 잃을 수 있는 위험이 늘어났다. 이러한 정보는 잃어버리거나 훔쳐 갈 수 있는 개인 소유의 기기에 안전하게 저장되지 않을 수 있기 때문이다.

'비즈니스에서 IT 2.1'에서와 같이 BYOD는 기업의 IT 부서에 영향을 미칠 수 있다.

비즈니스에서 IT 2.1

'Bring Your Own Device'가 가져올 수 있는 문제점

해밀턴 프레이저(HF, www.hamiltonfraser.co.uk)는 북런던에 위치한 주택 보험을 전문적으로 다루는 보험회사이다. 이 회사는 임차인이 임대부동산에서 옮겨 나갈 때 임차인과 집주인에게 독립적인 중재인을 배정하는 보호예탁금제도로 영국의 주요 계약자이다.

신뢰성이 회사의 성공에 있어서 중요하기 때문에 정보 보안은 IT그룹의 최우선 순위이다. HF는 'bring your own device(BYOD)'에서 젊은 직원들이 휴대전화를 사용하여 게임을 하고 그들의 친구들과 소셜 네트워크로 연락을 하면서 보안 위협에 특별히 집중하기 시작했다. 이 직원들은 그들의 기기로 기업 애플리케이션에 접속하고, 기업 데이터를 저장하고, 기업 이메일에 접근한다. 또한 경영진들은 사무실에 있지 않은 시간에 그들의 휴대기기로 이메일에 접근하기 시작했다.

HF는 직원들이 아이폰과 아이패드를 사용하여 회사 네트워크에 접근할 수 있도록 수락하면서 이미 모바일 컴퓨팅을 수용하였다. 그러나 직원들은 회사 네트워크에 다른 기기—특히 안드로이드 기기—를 사용하였다. HF는 큰 기업들에게 모바일 기기의 관리와 보안을 제공하는 모바일아이언(www.mobileiron.com)에 의지하였다.

모바일아이언은 HF가 어떤 모바일 기기를 지지할 것인지 결정하도록 했다. HF는 모바일아이언의 소프트웨어를 활용하여 얼마나 많은 직원들이 기업 네트워크에 비즈니스 용도로 접근하는지(반대로, 예를 들면 게임을 하거나 쇼핑을 하는지), 그리고 공인된 기기를 사용하는지 추적하였다. 이 회사의 인사 부서는 허용되는 사용 정책을 개발하고 짧은 교육으로 이 정책에 대한 직원들의 의식을 높였다. 이 정책은 직원들이 모바일 기기를 사용할 때 기기가 분실되거나 도난되었을 때 혹은 직원이 모든 데이터를 지우기 원할 때 IT 부서가 기업 데이터를 지울 수 있도록

반드시 스마트폰이나 태블릿에 애플리케이션을 다운 받아야 한다.

출처 : "BYOD & the Implications for IT," *NEC White Paper*, 2013; J. Gold, "Has BYOD Peaked?" *Computerworld*, March 21, 2013; J. Scott, "Case Study: Hamilton Fraser Embraces BYOD with MobileIron," *Computer Weekly*, March 20, 2013; G. Marks, "Do You Really Need a BYOD Policy?" *Forbes*, February 25, 2013; M. Endler, "4 Big BYOD Trends for 2013," *InformationWeek*, February 21, 2013; T. Kaneshige, "BYOD to Change the Face of IT in 2013," *CIO*, February 7, 2013; T. Kemp, "Beyond BYOD: The Shift to People-Centric IT," *Forbes*, January 14, 2013; L. Mearian, "Nearly Half of IT Shops Ignore BYOD," *Computerworld*, November 29, 2012; E. Lai, "Infographic: The Ten Things We Fear (and Love) About BYOD," *Forbes*, July 16, 2012; www.hamiltonfraser.co.uk, www.mobileiron.com, accessed April 14, 2014.

질문

1. 직원들이 아무 모바일 기기를 사용해서 기업 네트워크에 연결하는 것을 허용할 때 유리한 점은 무엇인가? 불리한 점은 무엇인가?

2. 모바일 기기를 분실하거나 도난당했을 때 기업 데이터를 지울 수 있게 하는 것이 왜 필요한가?

정보 과다 인터넷에서 사용 가능한 정보의 양은 매년 2배가량 증가하고 그중 대부분은 비용이 들지 않는다. 인터넷과 이동통신 네트워크는 관리자들에게 정보의 홍수를 가져왔다. 의사결정을 효과적, 효율적으로 하기 위해 관리자는 이러한 방대한 양의 데이터, 정보, 그리고 지식에 접근하고 활용할 수 있어야 한다. 검색 엔진(제4장에서 논의되는 내용) 및 데이터 마이닝(제5장에서 논의되는 내용)과 같은 정보기술은 이러한 관리자들의 노력에 아주 중요한 역할을 한다.

사회적/정치적/법적 압력 사업 압력의 세 번째 범주로 사회적 책임, 정부 규제/규제 완화, 사회 복지 프로그램을 위한 지출, 테러에 대처하기 위한 지출, 그리고 윤리 등을 포함한다. 이 절은 이러한 요인들이 현대 기업에 어떠한 영향을 미치는지를 설명할 것이다. 우리는 사회적 책임부터 시작하고자 한다.

사회적 책임 기업과 개인에 영향을 미치는 사회적 이슈는 물리적 환경에서부터 기업 및 개인의 자선 활동, 교육에 이르기까지 다양하다. 기업과 개인은 다양한 사회적 문제를 다루기 위하여 시간 및 금전적 지출을 마다하지 않기도 한다. 이러한 노력들을 **조직의 사회적 책임** (organizational social responsibility) 혹은 **개인의 사회적 책임** (individual social responsibility)으로 일컫는다.

중요한 사회적 문제로 물리적 환경의 상태를 들 수 있다. 그린 IT라고 불리는 IT 이니셔티브가 증가하고 있는데 이는 시급한 환경 문제의 일부를 다루고 있다. IT는 '친환경적으로' 변화하려는 조직의 노력에 있어 3개 영역에서 중요하다.

Studio Frank/Image Source

- 설비 설계와 관리. 조직들은 점점 더 환경파괴 없이 지속 가능한 직장 환경을 창조하려고 한다. 많은 조직들은 친환경적 건물의 건축을 촉진하는 비영리단체인 미국의 녹색건물위원회로부터 에너지와 환경 디자인에 관한 증명에 있어 리더십을

갖고자 노력하고 있다. 이 개발의 영향은 IT 전문가들이 녹색시설을 창조하는 것을 돕기를 기대한다는 것이다. IT 인력들은 시스템의 복잡한 모니터와 센서가 녹색시설에 포함되어 있는 것을 반드시 이해해야 한다. 나아가 공익사업은 네트워크 간 컴퓨터 전력 관리 그리고 능률적 에너지 데이터 센터를 설계하는 등의 에너지 보호를 하는 상업 고객에게 인센티브를 제공한다. 마지막으로 공익사업은 언제 그리고 얼마나 전력을 사용하는지에 따라 다양한 요금률을 적용하였다. 이러한 사안에 따라 기업들은 전력 사용량을 통제하여 IT 시스템을 활용해야 한다.

- 탄소 관리. 회사가 그들의 탄소 배출량을 감소시키려고 노력함에 따라, 그들은 IT 임원으로 하여금 조직 전체와 전 세계에 퍼져 있을 수도 있는 공급사슬에 걸쳐 탄소량을 측정하는 시스템을 개발하도록 하고 있다. 그러므로 IT 직원들은 내포 탄소와 회사의 제품과 프로세스에 내포된 탄소를 어떻게 측정하는지에 대해 박식해질 필요가 있다. 예를 들어 응용 프로그램의 개발에 대해 생각해보라. IT 관리자들은 응용 프로그램이 새로운 하드웨어를 시험하고 운영할 것을 요구하는지 혹은 얼마큼의 추가적인 서버공간과 에너지를 요구하는지, 그리고 이런 문제들이 어떻게 탄소 배출로 연결되는지 확인해야 한다.

- 미국 주와 국제 환경법. IT 임원들은 IT 제품 구매부터 그 제품의 폐기 방법과 회사의 탄소 배출량에 이르기까지 모든 것에 영향을 미치는 미국의 연방 정부군과 각 주와 국제 규약을 반드시 다루어야 한다. IT 관리자들은 장비를 구매, 사용, 폐기하기 전에 구체적인 주, 연방, 국제 환경 표준에 대해 공급자에게 적절하게 질문할 수 있도록 환경 준수 문제에 대해 이해해야 한다.

사회적 책임에 대한 우리의 논의를 계속한다면, 전 세계적인 사회적 문제는 기업과 개인의 자선을 통해 해결될 수 있을지도 모른다. 몇몇 사례에서 기부금의 어느 정도가 실제 수령자에게 돌아가고 자선단체의 비용으로 쓰이는지에 대한 질문이 발생한다. 기부자와 관계된 다른 문제는 그들의 기부금으로 지원하는 프로젝트에 대해 그들이 거의 영향력을 행사할 수 없다는 점이다. 인터넷이 이러한 염려를 해결하고 관대함과 상호 연결을 촉진하는 것을 도울 수 있다. 다음 사례들을 고려해보라.

- 페이션츠라이크미(www.patientslikeme.com) : 불임, 암, 그리고 여타 다른 질병에 관한 수천 개의 전자 게시판 중 하나. 사람들은 이러한 사이트와 전자 게시판을 활용하여 익명의 사람이 자발적으로 제공한 정보로부터 생명에 직결된 정보를 얻고, 낯선 사람으로부터 정서적인 안정을 얻기도 한다.

- 기프트플로(www.giftflow.org) : 기프트플로는 당신이 필요한 것은 공짜로 얻고 당신에게 필요 없는 것은 필요한 사람에게 찾아주는 가상공동체이다. 기프트플로는 공동체 조직, 기업, 정부, 그리고 상호 호혜의 네트워크 안에 있는 이웃을 연결해준다.

- 스파크(www.sparked.com) : 스파크는 온라인 '마이크로자원봉사' 웹사이트로, 크고 작은 소식들이 자원봉사를 하고자 하는 사람들에게 기회를 제공한다.

- 콜레보러티브 컨섬션(www.collaborativeconsumption.com) : 이 웹사이트는 공유, 재판매, 재사용 및 물물교환과 관련하여 성장하는 사업에 대해 토론할 수 있는 온라인 허브이다 (이러한 활동과 관련된 많은 웹사이트 링크를 함께 제공함).

- 키바(www.kiva.org) : 키바는 비영리 사업 단체로 선진국의 대출기관과 개발도상국의 사업자 간에 연결 고리를 제공한다. 사용자들은 세금 공제 기부보다 무이자 대출을 약속한다. 키바는 차용자에게 대출금을 100% 지급한다.

- 도너스추즈(www.donorschoose.org) : 도너스추즈는 교육 관련 웹사이트로 전적으로 미국 내에서 운영되고 있다. 사용자들은 대출을 하기보다 기부를 한다. 이 웹사이트는 자금난에 시달리고 있는 공립학교의 문제를 다룬다.

현대 기업에 영향을 끼치는 또 하나의 사회적 문제는 정보 격차이다. **정보 격차**(digital divide)란 정보기술에 접근할 수 있는 능력을 보유한 자와 그렇지 못한 자 사이의 큰 격차를 말한다. 이러한 격차는 국가 내, 국가 간에 존재한다.

대부분의 정부와 국제 조직들은 이 정보 격차를 줄이기 위해 노력하고 있다. 기술이 진보하고 그에 따른 비용이 감소함에 따라 이러한 격차를 줄일 수 있는 속도가 가속될 것이다. 한편, 빠른 속도의 기술 진보는 적은 자원을 가진 그룹에게는 부유한 그룹을 따라가기가 더 힘들 수도 있다.

잘 알려진 프로젝트로 '어린이들에게 노트북 PC를(OLPC, http://one.laptop.org)'이 있다. OLPC는 비영리 단체로 초저가의 노트북을 개발하려는 연구를 하고 있는데, 이는 세상의 어린이들에 대한 교육에 대변화를 주기 위해서이다.

2007년 제한된 자원을 가진 개인과 그룹에게는 다소 높은 가격인 188달러에 1세대 저가형 노트북이 출시되었다. 2세대 저가형 노트북은 높은 가격을 유지하였기 때문에 폐기되었다. 다음 세대의 저가형 노트북은 터치스크린 태블릿 컴퓨터로 전구보다 전력 소모가 덜하고, 깨지지 않으며, 방수이고, 아이폰의 절반 정도 두께를 갖고 있으며 개발도상국의 어린이들에게 제공될 것이다. '비즈니스에서 IT 2.2'에서는 동아프리카 국가인 에티오피아의 OLPC에 대한 흥미로운 경험을 논하고 있다.

비즈니스에서 IT 2.2

에티오피아의 태양열 태블릿

전 세계적으로 약 1억 명의 아이들이 학교가 없기도 하고 교육을 시켜줄 수 있는 학식이 있는 어른이 몇 안 되기 때문에 1학년조차 마치지 못한다. 이 문제점을 짚어 가기 위해 OLPC는 실험을 설계하였다.

실험은 에티오피아 마을 운치와 우론체테 두 곳에서 이루어졌다. 이곳의 글을 아는 사람의 비율은 0에 가깝다. 사실 아이들과 대부분의 성인들은 글씨로 쓰여진 단어를 본 적이 없다. 그들은 책도 없고, 신문도 없고, 길거리 표지판도 없고, 음식이나 제품에 표지도 없다.

OLPC는 쓰여진 말에 대한 노출이 없던 아이들이 선생님이나 다른 어른들의 개입 없이 그들 스스로 읽는 것을 배울 수 있을지 결정하는 것부터 시작하였다. 2013년 초반, 이 조직은 2개 마을의 아이들에게 약 1,000개의 태양열 태블릿 컴퓨터(모토로라 Xoom)를 전달하였다. 각각의 태블릿에는 알파벳 게임, 전자책, 영화, 만화, 그림, 그리고 기타 500개의 애플리케이션이 미리 설치되어 있었다. 태블릿에는 또한 어떻게 사용되는지 기록되는 추적 소프트웨어가 들어 있는 메모리카드가 포함되어 있었다. 중요한 것은 OLPC 팀은 태블릿이 들어 있는 박스들을 밀봉된 상태로 두고 왔다. 그 팀은 어떤 성인이나 아이들에게 아무런 설명도 하지 않았다.

결과는 놀라웠다. 4분 만에 한 아이가 태블릿이 들어 있는 박스를 개봉하고, 선원 버튼을 찾고 태블릿을 켰다. 전원 버튼을 한 번도 보지 못했던 것을 감안할 때 이것은 아주 인상적이었다. 5일 만에 아이들은 하루 평균 47개의 애플리케이션을 사용했다. 2주 안에 그들은 ABC 노래를 영어로 불렀다.

© karelnoppe/iStockphoto

5개월 째에는 아이들이 안드로이드 운영 체제에 접근하였다. OLPC는 태블릿의 카메라를 비활성화했었는데, 아이들이 다시 활성화해서 그들끼리 사진을 찍기 시작했다. OLPC는 태블릿의 데스크톱 설정을 멈춰두었는데 각각의 아이들이 그들의 데스크톱을 원하는 대로 바꾸었다.

비록 초기 결과는 유망했으나, 2014년 초반 아이들은 아직 글을 읽고 쓰지 못했다. 그것은 그들이 아직 그들 스스로 할 수 없었기 때문이다. OLPC는 아이들에게 더 많은 시간이 필요하다고 결론 짓고 실험을 계속하였다.

이런 한계에도 불구하고, OLPC는 아직 나타나지 않은 긍정적 결과를 관측했다. 아이들은 그들이 배운 것을 그들의 부모에게 가르쳤고 성인들도 그들의 자녀들과 함께 문맹률을 낮추었다.

출처 : J. Brakel, "Tablets Without Teachers Improving Literacy in Ethiopia," *Gulf Times*, September 28, 2013; "Tablet as Teacher: Poor Ethiopian Kids Learn ABCs," *Associated Press*, December 24, 2012; E. Ackerman, "Ethiopian Kids, Hack OLPCs in 5 Months with Zero Instruction," *DVICE*, October 30, 2012; D. Talbot, "Given Tablets but No Teachers, Ethiopian Children Teach Themselves," *MIT Technology*

Review, October 29, 2012.

질문

1. 세계 1억 명의 아이들의 문맹률을 낮추는 것이 어떤 장점을 가져올 것인가? 구체적으로 작성하라.

2. 이 실험에서 태블릿은 인터넷에 연결되어 있지 않았다. 만약 태블릿이 인터넷에 연결되어 있었다면 아이들에게 어떤 장점과 단점이 있을 수 있는지 논의하라.

정부 규제 준수 사업 압력의 또 다른 주요한 원천으로 보건, 안전, 환경보호 및 평등한 기회 분배에 관한 정부의 규제를 들 수 있다. 기업은 정부의 규제를 그들의 활동을 제한하는 값비싼 제약요소로 보고 있다. 보편적으로 정부 규제 완화는 경쟁을 강화한다.

9/11 사태와 무수한 기업 스캔들의 후폭풍으로, 미국 정부는 사베인즈 옥슬리법, 애국법, 그램-리치-블라일리법, 건강보험 양도 및 책임에 관한 법률(HIPAA) 등 다수의 새로운 법안을 통과시켰다. 이 법안이 통과된 주에서 조직은 규정을 준수해야 한다. 이러한 규정을 준수하는 과정에서 많은 비용과 시간이 든다. 거의 대부분의 경우에 조직은 IT에 의존하여 규정 준수를 위한 정보와 필요한 통제를 제공한다.

테러로부터의 보호 2001년 9월 11일 이래로 조직은 테러 공격에 대응하기 위한 압박을 많이 받아 왔다. 이에 더해 예비군에 소속되어 있던 직원들은 현역으로 소집되어 개인적인 문제를 야기했다. 정보기술은 보안시스템을 제공하고, 사이버 공격(제7장에서 논의될 것임)을 포함해 테러 활동과 관련된 행위의 패턴을 식별하여 기업을 보호하는 데 일조한다.

테러리즘에 대한 보호의 예로 미국 국토안전부의 생체인증관리국(OBIM) 프로그램을 들 수 있다. (생체인증에 대해서는 제7장에서 논의된다.) OBIM은 지문과 안구의 홍채, 망막 스캐너 같은 생체검사 시스템 네트워크로 정부의 데이터베이스로 묶이게 되고 미국에 입국하는 수백만 사람들의 신원을 확인할 수 있다. 이 시스템은 주요 국제공항, 항로 및 육로를 포함한 300여 개의 지역에서 활용되고 있다. 또 다른 예는 이 장의 마무리 사례 2에서 알아보도록 하자.

윤리적 문제 윤리는 보편적인 옳고 그름의 기준과 관련이 있다. 정보윤리는 정보 가공 과정에서의 옳고 그름의 기준과 구체적으로 관련이 있다. 윤리적 문제는 매우 중요하다. 왜냐하면 제대로 다루지 못할 경우에 조직의 이미지와 임직원의 사기에 부정적인 영향을 끼치기 때문이다. IT의 사용으로 인하여 이메일 감시부터 사적·공적 데이터베이스에 저장되어 있는 수백만 고객의 프라이버시 침해에 이르기까지 많은 윤리적인 문제가 발생한다. 제6장에서 윤리적 문제를 더 자세히 다룰 것이다.

명백히 조직에 대한 압력이 증가하고 있고, 조직은 성공하기 위해서 이러한 압박들에 대해 적절한 반응을 할 수 있도록 해야 한다.

조직적 대응

조직은 지금까지 논의된 것과 같은 다양한 압력에 전략적 시스템, 고객 중심, 주문생산방식, 대량 맞춤화, e-비즈니스 등을 실행하여 대응하고 있다. 이 절에서는 이러한 대응의 각각을 살펴볼 것이다.

전략적 시스템 전략적 시스템은 조직이 시장 점유율 및 수익을 증가시키고, 공급업자들과 더 나은 협상을 할 수 있도록 하며, 경쟁업체가 시장에 진입할 수 없도록 하는 이점을 제공한다. '비즈니스에서 IT 2.3'에는 기상채널에서 정보시스템이 어떻게 전략적으로 중요할 수 있는지 보여준다.

비즈니스에서 IT 2.3

기상채널

기상채널(TWC, www.weather.com)은 NBC 유니버설과 2개 투자기업(블랙스톤그룹과 베인캐피털)의 조인트 벤처가 소유하고 있는 케이블 및 위성 채널이다. 이 채널은 일기예보와 날씨 관련 뉴스, 다큐멘터리, 오락 프로그램을 방송한다. 케이블 채널의 프로그래밍에서 TWC는 지상을 예측하고 위성 라디오, 신문, 그리고 웹사이트를 제공한다. TWC는 온라인을 www.weather.com과 모바일 스마트폰과 테이블 애플리케이션 세트를 통해 유지한다.

이것이 강력하고 유명한 브랜드임에도 불구하고, TWC는 시청자를 잃어간다. 닐슨에 따르면 TWC는 2013년에 전년 273,000명 대비 23% 낮아진 일평균 211,000명의 시청자를 기록했다.

이 감소의 이유로는 2013년 높은 시청률로 연결되는 미국의 치명적 기후 상태가 없었기 때문이다. (2012년은 뉴욕을 포함한 동부 해안의 일부를 뒤덮은 허리케인 샌디의 해였다.) 또한 TWC 시청자 중 기상정보를 얻는 주요 근원지로 텔레비전 대신 모바일 기기를 이용하는 사람이 늘었다. 2013년, 분석회사 디스티모(www.distimo.com)에 따르면 아이폰과 안드로이드 기기에서 기상 애플리케이션의 숫자가 약 10,000개로 2배가 되었다.

TWC는 일기예보가 어떠해야 하는지 사용자의 기대가 바뀌었다고 주장했다. '현재예보'—특정 지역의 매우 정확한 단시간 기상예보는—반만 믿을 수 있는 5일 예보를 싫어하는 날씨 관찰자들에게 인기가 많아졌다. TWC는 일반적으로 예보를 지연시킬 수 있는 기상학자들의 넓은 지역의 장기적 예측을 위한 데이터 해석 방법에 의지했다.

이러한 경쟁적 압력에 개의치 않고, 브랜드 인지도에 고마워하며, TWC의 모바일 앱은 카테고리에서 가장 유명한, 약 1억 명이 사용하고 있다. 그러나 다크스카이(www.darkskyapp.com), 스카이모션(www.skymotion.com), 웨더스피어(www.weathersphere.com)를 포함한 여러 스타트업 기업들이 TWC의 선두에 끼어들고 있다.

TWC의 애플리케이션은 15분 간격으로 상태를 표시하는데, 예를 들어 다크스카이는 1시간 내에 비가 오거나 눈이 내린다면 분 단위로—가끔 놀라운 정확성으로—예상한다. 스카이모션은 2시간 간격으로 똑같이 한다. 웨더스피어의 제품인 레이더 캐스트는 운전자들에게 다가오는 폭풍을 찾아준다.

이런 스타트업들은 국립 기상국 레이더, 인공위성, 그리고 개별 기상관측소의 데이터를 통합하고 분석하면서 단시간 예측을 개선하고 정확성을 가지고 일기를 예상할 수 있다. 흥미롭게도, 다크스카이의 3.99달러짜리 애플리케이션은 2012년 이후 40만 번 다운로드 되었다.

또 다른 경쟁사인 IBM(www.ibm.com)은 1996년 딥썬더 프로젝트 착수 이후에 기상예보 무대에 들어섰다. 딥썬더는 현지의 고해상도 날씨 예보를 제공하고 날씨에 민감한 특정 비즈니스에 맞게 제작해주었다. 예를 들면 이 시스템은 바람의 속도를 올림픽 다이빙 플랫폼이나 어떤 장소가 홍수 혹은

송전선의 손상으로 위험할 때 84시간 앞서 예상할 수 있다.

시청자의 이동에 맞서 싸우려고 2013년 TWC는 외관과 보도 범위에 변화를 주어 TV 채널을 개편하였다. 채널은 이제 화면의 하단 1/3에 그래픽 디스플레이로 현지 시간별 날씨를 24시간 그리고 광고 중에도 보여준다. 이 채널은 또한 장소에 따른 정보를 중계하는 '하이퍼로컬' 예보라고 불리는 기술을 배치한다. 이 기술은 4,000개의 다른 지역으로 나누어서 TWC의 220명의 기상학자들을 포함한다. 시청자는 그들의 지역적 장소에 따라 적절한 날씨를 볼 수 있게 되었다.

TWC는 스타트업들과 경쟁하기 위해 모바일 프로젝트도 개발하였다. 예를 들면 날씨 관찰자들이 그 지역에서 찍은 사진을 그 지역의 다른 사람들과 나눌 수 있는 레디어스(Radius)라고 불리는 애플리케이션을 만들었다.

다른 새로운 기술은 요구에 따른 예측인데 변화할 수 있다. 이 기술은 현재 예보의 요소를 포함하지만 또한 사용자의 요청에 따라 지구를 20억 포인트로 하여 상세한 예보를 할 수 있다. 이 애플리케이션은 세계지도를 제공하는 웹사이를 운영한다. 사용자가 장소를 클릭하면, 요구된 예측이 정확한 위치에 맞게 가능한 75,000개 데이터 자료를 가장 최근의 정보를 사용해서 바로 실시간 예측으로 생성된다.

놀라울 것 없이, 이 경쟁은 현상을 유지하지 않았다. 2013년에 다크스카이는 TWC의 영역을 침투하는 다른 떠오르는 회사들을 위한 단기·장기 예측을 가능하게 하는 서비스를 만들었다. 또한 이 회사는 사용자 기반을 획기적으로 늘릴 수 있도록 이 기술을 그들의 차에 설치하도록 자동차 회사와 협상했다.

출처 : J. McCorvey, "A Storm Brews Over Weather," *Fast Company*, February, 2014; K. Bell, "Hyperlocal Weather App Dark Sky Gets 24-Hour and 7-Day Forecasts," *Mashable*, January 27, 2014; D. Lu, "13 Best Weather Apps to Take Your Day by Storm," *Mashable*, August 12, 2013; S. Gallagher, "How IBM's Deep Thunder Delivers 'Hyper-Local' Forecasts $3\frac{1}{2}$ Days Out," *Arstechnica*, March 14, 2012; "Dark Sky Reinvents Weather Apps with Hyper-Local Forecasts," *Fast Company*, November 8, 2011; H. Czerski, "150 Years Since the First UK Weather 'Forecast'," *BBC*, August 1, 2011; www.twc.com, www.darksky.com, www.ibm.com, accessed February 6, 2014.

질문

1. 왜 정확한 날씨 예보가 중요한지 (사례에서 논의된 것 이외의) 여러 가지 이유를 찾아보라. 정확한 날씨 예보가 이 정보를 받는 조직의 경쟁우위로 고려될 수 있는가? 왜 혹은 왜 아닌가? 자세한 예를 들어 당신의 답을 뒷받침하라.

2. 다크스카이, 스카이모션 그리고 웨더스피어가 TWC를 넘는 경쟁우위를 지속적으로 가질 수 있는가? 왜 혹은 왜 아닌가? 당신의 답을 지지하라.

고객 중심 최상의 고객 서비스를 제공하고자 하는 조직의 시도는 고객을 획득하고 유지하는 것과 경쟁업체에 고객을 빼앗기는 것 사이에서 차이를 만들어낸다. 고객을 만족시키기 위한 무수한 IT 툴과 비즈니스 프로세스가 고안되어 왔다. 예를 들어 아마존을 고려해보자. 당신이 아마존의 웹사이트를 처음 방문한 이래로, 웹사이트는 당신의 이름을 알고 환영해줄 것이며, 당신의 사전 구매에 대한 정보를 바탕으로 당신이 좋아할 만한 책에 대한 정보를 제공할 것이다. 다른 사례로, 델은 당신이 구매 결정을 함에 있어서 정보와 선택사항을 제공함으로써 컴퓨터를 구매하는 과정을 이끈다.

주문생산방식 및 대량 맞춤화 주문생산방식(make-to-order)은 소비자의 요구사항에 맞추어 상품과 서비스를 생산하는 전략이다. 문제는 개개인의 요구에 맞춘 상품을 어떻게 효율적이고 저비용으로 생산할 수 있는지다. 이에 대한 부분적인 해결책으로 대량생산 방식에서 대량 맞춤화로 생산 프로세스를 전환하는 것을 들 수 있다. 대량생산은 동일한 제품을 대규모로 생산하는 것이다. 기존 대량생산의 예로 헨리 포드의 모델 T는 구매자들이 아무 색상이나 고를 수 있다 ─검은색이기만 하다면.

단일 품목을 모든 고객에게 제공한다는 포드의 정책은 **고객 세분화**, 기업들이 다른 고객 그룹, 혹은 세분화에 따라 표준규격을 제시하면서 무너지게 된다. 예를 들어 옷 제조업체들은 각기 다른 고객들의 취향에 따라 다른 사이즈와 색상의 옷을 디자인하였다. 다음 단계는 기업들이 각 고객에게 맞는 제품이나 서비스를 주문제작하는 **대량 맞춤 구성**이다. 예를 들면 차, 컴퓨터 혹은 스마트폰의 주문처럼 고객들이 특정 기능을 그들이 원하는 대로 명시하여 주문하는 것이다.

대량 맞춤(mass customization)으로 알려진 이런 전략은 기업이 많은 수량의 제품을 만들어내지만 고객 각자의 요구와 필요에 맞게 제작하는 것이다. 대량 맞춤은 근본적으로 주문 제작을 시도하기 위함이다. 남성·여성 청바지와 수영복을 제작하는 바디메트릭스(www.bodymetrics.com)는 대량 맞춤의 훌륭한 예다. 바디메트릭스는 고객들이 집에서 혹은 매장에서 사용할 수 있는 '바디 스캐너'를 제공한다. 이 기술은 고객의 몸을 촬영하여 150개의 치수를 수집하고 고객의 사이즈와 형태에 맞는 디지털 복제품을 만든다. 이 촬영은 청바지와 수영복을 주문 제작하는 데 사용된다.

e-비즈니스와 전자상거래 오늘날의 기업 환경에서 경쟁하고 있는 기업들에게 전자적으로 기업 활동을 하는 것은 필수적인 전략이다. 전자상거래(EC 또는 e-commerce)는 인터넷을 포함한 컴퓨터 네트워크를 통해 정보 또는 상품 및 서비스의 구매, 판매, 배송, 교환의 과정을 실행하는 것이다. e-비즈니스는 이보다 더 광의의 개념이다. 상품 및 서비스의 구매 및 판매 이외에도, e-비즈니스는 조직 내에서 고객에게 서비스를 제공하고, 비즈니스 파트너들과 협력하며 전자 거래를 수행하는 것을 말한다. 제9장에서 이 주제에 대해 더 폭넓게 살펴볼 것이다. 또한 전자상거래 애플리케이션은 이 책 전반에 걸쳐 출현할 것이다.

당신은 이제 오늘날의 기업 환경에서 기업에 영향을 미치는 압력들과 이 압력들을 다루기 위한 조직의 대응 방안에 대한 개괄적인 관점을 가졌을 것이다. 가장 효과적인 대응 방안을 계획하기 위해 기업은 전략을 구성한다. 새로운 디지털 경제에서는 이러한 전략이 정보기술에 크게 의존하고 있고, 특히 전략적 정보시스템에 의존하고 있다. 다음 절에서 이와 관련된 주제에 대해 살펴볼 것이다.

> **다음 절로 넘어가기 전에…**
>
> 1. 현대 기업 환경의 특징은 무엇인가?
> 2. 현대 글로벌 기업 환경을 특징 짓는 압력들에 대해서 논하라.
> 3. 이러한 압력들에 대한 조직적 대응에 무엇이 있는지 설명하라. 이러한 조직적 대응 중에 특정한 압력에 관계되는 것이 있는가? 만약 있다면 그것은 무엇인가?

개념 적용 2.1

학습목표 2.1 다양한 사업 압력에 따른 효과적인 IT 대응을 알아본다.

1단계 – 배경(당신이 배워야 하는 것)

비스니스들은 상상할 수 있는 모든 각도에서 엄청난 압력을 마주한다. 시장은 지속적으로 이동하고, 기술은 도입하면서부터 빠르게 구식이 되어 가고, 사회는 비즈니스가 그 일의 영향으로 지역사회에 더 많은 책임을 가지길 기대하고, 그리고 법적 준수가 요구된다. 비즈니스는 이런 어려움을 극복하기 위해 최첨단 기술을 점점 더 사용하고 있다.

2단계 – 활동(당신이 해야 하는 것)

이 장에서 소개하고 있는 3개의 넓은 카테고리 중 하나의 비즈니스 압력을 선택하라―시장, 기술, 사회적/정치적/법적 압력. 이제 현실에 존재하는 당신이 선택한 각각의 압력에 연관된 비즈니스 이야기를 검색하라.

3단계 – 과제(당신이 제출해야 하는 것)

3개의 예시를 선택한 후에, 각각에 따른 효과적인 IT 반응을 찾아보라. 이 장에 나와 있는 반응을 사용해도 좋다. 왜 이 반응이 당신이 확인한 비즈니스 압력에 적절하다고 생각했는지 설명하라.

아마 당신이 찾은 이야기에 반응 개요가 있을 수 있다. 만약 그렇다면, 그 반응이 비즈니스 압력과 관계하면서 정말로 효과적인지 알아내라. 다음과 같은 개요에 따라 제출하라.

- 넓은 범주 _____
- 비즈니스 압력 _____
- IT 반응 _____
- 서술 _____

2.2 경쟁우위와 전략적 정보시스템

경쟁전략이란 기업의 목표를 수행하는 데 필요한 계획 및 방안, 기업의 목표, 경쟁을 위한 기업의 접근 방식을 확인하는 것이다(Porter, 1985).[1] 보편적으로, 전략은 시장 점유율을 획득하는 것과 같은 바람직한 결과에 적용될 수 있다. 경쟁전략은 당신이 경쟁 회사가 당신의 목표를 성취하는 것을 방해할 때 원하는 결과를 성취하는 데 초점을 둔다. 그러므로 당신이 경쟁전략을 세울 때는 당신만의 전략을 계획해야 하고, 경쟁업체의 전략에 대한 예상과 대응 방안을 설정해야 한다.

경쟁전략을 통하여 조직은 산업 내에서 경쟁우위를 찾을 수 있다. 즉 조직은 비용, 품질, 신제품 출시 시간 등과 같은 중요한 기준에서 경쟁우위를 갖고 경쟁업체를 앞설 수 있도록 노력한다. 경쟁우위는 기업이 시장에서 수익을 내도록 기능하고 평균 이상의 수익을 창출할 수 있도록 도와준다.

이 책을 통해 알게 되겠지만, 경쟁우위는 오늘날의 기업 환경에서 그 중요성이 점점 커지고 있다. 보편적으로, 한 기업의 핵심 사업은 변화하지 않고 남아 있다. 즉 정보기술은 저비용, 뛰어난 고객 서비스, 우수한 공급사슬 관리와 같이 기존에 경쟁우위를 갖는 원천을 통해서 조직

---

1 Porter, M. E. (1985). *Competitive Advantage*, Free Press, New York.

의 성공을 높여주는 도구를 제공할 뿐이다. **전략적 정보시스템**(strategic information system, SIS)은 전략적 목표를 수행하고 조직의 성과와 생산성을 향상시킬 수 있도록 도와줌으로써 경쟁우위를 제공한다. 조직이 경쟁우위를 획득할 수 있도록 도와주거나 비경쟁력을 줄일 수 있도록 도와주는 정보시스템은 전략적 정보시스템이라고 할 수 있다.

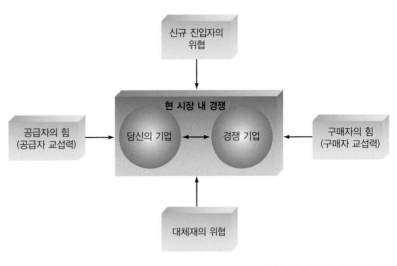

그림 2.2 포터의 경쟁세력모델

포터의 경쟁세력모델

경쟁력을 분석하는 가장 잘 알려진 프레임워크로 포터(Michael Porter)의 **경쟁세력모델**(competitive forces model)(Porter, 1985)이 있다. 기업은 포터의 모델을 사용하여 경쟁우위를 높이기 위한 전략을 개발한다. 또한 포터의 모델은 IT가 어떻게 기업을 더욱 경쟁적으로 만드는지 설명해준다.

포터의 모델은 주어진 산업 내에서 기업의 위치를 위협할 수도 있고 높여줄 수도 있는 다섯 가지 주요 힘에 대해 설명한다. 그림 2.2는 이러한 힘들을 강조하고 있다. 웹이 경쟁의 성질을 바꾸어 왔을지라도, 포터의 다섯 가지 기본 힘을 바꾸지는 못했다. 사실 분석 도구로서 이러한 힘들을 가치 있게 만드는 것은 수 세기 동안 그것들이 변화하지 않았기 때문이다. 규모에 상관없이, 무슨 사업을 하든지, 모든 경쟁적인 조직은 이러한 힘들에 의하여 움직인다. 이러한 관찰 결과는 지방정부와 같이 당신이 경쟁적이라고 고려하지 않는 조직에도 적용할 수 있다. 지방 정부가 영리를 추구하지 않는다 해도 기업을 그들의 지역에 유치하기 위해 경쟁하고, 상급 정부로부터 기금을 지원받기 위해 경쟁하고, 직원 확보와 그 외 다른 많은 것들을 위해 경쟁한다.

포터(Porter, 2001)[2]는 웹의 영향으로 기업 간 경쟁이 증가해 기업의 수익성이 일반적으로 감소할 것이라 결론지었다. 포터의 다섯 가지 힘과 웹이 그것에 어떠한 방식으로 영향을 끼치는지 살펴보자.

1. **신규 진입자의 위협** 상당한 진입장벽이 존재할 때보다 시장 진입이 쉽고 비용이 많이 들지 않을 때 신규 진입의 위협이 높다. **진입장벽**(entry barrier)이란 고객이 특정 산업 내 조직에게 기대하는 상품 및 서비스의 특징을 말한다. 경쟁하는 조직은 시장에서 살아남기 위해서 이러한 특징을 제공해야 한다. 진입장벽의 유형은 다양하다. 예를 들어 바에서 미성년자 출입을 막는 법의 강제나 술을 팔기 위한 라이선스에 관한 법적 기준을 고려해보자.

    당신이 주유소를 개업하기를 원한다고 생각해보자. 그 산업에서 경쟁하기 위해 당신은 고객이 주유한 즉석에서 신용카드나 직불카드로 결제가 가능한 시스템을 제공해야 할 것이다. 이 시스템은 시상에 신입아기 위한 IT 기반 장벽이다. 왜냐하면 당신은 이 시스템을 무료로 제공해야 하기 때문이다. 이 서비스를 제공한 첫 주유소는 선발자의 이점을 얻었고, 진입장벽을 만들었다. 그러나 경쟁업체들이 같은 서비스를 신속하게 제공하고 진입장벽을 극복함으로써 이러한 이점은 오래 지속되지 못한다.

    대부분의 기업에서 웹은 판매 직원 혹은 물리적인 상점의 필요와 같은 기존의 진입장벽을 급격하게 감소시키기 때문에 새로운 경쟁자가 시장에 진입할 수 있는 위협을 증가시킨

---

2 Porter, M. E. (2001), "Strategy and the Internet," *Harvard Business Review*, March.

다. 오늘날 경쟁업체들은 단지 웹사이트를 설정하기만 하면 된다. 구매자와 판매자 사이에서 연결 고리 역할을 하는(예 : 증권사 직원, 여행사 직원) 산업뿐만 아니라 1차 생산품 혹은 서비스가 디지털인 산업(예 : 음악 산업)의 경우 특히 이러한 위협을 체감하고 있다. 이에 더하여, 웹은 지리적 도달 범위가 무한하기 때문에 멀리 떨어져 있는 경쟁업체들도 기존의 회사들과 더욱 직접적으로 경쟁할 수 있게 한다.

몇몇 사례에서 웹은 진입장벽을 증가시킨다. 고객들이 공급업체로부터 적지 않은 영향력을 기대할 때 이러한 상황이 주로 발생한다. 예를 들어 웹 기반으로 소포 추적을 처음 제공한 회사는 그러한 서비스에 대해 경쟁우위를 획득한다. 경쟁업체들은 선두 기업을 따르도록 요구된다.

2. **공급자 교섭력** 구매자가 구매할 수 있는 선택 범위가 좁을 때 공급자의 힘은 강하고 선택 범위가 넓을 때 공급자의 힘은 약하다. 그러므로 조직은 가격, 품질, 배송 조항에 관해 협상할 때 강한 힘을 가질 수 있도록 잠재적인 공급자를 많이 갖는 것을 선호한다.

공급자에 대한 인터넷의 영향은 상황에 따라 다르다. 한편으로는, 인터넷이 구매자로 하여금 대안적인 공급자를 찾게 하고 가격 비교를 쉽게 하여 공급자의 교섭력을 감소시키는 결과를 낳는다. 다른 한편으로는, 기업들이 인터넷을 사용하여 공급망을 통합함에 따라 공급망에 참여한 기업들은 고객들을 고정화해 번성한다.

3. **구매자 교섭력** 구매자가 구매할 수 있는 선택 범위가 넓을 때 구매자의 힘은 강하고 선택 범위가 좁을 때 구매자의 힘은 약하다. 예를 들어 과거에는 학생들이 교과서를 구매할 수 있는 곳이 거의 없었다(보통 캠퍼스 내 한두 개의 서점). 이러한 상황에서 학생들은 낮은 구매 교섭력을 가졌다. 오늘날 웹은 학생들에게 다수의 잠재적 공급자에 대한 접근을 제공할 뿐만 아니라 교과서에 관한 세부 정보를 제공한다. 이에 따른 결과로 학생의 구매 교섭력은 급격하게 증가되어 왔다.

이와는 대조적으로 **로열티 프로그램**은 구매 교섭력을 감소시킨다. 이름이 암시하듯이, 로열티 프로그램은 고객이 특정한 조직과 관계하는 사업 거래량에 기반하여 보상을 한다(예 : 항공사, 호텔, 자동차 렌탈 기업). 정보기술은 기업들이 수백만 고객들의 활동과 계정을 추적할 수 있게 해주어 구매 교섭력을 감소시킨다. 즉 로열티 프로그램으로 '특전'을 받는 고객들은 경쟁자들과 비즈니스를 하는 경우가 적다(로열티 프로그램은 고객 관계 관리와 연관이 있고, 이는 제12장에서 다루어질 것이다).

4. **대체재 위협** 한 조직의 상품 혹은 서비스를 대체할 수 있는 상품이 많이 존재한다면 대체재의 위협은 크다. 만약 대안이 적다면 위협 또한 적다. 오늘날 새로운 기술은 대체 상품을 매우 빠른 속도로 만들고 있다. 예를 들어 오늘날의 고객들은 일반전화 대신에 무선전화를, 기존의 CD 대신에 인터넷 음악 서비스를, 자동차에 가솔린 대신 에탄올을 구매할 수 있다.

정보 기반 산업은 대체재로부터 가장 큰 위협을 받는다. 디지털화된 정보가 물질적 상품(예 : 음악, 책, 소프트웨어)을 대체할 수 있는 어떤 산업에서든지 인터넷을 위협 요소로 보아야 한다. 왜냐하면 인터넷은 이러한 정보를 적은 비용과 높은 품질로, 효율적으로 전달할 수 있기 때문이다.

그러나 많은 대체제가 존재한다고 하더라도, 기업은 전환비용을 증가시켜 경쟁우위를 실현할 수 있다. 전환비용은 다른 상품이나 서비스를 구매하는 데 드는 시간과 돈 같은 의사결정비용이다. 예를 들어 스마트폰 공급자와의 계약은 보통 계약 기간이 만료되기 전에 다른 공급자로 전환할 경우 상당한 위약금을 지불해야 하는 규정을 포함한다. 이 경우 전환비용은 금전적 가치이다.

다른 예로, 당신이 아마존에서 상품을 구입할 때, 아마존은 당신의 쇼핑 습관에 관한 프로파일을 개발하고 당신의 선호에 맞는 상품을 추천한다. 만약 당신이 다른 온라인 상점으로 전환할 경우, 그 기업이 당신의 요구에 관한 프로파일을 개발하는 데 많은 시간이 든다. 이 경우, 전환비용은 금전적인 것보다 시간을 포함한다.

5. **산업 내 경쟁** 산업 내에서 기업들 간 경쟁이 심할 경우에 경쟁의 위협은 높다. 산업 내에서 기업이 많이 존재하지 않고 경쟁이 심하지 않을 경우에는 위협이 낮다.

과거에는 독점적 정보시스템—단일 조직에 배타적으로 사용되는 시스템—이 산업 내 경쟁 강도가 매우 높은 기업들에게 전략적 우위를 제공해 왔다. 그러나 오늘날 웹상에서 인터넷 애플리케이션의 가시성은 독점적 시스템의 보안 유지를 어렵게 만든다. 쉽게 말하면, 경쟁자의 새로운 시스템을 온라인상에서 보고, 경쟁력을 유지하기 위해서 경쟁자의 새로운 시스템 특질을 비교할 수 있다. 이로 인해서 경쟁사들 간의 격차는 줄어들고, 이는 산업 내에서 더 극심한 경쟁을 낳는다.

이러한 개념을 이해하기 위해 가격으로 주로 경쟁을 하는 월마트, 크로거, 세이프웨이, 그리고 그 외 다른 기업들이 매우 심한 경쟁을 하고 있는 식료품 업계를 생각해보자. 이 기업들 중 일부는 IT를 이용한 로열티 프로그램을 통해 고객에게 가격 할인을 해주고 매장으로부터 고객의 구매 기호에 대한 귀중한 비즈니스 인텔리전스를 획득한다. 매장에서는 이러한 비즈니스 인텔리전스를 그들의 마케팅과 홍보 캠페인에 사용한다(비즈니스 인텔리전스는 제5장에서 다룰 것이다).

식료품 가게 또한 계산 과정의 속도를 높이고, 매장 내 고객을 추적하고, 고객이 특정 상품을 지나갈 때 가격 할인에 대해 알리기 위해 **전파식별**(RFID, 제10장에서 논의)과 같은 무선 기술을 시험 운영하고 있다. 식료품 기업은 또한 IT를 사용, 그들의 공급사슬을 단단히 통합하여 최대의 효율과 그로 인한 가격 인하의 효과를 노린다.

또한 디지털 상품의 현격히 낮은 비용은 경쟁에 영향을 미치고 있다. 즉 일단 디지털 상품이 개발되면 추가 '단위'를 생산하는 데 드는 비용이 거의 없다. 음악 산업을 예로 생각해보자. 아티스트가 음반을 녹음할 때, 그들의 음악은 디지털 형식으로 녹음된다. 음반 가게에서 판매하고 있는 CD 혹은 DVD와 같이 물리적 상품의 생산은 비용을 포함한다. 물리적 유통 경로에 드는 비용은 디지털 형식으로 인터넷을 통해 음악을 전달하는 것보다 비용이 훨씬 많이 든다.

사실 미래에 기업은 무료로 몇몇 상품을 나눠줄 것이다. 예를 들어 몇몇 애널리스트들은 투자자들이 주식의 매수와 매도에 관한 의사결정을 할 수 있는 필요한 정보를 인터넷을 통해 검색할 수 있기 때문에 온라인 주식 거래에 대한 수수료는 없어질 것으로 내다보았다. 이러안 관섬에서, 소비사들이 사실상 공짜로 그들 스스로 정보를 얻을 수 있기 때문에 더 이상 중개인들이 필요하지 않을 것이다.

포터의 가치사슬모델

조직은 포터의 경쟁세력모델을 사용하여 전략을 설계한다. 조직은 경쟁전략이 최대의 효과를 낼 수 있는 구체적인 활동을 알아내기 위해 포터의 **가치사슬모델**(value chain model, 1985)을 사용한다. **가치사슬**(value chain)은 조직의 투입물을 더 가치 있는 산출물로 바꾸는 일련의 활동이다. 가치사슬모델은 또한 경쟁우위를 성취하기 위해 조직이 정보기술을 사용할 수 있는 지점을 알아낸다(그림 2.3 참조).

포터의 가치사슬모델에 따르면, 조직에서 행해지는 활동은 주요 활동과 지원 활동으로 나눌 수 있다. **주요 활동**(primary activity)은 기업의 상품과 서비스의 생산 및 분배와 관련되어 있다. 이러한 활동은 고객들이 돈을 기꺼이 지불하고자 하는 가치를 창출한다. 주요 활동은 **지원 활동**(support activity)에 의해 지지된다. 주요 활동과 다르게, 지원 활동은 기업의 제품이나 서비스에 직접적으로 가치를 더하지는 않는다. 대신, 그 이름이 제시해주듯, 주요 활동을 지원하는 것으로 기업의 경쟁우위에 기여한다.

다음으로 제조회사의 가치사슬에 대해 배우게 될 것이다. 운송, 보건, 교육, 소매 등의 유형을 갖는 기업들은 다른 가치사슬을 가지고 있다는 것을 명심하라. 중요한 점은 **모든** 조직은 가치사슬을 가지고 있다는 것이다.

제조회사에서 주요 활동은 자재 구입, 자재를 상품으로 가공, 그리고 고객에게 상품을 배송하는 과정을 포함한다. 제조회사는 다음과 같이 보통 다섯 가지 주요 활동을 수행한다.

1. 조달 물류(투입물)
2. 운영(생산 및 품질검사)
3. 유통 물류(저장 및 배송)
4. 마케팅 및 판매
5. 서비스

작업이 순차적으로 진행됨에 따라 각 활동마다 제품에 가치가 추가된다. 구체적으로 다음의 단

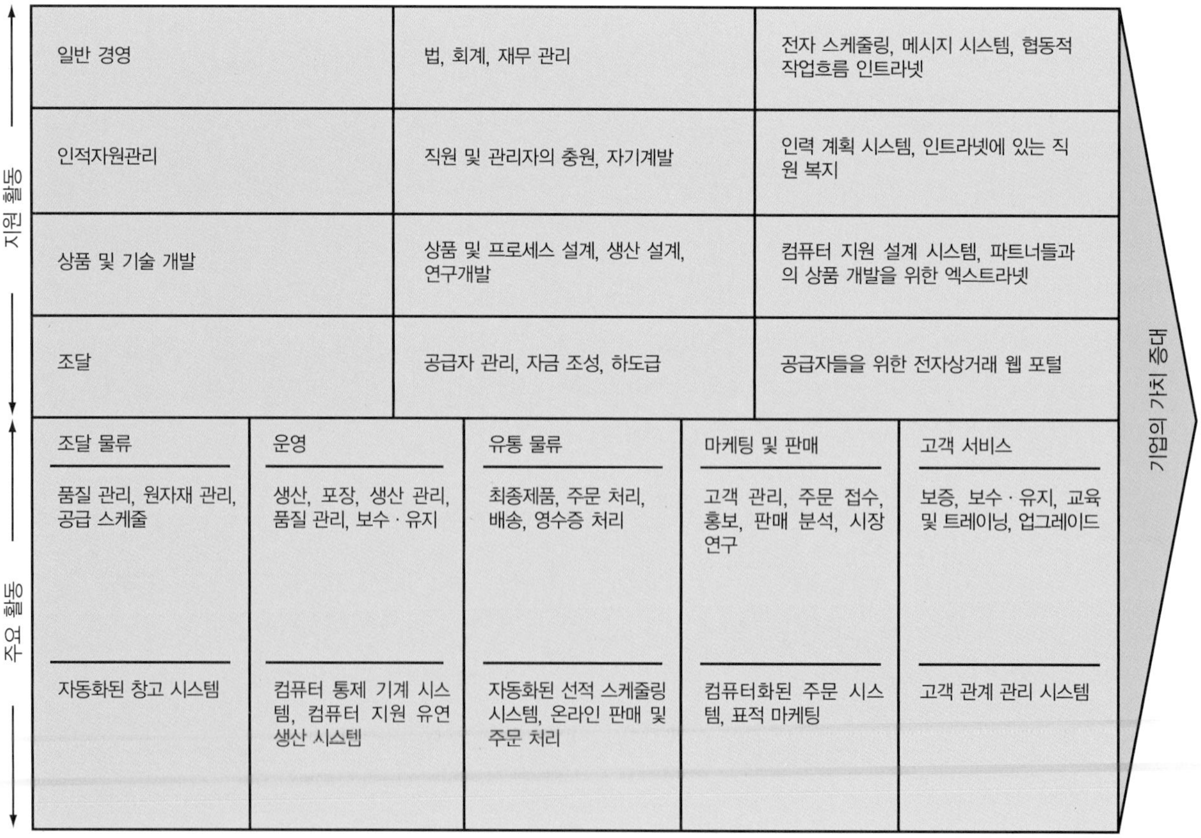

그림 2.3 포터의 가치사슬모델

계가 발생한다.

1. 활동 안에서 도착한 재료들이 처리되는 것(수령, 보관 등)을 조달 물류라고 한다.
2. 재료들은 원재료들이 제품으로 바뀌면서 가치가 더해지는 작업에 사용된다.
3. 이 제품들은 유통 물류 활동 안에서 배송(포장, 저장, 운송)을 위해 준비된다.
4. 마케팅과 영업은 고객들에게 제품을 팔고, 기업의 제품에 대한 수요를 창출함으로써 제품의 가치를 높인다.
5. 마지막으로, 기업은 고객을 위한 보증 서비스나 업그레이드 알림 등의 애프터서비스를 실시함으로써 더 많은 가치를 더하게 된다.

앞서 이야기했듯이, 주요 활동은 지원 활동에 의해 지지된다. 지원 활동은 다음과 같이 구성되어 있다.

1. 회사의 기반구조(회계, 재무, 경영)
2. 인적자원관리
3. 제품과 기술 개발(R&D)
4. 조달

각각의 지원 활동은 일부 혹은 모든 주요 활동에 적용될 수 있다. 게다가 지원 활동은 지원 활동 서로를 지원하는 것 또한 가능하다.

기업의 가치사슬은 활동의 더 큰 흐름의 일부이며, 포터는 이를 가치시스템이라 부른다. **가치시스템**(value system) 또는 산업가치사슬은 가치사슬에 따라 기업에 필요한 자원을 제공하는 공급자를 포함한다. 기업이 제품을 만든 후에, 이 제품들은 분배자(그들 자신의 가치사슬을 가진)의 가치사슬을 지나 고객들에게 간다. 이 사슬들의 모든 부분은 가치사슬에 포함된다. 경쟁우위를 성취하고 유지하기 위해서, 또 그 우위를 정보기술로 지원하기 위해서 기업은 이 가치사슬의 모든 요소를 반드시 이해해야 한다.

경쟁우위를 위한 전략

조직은 포터에 의해 식별된 다섯 가지 경쟁세력에 대응하기 위해 지속적으로 전략을 개발하려고 노력한다. 당신은 여기서 그 다섯 가지 전략에 대해 배우게 될 것이다. 하지만 세부적으로 들어가기 전에 균형을 포함한 조직의 전략적 선택에 대해서 알아두는 것이 중요하다. 예를 들어 원가우위에만 집중하는 기업은 연구와 개발에 가능한 자원을 지니지 못하여 혁신에 실패하게 된다. 또 다른 예로, 고객의 행복에 투자하는 기업(고객 지향 전략)은 비용의 상승을 겪게 될 것이다.

기업들은 반드시 전략을 선택하고 그것을 고수해야 하는데, 혼동스러운 전략은 성공할 수 없기 때문이다. 결과적으로 이 선택은 기업이 그 기업의 정보시스템을 어떻게 활용할지 결정하게 된다. 새로운 정보시스템은 고객 서비스를 향상시킬 수 있지만 비용이 약간 증가할 것이고, 노드스트롬과 같은 고급 소매업자에게 환영받겠지만, 월마트와 같은 할인점에서는 환영받지 못할 것이다. 당신은 다음 리스트에서 가장 일반적으로 사용되는 전략들을 배우게 된다. 그림 2.4는 이 전략들의 개요를 보여준다.

1. **원가우위전략** 제품과 서비스 혹은 제품 또는 서비스를 산업 내 최저가격으로 생산한다. 그 예로 월마트의 재고보관 요건을 낮추는 자동재고보충시스템이 있다. 결과적으로, 월마트 매장은 공간을 제품을 보관하는 데 사용하지 않고 오직 제품을 판매하는 데 사용하므로

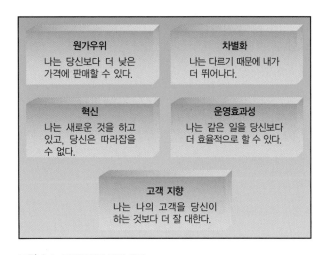

그림 2.4 경쟁우위를 위한 전략

재고비용을 줄일 수 있다.

2. **차별화전략** 당신의 경쟁자들과 다른 제품, 서비스, 또는 제품 특성을 제공하라. 예를 들면 사우스웨스트항공은 저비용, 근거리, 속달 항공사로 그들 스스로를 차별화한다. 이것은 경쟁이 치열한 항공 산업에서 경쟁하는 데 성공적인 전략으로 증명되었다. 또한 델은 개인 컴퓨터 시장에서 그들의 대량 맞춤화 전략을 통해 차별화하고 있다.

3. **혁신전략** 새 제품과 서비스를 소개하고, 기존의 제품과 서비스에 새 특징을 더하거나, 제품과 서비스를 생산하는 새로운 방법을 개발한다. 대표적인 예는 씨티은행에 의해 소개된 현금자동입출금기(ATM)이다. 편리성과 비용 절감을 특징으로 하는 이 혁신은 씨티은행에게 경쟁자들을 넘어서는 엄청난 이점을 가져다주었다. 다른 수많은 혁신적인 제품들처럼, 현금자동입출금기는 금융업계에서 경쟁의 규칙을 바꾸었다. 오늘날 현금자동입출금기는 모든 은행에게 경쟁을 위한 필수품이다.

4. **운영효과성 전략** 기업은 경쟁자보다 내부적 비즈니스 프로세스를 더 효과적으로 잘 수행할 수 있도록 수행방식을 향상시킨다. 이러한 향상은 시장 출시 시간을 줄이면서 질과 생산성을 높이고, 직원들과 고객들을 만족시킨다.

5. **고객 지향 전략** 고객들을 행복하게 하는데 웹 기반 시스템은 특히 효과적인데 각 고객들과 개인화된 일대일의 관계를 맺을 수 있기 때문이다.

비즈니스와 IT 간 동조

조직이 IT의 전략적 가치를 극대화하기 위한 가장 좋은 방법은 비즈니스와 IT 간의 동조를 성취하는 것이다. 사실 조직의 '성배'는 **비즈니스와 IT 간 동조**(Business-information technology alignment), 혹은 전략적 일치이다(간단히 **동조**라고 부를 것임). 비즈니스와 IT 간 동조는 IT 기능과 조직의 전략, 임무, 그리고 목표와의 강력한 통합이다. 즉 IT 기능이 조직의 사업 목적을 직접적으로 지원한다. 여기 여섯 가지 훌륭한 동조 특징이 있다.

- 조직은 IT를 기업을 지속적으로 변화시키고, 때때로 새로운 수입원을 만들어내는 혁신의 원동력으로 생각한다.
- 조직은 내부와 외부의 고객들, 그리고 고객 서비스 기능을 매우 중요하게 여긴다.
- 조직은 비즈니스와 IT 전문가들을 부서와 직무에 걸쳐 순환시킨다.
- 조직은 IT와 비즈니스 직원들에게 매우 확실하고 대단히 중요한 목표를 제공한다.
- 조직은 IT 직원들이 기업이 어떻게 돈을 버는지(혹은 잃는지) 확실히 이해시킨다.
- 조직은 활기차고 폭넓은 기업문화를 만든다.

불행하게도, 많은 조직들이 이러한 유형의 밀접한 동조를 달성하는 데 실패한다. 사실, 맥킨지앤드컴퍼니의 IT 전략과 지출 조사에 따르면, 조사에 참가한 IT와 비즈니스 간부 중에서 오직 16%만이 그들의 조직이 IT와 비즈니스 간에 적정한 동조를 갖추었다는 데 동의했다. 동조의 중요성을 알면서도 왜 그렇게 많은 조직들이 이러한 정책을 시행하는 데 실패하는 것일까? 주요한 이유는 다음과 같다.

- 비즈니스 관리자와 IT 관리자는 다른 목적을 가지고 있다.
- 비즈니스 부서와 IT 부서는 서로의 전문성을 무시한다.
- 의사소통이 결여되어 있다.

간단히 말해 비즈니스 간부는 정보기술에 대해 조금 알고 있고, IT 간부는 기술은 이해하지만 비즈니스의 실제 필요성에 대해서는 이해하지 못한다. 한 가지 해결책으로, 조직 내부적으로 협력하는 환경을 조성해 비즈니스와 IT 경영진들이 자유롭게 소통하고 서로에게서 배울 수 있다.

비즈니스는 또한 기업 아키텍처를 활용하여 동조를 조성할 수 있다. 원래 기업의 IT 계획에서 도구로 발전되었고, 기업 아키텍처 개념은 기술 사양(기업에서 사용되는 정보와 소통 기술과 정보시스템)과 비즈니스 사양(핵심 업무 절차와 경영 활동의 모임)을 포함하고 있다. '비즈니스에서 IT 2.4'에서는 피츠버그대학교 의료센터에서의 효과적인 비즈니스와 IT 간 동조를 보여준다.

비즈니스에서 IT 2.4

피츠버그대학교 의료센터에서 IT의 효과적 사용

피츠버그대학교 의료센터(UPMC, www.upmc.com)는 미국에서 가장 큰 비영리 건강관리조직 중 하나이다. 2013 회계연도 수익은 100억 달러 이상이다. UPMC는 20개 이상의 병원과 400개의 의료진 사무실, 펜실베이니아 주에 외래환자를 위한 시설도 운영하고 있다. 이곳은 또한 주의 가장 큰 의료보험안이다. 제공자와 납부자의 이중적 역할에서 UPMC는 200만 명 이상의 고객에게 서비스를 제공한다. 이 센터는 건강관리를 더 효과적이고 효율적이게 하기 위해서 정보기술의 도입과 개발에 있어서 공격적 접근을 한다.

UPMC의 IT 조직은 여러 가지 주요 역할을 한다. 예를 들면 회사의 운영에 있어서 병원과 의료보험안, 환자 보호를 높이고 회사의 비용을 낮추는 것을 개선해야 한다. 또한 원가 중심점의 기능보다는 UPMC에게 수익성이 있어야 한다. 마지막으로 회사가 다른 건강관리 제공자나 보험업자에게 판매할 특별한 기술을 개발해야 할 권한이 있다.

UPMC의 IT 계획은 기술개발센터(TDC)에서 개발되었고 비즈니스 인큐베이터와 연구소는 피츠버그에 위치하였다. TDC의 사명은 새로운 건강관리기술과 스타트업들이 이런 기술을 개발할 수 있도록 자원 제공을 성장시키는 것이다. (비즈니스 인큐베이터는 스타트업과 초기 단계 회사들의 성장을 가속화하고 성공시키는 조직이다. 인큐베이터는 비즈니스 기본, 마케팅 지원, 고속 인터넷 접근, 회계와 재무 관리의 도움, 은행 대출을 포함해 단 몇 개의 서비스만을 제공하였다.)

TDC는 처음에 임상, 보험팀, 그리고 다른 비즈니스 그룹의 욕구를 충족시키기 위해 규격화된 기술의 사용을 시도했다. 예를 들면 서너(www.cerner.com)와 에픽(www.epic.com)에게 전자건강기록(EHR) 시스템을 사용했다. 만약 필요한 기술을 찾지 못하면, 그 기술을 개발하도록 하고 가끔은 큰 벤더와 조인트 벤처를 하였다. 다른 전략으로는 스타트업의 인수나 지분으로 개발 과정에 영향을 준다.

기술에 관한 한 가지 예로 TDC는 가상 관리 협업(VCC)이라고 불리는 원격의료시스템을 개발하였다. VCC는 영상회의와 진료 기록을 결합하였다. 원격의료의 가장 큰 장애는 기술이 아니라 비즈니스 모델이다. 예를 들어 건강보험안은 종종 원격의료 협의에 대한 비용을 지불하지 않고 허가 규

© Squaredpixels/iStockphoto

칙은 주 경계를 넘어서는 환자의 진찰을 막는다. 이런 문제점들과 투쟁하고 원격의료의 실행을 자극하기 위해서, UPMC 건강안과 몇몇 다른 보험업자들은 원격의료를 대상으로 지정하기 시작했다.

UPMC의 IT 그룹은 또한 원격지('클라우드')에서 네트워크 컴퓨터로 과업을 수행하는 시스템인 클라우드 컴퓨팅을 이용한다. 클라우드 컴퓨팅은 환자의 데이터가 건강관리 제공자의 데이터센터에서 따로 나와야 하기 때문에 건강관리 산업에서 문제점에 당면하고 있다. 2014년 중반 현재 UPMC는 약 5페타바이트의 데이터를 가지고 있고, 18개월마다 2배씩 증가한다. 이런 데이터는 의료 영상, 게놈 데이터, 원격 환자 관찰 데이터를 포함하고 있다. UPMC는 수십만 달러를 모든 데이터를 저장할 수 있을 만한 데이터 센터를 짓는 데 투자할 충분한 여유가 없다. 그래서 센터는 클라우드로 옮겨 갔다. 자세하게, 아마존이나 IBM같은 클라우드 컴퓨팅 벤더에게서 저장공간 기반 시설을 빌리는 것이다.

UPMC의 IT 그룹은 200개 이상의 데이터 원천에서 클리닉, 게놈, 보험, 재무, 그리고 다른 정보를 결합하는 데이터 웨어하우스를 만들었다. (데이터 웨어하우스는 제3장에서 논할 것이다.) 이 시작은 어떻게 건강관리가 전달되고 대금을 지불하는지를 의도를 변경하는 미국 건강관리 개선의 측면과

묶여 있다. 제공자들은 그룹의 사람들을 아픈 후에 치료하는 것이 아니라 미리 건강을 유지하는 데 지불을 받았다. 이 계획은 예방치료의 노력과 병원에 재입원하게 될 작은 사고들을 최소화하는 것으로 제공자들에게 장려금을 만들었다.

UPMC는 분석들들 없이 목표를 달성할 수 없었다. 특정 카테터를 사용한 최근의 UPMC 연구를 고려해보자. 이 연구는 카테터가 평균적으로 좋은 결과를 나타내지만, 일관되게 사용되지 않은 것을 밝혔다. 그러나 그 카테터는 더 가격이 비쌌다. 이런 발견은 다음 분석으로 넘어가서 어떤 환자가 어떤 환경에서 카테터로부터 이득을 얻는지 검토한다. 계속 진행중인 프로젝트는 환자들의 게놈을 분석하여 건강 제공자가 치료를 개별화하는 것을 포함한다.

MIS UPMC는 몇몇의 IT 문제점을 겪었다. 예를 들어 정부의 권한과 금전적 인센티브가 따라야 하는 전자건강기록을 도입하면서 문제가 발생했다. 한 가지 예로, 새로운 기술들은 의사들에게 전자 기록에서 자르기와 복사하기를 가능하게 했다. 결과로 환자의 일일 상태를 1페이지 미만으로 쓰는 병원 내부 진척 노트는 이제 19페이지까지 사용 가능하다.

출처 : N. Versel, "The Evolution of Health IT Continues," *U.S. News & World Report*, February 6, 2014; "Information Technology Is Changing the Healthcare System," *The Washington Post*, January 12, 2014; D. Gardner, "Healthcare Turns to Big Data Analytics for Improved Patient Outcomes," *ZDNet*, December 12, 2013; C. Murphy, "UPMC Plays to Win in the Tech Game," *InformationWeek*, September 9, 2013; E. McCann, "Clinical Data Analytics Next Big Thing," *Healthcare IT News*, August 27, 2013; V. Ramachandran, "How Is Information Technology Changing Healthcare?" *Mashable*, August 15, 2013; S. Tibkin, "Numbers, Numbers, and More Numbers," *The Wall Street Journal*, February 14, 2013; E. Topol, "The Future of Healthcare: Information Technology," *Modern Healthcare*, July 25, 2011; www. upmc.com, accessed February 20, 2014.

질문

1. IT가 UPMC에 제공한 전략적 이점을 서술하라.
2. UPMC는 포터의 어떤 경쟁전략을 도입했는가? 당신의 답을 뒷받침하라.
3. 어떻게 UPMC가 비즈니스–IT 동조를 설명했는지 서술하라.

다음 절로 넘어가기 전에…

1. 전략적 정보시스템은 무엇인가?
2. 포터에 의하면, 해당 기업의 산업이나 시장에서 기업의 위치를 위험에 빠뜨릴 수 있는 다섯 가지 세력은 무엇인가?
3. 포터의 가치사슬모델에 대해 서술하라. 포터의 경쟁세력모델과 가치사슬모델을 구별하라.
4. 기업이 경쟁우위를 얻기 위해 어떤 전략을 사용할 수 있는가?
5. 동조란 무엇인가?
6. 자기 학교의 학생 시스템과 관련하여 동조의 예를 들라. (힌트 : 학생 등록, 등록금 납입, 성적 공시 등과 관련하여 대학교의 '사업' 목표는 무엇인가?)

개념 적용 2.2

학습목표 2.2 조직이 포터의 다섯 가지 경쟁세력에 대응하기 위해 전형적으로 채택하는 전략을 기술한다.

1단계 – 배경

이 절에서 당신은 포터의 다섯 가지 경쟁세력모델에 대해 학습했다. 이 모델은 서로 다른 세력들이 조직에 영향을 주는 방법을 보여준다. 신규 진입자의 위협, 공급자 교섭력, 구매자 교섭력, 대체재 위협, 산업 내 경쟁 모두가 조직의 성과와 궁극적 성공에 영향을 준다. 이 전략적 모델에 기초해서 경쟁우위를 위한 다섯 가지 전략, 즉 원가우위전략, 차별화전략, 혁신전략, 운영효과성전략, 고객 지향 전략이 소개되었다.

월마트는 원가우위전략에 집중하는 세계적인 회사이다. 돌아가서 월마트가 세계적 원가 리더로서의 위치를 유지하기 위해 다섯 가지 세력을 어떻게 사용하는지 검토하라. 이 전략을 월마트와 같은 대규모의 글로벌 기업에게 적용하는 것은 다소 쉬울지 모르겠으나 이 개념을 소규모 기업에 적용하는 것을 생각하기는 매우 어렵다.

2단계 – 활동

당신이 좋아하는 레스토랑을 방문해서 관리자와 말하고 싶다고 요청하라. 단지 몇 가지 질문으로 관리자가 다섯 가지 세력에 대해 감을 갖는지 확인하라. 포터에 관해 어떤 것도 묻지 말고 단지 경쟁자, 대체재, 구매자 교섭력, 공급자 교섭력 등에 대해 물어보라. 훌륭한 관리자는 포터의 다섯 가지 세력이라는 용어를 사용하든 안 하든 이 개념들과 익숙해져야만 한다. 끝으로 어떤 전략을 관리자가 사용하는지 물어보라. 그다음, 그것을 원가우위전략, 차별화전략, 혁신전략, 운영효과성 전략, 고객 지향 전략으로 분류할 수 있는지 시도해보라.

관리자의 피드백에 따라 다섯 가지 세력 중 어떤 것들이 사용되고 있는지 서술하라. 그런 다음 특정한 세력들을 도울 수 있는 전략을 기술하고, 혹시 이 레스토랑이 그 전략을 시도하고 있는지 설명하라. 만약 아니라면, 그들이 어떻게 다르게 해야 할지 설명하라. 당신이 제출해야 할 것은 두 가지다 — 세력의 정의, 그리고 그 세력에 응답하는 전략에 대한 서술.

나를 위한 IT는 무엇인가?

MIS <u>모든 전공자</u>

조직의 모든 기능 영역은 비즈니스 압력에 적절히 대응하기 위해서 반드시 통합된 방식으로 함께 일해야 한다. 이러한 대응들은 보통 각 기능 영역이 다양한 정보시스템을 활용할 것을 요구한다. 오늘날의 경쟁적인 글로벌 시장에서 이러한 대응의 적시성과 정확성은 훨씬 더 중요하다.

이에 따라 모든 기능 영역들은 시장에서 경쟁우위를 얻기 위해 반드시 함께 일해야 한다. 이러한 기능 영역들은 이 목표를 성취하기 위해 다양한 전략적 정보시스템을 이용한다. 또한 BRP와 BPI의 프로세스 변화 노력은 목표에 기여한다.

당신은 기업들이 왜 전략적 우위를 중시해야 하는지 봐 왔다. 그러나 이 장이 왜 특별히 더 중요한가? 몇 가지 이유가 있다. 첫째로 당신은 당신의 조직에 영향을 미치는 비즈니스 압력에 대해 배웠지만, 그것은 또한 당신 개인에게도 영향을 미친다. 따라서 이러한 압력들에 대응하여 정보시스템이 당신 그리고 나아가 당신의 조직을 어떻게 도울 수 있는지 이해하는 것은 매우 중요하다.

덧붙여, 경쟁우위를 얻는 것은 당신 조직의 생존에 필수적이다. 많은 경우에 당신, 당신의 팀, 당신의 모든 동료들이 경쟁우위를 만드는 데 책임을 갖게 될 것이다. 따라서 전략과 정보시스템이 조직의 전략과 경쟁에 어떻게 영향을 미치는지에 대해 일반적인 지식을 갖는 것이 당신의 경력에 도움이 될 것이다.

당신은 또한 조직 전략, 임무, 그리고 목표뿐만 아니라 조직의 비즈니스 문제들과 어떻게 돈을 버는지(잃는지)에 대한 기본적인 지식이 필요하다. 이제 당신은 조직의 전략과 가치사슬뿐만 아니라, 경쟁자들의 전략과 가치사슬을 어떻게 분석하는지 알고 있다. 당신은 또한 정보기술이 어떻게 조직의 전략에 기여하는지에 대해 일반적인 지식을 얻었다. 이러한 지식은 당신이 일을 더 잘하는 데, 빠른 승진을 하는 데, 그리고 당신 조직의 성공을 위해 기여하는 데 상당한 도움을 줄 것이다.

요약

1. 다양한 사업 압력에 따른 효과적인 IT 대응을 알아본다.

   > **시장 압력** : 시장 압력의 예는 강력한 고객들이다. 고객 관계 관리는 효과적인 IT 대응으로 기업이 고객과의 친밀함을 이루는 데 도움을 준다.

   > **기술 압력** : 기술 압력의 예는 정보 과다이다. 검색 엔진과 비즈니스 인텔리전스 응용 프로그램은 방대한 양의 정보에 관리자가 접근하고 처리하며 이용할 수 있게 한다.

   > **사회적/정치적/법적 압력** : 사회적/정치적/법적 압력의 예로는 사회적 책임, 즉 물리적 환경의 상태와 같은 것들이 있다. 그린 IT가 한 대응으로, 환경을 개선할 것이다.

2. 조직이 포터의 다섯 가지 경쟁세력에 대응하기 위해 전형적으로 채택하는 전략을 기술한다.

   포터의 다섯 가지 경쟁세력은 다음과 같다.

   > **신규 진입자의 위협** : 대부분의 기업에게 웹은 진입에 대한 기존의 장벽을 낮추면서 신규 진입자가 시장으로 진입하는 위협을 높인다. 경쟁자들은 단순히 웹사이트를 설정함으로써 시장에 진입할 수 있게 된다. 웹은 고객이 공급업체에게서 적지 않은 영향력을 기대하게 될 때 또한 진입장벽을 높인다.

   > **공급자 교섭력** : 웹은 구매자들이 대안적인 공급자를 찾고 가격 비교를 용이하게 하여 공급자의 교섭력을 축소시킨다. 다른 관점에서 보면, 기업들이 웹을 사용해서 그들의 공급사슬을 통합시키면서 관계된 공급자들은 고객을 확보할 수 있어서 공급자 교섭력이 높아질 수 있다.

   > **구매자 교섭력** : 웹은 구매자들에게 굉장한 양의 선택 가능성과 그것들에 대한 정보를 제공한다. 결과적으로 웹은 구매자 교섭력을 강화한다. 그러나 기업들은 수백만 고객들의 활동을 추적하는 로열티 프로그램을 적용할 수 있다. 이러한 프로그램은 구매자 교섭력을 감소시킨다.

   > **대체재 위협** : 새로운 기술은 대체재를 빠르게 생성시키고 웹은 이러한 상품에 대한 정보를 거의 즉각적으로 가능하게 한다. 결과로, 기업들(특히 정보기반 산업)은 대체재(예 : 음악, 책, 신문, 잡지, 소프트웨어)로부터 큰 위험에 처해 있다. 그러나 웹은 고객들로 하여금 당신의 회사로부터 다른 기업으로 전환할 때 드는 시간과/혹은 금전적인 전환비용을 만들 수 있도록 해준다.

   > **산업 내 경쟁** : 과거에는 경쟁이 높은 산업에서 독점적 정보시스템은 전략적 이점이었다. 웹상에서 인터넷 애플리케이션의 시각화는 독점적 시스템의 보안 유지를 어렵게 만든다. 그래서 웹은 전략적 이점이 오래가지 못한다.

   다섯 가지 전략은 다음과 같다.

   > **원가우위전략** : 제품 그리고/또는 서비스를 산업 내에서 가장 낮은 가격에 생산한다.

   > **차별화전략** : 다른(차별화된) 제품, 서비스, 혹은 제품 특성을 제공한다.

   > **혁신전략** : 새로운 제품과 서비스를 내놓거나, 기존 제품과 서비스에 새로운 특성을 넣거나, 새로운 생산방법을 개발한다.

   > **운영효과성 전략** : 비즈니스 내부 프로세스의 수행방식을 향상시켜 비슷한 활동을 경쟁자들보다 더 잘 수행할 수 있게 한다.

   > **고객지향 전략** : 고객들을 행복하게 만드는 데 집중한다.

>>> 용어 해설

가치사슬 조직의 투입물을 더 가치 있는 산출물로 바꾸는 일련의 활동

가치사슬모델 수익에 가치를 더하는 근원적 활동을 보여주는 모델로, 지원 활동도 보여줌

가치시스템 생산자와 공급자, 판매업자, 그리고 구매자를 포함한 모두의 가치사슬

개인의 사회적 책임 '조직의 사회적 책임' 참조

경쟁세력모델 포터에 의해 고안된 비즈니스 프레임으로, 기업의 위치를 위협하는 다섯 가지 세력을 인지함으로써 경쟁력을 분석하는 모델

경쟁우위 비용, 품질, 속도 등과 같은 주요 지표에서 경쟁자 대비 갖는 강점으로, 시장 통제와 시장 평균 이상의 수익으로 이어짐

글로벌화 정보기술의 급격한 출현으로 가능하게 된 경제, 사회, 문화, 그리고 삶의 생태학적 측면의 통합과 상호 의존

기업 환경 기업의 운영을 둘러싼 사회적, 법적, 경제적, 물리적, 정치적인 요소들의 결합

대량 맞춤 많은 양의 상품을 생산하지만 각 고객들의 욕구에 맞게 맞춤화된 생산 과정

비즈니스와 IT 간 동조 IT 기능과 조직의 전략, 임무, 목표 간의 강력한 통합

전략적 정보시스템(SIS) 전략적 목표를 지원하고 실적과 생산성을 높임으로써 조직이 경쟁우위를 얻는 데 도움을 주는 시스템

정보 격차 정보와 정보통신기술에 접근 가능한 사람과 그렇지 못한 사람의 격차

조직의 사회적 책임(개인의 사회적 책임) 다양한 사회적 문제를 해결하기 위한 조직의 노력

주문생산방식 맞춤화된 제품과 서비스를 생산하는 전략

주요 활동 기업의 제품과 서비스의 생산, 분배와 관련된 비즈니스 활동. 따라서 가치를 창출함

지원 활동 기업의 제품이나 서비스에 직접적으로 가치를 더하지는 않지만 주요 활동을 지원하여 가치를 더하는 비즈니스 활동

진입장벽 특정 산업에서 고객들이 조직에게 기대하는 제품 또는 서비스의 특성으로, 이 시장에 들어오려고 노력하는 조직은 경쟁을 위해 최소한의 수준에서라도 이 제품이나 서비스를 제공해야 함

>>> 토론 주제

1. IT가 왜 사업 압력인 동시에 사업 압력에 대응하는 가능 자인지 설명하라.

2. 당신의 전공 선택에 있어 평평한 세계는 무엇을 의미하는가? 당신 경력의 선택에는? 당신은 '평생 학습자'여야 하는가? 왜 그런가? 혹은 왜 그렇지 않은가?

3. 평평한 세계는 당신의 생활 수준에 어떤 영향을 미치는가?

4. IT는 전략적 무기인가 생존 도구인가? 논의해보라.

5. 전략적 정보시스템을 정당화하는 것은 왜 어려운가?

6. 포터의 다섯 가지 경쟁세력모델의 다섯 가지 세력을 서술하고, 고속 인터넷의 접속이 늘어날수록 각각에 어떻게 영향을 미치는지 설명하라.

7. 포터의 가치사슬모델을 서술하라. 경쟁세력모델과 가치사슬모델 사이에는 어떤 관련이 있는가?

8. 다른 사업마다 각기 다른 가치사슬을 지지하기 위해 어떻게 IT가 이용되는지 서술하라.

9. 정보시스템이 그 자체만으로는 지속 가능한 경쟁우위를 제공하는 것이 드물다는 생각에 대해 논의해보라.

>>> 문제 해결 활동

1. 국토안보부에 대해 인터넷 검색을 해보라. 이용 가능한 정보를 조사하고, 국토안보부에서 정보기술의 역할에 대해 설명하라.

2. www.nike.com에서 신발을, www.jaguar.com에서 자동차를, www.easternrecording.com에서 CD를, www.iprint.com에서 명함을, www.bluenile.com에서 다이아몬드 반지를 스스로 디자인하여 맞춤화를 경험해보고 그 경험을 요약하라.

3. www.go4customer.com에 접속하라. 이 기업은 어디에 있고 어떤 일을 하는가? 고객은 누구인가? 프리드먼의 수평화 중에서 어떤 것이 이 기업에 맞는가? 미국 기업이 어떻게 그 서비스를 이용하는지 예를 들어보라.

4. 중국 월마트(www.wal-martchina.com/english/index.htm)에 들어가보라. 당신이 거주하는 지역의 월마트와 중국 월마트는 어떻게 다른가(제품, 가격, 서비스 등을 고려하라)? 차이점을 서술하라.

5. 포터의 가치사슬모델을 코스트코(www.costco.com)에 적용해보라. 코스트코의 경쟁전략은 무엇인가? 누가 코스트코의 주요 경쟁자인가? 코스트코의 비즈니스 모델을 서술하라. 각각의 근원적 가치사슬 활동에서 코스트코가 반드시 달성해야 하는 과업을 서술하라. 사업의 성격을 고려해볼 때 코스트코의 정보시스템이 경쟁전략에 어떤 기여를 했는가?

6. 포터의 가치사슬모델을 델(www.dell.com)에 적용해보라. 델의 경쟁전략은 무엇인가? 누가 주요 경쟁자인가? 델의 비즈니스 모델을 서술하라. 각각의 근원적 가치사슬 활동에서 델이 반드시 달성해야 하는 과업을 서술하라. 사업의 성격을 고려해볼 때 델의 정보시스템이 경쟁전략에 어떤 기여를 했는가?

7. 광학 복사기 시장이 급격히 작아지고 있다. 사본 문서의 90%가 컴퓨터 프린터에서 복사될 것으로 예상된다. 제록스와 같은 기업이 살아남을 수 있겠는가?
   a. www.fortune.com, www.findarticles.com, www.google.com에서 2000~2010년 제록스의 문제와 해결방안을 읽어보라.
   b. 제록스의 모든 사업 압력을 찾아보라.
   c. 제록스의 대응전략을 찾아보라(www.xerox.com, www.yahoo.com, www.google.com 참조).
   d. 비즈니스 기술 압력의 원인 제공자로서 IT의 역할을 찾아보라(예 : 노후화).
   e. 제록스의 중요한 대응 활동의 조력자로서 IT의 역할을 찾아보라.

>>> 협력 활동

1단계 – 배경

당신이 조지아 주 애틀랜타에 있는 회사에서 일한다고 상상해보라. 최근 서해안의 성장세가 그곳에 사무실을 열도록 했다. 미 대륙을 가로지르는 여행시간 손실 때문에, 95%의 회의는 웹 회의로 하기로 결정했다.

다른 부서에서 온 당신의 몇몇 동료들과 당신이 함께 회사의 웹 회의를 지원할 최고의 플랫폼을 결정하는 일을 맡았다. 어도비 커넥트, 웹엑스, 퓨즈 미팅 등 많은 회사들이 웹캐스팅 기술을 제공하지만 조금씩 차이가 있다. 그들은 명백히 서로 다른 가격대의 패키지를 선보이지만 가장 싼 가격의 제품이 가장 최선이 아닐 수 있다.

2단계 – 활동

다른 전공에서 온 수업 동료와 팀을 만들어 어떤 온라인 도구가 회사가 필요로 하는 것을 가장 잘 제공하는지 결정하는 작업을 수행하라. 첫째로, 웹 회의를 지지하기 위해 시스템이 어떤 활동들을 가지고 있는지 결정하라. 마케팅에서는 제품 비디오를 제공하는 능력이 필요한가? 회계에서는 스프레드시트를 공유할 필요가 있는가? 참가자의 비디오 스트리밍이 필요한가? (이는 임의의 질문들이지만 당신의 대답은 다르게 만들 것이다. 맞고 틀린 선택은 없다). 당신의 결정에 따라서 시스템에 필요한 도구들을 나열하라. 마지막으로 당신이 발견한 것들과 위에서 말한 것과 같이 온라인 시스템들을 검토하라. 판단을 돕기 위해 필요조건 리스트를 이용하라.

3단계 – 과제

당신의 작업을 수행하기 위해 구글 문서를 생성하고(이를 위해서는 구글 계정이 필요하다) 팀 구성원과 공유하라. 모든 구성원이 동시에 접속해서 어떤 웹캐스팅 솔루션이 회사의 필요를 충족시키는지 함께 결정하라. 독자가 당신이 선택한 솔루션이 어떻게 회사가 요구한 기준에 부합하는지 잘 알아볼 수 있도록 표나 색깔, 혹은 다른 무엇을 사용해서 문서를 창의적으로 작성하라.

당신의 작업물을 제출하라. 보고서의 마지막 부분에, 어떻게 이 특정 온라인 미팅 프로그램이 당신의 회사를 지원할지 작성하라. 당신이 작성한 구글 문서를 pdf로 전환해서 교수에게 제출하라. 그룹 구성원의 이름과 각 구성원의 역할(어떤 부서를 대표했는지)을 반드시 포함하라.

마무리 사례 1 〉 IBM의 왓슨

문제 〉〉〉 컴퓨터 과학자는 인간의 자연적 조건과 응용 프로그램 및 과정, 인간이 묻는 문제점의 이해와 인간이 이해할 수 있는 답의 제공이 상호작용을 하는 컴퓨터 기반 정보시스템(CBISs)을 설계하기 위해 오랜 시간 찾아왔다. 이 목표를 달성하기 위한 중요한 발걸음은 IBM 왓슨 시스템의 계발이다.

흥미로운 해결책 〉〉〉 IBM(www.ibm.com)은 자연언어로 등록된 질문에 대답할 수 있는 인공지능 CBIS를 개발했다. IBM은 이 시스템을 회사의 설립자 토머스 J. 왓슨의 이름을 따서 '왓슨'이라고 하였고, 왓슨을 고급 자연언어의 처리, 정보 검색, 지식 표현과 논리, 그리고 질문에 답하는 도메인 개설 산업에서 기술을 배우는 기계인 응용프로그램으로 묘사했다.

IBM은 왓슨을 특별히 퀴즈쇼 제퍼디의 질문에 답하도록 계발하였다. 2011년 왓슨은 브래드 루터와 켄 제닝스와 제퍼디에서 대결을 하였다. 왓슨이 게임 시리즈에서 우승하였고 상금으로 100만 달러를 받았다. (제퍼디에서 사회자가 정답을 읽어주고 참가자들은 정확한 질문을 제공해야 한다.)

제퍼디에서 왓슨은 위키피디아(www.wikipedia.org)의 전문을 포함한 4테라바이트의 디스크 저장공간을 사용하는 구조적·비구조적 내용의 2억 페이지에 접근했다. 그러나 중요한 것은 왓슨이 게임을 하는 동안 인터넷에 연결되어 있지 않았다는 것이다. 모든 힌트마다 왓슨의 세 가지 가장 개연성 있는 응답들이 텔레비전 화면에 보여졌다. 확률이 왓슨의 신뢰도를 대신하였다.

텔레비전의 수행에 따라, IBM 경영진들은 바로 그들의 주목을 왓슨의 상업화로 돌렸다. 왓슨이 특별한 사회적 충격을 가지고 복잡한 지식을 익힐 수 있다는 점에 집중하기로 결정하였다. 이 팀은 의료를 선택하였다.

의료는 논리적인 선택이었다. 몇몇 건강 정보는 구조적이지만—예를 들면 혈압수치와 콜레스테롤 수치—광대하게 많은 것들은 비구조적이다. 이 정보는 교과서, 의학 저널, 환자 기록, 간호사와 의료진의 메모를 포함하고 있다. 사실 현대 의학의 너무 많은 비구조적 정보는 건강 관리사들이 따라 잡기 힘들 정도로 빠른 성장을 하고 있다. 여기서 중요한 것은 IBM은 왓슨을 의사를 대신할 의도가 없었다는 점이다. 대신, 오진을 방지하고 의료 진단을 더 신명하게 하도록 돕는 것이 목표였다.

왓슨은 사람이 평생 동안 소화할 수 있는 데이터 이상의 양을 단 하루 만에 소화할 수 있다. 이것은 단 몇 초 만에 전 세계의 의학 저널을 읽을 수 있다. 동시에 환자의 과거 기록을 읽고, 최근 시험 약제를 관찰할 수 있고, 새로운 치료의 효능을 검토하고, 의사들이 최선의 치료를 선택하는 데 도울 수 있게 최첨단의 가이드라인을 따를 수 있다. 왓슨은 MRI나 EKG와 같은 이미지 또한 분석할 수 있다. '건강관리 왓슨'(제퍼디 왓슨과 시스템을 구분하기 위해)은 이제 인터넷에 연결 가능하다.

결과 : 처음 사용되는 왓슨 〉〉〉

- **웰포인트의 왓슨.** IBM은 왓슨의 분석능력을 사용해서 건강보험 결정과 주장의 효율을 높이기 위해 블루 크로스와 클루 쉴드 협회에서 가장 큰 건강관리 영리회사인 웰포인트(www.wellpoint.com)와 파트너였다. 왓슨은 웰포인트에서 25,000번의 테스트 사례 시나리오와 1,500개의 현실 사례를 통해 훈련을 받았다. 이것은 복잡한 의학 데이터와 의사의 메모, 환자 기록 그리고 의학 주석과 임상 피드백 등 인간의 자연언어 문맥의 의문을 분석할 수 있도록 해주었다. 추가로, 간호사들은 왓슨을 직접 훈련시키는 데 14,700시간 이상을 투자하였다.

  2014년 중반, 웰포인트는 왓슨을 기반한 2개의 제품을 만들었다—상호적 돌봄 가이드와 상호적 돌봄 검토자. 이 제품들은 환자의 보험안과 상반되는 임상의의 제안된 치료를 검토하는 데 직원들에게 도움을 주었다. 왓슨은 웰포인트의 기존에 훈련을 집행하던 간호사들과 함께 일하면서 지속적으로 배우고 있다.

- **메모리얼 슬론-케터링의 왓슨.** 맨해튼의 메모리얼 슬론-케터링 암센터(MSK, www.mskcc.org)는 왓슨을 의사의 진단과 폐암 치료에 도움을 주기 위해 사용하고 있다. 왓슨의 역할은 환자의 특정 증상, 병력, 유전병 등의 데이터와 출판된 의학 서적과 글을 포함한 구조적 그리고 비구조적 의학 정보와 종합하여 분석하는 것이다. MSK는 왓슨을 암의 복잡성과 유전자 연구에 몰두시켰는데, 이 연구는 많은 암환자들의 개인적 유전 약력과 치료를 바탕으로 단계별로 변화하는 치료를 위해서였다.

- **클리블랜드 클리닉의 왓슨.** 케이스웨스턴리저브대학교의 러너의과대학 클리브랜드 클리닉은 건강 전문 지식의 증가로 왓슨의 의학 훈련을 지속하였다. 다른 장치의 추가로, 왓슨이 진찰과 환자를 치료할 때 의학 전문의를 돕도록 하는 것이 목표이다.

  클리블랜드 클리닉은 IBM을 도와 더 잘 알고, 정확한 판단을 빠르게 그리고 전자 의학 기록에 따른 새로운 식견을 얻어서 의사를 도와줄 수 있는 새로운 왓슨 기반 제품 2개를 설계하고 개발하였다. 첫 번째 제품인 왓슨패스(Watson Paths) 시스템은 의사와 간호사들과 자연스럽게 소통하고 왓슨과 상의한 구조적, 비구조적 데이터 자료와 제공된 치료 옵션에서 왓슨이 받아들인 결정 경로를 좀 더 쉽게 이해할 수 있도록 한다. 두 번째 제품인 왓슨 EMR 어시스턴트는 의사가 질을 높이고 효율적인 진료를 위해 환자의 진료 기록에서 중요 정보를 현시 가능하게 한다.

- **씨티그룹의 왓슨.** IBM은 왓슨을 통신, 금융 서비스, 정부 등 정보가 집중된 분야에서 사용되도록 의도했다. 예를 들어 씨티그룹(www.citigroup.com)에서 왓슨은 재무, 규제, 경제, 그리고 금융거래에 따른 사회 데이터, 통화, 펀드를 분석하여 간소화하게 도와주고 은행과 고객의 전자적 상호관계를 개선해준다.

- **왓슨을 조언자로 고용.** 왓슨을 조언자로 고용하는 것은 전보다 더 큰 식견을 가지고 더 빠르게 고객을 직접 응대하는 직원을 돕기 위해서다. 조언자로 고용하는 '왓슨에게 물어보세요'는 고객의 질문, 구매 결정에 가이드가 되는 피드백, 그리고 그들의 문제를 해결하는 데 더 빠르게 응대할 수 있다. 왓슨을 조언자로 고용한 회사들은 오스트레일리아 은행 ANZ, 캐나다 로열은행, 닐슨, 연구 및 출판회사 IHS, 식품 체인 크로거이다.

- **왓슨의 흥미로운 사용 예.** 메이시스는 더 높은 목표를 위해 왓슨을 소셜 미디어에서 사회적 신호를 해석하기 위해 사용한다. BNSF 철로는 왓슨을 경로를 나누기 전에 회사의 잘못된 32,500마일을 발견하는 데 도움을 받기 위해서 사용했다.

2013년 11월, IBM은 개발자들이 이 기술을 사용하여 응용 프로그램을 만들 수 있도록 클라우드에서 왓슨을 사용 가능하게 할 것이라고 발표했다. 2014년 2월, IBM은 세계에서 빠르게 성장하고 있는 대륙에 비즈니스 기회를 격려하기 위해 아프리카에 왓슨을 배치할 것이라고 발표했다. 왓슨은 점차적으로 교육, 물과 위생, 농업 등 주요 분야에서 이용 가능하게 될 것이다.

마지막 한 가지—2014년 중순, IBM 경영진은 왓슨이 전보다 240% 빨라지고, 10% 미만의 사이즈로 제퍼디에서 우승했다고 했다.

출처 : "IBM's $100M 'Project Lucy' Brings Watson to Africa," *KurzweilAI.net*, February 7, 2014; D. Henschen, "With Watson, Is IBM Riding the Right Wave?" *InformationWeek*, January 10, 2014; A. Regalado, "Facing Doubters, IBM Expands Plans for Watson," *MIT Technology Review*, January 9, 2014; L. Dignan, "IBM Form Watson Business Group: Will Commercialization Follow?" *ZDNet*, January 9, 2014; "IBM to Announce Low-Cost, More Powerful Cloud-Based Watson," *KurzweilAI.net*, November 14, 2013; "IBM to Take Watson to the Cloud, Opens to App Developers," *KurzweilAI.net*, November 14, 2013; J. Best, "IBM Watson: How the Jeopardy-Winning Supercomputer Was Born and What It Wants to Do Next," *TechRepublic*, November 4, 2013; "MD Anderson Cancer Center Taps IBM Watson to Power Its Mission to Eradicate Cancer," *KurzweilAI.net*, October 20, 2013; "IBM Research Unveils Two New Watson-Related Projects from Cleveland Clinic Collaboration," *KurzweilAI.net*, October 20, 2013; J. Hempel, "IBM's Massive Bet on Watson," *Fortune*, October 7, 2013; D. Talbot, "New Answer from IBM's Watson: A Recipe for Swiss-Thai Fusion Quiche," *MIT Technology Review*, October 3, 2013; T. Simonite, "Trained on Jeopardy, Watson Is Headed for Your Pocket," *MIT Technology Review*, May 28, 2013; "IBM Watson Engagement Advisor Hopes to Improve Customer Service," *KurzweilAI.net*, May 22, 2013; D. Taft, "IBM Watson Masters Customer Service as Engagement Advisor," *eWeek*, May 21, 2013; E. Kolawole, "Watson Goes to Washington: IBM Shows Off Latest Health-Care Work to Lawmakers," *The Washington Post*, May 17, 2013; "Watson Provides Cancer Treatment Options to Doctors in Seconds," *KurzweilAI.net*, February 11, 2013; N. Leske, "Doctors Seek Help on Cancer Treatment from IBM Supercomputer," *Reuters*, February 8, 2013; B. Upbin, "IBM's Watson Gets Its First Piece of Business in Healthcare," *Forbes*, February 8, 2013; J. Fitzgerald, "Watson Supercomputer Offers Medical Expertise," *USA Today*, February 8, 2013; M. Lev-Ram, "The Supercomputer Will See You Now," *Fortune*, December 3, 2012; "IBM's Watson Goes to Medical School," *KurzuweilAI.net*, November 2, 2012; J. Gertner, "Calling Dr. Watson," *Fast Company*, November, 2012; B. Keim, "Paging Dr. Watson: Artificial Intelligence as a Prescription for Health Care," *Wired*, October 16, 2012; J. Gertner, "IBM's Watson Is Learning Its Way to Saving Lives," *Fast Company*, October 15, 2012; D. Zax, "Will Watson Be the New Siri?" *MIT Technology Review*, August 28, 2012; http://www-03.ibm.com/innovation/us/watson/, accessed April 14, 2014.

질문

1. 대학교라는 설정에서 왓슨을 위해 어떤 응용 프로그램을 생각할 수 있는가?

2. 건강 관리 설정에서 왓슨을 사용하는 데 있어 잠재적 단점은 무엇인가?

3. 왓슨 혼자만으로 진료를 받아야 한다면 고려해볼 것인가? 왜 혹은 왜 아닌가?

4. 만약에 당신의 주치의가 왓슨과 함께 상담한다면 당신은 진료받는 것을 고려해볼 것인가? 왜 혹은 왜 아닌가?

마무리 사례 2 〉 범죄, 테러와의 전쟁을 위한 도구

문제 〉〉〉 2001년 9월 11일의 테러리스트 공격이 있기 몇 달 전, 미국 정부는 알카에다 범죄를 예방할 수 있는 필요한 단서들을 다 가지고 있었다. 항만 테러리스트로 알려진 국가로부터 온 범죄자들은 임시 비자를 가지고 미국에 들어왔고, 민간 항공기를 조정할 수 있는 훈련을 받았으며, 9월 11일에 편도 항공권을 구입했다.

불행하게도, 이 단서들이 정부의 많은 기관의 서로 다른 데이터베이스에 흩어져 있었다. CIA나 FBI 같은 조직은 각

각 독립적인 데이터를 가진 수천 개의 서로 다른 데이터베이스, 즉 재무 데이터, DNA 샘플, 음성과 다른 소리의 샘플, 비디오 클립, 지도, (건물의) 평면도, 각지에서 온 정보원의 보고서, 그리고 많은 다른 종류의 데이터 등을 보유하고 있다. 이 모든 데이터를 일관성 있게 하나로 통합하는 것은 매우 어려운 일이다. 2001년에는 정부의 분석가들이 많은 곳에 흩어져 있는 서로 다른 데이터를 통합할 수 있는 도구가 없었다.

가능한 IT 해결책 >>> 오늘날, 테러리스트의 공격이 있은 지 10년 이상이 흘렀고, 정부는 영향력 있는 새로운 도구인 팔란티르(www.palantir.com)를 사용한다. 팔란티르는 정보나 법 집행의 응용을 위해 거대한 데이터를 마이닝하는 '찾는' 회사가 되었다. 이 회사는 회사의 정보를 검토하고, 태그하고, 통합하고, 테러리즘, 재난대책, 인신매매 등의 문제를 분석한다.

팔란티르의 근원은 페이팔이다. 페이팔이 너무 성공했기 때문에, 돈세탁과 사기를 하는 범죄자들을 끌어 모았다. 2000년, 페이팔은 기존 가시방지 소프트웨어 도구가 범죄 활동을 다 막을 수 없었기 때문에 금융 위기에 처했다. 매번 페이팔 분석가들이 전략을 알아낼 때마다 범죄자들은 간단하게 전략을 바꾸었다.

이 문제를 해결하기 위해 페이팔의 분석가들은 단순히 하나의 데이터베이스로 입력하는 게 아니라 패턴 형식으로 모든 거래를 보도록 소프트웨어를 개발하였다. 이 절차는 페이팔의 컴퓨터들이 놓친 의심스러운 계정과 패턴을 발견하여 네트워크를 볼 수 있게 하였다. 페이팔은 의심스러운 결제들이 진행되기 전에 정지시킬 수 있도록 이 소프트웨어를 사용했다. 이 소프트웨어는 회사의 수억 달러를 구해주었다.

여러 페이팔 기술자들은 데이터 분석 시스템 안에 페이팔의 사기를 수사할 도구를 개발하기 위해 스탠퍼드대학교의 컴퓨터공학 전문가들과 스타트업 회사를 설립했다. 이 시스템은 패턴 인식, 인공지능 소프트웨어, 인간의 인지기술을 통합할 역량이 있다. 그들은 팔란티르 도구를 영화 반지의 제왕의 '보는 돌맹이'에서 따왔다.

팔란티르 기술은 근본적으로 2001년 9월 11일의 테러가 발생하도록 허용한 유형의 지능 문제를 해결한다. 그것은 조직이 매일 분석되는 방대한 양의 데이터 패턴을 보도록 도와준다. 팔란티르 소프트웨어는 엉켜 있는 모든 가능한 데이터베이스를 풀어주고, 조각조각의 관

MIS

련된 정보를 알아내고, 모든 것을 하나의 그림으로 통합시킨다.

결과 >>> 팔란티르의 고객은 현재 미국 국방부, CIA, FBI, 육군, 해군, 공군, 뉴욕과 LA 경찰국, 그리고 은행 사기 탐색에 관심이 있는 금융기관들이다. 팔란티르의 정부 관련 업무는 기밀이지만 몇몇 케이스는 새어 나갔다.

예를 들면 2010년 4월, 캐나다에 있는 보안 연구원이 인도 국방부에 몰래 잠입해서 달라이 라마의 이메일 계정에 침투한 새도우 네트워크라고 불리는 스파이 기업을 부수기 위해 팔란티르 소프트웨어를 사용하였다. 팔란티르는 또한 아동학대와 유괴를 해결하는 데 사용되었는데, 미국의 이민 세관 단속국 특수 기관의 살인사건 용의자의 위치를 찾아냈고 시리아, 아프가니스탄과 파키스탄에 네트워크 폭격을 적발하였다.

미 해군은 IED로부터 얻은 지문과 DNA를 모으고 그 데이터를 마을 사람들에게서 얻은 비슷한 정보의 데이터베이스와 대조해보는 데 수년이 걸렸다. 보통 그들이 결과를 얻을 때쯤 폭탄 테러범은 사라진다. 대조적으로, 그 분야에서 일하는 사람은 이제 마을 사람들로부터 얻은 지역 데이터, 익명 팁, 그리고 소셜미디어 포스트를 포함한 지문/DNA를 팔란티르에 업로드하여 즉각적으로 과거 공격으로부터 매치되는 사람을 찾을 수 있다.

월스트리트 은행 또한 범죄 사기, 통찰력 교환, 주택담보대출의 새로운 방법을 위한 트랜잭션 데이터베이스를 검색하는 데 팔란티르를 사용한다. 세계에서 가장 큰 은행 중 하나인 이곳이 팔란티르 소프트웨어를 도입하여 버스트아웃이라고 불리는 유명한 신용사기들을 분해한다. 이 신용사기는, 범죄자들이 수천 명의 온라인 ID 접근권을 훔치거나 구입하여 그들의 은행과 신용카드 계좌로 들어간다. 즉각적으로 행동하기보다는 몇 주의 시간을 투자하여 그들이 비행기 표를 살 때까지 기다린다. 그러면 그들은 피해자가 비행기를 타고 이동하는 동안 돈을 빼돌린다. 범죄자들은 컴퓨터 활동을 익명화하고 은행과 신용카드 계좌의 경보 시스템에 장애를 입혀서 그들의 흔직을 숨긴다. 은행이 의심할 민한 몇 개의 계좌를 발견하게 되면, 팔란티르를 사용해서 그 계좌들의 특성을 알아낸다. 팔란티르는 아직 해킹당하지 않은 같은 특성을 가진 계좌들을 찾아내서 은행을 도와준다.

법률 집행에 있어서, FBI는 미국 시민의 서류 일체를 빈틈없이 편집하기 위해 팔란티르 기술을 사용한다. 예를 들면 요원은 신용카드 거래와 감시비디오, 휴대폰 기록, 이메

일, 항공 여행 일정표, 웹 검색 정보 등을 통합할 수 있다. 개인정보 옹호자들은 팔란티르가 FBI나 다른 정부기관들을 개인 데이터에 대해 더 오지랖 넓은 고객으로 만들까 봐 걱정한다. 해커에게 노출된 팔란티르 기술자가 익명으로 위키리크스 지지자의 개인 컴퓨터에 침입하는 음모에 동참하게 된 사건이 사생활 옹호자들로부터 걱정을 높였다. 이 기술자는 사직을 권고받았지만, 나중에 조용히 다시 채용되었다.

팔란티르는 사생활 보호 기술을 매우 섬세하게 개발했다고 강하게 주장하며 이런 걱정에 반응한다. 이 소프트웨어는 누가 특정 정보에 대해 공유할 수 있는지를 상세하게 하고 그 정보로 무엇을 하였는지 상세하게 하여 감사 추적을 만든다. 팔란티르는 또한 등록제가 있어서 소프트웨어를 사용하는 기관 직원은 보안 레벨까지만 데이터 접근이 가능하다.

출처 : S. Doshi, "Data as a Company's Secret Weapon," *TechCrunch*, January 25, 2014; A. Greenberg and R. Mac, "Big Brother's Brain," *Forbes*, September 2, 2013; N. Ungerleider, "Google, Palantir, Salesforce Fight Human Traffickers,"

Fast Company, April 9, 2013; J. Gould, "Army May Work with Palantir on Intel Software," *The Army Times*, January 3, 2013; M. Hoffman, "Army Considers Palantir to Boost Intelligence Architecture," *Defense.org*, December 20, 2012; J. Lonsdale, "How Did Palantir Build Such a Strong Brand?" *Forbes*, December 12, 2012; R. Scarborough, "Army's Own Data Mining System Fails Test," *The Washington Times*, December 2, 2012; R. Scarborough, "Military Leaders Urgently Push for New Counterterrorism Software," *The Washington Times*, August 27, 2012; A. Good, "Who Actually Uses Palantir Finance?" *Forbes*, August 15, 2012; W. Hickey, "This Peter Thiel Company Is Ripping the Army Intelligence Community Apart," *Business Insider*, August 3, 2012; A. Vance and B. Stone, "Palantir, the War on Terror's Secret Weapon," *Bloomberg BusinessWeek*, November 22, 2011; "Husky Names Palantir as Software and Consulting Partner," *Oil & Gas Financial Journal*, November 4, 2011; P. Gobry, "Secretive Spy Tech Company Palantir Technologies Raises Another $50 Million," *Business Insider*, May 11, 2011; D. Primack, "Analyze This: Palantir Worth More than $2 Billion," *CNN Money*, May 6, 2011; A. Greenberg, "Palantir Apologizes for WikiLeaks Attack Proposal, Cuts Ties with HBGary," *Forbes*, February 11, 2011; www.palantir.com, accessed February 16, 2014.

질문

1. 팔란티르 시스템을 사용하는 조직에게 이것은 전략적 정보시스템인가? 왜 혹은 왜 아닌가? 당신의 답을 뒷받침하라.

2. 높은 레벨의 방대한 양의 데이터를 통합하는 데 있어서 발생할 수 있는 잠재적 문제점은 무엇인가?

인턴십 **활동** 〉 `OXFORD ORTHOPAEDICS`

정보시스템은 건강관리 비즈니스를 대폭 변경시켰다. 매일이 연구의 돌파구, 제품의 개발, 혹은 기술로 가능하게 된 치료로 보였다. 지난 몇 년간 선두로 나타난 하나의 주요한 혁신―전자건강기록―은 강하게 긍정적이고 잠재적인 심각한 부정적인 면을 가지고 올 수 있다. 건강 관리 비즈니스를 운영하고 있는 비즈니스 전문가들에게 실습 관리 측면의 기술은 더 어렵게 되었다.

이번 인턴십 활동에서 당신은 영국 옥스퍼드의 옥스퍼드 정형외과연합의 실습 관리자인 채드 프린스를 위해 일할 것이다. 채드는 최근에 실습 관리자의 역할을 맡았고 건강 관리 조직을 관리함에 있어 자세하게 배우는 중이다. 그의 첫 번째 업무는 실습 관리자로서 시장에서 제공되는 것들과 친숙해지는 것이다. '건강 관리 실습 관리 소프트웨어'를 웹에서 검색해보면 실습 관리와 전자건강기록의 관계에 대한 수많은 정보가 나올 것이다.

아래는 당신의 프로젝트에서 그가 당신에게 기대하는 것을 써 놓은 채드로부터 받은 편지다.

받는 사람 :	IT 인턴
보내는 사람 :	채드 프린스
제목 :	마케팅 프로그램을 만드는 데 도와주세요

안녕하세요!

저는 최근 옥스퍼드정형외과연합의 관리자가 되었고, 건강 관리 비즈니스와 그날그날의 수술을 지지하는 소프트웨어 관리에 대해 많은 것들을 배워야 합니다. 사람과 과정의 관계에서 건강 관리 조직의 내면과 외면을 이해하는 데 도움을 줄 몇 가지 질문을 엮었습니다. 이 직업은 실습 관리자(PM)로서 관계의 세트를 의미합니다. 나는 그린웨이의 프라임스위트라는 제품을 연구하라고 조언을 받았습니다. 검토하기 위해서 그들의 웹에서 소프트웨어 데모를 찾아보십시오. 다음과 같은 질문을 생각하며 해주길 바랍니다.

1. **내부 사람** : 프론트에서는 거의 초진 손님과 상호작용을 한다. 어떻게 PM 소프트웨어가 우리의 비즈니스 활동에서 스케줄링, 조정, 계획할 때 우리의 개인들에게 도움을 줄 수 있는가? 어떻게 이것이 내(관리자)가 의학 실습에서 비즈니스를 관리하는 데 도움을 주는가?

2. **내부 절차** : 의학 실습은 직원들의 스케줄링, 기록 보관, 회계, 기록과 무수한 절차를 포함한다. PM 소프트웨어는 어떻게 이렇게 많은 절차를 관리하는가?

3. **외부 사람** : 고객들은 방문 일정을 잡고, 기록을 보관하고, 보험금을 청구하고, 돈을 지불하면서 실습에 관여되어 있다. 보험 회사들이 소송과 관련하여 우리와 소통한다.

4. **외부 절차** : 보험 회사는 결제를 진행할 때가 되면 고려사항이 많아진다. 어떻게 건강 관리 정보시스템이 이런 절차를 관리하는 데 도움을 줄 수 있는가?

당신의 작업에 미리 감사합니다. 이 주제들로 당신이 알아낸 것들을 기대하고 있겠습니다.

채드

주 : 이 편지에 있는 모든 링크는 http://www.wiley.com/go/rainer/MIS3e/internship에서 이용 가능하다.

스프레드시트 활동 〉 기본 기능 : SUM, SUMIF, COUNT, COUNTIF

1단계 - 배경

스프레드시트의 힘은 기능적으로 많은 것을 제공하는 내장된 공식으로부터 온다. 몇 개의 가장 기본적인 공식은 합계 계산(Sum)(스프레드시트 활동 1에서와 같이), 조건부의 합계 계산(Sumif), 항목 수 제공(Count), 그리고 조건부 항목 수(Countif)를 제공하는 것처럼 단순한 활동을 수행한다.

이 단계에서 어떻게 공식이 구성되는지 기본을 이해하는 것이 중요하다. 공식에는 네 가지 부분이 있다—기능, 참조 항목, 지속, 교환. 지속과 교환은 선택적이다. 필요할 때만 사용한다. 반면에 기능과 참조는 스프레드시트에서 계산을 할 때 필수 항목이다.

기능은 당신이 수행하고자 하는 것의 산출이다. 이 활동에서 기능은 Sum, Sumif, Count, Countif이다. 참조 항목의 무리는 범위라고 표현한다. 범위는 왼쪽 상단의 열(알파벳)과 행(숫자)과 오른쪽 하단의 열(알파벳)과 행(숫자)으로 표현한다. (가끔 범위는 하나의 열 안에서 존재할 수 있다.)

앞에서 설명했듯이, 몇 개의 공식은 지속성을 포함한다. 예를 들어 만약 당신이 열에 있는 모든 숫자를 2로 나누고 싶다면, 숫자 2는 지속적이다. 마지막으로 조작자는 스프레드시트에 무엇을 해야 하는지 말해주는 신호이다. 예를 들어 2로 나누려면, 당신은 조작자로 '/'를 사용하고 조작자 다음에 지속적인 '2'를 넣는다.

이것은 소화하기에 많은 양의 정보처럼 보이지만, 당신이 몇 번의 계산을 실행하고 나면 이해되기 시작할 것이다.

2단계 - 활동

당신이 지역 식료품 유통 회사의 관리자라고 생각하자. 당신에게는 2명의 영업사원 후안과 샐리가 있다. 당신은 판매 수량과 총수입을 기록하고 싶다. 아래는 지난 달의 데이터이다.

	매출액(달러)
후안	3,132
샐리	8,245
샐리	6,365
후안	7,282
후안	6,245

물론 당신은 계산기로 이 숫자들을 더할 수 있고 후안은 3번의 매출로 합계가 16,659달러이고 샐리는 2번의 매출로 합계가 14,610달러인 것을 보게 될 것이다. 만약에 당신이 한 해의 데이터를 보게 된다면, 이 계산법은 더 많은 작업을 포함할 것이다. 이것이 정확히 Sum, Sumif, Count, Countif 공식을 사용해야 하는 곳이다.

3단계 - 과제

http://www.wiley.com/go/rainer/MIS3e/spreadsheet를 방문하고 이 절에 해당하는 링크를 누른다. 이것은 XLS 파일이고 아무 스프레드시트 도구로 열릴 것이다. 당신은 작년 매출 리스트를 찾을 수 있고 스프레드시트에 적힌 설명은 당신이 무엇을 계산해야 하는지 보여주고 있다.

스프레드시트의 설명을 따르고 최종 결과물을 교수님께 제출하라.

이 스프레드시트 기술의 추가적인 도움은 WileyPLUS에서 받을 수 있다. 'Microsoft Office 2013 Lab Manual Spreadsheet Module: Excel 2013'을 열어 Lesson 5: Using Formulas and Built-In Functions와 Lesson 10: The IF Function을 검토하라.

데이터베이스 활동 〉 테이블

1단계 – 배경

이 활동에서 당신은 기존의 디자인에서 어떻게 액세스 테이블을 만드는지를 배우게 될 것이다. 데이터베이스를 구축하는 것은 데이터 테이블을 만드는 것으로 시작된다. 테이블을 만들 수 없다면 데이터베이스를 만들 수 없다. 누군가가 만든 데이터베이스를 사용한다고 하더라도 테이블이 어디서 나왔는지를 아는 것이 그 데이터베이스를 가지고 무엇을 할 수 있는지 파악하는 데 도움을 주고 또한 그것이 때때로 왜 기대하지 못한 방식으로 행동하는지 알게 해줄 것이다.

2단계 – 활동

당신의 대학교를 위해 데이터베이스를 구축한다고 생각해보자. 다음의 다이어그램은 실체 관련도(entity-relationship diagram, ERD)라고 한다. 이것은 당신 대학교의 한 분야의 데이터를 묘사한다. 자세하게, 이 데이터베이스는 다음과 같은 네 가지 데이터를 보관한다 – 소속 학부, 교육과정, 학생, 성적.

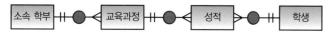

ERD의 선 혹은 관계는 다음과 같은 사실을 말해준다.

- 각각의 학부는 여러 교육과정을 가진다. 그러나 아무것도 가지지 않을 수도 있다.
- 각각의 교육과정은 반드시 한 학부에 속한다.
- 각각의 교육과정은 여러 학생을 가질 수 있다. 그러나 전혀 가지지 않을 수도 있다. (이것은 등록이 시작되었을 때 일시적인 현상일 수 있다.)
- 교육과정에 속한 각각의 학생은 하나의 성적을 받는다.
- 각각의 학생은 여러 교육과정을 택할 수 있다. 그러나 (아직) 아무것도 등록하지 못할 수도 있다.
- 각각의 교육과정은 학생에게 하나의 성적을 준다.

3단계 – 과제

소속학부와 교육과정 테이블의 데이터베이스 파일을 제출하라. 데이터베이스에 당신 학교의 소속학부와 교육과정 내용을 포함시켜라.

데이터베이스에 관한 추가적인 도움은 WileyPLUS에 있다. 'Microsoft Office 2013 Lab Manual Database Module: Access 2013'과 Lesson 2: Creating a Table Structure를 검토하라.

제**3**장

데이터와 지식경영

개요

3.1 자료 관리하기

3.2 데이터베이스 접근

3.3 빅데이터

3.4 데이터 웨어하우스와 데이터 마트

3.5 지식경영

학습목표 >>>

1. 데이터 관리를 이용해서 해결할 수 있는 자료 관리의 공통적인 문제점을 논의한다.

2. 관계형 데이터베이스의 장점과 단점을 논의한다.

3. 빅데이터를 정의하고 기본적인 특징을 논의한다.

4. 데이터 웨어하우스를 성공적으로 도입하고 유지하는 데 필요한 요소들을 설명한다.

5. 조직에 지식경영시스템을 도입하는 것의 이점과 어려운 점을 설명한다.

도입 사례 > 스마트폰 이용자들을 통해 데이터를 모으는 플러리

한 여성이 공항 라운지에서 자신의 아이폰으로 무료 게임을 실행하며 기다리고 있다. 앱이 로딩되기 직전, 그녀를 대상으로 하는 경매가 시작된다. 당신도 아마 들어보지 못한 기업, 플러리(Flurry, www.flurry.com)에서 운영되는 경매다. 플러리는 여러 광고주에게 이 여성의 다양한 면모를 보여준다—20대 후반의 여성, 패션을 좋아하는 사람, 갓 엄마가 된 사람, 커리어우먼, 애틀랜타 공항 가까이에 위치해 있는 사람. 순식간에 플러리는 그 여성이 원하는 상품 또는 서비스를 제공해줄 수 있는 광고주, 즉 최고 입찰자를 뽑는다. 그리고 여성은 유명 디자이너의 선글라스 광고를 보게 된다. 중요한 것은 여성은 이러한 백그라운드 액티비티가 일어났다는 것을 전혀 모른다는 것이다.

플러리는 모바일 리얼 타임 비딩(real time bidding, RTB) 산업을 하고 있다. RTB는 광고목록을 기본 임프레션 횟수로 계산하여 즉각적으로 사고파는 과정을 말한다. RTB 비딩을 통해서 광고주들은 임프레션에 따라서 경매를 하고, 최고 입찰자의 광고는 즉시 내보여진다. (임프레션은 광고가 노출된 횟수를 말한다. 광고가 한 번 디스플레이될 때마다 임프레션 한 번으로 계산된다.) 가장 전형적인 거래는 사용자가 모바일 웹사이트를 방문할 때부터 시작된다. 이 방문은 사용자의 지리 정보, 검색기록, 위치, 로딩되고 있는 페이지 같은 데이터를 포함한 입찰을 시작한다. 이 입찰 의뢰서는 애드 익스체인지(ad exchange)에 보내지고, 이 모든 데이터는 여러 광고주에게 제출된다. 이것으로 광고주들은 광고를 올리기 위해 실시간으로 경매를 시작한다. 임프레션은 최고 입찰자에게 가며, 광고는 모바일 페이지에 디스플레이된다. 간단하게 말하자면, 플러리는 개개인을 겨냥한 광고를 위한 쾌속 경매시스템을 제공해주는 것이다.

모바일 RTB는 광고주들에게 임프레션당 경매를 할 수 있도록 허용해준다.

© AndreyPopov/iStockphoto

이 시스템은 주로 정적인 경매에서 하는 임프레션을 1,000개씩 묶는 광고주들과 현저한 대조를 이룬다.

플러리는 최근에 광고 시장에서 수요와 공급을 동시에 다루는 유일한 몇 개의 실시간 모바일 애드 익스체인지를 내보였다. 플러리는 2개의 익스체인지를 연결할 수 있는 데이터가 충분하다는 입장을 취한다.

플러리의 다른 주요 장점은 모바일 앱 이용자들에게서 수집하는 거대한 양의 데이터이다. 당신이 플러리를 한 번도 들어보지 못한 이유는 스마트폰에 직접 플러리를 설치한 적이 없기 때문이다. 이는 앱 개발자들이 설치한 것이다. 사실은 보통 한 기기에 7~10개 앱에는 이 소프트웨어가 들어 있다. 왜 그런 것일까? 플러리는 앱 개발자들에게 사람들이 어떻게 앱을 사용하는지에 대한 분석 도구를 제공해준다. 이제 40만 개 이상의 앱들은 플러리 도구를 사용한다. 대신에 그들은 대부분의 사용자 데이터를 다시 플러리에게 보내준다. 결과적으로 플러리에게는 12억 개의 기기를 연결하는 통로가 있다는 것이다. 플러리는 매일 평균 3테라바이트의 데이터를 수집한다.

플러리는 광고를 팔 목적으로 설계된 앱의 문제점을 해결해준다. 노트북 컴퓨터에서 광고주들은 브라우저에 첨부된 아주 작은 데이터 파일인 쿠키를 이용해서 소비자들을 겨냥한다. (쿠키는 제7장에서 나온다.) 대조적으로, 휴대전화에는 쿠키가 브라우저에 없기 때문에 광고주들은 대상이 누군지 모른다. 플러리의 소프트웨어는 광고주들이 데이터를 암호화하고 식별하여 각 기기의 사용자들에 대한 익명의 아이디를 생성할 수 있도록 도와준다. 구체적으로, 각 사용자를 대략 100개의 '인격' 중 하나로 분류하다. 즉 '비즈니스 여행' 그리고 '스포츠 광' 같은 사이코그래프 프로필을 생성한다. 각 인격은 여러 가지 성격을 지니고 있다. 광고주들은 이 인격의 성격들을 이용해서 광고를 겨냥한다.

플러리의 정책인 개인 정보를 암호화해서 익명의 아이디를 생성하는 것은 광고주들에게 굉장한 이득을 제공하면서도 개인 정보 옹호자들에게 반발을 사고 있다. 예를 들어 유럽에 있는 한 법적 연구가에 따르면 플러리는 이미 모바일 기기에 적용되는 유럽연합(EU)의 e-프라이버시 디렉티브(E-Privacy Directive)를 위반하고 있다고 한다. 이 디렉티브는 실수요자들은 쿠키와 트래킹 프로그램 이외에 선택하지 않을 옵션이 주어져야 한다고 명시되어 있다. 연구가에 따르면, 플러리가 조건을 만족시키기 위해서는 각

사용자에게 동의서를 필수로 받아야 한다는 것이다. 구체적으로, EU 체류자가 플러리를 사용하는 앱을 열 때마다 각 개인의 정보를 사용한다고 알리는 팝업이 떠야 한다. 플러리는 이에 대해 자사는 각 개인 식별이 가능한 정보는 수집하지 않는다고 반박한다.

출처 : K. Andrew, "Is Christmas Losing Its Sparkle? Flurry Points to Drop Off in Yuletide Download Growth," *PocketGamer.biz*, February 13, 2014; J. Aquino, "Why App Re-Engagement Ads Are the Next Big Thing in Mobile Advertising," *AdExchanger*, January 7, 2014; P. Olson, "We Know Everything," *Forbes*, November 18, 2013; C. Gibbs, "Real-Time Bidding for Mobile Ads: Promising in the Short Term, Questionable in the Long Term," *GigaOM*, May 8, 2013; P. Elmer-Dewitt, "Report: Americans Spend 2:38 Hours a Day Glued to Their Tablets and Smartphones," *CNN Money*, April 3, 2013; www.flurry.com, accessed February 22, 2014.

문제

1. 플러리가 사용자의 동의 없이 설치되는 것에 대해서 어떻게 생각하는가?

2. 다른 사용자가 기기를 사용할 경우 플러리에게 일어날 수 있는 문제는 무엇이라고 생각하는가? (힌트 : 플러리가 어떻게 데이터를 수집하는지 생각해보자.)

3. 플러리가 기업모델에 대한 개인 정보 보안 관련 문제를 해결할 수 있는가?

서론

정보과학과 시스템은 조직 경영을 돕는다. 즉 데이터를 획득하고, 조직하고, 분석하고, 접근하고, 해석하는 모든 것이 경영을 돕는 것이다. 제1장에서 보았듯이, 데이터가 제대로 처리되었을 때 정보가 되고 지식이 된다(1.2절에서 말했던 데이터, 정보와 지식에 대한 논의를 생각해보자). 정보와 지식은 어떠한 조직도 경쟁적 우위에 놓일 수 있게 해주는 귀중한 조직 자료이다.

그러면 정보와 정보경영은 기업에게 얼마나 중요한가? 기밀 고객 정보부터 지적 재산, 금융 거래, 소셜미디어 게시글까지 기업들은 성공을 결정해줄 수 있는 이런 다량의 자료를 소지하고 있다. 물론 이 데이터로부터 이익을 얻기 위해서는 효율적으로 이것을 경영해야 한다. 하지만 이런 종류의 경영은 엄청난 비용이 든다. 시만텍(Symantec, www.symantec.com)의 정보 사태 조사에 따르면, 디지털 정보로 인해 세계적으로 기업들은 매년 1조 1,000억 달러의 비용을 내게 된다. 그리고 이것은 기업 총 가치의 대략적으로 반 이상은 차지한다. 거대조직은 데이터를 유지하고 활용하는 데 평균적으로 매년 4,000만 달러를 쓴다. 중소기업은 거의 35만 달러를 쓴다.

이 장에서는 자료들이 정보로 변하고 그다음 지식으로 변하는 과정을 밝혀낼 것이다. 데이터를 경영하는 것은 모든 조직에게 중요한 부분이다. 대부분 사업 전문가들은 명확한 정보에 기반을 두지 않고 사업 결정을 내리는 데 어려움이 많다. 이것은 특히 현대의 정보시스템이 그 정보에 쉽고 빠르게 접근하는 오늘날에 있어서 사실이다. 예를 들어 우리는 관리자나 분석가가 쉽게 이해할 수 있는 정보의 형식으로 데이터를 포맷할 수 있는 기술을 가지고 있다. 결과적으로 이런 전문가들은 그들의 필요에 따라 다양한 도구를 사용하여 이런 정보에 접근하여 그것들을 분석할 수 있다. 그 결과는 유용한 정보이다. 임원들은 이 정보를 사용하는 데 그들의 경험을

적용하여 사업 문제를 해결하고 그 결과로 지식을 창출해낸다. 정보기술로 가능해진 지식경영은 모든 조직원들이 접근하고 적용할 수 있는 형태로 보관된다. 그렇게 함으로써 유연하고 강력한 '학습 조직'을 형성한다.

조직들은 데이터를 데이터베이스에 보관한다. 제1장에서 배웠던 것을 기억해보면 데이터베이스란 관련된 데이터 파일의 모음 또는 데이터를 담은 표를 뜻한다. 3.3절에서 데이터베이스에 대해 더 배울 것이다.

MIS
데이터와 지식경영은 현대 조직에 있어 확실히 필수적이다. 그러나 왜 당신이 이것을 배워야 하는가? 그 이유는 당신이 데이터베이스 적용에 있어서 중요한 역할을 할 것이기 때문이다. 당신 조직의 데이터베이스 구조와 내용은 사용자인 당신이 어떻게 사업 활동을 바라보는지에 달려 있기 때문이다. 예를 들어 회사의 경영정보시스템 부서의 데이터베이스 개발자들이 데이터베이스를 구축할 때 객체관계(ER)모델을 사용한다고 하자. 이 도구는 사용자가 사업 활동을 어떻게 보는지에 대한 모델을 만들어낸다. 당신이 객체관계모델을 만들고 해석할 수 있다면 당신은 개발자들이 당신의 사업 활동을 올바르게 이해했는지를 평가할 수 있다.

데이터에 관한 결정이 소프트웨어나 하드웨어에 대한 결정보다 더 오래 지속되며 광범위한 영향을 주는 결정임을 명심하라. 하드웨어에 대한 결정이 잘못되었다면 장비들은 상대적으로 쉽게 대체할 수 있다. 소프트웨어가 잘못된 것으로 밝혀진다면 그것은 고통스럽고 고가일 수는 있겠으나 수정할 수는 있다. 반면 데이터베이스에 대한 결정은 되돌리기가 훨씬 어렵다. 데이터베이스 설계는 장기간 동안 조직이 그 자료로 무엇을 할 수 있느냐를 제한한다. 데이터베이스 프로그래머들은 빠르게 다음 프로젝트로 넘어갈 뿐, 오랫동안 질 낮은 데이터베이스 구성 때문에 발목이 잡히는 것은 사용자들이라는 사실을 기억하라. 이것이 처음 데이터베이스 구성을 올바르게 하는 것이 중요한 이유이다. 그리고 당신은 이 구성에서 핵심적인 역할을 하게 될 것이다.

게다가 당신은 마이크로소프트 액세스와 같은 프로그램을 이용해서 작고 개인적인 데이터베이스를 만들고 싶을 수 있다. 그런 경우에 당신은 최소한의 기본적인 사항을 알기를 원할 것이다.

자료가 당신 조직의 데이터베이스에 저장된 후에 그것들은 반드시 사용자들이 결정을 내리는 데 도움을 주는 형태로 접근 가능해야 한다. 조직은 데이터 웨어하우스를 개발함으로써 이 목표를 이룬다. 당신은 데이터 웨어하우스와 친숙해져야 하는데, 왜냐하면 그것이 의사결정 도구로 아주 가치 있기 때문이다. 데이터 웨어하우스에 대해서는 3.4절에서 배운다.

당신은 또한 과업을 해내기 위해 당신 조직의 지식 기반을 광범위하게 이용할 수 있다. 예를 들어 당신이 새로운 프로젝트를 할당받았을 때, 당신은 이전의 유사한 프로젝트의 성공에 기여한 요소들을 알아보기 위해 당신 회사의 지식 기반을 조사할 것이다. 지식경영은 3.5절에서 배운다.

데이터 관리와 데이터베이스 접근을 포함한 몇 가지 문제를 살펴보며 이 장을 시작할 것이고, 다음으로 당신은 데이터베이스 관리시스템이 어떻게 조직이 데이터베이스에 저장된 자료에 접근하고 자료를 사용할 수 있게 하는지를 보게 될 것이다. 또한 요즘 기업 환경에 반드시 필요한 빅데이터와 빅데이터 경영에 대하여 살펴볼 것이다. 그다음엔 데이터 웨어하우스와 데이터 마트에 대해 알아보고 당신이 어떻게 의사결정에 그것을 사용하는지 공부할 것이다. 마지막으로 지식경영에 대해 간단하게 살펴보고 이 장을 마칠 것이다.

3.1 자료 관리하기

모든 IT 프로그램은 자료를 필요로 한다. 이 자료는 양질이어야 한다. 즉 정확하고 완벽하며 시기적절하고 일관성 있으며, 접근 가능하고 관련성이 높으며, 구체적이어야 한다. 그러나 불행하게도 자료를 얻고, 보관하고, 관리하는 절차는 점점 더 어려워지고 있다.

자료 관리의 어려움

자료는 여러 단계와 몇몇 다른 위치에서 처리되기 때문에 자주 문제와 어려움을 겪게 된다. 조직에서 자료를 관리하기 어려워하는 것은 몇 가지 이유가 있다.

먼저 자료의 양은 시간에 따라 기하급수적으로 증가한다. 많은 역사적 자료는 오랫동안 보존되어야 하고 새로운 자료들은 빠르게 추가된다. 예를 들어 수백만의 고객을 지원하기 위해 월마트와 같은 큰 소매업자들은 페타바이트 분량의 자료를 관리해야 한다(페타바이트는 대략 1,000테라바이트, 또는 수 조 바이트를 뜻한다).

게다가 자료들은 조직에 산재되어 있고 많은 개인이 다양한 방법과 장치를 통해 수집한다. 이런 정보는 수십 개의 서버와 장소, 다른 컴퓨팅 시스템과 데이터베이스, 다른 형식, 그리고 다른 인간과 컴퓨터의 언어로 저장되곤 한다. '비즈니스에서 IT 3.1'은 스케일 컴퓨팅이 소규모 기업들의 데이터 저장에 대한 필요를 어떻게 도와주는지에 대한 예시를 보여준다.

비즈니스에서 **IT** 3.1

뉴욕 시 : 모든 사람에게 자료를 공개하다

정부 자료를 습득하고 활용하는 것은 항상 쉽지 않았다. 대부분의 경우 이 자료들은 모두 형식적인 포맷으로 보관되어 있다. 역사적으로 이 자료들을 습득하고 접근 가능하기 쉽고 공개적인 포맷으로 바꾸는 것은 불가능했다. 이 문제를 해결하기 위하여, 뉴욕 시는 1998년에 지방법 11조를 통과시켰다. 이 법은 공공기관들이 자료들을 조직적으로 분류하고, 대중에 공개하도록 지시하였다.

이 계획에 착수하기 위해서, 시에서는 데이터 보관 관행들을 재정립했다. 그리하여 2012년 9월에 '자료 공개 정책과 표준 기술 매뉴얼'을 창안하였다. 매뉴얼은 시의 공공기관들이 지방법 11조의 조건들을 충족하기 위해 어떻게 자료를 수집하고, 구축하고, 자동화하는지에 대한 개요를 그린다. 이 모든 과정이 공동의 작업이고 시민들의 요구사항을 충족시킨다는 것을 확인하기 위해서, 시의 정보 기술과 전자통신 부서(DoITT)는 문서를 작성하기 위해서 시의 기술공동체와 공공단체들에 도움을 요청하였다. 기관은 또한 시민들이 문서를 고치고 건의를 할 수 있도록 위키피디아 페이지(http://nycopendata.pediacities.com/wiki/index.php/NYC_Open_Data)를 만들었다.

이 계획은 뉴욕 시의 정부 운영 방법을 바꾸어 놓았다. 2014년 말 이후, 시는 1,000개의 원본 데이터세트의 2,000개 레프리젠테이션을 만들어 놓았다. 이 모든 것은 NYC(뉴욕시) 자료 공개실에서 무료로 공개된다. 이 데이터세트들에는 60개의 시 공공기관, 위원회, 그리고 업무 개선 지구를 포함한다. 그들은 문화 업무, 교육, 보건, 주거, 재산, 공공안전, 사회복지, 그리고 교통을 포함한 시 업무의 폭을 넓혀준다. 대부분의 자료는 보통의 웹 브라우저에서 볼 수 있고, 여러 형태의 파일로 다운로드가 가능하다. 자료는

© mura/iStockphoto

다음을 포함한다.

- 10년간 시의 성과 자료 : 건축 허가와 불편사항을 포함한 건축 정보, 건축일
- 대피 구역과 대피 센터를 포함한 비상 센터 정보
- 12년간의 범죄 기록
- 매일 업데이트되는 등록된 택시 자료
- 사용자들이 맨해튼, 퀸스, 브롱크스, 브루클린의 재산기록을 시의 재무 기록 자동 등록화 시스템 부서(department of finances automated city register information system, ACRIS)의 자료를 통해서 검색할 수 있도록 허용해준다.
- 13개의 뉴욕 티켓 발급 기관에서 나온 위반사항과 관련된 환경 관리본부의 자료

- 매일 업데이트되는 스쿨버스의 경로, 버스 연기 여부, 학교 출석률 등 교육청에서 나오는 자료
- 매달 나오는 폐수 처리 공장 성과와 매주 나오는 수질 보고서 등의 환경보호 관리 본부의 자료
- 뉴욕 경찰 본부의 자료, 매년 구역별로 범죄를 비교하고 업데이트한다.

뉴욕 시는 자료와 분석을 이용하여 정책 발전, 사업 추진, 그리고 시민들을 위한 서비스 개선을 위해 전례 없는 방법들을 시도하고 있다. 목표는 개발자, 창업자, 교육자들이 자료를 새롭고 혁신적인 방법으로 이용하도록 돕는 것이다. 말 그대로 누구나 자신의 기술과 창의성을 이용하여 시의 삶의 질을 높일 수 있는 것이다.

계획의 근본적인 목표 중 하나는 공개 정책 질문들에 대해 집중하고 정확히 답할 수 있도록 창의적인 프로젝트들을 격려하는 것이다. 예를 들어 갱 활동과 유소년 프로그램 이용률의 교집합의 존재, 교통사고들의 심층 분석, 학교 활동, 소음공해, 가용 주택, 노숙 문제를 다루는 프로젝트를 말한다. 이 모든 것은 아주 오래된 도시 문제이며, 사람들이 자료를 온라인에서 언제나 볼 수 있음으로써 새롭고 혁신적으로 바로 볼 수 있게 된 것이다.

이 활동은 지속되고 있다. 2014년 말에는 DoITT에서 공개 자료 규정 계획서를 제출했다. 계획서에는 (1) 시에서 나온 모든 공공 데이터세트를 분류하고 (2) 2018년 말까지 이 모든 데이터세트가 접근 가능하도록 만들어내는 것이다. 뉴욕 시청의 일원 중 한 사람인 게일 브루어(Gale Brewer)는 "공공기관들이 올린 검색할 수 없고 조작된 정보를 보고 혼란스러워하는 시대를 끝낼 것이다"라고 말했다.

출처 : Compiled from A. Wiederspahn, "Manhattan's Borough President Logs In," *The New York World*, January 23, 2014; T. Cashman, "NYC Uses Open Data for Public Good," *Socrata.com*, October 16, 2013; M. Neubauer, "New York City's Latest Open Data Release," *TechPresident*, September 23, 2013; J. Naidoo, "Open Data Platforms: A Tool to Revolutionise Governance," *The Guardian*, April 16, 2013; S. Greengard, "New York City Takes an Open Approach to Data," *Baseline Magazine*, March 20, 2013; S. Goodyear, "Why New York City's Open Data Law Is Worth Caring About," *The Atlantic Cities*, March 8, 2013; B. Morrissey, "New York's Data Deluge Begins," *The New York World*, March 7, 2013; J. Pollicino, "Bloomberg Signs NYC 'Open Data Policy' into Law, Plans Web Portal for 2018," *Engadget.com*, March 12, 2012; "New York City to Mandate Open Data," *Government Technology*, March 2, 2012; www.nyc.gov, accessed April 15, 2014.

질문
1. 뉴욕 시의 공개 자료 정책을 이용해서 도시 문제를 해결할 수 있는 창의적인 해결책들은 무엇이 있는가?
2. 시의 자료를 공개하는 것의 난점은 무엇인가?

또 다른 문제는 자료가 다수의 출처로부터 나온다는 것이다. 기업 데이터베이스나 회사 서류와 같은 내부 출처, 개인의 생각, 의견, 경험 등 개인 출처, 그리고 상업 데이터베이스나 정부 보고, 기업 홈페이지와 같은 외부 출처가 그것이다. 자료는 또한 클릭스트림 데이터의 형태로 웹으로부터도 나온다. **클릭스트림 데이터**(clickstream data)는 방문자와 고객들이 웹사이트를 방문하고 하이퍼링크를 클릭할 때 생산해내는 정보들이다(제4장에서 설명된다). 클릭스트림 데이터는 웹사이트에서 사용자 활동의 자취를 만들어낸다. 그것은 사용자 행위와 브라우징 패턴을 포함한다.

이러한 문제들에 더해 나타나는 사실들은 새로운 데이터 출처들, 즉 블로그, 팟캐스트, 비디오캐스트, RFID 태그, 그리고 다른 무선 센서들과 같은 것들이 끊임없이 개발되고 있다는 것이다. 이 장 처음에 소개된 사례에서 보았듯이, 데이터는 시간이 흐름에 따라 가치가 떨어진다. 예를 들어 고객들의 주소 변경, 이름 변경, 기업의 폐업 혹은 인수, 새 제품의 개발, 종업원의 고용이나 해고, 새로운 국가로의 기업 진출 등과 같은 변경이다.

데이터들은 또한 부패되기 쉽다. 데이터 부패는 주로 데이터가 저장되는 매체에 대한 문제를 가리킨다. 시간이 지나면서 온도, 습기, 그리고 빛에 대한 노출이 저장매체에 물리적인 문제를 야기해 데이터에 접근하는 것을 어렵게 만든다. 데이터 부패의 두 번째 양상은 데이터 접근에 필요한 기계를 찾는 것이 어려울 수 있다는 것이다. 예를 들어 요즘에 8-track 재생기를 찾는 것은 거의 불가능한 일이다. 당신이 만약 8-track 재생기 기능을 가지고 있거나 테이프를 CD와 같은 현대적인 매체로 변환하지 않는다면 8-track 테이프 자료는 상대적으로 가치 없게 되는 것이다.

데이터 보안, 품질, 무결성은 대단히 중요하다. 그런데도 그것들은 매우 위협받기 쉽다. 게다가 데이터에 관련된 법적인 요구들은 산업 분야뿐만 아니라 국가에 따라서 다르고, 그것들은 자주 변한다.

그 사실에 기반해서 발생하는 또 다른 문제는 시간이 지나면서 단체들이 거래처리, 공급사슬 관리, 고객 관계 관리, 기타 프로세스들과 같은 구체적인 비즈니스 프로세스를 위해서 정보시스템을 개발해 왔다는 것이다. 이러한 프로세스들을 명확하게 지원하는 정보시스템들은 데이터에 대해 고유한 요구를 하게 되고 이것은 조직에 반복이나 충돌을 야기한다. 예를 들어 마케팅 기능은 고객, 판매 지역, 그리고 시장에 대한 정보를 청구 기능이나 고객 서비스 기능과 복제해 유지하고 있다. 이러한 상황은 기업에서 불일치하는 데이터를 생산한다. 불일치하는 데이터는 기업이 여러 조직과 정보시스템에 걸쳐 핵심 사업 정보—고객, 제품, 재정 등에 대한 정보—에 대한 통합된 관점을 개발하는 것을 방해한다.

2개의 다른 요소들이 데이터 관리를 복잡하게 만든다. 첫째로, 연방정부의 규제(예 : 사베인스-옥슬리법)는 기업들이 그 조직에서 어떻게 정보가 관리되는지에 대해 설명하는 데 최우선 순위를 놓게끔 만든다. 사베인스-옥슬리법은 (1) 상장 기업들이 그들의 내부 재무통제의 효율성에 대해 평가하고 공개할 것과 (2) 이 기업들에 대한 독립적인 감시자들이 이러한 공개에 동의할 것을 요구한다. 또한 법률은 그러한 공개에 대해서 CEO와 CFO들에게 개인적 책임을 지게 하고 있다. 만약 그들의 기업에서 만족스러운 데이터 관리 정책이 부족하고 사기나 보안 위반이 일어난다면, 기업의 담당자는 개인적으로 책임을 지게 될 수 있으며 고발에 당면할 수도 있다.

둘째로, 기업들은 체계화되어 있지 않은 자료들에 빠져 허우적거린다. 당신이 보았듯이, 데이터의 양은 기하급수적으로 증가하고 있다. 수익성을 갖기 위해서 기업들은 이러한 데이터들을 효과적으로 관리할 수 있는 전략을 개발해야만 한다.

자료 경영에 관한 두 가지 문제가 있다. 빅데이터와 데이터 호딩이다. 빅데이터는 3.3절 전체에서 다룰 정도로 매우 중요하다. 데이터 호딩은 이번 장의 마무리 사례 2에서 다시 한 번 다룬다.

데이터 관리

데이터 관리에 관한 모든 문제를 해결하기 위해, 조직들은 데이터 관리를 이용하고 있다. **데이터 관리**(data governance)는 전체 조직에 걸쳐서 정보를 관리하는 접근이다. 그것은 데이터가 확실히 잘 정의된 방법으로 다루어지도록 설계된 비즈니스 프로세스와 경영방침의 공식적인 집합을 포함한다. 즉 조직은 정보를 만들어내고, 수집하고, 다루고, 보호하기 위해서 모호하지 않은 규칙을 따른다. 목표는 정보를 사용 가능하고 투명하게 만들고 조직에 들어간 순간부터 정보가 만료되거나 삭제될 때까지 그것에 접근 가능하도록 하여 권한을 부여받은 사람들이 유용하게 쓸 수 있도록 한다.

데이터 관리를 시행하기 위한 한 전략은 데이터 관리를 완전히 익히는 것이다. **데이터 관리 마스터**(master data management)는 조직의 모든 비즈니스 프로세스와 응용 프로그램을 포괄하는 과정이다. 그것은 기업들이 기업의 핵심적 마스터 데이터를 위해 일관되고 정확하고 시의 적절한 '한 버전의 진실'을 저장하고, 유지하고, 교환하고, 맞출 수 있는 능력을 제공할 것이다.

마스터 데이터(master data)는 기업의 정보시스템을 포괄하는 고객, 제품, 종업원, 판매원, 지정학적 위치 등과 같은 핵심 데이터의 집합이다. 마스터 데이터와 거래 데이터를 구분하는 것은 중요하다. 거래 데이터는 운영 시스템에 의해 형성되고 포착된다. 그것은 사업 활동과 거래들을 설명한다. 반대로 마스터 데이터는 다수의 거래들에 적용되며 거래 데이터를 범주화하고 종합하고 평가하는 데 사용된다.

거래의 예를 살펴보자. 마리 존스는 2014년 4월 20일에 베스트 바이에서 빌 로버트로부터 파트 번호가 1234인 삼성의 42인치 플라스마 텔레비전을 2,000달러에 구입했다. 이 사례에서, 마스터 데이터는 '팔린 제품', '판매 회사', '판매원', '상점', '파트 번호', '구입 가격', 그리고 '날짜'이다. 구체적인 가치들이 마스터 데이터에 적용될 때 거래가 나타내진다. 그러므로 거래 데이터는 각각 '42인치 플라스마 텔레비전', '삼성', '빌 로버트', '베스트 바이', '1234', '2,000달러', 그리고 '2014년 4월 20일'이 될 것이다.

마스터 데이터 관리의 한 예는 텍사스 주 댈러스 시다. 그 도시는 보유하고 있던 종이로 된 자료, 이미지, 그림, 그리고 시청각 자료들과 같은 공적 기록과 사적 기록들을 디지털화하는 계획을 실행했다. 마스터 데이터베이스는 적절한 접근 권한을 가지고 있다면 38개 정부 부서의 누구라도 접근할 수 있었다. 시는 고객 관계 관리 프로그램을 활용해 재정 상황과 청구서 발부 프로세스들을 통합해야 했다(제12장에서 고객 관계 관리에 대해 학습할 것이다).

댈러스 시가 어떻게 이러한 시스템을 활용했을까? 도시가 상수도 파열을 경험했다고 상상해보자. 그 시스템을 실행하기 전에는 복구 전담팀이 쌓여 있는 기록들을 찾기 위해 무턱대고 시청을 뒤져야만 했을 것이다. 일단 작업자들이 인쇄 자료로 된 청사진을 발견하면, 그들은 그 지역으로 그것을 가져가서 일일이 손으로 조사한 후 행동의 계획을 세울 것이다. 반대로, 새로운 시스템은 그 청사진들을 무선으로 현장에 있는 전담팀의 노트북으로 전송한다. 그리고 그들은 빠른 대응을 하기 위해서 우려되는 지역을 확대하거나 강조할 수 있을 것이다. 이러한 과정들은 응급 상황에 대응하는 시간들을 수 시간 감축시켜 준다.

데이터 관리에 따라서, 조직들은 그들의 데이터를 능률적이고 효과적으로 관리하기 위해 데이터베이스를 사용한다. 3.2절은 데이터베이스의 사용을 다룬다.

다음 절로 넘어가기 전에…

1. 데이터 관리와 관련된 어려움에는 무엇이 있는가?

2. 데이터 관리, 마스터 데이터, 거래 데이터를 정의하라.

개념 적용 3.1

학습목표 3.1 데이터 관리를 이용해서 해결할 수 있는 자료 관리의 공통적인 문제점을 논의한다.

1단계 – 배경(당신이 배워야 하는 것)

오늘날 우리가 생성하는 데이터의 양은 상상할 수 없을 정도다. EMC는 조직들이 그들의 데이터를 관리하는 것을 돕는 글로벌 회사이다. 최근에 이 회사는 '디지털 유니버스'가 정확히 얼마나 크고 어떻게 성장할지를 규명하는 연구를 지원했다. 이 연구에서 발견된 몇 가지 놀랄 만한 결과는 데이터의 급격한 성장과 가상 데이터 센터의 증가를 예견하고 있다. 지금도 그렇지만 향후에는 당신의 정보시스템을 당신 회사의 건물이 아닌 곳에 있는 데이터 센터에서 운영하는 것이 가능할 것이다.

2단계 – 활동(당신이 해야 하는 것)

'IDC Study: Digital Universe: Sponsored by EMC'라는 유튜브 비디오를 찾아보라. 물론 2011년도의 비디오기에 조금은 오래됐지만, 보여주는 콘셉트 자체는 유효하다. 이 5분짜리 동영상을 시청하고 변화 추세를 생각해보라. 구체적으로 IT 성장과 IT 분야에서 일하는 전문가 간의 차이, 그리고 보안이 안 되어 있거나 최소한의 보안만 되어 있는 데이터의 양을 고려해보라. 이제 당신의 부모님이 자영업을 한다고 가정해보라. 사업은 성공적이지만 직원과 고객을 위해 IT 서비스를 향상시켜야 한다는 압력 속에서 고군분투하고 있다. 과거에 안주하기보다는 미래를 향해 나아가는 것을 돕기 위해 당신은 어떤 말을 할 수 있는가?

당신의 부모님에게 향후 10년간 어떤 일들이 벌어질 것인지를 설명하는 이메일을 작성하라. 이 상황에서 발생할 수 있는 흔한 문제들에 대해 논의해보고, 데이터 관리로 이 문제들을 해결할 수 있는 방법을 찾아보라. 또한 이 비디오에서 배운 것을 통해 새로운 조직원을 채용할 때 어떤 자격 조건을 고려해야 하는지 답해보라. 또한 현 조직원들을 위해서는 어떤 훈련 프로그램이 필요한가?

3.2 데이터베이스 접근

초창기 컴퓨터를 비즈니스에 적용시켰을 때인 1950년대부터 1970년대 초반까지 조직은 그들의 데이터를 파일 관리 환경에서 관리하였다. 이 환경은 조직이 자동화 단계를 거치게 되면서 발전하게 되었다. 그러므로 이러한 시스템은 전체적인 계획 없이 독립적으로 발전한다. 각각의 응용 프로그램은 각자의 데이터를 필요로 하였고 이 데이터는 데이터 파일로 구성되었다.

데이터 파일(data file)은 연관된 기록에 대해서 논리적으로 결합된다. 그러므로 파일 관리 환경 내에서 각각의 응용 프로그램은 그 응용 프로그램에서 필요한 레코드를 모두 포함하고 있는 특정한 데이터 파일을 가지고 있다. 오랫동안 조직은 각 응용 프로그램이 그와 관련된 그리고 응용 프로그램에 특화된 데이터 파일로 이루어진 많은 응용 프로그램을 개발하였다.

예를 들어 이 상황을 당신에 관한 대부분의 정보가 저장되어 있는 대학교 중앙 데이터베이스와 연관시켜 생각해보자. 당신이 속한 클럽은 그 자체 파일을 갖고 있을 것이며, 운동 동아리에서도 별도의 파일을 보관하고 있을 것이고, 당신의 교사 또한 당신의 성적에 대해서 개인 컴퓨터에 보관하고 있을 것이다. 이 여러 개의 데이터베이스 중 한 데이터베이스에는 당신 이름의 철자가 틀리게 입력되어 있을 수도 있고, 마찬가지로, 당신이 이사하면 한 데이터베이스에는 당신의 주소가 옳게 갱신되기도 하지만 다른 파일에는 아닐 수도 있다.

데이터베이스의 사용은 파일 관리시스템과 같은 기존의 저장과 접근 방식에서 발생할 수 있는 많은 문제점을 제거한다. 데이터베이스는 모든 사용자가 모든 데이터에 접근할 수 있는 하나의 소프트웨어 프로그램 집합, 즉 데이터베이스 관리시스템으로 구성되어 있다. 이러한 시스템은 다음과 같은 문제점을 최소화한다.

- 데이터 중복 : 같은 데이터가 여러 곳에 저장되어 있다.
- 데이터 분리 : 한 응용 프로그램에 있는 데이터를 다른 응용 프로그램에서는 접근할 수 없다.
- 데이터 불일치 : 여러 종류의 데이터 복제가 일치하지 않는다.

추가로 데이터베이스시스템은 다음과 같은 이슈를 극대화한다.

- 데이터 보안 : 데이터가 한 데이터베이스에 다 저장되기 때문에 모든 데이터를 한 번에 잃어버릴 잠재적 위험이 존재한다. 그렇기 때문에 데이터베이스는 실수와 공격을 억제할 수 있는 극도의 높은 보안을 가동한다.
- 데이터 무결성 : 데이터는 일정한 제한조건을 만족해야 한다. 사회보장번호에는 알파벳 문자를 적을 수 없다.
- 데이터 독립성 : 응용 프로그램과 데이터는 독립적이다. 다시 말하자면, 데이터와 응용 프로그램은 서로 연결되어 있지 않으며 모든 응용 프로그램이 동일한 데이터에 접속한다.

그림 3.1에 주어진 그림은 대학교의 데이터베이스이다. 등록 사무실에서부터 회계부나 체육

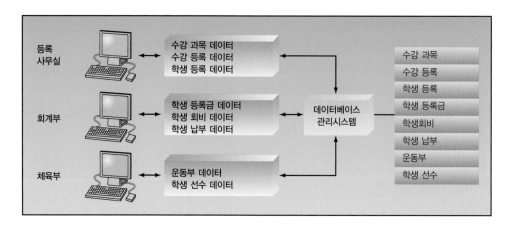

그림 3.1 데이터베이스 관리시스템 (DBMS)은 데이터 베이스 안의 모든 데이터에 대한 접근을 제공한다.

등록 사무실

수강 과목 데이터
수강 등록 데이터
학생 등록 데이터

회계부

학생 등록금 데이터
학생 회비 데이터
학생 납부 데이터

체육부

운동부 데이터
학생 선수 데이터

데이터베이스 관리시스템

수강 과목
수강 등록
학생 등록
학생 등록금
학생회비
학생 납부
운동부
학생 선수

부에 이르기까지 대학의 모든 응용 프로그램이 데이터 관리시스템을 통해 데이터에 접근한다. 비즈니스에서 IT 3.2에서 보다시피 구글의 지식 그래프는 데이터베이스의 흥미로운 예 중 하나이다.

비즈니스에서 IT 3.2

구글의 지식 그래프

어떤 사람이 구글에서 검색을 했을 때, 보통의 검색 결과들은 알고리즘을 통해서 이루어진다. 알고리즘들은 검색어의 본 의미와 정보를 찾기보다는 그와 관련된 검색어들의 결과를 찾는다. 구글 알고리즘들은 이전 검색들의 데이터를 참고하고 이전 검색자들이 얼마나 자주 그것을 검색했는지에 따라서 검색창에 입력된 어느 단어들이 중요한지 판단한다. 다음으로, 소프트웨어는 검색어와 관련된 정보를 담고 있는 웹사이트 목록에 접속한다. 마지막으로, 또 다른 계산이 검색자에게 어떤 순위로 검색 결과가 보여질지 결정한다.

구글의 지식 그래프는 구글 소프트웨어를 여러 정보, 사람, 장소 등 여러 가지 것들과 연결해주는 방대한 데이터베이스라고 말할 수 있다. 구글 지식 그래프의 목적은 구글의 미래 제품들이 사용자들과 그들이 선호하는 것을 완벽히 이해하기 위해 있는 것이다. 지식 그래프는 검색자들이 다른 사이트를 방문하고 정보를 정리할 필요 없이 한 번에 문의를 해결할 수 있도록 도와준다.

구글은 지식 그래프 프로젝트를 통해 2010년에 메타웹이 창업하면서 프로젝트를 시작했다. 당시 메타웹의 입력 건수는 1,200만 개에 불과했다. 하지만 오늘날 지식 그래프에는 180억 개의 링크를 담고 있는 6억 개가 넘는 입력 건수가 존재한다.

구글의 지식 그래프는 검색자의 검색어를 정교하게 분석하고 직접적으로 연관된 정보를 검색할 수 있도록 디자인되어 있다. 지식 그래프는 구글이 제공하는 링크 목록에 더하여 유용한 정보와 세부사항을 추가한다. 특정한 사람, 장소, 또는 아무것이나 검색하면 원래의 검색 결과에 더불어 정보상자가 나타난다. 하지만 지식 그래프는 아직도 전 검색 결과의 데이터를 이용하여 어느 정보가 가장 관련 있는지 판단한다.

지식 그래프의 활용은 단순히 정보를 검색하는 사람들을 도와주는 것을 뛰어넘는다. 예를 들어 구글은 유튜브와 지식 그래프를 통합하여 사용자들이 이전에 본 비디오를 바탕으로 추천 비디오를 주제별로 정렬하기도 한다. 또한 지식 그래프는 기사의 구체적인 내용들을 바탕으로 기사들을 추천하고

 연결해주기도 한다.

지식 그래프는 구글의 세계에 대한 이해를 대표하는 데이터베이스이기도 하다. 지식 그래프를 지도에 비유하는 것이 가장 적절하다. 지도라는 것을 만들기 위해서는 세계에 대한 데이터베이스를 만들어야하며, 많은 것들 중에 도로, 강, 그리고 나라들이 존재하고 있다는 것을 알아야 한다. 그러므로 지도는 물질적 세계의 구조물 같은 것이다.

지식 그래프는 이와 같이 아이디어와 상식의 세계의 구조물을 제공해준다. 예를 들어 구글의 지식 그래프에는 음식, 레시피, 제품, 철학과 사학에 관한 이론들, 유명인사 등 무수히 많은 항목이 존재한다. 이 항목들의 관계는 지식 그래프가, 예를 들어 이 두 사람이 결혼했다는 것, 이 장소가 이 나라 안에 위치해 있고, 이 사람이 이 영화에 출연한다는 등의 사실들을 판단하게끔 해준다.

구글이 문서들을 정렬하고 색인을 달면서, 각 문서가 무슨 내용을 담고 있는지 이해할 수 있다. 예를 들어 문서가 유명한 테니스 선수들에 관한 것이라면, 지식 그래프는 이것이 테니스와 스포츠에 관한 것임을 안다. 구글이 찾고 정리하고 색인을 다는 모든 정보는 지식 그래프의 콘텍스트 안에서 분석된다.

출처 : T. Simonite, "How a Database of the World's Knowledge Shapes Google's Future," *MIT Technology Review*, January 27, 2014; S. Perez, "Google's Knowledge Graph Now Being Used to Enhance Search Results," TechCrunch, January 22, 2014; A. Orlowski, "Google Stabs Wikipedia in the Front," *The Register*, January 13, 2014; G. Kohs, "Google's Knowledge Graph Boxes: Killing Wikipedia?" *Wikipediocracy*, January 6, 2014; J. Lee, "OK Google: 'The End of Search as We Know It'," *Search Engine Watch*, May 16, 2013; A. Isidoro, "Google's Knowledge Graph: One Step Closer to the Semantic Web?" eConsultancy, February 28, 2013; C. Newton, "How Google Is Taking the Knowledge Graph Global," *CNET*, December 14, 2012; T. Simonite, "Google's New Brain Could Have a Big Impact," *MIT Technology Review*, June 14, 2012.

질문

1. 관계형 데이터베이스의 정의와 연관 지어서, 지식 그래프는 어떻게 데이

데이터베이스는 방대한 양의 데이터를 담고 있다. 이 데이터는 완벽히 이해되고 활용되도록 계층구조로 정리된다.

데이터의 계층구조

데이터는 비트로 시작해서 데이터베이스에 이르기까지 계층적으로 조직되어 있다(그림 3.2 참조). **비트**(*binary digit*)는 컴퓨터가 처리할 수 있는 데이터의 가장 작은 단위를 대표한다. 2진법(binary)이라는 용어는 비트가 0 또는 1로 구성되기 때문이다. 8개의 비트로 이루어진 그룹을 **바이트**(byte)라고 부르며 하나의 철자를 표현한다. 바이트는 문자나, 숫자, 그리고 심벌이 될 수 있다. 문자의 논리적 그룹으로 만들어진 단어나 단어의 작은 모임, 식별 번호를 우리는 **필드**(field)라고 부른다. 예를 들어 대학교 컴퓨터 파일에 있는 학생의 이름은 name이라는 필드 안에 존재하고 그(녀)의 사회보장번호는 social security number라는 필드에 나타난다. 필드는 또한 문장이나 숫자들을 포함하고 있다. 필드에는 이미지나 다른 다양한 형태의 멀티미디어를 포함하고 있다. 예를 들어 교통부의 운전면허 데이터베이스에는 운전면허를 가진 사람의 사진을 포함하고 있다. 필드는 보안시설에 접근을 허가하기 위한 목소리 샘플도 포함한다.

관련된 필드(학생의 이름, 수강하는 과목, 데이터, 학점)의 논리적 모음을 **레코드**(record)라고 부른다. 애플의 아이튠즈 스토어에는 노래가 필드에 저장되어 있고 다른 필드에는 노래의 제목과 가격, 그리고 앨범에 대한 정보가 포함되어 있다. 관련된 레코드의 논리적 그룹을 **데이터 파일**(data file)이나 **테이블**(table)이라고 부른다. 예를 들어 학수번호, 교수, 학생의 성적으로 구성된 특정 과목의 레코드들이 그 과목을 위한 데이터 파일을 구성한다. 계층구조를 따라가보면 관련된 파일의 논리적 그룹이 데이터베이스를 구성한다. 같은 예를 사용하면, 과목 파일은 학생 개인 기록과 재무적 배경 파일과 합쳐져 학생 데이터베이스로 만들어진다. 다음 절에서는 관계형 데이터베이스 모델에 대하여 배우게 될 것이다.

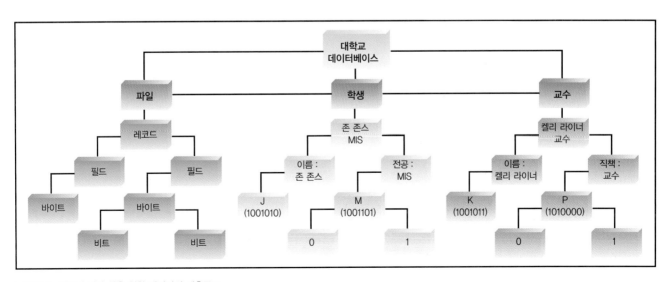

그림 3.2 컴퓨터 기반 삶을 위한 데이터의 계층구조

관계형 데이터베이스 모델

데이터베이스 관리시스템(database management systems, DBMS)은 사용자가 한 장소에서 데이터를 추가, 삭제, 접근, 수정, 분석할 수 있도록 해주는 프로그램의 집합이다. 조직은 DBMS의 질의나 보고 기능, 혹은 데이터에 접근하기 위해 특별히 만들어진 응용 프로그램을 사용해서 데이터에 접근한다. DBMS는 또한 저장된 데이터의 무결성을 유지하거나 보안과 사용자 접근을 관리하고 시스템에 오류가 생길 경우 복구시키는 기제를 제공한다. 데이터베이스와 DBMS는 모든 비즈니스 분야에서 필수적이기 때문에 매우 세심하게 관리되어야 한다.

많은 다른 형태의 데이터베이스 설계가 존재하지만 우리는 관계형 데이터베이스 모델에 집중할 것이다. 왜냐하면 이 구조가 많이 알려져 있고 쉽게 사용할 수 있기 때문이다. 다른 데이터베이스 모델의 경우(예 : 계층구조나 네트워크 모델)는 MIS 기능의 문제이고 조직 내 구성원 사이에서는 사용되지 않는다. 유명한 관계형 데이터베이스로는 마이크로소프트의 액세스와 오라클이 있다.

대부분의 비즈니스 데이터—특히 회계 재무에 관한 데이터—는 전통적으로 행과 열로 구성된 간단한 표를 통해 구성된다. 사람들은 표의 행과 열을 통해서 정보를 빠르게 비교할 수 있다. 또한 표를 통해 특정 행과 열의 교차점을 찾아 빠르게 정정할 수 있다.

관계형 데이터베이스 모델(relational database model)은 2차원의 표 개념을 기반으로 한다. 관계형 데이터베이스는 모든 기록과 특성을 포함하는 하나의 큰 표(보통 플랫 파일로 불린다)로 구성되지는 않는다. 이런 설계의 경우 너무 많이 중복된 데이터를 수반하게 되기 때문이다. 관계형 데이터베이스는 대신 많은 수의 연결된 표를 통해 설계된다. 각 표는 레코드(record, 행)와 속성(attribute, 열)으로 구성된다.

가치를 갖기 위해서 데이터베이스는 사용자가 원하는 데이터를 검색하고 분석하고 이해할 수 있게 구성되어야 한다. 효과적인 데이터베이스를 설계하기 위한 핵심은 **데이터 모델**(data model)이다. 데이터 모델은 데이터베이스에 있는 객체들과 그들의 관계에 대해서 다이어그램을 작성하는 것이다. **객체**(entity)는 사람, 장소, 물건 혹은 사건으로 이루어진다—고객, 직원, 제품과 같은 예가 있다. 이러한 정보들이 유지되기 위해서 객체는 사용자의 작업 환경에서 정확하게 식별할 수 있어야 한다. 일반적으로 레코드(record)를 통해서 객체를 표현한다. 객체 안의 **실례**(instance)는 특정하고 유일하게 객체를 대표해준다. 예를 들어 당신의 대학교 학생 데이터베이스에는 학생이라는 객체가 존재한다. 객체가 학생일 때, 실례는 특정 학생을 의미한다. 예를 들어 당신은 당신 대학의 학생 데이터베이스에서 학생 객체의 실례이다.

특정한 객체에 대한 각각의 특성과 특징을 **속성**(attribute)이라고 한다. 예를 들어 우리의 객체가 고객, 직원, 제품일 경우 객체의 속성은 고객의 이름, 직원번호, 제품 색을 말할 수 있다.

관계형 데이터베이스에 대한 예를 그림 3.3에 제시하였다. 보다시피, 표의 각 행은 하나의 학생 레코드와 대응한다. (당신의 대학교에도 당신에 대응하는 본인만의 행이 존재한다.) 이 표

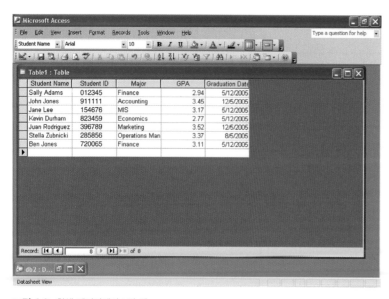

그림 3.3 학생 데이터베이스의 예

는 학생이라는 객체의 데이터를 포함하고 있다. 객체의 속성으로는 학생의 이름, 전공, 졸업학점, 그리고 졸업날짜가 있다. 행에는 Sally Adams, John Jones, Jane Lee, Kevin Durham, Juan Rodriguez, Stella Zubnicki, Ben Jones로 기록되어 있다. 당연히 당신의 대학에서는 이것보다 많은 양의 데이터를 다룰 것이다. 사실 당신의 대학에 있는 학생 데이터베이스의 경우 한 학생에 대해 아마도 수백 개의 속성을 유지하고 있을 것이다.

모든 파일 안의 레코드에는 적어도 복구하고 갱신하고 추출할 수 있는 하나의 고유한 식별자가 있어야 한다. 우리는 이러한 식별 필드를 **기본 키**(primary ke)라고 부른다. 예를 들어 미국 내의 대학에 등록된 학생은 고유의 학번을 기본 키로 가지고 있다. (주의 : 과거에는 사회보장번호를 학생들 레코드의 기본 키로 사용했다. 그러나 보안의 이유 때문에 이런 관행은 중지되었다.) Sally Adams 같은 경우에만 독특하게 학생 아이디인 012345로 식별되어 있는 것을 볼 수 있다.

몇몇 경우에는 특정 위치에 기록된 자료를 찾기 위해 2차 키를 활용하기도 한다. **2차 키**(secondary key)는 정보를 식별하기 위한 또 다른 필드로 이것만을 사용할 경우 정확한 정보를 찾기는 어렵다. 예를 들어 사용자가 모든 학생들 중에서 특정한 전공을 공부하는 학생을 찾고자 할 때 학생들의 전공은 2차 키에 해당하게 된다. 이런 경우 기본 키가 아닌 이유는 많은 학생들이 같은 전공을 공부하고 있기 때문이다. 그러므로 하나의 독립적인 학생을 식별할 수는 없다.

외부 키(foreign key)는 특정하게 다른 표의 행과 대응하는 어떤 표의 필드(또는 여러 필드들)를 뜻한다. 외부 키는 두 표의 연결고리를 만들고 실행하기 위해 활용된다.

조직들은 데이터를 효과적이고 효율적으로 관리하기 위해 데이터베이스를 적용한다. 여러 가지 작업이 데이터베이스에 실행될 수 있다.

이 장의 앞부분에서 말했듯이, 조직들은 방대한 양의 데이터를 관리해야 한다. 각 데이터는 구조화되고 비구조화된 데이터, 즉 빅데이터로 이루어져 있다(3.3절에서 논의됨). 빅데이터를 관리하기 위해서 많은 조직들은 특정한 종류의 데이터베이스를 사용하며, 이것 또한 3.3절에서 다루게 될 것이다.

조직은 그들의 데이터를 효율적이고 효과적으로 관리하기 위해 데이터베이스를 활용한다. 그러나 데이터베이스는 실시간으로 정보를 처리하기 때문에 모든 사용자에게 접근을 허가하는 것은 비실용적이다. 사용자가 보고 있는 동안에도 데이터는 변화할 것이기 때문이다. 그 결과, 사용자가 의사결정을 위해 데이터에 접근할 수 있도록 데이터 웨어하우스가 개발되었다. 데이터 웨어하우스에 대해서는 다음 절에서 배우게 될 것이다.

개념 적용 3.2

학습목표 3.2 관계형 데이터베이스의 장점과 단점을 논의한다.

1단계 – 배경

이 절은 당신을 관계형 데이터베이스의 장단점에 대하여 설명해주었다. 이 개념이야말로 당신이 문제를 통해 실제로 작업해보기까지는 이해하기 힘든 개념이다. 비록 데이터베이스 관리자가 될 사람은 매우 적겠지만, 데이터베이스가 어떻게 구축되고 관리되는지 이해하는 것은 도움이 된다. 이 활동은 당신에게 시나리오를 주고 당신이 방금 학습한 개념을 적용해볼 수 있도록 할 것이다. 이 과정을 통해 당신은 관계형 데이터베이스에

> **다음 절로 넘어가기 전에…**
>
> 1. 데이터 모델이란 무엇인가?
> 2. 기본 키는 무엇이며 2차 키는 무엇인가?
> 3. 객체란 무엇인가? 또한 속성이란 무엇인가?
> 4. 관계형 데이터베이스의 장점과 단점은 무엇인가?

관한 탄탄한 기본을 기를 수 있을 것이다.

2단계 – 활동

회사에서 현재 진행 중인 몇 개의 프로젝트를 맡은 코디네이터로서 당신의 모습을 상상해보라. 당신의 일 중 하나는 상업적 프로젝트, 직원, 그리고 각 프로젝트에 참가하는 직원들을 관리하는 것이다. 대부분 하나의 프로젝트는 복수의 조직 구성원으로 이루어지지만 어떤 조직 구성원은 1개의 프로젝트에도 속하지 않을 수 있다. 회사는 각 프로젝트에 대해서 반드시 프로젝트명, 설명, 위치, 추정 예산, 마감일자를 기록해야 한다.

각 직원들은 하나 이상의 프로젝트를 수행할 수 있고, 몇몇 직원의 경우 휴가 중이고 어떤 프로젝트에도 참여하지 않고 있을 수 있다. 프로젝트의 리더는 팀 구성원의 이름과 주소, 전화번호, 사회보장번호, 최종학력, 전문분야(IS, 회계, 마케팅, 금융) 등의 정보를 알고 있을 필요가 있다.

당신의 관리자는 당신에게 회사가 이 시나리오에서 설명된 정보를 관리하는 데 도움이 되도록 하는 데이터베이스에 대한 전체적인 장점과 단점을 설명한 보고서를 작성하도록 하였다. 당신은 최소한 데이터베이스에 포함될 정보의 구조를 설립하기 위해 각 표와 핵심적 요소들의 관계를 정의해야 한다.

3단계 – 과제

당신이 2단계에서 디자인한 관계형 데이터베이스 이용하여 이 데이터베이스의 장단점을 논하라. 이것은 회사에 어떤 이득을 줄 것인가? 어떤 추가적인 문제들이 생기겠는가?

3.3 빅데이터

우리는 다양한 원천에서 점점 빠른 속도로 데이터와 정보를 축적한다. 사실 조직은 거의 모든 이벤트에 대한—과거에는 기업들이 사람의 위치, 엔진의 진동과 온도, 다리 여러 곳의 응력과 같은 데이터로 생각하지 않았던 이벤트들을 포함하여—데이터를 수집하고 분석한다.

조직과 개인 모두 그동안 상상하지 못했던 방대한 양의 데이터가 급증하고 있다는 사실에 놀라고 있다. IDC 디지털 유니버스 연구에 따르면 매년 전 세계에서 1엑사바이트(1엑사바이트는 1조 테라바이트이다)의 데이터가 만들어진다. 이것뿐 아니라, 전 세계에서 생성되는 정보의 양은 매년 50%씩 증가하고 있다는 것이다. 이 장의 앞에서 논했던 바와 같이, 우리는 현대의 가능한 과다한 데이터를 빅데이터라고 한다. **빅데이터**(Big Data)는 기존의 데이터베이스 관리시스템으로는 관리하기 힘들 정도의 많고 복잡한 데이터의 모음이다.

우리는 데이터에 뒤덮여 있기 때문에 이를 이해하고 관리해야 한다. 이 성장과 디지털 데이터의 다양성을 이해하려면, 조직은 데이터 관리를 위한 섬세한 기술을 도입해야 한다.

중점적으로, 빅데이터는 예측에 대한 것이다. 예측은 컴퓨터를 사람처럼 '생각'하라고 '가르치'는 것이 아니다. 대신, 예측은 많은 양의 데이터에 확률을 추론하기 위해 수학을 적용하는 것으로부터 온다. 다음과 같은 예시를 생각해보라.

- 이메일 메시지가 스팸일 가능성
- 'the'를 'teh'라고 잘못 입력할 가능성
- 무단횡단하는 사람의 궤도와 속도가 제시간에 길을 건너서 다가오는 자동차가 조금만 천천히 와도 되는 가능성

빅데이터 시스템은 그들의 예측을 기반한 많은 양의 테이터를 포함하기 때문에 좋은 활약을 한다. 또한 이 시스템은 더 많은 데이터가 입력될수록 최선의 신호를 검색해서 그들 스스로 시간이 흐름에 따라 발전하도록 설정되어 있다.

빅데이터의 정의

빅데이터를 정의하기는 어렵다. 이 현상에 대해서 두 가지로 설명된다. 첫 번째, 기술 연구 회사 가트너(www.gartner.com)는 빅데이터를 의사결정을 하고, 통찰력을 발견하고, 처리를 최적화하게 하는, 새로운 종류의 처리 과정이 필요한, 다양하고 큰 용량의, 그리고 고속의 정보자산이라고 정의한다. 두 번째, 빅데이터 기관(TBDI, www.the-bigdatainsitute.com)은 빅데이터를 다음과 같은 방대한 데이터세트라고 정의한다.

- 여러 가지를 전시한다.
- 구조적, 비구조적, 반구조적 데이터를 포함한다.
- 불확실한 패턴으로 높은 속도로 만들어진다.
- 전통적, 구조적, 관계적 데이터베이스와 맞지 않는다.
- 합리적인 시간 안에 정교한 정보시스템으로 데이터를 수집하고, 처리하고, 변형하고, 분석할 수 있다.

빅데이터는 대부분 다음과 같은 것들로 구성된다.

- 전형적인 기업용 데이터 : 예를 들어 고객 관계 관리시스템으로부터 나오는 고객 정보, 거래용 전사적 자원 관리 데이터, 웹 스토어 거래, 총계정원장 데이터 등 여러 가지가 있다.
- 기계 생산/센서 데이터 : 예를 들어 스마트 미터(smart meter), 센서 생산, 스마트폰과 센서의 통합, 자동차, 비행기 엔진, 그리고 산업 기계, 장비 기록부, 거래시스템 데이터 등이 있다.
- 소셜 데이터 : 예를 들어 고객 피드백 의견, 트위터와 같은 마이크로블로깅 사이트들, 페이스북과 같은 소셜미디어 사이트, 유튜브, 링크드인 등이 있다.
- 디지털카메라와 전화기의 카메라부터 의료 스캐너와 무인카메라까지 세계적으로 위치하고 있는 기기들로부터 수집한 이미지들

빅데이터의 구체적인 예시를 보자.

- 2014년 구글은 27페타바이트 이상의 데이터를 매일 처리했다.
- 페이스북 회원들은 1,000만 장 이상의 새로운 사진을 매 시간 업로드한다. 추가로 그들이 '좋아요'를 클릭하거나 댓글을 다는 것은 매일 30억 번이다.
- 매달 8억 명의 구글 유튜브 사용자는 매초, 한 시간 이상의 영상을 업로드한다.
- 트위터에 남겨지는 메시지의 숫자는 매년 200%씩 증가한다. 2014년 중반 현재 매일 5억 5,000만 개 이상의 트윗이 남겨진다.
- 2000년에는 세계적으로 저장된 정보 중 단 25%만이 디지털이었다. 남은 75%는 종이, 필름, 비닐과 같은 곳에 저장된 아날로그였다. 2014년 현재 세계에서 저장된 정보 중 98% 이상이 디지털이고 2% 미만이 디지털이 아니다.

빅데이터의 특징

빅데이터는 세 가지 뚜렷한 특징이 있다—용량, 신속성, 종류. 이 특징은 전통적 데이터와 빅데이터를 구별 짓는다.

- **용량** : 우리는 이 장에서 믿기 힘들 정도의 용량을 가진 빅데이터를 보았다. 비전형적인 데이터보다 더욱더 많은 양으로 생산되는 기기 기반의 데이터에 대해 고려해보자. 예를 들어 특정한 제트 엔진의 센서는 30분 만에 10테라바이트의 데이터를 생산한다. 날마다 2만 5,000회의 비행을 통해 이 특정한 출처에서 나오는 방대한 양의 데이터는 놀라울 뿐이다. 스마트 전기 미터, 산업 장비 센서, 그리고 자동차의 텔레메트리(telemetry) 같은 것들도 용량 문제에 해당된다.
- **신속성** : 데이터가 조직에 유입되는 속도가 점점 빨라지고 있다. 신속성은 기업과 고객 사이의 피드백 루프의 속도를 증가시키기 때문에 아주 중요한 요소이다. 예를 들어 온라인 소매업체들은 인터넷과 모바일 기술을 통해 마지막 세일의 기록뿐만 아니라 고객과의 상호작용이 일어날 때마다 기록을 엮을 수 있다. 그 정보를 추가 구매를 추천할 때 이용하는 기업은 경쟁우위에 있을 수 있다.
- **종류** : 전형적인 데이터 포맷은 구조적이고 상대적으로 잘 묘사되어 있는 편이다. 전형적인 데이터의 예로는 금융 시장 데이터, 매장 거래 등 여러 가지가 있다. 반대로, 빅데이터의 포맷은 빠르게 변화한다. 빅데이터의 포맷으로는 위성 이미지, 방송 오디오 스트림, 디지털 음악 파일, 웹페이지 콘텐츠, 공문서, 그리고 소셜 네트워크의 댓글까지 포함된다.

그들의 원천, 구조, 포맷과 빈도에 상관없이 빅데이터는 가치가 있다. 만약 현재 아무 가치가 없는 특정한 타입의 데이터가 나타났다면, 그것은 우리가 아직 그들을 효과적으로 분석할 수 없기 때문이다. 예를 들면 몇 년 전 구글이 위성 이미지를 통해 거리의 장면을 수집하였고 무료로 지리적 데이터를 나누었고 몇몇 사람들은 그 가치를 이해하였다. 요즘, 우리는 이런 데이터가 믿을 수 없게 가치 있다는 것을 알아보게 되었는데, 이는 빅데이터 분석에 대해 높은 식견을 가졌기 때문이다. 우리는 분석론에 대해서 제5장에서 자세히 다룰 것이다.

빅데이터의 문제점

빅데이터의 큰 가치에도 불구하고 문제점들이 있다. 이 절에서는 데이터 완전성, 데이터 질, 마지막으로 중요한 분석의 차이를 보도록 하자.

- **빅데이터는 신뢰할 수 없는 원본에서 올 수 있다** : 위에서 이야기한 것과 같이, 빅데이터의 특징은 여러 곳, 넓은 곳에서 데이터를 얻는다는 의미의 '종류'가 있다. 이 원천은 조직의 내부 혹은 외부일 수 있다. 예를 들면 한 회사는 이메일, 콜센터 노트, 그리고 소셜미디어 포스트 같은 비구조적 원천의 데이터와 데이터 웨어하우스의 고객들과 관련된 구조적 정보의 데이터를 통합하기를 원한다. 여기서 질문은, 어떻게 외부에 얻은 데이터를 신뢰할 수 있는지다. 예를 들어 트윗은 얼마나 신뢰할 수 있는가? 데이터는 신뢰하지 못하는 곳에서부터 올 수 있다. 나아가 이러한 원천에 의해 발표되는 데이터 자체는 거짓일 수 있고 오해의 소지가 있을 수 있다.
- **빅데이터는 더럽다** : 더러운 데이터는 부정확하고, 불완전하고, 중복된 혹은 잘못된 데이터를 의미한다. 이런 문제점의 예를 들면 단어의 오타와 리트윗 혹은 언론사에서 소셜미디어에 수차례 나왔던 것을 다시 보도하는 의미의 중복된 데이터이다.

한 회사가 소셜미디어 데이터를 사용해서 경쟁분석을 하는 것에 관심 있다고 하자. 이 회사는 경쟁사의 제품이 소셜미디어에 얼마나 자주 나타나고 그 포스트에 관련된 사람들의 감정이 어떠한지 보고 싶다. 이 회사는 경쟁사와 관련된 긍정적 포스트가 당사의 긍정적 포스트의 2배에 달하는 것을 알아냈다. 이것은 단순히 경쟁사가 여러 원천에서 보도자료를 쏟아내는, 즉 자화자찬하는 경우일 수 있다. 대신에, 경쟁사는 소식을 리트윗해줄 많은 사람들을 얻을 수 있다.

- 데이터 스트림에서 빅데이터의 변화 : 데이터를 수집한 곳의 상황이 변할 수 있기 때문에 조직은 분석에서 데이터의 질은 변하거나 데이터 자체가 변할 수 있다는 것을 알고 있어야 한다. 예를 들어 공익 기업이 기상 데이터와 스마트 계량기 데이터를 분석하여 고객 전력 사용량을 분석한다고 상상해보자. 이 기업이 실시간으로 데이터를 분석하는 데 몇 개의 스마트 계량기에서 데이터를 놓쳤다면 어떻게 될 것인가?

빅데이터의 관리

빅데이터는 과거에 하지 못했던 많은 것들을 가능하게 한다. 예를 들면 비즈니스 동향을 좀 더 빠르게 알아볼 수 있고, 질병을 막을 수 있고, 범죄를 추적할 수 있다. 제대로 분석된다면, 기존에는 너무 많은 작업시간이 필요해 알아내지 못했던 가치 있는 패턴과 정보를 밝힐 수 있다. 월마트나 구글과 같은 선도 기업은 큰 비용으로 몇 년간 빅데이터를 처리할 수 있었다. 최근의 하드웨어, 클라우드 컴퓨팅과 오픈소스 소프트웨어는 많은 조직에게 저렴한 가격으로 빅데이터를 처리할 수 있게 하였다.

많은 조직이 빅데이터를 관리하게 하는 첫 번째 단계는 정보 저장탑을 데이터베이스 환경으로 통합하고 데이터 웨어하우스를 의사결정할 수 있게 발전시키는 것이다. (정보 저장탑은 조직 내부의 관련된 다른 정보시스템과 소통하지 않는 정보시스템이다.) 이 단계를 마친 후에, 많은 조직들은 정보 관리의 비즈니스로 관심을 돌렸다. 최근에 오라클, IBM, 마이크로소프트, SAP는 데이터 관리와 비즈니스 인텔리전스를 전문화하기 위해 소프트웨어 회사를 매입하는 데 수억 달러를 투자하였다. (비즈니스 인텔리전스는 제5장에서 더 배우게 될 것이다.)

또한 많은 조직들은 빅데이터를 처리하기 위해 NoSQL 데이터베이스[SQL뿐만 아니라 (구조화된 질의어) 데이터베이스라고 생각하라]로 옮겨 갔다. 이 데이터베이스는 관계형 데이터베이스의 열과 행에 깔끔하게 들어맞는 전통적, 구조적 데이터를 포함한 더 많고 어려운 종류의 데이터를 가진 기업에게 대안을 제공한다.

이 장에서 본 것과 같이, 오라클과 MySQL과 같은 전통적 관계형 데이터베이스는 열과 행으로 정리된 테이블에 데이터를 저장한다. 행은 특별한 기록과 관련되어 있고 열은 그 계정의 결과를 정의하는 분야와 관련이 있다.

반대로, NoSQL 데이터베이스는 구조적, 비구조적 데이터, 그리고 일관성이 없거나 손실된 자료에서 모두 쓸 수 있다. 이 이유로 NoSQL 데이터베이스는 특히 빅데이터와 작업할 때 사용된다. 카산드라(http://cassandra.apache.org), 카우치DB(http://couchdb.apache.org), 몽고DB(www.mongodb.org), 하둡(http://hadoop.apache.org)을 포함한 많은 제품들이 NoSQL 데이터베이스를 활용한다. '비즈니스에서 IT 3.3'은 NoSQL 데이터베이스 선도 벤더인 몽고DB를 다루고 있다.

메트라이프 월

1868년에 설립된 메트로폴리탄 생명보험회사(MetLife, www.metlife.com)는 60개국 9,000만 명의 고객을 보유한 세계에서 가장 큰 보험, 연금, 직원 복리후생 프로그램 제공기관이다. 수년간 매입, 새 상품, 그리

고 여러 가지 소프트웨어 배치를 통해 메트라이프는 서로 소통할 수 있게 하는 70개의 소프트웨어 시스템과 함께 680억 달러 규모의 회사로 성장하였다. 문제를 심각하게 하자면, 각각의 시스템은 각자의 데이터베이스를 가지고 있다. 이런 문제점은 메트라이프가 보험 계약자들과 소통하기 어렵게 만들었다. 예를 들면 고객 서비스 상담원은 자동차 보험을 든 고객이 항상 장애 보험과 함께 했는지 알 수가 없다.

메트라이프는 분리된 시스템과 데이터베이스를 통합하기를 사람들에게 많이 의존했다. 고객 서비스 상담원과 보험연구자들은 고객의 질문에 대응할 때 모든 데이터와 문서를 모으기 위해 여러 응용 프로그램과 40개의 스크린을 사용해야 했다. 이 과정은 직원의 생산성과 고객의 만족도를 모두 감소시켰다. 메트라이프는 연금을 포함한 여러 종류의 보험을 제공하기 때문에 회사가 고객들의 통일되고 합병된 견해를 개발하는 것은 결정적이었다.

이 과업을 이루기 위해, 메트라이프는 문서 중심 NoSQL 데이터베이스인 몽고DB로 바꾸어 모든 연관된 고객 데이터를 하나의 스크린으로 통합하였다. 메트라이프는 이 프로젝트를 페이스북 월에서 영감을 받아 메트라이프 월이라고 불렀다. 월을 배치하면서 메트라이프 상담원들은 더 이상 사방으로 흩어진 다른 보험 상품들을 보며 보험증권자들을 찾지 않아도 된다. 메트라이프 월은 다른 원천의 고객 데이터를 통합하여 상담원들이 고객의 과거, 회사와의 대화내용, 보험 파일과 지급, 그리고 여러 보험 증권—모두 하

나의 단순한 시간표에—을 볼 수 있도록 하였다. 상담원들은 한 번의 클릭으로 데이터에 접근할 수 있고 문제점들을 더 효과적으로 해결하고 고객들이 회사에 대해 느끼는 것들을 빠르게 평가할 수 있게 되었다. 메트라이프 월은 고객의 만족도를 상당히 향상시켰다. 2013년 4월 회사가 제한적으로 착수한 이후로, 미국과 유럽의 1,000명 이상의 고객 서비스 상담원과 보험 연구자들은 메트라이프의 월을 성공적으로 사용하였다.

메트라이프 월에 추가적으로, 2개의 다른 응용 프로그램에서도 메트라이프는 몽고DB를 사용한다. 첫 번째는 인원채용 사이트에서 이력서를 저장하여 워드 파일이나 PDF로 저장하는 것보다 더 쉽게 분석할 수 있다. 다음으로, 메트라이프는 고객과 직면하는 모바일 앱을 사용하여 고객들이 문서, 영상, 사진이나 다른 내용들을 업로드하여 특정 날짜에 선택된 개인들과 공유할 수 있도록 했다. 예를 들면 보험 증권 계약자가 사망하면 수혜자에게 생명보험 증서 접근이 가능하도록 한다.

출처 : "5 Lessons Learned from the MetLife Wall," *inetpost.mobi*, May 1, 2014; J. Alserver, "Technology Is the Best Policy," *Fortune*, November 18, 2013; J. Alsever, "At MetLife, Technology Is the Best Policy," *CNN Money*, October 31, 2013; K. Nicole, "MetLife's Big Data Revolution," *Forbes*, October 11, 2013; D. Henschen, "When NoSQL Makes Sense," *InformationWeek*, October 7, 2013; D. Harris, "The Promise of Better Data Has MetLife Investing $300 M in New Tech," *GigaOM*, May 7, 2013; www.metlife.com, accessed February 27, 2014.

질문

1. 메트라이프 월을 시행하기 전에 메트라이프가 고객 데이터로 경험했던 문제들을 설명하라.

2. 어떻게 이 문제들이 발생했는지 설명하라.

빅데이터의 사용

조직은 빅데이터를 관리해야 하고 그것을 통해 가치를 창출해야 한다. 이를 위한 여러 가지 방법이 있다.

빅데이터를 가능하게 하라. 빅데이터를 관련된 주주들에게 이용 가능하게 하면 조직이 가치를 창출하도록 도와준다. 예를 들어 공공부문의 오픈 데이터를 생각해보라. 오픈 데이터는 개인과 조직들이 새로운 비즈니스를 만들고 복잡한 문제들을 해결하는 데 사용하도록 접근을 허용하는 공용 데이터이다. 특히 정부 기관들은 빅데이터를 포함한 아주 많은 양의 데이터를 수집한다. 데이터를 이용 가능하게 하는 것은 경제적 이점을 제공한다. 뉴욕대학교 정부실험실의 개방 데이터 500 연구는 정부의 오픈 데이터를 분석하고 의존하는 비즈니스 모델을 가진 미국 기업들의 500개 예시를 찾아냈다.

조직이 실험하게 하라. 빅데이터는 조직이 통제된 실험을 통해 수행능력을 향상시킬 수 있게 한다. 예를 들면 아마존(그리고 구글과 링크드인과 같은 많은 다른 기업들)은 웹사이트를 미세하게 다르게 '보이게' 하여 지속적인 실험을 한다. 각각의 실험은 단 2개의 가능한 결과만 있기 때문에 A/B 실험이라고 한다. 실험은 다음과 같이 진행된다—Amazon.com을 클릭하는 수백

수천 명의 사람들은 한 버전의 웹사이트만 보고, 다른 수백 수천 명의 사람들은 다른 버전만 보게 된다. 하나의 실험으로 웹사이트에서 '구매하기' 버튼을 다른 장소로 이동시킨다. 다른 변화로는 웹페이지의 특정 폰트의 사이즈를 바꾼다. (아마존은 실제로 웹페이지를 평가할 때 수백의 A/B 실험을 실행한다.) 아마존은 모든 클릭에서부터 사용자가 어떤 페이지를 방문했는지, 각각의 페이지에서 얼마 동안 시간을 보냈는지, 그 클릭이 구매로 연결이 되었는지를 포함한 변수의 분류를 통해 데이터를 수집한다. 그 후 아마존은 웹사이트의 모든 데이터를 분석하고 수정하여 사용자에게 최적의 경험을 제공한다.

고객의 미세 분할 기업의 고객 분할은 하나 혹은 그 이상의 특성을 공유하는 그룹으로 나누는 것을 의미한다. 미세 분할은 단순히 고객을 아주 작은 그룹 혹은 개인 단계까지 나누는 것을 뜻한다.

예를 들어 페이트로닉스 시스템스(www.paytronix.com)는 충성심과 보상 프로그램 소프트웨어를 수천 개의 다른 레스토랑에 제공한다. 페이트로닉스는 충성심과 선물 프로그램을 넘어 소셜미디어 외의 여러 가지 원천으로부터 레스토랑 고객 데이터를 수집한다. 페이트로닉스는 이 빅데이터를 분석하여 레스토랑 고객을 미세 분할하도록 도움을 준다. 레스토랑 관리자들은 그들의 충성심과 선물 프로그램을 좀 더 정밀하게 원하는 대로 만들 수 있게 된다. 이렇게 함으로써 레스토랑의 수익성과 고객 만족의 면에서 관리자들의 실적이 향상된다.

새로운 비즈니스 모델의 생성 기업들은 빅데이터를 사용해서 새로운 비즈니스 모델을 만들 수 있다. 예를 들어 상업 운송 기업은 크고 긴 트럭의 큰 함대를 가동시켰다. 이 회사는 최근 모든 트럭에 센서를 부착하였다. 텔레매틱스라고 불리는 이 과정은 센서가 무선으로 많은 양의 정보를 회사와 소통하는 데 사용된다. 센서는 차량의 사용량(가속, 제동, 코너링 등), 운전사 실적과 차량 정비에 대한 데이터를 수집한다.

빅데이터를 분석하면서, 운송 기업은 근 실시간분석을 통해 적극적인 예방 정비를 통해 트럭의 상태를 개선할 수 있었다. 또한 이 회사는 운전자들의 운전스타일을 분석함으로써 운전 기술을 개선할 수 있었다.

운송 기업은 빅데이터를 보험업자가 이용 가능하도록 했다. 이 데이터를 사용하면서 보험업자는 운전자의 행동과 트럭의 상태에 따른 위험분석을 통하여 좀 더 명확한 평가를 할 수 있게 되었다. 보험업자는 이 운송 기업에게 프리미엄을 10% 낮춰 새로운 가격 모델을 제공하였다.

조직은 더 많은 데이터를 분석할 수 있다 조직은 더 이상 표본에 의지하지 않고, 특정 현상에 대한 모든 데이터를 처리할 수 있다. 무작위 표본으로도 잘 되지만, 모든 데이터세트를 분석하는 것만큼 효과적이지 못하다. 또한 무작위 표본은 기본적 약점이 있다. 시작하자면, 표본 데이터를 추출할 때 이의 정확도는 무작위성이 확보되어야 한다. 하지만 이런 무작위성을 성취해내는 데는 문제점이 존재한다. 데이터를 수집하는 과정에서 체계적 편차가 매우 부정확한 결과의 원인이 될 수 있다. 예를 들어 유선 전화를 통한 정치 여론 조사를 생각해보라. 이 표본은 휴내 전화만 사용하는 사람들을 제외시키기 쉽다. 휴대전화만 사용하는 사람들은 주로 유선 전화에 의존하는 사람들에 비해 대부분 젊고 보다 진보적인 사람들이기 때문에 이 편차는 결과를 심각하게 왜곡할 수 있다.

┌─────────────────────────────
│ **다음 절로** 넘어가기 전에…
│ ─────────────────────────
│ 1. 빅데이터를 정의하라.
│ 2. 빅데이터의 특징을 설명하라.
│ 3. 어떻게 기업들이 빅데이터를 사용해서 경쟁우위를 얻을 수 있는
│   지 설명하라.
└─────────────────────────────

 개념 적용 3.3

학습목표 3.3 빅데이터를 정의하고 기본적인 특징을 논의한다.

1단계 – 배경

이 절은 계속 진행 중인 비즈니스들이 방대한 양의 정보에 접근하는 현상으로 빅데이터를 묘사하였다. 빅데이터 현상을 현실로 만드는 주요 성분은 용량, 신속성, 종류이다. 이 성분들은 3.2절에 설명되어 있다.

2단계 – 활동

TIBCO는 고객과 벤더를 상호적으로 매력적인 방법으로 함께 화합해서 실시간 이벤트 처리 소프트웨어 플랫폼을 제공하는 회사이다. 이는 방대한 양의 데이터(용량)를 실시간(신속성)으로, 여러 원천(종류)에서 사용하여 고객에게 해결책을 제시한다. 유튜브에 가서 2개의 영상을 검색해보라—'Deliver Personalized Retail Experiences Using Big Data', 그리고 'Harnessing Big Data and Social Media to Engage Customers'—이는 모두 'TIBCOSoftware'라는 작성자가 만든 것이다. 영상을 볼 때, 앞에서 나온 세 가지 성분을 유의하며 보라.

3단계 – 과제

2단계에서 언급된 영상 중 하나를 골라서 평론하라. 당신의 평론에 빅데이터를 정의하고, 영상과 연관된 기본 특성을 논의하라. 당신의 평론을 교수님께 제출하라.

3.4 데이터 웨어하우스와 데이터 마트

성공한 기업들 대부분은 시장 변화와 기회에 아주 빨리, 그리고 유연하게 적응하는 능력이 있다. 경영자와 분석가들의 효과적인 데이터와 정보 사용이 이러한 능력의 핵심이다. 정보와 데이터 사용을 위해서 반드시 필요한 것은, 기업 데이터가 어떻게 경영자에게 효과적으로 제공되어 경영자들이 좋은 의사결정을 하도록 도와줄 수 있는가 하는 것이다. 사례를 보도록 하자. 서점의 경영자가 중고 서적의 이익률을 알고 싶으면, SQL이나 QBE를 이용하여 데이터베이스에 접속하고 관련 데이터를 분석하면 된다. 그러나 서점 경영자가 지난 10년간의 중고 서적 이익률을 알고 싶다면, 이익률 계산에 적합하게 새로 구성하기 위해 매우 복잡한 방법으로 데이터를 검색해야 한다.

이 사례는 왜 기업들이 데이터 웨어하우스와 데이터 마트를 구축하려고 하는지를 설명하고 있다. 첫째, 서점의 데이터베이스는 경영자가 필요로 하는 정보를 가지고 있지만, 필요한 정보를 손쉽게 발견하기 어려운 형태로 구축되어 있다. 둘째, 기업 데이터베이스는 하루에도 수백만 개의 질의를 처리해야 한다. 따라서 복잡한 데이터 검색 질의를 처리하려면 시간이 오래 걸릴 뿐만 아니라 데이터베이스의 성능 역시 저하된다. 셋째, 일반적인 업무용 데이터베이스는 많은 시간을 데이터 갱신에 사용한다. 데이터 웨어하우스와 데이터 마트는 읽기 전용이어서, 데이터 갱신을 위해 시간과 컴퓨팅 파워를 소모하지 않아도 된다. 넷째, 일반적인 업무용 데이터베이스는 한 번에 1개의 레코드를 검색한다. 반면 데이터 웨어하우스는 한 번에 여러 개의 레코드를 검색할 수 있다.

많은 기업에서는 일반적인 업무용 데이터베이스가 갖는 문제점들을 해결하기 위해 데이터베이스 및 데이터 마트와 관련된 다양한 도구를 사용하여 좀 더 빠르고 쉽게 데이터를 사용자

들에게 제공한다. 제5장의 비즈니스 인텔리전스(Business Intelligence, BI)에서 이에 대해 학습한다.

데이터 웨어하우스와 데이터 마트란 무엇인가?

일반적으로 데이터 웨어하우스와 데이터 마트는 비즈니스 인텔리전스를 지원한다. 비즈니스 인텔리전스는 넓은 영역의 애플리케이션과 기술들을 포괄하며, 기업 사용자들이 더 나은 의사결정을 할 수 있도록 데이터를 저장하고, 검색하며, 분석할 수 있는 기능을 제공한다. **데이터 웨어하우스**(data warehouse)는 기업 내 의사결정자에게 필요한 과거 데이터의 저장고이다.

데이터 웨어하우스의 가격은 매우 비싸기 때문에 주로 큰 기업에서만 사용한다. **데이터 마트**(data mart)는 기업 내 부서 혹은 전략 사업 단위에서 사용할 수 있도록 데이터 웨어하우스의 규모를 축소한 것으로 상대적으로 저렴한 비용에 구매할 수 있다. 데이터 마트는 데이터 웨어하우스보다 더 빠른 시간 내에, 일반적으로 90일 내에 구축할 수 있다. 더구나 데이터 마트는 사용자들에게 데이터 관리에 관련된 대부분의 권한을 부여한다. 일반적으로 하나 혹은 소수의 비즈니스 인텔리전스 애플리케이션이 필요한 기업들은 데이터 웨어하우스보다 데이터 마트를 사용한다.

데이터 웨어하우스와 데이터 마트의 기본적 특성은 다음과 같다.

- **업무 차원 혹은 주제별로 조직화됨** 데이터는 주제(예 : 고객, 판매자, 제품, 가격 수준, 지역)별로 조직화된다. 이러한 데이터 조직화는 업무용 데이터베이스가 일반적으로 주문 입력, 재고 관리, 외상 매출 계정 등 업무 처리 순서에 따라 조직화되는 것과는 다른 방식이다.

- **온라인 분석 처리**(online analytical processing, OLAP)가 가능함 일반적으로 기업 데이터베이스는 업무 처리를 위해 구성된다. 이러한 데이터베이스는 온라인 트랜잭션 프로세싱(online transaction processing, OLTP) 기능을 사용하여 처리할 업무가 발생하는 순간에 필요한 데이터 작업을 수행한다. 이러한 데이터베이스의 목표는 인터넷을 기반으로 하는 업무 운용에 중요한 속도와 효율 달성이다. 데이터 웨어하우스와 데이터 마트는 OLTP를 지원하도록 설계된 것이 아니라, OLAP를 이용하여 의사결정자를 지원하기 위하여 설계되었다. OLAP는 최종 사용자에 의해 축적된 데이터를 처리하는 기능을 제공한다. 제5장에서 OLAP에 대해 더 자세히 다룰 것이다.

- **통합** 다양한 시스템을 통하여 수집된 데이터가 주제별로 통합된다. 예를 들어 기업 내·외부 시스템으로부터 수집된 고객 데이터는 고객에 대한 식별자 중심으로 통합되어 고객에 대한 포괄적 정보를 제공한다.

- **다양한 시간대의 데이터** 데이터 웨어하우스와 데이터 마트는 과거 데이터(즉 시간을 중요한 데이터 분류 기준으로 삼는다)를 보관하고 있다. 업무 처리 시스템의 경우 지난 주 혹은 지난 달 데이터와 같은 최신 데이터를 저장하고 있는 반면, 데이터 웨어하우스 혹은 데이터 마트는 몇 년에 걸친 데이터를 보관한다. 장기간에 걸친 관계의 변화나 추세 등을 발견하기 위해서는 과거 데이터가 필요하다.

- **비휘발성** 데이터 웨어하우스와 데이터 마트에 저장되어 있는 데이터에 대해서는 권한을 부여받은 사람 이외에는 절대로 내용을 변경하거나 새로운 데이터로 교체할 수 없다. 비휘발성을 통해 데이터 웨어하우스 혹은 마트는 추세 분석에 필수적인 과거 상황을 반영한 데이터를 보유하게 된다. 웨어하우스와 마트는 일정하게 규정된 방식에 의해서만 갱신된다.

- **다차원성** 데이터 웨어하우스나 마트는 일반적으로 다차원적인 데이터 구조를 갖추고 있

다. 관계형 데이터베이스의 경우는 열과 행이라는 두 차원을 가지고 있는 반면, 데이터 웨어하우스와 마트는 2개 이상의 차원을 이용하여 데이터를 저장한다. 이 때문에 데이터가 **다차원구조**(multidimensional structure)로 저장되었다고 말한다. 다차원구조로 저장된 데이터를 공통적으로 표현하는 용어가 데이터 큐브(data cube)이다.

데이터 웨어하우스나 마트의 데이터는 비즈니스 차원을 이용하여 저장된다. 비즈니스 차원은 데이터 큐브의 모서리를 의미하는 것으로 제품, 지역, 시간 등으로 구성된다. 데이터 큐브의 예로 그림 3.6을 미리 보면, 제품 차원은 암나사, 나사못, 볼트, 와서 등으로 구성되며, 지역 차원은 동, 서, 중앙으로 구성된다. 시간 차원은 2012, 2013, 2014년으로 구성된다. 사용자들은 데이터를 이러한 비즈니스 차원에서 구분하고 분석하게 된다. 이러한 분석은 직관적으로 이루어지는데, 그 이유는 사용자가 쉽게 이해할 수 있는 비즈니스 용어를 이용하여 차원이 구성되었기 때문이다.

일반적인 데이터 웨어하우스 환경

데이터 웨어하우스와 마트의 이용 환경은 다음과 같다.

- 데이터 웨어하우스와 마트에 데이터를 공급하는 원자료시스템
- 데이터를 사용할 수 있도록 만들어주는 데이터 통합 기술 및 절차
- 조직의 데이터 웨어하우스 혹은 데이터 마트에 데이터를 저장하기 위한 다양한 데이터 구조
- 다양한 사용자들을 위한 다양한 도구 및 애플리케이션(제5장에서 이러한 도구와 애플리케이션에 대해 학습한다.)
- 웨어하우스 혹은 마트가 사용자의 요구를 충족시킬 수 있도록 하는 메타데이터, 데이터 품질, 데이터 관리 절차

그림 3.4는 일반적인 데이터 웨어하우스/데이터 마트 사용 환경을 보여주고 있다. 각 부분에 대해 자세히 살펴보자.

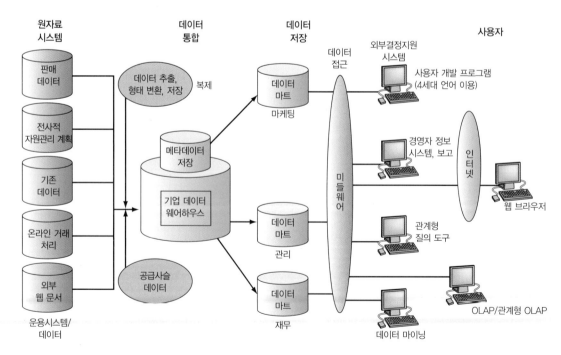

그림 3.4 데이터 웨어하우스 프레임워크

(a) 2012년			(b) 2013년			(c) 2014년		
제품	지역	판매량	제품	지역	판매량	제품	지역	판매량
암나사	동	50	암나사	동	60	암나사	동	70
암나사	서	60	암나사	서	70	암나사	서	80
암나사	중앙	100	암나사	중앙	110	암나사	중앙	120
나사	동	40	나사	동	50	나사	동	60
나사	서	70	나사	서	80	나사	서	90
나사	중앙	80	나사	중앙	90	나사	중앙	100
볼트	동	90	볼트	동	100	볼트	동	110
볼트	서	120	볼트	서	130	볼트	서	140
볼트	중앙	140	볼트	중앙	150	볼트	중앙	160
와셔	동	20	와셔	동	30	와셔	동	40
와셔	서	10	와셔	서	20	와셔	서	30
와셔	중앙	30	와셔	중앙	40	와셔	중앙	50

그림 3.5 관계형 데이터베이스

원자료시스템 일반적으로 대부분의 기업들은 BI 능력 개발이 필요한 '조직 내 문제', 즉 비즈니스 니즈를 가지고 있다. 이러한 문제는 정보에 대한 요구, BI 응용 및 원자료시스템(source system)에 대한 요구로 이어진다. 데이터 마트의 경우에서와 같이 데이터에 대한 요구가 하나의 원자료시스템만을 필요로 하는 경우도 있고, 기업의 데이터 웨어하우스에서와 같이 수백 개의 원자료시스템을 요구하는 경우도 있다.

다양한 원자료시스템이 사용될 수 있는데, 여기에는 운용/처리 시스템, 전사적 자원 관리시스템, 웹 데이터, 제3자 데이터(소비자에 대한 인구 데이터) 등이 포함된다. 최근 추세에 따르면 더 다양한 데이터 형태, 이를테면 RFID 데이터 등도 포함한다. 이러한 원자료시스템은 다양한 소프트웨어 패키지(예 : IBM, 오라클)를 이용하며 다양한 데이터 형태(예 : 관계형, 계층형)로 저장된다.

데이터 웨어하우스에 저장되는 대부분의 데이터 원천은 관계형 데이터베이스 형태를 가지는 기업의 운용 데이터베이스이다. 관계형 데이터베이스와 다차원 데이터 웨어하우스 혹은 마트 간의 차이점을 알아보기 위하여, 어떤 회사에서 네 가지 제품(암나사, 나사못, 볼트, 와셔)을 세 지역(동, 서, 중앙)에서 지난 3년간(2012, 2013, 2014년) 판매했다고 가정하자. 관계형 데이터베이스로 이를 표현하면 그림 3.5(a), (b), (c)와 같다. 다차원 데이터베이스로 이를 표현하면 그림 3.6과 같이 3차원 행렬(혹은 데이터 큐브)로 표현된다. 이 행렬에서 기업의 판매는 제품, 지역, 연도의 차원으로 표현된다. 그림 3.5(a)에서는 2012년의 판매만을 볼 수 있다. 3.5(b)와 3.5(c)에서는 2013년과 2014년의 매출을 볼 수 있다. 그림 3.7(a), (b), (c)는 관계형과 다차원 데이터베이스가 같은 데이터를 다루고 있음을 보여준다.

많은 원자료시스템은 '잘못된 데이터(예 : 정확하지 않은 데이터 혹은 데이터 일부 분실)'를 보유하며 문서화가 제대로 되지 않은 상태에서 수년간 사용되고 있다. 그래서 데이터 웨어하우스 과제를 시작할 때 데이터를 보다 정확하게 이해하기 위하여 데이터 수집 소프트웨어를 이용할 필요가 있다. 예를 들어 데이터 수집 소프트웨어는 분실된 데이터에 관한 통계, 기본 키와 외부 키 후보 확인, 파생된 값이 어떻게 구성되었는지(예 : 열 3＝열 1＋열 2) 등에 관한 정보를 제공한다. 주요 영역의 데이터베이스 전문가(예 : 마케팅, 인사 관리)들은 원자료시스템에 있는 데이터에 대한 이해 증진에 도움을 줄 수 있다.

또 다른 원자료시스템의 문제 역시 반드시 해결되어야 한다. 같은 데이터를 저장하고 있는 시스템이 여러 개여서 그중 가장 좋은 시스템을 원자료시스템으로 선택해야 할 경우가 있다.

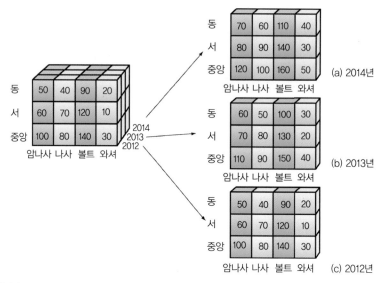

그림 3.6 데이터 큐브

개별 데이터의 세밀성 역시 결정할 필요가 있다. 예를 들어 매일의 판매 금액 데이터가 필요한지 아니면 상품 개별 판매 금액 데이터가 필요한지를 결정할 필요가 있다. 이에 대해서는 일반적으로 가장 자주 필요한 수준의 데이터 형태로 저장하는 것이 좋다고 알려져 있다.

데이터 통합 데이터 마트나 웨어하우스에 데이터를 저장하기 위해서는 원자료시스템에서 데이터를 끄집어내어 변환시킬 필요가 있다. 이러한 작업을 ETL이라고 부르는데, 원자료시스템 데이터를 다루는 방법이 증가하면서 이를 표현하기에 적합한 데이터 통합이라는 표현이 더 많

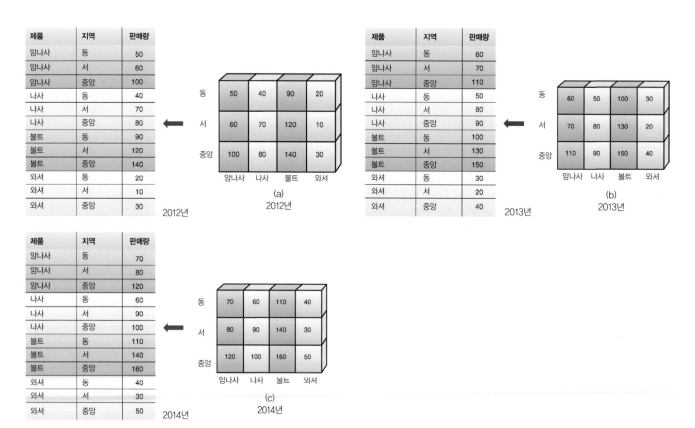

그림 3.7 데이터 큐브

이 쓰인다. 예를 들어 어떤 경우에는 데이터가 추출(extract)되어 마트나 웨어하우스에 저장 (load)된 후 형태 변환(transform)이 일어나기도 한다(즉 ETL이 아닌 ELT가 발생하기도 한다).

데이터 추출은 SQL 질의와 같은 직접 작성한 프로그램을 통해 이루어지기도 하고, 데이터 통합 소프트웨어에 의해 이루어지기도 한다. 대부분의 회사에서는 상용 소프트웨어를 사용한다. 상용 소프트웨어를 사용하면 추출된 데이터를 마트나 웨어하우스로 이동시키거나 데이터 형태 변환 등이 상대적으로 용이하다.

데이터 변환은 데이터 사용을 보다 쉽게 하기 위해 사용된다. 예를 들어 서로 다른 시스템에 저장되어 있는 데이터들은 소비자 식별 번호와 같은 공통키를 이용하여 통합될 수 있다. 이러한 방법은 고객과 360도 차원에서 상호작용하기 위한 고객 데이터 관리를 위해 자주 사용된다. 예를 들어 은행을 생각해보자. 고객은 은행을 이용하기 위하여 지점 방문, 온라인 은행 이용, ATM 사용, 자동차 담보 대출 등 다양한 방법을 사용할 수 있다. 이러한 고객과의 접점들(기업이 고객과 상호작용하기 위해 사용하는 다양한 방법을 의미하며 이메일, 웹, 대면 접촉, 전화 접속 등을 포함)은 서로 분리되어 운용된다. 고객이 어떻게 은행을 사용하는지를 충분히 이해하기 위해서는 데이터 마트나 웨어하우스와 같은 다양한 원자료시스템에 저장되어 있는 데이터들을 통합할 필요가 있다.

다른 형태의 변환 역시 가능하다. 예를 들어 성별을 나타내기 위해 0과 1, 혹은 M과 F 대신 여성, 남성이라는 표현이 쓰일 수 있다. 데이터 집적 역시 수행될 수 있다. 예를 들어 판매의 경우 각 시기별 매출보다 일정한 시기 동안의 모든 매출에 대한 데이터가 필요할 수 있다. 데이터 세척(cleansing) 소프트웨어는 중복된 데이터를 제거하는 데 사용된다.

데이터는 지정된 시간에 웨어하우스 혹은 마트에 저장된다. 기업들이 새로운 데이터를 원함에 따라 새로운 데이터를 저장하는 시간 간격은 갈수록 짧아지고 있다. 최근 들어 많은 기업들이 원자료시스템에서 데이터를 즉시 웨어하우스 혹은 마트에 저장하는 실시간 데이터 웨어하우징 방법을 사용하고 있다. 예를 들어 월마트에서 소비자가 상품을 구매하면 15분 내에 판매에 관련된 자세한 내용들이 웨어하우스에 저장되고, 언제든지 분석을 위해 사용할 수 있게 된다.

데이터 저장 의사결정에 도움을 주는 데이터는 다양한 형태로 저장된다. 가장 많이 사용되는 형태는 데이터 마트 없이 하나의 중앙집중형 전사적 데이터 웨어하우스 구축이다. 대부분의 조직에서는 이러한 접근법을 사용하는데, 이러한 형태로 구축될 경우 모든 사용자들에게 접근이 가능하고, 단 하나의 올바른 데이터를 확보할 수 있기 때문이다.

또 다른 형태는 독립적 데이터 마트이다. 이 접근법을 사용할 경우 재무, 마케팅 등 개별적인 용도에 맞추어 데이터가 저장된다. 이 접근법을 사용할 경우 단점은 다른 목적에 필요한 데이터가 있을 경우 어떻게 데이터를 획득할지에 대한 고려가 부족하고, 기업 전체 사용자의 데이터 사용이 제한된다는 점 등이다. 이 접근법은 매우 목적 지향적인 데이터 저장 방법이다.

이러한 접근법을 매우 좋은 접근법이라고 할 수는 없다. 이러한 접근법은 조직의 특별한 니즈를 충족시킬 수 있지만, 데이터 관리에 대한 전사적 접근법으로는 문제가 있다. 실제 기업에서는 기업 내 다양한 부서에서 각 부서에 적합한 독립적 데이터 마트를 구축한다. 그런데 이러한 방법을 쓰는 경우 마트의 구축이나 유지를 위한 비용이 많이 드는 반면, 종종 마트 간에 불일치하는 데이터를 보유하는 경우도 발생한다. 예를 들어 특정 데이터에 대해 일치하지 않는 정의(예 : 고객이란 무엇인가? 특정 고객이 현재의 고객인가 잠재적 고객인가?), 상이한 원자료시스템 사용(예 : 고객 주소와 같이 동일해야 하는 데이터에 대해 서로 다른 주소를 보유하는 경우) 등의 문제가 발생할 수 있다. 독립적 데이터 마트를 실제 기업에서 많이 사용하고 있지만,

최근 들어 대기업일수록 데이터 웨어하우스 방법을 쓰기 시작했다.

데이터 웨어하우스의 또 다른 형태로 거점 데이터 운영 방식(hub and spoke)이 있다. 이 형태에서 데이터는 중앙 데이터 웨어하우스에 저장됨과 동시에 부서별 데이터 마트에도 저장된다. 부서별 데이터 마트는 중앙 데이터 웨어하우스에 저장되어 있는 데이터의 일부를 목적에 맞추어 복제하여 저장한다. 이러한 부서별 데이터 웨어하우스는 중앙 데이터 웨어하우스의 데이터를 그대로 복제하여 저장하기 때문에 기업 입장에서는 하나의 올바른 데이터를 보유한다는 장점을 누릴 수 있다.

부서별 데이터 웨어하우스는 사용 목적에 맞게, 그리고 요구된 데이터 추출시간에 적합하도록 구성된다. 앞서 논의된 바와 같이, 사용자는 필요한 비즈니스 차원을 선정하고 그 관점에서 데이터를 구성하고 분석할 수 있다. 이러한 분석은 직관적으로 이루어지는데, 그 이유는 데이터를 구분하는 차원이 비즈니스 용어로 표현되어 사용자들도 이해하기 쉽기 때문이다.

메타데이터 데이터 웨어하우스에서 데이터에 대한 데이터[메타데이터(meta data)]를 잘 관리하는 것은 매우 중요하다. 데이터 웨어하우스를 관리하고 운용하는 IT 부서 조직 구성원이나 웨어하우스 데이터를 사용하는 사용자 모두 메타데이터가 필요하다. IT 부서 조직 구성원은 데이터 원자료, 데이터베이스, 테이블, 그리고 열 명칭, 데이터 갱신 주기, 데이터 사용량 통계 등에 관한 정보를 필요로 한다. 사용자는 데이터 정의, 데이터 추출 도구에 관한 정보는 물론 어디에 데이터가 저장되어 있는지, 그리고 도움을 요청할 수 있는 전문가에 대한 정보 등을 필요로 한다.

데이터 품질 데이터 웨어하우스에서 데이터 품질은 반드시 사용자의 니즈에 상응해 유지되어야 한다. 그렇지 못할 경우 데이터에 대한 신뢰는 생기지 않을 것이고 결국 사용되지 않게 된다. 많은 기업들은 원자료시스템에 있는 데이터 품질이 열악함을 발견하기 때문에, 데이터 웨어하우스에 저장되기 전에 데이터 품질을 개선하기 위해 많은 노력을 기울인다. 일부 기업에서는 데이터 세척 소프트웨어를 이용하여 데이터 품질을 개선하기도 한다. 장기적으로는 원자료시스템에 저장되어 있는 데이터 품질을 개선하는 것이 더욱 중요하다. 이 경우에는 데이터에 대한 저작권을 가지고 있는 사람이 데이터 품질 개선을 위해 필요한 데이터 갱신에 책임을 질 필요가 있다.

데이터 품질 개선이 왜 필요한지를 설명하기 위해, 큰 호텔 체인에서 호텔 홍보를 위하여 체크인 과정에서 우편번호 데이터를 모으는 상황을 가정하자. 우편번호를 다 모아 놓고 보니, 우편번호의 대부분이 99999로 되어 있는 것을 발견하였다. 왜 이런 일이 발생했는지를 고민해보면, 체크인 담당자가 고객에게 우편번호를 물어보지 않고 그저 고객 등록을 완료하기 위해 숫자를 입력한 경우를 생각할 수 있다. 단기적 해법은 주(state)명과 도시명을 이용해 홍보를 하는 것이다. 장기적 해법은 체크인 담당자에게 실제 우편번호를 모두 입력하도록 하는 방법이다. 후자의 경우 호텔 지배인은 체크인 담당자가 정확한 데이터를 입력하도록 해야 한다.

관리 체계 BI가 조직의 니즈를 만족시킬 수 있도록 하기 위하여, BI 행위를 통제할 수 있는 적절한 관리 체계(governance) 수립이 필요하다. 이를 위해서는 사람, 위원회, 그리고 통제 과정 수립 등이 필요하다. 효과적인 BI 관리 체계를 보유하고 있는 기업은 중역들로 구성된 위원회에서 (1) 비즈니스 전략과 BI 전략 간에 조화가 이루어지고 있는지, (2) BI 업무에 우선순위가 부여되고 있는지, (3) BI 업무에 우선석으로 자원이 투입되는지를 관리한다. 또한 기업의 중간계층 경영자들로 구성된 위원회에서 BI에 관련된 다양한 과제를 검토하고, 해당 과제들이 효과적이고 효율적으로 완료되는지를 관리한다. 하위 계층의 조직 구성원들로 구성된 위원회에서는 데이터 정의 및 데이터 문제를 해결하는 업무를 수행한다. 이러한 위원회들이 주어진 과제를 잘 해결하기 위해서는 비즈니스 부서와 IT 부서 조직 구성원들 간의 조화와 협조가 필요하다.

사용자 데이터가 데이터 웨어하우스나 마트에 일단 저장되면, 사용자들의 접근이 가능하다. 이러한 접근은 BI로부터 비즈니스 가치를 얻도록 하는 출발점이다.

잠재적 BI 사용자들은 매우 광범위한데, IT 개발자, 일선 업무 노동자, 분석가, 정보 노동자, 중간 경영자와 중역, 공급 사업자, 고객, 규제 당국 등을 모두 포함한다. 이러한 사용자들 중 일부는 다른 사용자를 위해 정보를 생성하는 **정보 생산자**이다. IT 개발자와 분석가가 이런 분류에 속한다. 반면에 어떤 사용자들은 정보 소비자 역할을 하게 되는데, 중간 경영자 및 중역들이 포함된다. 이는 이들이 다른 사람에 의해 **생산된 정보**를 이용하여 업무를 수행하는 역할을 하기 때문이다.

기업들은 지금까지 매우 많은 데이터 웨어하우스 성공 사례를 보고하고 있다. 예를 들어 NCR의 웹사이트(www.ncr.com)나 오라클의 웹사이트(www.oracle.com)를 방문하면 자사의 사례와 고객사의 성공 사례를 발견할 수 있다. 보다 세부적인 정보는 데이터 웨어하우스 연구소(http://tdwi.org)에서 발견할 수 있다. 데이터 웨어하우스를 통한 이점은 다음과 같다.

- 데이터가 한 곳에 저장되어 있기 때문에 최종 사용자들은 웹브라우저를 통하여 아주 쉽고 빠르게 데이터에 접근할 수 있다.
- 데이터 웨어하우스가 있기 전에는 불가능하던 광범위한 데이터 분석이 가능하다.
- 최종 사용자가 조직의 전체적인 데이터가 어떻게 구성되어 있는지를 알 수 있다.

이러한 이점은 기업의 업무 흐름을 원활하게 할 뿐만 아니라 비즈니스에 관련된 지식 증대, 고객에 대한 서비스 및 만족도 증대, 의사결정 촉진 등이 가능하도록 한다. '비즈니스에서 IT 3.4'는 데이터 웨어하우스가 스칸디나비아의 노디어 은행에 가져온 이점이 무엇인지를 보여준다.

데이터 웨어하우스 구축에 따라 많은 이점이 생길 수도 있지만 한편으로는 문제점도 발생한다. 첫째, 구축 및 유지보수에 많은 비용이 소요된다. 둘째, 기존 시스템으로부터 데이터를 끄집어내어 데이터 웨어하우스에 저장하는 작업은 어렵고 비용도 많이 소요된다. 마지막으로 한 부서의 사람들은 다른 부서의 사람들과 데이터를 공유하길 꺼린다.

비즈니스에서 IT 3.4

데이터 웨어하우스가 노디어 은행에게 보여주는 진실의 단면

유럽 전역의 금융기관들은 2008년 세계 금융위기로 인하여 만들어진 재정법에 따르기 위해서 데이터 관리시스템을 개선해야 한다. 은행들은 전 세계 정부 당국들이 만든 여러 개의 규제를 따라야 한다. 이 규제들은 은행들이 얼마큼의 자금을 갖고 있고 리스크를 어떻게 보고하는지 알리도록 요구한다.

유럽에서 이 규제들은 자본비율에 영향을 미치는 바젤 III(Basel III)를 포함하고 유럽 중앙은행은 MFI 3를 통해 더 빠르고 구체적인 재무보고를 요구하며 유럽 은행 당국은 새로운 재무보고를 Finrep과 협의해서 개발한다. 동시에, 2010년 미국에서는 해외 금융 계좌 신고법이 통과되어, 당국에 있는 은행들의 재무보고의 중요성을 더욱 부각시켰다.

새로운 규제들은 지속되는 비즈니스 문제들과 함께 데이터를 노디어 은행 AB(www.nordea.com)의 계획에 옮겨 넣었다. 결과적으로 은행은 데이터

웨어하우스를 개발했다.

스웨덴 스톡홀름에 본부를 둔 노디어는 '북유럽의 가장 큰 금융 그룹'을 광고문구로 내세웠다. 비록 이 기관은 기역사를 갖고 있지만, 최신 조직은 노르웨이, 스웨덴, 덴마크, 핀란드의 주요 은행들이 자본과 영업 활동들을 합병

© halbergman/iStockphoto

했을 때 만들어졌다. 오늘날 노디어는 19개국에 1,400개의 지점을 갖고 있다. 고객망에는 1,000만 명의 민간 고객과 60만 명의 기업 고객이 포함된다. 기업에서는 또한 600만 명이 넘는 고객을 갖고 있는 인터넷 뱅킹 서비스를 실행하고 있다.

노디어의 금융 그룹은 1억 유로의 예산으로 데이터 웨어하우스 프로젝트를 실행하기로 했다. 이 프로젝트는 그룹 자체가 데이터와 데이터 관리 과정들을 '소유'하고 있기 때문에 금융 그룹을 통해서 관리되었다. 프로젝트는 두 가지 우선적인 목표가 있다. 첫째는 고객 서비스를 개선하는 것, 둘째는 모든 관련된 규제들을 따르는 것이다.

말했듯이, 노디어는 각각 레거시 정보시스템을 갖고 있는, 4개의 독립적인 금융기관의 합병으로 만들어졌다. (레거시 시스템은 다운 가능한 업그레이드된 버전 대신 구형 정보시스템 또는 응용 소프트웨어를 뜻한다.) 노디어의 데이터는 현지에서 수동적으로 관리되었고, 스프레드시트를 통해 보관되었다. 이 시스템은 현대 글로벌 은행시스템과는 맞지 않았다.

이 데이터 관리 문제들로 인하여 데이터 웨어하우스의 가장 중요한 원칙은 진실의 단면을 보여주는 것이었다. 금융팀은 지역과 업무 기능별로 변수들을 비교하기 위한 공통 데이터 정의와 마스터 데이터를 개발할 수 있었다. 스톡홀름을 거점으로, 데이터 웨어하우스는 70억 개가 넘는 기록을 포함한 11테라바이트의 데이터를 보관하고 있다.

노디어는 아주 인상적인 결과를 낳을 정도로 데이터 웨어하우스를 효율적으로 배치하였다. 보고된 리드타임들은 8일에서 4일로 줄어들었다. 이 과정은 은행이 저비용으로 빠르고 정확하게 분석을 할 수 있게 하였다. 모든 매니저와 금융감독원은 같은 포맷, 같은 시간에 지점들의 성적을 보고받는다. 그들은 고객 한 명, 계정 하나, 그리고 제품 데이터까지 모두 일관된 출처에서 찾을 수 있다.

데이터 웨어하우스를 통해 노디어는 고객 관리 매니저들을 위한 고객 수익성 앱을 개발할 수 있었다. 매니저들이 고객들과 만날 때, 그들은 여러 데이터베이스에서 데이터를 수집하는 과정을 겪지 않고 빠르게 준비할 수 있다.

현재 금융 상황은 은행들에게 법률 준수를 더욱 강조한다. 하지만 동시에 이 기관들은 기업 실적을 내기 위해 기회들을 잡아야 한다. 은행들끼리 서로 데이터를 일관되고 균등하게 공유한다면 법률 준수 비용을 줄이고 이로써 자본을 다른 영역에 배분할 수 있다.

출처 : "Nordea Builds on a Financial Data Warehouse," *TechandFinance.com*, October 27, 2013; R. Nielsen, "Nordea's 'One Platfrom:' Business Value with a Financial Data Warehouse," *Teradata Conference and Expo*, October, 2013; L. Clark, "European Banks Pull Data Together for Buisiness and Legal Compliance," *Computer Weekly Europe*, September, 2013; L. Clark, "European Banks Raise Data Management Game in Response to New Regulations," *Computer Weekly Europe*, September, 2013; P. Swabey, "Nordea Prepares for Wave of Regulation with New Data Warehouse," *Information Age*, April 15, 2013; www.nordea.com, accessed February 27, 2014.

질문

1. 이 예시 이외에 데이터웨어하우스를 통해 노디어 은행이 얻을 수 있는 이익은 무엇인가?

2. 은행 데이터 관리에 빅데이터를 적용하는 것에 대해 노디어 은행에 무엇을 추천하고 싶은가?

다음 절로 넘어가기 전에…

1. 데이터 웨어하우스와 마트를 구분하라.

2. 데이터 웨어하우스의 특징을 설명하라.

3. 기업에서 데이터 웨어하우스와 데이터 마트를 위해 사용 가능한 세 가지 형태는 무엇인가?

개념 적용 3.4

학습목표 3.4 데이터 웨어하우스를 성공적으로 도입하고 유지하는 데 필요한 요소들을 설명한다.

1단계 – 배경

3.2절은 빅데이터를 정의하는 여러 요소를 설명하였다. 이 비슷한 요소들은 조직들이 효과적으로 데이터 마트와 데이터 웨어하우스를 사용하기 위해 필요한 것들이다. 그림 3.4는 이러한 내용들을 설명한다. 의료 산업 자체는 산업으로서 상업적, 도덕적, 법적 이유들로 인해 집중화되지 못했다. 하지만 중앙 집중화된 데이터 웨어하우스로 인한 의료 산업의 전체적 영향은 상상할 수 없다.

2단계 – 활동

http://www.wiley.com/go/rainer/MIS3e/applytheconcept에 접속하여 *WIRED* 매거진 2014년 3월 6일에 실린 기사인 'Gadgets like Fitbit Are Remaking How Doctors Treat You'를 읽어보라. 기사에서 보았듯이, 아직 아무도 의료 데이터 웨어하우스를 만들지 못했지만, 그것을 만들기 위해 필요한 몇 개의 요소는 존재한다. ('웨어하우스'라는 단어는 사용되지 않지만, 응용될 수 있는 콘셉트이다.) 또한 기사는 실시간 데이터 이용에 집중하지만, 이런 종류의 데이터를 수년간 데이터웨어하우스에 엮으면 나올 수 있는 가능성에 대해 생각해보라.

3단계 – 과제

데이터 웨어하우스를 이행하고 유지하기 위해 필요한 환경적 요소를 이해한다는 것을 보여주기 위해, 데이터가 5년 후의 것이라고 가정해보자. 'Data from Gadgets like Fitbit Remade How Doctors Treated Us(Fitbit과 같은 장치들의 데이터가 의사들의 진찰방법을 바꾸다)'라는 제목의 기사를 작성하라. 기사에서는 필요한 모든 환경적 요소가 존재한다고 가정해보라. 과거 5년 전(즉 현재)과 지금(미래의 5년 후)에서 달라진 환경 요인들을 서술하고 제대로 된 환경 요소들이 섞여서 어떻게 발전하고 무엇이 창조되었는지 써라.

이 활동에는 어떠한 맞고 틀린 답은 없다는 것을 알아두어라. 목표는 당신이 데이터 웨어하우스의 성공적 이행을 위해 필요한 환경적 요소를 찾아내는 것이다. 의료 관련 예시는 이 과제를 해결하기 위한 플랫폼일 뿐이다.

3.5 지식경영

이미 언급된 바와 같이 데이터와 정보는 매우 중요한 조직 자산이다. 지식 역시 매우 중요한 자산이다. 성공적인 기업가는 항상 지적 자산을 활용할 줄 알고 그 가치를 인지하고 있다. 그러나 이러한 노력은 기계적으로 이루어지는 것이 아닐 뿐만 아니라 항상 지식이 공유되고 조직 전체에 퍼져 나가는 것을 보장하지도 못한다. 더구나 산업 분석가들은 기업이 보유하고 있는 대부분의 지식들이 관계형 데이터베이스에 저장될 수 없는 형태인 것으로 예상하고 있다. 그보다는 이메일, 문서, 엑셀, 그리고 개인용 컴퓨터를 통한 프레젠테이션 등을 통해 전달되는 것으로 판단하고 있다. 이러한 특징은 기업들이 지식에 접근하고 통합하는 작업을 극히 어렵게 한다. 이로 인해 기업들은 덜 효과적인 의사결정을 하게 된다.

개념과 정의

지식경영(knowledge management, KM)은 비정형 형태의 조직 메모리를 구성하는 중요한 지식을 조직 차원에서 관리하는 과정을 의미한다. 조직의 성공적인 운영을 위해서는 조직 자본의 한 형태인 지식이 조직 구성원들 간에 교환될 수 있는 상태로 존재해야 한다. 그리고 그러한 지식을 통해 새로운 지식을 창출할 수 있어야 한다.

지식 정보기술 관점에서 지식(knowledge)은 데이터(data) 및 정보(information)와 구별된다. 제1장에서 논의된 바와 같이, 데이터는 객관적 사실, 측정된 내용, 그리고 통계 등을 의미한다. 정보는 데이터를 일정한 목적을 가지고 조직화한 것을 의미한다. 지식은 정보 중 특정 상황과 연계되어 유용한 형태인 것을 의미한다. 즉 지식은 행동을 수반하는 정보를 말한다. **지적 자산** (intellectual capital)은 지식을 표현하는 다른 용어이다.

예를 들어 대학교에서 한 학기 동안 개설되는 교과목들에 대한 목록은 데이터다. 학기 등록을 하였을 때, 교과목 목록 중 일부를 선택하여 한 학기 동안의 수강 계획을 세우게 된다. 이때 수강 계획이 정보다. 이 과정에서 학업 계획, 전공 분야, 희망하는 사회적 계획, 교수진의 특성들을 고려하게 되는데 이러한 것들이 지식이다. 왜냐하면 이런 사항들이 한 학기 동안 수강 계획을 수립하는 데 영향을 미치기 때문이다. 이런 사항들에 대한 자각은 수강 신청이라는 특정한 상황에 관련(최적의 수강 계획 수립에 사용)되어 있을 뿐만 아니라 유용(수강 계획 변경에 사용)하다. 이는 지식이라는 것이 경험에 관련된 것이고 특정 상황에서 정보와 구별되는 요인들을 반영한다는 것을 보여준다. 즉 정보와 달리 지식은 문제 해결에 사용된다.

수많은 이론과 모델에서 지식의 유형을 구분하고 있다. 여기서는 암묵지와 형식지의 구분에 대해서만 초점을 맞춘다.

형식지와 암묵지 **형식지**(explicit knowledge)는 객관적이고 이성적이며 기술적인 지식을 포함한다. 조직에서 형식지는 기업의 정책, 업무 수행 순서, 보고서, 제품, 전략, 목표, 핵심 경쟁력과 IT 인프라에 해당한다. 다르게 표현하면, 형식지는 업무 절차나 전략을 다른 사람에게 전달하기 쉽게 문서화된 지식을 의미한다. 인력관리정책 차원에서 취업 지원서를 어떻게 처리하는지에 대한 내용이 형식지이다.

반면에, **암묵지**(tacit knowledge)는 주관적이거나 경험을 통한 학습으로 인해 쌓인 지식을 지칭한다. 조직에서 암묵지는 조직의 경험, 통찰력, 전문적 기술, 노하우, 거래 비밀, 이해, 학습 등에 해당한다. 조직 구성원 혹은 조직 내 업무 처리와 관련된 과거와 현재의 경험을 반영하는 조직 문화 역시 포함된다. 암묵지는 일반적으로 부정확하고 전달에 많은 비용(시간, 화폐 등)이 소요된다. 또한 암묵지는 매우 개인적인 것이다. 마지막으로 암묵지는 정형화되어 있지 않기 때문에 형식지에 비해 부호화하기 어려운 특징을 가지고 있다. 특정 고객들과 오랫동안 거래해 온 판매원은 특정 고객의 니즈를 매우 잘 알기 때문에, 이러한 고객들과 거래를 할 때는 그 고객들에 대한 광범위한 암묵지를 활용한다. 암묵지는 일반적으로 기록되지 않은 형태로 남아 있다. 실제 판매원이 개별 고객에 대한 느낌을 글로 쓰기는 어려울 것이다.

지식경영시스템

지식경영의 목표는 조직이 보유하고 있는 지식을 효과적으로 사용하게 하는 데 있다. 전통적으로 경영정보시스템은 형식지를 기록하고, 저장하고, 관리하는 데 초점을 맞추어 왔다. 최근 들어 수많은 조직이 그들의 정보시스템에서 형식지와 암묵지를 통합하여 관리할 필요성을 느끼고 있다. **지식경영시스템**(knowledge management system, KMS)은 인터넷, 인트라넷(intranet), 엑스트라넷(extranet), 데이터베이스와 같은 현대 정보기술을 이용하여 기업 내, 기업 간 지식경영을 촉진하는 시스템을 의미한다. 지식경영시스템은 조직 구성원들의 전문지식을 조직 구성원들이 공유할 수 있게 함으로써 조직 구성원의 퇴직이나 다운사이징 등에서 발생하는 문제를 최소화하기 위해 제시되었다.

조직은 지식경영시스템을 통해 다양한 이익을 획득할 수 있다. 가장 중요한 것은 조직 구성원들 간에 매우 효과적이고 효율적인 방법으로 업무를 처리하는 방식인 **베스트프랙티스**(best practice)를 공유할 수 있다는 것이다. 베스트프랙티스를 공유하는 데 보다 개선된 방법이 제공됨에 따라 조직의 성과 역시 증대된다. 예를 들어 회계 관리자들은 큰 계정을 다루는 가장 좋은 방법에 대한 암묵지를 쉽게 공유할 수 있다. 조직에서는 이러한 지식을 신입 사원 교육에 이용할 수 있다. 이로 인해 발생할 수 있는 또 다른 이득으로 고객에 대한 서비스 개선, 보다 효과적인 제품 개발, 조직 구성원의 근무 환경 개선 등을 들 수 있다.

그러나 지식경영시스템 도입을 위해 몇 가지 장애 요인이 해결되어야 한다. 첫째, 조직 구성원들이 자신이 보유하고 있는 암묵지를 기꺼이 공유하고자 하는 마음이 있어야 한다. 이러한 마음을 갖게 하기 위해서, 조직에서는 지식경영 문화를 창출해야 함과 동시에 자신의 지식을 조직의 지식저장고에 저장할 때 보상을 해줄 수 있는 체계를 구축해야 한다. 둘째, 지식저장고에는 항상 새로운 지식이 저장될 수 있도록 관리되어야 한다. 새로운 지식은 첨가되어야 하고, 오래된 지식은 제거되어야 한다. 마지막으로, 기업은 이러한 지식경영이 가능하도록 자원을 투입해야 한다.

지식경영시스템 이용 과정

지식경영시스템은 6단계에 걸쳐 지식경영을 수행한다(그림 3.8 참조). 기능이 순환적으로 진행

그림 3.8 지식경영시스템 이용 과정

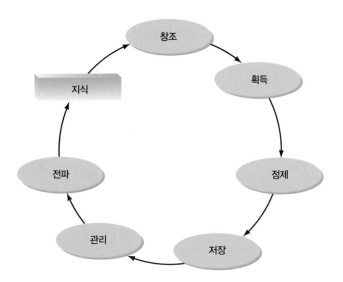

되는 이유는 지식이 시간이 흐르면서 지속적으로 정제되기 때문이다. 효과적인 지식경영시스템에 저장되어 있는 지식은 절대 현재의 형태로 완결되지 않는데, 그 이유는 환경이 변화함에 따라 관련된 지식 역시 지속적으로 변화하기 때문이다. 순환 과정은 다음과 같다.

1. **지식 창조(create)** : 지식은 사람들이 무엇인가를 하는 새로운 방식을 만들어내거나 노하우를 개발하면 창조된다. 때때로 외부의 지식과 융합하여 새로운 지식을 창출하기도 한다.
2. **지식 획득(capture)** : 새로운 지식에 대한 가치가 인정되면 적절한 방법으로 표현되어야 한다.
3. **지식 정제(refine)** : 새로운 지식은 행위로 이어질 수 있도록 적용 조건이 명확해야 한다. 이는 사람의 통찰력과 같은 암묵지가 반드시 형식지로 표현될 수 있어야 한다는 것을 의미한다.
4. **지식 저장(store)** : 유용한 지식은 조직 내 다른 사람들이 이용할 수 있도록 지식 저장고에 적절한 형태로 저장될 수 있어야 한다.
5. **지식 관리(manage)** : 도서관과 같이 지식은 항상 새로운 환경을 반영해야 한다. 새로운 환경 변화를 정확하게 반영하기 위해 지식은 주기적으로 갱신되어야 한다.
6. **지식 전파(disseminate)** : 지식을 필요로 하는 조직 구성원들이 언제 어디서든 지식을 사용할 수 있어야 한다.

개념 적용 3.5

학습목표 3.5 조직에 지식경영시스템을 도입하는 것의 이점과 어려운 점을 설명한다.

1단계 – 배경

이미 본문에서 언급되었지만, 조직 내에서 데이터는 발견되고, 보관되고, 분석되며, 공유되어서 새로운 지식이 생성된다. 이 지식은 사람들이 새롭게 해석하고 최신의 리포트를 이용해 이해하면서 프레젠테이션이나 회의를 할 때 소개되고, 이메일을 통해서 전달되는 등 여러 방법을 통해 사람들에게 전해진다. 많은 조직체들이 직면하는 문제는 바로 너무나 방대한 양의 지식이 생성되고 공유되지만 그것을 중심적으로 저장하고 검색할 수 있는 포맷이 없다는 것이다.

> **다음 절로 넘어가기 전에…**
>
> 1. 지식경영이란 무엇인가?
> 2. 형식지와 암묵지의 차이는 무엇인가?
> 3. 지식경영시스템의 순환 과정을 설명하라.

http://www.wiley.com/go/rainer/MIS3e/applytheconcept에 접속하여 이 절에 해당하는 링크를 클릭하면 2개의 유튜브 비디오를 볼 수 있을 것이다. 바로 'Ken Porter'라는 작성자가 만든 'Discover What You Know'라는 비디오와 'usnowfilm'이 만든 'Lee Bryant—Knowledge Management'라는 비디오이다. 이 비디오는 각각 조직체 내에서의 지식의 중요성, 그리고 그것이 알맞은 사람과 알맞은 때에 공유되어야만 제대로 선택을 할 수 있다고 설명하고 있다.

3단계 – 과제

기업이 지식 관리시스템을 시행할 때 일어날 수 있는 문제들에 대해 간단하게 설명해보라. 여기서 몇 개는 기술적인 문제이고 몇 개는 사회적인 문제인가? 또한 웹 2.0 기술을 이용해서 기업들이 어떻게 지식을 획득하고 공유할지 설명해보라.

그리고 당신의 교수에게 제출하라.

나를 위한 IT는 무엇인가?

ACCT 회계 전공자

회계는 조직의 내부 업무 운용은 물론 조직의 모든 거래 행위에 대한 내용을 저장하는 일과 밀접하게 관련되어 있다. 근래에 개발된 데이터베이스들은 회계사들이 이러한 기능을 효과적으로 수행할 수 있도록 해준다. 데이터베이스는 오늘날 조직의 특성 중 하나인 폭포수같이 쏟아져 나오는 데이터들을 회계사가 사베인스-옥슬리법의 규정에 근거하여 적합하게 관리할 수 있게 해준다.

회계사는 또한 지식 기반 시스템을 구축하는 것이 비용 면에서 합리적인지를 검증하는 역할을 하며, 그러한 시스템의 사용이 비용 대비 효과적으로 이루어지고 있는지를 감사하는 역할도 수행한다. 그 밖에도, 만약에 회계 관리 서비스를 제공하거나 관련 지식을 판매하는 큰 회계 법인에서 근무한다면, 업무 수행 과정에서 기업 내 지식 기반 시스템에 저장된 베스트프랙티스를 이용하게 된다.

FIN 재무 전공자

재무 관리자는 특정 산업 내 다양한 기업들의 재무 데이터를 획득하기 위하여 컴퓨스태트(CompuStat)나 다우존스와 같은 기업 외부의 데이터베이스를 많이 사용한다. 재무 관리자는 이러한 데이터를 이용하여 투자 대비 수익, 현금 관리, 그리고 다른 재무 비율과 같은 측면에서 산업 내에 다른 기업들과 비교하여 자신이 일하고 있는 기업들이 어떠한 위치에 있는지를 분석한다.

재무 관리자는 기업의 재무 상태에 관련된 보고서를 만드는 업무를 수행하게 되는데, 이 역시 사베인스-옥슬리법과 관계되어 있다. 데이터베이스는 이러한 관리자들이 법이 요구하는 표준을 준수할 수 있도록 도와준다.

MKT 마케팅 전공자

데이터베이스는 마케팅 관리자들이 광고 효과를 측정하거나 새로운 마케팅 계획을 세우기 위하여 고객이 어떠한 제품이나 서비스를 구매하였는지를 분석하는 데 도움을 준다. 고객에 관한 지식은 기업의 성공과 실패를 결정짓는 중요한 요소이다. 많은 데이터베이스와 지식 저장고에 저장되어 있는 정보나 지식의 대부분은 고객, 제품, 판매, 마케팅에 관한 것이다. 마케팅 관리자는 주기적으로 조직의 지식 저장고를 사용하고, 새로운 지식을 추가하기도 한다.

POM 생산/운영 관리 전공자

생산/운영 관리자는 생산 과정의 일부로 최적의 재고 수준을 결정하기 위하여 조직 내 데이터를 사용해야 한다. 과거 생산 데이터는 생산/운용 관리자가 조립 라인의 최적화된 상태를 결정할 수 있도록 하는 데 도움을 준다. 기업들이 수집하는 품질 데이터에는 완제품의 품질 정보뿐만 아니라 입고되는 원재료, 생산량의 불규칙성, 배송 및 유통, 제품에 대한 판매 후 유지보수 등에 대한 품질 정보도 포함된다.

지식경영은 복잡한 운용 관리 시 매우 중요한 기능을 수행한다. 일정, 유통, 유지보수 등 다양한 기능에 관하여 축적된 지식은 매우 가치 있는 정보를 제공한다. 혁신적인 아이디어는 운용 방법을 개선하는 데 필요하며, 그러한 아이디어 창출에 지식경영이 도움을 준다.

HRM 인적자원관리 전공자

기업은 성별, 연령, 인종, 현재와 과거의 직업, 성과 평가 등 기업 구성원들에 관한 많은 데이터를 보유하고 있다. 인사 관리자는 이러한 데이터를 이용하여 비차별적으로 직원 채용을 했다는 보고서를 만들 수도 있다. 또한 인사 관리자는 이러한 데이터를 이용하여 직원 채용 형태나 월급 구조를 평가하거나 기업에 대한 소송에 대응하기 위하여 사용한다.

인사 관리자는 데이터베이스를 이용하여 직원들에 대한 건강관리나 은퇴 계획 등을 세우는 데 도움을 줄 수 있다. 직원들은 데이터베이스를 이용하여 건강관리나 은퇴 관리에서 제시되는 다양한 방법 중 최적의 안을 선택할 수 있다.

또한 인사 관리자는 지식저장고를 이용하여 과거에 업무가 어떻게 처리되었는지를 알 수 있다. 직원들에 대한 인사관리 업무의 일관성은 매우 중요할 뿐만 아니라 기업을 법적 다툼으로부터 보호하는 데도 매우 중요하다. 지식경영시스템 구축 및 관리에 대한 교육도 인사 관리자의 중요한 업무 중 하나이다. 마지막으로, 인사 관리 부서는 직원이 지식경영시스템에 지식을 새로 첨가하였을 경우 그에 대한 보상을 해줄 책임도 있다.

MIS 경영정보시스템 전공자

경영정보시스템은 기업의 모든 데이터뿐만 아니라 데이터베이스를 관리하는 업무까지 포함된다. 데이터베이스 관리자는 데이터 사전을 이용하여 데이터에 대한 명칭을 표준화한다. 이 과정은 사용자들이 데이터베이스에 어떤 데이터가 저장되었는지를 이해하는 데 도움을 준다. 또한 데이터베이스 관리자는 사용자들이 필요한 데이터를 검색하거나 보고서를 작성하는 데 도움을 준다.

요약

1. 데이터 관리를 이용해서 해결할 수 있는 자료 관리의 공통적인 문제점을 논의한다.

   > 데이터는 조직 내에 산재되어 있고 많은 조직 구성원이 다양한 기기와 방법을 이용해 데이터를 수집한다. 이러한 데이터는 다양한 장소에 산재되어 있는 서버에 다양한 컴퓨팅 시스템, 데이터베이스, 형식, 인간 및 컴퓨터 언어로 저장된다.

   > 데이터는 다양한 원천에서 생겨난다.

   > 특정 업무 처리를 지원하는 정보시스템은 특별한 형태의 데이터를 요구하는데, 이로 인해 조직 내 갈등이 발생할 수도 있다.

   데이터 관리 체계를 구축하는 첫 번째 전략은 마스터 데이터 관리다. 마스터 데이터 관리는 기업의 핵심적 마스터 데이터에 관련된 가장 정확하고 시의적절한 하나의 데이터 버전을 제공한다. 마스터 데이터 관리는 조직 내에 산재되어 있는 데이터를 일정하게 관리할 뿐만 아니라, 다양한 원천으로부터 생성된 데이터와 조직 내 다양한 업무 처리 과정에 연계된 데이터 역시 일정하게 관리한다.

2. 관계형 데이터베이스의 강점과 단점을 논의한다.

   관계형 데이터베이스는 사용자가 열과 행을 이용해 정보를 쉽게 비교할 수 있도록 한다. 특정 행과 열이 교차하는 것을 이용하여 쉽게 정보를 검색할 수도 있다. 그러나 대규모 관계형 데이터베이스는 서로 관련되어 있는 많은 테이블로 구성되어 있기 때문에 검색시간이나 데이터 접근시간이 오래 소요될 수 있다.

3. 빅데이터를 정의하고 기본적인 특징을 논의한다.

   빅데이터란 향상된 의사결정, 안목 발견, 절차 최적화를 가능하게 하는 공정 형식을 필요로 하는 크고, 빠르고, 다양한 정보 자산들로 이루어져 있다. 빅데이터는 세 가지의 뚜렷한 특징이 있다―양, 속도, 다양성. 이 성질들은 빅데이터를 기존의 데이터와 대조시킨다.
   > 양(volume) : 빅데이터는 많은 양의 데이터로 이루어져 있다.
   > 속도(velocity) : 빅데이터는 조직들 내에서 빠른 속도로 이동한다.
   > 다양성(variety) : 빅데이터는 여러 데이터 형식으로 여러 가지 데이터를 갖고 있다.

4. 데이터 웨어하우스를 성공적으로 도입하고 유지하는 데 필요한 요소들을 설명한다.

   데이터 웨어하우스를 성공적으로 도입하고 유지하기 위해서 조직은
   > 웨어하우스와 마트(mart)에 데이터를 제공해주는 소스 체계를 연결한다.
   > 데이터 웨어하우스에 반드시 필요한 데이터는 데이터 통합기술과 처리를 이용해서 준비시킨다.
   > 데이터 웨어하우스 또는 데이터 마트에 데이터를 저장할 때 필요한 적합한 구조를 정한다.
   > 다양한 조직 사용자들을 위해 제대로 된 기기와 소프트웨어를 선별한다.
   > 데이터 웨어하우스 또는 데이터 마트가 목적을 달성하기 위해서는 메타데이터, 데이터의 질, 그리고 관리 절차가 제대로 되어 있는지 확인하라.

5. 조직에 지식경영시스템을 도입하는 것의 이점과 어려운 점을 설명한다.

   조직 내에서 지식경영시스템을 시행할 때의 이득은 다음과 같다.
   > 베스트프랙티스가 전 직원에게 광범위하게 제공
   > 고객 서비스 개선
   > 효과적인 제품 개발
   > 직원 이직률 감소 및 도덕성 향상

   조직 내에서 지식경영시스템을 시행할 때의 어려움은 다음과 같다.
   > 직원들은 개인적인 암묵적인 지식을 공유할 용의가 있어야 한다.
   > 조직은 지식 기반에 전문지식을 쌓아주는 직원에게 포상을 해주는 지식경영 문화를 만들어 나가야 한다.
   > 지식 기반은 지속적으로 관리되고 업데이트되어야 한다.
   > 기업들은 이러한 작업을 시행하기 위해서 필요한 자원에 투자할 용의가 있어야 한다.

>>> 용어 해설

객체 저장되는 정보의 주체로서 사람, 사건, 물건을 의미함

관계형 데이터베이스 모델 열과 행으로 데이터를 구성하여 테이블 형식으로 데이터를 저장하는 모델

기본 키 데이터베이스에 저장되어 있는 레코드를 구별 짓는 유일한 식별자

다차원구조 데이터를 2차원 이상의 구조로 표현한 것으로 데이터 큐브(data cube)를 의미함

데이터 관리 조직 전체의 정보를 관리하는 기능

데이터 관리 마스터 기업의 핵심적 마스터 데이터를 저장하고 유지보수할 뿐만 아니라 새로운 데이터를 지속적으로 갱신하여 기업이 보유하고 있는 데이터를 가장 정확하고 시의적절하게 보여주기 위한 관리 과정

데이터 마트 조직 내 부서 혹은 전략적 비즈니스 유닛(strategic business unit)의 최종 사용자들의 목적에 맞게 설계된 것으로 일반적인 데이터 웨어하우스보다 규모나 비용 면에 축소된 것을 의미함

데이터 모델 DBMS에 데이터가 개념적으로 구조화되는 방식에 대한 정의

데이터베이스 관리시스템 데이터베이스를 사용할 수 있도록 하는 소프트웨어

데이터 웨어하우스 축적된 데이터가 주제별로 나뉘어 조직 내 의사결정을 지원하는 정보 관리시스템

데이터 파일 테이블을 지칭하는 또 다른 용어

레코드 논리적으로 연계되어 있는 필드

마스터 데이터 기업의 정보시스템에 저장되어 있는 정보 중 가장 핵심적인 데이터, 즉 고객, 제품, 종업원, 판매자, 지역 위치 등에 대한 데이터 집합

바이트 하나의 문자를 나타내기 위한 8개의 비트

베스트프랙티스 업무를 수행하는 가장 효과적이고 효율적인 방법

비트 2진 숫자, 즉 0과 1

빅데이터 너무나 크고 복잡해 기존의 데이터베이스 시스템으로 관리가 힘든 데이터 컬렉션

속성 특정 객체의 특성 혹은 품질

실례 객체 클래스 내의 특정 객체

암묵지 공식화하기는 어렵고 매우 개인적인 지식으로 주로 주관적이고 경험에 바탕을 둔 지식

온라인 거래처리 상업적 거래가 발생하자마자 거래에 관련된 정보를 즉시 처리하는 방법

외부 키 유일하게 다른 테이블의 열(또는 레코드)을 구분하는 한 테이블의 필드

지식경영 조직 내에 비정형 형식으로 저장되어 있는 전문적인 지식과 정보를 조직화하고, 저장하고, 전파하는 과정을 관리하는 방법

지식경영시스템 기업 내와 기업 간 지식경영을 촉진하기 위해 사용되는 정보기술

지적 자산 지식을 지칭하는 다른 용어

클릭스트림 데이터 사용자가 웹사이트를 방문했을 때 사용자의 웹사이트 이용 행태를 관찰해 얻은 사용자의 웹사이트 검색 형태나 행동에 관한 데이터를 모은 것

테이블 논리적으로 연계되어 있는 레코드 그룹

필드 단어 혹은 숫자 등 논리적으로 연관된 문자들을 묶어 놓은 것

형식지 객관적이며 기술적인 형식의 지식

2차 키 특정 필드를 구분하는 식별자 역할을 할 수 있지만, 정확성을 보장하지는 못하는 식별자

>>> 토론 주제

1. 빅데이터가 그 자체만으로 문제인가, 아니면 그 사용, 관리, 보안이 그것의 진정한 문제인가?

2. 빅데이터에 있는 잘못된 데이터 포인트로 인해 일어나는 결과들은 무엇인가? 잘못되거나 또는 중복된 고객 데이터로 인해 일어나는 결과는 무엇인가? 잘못된 데이터들로 인해 만들어진 잘못된 정보들은 의사결정의 과정에서 얼마나 가치 있는가?

3. 데이터 관리가 왜 어려운지 설명하라.

4. 품질이 나쁜 데이터가 불러올 문제들에는 어떤 것이 있는가?

5. 마스터 데이터 관리란 무엇인가? 마스터 데이터 관리는 고품질 데이터와 어떤 관계가 있는가?

6. 다양한 자료원을 가지고 있는 기업에서 마스터 데이터 관리가 왜 중요한지 설명하라.

7. 관계형 데이터베이스의 장점과 단점은 무엇인가?

8. 지식을 획득하고 관리하는 것이 왜 중요한가?

9. 암묵지와 형식지를 비교하라.

>>> 문제 해결 활동

1. www.monster.com이나 www.dice.com과 같은 다양한 구직 사이트를 방문하여 데이터 관리자에 관련된 다양한 구직 내용을 찾아보라. 업무 내용이 비슷한가? 제시된 연봉은 얼마인가?

2. 부동산 사이트를 방문하라. 주택 구매, 가격대와 위치에 따른 주택들의 가상 검색, 주택 구매에 관련된 융자 등을 순차적으로 진행할 수 있도록 도와주는 사이트를 찾아보라. 해당 사이트가 서비스 사용을 위해 가입을 권유하고 있는가? 관심 있는 주택이 있을 경우 이메일을 보내달라고 할 수 있는가? 여기서 그려진 과정들은 당신의 주택 구매에 어떤 영향을 미치는가?

3. 인구통계에 관련된 정보를 제공하는 사이트를 가능한

여러 개 찾아보라. 그런 사이트들에서 제공하는 정보가 다른가? 그렇다면 어떻게 다른가? 그런 사이트가 정보를 제공하는 대가로 요금을 받는가? 인구 통계 정보가 새로운 비즈니스 시작에 도움이 되는가? 그렇다면 어떻게, 그리고 왜 그런가?

4. 국토안보를 위해 이용되는 빅데이터 사용의 예를 검색해보라. 구체적으로 미국 국가 안보국의 감시에 대해서 읽어보라. 이 미심쩍은 행동들에 있어서 기술과 빅데이터는 어떤 역할을 했는가?

5. 하우스터프웍스(HowStuffworks)의 웹사이트(www.howstuffworks.com)에 들어가 'Big Data: Friend or Foe?(빅데이터 : 적인가 아군인가?)'를 검색해보라. 이 기사는 공유 데이터와 고객 프라이버시의 밸런스에 대

해 무엇을 지적하고 있는가?

6. www.ibm.com과 www.sybase.com, www.oracle.com을 방문하여 웹 연결을 포함하여 최신 데이터 관리 기법이 무엇이 있는지를 조사하라.

7. 가트너 그룹(www.gartner.com)의 웹사이트를 방문해 데이터 관리에 대한 연구 내용을 조사하고 보고서를 작성하라.

8. 당신의 디지털 발자국을 다음 웹사이트에 들어가 측정해보라—www.emc.com/digital_universe/downloads/web/personal-ticker.htm.

9. 학생들에게 주문 제작한 티셔츠를 파는 가상 기업의 지식경영시스템을 도표해보라.

>>> 협력 활동

1단계 – 배경
데이터는 여러 경로를 통해 들어올 수 있다. 이것 자체로는 문제가 되지 않는다. 문제는 하지만 이 데이터를 보관하고 캡처할 수 있는 일관적인 방법이 없을 때 생긴다. 예를 들어 한 영업 담당자는 그녀의 데이터를 스프레드시트를 통해 보관하고, 다른 한 사람은 워드 파일로 보관한다. 이럴 경우, 2개의 데이터 세트를 합치는 것은 매우 어려운 작업이 된다. 이 예는 다른 보관 방법들로 인해 생기는 문제점을 보여준다. 다른 종류의 데이터, 복제 데이터, 또는 일관적이지 않은 데이터로 인해 여러 문제가 생길 수 있다.

2단계 – 활동
당신의 팀은 각각 뉴잉글랜드 부근의 다섯 지역에서 온 영업 담당자들로 구성되어 있다. 당신은 식당에 음식 준비 도구와 음식을 파는 기업에서 일한다. 당신의 조직이 데이터를 보관하는 집권화된 시스템을 정하지 않았기 때문에, 팀원들

은 모두 각자의 방법으로 데이터를 수집한다. http://www.wiley.com/gp/rainer/MIS3e/collaboration에 들어가 각자가 만든 데이터 파일을 다운받아라. 각 팀 멤버는 한 파일을 다운받아야 한다. 그런 다음 팀원들은 협업하여 구글 드라이브를 이용해서 당신들의 데이터를 담은 구글 스프레드시트를 만들어야 한다. 데이터를 합치면서 생기는 문제들을 적어보라.

3단계 – 과제
데이터를 '다듬고', 데이터베이스를 위해 데이터를 준비하고 당신의 담당 교수에게 단 하나의 파일로 제출하라. 당신의 하나의 파일과 함께 미래 영업원들의 데이터 컬렉션을 위해 필요한 가장 좋은 방법, 또는 닥칠 문제들에 대한 해결 방법을 적어서 제출하라. 축하한다! 당신은 데이터베이스를 관리하는 가장 중요한 과정을 마쳤다!

마무리 사례 1 〉 빅데이터의 위력에 대해 알아보기

전문가들은 빅데이터를 현대의 조직들이 수집하고, 보관하고, 프로세싱하고, 분석해야 하는 무한히 늘어나는 방대한 양의 데이터라고 정의한다. 빅데이터 관리는 모든 기업들의 근본적인 고민을 상징한다. 다음의 예들은 어떻게 기업들이 빅데이터를 창의적이고 수익성 있게 이용하는지 보여준다.

이 예들에 깔려 있는 근본적인 전제는 빅데이터는 앞으로 더욱더 늘어날 것이고, 기업들은 더욱더 혁신적인 방법으로 이 데이터들을 관리하기 위해 해결 방안을 제시해야 한다는 것이다.

• 인사부

복리 후생, 특히 의료부문은 중대한 기업 지출 중 하나이다. 결과적으로 기업들은 이러한 복지를 관리하기 위하여 빅데이터로 향했다. 예를 들어 시저스 엔터테인먼트(Caesars Entertainment, www.caesars.com)는 6만 5,000명의 직원들과 그들의 가족들을 포함한 의료보험 데이터를 분석한다. 매니저들은 수천 개의 변수를 통해, 예를 들어 직원들이 얼마나 응급실을 자주 가는지, 또는 유명 상표가 있는 약을 고르는지 등 직원들의 의료 사용을 찾아볼 수 있다.

다음과 같은 시나리오에 대하여 생각해보라—너무나 많은 직원들이 덜 비싼 응급의료 기관 대신 병원 응급실에 간다는 것이 데이터를 통하여 밝혀졌다. 기업 측에서는 응급실의 비싼 비용과 응급실을 대신 할 수 있는 기관들을 소개하는 캠페인을 벌였다. 결과적으로 1만 개의 응급 상황이 덜 비싼 대안들로 대체되었고, 45억 달러를 절약할 수 있었다.

빅데이터는 또한 고용에 영향을 준다. 이것의 예로는 팀을 고용해서 일을 프로그래밍하는 기술 아웃소싱 기업인 카탈리스트 IT 서비스(Catalyst IT Services, www.catalystitservices.com)를 들 수 있다. 2013년에 이 기업은 무려 1만 명이 넘는 후보자들을 걸러내려고 계획하였다. 전통적인 고용 방법은 느릴 뿐만 아니라 일에 적합하지도 않은 후보들이 매니저의 주관적인 의견으로 인해 뽑히기 때문이다. 카탈리스트는 이 문제를 해결하기 위해서 후보자들 모두가 이 평가서를 작성하도록 한다. 그들은 평가서를 이용해 각 후보에 관한 수천 개의 데이터 포인트를 수집한다. 사실 이 기업에서는 후보자들이 '무엇을' 답하는지보다 '어떻게' 답하는지에 대한 데이터를 더 많이 수집한다.

예를 들어 평가서는 미적분학을 아예 모르는 지원자에게 미적분 문제를 줄 수도 있다. 지원자가 문제를 아주 힘든 방법으로 푸는지, 빨리 답하는지, 아니면 건너뛰었다가 다시 돌아오는지, 아예 문제를 건너뛰는지 등 어떻게 문제를 푸느냐는 후보자가 일을 맡고 문제가 생겼을 때 상황에 어떻게 대처할지 보여주는 직관 같은 것을 제시해준다. 다시 말하자면, 힘든 방법으로 끝까지 문제를 푸는 사람은 조직적 접근법이 필요한 과제가 필요할 경우 효율적일 것이고, 반면에 적극적으로 접근하는 지원자의 경우 또 다른 환경에 적합할지도 모른다.

이 빅데이터의 접근을 통해 얻는 이득은 모든 일의 특성을 만족하는 사람은 없고, 사람마다 각자 잘하는 능력이 있다는 사실을 인지한다는 것이다. 수만 개의 데이터 포인트를 분석함으로써 후보자들이 각각 어떤 특성을 구체적 상황에 발휘할 수 있느냐를 보여줄 수 있다는 것이다.

성공의 척도는 직원 이직률로 볼 수 있다. 미국 경쟁사의 직원 이직률 30%와 해외에 있는 기업의 이직률 20%에 비해서 카탈리스트는 15%밖에 기록하지 않았다.

• 제품 개발

빅데이터는 고객 취향을 수집하여 이 정보를 새 제품을 만들 때 이용할 수 있다. 이 부분에서는, 원래의 기업과 온라인 기업은 빅데이터를 이용하여 경쟁력을 얻는다.

제품 제조회사들은 빅데이터를 이용하여 고객의 관심도를 측정한다. 예를 들어 포드(www.ford.com)의 경우에는 전 세계적으로 모든 자동차와 트럭들에 통합할 흔한 부품 세트들이 있는 첫 소형 자동차를 글로벌 플랫폼에 내세울 때, 한 지역에 흔한 기능들이 다른 지역에도 필요한지 결정했어야 했다. 회사에서 고려한 기능 중 하나는 유럽 자동차들에는 이미 몇 년 동안 쓰이고 있었던 '쓰리 블링크(three blink)' 기능이었다. 미국 자동차들에 있는 방향 지시기와 달리, 이 방향 지시기는 한 번의 움직임으로 세 번 방향 지시등을 켜고, 그 뒤에 자동적으로 꺼진다.

포드는 이 방향 지시기 기능에 대한 전체적인 시장조사를 하는 것은 너무나 비싸고 시간 소비적일 것이라고 판단하였다. 그 대신에, 자동차 광들이 자주 들어가는 웹사이트와 차주들의 포럼에 들어가 차주들이 방향 지시기에 대해 뭐라고 하는지 조사하였다. 문자 조사를 하는 알고리즘을 이용해 분석가들은 가장 관련 있는 의견들을 종합해보았다.

결과는? 포드는 쓰리 블링크 방향 지시기를 포드 피에스타 2010년 모델에 발표하였고, 2013년에는 거의 모든 포드 제품에서 이용 가능하였다. 비록 몇몇 포드 차주들이 온라인으로 새로운 방향 지시기에 적응하기 힘들다고 불만을 토로했지만, 많은 이들이 이 주장에 반박하였다. 포드 매니저들은 문자 추적 알고리즘의 이용은 전통적인 시장조사에서는 얻기 힘든, 회사에 전체적인 그림을 제공해주는 이 성과에 매우 중요한 역할을 했음을 밝혔다.

• 영업 활동

수년간, 기업들은 영업을 더욱 효율적으로 하기 위하여 정보 기술을 사용해 왔다. 그들은 이제 빅데이터를 이용해서 더욱더 다양한 출처들에서 더 많은 정보를 수집할 수 있다.

UPS(United Parcel Service)를 고려해보자. 회사에서는 영업을 발전시키기 위해 수년간 데이터에 의존해 왔다. 구체적으로, 그들은 센서를 배송 차들에 이용하여, 차의 위치와 속도, 몇 번을 후진했고 운전자가 안전벨트를 맸는지 안 맸는지를 검사할 수 있다. 이 데이터는 하루의 끝에 UPS 데이터 센터에 업로드되며, 밤새 분석이 이루어진다. GPS 정보와 4만 6,000개가 넘는 센서의 데이터를 통합함으로써, UPS는 약 840만 갤런의 연료 소비를 줄이고, 8,500만 마일을 아낄 수 있었다.

● 마케팅

마케팅 매니저들은 고객을 더 잘 이해하고 마케팅을 효과적으로 하기 위해 오랫동안 데이터를 사용해 왔다. 현재 빅데이터는 마케터들이 더욱더 개인적인 메시지를 보낼 수 있도록 만들어준다.

다른 호텔리어들처럼, 인터컨티넨탈 호텔 그룹(Inter-Continental Hotels Group, IHG)은 우대 고객 클럽 보상 프로그램에 있는 70만 명의 고객 정보, 예를 들어 소득 수준, 또는 고객들이 가족형 아니면 비즈니스형을 선호하는지 등을 조사하였다. 다음으로, 회사에서는 소셜 웹사이트에서 데이터를 추출하고 질의 언어 프로세싱이 빠른 단 하나의 데이터 웨어하우스에 이 모든 데이터를 집어넣었다. 데이터 웨어하우스와 분석 소프트웨어를 이용해서 호텔리어는 2013년 1월에 새로운 마케팅 캠페인을 론칭하였다. 평균적으로 이전의 마케팅 캠페인들은 7~15개의 맞춤형 마케팅 메시지를 만들어냈지만, 새로운 캠페인은 무려 1,500개가 넘는 메시지들을 만들어냈다. IHG는 처음 생성된 4,000개의 속성별로 만들어진 주요 12개의 고객군을 상대로 이 메시지들을 단계별로 공개하였다. 예를 들어 하나의 군은 주말에 집에 있는 편이었고, 상품권을 위해 포인트를 사용하고 IHG의 마케팅 파트너들을 통해 등록되었다. 이 정보를 이용하여 IHG는 이 고객들에게 지역 주변에 있는 주말 행사를 문자를 통해 알려준다.

이 캠페인은 성공적으로 실행되었다. 이전의 이와 비슷한 캠페인들과 비교했을 때, 고객 전환율은 35%나 증가하였다.

● 정부 운영

네덜란드 인구의 55% 이상이 언제나 홍수에 위협을 받기 때문에 네덜란드 정부에게 수자원 관리는 중요할 수밖에 없

다. 정부는 섬세한 수자원 관리시스템을 운영하여 제방, 둑, 운하, 잠금장치, 댐, 항구, 해일 방파제, 수문댐, 펌프장까지 모든 네트워크를 관리한다.

수자원 관리 차원에서, 정부는 수많은 센서들을 모든 수량 조절 구조물에 설치한다. 센서들은 매년 최소 2페타바이트의 데이터를 생성한다. 센서들이 점점 값이 싸지면서, 정부는 더 많은 양을 사고 결과적으로 더 많은 데이터가 생성된다.

센서 데이터 이용의 예로, 제방에 있는 센서들은 제방의 구조, 얼마큼 물의 압력을 받을 수 있고, 얼마큼 무너질 수 있는지 등에 대한 정보를 제공해준다. 게다가 센서들의 데이터는 네덜란드의 제방 디자인에 새로운 직관을 제시해준다. 결과적으로 네덜란드 정부는 수자원 관리비용을 15%나 줄였다.

출처 : "Big Data Management," The Data Warehousing Institute, January 2014; "Big Data: An Overview," ZDNet, October 1 , 2013; T. Wolpe, "Big Data Deluge: How Dutch Water Is Trying to Turn the Tide," ZDNet, October 1, 2013; S, Sikular, "Gartner's Big Data Definition Consists of Three Parts, Not to Be Confused with Three 'V's," Forbes, March 27, 2013; G, Flower, "Data, Data Everywhere," The Wall Street Journal, March 13, 2013; G. Press, "What's To Be Done About Big Data?" Forbes, March 11, 2013; S. Rosenbush and M. Totty, "How Big Data Is Changing the Whole Equation for Business," The Wall Street Journal, March 11, 2013; D. Clark, "How Big Data Is Transforming the Hunt for Talent," Forbes, March 8, 2013; G. Satell, "The Limits of Big Data Marketing" Forbes, March 6, 2013; V. Mayer-Schonberger and K. Cukier, "Big Data: A Revolution That Will Transform How We Live, Work, and Think," Eamon Dolan/Houghton Mifflin Harcourt, March 5, 2013; "Big Data: What's Your Plan?" McKinsey& Company Insights, March, 2013; D. Henschen, "Big Data Revolution Will Be Led by Revolutionaries," InformationWeek, December 12, 2012; "Integrate for Insight," Oracle White Paper, October 27, 2012; "Big Data Now," O'Reilly Media, October, 2012; S. Greengard, "Big Data Challenges Organizations," Baseline Magazine, June 13, 2012; S. Lohr, "The Age of Big Data," The New York Times, February 11, 2012; "Big Data: Lessons From the Leaders," The Economist (Economist Intelligence Unit), 2012; www.the-bigdatainstitute.com, accessed April 17, 2014.

질문

1. 이 사례에서 두 가지 예를 선정해 빅데이터가 원래의 데이터에 비해 어떤 가치를 더하는지 설명하라.

2. 한 가지 분야를 정해서 현재의 트렌드를 고려했을 때 빅데이터의 미래 가치를 설명하라.

3. 빅데이터가 어떻게 고객 선별과 프로파일링에 도움이 되는가? 이 과정에서 어떤 문제점이 발생하는가?

마무리 사례 2 〉 조직들은 너무 많은 데이터를 갖고 있는가?

문제 〉〉〉 조직들은 필요없는 데이터를 너무나 많이 저장, 또는 지나치게 보유하고 있다. 필요없는 데이터의 대량 축적 현상은 기술적, 조직적 요인으로 인해 일어난다. 기술적인 측면에서 보았을 때, 고대역폭 인터넷 연결(제4장에서 논의함)의 발전과 하드 드라이브 저장소들의 비용이 낮아지면서 대량의 문서와 파일을 옮기고 저장하는 것이 상대적으로 저렴해지고 쉬워졌다.

조직적인 측면에서 보았을 때는, 몇몇 매니저들은 겉으로만 봤을 때 모든 것을 보관하는 것이 너무나 저렴해서 어떤 것이 보관되어 있는지 염려하기도 한다. 사실 대부분의 조직들에서는 어떠한 그 누구도 보관되어 있는 데이터를 제한해야 하는 책임이 없다. 사업 단위 관리자들은 아주 많은 양의 회사 데이터가 법적 또는 정부의 조사에 관련이 되지 않은 이상 불필요하고 사용하지 않는 데이터에 대한 비용을 예산에 넣지 않는다.

대량의 누적된 데이터를 보관하는 것이 조금 또는 아예 비용이 들지 않는 것 같지만, 사실상 그렇지 않다. 데이터를 축적하는 것은 실제로 방대한 비용이 들어간다. 이 비용은 3개의 카테고리로 나뉜다—인프라 비용, 간접비용, 법적 감사 및 규제비용이다.

- **인프라 비용** 기업들이 그들의 데이터를 자세히 분석해보면 표면적으로 활성화된 파일과 폴더들이 사실 3~5년간 단 한 번도 이용되지 않았다는 것을 알 수 있다. 이것으로 인해 전자 데이터 저장소, 재해 복구, 그리고 옛날 서버와 시스템이 없어지면서 생기는 데이터 이동 등의 불필요한 IT비용이 생긴다. 어떤 조직들은 수만 개의 백업 테이프를 저장소에 갖고 있지만, 대부분은 필요없는 것이다. 그럼에도 불구하고, 소송 과정에서 이 테이프들이 포함되면 추가적으로 보관비용과 더불어 더 많은 비용이 든다.

- **간접비용** 데이터 과대 보관으로 인해 발생하는 비용들은 보이지도 않고, 사람들이 기억해내려고 하지도 않는다. 보이지 않는 비용에 대한 가장 흔한 예는 직원들이 필요한 자료를 찾기 위해, 사용하지 않고 더 이상 필요하지 않은 대량의 자료들을 모두 거쳐 가면서 찾아야 할 때다.

- **법적 감사 및 규제비용** 데이터의 과잉 보유로 인해 비용이 가장 많이 들 때는 기업이 소송과 같은 법률 사건에 관련되어 있을 때다. 이 시나리오에서, 법정에서는 사건과 관련 있는 모든 자료에 대해 증거 보존을 청구할 수 있다. 증거 보존은 소송이 타당하게 예상될 때 이와 관련된 모든 정보들을 조직이 보존하도록 하는 법적 명령이다. 회사는 증거 보존이 청구된 이후에는 어떠한 관련된 데이터도 버릴 수 없다. 즉 증거 보존 청구는 운영과 규제 사항들에 필요한 정보를 제외한 정보들을 버릴 수 있는 회사의 권리를 대체한다. 회사의 데이터를 살펴보고 소송에 관련이 있는지 수색하는 이 과정을 증거 제시 절차(discovery)라고 부른다.

증거 제시 절차는 굉장히 비쌀 수 있다. 많은 경우에 기업들은 변호사를 고용해 모든 데이터 파일을 수색해 증거 제시 절차에 관련이 있는지 아니면 소환장에 필요한지 찾아보도록 한다. 회사들이 증거 제시 절차를 전자식으로 사용해도 필요한 비용은 막대하다. 예를 들어 블랙스톤 디스커버리(Blackstone Discovery, www.blackstonediscovery.com)라는 전자 디스커버리 기업이 10만 달러 미만으로 한 회사의 150만 개의 자료를 분석하는 것을 도와주었지만, 해당 회사는 더 많은 비용을 지불해야만 했다. 여기서 핵심은 만약 기업이 법적 소송이 일어나기 전에 데이터를 버렸다면 이 비용들은 상당히 내려갔을 것이라는 점이다. 이 예가 말해주듯이, 기업들은 적극적으로 그리고 적절하게 필요없는 데이터를 모두 정리해야 한다.

게다가 기업들은 국가 안보법을 따라야 하기 때문에 공무원과 해당되는 시민들에게 주민등록번호 또는 신용카드 번호가 유출되었을 경우 알려야 한다. 예를 들어 매사추세츠 주에 있는 벨몬트 은행은 백업 테이프를 실수로 누군가가 책상에 놔두었고 청소팀이 이것을 버렸다는 것을 깨달았다. 테이프는 소각되었고 제3자에게 공개되지 않은 것으로 밝혀졌다. 하지만 은행은 7,500달러의 벌금을 내야 했다.

기업들은 신용카드 정보를 잃어버리는 경우에도 법적 문제들이 생겨서 벌금을 물게 된다. 보안 전문가들은 타겟 유출사건이 10억 달러 이상의 비용을 초래했을 것이라고 예측한다(제7장의 마무리 사례 1 참조). 물론 해커들과 도둑들은 조직이 더 이상 갖고 있지 않은 것을 갖고 갈 수 없다. 유출과 해킹에 대비해서 가장 안전하게 대비하는 방법 중 하나는 그 데이터가 더 이상 비즈니스 또는 법적 목적이 없는 이상 바로 처분하는 것이다.

해결 방법 〉〉〉 그렇다면 기업들은 어떻게 데이터 축적에 대비해 그 위험성과 비용을 줄일 수 있을까? 첫째, 기업들이 법적 문제를 피하기 위해서는 기록 관리 의무에 충실하기 위해 모든 단계를 거치고, 이 단계를 거칠 때마다 기록을 하는 것이다. 법률상의 의무들은 완벽함을 추구하지 않는다. 즉 선의의 행동을 하는 것만으로 충분한 것은 사실이다. 더군다나 기업들은 관련된 정보에 대해서 '모든'이 아닌 오직 '하나'의 복사본만을 갖는 것이 의무다. 다시 말하자면 백업을 할 필요가 없는 것이다. 기업들이 이 단순한 사실을 기억한다면 수만 개의 필요없는 백업 파일을 처분하고, 이 과정에서 굉장히 많은 비용을 아낄 수 있는 것이다.

둘째, 기업들은 데이터 파일들의 최종 처분을 담당하겠다고 공식적으로 표명할 수 있는 보험이 가입된 정식 외부 자문가 또는 전문가를 고용해야 한다. 회사의 사원들은 "이 데이터를 버리겠다"는 말을 보통 편하게 할 수 없고 전자식 하우스클리닝 프로젝트(e-housecleaning project, 전자식 데이터 청소 프로젝트)를 할 시간이 부족하기 때문에 적합하지 않다. 여기에 더해서, 사원들은 정보 처분에 관한 법률들에 대해 익숙하지 않다. 결론적으로, 기업들은 데이터 처분에 대한 책임을 외부 전문가들에게 맡기는 것을 더 선호한다. 사실상, 어떤 회사의 데이터 처분 상황에 대해 문제가 생기면 가장 먼저 직급에서 물러나야 하는 것은 이 전문가들이다.

셋째, 기업들은 전자식 하우스클리닝 프로젝트를 실행해야 한다. 첫 번째 단계는 기록 보관 규제와 증거 보존 통지에 관한 회사 방침을 검토해보고, 회사가 합리적이고 합법적으로 운영되고 있는지 살펴보는 것이다. 여기서 기본적인 질문은 소송이 일어났을 때 회사가 모든 정보와 문서를 제대로 갖고 있느냐이다.

다음 단계는 하드드라이브, 서버, 테이프, 그리고 다른 미디어들을 포함한 모든 데이터 컨테이너를 기록하고 그것들의 소스를 찾는 것이다. 만약 데이터가 비즈니스, 법 규제 또는 증거 보존용으로 요구된다면 기업들은 그것들을 처분 지침에 따라 운영해야 한다. 이런 경우가 아니라면 기업들은 처분하면 되는 것이다.

마지막으로, 최대의 보안을 위해 외부 전문가는 필요한 데이터의 마지막 처분 과정을 설명하고 지시하는 안건을 내놓아야 한다. 이 단계는 데이터 처분이 문제가 되었을 시에 회사가 이 과정을 거칠 수 있도록 보장하고, 문서 보존 의무에 협조하겠다는 회사의 선의의 행동을 문서화하는 것이기도 하다.

결과 〉〉〉 제대로 된 전자식 하우스 클리닝은 이것의 투자로부터 더 많은 이득을 가져온다. 어떤 기업들은 증거 보존과 관련 없는 수천 개의 백업 파일을 없앨 수도 있었다. 다른 곳들은 증거 개시 절차와 데이터 유출 비용을 절감하는 것에 이어서 굉장히 많은 저장 장소들을 마련할 수 있었다.

어떤 기업들에서는, 간부들 또는 사업 단위에서 언젠가 그 데이터를 사용해야 할 날이 필요하기 때문에 사용하지 않는 데이터를 갖고 있어야 한다고 주장한다. 이 '만일에 대비해서' 같은 사람들에 대응하는 가장 효과적인 전략은 그들이 데이터를 계속 갖고 있는 것을 허용해주는 것이다. 하지만 그들이 이제 데이터의 '주인'이 되었기 때문에 모든 책임과 의무를 그들이 갖고 있어야 한다는 것을 주의시켜야 한다. 그러므로 그들은 모든 데이터 저장소, 백업, 데이터 유출, 그리고 만약 데이터가 소송 디스커버리 또는 정부 감사에 의해 손실될 경우의 데이터를 생산하고 검토하는 데 필요한 관련된 법적비용 등 모든 소유비용을 내야 하는 것이다. 소유에 의해서 일어나는 모든 비용을 인지했을 때 그들은 주로 데이터 대신 처분하는 것을 선택한다.

출처 : B. Greenberg, "Seven Questions Every CIO should Be Able To Answer about eDiscovery and Legal Holds," *General System Dynamics*, February 25, 2014; S. Mathieson, "Civil Servants Are Not to Blame for Government Data Hoarding," *The Guardian*, April 10, 2013; J. Clark, "Big Data or Big Data Hoarding?" *The Datacenter Journal*, March 14, 2013; "Security Implications of Improper Data Disposal?" *InfoShield Security*, March 11, 2013; A. Kidman, "Data Disposal 101: Don't Use Rubbish Bins," *lifehacker.com.au*, February 21, 2013; J. Jaeger, "Changing Your Data-Hoarding Ways," *Compliance Week*, February 5, 2013; A. Samuel, "E−Discovery Trends for 2013," *CMS Wire*, January 17, 2013; J. Dvorak, "Stop Your Data Hoarding!" *PC Magazine*, December 11, 2012; L. Luellig, "A Modern Governance Strategy for Data Disposal," *CIO Insight*, December 5, 2012; A. Kershaw, "Hoarding Data Wastes Money," *Baseline Magazine*, April 16, 2012; T. Claburn, "Google Apps Vault Promises Easy E-Discovery," *Information Week*, March 29, 2012; T. Harbert, "E-Discovery in the Cloud? Not So Easy," *Computerworld*, March 6, 2012; B. Kerschberg, "E-Discovery and the Rise of Predictive Coding," Forbes, March 23, 2011; M. Miller, "Data Theft: Top 5 Most Expensive Data Breaches," *The Christian Science Monitor*, May 4, 2011; E. Savitz, "The Problem with Packrats: The High Cost of Digital Hoarding," *Forbes*, March 25, 2011; J. Markoff, "Armies of Expensive Lawyers, Replaced by Cheaper Software," *The New york Times*, March 4, 2011.

문제

1. 이 사례를 이 장에서 나온 빅데이터의 내용과 비교하라. 즉 과잉 보관된 데이터의 단점을 고려했을 때, 조직들은 어떻게 빅데이터를 관리해야 하는가?

2. 과잉 보관된 데이터의 장점은 있는가?

3. 보관 기기들의 비용이 점점 낮아지고 용량이 점점 커지고 있다. 직원에게 데이터를 처분하게 하고 이 과정을 지켜봐주는 외부 전문가를 고용하는 비용을 내는 것보다 데이터를 과잉 보관하는 것이 더 저렴하고 간단한가?

금융 산업

데이터는 고객 패턴을 이해할 때 굉장히 큰 역할을 한다. 데이터가 많을수록 분석을 더 많이 해야 하며, 고객들이 무엇에 관심이 있는지 알 수 있다. 사실상 데이터는 고객 이해도에 너무나 큰 부분을 차지해서 '빅데이터'라는 특별한 이름을 갖게 된 것이다.

요즘에는 빅데이터를 이용한다는 것은 단순히 대량의 데이터를 갖고 있다는 것이 아니라 다양한 종류 또한 갖고 있다는 것이다. 대부분의 데이터는 구조화된 데이터를 위해 구조화되었다. 하지만 빅데이터는 다양한 소스에서 조직화되지 않은 데이터를 컴퓨터를 이용해 사용하기도 한다. 보통 데이터베이스는 모델을 만들기 위해 모든 요소가 필요하지만, 데이터가 없을 때는 작동하지 않는다.

다음은 제레미에게서 온 이메일이다. 당신은 제1장에서 제레미와 인턴십 활동을 같이 했다. 이 이메일은 왜 그가 이 활동을 위해 당신을 골랐는지 알 수 있을 것이다.

받는 사람 :	IT 인턴
보내는 사람 :	제레미 파
제목 :	빅데이터와 뱅킹

안녕하세요!

최근에 저는 은행 산업에서의 빅데이터 사용에 관한 IBM Big Data and Analytics에서 만든 유튜브 동영상을 시청했습니다. 이 영상은 소셜미디어와 같은 데이터를 기반으로 한 실시간 마케팅을 보여줍니다. 저는 그 기술에 익숙지 않기 때문에 이러한 종류의 마케팅이 불가능해보입니다.

저는 이러한 분석 종류를 실행하는 은행 기업들을 만나본 적이 없습니다. 저는 빠른 웹 검색을 실행해서 이와 비슷한 MarkLogic이라는 회사는 찾았습니다. 그들은 고객, 구축되지 않은 데이터, 실시간 진단, 그리고 다른 기능을 360도로 보여줍니다.

안타깝게도, MarkLogic은 공공에게 상품 데모를 제공해주지는 않습니다. 저는 하지만 당신이 위의 유튜브 영상을 시청함으로써 품질 검토를 하고 금융업과 다른 산업에서의 MarkLogic 솔루션을 읽음으로써 저에게 도움을 줄 것이라고 생각합니다. 영상을 시청한 후, 기업의 웹사이트를 검토하고 빅데이터와 금융업에 대한 다음의 질문에 답해주길 바랍니다.

1. 모바일 뱅킹의 사용 없이 빅데이터는 얼마나 효과적입니까?
2. 저는 고객들이 그들에 대한 360도 평가를 원하는지 어떻게 알 수 있습니까?
3. 빅데이터가 빅 브라더(Big Brother)와 같이 보이게 될 것입니까?
4. 고객의 360도 평가는 어떤 법적 문제를 일으키게 될 것입니까?

도움에 감사드립니다.
제레미

주 : 이 편지에 있는 모든 링크는 http://www.wiley.com/go/rainer/MIS3e/intership에서 이용 가능하다.

1단계 – 배경

스프레드시트 활동 1과 2에서 배운 Sum, Sumif, Count, Countif에 이어 주어진 범위 내에서 평균값, 최대 그리고 최솟값을 계산하는 것도 매우 유용하다. 예를 들어 영업 매니저가 전체 판매량을 알고 싶어 할 수도 있지만 상품 관리 매니저에게는 평균과 범위(최소부터 최대)의 기록들이 더 유용할 수도 있다.

　게다가 당신은 조건 평균을 Averageif 함수를 이용해서 구할 수 있다. 이 함수는 당신이 개별 평균들을 전체 평균과 비교할 수 있도록 도와준다.

2단계 – 활동

평균을 계산하는 것(전체 그리고 조건) 그리고 최소와 최댓값을 구하는 것은 계산해야 할 항목들이 적을 때는 간단하다. 예를 들어 아킬레스는 그의 학생들에게 시험에서 전체 평균, 최고 점수, 그리고 최저 점수를 공개해서 학생들이 상대적으로 얼마큼 점수를 볼 수 있는지 보도록 한다. 가장 최근의 시험에서는 20명의 학생이 각각 54, 95, 83, 75, 85, 77, 88, 79, 94, 65, 83, 77, 89, 84, 94, 88, 74, 93, 82, 99점을 받았다. 이 모든 점수를 스프레드시트 또는 계산기에 넣으면 당신은 아주 빠르게 이것의 평균은 82.9점이며, 최저 점수는 54점이고 최고 점수는 99점인 것을 알 수 있을 것이다. 하지만 품질 데이터를 산업 규모를 따져 측정할 때는 평균을 계산하는 것이 너무나 버거운 일이다.

3단계 – 과제

아시아는 3,000개의 타이어를 매일 생산하는 미쉐린타이어 생산 공장에서 품질 관리 매니저로 일한다. 그녀는 모든 미쉐린타이어가 최고의 품질에 다하도록 책임진다. 이 뜻은 타이어는 모두 적당한 규격으로 만들어져야 하며, 다음의 항목이 모두 정확히 측정되어야 한다는 것이다―획일성, 균형, 무게, 엑스레이 검사. 평균적으로 3,000개의 타이어를 모두 매일 손으로 직접 세는 것은 불가능하고 더군다나 1년 치가 넘는 데이터를 감당하는 것은 더욱 불가능하다.

http://www.wiley.com/go/rainer/MIS3e/spreadsheet에 접속해 이 절에 해당하는 링크를 누른다. 여기의 엑셀 파일은 스프레드시트 도구 페이지를 열 것이다. 당신은 데이터와 지시사항들을 스프레드시트에서 찾을 수 있을 것이다.

　스프레드시트의 지시사항을 따르고 결과물을 제출하라.

　스프레드시트 기술에 대한 추가적인 도움은 WileyPLUS에서 제공된다. 'Microsoft Office 2013 Lab Manual Spreadsheet Module: Excel 2013'을 Lesson 5: Using Formulas and Built-In Functions와 Lesson 10: The IF Function을 복습하라.

1단계 – 배경

모든 집이 건축가의 설계도로 시작하듯이, 모든 데이터베이스는 데이터 모델로 시작된다. 이 활동에서는 당신은 가장 흔한 데이터 모델인 객체 관계 도표(entity-relationship diagram, ERD)를 구축할 것이다. 다음의 활동은 이 개념들을 응용한다.

데이터베이스 구조에 대한 이해는 데이터베이스 구축의 첫 단계이다. 이를 잘 이해하면 나중에 수정하기 어려운 오류들을 줄일 수 있다. 또한 데이터베이스 개발자가 비즈니스 니즈에 맞추어 데이터베이스를 설계할 때 ERD를 이용하면 데이터베이스에 대해 논의하기 쉽다. ERD는 데이터베이스 형태가 어떻게 될 것인지를 규정한다. 상호 간 이해되는 언어를 사용함으로써 서로의 니즈를 충족시킬 수 있는 데이터베이스를 구축할 가능성이 높아진다.

2단계 – 활동

대학에서 학생 정보를 기록하기 위한 데이터베이스를 구축하려고 한다. 당신은 다음의 내용을 알고 있다.

- 데이터베이스에는 학과, 교과목, 반, 학생에 대한 정보가 저장된다.
- 각 학과에서는 많은 교과목을 강의한다.
- 각 교과목은 하나의 학과에서 가르친다.
- 각 교과목은 여러 개의 반에서 가르친다.
- 각 반은 하나의 교과목에 속한다.
- 각 반에는 많은 학생이 있다.
- 각 학생은 여러 개의 반에 등록할 수 있다.

3단계 – 과제

위에 나온 내용을 이용해 데이터베이스 구축을 위한 ERD를 그려보라. 원하는 그래픽 프로그램을 사용하거나 종이와 연필을 사용하라.

- 객체 간의 모든 관계를 보여라.
- 각 객체의 기본 키를 객체 박스의 위에 표시하라.
- 주어진 상황에 대한 이해를 바탕으로 각 객체에 대해 적어도 3개의 속성을 나타내라. 만약 3개를 생각해낼 수 없다면, 생각해낸 모든 것을 적어보라.

당신의 ERD를 제출하라.

제**4**장

통신과 네트워크

개요

4.1 컴퓨터 네트워크란 무엇인가?

4.2 네트워크 기초

4.3 인터넷과 월드와이드웹

4.4 네트워크 응용

학습목표 > > >

1. 주요 네트워크 형태를 비교분석한다.

2. 유선 통신 미디어와 전송기술에 대해 설명한다.

3. 인터넷에 접속하는 일반적인 방법을 설명한다.

4. 네트워크가 우리의 일상생활과 비즈니스에 끼친 영향을 설명하고, 여섯 가지 네트워크 응용 방법을 구분한다.

도입 사례 > 이메일을 없앤다고?

세계 최초의 이메일이 보내진 때는 1971년이었다. 그 이후로, 이메일은 통신과 비즈니스 협업 분야를 지배했다. 사실 이메일은 당신이 다니는 대학교의 교수와 학생들의 주요 통신 수단일 것이다.

하지만 시간이 지날수록 조직들은 이메일을 정보과다와 스트레스로 연관짓기 시작했다. 시간에 쫓기는 매니저들은 5년 전보다 업무량이 늘어나고 조직 자료들이 희귀해지면서 일을 마치는 것을 어려워하고 있다.

업무량에 더해서, 매니저들은 너무나 많은 시간을 끝없이 쏟아지는 이메일들을 분류하는 데 투자한다. 습관적으로 이메일을 확인하면서 매니저들은 더욱 더 산만해지고, 더 많은 생산적인 일에 충분한 시간을 할애할 수 없다. 게다가 매니저들은 대부분 그들이 읽고 답하는 이메일들은 조직에게 아예 도움이 되지 않거나 약간의 도움만 된다고 주장한다.

이메일을 확인할 수 있는 시간을 갖고 있는 매니저들까지 답답해질 수 있다. 하루의 끝에 그들은 다음 날 아침에 보내야 할 이메일들이 인박스(받은편지함)에 가득 쌓여 있다. 이 과정은 매우 힘들 수도 있지만, 매니저와 팀 사이에 유일한 통신 수단이 이메일이면 더더욱 힘들 수밖에 없다.

조직들은 이 문제를 어떻게 해결하고 있는가? 아토스 SE(Atos SE, http://atos.net)는 굉장히 과감한 선택을 했다. 이메일을 금지한 것이다.

아토스 SE는 프랑스의 다국적 정보기술 서비스 기업으로, 프랑스 브종(Bezons)에 본사가 위치해 있다. 회사는 IT 컨설팅, 시스템 통합, 그리고 IT 서비스 경영까지 제공해준다. 아토스는 영국 정부와 같이 외부에서 위탁한 공공 IT 서비스 계약들도 받는다.

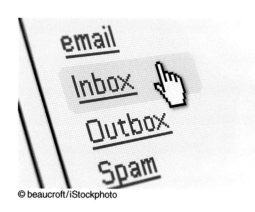

© beaucroft/iStockphoto

2011년에 아토스는 제로 이메일 계획을 내세우면서 고객들과 가망성 있는 고객들을 제외한 내부 통신에서 이메일을 사용하는 것을 금지하였다. 금지의 이유 중 하나는 내부조사에서 300명의 직원들이 일주일에 약 8만 5,000개가 넘는 이메일을 주고받는 것으로 조사되었기 때문이다.

제로 이메일 계획의 일부로, 아토스는 2012년에 프랑스 소프트웨어 기업인 블루키위(blueKiwi, www.bluekiwi-software.com)를 인수하고, 그들의 회사 소셜네트워크 소프트웨어인 ZEN을 조직 전체에 배포하였다. 이 소프트웨어는 직원들이 선택적으로 관련된 주제 또는 공통된 비즈니스 관심사와 활동으로 이루어진 네트워킹 그룹을 구독할 수 있게 해준다. 아토스는 7만 6,000명의 직원들이 관련그룹에 가입하면서 이메일을 줄이거나 제거까지 할 수 있다는 것을 발견했다.

그룹 커뮤니티는 프로젝트와 같은 여러 주제를 다루는 중심 정보와 커뮤니케이션 허브이다. 직원들은 블로그, 위키, 인스턴트 메시지, 소셜미디어 도구들을 이메일 대신 사용한다.

결과는 무엇이었을까? 2014년 중반에 제로 이메일은 아토스에서 제거까지는 아니지만 이메일을 줄이는 데 아주 큰 영향을 미쳤다. 더군다나 다른 기업들도 아토스의 계획에 관심을 보이기 시작했다. 예를 들어 아토스보다 파격적이진 않지만, 폭스바겐 같은 경우에 근무시간 이외에는 직원들이 블랙베리 서버로 이메일을 보내지 못하도록 한다. 다른 기업들은 직원들이 이메일 시간을 갖도록 권장하고 있다. 즉 그들에게 이메일을 정해진 시간에 보는 것은 커피 마시고 쉬는 시간과 똑같은 것이다.

출처 : P. Karcher, "What You Can Learn from Atos's Zero Email Initiative," *Forrester*, December 11, 2013; P. Karcher, "Enterprise Social Does Not Stem Email Overload," *Forrester*, October 31, 2013; B. Profitt, "30 Days with Inbox Zero: Cleaning Out Messages - And Stress," *ReadWrite*, April 15, 2013; L. Timmins, "Why Atos is Eliminating Email," *Computer Weekly*, March 22, 2013; P. Taylor, "Atos' 'Zero Email Intiative' Succeeding" *Financial Times*, March 7, 2013; D. du Preez, "Atos Drives for Aero Email with blueKiwi Roll out," *ComputerWorldUK*, November 7, 2012; L. Magid, "Zero Email Has Zero Chance, But How About an Email Diet," *Forbes*, December 2, 2011; M. Colchester and G. Amiel "The IT Boss Who Shuns Email," *The Wall Street Journal*, Novemebr 28, 2011; http://atos.net, accessed March 4, 2014.

질문

1. 이메일을 없애는 것은 당신의 대학교에서 실현 가능한 것인가? 이유를 말해보라.

2. 조직에서 이메일을 제거하는 것의 장점과 단점을 설명하라.

서론

네트워크 컴퓨팅에 관련하여 세 가지 기본적인 사항에 대한 숙지가 필요하다. 첫째, 현대 조직에서 컴퓨터는 개별적으로 사용되지 않는다. 오히려 컴퓨터들 간에 지속적으로 데이터를 교환한다. 둘째, 통신기술에 의한 데이터 교환은 기업에게 다양한 이점을 제공한다. 셋째, 이러한 교환은 거리나 규모에 관계없이 발생 가능하다.

네트워크가 없다면 당신 책상 위에 있는 컴퓨터는 한때 타자기와 마찬가지로 좀 더 기능이 개선된 제품에 불과하다. 네트워크는 당신의 컴퓨터로 하여금 다양한 정보를 효과적으로 사용할 수 있게 해 당신과 조직의 생산성을 높여준다. 조직의 형태(영리/비영리, 대규모/소규모, 세계적/지역적)와 산업의 형태(제조, 재무, 건강)에 관계없이 네트워크, 특히 인터넷은 우리가 기업을 경영하는 방식을 지속적으로 변화시킬 것이다.

네트워크는 마케팅부터 공급사슬 관리, 고객 서비스, 인력 관리까지 비즈니스를 수행하는 새로운 방법을 창출하도록 도와준다. 특히 인터넷과 기업 소유의 인트라넷―하나의 조직 내에서만 사용하는 네트워크―은 우리의 개인적인 삶뿐만 아니라 사회생활에도 지대한 영향을 미친다.

실제로 기업에 있어 인터넷 전략은 더 이상 기업의 경쟁우위의 원천이 아니다. 오히려 기업의 생존을 위한 필수적인 요소이다.

컴퓨터 네트워크는 여러 가지 이유에서 현재 조직의 필수적인 요소다. 첫째, 네트워크를 통해 연결된 컴퓨터 시스템은 조직으로 하여금 급변하는 경영 환경에 유연하게 적응할 수 있도록 한다. 둘째, 네트워크는 조직 내 그리고 조직 간에 하드웨어, 소프트웨어, 데이터를 공유할 수 있게 해준다. 셋째, 네트워크는 지리적으로 떨어져 있는 종업원 등 같이 업무를 수행하는 사람들이 문서, 아이디어, 그리고 창조적인 시각들을 공유할 수 있게 해준다. 이러한 공유는 팀워크를 통해 보다 혁신적인 결과를 얻을 수 있도록 해줄 뿐만 아니라 보다 효과적이고 효율적인 상호작용이 가능하게 해준다. 또한 네트워크는 비즈니스와 비즈니스 파트너, 그리고 고객을 연결해주는 매우 중요한 요소이다.

네트워크는 분명 현대 조직에 있어 핵심적인 도구이다. 그러나 당신이 왜 네트워크 개념을 알고 있어야 하는가? 이는 당신이 창업을 하든 어느 조직에서 업무를 수행하든 네트워크 없이는 아무 일도 할 수 없기 때문이다. 네트워크를 이용하여 당신은 동료, 조직 구성원, 물품 공급사업자, 비즈니스 파트너, 고객과 신속하게 의사소통을 할 수 있다. 1990년까지만 해도 비즈니스에 관련된 의사소통을 위하여 팩스나 전화, 우편 서비스를 사용해야만 했다. 그러나 오늘날 비즈니스는 거의 실시간에 가까울 정도로 빠르게 진행되고 있다. 이러한 비즈니스 속도에 맞추기 위하여 컴퓨터, 이메일, 인터넷, 이동통신 서비스, 이동통신 단말기 등을 사용해야 한다. 이러한 모든 기술들은 네트워크를 통해 연결되며, 이를 이용해 글로벌 수준에서 의사소통을 하고, 협력을 주도하고, 경쟁 사업자와 경쟁을 벌이게 된다.

네트워크와 인터넷은 21세기 상거래의 기반이 된다. 이 책의 중요한 목적 중 하나 역시 당신이 정보시스템이 무엇인지 알도록 하는 것이다. 네트워크에 대한 지식은 현대 비즈니스를 수행하는 데 있어 필수 불가결한 요소이다.

당신은 이 장의 도입 사례에서 컴퓨터 네트워크가 무엇인지와 다양한 형태의 네트워크에 대해 학습했다. 이제부터 네트워크의 기본적 개념 및 인터넷과 월드와이드웹에 대해 공부하게 될 것이다. 이 장의 마지막 부분에서는 조직과 개인들이 네트워크를 통해 도움을 받을 수 있는 다양한 경우에 대해 학습하게 될 것이다.

4.1 컴퓨터 네트워크란 무엇인가?

컴퓨터 네트워크(computer network)는 컴퓨터와 통신 미디어 단말기(예 : 프린터 등)들을 연결해 데이터와 정보를 전송하는 시스템을 의미한다. 음성과 데이터 통신 네트워크의 전송 속도는 점점 빨라지고 있으며—전송 대역의 증가—비용도 저렴해지고 있다. **전송 대역**(bandwidth)은 네트워크의 전송능력을 말하는 것으로 초당 비트 수로 표시된다. 전송 대역은 협대역(대역폭을 좁게 잡은 주파수 변조 방식)에서부터 광대역(대역폭을 넓게 잡은 주파수 변조 방식)까지 있다.

통신산업 자체는 **광대역**(broadband)을 정의하는 데 어려움을 겪었다. 2010년에 연방통신위원회는 광대역을 통신 장치의 전송 대역이 초당 4메가비트(Mbps)보다 빠른 대역으로 정의했다(자세한 것은 다음 장에서 설명할 것이다). 2014년 중반에 연방통신위원회는 전송 대역 서비스의 최소가 새롭게 10메가비트에서 25메가비트까지 측정되어야 할지에 대한 공공의견을 받고 있다. 이 책의 목적을 위해서 우리는 2010년 연방통신위원회의 기준인 4메가비트를 사용하겠다. 그러나 전송 대역의 정의는 유동적이며, 틀림없이 미래에는 더 큰 네트워크의 전송능력을 뜻할 것이다.

대부분의 사람들은 이미 집과 기숙사에서 케이블망과 **디지털 가입자 회선**(digital subscriber line, DSL)과 같은 광대역 통신망을 사용하고 있을 것이다. DSL과 케이블 네트워크는 여기서 언급된 전송 속도 범주에 속하므로 광대역 통신망 범주에 포함된다.

컴퓨터 네트워크의 다양한 형태는 아주 작은 규모부터 세계적 규모까지 넓게 분포된다. 이러한 네트워크에는 아주 작은 규모부터 매우 큰 규모에 이르는 개인영역네트워크(personal area network, PAN), 근거리 통신망(local area network, LAN), 도시권 통신망(metropolitan area network, MAN), 광역 통신망(wide area network, WAN)과 인터넷을 포함한다. PAN은 매우 짧은 거리—일반적으로 수 미터—안에 있는 개인 단말기들 간 통신에 사용된다. PAN은 무선 혹은 유선이다(무선 PAN은 제8장에서 학습하게 된다). MAN은 도시 지역에서 사용되는 큰 규모의 네트워크이다. MAN은 규모 면에서 LAN과 WAN의 중간에 위치한다. WAN은 일반적으로 전 세계를 연결하는 넓은 지역에서 사용되는 네트워크이다.

근거리 통신망

규모에 관계없이 네트워크는 세 가지 목적에 맞추어 구축된다―속도, 거리, 비용. 일반적으로 조직에서는 이 셋 중 두 가지 정도에 초점을 맞추어 네트워크를 구축한다. 장거리 통신을 위하여, 조직에서 충분히 지불의사가 있을 경우는 빠른 속도의 네트워크를, 느린 속도를 용인할 수 있으면 비용이 저렴한 네트워크를 사용한다. 또 다른 조합은 통신 거리에 한계가 있는 대신 비용이 저렴하고 빠른 통신 네트워크를 사용하는 것이다. 이것이 근거리 통신망 아이디어의 배경이다.

근거리 통신망(local area line, LAN)은 일정한 지역, 일반적으로 동일한 건물 내에서 사용되는 모든 단말기를 연결한다. 오늘날 대부분의 LAN은 이더넷(Ethernet, 이 장에서 논의됨)을 이용한다. 그림 4.1은 4대의 컴퓨터, 서버, 프린터, 그리고 이를 연결하는 네트워크를 표현하고 있다. LAN에 연결된 모든 단말기는 네트워크 인터페이스 카드(network interface card, NIC)를 내장하고 있다. NIC를 통해 단말기들은 LAN과 물리적으로 연결된다. LAN은 물리적으로 비차폐 연선[unshielded twisted pair(UTP), 가장 보편적인 종류의 구리 전화선]으로 구성된다.

꼭 필요한 것은 아니지만, LAN에는 **파일 서버**(file server)와 **네트워크 서버** (network server)가 존재한다. 서버는 네트워크에서 운용되는 데이터와 소프트웨어를 저장하고 있다. 서버는 LAN의 통신 기능과 통신 경로 등을 관리하는 운영체제 역시 저장하고 있다.

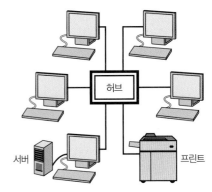

그림 4.1 이더넷 LAN

광역 통신망

기업이 LAN을 통해 데이터를 주고받을 수 있는 영역을 넘어서 지역으로 데이터를 주고받고자 한다면 광역 네트워크를 사용해야 한다. 흥미롭게도 광역 통신망이라는 용어는 근거리 통신망이 등장하기 전에는 없던 개념이다. 그래서 전에는 광역 통신망을 그저 '네트워크'라고 불렀다.

광역 통신망(wide area network, WAN)은 넓은 지역에서 사용되는 네트워크이다. WAN은 일반적으로 여러 개의 LAN을 연결한다. WAN은 글로벌 통신 사업자나 전화 사업자와 같은 통신 사업자에 의해 제공된다. WAN은 상대적으로 큰 용량을 가지고 있고, 여러 채널(예 : 광케이블, 마이크로웨이브, 위성)을 혼합하여 사용한다. 인터넷은 WAN의 한 예이다.

또한 WAN은 **라우터**(router)를 포함하고 있다. 라우터는 LAN에서 인터넷으로, 여러 개의 LAN을 통해 혹은 인터넷과 같은 광역 네트워크를 통해 데이터 패킷을 전송하는 통신 장비다.

기업 네트워크

현대 조직은 여러 개의 LAN과 WAN을 이용하는데, 이들을 연동한 형태가 **기업 네트워크** (enterprise network)이다. 그림 4.2는 기업 컴퓨팅의 예를 보여주고 있다. 그림에서 기업 네트워크는 **백본 네트워크**(backbone network, 연결되어 있는 소형 회선들로부터 데이터를 수집해 빠르게 전송할 수 있는 대규모 전송회선)를 포함하고 있다. 기업의 백본 네트워크는 좀 더 작은 규모의 네트워크, 즉 LAN이나 작은 규모의 WAN을 연결하는 빠른 속도를 가진 중심 네트워크이다. 여기서 LAN은 내장형 LAN이라 불리기도 하는데, 그 이유는 LAN이 백본 WAN에 연결되어 사용되기 때문이다.

> **다음 절로 넘어가기 전에…**
>
> 1. 네트워크를 사용하는 가장 중요한 이유는 무엇인가?
> 2. LAN과 WAN의 차이는 무엇인가?
> 3. 기업 네트워크란 무엇인가?

그림 4.2 기업 네트워크

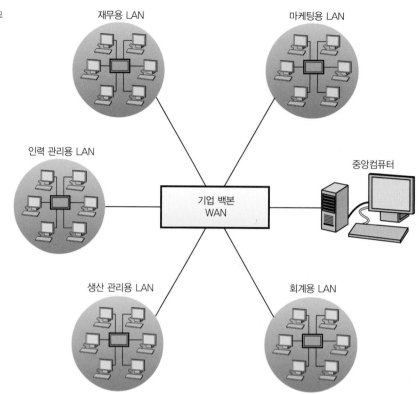

재무용 LAN　　마케팅용 LAN

인력 관리용 LAN

중앙컴퓨터

기업 백본
WAN

생산 관리용 LAN　　회계용 LAN

개념 적용 4.1

학습목표 4.1 주요 네트워크 형태를 비교분석한다.

1단계 – 배경(당신이 배워야 하는 것)

이 절에서는 전 세계의 다른 기업들을 서로 연결해주는 네트워크의 종류에 대해 알아보았다. 이것 때문에 오늘날의 조직들은 여러 지역에 흩어져 있다. 보통 본사는 한 도시에 위치해 있고 다른 지점들은 주변 도시에 위치해 있다. 대부분의 경우 사원들은 재택 근무가 가능하다. 컴퓨터 네트워크는 이 모든 것을 가능하게 해주는 기술이다. 네트워크가 제대로 작동하기 위해서는 몇 개의 요소가 필요하다. 이 활동에서는 그 요소들을 적합하게 이용해서 컴퓨터 네트워크를 만들 것이다.

2단계 – 활동(당신이 해야 하는 것)

다음의 JLB 테크위저드라는 기업과 잠재적 네트워크 요소들을 고려해보자.

1. 본사 : JLB 테크위저드는 국제적인 제조 회사이자 컴퓨터 주변 기기를 판매하며 판매한 기기에 대한 서비스를 제공하는 회사이다. 본사는 일리노이 주 시카고에 위치해 있으며 마케팅, 회계, 인사 관리, 생산 부서가 있다. 각 사무실에는 여러 대의 PC가 있고, 이 PC들은 정보시스템 부서의 중앙서버에 연결되어 있다.

2. 판매 : JLB 테크위저드에는 미국에 판매되는 기기에 대한 서비스를 제공할 15명의 기술자가 있다. 각 기술자는 노트북 컴퓨터를 이용하여 회사에 있든 없든 매일 3시간 정도를 본사에 있는 데이터베이스에 접속하여 재고 수준, 주문 내용, 수리 요구 등에 관한 내용

을 확인한다. 기술자들은 지방의 작은 도시, 작은 시골 마을, 혹은 산간 지역에 있는 가정을 방문하기 위하여 항상 길 위에 있다. 기술자들은 그들이 호텔에 있던 고객이 있는 장소에 있던 재고 수준을 항상 확인해야 한다. 또한 매일 저녁 기술자들은 데이터베이스에 접속하여 그날의 일들을 입력하고 보고해야 한다.

3. 재택 근무 직원 : JLB 테크위저드에는 집에서 원하는 시간대에 근무하는 직원들이 있다. 이 직원들 중 일부는 재무 데이터를 다루기 때문에 본사에 있는 중앙 컴퓨터 및 데이터베이스와 안전하고 빠르게 연결할 수 있는 방법이 있어야 한다. 그들 모두 근무지에서 20마일 이내에 살고 있다.

3단계 – 과제(당신이 제출해야 하는 것)

위의 예시를 이용해서 이 절에서 나온 네트워크들을 비교 분석하라. 이 네트워크들이 각 상황에 어떻게 필요한지 설명하라. 이 정보를 설명하기 위해 표 작성이 필요할 수도 있다. 워드 문서를 만들어 당신의 분석과 설명을 적어 담당자에게 제출하라.

4.2 네트워크 기초

이 절에서는 네트워크가 어떻게 작동하는지에 대한 기초적인 내용을 학습한다. 그리고 나서 아날로그와 디지털 신호의 차이가 무엇인지, 모뎀이 어떻게 컴퓨터 네트워크 간에 신호를 주고받을 수 있게 하는지에 대해 학습한다. 이 절의 끝부분에서 전송기술, 네트워크 프로토콜, 네트워크 처리 유형에 대해 학습한다.

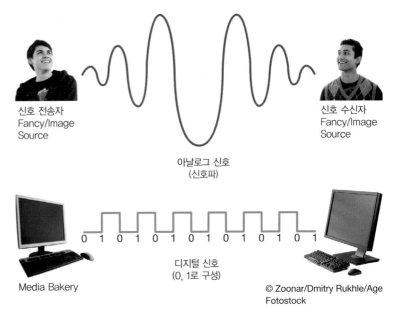

그림 4.3 아날로그와 디지털 신호

아날로그와 디지털 신호

네트워크는 정보를 아날로그와 디지털 두 기본적인 형식으로 전송한다. **아날로그 신호**(analog signal)는 연속 파동의 형태를 갖는 것으로 파동의 특성을 변화시켜 정보를 전송한다. 아날로그 신호는 2개의 모수로 구성되는데, 그것은 바로 주파수(frequency, 주기적인 현상이 단위시간 동안 몇 번 일어났는지를 의미하는 것으로 단위는 Hz를 쓰며 진동수라고도 함)와 **진폭**(amplitude, 주기적으로 진동하는 파의 진동폭이다)이다. 예를 들어 사람의 목소리를 포함한 모든 소리는 아날로그로서, 파동 형태로 사람의 귀까지 이동한다. 파동(혹은 진폭)이 높을수록 소리는 더 커진다. 파동이 조밀할수록, 주파수 혹은 피치[pitch, 진동수 차(差)를 뜻하며, 진동수가 많은 음을 높은 음, 적은 음을 낮은 음이라고 한다가 높다. 반면에 **디지털 신호**(digital signal)는 이산 펄스(discrete pulse) 형태를 갖는 것으로, 비트(bit), 즉 0과 1을 나타내기 위해 스위치를 켜고 끄는 것과 같은 형식으로 표현된다. 이러한 방식을 통해 디지털 신호는 컴퓨터에 의해 해석 가능한 2진법 형태로 정보를 전송한다. 그림 4.3은 아날로그와 디지털 신호를 설명하고 있다.

모뎀(modem)의 기능은 디지털 신호를 아날로그로[이 과정을 변조(modulation)라고 부른다],

아날로그 신호를 디지털로[이 과정을 **복조**(demodulation)라고 부른다] 전환시키는 것이다. [모뎀은 변조장치(modulator)—복조장치(demodulator)의 약자이다.] 모뎀은 변조와 복조의 짝으로 사용된다. 모뎀은 전송하는 부분에서 컴퓨터의 디지털 정보를 아날로그로 바꾸어 전화선과 같은 아날로그 선에서 전송할 수 있도록 한다. 받는 쪽에서도 역시 다른 모뎀이 신호를 받아들이는 컴퓨터에서 인식할 수 있도록 아날로그 신호를 디지털 신호로 전환한다. 이러한 모뎀에는 다이얼 업 모뎀, 케이블 모뎀, DSL 모뎀 세 종류가 있다.

미국의 공중 전화망은 원래 음성 신호나 소리와 같은 아날로그 파동 정보를 전달할 수 있도록 아날로그 네트워크 형태로 설계되었다. 이러한 유형의 회선이 디지털 정보를 전송하기 위해서는, 해당 정보가 다이얼 업 모뎀을 통하여 아날로그 파동 형태로 전환되어야 한다. 다이얼-업 모뎀은 초당 56킬로바이트 정도의 속도로 정보를 전송한다. 이것은 현재 많은 선진국들은 사용하고 있지 않다.

케이블 모뎀은 동축 케이블, 예를 들어 케이블 TV 선과 같이 작동하는 모뎀이다. 케이블 모뎀은 인터넷이나 기업의 인트라넷에 광대역 접속이 가능하게 해준다. 케이블 모뎀은 매우 다양한 속도로 정보를 전송한다. 대부분의 케이블 모뎀은 다운로드 시(인터넷에서 컴퓨터로)에 초당 100만 비트에서 600만 비트의 정보를 전송하고, 업로드 시(컴퓨터에서 인터넷으로)에 초당 128만 비트에서 768만 비트 사이의 속도로 정보를 전송한다. 케이블 모뎀은 정보를 전송받는 지점의 인근에 있는 가입자들에게는 전송 대역을 공유하도록 하며 정보를 전송한다. 따라서 일정한 지역에 있는 많은 사람들이 동시에 네트워크를 접속하면, 케이블의 전송 속도는 심각하게 저하된다.

DSL(digital subscriber line, 이 장에서 논의된 바 있음) 모뎀은 다이얼 업 모뎀이나 음성 전화와 같은 회선에서 작동한다. DSL 모뎀은 항상 연결 상태를 유지하는데, 이는 인터넷을 언제든지 즉시 사용할 수 있게 하기 위한 것이다.

통신 미디어와 채널

한 장소에서 다른 장소로 데이터를 전송하기 위해서는 어떤 형태의 경로 혹은 미디어가 필요하다. **통신 채널**(communication channel)은 그러한 경로로서 케이블(꼬임전선, 케이블 혹은 광섬유 케이블)과 전파 매체(마이크로웨이브, 위성, 라디오, 적외선)의 두 가지 형태의 미디어로 구성된다.

케이블 미디어(cable media) 혹은 **유선 미디어**(wireline media)는 데이터와 정보 전송을 위해 물리적 전선 혹은 케이블을 사용한다. 꼬임전선과 동축 케이블은 구리로 만들어지고, 광섬유 케이블은 유리로 만들어진다. 또 다른 통신 방식은 **전파 미디어**(broadcast media) 혹은 **무선 미디어**(wireless media)이다. 이동성이 매우 중시되는 현대 사회에서 이동통신의 핵심은 전자기 미디어—방송 전파—를 통해 데이터를 전송하는 것이다. 이 절에서는 세 가지 무선 채널에 대해 학습한다. 표 4.1은 각 채널의 장점과 단점을 요약해 놓은 것이다. 제8장에서 무선 미디어에 대해 더 많이 학습하게 된다.

꼬임전선 **꼬임전선**(twisted-pair wire)은 가장 흔하게 사용되는 통신회선으로서, 대부분의 상업용 전화 회선에 사용된다. 꼬임전선은 짝으로 구성되어 꼬아 놓은 구리선을 이용해 구성된다(그림 4.4 참조). 상대적으로 저렴하고, 대부분의 통신 회선에 사용 가능하며, 설치하기 용이하다. 그러나 매우 중대한 단점이 있다. 다른 전기 기기에서 발생하는 전자파의 영향을 받아서 데이터 전송 속도가 느려질 수 있고, 지정된 수신자가 아닌 다른 사람에게 데이터가 전달되어 사

표 4.1 유선망의 장단점 비교

채널	장점	단점
꼬임전선	저렴한 비용 구매 용이 작업 용이	느림(좁은 대역) 간섭에 약함 보안 취약
동축 케이블	꼬임전선보다 큰 대역 전자기 간섭에 덜 취약	상대적으로 고가 중간 수준의 보안 기능 작업하기 어려움
광섬유 케이블	아주 높은 대역 상대적으로 저렴 높은 보안 수준	작업하기 어려움

적인 데이터가 노출될 우려 역시 있다.

동축 케이블 동축 케이블(coaxial cable)(그림 4.5)은 절연 처리된 구리선으로 구성된다. 동축 케이블은 꼬임전선에 비해 전자파 간섭에 덜 민감하며, 더 많은 데이터를 전송할 수 있다. 이러한 이유 때문에 텔레비전 신호(그래서 케이블 TV라고 부름)뿐만 아니라 빠른 속도로 데이터를 전송하는 데 쓰인다. 그러나 동축 케이블은 꼬임전선에 비해 비싸고 설치하기 어렵다는 단점이 있다. 또한 동축 케이블은 꼬임전선과 같이 환경에 구애받지 않고 융통성 있게 사용하기 어렵다.

광섬유 광섬유 케이블(fiber-optic cable)(그림 4.6)은 레이저에 의해 생성된 광선식 펄스(light pulse)를 이용하여 정보를 전송하는 매우 가는 필라멘트와 같은 형태의 유리섬유 수천 개로 구성된다. 광섬유 케이블은 섬유 틈으로 빛이 빠져나가는 것을 막기 위해 코팅된 피복으로 감싸여 있다.

광섬유 케이블은 전통적인 케이블 미디어에 비해 매우 가볍고 작다. 광섬유 케이블은 훨씬 더 많은 데이터를 전송할 수 있고, 전자파 간섭 등으로부터 영향을 훨씬 덜 받아 보안을 유지할 수 있다. 2014년 중반에 광섬유 케이블은 실험실 환경에서 초당 50조 비트를 전송할 수 있는 것으로 확인되었다. 광섬유 케이블은 통상 네트워크들을 연결하는 등뼈 구실을 하는 네트워크인 백본 네트워크로 쓰인다. 반면 꼬임전선과 동축 케이블은 백본 네트워크와 네트워크상의 개인 단말기를 연결하는 역할을 한다.

© deepspacedave/iStockphoto

그림 4.4 꼬임전선

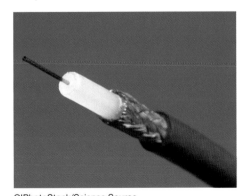

GlPhotoStock/Science Source

단면

© piotr_malczyk/iStockphoto

우리에게 보이는 동축 케이블

그림 4.5 동축 케이블의 두 가지 모양

그림 4.6 광섬유 케이블의 두 가지 모양

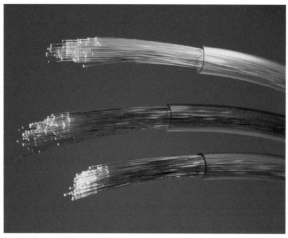

Phillip Hayson/Science Source
단면

Chris Knapton/Science Source
우리에게 보이는 광섬유 케이블

네트워크 프로토콜

네트워크에 연결되어 있는 컴퓨팅 기기들은 데이터를 주고받기 위해 반드시 네트워크에 접속할 수 있어야 한다. 이러한 기기들은 네트워크의 노드(node)로 불린다. 이러한 기기들은 서로 간에 통신을 하기 위해 공통의 규칙과 순서—**프로토콜**(protocol)이라 부름—를 따라야 한다. 주요 프로토콜로는 이더넷과 TCP/IP가 있다.

이더넷 공통적인 LAN 프로토콜이 이더넷이다. 대부분의 대기업에서는 100기가비트 이더넷을 사용한다. 100기가비트 이더넷이란 초당 100기가비트(초당 1,000억 비트)를 전송하는 네트워크를 말한다.

TCP/IP TCP/IP 프로토콜(Transmission Control Protocol/Internet Protocol)을 인터넷에서 사용되는 프로토콜이다. TCP/IP는 TCP라는 프로토콜과 IP라는 프로토콜을 하나로 묶어 놓은 것이다. TCP는 세 가지 기능을 제공한다—(1) 컴퓨터들을 연결한 네트워크를 통한 컴퓨터 간 패킷(packet)의 이동을 관리하는 기능, (2) 전송되는 패킷의 순서를 지켜주는 기능, (3) 패킷이 제대로 전송되었는지를 확인해주는 기능. **IP**(Internet Protocol)는 전송 중인 데이터를 분해, 전송, 결합시키는 기능을 제공한다.

데이터는 인터넷을 통해 전송되기 전에 일정한 크기의 작은 단위로 분해되는데, 그것을 패킷이라고 부른다. 텍스트를 패킷으로 분해하는 전송 기술을 패킷 스위칭(packet switching)이라고 부른다. 각 패킷은 목적지에 도달하는 데 필요한 정보, 즉 발신자의 IP 주소, 수신자의 IP 주소, 메시지의 패킷 수, 메시지에 포함되어 있는 특별한 의미를 가진 패킷 수를 가지고 있다. 각 패킷은 네트워크를 통해 독립적으로 이동하는데, 때로는 서로 다른 경로를 통해 같은 목적지로 이동하기도 한다. 패킷이 목적지에 도착했을 때, 패킷들은 다시 결합되어 원래의 메시지를 생성한다.

패킷 스위칭은 안정적이고 어느 정도 수준의 장애가 발생해도 작동하는 중요한 장점을 가지고 있다. 예를 들어 네트워크상의 데이터 전송 경로가 혼잡하거나 장애가 발생한 경우, 패킷들이 경로를 역동적으로 변경하며 이동한다. 또한 몇 개의 패킷이 목적지에 있는 컴퓨터에 도착하지 못했을 경우, 그 패킷들만 다시 전송한다.

그림 4.7 TCP/IP의 4계층

이메일 전송

이메일 수신

이메일 : SMPT(Simple Mail Transfer Protocol)를 통한 메시지 전송	애플리케이션	이메일 : 메시지 수신
메시지를 패킷으로 분리하고 순서 정렬	전송	패킷 재정렬(보낸 순서대로) 혹은 대체(분실 시)
송수신 IP 부여와 이를 각 패킷에 적용	인터넷	IP 주소를 이용하여 패킷 전송
수신체까지의 경로 설정	네트워크 인터페이스	패킷 수신

왜 조직에서 패킷 스위칭을 사용하는가? 주요 사용 이유는 일시적인 장애 혹은 장기적으로 장애가 발생하는 불안정적인 네트워크에서도 안정적으로 메시지를 전달할 수 있기 때문이다.

패킷은 데이터 전송을 위해 TCP/IP 프로토콜을 이용한다. TCP/IP는 4계층에서 작동한다(그림 4.7 참조). **애플리케이션 계층**(application layer)은 애플리케이션 프로그램이 다른 계층에 접근할 수 있도록 해주고, 애플리케이션 간에 데이터를 주고받을 수 있는 프로토콜을 규정한다. 이러한 애플리케이션 프로토콜 중 하나가 **HTTP**(Hypertext Transfer Protocol)이다. HTTP는 메시지가 구성되는 방식과 수신 측에서 메시를 해석하는 방식을 규정한다. **전송 계층**(transport layer)은 애플리케이션 계층에 대해 통신 기능과 패킷 서비스 기능을 제공한다. 이 계층에는 TCP와 다른 프로토콜들이 포함되어 있다. **인터넷 계층**(Internet layer)은 데이터 패킷에 대한 주소 관리, 경로 관리, 패키징(packaging)을 담당한다. IP는 이 계층에서 사용되는 프로토콜 중 하나이다. 마지막으로 **네트워크 인터페이스 계층**(network interface layer)은 어떤 네트워크 기술을 사용해서 전달되는 패킷이든지 패킷을 서로 다른 네트워크 간에 전송하고 관리하는 역할을 담당한다.

TCP/IP를 사용하는 두 컴퓨터는 서로 다른 하드웨어와 소프트웨어를 사용한다 해도 상호 간 교신이 가능하다. 특정 컴퓨터에서 전송된 데이터는 4계층을 통과하여 수신자에게 전달된다. 즉 데이터를 전송하는 컴퓨터의 애플리케이션 계층부터 시작하여 네트워크 인터페이스 계층을 통과하여 수신자의 컴퓨터로 전송된다. 수신자의 컴퓨터에 도착한 데이터는 다시 역순으로 4계층을 통과하여 수신자에 메시지를 전달한다.

TCP/IP는 사용자가 데이터를 불안정한 네트워크를 통해 전송하더라도 데이터를 온전한 형태로 전달하는 것을 보장한다. TCP/IP는 안정성과 기업의 인트라넷에서도 사용하기 편리하고 다양한 기능을 제공한다는 점 때문에 기업에서 매우 인기 있는 프로토콜이다.

인터넷에 사용되는 패킷 스위칭 사례를 보자. 그림 4.8은 패킷 스위칭 네트워크를 통해 뉴욕에서 로스앤젤레스로 메시지가 전송되는 것을 보여준다. 그림 4.8에서 서로 다른 색으로 표시된 노드들은 패킷이 전송되는 서로 다른 경로를 의미한다. 다양한 경로를 통해 로스앤젤레스에 도착한 패킷은 다시 결합되어 메시지를 수신자에게 전달한다.

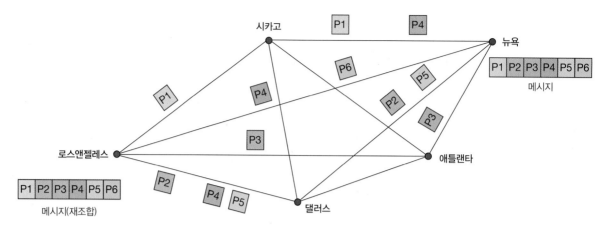

그림 4.8 패킷 스위칭

네트워크 프로세싱 형태

기업에서는 일반적으로 여러 개의 컴퓨터를 사용한다. **분산 프로세싱**(distributed processing)은 프로세싱을 분리하여 2개 이상의 컴퓨터에서 수행되도록 한다. 이 프로세스는 서로 다른 장소에 위치한 컴퓨터들이 통신 회선을 통해 교신할 수 있도록 해준다. 분산 프로세싱의 공통적인 형태는 클라이언트/서버 프로세싱이다. 클라이언트/서버 프로세싱의 특별한 형태가 P2P 프로세싱이다.

클라이언트/서버 컴퓨팅 클라이언트/서버 컴퓨팅(client/server computing)은 사용자의 PC(이를 클라이언트라 부른다)를 어떤 기계(이를 서버라 부른다)에 연결하여 컴퓨팅 서비스를 제공하는 것을 의미한다. 일반적으로 기업에서는 높은 수준의 컴퓨팅 성능을 갖춘 서버에 상대적으로 성능이 낮은 클라이언트 컴퓨터가 접근(access)할 수 있도록 하여 프로세싱이나 애플리케이션/데이터 저장 등의 작업을 한꺼번에 처리한다. 클라이언트는 서버에게 애플리케이션, 데이터, 프로세싱 작업을 해줄 것을 요청하고, 서버는 요청에 맞추어 작업을 수행한다.

　클라이언트/서버 컴퓨팅은 '뚱뚱한' 클라이언트와 '홀쭉한' 클라이언트에 대한 아이디어로부터 출발한다. 뚱뚱한 클라이언트는 네트워크가 작동하지 않을 경우 마이크로소프트 오피스와 같은 프로그램을 자체적으로 작동시킬 수 있는 충분한 데이터 저장능력과 처리능력을 보유하고 있다. 반면, 홀쭉한 클라이언트는 데이터 저장능력이 없거나, 제한된 처리능력만을 보유하고 있다. 이 경우 홀쭉한 클라이언트는 애플리케이션을 사용하기 위해 네트워크에 연결된 성능 좋은 서버에 의존해야만 한다. 이러한 이유 때문에 홀쭉한 클라이언트는 네트워크가 작동하지 않으면 아무것도 할 수 없게 된다.

P2P 프로세싱 P2P 프로세싱[peer-to-peer(P2P) processing]은 클라이언트/서버 분산 프로세싱의 한 형태로 각각의 컴퓨터가 클라이언트이면서 동시에 서버 역할을 하는 경우를 의미한다. 각 컴퓨터는 보안이나 데이터 무결성(integrity)을 위해 주어진 접근 권한을 가지고 모든 컴퓨터의 파일에 접근할 수 있다.

　P2P 프로세싱에는 세 가지 기본적 유형이 있다. 첫 번째는 네트워크로 연결된 컴퓨터 간에 사용하고 있지 않은 CPU를 사용하는 유형이다. 이러한 유형으로 잘 알려진 것이 **SETI@home**(http://setiathome.ssl.berkeley.edu)이다. 이러한 애플리케이션은 자원 개방형으로 작업을 수

행하여 비용 없이 사용할 수 있다.

두 번째 유형은 실시간 사람 대 사람 공동 작업과 같은 것으로 마이크로소프트 셰어포인트 워크스페이스(http://office.microsoft.com/en-us/sharepoint-workspace)가 그러한 사례이다. 이 제품은 P2P 애플리케이션을 제공하는데, 애플리케이션을 사용하고 있는 사람들의 목록을 이용하여 실시간으로 공동 작업을 하고자 하는 사람들을 연결해준다.

세 번째 유형은 고사양의 검색과 파일 공유 형태이다. 이러한 유형이 갖는 특징은 자연어(natural-language)를 이용하여 수백만 개의 피어 시스템들에 담겨 있는 내용을 검색하고 파일을 공유하게 하는 것이다. 이러한 기능을 통해 사용자들은 데이터나 웹페이지뿐만 아니라 다른 사용자가 누가 있는지도 알 수 있도록 해준다. 이러한 유형의 기능을 제공하는 사례가 비트토렌트이다.

비트토렌트(BitTorrent, www.bittorrent.com)는 프로그램을 개방한 애플리케이션으로 무료로 동료 간에 파일을 공유할 수 있도록 해주며, 아주 큰 파일을 아주 작은 크기(토렌트)로 분리할 수 있게 해준다. 비트토렌트는 파일 공유에 있어 해결하기 어려운 두 가지 문제에 해결책을 제시한다. 바로 (1) 여러 사람이 동시에 같은 파일을 다운로드하고자 하면 다운로드 속도가 급격히 떨어지는 문제와 (2) 어떤 사람들은 파일을 다운로드하는 것은 좋아하지만 공유하는 것은 싫어한다는 것이다. 이유는 다른 사람이 자신의 컴퓨터에 있는 파일을 다운로드하려고 할 경우 자신의 컴퓨터 처리 속도가 느려질 수 있기 때문이다. 비트토렌트는 이러한 문제를 해결할 수 있도록 파일을 아주 작은 규모로 분리—이러한 과정을 스워밍(swarming)이라고 부른다—하여 모든 사용자가 동시에 파일을 공유할 수 있도록 해준다. 비트토렌트는 사용자들이 파일을 다운로드하는 동안 업로드가 동시에 발생하도록 하여, 다운로드만 하려는 사용자들의 문제점을 해결했다. 이는 인기 있는 콘텐츠일수록 네트워크상에서 공유가 잘된다는 것을 의미한다.

┌─ **다음 절로** 넘어가기 **전에…** ─┐

1. 세 가지 유선 통신 채널을 비교·분석하라.
2. 사용자가 네트워크를 통해 많은 양의 데이터를 전송할 수 있도록 해주는 다양한 기술을 설명하라.
3. 이더넷과 TCP/IP란 무엇인가?
4. 클라이언트/서버 컴퓨팅과 P2P 프로세싱 간의 차이점은 무엇인가?

개념 적용 4.2

학습목표 4.2 유선 통신 미디어와 전송기술에 대해 설명한다.

1단계 – 배경

이 절은 네트워크 채널, 프로토콜, 그리고 그것의 기본을 다룬다. 이 컴퓨터 네트워크는 대부분의 기업 조직 구성원들이 고객, 공급 사업자, 그리고 동료 조직 구성원들과 정보를 공유하기 위해 사용된다. 이것들은 여러 케이블 종류와 프로토콜로 이루어져 있어서 현대 기업들의 기초가 된다.

2단계 – 활동

당신이 일반 병원의 청구서 발송과에서 근무한다고 가정해보자. 최근에 당신의 상사가 병원 성장을 위해 사무실의 재배치가 이루어지면서 앞으로 일은 집에서 하라고 지시했다. 집에 사무실을 만드는 데 드는 모든 돈은 회사에서 제공해줄 것이며, 집의 인터넷(초당 1.5메가바이트 속도의 연결을 요구한다) 또한 4회에 걸쳐 보상해줄 것이다. 오직 요구되는 것은 사무실에서 했던 것처럼 집에서도 청구서를 똑같이 결제해야 한다는 것이다. 당신은 일을 끝내고 나면 마음대로 시간을 쓸 수 있다.

http://www.wiley.com/go/rainer/MIS3e/applytheconcept에 접속하여 재택 근무에 관한 몇 개의 영상을 보라.

3단계 – 과제

재택 근무를 도와줄 유선 통신 미디어와 전송기술(프로토콜)에 대해 설명하라. 당신의 설명은 최소한 집 내 인터넷 연결, 웹 사용, 그리고 사무실에서의 연결에 대한 내용을 포함해야 한다. 또한 이것들의 연결을 도와줄 프로토콜에 대해서 설명하라. 당신의 교수에게 이 과제를 제출하라.

4.3 인터넷과 월드와이드웹

인터넷(Internet 혹은 **Net**)은 전 세계 200개 이상의 국가에 있는 약 100만 개 정도의 컴퓨터 네트워크를 연결하는 전 세계적 WAN이다. 인터넷은 전 세계 20억 명 이상의 사람들이 매일 사용한다. 인터넷에 접속하는 데 사용되는 컴퓨터 시스템에는 스마트폰, PC, LAN, 데이터베이스와 서버가 있다.

인터넷상에서의 컴퓨터와 기업의 서버들은 서로 다른 제조사가 만들었거나 형태가 다를 수 있다. 이들은 서로 다른 속도를 가진 데이터 통신 회선을 통해 서로 연결된다. 각 기업의 서버[이하 노드(node)라 부름]를 연결하는 전화선과 이러한 전화선들을 연결하는 기본적인 네트워크를 **인터넷 백본**(Internet backbone)이라 부른다. 인터넷의 경우 백본은 광섬유 네트워크로서 주로 큰 통신사업자들이 운용한다.

네트워크들의 네트워크인 인터넷은 전 세계 사람들이 끊김 없이 언제 어디서나 빠르고 값싸게 데이터를 주고받고, 통신을 하고, 정보를 교환하고, 공동 작업을 할 수 있도록 한다. 따라서 인터넷은 현대 기업에 있어 반드시 필요한 요소이다.

인터넷은 미국 국방부의 ARPA(advanced research project agency)에서 기획한 실험적인 프로젝트로부터 시작되었다. 1969년에 시작된 프로젝트의 결과로 ARPAnet이 구축되었다. 목표는 연구자, 교육자, 국방 인력, 정부 부처들이 데이터를 공유하고 메시지를 교환하며 파일을 전송할 수 있도록 하는 WAN의 가능성을 실험하는 것이었다.

오늘날 인터넷 기술은 조직 내와 조직 간에 모두 사용되고 있다. **인트라넷**(intranet)은 사용자가 친숙한 애플리케이션을 사용하고 기존의 업무 습관을 그대로 사용할 수 있도록 인터넷 프로토콜을 사용하는 네트워크이다. 인트라넷은 조직 내에서 쉽고 간편하게 정보를 찾고, 공유하고, 전송하도록 해준다.

반면에 **엑스트라넷**(extranet)은 서로 다른 조직의 인트라넷을 연동시킨다. 또한 비즈니스 파트너들이 가상 사설망[virtual private network(VPN), 제7장 참조]을 사용하여 인터넷에 안전하게 통신할 수 있도록 한다. 엑스트라넷 조직 간에 통신이 가능하도록 해줌과 동시에 연결된 기업의 인트라넷에 제한적으로 접근할 수 있게 한다. 엑스트라넷은 기업 대 기업 간 전자상거래(B2B, 제9장 참조)와 공급사슬관리[supply chain management(SCM), 제13장 참조]에 폭넓게 사용된다.

인터넷을 관리하는 주요 조직은 존재하지 않는다. 그 대신 인터넷을 운용하는 비용은 수백만 개의 노드에서 분담한다. 따라서 어떤 한 기업이 부담하는 비용은 작을 수밖에 없다. 기업이 자신들의 기업명을 인터넷에 등록하길 원한다면 약간의 비용만 지불하면 된다. 기업들은 데이터를 보낸 사람/기업이 누구든 관계없이 비용을 요구하지 않고 그 데이터를 목적지까지 이동할 수 있도록 해야 할 의무가 있다. 데이터를 발송한 사람/기업은 데이터 전송을 위해 일반적 전화 회선이나 백본을 사용하고 그 대가로 일정한 비용을 지불한다.

모든 나라의 기업들은 인터넷을 통해 사업을 한다. 중국은 인터넷에 가장 많은 사람들, 6억 1,800만 명이 인터넷에 접속한다. 다음의 선두 인터넷 기업들을 살펴보자.

- 치후 360(Qihoo 360, http://corp.360.cn)은 온라인 보안 소프트웨어로 가장 유명하며 4억 명의 이용자를 갖고 있다. 추가적으로 2012년에 검색엔진을 선보여 중국 시장의 25%를 차지하고 있다.
- 제이디닷컴(JD.com, www.jd.com)은 전자상거래업체로서 아마존과 비슷한 방식으로 운영하는 기업으로, 1억 4,000만 명의 사용자를 보유하고 있다. 제이디닷컴은 영어로 운영되는 사이트가 있으며, 구매액이 49달러가 넘을 경우 국제 배송비도 무료이며 일주일 내로 배송이 된다.
- 지아위안닷컴(jiayuan.com, www.jiayaun.com)은 중국의 가장 오래되고 가장 잘 알려진 중매 사이트 중 하나로, 1억 명의 사용자를 보유하고 있다. 중국의 한 가정 한 자녀 정책은 인구에서 성비를 불균형하게 만들면서 남성에게 편향되는 현상이 생겼다. 동시에 미디어는 20대 후반의 여자를 '남겨진 여자들'이라고 부르고 있다. 지아위안은 '아름다운 운명' 이라는 뜻으로 결혼을 원하는 사용자들을 위해 만들어졌다.
- 넷이즈(www.netease.com)은 중국의 대형 포털사이트로 무려 5억 9,000만 명이 넘는 사용자들을 보유하고 있다. 이 사이트는 이메일 서비스, 검색, 온라인 비디오, 게임, 소셜네트워킹 서비스를 제공하고 있다.
- 58닷컴(www.58.com)은 중국 버전의 크레이그리스트(우리나라의 중고나라와 같은 사이트)로, 380개의 도시를 넘나들며 1억 3,000만 명의 이용자를 갖고 있다. 사용자들은 구직, 특가판매, 개인광고 같은 것을 사이트에 올린다.

인터넷 접속

인터넷은 다양한 방법을 통해 접속 가능하다. 직장이나 학교에서, 당신이 속한 조직의 LAN을 통해 인터넷에 접속할 수 있다. 캠퍼스 혹은 회사의 백본은 거의 모든 종류의 LAN에 연결되어 있어 조직 내의 서버를 통해 인터넷에 연결된다. 여러분은 또한 집이나 길 위에서 유선 혹은 무선 연결을 통해 인터넷에 접속할 수 있다.

온라인 서비스를 통한 연결 인터넷 서비스 제공 사업자와의 계약을 통해 계좌(account)를 열어 인터넷에 접속할 수 있다. **인터넷 서비스 제공 사업자**(Internet service provider, ISP)는 일정 금액을 받고 인터넷에 대한 접속 서비스를 제공한다. 미국 내 대형 ISP로는 아메리카 온라인 (www.aol.com), 주노(www.juno.com), 어스링크(www.earthlink.com) 등이 있다. 또한 많은 전화 회사와 케이블 회사들도 컴퓨터 회사인 마이크로소프트와 같이 인터넷 접속 서비스를 판매한다. 이러한 서비스를 사용하기 위해 모뎀과 표준화된 통신 소프트웨어를 가지고 있어야 한다.

ISP들은 **네트워크 접속 포인트**(network access point, NAP)를 통하여 서로의 네트워크에 접속한다. NAP는 인터넷 트래픽이 교차되는 지점이다. NAP는 트래픽이 이동하는 경로를 결정하며 인터넷 백본의 핵심 요소이다. 그림 4.9는 미국 내에 인터넷이 어떻게 구성되어 있는지를 보여준다. 그림 윗부분에 있는 흰색 선은 인터넷 백본을 나타낸다. 이 선들이 서로 만나는 지점에 있는 점이 NAP이다.

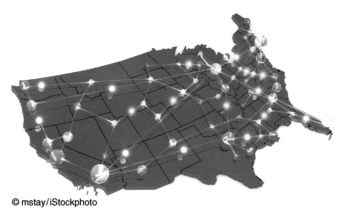

© mstay/iStockphoto

그림 4.9 인터넷

다른 방법을 통한 접속 인터넷에 보다 저렴하게, 빠르게, 쉽게 접속하고자 하는 다양한 시도들이 있어 왔다. 예를 들어 인터넷 키오스크(Internet kiosk)라고 알려져 있는 단말기(예 : PC)가 도서관이나 공항(어떤 나라에서는 편의점에도)과 같은 공공장소에 위치해 있어, 컴퓨터를 가지고 있지 못한 사람들이 인터넷을 사용할 수 있도록 한다. 많은 사람들이 스마트폰이나 아이패드를 통해 인터넷에 접속한다. 또한 FTTH(fiber-to-the-home)는 매우 빠른 속도로 성장하고 있는데, 광섬유를 집 안까지 연결하는 것을 의미한다. FTTH는 초기에 새롭게 건축된 건물들에만 설치되었으나, 점차 오래된 건물들에도 설치되고 있다. 표 4.2는 인터넷에 접속하는 다양한 수단을 정리해놓은 것이다.

다른 나라들은 시간당 비용을 계산해서 일반인들에게 인터넷을 제공하는 사이버 카페를 사용한다. 이 산업들은 간식과 음료를 제공하여 '카페'라는 단어가 이름에 들어가게 된 것이다. 비즈니스에서 IT 4.1은 쿠바가 어떻게 인터넷 접속을 다루는지 보여주고 있다.

표 4.2 인터넷 연결 방법

서비스	설명
다이얼 업 (일반 전화선 이용)	광대역이 없는 지역에서 사용
디지털 가입자 회선(DSL)	전화 회사를 통한 광대역 접속
케이블 모뎀	케이블 TV 동축 케이블을 통해 연결. 많은 사람이 한꺼번에 접속하면 성능이 저하됨
위성	DSL이 없는 지역에서 이용
무선	매우 편리. WiMAX를 통한 무선 사용 증가
FTTH	비용이 많이 들고, 일반적으로 주택 신축 시에 사용

비즈니스에서 IT 4.1

쿠바의 인터넷 접속

쿠바는 인터넷을 가장 엄격하게 통제하는 나라이다. 적은 연결과 제한된 대역폭, 대규모의 검열, 그리고 비싼 비용이 쿠바 인터넷의 특징이다. 2007년부터 이 상황은 점점 나아지기 시작했다. 2013년에 분석가들은 쿠바의 인구 중 25% 이상은 인터넷 접속을 할 수 있다고 예측했다. 이 통계는 어떠한 발전 가능성을 보여주었지만, 쿠바는 여전히 서반구에서 가장 낮은 인터넷 접속률을 기록하고 있다.

쿠바 시민들은 하지만 국가의 인트라넷에는 접속이 가능하다. 쿠바의 인트라넷은 정부가 운영하는 이메일 서비스와 .cu 도메인을 갖고 있는 '친정부' 성향을 갖는 웹사이트들을 제공한다. 이 모든 서비스들은 쿠바의 혁명관리 부서에서 검열을 받는다.

2013년의 봄에 쿠바는 2개의 해저 광케이블과 연결하고 국가의 통신회사인 ETECSA와 협력하여 더욱더 폭넓은 인터넷 접속을 위하여 118개의 사이버 카페를 열었다. 하지만 쿠바인들이 집에서 새로운 인터넷 서비스를 접속하는 것은 금지되어 있다. 쿠바의 공산당 일간 신문인 그란마(Granma)에서 쿠바의 통신장관은 쿠바가 두는 중점은 '접속의 집단점'이라고 발표했다.

추가적으로 사이버 카페에서 닫혀 있는 쿠바의 인트라넷에 접속하는 데는 시간당 70센트가 든다. 반면에 인터넷에 접속하는 데는

© LanceB/iStockphoto

시간당 5달러가 든다. 상황을 더욱 악화시키는 것은, 쿠바인들은 인터넷 접속을 신청할 때마다 주민등록증을 무조건 보여줘야 한다는 것이다. 어떤 사용자들은 '온라인에서 공공의 안전을 위태롭게 하지 않을 것을 약속한다'는 동의서에 서명해야 하기도 한다.

쿠바는 정부가 온라인 통신을 통제할 때, '넓은' 인터넷 접속을 허용하면서도 온라인상 자유를 아예 또는 아주 적게 제공하는 것이 가능하다는 것을 보여준다. 신기하게도 많은 쿠바인들은 해외의 친척 또는 친구들이 내주는 위성 스마트폰을 이용해서 정부의 규제들을 피하기도 한다.

출처 : S. Willis, "Cuba's Internet: It's Bad But It Might Get Better," *Fusion.net*, October 25, 2013; "A Cyber Café in Cuba? No Chance," *Translating Cuba*, October 20, 2013; "Cuba Plans Internet in Homes by Late 2014," *Fox News Latino*, June 22, 2013; D. Talbot, "Cuba's New Internet Service Is Also No Bed of Roses," *MIT Technology Review*, July 16, 2013; F. Revsberg, "Cuba's New Cybercafes: A Piecemeal Strategy," *Havana Times*, May 30, 2013; R. Schoon, "Cuba to Offer Public Internet at Cyber Cafes, But Access Comes with Hefty Price Tag," *Latinos post*, May 28, 2013; M. Frank, "Cuba's Mystery Fiber-Optic Internet Cable Stirs to Life," *Reuters*, January 22, 2013; www.cuba.cu, accessed March 1, 2014.

문제

1. 글로벌 인터넷으로 쿠바 시민들이 얻는 장점과 단점을 설명하라.

2. 글로벌 인터넷으로 쿠바 정부가 얻는 장점과 단점을 설명하라.

인터넷 주소 인터넷상의 각 컴퓨터는 **IP 주소**[Internet Protocol (IP) address]라고 부르는 주소를 가지고 있다. 각 주소는 각 컴퓨터에 유일하게 할당되어, 같은 주소가 2개 이상 존재하지 않는다. IP 주소는 점으로 구분되는 4개 부분의 숫자로 구성된다. 예를 들어 어떤 컴퓨터의 IP 주소는 135.62.128.91이다. 브라우저의 주소를 쓰는 칸에 IP 주소를 적으면 특정 웹사이트에 접속하게 된다.

현재는 두 가지 형태의 IP 주소 부여 방법이 있다. 첫 번째 방법은 IPv4로 가장 흔하게 사용되는 IP 주소 부여 방법이다. IPv4는 32비트로 구성되는데, 이것이 의미하는 바는 서로 다른 2^{32}개의 주소, 즉 4,294,967,295개가 있다는 것이다. 앞서 본 IP 주소인 135.62.128.91 역시 IPv4 주소이다. IPv4가 개발되었을 때는 오늘날과 같이 IP 주소를 필요로 하는 컴퓨터가 많지 않았다. 따라서 새로운 IP 주소 부여 방법, 즉 IPv6가 개발되었다.

IPv6를 사용하는 IP 주소는 128비트로 구성되는데, 이는 서로 다른 2^{128}개의 주소, 즉 상상할 수 없을 만큼 많은 주소를 부여할 수 있다는 것을 의미한다. IPv6는 급속하게 증가하는 스마트폰과 같은 단말기들에게 서로 다른 주소를 부여할 수 있다. (IPv4를 사용하는 IP 주소들은 32비트로 이루어져 있다. 2^{32}은 2^{128}보다 굉장히 작은 숫자라는 것을 알아두어라.)

IP 주소는 인터넷상에 있는 컴퓨터마다 유일무이하게 부여되어야 한다. 이를 통해 인터넷상에 있는 모든 컴퓨터들을 식별할 수 있다. ICANN(Internet Corporation for Assigned Names, www.icann.org)은 전 세계에 걸쳐 이러한 주소를 어떻게 부여할지를 조정한다. 이러한 조정 없이는 글로벌 인터넷이란 존재할 수 없다.

숫자로 된 IP 주소는 기억하기 어렵기 때문에, 대부분의 컴퓨터는 별도의 이름을 가지고 있다. ICANN은 몇 개의 회사들을 도메인 등록대행기관으로 지정하여 DNS(domain name system)라 불리는 시스템에서 유래한 이름을 등록하도록 한다. 도메인 이름은 오른쪽에서 왼쪽으로 읽는데, 점으로 구분된 여러 개 부분으로 구성된다. 도메인 이름의 예로 *business.auburn.edu*를 들 수 있다. 가장 오른쪽에 있는 이름이 최상위 도메인(top-level domain, TLD)이다. business.auburn.edu에서 *edu*는 교육 사이트임을 의미한다. 미국에서 많이 쓰이는 TLD는 다음과 같다.

com   상업적 사이트
edu   교육 사이트
mil   국방기관 사이트

gov   행정 기관 사이트

org   공공 조직

위의 예에서 *auburn*은 조직의 명칭(Auburn University)이고, *business*는 기업에서 메시지를 전송하는 특별한 기계(컴퓨터)의 명칭이다.

최상위 도메인(TLD)은 인터넷의 도메인 이름 계급 시스템에서 가장 위에 있는 도메인이다. 최상위 도메인 이름들은 루트존(가장 오른쪽 자리)에 위치해 있다. 대부분 TLD의 경영권은 ICANN과 같은 신뢰성 있는 조직에게 위임된다. ICANN은 인터넷 할당 번호 관리 기관인 IANA를 경영하고 있으며 DNS 루트존을 관리하는 것을 담당하고 있다. 오늘날 IANA는 다음의 TLD 그룹을 나누고 있다.

- 국가 코드 최상위 인터넷 도메인 네임(ccTLD) : 국가들과 특정 영토를 위해 만들어진 두 글자 도메인이다. 예를 들어 de는 독일을, it는 이탈리아를, ru는 러시아를 의미한다.
- 국제화 국가 코드 최상위 도메인(IDN ccTLD) : 라틴 글자로 되지 않은 ccTLD들이다(예 : 아랍어, 중국어).
- 일반 최상위 도메인(gTLD) : 세 글자 이상으로 이루어진 최상위 도메인을 말한다. gTLD 는 주로 .gov, .edu, .com, .mil, .org, .net으로 이루어져 있다. 2000년 후반에는 ICANN은 .aero, .biz, .coop, .info, .museum, .name, 그리고 .pro를 소개했다. 2012년 6월에 ICANN 은 새로운 최상위 도메인 2,000개의 지원서를 공개했다.

인터넷의 미래

소비자들이 인터넷을 통해 이용하고자 하는 콘텐츠의 양은 빠르게 증가하고 있다. 통신 분석가들은 2014년에 인터넷 트래픽은 매달 대략 64엑사바이트(exabyte, 1엑사바이트는 100만 테라바이트이다)에 달했을 것이라고 예측한다. 많은 전문가들은 인터넷 사용자들이 다음의 세 가지 요인 때문에 일시적 성능 저하를 경험할 것이라고 예측하고 있다―(1) 온라인을 통해 일하는 사람들 수의 급증, (2) 큰 대역폭을 요구하는 유튜브와 같은 웹사이트의 인기 폭발, (3) 인터넷을 통해 콘텐츠를 보게 되는 고화질 TV에 대한 수요 급증이 바로 그것이다. 인터넷의 일시적 성능 저하는 기업들이 동시에 수 분간 인터넷을 사용하지 못하게 할 수 있다. 연구자들은 인터넷 대역폭이 급격하게 개선되지 않으면, 수년 내에 인터넷은 지금보다 훨씬 더 느려진 속도로 작동할 것이라고 단언한다.

오늘날에도 때때로 인터넷은 많은 데이터를 처리해야 하는 애플리케이션, 예를 들어 영화와 같은 긴 시간의 동영상 파일이나 X선과 같은 큰 의료 파일과 같은 애플리케이션을 처리할 경우 속도가 느려지곤 한다. 그래서 미국의 대학교와 정부 간 협력하에 200개 이상의 미국 대학교에서 인터넷2를 개발하고 있다. **인터넷2**(Internet 2)는 가상 실험실, 온라인 시뮬레이션, 원격 교육, 디지털 도서관, 원격 의료 진단과 같은 네트워크 애플리케이션 등에 사용된다. 또한 신뢰성, 사용 용이성, 고도의 지능적 기능 등을 제공하며 언제 어디서나 항상 사용할 수 있도록 설계된다. 2013년 말 현재 인터넷2는 고등교육기관 251개와 중공업 분야에서 온 76명을 포함한 500명이 넘는 멤버를 보유하고 있다. 보다 자세한 내용은 www.internet2.edu를 참조하라.

월드와이드웹

많은 사람들은 인터넷과 월드와이드웹을 같은 것으로 간주한다. 그러나 둘은 서로 다른 것을 지칭한다. 인터넷은 전송 기능을 제공하는 반면, 월드와이드웹은 전송 기능을 사용하는 애플리케이션이다. 이메일과 같은 다른 애플리케이션 역시 인터넷에서 작동한다.

월드와이드웹(word wide web, **The Web**, **WWW**, 혹은 **W3**로 표기한다)은 클라이언트/서버 구조를 통하여 정보를 저장, 검색, 구성, 표시하는 전 세계적인 표준이다. 웹은 텍스트, 하이퍼미디어(hypermedia, 텍스트를 동영상·음성 파일과 연결시키는 시스템), 그래프, 그리고 음향 등 모든 형태의 디지털 정보를 처리한다. 웹은 그래프로 구성된 인터페이스(graphic user interface, GUI)를 제공하여 사용하기 편리하다.

하이퍼텍스트(Hyertext)는 월드와이드웹을 정의하는 기초적인 개념이다. 하이퍼텍스트는 하이퍼링크 같은 독자가 바로 들어갈 수 있거나 텍스트에 보충 설명이 바로 보이는 참고 링크와 함께 컴퓨터 디스플레이 또는 다른 전자기기들에서 보이는 텍스트이다. **하이퍼링크**(hyperlink)는 하이퍼텍스트 파일에서 온 연결이거나 다른 위치에 저장되어 있는 문서 또는 파일을 연결해주는 것으로, 주로 스크린에 하이라이트된 단어 또는 이미지를 클릭하거나 스크린을 터치하면 연결할 수 있다.

웹을 통하여 정보를 제공하고자 하는 기업은 홈페이지를 구축해야 한다. 기업들은 **홈페이지**를 통하여 기업에 대한 기본적인 정보와 고객들을 맞이하는 텍스트와 그래프로 구성된 스크린을 제공한다. 대부분의 경우 홈페이지는 사용자들을 다른 페이지로 연결해준다. 특정 기업 혹은 개인의 모든 페이지들을 **웹사이트**(web site)라 부른다. 모든 웹페이지들은 해당 웹페이지를 구축한 기업 혹은 개인을 접촉할 수 있는 방법을 제공한다. 어떤 조직의 웹사이트를 책임지고 있는 사람을 웹마스터(웹마스터는 성별 구별 없이 사용)라고 한다.

웹사이트 접속을 위하여 사용자는 **URL**(uniform resource locator)을 사용해야 한다. URL은 웹상의 특별한 내용이 있는 주소이다. 예를 들어 마이크로소프트의 URL은 http://www.microsoft.com이다. HTTP는 hypertext transport protocol의 약자이다. URL의 나머지 글자들— www.microsoft.com —은 웹사이트를 저장하고 있는 웹서버를 식별하기 위한 도메인 이름이다.

사용자들은 웹에 접근하기 위하여 기본적으로 **브라우저**(browser)라는 소프트웨어를 사용한다. 브라우저는 사용자가 마우스를 이용하여 다양한 웹으로 이동—이를 서핑(surfing)이라 부름—할 수 있게 해주는 그래프 기반의 인터페이스를 제공한다. 웹브라우저는 어떤 운영체제를 사용하는 컴퓨터든 똑같은 인터페이스를 제공하기 때문에 웹 접속을 위해 가장 보편적으로 사용된다.

> **다음 절로 넘어가기 전에…**
> 1. 인터넷에 접속하는 다양한 방법을 설명하라.
> 2. 인터넷 주소의 각 부분에 대해 설명하라.
> 3. 브라우저의 기능은 무엇인가?
> 4. 인터넷과 월드와이드웹 간의 차이를 설명하라.

개념 적용 4.3

학습목표 4.3 인터넷에 접속하는 일반적인 방법을 설명한다.

1단계 – 배경

이 절은 월드와이드웹과 인터넷의 차이점을 알려주었다. 많은 사람들은 이 두 단어를 같이 쓰지만 이 둘은 굉장히 다르다. 오늘날 대부분의 컴퓨터들은 지속적으로 인터넷에 연결되어 있지만 언제나 웹에 접속되어 있는 것은 아니다. 사무실과 다른 사무와 관련된 곳들은 근거리 통신망, LAN선을 통해 연결되어 있다. 하지만 집에서는 여러 옵션을 고려해볼 수 있다.

2단계 – 활동

http://www.wiley.com/go/rainer/MIS3e/applytheconcept에 접속하여 게시된 유튜브 비디오를 시청하라. 이 비디오들은 표 4.2에 기재된 연결의 종류에 대하여 좀 더 자세히 설명해준다. 당신은 인터넷을 연결하는 여러 가지 방법에 대해서 배우고 그것의 장점, 단점, 그리고 고려해야 할 점들에 대해 배우게 될 것이다.

3단계 – 과제

당신의 부모님이 아직도 기술에 익숙하지 않다고 가정해보자. 그들은 해변가에 있는 집을 최근에 구입했으며, 인터넷 연결을 할 준비를 하고 있다. 집에서는 하나의 제공자밖에 없기 때문에, DSL, 케이블, 무선, 그리고 위성수신 중 고르는 것은 문제가 되지 않는다. 하지만 해변가에는 여러 옵션이 있고, 당신의 부모님은 무엇을 고를지 모르신다.

당신의 부모님께 드리는 이메일을 써라. 인터넷에 연결하는 가장 흔한 방법을 설명하며 그들이 선택을 할 수 있는 기준점을 제시하라.

4.4 네트워크 응용

지금까지 네트워크와 접속 방법에 대해 다루었다. 그러면 이제 핵심적인 질문은 기업이 네트워크를 사용하여 어떻게 경영 방법을 개선할 수 있는지다. 이 절에서는 이 질문에 대해 다룬다. 일반적으로 네트워크는 기업이나 기타 다른 조직들이 필요로 하는 모든 기능을 지원한다.

이 절에서는 통신, 협력, e-러닝, 원격 교육, 가상 대학, 재택 근무(telecommuting) 등 다양한 네트워크 애플리케이션을 탐색해본다. 이러한 애플리케이션들은 사용자가 네트워크를 통해 사용 가능한 애플리케이션 중 일부에 불과하다. 여기에 제시된 애플리케이션이 현재 네트워크가 제공할 수 있는 모든 애플리케이션이라 해도, 내일은 그렇지 않을 수 있다. 왜냐하면 내일은 또 새로운 애플리케이션이 개발될 것이기 때문이다. 더군다나 네트워크 애플리케이션을 분류하는 것 역시 어려운데, 그 이유는 많은 애플리케이션들이 분류 기준선상에 애매하게 위치해 있기 때문이다. 예를 들어 통신 분류에 속하는 대화방과 협력 분류에 속하는 원격 회의(teleconference)는 거의 차이점을 발견하기 어려운 애플리케이션이다.

정보 발견

인터넷은 전 세계에 흩어져 있는 데이터베이스에 저장되어 있는 정보를 발견하거나 접근할 수 있도록 한다. 웹에 있는 데이터를 찾아봄으로써 사용자들은 교육 서비스부터 정부 서비스, 오락 서비스, 그리고 상거래에 관련된 넓은 영역의 정보를 발견할 수 있다. 이러한 모든 정보에 접근할 수 있다는 것은 대단한 혜택이지만, 웹에 있는 정보 품질은 보장되지 않는다. 웹은 절대적으로 민주화된 공간으로서 누구나 정보를 제공할 수 있다. 그래서 웹에 있는 정보에 대한 기본적인 규칙은 '주의하는 것'이다.

또한 웹의 가장 큰 강점인 매우 많은 정보를 담고 있다는 것 자체도 큰 문제다. 웹에 있는 정보의 양은 놀라울 정도이고, 그 양은 매년 약 2배씩 증가하고 있다. 결과적으로 웹에서 필요한 정보를 찾아내고 접근하기에는 더 어려워지고 있다. 이러한 문제를 해결하기 위해 많은 사람들이 검색 엔진, 디렉토리(directory, 전화번호부와 같이 저장되어 있는 정보에 대한 안내서), 포털 등을 활용하고 있다.

검색 엔진과 메타검색 엔진(metasearch engine)　검색 엔진(search engine)은 특정 키워드에 적합한 정보를 검색하고 결과를 보고하는 컴퓨터 프로그램이다. 검색 엔진은 웹페이지에 대한 몇십억 개의 색인을 저장하고 있다. 색인은 사용자가 입력한 키워드에 부합되는 웹페이지를 찾는 데 사용된다. 색인은 웹크롤러(webcrawler)에 의해 생성된다. 웹크롤러는 웹을 둘러보는 데 사용되는 컴퓨터 프로그램으로 사용자가 방문한 모든 페이지에 대한 복사본을 생성한다.

2014년 중반 현재, 미국에서는 구글(www.google.com), 야후(www.yahoo.com), 빙(www.bing.com), 애스크(www.ask.com)가 검색 엔진 시장의 주도권을 잡고 있다. 이러한 검색 엔진 외에도 특별한 목적을 가진 매우 유용한 검색 엔진들이 있다(www.readwriteweb.com 참조). 중국에서 가장 많이 쓰이는 검색 엔진은 바이두(Baidu)로서 2014년 4월 현재 중국 시장의 78%를 차지하고 있다.

보다 완벽한 검색을 위하여 메타검색 엔진을 사용할 수 있다. 메타검색 엔진은 사용자의 질의에 맞추어 여러 개의 검색 엔진을 통합하여 웹페이지들을 검색한다. 메타검색 엔진으로는 서프 왁스(www.surfwax.com), 메타크롤러(www.metacrawler.com), 마마(www.mamma.com), 카투(www.kartoo.com), 그리고 도그파일(www.dogpile.com)이 있다.

관심을 끄는 질의응답 사이트로는 쿼라(Quora)가 있다. '비즈니스에서 IT 4.2'에서 쿼라에 대해 설명한다.

비즈니스에서 **IT** 4.2

정확히 쿼라가 무엇인가?

메리엄–웹스터 온라인 사전(merriam-webster dictionary, www.merriam-webster.com)은 굉장히 지적 탐색이 깊고 폭넓은 사전이다. 하지만 여러 개의 명사에 대한 검증된 사실을 내놓는 백과사전도 인류 전체의 지식을 설명하는 데는 한계가 있다. '지식' 스펙트럼의 다른 쪽에는 페이스북과 트위터와 같이 개인적인 입장에서 자신들의 인생을 말할 수 있는 웹사이트들이 있다. 하지만 이런 네트워크들에서는 정통한 의견들과 순전한 추측들을 구분 짓기 힘들다.

객관적인 메리엄–웹스터와 주관적인 소셜네트워크 접근방식의 큰 차이를 쿼라(Quora, www.quora.com)가 메워준다. 수년간 블로그들이 이 차이를 메워주었지만, 그들의 특유한 스타일들은 검색을 하기 힘들게 만들었다.

쿼라는 질의 응답 웹사이트들이 그토록 원했던 것을 채워준다. 많은 인터넷 검색들은 사실 진짜 검색이 아니다. 예를 들어 질의 응답 사이트인 야후! 앤서와 같은 경우 매달 미국에서의 수백만 명의 사용자들을 이끈다. 하지만 이 사이트에 바보같은 질문들이 많이 등장하고, 그 주제에 관한 아무런 지식도 없는 사람들이 답하면서 대부분의 사용자들은 검색을 해도 원하는 답을 얻지 못한다.

쿼라의 웹사이트는 쿼라를 어떻게 시작하느냐에 대한 질문으로 만들어진 페이지에서부터 시작한다. 또는 스크린 중앙에 있는 무작위 질문들을 볼 수 있다. 페이지의 가장 위쪽에는 검색창이 있다. 키워드를 이용하여 당신은 방문자들이 이미 한 질문들 또는 웹사이트가 당신의 관심사에 맞는 질문들을 맞춰 줄 수 있도록 원하는 주제를 팔로우할 수 있다. 다른 사람들을 팔로우

할 수도 있다. 이렇게 함으로써 그들이 질문하는 것, 질문에 답하는 것, 그리고 팔로우하는 것은 당신의 피드에 뜰 것이다. 당신은 또한 답변들에 대해 도움이 되었다, 되지 않았다에 대해서 투표할 수 있다.

사용자들에게 답변의 유용성에 대해 투표권을 주는 것은 좋은 질의 답변들을 위로 보내고, 도움이 되지 못하고 적절치 못한 답변을 페이지의 아래쪽으로 보낼 수 있게 한다. 쿼라 사이트는 '도움되지 않'이라는 버튼을 통해 쿼라 직원들에게 이 답변을 삭제하는 것에 대해 고려해보라는 신호를 보낼 수 있다.

실명제는 필수이기 때문에 바보같이 행동하는 것은 큰 사회적 비용이 든다. 쿼라는 익명 게시글을 허용하지만, 개인적인 건강 문제를 묻거나 또는 이 건강 문제를 겪은 장본인으로서 답변을 할 때 도움이 된다.

쿼라는 깊이 있고 알차게 답하는 답변들을 추구한다. 쿼라 커뮤니티 안에서는, 가장 가치 있는 답변들은 당신의 실제 지적 수준과 상식을 보여주는 것이다.

페이스북과 달리, 당신이 쿼라에 쓰는 모든 것은 사이트의 자원 봉사자들에 의해 수정될 수도 있다. 자원 봉사자들은 요청된 수정사항에 대해 대부분 답변을 해준다. 문제들 또한 완전히 수정될 수 있다.

사용자들이 질문을 쓰고 답변하고 사용자들의 질까지 평가할 수 있는 환경을 만듦으로써 쿼라는 검색이 가능한 지식과 정보의 저장고를 만들고 있는 셈이다. 쿼라의 커뮤니티는 많은 사용자들을 이끌어서 주관적이고 실험적인 지식으로 세상에 대한 종합적인 그림을 그리기를 목표한다.

쿼라의 질 낮은 콘텐츠에 대한 문의는 계속된다. 어떤 사람들은 장난스러

운 질문을 올리기도 한다. 더 심한 것은, 어떤 사람들은 도움이 되지 않고 목적에 맞지 않는 답변들에 대해 추천 버튼을 눌러 목록의 위에 가도록 한다. 쿼라는 이것에 대해 사용자들에게 도움이 되는 콘텐츠만 보이도록 미리 이런 현상을 예측할 것이라고 응답한다.

이 사이트는 사용자들이 어떤 토픽을 읽고 팔로우하고 어떤 답변을 추천했는지를 통해서 사용자의 관심사가 드러나도록 머신 러닝(machine learning) 기술을 사용한다. 머신 러닝은 데이터를 통해 배울 수 있는 시스템과 그것에 관한 구조에 대한 학습을 뜻한다. 많은 유저들은 쿼라가 다른 서비스에 있는 자신들의 계정의 접속을 허용함으로써(예 : 소셜미디어) 사이트에서 그들이 무엇을 하는지 알 수 있게 한다. 쿼라는 또한 각 분야에 대한 전문가를 둔 '지도'를 유지함으로써, 각 질문을 가장 좋은 답변을 할 수 있는 사람들에게 보낸다.

어떤 사람이 쿼라에 새로운 답변을 쓸 때, 사이트에서는 이것이 좋은지에 대해서 빠른 결정을 내려야 한다. 쿼라는 이것을 쓴 그 또는 그녀의 이전 답변들, 누가 이 답변을 좋아했고 안 좋아했는지에 대한 정보를 이미 갖고 있다. 쿼라는 빠르게 다른 사용자들에게 새로운 답변을 보여준다. 사이트는 몇 분 내로 이 새로운 답변이 (a) 사람들의 호응이 아주 좋은지 그리고 (b) 답변의 질에 대한 어떠한 기준을 만족하는지에 대해 알 수 있다. 쿼라에서 가장 주목할 만한 주제로는 스타트업, 심리학, 소셜미디어, 의료와 건강, 소프트웨어 개발, 육아, 그리고 미국 정치가 있다.

쿼라는 사람들이 개인적인 경험, 전문적 지식, 그리고 의견을 쓰는 것을 권장한다. 사이트가 2010년에 개발된 이후로 좋은 질의 콘텐츠를 많이 쌓아왔다. 예로는 우주 비행사 트레이너가 우주선의 발사 준비에 대해 설명을 하는 것이나 애플(www.apple.com)의 비밀계정에 대한 문화의 설명을 들 수 있다. 전문가들을 대화에 참가하게 유도함으로써 수천 개의 질문에 검색이 가능하고 권위 있는 답변들을 다는 쿼라의 사업 비전을 이루어낼 수 있다면, 언젠가는 백과사전이 다룰 수 없는 부분을 채우면서 위키피디아보다 더 많은 방문자 수를 가질 수도 있다.

출처 : Q. Hardy, "Quora and the Search for Truth," *The New York Times*, February 9, 2014; K. Yeung, "Quora Reveals the Secret to How It Organizes Content and the Most Popular Topics on its Q&A Service," *TheNextWeb*, February 7, 2014; M. Nisen, "Is Quora the Future of the Press Release?" *Quartz*, February 5, 2014; L. Gannes, "Quora Gives Its Writers a Stats Dashboard," *AllThingsD*, Novemeber 12, 2013; T. Simonite, "Quora's Search for What the Internet Doesn't Know," *MIT Technology Review*, September 25, 2013; K. Fratti, "BBC.com and Quora Partner Up for New Column," *Mediabistro*, September 24, 2013; J. Novet, "Quora Looks to the Crowd to Solve Machine Learning Problems," *GigaOM*, July 10, 2013; G. Rivlin, "Does Quora Really Have All the Answers?," *Wired*, April 26, 2011; M Lowman, "The Mystery Behind Quora," *BostInnovation*, February 1, 2011; www.quora.com, accessed March 1, 2014.

질문

1. 쿼라는 검색 엔진인가 아니면 지식경영 시스템인가, 또는 두 항목 모두에 해당하는가?

2. 쿼라 자체에서 전문가들을 골라 사이트의 질문들을 보내는 것은 쿼라 내부의 문제인가?

외국어로 된 자료 발행 인터넷에는 대단히 많은 정보가 있을 뿐만 아니라 다양한 언어로 쓰인 정보도 매우 많다. 당신은 이러한 정보에 어떻게 접속할 수 있는가? 답은 웹페이지의 자동 번역 기능을 사용하면 된다는 것이다. 자동 번역 기능은 대부분의 주요 언어에 대해 제공되고 있으며, 품질 또한 시간이 갈수록 개선되고 있다. 주요 번역 제품으로는 마이크로소프트의 빙 번역기(http://www.microsofttranslator.com)와 구글 번역기(www.google.com/language_tools, 그림 4.10 참조)가 있고, 그 외에 트라도스(www.trados.com)와 같은 번역 서비스가 있다.

기업들이 그들의 웹사이트를 다양한 언어로 구성해야 하는가? 답은 반드시 그래야 한다는 것이다. 실제 다양한 언어로 구성된 웹사이트 구성은 경영 환경의 글로벌화로 인해 경쟁우위를

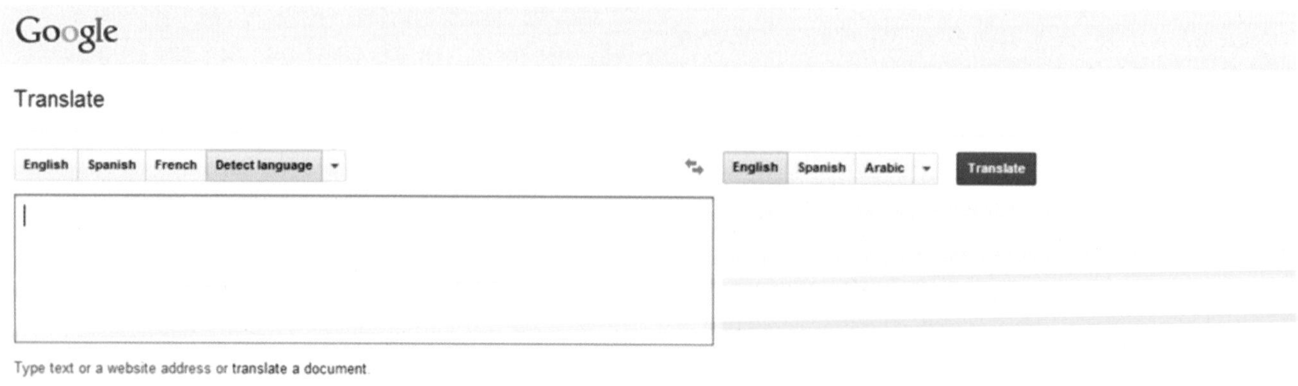

그림 4.10 구글 번역기

갖기 위한 필수 요소가 되고 있다. 기업들은 새로운 고객을 획득하고 지속적인 수익 확대를 위한 글로벌 시장 진출을 꾀하고 있다. 글로벌 시장 진출을 위해 기업들이 자신들의 정보를 전 세계에 퍼뜨릴 때, 정보를 정확하게 전달하는 것이 매우 중요하다. 이런 점을 고려한다면 단순히 웹의 콘텐츠를 번역하는 것으로는 충분하지 않고, 해당 지역의 사람들이 필요로 하고 동시에 그 사람들에게 쉽게 다가갈 수 있는 콘텐츠를 그 지역에 적합하게 변형하는 것이 중요하다.

전 세계 인터넷 사용자의 80%에게 접근하기 위해서는 웹사이트에서 적어도 10개의 언어(영어, 중국어, 일본어, 스페인어, 독일어, 한국어, 프랑스어, 이탈리아어, 러시아어, 포르투갈어)를 지원해야 한다. 번역 서비스를 사용하면 단어당 20센트 이상을 지불해야 한다. 기업들은 자신들의 웹사이트에서 10개 정도의 언어를 지원하며 정보 관리를 위해 매년 20만 달러 이상을 지불하고 있을 뿐만 아니라 웹사이트의 관리만을 위해서도 매년 5만 달러를 사용하고 있다. 주요 다국적 기업에서는 번역 서비스를 위해 매년 수백억 달러를 쓰고 있다. 많은 대기업들은 수준 높은 번역 서비스를 위해 시스트란 S.A.(www.systransoft.com)와 같은 서비스를 사용하고 있다.

포털 많은 조직에서 경영자들은 과다한 정보에 시달리고 있다. 정보는 다양한 장소와 시스템에 있는 데이터베이스, 이메일 메시지, 그리고 많은 문서들에 산재되어 있다. 이렇게 많은 정보 속에서 원하는 정보를 찾으려면 많은 시스템에 접속해보아야 하기 때문에 많은 시간이 소모된다.

이러한 문제를 해결하기 위해 등장한 것이 포털이다. **포털**(portal)은 사용자가 이용하고 있는 시스템이나 운영체제와 관계 없이 검색과 색인기술을 이용하여 필요로 하는 정보를 제공하는 웹 기반의 관문을 말한다. 다음 절을 읽고 나면 상업적 포털, 동호인 단체 포털, 기업 포털, 산업 포털을 구분할 수 있을 것이다. 이러한 네 가지 유형의 포털은 서비스를 제공받는 고객이 누구냐에 따라 차별화된다.

상업적(공공) 포털[commercial (public) portal]은 인터넷상의 포털 중 가장 많은 유형이다. 다양한 사람들에게 포털을 통해 전달하고자 하는 일상적인 정보를 제공하는데, 어떤 포털의 경우에는 실시간(예를 들어 주가 정보를 제공하는 포털)으로 정보를 제공하기도 한다. 라이코스(www.lycos.com)와 마이크로소프트 네트워크(www.msn.com) 등이 상업적(공공) 포털에 속한다.

반면에 **동호인 단체 포털**(affinity portal)은 정책 로비를 하는 사람들이라거나 정당과 같이 관심사가 비슷한 사람들이 서로 간 접촉을 위해 사용하는 포털이다. 대학에서도 졸업생들을 위한 단체 포털을 가지고 있을 것이다. 그림 4.11은 웨스트조지아대학교의 동문 단체 포털을 보여주고 있다. 다른 사례로는 www.techweb.com과 www.zdnet.com이 있다.

법인 포털(corporate portal)은 조직 안팎에 있는 중요한 비즈니스 정보를 웹브라우저를 통해 제공한다. 이러한 포털은 기업 포털, 정보 포털, 기업 정보 포털 등으로도 불린다. 또한 법인 포털은 종업원이나 고객들이 정보를 찾기 쉽도록 다양한 기능을 제공한다.

법인 포털이 기업 하나와 관련되어 있는 반면, **산업 포털**(industrywide portal)은 산업 전체에 관련되어 있다. 예를 들어 트럭넷(TruckNet, www.truck.net)은 트럭 산업과 운전사, 트럭 소유자 및 운용자, 트럭 회사를 포함한 트럭 커뮤니티를 위한 포털이다. 트럭넷은 미국과 캐나다의 선도적인 트럭 운송 회사의 응용 프로그램에 접근하는 권한과, 관심사에 대해 논의할 수 있는 포럼인 드라이버 라운드 테이블에 접근하는 권한을 개인화된 웹 기반 이메일로 제공한다. 이 포털은 트럭 산업에 관련된 일반적 정보뿐만 아니라 일자리에 관한 정보도 제공한다.

그림 4.11 웨스트조지아대학교의 동문 단체 포털(Courtesy of the University of West Georgia)

통신

네트워크 애플리케이션의 주요 분류 중 두 번째로 들 수 있는 것은 통신이다. 이메일, 콜센터, 대화방, 그리고 음성 등 다양한 통신기술이 있다. 이 절에서는 이러한 통신기술들에 대해 학습한다. 제8장에서는 블로깅(blogging)과 같은 다른 유형의 통신기술에 대해서도 학습한다.

전자 메일 전자 메일(이메일)은 인터넷에서 가장 많이 사용되는 애플리케이션이다. 연구 결과에 따르면 거의 모든 기업에서 업무 처리를 위해 이메일을 사용하고 있다. 또한 대다수 기업들은 수익을 내는 수단으로서 이메일의 중요성을 인식하고 있다. 실제로 독자 중 대부분도 이메일을 쓰고 있을 것이다.

웹 기반 콜센터 소비자 맞춤형 접촉은 웹을 통한 소비자 획득에 있어 매우 중요한 요소가 되고 있다. 이러한 서비스는 주로 웹 기반 콜센터(web-based call center) 혹은 소비자 케어 센터를 통해 제공된다. 예를 들어 만약 소프트웨어에 대한 기술적 지원을 위해 소프트웨어 판매자를 접촉하고자 할 경우, 대부분 이메일이나 전화, 혹은 음성 녹음 서비스 등을 이용하여 소프트웨어 판매자가 제공하는 웹 기반 콜센터를 이용할 것이다. 웹 기반 콜센터는 인도와 같이 해외에 설치되어 서비스를 제공하기도 한다. 이러한 경우를 오프쇼어링(offshoring)이라고 부르는데, 많은 기업들에게 있어 비용 절감과 동시에 자국의 일자리 감소라는 측면에서 중요한 문제가 되고 있다. (오프쇼어링은 제14장에 더 자세히 다룰 것이다.)

중요한 것은, 미국 기업들은 콜센터를 미국 내로 다시 이전하고 있다는 것이다. 첫 번째 이유는 해외 콜센터를 운영할 경우 서비스 품질 같은 면에서 통제하기 어렵기 때문이다. 두 번째 이유는 언어 소통이 어렵기 때문이다. 세 번째 이유는 민감한 정보를 다루는 기업의 경우 고객의 정보가 외부로 노출될 수 있기 때문이다. 마지막으로 콜센터를 운영하는 회사는 다른 여러 회사와도 계약을 맺고 콜센터 기능을 제공할 수 있기 때문이다. 이 경우 콜센터 운영 회사는 모든 회사에서 요구하는 고객 서비스 수준을 만족시키기 어렵다.

전자 대화방 전자 대화(electronic chat)란 참여자들이 실시간으로 대화를 하는 것을 말한다. 대화방은 많은 사람들이 이야기를 나누기 위해 모이는 가상 공간이다. 대화방은 같은 채널에 있는 모든 사람들에게 동시에 메시지를 전달할 수 있는 기능을 제공한다. 따라서 누구든 대화에 참여할 수 있다. 메시지가 도착하면 메시지를 작성 중이라도 도착한 메시지가 화면에 나타난다.

대화 프로그램에는 두 가지 형태가 있다. 첫째 형태는 웹 기반으로 웹브라우저를 이용하여 웹 대화 사이트(예 : http://messenger.yahoo.com)를 방문해 메시지를 보내는 방식이다. 두 번째 형태는 이메일(텍스트만 사용하는) 기반의 방식으로 인터넷 중계 대화(Internet Relay Chat, IRC)라고 부른다. 기업에서는 고객들의 질문을 전문가에게 연결해 답을 하게 하는 서비스를 제공할 수 있다.

음성 통신 사람들이 먼 거리에 있는 다른 사람들과 통신을 하고자 할 때는 다른 어떤 통신 수단보다 전화를 사용하길 원한다. 전통적인 전화 서비스(plain old telephone service, POTS)는 사용자가 전화를 걸 때마다 필요한 회선을 확보하고, 전화를 통해 통화를 하는 동안 그 회선을 지속적으로 점유한다. 반면에 이전에 학습한 인터넷의 경우에는, 데이터를 패킷으로 분해하여 전송하고 수신 측에서 다시 결합하여 메시지를 보기 때문에 회선을 점유할 필요가 없다.

인터넷 전화(Internet telephony)—**VoIP**(Voice-over Internet Protocol)로도 알려져 있음—는 전화 통화(telephone call)를 데이터로 취급한다. 즉 아날로그 음성 신호는 디지털화되어 패킷으로 인터넷을 통해 수신자에게 전달된다. 과거에 VoIP를 사용하기 위해서는 음성 카드와 마이크가 필요했다. 그러나 지금은 특별한 기기 없이도 VoIP를 사용할 수 있다.

VoIP는 통신 요금을 절감시킨다. 그러나 패킷 스위칭은 통신장애를 일으킬 수 있다. 예를 들어 전송된 패킷의 순서가 엉망으로 수신자에 도착한다고 해도, 이메일이나 메시지를 전송하는 경우라면 별 문제가 되지 않는다. 그러나 음성 통신일 경우 전혀 이해할 수 없게 된다. 다행히 최근 들어 VoIP 소프트웨어들의 기능이 개선되고 통신선의 품질이 좋아지면서 이러한 문제의 발생 확률은 감소하고 있다. 따라서 VoIP가 아직 완벽하지는 않지만, 주요 통신 서비스가 되어가고 있다.

스카이프(www.skype.com)는 스카이프를 사용하는 사용자 간에 무료 음성 및 동영상 서비스 제공, 즉석 메시지 서비스, 단문 메시지 서비스, 음성 메일, 1:1 혹은 그룹 대화, 최대 9명까지 동시에 통화 가능한 컨퍼런스 콜 서비스 등 다양한 VoIP 서비스를 제공하고 있다. 2014년 중반 스카이프의 가장 최신 버전인 스카이프 5.5는 전체화면 기능, 고화질 화상 통화, 스카이프 액세스[와이파이 핫스팟(WiFi hotspot) 접속], 휴대전화와 유선전화에서 스카이프 연락처로 전화 연결, 향상된 통화 품질, 그리고 사용 편의성을 제공한다. 또한 사용자가 유료로 구매해야 하는 기능들도 제공한다. 예를 들어 스카이프아웃(SkpeOut)은 유선전화와 휴대전화로 전화 거는 것을 가능하도록 한다. 스카이프인(SkypeIn)은 전화번호를 제공하고 어떤 전화에서든 전화를 걸면 스카이프를 통하여 받을 수 있도록 한다.

보니지(www.vonage.com)도 VoIP 서비스를 제공하지만 유료이다(매월 약 25달러). 보니지를 사용하면 광대역 인터넷 연결을 통해 기존의 집 전화로 전화를 받을 수 있다. 당신의 전화는 실제 전화 회사 대신 보니지에 연결된다. 당신이 전화를 걸 경우 받는 사람은 보니지도 필요하지 않고 심지어 인터넷 연결조차 필요하지 않다.

통합 커뮤니케이션 과거에 유선 및 무선 데이터, 음성 통신 및 화상 회의 네트워크는 각기 독립적으로 운영되었다. 그리고 IT 부서는 각각 네트워크를 따로 관리한다. 이러한 방식은 비용을 증가시키고 생산성을 감소시킨다.

통합 커뮤니케이션(unified communication, UC)은 모든 통신 포맷—즉 통화, 음성 메시지, 팩스, 채팅, 이메일, 인스턴트(instant) 메시징, 단문 서비스(SMS), 위치 기반(presence/location) 서비스, 화상 회의 등—을 공통의 하드웨어 및 소프트웨어 플랫폼으로 단순화하고 통합한다. 위치 기반 서비스는 실시간으로 알고자 하는 사람의 위치가 어디인지 알려준다.

통합 커뮤니케이션(UC)은 인간과 컴퓨터 통신의 모든 형태를 통상적인 사용자 경험으로 통합한다. 예를 들어 통합 커뮤니케이션(UC)은 개인이 음성 메시지를 받으면 그 메시지를 자신의 이메일에서 읽을 수 있게 한다. 또 다른 예로 UC는 사용자의 위치에 관계없이 다른 사람과 원활한 공동 작업을 할 수 있게 한다. 사용자는 참여형 디렉토리에 접속하여 신속하게 다른 사용자를 찾을 수 있고 다른 사용자가 현재 업무가 가능한지를 판단하며, 그와 문자 메시지, 음성통화, 그리고 영상통화까지 가능하다.

협업

네트워크 응용 프로그램의 세 번째 주요 범주는 협업이다. 현대 조직의 중요한 특징은 사람들이 업무를 수행하기 위해 협업을 한다는 것이다. **협업**(collaboration)은 2개 이상의 개체에 의한 공동의 노력을 의미한다. 여기서 개체는 개인, 팀, 그룹 또는 조직이 될 수 있다. **워크그룹**(workgroup)은 어떤 과업을 수행하기 위해 함께 행동하는 2명 이상의 개인을 지칭한다.

워크플로(workflow)는 조직의 작업 절차 단계별로 흐르는 정보의 이동을 말한다. 워크플로 관리는 조직의 규칙과 절차의 통제하에 한 참여자에서 다른 참여자에게 문서, 정보 및 과업의 전달을 가능하게 만든다. 워크플로 시스템은 비즈니스 프로세스를 자동화하기 위한 도구이다.

그룹의 회원들이 다른 위치에 있는 경우 **가상 그룹**(virtual group)을 구성한다. 가상 그룹은 전자적인 가상 회의를 실시한다. **가상 협업**(virtual collaboration 또는 **전자 협력**)이란 조직이나 개인이 협업하여 제품, 서비스 및 혁신적인 응용 프로그램을 계획, 디자인, 개발, 관리 및 연구하는 활동에 디지털 기술을 활용하는 것을 말한다. 조직의 직원들은 자주 가상적으로 협업한다. 또한 조직은 고객, 공급업체 및 기타 비즈니스 파트너들과 생산성과 경쟁력을 향상시키기 위하여 가상적인 협업을 한다.

협업의 한 형태는 **크라우드소싱**(crowdsourcing)이다. 이는 공개 모집(open call) 형식으로 모인 정형화되지 않은 대규모 사람들의 모임에 과업을 아웃소싱하는 것을 의미한다. 크라우드 소싱은 조직들에게 많은 이득을 가져다준다. 먼저 크라우드(crowd)는 상대적으로 적은 비용, 그리고 빠르게 문제를 살펴볼 수 있다. 두 번째로, 조직들은 범위가 넓은 직원들 사이에서 알맞은 능력을 찾을 수 있다. 세 번째로, 크라우드의 의견을 들음으로써 조직은 고객들이 원하는 것에 대한 통찰력을 갖게 된다. 마지막으로, 크라우드소싱을 통해 조직들은 아이디어의 세계를 접함으로써 좀 더 빠르게 디자인을 할 수 있다. 크라우드소싱의 몇 가지 예를 보자.

- 헬프 데스크 크라우드소싱 : 학생들은 학업을 수행하고 온라인 수업에 참석하기 위하여 컴퓨터를 이용하고 인터넷에 접속해야 되기 때문에 IT 헬프 데스크는 대학 캠퍼스에서 필요한 서비스이다. 블루밍턴에 있는 인디애나대학교에서, IT 헬프 데스크는 많은 전화에 응답하기 위한 비용과 자원 제약을 완화하기 위하여 크라우드소싱을 사용한다. 학생과 교수들은 IT 문제를 온라인 포럼에 게재하고 다른 학생들과 아마추어 IT 전문가들이 이에 답변을 한다.
- 모집(recruitment) : 2010년 버몬트에 있는 챔플레인대학은 학생들을 초청하여 그들의

대학에서의 경험과 그 당시 어떤 혜택을 받았는지 유튜브 비디오를 통하여 공유하기 위해 챔플레인 릴(reel) 프로그램을 만들었다. 유튜브 채널은 예비 학생들을 모집하는 데 도움이 되었고 심지어 캠퍼스와 지역 행사에 졸업생 명단을 업데이트하는 역할까지 수행하였다.

- 사이터블(scitable, www.nature.com/scitable) : 이 사이트는 소셜 네트워킹과 연구 협업을 조합한 것이다. 크라우드소싱을 통하여 학생, 교수, 그리고 과학자들은 문제를 논의하고, 솔루션을 찾고, 자원과 학술저널을 교환한다. 이 무료 사이트는 각 개별 사용자들이 다른 사람을 돕기 위한 답변을 찾는 데도 크라우드소싱에 의존하게 유도한다.

- P&G(Procter & Gamble : 미국의 대표 위생용품 제조업체)는 이노센티브(InnoCentive, www.innocentive.com)를 사용한다. 여기서 기업의 연구원들은 문제들을 올리고, P&G는 이 문제의 답을 찾는 사람들에게 보상을 해준다.

- SAP는 혁신과 아직 개발되지 않은 소프트웨어 향상점에 대한 아이디어를 만들기 위하여 아이디어 플레이스(Idea Place)를 개시하였다. 누구든지 아이디어 플레이스의 콘텐츠를 볼 수 있다. 아이디어 플레이스는 여러 개의 세션 또는 카테고리로 나뉘어 있으며, 하위 항목으로 아이디어들이 정리되어 있다. 한 번 아이디어를 게시하고 난 후, 다른 사용자들은 이에 대해 투표를 진행할 수 있고, 댓글까지 달 수 있다. 아이디어에 대한 상태 업데이트는 아이디어 플레이스에서 이 아이디어의 발전이 진행되는 모든 과정을 볼 수 있게 해준다. 각 아이디어는 엔지니어, 제품 매니저, 그리고 커뮤니티 매니저로 이루어진 전문가 팀이 검토하고, 적용의 가능성이 있는지에 대해 평가를 한다. 가장 많은 득표수를 받은 아이디어는 SAP에서 가장 높은 관심을 받는다.

크라우드소싱은 많은 성공 신화들이 있지만, 이 시스템에 대한 다음과 같은 여러 문의들이 있다.

- 크라우드(대중)는 전문가들로 한정되어 있어야 하는가? 만약 그래야 한다면, 기업에서는 이 정책을 어떻게 시행하는 것이 좋은가?

- 크라우드에 있는 비전문가들이 제공하는 콘텐츠는 얼마나 정확한가? 정확성은 어떻게 유지되는가?

- 크라우드소싱으로 만들어진 콘텐츠는 어떻게 업데이트가 되는가? 기업들은 이 콘텐츠가 관련이 있다는 것에 대해 어떻게 확신을 갖는가?

- 크라우드에서 너무나 많은 아이디어가 나오지만, 대부분은 쓸데없는 것들이다. 이 시나리오에서는, 이 모든 아이디어를 평가하기에는 너무나 많은 비용이 든다. 예를 들어 2010년 BP 기름 유출 사건 때 크라우드들은 기름의 원천을 막는 것에 대한 약 20,000개의 의견을 내놓았다. 문제는 매우 기술적인 것이었기 때문에 미흡한 의견들이 많았다. 그럼에도 불구하고 BP는 시간 제한이 있었기 때문에 빠른 시일 내에 이 모든 아이디어를 평가했어야 했다.

- 콘텐츠 기고자들은 저작권을 고의적 또는 실수로 위반할 수 있다.

- 콘텐츠의 품질(그리고 이것에 따른 결정)은 크라우드의 구성에 달려 있다. 가장 좋은 결정은 크라우드가 다양한 의견과 아이디어를 갖고 있는 사람들로 이루어져 있을 때 내려진다. 하지만 대부분의 경우에는, 기업들은 크라우드의 구성을 미리 알지 못하는 경우가 많다.

협업은 모든 팀 멤버들이 동시에 만난다는 것을 의미하는 **동기화**를 가능하게 만든다. 만약 팀 멤버들이 동시에 만날 수 없다면 팀은 **비동기화**된 협업을 할 것이다. 멤버들이 세계 곳곳에 위치하고 있는 가상적인 팀은 일반적으로 비동기화된 협업을 해야 한다.

모든 형태의 협업을 지원하는 다양한 소프트웨어 제품들이 있다. 유명한 제품들 중에는 마이크로소프트 셰어포인트 워크스페이스, 구글 독스, IBM 로터스 퀵커 및 자이브 등이 있다. 일반적으로 이러한 제품들은 온라인 협업 기능, 워크그룹 이메일, 분산된 데이터베이스, 공지용 화이트보드, 전자 문서 편집, 문서 관리, 워크플로 기능, 인스턴트 가상 회의, 응용 프로그램 공유, 인스턴트 메시징, 컨센서스 도출, 투표, 순위 도출 및 다양한 응용 프로그램 개발 도구들을 제공한다.

이 제품들은 또한 콘텐츠 제어를 다양한 단계로 제공한다. 위키, 구글 드라이브, 마이크로소프트 셰어포인트 워크스페이스 및 자이브는 버전 관리(version management) 기능을 활용하여 공유된 콘텐츠를 공급한다. 반면 마이크로소프트 셰어포인트 워크스페이스와 IBM 로터스 퀵커는 버전 제어(version control) 기능을 제공한다. 버전 관리를 제공하는 제품들은 문서의 변화를 추적하고, 동시에 동일 문서에 대해 다수의 사람들이 작업할 수 있는 공간을 제공한다. 반면, 버전 제어 시스템은 각 팀 멤버에게 하나의 계정을 제공하는데 이 계정에는 일련의 권한(permission)이 포함되어 있다. 문서 디렉토리는 종종 사용자들이 문서를 편집하기 전에 체크아웃하도록 설정되었다. 팀 멤버 중 1명이 문서에 체크아웃을 하면, 다른 멤버들은 그 문서에 접근할 수가 없다. 일단 문서가 체크인 되면, 다른 멤버들이 그 문서를 사용할 수가 있게 된다.

이 절에서는 주요 협업 소프트웨어 제품을 검토한다. 그런 다음 협업을 지원하는 2개의 도구에 관심을 돌릴 것이다.

마이크로소프트 셰어포인트 마이크로소프트의 셰어포인트 제품(www.microsoft.com/Sharepoint/default.mspx)은 버전 제어를 통한 콘텐츠 공유를 제공한다. 셰어포인트는 문서 디렉토리를 지원하고 사용자들이 설문조사, 토론 포럼, 위키, 멤버 블로그, 멤버 웹사이트 및 워크플로를 만들고 관리할 수 있게 한다. 또한 이 제품은 엄격한 권한 구조를 가지고 있다. 이를 통해 조직은 조직 내 역할, 팀 멤버십, 관심, 보안 수준 및 기타 기준에 기초하여 사용자들의 접속을 제어할 수 있게 된다.

셰어포인트를 효율적으로 사용하고 있는 회사가 컨티넨탈 항공사이다. 활주로 정체 장기화에 대한 새로운 연방 규정이 적용되었을 때, 컨티넨탈은 셰어포인트 시스템을 구축하여 이에 대응하였다. 이 시스템은 항공기 운영의 다양한 측면—즉 항공기 상태, 조종사, 승무원 및 고객 관리 등—을 동일 페이지에 표시한다. 이 시스템을 사용하여 미국 내 공항에서 근무하는 135명의 총관리자는 16페이지 상당의 온라인 양식을 작성한다. 이 양식은 공항 감독관에서 활주로 운전 요원까지 망라하여 모든 공항 직원들의 이름과 전화번호를 포함한다. 총관리자는 한 시간, 두 시간 혹은 두 시간 반의 시간지연을 관리하는 방식을 마련해야 한다. 셰어포인트 시스템은 컨티넨탈의 중앙시스템 운영 센터를 위한 대시보드를 포함한다. 센터에 있는 사람은 신속하게 지연 관련 정보를 검색하고 조종사, 승무원 및 운행 관리자들과 소통하여 지연 문제를 해결하기 위해 취할 조치를 결정하는 데 대시보드를 사용한다.

구글 드라이브 구글 드라이브(http://docs.google.com)는 무료 웹 기반 워드 프로세서, 스프레드시트 및 프레젠테이션 응용 프로그램이다. 이 프로그램에서는 다른 사용자와 공동 작업을 하면서 온라인상으로 문서를 만들고 편집할 수 있다. 마이크로소프트 셰어포인트 워크스페이스와 대조적으로 구글 드라이브는 다수의 사용자가 동시에 문서를 열고 공유하고 편집할 수 있는 기능을 제공한다.

IBM 로터스 퀵커 IBM의 로터스 퀵커(www.ibm.com/lotus/quickr) 제품은 문서 디렉토리 형태의 버전 제어를 사용하여 공유된 콘텐츠를 제공한다. 버전 제어 시 사용자의 권한에 따라 체크인 및 체크아웃 기능을 지원하는 것이 이 제품의 특징이다. 퀵커는 멤버들이 공유할 수 있는 온라인 팀 공간을 제공하는데 그곳에서 멤버들은 프로젝트나 콘텐츠 관리를 위하여 팀 캘린더, 토론 포럼, 블로그, 위키 및 다른 협업 도구들을 사용하여 협업할 수 있다.

자이브 자이브(www.jivesoftware.com)의 최신 제품 클리어스페이스(Clearspace)는 웹 협업과 버전 관리를 통해 콘텐츠를 공유하도록 포럼, 위키, 블로그 등과 같은 커뮤니케이션 도구를 사용한다. 버전 관리는 토론 공간, 캘린더 및 '할 일 목록'을 통하여 이루어진다. 예를 들어 나이키의 나이키 플러스(http://nikerunning.nike.com)에서 기술 지원 포럼을 운영하기 위해 클리어스페이스 커뮤니티를 이용해왔다. 이 웹사이트는 선수들이 달린 거리 및 소모된 칼로리를 신발에 달린 센서를 통해 추적하여 선수들에게 해당 정보를 제공한다. 그런데 회사는 선수들이 다른 선수들을 만나기 위해서도 이 포럼을 사용한다는 사실을 곧 인지하게 되었다. 이를 지원하기 위해 나이키는 포럼을 확장하여 선수들이 서로를 만나고 경주에서 서로 도전할 수 있게 하는 섹션을 포함시켰다. 그 후, 나이키 플러스 센서를 갖고 있지 않았던 사이트 방문자의 40%가 그 제품을 결국 구입하였다.

전자 원격회의 원격회의(teleconference)는 다른 장소에 있는 2명 이상의 사람들이 동시에 회의를 할 수 있도록 전자 커뮤니케이션 기술을 사용한다. 원격회의에는 여러 종류가 있다. 가장 오래되고 간단한 것은 전화로 하는 컨퍼런스 콜이다. 이는 몇 명의 사람들이 여러 위치에서 서로 전화 대화를 하는 것을 의미한다. 컨퍼런스 콜의 가장 큰 단점은 참가자들이 얼굴을 맞대고 소통할 수 없다는 것이다. 또한 참가자들은 다른 장소에 있는 그래프, 차트 및 사진들을 볼 수 없다.

이러한 단점을 극복하기 위하여, 조직은 비디오 원격회의 또는 비디오 컨퍼런스를 도입하고 있다. **비디오 컨퍼런스**(video conference)에서 참석자들은 한 장소에서 다른 장소의 참석자들, 문서 및 프레젠테이션을 볼 수 있다. 최신 버전의 비디오 컨퍼런스인 텔레프레전스(telepresence)는 데이터, 음성, 사진, 그래픽 및 애니메이션을 원활하게 공유하게 해준다. 회의 참석자들은 음성, 비디오, 데이터 등의 전송, 문서 공동 작업, 컴퓨터 파일 교환 등을 수행한다.

몇몇 회사는 최상급 텔레프레전스 시스템을 공급하고 있다. 예를 들어 휴렛 팩커드의 할로 시스템(www.hp.com), 시스코의 텔레프레전스 3000(www.cisco.com), 그리고 폴리콤의 HDX(www.polycom.com)는 컨퍼런스 테이블에 앉아 있는 사람들을 보여주기 위해 최대 약 2.4미터 폭의 초고화질 화면을 제공한다(그림 4.12 참조). 텔레프레전스 시스템은 진보된 오디오 기능을 가지고 있어 어떠한 소리도 빠트리지 않은 채 모든 사람의 대화를 전달한다. 예를 들어 사모펀드 회사인 블랙스톤 그룹(www.blackstone.com)은 전 세계에 40개의 텔레프레전스 회의실을 가지고 있고, 딜로이트 터쉬(Deloitte & Touche, www.deloitte.com)는 텔레프레전스 시스템을 사용하고 있다

한 법률 사무소가 이런 다양한 협업기술을 어떻게 쓰는지 알아보자. 버 앤드 포먼(Burr & Forman, www.burr.com)은 조지아 주 애틀랜타에 있는 정규 법류 사무소이다. 이 회사는 마이크로소프트 셰어포인트를 콘텐츠와 문서 저장소로 쓴다. 셰어포인트는 사용자들이 노력을 적게 들이고 빠르게 문서를 찾고 공유할 수 있도록 도와준다. 게다가 버에서는 빠르고 쉽게, 그리

HO Marketwire Photos/Newscom

그림 4.12 텔레프레전스 시스템

고 안전하게 그들의 고객들이 원하는 문서의 접속을 도와준다. 기업에서는 또한 9개의 다른 문서 라이브러리를 하나의 라이브러리로 합쳐서 직원들이 볼 수 있도록 해 놓았다.

버는 또한 어도비커넥트(AdobeConnect, www.adobe.com)를 이용해 온라인 트레이닝을 제공한다. 이 기능은 각각 다른 사무실에 있는 직원들을 한꺼번에 트레이닝할 수 있도록 도와준다. 버는 또한 직원들이 이 도구를 활용하여 모든 교육 비디오를 봤다고 증명함으로써 직원들의 교육 트레이닝도 계속할 수 있다.

게다가 버는 시스코시스템(CiscoSystem's, www.cisco.com)의 탄드버그(Tandberg) 비디오 컨퍼런스 시스템을 내부 회의, 인터뷰, 그리고 다른 일정들에 이용한다. 사무소에서는 비디오 컨퍼런싱을 통해 여행경비를 삭감할 수 있다는 것을 깨달았다.

e-러닝과 원격 교육

e-러닝과 원격 교육은 같은 것이 아니지만 부분적으로 중복되는 측면도 있다. e-러닝 (e-learning)은 웹을 통하여 교육을 한다는 것을 의미한다. e-러닝은 학생들이 수업 중에 웹에서 작업하는 것과 같이 기존의 교육에 대한 지원으로 제공된다. e-러닝은 또한 모든 과정이 온라인으로 진행되고 교육은 직접 만나지 않는 가상 교실에서 진행된다. 이러한 경우 e-러닝은 원격 교육의 일부이다. **원격 교육**(distance learning, DL)은 교사와 학생이 직접 만나지 않는 학습 상황을 말한다.

오늘날 웹은 자율 학습을 위하여 멀티미디어 상호작용 환경을 제공한다. 웹은 지식을 필요로 하는 사람이 언제 어디서나 해당 지식에 접근 가능하게 한다. 이런 이유로, e-러닝과 DL은 정규 교육과 기업 연수에 모두 사용될 수 있다.

e-러닝에는 많은 장점이 있다. 예를 들면 온라인 자료들은 고품질(콘텐츠 전문가들에 의해 제작) 그리고 일관된(매번 동일한 방법으로 제공) 형태의 현행 콘텐츠를 전달할 수 있다. 또한 학생들에게 언제 어느 장소에서든 그들 자신의 진도에 맞추어 배울 수 있도록 유연성을 제공한다. 기업 교육 센터에서 e-러닝을 사용하면 교육 시간은 일반적으로 더 짧아진다. 이는 보다 많은 사람들이 주어진 기간 내에 배울 수 있다는 것을 의미한다. 이 시스템은 교육비용뿐만 아니라 시설 공간의 임대비용도 줄일 수 있다.

이러한 혜택에도 불구하고, e-러닝은 몇 가지 단점을 가지고 있다. 첫째로 학생들은 컴퓨터를 사용할 수 있어야 한다. 또한 교수와 직접 대면하는 상호작용을 놓칠 수 있다. 더불어 교수는 실제로 누가 과제를 완료했는지 모르기 때문에 학생들에 대한 정확한 평가에 문제가 있을 수 있다.

e-러닝은 일반적으로 교실 환경을 대체하지는 않는다. 오히려 새로운 콘텐츠와 전달기술을 통해 전통적 교실에서의 수업 환경도 향상시킨다. 블랙보드(www.blackboard.com)와 같이 진보된 e-러닝 환경은 고등교육의 전통적인 학습에 가치를 추가해준다.

무크(Mooc, massive open online courses의 줄임말, 대규모 오픈 온라인 강의를 뜻한다)라는 새로운 형태의 원격 교육이 최근에 나왔다. 무크는 고등교육을 모두에게 제공해주는 도구다.

세계 곳곳의 대학교육을 받을 수 없는 수천 명의 학생들은 무크를 통해 정교한 기술을 배우고 높은 연봉을 받는 직업을 그 어떠한 교습료 또는 대학 졸업증 없이도 얻을 수 있다.

무크는 굉장히 자동화되어 있으며, 과제와 시험은 컴퓨터로 채점된다. 하지만 스탠퍼드대학교의 무크에서 보듯이 무크는 많은 사회적 교류의 기회를 제공해준다.

2011년 가을에는 190개국 16만 명의 학생들은 스탠퍼드에서 제공하는 머신 러닝(인공 학습 중 하나이다)을 신청하였다. 강의는 자발적으로 온라인 커뮤니티에서 페이스북 그룹을 만들고, 참가자들끼리 토론을 하고, 자원 봉사자들은 이것은 44개국어로 번역하였다. 이 강의를 완료한 2만 3,000명의 학생들은 퍼센티지 점수 안에 들었다는 PDF파일을 이메일로 받는다. 하지만 파일에는 '스탠퍼드대학교'라는 이름이 들어가 있지 않다. 총 248명의 학생 중, 스탠퍼드를 나온 학생은 없는 상태에서 모든 학생은 100점을 얻었다.

2012년 2월에는 MIT에서 10년간 온라인에 자료를 게시해 왔지만, 첫 무크의 신청을 받기 시작했다. 대학교들에 더해서, 두 스타트업 기업인 유다시티(Udacity, www.udacity.com)과 유데미(Udemy, www.udemy.com)는 다양한 무크를 제공한다. 두 기업 모두 학생들이 직업을 찾는 것을 도와준다. 이 과제를 해결하기 위해 그들은 학생들의 경력 사항을 고용업자들에게 팔 수 있는 권한을 학생들에게 묻는다.

가상 대학

가상 대학(virtual university)은 학생들이 집이나 멀리 떨어져 있는 장소에서 인터넷을 통하여 수업을 듣도록 하는 온라인 대학이다. 상당수의 기존 대학들이 일정 형태의 온라인 교육을 제공한다. 피닉스대학교(www.phoenix.edu), 캘리포니아 가상 캠퍼스(www.cvc.edu), 메릴랜드 대학교(www.umuc.edu)와 같은 일부 대학교들은 수천 개의 코스와 수십 개의 학위를 전 세계에 있는 학생들에게 온라인으로 제공한다. 다른 대학교들은 제한된 온라인 코스와 학위들을 제공하나 전통적인 교실에서도 혁신적인 교육 방법과 멀티미디어 지원을 사용한다.

재택 근무

지식 근로자들은 산재된 노동력 또는 디지털 유목민이라고 불린다. 이 그룹은 매우 소중한 근로자들로 **재택 근무**(telecommuting)라고 불리는 프로세스를 통해 이제는 언제 어느 장소에서든 일을 할 수가 있다. 산재된 근로자들은 상근하는 사무실이 없고 집 사무실, 공항 라운지 또는 고객 컨퍼런스룸 또는 고등학교 스타디움 관람석에서 일하기를 선호한다. 산재된 노동력의 성장은 글로벌화, 극단적으로 긴 통근 시간, 유가 인상, 유비쿼터스 광대역 통신 링크(유선 및 무선), 그리고 강력한 노트북 및 컴퓨터 장치 등이 이끌었다.

재택 근무는 직원, 고용주, 그리고 사회에서 다수의 잠재적 장점을 가진다. 직원들의 혜택은 스트레스 감소와 가정 생활의 향상을 포함한다. 또한 재택 근무는 바깥 출입을 못하는 한부모가정과 장애인들에게 고용 기회를 제공한다. 고용주의 혜택은 생산성 향상, 숙련된 직원들을 보유하고 통근 거리 내에 거주하지 않는 직원을 유치할 수 있는 가능성을 포함하고 있다. 그러나 재택 근무는 몇 가지 잠재적인 단점도 가지고 있다. 직원들의 주요한 단점은 고립감 증대, 부가 수당의 축소 가능성, 낮은 급여(일부의 경우), 가시적인 직장의 부재, 더딘 승진, 그리고 사회화의 부족이다. 2013년의 조사에 따르면, 스탠퍼드대학교의 연구원들은 재택 근무 직원들은 현장 직원들보다 승진률이 50% 낮다는 것을 밝혀냈다. 연구원들은 상사들과 '직접적인 대면' 시간이 적으면서 승진을 하지 못한다고 결론을 내렸다.

또한 재택 근무 직원들은 물리적으로는 집에 있지만 일을 하고 있다는 사실을 가족들에게 이해시키는 데 어려움이 있다. 가족들은 사무실에서 일할 때 방해받지 말하야 하는 것처럼 집에서 근무할 때도 방해하지 말아야 한다는 사실을 이해할 필요가 있다. 재택 근무의 가장 큰 단점은 잠재적 보안 문제와 업무 태만 시 관리가 어렵다는 점이다. '비즈니스에서 IT 4.3'은 요즘 일터에서의 재택 근무에 대한 찬반논리를 다룬다.

비즈니스에서 IT 4.3

야후 CEO 메이어, 재택 근무를 금지시키다

미국 인구조사국에 따르면, 약 9%의 미국 직원들은 일주일에 한 번 이상 재택 근무를 하며, 이 추세 또한 증가하고 있다. 하지만 야후(www.yahoo.com)는 이 추세를 따르지 않는 것처럼 보인다.

2013년 2월 야후의 CEO인 메이어(Marissa Mayer)는 직원들이 사무실 밖에서 일하는 것은 전면 금지했다. 익명의 제보자에 따르면, 메이어는 야후의 가상 사설 통신망(VPN)에 들어가 멀리 사는 직원들이 기업 네트워크에 자주 로그인하지 않는다는 것을 발견했다. 게다가 메이어는 야후 본사의 주차장이 아침에는 차지 않지만 오후 5시에는 주변 실리콘 밸리들의 기업들과 달리 꽉 차 있다는 사실을 알고 분노했다.

여러 매체를 통해 다시 공포된 내부 메모에 따르면, 메이어는 "가장 일하기 좋은 곳이 되기 위해서는 의사소통과 협업이 중요하기 때문에 우리는 서로의 옆에서 일해야 한다. 그렇기 때문에 우리 모두가 사무실에 있어야 한다. 가장 좋은 의사결정과 통찰은 복도에서 일어나고, 식당에서 토의하고, 새로운 사람들을 만나고, 갑작스러운 팀 미팅이 진행되면서 이루어진다. 우리가 집에서 일하다 보면 속도와 질은 떨어지기 마련이다."라고 했다. 어떤 전문가들은 메이어가 이를 통해 비효율적인 직원들을 해고하고 해고 사태로 인해 발생하는 비용을 없애려는 의도가 있다고 말했다. 불행하게도 이 과정 도중에, 그녀는 그녀가 예상했던 것보다 부정적인 여론을 더 많이 받았다. 일주일에 하루이틀 정도는 집에서 일하는 직원들을 포함해, 수백 명의 야후 직원들은 매일 사무실에 출근해야 할지 아니면 그들의 일자리를 잃을 것인지 결정해야만 했다.

그녀의 입장에서 보면, 메이어는 아주 잘 알려진 워커홀릭이다. 그녀는 임신 5개월 차에 야후의 고위직급을 받아들이고, 출산 휴가 또한 2주밖에 떠나지 않았다. 그녀가 일터에 돌아왔을 때는, 그녀의 야후 사무실 바로 옆에 개인 비용으로 유치원을 만들어서 그녀의 갓난 아들과 가까이 있는 동시에 더 오랜 시간 동안 일하는 방법을 선택했다.

그녀의 발표로 인해 그녀가 여태껏 야후를 위기에서 벗어나게 해주었던 모든 노력들이 반발로 인해 무너질 위기에 처하게 되었다. 예를 들어 워킹맘들은 메이어로 인해 그들의 유동적인 일 스케줄을 빼앗겼다고 주장했다. 많은 사람들은 재택 근무를 포춘의 500대 기업의 최고 경영자로서 오는 돈, 명성, 그리고 기회를 누리는 것을 싫어하고 오직 어린아이들을 키우고 동시에 자신의 커리어를 재택 근무를 통해 발전시켜 나가는 스트레스 받는 여자들만 쓰는 것으로 본다.

재택 근무를 금지시키는 메이어의 결정은 이 주제에 대한 토론을 더욱 심화시켰다. 메이어의 주장인 사무실 밖에서 직원들은 덜 효율적이고 창의적이지 않다는 주장과 달리, 많은 연구들은 재택 근무는 오히려 조직들에게 좋은 결과를 안겨준다고 밝혔다. 예를 들어 컨설팅 기업인 워크 쉬프

© LajosRepasi/iStockphoto

팅(www.workshifting.com)은 평균적으로 재택 근무를 하는 직원들은 효율성이 27% 증가한다는 것을 발견하였다. 설문에 참여한 직원들 중 브리티시 텔레콤(British Telecom, www.bt.com), 다우케미컬(Dow Chemical, www.dow.com), 그리고 아메리칸익스프레스(American Express, www.americanexpress.com)을 포함한 70% 이상이 사내직원들보다 재택 근무하는 직원들의 생산성이 더 높다고 답했다. 재택 근무의 장점을 보여주는 가장 놀라운 예시 중 하나는 시스코(Cisco, www.cisco.com)로 메이어의 주장과 달리 그들의 재택 근무 직원들은 서로 매우 잘 소통하고 협업도 효과적으로 하였다. 시스코는 또한 재택 근무를 허용함으로써 직원들을 더욱더 유지할 수 있었다. 비슷한 사례로, 월드앳워크(WorldatWork, www.worldatwork.org)의 2011년 연구에 따르면, 융통성을 추구하는 회사들은 전반적으로 퇴사율이 낮고, 직원들의 만족도는 더 높고 동기부여와 집중도도 높은 것으로 나타났다.

생산력 증가와 더불어, 설문조사기관인 글로벌 워크플레이스 애널리틱스(Global Workplace Analytics, www.teleworkresearchnetwork.com)에 따르면 재택 근무는 환경보호에도 굉장히 도움이 된다. 구체적으로, 직원들에게 하프타임에만 재택 근무를 허용해줌으로써 매년 탄소 배출을 5,100만 메트릭톤을 절약할 수 있다. 이것은 뉴욕의 모든 통근자들을 도로에서 없애서 배출량을 줄이는 것과 같은 양이다.

메이어의 재택 근무 금지령은 야후 직원들의 사기를 저하하고 생산성을 감소시키고 고용 시장에서 고용능력을 줄일 것으로 보이며 굉장히 위험한 행동으로 평가되었다. 2014년 3월 이후, 야후의 재택 근무 금지령의 영향력은 아직도 남아 있다. 메이어의 금지령은 과연 옳았을까?

메이어가 발표를 한 지 한 달 후에 전자 소매업자인 베스트 바이(Best Buy, www.bestbuy.com)는 본부에 있는 약 4,000명의 직원들을 대상으로 재택 근무를 금지시켰다. 이 움직임으로 인하여 직원들을 사무실 밖에서 일할 수 있게 해주는 '결과 중시 근무 환경'이라는 혁신적인 프로그램은 없어졌다. 직원들은 상사가 만족하는 이상, 무제한의 자유가 있었다.

2013년 10월에 HP는 중요한 진화점으로서 재택 근무를 금지시켰다. 야후와 같이 베스트바이와 HP도 재택 근무의 금지로 인해 영향을 받은 것으로 보인다.

야후, 베스트 바이, HP에서도 금지되었음에도 불구하고, 재택 근무는 여전히 증가하는 추세이다. 직장인들을 상대로 한 국내 설문에 따르면 31%는 대부분의 일을 사무실 밖에서 처리하는 것으로 나타났다. 그들의 '사무실'은 집, 비즈니스 센터, 공유 사무실, 그리고 카페까지 해당되었다. 이러한 연구들은 재택 근무의 가치를 지지하고 많은 고용주들은 직원들에게 사무실 밖에서 일하는 것을 허락하거나 일정 시간을 밖에서 일하도록 지시하는 경우도 많아지고 있다. 재택 근무의 증가 추세를 지지함으로써 고용주들은 부동산비를 절약하는 것보다 최고의 그리고 값이 덜 나가는 후보들을 그들의 거주지에 상관없이 뽑을 수 있다.

출처 : J. Ludden, "Telework: Not Just for Moms and Millenials," *NPR.org*, February 27, 2014; M. Biro, "Telecommuting IS the Future of Work," *Forbes*, January 12, 2014; J. Parris, "Hewlett-Packard Bans Telecommuting? Not Quite," *Flexjobs*, October 17, 2013; A. Lee, "First Yahoo! Now HP Cracks Down on Telecommuting," *Cruxial CIO*, October 9, 2013; J. Kotkin, "Marissa Mayer's Misstep and the Unstoppable Rise of Telecommuting," *Forbes*, March 26, 2013; M. Patrick, "Yahoo! Ban on Telecommuting Causes Debate," *U. S. News and World Report*, March 22, 2013; T. Hsu, "After Yahoo!, Best Buy Also Rethinks Telecommuting," *Los Angeles Times*, March 6, 2013; B. Belton, "Best Buy Copies Yahoo!, Reins in Telecommuting," *USA Today*, March 6, 2013; R. Silverman and Q. Fottrell, "The Home Office in the Spotlight," *The Wall Street Journal*, February 27, 2013; J. Guynn, "Yahoo! CEO Marissa Mayer Causes Uproar with Telecommuting Ban," *Los Angeles Times*, February 26, 2013; www.yahoo.com, accessed March 27, 2013.

문제

1. 야후가 재택 근무에 대해 올바른 선택을 내렸다고 생각하는가?
   a. 찬성 측의 입장을 설명하라.
   b. 반대 측의 입장을 설명하라.

2. 이 글은 2014년 3월에 작성되었다. www.yahoo.com을 참조해서 현재 기업이 어떻게 되어 가고 있는지 확인하라. 또한 메이어의 결정으로 인해 벌어진 일들을 기사를 통해 확인하라.

3. 메이어의 내부메모에 대해 토의하라. 이것에 대해 찬성하는지 반대하는지 입장을 밝혀라.

개념 적용 4.4

학습목표 4.4
네트워크가 우리의 일상생활과 비즈니스에 끼친 영향을 설명하고, 여섯 가지 네트워크 응용 방법을 구분한다.

1단계 – 배경

이 절에서는 네트워크의 6대 핵심 응용을 설명하였다. 정보 발견은 다른 곳에서 유용한 정보를 찾을 때 일어난다. 통신은 다른 사람에게 유용한 정보를 보낼 때 일어나고, 협업은 2명 이상의 사람들이 어떤 정보에서 일할 때 존재한다. 회사 네트워크(인트라넷)는 조직 내에서 이것을 달성하기 위해 모든 부서의 사원들이 데이터에 접근 가능하도록 하기도 한다. 보통 재택 근무를 하는 직원들이 데이터 오프사이트에 접속한다. e-러닝과 가상 대학은 관련된 네트워크 응용으로 캠퍼스 밖에서 일이 이루어지는 것이 가능하도록 한다.

2단계 – 활동

위에서 다루었던 모든 종류의 네트워크는 장점과 단점이 있다. 이 활동에서는 인터넷에서 각 네트워크의 장점과 단점을 찾아보라. 그런 다음 이 장점과 단점이 비즈니스와 일상생활에 어떻게 적용되는지 고려해보자.

3단계 – 과제

위에 언급된 여섯 가지 형태의 네트워크 응용 방법이 매일의 생활과 비즈니스에 미치는 긍정적 효과와 부정적 효과를 설명하는 표를 만들라. 이 표는 다음과 같이 구성되어야 한다.

다음 절로 넘어가기 전에…

1. 이 절에서 학습한 네트워크 애플리케이션이 무엇인지를 논하고, 각 애플리케이션을 지원하는 기술과 도구에 대해 설명하라.

2. 비디오컨퍼런싱을 더욱 중요하게 만든 비즈니스 환경은 무엇인가?

3. e-러닝과 원격 학습의 차이점을 설명하라.

4. 가상 대학이 무엇인지 설명하라.

5. 재택 근무란 무엇인가? 재택 근무를 원하는가? 이유는 무엇인가?

네트워크 사용 방법	비즈니스	생활
정보발견	긍정적 효과 : 부정적 효과 :	긍정적 효과 : 부정적 효과 :
통신	긍정적 효과 : 부정적 효과 :	긍정적 효과 : 부정적 효과 :
협업	긍정적 효과 : 부정적 효과 :	긍정적 효과 : 부정적 효과 :
e-러닝과 원격 학습	긍정적 효과 : 부정적 효과 :	긍정적 효과 : 부정적 효과 :
가상 대학	긍정적 효과 : 부정적 효과 :	긍정적 효과 : 부정적 효과 :
재택 근무	긍정적 효과 : 부정적 효과 :	긍정적 효과 : 부정적 효과 :

나를 위한 IT는 무엇인가?

회계 전공자

ACCT

회계 업무를 담당한 사람은 기업의 인트라넷과 포털을 사용해 기업에서 수행 중인 모든 업무에 대한 거래 데이터를 모아야 할 뿐만 아니라 기존 거래 데이터 역시 통합해야 한다. 이러한 데이터에는 현재 업무에 소요되는 비용, 각 업무에 개별 종업원이 투여하는 시간, 실제 비용과 예상 비용의 비교 등이 모두 포함된다. 마지막으로 회계 업무를 담당한 사람은 인터넷을 이용해 회계 업무에 관련된 전문적 정보는 물론 정부의 회계 관련 규제 정보도 획득할 수 있다.

재무 전공자

FIN

기업 인트라넷과 포털은 투자나 업무에 대한 위험을 평가할 수 있는 모델을 제공한다. 재무 분석은 이 모델에서 인트라넷에서 획득된 과거의 거래 데이터와 인터넷을 통해 획득한 산업 데이터를 사용한다. 또한 재무 서비스 제공 기업은 웹을 이용하여 홍보는 물론 다양한 서비스를 제공할 수 있다.

마케팅 전공자

MKT

마케팅 관리자는 기업 인트라넷과 포털을 사용하여 판매 부서와 업무를 조율할 수 있다. 판매 부서는 기업 포털에 접속하여 가장 최근에 결정된 가격, 홍보 내용, 할인 내역, 고객 정보, 그리고 경쟁자에 대한 정보까지 다양한 정보를 획득할 수 있다. 판매 부서에서는 관심 있는 제품에 대한 정보를 다운로드하여 고객에게 맞춤형 정보를 제공할 수 있다. 인터넷, 특히 웹은 많은 산업에서 완전히 새로운 홍보 방법을 제시하고 있다. 어떻게 광고할지, 구매가 이루어지는지, 정보 전파가 이루어지는 등은 산업마다, 제품마다, 서비스마다 모두 다른데, 인터넷은 이런 다양한 산업, 제품, 서비스에 적합한 홍보를 가능하게 해준다.

생산/운영 관리 전공자

POM

기업들은 인트라넷과 포털을 이용하여 제품 개발 속도를 빠르게 할 수 있다. 기업들은 이를 위해 제품 개발 팀에게 3차원 모델과 애니메이션화된 정보를 제공한다. 모든 팀 멤버는 이러한 모델과 정보에 접속해 보다 좋은 아이디어를 낼 수 있다. 인트라넷을 통해 접속한 기업 포털은 경영자가 재고 관리는 물론 조립 라인에서 생산이 이루어지는 과정을 실시간으로 관리할 수 있도록 한다. 엑스트라넷은 기업들 간의 공동 연구와 디자인을 효과적으로 수행하도록 도와준다. 인터넷은 POM 경영자에게 가장 최신의 정보를 제공한다.

인적자원관리 담당자는 포털과 인트라넷을 사용하여 기업의 업무 매뉴얼, 구인 광고, 기업 내 전화번호, 교육 프로그램 등의 정보를 제공할 수 있다. 많은 기업에서 인터넷을 통해 획득된 교육 훈련 정보를 인트라넷을 통해 종업원에게 제공하고 있다. 인사관리 부서는 인트라넷을 이용하여 종업원들의 건강관리, 저축, 연금 계획과 같은 일상적 정보뿐만 아니라 종업원 각각의 경쟁력 평가를 실시할 수 있다. 인터넷은 구인이 필요할 때 전 세계를 대상으로 광고할 수 있게 할 뿐만 아니라 지역적으로 떨어져 있는 팀들이 협업을 할 수 있도록 도와준다.

네트워크 기술 인프라스트럭처가 중요하지만, 사용자에게는 보이지 않는 것이다(기능에 문제가 있을 경우에는 보일 수 있다). 경영정보시스템은 조직의 모든 구성원이 서로 연계되며 항상 업무가 이루어질 수 있도록 할 책임이 있다. 경영정보시스템 담당자는 모든 사용자에게 세계를 보는 눈, 즉 정보를 제공해야 하는 것은 물론 언제 어디서든 교신하고 협업할 수 있도록 해야 한다. 예를 들어 어떤 조직에 다른 지역에는 없는 어떤 전문가가 거리상 먼 지역에서 근무하고 있다고 가정하자. 가상팀 구성을 통해 조직 구성원들은 마치 그 전문가가 같은 사무실에 있는 것처럼 협업을 할 수 있다.

요약

1. 주요 네트워크 형태를 비교 분석한다.

   두 가지 주요 유형의 네트워크로는 LAN과 WAN이 있다. LAN은 일정한 범위 내의 지역에 한해서 통신 서비스를 제공하며, 대개의 경우 하나의 통신 미디어로 구성된다. 반면 WAN은 넓은 지역에 서비스를 제공하며 여러 개의 통신 미디어가 복합적으로 사용된다.

2. 유선 통신 미디어와 전송기술에 대해 설명한다.

   꼬임전선은 가장 흔한 통신선으로서, 구리선이 짝을 이루어 꼬인 형태로 구성된다. 상대적으로 저렴하며, 쉽게 구매할 수 있고, 작업하기가 용이하다. 그러나 전자파로부터 간섭을 쉽게 받아서 데이터 전송속도가 느릴 수 있고, 엉뚱한 수신자에게 데이터가 전달될 수 있다.

   동축 케이블은 절연 처리된 구리선으로 구성된다. 꼬임전선에 비해서는 많은 양의 데이터를 전자파에 간섭받지 않고 보낼 수 있다. 그러나 동축 케이블은 꼬임전선에 비해 상대적으로 비싸고 작업하기 어렵다.

   광섬유 케이블은 레이저에 의해 생성된 광선식 펄스를 이용하여 정보를 전송하는 매우 가는 필라멘트와 같은 형태의 유리섬유 수천 개로 구성된다. 광섬유 케이블은 전통적인 케이블 미디어에 비해 매우 가볍고 작다. 광섬유 케이블은 훨씬 더 많은 데이터를 전송할 수 있고, 전자파 간섭 등으로부터 영향을 훨씬 덜 받아 보안을 유지

할 수 있다. 광섬유 케이블은 통상 네트워크들을 연결하는 등뼈 구실을 하는 네트워크인 백본 네트워크로 쓰인다. 반면 꼬임전선과 동축 케이블은 백본 네트워크와 네트워크상의 개인 단말기를 연결하는 역할을 한다.

3. 인터넷에 접속하는 일반적인 방법을 설명한다.

   인터넷에 접속하는 방법으로는 다이얼 업, DSL, 케이블 모뎀, 위성, 무선, 광섬유 등 다양한 방법이 있다.

4. 네트워크가 우리의 일상생활과 비즈니스에 끼친 영향을 끼치는지 설명하고, 여섯 가지 네트워크 응용 방법을 구분한다.

   > 정보 발견은 데이터베이스에 있는 정보를 보고, 사용자에게 필요한 정보를 제공해주는 기능을 포함한다. 정보 발견 도구로는 검색 엔진, 디렉토리, 그리고 포털이 있다. 이는 필요한 정보를 효과적으로 발견할 수 있도록 해준다.

   > 네트워크는 이메일, 콜센터, 대화방, 음성 통신 등을 통하여 저렴한 비용으로 빠르게 통신할 수 있는 기능을 제공한다. 통신 도구는 팀 멤버, 동료, 비즈니스 파트너, 그리고 고객들과 빈틈없이 교신할 수 있도록 해준다.

   > 협업은 어떤 업무를 수행하기 위하여 함께 일하는 두 개체(개인, 그룹 혹은 기업)가 상호 노력하는 것을 말

한다. 이는 워크플로 시스템에 의해 이루어지며 협업 도구는 동료, 비즈니스 파트너, 고객들과의 협업이 가능하도록 한다.

> e-러닝은 웹에 기반한 학습을 의미한다. 원격 학습은 학생과 선생이 서로 얼굴을 맞대고 학습을 하지 못하는 모든 상황을 의미한다. 이는 평생 학습이 가능하도록 한다.

> 가상 대학은 학생이 집 혹은 학교 이외의 장소에서 온

라인으로 대학 수업을 듣고 학위를 획득하는 것을 말한다. 이는 학생들이 직장에서 일하며 공부할 수 있게 하여, 기업에서 그 학생의 가치를 높여주는 역할을 한다.

> 재택 근무는 지식 근로자가 언제 어디서든 업무를 수행하는 과정을 의미한다. 이는 종업원에게 많은 혜택을 주지만 몇 가지 단점도 있다.

>>> 용어 해설

가상 그룹/팀 서로 다른 공간에 있는 사람들이 전자적으로 만나 업무를 수행하는 것

가상 대학 학생들이 학교 이외의 장소나 집에서 인터넷을 통해 공부하는 온라인 대학

가상 협업 디지털 기술을 활용하여 조직이나 개인이 협력하여 계획을 수립하고, 설계하고, 개발하고, 연구하고, 전자상거래를 시도하는 것

검색 엔진 키워드에 적합한 정보를 찾아서 결과를 보고하는 컴퓨터 프로그램

광대역 초당 1메가바이트에서 초당 수 테라바이트에 이르는 전송 속도

광섬유 케이블 광섬유 케이블은 레이저에 의해 생성된 광선식 펄스(light pulse)를 이용하여 정보를 전송하는 매우 가는 필라멘트(filament)와 같은 형태의 유리섬유(glass fiber) 수천 개로 구성

광역 통신망(WAN) 넓은 지역에서 통신 서비스를 제공하기 위해 주로 통신 사업자가 사용하는 네트워크

근거리 통신망 건물과 같이 일정한 지역 내에 있는 사용자들의 단말기를 연결하여 통신이 가능하도록 하는 네트워크

기업 네트워크 특정 조직을 위해 사용되며 여러 개의 LAN과 WAN으로 이루어진 네트워크

꼬임전선 구리선을 짝으로 묶은 통신매체

네트워크 서버 '파일 서버' 참조

네트워크 접속 포인트 인터넷 트래픽을 교환하는 접점 역할을 하며 트래픽이 어떤 경로로 이동할지를 결정하는 컴퓨터

대화방 정규적으로 일정한 사람들이 모여 일상적인 대화를

나누는 가상 장소

도메인 이름 인터넷 사이트에 부여되는 이름으로 점에 의해 구분되며, 오른쪽에서 왼쪽으로 읽음

도메인 이름 시스템 ICANN에 의해 운영되는 시스템으로 인터넷상의 각 사이트에 이름을 부여함

동기식 광 네트워크 광섬유 회선을 통하여 디지털 신호를 전송하는 인터페이스 표준

동축 케이블 절연된 구리선으로 데이터나 TV 신호를 빠른 속도록 전송하는 데 사용

동호인 단체 포털 관심사가 같은 사람들이 모인 커뮤니티에 속한 사람들 전체에게 정보를 제공하는 포털

디지털 가입자 회선 기존의 아날로그 전화 회선을 이용해 빠른 속도로 디지털 데이터를 전송하는 기술

디지털 신호 정보를 0과 1 형태로 전송하는 신호

라우터 LAN에서 인터넷으로 혹은 LAN 간에, 혹은 WAN과 인터넷 간에 메시지를 이동시키는 통신 프로세서

메타검색 엔진 여러 개의 검색 엔진을 동시에 활용하여 사용자가 원하는 정보를 찾아주는 컴퓨터 프로그램

모뎀 아날로그 신호를 디지털 신호로 혹은 그 반대로 전환하는 단말

무선 미디어 '전파 미디어' 참조

백본 네트워크 LAN이나 WAN과 같은 네트워크들을 연결하는 고속 네트위크

법인 포털 조직 내외부에 있는 중요 정보를 제공하는 웹사이트

분산 프로세싱　네트워크로 연결된 2대 이상의 컴퓨터에 프로세스(업무)를 여러 개로 분해해 처리하는 기술

브라우저　사용자가 웹에 접속하는 데 사용하는 기본적인 소프트웨어 애플리케이션

비디오 컨퍼런스　한 지역에 있는 참가자들이 다른 지역에 있는 참가자들을 보고 들으며 대화를 나누고 파일도 공유할 수 있는 가상 회의

산업 포털　산업 전체에 정보와 지식을 전달하는 웹 기반 관문(gateway)

상업적(공공) 포털　다양한 고객들에게 일상적인 정보를 제공하는 웹사이트로, 사용자 인터페이스를 통해 맞춤형 콘텐츠를 제공

서버　프린팅, 데이터, 통신 등 다양한 네트워크 서비스를 제공하는 컴퓨터

아날로그 신호　파장의 진폭과 진동수를 변동시켜 정보를 전송하는 연속적 파장

엑스트라넷　인트라넷을 조직 외부의 네트워크와 연결시키는 네트워크

워크그룹　한시적이든 영속적이든 2명 이상의 사람들이 함께 모여 업무를 수행하는 것

워크플로　조직의 업무 수행 과정에 따른 정보의 흐름

원격 학습　선생과 학생이 같은 장소에 있지 않은 상황에서 이루어지는 학습

원격회의　2명 이상의 사람들이 서로 다른 장소에서 동시에 회의에 참석할 수 있도록 구축한 전자통신 애플리케이션

월드와이드웹　클라이언트/서버 구조를 통해 정보를 저장하고, 검색하고, 전송하는 세계적 표준으로서 인터넷의 전송 기능을 사용

웹사이트　특정 기업이나 개인의 모든 웹페이지를 총칭하는 용어

유선 미디어　'케이블 미디어' 참조

이더넷　근거리 통신망의 공통 프로토콜

인터넷(Internet 혹은 The Net)　전 세계 200여 개 이상의 국가에 있는 100만 개 정도의 컴퓨터 네트워크를 연결하여 하루에 20억 명 이상의 사람들이 사용하는 거대한 전 세계적

WAN. 사용되는 컴퓨터 시스템으로는 스마트폰, PC, LAN, 데이터베이스, 서버 등이 있음

인터넷2　디지털 도서관, 원격 진료, 가상 대학과 같은 고도화된 네트워크 애플리케이션을 위해 구축된 새롭고 더 빨라진 통신 네트워크

인터넷 백본　컴퓨터와 조직 인터넷에 연결된 대규모 네트워크와 원거리 통신

인터넷 서비스 제공 사업자　인터넷 접속을 제공하는 사업자로 대부분 유료임

인터넷 전화　인터넷을 이용하여 전화 서비스를 사용하는 것

인트라넷　인터넷 소프트웨어와 TCP/IP를 사용하는 사적 네트워크

재택 근무　여행 중이거나 고객이 있는 지역 혹은 특정한 작업 장소, 혹은 집에서 근무를 하는 것을 의미하며, 대부분 소속된 기업에 있는 컴퓨터에 연결하여 업무를 수행

전송 대역　초당 비트 수로 표현되는 네트워크의 전송능력

전파 미디어　전자파(공중파, airwave)를 이용하여 데이터를 전송하는 통신 채널

컴퓨터 네트워크　통신 매체를 통해 컴퓨터를 연결하여 데이터와 정보를 상호 간에 전송하는 것

케이블 미디어　데이터와 정보 전송을 위해 물리적 케이블을 사용하는 통신 채널

크라우드소싱　조직이 전문가나 아마추어 등 다양한 이들을 참여시킴으로써 그들이 지닌 기술이나 도구를 활용하여 특정 문제를 해결하는 것

클라이언트　상용자의 개인용 컴퓨터와 같은 컴퓨터들이 서버가 제공하는 서비스를 사용하는 것

클라이언트/서버 컴퓨팅　어떤 기계(서버)가 최종 사용자의 PC(클라이언트)를 위해 컴퓨팅 기능을 제공하는 분산 프로세싱 형태

통신 채널　어떤 장소에서 다른 장소로 데이터를 전송하는 경로

통합 커뮤니케이션　음성, 이메일, 인스턴트 메시징, 비디오 컨퍼런싱과 같은 모든 통신을 통합하는 하드웨어와 소프트웨어 플랫폼

파일 서버 LAN을 위한 다양한 소프트웨어와 데이터는 물론 네트워크 운영체제를 저장하고 있는 컴퓨터

패킷 스위칭 패킷을 텍스트 블록(block)으로 분해하는 전송 기술

포털 고도화된 검색과 색인기술을 이용하여 인터넷상에 흩어져 있는 정보들을 사용자들에게 맞춤형으로 제공하는 웹 기반 관문

프로토콜 네트워크에서의 전송 방식에 관한 규칙

하이퍼링크 하이퍼텍스트 파일 또는 문서에 연결되어 있는 위치 또는 파일로, 스크린에 있는 이미지를 클릭하거나 밑줄 쳐져 있는 웹사이트를 클릭함으로써 접속할 수 있음

하이퍼텍스트 독자가 바로 접속할 수 있는 컴퓨터 디스플레이에 기록되어 있는 참고 웹사이트

협업 특정 업무 수행을 위해 2개 이상의 개체가 상호 간 노력을 기울이는 것

e-러닝 웹 기반 학습, 전통적인 교실이나 가상 교실에서 학습 가능함

HTTP 인터넷의 일부인 WWW상의 페이지들 전송에 사용되는 표준기술로서 어떻게 메시지가 구성되고 전송되는지를 규정함

IP 인터넷에서 패킷을 분해, 전송, 재조합하기 위한 규칙

IP 주소 인터넷상의 컴퓨터를 식별하는 유일무이한 주소

P2P 프로세싱 클라이언트/서버 컴퓨팅의 일종으로 2개 이상의 컴퓨터가 서로의 자원을 공유하여 분산 프로세싱하는 방식으로 각 컴퓨터는 클라이언트가 될 수도 있고 서버가 될 수도 있음

TCP/IP 많은 정보가 담긴 큰 파일을 전송할 때 사용하는 프로토콜로서, 불안정한 네트워크를 사용해도 데이터 전송이 정확하게 이루어지도록 함

URL 웹상의 특정 자원을 식별하는 주소

VoIP '인터넷 전화' 참조

>>> 토론 주제

1. 모든 사람의 집에 광섬유 케이블을 연결한다는 것은 무엇을 의미하는가?

2. 음악 산업에서 비트토렌트가 의미하는 바는 무엇인가? 사진 산업에서는?

3. P2P 네트워크의 장단점은 무엇인가?

4. 인터넷은 규제되어야 하는가? 그렇다면 누구에 의해 규제되어야 하는가?

5. 이 책을 인터넷을 통해 전송했을 때의 장단점에 대해 설명하라.

6. 정보기술에 대해 아무것도 모르는 사람에게 설명한다고 가정하여 인터넷이 어떻게 작동하는지를 설명하라.

7. 통신 네트워크 애플리케이션과 협업은 어떤 관계가 있는가? 통신 도구가 협업을 지원하는가? 예를 들라.

8. 온라인에서 *The Atlantic*: "Is Google Making Us Stupid?"를 읽은 후, 당신의 의견을 제시하고 왜 그렇게 생각하는지를 설명하라.

9. 이번 장을 참고하여 답하라.

   a. 네트워크 중립성에 대해 어떻게 생각하는가?

   b. 대역폭을 더 많이 사용하는 사용자들은 돈을 더 많이 내야 한다고 생각하는가?

   c. 무선 사업자들에게는 유선 사업자들과는 다른 규제가 필요하다고 생각하는가?

   d. 당신의 대역폭 사용량을 계산하라. (예를 들면 영화와 같은 큰 파일을 다운받는가?) 인터넷 네트워크 중립성이 없어질 경우, 당신에게는 어떤 영향이 미칠 것인가?

   e. 회사들은 네트워크 사용량을 감시해야 하는가? 기업용 대역폭을 개인 용도로 사용하는 것에 문제가 있다고 생각하는가?

1. 인터넷을 매일 사용할 경우 어느 정도의 대역폭이 필요한지를 계산하라. 매일 보내는 이메일은 몇 개이고 크기는 어느 정도 되는가? (이메일 프로그램에 이메일 파일 크기 정보가 있다.) 얼마나 많은 음악과 동영상을 매일 다운로드(혹은 업로드)하는가? 그리고 그 크기는 어느 정도 되는가? 만약 유튜브를 자주 본다면, 유튜브에 있는 동영상의 일반적인 크기가 어느 정도인지를 알아보라. 매일 이메일, 음성, 동영상 파일을 주고받는 개수를 더하라. 매일의 인터넷 사용량을 계산할 때, 일반적 인터넷 사용자인지 많이 사용하는 인터넷 사용자인지를 구분하라. 네트워크 중립성이 일반적 사용자에게 영향을 미치는가? 많이 사용하는 사람에게는 어떠한가?

2. SETI@home과 같은 여러 개의 P2P 애플리케이션에 접속하라. 각 애플리케이션의 목적을 설명하고 어디에 가입하고 싶은지를 설명하라.

3. http://ipv6.com과 http://www.ipv6news.info에 접속하고 IPv6의 장점에 대해 학습하라.

4. www.icann.org에 접속하고 이 조직이 어떤 조직인지에 대해 학습하라.

5. 당신의 이름을 도메인 이름(예 : KellyRainer)으로 해 웹사이트 구축해보라.

   a. 도메인 등록 과정을 설명하라.

   b. 어떤 최상위 도메인을 사용할 것인가? 그 이유는 무엇인가?

6. www.icann.org에 접속하여 당신이 선택한 TLD를 사용하는 기관 혹은 기업이 있는지를 조사하라. 그 기관 혹은 기업의 이름은 무엇인가?

7. 위의 질문에서 찾은 기관 혹은 기업의 웹사이트에 접속하라. 당신이 선택한 도메인 이름을 등록하는 데 얼마를 지불해야 하는가? 그 이름을 계속 유지하려면 얼마를 지불해야 하는가?

8. 방학 중에 2주 동안 오스트레일리아에서 지내기로 계획했다고 가정하자. 인터넷을 이용하여 여행 계획을 수립하는 데 도움이 되는 정보를 찾아보라. 그런 정보는 다음 사항을 반드시 포함—이러한 항목으로 제한되는 것은 아니지만—해야 한다.

   a. 여행하고자 하는 시기의 지리적 위치와 날씨

   b. 주요 관광지와 오락 시설

   c. 여행 일정(비행기와 비용)

   d. 자동차 렌트, 지역 관광

   e. 숙소(적당한 가격)와 음식

   f. 휴가에 소요되는 예상 비용(여행, 숙소, 음식, 놀이, 쇼핑 등)

   g. 애완견을 데리고 입국하는 데 대한 규제

   h. 쇼핑

   i. 여권 정보(갱신 혹은 새로 발급)

   j. 해당 국가 언어와 문화에 대한 정보

   k. 오스트레일리아로 떠나기 전에 알아야 할 것이 무엇이라고 생각하는가?

9. 당신의 경험 혹은 판매자의 정보를 이용하여 로터스 노트의 주요 기능에 대해 설명하라. 마이크로소프트 익스체인지에 대해서도 주요 기능을 설명하라. 두 제품을 비교 분석하라. 이 제품들이 기업의 지식 근로자와 경영자의 업무를 지원하는지를 설명하라.

10. 인터넷에서 원격회의 제품을 만드는 회사의 웹사이트를 방문하고 그에 대한 보고서를 써라. 원격회의와 비디오 컨퍼런스 간의 차이점을 설명하라.

11. 구글이나 유튜브에 있는 동영상을 접속하여 'Cisco Magic'을 찾아라. 이 동영상은 시스코의 차세대 원격회의 제품에 대해 설명한다. 이 제품을 현재의 원격회의 제품과 비교 분석하라.

12. 당신의 대학 웹사이트를 방문하라. 그 웹사이트가 높은 품질의 정보(적당한 양, 분명한 정보, 정확한 정보 등)를 제공하는가? 당신이 다니고 있는 대학에 진학하고자 하는 고등학생이 당신과 똑같이 느낄 것이라고 생각하는가?

13. 구글(www.google.com/sites)과 마이크로소프트 오피스 리브(www.liveoffice.com)를 비교 분석하라. 어떤 사이트를 이용하여 자신의 웹사이트를 구축하겠는가? 왜 그런 선택을 했는지 설명하라.

14. 미국의 음반산업협회 사이트(www.riaa.com)에 접속하라. 저작권법 위반(특히 음악 파일 다운로드 관련)에 관하여 어떤 내용을 발견했는지를 설명하라. 음반산업협회의 불법 음악 다운로드를 막으려는 노력에 대해 어떻

게 평가하는가? 음반산업협회의 관점과 당신의 관점에서 설명하라.

15. 인터넷 전화 산업에 속한 기업들을 찾아보라. 가격, 필요 기술, 설치 용이성 등의 면에서 비교 분석하라. 어떤 기업이 가장 소비자들에게 인기가 있겠는가?

16. 구글 외의 대안적인 검색 엔진에 접속하라. 이 검색 엔진과 구글에서 같은 내용을 검색해보라. 검색 결과의 양과 정확도를 비교 분석하라.

17. 세컨드 라이프(www.secondlife.com)는 거주민에 의해 구축되고 소유되는 3차원 온라인 세계로 거주민은 실제 사람들에 의해 만들어진 아바타이다. 세컨드 라이프에 접속해서 그것에 대해 배우고, 자신의 아바타를 만들어 그 세계를 탐험해보라. 수천 명의 사람들이 세컨드 라이프를 운영하며 '실제 세계'의 돈을 벌고 있다는 것을 배워라.

18. 마이크로소프트 빙(http://www.microsofttranslator.com) 또는 구글(www.google.com/language_tools) 번역 페이지에 접속하라. 예로서 영어 문장을 입력하고 영어-프랑스어를 선택하라. 프랑스어로 번역된 문장이 보이면 텍스트 상자에 복사하고 프랑스-영어 번역을 선택하라. 표시된 문장이 당신이 입력한 것과 같은 문장인가? 왜인가? 또는 왜 그렇지 않은가? 자신의 답변을 설명하라.

>>> 협력 활동

1단계 - 배경

냅스터는 최초로 사용자 간에 파일, 특히 음악 파일을 교환하는 서비스를 제공하는 회사 중 하나이다. 이 사이트는 P2P 네트워크에 기반하고 있다. 음원에 대한 지적재산권 문제 때문에 냅스터는 결국 폐쇄되었다. 그러나 냅스터는 그와 유사한 벤처들이 등장하는 계기를 마련해주었다. http://www.wiley.com/go/rainer/MIS3e/collaboration을 방문하여 냅스터의 성장과 폐쇄에 이르는 과정에 관한 유튜브 동영상을 보라.

2단계 - 활동

일을 할 때 데이터 공유를 할 경우에 대해서 생각해보자. 각 기능별로 그룹을 나누어라. 어떤 종류의 파일들이 중심적 공유 파일 사이트에 적합한가? 이것은 꼭 데이터베이스일 필요가 없지만 핸드북, 카탈로그, 매뉴얼 등 이메일로 보내기 너무 큰 파일들은 파일 공유 서비스에 저장되고 공유된다. 그밖에도 최신 버전을 사용자가 이용할 수 있도록 중앙 저장소에 저장해 놓은 파일들을 정규적으로 업데이트한다.

당신에게 부과된 기능적 지역을 위해서 이메일로 보내기 너무 큰 파일들을 웹에서 검색하고 다운로드하라. 당신 그룹의 모든 사람들이 파일을 갖고 있을 때, 그룹 파일 공유 서비스에 모든 것을 업로드하라. 그룹 멤버 모두에게 파일(공개된 파일이어야 함)이 주어지면, 구글 드라이브(Google Drive)에 공유 폴더(folder)를 생성한 후 모든 멤버들이 파일들을 저장하게 하라. 해당 폴더에 'Contents'라는 이름으로 문서를 생성하고, 해당 문서에 어떤 파일들이 저장되었는지를 적어라.

3단계 - 과제

교수와 파일을 공유하고 어떤 문서가 어떤 부서의 것인지 설명하는 문서를 공유하라. 그룹으로서 웹을 정보의 발견, 통신, 그리고 협업으로 사용했던 경험을 말해보라.

마무리 사례 1 〉 네트워크 중립성 전쟁

문제 〉〉〉 스트리밍 비디오와 모바일 기술의 폭발이 전송 대역 문제를 인터넷에서 유발하기 시작했다. 인터넷은 이메일과 웹페이지 같은 콘텐츠를 전송하도록 만들어졌다. 반면 고화질 영화와 같은 미디어는 엄청난 용량을 가진다. 문제를 악화하는 것은 1억 5,000만 명 이상의 스마트폰 사용자들이 미국에 있고 그들 중 많은 수가 자신의 스마트폰으로 비디오 콘텐츠를 스트리밍한다는 것이다.

간단하게 말해서, 비디오와 같은 큰 파일을 업로드하고 다운로드하는 사용자의 수는 최근 몇 년간 급격히 증가했으며, 더욱 증가할 가능성이 많다. 2014년 중반에는 인터넷 트래픽이 한 달에 64엑사바이트가 되었으며, 트래픽의 90% 이상은 비디오 업로드, 다운로드, 스트리밍으로 구성되었다.

인터넷 전송 대역에 관한 문제는 기술만큼이나 경제적 문제이기도 하다. 현재의 시스템하에서 고객들은 동일한 광대역 인터넷 월 이용요금만 내면 1킬로바이트의 이메일을 보내든 최소 30기가바이트의 영화를 대형 텔레비전 스크린에서 감상하든 요금 차이가 없다. 전력 및 수도는 많이 사용할수록 많이 지불해야 하지만, 이것과 대조적으로 초고속 인터넷 사용자들에게는 광대역 인터넷 월 요금과 전송 대역 사용이 아무런 관련이 없다.

주니퍼 네트웍스(www.juniper.net)의 연구는 이러한 '비트당 수익' 문제를 강조한다. 이 회사의 보고서에 따르면 AT&T(www.att.com), 컴캐스트(www.comcast.com)와 같은 통신회사의 수익은 2020년까지 매년 5% 성장할 것으로 예상했다. 동시에 트래픽은 매년 27% 성장하는데, 이는 통신회사들이 단지 수요를 따라가기 위하여 매년 20%의 투자 증대를 계속해야 한다는 뜻이다. 이런 계산에 의하면 필요한 총투자가 매출 증가분을 초과하여 통신회사의 비즈니스 모델 자체가 붕괴된다.

비록 몇몇 산업 분석가들은 통신회사들이 신규 필요 용량에 대한 투자를 중단할 것으로 예상했지만, 금융 위기의 도래로 통신산업을 유지하자는 컨센서스가 부각되었다. 트래픽 급등으로 분석가들은 메가바이트당 수익이 떨어질 것으로 예상했다. 이러한 수치는 아주 낮은 투자 수익률이다. 통신회사들은 회사의 제공용량을 증가시키는 방법을 찾을 수 있겠지만, 매출 면에서 어떤 성과를 거둘지 예측하기는 어렵다.

문제의 쟁점은 아무리 기술이 방대한 양의 데이터를 송신하도록 발전해도, 아무도 이 기술의 비용을 어떻게 지불할지 모른다는 것이다. 한 가지 가능한 방법은 네트워크 중립성을 제거하는 것이다.

가능한 해결책 >>> 네트워크 중립성은 인터넷 서비스 공급자(ISP)들이 필수적으로 운영해야 하는 모델이다. 이 모델 내에서, 인터넷 서비스 공급자들은 콘텐츠의 출처나 특성에 상관없이 고객에게 콘텐츠와 응용 프로그램의 동일한 접속을 보장해야 한다는 개념이다. 이는 인터넷 백본 통신사업자들이 선입선출 기준으로 모든 트래픽을 동일하게 다루고 있다는 뜻이다.

그러나 정보통신과 케이블 회사들은 네트워크 중립성에 대해 호의적이지 않다. 대신, 인터넷으로 전달되는 콘텐츠가 소비하는 전송 대역의 양에 기초하여 차별화된 가격으로 요금을 청구하기를 원한다. 그들은 차별화된 가격 부과가 그들의 네트워크 인프라 구축에 필요한 투자 금액을 마련하는 가장 공평한 방법이라고 믿는다.

차별화된 가격에 찬성하는 그들의 주장을 강화하기 위해 인터넷 서비스 공급업체(ISP)들은 인터넷상에서 저작물의 불법 파일 공유로 인해 대규모의 전송 대역이 필요하다고 지적했다. 사실 컴캐스트는 저작물의 불법 파일 공유가 네트워크 용량의 50%를 사용한다고 2010년에 발표한 적이 있다. 2008년에 이 회사는 저작물의 저작권 침해와 불법 공유에 자주 사용되는 비트토렌트(www.bittorrent.com)의 전송속도를 저하시켰다. 이에 대응하여 연방통신위원회(FCC)는 컴캐스트에게 P2P 트래픽의 속도 감소 조치를 중단해야 한다고 결정했다. 컴캐스트는 네트워크 중립성을 강조하는 FCC의 규제에 이의를 제기하여 FCC를 상대로 소송을 제기하였다. 2010년 4월에 연방항소법원은 컴캐스트의 편을 들어 FCC가 ISP가 네트워크를 관리하는 방법에 대한 규제권을 가지고 있지 않다고 판결하였다. 이 판결은 인터넷 전송요금 차별화를 주장하는 이들의 편을 들었고 네트워크 중립성 지지자 편에는 타격을 주었다.

나아가 ISP는 네트워크 중립성을 강제하는 조치는 혁신을 가로막고 네트워크 신기술에 대한 자본 투자를 좌절시켜 미국의 경쟁력을 저해할 것이라고 주장한다. 이 시나리오에서 ISP는 인터넷과 무선 데이터 전송의 폭발적인 수요 증가를 처리할 수 없다고 주장한다.

한편 네트워크 중립성 지지자들은 네트워크 공급업체들이 컴캐스트와 같은 전략을 채택하는 것을 방지하도록 산업을 규제해야 한다고 의회에 탄원하였다. 그들은 네트워크 공급업체들이 스카이프나 보니지처럼 저렴한 서비스로 경쟁하는 특정 콘텐츠를 선택적으로 차단하거나 느리게 접속되게 하는 등 검열의 위험이 증가하고 있다고 주장한다. 또한 그들은 중립적 네트워크가 모두에게 혁신을 장려하는데, 이를 위해 전화 및 케이블 회사 또는 기타 당국의 허가는 필요 없다고 주장한다. 아울러 중립적 네트워크가 많은 신규 비즈니스를 창조하는 데 도움이 된다고 주장한다.

대부분의 애널리스트들은 대부분의 데이터를 소모하는 일부 사용자들이 결국 단계별 요금 가격제의 형태로 비용을 더 지불할 것이라고 예측한다. 그러나 미국인들은 그들이 업로드하고 다운로드하는 데이터의 양에 대한 한계를 경험한 적이 없기 때문에 반발이 일어날 수도 있다.

2010년 법원이 네트워크 중립성에 불리한 재결을 했음에도 불구하고 2010년 12월 21일 FCC는 광대역 공급자가 고객들의 합법적인 웹 콘텐츠 접속을 차단하는 것을 금지하는 네트워크 중립성 규정을 승인했다. 새로운 규정은 웹 트래픽에 대한 부당한 차별행위를 못하도록 유선 기반 광대역 공급 업체에게 적용할 수는 있으나, 무선 광대역 공급업체에게는 적용할 수 없다. 이 규정들은 오픈 인터넷 오더라고 불리게 되었다.

결과 〉〉〉 2012년 버라이즌은 FCC의 네트워크 중립성 규제에 이의를 제기하며 소송을 걸었다. 버라이즌이 중요한 지적을 하고 있을지도 모른다. FCC는 어떤 패킷들이 네트워크를 통해 움직이는지, 즉 물리적 기반 시설에 대해서만 규제할 수 있다. 하지만, 실제 서비스와 패킷의 내용물에 대한 규제는 애매모호하다.

2014년 1월에 버라이즌은 FCC의 오픈 인터넷 오더 소송에서 일부 승소했다. 미국 항소 법원은 FCC가 광대역 공급자들을 규제할 권리가 없다는 버라이즌의 주장을 기각했다. 하지만 FCC가 통신회사들을 규제하듯이 광대역 공급자들을 규제하는 것은 안된다는 판 결을 내렸다. 이 판결은 네트워크 중립성이 법적 관여 없이는 실행될 수 없다는 것을 보여준다.

2014년 2월 23일에 넷플릭스는 컴캐스트와 협약을 통해 그것들의 영화와 쇼 프로그램들이 더 빠르게 스트리밍되도록 합의를 봤다. 이 협약은 힘의 균형이 ISP에 집중되는 것을 보여주며, 고객들에게 가격이 증가할 가능성이 있다는 것을 보여주었다. 동시에 네트크워 중립성에 대한 싸움은 계속되었다.

2014년 5월 15일 FCC는 네트워크 중립성에 관한 두 가지 옵션을 다루기로 했다—(1) 네트워크 중립성을 해칠 수 있는 빠르고 느린 광대역 레인을 허락하고 (2) 광대역을 통신서비스로 다시 정의하고, 네트워크 중립성을 보존하는 것이다.

2014년 6월, FCC는 본인들의 선택에 대해서 아직 발표하지 않았다.

출처 : "Searching for Fairness on the Internet," *The New York Times*, May 15, 2014; Carr, D. "Warnings Along F.C.C.'s Fast Lane," *The New York Times*, May 11, 2014; R. Yu, "Netflix Deal has Its Catches," *USA Today*, February 24, 2014; D. Talbot, "Is Netflix Slowing Down? Good Luck Finding Out Why," *MIT Technology Review*, February 21, 2014; E. Malykhina, "FCC: We're Not Done with Net Neurality," *InformationWeek*, February 20, 2014; J. Feldman, "Why Carriers Won't Win War on Netflix," *InformationWeek*, February 6, 2014; B. Butler, "Verizon Denies Throttling Amazon's Cloud, Netflix Services," *Network World*, February 5, 2014; D.Talbot, "Around the World: Net Neutrality Is Not a Reality," *MIT Technology Review*, January 20, 2014; J. Feldman, "Net Neutrality: Regulation Makes Evil Empire Giggle," *InformationWeek*, January 17, 2014; J. Feldman, "Net Neutrality Court Ruling Won't Ruin the Internet," *InformationWeek*, January 15, 2014; G. Gross, "Appeals Court Strikes Down FCC Net Neutrality Rule," *Network World*, January 14, 2014; T. Claburn, "FCC Net Neutrality Rules Rejected," *InformationWeek*, January 14, 2014; S. Higginbotham, "Analyst: Verizon's Network Neutrality Challenge May Have to Wait until Fall," *GigaOM*, March 25, 2013; J. Brodkin, "Time Warner, Net Neutrality Foes Cry Foul over Nexflix Super HD Demands," *ARS Technica*, January 17, 2013; M. Reardon "Verizon to FCC: Free Speech Trumps Net Neutrality Rules," *CNET News*, July 3, 2012; J. Hamilton, "AT&T Must Give Shareholders Net Neutrality Vote," *Bloomberg*, February 14, 2012; W. Plank, "Confessions of an iPhone Data Hog," *The Wall Street Journal*, January 27, 2012; J. Engebreston, "Verizon Confirms It Will Appeal Newly Published Net Neurality Rules Soon," *Connected Planet*, September 27, 2011; E. Wyatt, "House Votes Against 'Net Neurality'," *The New York Times*, April 8, 2011; L. Segall, "Verizon Challenges FCC Net Neutrality Rules," *CNN Money*, January 21, 2011; K. Corbin, "Net Neutrality 2011: What Storms May Come," *Internet News*, December 30, 2010; C. Albanesius, "What Do the FCC's New Neutrality Rules Mean for You?" *PC Magazine*, December 22, 2010; G. Gross, "FCC Approves Compromise Net Neutrality Rules," *Network World*, December 21, 2010; P. Burrows, "Will Video Kill the Internet, Too?" *Bloomberg BusinessWeek*, December 6–12, 2010; A. Schatz and S. Ante, "FCC Web Rules Create Pushback," *Wall Street Journal*, May 6, 2010; www.comcast.com, www.att.com, www.verizon.com, accessed March 13, 2014.

질문

1. 네트워크 중립성으로 인해 새로운 기술이 개발되지 않을 것이라는 ISP의 주장에 동의하는가?

2. 넷플릭스와 같은 콘텐츠 제공자들이 주장하는 네트워크 중립성의 제거로 인해 ISP의 검열이 더 심해진다는 주장은 옳은가?

3. 네트워크 중립성이 없어짐으로써 고객들은 인터넷에서 콘텐츠를 보기 위해 더 많은 돈을 내야 한다는 콘텐츠 제공자들의 주장은 사실인가?

마무리 사례 2 〉 우리 모두를 위한 섬유?

문제 〉〉〉 버라이즌(www.verizon.com)과 타임워너 케이블(www.timewarnercable.com), 컴캐스트(www.comcast.com)와 같은 대형 유선방송 사업자들은 굉장한 매출 이익을 인터넷 서비스를 통해 얻는다. 버라이즌의 광섬유 네트워크인 FiOS는 미국에서 가장 많은 홈 가입자들이 있다. 버라이즌은 FiOS를 미국의 1,100만 가구에 제공하는 데 약 230억

달러가 들었다. FiOS는 초당 15Mbps의 기본 서비스를 제공하고 어떤 지역에서는 업그레이드를 하면 300Mbps까지 제공한다. 컴캐스트의 엑스피니티 플래티넘(Xfinity Platinum) 서비스는 매달 300달러로 300Mbps 케이블 다운로드 서비스를 제공하기도 한다.

하지만 이 기업들 중 어떠한 기업도 추가적인 지역에 서

비스를 제공할 계획은 없다. 오히려 그들의 기업 목표는 지금 서비스 제공 지역에서 가입자를 더 늘리는 것뿐이다. 왜 이러한 전략을 세울까? 정답은 이러한 접근은 수익을 내면서도 회사의 자본비용을 증가시키지 않아도 된다는 것이다. 핵심적으로, 기업들이 서비스 제공 지역을 넓혀 가도 이것에 따르는 어떠한 인센티브는 기업에 주어지지 않는다. 이 전략으로 인해 미국인들은 어쩔 수 없이 지역에 있는 케이블 기업과 계약할 수밖에 없다. 이 문제에 더해서, 돈이 있는 외부 기업들은 존재하는 케이블 네트워크를 관리하는 대형 통신회사들과도 경쟁할 수 있다는 것이다. 이러한 현실을 고려해서, 미국 전체에 초고속 광섬유 서비스를 설치하려면 무엇이 필요할까?

가능한 해결책 〉〉〉 한 가지 해결책은 구글(www.google.com)이 미국 내 몇 개의 도시에 초고속 광섬유 서비스인 구글 파이버(Google Fiber)를 설치하고 관리하는 것이다. 구글은 9개 대도시에서 34개 도시와 협업하여 기가비트 속도인 구글 파이버를 설치하는 것을 제안했다. 캔자스 시티와 미주리 주 내 가정에 가장 먼저 구글 파이버가 설치되었다. 구글은 캔자스 시티 정부의 보증을 확보하여 도시 사찰권, 통행권, 그리고 하수구에도 파이버를 설치할 수 있는 권한을 얻고 이에 대한 신속한 대응을 약속했다.

구글 파이버와 연결은 상용제품이며, 파이버 서비스는 한 달에 70달러로, 또는 텔레비전과 함께는 120달러로 신청할 수 있다. 텔레비전 서비스로는 구글은 스포츠 채널들과 계약을 맺었으며, 아직 HBO는 서비스 대상이 아니다. 구글 파이버에는 2테라바이트의 DVR 저장공간과 1테라바이트의 추가적인 클라우드 저장공간이 제공되고 넥서스 7 안드로이드를 리모콘으로 사용한다.

구글은 어떻게 낮은 가격에 이만큼 높은 품질의 서비스를 제공할 수 있는 것인가? 정답은 구글은 낮은 운영 수익과 이익을 수용하고 있기 때문이다. 회사의 장기 수익은 인터넷 사용량과 관련이 있다. 그러므로 웹 트래픽이 증가할수록, 많은 사람들이 트래픽을 감시할수록 이것은 구글에게 더 많은 이익으로 전환된다.

인구 과밀 지역 또는 공사비용이 많이 드는 지역들은 파이버를 사용하기에 부적합하다. 더군다나 캘리포니아에서는 환경 허가권으로 인해 프로젝트를 실행하기에는 너무나 많은 비용이 든다.

구글만이 부적합 지역들에 초고속 파이버 서비스를 제공하는 회사는 아니다. 어떤 도시는 이러한 문제를 직접 해결

한다. 예를 들어 2010년에 테네시 주 채터누가 지역 전력 발전소는 연방 예산에서 1억 1,100만 달러를 얻어 초당 1기가비트의 스마트 일렉트릭 그리드 네트워크를 만들 수 있었다. 2013년에 발전소에서는 매달 이용료 300달러를 내면 고객들이 선택하는 텔레비전 서비스에 따라 1-Gbps의 인터넷 접속을 제공했다.

결과 〉〉〉 캔자스 시티에 있는 가정들은 구글 파이버에 대해서 매우 만족한다. 예를 들어 2012년 말에는 한 고객이 구글 파이버를 설치함으로써 인터넷은 50배 더 빨라졌으며, 텔레비전 서비스 또한 확연히 발전하였다. 이 전체 패키지는 매달 125달러로, 이전의 느린 서비스였던 타임 워너 케이블과 몇 달러 차이 나지 않는다. 이 가정에서는 고화질 텔레비전 쇼 4개를 동시에 시청하고 이 중 3개를 2테라바이트의 DVR에 녹화할 수 있었다. 전보다 2개의 쇼를 더 많이 볼 수 있었으며, 저장공간도 많이 존재했다.

한 가지 시점에서는, 이 프로젝트는 고객들에게 초고속 인터넷을 제공하고 구글 TV와 같은 실험적인 서비스를 제공하는 새로운 비즈니스를 개발하는 구글의 정책이 엿보인다. 하지만 구글의 파이버 서비스가 상용화된다면, 개인 소유의 광대역 구축화에 대한 새로운 세계가 펼쳐질 것이다.

다른 시점에서 봤을 때는, 초고속 인터넷 접속은 지역 기업가 정신을 장려한다. 예를 들어 캔자스 시티는 정보기술 스타트업들을 받아들이는 정책을 실행했다. 홈즈 포 해커스(Homes for Hackers)라는 프로젝트로 캔자스 시티의 주민들에게 구글 파이버를 이용해서 개발자들에게 무료로 3개월간 방을 제공하도록 하고, 이 개발자들이 스타트업 기업을 세울 것이라는 목표를 갖고 있다. 레어와이어(www.rarewire.com)를 생각해보자. 레어와이어는 캔자스 시티의 스타트업으로 모바일 기기 앱을 개발한다. 구글 파이버는 레어와이어에게 더욱더 큰 규모로 사업을 하고 성공을 할 수 있는 기회를 제공해주었다. 구글 파이버는 스포츠 포토(www.sportsphoto.com)에게도 몇 시간 내로 몇천 개의 고화질 사진들을 업로드할 수 있도록 도와주었다. 예전의 프로젝트였다면 며칠 또는 몇 주가 걸렸을지도 모른다.

이러한 성공에도 불구하고, 미국 내에서 초고속 파이버를 확장시키는 것에 대한 문제는 많다. 가장 큰 문제는 로비다. 예를 들어 노스캐롤라이나 주 윌슨은 시에서 고속 네트워크를 설립한 이후, 노스캐롤라이나 주의 입법부는 로비스트들의 압박으로 인해 지역 정부들이 자신들의 네트워크를 설립하는 것을 더욱 어렵게 만드는 법안을 통과시켰다. 이 법안

은 더군다나 국내선 밖에서 네트워크를 확장하지 못하도록 해놓았다.

FCC는 광대역 제공 기관들과 주, 그리고 시 정부에게 2015년까지 모든 50개 주에 최소한 1개의 '기가비트 커뮤니티'를 구축하도록 명령했다. 사실상 구글은 캔자스 주 올레이스, 텍사스 주 오스틴, 그리고 유타 주 프로보에 추가적으로 구글 파이버 서비스를 확장하였다. 구글의 이러한 움직임은 지역들을 장려해준다. 그럼에도 불구하고, 미국은 1-Gbps 서비스를 널리 퍼지게 하기 위해서는 아직 갈 길이 멀다.

2014년 중반에 구글은 캔자스 주 올레이스, 텍사스 주 오스틴, 그리고 유타 주 프로보에 파이버 서비스를 운영했다. 회사에서는 조지아 주 애틀랜타, 노스캐롤라이나 주 롤리-더럼, 테네시 주 내쉬빌, 애리조나 주 피닉스, 오리건 주 포틀랜드, 텍사스 주 샌안토니오, 유타 주 솔트 레이크 시티, 그리고 캘리포니아 주 산 호세 등 9개의 새로운 마켓에 파이버 서비스 제공하기로 했다.

출처 : "Gigabit Internet May Be Coming to 35 U.S. Cities," *KurzweilAI.net*, February 20, 2014; J. Sartain, "Google's Gigabit Internet: Not Coming to a Neighborhood Near You," *Network World*, November 19, 2013; D. Talbot, "Not So Fast: A Google Fiber One-Gigabit Mystery," *MIT Technology Review*, September 20, 2013; P. Olson, "The Google Effect," *Forbes*, May 27, 2013; D. Talbot, "Google Fiber's Ripple Effect," *MIT Technology Review*, April 26, 2013; J. Calacanis, "Google's Fiber Takeover Plan Expands, Will Kill Cable and Carriers," *Pandodaily.com*, April 19, 2013; M. Gottfried, "Google Prepares for Fiber Warfare," *The Wall Street Journal*, April 9, 2013; P. Olson, "Google Turns Up the Heat on Cable Companies, Expanding Fiber to Austin Texas," *Forbes*, April 9, 2013; D. Talbot, "A Table of Two Genachowsis," *MIT Technology Review*, March 22, 2013; S. Gustin, "Google Fiber Expanding Superfast Internet Service to Olathe, Kansas," *Time*, March 20, 2013; B. Paynter, "Google: For Adding Fiber to Our Internet Diet," *Fast Company*, March 2013; D. Talbot, "When Will the Rest of Us Get Google Fiber?" *MIT Technology Review*, February 4, 2013; P. Kafka, "A Peak at TV's Future, Via Google Fiber," *All Things Digital*, November 21, 2012; D. Talbot, "Google's Internet Service Might Actually Bring the U.S. Up to Speed," *MIT Technology Review*, November 19, 2012; "Google Fiber Installlations Kick Off Today," *Google Fiber Blog*, November 13, 2012; A. Knapp, "The Google Highway," *Forbes*, October 22, 2012; S. Gustin, "Google Fiber Issues Public Challenge: Get Up to Speed!" *Time*, September, 14, 2012; "Super-Fast Google Fiber for Kansas City," *KurzweilAI.net*, July 27, Technology Review, July 27, 2012; R. Metz, "Google Launches a Superfast Internet and TV Business," *MIT Technology Review*, July 26, 2012; D. Talbot, "City with Superfast Internet Invites Innovators to Play," *MIT Technology Review*, February 28, 2012; http://fiber.google.com/about/, accessed March 25, 2014.

질문

1. 구글과 같은 '검색 사이트'가 왜 파이버 서비스 사업을 시작했는가? 구글이 이러한 새로운 사업을 통해 얻는 이득을 생각해보라.

2. 초고속 파이버는 받는 지역들에게 많은 영향을 끼친다. 그 영향들에 대해 얘기해보라.

인턴십 활동 〉 OXFORD ORTHOPAEDICS

산업 영역 : 보건의료

네트워크는 조직들이 데이터를 정해진 사람과 정해진 시간에 공유할 수 있도록 한다. 사용자들의 필요(데이터, 기기, 접속 등)은 항상 변하기 때문에 네트워크들도 이 변화에 적응해야 한다.

채드 프린스가 옥스퍼드 정형외과의 관리인이 되었을 때, 그는 큰 과제에 부딪혔다. 새로운 사무실의 관리 그리고 전자건강기록(practice management/electronic health records, PM/EHR)은 새로운 하드웨어와 네트워크 구성 요소를 요구했기 때문에 전체 네트워크를 업데이트해야만 했다. 그 이후, 3년 이내로, PM/EHR 소프트웨어 개발사는 지속적으로 소프트웨어를 업데이트하는 것보다 고객들에게 클라우드로 옮길 것을 권장하고 있다. 채드는 서버가 50~600마일 떨어져 있기 때문에 정보 대기 시간에 대해 걱정하고 있다.

다음은 채드가 당신에게 이 프로젝트에 도움을 줄 수 있는 방법을 알려준 편지다.

안녕하세요!

최근에 저는 옥스퍼드 정형외과에서 PM/EHR 솔루션의 적용을 도와주기로 했습니다. 3년 후인 현재, 저의 소프트웨어 벤더는 지속적으로 네트워크를 업데이트하는 대신 고객들에게 클라우드로 옮기라고 요청하고 있습니다. 저는 서버가 50~600마일 떨어져 있기 때문에 정보 대기 시간에 대해 걱정하고 있습니다.

저는 클라우드 환경에서의 정보 대기 시간에 대한 웹 검색을 실행하려고 합니다. 이 문제는 보건의료에만 해당하는 것이 아닙니다. 클라우드를 thick 클라이언트(클라이언트 컴퓨터에서 모든 것을 지역적으로 실행하는 것) 대신 thin 클라이언트(모든 것이 클라우드를 통해 이루어지는 것)를 얻기 위해서 서비스를 제공하는 모든 이들은 이 문제에 부딪힐 것입니다. 각 상황은 호스트하는 프로그램의 복잡성에 따라서 달라지고 온라인에 동시에 있는 사용자의 수, 그리고 정보에 대한 즉각적인 접속의 필요성에 따라 달라집니다.

제가 찾는 것은 저의 현재 네트워크 성과와 클라우드를 기반으로 한 성과를 비교할 수 있는 벤치마킹 도구입니다. http://cloudharmony.com/services에 접속하여 클라우드를 기반으로 하는 벤치마킹 정보를 찾아봐주세요. 당신이 '벤치마킹' 탭 아래에 벤치마킹 샘플들을 비교할 수 있다고 생각합니다. 이 사이트를 방문한 후 다음의 질문들에 답해주길 바랍니다.

- 클라우드에 옮길 시 걱정해야 할 주요 네트워크 대기 시간 문제에는 무엇이 있나요?
- 저는 저의 현재 네트워크와 저의 클라우드 성과를 어떻게 비교할 수 있나요?
- 클라우드 기반 성과 도구를 구입해야 하나요? 아니면 CloudHarmony와 같은 벤더가 대신 이 일을 하도록 돈을 주어야 하나요?

노고에 감사드립니다.

채드

주 : 이 편지에 있는 모든 링크는 http://www.wiley.com/go/rainer/MIS3e/internship에서 이용 가능하다.

스프레드시트 활동 〉 기본 기능 : 텍스트 편집

1단계 – 배경

당신이 마케팅 또는 비즈니스 커뮤니케이션 강의에서 배웠듯이, 프레젠테이션은 매우 중요하다. 스프레드시트도 강렬하지만, 정교할 수는 없다. 하지만 스프레드시트는 데이터를 사용자가 쉽게 볼 수 있도록 해놓아 더 폭넓은 선택을 할 수 있도록 도와준다. 스프레드시트의 투박함으로 인해 데이터에 집중이 가는 것이 방해가 되어서는 안 된다. 이 활동에서 우리는 글씨 맞춤 옵션(text justification), 테두리 색깔, 배경 채우기, 문자 배치열, 텍스트 줄 바꿈, 그리고 다른 기능옵션에 대해 배울 것이다.

2단계 – 활동

요한나는 가족사업인 BJ 사무용품 영업 담당자이다. 매년 90만 달러의 수익을 벌어들이며, BJ는 다양한 종류의 제품을 제공한다. 요한나가 작년 판매 데이터를 표로 작성하여 사업주들을 위해 프레젠테이션을 만든다고 가정해보자. 보다시피, 프레젠테이션은 보기 좋지 않다. 어떤 단어들은 보이지 않고, 판매 데이터는 제대로 표시되어 있지 않으며, 제대로 분류된 항목이 없다.

3단계 – 과제

http://www.wiley.com/go/rainer/MIS3e/speadsheet에 방문하여 요한나의 스프레드시트를 다운로드하라. 이 시트는 사업주들에게 보여주기 위해 더 나은 형식으로 만들 수 있는 지시사항들이 적혀 있을 것이며, 기본적으로 필요한 도구들도 적혀 있을 것이다.

스프레드시트에 있는 지시사항을 따르고 결과물을 제출하라.

이 스프레드시트 기술에 대한 추가적인 도움은 WileyPLUS에서 제공된다. 'Microsoft Office 2013 Lab Manual Spreadsheet Module: Excel 2013'과 Lesson 6: Changing Cell Appearance와 Lesson 13: Enhancing Worksheet Appearance를 복습하라.

1단계 – 배경

이 활동에서는 그룹화와 요약 기능이 있는 액세스 보고서를 만드는 법을 배운다. 당신이 데이터베이스에서 정보를 얻지 못한다면 그 데이터베이스는 유용하지 않은 것이다. 보고서는 데이터베이스에서 정보를 얻는 방법 중 하나이다. 그리고 여러 가지 표로부터 데이터를 연결해서 조직화하고, 정렬, 그룹화, 요약 등을 행한다. 일단 설계가 되면 보고서는 필요한 업무를 수행하게 되며 그 과정에서 데이터베이스 내용을 반영한다.

2단계 – 활동

이 활동은 데이터베이스를 선택하고 이를 활용해서 여러 수준의 보고서를 생성한다. 이 보고서에는 요약 필드를 추가해야 하고 표현양식을 개선하기 위해 포맷을 바꾸게 된다. http://www.wiley.com/go/rainer/MIS3e/database에서 Chapter 04 NeTrouble 파일을 다운로드하라. (제1장에서 이용했던 데이터베이스다.) 이 버전은 보고서, 쿼리, (제1장에서 산출한) 형식은 포함하지 않고 있다. 여기는 동일한 데이터로부터 다른 보고서를 생성하게 된다.

당신의 첫 번째 보고서는 사용자의 trouble tickets를 보여줄 것이다. 다음의 정보를 포함해 작성하라—Department Name, Ticket Submitted, Ticket Resolved, Ticket Status. Department Name을 메인 그룹으로 하고, 언제 티켓을 제출했는지에 따라 데이터를 분류하라.

두 번째 보고서는 요약문을 포함할 것이다. 'Group and Totals' 옵션을 이용해서 각 부서가 제출하는 티켓의 수를 보여주는 보고서를 작성하라. 'Ticket Submitted' 필드는 항상 값이 있을 것이기 때문에, 이 필드를 이용해서 숫자를 세라. 'Count Record' 옵션은 데이터베이스에 있기 때문에 이 일을 대신 해줄 것이다.

이 보고서는 형식 업그레이드가 필요하다. 컬럼 헤딩을 수정하여 독자가 읽기 쉽게 만들라. 마지막으로 당신의 파일을 교수에게 제출하라.

3단계 – 과제

2개의 보고서를 PDF 형식으로 프린트하고 제출하라.

이 데이터베이스 기술에 관한 추가적인 도움은 WileyPLUS에서 받을 수 있다. 'Microsoft Office 2013 Lab Manual Database Module: Access 2013'을 열어 Lesson 11: Creating a Report Template을 복습하라.

제5장

비즈니스 인텔리전스

개요

5.1 관리자와 의사결정

5.2 비즈니스 인텔리전스란 무엇인가?

5.3 데이터 분석을 위한 비즈니스 인텔리전스 응용 프로그램

5.4 프레젠팅을 위한 비즈니스 인텔리전스 응용 프로그램

학습목표 >>>

1. 의사결정과정의 모든 단계를 알고, 의사결정 프레임워크로 기술이 어떻게 경영 의사결정에 도움이 되는지 설명한다.

2. 조직이 비즈니스 인텔리전스(BI)를 이용하는 방법과 예를 설명한다.

3. 데이터 분석을 하려는 사용자들을 BI 애플리케이션에 대해 알고 각각이 어떻게 대학교 내의 비즈니스 문제를 해결할 수 있는지 예를 든다.

4. 사용자에게 데이터 분석의 결과를 보여주는 3개의 BI 애플리케이션을 설명하고 기업체와 정부기관이 어떻게 각각의 기술을 사용하는지 예를 든다.

도입 사례 > 주택 임대료는 얼마까지 측정할 수 있는가? ▍

단독주택을 임대하는 것은 미국 주택 시장의 붕괴(대략 2006년부터 2012년까지) 이전까지는 대부분 구멍가게 식의 사업이었다. 시장 붕괴의 여파로 대형 투자회사들은 상당히 많은 돈을 시장에 투자하기 시작했다. 예를 들어 가장 큰 투자자인 블랙스톤 그룹(Blackstone Group, www.blackstone.com)은 2만 4,000채의 주택에 40억 달러를 썼다. 큰손 투자자들은 애리조나 주 피닉스와 조지아 주 애틀랜타와 같은 가장 침체된 시장들에 먼저 집중했다.

 싼 상품들을 찾는 사람들이 늘어나고 경쟁이 심해지면서, 이 지역들의 값은 점점 높아지고 블랙스톤은 다른 지역들에서 기회를 찾기 시작했다.

렌트레인지(RentRange, www.rentrange.com)를 방문하라. 렌트레인지는 저당 잡힌 값싼 단독주택들에 대한 분석을 제공하고 임대를 할 수 있도록 해준다. 미국 내 1,200만 가구의 데이터를 이용해서 렌트레인지는 각 주택이 매달 얼마 정도의 임대료를 받을 수 있는지 예측한다. 이러한 예측성 분석은 투자자들에게 재무 모델을 구축할 때 중요한 정보가 되고, 어느 가구를 임대주택으로 만들고 얼마 정도의 임대료를 받아야 하는지 결정하도록 도와준다.

차노프(Wally Charnoff)는 2008년에 렌트레인지를 만들었다. 자신의 사비로 부동산 사업자들에게서 데이터를 사들이고, 임대주택 웹사이트들과 임대주들에게서도 데이터를 샀다. 렌트레인지의 예측성 알고리즘은 원 데이터와, 개 또는 흡연자가 그전에 살았는지 또는 지역 주변에 임대주택들이 많은지 등 추가 데이터를 합쳐서 좋은 임대주택을 예측한다.

고객들은 5년간의 렌트레인지 데이터를 보기 위해 5만 달러를 내고 지역,

© xeni4ka / iStockphoto

군, 주, 그리고 우편번호에 따라 수익성이 보이는 시장들에 대한 정보를 얻는다. 투자자들은 시장을 고른 후, 2~12달러를 내고 특정 가구에 대한 임대료 예측을 얻을 수 있다.

렌트레인지의 임대료 예측은 얼마나 정확할까? 한 대규모 투자회사의 매니저는 렌트레인지의 추정치는 오차가 실제로 1~3%밖에 나지 않는다고 한다.

렌트레인지는 22명의 직원들로 이루어져 있으며, 2011년에서 2014년까지 수익을 1,900% 올린 바 있다. 2012년에는 수익성 있는 기업으로 판단되었다. 회사에서는 1만 9,000명의 사용자들이 있다고 하며, 이 중 50명은 국제 고객들로 직접 렌트레인지에서 데이터를 산다고 설명했다.

골드만삭스 그룹(www.goldmansachs.com)에 따르면, 미국에서 단독주택 세입자는 약 35%이며, 2005년에는 30%를 기록했다. 결과적으로, 집 값이 오를수록 임대를 하는 것은 이익이 없기 때문에 언제까지 임대율이 증가할지는 아무도 모른다. 2014년에 부동산 데이터와 분석을 제공해주는 회사인 클리어 캐피털은 2013년에 집값이 약 10% 올랐다고 밝혔다.

임대 시장이 탄력을 얻지 못한다면 렌트레인지의 고객 수는 줄어들 것이다. 예를 들어 어떤 신용카드 회사들은 렌트레인지의 예측률을 이용해서 신청자들의 신용을 분석하기 시작했다.

출처 : "Looking to Buy to Rent?," *The Melton Times*, March 8, 2014; J.

Gittelsohn and H. Perlberg, "Goldman Sachs Said to Lead American Homes 4 Rent Bond Deal," *Bloomberg BusinessWeek*, January 29, 2014; "PRAXIS Launches Fourth Single Family Home 'Buy to Rent' Fund," *PR Web*, January 23, 2014; D. Bloomquist, "Foreclosure Auction Discounts Shrinking Under Buy-to-Rent Spotlight," *Forbes*, December 20, 2013; "Blackstone Establishes Single-Family Buy-to-Rent Lending Platform," *Blackstone Group*, November 15, 2013; "Single Family Homes as Rentals Remains a Viable Investment," *National Mortgage Professional*, September 9, 2013; K. Weise and H. Perlberg, "The Data King of the Rental Market," *Bloomberg BusinessWeek*, May 6–12, 2013; T. Durden, "Is the 'Buy to Rent' Party Over?" *Zerohedge*, March 18, 2013; www.rentrange.com, accessed March 8, 2014.

질문
1. 렌트레인지는 더 높은 예측 정확도를 위해 어떤 추가적인 데이터를 더 할 수 있는가?
2. 어떤 조직 또는 회사가 렌트레인지의 예측을 이용할 수 있는가?

서론

이 장의 도입 사례는 비즈니스 인텔리전스 응용의 중요성과 실용성에 대해 설명한다. **비즈니스 인텔리전스**(business intelligence, BI)는 사업자들의 보다 나은 의사결정을 돕기 위한 응용 프로그램, 기술, 그리고 수집, 저장, 액세스, 데이터 분석 등의 프로세스를 의미하는 광범위한 카테고리다. BI 응용 프로그램은 의사결정자가 핵심 정보를 검토하여 신속하게 기업의 상태를 확인할 수 있게 한다. 단독주택 임대 사업에 투자하고자 하는 대기업들은 투자수익률(ROI)을 극대화하기 위해서 현재의 가장 적절하고 정확한 정보가 필요하다. 렌트레인지의 BI 응용 프로그램은 투자회사들이 필요한 정보를 제공해준다.

넘어가기 전에, 우리는 '비즈니스 인텔리전스(BI)'와 '비즈니스 애널리틱스(business analytics)'를 구분해야 한다. 데이븐포트(Thomas Davenport)는 그의 책 *Analytics at Work: Smarter Decisions, Better Results*에서 비즈니스 인텔리전스는 질의, 보고, 온라인 분석 프로세싱, 비즈니스 애널리틱스로 나뉘어야 한다고 주장한다. 그는 비즈니스 애널리틱스를 통계, 예측, 최적화를 기반으로 둔 비즈니스 인텔리전스의 부분집합이라고 정의했다. 다시 말하자면, 비즈니스 인텔리전스는 무엇이 일어났는지, 얼마큼, 얼마나 자주, 어디에 문제가 있고, 어떤 대응이 필요한지와 같은 질문에 대한 해답을 제공해줄 수 있고, 비즈니스 애널리틱스는 반대로 왜 이런 일이 일어나는지, 이 트렌드가 계속된다면 무슨 일이 일어나는지, 다음에는 무슨 일이 벌어지는지, 그리고 최악(최고)의 상황은 무엇인지와 같은 질문에 대한 답을 할 수 있는 것이다.

이러한 구분에도 불구하고, 비즈니스 인텔리전스와 비즈니스 애널리틱스 모두 데이터, 특히 빅데이터와 통계적 방법에 대한 의존도가 높다. 사실상 많은 전문가들은 이 2개의 용어는 같다고 말한다. 이 장에서는 우리는 이 접근법에 대해 살펴본다.

이 장은 의사결정을 지원하는 정보시스템을 설명한다. 관리자의 업무와 현대적인 경영 의사결정의 성격을 검토한다. 이 토론은 관리자가 컴퓨터화된 지원이 필요한 이유를 이해하는 데 도움이 된다. 그런 다음 개인, 그룹 및 전체 조직을 지원하는 비즈니스 인텔리전스의 개념에 대해 배우게 된다.

비즈니스 인텔리전스는 매우 중요하다. 제1장을 되돌아보면, 정보시스템의 필수 목표는 적절한 순간에 적절한 형식으로 적절한 양의 올바른 정보를 적합한 사람에게 제공하는 것이다.

본질적으로 BI는 이러한 목표를 달성한다. BI 시스템은 적시에 행동할 수 있는 비즈니스 인텔리전스를 제공한다.

조직 내에서 BI 프로세스에 입력하는 것은 매우 중요하다. 첫째, 당신(사용자 커뮤니티)은 어떤 데이터가 조직의 데이터 웨어하우스에 저장되어야 하는지 결정할 것이다. 그런 다음 이러한 데이터를 얻기 위하여 MIS 부서와 긴밀하게 작업할 것이다.

나아가 아마도 작업 첫날, 조직의 BI 응용 프로그램을 사용할 것이다. 데이터 마이닝과 의사결정 지원 프로그램 같은 일부 BI 응용 프로그램을 가지고 어떻게 데이터(사용자 중심의 분석)를 분석하기 원하는지 결정할 것이다. 대시보드와 같은 다른 BI 응용 프로그램을 사용하면 어떤 데이터를 어떤 형식으로 보고 싶은지 결정할 것이다. 대시보드의 요구사항을 충족하는지 확인하기 위해 다시 MIS 부서와 긴밀하게 작업하게 될 것이다.

이 장의 대부분은 대규모 BI 응용 프로그램과 관련되어 있다. 그러나 작은 조직, 심지어 개별 사용자 역시 소규모 BI 애플리케이션을 구현할 수 있다는 점에 유의해야 한다. 예를 들어 엑셀 스프레드시트는 데이터베이스의 SQL 쿼리를 BI의 일부 기능으로 제공한다. 이 장의 도입 사례는 어떻게 작은 기업이 단독주택 시장에서 임대 투자자들이 얼마를 벌 수 있는지 예측하고 그 분석을 어떻게 이용하는지 보여준다.

지금까지 가장 인기 있는 BI 도구는 엑셀이다. 몇 년간 BI 공급업체들은 엑셀에 대항하여 싸워 왔다. 그러나 그들은 엑셀에서 인터페이스를 꾸밀 수 있게 소프트웨어를 설계하여 동참하기로 결정했다. 이 프로세스는 어떻게 작동하는가? 기본적으로 사용자는 플러그인을 다운로드하여 엑셀(또는 다른 마이크로소프트 제품)에 추가 기능(예 : 판매를 기반으로 상위 10% 고객을 나열할 수 있는 능력)을 부여할 수 있다. 이 과정은 스테로이드를 엑셀에 주입한 것처럼 여겨질 정도로 효력을 배가시킨다. 그다음 엑셀은 공급자의 응용 프로그램 서버에 연결된다. 이는 추가적인 데이터 분석능력을 제공하고 순차적으로 데이터 마트나 웨어하우스 같은 백 엔드 데이터에 연결된다. 이러한 배열은 엑셀 사용자들에게 사용자들이 익숙한 엑셀로 작업하게 함으로써 기능성과 함께 정교한 특성을 갖는 BI 제품의 전형적인 데이터에 액세스할 수 있도록 한다.

마이크로소프트는 자사의 제품 라인에 유사한 변경을 시도했다. 특히 엑셀은 현재 MS SQL 서버(데이터베이스 제품)와 함께 사용할 수 있으며, 이 같은 대시보드 및 데이터 마이닝/예측 분석과 같은 고급 BI 응용 프로그램에서 이용될 수 있다.

이 장을 마친 후에는 오늘날 조직 내에서의 의사결정, BI 프로세스 그리고 BI 응용 프로그램의 기본적인 이해를 할 것이다. 이러한 지식을 사용해 조직의 BI 프로세스 및 응용 프로그램에 즉각적이고 확실하게 입력할 수 있도록 할 것이다. 또한 이 장에서 실습을 통하여 BI 소프트웨어의 실제적인 사용에 익숙하도록 할 것이다. 이러한 연습은 효율적으로 데이터를 분석하고 나아가 더 나은 의사결정을 내릴 수 있도록 조직의 BI 응용 프로그램을 사용할 수 있도록 할 것이다.

5.1 관리자와 의사결정

관리(management)란 조직이 자원(인력, 자금, 자료, 정보)을 사용하여 목표를 달성하는 프로세스다. 이러한 자원은 **입력**(input)으로 간주된다. 조직의 목표를 달성하는 것은 프로세스의 **결과**(output)이다. 관리자의 성공은 종종 그가 책임지고 있는 입력과 결과 사이의 비율로 측정된다. 이러한 비율은 조직의 **생산성**(productivity)의 표시다.

관리자의 업무 및 의사결정

정보시스템이 관리자를 어떻게 지원하는지 인식하려면 먼저 관리자의 업무를 이해해야 한다. 관리자는 조직 내의 위치, 조직의 종류와 크기, 조직의 정책과 문화, 그리고 관리자 자신의 개성 등에 따라 많은 일을 한다. 이러한 변수에도 불구하고, 모든 관리자는 세 가지 기본 역할을 수행한다(Mintzberg, 1973).[1]

1. 대인관계 역할 : 대표자, 리더, 연락 담당관
2. 정보적인 역할 : 모니터, 전파자, 대변인, 분석가
3. 결정자로서의 역할 : 기업가, 장애 처리자, 자원 할당자, 협상가

초기 정보시스템은 주로 정보적인 측면을 지원하였다. 최근에 정보시스템은 세 가지 역할을 지원하도록 개발되었다. 이 장에서는 IT가 의사결정 지원에 초점을 맞출 것이다.

의사결정(decision)은 개인 및 그룹이 내려야 하는 2개 이상의 대안 중에서 선택하는 것을 의미한다. 의사결정은 다양하고 지속적으로 내려져야 한다. 의사결정은 체계적 과정이다. 경제학자 사이먼(Herbert Simon, 1977)[2]은 의사결정이 인텔리전스, 설계, 그리고 선택의 단계로 구성된다고 설명한다. 그림 5.1은 각 단계에 포함된 작업을 포함하여 이 프로세스를 나타낸다. 인텔리전스에서 설계로, 그리고 다시 선택으로 정보의 연속적인 흐름(굵은 선으로 표기)이 있음을 명심하라. 그러나 어떤 단계에서도 이전 단계로 과정이 되돌아갈 수 있다(점선).

Media Bakery; © Sigrid Olsson/Photo Alto/Age Fotostock; Image Source; © nyul/iStockphoto

이것은 매우 일반적인 의사결정모델이다. 의심의 여지 없이 당신은 그 상황의 모델을 구축하지 않았으며, 테스트 데이터를 사용하여 모델의 유효성을 검사하거나, 또는 민감도 분석을 실시하지 않은 상태에서 결정을 내렸다. 여기에 제시된 모델은 결정을 내릴 때 발생할 수 있는 조건을 모두 포괄하기 위한 것이다. 어떤 의사결정들에 있어 일부 단계나 문구는 최소화, 암시화, 또는 생략될 수 있다.

의사결정 과정은 관리자가 상황을 검토하고 문제나 기회를 확인 및 정의하는 인텔리전스 단계로 시작한다. 설계 단계에서 의사결정자는 상황에 맞는 모델을 구성한다. 그들은 현실을 단순화하는 가정을 만들고 모

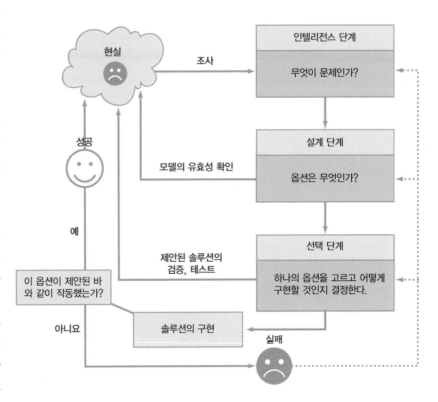

그림 5.1 의사결정 과정 및 단계

---

1 Mintzberg, H. (1973). *The Nature of Managerial Work*, Harper & Row, New York.
2 Simon, H. A. (1977). *The New Science of Management Decision*, Prentice Hall, Englewood Cliffs, NJ.

든 관련 변수들 사이의 관계를 표현함으로써 이 작업을 수행한다. 관리자는 테스트 데이터를 사용하여 모델의 유효성을 확인한다. 마지막으로, 의사결정자는 제안된 모든 잠재적인 솔루션을 평가에 대한 기준으로 설정한다. 선택 단계는 문제를 해결하기 위해 가장 적합한 행동 솔루션이나 코스를 선택하는 것을 포함한다. 그 후 이 솔루션(의사결정)이 구현된다. 제안된 솔루션이 문제를 해결하거나 기회를 포착한 경우 구현은 성공한 것이다. 만약 솔루션이 실패하면 프로세스는 이전 단계로 돌아간다. 컴퓨터 기반의 의사결정 지원이 의사결정 과정에서 관리자를 지원한다.

관리자에게 IT 지원이 왜 필요한가

확고한 정보 없이 좋은 결정을 내리기는 매우 어렵다. 정보는 의사결정 과정의 각 단계 및 활동에 필수적이다. 비록 정보가 있는 경우에도 다음과 같은 경향으로 의사결정은 매우 어렵다.

- 대안의 수는 기술 혁신, 통신의 발달, 세계 시장의 발전 및 인터넷의 사용과 e-비즈니스로 인하여 지속적으로 증가한다. 좋은 의사결정의 핵심은 많은 관련 대안들을 탐구하고 비교하는 것이다. 존재하는 대안이 많을수록 의사결정자는 컴퓨터를 이용한 더 많은 검색 및 비교가 필요하다.
- 대부분의 결정은 시간의 제약하에서 해야 한다. 수동으로 정보를 신속하게 처리하고 충분한 효과를 내는 것은 종종 불가능하다.
- 결정을 해야 하는 환경에서 불확실성의 증가는 결정을 더욱 복잡하게 한다. 좋은 결정을 하기 위해 정교한 분석을 수행하는 것이 일반적으로 필요하다.
- 큰 비용을 들이지 않고 자주 빠른 속도로 원격 정보에 액세스하고 전문가와 상담하거나 그룹 의사결정 세션을 수행하는 것이 필요하다. 의사결정자는 정보와 마찬가지로 다른 장소에 위치할 수 있다. 신속하고 저렴한 비용으로 그들 모두를 통합하는 것은 큰 도전이 될 수 있다.

이러한 경향들이 의사결정자에게 주요한 어려움들을 가져다준다. 다행히 이 장을 통해 볼 수 있는 컴퓨터 분석은 엄청난 도움이 될 수 있다.

관리자를 지원하기 위해 어떤 정보기술이 필요한가

의사결정에 간접적 지원을 제공하는 발견, 통신, 협업 도구(제4장) 이외에 몇 가지 다른 정보기술이 성공적으로 관리자를 지원하기 위해 사용된다. 명시된 바와 같이, 이러한 기술들은 총체적으로 비즈니스 인텔리전스(BI)라고 한다. BI는 BI에 필요한 데이터를 제공하는 데이터 웨어하우징에 연결되어 있다. 본문에서 BI에 대한 토론을 시작하기 위하여 의사결정의 추가적인 측면에 대하여 배우게 될 것이다. 먼저 관리자가 직면하게 되는 의사결정의 여러 가지 다른 종류들을 살펴볼 것이다.

컴퓨터화된 의사결정 분석을 위한 프레임워크

BI를 더 잘 이해하기 위해 다양한 유형의 의사결정이 두 가지의 주요 차원에 따라 배치될 수 있다는 것을 염두에 두어야 한다—문제 구조와 의사결정의 본성(Gorry and Scott Morton, 1971).[3]

---

3 Gorry, G. A. & Scott Morton, M.(1971) "A Framework for Management Information Systems," *Sloan Management Review*, Fall, 26-36.

그림 5.2는 두 가지 차원에 따른 의사결정의 개요를 보여준다.

문제 구조 의사결정 프로세스가 고도로 구조화된 범위에서 고도로 비구조화된 연속체에 걸쳐 있는(그림 5.2의 왼쪽 열 참조) 문제 구조가 의사결정의 첫 번째 차원이다. 구조화된 결정은 재고 관리와 같은 표준 솔루션이 존재하는 일상적이고 반복적인 문제를 말한다. 구조화된 문제에서 결정 프로세스의 첫 세 단계—인텔리전스, 설계 및 선택—는 특정 순서대로 배치되고, 그 단계에서 최선의(또는 적어도 충분히 좋은) 솔루션을 얻기 위한 절차는 알려져 있다. 제안된 솔루션을 평가하는 데 사용되는 두 가지 기본이 되는 기준은 비용을 최소화하고 수익을 극대화해준다. 이러한 유형들은 의사결정의 자동화를 위한 후보들이다.

다른 극단적인 복잡성 문제는 비구조화된 결정에 있다. 이들은 확정된 솔루션이 없는 '퍼지(fuzzy)' 복잡성 문제이다. 비구조화 문제는 세 단계 중 어느 것을 수행함에 있어 표준화된 절차가 없다는 것이다. 이러한 문제는 인간의 직관과 판단이 종종 의사결정에 있어 중요한 역할을 한다. 일반적으로 비구조화 문제는 새로운 서비스 제공을 계획하고, 경영진을 고용하고, 내년 연구 개발(R&D) 프로젝트 과제를 선택하는 것을 포함한다. BI가 비구조화된 의사결정을 내릴 수는 없지만 의사결정자를 지원하는 정보를 제공할 수는 있다.

구조화된 문제와 비구조화된 문제 사이에 위치하는 **반구조화된 문제**는 단지 일부 의사결정 프로세스 단계가 구조화된 것이다. 반구조화된 문제는 표준 솔루션 프로시저와 개인적 판단의 조합을 요구한다. 반구조화된 문제의 예로는 직원 평가, 소비자 제품의 마케팅 예산 책정, 자본 획득 분석작업 수행, 그리고 무역 채권 등이다.

의사결정의 본성 의사결정 지원의 두 번째 차원은 의사결정의 본성을 다루는 것이다. 모든 경영 의사결정은 세 가지의 광범위한 카테고리 중 하나에 해당한다.

1. 운영 제어 : 효율적이고 효과적으로 특정 과제를 실행
2. 관리 제어 : 조직의 목표를 달성함에 있어 효율적인 자원의 획득 및 사용
3. 전략적 계획 : 성장과 자원 할당을 위한 장기 목표와 정책

	운영 제어	관리 제어	전략적 계획	필요한 지원
구조적	외상 매출 주문 입력 **1**	예산 분석 단기 예측 인사 보고서 제조 또는 구매 분석 **2**	 **3**	MIS, 통계적 모델(경영 과학 모델, 금융 등)
반구조적	생산 일정 계획 재고 제어 **4**	신용 평가 예산 준비 공장 레이아웃 프로젝트 일정 보상시스템 설계 **5**	신공장 건축 합병과 인수 신제품 계획 배상 계획 품질 보증 계획 **6**	의사결정 지원시스템 비즈니스 인텔리전스
비구조적	 **7**	협상 경영진 모집 하드웨어 구매 로비 **8**	R&D 계획 신기술 개발 사회적 책임 계획 **9**	의사결정 지원시스템 전문가 시스템 신경망 네트워크 기업자원 관리 시스템 비즈니스 인텔리전스 빅데이터

그림 5.2 의사결정 지원 프레임워크. 의사결정을 지원하는 데 사용된 기술은 가장 오른쪽 열에 나타난다.

이 카테고리들은 그림 5.2의 맨 위 행에 표시되어 있다.

관리 제어 결정이 내려지는 맥락에서 전략적 의사결정이 정의된다는 점을 주의해야 한다. 결과적으로 운영 제어 결정이 내려지는 맥락에서 관리 제어 결정이 정의된다.

의사결정 매트릭스 그림 5.2와 같이 9개의 셀로 구성된 의사결정 지원 매트릭스는 문제 구조의 세 가지 기본 계층과 의사결정의 특성이 가진 세 가지 광범위한 카테고리들과 결합될 수 있다. 낮은 수준의 관리자는 일반적으로 1, 2, 4셀에서 과업을 수행한다. 5셀의 과업은 일반적으로 중간 관리자 및 전문적인 직원의 책임이다. 마지막으로 6, 8, 9셀의 과업은 통상적으로 고위 임원에 의해 수행된다.

구조화된 결정을 위한 컴퓨터 지원 컴퓨터 지원의 예들은 그림 5.2의 오른쪽 열과 맨 아래 행에 표시된 매트릭스의 9개 셀에 사용된 것들이다. 특히 운영 및 관리 제어 유형의 구조화된 그리고 일부 반구조화된 의사결정은 1950년대 이후 컴퓨터에 의해 지원되고 있다. 이 유형의 의사결정은 모든 기능적인 영역에서 내려지지만, 특히 금융 및 운영 관리에서 이루어진다.

낮은 수준의 관리자가 정기적으로 마주치는 문제는 일반적으로 높은 수준의 구조를 갖는다. 예를 들면 자금 예산 작성(예 : 장비의 교체), 자원의 할당, 상품의 유통, 그리고 재고의 관리 등이다. 구조화된 의사결정의 각 유형을 사용하기 위하여 수학 공식이 포함된 솔루션들이 개발되었다. 이러한 접근 방식을 경영 과학이나 작업 연구라고 하며, 이 또한 컴퓨터의 도움으로 실행된다.

다음 절로 넘어가기 전에…

1. 사이먼이 제안한 의사결정 과정을 설명하라.

2. 당신은 다음 학기 수업을 등록하고 있다. 몇 과목 및 어떤 강의를 수강할 것인지에 관한 당신의 결정에 의사결정 프로세스를 적용하라. 당신의 의사결정은 구조화, 반구조화 또는 비구조화되었는가?

3. 다음 학기 수업을 등록할 때 당신의 의사결정 프로세스를 고려하라. 어떤 정보기술이 이 프로세스의 각 단계를 지원하는지(또는 지원하지 않는지) 설명하라.

개념 적용 5.1

학습목표 5.1 의사결정 과정의 모든 단계를 알고, 의사결정 프레임워크로 기술이 어떻게 경영 의사결정에 도움이 되는지 설명한다.

1단계 – 배경(당신이 배워야 하는 것)

이 절을 다시 보면, 민츠버그(Henry Mintzberg)의 1973년 책, *The Nature of Managerial Work*에서 매니저의 기본적인 역할 세 가지에 대한 부분을 참조했다는 것을 알 수 있다. 이 내용은 정보시스템에서 가장 많이 뒷받침되는 선택적 역할에 집중한다. 민츠버그 교수의 연구는 선택적 역할보다 더한 것을 의미한다.

2단계 – 활동(당신이 해야 하는 것)

http://www.wiley.com/go/rainer/MIS3e/applytheconcept에 접속하여 이 절에 해당하는 링크를 클릭하면 사용자 'Minnetonka Schools'가 만든 'Data-Driven Decision Making'이라는 유튜브 영상을 볼 수 있다. 이 영상은 전략적 계획, 작전 통제능력, 그리고 의사결정 통제능력에 대해 설명한다. 이 영상의 핵심 내용과 어떻게 데이터를 뒷받침하는지를 살펴보라.

3단계 – 과제(당신이 제출해야 하는 것)

'Minnetonka Schools'가 어떻게 데이터를 더 좋은 의사결정을 위해서 사용하는지에 대해 짧은 글을 써라. 또한 당신이 다니는 학교에 이러한 의사결정을 뒷받침해주는 데이터시스템이 있는지 살펴보라. 만약에 뒷받침해주지 않는다면, 학생의 관점으로서 무엇을 추천하는가?

5.2 비즈니스 인텔리전스란 무엇인가?

사용자가 기업 데이터에 액세스할 수 있도록 많은 조직은 제3장에서 배운 바 있는 데이터 웨어하우스 및 데이터 마트를 구현하고 있다. 사용자는 다양하고 광범위한 BI 도구들을 사용하여 웨어하우스와 마트에 있는 데이터를 분석한다. 많은 공급업체들은 비즈니스 인텔리전스(BI) 소프트웨어라는 이름하에 이러한 도구들을 통합한 패키지를 제공한다. 주요 BI 공급업체들은 SAS(www.sas.com), 하이페리온(www.hyperion.com, 현재 오라클 소유), 비즈니스 오브젝트(www.businessobjects.com, 현재 SAP 소유), 인포메이션 빌더즈(www.informationbuilders.com), SPSS(www.spss.com, 현재 IBM 소유), 그리고 코그노스(www.ibm.com/cognos) 등이다.

기술된 바와 같이 BI는 현대적인 의사결정과 조직 성과에 매우 중요하다. 이제 보다 상세한 BI의 기술적 기초와 BI가 사용되는 다양한 방법을 알아보자. (처음 이 장에서 설명했듯이, 비즈니스 애널리틱스와 비즈니스 인텔리전스를 구분하지 않고 사용할 것이다.)

비즈니스 인텔리전스(BI)라는 용어는 비교적 새로운 것이다. 비즈니스와 IT 분석가인 드레스너(Howard Dresner)는 1989년 가트너에서 일할 때 이 용어를 만들었다. 이 용어는 특히 모든 의사결정 지원 응용 프로그램을 망라하는 포괄적인 용어로 이 용어를 사용하는 업계에 인기가 있다.

BI는 응용 프로그램뿐만 아니라 기술 및 프로세스도 포괄하고 있다. BI는 (데이터 마트 또는 웨어하우스로의) '데이터 입력' 그리고 (BI 응용 프로그램을 통한) '데이터 출력'을 모두 포함한다.

또한 중요한 변화가 BI 환경에서 일어나고 있다. 과거에 조직은 관리업무를 지원하기 위하여 BI를 사용하였다. 반면 오늘날 BI 응용 프로그램은 일선 직원(예 : 콜센터 교환원), 공급업체, 고객, 심지어는 규제기관에까지 점진적으로 사용되고 있다. 이들은 최신 정보를 BI에 의존하여 공급받고 있다.

비즈니스 인텔리전스의 범위

조직에서 BI의 사용은 상당히 다양하고 광범위하다. 작은 조직에서 BI는 엑셀 스프레드시트만 이용해도 가능하다. 그러나 대규모 조직에서는 BI는 회사 전체를 커버하는 규모를 갖는다. 이 때 BI는 데이터 마이닝/예측적 분석, 대시보드, 그리고 데이터 시각화와 같은 응용 프로그램을 포함한다. BI의 중요성이 확대되고 있음을 반드시 인지해야 한다. '비즈니스에서 IT 5.1'에서 설명된 바와 같이 BI는 기업 경쟁력을 결정짓는 중요 요소가 되고 있다.

비즈니스에서 IT 5.1

비행기 도착시간을 보다 정확하게 예측하다

여행객들은 수없이 많은 이유로 인한 비행 연착과 취소에 이미 익숙해져 있다. 대부분의 고객들은 항공사들이 비행기가 게이트를 떠나 이륙할 시점에도 그 비행기가 도착지에 정확하게 언제 도착할지를 알지 못한다는 것을 모르고 있다. 너무나 많은 요인들이 비행시간에 영향을 주기 때문에 게이트 도착시간을 정확히 예측하는 것은 어렵다. 날씨와 풍향은 가장 흔한 요인이며, 제때 타지 못한 승객으로 인해 짐을 실어야 하는 지상에서 일어나는 상

황들도 있다. 결과적으로, 전체 항공사들의 예측은 평균 7분 정도 빗나간다.

비행은 보통 비행 출발 몇 시간 전에 짜여진 비행 계획에 따라 진행된다. 비행기가 이륙한 후, 동시에 15개 정도의 비행을 모니터링하는 운행 관리원을 통해 추적이 가능하다. 예를 들어 맞바람이 거세질 경우, 조종사는 운행 관리원에게 연락을 하고 운행 관리원은 비행기의 비용지수를 계산하고, 비행 계획을 바꾼 후 예정 시간에 도착하기 위해 조종사에게 속력을 내라는 명령을 해줄 수 있다.

비행사들은 비용을 절감하고 고객들에게 더 나은 비행 서비스를 제공하기 위해 이러한 과정들을 자동화할 수 있는 방법을 찾아보고 있다. 알래스카 에어라인의 부사장 백(Gary Beck)은 사람들이 서로 소통하는 과정을 없애고 이 과정을 자동화해야 한다고 주장한다.

이 과정을 장려하기 위해서, 알래스카 에어라인(www.alaskaair.com)과 제너럴 일렉트릭(GE, www.ge.com)은 비행사들이 더 정확하게 도착 시간을 예측할 수 있고 비행 연착을 방지해주는 알고리즘을 개발하는 플라이트 퀘스트(Flight Quest)라는 대회를 열었다. 대회는 웹사이트 캐글(Kaggle, www.kaggle.com)에서 열렸으며 참가자들에게는 도착, 출발, 날씨, 위도, 경도와 같은 두 달 어치의 비행 데이터가 제공되었다. 이러한 데이터는 비행사와 제조사가 소유하고 있기 때문에 보통 공공에게는 공개되지 않는다.

싱가포르에서 온 팀이 이 대회에서 우승했으며 10만 달러의 상금을 타가기도 했다. 우승 알고리즘은 비행 도착을 원래의 예측보다 약 40%가량 정확하게 예측했다. 이 알고리즘을 통해 비행사들은 게이트 혼잡을 방지하고, 승무원을 더욱더 효율적으로 관리하고 여행객들의 대기 시간을 5분 정도 줄여주었다. 중소 비행사에게는 1분의 비행 시간을 줄임으로써 매년 120만 달러의 크루 비용을 절감할 수 있고, 500만 달러의 경유비를 절감할 수 있다.

25만 달러의 상금이 걸린 두 번째 플라이트 퀘스트 대회에서는 데이터 과학자들에게 날씨, 바람, 항공 제한과 같은 요인을 고려하여 가장 효율적인 비행 루트, 속력, 고도를 알아보게 했다. 우승 모델은 과거 실제 비행의 데이터와 비교했을 때보다 약 12% 더 효율적인 것으로 알려졌다.

GE는 이 플라이트 퀘스트의 대회 결과를 결합한 소프트웨어와 서비스를 개발할 계획이다. 주의해야 할 것은, GE의 목표는 조종사의 결정을 대신하는 것이 아니라 조종사의 스마트 어시스턴트가 되는 것이다.

하지만 소프트웨어가 근본적으로 상용비행들의 운행을 바꾸는 데는 시간이 걸릴 것으로 보인다. 예를 들어 알래스카 에어라인에서는 안 좋은 날씨에서 자주 운행하기 때문에 지상 내비게이션을 이용하는 대신 최초로 위성 내비게이션을 이용하기 시작했다. 위성 내비게이션의 사용은 비행의 착륙에서 최소 조종을 줄일 수 있게 한다. 비행사는 미국연방항공국과 일하면서

48개 주에서 연료를 줄일 수 있도록 기술을 퍼트리고 있다. 백은 가장 어려운 점은 관행을 바꾸고 항공 교통 관제사들의 공식 핸드북을 바꾸는 것이라고 했다. 그는 위성 내비게이션 시스템은 항공 교통 관제사들을 항공 교통을 모니터링하는 사람들로 바꾼다고 주장한다.

출처 : "Alsaka Airlines Could be Set to Soar," *Nasdaq.com*, January 27, 2014; "How Data Geeks Could Save the Airlines Millions-And get you Home Quicker," *Bloomberg BusinessWeek*, May 7, 2013; R. Boyle, "Invented: A Much Better Way to Predict Arline Delays," *Popular Science*, April 4, 2013; "GE Flight Quest: Winners Use Algorithms on Flight Data to Help Reduce Delays," *FlightStats*, April 4, 2013; J. Novet, "On Kaggle, GE Finds Data Science Solutions for Patients and Pilots," *GigaOM*, April 3, 2013; J. Leber, "A Data-Crunching Prize to Cut Flight Delays," *MIT Technology Review*, April 3, 2013; J. Bruner, "New Data Competition Tackles Airline Delays," *O'Reilly Radar*, November 29, 2012; www.ge.com, www.alaskaair.com, www.kaggle.com, accessed March 8, 2014.

질문

1. 위성 기반 내비게이션을 통해 항공 교통 관세사의 요구를 만족시킬 수 있다고 생각하는가? 그렇다면 왜 그런지, 그렇지 않다면 왜 그렇지 않은지를 설명하라.

2. 파일럿들이 스마트 어시스턴트(smart-assistants)를 이용하여 의사결정하는 데 도움을 받기 원하지 않는다고 생각하는가? 그렇다면 왜 그런지, 그렇지 않다면 왜 그렇지 않은지를 설명하라.

3. 항공사들이 위성 기반 내비게이션과 스마트 어시스턴트에 대해서 긍정적으로 반응할 것으로 예상하는가 아니면 부정적으로 반응할 것으로 예상하는가? 그렇다면 왜 그런지, 그렇지 않다면 왜 그렇지 않은지를 설명하라.

4. 파일럿들의 입장에서 분석과 스마트 어시스턴트 간의 관계는 어떻게 주어지는가?

모든 조직이 같은 방법으로 BI를 사용할 수는 없다. 예를 들어 어떤 조직은 하나 또는 몇 개의 응용 프로그램을 사용하지만 다른 조직은 기업 규모의 BI를 활용한다. 다음 절에서는 변화의 수준별로 특화된 세 가지 BI 목표를 검토한다.

- 단일 또는 몇 가지 항목과 관련된 BI 응용 프로그램의 개발
- 대규모 기업의 BI를 지원하는 인프라 구조의 개발
- 조직 변화에 대한 지원

이러한 목표는 초점, 범위, 후원 수준, 헌신 및 필요한 자원의 수준, 기술적 설계, 인사 및 비즈니스 프로세스에 대한 영향, 그리고 이득 등에 따라 달라진다.

단일 또는 몇 가지 항목과 관련된 BI 응용 프로그램이 개발 이런 종류의 BI의 대상은 종종 마케팅에서 캠페인 관리와 같은 부서 수준에 걸맞은 포인트 솔루션이다. 후원, 승인, 자금조달, 영향력 및 이득은 일반적으로 부서 수준에서 발생한다. 이러한 목표를 위하여 조직은 필요한 데이터를 저장하기 위하여 일반적으로 데이터 마트를 생성한다. 조직은 데이터 마트('독립적'인

응용 프로그램)가 다른 조직의 데이터와 불일치하며 통합될 수 없는 데이터를 저장하는 '데이터 사일로'가 되지 않아야 한다는 것에 유의해야 한다.

기업 규모의 BI를 지원하는 인프라 구조의 개발 이 BI는 현재와 미래에 대한 BI 요구사항을 지원하는 것이 목표이다. 이 수준의 BI 핵심 요소는 대기업 데이터 웨어하우스다. 이 BI는 기업 차원의 이니셔티브이므로, 경영진은 종종 후원, 승인 및 자금을 제공한다. 또한 그 영향과 혜택은 조직 전체가 느끼게 된다.

이 목표의 예는 3M 회사이다. 전통적으로 3M의 다양한 부서는 독립적으로 운영되었고 별도의 의사결정 지원 플랫폼을 활용하였다. 이러한 방식은 비용적인 면뿐만 아니라 3M이 데이터를 통합하고 그들의 고객에게 '단일한 대응'을 보여주는 데 방해가 되었다. 예를 들어 판매 담당자는 비즈니스 고객들이 다른 3M의 부서들과 어떤 방식으로 상호작용하는지 몰랐다. 솔루션은 3M이 통합된 회사로서 작동하도록 대기업 규모의 데이터 웨어하우스를 개발하는 것이었다. 추가적인 혜택은 시스템 구현비용이 다양한 플랫폼을 통합에 따른 절감비용으로 충당된다는 것이다.

조직 변화 지원 이 목표를 위해 BI는 회사가 시장에서 경쟁하는 방식을 기본적으로 변화시키는 데 사용된다. BI는 새로운 비즈니스 모델을 지원하며 사업 전략을 가능하게 한다. 이러한 변화의 범위와 중요성으로 인해 후원, 승인 및 자금 등 주요한 요소들은 최상위 조직 수준에서 결정된다. 직원과 프로세스에 미치는 영향은 매우 중요하고, 그 혜택은 조직 전반에 미친다.

BI 목표는 기업 성과 관리와 관련되어 있다. **기업 성과 관리**(corporate performance management, CPM)는 조직의 성과를 수익, 투자 수익률, 경비, 업무비용과 같은 핵심성과지표(KPI)에 따라 모니터링하고 관리하는 것이다. 온라인 비즈니스에게 CPM은 페이지 조회 수, 서버 로드, 네트워크 트래픽, 그리고 초당 거래와 같은 요인들이 포함된다. BI 애플리케이션은 관리자들과 분석가들이 조직의 KPI를 고려해서 데이터를 분석하고 귀중한 정보와 통찰력을 얻을 수 있도록 도와준다. 이 장의 마무리 사례 2는 소셜 평판 분석이 영화 산업과 텔레비전 산업에 어떤 영향을 끼치는지 보여준다. (소셜 평판 분석은 자연 언어 처리, 텍스트 분석, 머신 러닝, 그리고 통계를 이용해서 원본 자료에 있는 주관적인 정보를 인식하고 추출하는 것을 말한다.)

하라스 엔터테인먼트(Harrah's Entertainment)는 이런 BI 목표의 좋은 예를 보여준다. 하라스는 **토탈 리워즈**(total rewards)로 알려져 있는 고객 로열티 프로그램을 만들었다. 이 프로그램을 구현하기 위하여 하라스는 카지노, 호텔 및 특별한 이벤트 시스템(예 : 주말 와인 시음회) 등 다양한 고객 접점(예 : 슬롯 머신, 테이블 게임 및 인터넷)에서 수집된 데이터로 BI 인프라 구조(데이터 웨어하우스)를 만들었다. 하라스는 이러한 데이터를 사용하여 단골 고객 보상 프로그램과 고객들에게 개별적이며 매력적인 방법—예를 들어 BI를 사용한 프로모션을 제공—으로 접근하였다. 그 결과 하라스 게임 업계의 선두 주자가 되었다. '비즈니스에서 IT 5.2'는 카드리틱스(Cardlytics)가 분석을 이용하여 고객 행동을 예측하는 것을 보여준다. 또한 상인들이 고객들의 신용카드와 직불카드를 만들어주는 은행들을 통해 맞춤형 오퍼를 제안하는 것을 보여준다.

제3장에서는 데이터 웨어하우스 및 데이터 마트의 기초를 공부하였다. 이 절에서는 조직이 BI를 사용하는 다른 방법들에 따라 데이터 웨어하우스와 마트가 얼마나 중요한 역할을 하는지 알 수 있었다. 다음 절에서는 사용자 커뮤니티가 어떻게 웨어하우스와 마트에 있는 데이터를 분석하는지, 이러한 분석 결과가

다음 절로 넘어가기 전에…

1. BI를 정의하라.
2. BI 애플리케이션이 조직 구성원에게 제공하는 지원의 폭을 설명하라.
3. BI의 세 가지 목표를 설명하라.

고객들의 소비 형태를 분석하는 카드리틱스

카드 사용 기록은 은행들에게 있어서 잠재적인 데이터의 원천이었다. 은행들은 데이터를 이용하여 그들의 수익을 높이고 고객들에게 맞춤형 거래를 만들어 그들의 브랜드에 대한 충성심을 높이는 것을 목표로 했었다. 하지만 은행들은 결국 데이터를 분석하고 실질적으로 거래를 전달할 수 있는 '중개인'이 필요했다.

많은 은행들은 카드리틱스(http://cardlytics.com)를 중개인으로 선택하였다. 카드리틱스는 가맹점의 자금에 의한 상환이라는 데이터를 기반으로 하는 틈새시장을 개척했다. 회사는 미국 은행 고객의 70%에서 데이터를 수집한다. 이 회사의 시스템은 2013년에는 5,000억 달러에 달하는 110억 건의 미국 거래를 조회하였다. 회사의 알고리즘은 매달 10억 개의 광고를 3,500

만 명이 넘는 고객들에게 웹사이트, 그리고 뱅크 오브 아메리카, PNC, 리젠트, 런던의 로이즈를 포함한 400개 은행의 모바일 앱을 통해 보여준다.

카드리틱스는 고객들의 소비 형태를 추적하고 이해한다. 다시 말하자면, 회사는 그들이 누군인지가 아니라 무엇을 사는지에 따라 맞춤형 마케팅을 한다. 카드리틱스는 '사람들이 어디서, 어떻게 돈을 쓰는지 알면, 그들의 개인정보를 알지 않아도 그들에 대해 많은 것을 알 수 있다'라는 신념을 가지고 있다. 예를 들어 한 여자가 맥도날드에 가고, 타겟에 가고, 마지막으로 베이비저러스에 가면 그녀는 젊은 엄마일 가능성이 크다. 마찬가지로, 한 남자가 술집과 타코벨에서 자주 소비한다면, 그는 싱글일 가능성이 높다.

상인들은 카드리틱스의 실제 고객 소비 형태를 바탕으로 한 데이터 분석을 이용하여 금융기관들의 고객들을 정확히 목표하고 관련된 광고를 게시할 수 있다. 오퍼는 온라인 뱅킹, 모바일 뱅킹, 보안 문자, 이메일, 그리고 ATM 기기를 포함한 보안된 은행 채널로 배포된다.

다음과 같은 예를 고려해보자. 더 스포츠 어소리티가 경쟁사에서 매달 스포츠 용품에 100달러 넘게 쓰는 고객들과 접촉하고 싶어 한다고 가정하자. 카드리틱스는 그러한 고객들에게 스포츠 어소리티 오퍼를 보여주고, 카드리틱스와 은행들은 구매행위의 10% 정도 되는 수수료를 얻는다.

많은 비평가들은 가맹점의 자금에 의한 상황에 대해 개인정보 침해를 문제점으로 제시한다. 이러한 비판에 대하여 은행들은 카드리틱스와 경쟁사들로부터 은행의 서버에서 데이터를 옮기지 못하도록 해놓았다. 실제로 은행들은 카드리틱스, 그리고 상인들과 개인정보를 공유하지 않는다. 나아가 카

© Juanmonino / iStockphoto

드리틱스가 알 수 있는 것과 알고 싶어 하는 것에는 한계가 있다. 회사에서는 가게 정도의 데이터밖에 보이지 않으며, 고객들이 예를 들어 CVS 약국에서 구매를 해도 그들이 껌을 사는지 약을 사는지는 알 수 없다. 다른 비판은 가맹점의 자금에 의한 상환의 성공은 은행들과 브랜드들을 보건의료 그리고 도박과 같은 민감한 부분으로 옮겨 가게 한다는 것이다.

다른 조직들도 카드리틱스의 분석에 접속하기를 원한다. 예를 들어 헤지펀드는 회사의 통찰력을 이용해 더 좋은 수익을 예측해보려고 한다. 나아가 카드리틱스에는 특정 소매상의 매출이 특정 분기에 올라갈지 내려갈지 예측할 정도의 충분한 데이터가 있다.

출처 : A. Tanner, "Reading Your Financial Footprints," *Forbes*, December 16, 2013; D. Gardner, "Cardlytics on HP Vertica Powers Millions of Swiftly Tailored Marketing Offers to Bank Card Customers," *BriefingsDirect*, November 13, 2013; "Mechant-Funded Rewards Have a Bright Future with U.S. Consumers, Says Auriemma Consulting Group," *Globe News Wire*, November 12, 2013; P. Britt, "Merchant-Funded Loyalty Programs Poised for Growth," *Loyalty360.org*, September 6, 2012; S. Zehn, "US Bank Offers Merchant-Funded Rewards via FreeMonee," mybanktracker.com, April 13, 2012; http://cardlytics.com, accessed March 4, 2014.

문제

1. 고객 입장에서 카드리틱스 분석의 장점과 단점에 대해 설명하라.
2. 상인 입장에서 카드리틱스 분석의 장점과 단점에 대해 설명하라.

사용자들에게 어떻게 제시되는지, 그리고 조직이 분석의 결과를 어떻게 사용하는지 배우게 될 것이다.

개념 적용 5.2

학습목표 5.2 조직이 비즈니스 인텔리전스(BI)를 이용하는 방법과 예를 설명한다.

1단계 – 배경

이 절에서 당신은 비즈니스 인텔리전스는 데이터의 수집, 분석, 전파부터 이 과정을 위한 기술까지 포함한다는 것을 배웠다. 특히 조직들은 비즈니스 인텔리전스를 다음에 이용한다.

- 부서의 구체적인 필요성
- 조직 변화

2단계 – 활동

의사결정을 위해 데이터 관리와 비즈니스 인텔리전스 도구를 제공하는 몇몇 회사가 있다. 이 기업들 중 2개는 아비타스(Avitas)와 인트리시티(Intricity)이다. http://www.wiley.com/go/rainer/MIS3e/applytheconcept에 들어가 각 회사들의 비즈니스 인텔리전스에 대한 유튜브를 영상을 보라. 영상을 보면서 이런 도구들이 어떻게 부서, 기업, 그리고 조직의 변화에 도움을 주는지 살펴보라.

3단계 – 과제

현대 조직들이 이용하는 다양한 비즈니스 인텔리전스 도구들에 대해 설명하고 비디오에서 보았던 예시들을 설명하라.

5.3 데이터 분석을 위한 비즈니스 인텔리전스 응용 프로그램

조직이 비즈니스 인텔리전스 응용 프로그램을 사용하는 방법에 대해 연구하는 좋은 전략은 사용자가 어떻게 데이터를 분석하는지, 분석의 결과가 어떻게 표시되는지, 그리고 관리자와 경영진이 그 결과들을 어떻게 구현하는지를 고려하는 것이다. 제3장을 상기해보면 데이터는 데이터 웨어하우스나 데이터 마트에 저장된다. 사용자 커뮤니티는 다양한 BI 응용 프로그램을 사용하여 이러한 데이터를 분석한다. 이러한 분석의 결과는 다른 BI 응용 프로그램을 통해 사용자에게 제공될 수 있다. 마지막으로 관리자와 경영진은 전반적인 결과를 입력하여 용도에 맞춰 사용한다. 이 절을 통해 데이터 분석, 프레젠테이션 및 심도 깊은 사용에 익숙해질 것이다.

　데이터를 분석하는 데 다양한 BI 응용 프로그램을 사용할 수 있다. 응용 프로그램들은 다차원 분석(또한 온라인 분석처리 또는 OLAP라고도 함), 데이터 마이닝 및 의사결정 지원시스템을 포함하고 있다.

다차원 분석 또는 온라인 분석처리

일부 BI 응용 프로그램은 **다차원 분석**(multidimensional analysis)이라고도 하는 **온라인 분석처리**(online analytical processing, OLAP) 기능을 포함한다. OLAP는 차원 형식으로 저장된 데이터의 '슬라이싱(slicing) 및 다이싱(dicing)', 데이터의 드릴다운(drill down), 그리고 데이터 정합(aggregation) 기능을 갖고 있다.

　제3장의 예를 고려하라. 데이터 큐브를 보여주는 그림 3.6을 참조하라. 제품은 x축에 있고, 지리는 y축에 있으며 시간은 z축에 있다. 이제 2012년에 미 서부 지역에서 얼마나 많은 견과류가 팔렸는지 알고 싶다고 하자. 이를 위해 제품의 구체적인 척도로 견과류를 사용하고, 지리적 척도로 서부를, 그리고 시간의 척도로 2012년을 사용하여 큐브를 슬라이싱하고 다이싱할 것이다. 슬라이싱과 다이싱 후 셀에 남은 데이터가 질문에 대한 답이다. 2012년 1월에는 견과류가 얼마나 팔렸는지 알고 싶다고 하자. 이것은 드릴다운의 한 예이다. 반면 2011년에서 2013년까지 견과류의 판매량을 알고 싶다고 하자. 이것은 종합의 한 예로 '롤업(rollup)'이라 불린다.

데이터 마이닝

데이터 마이닝(data mining)은 대형 데이터베이스, 데이터 웨어하우스 또는 데이터 마트에서 중요한 비즈니스 정보를 검색하는 과정을 말한다. 데이터 마이닝은 두 가지 기본 작업을 수행할 수 있다. 그 작업이란 (1) 경향과 행동을 예측하고 (2) 이전에 알려져 있지 않은 패턴을 식별하는 일이다. BI 응용 프로그램은 일반적으로 무슨 일이 일어났는지에 대한 관점을 사용자들에게 제공한다. 데이터 마이닝은 왜 그 일이 일어났는지 설명하는 데 도움이 되고, 미래에 무슨 일이 일어날 것인지 예측한다.

첫 번째 작업과 관련하여, 데이터 마이닝은 대형 데이터베이스에서 예측 정보를 찾는 과정을 자동화한다. 전통적으로 광범위한 수작업 분석이 필요한 질문에 이제는 데이터 분석을 통해 직접적이며 신속하게 답변을 얻을 수 있다. 예측 문제의 전형적인 예는 타깃 마케팅이다. 데이터 마이닝은 향후 우편물에 호의적으로 답변할 가능성이 높은 사람들을 식별하기 위해 과거의 판촉성 우편물의 데이터를 사용한다. 예측 문제의 또 다른 예는 파산 및 채무 불이행을 예측하는 것이다.

데이터 마이닝은 단 한 번의 조치로 이전에 숨겨져서 찾을 수 없었던 패턴을 식별해낼 수 있다. 예를 들어 사람들이 자주 함께 구입하지만 겉보기에는 관련이 없어 보이는 제품을 발견하기 위하여 소매 판매 데이터를 분석할 수 있다. 고전적인 예는 맥주와 기저귀다. 데이터 마이닝은 젊은이들이 편의점에서 쇼핑을 할 때 맥주와 기저귀를 동시에 구입하는 경향이 있는 것을 발견하였다.

중요한 패턴 검색 작업 중 하나는 신용카드 사기를 감지하는 것이다. 당신이 일정 기간 동안 신용카드를 사용하면, 카드 사용 장소, 지출 금액 등 당신이 카드를 사용하는 전형적인 방식이 패턴으로 나온다. 카드가 도난되어 부정하게 사용되었을 때, 이러한 사용은 종종 자신의 패턴과 다르게 된다. 데이터 마이닝 도구는 이 차이를 포착하고 이 문제에 관심을 갖게 한다.

수많은 데이터 마이닝 응용 프로그램이 비즈니스와 기타 분야에서 사용된다. 가트너 보고서(www.gartner.com)에 따르면 다음 대표적인 예처럼 전 세계의 포춘 1,000대 회사들은 현재 데이터 마이닝을 사용한다. 대부분의 경우 데이터 마이닝을 하는 의도는 지속 가능한 경쟁우위의 비즈니스 기회를 식별하기 위해서임을 명심하자.

- **소매업 및 판매** : 판매를 예측하고 도난과 사기를 방지하며 아웃렛의 적절한 재고 수준과 유통 일정을 판단한다. 예를 들어 AAFES(군사 기지 소재의 가게)와 같은 소매 유통 업체들은 1,400개 매장에 있는 직원의 사기행위를 방지하기 위해 SAP(www.sap.com)의 사기행위 감시(fraud watch) 프로그램을 사용한다.
- **은행** : 부실 대출 및 신용카드 부정 사용의 수준을 예측하고 새로운 고객의 신용카드 지출을 예측하며 새로운 대출 제안에 가장 호응이 좋은(그리고 적합한) 고객이 어떤 부류인지 판단한다.
- **제조 및 생산** : 기계 고장을 예측하고 제조능력을 최대화하는 데 도움이 되는 핵심 요소들을 찾는다.
- **보험** : 의료보험 청구금액 및 실제 의료비용을 예측하고, 의료비용에 영향을 미치는 중요 요소를 분류하며 어떤 고객이 새로운 보험 증권을 구매할 것인지 예상한다.
- **경찰 업무** : 범죄 패턴과 위치, 범죄 행위 추석, 범죄 사건 해결에 도움이 되는 특성을 식별한다. 몇 개의 시는 IBM과 협업하여 범죄 기록을 분석하고 경찰관들을 전략적으로 배치했다. 2013년에 범죄율을 14% 감소시킨 멤피스 또한 이 시스템을 도입했다. 시카고는 2013

년에 '프레드폴'(예측방범수사, predictive policing)을 도입해 2012년에 일어난 시의 500건의 살인사건을 줄이기 위해 노력했다. 시카고에서는 2013년에 415건의 살인 사건이 일어났지만 감소 원인에 대한 논쟁이 있다.

- 건강 관리 : 중병을 앓는 환자들의 인구 통계상의 상관관계를 추적함으로써 병의 증상과 원인을 파악하고 치료하기 위한 더 나은 통찰력을 제시한다. 2013년 3월에 마이크로소프트와 스탠퍼드대학교는 수백만 사용자들의 검색 데이터를 성공적으로 마이닝함으로써 신고되지 않은 특정 약물들의 부작용을 제대로 알릴 수 있었다.

- 마케팅 : 어떤 고객이 메일에 응답하거나 특정 제품을 구입할 것인지 예측하기 위해 고객의 인구 통계를 분류한다.

- 정치 : 실버(Nate Silver)는 그의 유명한 FiveThirtyEight 블로그에서 여론조사 결과와 경제 데이터를 분석함으로써 2008년 대통령 선거에서 50개 주 중 49개 주의 결과를 맞혔다. 그는 다음 2012년 대통령 선거에서 50개 주의 결과를 정확히 맞혔다.

- 날씨 : 국립기상국의 날씨 예측은 점점 더 정확해지고 있다.

- 고등 교육 : 디자이어투런(Desire2Learn, www.desire2learn.com)은 Degree Compass라는 앱을 제공한다. Degree Compass는 학생들의 전공, 성적표, 그리고 전 강의 성적을 바탕으로 강의를 추천해준다. 2013년 3월에 Degree Compass는 4개 대학에 걸쳐서 학생들이 강의에 무슨 성적을 받을지 예측하는 데 92%의 정확성을 보였다.

- 사회적 선 : 데이터카인드(Datakind, www.datakind.org)는 사회적 임무를 수행하는 기관들을 연결하는 다리 역할을 한다 데이터를 해석하는 데 도움이 필요한 기관들과 비영리 조직들에게 무료로 데이터 과학자들을 연결해준다. 예를 들어 데이터카인드는 미국의 선라이트재단(Sunlight Foundation, www.sunlightfoundation.com)과 협업을 통해 로비스트들이 국회에 미치는 영향을 연구하였다. 이러한 연구는 이전에도 수행된 바 있다. 그러나 데이터카인드와 선라이트재단이 공동으로 수행한 연구에서는 의원 투표 성향, 모금 행사, 파티, 기부 등 1880년 초부터의 미국 의회 기록을 모두 분석함으로써 로비스트의 국회에 미치는 영향 경로 및 요인 등을 보다 자세히 분석할 수 있다.

의사결정 지원시스템

의사결정 지원시스템(decision support system, DSS)은 광범위한 사용자가 관련된 반구조적 그리고 비구조적 문제를 분석하기 위한 시도의 일환으로 모델과 데이터를 결합한다. **모델**(model)은 현실을 단순화해서 표시하거나 또는 추상화한 것이다. DSS는 비즈니스 관리자 및 분석자가 대화식으로 데이터에 액세스할 수 있도록 하여 이런 데이터를 조작하고 적절한 분석을 수행할 수 있도록 한다.

의사결정 지원시스템은 학습을 향상시키고 모든 수준의 의사결정에 공헌한다. DSS 역시 수학적 모델을 채택하고 있다. 또한 DSS는 다음에 배우게 될 민감도 분석, what-if 분석, 그리고 목표추구 분석의 관련 기능을 갖추고 있다. 이러한 세 종류의 분석은 어떠한 유형의 의사결정 지원 응용 프로그램에도 유용하다는 것을 명심하라. 예를 들어 엑셀은 이러한 분석들을 지원한다.

민감도 분석 민감도 분석(sensitivity analysis)은 의사결정모델에서 최소 하나 이상의 부분적 변화가 다른 부분들에 미치는 영향에 관한 연구이다. 대부분의 민감도 분석은 입력 변수의 변화가 출력 변수에 미치는 영향을 고찰한다.

대부분의 모델은 두 가지 유형의 입력 변수, 즉 결정 변수와 환경 변수를 가진다. "이 원료를 재주문함에 있어 포인트는 무엇인가?"라는 질문은 결정 변수이다(조직 내부적). "물가상승률은 어떻게 될 것인가?"라는 질문은 환경 변수이다(조직 외부적). 이 사례의 산출 결과는 원자재의 총비용 등이 된다. 민감도 분석의 요점은 분석의 결과에 대한 환경 변수의 영향을 판단하는 것이다.

민감도 분석은 변화하는 조건을 시스템이 고려하기 때문에 중요성을 띤다. 또한 이 분석은 서로 다른 의사결정 상황의 변화하는 요구조건들을 시스템이 고려하기 때문에도 중요한 역할을 수행한다. 민감도 분석은 모델과 모델이 중점적으로 기술하고자 하는 문제에 대해 보다 나은 이해를 제공한다.

what-if 분석 모델 개발자는 대부분 불확실한 미래의 평가에 기반하는 입력 데이터를 예측하고 추론해야 한다. 결과는 이러한 추론의 정확성에 달려 있고 매우 주관적일 수 있다. what-if 분석은 가정(입력 데이터)의 변화가 솔루션에 미치는 영향을 예측하고자 한다. 예를 들어 만약 최초에 추론된 재고 운반비용이 10%가 아니고 12%라면 총재고비용은 어떻게 될 것인가? 잘 디자인된 BI 시스템에서 관리자는 스스로 이러한 유형의 질문을 컴퓨터에게 대화형으로 물어볼 수 있다.

목표추구 분석 목표추구 분석(goal-seeking analysis)은 '백워드(backward)' 솔루션적 접근 방식을 갖고 있다. 이 분석은 원하는 수준의 결과를 달성하기 위하여 필요한 입력값을 찾기 위한 시도이다. 예를 들어 초기 BI 분석이 200만 달러의 수익을 예상하였다고 가정하자. 경영진은 300만 달러의 수익을 생성하기 위하여 얼마만큼의 판매량이 필요한지 알고 싶어 한다. 이를 확인하기 위하여 회사는 목표추구 분석을 수행할 수 있다.

그러나 관리자는 단순히 '판매를 늘려라'라고 말하는 버튼을 누를 수는 없다. 이러한 판매증가를 가능하게 하는 몇 가지 조치가 필요할 것이다. 이러한 조치는 가격을 낮추거나 연구 개발을 늘리거나 판매 증대를 위해 더 높은 수수료 비율을 책정하거나 또 다른 조치를 취하거나, 아니면 이러한 조치들의 조합을 구현하는 것일 수도 있다. 그러한 조치가 무엇이든 간에 비용이 발생할 것이고 목표추구 분석은 이 비용을 계산에 넣어야 한다.

다음 절로 넘어가기 **전에…**

1. 다차원 분석을 설명하라.
2. 데이터 마이닝의 두 가지 기본 작업은 무엇인가?
3. 의사결정 지원시스템의 목적은 무엇인가?

개념 적용 5.3

학습목표 5.3 데이터 분석을 하려는 사용자들을 위한 BI 애플리케이션에 대해 알고 각각이 어떻게 대학교 내의 비즈니스 문제를 해결할 수 있는지 예를 든다.

1단계 – 배경

이 절은 오늘날 그 어느 때보다 더 데이터가 넘쳐난다는 것을 증명해주었다. 우리가 배우고 있는 것 중 한 가지는 우리는 아직 모르는 게 많지만 다 알아낼 수 있다는 것이다. 사실 우리는 아직 질문해야 할 것들이 너무 많지만 무엇을 질문할지조차 모른다는 것이다. 이러한 질문들을 위해 우리는 다차원 분석과 데이터 마이닝 도구를 사용하여 데이터에서 통찰력을 얻는다. 우리가 질문이 무엇인지 알 때, 우리는 민감도 분석, what-if 분석, 그리고 목표추구 분석을 이용한 의사결정 지원시스템을 도입한다.

당신의 대학교를 생각해보자. 다양한 학과들은 교육, 학생 교육 지원, 학자금 지원, 입학처, 고용, 행정 등에 집중한다. 각 학과는 각기 특별한 목표가 있지만 전체으로는 학생의 교육을 위해 존재한다.

당신의 대학교 웹사이트를 방문하고 이 다른 기능들을 찾아보라. 그들의 목표에 대해 무엇을 알 수 있는가? 이것을 바탕으로, 그들이 사용하는 BI 애플리케이션에 대해 추측해보자.

3단계 – 과제

이 절에 나온 BI 애플리케이션에 대한 예를 들어보고 당신의 대학교의 비즈니스 문제를 해결해보라.

5.4 프레젠팅을 위한 비즈니스 인텔리전스 응용 프로그램

방금 배운 여러 유형의 데이터 분석 결과는 대시보드 및 데이터 시각화 기술을 사용하여 표시될 수 있다. 오늘날 사용자들은 실시간 데이터에 점점 의존하고 있다. 따라서 이 절에서는 실시간 BI 논의에 중점을 둘 것이다.

대시보드

대시보드(dashboard)는 최고 경영진의 정보 요구에 맞추어 특별하게 설계된 정보시스템으로 중역 정보시스템에서 진화된 것이다. 그러나 이 장의 도입 사례에서 보듯이 오늘날 모든 직원, 비즈니스 파트너, 그리고 고객이 디지털 대시보드를 사용할 수 있다.

대시보드는 적절한 정보에 쉽게 접근하게 해주고 관리 보고서에도 직접 접근하게 해준다. 대시보드는 사용자 친화적이고 그래픽에 의해 지원된다. 특별히 중요한 것은 대시보드가 관리자들이 예외 보고서를 검토하고 상세 데이터로 드릴다운할 수 있게 한다는 것이다. 표 5.1에는 많은 대시보드가 공통적으로 갖는 다양한 기능을 요약하였다. 또한 그림 5.3과 같이 이 절에서 논의되는 몇몇 기능은 현재 많은 BI 제품들이 일부 기능으로 가지고 있는 것이다.

뛰어난 대시보드의 한 예는 '블룸버그'이다. 블룸버그 LP(www.bloomberg.com)는 금융 데이터와 이러한 데이터를 분석하는 소프트웨어, 트레이딩 툴, 그리고 뉴스(전자판, 인쇄물, TV

표 5.1 조직의 정보시스템 유형

기능	설명
드릴다운	여러 수준에서 세부사항으로 이동할 수 있는 능력. 일련의 메뉴를 통하거나 드릴다운되는 부분의 화면을 클릭함으로써 작동한다.
핵심 성공 요인(critical success factors, CSF)	비즈니스의 성공에 가장 중요한 요소들로 조직, 사업, 부서 혹은 개별 직원들에 관한 것들일 수 있다.
핵심성과지표(KPI)	CSF의 구체적인 방안
상황 접근	KPI에서 사용 가능한 최근 데이터 또는 다른 수치들로서 종종 실시간 데이터로 구성된다.
동향 분석	KPI 또는 측정 수치들의 단기, 중기 및 장기 동향
예외 보고	특정 임계점을 초과하는 편차를 강조하는 보고서로, 편차만 표기할 수도 있다.

그림 5.3 성과 대시보드의 예
출처 : Image Courtesy of Dundas
Data Visualization, Inc., 2014 (www.
dundas.com)

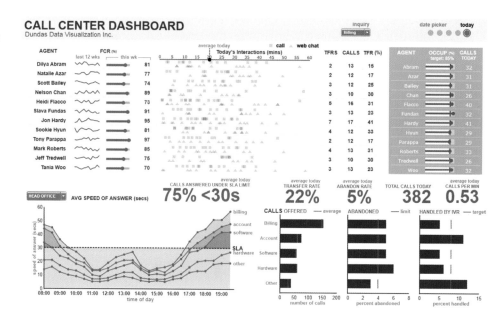

및 라디오)를 판매하는 구독 서비스를 제공하고 있다. 이 모든 정보들은 컬러 코드화된 블룸버그 키보드를 통해 접근할 수 있으며 원하는 정보가 사용자 화면 또는 블룸버그가 제공하는 컴퓨터 화면을 통해 표시된다. 또한 사용자는 블룸버그 키보드 없이 서비스에 액세스하기 위해 자신의 컴퓨터를 설정할 수 있다. 구독 서비스와 (컬러 코드화된) 키보드를 합하여 '블룸버그 터미널'이라고 불린다. 이는 문자 그대로 DIY 대시보드를 나타내는데, 그 이유는 사용자가 블룸버그의 송출자료 모양과 느낌을 바꿀 수 있을 뿐 아니라 송출자료 그 자체도 커스터마이즈할 수 있기 때문이다(그림 5.4 참조).

또 다른 예는 주요 BI 소프트웨어 공급업체 중 하나인 아이대시보드(iDashboard)가 개발한 인력 대시보드/성과표이다. 사용자는 한눈에 그래픽 형식, 표 형식, 요약된 형식, 그리고 상세한 형식으로 된 직원의 생산성, 근무시간, 팀, 부서 및 사업부의 성과를 볼 수 있다. 왼쪽에 있는 선택 상자는 사용자가 손쉽게 특정 애널리스트를 변경해 가며 애널리스트들의 분석 결과를 비교해볼 수 있게 한다.

경영진의 정보 요구를 지원하기 위하여 대시보드는 독특하고 흥미로운 응용 프로그램을 제공하는데 이는 경영 조종석(management cockpit)이다. 본질적으로 경영 조종석은 최고 의사결정권자가 그들의 사업을 보다 잘 조종할 수 있도록 대시보드에 정교한 세트를 포함하는 전략적 관리 공간이다. 그 목표는 효과적인 커뮤니케이션을 통해 더욱 효율적인 경영 회의를 하도록 유도하고 팀의 성과를 신장시키는 환경을 만드는 것이다. 이 목표를 달성하기 위해 대시보드는 그래픽상으로 핵심성과지표와 핵심 성공요인과 관련한 정보를 경영 조정실이라 불리는 회의실의 벽면에 표시한다(그림 5.5 참조). 계기 패널 및 디스플레이의 조정석을 닮은 배열은 관리자가 서로 다른 요인들이 비즈니스와 어떻게 밀접한 연관을 갖는지를 시각화하는 데 도움을 준다.

그림 5.4 블룸버그 터미널
출처 : Carlos Osario/Zuma Press

방에 있는 4개의 벽은 검은색, 빨간색, 파란색, 흰색으로 지정되어 있다. 검은색 벽은 핵심 성공요인 및 재무 지표를 표시한다. 빨간색 벽은 시장 성과를 측정한다. 파란색 벽은 내부 프로세스와 직원의 성과를 보여준다. 흰색 벽은 전략적 프로젝트의 상황을 나타낸다. 조정실, 6개의 스크린, 고급형 PC는 경영진이 자세한 정보로 드릴다운할 수 있도록 한다. 경쟁력 분석에 필요한 외부 정보는 조정실로 쉽게 가져올 수 있다.

이사회 멤버와 다른 간부들은 조종실에서 회의를 개최한다. 관리자는 현재의 비즈니스 문제를 논의하기 위하여 그곳에서 감사관과도 만난다. 이러한 목적을 위하여 경영 조종석은 다양한 what-if 문제에 대한 시나리오들을 구현할 수 있다. 또한 정보 통신용 공동 기반을 제공한다. 마지막으로 성과지표를 파악하여 기업의 전략을 구체적인 활동으로 전환하기 위한 노력을 지원한다.

The Management Cockpit is a registered trademark of SAP, created by Professor M. Georges.

그림 5.5 경영 조종석
출처 : The Management Cockpit is a registered trademark of SAP, created by Professor Patrick M. Georges

데이터 시각화 기술

데이터가 처리된 후 그들은 문자, 그래픽, 표 등의 시각적 형식으로 사용자들에게 제공될 수 있다. 데이터 시각화로 알려진 이 과정은 IT 응용 프로그램을 사용자들에게 더 매력적이며 이해하기 쉽게 만든다. 데이터 시각화는 의사결정 지원 웹에서 점점 더 인기를 끌고 있다. 의사결정을 지원하는 다양한 시각화 방법과 소프트웨어 패키지가 사용될 수 있다. 2개의 특히 유용한 응용 프로그램은 지리정보시스템과 현실 마이닝이다.

지리정보시스템(GIS) **지리정보시스템**(geographic information system, GIS)은 디지털화된 지도를 사용하여 데이터를 캡처, 통합, 조작 및 표시하는, 컴퓨터를 기반으로 하는 시스템이다. 현저히 구별되는 특징은 모든 레코드 또는 디지털 객체가 식별된 지리적 위치 정보를 가지고 있다는 것이다. 지오코딩(geocoding)이라 불리는 이 과정은 사용자가 기획, 문제 해결 및 의사결정하는 데 필요한 정보를 생성한다. 또한 그래픽 형식은 관리자가 데이터의 시각화를 쉽게 할 수 있도록 한다.

오늘날 상대적으로 저렴하지만 완벽한 기능을 가진 PC 기반 GIS 패키지를 이용할 수 있다. 대표적인 GIS 소프트웨어 공급업체들은 ESRI(www.esri.com), 인터그래프(www.intergraph.com)나 피트니 바우즈 맵인포(www.pbinsight.com/welcome/mapinfo) 등이 있다. 또한 정부와 민간 공급업체 모두 다양한 상용 GIS 데이터를 제공한다. 이러한 GIS 패키지 중 일부는 무료이다. 예를 들어 www.esri.com과 http://data.geocomm.com에서 자료를 무료로 다운로드할 수 있다.

의사결정 개선을 위한 수많은 GIS 응용 프로그램이 공공 및 민간 부문에 존재한다. 예를 들어 '비즈니스에서 IT 5.3'은 ESRI와 다양한 GIS 사용의 예시들에 집중한다. 다음의 예는 ESRI가 어떻게 여러 조직에게 영향을 끼치는지 보여준다.

다양한 사용이 가능한 GIS

1969년에 환경시스템연구소라는 이름으로 설립된 ESRI는 지리정보시스템 소프트웨어와 geodatabase 관리 애플리케이션을 국제적으로 제공해준다. 업계 분석가들은 GIS의 사용자들 중 70%는 ESRI의 제품을 사용하며, 그중 ArcGIS라는 ESRI의 제품을 가장 많이 사용한다고 추측했다. ArcGIS는 지도를 만들고 사용하는 데 쓰이며, 지리 데이터를 만드는 용도, 지도 정보를 분석하는 용도, 지리 정보를 공유하고 발견하는 용도, 지도를 사용하고 넓은 범위의 애플리케이션에 지리 정보를 공유하는 용도, 그리고 데이터베이스에서 지리정보를 관리하는 용도로 사용된다.

 핵심적으로, ESRI는 실제 문제를 해결하는 사람들에게 GIS를 제공해준다. 다음과 같은 ESRI의 사용 예시들을 고려해보자.

- 다음의 시나리오를 고려해보라―한 산림 경비원은 ESRI의 소프트웨어 도구인 ArcGIS를 사용한다. 한 등산객이 국립공원 등산로에서 실종되었다. 산림 경비원의 책임자로서 당신은 수색구조 임무에 나서야 한다. 해는 지고 있으며, 공원의 일부는 몇 시간 후면 영하까지 떨어진다. 당신은 무엇을 해야 하나?

  많은 숙련된 등산객들은 길을 잃었을 때 해야 할 일이 내리막길을 찾아서 내려가는 것임을 잘 알고 있다. 하지만, 당신은 이 등산객이 이 사실을 안다고 가정할 수 없다. 그는 가만히 있을 수도 있고, 만약에 그가 휴대전화가 있다면 신호를 찾기 위해서 오르막길을 찾을 수도 있다. 또한 당신은 그의 부상 여부에 대해서 전혀 모른다.

  당신은 당신의 컴퓨터에서 ArcGIS를 켜고 스크린에는 공원의 지도가 나타난다. 당신은 또한 3만 개의 등산객 수색구조 데이터베이스에 접속한다. 당신은 이 데이터베이스를 질의함으로써 66%의 길을 잃은 등산객들은 그들이 마지막으로 목격된 곳에서 2마일 이내에서 발견되었다는 것을 알아냈다. 당신은 당신의 지도에 이 2마일 근방인 원을 그린다. 당신은 길 잃은 등산객의 52%는 내리막길에서 발견된다는 것도 알아낸다. 당신은 고도 한계를 짐작함으로써 위의 땅과 아래 땅을 다른 색깔로 색칠한다.

  당신은 다시 한 번 데이터베이스를 질의하여 실종된 등산객들은 3시간이 지난 후에 걷는 것을 포기한다는 것을 알아냈다. 당신은 이를 통해 예측모델을 구성하고 실종된 등산객을 찾아야 할 우선시되는 곳들도 정해 놓는다. ArcGIS를 통해 이 모델을 실행했을 때, 소프트웨어는 등산객이 존재할 가장 가능성 있는 장소를 연결된 3개의 원으로 나타낸다.

  다음으로, 당신은 대중과, 특히 당일 날 트위터와 페이스북에 등산을 간다고 언급한 사람들과 이 지도를 공유한다. 당신은 또한 이 사람들이 옷 또는 사람을 목격한 장소를 지도에 표시할 수 있게 하여, 이것을 단서로 삼는다. ArcGIS는 다시 한 번 연결된 원들로 이루어진 지도를 생성하고, 이것은 해가 지기 전에 등산객을 찾을 수 있게 도와준다.

- 수백만 명의 고객을 보유하는 전형적인 공익 기업은 그들의 복잡한 인프라를 관리하기 위해 GIS를 사용한다. 공익 기업은 GIS를 고객 서비스, 비상 대응, 전기 또는 물 배분, 인프라 관리, 자동화된 지도, 네트워크 추적, 플로 분석, 전력 분석, 그리고 경영, 행정, 재무 등에 사용한다.

- 수천 명의 농부들과 수백 마일의 수로를 가지고 있는 관개구 지역을 GIS를 사용해서 경영과 작업 활동에 사용한다.

- 공립학교들의 기본 출석률은 GIS를 통해 그려진다. 예를 들어 어떤 시에

© AdrianHillman / iStockphoto

서 증가하는 초등학생 수로 새로운 초등학교를 하나 설립해야 한다고 가정해보자. 학교 측은 GIS를 이용해 공청회에서 학부모들에게 설명한다.

- 도로, 항만 시설, 그리고 철도 정보의 80%는 공간 구성의 요소를 갖고 있다. 시설 관리자들은 GIS를 이용해 이 시설들을 디자인하고 운영한다.

- 각 시에서는 GIS를 이용하여 교통 인프라를 관리한다. GIS는 교통 기획, 물량 예측, 설계, 구축, 운용 및 관리를 모두 지원한다.

- 통신산업은 새로운 광대역 네트워크를 배치하고 있다. 업계에서는 GIS를 이용하여 새로운 네트워크의 인프라를 디자인, 적용, 관리한다.

- GIS는 연안 자원, 예를 들어 해안선, 연안 생물, 생물학적 자원 등을 관리하는 데 사용된다. GIS와 그에 적합한 과학용 데이터베이스를 사용하여, 해안 침식 현상을 보다 정확하게 분석할 수 있다.

- 외식업체들은 GIS를 이용해서 새로운 아웃렛을 만들 가장 적합한 장소들을 고른다.

- 사법계에서 이용하는 대부분의 정보는 지도에 기반하였다. 기관들은 사건의 위치를 디스플레이해야 하며, 사건을 종류별, 날짜별, 시간별로 보여주어야 한다. 발전된 GIS는 범죄의 가능성을 보여주는 지도를 만들 수 있다.

- 주의회는 여론조사 후 GIS의 광범위한 사용으로 재당선될 선거구를 찾는다.

출처: G. Baldwin, "Geospatial Efforts Often Rely on a Single Go-Getter," *Health Data Management*, March 13, 2014; J. Stromberg, "Do You Live Within 50 Miles of a Nuclear Power Plant?" *Smithsonian Magazine*, March 13, 2014; J. Marks, "How Maps Drive Decisions at EPA," *NextGov*, March 12, 2014; "ESRI Maps Offer Geographic Perspective on Third Anniversary of Fukushima Disaster," *The American Surveyor*, March 11, 2014; B. McCann, "GIS Expands into Law Enforcement, Healthcare: ESRI Opens Up," *CivSource*, March 10, 2014; A. Wills, "Crisis in Crimea: A Story Map of the Place Everyone's Watching," *Mashable*, March 6, 2014; J. Tierny, "Mapping the Anxiety About College Admissions," *The Atlantic*, March 6, 2014; S. Postema, "The Future of Journalism: Real-Time Story Maps," *Dutch News Design*, February 27, 2014; P. Tucker, "Mapping the Future with Big Data," *The Futurist*, July/August 2013; www.esri.com, accessed March 9, 2014.

질문

1. 대학교들이 어떻게 GIS를 사용하는지 생각해보라.

2. GIS의 부정적인 측면에는 무엇이 있는가?

현실 마이닝 최근 떠오르는 중요한 동향 중 한 가지는 GIS 및 글로벌 위치 시스템(제10장에서 설명되는 GPS)의 통합이다. GIS 및 GPS를 함께 사용하면 현실 마이닝이라는 흥미로운 유형의 신기술이 파생된다. **현실 마이닝**(reality mining)은 애널리스트가 휴대전화와 기타 무선장치의 사용 패턴으로부터 정보 추출을 가능하게 한다.

예시

뉴욕 시 : 뉴욕에서 택시를 잡는 특별한 방법이 있을까? 정답은, 있다는 것이다. 도시에서 추적하는 9,000만 개의 실제 택시 탑승 기록 덕분에 맨해튼에서 노란 택시가 가장 잘 잡히는 곳들은 이제 어느 시간 때든 볼 수 있다.

시의 GPS 데이터를 이용하여 센스 네트웍스(www.sensenetworks.com)는 6개월간 뉴욕 시에서 택시를 타는 지점들을 살펴보았다. 그 결과 CabSense(www.cabsense.com)라는 앱이 탄생하였다. 이 앱은 택시 탑승 승객들이 주위 길모퉁이들이 있는 지도를 보아 어느 곳이 그 주, 그 시간에 가장 택시가 잘 잡히는지 알 수 있게 한다. 회사에서는 퍼레이드, 도로 공사, 그리고 결과를 바꿀 수 있는 다른 요인들을 고려한 알고리즘을 사용한다.

다음은 CabSense에서 나온 두 가지 결과이다. 어퍼 이스트 사이드(Upper East Side)는 센트럴파크의 사람들보다 캡(cab)에 의존적이다. 한번은 어느 특정한 달에는 어퍼 이스트 사이드에서는 어퍼 웨스트 사이드에서보다 대략 2배 많은 200만 건의 탑승 기록이 있었다. 또한 지역별 조사 결과, 많은 뉴욕 시민들이 알 듯이, 맨해튼의 96번가의 위쪽보다 아래쪽에서 택시를 잡기가 더 쉽다.

싱가포르 : 택시를 빨리 찾겠다는 아이디어는 싱가포르에까지도 갔다. 택시를 찾을 수 없는 통근자들은 택시를 찾을 가능성이 더 있는 곳을 찾는 앱을 사용한다. 과학기술연구기관은 시간, 장소, 속력, 그리고 택시가 탑승되어 있는지 여부를 포함한 도로에 있는 택시의 센서 데이터를 수집하였다. 연구원들은 승객들에게 빈 택시를 어디서 찾을 가능성이 있고 택시들에게 승객을 찾을 수 있는 곳을 예측하게 해주는 앱을 개발하였다. 이 앱은 기차를 이용하는 통근자들에게 어디서 내려야 가장 잘 택시를 잘 잡을 수 있는지 가르쳐주기도 한다.

신기하게도, 싱가포르에 있는 택시 기업들은 이 앱에 만족하지 않는다. 그들은 그들의 소통시스템을 사용하고 싶어 하는 것이다.

다른 주요 도시 택시비트(http://taxibeat.com)와 이지 택시(Easy Taxi, www.easytaxi.com)는 사용자들이 파리, 상파울루, 리우데자네이루, 부쿠레슈티, 오슬로와 같은 주요 도시에서 택시를 찾도록 도와준다. 이 앱은 당신의 위치를 알리고 근처에 있는 택시에게 알린다. 그들은 택시의 위치와 그들이 도착하는 속도를 알려준다. 중요하게도, 그들은 택시와 고객의 정보를 모두 공개함으로써 보안과 품질을 보증한다. 품질 보증은 택시 운전사와 고객 양쪽이 서로를 평가할 수 있는 데서 나온다. 사실, 택시비트의 개발자 중 한 명은 앱이 아테네에서 유명해졌을 때 도시의 택시 운전사들이 더욱더 관대해졌다고 한다. 그들은 더 높은 평점을 받기 위해 차 밖으로 나와서 승객들을 위해 문을 열어주기도 했다고 한다.

출처 : J. Racoma, "Rocket Internet's Easy Taxi: Having Competition Drives Business Up," *e27.com*, August 22, 2013; S. O' Hear, "Taxibeat Raises $2M and Rides into Mexico to Start the Meter on Rocket Internet's Easy Taxi," *Tech Crunch*, July 15, 2013; C. Tan, "Can't Find a Cab? New App Can Help," *The Straits Times*, March 12, 2013; J. Haha, "10 Apps Every New Yorker Needs," *Complex Tech*, February 4, 2013; "Taxibeat: A Greek Startup Makes Finding a Cab Easier and More Reliable," *Capgemini.com*, December 26, 2012; L. Dignan, "Meet CabSense: Now Your Apple iPhone and Android Device Will Hail a Cab for You," *ZDNet*, March 31, 2010; M. Grynbaum, "Need a Cab? New Analysis Shows Where to Find One," *The New York Times*, April 2, 2010; www.sensenetworks.com, www.cabsense.com, https://taxibeat.com, www.easytaxi.com, accessed April 7, 2014.

실시간 BI

최근까지 BI는 기존 데이터의 사용에 초점을 맞추었다. 이러한 경향은 실시간 데이터의 캡처, 저장 및 사용을 위한 기술의 출현과 함께 변경되었다. 실시간 BI는 실시간으로 데이터를 분석하기 위하여 다차원 분석, 데이터 마이닝 및 의사결정 지원시스템을 채용할 수 있게 한다. 그 외에도 조직의 의사결정을 지원하며 고객과의 상호작용을 위한 새로운 방법을 제공한다.

그림 5.6은 전형적인 지원 작전 본부의 대시보드를 보여준다. 대시보드는 관리자가 자세히

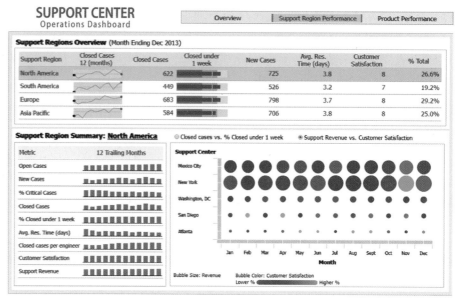

MicroStrategy, Inc.

그림 5.6 지원 작전 본부 대시보드

본부의 성과를 점검하고, 그 지역에 있는 본부들을 자세히 볼 수 있게 해준다. 가장 위에 있는 이미지는 마이크로차트라고 불린다. 마이크로차트는 4개 지원 작전 본부의 여러 가지 KPI를 관리자가 한꺼번에 볼 수 있게 해준다. 관리자는 일주일 내에 끝난 모든 작전들이, 모든 지원 지역에서 목표치를 넘었다는 것을 알 수 있다. 특정 작전 지원 지역을 선택함으로써 관리자는 왼쪽 아래에 있는 버블 차트를 통해 지난 12개월간의 KPI 트렌드를 살펴볼 수 있다.

이 대시보드를 통해 관리자는 북미 지역에서 뉴욕 센터가 가장 수익성이 좋았다는 것을 알 수 있다. 나아가 고객만족도를 이루기 위한 모든 절차도 이루어졌고 고객만족도 또한 지난 몇 달간 올랐다는 것을 알 수 있다. 마지막으로, 스크린을 떠나지 않고서도 관리자는 오른쪽 위에 위치해 있는 'Product Performance(상품 성과)'의 탭을 누름으로써 제품의 성과에 대한 분석을 볼 수 있어 더더욱 효과적이고 체계적으로 성과 분석을 할 수 있다.

다음 절로 넘어가기 전에…

1. 대시보드는 무엇인가? 대시보드가 왜 직원들에게 왜 필요한 것인가?

2. 지리정보시스템과 현실 마이닝의 차이점을 알아보고, 각 기술의 예시와 이것이 어떻게 기업과 정부기관들에 사용되는지 설명하라.

3. 실시간 BI는 무엇이고 이것은 왜 조직의 관리자들에게 중요한 것인가?

개념 적용 5.4

학습목표 5.4 사용자에게 데이터 분석의 결과를 보여주는 3개의 BI 애플리케이션을 설명하고 기업체와 정부기관이 어떻게 각각의 기술을 사용하는지 예를 든다.

1단계 – 배경

이 절은 데이터에 있는 정보를 이해하기 위한 시각화 도구에 대해 설명한다. 이것은 숫자를 자세히 보는 것보다 그래프를 빨리 점검하고 보는 것이 더 쉽고 효율적이기 때문에 중요하다. 데이터 분석은 2012년 오바마 대통령 재당선의 핵심 중 하나였다. 여론조사 결과 박빙이었음에도 불구하고, 대통령의 캠페인 직원들은 알맞은 스윙스테이트의 시민들에게 전화를 하여 롬니의 206표보다 더 많은 332표를 받을 수 있었다.

http://www.wiley.com/go/rainer/MIS3e/applytheconcept에 접속하여 Apply the Concept 5.4
에 있는 링크로 들어가라. 이 링크에서 보이는 영상은 오바마 캠페인이 어떻게 당선되기 위해
알맞은 사람들에게 알맞은 메시지를 데이터를 이용해서 찾아냈는지 보여준다. 또한 이 결과에
대한 지도가 링크로 주어진다.

3단계 – 과제

영상과 당신의 웹 리서치를 바탕으로 3개의 BI 애플리케이션들이 어떻게 2012년 대통령선거에
서 오바마에게 승리를 안겨줬는지에 대해 설명하라.

나를 위한 IT는 무엇인가?

ACCT 회계 전공자

BI는 회계부정을 밝히기 위한 감사에서 광범위하
게 사용된다. 또한 사기를 발견하고 방지하는 데 사용된다.
CPA는 위험 분석에서 비용 관리에 이르기까지 직무의 많은
부분에서 BI를 사용한다.

FIN 재무 전공자

사람들은 재정적인 문제를 해결하기 위해 수십 년
동안 컴퓨터를 사용하고 있다. 혁신적인 BI 응용 프로그램들
이 주식 시장에서의 의사결정, 채권 리파이낸싱, 채무 위험
의 평가, 금융 여건 분석, 비즈니스 실패 예측, 금융 동향 예
측, 그리고 세계 시장 투자 활동 등을 위하여 개발되었다.

MKT 마케팅 전공자

마케팅 담당자는 마케팅 캠페인의 기획과 실행부
터 판매사원의 새로운 시장개척경로를 평가하기 위해 홍보
예산을 전용하는 등의 업무까지 다양한 BI 응용 프로그램을
활용해 왔다. 타깃 마케팅 및 데이터베이스 마케팅과 같은 새

로운 마케팅적 접근은 일반적으로 데이터 웨어하우스, 특히
비즈니스 인텔리전스 응용 프로그램에 크게 의존하고 있다.

POM 생산/운영 관리 전공자

BI는 재고 관리에서 공급사슬 통합을 위한 생산
계획까지 복잡한 운영 및 생산 결정을 지원한다.

HRM 인적자원관리 전공자

인적자원 담당자는 많은 활동에서 BI를 사용한다.
예를 들어 BI 응용 프로그램은 웹에 게시된 지원자의 이력서
를 찾아 회사가 필요한 기술능력과 일치하는지 비교하고 관
리진 승계 계획 등을 지원하도록 정렬할 수 있다.

MIS 경영정보시스템 전공자

경영정보시스템은 BI에 사용된 데이터 인프라 구
조를 제공한다. 경영정보시스템 담당 직원들도 BI 응용 프로
그램의 구축, 개발 및 지원 업무에 참여한다.

요약

1. 의사결정과정의 모든 단계를 알고, 의사결정 프레임워크로 기술이 어떻게 경영 의사결정에 도움이 되는지 설명한다.

   조직이나 개인 양자 모두 결정을 내릴 때 인텔리전스, 설계 및 선택의 3단계 과정을 통한다. 선택이 이루어지면 결정이 구현된다.

   여러 정보기술이 관리자를 직접 지원하는 데 성공적으로 사용되어 왔으며, 이들을 비즈니스 인텔리전스 정보시스템이라 한다. 그림 5.2는 관리자가 내려야 하는 의사결정의 다양한 유형을 기술이 어떻게 지원하는지 보여주는 매트릭스를 제공한다.

2. 조직이 비즈니스 인텔리전스(BI)를 이용하는 방법과 예를 설명한다.

   > 단일 또는 몇 가지 관련 BI 응용 프로그램의 개발. 이 BI의 목표는 마케팅에서 캠페인 관리 등을 수행하는 부서의 요구사항에 대한 포인트 솔루션 제공이다. 필요한 데이터를 보관하기 위하여 일반적으로 데이터 마트가 생성된다.

   > 기업 규모의 BI를 지원하는 인프라 구조의 개발. 목표는 현재와 미래 BI의 요구사항을 지원한다. 중요 구성요소는 기업 데이터 웨어하우스이다.

   > 조직 변화 지원. BI는 기업이 시장에서 경쟁하는 방식에 기본적인 변화를 주는 데 사용된다. BI는 새로운 비즈니스 모델을 지원하고 비즈니스 전략 수립을 가능하게 한다.

3. 데이터 분석을 하려는 사용자들을 BI 애플리케이션에 대해 알고 각각이 어떻게 대학교 내의 비즈니스 문제를 해결할 수 있는지 예를 든다.

   사용자가 데이터를 분석하는 데 도움이 될 수 있는 다양한 BI 응용 프로그램이 있다. 이러한 응용 프로그램들은 다차원 분석, 데이터 마이닝 및 의사결정 지원시스템을 포함한다.

   온라인 분석처리(OLAP)라고도 불리는 다차원 분석은 차원별 형식으로 저장된 데이터의 '슬라이싱과 다이싱', 데이터 세부사항으로 드릴다운, 그리고 데이터 집계 기능 등을 포함한다. 데이터 마이닝은 대형 데이터베이스, 데이터 웨어하우스 또는 데이터 마트에서 중요한 비즈니스 정보를 검색하는 과정을 말한다. 의사결정 지원시스템(DSS)은 사용자 참여의 확대하에 반구조화된 그리고 몇몇 비구조화된 문제의 분석을 시도하고 모델과 데이터를 결합시킨다(대학에서 각 응용 프로그램을 사용하는 사례를 조사하라).

4. 사용자에게 데이터 분석의 결과를 보여주는 3개의 BI 애플리케이션을 설명하고 기업체와 정부기관이 어떻게 각각의 기술을 사용하는지 예를 든다.

   대시보드는 시기적절한 정보에 쉽게 접근하고 관리 보고서에 직접 접근하도록 한다. 지리정보시스템(GIS)은 디지털화된 지도를 사용하여 데이터의 캡처, 통합, 조작 및 디스플레이를 해주는 컴퓨터 기반 시스템이다. 현실 마이닝은 모바일 폰이나 기타 무선 장치로부터 추출된 정보를 분석한다(이러한 기술들을 기업들과 정부 기관이 어떻게 사용하는지에 대한 사례를 조사하라).

>>> 용어 해설

관리 자원의 사용을 통해 조직적 목표를 달성하는 프로세스

기업 성과 관리 매출, 투자수익률, 간접비 및 운영비와 같은 핵심성과지표에 따라 조직의 성과를 모니터링하고 관리하는 비즈니스 인텔리전스 영역

대시보드 적절한 시기에 정보에 빠르게 접근하고 관리 보고서에 직접 접근하게 하는 BI 응용 프로그램

데이터 마이닝 대규모 데이터베이스, 데이터 웨어하우스 또는 데이터 마트에서 가치 있는 비즈니스 정보를 찾는 프로세스

모델(의사결정 측면) 단순화된 현실의 표현 혹은 현실의 추상화

비즈니스 인텔리전스 비즈니스 사용자가 더 나은 의사결정을 내릴 수 있게 돕는 광범위한 카테고리의 응용 프로그램, 기술, 그리고 데이터를 수집, 저장, 액세스 및 분석하는 프로세스

생산성 프로세스에 대한 입력물과 결과물 간 비율

온라인 분석처리(OLAP, 또는 다차원 데이터 분석) 데이터와 관

런된 차원과 척도를 이용해 데이터를 '슬라이싱 혹은 다이싱'하는 성능의 집합

의사결정 개인 및 그룹이 만드는 2개 이상의 대안 중에서 선택하는 일

의사결정 지원시스템(DSS) 광범위한 사용자가 참여하는 반구조화된 그리고 몇몇 비구조화된 문제를 해결할 목적으로 모

델과 데이터를 결합하는 비즈니스 인텔리전스 시스템

지리정보시스템 디지털화된 지도를 사용하여 정보를 캡처, 통합, 조작 및 표시하는 컴퓨터 기반 시스템

현실 마이닝 모바일폰이나 기타 무선 장치의 사용 패턴에서 분석된 정보를 추출

>>> 토론 주제

1. 당신의 회사는 중국에 새로운 공장을 여는 것을 고려하고 있다. 결정의 각 단계(인텔리전스, 디자인 및 선택)에 참여하는 여러 일반적인 활동을 나열하라.

2. 젊은이들이 편의점에서 쇼핑을 할 때 같은 시간에 맥주와 기저귀를 구입하는 경향이 있다는 데이터 마이닝을 상기하라. 이러한 경향에 대한 근거를 생각해낼 수 있는가?

3. 미국의 캔 회사가 건강 유지 조직(HMO) 인수에 관심이 있다고 발표하였다. 이 행동에는 다음의 두 가지 의사결

정이 연관되어 있다—(1) HMO를 인수하는 결정과 (2) 어떤 HMO를 인수할 것인가. 이를 위해 회사는 이런 노력을 도울 수 있는 BI를 어떻게 사용할 수 있는가?

4. BI 시스템의 전략적 이득을 논의하라.

5. BI가 비즈니스 분석가들을 대체할 수 있는가? (힌트 : 다음을 참조하라—W. McKnight, Business Intelligence: Will Business Intelligence Replace the Business Analyst?", *DMreview*, February 2005.)

>>> 협력 활동

1단계 – 배경

이 장은 마이크로스트래티지에 대해 여러 번 언급했다. 이 기업은 많은 사업들이 데이터를 관리하고 이해할 수 있도록 하는 제품을 제공해준다. 이 제품들 중 하나는 자체적인 데이터를 업로드하고 마이크로스트래티지 소프트웨어가 기록을 만들 수 있도록 하는 'MicroStrategy Personal Cloud'라는 무료 도구이다. http://www.wiley.com/go/rainer/MIS3e/collaboration을 방문하면 마이크로스트래티지의 웹사이트에서 개인 데이터 분석이 가능한 '클라우드' 도구들에 대한 설명을 읽을 수 있다.

2단계 – 활동

당신이 일주일 동안 음식에 쓰는 돈에 대한 데이터를 팀원과

함께 작성하라. 각 팀의 멤버가 스프레드시트에 10열의 데이터를 만들 수 있도록 하라. 어떤 종류의 데이터를 만들고 각 행의 제목을 무엇으로 해야 모든 사람의 데이터가 맞춰질지 먼저 정해야 한다. 데이터 포인트를 모두 만들고 난 후, 하나의 스프레드시트로 만들어서 MicroStrategy Personal Cloud에 업로드하라.

3단계 – 과제

당신의 팀원들과 당신의 것을 공유하라. 이 데이터를 이용해서 팀과 함께 보고서를 만들어라. 당신의 그래프 이미지와 기록을 포함하라. 이 분석 보고서에 이상한 점이 있는가?

마무리 사례 1 〉 코노코필립스, 비즈니스 인텔리전스를 이용해서 석유와 가스의 생산을 증가시키다

문제 〉〉〉 코노코필립스[ConocoPhillips(CP), www.conocophillips.com)는 90억 달러 규모의 미국의 다국적 에너지 회사이자 세계에서 가장 큰 독립

적 에너지 개발, 생산 회사이다. 이 회사는 석유와 가스의 탐사, 생산, 운송을 국제 시장에서 다룬다.

CP의 첫 단계는 가스와 석유를 찾는 것이다. 그다음 단계

는 각 우물을 시추하여 자원을 추출하는 것이다. 기업에서는 각 우물에서 자연적으로 일어나는 생산의 감소를 관리하기 위해 추가적인 비용을 들여야 한다. CP에서는 생산량이 수익성과 직접적인 관련이 있기 때문에 가능하면 모든 우물에 있는 석유와 조금의 가스라도 모두 추출해내야 한다.

IT 해결책 〉〉〉 에너지 기업이 분석을 이용해서 석유와 가스를 찾고 생산하는 것은 새로운 일은 아니다. 에너지 산업에서 사용되는 분석의 가장 좋은 예로는 CP의 맞춤형 플런저 리프트 감지기와 소프트웨어 최적화 도구(PLOT)이다. PLOT은 기업이 최고의 용량까지 도달하게 해주는 최적화 도구이다. 이 도구는 가스의 흐름을 막는 쌓인 액체들을 리프트하는 CP의 플런저 리프트 사용과 관련된 데이터를 모은다. PLOT은 이 대형 에너지 회사가 리프트를 최적으로 사용하고 플런저 리프트가 언제 관리가 필요한지 빨리 알 수 있도록 도와준다.

플런저 리프트 기술은 몇십 년간 존재해 왔다. 이 기술을 사용했던 1950대의 우물들은 기본적인 가스 압력과 유속 데이터만 제공했다. CP는 이 우물들의 데이터를 보관하고 수집하여 스프레드시트에 작성하였으며, 이 분석들은 모두 수동적으로 이루어졌다.

PLOT 기획에서 CP는 추가적으로 센서를 설치하여 압력과 온도를 바로 감지하고, 예전처럼 한 시간 또는 하루에 한 번 대신 30~60초마다 결과를 볼 수 있도록 했다. PLOT은 CP의 우물들을 모니터링함으로써 하루에 450만 데이터 포인트 정도를 수집한다.

PLOT은 우물의 각 부분 압력과 온도를 측정하고 우물 운영에 있어서 어느 것이 효율적으로 생산하고 있고 어느 것이 비효율적인지 구분할 수 있도록 도와준다. 회사 관리자들은 PLOT은 고주파 데이터가 있기 때문에 그들이 훨씬 큰 그림을 볼 수 있게 도와준다고 한다. 한 관리자는 CP의 옛 기술의 데이터 분석은 특정 시간에, 특정 부분들의 스냅샷을 들여다보는 것과 다름없다고 전했다. 이와 다르게, PLOT에서의 데이터 분석은 관리자들이 실시간 데이터를 분석할 수 있기 때문에 영화를 보는 것과 비슷하다고 전했다.

PLOT은 43개의 우물과 가스전의 성과 대시보드를 제공한다. 간단한 한계점 알림들을 통해 운영자들은 이를테면 액체가 너무 많이 쌓여 가스의 흐름이 끊겼기 때문에 플런저 리프트의 운영 사이클이 수정되어야 한다는 것을 알 수 있다. 대시보드들은 원격상으로 우물들을 모니터하면서 조작자들에게 언제 문제가 생길 가능성이 많은지 알려주고, 바로

운영자들이 문제를 알아차릴 수 있도록 해준다.

지속적으로 원격의 우물과 연결되기 위해서, 기업 측에서는 상업적 캐리어들이 위성 통신을 제공해주지 않는, 텍사스 남부 지역에 멀리 있는 에너지 필드를 위해 자사의 라디오와 와이파이 타워를 짓기로 하였다. 사설 통신 네트워크는 우물에서 오클라호마 주 휴스턴에 있는 센터들까지 데이터를 전송하여 정보가 보관되고 분석되도록 도와준다.

코노코필립스는 PLOT을 적용하면서 관리 체계 변화라는 흥미로운 문제를 겪기도 했다. 많은 우물 조작자들은 새로운 대시보드에 빨리 적응했으며, 플런저 리프트 사이클을 수정하고 우물 운영을 매일 바꾸어 생산량을 늘렸다. 다른 이들은 교육을 받았지만, 그들은 무엇을 바꿔야 할지 이해를 못했거나 PLOT에서 추천하는 다음 단계들을 실행하지 않았다. 이 문제를 해결하기 위해 CP는 중앙집중식 접근을 하였다. 수백 명의 우물 조작자들이 우물마다 돌아다니면서 어떤 변화가 필요하고 무엇을 유지해야 하는지 결정하게 하고, 대시보드를 해석하게 하고, 그런 다음 어떤 결단을 내리게 하는지 시키는 것보다 12명이 운영센터에서 모든 우물을 모니터하고 직접적인 최적화를 하도록 하였다. 운영센터 직원들은 어떤 우물들이 예상능력에서 운영되고 어떤 우물들이 예상 밖에서 운영되는지 알 수 있었다. 그들은 또한 다른 조작자들에게 어떤 우물들을 방문하고 방문하지 않아도 되는지 알려줄 수 있었다.

결과 〉〉〉 흥미롭게도, CP는 PLOT에 많은 돈을 쓰지 않았다. 그럼에도 불구하고 이 시스템은 회사에 굉장한 이득을 가져다주었다. PLOT은 4,500개의 우물들에서 평균적으로 5% 정도의 생산성을 늘려주었다. 결과적으로 PLOT은 회사의 우물 수익성을 늘려주고, 비효율적인 우물들에서 나오는 이산화탄소량을 줄이고, 원격 모니터링으로 인해 필요없는 우물의 방문을 줄였다. 이 프로젝트는 또한 미국의 자국 내 에너지 자원을 최대한으로 사용함으로써 수입 석유에 대한 의존도를 조금 낮췄다.

CP는 또한 향상된 데이터 품질이라는 PLOT의 장점을 알아냈다. 데이터 품질은 기업 내에서 큰 문제가 되어 왔다. 기업은 각각 여러 버전의 컴퓨터를 배치하고 우물 자체에 센서를 설치하고 다양한 통신 방법(와이파이, 휴대전화, 라디오 등)을 사용함으로써 데이터 복잡성과 다양성에 기여하였다.

이러한 이득들은 시작에 불과하다. 코노코필립스는 이제 PLOT을 미국과 캐나다에 있는 수천 개의 플런저 리프트 스

타일의 가스정에 사용하고 있다. 나아가 기업에서는 PLOT에서 배운 기술을 다른 가스정에 적용하고 있다. 예를 들어 CP는 PLOT을 알래스카 남부와 캐나다에 있는 가스전에 적용하고 있다.

출처 : G. Allouche, "Mining for Oil with Big Data," *Toad World*, February 10, 2014; "A PLOT to Increase Production," *Conoco Phillips Onshore*, 2014; "The Big Deal About Big Data in Upstream Oil and Gas," *Hitachi Data Systems White Paper*, 2014; C. Murphy, "Conoco Phillips CIO Talks Live on Big Data Analytics," *Infromation Week*, December 16, 2013; M. DiLallo, "How ConocoPhillips Plots to Use Technology to Improve Production," *The Motley Fool*, October 1, 2013; "Data Analysis Tool helps ConocoPhillips Boost Natural Gas Production," *SmartBrief*, September 11, 2013; D. Henschen, "Drilling Down into Big Data," *Information Week*, September 9, 2013; D. Henschen, "ConocoPhillips Taps Big Data for Gas Well Gains," *Information Week*, September 5, 2013; D. McDonald,

"Even Oil Companies Are Using the New Oil, Big Data Analytics," *Teradata*, December 11, 2012; "How Big Data Is Changing the Oil & Gas Industry," *Analytics Magazine*, November/December 2012; R. Thomas, "The Looming Global Analytics Talent Mismatch in Oil and Gas," *Accenture White Paper*, October 2012; www.conocophillips.com, accessed March 7, 2014.

질문

1. PLOT이 코노코필립스의 우물들의 데이터 품질과 양에 끼친 영향에 대해 설명하라. 그리고 이 영향으로 인한 PLOT 시스템의 분석 품질에 대해 설명하라. 이를 통해 알 수 있는 데이터의 품질과 양, 그리고 이 데이터에 행해진 분석의 질의 관계는 무엇인가?

2. 플런저 리프트 기술은 50년간 존재해 왔다. 왜 코노코필립스는 이제야 PLOT 시스템을 개발한 것인가?

3. 사람들이 PLOT에 어떻게 반응할지 생각해보라.

마무리 사례 2 〉 감성 분석

문제 〉〉〉 감성 분석은 자연어 프로세싱, 텍스트 분석, 머신러닝, 그리고 통계를 사용하여 원본자료에 대한 주관적인 정보를 인식하고 추출하는 것을 말한다. 감성 분석의 기본적인 목표는 문서, 문장, 웹페이지, 온라인 뉴스, 인터넷 토론 그룹, 블로그, 페이스북 게시글, 그리고 트윗이 부정적인지, 긍정적인지 또는 중립적인지 알아보는 것이다. 발전된 감성 분석은 화남, 슬픔, 기쁨과 같은 감정까지 알아볼 수 있다.

소셜미디어 사용의 증가는 특히 감성 분석에 대한 관심도를 높였다. (우리는 제8장에서 이 내용을 더 자세히 다룰 것이다.) 급증하는 리뷰, 별점, 추천까지 온라인 의견은 품질을 마케팅하고, 새로운 기회를 찾고 평판을 관리하기 위한 기업에게는 중요한 정보 자료의 원천이 되었다. 기업들은 대화를 이해하고, 관련된 내용을 인식하고 발견된 자료에 대한 적절한 대응을 해야 한다.

IT 해결책 〉〉〉 서던캘리포니아대학교(USC, www.usc.edu)의 아넨버그 연구소(Annenberg Innovation Lab)의 연구원들은 실시간으로 감성 분석을 이용하여 소셜미디어에 자주 오고가는 광범위한 주제들에 대한 대화를 분석하려고 하고 있다. 이 연구는 4,000만 개의 트윗을 긍정적 또는 부정적인 감성으로 분석함으로써 다양한 주제에 대해 통찰력을 얻으려고 노력한다. 연구원들은 수백만 개의 온라인 대화를 통해 기업, 비영리 단체, 정부 기관들까지 통찰력을 얻기를 목표한다.

하지만 문제는 대부분의 감성 분석 알고리즘은 어떤 상품 또는 서비스에 대해 감정을 표현할 때 단순한 표현을 사용한다는 것이다. 하지만 문화적 요소, 문체, 그리고 각기 다른 내용들은 온라인 콘텐츠를 단순히 긍정적, 부정적, 또는 중립적으로 분류하기 힘들다는 것이다. 나아가 사람들이 어떤 메시지의 표현된 감정에 대해 가끔 동의하지 않는 것을 보면 알고리즘이 정확히 감정을 분류하는 것이 얼마나 힘든지 알 수 있다. 사실 텍스트가 짧을수록 분류하는 일은 더욱 힘들어진다.

정치, 엔터테인먼트, 기술 등 모든 분야에서 사람들은 보통 전문용어를 사용하고 그들의 의견을 표현하기 위해서 비꼬기도 한다. 감성 분석의 정확도를 높이기 위해서 연구원들은 소프트웨어가 문제를 알도록 도와야 한다. 연구원들은 70%의 정치에 관한 트윗은 비꼬고 있다는 것을 밝혀냈다.

예를 들어 비꼬는 것과 흥미로워하는 것의 차이를 고려해보자. 이것은 감성 분석 소프트웨어가 차이를 인식하기에는 힘들 수 있다. 아넨버그 연구소는 많은 사람들을 직접 또는 아마존의 메카니칼 터크로 가상으로 모집하여 그들에게 어떤 트윗이 비아냥거리고 있는지 구분해보라는 미션을 주었다. 참가자들은 트윗을 살펴보고, 각 트윗이 비아냥거림이 있는지 알아보았다. 그들의 결과물은 감성 분석 소프트웨어를 수정하는 데 사용되었다. 연구팀은 비아냥거림에 대해 굉장히 많은 것을 배웠다. 예를 들어 어떤 사람이 따옴표 안에 말을 넣는다면, 그것은 보통 반대의 의미를 가지고 있다는 것이다.

결과 〉〉〉 감성 분석의 예시들을 살펴보자. 먼저 연구소는 새로운 영화에 관한 소셜미디어 게시글들을 분석해보았다.

그들은 "사회적 유행을 통해 어떤 영화가 흥행하는지 알 수 있을까?"라는 물음에 집중하였다. 다시 말하자면, '개봉 날 그 영화가 얼마를 벌어들일 수 있을까?'와 같은 질문이었다. 연구 결과 실시간으로 공공의 감성을 알아냄으로써 영화가 어떻게 개봉하고 어떤 형식의 광고가 효과적인지를 알아낼 수 있었다.

예를 들어 연구원들은 개봉 바로 전날 〈트와일라잇: 브레이킹 던〉은 트위터에서 90%의 긍정적 감성을 드러낸 것으로 나타났다. 하지만 개봉 이후 긍정적 반응은 75%까지 내려갔다. 관객들이 초기의 흥미에 비해서 실망한 것처럼 보였지만, 더 세밀한 분석을 통해 부정적인 감성은 영화를 향한 것은 아니었다는 것을 알 수 있었다. 오히려 트와일라잇의 팬들은 이 시리즈가 끝났다는 것에 대해 굉장히 '슬픔'을 느꼈다.

다른 예시로, 연구원들은 드림웍스사의 영화 〈장화 신은 고양이〉를 추적하였고 이 영화와 관련된 트위터 대화는 대부분 부정적인 것을 알아낼 수 있었다. 이 피드백에 답하기 위해서, 영화의 마케팅팀은 이 영화를 위한 대형 TV 광고를 만들었다. 이틀 내에, 연구원들은 영화가 소셜미디어에서 가장 많이 언급된 영화로 선정되었을 뿐만 아니라, 이에 관한 언급들 또한 굉장히 긍정적으로 변했다는 것을 알 수 있었다. 마케팅팀에게 감성 변화는 광고 캠페인이 성공적이었다는 것을 보여준다.

이 예시들은 영화 제작사들과 영화 마케팅팀들이 감성 분석을 이용하여 영화의 개봉일이 다가왔을 때 이에 대한 주요 의견을 알 수 있다는 것을 보여준다. 그런 다음 그들은 이 정보를 바탕으로 그들이 중시하는 메시지와 마케팅 캠페인을 만들 수 있다. 영화가 개봉된 후, 그들은 영화가 어떻게 될지 예측할 수도 있다.

텔레비전에서 이러한 통찰력은 어떤 네트워크가 어떤 쇼를 개발할지를 정할 수 있다. 지금의 텔레비전은 1950년대와 마찬가지로 닐슨 시청률(www.nielsen.com)을 통해 인기도가 측정된다. 현재의 시청률 시스템은 오직 미국의 2,500개 가정에서 어떤 채널을 시청하는지만 보여준다. 시청자들이 몰입하고 있는지, 아니면 프로그램에 대해 어떻게 느끼는지에 대해서 보여주지 않는다.

하지만 오늘날은 어떤 TV 쇼에 대한 수백만 개의 트윗을 살펴볼 수 있다. 예를 들어 연구원들은 실시간으로 사람들이 오스카 TV 쇼의 각 코너와 광고에 대해 어떻게 생각하는지 들여다보았다. 쇼의 제작사들은 실제로 언제 감성이 부정적으로 바뀌었는지(예 : 36분대) 알 수 있었고, 그런 다음

트윗을 살펴보아 시청자들이 왜 싫어하는지 이해를 하려고 노력했다.

감성 분석이 미디어, 엔터테인먼트, 그리고 광고 산업에 제공하는 비즈니스 기회들은 굉장히 중요하다. 감성 분석은 마케팅 매니저들에게 거의 실시간으로 고객들이 어떻게 생각하는지에 대한 통찰력을 제공하고 결과에 영향을 줄 수 있을 때 그들의 전략을 수정할 수 있는 기회를 제공한다. 하지만 여기서 주목하지 않을 수 없는 것은 감성 분석이 보여주는 사회적 영향들이다. 이것은 선거 전략부터 비상 대응에 관한 공공 정책까지에 영향을 미칠 수 있다.

예를 들어 아넨버그 연구소는 정치적 토론 중에서 어떤 후보가 감성 미터에 어디에 위치해 있는지 측정하기 위해 트윗을 분석한다. 이 토론은 말 그대로 실시간이었으며, 80만 명의 포커스 그룹으로 이루어졌다. 연구원들은 관객들이 후보자가 실수를 한 것을 알아차렸을 때 대시보드의 감성이 몇 초 내로 부정적으로 변한다는 것을 알 수 있었다.

사회적 감성 분석은 정부에게도 중요하다. 개발도상국의 사람들은 트위터와 페이스북을 많이 사용한다. 개발도상국의 정부 공무원들이 굉장히 많은 트위터의 데이터를 분석함으로써 말라리아의 확산 또는 민족 분쟁을 알 경우, 그들은 문제 지역을 알아내고 적극적으로 해결에 나설 수 있는 것이다.

출처 : M. Sponder, "The Dollars and Sense of Sentiment," CMS Wire, March 7, 2014; I. Lunden, "Thomson Reuters Taps into Twitter for Big Data Sentiment Analysis," TechCrunch, February 3, 2014; E. Washington, "Human Sentiment Analysis," Growing Social Media, November 6, 2013; R. Munro, "Why Is Sentiment Analysis Hard?" idibon, September 6, 2013; "Sentiment Analysis: The New Game Changer for Entertainment Industry," Shout Analytics, July 12, 2013; J. Burn-Murdoch, "Social Media Analytics: Are We Nearly There Yet?" The Guardian, June 10, 2013; G. Parker, "Tool Developed by USC Annenberg Innovation Lab Explores True Sentiment of Social Media," USC Annenberg School for Communication and Journalism, January 30 2013; "Case Study: Advanced Sentiment Analysis," Paragon Poll, 2013; "Case Study: University of Southern California Annenberg Innovation Lab," IBM Software Information Management, 2013; J. Taplin, "Social Sentiment Analysis Changes the Game for Hollywood," Building a Smarter Planet, November 30, 2012; "USC Annenberg, IBM, and Los Angeles Times Conduct Academy Awards Social Sentiment Analysis," USC Annenberg School for Communication and Journalism, February 8, 2012; M. Ogneva, "How Companies Can Use Sentiment Analysis to Improve Their Business," Mashable, April 19, 2010; http://annenberg. usc.edu, www.ibm.com, accessed March 8, 2014.

질문

1. 사회 감성 분석이 당신의 대학교에 어떠한 도움이 될지 설명하라.

2. 조직들이 사회 감성 분석을 이용함으로써 얻는 불이익은 무엇인가?

3. 사회 감성 분석이 TV 쇼 프로그램에 어떠한 영향을 미치는가?

산업 분야 : 보건 의료

대시보드는 비즈니스 데이터를 조회하기에 유용한 도구이다. 많은 기업들은 몇 개의 KDI를 바탕으로 빠르고 쉽게 그들의 조직 보건 기록을 볼 수 있는, 바로 상용화가 가능한 대시보드를 개발하였다. 물론 어떤 2개의 기업도 똑같을 수 없다. 근본적으로, 대시보드는 당신이 필요한 것을 보여줄 때만 유용한 것이다.

옥스퍼드 정형외과는 최근 새로운 사무실 관리/전자건강 기록(PM/HER) 시스템으로 옮겼다. 회사에서는 이제 그들이 전에 수집하지 못했던 데이터를 수집할 수 있다. 하지만 사무실의 행정관인 채드 프린스는 어떤 방법이 유용한지 결정하는 데 어려움을 겪고 있다. 많은 종류의 정보들이 흥미로울 수도 있지만, 조직에 맞지 않으면 목적을 아예 달성하지 못할 수도 있다.

아래의 이메일은 채드가 그의 비즈니스 인텔리전스 대시보드를 위해 당신에게 도움을 요청하는 내용이다.

받는 사람 :	IT 인턴
보내는 사람 :	채드 프린스
제목 :	PM/HER 시스템 검토를 위한 도움 요청

안녕하세요!

당신이 알고 있듯이 옥스퍼드 정형외과는 최근에 그린웨이 전자 의료 PM/HER 소프트웨어 패키지를 도입했습니다. 이 소프트웨어가 제공하는 많은 이득을 누리고 있지만, 너무나 많은 정부로 분투하고 있습니다. 저는 그들의 데모를 온라인에서 보고 이 패키지를 어떻게 사용하는지 확실히 살펴보았습니다. 하지만 저는 외부 입장이 필요합니다. PM/HER 솔루션의 대안인 넥스트젠(NextGen)을 찾아보고 그들의 사무실 관리 대시보드 데모를 살펴봐주세요. 당신은 접속하기 위해 등록해야 할 수도 있습니다. 등록해야 하는 경우, '학생'이라는 옵션을 선택하고, 데모 비디오를 시청하고 BI 대시보드에 유용할 수 있는 핵심 기능들을 메모해주세요.

마지막으로, 웹에서 'BI Dashboard Best Practices'를 검색해 정보를 읽어보세요. 그런 다음 당신이 읽은 것을 요약하고 참고 사이트를 첨부해주세요.

당신의 수고에 감사합니다. 너무 많은 정보로 이렇게 힘들 줄 몰랐습니다.

채드 올림

주 : 이 편지에 있는 모든 링크는 http://www.wiley.com/go/rainer/MIS3e/internship에서 이용 가능하다.

스프레드시트 **활동** 〉 기본적 기능 : 스프레드시트 보호하기

1단계 – 배경

당신이 아무 때나 데이터를 보관할 때마다 당신은 데이터를 보호하기 위해 여러 가지 단계를 거쳐야만 한다. 스프레드시트들은 종종 직원들 또는 고객들이 유출되거나 공개되는 것을 원하지 않는 개인 정보가 들어 있다.

데이터 손실을 방지하기 위해, 스프레드시트 보안에 대해 세 가지 레벨—워크북 보호, 워크시트 보호, 레인지 보호(싱글셀 포함)—로 이해하는 것이 좋다. 워크북 보호는 사용자가 전체 워크북에 접속하기 위해서 비밀번호를 입력하는 것을 필요로 한다. 이것은 권한이 없는 제3자들이 데이터에 접속하지 못하도록 하게 하는 가장 효과적인 방법 중 하나이다. 보호된 워크북 내에 이루어지는 워크시트 보호는 워크시트의 데이터 일관성을 유지해준다. 아마도 바꾸지 않아도 되는 몇 페이지의 데이터가 있을 것이다. 그 워크시트들을 보호하면서 동시에 다른 것들을 수정 가능하게 하는 것은 다른 데이터들이 바뀌지 않을 것을 보장해준다. 마지막으로 레인지 보호는 사용자들이 워크시트의 어떤 셀들의 데이터를 수정하면서 동시에 다른 셀들의 데이터를 보호해준다.

여기서 중요한 것은 워크북을 보호한다는 것은 워크북을 암호화한다는 뜻이 아니다. 오히려, 데이터는 보통의 스프레드시트 파일에 저장된다. 여기서 바탕이 되는 아이디어는 워크북을 보호하는 것은 제3자의 접속을 완전히 막거나 수정하지 못하게 한다는 것이다.

2단계 – 활동

최근에 후아니타는 채무 관리 강좌를 들었지만, 그녀는 그녀의 가족, 친구들, 그리고 직장 동료들에게 그녀가 채무 문제가 있다는 것을 알리고 싶어 하지 않았다. 하지만 강좌 관리자의 컴퓨터와 보호되지 않은 스프레드시트가 해킹되면서 인터넷에 이 정보가 올려지게 되었다. 스프레드시트를 보호할 수 있는 세 가지 방법을 조사하고, 강좌 관리자에게 가장 적절했던 관리 방법을 설명하라.

3단계 – 과제

찰스는 2단계에서 컴퓨터가 해킹당했던 선생님이다. http://www.wiley.com/go/rainerMIS3e/spreadsheet를 방문하여 찰스의 스프레드시트를 다운로드하라. 워크북에는 찰스의 컴퓨터가 해킹되어도 스프레드시트에 접속하지 못하도록 데이터를 보호할 수 있는 도움말이 포함되어 있을 것이다. 당신의 보호된 워크북을 제출하라.

데이터베이스 활동 〉 분류하고 필터링하기

1단계 – 배경

모든 조직은 중요한 정보를 데이터베이스에 보관한다. 보안과 프라이버시 정책들은 누가 각 데이터베이스를 접속할 수 있고 어느 데이터를 볼 권한이 있는지 결정한다. 간단하게 말해서, 사용자들은 어떤 부분의 데이터베이스에만 접속할 수 있고 다른 부분에는 접속할 수 없다. 그러므로 사용자들이 데이터베이스의 어떤 부분을 조회하느냐의 문제는 프라이버시와 보안의 문제와 깊이 연관되어 있다.

이 활동에서 당신은 도움이 되는 열만 선택하고 나머지를 지우거나 없애고 표를 어떻게 분류해야 하는지에 대해서 배울 것이다. 데이터베이스는 당신이 필요한 정보를 갖는 데 사용할 수 없으면 쓸모가 없다. 접속을 함으로써 당신은 이 활동을 실행할 수 있다. 어떤 옵션들에는 한계가 있다. 다른 옵션들은 종합적이지만 더 많은 일을 요구한다. 표를 필터링하고 분류하는 것은 기본적인 것이지만, 매우 유용하다. 우리는 이러한 기능들에 관해 시작하고 그런 다음 더욱 복잡한 방법으로 활동을 할 것이다.

2단계 – 활동

http://www.wiley.com/go/rainer/MIS3e/database를 방문하여 제5장과 연결된 데이터베이스를 다운로드하라. 이 데이터베이스는 NeTrouble과 같은 하나의 표가 있으며, 이것은 당신이 제4장에서 다루었던 표이다.

이것은 데이터베이스를 사용하는 데 안 좋은 예이다. 하지만, 이러한 '플랫 파일'은 굉장히 흔하다. NetSimple의 TroubleTbl을 열어라. 이것이 Datasheet view에 있는지 확인하고, 표의 두 번째 열에 DeviceName, 기기가 무슨 종류인지 인식하도록 하라. 마케팅 부서에서 최근에 그들의 기기를 업데이트해 그들의 옛 기기와 관련된 티켓들에는 아무 관심이 없다고 가정해보자. 데이터를 필터링하여 다른 부서의 티켓들이 'Bridge' 기기에 대해 가장 최근 것에서 가장 오래된 것으로 분류되도록 해놓아라.

3단계 – 과제

'Bridge' 기기에 사용했던 똑같은 필터를 사용하여 다른 기기들도 분류하라. 그다음 당신이 기기에 대해서 배운 것을 요약하고 각 부서에서 보이는 문제들을 써라.

데이터베이스 기술에 대한 추가적인 도움은 WileyPLUS에서 볼 수 있다. 'Microsoft Office 2013 Lab Manual Database Module: Access 2013'을 열고 Lesson 9: Sorting Records를 복습하라.

제6장

윤리와 프라이버시

개요

6.1 윤리적 문제

6.2 프라이버시

학습목표 >>>

1. 윤리에 대해 정의하고, 세 가지 기본 윤리 강령을 나열하여 설명한다. 그리고 정보기술과 관련된 윤리적 이슈의 네 가지 범주에 대해 기술한다.

2. 개인 정보가 저장된 세 군데의 장소를 규명하고 각각에 있어 잠재하고 있는 위협을 적어도 한 가지 이상 논의한다.

<u>도입 사례 ></u> 탭애드는 여러 장비를 통해 당신을 추적할 수 있다 █

데스크톱에서 잠재고객을 대상화하는 것은 간단한 일이다. 고객에 대해 기록해 놓은 코드인 쿠키를 단지 웹사이트에 추가하기만 하면 된다. 그러면 광고업자들은 웹을 돌아다니며 광고를 가능하게 할 수 있다. 예를 들어 당신 대학의 축구팀 웹사이트를 방문해보라. 아마 팀 기념품 광고가 보일 것이다. 이러한 광고는 그 브랜드의 웹사이트를 방문한 사람에게만 보이므로, 샌프란시스코에 있는 디지털 광고 기업인 애드롤에 의하면 이러한 광고는 배너광고보다 거의 3배에 이르는 클릭 전환율을 갖게 된다.

하지만 쿠키는 오직 하나의 장비에서만 추적을 한다. 만약 당신이 데스크톱을 떠나서 전화기를 사용하게 되면 당신의 행방은 묘연해진다. 오늘날 사용자들은 마케터들은 어둠속에 버려둔 채 불과 한 시간 내에도 여러 장비를 넘나들며 사용하는 것이 일반적이다. 빠르게 성장하는 디지털 광고 기업인 탭애드(www.tapad.com)는 여러 장비의 경우에도—데스크톱 컴퓨터, 스마트폰, 태블릿—소프트웨어 알고리즘을 이용하여 대상고객을 추적할 수 있다고 주장한다.

탭애드는 쿠키, 스마트폰 ID, 와이파이 접속, 웹사이트 등록, 접속이력 브라우징, 그리고 다른 알려지지 않은 입력 등 1,500억여 개의 데이터 포인트를 분석한다. 본질적으로 탭애드는 하나의 장비를 다른 장비와 연결하는 공통점을 찾아내고 있다.

예를 들어 만약 태블릿과 랩톱이 같은 와이파이를 공유한다면, 이것은 긍정적 신호이다. 비슷한 방식으로, '두 장비가 스포츠 웹사이트를 방문한 이력을 가지고 있다'와 같은 브라우징 패턴도 매우 중요하다. 같은 사람이 두 장비를 소유할수록 각 연관성은 더욱 증가한다. 이 가능성에 근거하여, 탭애드의 클라이언트는 잠재고객에게 장비를 넘나들며 광고를 제공한다. 따라서 같은 고객은 같은 광고를 작업용 컴퓨터에서도 보고, 집으로 통근하면서 모바일 웹

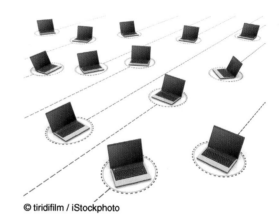

© tiridifilm / iStockphoto

에서도 보고, 아마도 소파에 앉아서 태블릿으로도 보게 될 것이다.

분명히, 탭애드는 시작부터 중요한 문제에 부딪혔다. 에이전시와 마케팅 부서는 대개 모바일, 데스크톱, 그리고 텔레비전 광고 부서로 나뉜다. 그런데 탭애드는 상품을 세 그룹 모두에게 팔아야 한다.

2011년 8월에 탭애드는 첫 번째 고객으로 US 무선 네트워크를 담당했다. 이 신생 기업은 한 주의 긴 캠페인을 거쳐 클릭 전환율을 300%나 올렸다. 더 높은 비율은 광고 네트워크로 하여금 마케팅 예산을 재조정하게 하였다. 특정 거래에 대하여 어떤 장비가 어느 주요 시간에 사용되는지 이제 알게 되었기 때문이다.

2014년 중순경, 탭애드는 아우디, 아메리칸 에어라인, 터보택스 등을 비롯하여 160명의 고객을 획득하고 매달 20억 개의 광고를 제공했다. 하지만 이

회사의 성공은 주정부, 규제 관리자, 프라이버시 옹호론자 등의 심기를 불편하게 하고 있다.

드로브리지(http://drawbrid.ge)와 같은 경쟁자가 아니더라도 성공은 검열을 초래하는 법이다. 미 상원의원은 광고업자들로 하여금 웹 브라우저에서 쉬운 옵트-아웃 전략을 요구하는 '추적 금지' 기술을 수용하게 하였다(우리는 이 장에서 나중에 옵트-아웃과 옵트-인에 대해 논의할 것이다). 탭애드는 사용자의 이름으로 확인되는 데이터는 절대 수집하지 않는다며 항의했다. 나아가 회사는 옵트-아웃 버튼을 모든 광고에 사용하고 있다. 탭애드는 워싱턴에서 프라이버시 변호사를 고용하여, 회사가 지속적으로 확장됨에 있어 이 회사는 법적 테두리 안에서 일한다는 것을 공고히 했다.

출처 : T. Peterson, "Google Tests Desktop-to-Mobile Retargeting with Brand Data," *Advertising Age*, March 12, 2014; "Introducing AdRoll Retargeting for Mobile: A New Way to Retarget Across Devices," *PR Newswire*, February 20, 2014; J. Colao, "The Stalker," *Forbes*, June 10, 2013; N. Dujnic, "Tapad & the Multiscreen World," *Live Intent*, June 5, 2013; J. McDermott, "Can Mobile Targeting Ever Be as Accurate as Cookies on the Desktop?" *Advertising Age*, March 21, 2013; "Tapad and TRUSTe Forge Partnership," *TRUSTe.com*, March 12, 2013; J. Del Rey, "Tapad Brings Retargeting to Phones, Tablets, But Marketers Aren't Talking," *Advertising Age*, March 7, 2012; www.tapad.com, accessed March 29, 2014.

질문

1. 탭애드의 비즈니스 모델은 윤리적인가? 왜 그런가 또는 왜 그렇지 않은가?

2. 탭애드의 비즈니스 모델과 당신의 프라이버시는 어떠한 관계가 있는가? 당신의 대답에 근거가 될 만한 구체적 예를 제시하라.

서론

탭애드에 대한 이 장의 도입 사례와 국가안보국의 감시 프로그램에 대한 마무리 사례 1은 당신이 이 장에서 공부하게 될 중요한 두 가지 이슈를 잘 보여준다—윤리와 프라이버시. 이 두 이슈는 서로 밀접하게 관련되어 있으며 IT와도 밀접한 관련이 있다. 그리고 둘 다 디지털 시대의 정보 접근에 대한 중요한 의문을 제기한다—두 기업의 행동은 윤리적인가? 어느 한 조직이라도 정부, 조직, 그리고 개인의 프라이버시 문제를 위반하는가? 이 질문에 곧바로 답하기는 쉽지 않다. 사실 IT는 이 질문에 대한 답을 찾는 것을 더욱 어렵게 만들었다.

상당 부분 정보기술과 연관되어 있는 당신의 경력에서, 당신은 수많은 윤리와 프라이버시 문제를 겪게 될 것이다. 이 장은 당신이 이러한 문제에 어떻게 대처해야 할지에 대해 함의를 제공할 것이다. 나아가 당신의 회사가 취하는 윤리에 대한 방침이나 프라이버시 방침에 대해서도 당신이 쉽게 기여할 수 있도록 도울 것이다. 당신은 또한 당신이 속한 조직의 정보시스템이 조직 내의 구성원들에게 잠재적으로 미칠 수 있는 윤리 또는 프라이버시 영향에 대해 의미 있는 판단을 제공할 수 있을 것이다.

예를 들면 당신의 조직이 신제품 개발에 비즈니스 파트너와 고객을 포함시키기 위하여 소셜 컴퓨팅 기술을 도입하기로 결정하였다고 가정해보자. 그러면 당신은 이 기술을 구현하는 것과 관련된 프라이버시 또는 윤리적 함의를 분석해볼 수 있는 것이다.

모든 기업은, 그 규모를 막론하고 윤리를 중요하게 생각해야 한다. 특히 작은 기업(혹은 신생 기업)의 대표는 직원들이 민감한 고객 정보에 접근할 경우 큰 어려움을 겪게 된다. 정보에 대한 접근과 적절한 정보 사용 사이에는 신중한 균형이 유지되어야 한다. 이 균형은 조직의 윤리 강령을 잘 준수하는 정직하고 신뢰할 수 있는 직원에 의해 가장 잘 지켜질 수 있다. 결국 이 문제는 다음 질문으로 이어진다—작은 기업이나 신생 기업들은 이러한 상황에서 기준이 될 수 있는 윤리 강령을 마련하고 있기는 한 것인가?

6.1 윤리적 문제

윤리(ethics)란 개인이 자신의 행동을 이끄는 선택에 있어 기준이 되는 옳고 그름의 원칙을 말한다. 무엇이 옳고 그른지를 결정하는 일은 항상 쉽거나 분명한 결론이 내려지는 것은 아니지만, 다행히도 많은 프레임워크들을 이용하여 우리는 윤리적 의사결정을 내리는 데 도움을 받을 수 있다.

윤리적 프레임워크

© AlexMax/iStockphoto

윤리적 기준이 될 수 있는 원칙들은 많이 있다. 그중 우리는 보편적으로 쓰이고 있는 네 가지 원칙인 공리주의 원칙, 정당성 원칙, 공정성 원칙, 보편재 원칙을 고려해보고자 한다. 다른 원칙들도 더 있지만, 이 네 가지가 가장 대표적이다.

공리주의 원칙에서는 윤리적 행위란 최대의 선 혹은 최소의 악을 제공하는 것이라 설명한다. 기업의 윤리적 행동은 고객, 고용인, 주주, 또는 지역사회나 주변 환경을 위하여 최고의 제품을 생산하거나 관련 악을 최소화하도록 하는 것이다.

정당성 원칙에서는 윤리적 행동이란 관련자들의 도덕적 권리를 최대로 보호하고 존중해주는 것이라 설명한다. 도덕적 권리란 개인이 어떠한 삶을 살 것인지에 대한 결정을 내리고, 진실을 말할 수 있고, 일정 수준의 프라이버시를 침해받지 않는 권리를 뜻한다. 이러한 권리들 중 어떤 것들이 어떤 환경에서 우리에게 실제로 주어졌는지에 대해서는 광범위하게 논의되고 있다. 그럼에도 불구하고, 대부분의 사람들은 개인들이 어느 정도 도덕적 권리를 가지고 있다고 생각한다. 조직이 취할 수 있는 윤리적 행동이란 고객, 직원, 주주, 비즈니스 파트너, 그리고 경쟁사까지도 포함하여 그들의 도덕적 권리를 보호하고 존중해주는 것이다.

공정성 원칙에서 윤리적 행동이란 모든 인간을 동등하게 대우하거나, 동등하지 않다면 설명 가능한 어떤 기준에 의해 공정하게 대하는 것을 의미한다. 예를 들어 대부분의 사람들은 일을 더 열심히 하거나 조직에 더 기여할수록 더 많은 보수를 받는 것이 공정하다고 믿는다. 하지만 일반직원보다 수백, 수천 배를 더 받는 최고경영자의 급여에 대해서는 그다지 확신을 가지지 못한다. 많은 사람들은 이렇게 엄청난 급여의 차이가 설명 가능한 기준을 근거로 한 것인지 아니면 인간의 불평등과 처우의 불균형에 따른 결과인지에 대해 의구심을 품고 있기 때문이다.

마지막으로, 보편재 원칙은 모든 사회의 바탕에 놓여 있는 상호 속박적 관계를 강조한다. 이 원칙은 모든 타인에 대한 존경과 연민이 윤리적 행동의 기초라고 설명한다. 또한 모두의 복지를 위해 중요한 공통요건들을 강조한다. 이러한 요건들은 법적인 시스템, 효과적인 경찰서와 소방서 기관, 건강관리, 공공 교육 시스템, 그리고 공공 레크리에이션 영역까지를 포함할 수 있다.

만약 우리가 이 네 가지 원칙을 조합한다면, 윤리 또는 윤리적 의사결정에 대한 일반적인 프레임워크를 만들 수 있을 것이다. 이러한 프레임워크는 다음의 다섯 단계로 구성된다.

- 윤리적 문제 인식하기
  - 이 결정이나 상황이 누군가에게 해를 입힐 수도 있는가?
  - 이 결정이 좋고 나쁜 대안 사이에서의 선택을 포함하는가?
  - 이 문제가 단지 합법적인지 여부 이상의 문제인가? 만약 그렇다면 어떻게 그런가?
- 사실 파악하기
  - 이 상황에서 적합한 사실은 무엇인가?
  - 나는 의사결정을 내릴 만큼 충분히 알고 있는가?
  - 어떤 개인이나 그룹이 결과와 밀접한 이해관계에 있는가?
  - 가능한 모든 사람들 또는 그룹과 대화를 나누었는가?
- 대안에 대해 평가하기

○ 어떤 옵션이 최대의 선과 최소의 해를 가져올 것인가? (공리주의 원칙)

○ 어떤 옵션이 모든 이해관계자의 권리를 가장 존중해주는 것인가? (정당성 원칙)

○ 어떤 옵션이 사람들을 동일하게 혹은 상황에 맞게 대우해주는가? (공정성 원칙)

○ 어떤 옵션이 몇몇의 구성원이 아닌 전반적 지역사회에 가장 잘 봉사하는가? (보편재 원칙)

- 의사결정을 내리고 테스트해보기

○ 모든 원칙들을 고려해보면, 어떤 옵션이 상황을 가장 잘 설명하는가?

- 행동을 취하고 의사결정의 결과에 반영하기

○ 어떻게 나의 결정을 모든 이해관계자의 관심사에 최대한 주의하여 조심스럽게 실행할 것인가?

○ 나의 결정은 어떠한 결과를 가져왔는가? 또한 나는 이러한 상황에서 무엇을 배웠는가?

© Marcopolo9442 / iStockphoto

일반적인 프레임워크를 구성하였으므로, 지금부터는 기업 환경에서의 윤리에 대해 초점을 맞추어볼 것이다.

기업 환경에서의 윤리

많은 회사와 조직들은 그들만의 윤리 강령을 가지고 있다. **윤리 강령**(code of ethics)이란 조직 구성원들이 의사결정을 내릴 때 지침을 주기 위한 원칙들의 집합이다. 예를 들면 컴퓨팅 전문가들의 조직인 ACM(Association for Computing Machinery, www.acm.org)은 조직 구성원들을 위해 매우 사려 깊은 윤리 강령을 마련해두고 있다.

여러 종류의 윤리 강령들이 항상 서로 일치하지는 않는다. 따라서 한 개인은 상황에 따라 여러 가지 윤리 강령을 따를 수 있다. 예를 들면 한 개인이 2개의 대형 컴퓨터 관련 전문조직에 속해 있다면, 한 조직에서는 모든 적용 가능한 규정을 준수해야 할 수 있지만, 동시에 다른 조직에서는 공정치 못한 규정은 거부할 수도 있는 것이다.

윤리의 근본 강령은 책임, 의무, 법적 책임을 포함한다.

책임(responsibility)이란 당신의 결정과 행동에 대한 결과를 수용하는 것이다.

의무(accountability)란 행위에 대해 누가 책임을 져야 하는지 결정하는 것을 의미한다.

법적 책임(liability)이란 타인이나 기관 또는 시스템에 의해 행해진 손해에 대해 복구해줄 것을 요청할 수 있는 권리를 개인에게 부여하는 법적 개념이다.

내용을 진행하기 전에, 비윤리적인 것이 반드시 불법적인 것은 아님을 이해할 필요가 있다. 예를 들어 은행이 주택에 대하여 담보권을 실행하는 것은 불법적이진 않지만, 윤리적으로는 문제가 많다. 많은 경우, 윤리적 문제에 직면한 개인이나 조직은 법에 저촉되는 행위까지는 고려하지 않는다. 하지만 주택 담보권 예가 보여주듯이, 법을 지키는 경우라 하더라도 윤리와 관련된 의사결정은 개인, 조직 또는 사회 전체에 심각한 문제를 안겨줄 수 있는 것이다.

최근 우리는 노골적인 범죄 행위는 말할 것도 없이, 수차례의 형편없는 윤리적 의사결정을 지켜봐 왔다. 2001년에서 2002년 사이, 3개의 널리 알려진 사건이 엔론, 월드컴, 그리고 타이코에서 각각 발생했다. 각 회사의 경영자들은 불법적 회계 운영을 통한 다양한 사기 행각으로 유죄를 선고받았다. 이러한 행위들로 인해 2002년 사베인스-옥슬리법이 만들어지게 되었다. 사베인스-옥슬리법은 기업들의 재무적 통제를 공개하도록 했고, 경영자들이 직접 재무 보고서를 보증하도록 하였다.

FIN

이후 위기가 불어닥친 비우량 주택담보대출 건의 경우 담보대출 산업 전반에 걸쳐 비윤리적 대출이 행해졌음이 드러났다. 이 위기로 미국 금융 산업의 규제 취약성이 드러났을 뿐만 아니라 글로벌 금융 위기가 이어졌다. 결국, 전 세계 경제가 깊은 침체에 빠지게 되었다. 이러한 맥락에서, 재무 전문가 매도프(Bernie Madoff)는 폰지 기법을 운영한 죄로 2009년에 체포되어 연방감옥에서 150년형을 선고받았다. 더하여, 매도프의 일부 직원들도 2014년에 체포되었다.

정보기술의 발전은 또 다른 형태의 윤리적 문제를 파생시켰다. 컴퓨터의 처리능력은 18개월마다 2배로 증가하는데, 이것은 조직이 예전보다 정보시스템에 더욱 의존하게 됨을 의미한다. 조직들은 증가하는 데이터를 더 저렴한 비용으로 저장할 수 있게 되었다. 개인에 대해 더 많은 데이터를 더 긴 기간에 걸쳐 저장할 수 있는 것이다. 컴퓨터 네트워크, 특히 인터넷은 조직들이 개인이나 단체, 그리고 기관에 대한 방대한 양의 정보를 수집하고 통합하며 분배할 수 있도록 한다. 이러한 발전은 마무리 사례 2가 보여주듯이 고객 정보의 적절한 수집과 사용, 개인 프라이버시, 그리고 지적 재산의 보호와 같은 윤리적 문제를 수도 없이 발생시키게 되었다.

이러한 발전은 학문 분야에도 영향을 준다. 예를 들면 인터넷에 있는 방대한 정보는 학생들이 논문이나 에세이를 작성할 때 표절을 쉽게 할 수 있도록 한다. '비즈니스에서 IT 6.1'에서는 표절 문제를 다룬다.

비즈니스에서 IT 6.1

경영학도에게 부정행위는 위험하다

MBA 지원자들은 워드프롬(http://wordprom.com)이라는 웹사이트에서 누군가가 다른 학교 입학지원 시 사용했던 에세이를 29.99달러면 살 수 있다. 대담한 사람들의 경우 그 에세이의 일부가 진짜 자신의 것인 양 행세할 것이다.

불행하게도, 이러한 부정행위는 경영대학 내에서 더 횡행하고 있다. 2002~2004년 사이 러트거스 경영대학의 맥케이브(Don McCabe) 교수가 5,000명의 졸업자를 대상으로 실시했던 설문에 따르면, MBA 졸업자들이 비경영대학 학생들보다 부정행위를 더 많이 한 것으로 드러났다. 펜실베이니아주립대학교의 스밀 경영대학 MBA 프로그램의 관리 디렉터에 따르면, 에세이 재활용 문제는 그들의 가장 큰 골칫거리다.

하지만 이제는 입학 담당자나 교수들을 속이는 것이 쉽지 않다. 왜냐하면 많은 학교들이 턴잇인(www.turnitin.com)이라는 표절 탐지 소프트웨어를 사용하고 있기 때문이다. 수년간, 강의실 내 강사들은 표절한 학기말 리포트를 찾아내기 위하여 턴잇인을 도입해 왔다. 경영대학의 온라인 입학 포털을 통해 제출된 에세이들도 이제 턴잇인을 거쳐야 한다. 턴잇인은 웹을 훑어가며 표절한 문단이 있는지 찾아낸다. 이 소프트웨어는 위키피디아, 블룸버그, 비즈니스위크지를 포함한 무수한 사이트에서 일치하는 내용을 찾아냈다. 턴잇인의 데이터베이스는 학술 논문과 날로 증가하는 학교 과제들도 보유하고 있다. 이 소프트웨어는 서로 다른 두 저자의 에세이에서 상당 부분이 일치하는 것을 발견하면 경계 신호를 보낸다.

스밀 경영대학은 이러한 시스템이 매우 잘 되어 있다. 2010년에 턴잇인을 사용하기 시작한 이래로, 85건의 입학지원을 에세이 표절로 떨어뜨렸는데, 2013년에만 40건이나 된다. 대략적으로, 턴잇인을 사용하는 MBA 입학처의 수는 2013년에 2배 이상 증가하여 15군데에 이른다. 턴잇인은 이제 더욱 빠르게 확산되어 명실 공히 광범위하게 사용되는 추가 소프트웨어 제품으로 자리잡았다(www.iparadigm.com을 보라). 중요한 것은 턴잇인이 자신

© Dmitriy Shironosov/iStockphoto

의 고객들을 은밀하게 보호하고, 대부분의 경영대학들도 이 서비스의 사용 여부를 공개하지 않는다는 것이다. 그들 중 스밀 경영대학은 의심되는 표절행위자들이라는 것을 통지한 유일한 학교다. 다른 모든 학교들은 어떠한 이유도 설명하지 않고 지원자들을 탈락시켰다. 워드프롬의 CEO는 자기네 사이트에서는 단지 효과적인 작업을 위해 지원자들에게 샘플을 제공함으로써 스스로 에세이를 쓸 때 구조나 스타일에 대한 감을 잡도록 할 뿐이라고 설명한다. 또한 사용자들에게도 이 사이트의 데이터베이스 접속 정보를 턴잇인에게 제공하기로 합의했다고 경고하고 있다.

일부 전문가들은 턴잇인과 같은 툴이 표절을 억제할 수는 있지만 완전히 없어지는 못한다고 말한다. 지원자들은 여전히 에세이의 대필을 위해 누군가를 고용하고 있기 때문이다. 더욱이, 표절자들도 턴잇인과 같은 내용 추적 서비스에 의지하고 있다. 그들이 고용한 대필자가 쓴 에세이가 표절이 아닌지 확인하고, 또 여러 지원자에게 같은 에세이를 팔고 있는 것은 아닌지도 확인하기 위해서이다.

턴잇인의 경쟁사인 우크라이나의 플라그트랙커(www.plagtracker.com)는 그들의 고객이 점점 증가하고 있다고 보고했다. 이 사이트는 고객의 60%가 일반 학생들거나 장래가 유망한 학생들이라고 설명한다.

출처 : C. Straumsheim, "Turnitin Put to the Test," *Inside Higher Ed*, February 6, 2014; J. Bailey, "New Turnitin Study on the Impact of Plagiarism Detection in Higher Education," *Plagiarism Today*, February 5, 2014; M. Saltzman, "Turnitin:

Plagiarizing Students Beware New App for iPad," *USA Today*, September 17, 2013; E. Zlomek, "Master's in Plagiarism," *Bloomberg Business Week*, April 22–28, 2013; N. Heckler, M. Rice, and C. Bryan, "Turnitin Systems: A Deterrent to Plagiarism in College Classrooms," *Journal of Research on Technology in Education*, March 6, 2013; "Why Students Cheat, and What To Do About It," *Hult Labs*, February 9, 2013; D. McCabe, "MBAs Cheat. But Why?" *Harvard Business Review blog*, April 13, 2009; www.turnitin.com, www.iparadigms.com, www.plagtracker.com, accessed March 30, 2014.

질문

1. 날로 증가하는 과제와 에세이를 저장하여 턴잇인의 데이터베이스가 빠르게 확장되어 감에 따라, 여기에 제출되는 후속 과제나 에세이들에게는 어떤 영향이 있는가?

2. 당신 스스로 표절된 부분을 포함하는 글을 써보고 턴잇인 프로그램을 사용해본 뒤 이러한 것에 대한 윤리적 함의를 토론해보라.

윤리와 정보기술

모든 직원들은 정보와 정보기술을 윤리적으로 사용하도록 장려할 책임이 있다. 당신이 업무상 내리게 되는 많은 경영 의사결정도 윤리적 차원을 가지고 있다. 당신이 결정해야 할 다음과 같은 것들을 고려해보자.

- 조직이 구성원들의 웹 서핑과 이메일을 감시해야 하는가?
- 조직이 고객 정보를 다른 기업에 팔아도 되는가?
- 조직이 구성원들의 컴퓨터에 있는 인증되지 않은 소프트웨어나 불법적으로 다운로드된 음악 또는 동영상 파일에 대해 감독해야 하는가?

정보기술 애플리케이션의 다양성과 지속적으로 증가하는 활용도는 다양한 윤리적 문제를 야기했다. 이러한 문제들은 프라이버시, 정확성, 자산, 접근성의 일반적 범주로 구분된다.

1. 프라이버시(privacy) 문제는 개인 정보를 수집하고, 저장하고, 배포하는 것에 대한 것이다.
2. 정확성(accuracy) 문제는 진위 확인, 신원보증, 그리고 수집되고 처리되는 정보의 정확성에 대한 것이다.
3. 자산(property) 문제는 소유권과 정보의 가치에 대한 것이다.
4. 접근성(accessibility) 문제는 누가 정보에 접근해야 하고 그들이 이러한 접근에 대해 지불할 필요가 있는지에 대하여 해결하려는 것이다.

표 6.1은 각각의 범주에 대한 대표적인 질문과 문제들을 열거한 것이다. 이러한 시나리오들은 당신이 윤리적이거나 비윤리적인 행동과 관련된 상황을 고려해볼 수 있는 기회를 제공할 것이다.

우리가 살펴본 상당수의 문제와 시나리오들은 프라이버시 그리고 윤리적 문제와 연관되어 있다. 다음 절에서 당신은 프라이버시 관련 문제에 대해 보다 자세히 배울 것이다.

> **다음 절로 넘어가기 전에…**
> 1. 윤리 강령에 속하는 것은 어떤 것들이 있는가?
> 2. 윤리의 기본 교리에 대해 기술해보라.

개념 적용 6.1

학습 목표 6.1 윤리에 대해 정의하고, 세 가지 기본 윤리 강령을 나열하여 설명한다. 그리고 정보기술과 관련된 윤리적 이슈의 네 가지 범주에 대해 기술한다.

1단계 – 배경(당신이 배워야 하는 것)

비즈니스 세계에서 활동하게 되면, 당신도 6.1절에서 다루었던 네 가지 고려해야 할 영역에 영향을 주는 현재의 트렌드에 대해 이해할 필요가 있다. 프라이버시(사람들이 당신에 대해 아는 것), 자산(누가 당신에 대한 데이터를 보유하고 있는가), 정확성(당신에 대한 데이터가 정확한

표 6.1 윤리적 문제에 대한 프레임워크

- **프라이버시 문제**
  - 타인에 의해 요구될 수 있는 개인 정보는 어떠한 것들이 있는가?
  - 고용주는 고용인들에게 어떠한 종류의 감시를 할 수 있는가?
  - 어떠한 종류의 개인 정보가 공개되지 않고 보호받을 수 있는가?
  - 어떠한 개인 정보가 데이터베이스에 저장되어야 하며, 저장된 정보는 얼마나 안전한가?

- **정확성의 문제**
  - 수집된 정보의 진위, 보증, 정확성에 대해서 누가 책임져야 하는가?
  - 정보가 적절하게 처리되어 정확한 상태로 제공될 것임을 어떻게 확신할 수 있는가?
  - 데이터베이스나 데이터 전송, 데이터 처리 과정에서의 에러는 우발적인 것이지 고의적인 것이 아님을 어떻게 확신할 수 있는가?
  - 정보의 에러에 대해 누가 책임을 질 것이고 이것으로 인해 침해당한 쪽은 어떻게 보상할 것인가?

- **자산의 문제**
  - 누가 정보의 소유자인가?
  - 정보 교환 시 공정한 거래 가격은 무엇인가?
  - 소프트웨어의 불법복제 문제를 어떻게 해결해야 하는가?
  - 어떤 상황에서 독점적 데이터베이스를 사용할 수 있는가?
  - 기업 컴퓨터는 개인적 목적을 위하여 사용될 수 있는가?
  - 전문가 시스템을 개발하기 위해 자신의 지식을 일조한 전문가들은 어떻게 보상받아야 하는가?
  - 정보에 접근하는 채널은 어떻게 분배되어야 하는가?

- **접근성의 문제**
  - 누구에게 정보 접근을 허락해야 하는가?
  - 기업은 정보 접근에 대한 비용을 어느 정도 청구해야 하는가?
  - 정보를 접근하는 데 필요한 장치들은 누구에게 제공되어야 하는가?
  - 개인이나 조직은 어떠한 정보를 어떠한 조건에서, 그리고 어떠한 안전장치 아래 획득할 권리를 갖고 있는가?

가), 그리고 접근성(누가 당신의 데이터에 접근할 수 있는가)은 오늘날 하이테크 세상에서 주요 주제들이다. 이러한 것들은 전자 건강 기록, 모바일 지갑, 소셜미디어, 그리고 정부-운영 데이터베이스 등으로의 전환에서 특히 중요하다.

2단계 – 활동(당신이 해야 하는 것)

http://www.wiley.com/go/rainer/MIS3e/applytheconcept에 방문하여 2013년 11월부터 허핑턴포스트 웹사이트에 게시된 글을 읽어보라. 이 글은 골드만삭스 측의 매우 이상한 행동에 대해 기술하고 있다. 글을 보면, 골드만삭스는 부하 은행원들의 주말을 포기하게끔 한 것 같다.

당신의 직원들에게 주말에도 일을 하게 하든 쉬게 하든 둘 다 불법이 아니라는 것을 알아야 한다. 일주일에 75시간을 일하는 것 또한 불법이 아니다. 이 글에서 주안점은 윤리에 맞추어지고 있다. 직원들은 '올바른' 것을 하길 원하며, 이 '올바른' 것에 대한 정의를 내리기 위한 새로운 기준을 사용해 왔다.

3단계 – 과제(당신이 제출해야 하는 것)

교수에게 제출할 수 있도록 이 기사를 요약하라. 요약을 할 때 반드시 윤리란 무엇인지 정의하고, 골드만삭스의 의사결정에서 어떻게 세 가지 기본 윤리 강령(책임, 의무, 법적 책임)이 역할을 하였는지 기술해보라. 마지막으로 (이 기사에서는 아니지만) 바로 그 은행원들이 당신의 금융 정보에 대한 윤리적 문제의 네 가지 영역을 어떻게 다룰지에 대해서 논해보라.

6.2 프라이버시

일반적으로, **프라이버시**(privacy)는 혼자 있을 수 있고 부당한 개인적 침해로부터 자유로울 수 있는 권리를 의미한다. **정보 프라이버시**(information privacy)란 당신에 관한 정보가 언제, 얼마만큼 수집되고 또 타인에게 제공될지에 대해 결정할 수 있는 권리를 말한다. 프라이버시 권리는 개인과 그룹, 그리고 기관에게 모두 적용되는 개념이다.

프라이버시의 정의는 매우 폭넓게 해석될 수 있다. 하지만 많은 나라에서의 판결들은 다음의 두 가지 원칙을 철저히 따르고 있다.

1. 프라이버시의 권한은 절대적이지 않다. 프라이버시는 반드시 사회의 요구와 균형을 맞추어야 한다.
2. 공공의 알 권리는 개인의 프라이버시에 대한 권리를 대체할 수 있다.

이 두 가지 원칙은 왜 프라이버시 규제를 가하는 것이 어려운지를 보여준다. 프라이버시의 권리는 오늘날 미국 전역에서 연방정부에 의해서 또는 성문법이나 관습법에 의해 인식되고 있다.

전술하였듯, 정보기술이 빠르게 발전함에 따라 더 방대한 데이터베이스에 개인 정보를 모으고 저장하고 통합하는 것이 점점 더 쉬워지고 있다. 매일매일 당신은 자신에 대한 데이터를 여러 가지 방법으로 만들어내고 있는 것이다. 그러한 데이터에는 통행 요금소에 설치된 감시카메라, 공공장소나 작업장 데이터, 신용카드 거래, 전화통화(유·무선), 은행거래, 검색 엔진에서의 조회, 그리고 정부 기록들(경찰 기록 포함)이 포함된다. 이러한 데이터들을 통합하여 당신의 모든 것에 대한 전자적 프로파일인 **디지털 서류철**(digital dossier)이 만들어진다. 이렇게 디지털 서류철을 구성하는 과정을 **프로파일링**(profiling)이라고 부른다.

렉시스넥시스(www.lexisnexis.com)나 초이스포인트(www.choicepoint.com), 액시엄(www.acxiom.com)과 같은 DB 회사들이 프로파일링의 대표적 예이다. 이 회사들은 부동산 정보나 공공 전화번호부상의 번호와 같은 공공 데이터를 모으고 사회안전번호(SSN), 금융 데이터, 경찰/범죄/자동차 기록과 같은 비공개 정보 또한 수집한다. 미국 내 거주하는 대부분의 성인에 대해 이 정보를 결합하여 디지털 서류철을 작성하는 것이다. 궁극적으로 이것을 법 집행 기관이나 채용을 위해 신원조회를 하고자 하는 기업들에게 판매한다. 또는 고객 친밀감 차원에서 고객에 대해 보다 많은 정보를 얻고자 하는 기업에게도 판매한다.

하지만 개인 정보의 활용은 더 많은 문제의 소지가 있다. 예를 들어 캘리포니아에서 만들어진 새 지도에는 프로포지션 8(캘리포니아에서 동성애를 금지하는 국민투표, www.eightmaps.com 참조)을 지지하여 기부한 사람들의 주소가 표기되어 있었다. 동성애자 권익 보호 운동가들이 구글의 위성지도 기술과 프로포지션 8에 100달러 이상을 기부한 기부자의 공개 명단을 결합하여 지도를 만든 것이다. 따라서 기부자들은 분노하고 있으며, 지도가 자신들의 프라이버시를 침해할 뿐만 아니라, 보복을 당할 위험에도 처하게 했다고 항의하고 있다.

전자 감시

미국 자유시민연맹(American Civil Liberties Union, ACLU)에 따르면, 컴퓨터를 이용하여 사람들의 행동을 추적하는 것은 프라이버시 관련 문제의 주요 화두라 할 수 있다. ACLU는 이러한 **전자 감시**(electronic surveillence)가 새로운 기술의 등장과 함께 빠른 속도로 증가하고 있다고 주장한다. 전자적 감시는 고용주나 정부 및 다른 기관들에 의해서 시행되고 있다.

오늘날 미국인들은 불과 몇 년 전에는 상상할 수 없었던 정도의 감시를 받으며 살고 있다. 예를 들면 공항, 지하철, 은행, 그리고 기타 공공 장소의 감시카메라는 당신을 추적한다. 게다가 저렴해진 디지털 센서는 어딜 가나 존재한다. 이 센서들은 노트북의 웹캠, 비디오 게임의 행동 인식 센서, 스마트폰 카메라, 계량기, 여권, 직원 신분증 등에 적용되어 작동한다. 현관문에서 한 발 물러나보라. 그러면 구글이나 마이크로소프트가 지도 서비스를 업데이트할 때마다 설치해 둔 공중의 또는 거리에 설치된 카메라에 의해 고해상도로 사진이 찍힐 것이다. 거리를 드라이브하거나 요금소가 있는 다리를 건너고, 쇼핑몰에 주차를 한다면 당신의 자동차 번호판 및 시간과 날짜가 기록될 것이다.

저렴한 디지털 카메라나 행동인식 센서, 그리고 생체 정보 인식기와 같이 진화하는 기술은 사람의 활동을 더욱더 감시하게 만든다. 게다가 디지털 정보를 저장하고 사용하는 비용은 급속도로 감소하고 있다. 결국 데이터 수집을 위한 센서와 저장장치는 폭발적으로 증가하게 된다.

사실 당신의 스마트폰은 이미 센서가 되었다. 기술 시장 연구기관인 ABI 리서치(www.abiresearch.com)에 따르면, 2000년 이래로 스마트폰의 평균가격은 17% 증가했다. 하지만, 이 기간 동안 스마트폰의 처리능력은 13,000%나 증가했다. 제10장에서 공부하게 되겠지만, 많은 기능들 중 스마트폰은 이제 동영상과 사진을 찍고, 이메일을 주고받고, 정보를 검색하고, 인터넷에 접속하며, 지도상에서 당신의 위치를 표시해준다. 당신의 스마트폰은 또한 당신에 대해 수집 및 분석 가능한 대량의 정보를 저장한다. 글로벌 위치추적 시스템(GPS)이 내장된 스마트폰에서는 특별한 문제가 발생할 수 있다. 이 센서는 사진의 위치에 대한 위도와 경도 정보를 포함한 사진이나 동영상을 일상적으로 태깅하고 있다. 따라서, 만약 당신이 개인 사진을 소셜 네트워크나 사진공유 웹사이트에 게시한다면 당신은 의도치 않게 범죄자들에게 유용한 정보를 제공하게 된다. 이러한 행동은 범죄자들에게 당신이 어디에 사는지를 정확히 보여주기 때문이다.

어떻게 새로운 기기들이 전자적 감시를 촉진하는지 보여주는 또 다른 예는 얼굴인식 기술이다. 몇 년 전까지만 해도, 이 소프트웨어는 여권 수속과 같은 매우 제한된 환경에서만 사용되었다. 하지만 이 기술은 이제 온라인 이미지나 일상적 스냅샷으로부터도 얼굴을 인식해낸다. 예를 들면 인텔과 마이크로소프트는 당신의 얼굴을 인식해내는 디지털 게시판을 상점 내에 도입했다. 이 게시판은 당신의 구매나 검색 행동을 기반으로 당신이 관심을 보인 상품들을 추적한다. 한 마케팅 분석가가 예측하기를 모든 가게에서 당신의 경험은 곧 개인화될 것이라고 한다.

구글과 페이스북은 그들의 온라인 사진 편집 및 공유 서비스에서 얼굴인식 소프트웨어를 사용하고 있다—구글 피카사와 페이스북 사진 앨범. 두 회사는 사용자들에게 사진 속 사람들의 이름을 설정하도록 하고 있는데 이 기능을 사진태깅이라고 한다. 그러면 얼굴 인식 소프트웨어는 얼굴의 특징을 잡아낸다. 사진 속의 어떤 사람이 일단 태그되고 나면, 이 소프트웨어는 태그되지 않은 사진에서도 비슷한 얼굴특징을 가진 사람을 검색한다. 이 과정은 사용자들에게 태그된 사람이 보이는 사진을 빠르게 그룹핑하도록 한다. 중요한 점은, 개인들은 이 과정에 대해 전혀 알지 못한다는 것이다.

왜 태깅이 중요한 것일까? 그 이유는 일단 당신이 사진 속에 태그되고 나면, 그 사진은 인터넷상에서나 사설 데이터베이스 혹은 감시카메라에 의해 찍힌 사진들의 데이터베이스에서 동일인을 매치하는 데 사용될 수 있기 때문이다. 이러한 형태의 감시는 당신에게 어떻게 영향을 미칠까? 한 예로, 차 판매상은 당신이 차의 로트에 들어설 때 당신의 사진을 찍을 수 있다. 그런 다음 웹에서 재빨리 당신의 신상을 조사함으로써 (당신이 어디에 사는지, 직업은 무엇인지 등을 찾는다) 자동차 판매를 위한 마케팅을 보다 유리하게 할 수 있다. 더 나쁜 것은 식당에서 어

마네킹들이 당신을 보고 있다

매장용 마네킹 제조업자인 알맥스(www.almax-italy.com)는 특수 기술이 장착된 아이씨(EyeSee)라는 마네킹을 유통시키고 있는데, 이 기술은 통상적으로 공항에서 범죄자를 색출해낼 때 사용하는 기술이다. 소매업자들이 이 마네킹을 이용하면 매장 내에서 이동하는 고객들에 대한 인구통계학적 데이터와 쇼핑 패턴 정보를 모을 수 있다. 아직 소매상들은 이 마네킹의 사용을 주저하고 있지만 알맥스에 따르면 유럽 내 세 나라와 미국 등지의 몇몇 기업들은 이 마네킹을 도입하였다고 한다.

아이씨의 외관은 보통 마네킹처럼 보인다. 하지만 내부적으로는 한쪽 눈에 있는 카메라가 데이터를 수집하여 인구통계학적 프로파일링 소프트웨어로 보내면, 그 고객의 나이, 성별, 인종 등에 대해 분류한다. 눈뿐만 아니라 이 마네킹의 귀를 위해서도 알맥스는 단어를 인지하는 기술을 개발 중이다. 마네킹이 입고 있는 옷에 대해 고객들이 어떤 평을 했는지 알아내기 위해서이다.

아이씨는 보다 개인화된 상품을 제안하기 위해 기술의 사용을 증가시키고 있는 판매자들을 위해 고안되었다. 고객 개개인의 신분은 익명인 채, 고객의 프로파일을 작성할 수 있는 기술에 판매자들은 목말라 있다.

한편 일부 매장에서는 머리 위에 설치된 무인카메라로부터 쇼핑객들을 지켜볼 수 있는 반면, 아이씨는 눈높이에서 고객들의 주의를 끌 수 있기 때문에 더 나은 데이터를 제공한다고 알맥스는 설명한다.

이 마네킹을 이용하여 세일기간 첫 이틀 동안 남성이 여성보다 더 많은 돈을 썼다는 것을 알게 된 한 매장에서는 창문의 디스플레이를 완전히 바꾸었다. 또 다른 매장에서는 오후 4시 이후에 매장을 들어온 방문객의 3분의 1은 동양인이라는 것을 발견하고, 중국어가 가능한 직원을 입구에 배치하게 되었다. 미국과 유럽의 규제는 보안 목적의 카메라 사용을 허용하지만, 매장내 촬영에 대한 내용을 매장 곳곳에서 표시하여 고객들에게 알릴 것을 상인들에게 요구하고 있다. 하지만 순전히 상업적 목적으로 고객을 촬영하는 경우, 고객으로부터 동의도 받지 않은 채 개인 정보 수집이 이루어지고 있을 것이다. 한 법조계 전문가에 의하면, 당신이 페이스북에 접근할 때, 당신이 등록 절차를 밟기 전에 그 사이트가 정확하게 어떤 정보를 수집하고 어떤 사이트와 그 정보를 공유하는지 알 수 있다고 한다. 반면, 아이씨의 경우

고객들은 무엇을 할 수 있을까? 알맥스의 경우는 정반대이다. 왜냐하면, 아이씨는 어떠한 이미지도 저장하지 않기 때문에 CCTV 라이선스만 있다면 상인들은 아이씨를 마음껏 사용할 수 있다.

© parema / iStockphoto

출처 : "Retailers Are Watching: The EyeSee Mannequin," *The Barcoding Blog*, January 2, 2014; "Retailers Go High-Tech to Track Shoppers," *CBS News*, December 11, 2013; "EyeSee Mannequins Monitor Footfall Traffic," *Fashion United*, December 9, 2013; A. Roberts, "In Some Stores, All Eyes Are on You," *Bloomberg Business Week*, December 10−16, 2012; K. Hill, "Why Do Mannequins That Spy On Us Creep Us Out?" *Forbes*, November 28, 2012; J. Stern, "Department Store Mannequins Are Watching You. No, Really." *ABC News*, November 26, 2012; L. Clark, "Mannequins Are Spying on Shoppers for Market Analysis," *Wired*, November 23, 2012; www.almax-italy.com, accessed March 30, 2014.

질문

1. 아이씨 마네킹을 매장 내에서 사용하는 것이 윤리적인 행위인가? 왜 그런가 혹은 왜 그렇지 않은가? 이유를 들어 설명해보라.

2. 만약 매장에서 고객들에게 촬영되고 있다는 것을 공지한다면, 어떻게 촬영하고 있는지도 알려야만 하는 것인가(예 : 마네킹에 의한 촬영)? 매장들이 어떻게 이러한 공지를 해야 하는지에 대한 윤리적 함의는 무엇인가?

3. 마네킹들이 당신을 감시하고 있다는 것을 알게 되면 당신의 쇼핑 행위는 바뀔 것인가? 왜 그런가 혹은 왜 그렇지 않은가? 이유를 들어 설명해보라.

4. 매장들이 이미 전략적 장소에 보안 카메라를 설치해 두었다면, 아이씨 마네킹이 갖는 프라이버시의 함의는 무엇인가?

떤 낯선 사람이 스마트폰으로 당신의 사진을 찍고 그(녀)만의 이유로 인해 온라인에서 당신의 신상을 조사할 수도 있다. 어느 프라이버시 변호사는 익명의 누군가에게 당신의 권한을 빼앗기는 것은 당신이 어디에 가는지, 당신이 누구를 만나는지, 그리고 당신이 어떻게 사는지를 부담스럽게 할 것이라고 주장했다. '비즈니스에서 IT 6.2'에서는 소매업에서 도입된 또 다른 유형의 감시 기술에 대해 보여줄 것이다.

우리가 방금 살펴본 시나리오는 기본적으로 당신의 개인 생활에 대한 것이다. 하지만 전자적 감시는 일터에서도 현실화되어 가고 있다. 일반적으로, 고용인들은 고용주의 감시에 대해 매우 제한적인 법적 보호가 가능할 뿐이다. 법적으로는 고용주에게 고용인들의 전자 문서나 이메일을 읽고 고용인들의 인터넷 이용에 대해 감시할 권리가 주어지기 때문이다. 오늘날 3/4 이상의 조직들이 고용인의 인터넷 이용을 모니터링하고 있다. 또한 기업의 2/3는 URL 필터링과 같은

부적절한 웹사이트로의 접속을 차단하는 소프트웨어를 사용하고 있다. 불법 소프트웨어를 금지하고 보안을 강화하거나 고용인의 시간 낭비를 줄이기 위해 모니터링하고 필터링하는 소프트웨어를 설치하기도 한다.

어떤 조직에서는 네트워크상의 트래픽 종류를 파악하기 위하여 CIO가 3개월 동안 1만 3,000여 명의 고용인을 모니터링하기도 했다. CIO는 분석 데이터를 CEO와 인사 부서장 그리고 법무부에게 전달했다. 이들은 고용인들이 방문하는 웹사이트 종류와 또 그 웹사이트에서 얼마나 많은 시간을 소비하는지 알고는 매우 충격을 받았다. 따라서 즉각적으로 URL 필터링을 설치하기로 결정한 것이다.

기업이나 정부에 의해 수행되었던 혹은 범죄자에 의해 가해졌던, 개인 입장에서 보면 감시란 중대한 문제이다. 미국 내 이용자들은 지속적으로 프라이버시와 전자 감시 사이에 균형이 필요하다고 항의하고 있으며, 특히 국가 안보와 관련된 위협인 경우에는 더욱 그렇다.

데이터베이스 내 개인 정보

© Pamela Moore/iStockphoto

오늘날 기관들은 개인 정보를 여러 개의 데이터베이스에 저장한다. 아마 가장 명시적으로 기록된 장소는 신용평가기관일 것이다. 개인 정보를 저장하는 다른 기관들로는 은행, 금융기관, 케이블 TV 회사, 전화나 전기 회사, 고용주들, 대출회사, 병원, 학교와 대학, 소매업, 정부기관(미국 국세청, 주정부, 지방자치 당국) 등이 있다.

그들에게 제공된 정보(레코드)에 대하여 당신이 갖게 되는 몇 가지 관심사는 다음과 같다.

- 그 레코드들이 어디에 저장되는지 알고 있는가?
- 그 레코드들은 정확한가?
- 부정확하다면 수정할 수 있는가?
- 수정하는 데 얼마나 오래 걸리는가?
- 어떤 조건에서 개인 정보를 배포할 수 있는가?
- 어떻게 데이터가 사용되는가?
- 데이터는 누구에게 주어지거나 판매되는가?
- 공인되지 않은 사람들의 접근으로부터 데이터는 얼마나 안전한가?

인터넷 게시판, 뉴스그룹, 그리고 소셜 네트워킹 사이트에서의 정보

우리는 온라인 게시판이나 뉴스그룹, 온라인 채팅을 통한 토론 사이트 또는 소셜 네트워킹 사이트 등을 매일 점점 더 많이 접하고 있다. 이러한 사이트들은 인터넷이나 기업의 인트라넷, 또는 블로그에서 쉽게 볼 수 있다. 블로그란 '웹로그'의 줄인 말로 일반 대중을 대상으로 작성되어 자주 업데이트되는 일종의 비공식적이고 개인적인 신문 같은 것이라 할 수 있다. 이러한 게시판의 소유자들로 하여금 독자들에게 매우 공격적이거나 사실이 아닌 정보를 함부로 배포하지 못하도록 하는 방법은 무엇일까? 이것은 개인이 갖는 언론의 자유와 프라이버시라는 두 상충하는 면을 동시에 고려해야 하기 때문에 매우 다루기 힘든 사안이다. 상충되는 이 두 측면은 미국 사회에서뿐만 아니라 전 세계적으로도 지속적이고도 근본적인 윤리 문제로 자리 잡고 있다.

언론의 자유와 프라이버시 간의 갈등을 보여주는 가장 좋은 예는 인터넷이라 할 수 있다. 많은 웹사이트에는 개인에 대한 익명의 비난글이 있으나 개인들은 사소히 여기고 있다. 대다수의 미국 기업들은 구글이나 소셜 네트워킹 사이트에서 인물을 검색해보는 등 구인의 목적으로 인터넷을 이용하고 있다(제8장의 마무리 사례 1 참조). 결국 인터넷에서 검색된 비난글 중 하나가 여러분의 취업기회를 잃게 할 수도 있는 것이다.

새 정보기술 또한 심각한 프라이버시 문제를 갖고 있다. '비즈니스에서 IT 6.3'에서는 구글 글래스에 의해 당신의 프라이버시가 침해당할 수 있는 잠재성에 대해 살펴볼 것이다.

비즈니스에서 **IT** 6.3

구글 글래스 : 빅브라더가 진짜로 당신을 지켜보고 있다

우리는 개인의 프라이버시 영역과 공공 영역의 경계가 모호한 세상에 살고 있다. 이러한 현실에 대한 대부분의 책임은 새로운 정보기술에게로 돌릴 수 있다. 트위터와 같은 소셜미디어와 스마트폰의 사용은 이미지나 동영상 콘텐츠를 바로바로 업로드할 수 있게 함으로써 우리의 삶을 더욱 편리하게 하였다. 사실 우리는 이미 촬영당하는 것에 익숙해져 있다. 예를 들어 CCTV는 이미 우리 일상의 한 부분이 되었다(당신이 사는 도시의 거리 곳곳이나, 당신이 다니는 대학 건물 내에 설치된 모든 CCTV 카메라를 한번 생각해보라). 전자적 감시에 대한 우리의 수용 가능 정도에도 불구하고, 구글 글래스라 불리는 새로운 기술은 프라이버시 문제를 야기한다.

구글 글래스는 증강현실이자 헤드-마운트 디스플레이를 가진 웨어러블(착용 가능한) 컴퓨터이다. 이 안경은 핸즈프리, 스마트폰형의 포맷으로 정보를 보여주며, 자연언어 목소리의 명령을 통해 인터넷과 상호작용할 수 있다. 이 기기는 와이파이를 통해 데이터를 받으며, GPS칩 또한 가지고 있다. (제10장에서 와이파이와 GPS에 대해 다룰 것이다.) 사용자들은 먼저 'OK 글래스'라고 말하며 목소리 명령을 시작한다. 또는 디바이스 옆에 위치한 옵션들을 스크롤하기 위해 손가락을 사용할 수도 있다. 구글 글래스로 비디오를 녹화하고, 사진을 찍으며, 구글 1 행아웃을 시작하고, 검색, 번역, 얼굴인식을 할 수 있다. 지시를 내리고 질의에 응답하며 구글 나우를 사용하고, 메시지도 보낸다. 이 안경을 끼고 있는 사람이라면 어쩔 수 없이 주변 사람들의 모든 행동을 바로바로 찍을 수 있을 것이다.

구글 글래스의 프라이버시 문제와 관련하여 다음 질문을 생각해보자—만약 당신 주위의 누군가가 구글 글래스를 이용하여 당신의 동영상과 사진을 찍는데, 당신은 이것을 전혀 눈치채지 못하고 있다면 어떨까? 혹은, 점심시간에 열린 비즈니스 회의에서 당신의 모습이 녹화되고 있었다면 어떨까? 술집 카메라의 흘러 지나가는 영상에 우연히 잡히는 남자는 이 촬영에 대해 동의한 걸까? 낯선 사람이 이 안경의 얼굴인식 기능을 이용하여 당신이 누군지 알아낸다면 어떤 것 같은가? 이러한 것들이 바로 구글 글래스와 관련된 프라이버시 문제들이다.

아마 더 근본적인 문제들은 다음과 같은 것들일 것이다—구글 글래스에 의해 생성된 데이터를 누가 소유하는가? 누가 이러한 데이터를 받는가? 수집된 데이터는 어떻게 사용되는가? 아마도 구글로 흘러간 데이터는 보다 개인화된 검색 결과나 보다 표적화된 광고를 제공하기 위해 분석될 것이다. 무엇보다도, 광고는 구글의 가장 중요한 수입원이다. 당신이 구글 글래스를 끼고 있다고 상상해보라. 당신이 무언가를 볼 때마다—예컨대 셔츠를 하나 본다고 하자—그럴 때마다 이 셔츠에 대한 특별 제안 팝업이 글래스 위로 뜨게 된다면 과연 어떻게 될까? 많은 사람들에게 이러한 방법은 너무 거슬리는 것일 뿐이다.

어떤 분석가들은 우리가 구글 글래스의 프라이버시 문제에 대해 지나치게 걱정하고 있다고 말한다. 그들은 우리의 법정은 '프라이버시의 합리적인 기대 수준'에 대한 대략적 정의를 이미 내리고 있다는 것이다. 만약 이러한 감시 기술이 극에 달해 모두가 너무 심하다고 느끼게 되면 관련 집단들이 법적 조치를 가할 것이다. 그러면 정부도 새로운 법을 만들거나 지나친 사례들을 다루기 위해 기존의 법을 재해석할 것이다.

2014년 중반경, 구글 글래스는 도입의 초기 단계였다. 구글 글래스가 야기하는 프라이버시 문제를 잠재울 만큼 대단한 기능을 제공할지 여부는 아직 지켜봐야 한다. 하지만 이미 일부 사람들이나 조직들에 의해 프라이버시 문제는 불거지고 있다. 시애틀에 있는 5포인트라는 카페에서는 구글 글래스 착용 시 입장을 금지시킨다. 이 카페의 매니저는 고객들의 프라이버시를 매우 중요하게 생각한다. 따라서 카페 매니저뿐만 아니라 촬영 당하는 고객들로부터 허가를 얻지 않은 비디오 및 사진 촬영을 시도하는 경우 카페의 규칙에 따라 출입이 제한된다. 구글 글래스를 금지시키는 것도 이 규칙의 연장선일 뿐이다. 샌프란시스코에 있는 윌로우즈라는 가게에서도 구글 글래스의 착용을 금지시킨다.

라스베이거스에 있는 카이저 팰리스는 카지노 내에서 구글 글래스를 사용하지 못하게 한다. 겜블러들이 컴퓨터나 녹화용 장치들을 사용하는 것은 게임 규칙에 의해 금지되는 것이다. 만약 구글 글래스를 끼고 게임에 응하려고 한다면 네바다 주가 정한 게임 규정에 따라 체포될 것이다. 극장주들 또한 구글 글래스를 사용하여 영상을 녹화할 경우 사용을 금지시킨다.

샌프란시스코에서는 한 여성이 술집에서 구글 글래스를 쓰고 있다고 공격을 당했다고 제보했다. 그녀에 말에 따르면 동료에게 구글 글래스가 어떻게 작동되는지 보여주고 있었는데, 두 여성이 다가왔다고 한다. 그때 한 남자가 그녀의 얼굴에서 구글 글래스를 벗겨냈다. 그녀는 나중에 구글 글래스와 거기에 담긴 영상을 복구하여 안경을 벗겨낸 남자가 누구인지 보여주었다. 목격자들은 그녀가 매우 친절한 사람이었다고 말했지만, 일부 사람들은 그 안경에 의해 녹화당할 수 있다는 것을 매우 불쾌하게 생각한 것이다.

이러한 문제들에 부응하여, 구글은 광고 캠페인을 열었다. 사람들이 구글 글래스를 시도해보도록 전 세계적으로 포럼을 열었다. 또한 2014년 2월에는 구글 글래스의 베타 사용자들이 '안경중독자'가 되지 않도록 하는 에티켓 가이드를 발표했다.

출처 : E. Weise, "San Francisco Bar Bans 'Glassholes'," *USA Today*, March 5, 2014; K. Alexander, "Google Glass Attack Offers a New Lens on Privacy Concerns," *SFGate*, February 26, 2014; J. Vazquez, "Woman Wearing Google Glass Says She Was Attacked in San Francisco Bar, *CBS*, February 25, 2014; C. Castaneda, "Google Glass Guidelines Tell Users Don't Be 'Creepy or Rude' or a 'Glasshole'," *CBS*, February 19, 2014; S. Gaudin, "Caesars Palace Deals Google Glass Out of Its Game," *Computerworld*, May 7, 2013; L. Moran, "Google Glasses Prompt Ban from Seattle Bar," *New York Daily News*, March 11, 2013; B. Woods, "Google Glass: You'll Kiss Your Privacy Goodbye, and You Won't Mind a Bit," *ZDNet*, March 7, 2013; C. Arthur, "Google Glass: Is

It a Threat to Our Privacy?" *The Guardian*, March 6, 2013; S. Bradner, "Privacy as Product Differentiation: Is It Time?" *Computerworld*, March 5, 2013; D. Zax, "Privacy Fears with Google Glass Are Overblown," *MIT Technology Review*, March 4, 2013; G. Marshall, "Google Glass: Say Goodbye to Your Privacy," *TechRadar*, March 1, 2013; A. Keen, "Why Life Through Google Glass Should Be for Our Eyes Only," *CNN News*, February 26, 2013; www.google.com/glass/start, accessed March 6, 2014.

질문

1. 윤리적 의사결정의 일반적 프레임워크를 구글 글래스에 적용해보라.

2. 당신은 구글 글래스가 제공하는 기능성이 구글 글래스로 인해 야기되는 프라이버시 문제를 보상할 만큼 대단하다고 생각하는가? 왜 그런가 또는 왜 그렇지 않은가? 이유를 들어 설명해보라.

3. 당신은 구글 글래스를 사용하는가? 왜 그런가 또는 왜 그렇지 않은가? 이유를 들어 설명해보라.

4. 만약 당신이 술집이나 파티장에 있다면, 구글 글래스를 낀 사람에게 편하게 말을 걸 수 있겠는가? 단지 한 공간에 같이 있는 것은 어떠한가? 편하게 있을 수 있겠는가? 왜 그런가 또는 왜 그렇지 않은가? 이유를 들어 설명해보라.

프라이버시 강령과 정책

프라이버시 정책(privacy policy) 혹은 **프라이버시 강령**(privacy code)이란 고객이나 직원의 프라이버시를 보호하기 위한 조직의 기본 지침을 의미한다. 많은 경우, 기업의 상급 관리자들은 조직에서 방대한 양의 개인 정보를 수집할 때 정보 보호에 각별히 주의해야 한다는 것을 인지하고 있다. 그뿐만 아니라, 많은 조직들은 **옵트 아웃**(opt-out) 선택을 통해 고객들의 정보가 어떻게 사용되는지에 대해 알려주고 있다. 옵트 아웃 방식으로 고지에 입각한 동의를 받아 개인 정보를 수집하는 경우, 해당 개인이 정보 수집을 금지하기 전까지는 어떠한 개인 정보도 기업은 수집할 수 있다. 프라이버시 옹호론자들은 **옵트 인**(opt-in) 방식의 고지에 입각한 동의를 더욱 선호하는데, 이것은 해당 개인이 특정 정보의 수집을 허용하기 전까지는 어떠한 개인 정보도 타 주체에 의해 수집될 수 없는 방식이다.

현재 소비자들이 쓸 수 있는 프라이버시 보호용 도구는 P3P(*Platform for Privacy Preferences*)이다. 이것은 특정 웹사이트의 방문자가 그 웹사이트의 프라이버시 정책과 자동으로 커뮤니케이션할 수 있는 프로토콜이다. P3P는 방문자들이 그 웹사이트에서 수집할 수 있는 정보의 종류를 스스로 설정할 수 있게 한다. 즉 방문자들은 웹사이트별 프라이버시 정책을 자신의 선호나 미국 공정거래위원회(FTC)의 정보 사용 기준 혹은 유럽의 정보 보호 지침과 같은 표준화된 기준과 비교해볼 수 있도록 하는 것이다.

표 6.2는 프라이버시 정책을 위한 가이드라인의 예를 보여준다. 표 6.2의 마지막 칸에 나오는 '데이터 기밀성'이란 제7장에서 살펴보게 될 보안을 의미한다. 우리가 알아야 할 매우 중요한 사실 한 가지는 세상에 있는 그 어떤 좋은 의도의 프라이버시 정책도 효과적인 보안 수단에 의해 지원되지 못하면 의미가 없다는 것이다.

프라이버시 강령과 정책에도 불구하고, 옵트 아웃과 옵트 인 모델에도 불구하고, 당신의 프라이버시와 관련하여 남겨진 그 어떤 것이라도 지켜내는 일은 점점 더 어려워지고 있다. 하지만, 마무리 사례 2에서 보여주는 것처럼, 몇몇 기업은 당신의 프라이버시를 지키는 것을 돕고 있다.

프라이버시의 국제적 양상

온라인 사용자의 수가 전 세계적으로 증가함에 따라, 각국에서는 프라이버시 및 보안 관련 법안을 마구 제정하였으나 서로 상이하거나 일관성이 없는 측면이 있다. 이와 같이 범국가적 차원의 법적 제도 확립이 매우 복잡한 양상을 보이다 보니, 기업에 대한 규제에 있어 문제들이 발

표 6.2 프라이버시 규칙을 위한 지침의 예

- **데이터 수집**
  - 개인에 대한 데이터의 수집은 합법적 비즈니스 목적을 위한 경우에만 가능하다.
  - 비즈니스 목적을 위한 데이터 수집은 적절하고 적합하며 과도하지 않은 범위 내에서 행해져야 한다.
  - 개인에 대한 데이터가 수집되기 전에 해당 개인으로부터 동의를 받아야 한다. 이러한 동의는 개인의 행동으로부터 유추될 수도 있다(예 : 신용 정보, 보험, 고용상황 등의 활용).

- **데이터 정확성**
  - 개인에 대한 민감한 데이터는 데이터베이스에 저장되기 전에 확인되어야 한다.
  - 데이터는 언제 어디서 요구되어도 현재 상태로 저장되어야 한다.
  - 자신의 데이터가 정확한지 개인이 확인할 수 있도록 접근 가능한 형태의 파일을 작성해야 한다.
  - 데이터의 정확성에 대해 문제가 생긴다면, 어떠한 공개 파일에도 개인이 작성한 데이터를 함께 포함하여 공지해야 한다.

- **데이터 기밀성**
  - 컴퓨터 보안 절차는 데이터의 인가되지 않은 공개를 관리할 수 있어야 한다.
  - 법적인 요구가 있는 경우를 제외하고는, 개인의 인지나 허락 없이 제3자가 개인 데이터에 접근해서는 안 된다.
  - 대부분의 절차와 달리 데이터의 공개는 데이터가 유지되는 한 공지되고 지속되어야 한다.
  - 데이터는 수집 당시의 비즈니스 목적을 벗어나는 이유로 공개되어서는 안 된다.

생하게 되었다. 대략 50여 개의 나라에서는 일종의 데이터 보호법을 가지고 있다. 그런데 이러한 법의 상당 부분은 다른 나라 법과 상치되는 면을 가지고 있거나, 보안을 위한 특정 수단을 필요로 한다. 아예 프라이버시 관련법이 없는 나라들도 있다.

일반적으로 프라이버시와 보안을 위한 일관되고 통일된 법이 없는 경우 국가 간의 정보 유통은 저해된다. 유럽연합(EU)은 이 문제의 극복을 시도한 바 있다. 1998년 ECC(European Community Commission)는 자신의 정보에 접근할 수 있는 개인의 권리에 대한 지침을 유럽연합 내 모든 나라를 대상으로 발간하였다. 또한 유럽의 데이터 보호 관련 법은 미국의 법보다 훨씬 엄격하다. 이것은 다국적 기업들에게 충분히 문제가 될 소지가 있고, 프라이버시 침해로 소송을 야기할 수 있다.

관계 당국이나 관련 개인에 대한 지식 없이 국가 간 데이터의 유입이나 유출을 일으키는 것은 많은 프라이버시 문제를 야기한다. 데이터가 재처리 또는 재전송의 과정에서 여러 나라에 저장되었다면 어떤 나라 법안의 관할 아래 있어야 하는가? 예를 들어 어떤 데이터가 폴란드 회사에 의해서 미국 위성을 거쳐 영국 회사로 전송되었다면 언제, 어떤 나라의 프라이버시 법으로 그 데이터를 통제할 수 있는 것일까? 이러한 질문들은 시간이 갈수록 더 자주, 더 복잡한 형태로 나올 것이다. 이러한 프라이버시 문제를 해결할 수 있도록, 급속도로 변화하는 정보기술과 관련된 법안과 표준을 개발하기 위해 노력해야 한다.

미국과 유럽연합은 자국 국민들을 위한 프라이버시 보호의 목표를 공유하고는 있지만, 서로 다소 다른 접근을 하고 있다. 두 진영의 프라이버시 관련 접근의 차이점을 절충하기 위하여 미 동상부에서는 유럽연합과 합의하여 '세이프 하버(safe harbor)'라는 프레임워크를 만들었다. 세이프 하버를 통해 미국 기업이 유럽 자국민들의 개인 정보를 유출하거나 처리하는 것에 대해 규제를 가하고 있다. www.export.gov/safeharbor와 http://ec.europa.eu/justice_home/fsj/privacy/index_en.htm을 참조하라.

> **다음 절로 넘어가기 전에…**
>
> 1. 정보기술에 의해 영향을 받는 프라이버시 문제에 대해 기술해 보라.
> 2. 프라이버시 문제는 국가 간 데이터 유통에 어떤 영향을 미칠지 논의해보라.

개념 적용 6.2

학습 목표 6.2 개인 정보가 저장된 세 군데의 장소를 규명하고 각각에 있어 잠재하고 있는 위험을 적어도 한 가지 이상 논의한다.

1단계 – 배경

이 절에서는 프라이버시를 혼자 있을 수 있고 개인에 대한 비합리적인 방해로부터 자유로울 수 있는 권리로 정의하였다. 정보 프라이버시란 언제 어느 정도로 당신에 대한 정보가 수집되거나 타인에게 전달될 수 있는지를 결정할 수 있는 권리이다. 그리고 우리는 정보 프라이버시를 통제하고 있다. 정말 그러한가? 만약 그렇다면, 왜 사람들은 항상 큰 정부를 두려워하는가? 이제 세계는 인터넷으로 연결되어 있기 때문에 사람들이 우리를 감시하고 우리의 프라이버시를 침해하는 정부의 '빅 브라더' 행위를 두려워하는 것은 어쩔 수 없는 것으로 보인다.

2002년 상영된 〈마이너리티 리포트〉라는 영화에서는 언제 어디에서 범죄가 발생할지를 예측할 수 있는 특수 경찰 그룹이 소개된 적 있다. 이 그룹은 범죄자들이 범죄를 저지르기 전에 미리 체포할 수 있는 것이다. 마찬가지로 2008년에 소개된 〈이글 아이〉라는 영화에서는 컴퓨터 시스템이 너무 똑똑해져서 헌법의 준수 여부를 선택하는 장면이 나오는데 이는 미국 대통령의 암살을 의미하기도 했다.

2단계 – 활동

영화와 함께 이 밤을! 만약 위에서 언급한 영화들을 보지 않았다면 하나를 선택하여 프라이버시와 정보 보안의 관점에서 감상해보라. 친구에게 영화에 대해 이야기해주고 이 문제에 대한 그들의 의견도 구해보라. 만약 영화를 볼 시간이 없다면, 다음 웹사이트를 방문해보라—http://www.wiley.com/go/rainer/MIS3e/applytheconcept.

3단계 – 과제

영화 속에 나타난 장면들을 생각하면서, 당신의 개인적 데이터를 저장하는 세 군데 장소를 규명하는 논문을 준비해보라. 각 장소에서, 그곳에 당신의 정보를 저장했기 때문에 발생하는 당신의 개인적 프라이버시에 대한 위협을 적어도 하나 이상 논의해보라. 영화에서의 규모처럼 중요한 위협이라고 가정해보라. 당신의 순진한 판단이 문제를 어디까지 일으킬 수 있을지 생각해보라. 당신의 논문을 학생들 앞에서 발표하고 교수에게 제출하라.

나를 위한 IT는 무엇인가?

ACCT

회계 전공자

공기업이나 공기업의 회계사들, 그리고 회계 감사자들은 정보 보호에 대한 막중한 책임을 가지고 있다. 회계사들은 이제 기업 거래에 있어 위험을 줄이고, 거래투명성을 확보하며, 사기거래를 제거하고, 반드시 GAAP(Generally Accepted Accounting Principles, 일반적으로 인정된 회계 원칙)를 준수하는 것에 대한 직업상 그리고 개인적인 책임을 져야 한다. 사실 SEC나 PCAOB(Public Company Accounting Oversight Board, 공개 기업 회계감독 위원회)같은 규제기관

202   제6장   윤리와 프라이버시

은 회계 부서가 윤리적 원칙을 엄격하게 준수하기를 요구한다. 회계와 정보 보안의 결합 형태인 법회계학은 오늘날 회계 분야에서 그 무엇보다도 빠르게 확장되고 있는 영역이다.

FIN 재무 전공자

글로벌 규제 요구사항과 사베인스-옥슬리법의 구절에 따라, 재무 관리자도 엄격한 윤리 가이드라인을 따라야 한다. 그들은 증권거래위원회(SEC)에 제출하는 모든 재무 보고서와 서류를 총체적이고, 공정하며, 정확하고, 시의적절하며, 이해 가능한 형태로 공개해야 할 책임이 있다. 나아가 재무 관리자들은 적용 가능한 정부의 법안, 규칙, 규제들을 준수할 책임이 있다.

MKT 마케팅 전공자

마케팅 전문가들은 고객에 대한 데이터를 수집할 수 있는 새로운 기회를 갖게 되었다. 예를 들면 B2C 전자상거래 같은 것들로 인해서이다(제9장에서 토의). 비즈니스 윤리는 이러한 고객 데이터가 반드시 기업 내에서만 사용되고 그 누구에게도 판매되어서는 안 된다고 강조하고 있다. 마케터들도 마케팅 데이터베이스에 수집된 데이터의 프라이버시 침해로 인해 소송을 당하는 것은 분명 원하지 않을 것이다.

고객들은 그들의 데이터가 적절한 수준으로 보호되길 원한다. 하지만 이윤에 눈이 먼 범죄 집단들은 데이터의 적극적 활용을 원한다. 따라서 마케팅 관리자들은 데이터 운영상의 위험을 반드시 분석해야 한다. 기업이나 고객 데이터를 보호하는 것에 실패한다면, 심각한 공공 관계상의 문제를 일으키거나 고객들의 분노를 사게 될 것이다. 고객 관계 관리(제12장에서 토의)의 운영이나 고객의 온라인 구매 습관을 추적하는 것은 데이터의 오남용(데이터가 암호화되지 않은 경우) 및 프라이버시 침해로 연결될 수 있다.

POM 생산/운영 관리 전공자

생산/운영 관리 전문가들은 제조 운영의 아웃소싱 여부를 결정하게 된다. 때로는 운영을 해외에서 담당하게 할 수도 있는데, 그 나라가 엄격한 노동법을 가지고 있지 않을 수도 있다.

HRM 인적자원관리 전공자

인적자원관리 담당자들에게도 윤리는 매우 중요한 부분이다. HR 정책은 정보기술의 업무상 사용이 적절할 수 있도록 해야 한다. "직원들이 업무시간 중 개인적인 목적으로 인터넷이나 이메일 혹은 채팅 시스템 등을 사용할 수 있는가?", "직원들을 모니터링하는 것은 윤리적인가?", "그렇다면 어떻게, 어느 정도, 얼마나 자주 모니터링해야 하는가?"와 같은 질문들이 생길 수 있다. 인적자원관리자들은 직원들과의 관계에 있어 신뢰를 유지함과 동시에 이러한 질문들에 대응하는 정책을 수립해야 한다.

MIS 경영정보시스템 전공자

윤리는 조직 내 어떤 사람들보다도 경영정보시스템 담당자에게 더욱 중요한 항목이다. 왜냐하면 경영정보시스템 담당자들은 정보 자산을 통제할 수 있기 때문이다. 그들은 또한 고용인들에 대한 방대한 개인 정보를 통제할 수 있다. 결과적으로 경영정보시스템의 기능은 가장 엄격한 윤리적 기준으로 규제되어야 한다.

요약

1. 윤리에 대해 정의하고, 세 가지 기본 윤리 강령을 나열하여 설명한다. 그리고 정보기술과 관련된 윤리적 이슈의 네 가지 범주에 대해 기술한다.

   윤리란 개인의 행동에 대한 판단에 사용될 수 있는 옳고 그름에 대한 기준을 뜻한다.
   윤리에 대한 기본 강령은 책임, 위무, 법적 책임을 포함한다. 책임이란 당신의 결정과 행동에 대한 결과를 수용하는 것이다. 의무란 행위에 대해 누가 책임을 져야 하는지 결정하는 것을 의미한다. 법적 책임이란 타인이나 기관 또는 시스템에 의해 행해진 손해에 대해 복구해줄 것을 요청할 수 있는 권리를 개인에게 부여하는 법적 개념이다.

IT와 관련된 가장 중요한 윤리적 문제는 프라이버시, 정확성, 자산(지적 자산 포함), 그리고 정보 접근성이다. 프라이버시는 데이터베이스에 데이터가 쌓이거나 네트워크를 통해 전송될 때 침해될 소지가 있다.

2. 개인 정보가 저장된 세 군데의 장소를 규명하고 각각에 있어 잠재하고 있는 위협을 적어도 한 가지 이상 논의한다.

프라이버시란 혼자 있을 수 있고 부당한 개인적 침해로부터 자유로울 수 있는 권리를 의미한다. 프라이버시에 대한 위협은 정보기술의 진보, 전자 감시, 인터넷 게시판, 뉴스그룹, 소셜 네트워킹 사이트를 모두 포함한다. 인터넷 게시판, 뉴스그룹, 소셜 네트워킹 사이트의 경우 너무 많은 정보를 이곳에 게시하여 당신이 모르는 수많은 사람들이 그 정보를 볼 수 있다는 위협이 있다.

>>> 용어 해설

디지털 서류철 당신과 당신의 습관 등에 관해 전자적으로 기록해둔 것

법적 책임 타인이나 기관 또는 시스템에 의해 행해진 손해에 대해 복구해줄 것을 요청할 수 있는 권리를 개인에게 부여하는 법적 개념

옵트 아웃 모델 해당 개인이 정보 수집을 금지하기 전까지는 어떠한 개인 정보도 기업이 수집할 수 있음을 고지에 입각하여 동의하는 방식

옵트 인 모델 해당 개인이 특정 정보의 수집을 허용하기 전까지는 어떠한 개인 정보도 타 주체에 의해 수집될 수 없음을 고지에 입각하여 동의하는 방식

윤리 개인의 행동을 이끄는 선택을 하는 데 사용되는 옳고 그름의 원칙

윤리 강령 조직 구성원들의 의사결정에 지침을 주기 위한 원칙들의 집합

의무 취해진 행동에 대해 누가 책임이 있는지를 결정하는 것에 관한 윤리 강령

전자 감시 컴퓨터를 활용하여 사람들의 행동을 추적하는 것

정보 프라이버시 당신에 대한 정보가 언제, 어느 정도까지 수집되고 다른 사람에게 전달될 수 있는지 정할 수 있는 권리

책임 당신의 결정과 행동에 대한 결과를 수용하려는 윤리적 강령

프라이버시 개인에 대한 비합리적 침해로부터 벗어나 독립적으로 지낼 수 있는 권리

프라이버시 강령 '프라이버시 정책' 참조

프라이버시 정책 고객이나 고용인들의 프라이버시를 보호하기 위한 조직의 지침

프로파일링 전자 서류철을 구성하는 과정

>>> 토론 주제

1. 2008년, MBTA(Massachusetts Bay Transportation Authority)는 3명의 MIT 학생들이 '평생 동안 지하철을 무임승차하는 법'이라는 주제로 발표하는 것을 금지하는 임시 제한 조치를 시행했다. 그 학생들은 라스베이거스에서 열리는 DEFCON 컴퓨터 해킹 컨퍼런스에서 그 내용을 발표하기로 예정되어 있었던 것이다. 그들의 행동은 합법적인가? 그들의 행동은 윤리적인가? 학생과 MBTA의 관점에서 각각 답을 찾고 토론해보라.

2. 〈캐치 미 이프 유 캔〉이라는 영화에서 레오나르도 디카

프리오가 연기했던 프랭크 애버그네일이라는 범죄자는 결국 감옥에 가게 된다. 하지만 그가 감옥을 나왔을 때는 여러 기업을 찾아다니며 사기행각에 대한 컨설팅을 수행하게 된다.

a. 왜 기업들은 이러한 중범죄자를 컨설턴트로 고용하게 되는가? 이것이 좋은 아이디어인가?

h. 당신이 회사의 CEO라고 해보자. 프랭크 애버그네일을 컨설턴트로 고용하는 것과 관련된 윤리적 함의를 토론해보자.

3. 미국에서 전자 감시의 일환으로 드론(무인비행장치, UAVs)을 사용하는 것에 대한 정보를 얻기 위하여 다양한 검색 엔진을 조회해보라.

a. 전자 감시용 드론의 사용에 찬성하는 입장을 취해보라.

b. 전자 감시용 드론의 사용에 반대하는 입장을 취해보라.

>>> 문제 해결 활동

1. 정보 보안 담당자가 기업 내 직원들의 웹 서핑에 대하여 일상적으로 모니터링해 오던 중 기업 내 많은 사람들이 '신풀 식스'라는 웹사이트에 접속한다는 것을 알게 되었다[주 : 신풀 식스(sinful six)는 포르노그라피, 도박, 중상모략, 불법행동, 천박하거나 폭력적인 내용을 담고 있는 웹사이트이다]. 그래서 해당자의 명단과 서핑 내역을 기록하여 매니저에게 전달했다. 어떤 관리자들은 해당자들을 처벌할 수도 있지만, 다른 관리자들은 오히려 프라이버시를 침해한 정보 보안 담당자의 행위를 나무랄 수도 있다.

a. 정보 보안 담당자가 모니터링을 한 것은 윤리적인가? (합법적이긴 하다.) 답을 하고 그에 대한 이유를 밝혀보라.

b. 직원들이 신풀 식스에 접속한 것은 윤리적인가? 답을 하고 그에 대한 이유를 밝혀보라.

c 정보 보안 담당자가 신풀 식스 접속자의 명단을 관리자에게 제출한 것은 윤리적인가, 윤리적이지 않은가? 왜 그런가?

d. 신풀 식스 접속자들을 벌하는 것은 윤리적인가, 윤리적이지 않은가? 왜 그런가? 만약 윤리적이라면 어떤 종류의 처벌까지가 수용 가능한가?

e. 이런 상황이라면 이 회사는 어떻게 해야 하는가? (주 : 여러 가지 가능성이 있을 것이다.)

2. www.cpsr.org/issues/ethics/cei에서 컴퓨터 윤리 기구의 '컴퓨터 윤리의 십계명'이라는 내용을 찾아보라. 그 십계명에 대해 살펴보고 더 추가할 것이 있는지 정해보라.

3. www.acm.org/constitution/code.html에서 미국 컴퓨터 학회(Association for Computing Machinery, ACM)의 윤리 규정을 확인해보라. 이 규정의 주요 내용에 대해 논의해보라. 이 규정은 완벽한가? 왜 그렇게 생각하는가? 혹은 왜 그렇지 않다고 생각하는가? 당신의 답을 제시하라.

4. www.eightmaps.com에 접속해보라. 이 웹사이트의 데이터에 접속하는 것이 불법인가? 비윤리적인가? 답을 제시하라.

5. 전자 프런티어 재단(www.eff.org)은 '전자 프런티어'에서 자유를 활성화하고 권리를 보호하려는 미션을 가지고 있다. 어떻게 당신의 프라이버시를 보호하는지에 대한 조직의 제안을 검토해보고 스스로를 보호하기 위해 할 수 있는 것들을 요약해보라.

6. 컴퓨터와 인터넷의 윤리적 사용에 대해 당신이 다니는 대학은 어떤 지침을 가지고 있는지 확인해보라. 당신이 볼 수 있는 자료의 종류나 당신이 방문할 수 있는 웹사이트의 종류에 제한이 있는가? 연구실에 있는 컴퓨터에 설치된 프로그램의 종류를 바꿀 수 있게 허락받았는가? 개인적 목적으로 연구실 컴퓨터에 프로그램을 다운받을 수 있는가? 컴퓨터나 이메일의 개인적 사용을 통제하는 규정이 있는가?

7. http://www.albion.com/netiquette/corerules.html에서 네티켓의 핵심 법칙에 접속해보라. 윤리 강령에 대해 어떻게 생각하는가? 더 강화되어야 할 것 같은가? 너무 일반적인 것 같은가?

8. www.cookiecentral.com과 www.epubliceye.com에 접속해보라. 이러한 사이트들은 당신의 프라이버시를 보호하기 위해 도움이 되는 정보들을 제공하는가? 그렇다면 어떻게 제공하는지 설명하라.

9. 당신은 당신의 대학이 대학 내 컴퓨터에서 주고받은 이메일을 모니터링할 수 있도록 허용되어야 한다고 생각하는가? 허용되지 않아야 한다고 생각하는가? 왜 그렇게 생각하는가? 답을 제시하고 그 이유를 설명하라.

1단계 - 배경

우리는 매일 프라이버시 관련 약관을 접하게 된다. 하지만 우리 중 몇 명이나 그 약관을 제대로 읽을까? 당신은 '약관에 동의' 버튼을 누를 때 실제로 모든 문장을 읽어본 것인가? 항목별 박스에 체크할 때 정확히 무엇에 대해 동의하는 것인지 알아보기 위하여 정기적으로 약관을 꼼꼼히 읽어보는 것이 좋다. 약관이 새로 작성되거나 변경되었다는 공지를 받는다면 어떤 부분이 바뀌었는지를 확인하는 것은 더욱 중요하다.

2단계 - 활동

다양한 프라이버시 약관에 대해 당신의 팀과 함께 조사해보라. 정보를 얻기 위해서 페이스북, 구글, 트위터, 링크드인, 핀터레스트와 같은 유명한 사이트들을 선택해보라.

예를 들면 2012년 구글은 프라이버시 및 정보 공유 정책을 변경하여 그 누구에게도 이것의 옵트 아웃을 허용하지 않으려 했다. 당신은 구글의 정책에 동의하거나 구글 사용을 중단해야 했을 것이다. 페이스북의 프라이버시 약관은 어떠한가? 각 팀에서는 특정 기업을 대상으로 이 이슈를 분석하여 그 결과를 해당 기업에게 보고한 적이 있는가? 대부분의 경우, 이미 프라이버시 이슈에 대해 분석하고 그 이력을 제시한 웹사이트들을 찾게 될 것이다.

3단계 - 과제

구글 프레젠테이션을 작성하여 공유해보라. 각 팀 구성원들로 하여금 자신이 조사한 기업에 대해 두세 장 정도씩 슬라이드를 만들도록 하라. 그 기업의 프라이버시 정책이 윤리적인지에 대해 논의할 수 있는 내용을 포함하라. 규정이 불법적이지 않다고 해서 윤리적임을 의미하지는 않는다는 것을 기억하라.

당신의 프레젠테이션을 교수와 공유하라.

마무리 사례 1 〉 국가안보국(NSA)의 감시 프로그램

심각한 문제 〉〉〉 2001년 9월 11일 테러 공격 이후 통과된 법 이래로 감시를 위한 미 국가안보국의 노력은 비약적으로 확대되었다. 2006년 미 의회는 패트리어트 법의 개정을 승인함으로써 외국첩보감시법(FISA)에 의해 미 정부가 전화 가입자의 정보를 수집하는 것이 더욱 용이하게 되었다. 이러한 변화는 대통령령에 의해서만 수행되던 국가안보국의 데이터 수집 프로그램이 보다 일상적으로 사용될 수 있도록 하였다. 동시에, 정보기술의 진보는 이 기관이 잠재적 테러 행위를 추적해낼 수 있도록 보다 방대한 양의 전화, 인터넷, 소셜, 그리고 재무 데이터를 축적하고 분석할 수 있도록 하였다.

2007년에, NSA는 데이터 수집을 위해 프리즘(PRISM)이라 불리는 또 다른 시도를 하였는데, 이것은 구글이나 애플과 같은 기업으로부터 인터넷 대화에 저장된 데이터를 얻는 것이다. 이러한 기업들은 외국 첩보활동감시법정에서 승인된 검색어에 부합되는 어떠한 데이터도 넘겨주도록 합법적으로 요구받고 있다. 게다가 이 나라의 선도 인터넷 기업들은 NSA와 FBI가 그들의 서버에 접근하여 미국과 전 세계에 있는 수억만 사용자들의 이메일, 사진, 그리고 다른 개인 정보를 직접 읽을 수 있게 하고 있었다. NSA는 신용카드 회사와도 비슷한 관계를 형성하였다.

NSA의 데이터 수집 프로그램은 NSA의 주요 계약자였던 부즈 알렌 해밀턴(Booz Allen Hamilton)과 함께 일했던 스노든(Edward Snowden)이라는 컴퓨터 전문가가 2013년 6월에 여러 개로 분류된 NSA 문서를 누출하기 전까지는 세간의 정밀조사를 거의 받지 않았다. 스노든은 미국의 감시 정책에 대한 논의가 촉발되기를 바라는 마음에서 그 프로그램의 상세내용을 공개했다고 밝혔다. 2013년 6월 워싱턴포스트(www.washingtonpost.com)와 영국 신문인 가디언(www.theguardian.com)은 스노든이 공개한 것을 출간했다.

이렇게 언론에 출간됨으로써 오바마 정부는 자신들이 수십억 개의 미국 내 전화 기록을 수집해 왔고, 마이크로소프트나 구글, 페이스북, 애플, 그리고 다른 미국 내 기술 기업들을 통해 이루어진 외국인들 또는 외국 기업들의 인터넷 대화를 감시해 왔다는 것을 깨달을 수밖에 없었다. 스노든의 누설은 곧바로 엄청난 논란을 불러일으켰다.

사실, 미국은 자국민에 대해서 감시를 할 수 있는 법적 권한이 매우 제한적이다. 그럼에도 불구하고 당국은 공식적으로 발표한 것보다 훨씬 더 많은 미국인들의 인터넷 대화에 대한 감시 네트워크를 만들었다. 이 시스템은 외국인들과 미국인들의 방대한 대화를 포함하여 외국 첩보를 검색하는 모든 미국 내 인터넷 트래픽의 거의 75%에 도달할 수 있는 가용성을 가지고 있다. 어떤 경우에는, NSA가 미국민들 사이에 전송되었던 이메일의 명문화된 내용도 보유하였다.

NSA는 통신회사의 협조하에 해외에서 시작되었거나 해외에서 끝난 대화나 해외에서 시작되고 끝났는데 미국을 거쳐 간 대화를 추출해내는 작업을 수행하였다. 데이터의 첫 번째 분석에서, NSA는 통신회사에게 해외첩보와 관련된 내용을 포함할 것 같은 다양한 인터넷 트래픽군을 제출하도록 요구하였다. 통신회사들은 FISC의 비밀 명령하에 NSA가 요구하는 어떠한 데이터도 넘겨주어야 했다. 첫 단계에서는 모든 인터넷 트래픽을 요구하지는 않았다. 대신 관심 있는 특정 내용에 초점을 맞추었다. 두 번째 분석에서는, NSA가 트래픽을 간단히 복사하여 당국이 '유력자'를 규정하는 방식에 기반하여 어떠한 대화를 보유할 것인지 결정했다. 유력자란 이메일 주소나 NSA가 감시하고 있는 기관에 부합되는 대량의 컴퓨터 주소들이 해당된다. NSA는 대화의 내용을 살펴보거나, 누가 누구와 대화를 주고받는지와 같은 보조적 내용을 분석하였다.

스노든이 공개한 문서에 따르면, NSA는 자신들이 코-트래블(CO-TRAVELER) 시스템을 이용하여 매일 전 세계에서 일어나는 거의 50억 건에 해당되는 모바일 전화의 위치 기록을 남긴다. 당국은 전 세계 모바일 네트워크에 접속하는 케이블을 연결함으로써 이러한 데이터를 얻는다. 이 케이블은 미국과 해외 휴대전화를 모두 제공해준다.

미국인에 대한 NSA의 감시는 3대 전화 네트워크(버라이즌, AT&T, 스프린트 넥스텔)로부터 제공받는 고객 데이터와 이메일, 그리고 웹 검색을 대상으로 한다. 더하여, 당국은 신용카드 거래 또한 분류하였다. 미국에서 가장 큰 3대 전화 회사와 협약했다는 것은, 대부분의 미국인들이 전화를 걸 때마다 NSA가 전화장소, 전화번호, 전화한 시간, 대화의 길이에 대한 정보를 모두 얻을 수 있다는 것을 의미한다. 이러한 행위는 2001년 이후로 실행된 무보증 망연결 프로그램에서 발전되었는데, 미 정부의 3국으로부터 모두 승인을 받았다. 전화와 인터넷 기업은 정부의 과도한 정보 요구와 고객의 신뢰 유지 사이에서 난감한 입장에 처해 있다.

NSA의 감시 프로그램은 일반 개인에게만 한정되지 않는다. 오히려 NSA는 수천 건의 범주화된 문서에 접근함으로써 외국 정부나 다른 대상에 대한 데이터도 수집하고 있다. 중요한 것은, NSA는 일상적으로 동맹국이나 적국에 대해서도 첩보 활동을 하고 있다는 것이다. 이 조직의 공식적 미션 중에는 자신들의 감시능력을 이용하여 프랑스나 독일같은 우국을 대상으로 '외교적 이점'을 얻거나 일본, 브라질을 대상으로 '경제적 이점'을 달성해내는 것이 포함되어 있다. 한 예로, 2013년 9월 자신이 NSA의 도청 대상이었다는 것을 알고 매우 화가 난 브라질 대통령 지우마 호세프 옆에 오바마 대통령이 매우 불편한 기색으로 서 있었던 적도 있다. 더하여, 멕시코, 프랑스, 독일, 스페인, 그리고 다른 유럽국가들로부터의 저항도 만만치 않다.

암호화 기술은 전 세계의 개인이나 기업의 정보를 보호하는 데 필수적이다. 이 기술은 최근의 디지털 보안의 근간이 되며, 이메일 시스템이나 개인 데이터, 인터넷 검색, 그리고 은행 정보를 보호하기 위해 사용된다. 하지만 스노든이 밝히기를, 미국과 영국의 첩보국은 온라인 프라이버시와 보안을 보장하기 위하여 만들어진 암호기술 또한 해킹하였다고 한다. 은밀히 암호를 풀기 위해, NSA는 파트너인 영국의 정부통신국(GCHQ)과 함께 슈퍼컴퓨터를 사용하고 기술 기업의 지원을 받아 소프트웨어에 '백도어'를 내장하였다.

NSA는 한 발 더 나아갔다. 로이터의 보고에 의하면, NSA는 범용적 보안 소프트웨어에 고의적인 암호화 결함 알고리즘을 삽입하기 위하여 RSA와 은밀히 계약하고 1,000만 달러를 지불했다고 한다. 이 계약은 당국의 감시 프로그램을 지원하기 위해 암호 표준을 완화하려는 NSA 캠페인의 일환이다.

반응 〉〉〉 NSA의 데이터 수집을 제한하기 위해 의회나 FISC 둘 다 적극적 노력을 하지 않았다는 비난여론이 형성되었다. 예를 들어 의회에 제출된 법무국의 연차 보고서에 따르면 1979년부터 2012년까지 미 정부가 제출한 3만 3,900건의 감시 신청서 중 오직 11건만이 FISC에 의해 거절되었다는 점이 부각되었다.

NSA는 자신들의 행위가 합법적이고 미국인들의 프라이버시를 존중한 것이었다고 방어했다. 미국인들의 프라이버시를 보장하기 위하여, NSA 프로그램은 매우 복잡한 소프트웨어 알고리즘을 채택하는데 이것은 정보의 특정 부분이 전송될 수 있도록 구성된 일련의 구멍들에 적용된 필터처럼 작동한다. 9·11 이후, NSA는 정부가 '합리적' 데이터 수집에 대한 정의를 확대하자 더 많은 정보를 수집하기 위하여 이 구멍도 확대했다.

미 첩보국 관리와 백악관은 NSA의 감시 프로그램이 지역 경계에 구분 없이 테러 위협을 조기 경고한다고 주장한다. 2013년 8월, 오바마 대통령은 NSA의 감시 프로그램의 주요 부분을 점검하기 위한 계획을 발표했다. 가장 중요한 내용은 프라이버시 우려를 옹호하여 FISC를 재구성하겠다는 것이다.

결과 〉〉〉 스노든의 고발 이후 좋지 못한 결과가 계속 발생했다. 프리즘 프로그램하에서 데이터를 NSA에 전송하는 기술 기업은 유럽연합에 의해서 소송을 당할 수도 있다. 즉 유럽연합에서 운영되고 그 시민들에게 서비스를 제공하는 기업들은 상대적으로 엄격한 유럽연합의 데이터 보호법을 따를 필요가 있는 것이다. 이러한 법은 데이터를 수집하는 기업의 행위를 제한하고 기업들로 하여금 어떻게 정보가 사용되며 누구에게 제공되는지를 공개하도록 요구한다.

더하여, 2014년 3월, 오바마 대통령은 한때 비밀리에 진행되었던 NSA의 전화 데이터 수집 프로그램을 점검하기 위한 입법안을 공개했다. 대통령은 NSA가 해당 프로그램의 역량을 유지하면서도 전화 기록을 대량으로 수집하는 작업은 하지 않기를 원한다고 발표했다.

그리고 스노든은 어찌 되었을까? 2014년 중순경, 그는 러시아로 망명했다.

출처 : C. Savage, "Obama Is Set to Curb NSA on Call Data," *New York Times*, March 25, 2014; M. Ferranti, "Report on NSA 'Secret' Payments to RSA Fuels Encryption Controversy," *Network World*, December 22, 2013; B. Gellman and A. Soltani, "NSA Tracking Cellphone Locations World-wide, Snowden Documents Show," *The Washington Post*, December 4, 2013; S. Shane, "No Morsel Too Minuscule for All-Consuming NSA," *New York Times*, November 2, 2013; November 6–8, 2013; M. Winter, "NSA Cracks Internet Privacy," *USA Today*, September[Thomson1]; S. Gorman and J. Valentino-DeVries, "NSA's Reach into U.S. Net Is Deep, Wide," *The Wall Street Journal*, August 21, 2013; S. Gorman, C. Lee, and J. Hook, "Obama Vows Spying Overhaul," *The Wall Street Journal*, August 10–11, 2013; B. Stone and J. Brustein, "This Prism Isn't Reflecting Much Light," *Bloomberg Business Week*, June 24–30, 2013; G. Greenwald and J. Ball, "The Top Secret Rules That Allow NSA to Use US Data Without a Warrant," *The Guardian*, June 20, 2013; G. Greenwald and E. MacAskill, "Boundless Informant: The NSA's Secret Tool to Track Global Surveillance Data," *The Guardian*, June 11, 2013; S. Gorman, A. Entous, and A. Dowell, "Technology Emboldened NSA," *The Wall Street Journal*, June 10, 2013; D. Barrett and D. Yadron, "Contractor Says He Is Source of NSA Leak," *The Wall Street Journal*, June 10, 2013; G. Greenwald, E. MacAskill, and L. Poitras, "Edward Snowden: The Whistleblower Behind the NSA Surveillance Revelations," *The Guardian*, June 9, 2013; S. Gorman, E. Perez, and J. Hook, "U.S. Collects Vast Data Trove," *The Wall Street Journal*, June 7, 2013; N. Hopkins, "UK Gathering Secret Intelligence Via Covert NSA Operation," *The Guardian*, June 7, 2013; G. Greenwald and E. MacAskill, "NSA Prism Program Taps in to User Data of Apple, Google, and Others," *The Guardian*, June 6, 2013; G. Greenwald, "NSA Collecting Phone Records of Millions of Verizon Customers Daily," *The Guardian*, June 5, 2013; www.nsa.gov, accessed March 29, 2014.

질문

1. NSA의 행동이 갖는 장점과 단점을 설명하라.

2. 에드워드 스노든의 행동이 갖는 장점과 단점을 설명하라.

3. NSA의 행동은 합법적인가? 구체적 예를 이용하여 당신의 답변을 지지해보라.

4. NSA의 행동은 윤리적인가? 구체적 예를 이용하여 당신의 답변을 지지해보라.

5. 스노든의 행동은 합법적인가? 구체적 예를 이용하여 당신의 답변을 지지해보라.

6. 스노든의 행동은 윤리적인가? 구체적 예를 이용하여 당신의 답변을 지지해보라.

마무리 사례 2 〉 당신의 프라이버시 보호하기

문제 〉〉〉 개인 정보를 통제하기 위한 경쟁은 매우 치열하다. 혹자는 개인 정보를 21세기의 '신종 기름'이라고 부르기도 한다. 페이스북의 시장 가치는 10억 명 이상의 회원에 대한 상세 정보를 가지고 있다는 것이 어떤 의미인지를 보여준다. 회사들은 우리를 표적으로 광고 메시지를 보다 정교하게 제공하기 위해 우리에 대한 데이터를 점점 더 많이 확보하려고 끊임없이 노력하고 있다. 예를 들어 콘텐츠를 보다 쉽게 활성화하기 위하여 웹사이트들이 여기저기 퍼뜨린 '좋아요' 또는 '공유해요' 등의 버튼들은 페이스북으로 하여금 온라인에서 사람들을 더 잘 추적할 수 있도록 한다.

하지만 이러한 일들을 감시하고 있던 미국 국가안보국(NSA)에서는 무수히 많은 광고 네트워크와 데이터 마이너, 그리고 데이터 중계상에 의해 웹 서퍼들의 경로가 추적당하고 있다는 것에 대해 새로운 걱정을 하기 시작했다. 미국 공정거래위원회(FTC)는 브라우저 회사와 고객 보호단체들, 그리고 광고업자들을 대상으로 인터넷 사용자들이 이용할 수 있도록 '추적 금지' 옵션을 설치하는 합의안을 만들도록 압박하였다. 하지만 고객들이 얼마나 많은 보호를 받을 자격이 있는가에 대한 합의가 광고업자들과 프라이버시 보호단체 간에 이루어지지 않아 결국 이 협상은 무산되었다.

다양한 해결책 〉〉〉 프라이버시 문제로 인하여 최근에 많은 기업들이 프라이버시 보호를 지원하는 소프트웨어를 출시하였다. 몇몇 사례를 좀 더 자세히 살펴보자.

- 스냅챗(www.snapchat.com) : 10대 사용자를 겨냥한 사진 및 동영상 뷰어용 스마트폰 앱이다. 이 앱은 첨부한 스냅샷이 일정 시간 후 자동으로 파괴되도록 함으로써 보안 기능을 강화하였다. 또한 당신이 보낸 사진을 누군가 화면 캡처하려 하면 당신에게 알려주는 기능도 있다.

- 위커(https://mywickr.com) : 이 스마트폰 앱을 이용하면 다른 멤버에게 군사기밀 수준으로 암호화된 메시지나 사진, 그리고 동영상을 보낼 수 있다. (암호화에 대해서는 제7장에서 다룬다.) 또한 이 앱은 장소나 디바이스 종류와 같은 정보는 파일로부터 제거한다. 위커의 서버에 송신자에 대해 추적할 수 있는 정보는 아무것도 저장되지 않는다.

- 번 노트(https://burnnote.com) : 이 스마트폰 앱은 일정 시간 후 스스로 파괴되는 암호화된 글을 전송한다. 이 글은 수신자의 컴퓨터에서 삭제되며, 번 노트의 서버에 저장되지 않는다. 번 노트는 또한 수신자가 마우스를 가져가면 글의 특정 위치만 보이게 한다. 결국, 스크린샷으로도 전체 글을 캡처하는 것은 불가능하다.

- 타이거텍스트(www.tigertext.com) : 이 앱은 안전한 메시지 시스템이 중요한 기업, 특히 건강관리업계—를 대상으로 한 것이다. 예를 들면 당신의 외과의사는 타이거텍스트를 당신 무릎의 X-ray 촬영에 대해 동료에게 메시지를 보낼 때 사용할 수 있다. 타이거텍스트에서는 전송자들이 이미 보낸 메시지를 다시 보는 것도 가능하다.

- 레퓨테이션(www.reputation.com) : 이 회사는 개인과 기업이 온라인에서 좋게 보이게 함으로써 그들의 온라인 명성을 관리한다. 이 회사는 공격적인 글을 온라인에서 찾아내 없앨 것이다. 더하여, 고객들의 개인 정보가 공개되는 것을 막는 데 도움을 줄 것이다.

- 사일런트 서클(https://silentcircle.com) : 이 회사는 안전하고 암호화된 전화 통화나 안전하고 암호화된 메시지를 쉽게 보낼 수 있도록 한다. 더하여, 전송자는 해당 파일이 일정 시간 후 자동으로 두 장비(전송자와 수신자)로부터 지워지도록 설정할 수 있다. 사일런트 서클은 저널리스트나 정치적 반체제 인사, 외교관, 국가 감시나 산업스파이를 피하려는 기업의 삶을 더 쉽고 안전하게 한다.

이 회사에 따르면, 2013년 초에 남수단에 있는 한 리포터가 차량 검문소에서 일어난 잔인행위를 녹화하기 위해 이 앱을 사용했다. 그는 비디오를 암호화하여 유럽으로 전송했다. 몇 분 내에 그 비디오는 자동으로 송신자의 기기에서 지워졌다. 당국에서는 송신자를 체포하여 검색하였지만, 그의 전화기에서 비디오 영상을 찾아내지는 못했다. 그러는 사이, 녹화된 장소가 정확히 기록된 그 필름은 안전한 곳으로 이미 전달되어 인권 남용을 고발하는 서류 작성에 사용되게 될 것이다.

사법 당국은 범죄자들이 사일런트 서클 앱을 사용할까 봐 걱정하고 있다. 따라서 FBI는 비밀스럽게 용의자들의 정보를 캐낼 수 있게 대화용 소프트웨어 제공자들이 모두 백도어(제7장에서 논의함)를 설치하기를 원한다. 하지만 사일런트 서클은 사법기관으로부터의 도청행위에는 순응하지 않겠다고 분명히 선을 그었다.

- 퍼스널(www.personal.com) : 사용자들에게 자신의 단일 계정과 자신에 대한 정보를 저장할 수 있는 개인 금고를 제공한다. 기업들은 이 데이터를 이용하여 개인화된 상품과 광고를 제공할 수 있으므로 기꺼이 여기에 지불하려 할 것이다. 나아가 사람들은 자신들의 금고에 둔 데이터에 대한 통제권을 갖고 있기 때문에, 그들은 상품 할인이나 현금과 같은 무언가 가치 있는 보상을 원할 것이다.

- 아이프리데이터(https://www.ipredator.se) : 인터넷 프라이버시 제공이라는 공언 목표를 가진 가상의 개인 네트워킹 서비스이다(제7장에서 논의한다).

- 디스커넥트(https://disconnect.me) : 검색창 옆에 녹색의 D자가 보이게 하고 웹사이트상에서 개인 데이터를 요구하는 기업의 숫자와 요청 건수의 숫자를 보여주는 셰어웨어이다. 그런 다음 디스커넥트는 이러한 요청을 극적으로 차단하여 서핑 속도를 높이다. (셰어웨어는 공짜로 사용 가능한 소프트웨어인데 종종 사용자 평가를 위해 배포된다. 이후 지속적인 사용을 위해서는 사용료가 요구된다.) 디스커넥트의 가장 최신 버전은 당신의 데이터를 수집하는 것으로부터 2,000개 이상의 업체를 막아냈다.

- 버너(http://burnerapp.com) : 임시 전화번호를 제공하여 전화나 문자를 주고받을 수 있게 하는 아이폰 앱이다. 업무가 끝나고 나면 이 번호는 사라지기 때문에 당신을 쉽게 추적할 수 없다. 사일런트 서클과는 달리, 버너는 사법 당국의 요구에 순응한다.

결과 〉〉〉 궁극적으로, 당신의 웹 상태(혹은 당신의 디지털 자취)나 소셜미디어에서 얼마나 많은 정보를 공유했는가,

또는 그 외의 많은 요인들 등에 의해 우리 각자의 결과는 달라질 것이다. 따라서 당신이 여기 소개된 프라이버시 상품 중 일부 혹은 전부를 시도함에 따라, 당신의 프라이버시에 대한 영향력이 결정될 것이다.

출처 : "How to Protect Your Privacy Online," *The Wall Street Journal*, October 21, 2013; M. Carney, "TigerText Takes Its Secure Messaging Platform Freemium, Targeting Both Enterprises and Consumers," *Pando Daily*, October 3, 2013; K. Hill, "Track Me If You Can," *Forbes*, August 12, 2013; B. Tekspert, "How Can I Protect My Privacy Online?" *Senior Planet*, August 6, 2013; M. Lee, "Encryption Works: How to Protect Your Privacy in the Age of NSA Surveillance," *Freedom of the Press Foundation*, July 2, 2013; R. Gallagher, "The Threat of Silence," *Slate*, February 4, 2013; J. Brustein, "Start-Ups Seek to Help Users Put a Price on Their Personal Data," *New York Times*, February 12, 2012; www.snapchat.com, https://www.mywickr.com, https://burnnote.com, www.tigertext.com, www.reputation.com, https://silentcircle.com, www.personal.com, www.ipredator.se, https://disconnect.me, http://burnerapp.com, accessed March 29, 2014.

질문

1. 위에서 논의된 각 기업이 어떻게 당신의 프라이버시를 보호할 수 있는지 서술하라.

2. 이 사례에서 소개된 서비스 중 어떤 것을 사용함으로써 발생할 수 있는 불이익은 무엇인지 서술하라.

인턴십 **활동** 〉 ◉**first noble bank**

은행 업무

하루가 끝나 갈 때, 은행들은 살아남기 위하여 돈을 벌어야 한다. 은행은 대출이자를 받거나 양도성 예금증서를 판매함으로써 돈을 번다. 두 경우에, 당신으로부터 돈을 벌어들이는 것이 은행의 전략이다. 은행들은 그들의 고객인 당신과 법적 계약을 성사시키기 전에 당신의 재무이력, 현재 상태, 미래 등 가능한 당신에 대해 많이 알아내어 보다 현명한 선택을 하고자 한다. 이 정보를 수집함에 있어, 은행들은 윤리와 프라이버시 사이를 위태롭게 외줄타기 한다.

이 활동에서, 당신은 퍼스트 노블 은행의 제레미 파와 함께 일하게 될 것이다. (당신은 제1장의 인턴십 활동에서 제레미를 만났다.) 제레미는 윤리적 기준과 프라이버시 규정을 위반하는 것은 심각한 위법이라는 것을 은행 직원들이 명확히 인지하도록 하기 위하여 정보를 좀 구성하려 한다. 아래는 제레미가 보낸 편지로 이 프로젝트에 대한 제레미의 기대를 자세히 적어 놓았다.

받는 사람 :	IT 인턴
보내는 사람 :	제레미 파
제목 :	프라이버시 규약 검토 지원

여전히 안녕하시죠?

최근 미결된 대출 신청서를 처리하기 위해 만나는 일군의 대출 담당자들에 대해 들었습니다. 특정 대출을 처리할 때, 그들은 신청자의 모든 정보를 확인하고 모든 것이 양호하다고 결론 내려야 합니다. 따라서 한 담당자가 신청자의 개인적 삶, 가족의 삶, 작업 습관, 그리고 제반 건강 정보와 같은 은밀한 정보들을 큰소리로 이야기한 것입니다. 이러한 방식으로 정보를 공유하는 것은 비윤리적일 뿐만 아니라 개인 프라이버시의 침해입니다. 그럼에도 불구하고 이 정보는 지금 테이블 위에 놓여 있고 모두가 알고 있습니다.

다행히도, 우리 은행에서는 아직까지 이러한 문제로 인해 어떠한 사건도 일어나지 않았습니다. 이러한 사건이 일어나지 않게 하려면, 이러한 행동이 윤리적 기준과 프라이버시 규정을 위반하는 것임을 우리 직원들이 직시하도록 하는 정보를 작성해야겠습니다.

프로젝트에서 당신이 구체적으로 할 일은 10개 은행의 프라이버시 정책에 대해 조사하여 우리 은행을 위한 새로운 명문화된 정책을 만들 수 있도록 가이드라인을 작성해주는 것입니다.

아래 정보를 조사하여 당신의 보고서에 넣어 주세요.

1. 효과적인 프라이버시 정책이 되기 위해 포함해야 할 것들에 대해 요약해 주세요.
2. 은행 직원들이 이 정책을 따를 필요가 있음을 분명히 인지하도록 하기 위해 내가 취해야 할 내부 행위에 대해 말해 주세요.

잘 조사하여 조언해주기를 기대합니다.

고마워요!

제레미

주 : 이 편지에 있는 모든 링크는 http://www.wiley.com/go/rainer/MIS3e/internship에서 이용 가능하다.

1단계 – 배경

만약 당신이 이전 활동들을 수행했다면 당신은 스프레드시트의 능력에 경의를 표하기 시작했을 것이다. 이 다음 기술은 당신의 스프레드시트 실력을 엄청나게 상승하게 할 것이다.

수식 작성은 모든 셀 참조가 정확해야 하고 모든 데이터가 적절히 계산되어야 하기 때문에 시간 소모가 많은 일이다. 하지만 일단 성공적으로 수식을 한 번 적용하고 나면 그 다음부터는 그 수식을 복사하여 다른 셀에 붙여 넣어 그 행이나 열에 있는 데이터를 계산하게 할 수 있다. 예를 들면 셀 a1과 b1에 숫자가 있다고 생각해보라. 당신은 이 두 값을 더하기 위하여 합계 수식을 셀 c1에 넣으려 한다. (당신은 활동 1과 2에서 합계 수식에 대하여 배웠다.) 만약 당신이 셀 c1을 c2에 복사한다면, 이번에는 a2와 b2에 있는 데이터를 더할 것이다. 이것이 바로 **상대참조**이다. 기본적으로 수식은 위치에 상대적으로 작동한다.

가끔씩 당신은 하나의 행, 열 혹은 셀에 대한 참조를 유지할 필요가 있다. 이럴 때는 달러 표시($)를 열 문자나 행 문자 앞에 넣어야 한다. 만약 하나의 셀에 참조를 고정하고자 하면 열과 행 문자 둘 다 앞에 달러 표시를 넣어야 한다. 위 예제로 돌아가서, 만약 셀 a1에 있는 숫자를 b열의 숫자에 더한다면, 열 문자와 행 문자 둘 다 앞에 달러 표시를 넣어야 한다. 당신의 수식은 '=a1 + b2'가 될 것이다. 이제 수식을 복사하더라도 a1의 위치는 고정되어 남아 있다.

2단계 – 활동

리사는 플라스틱 컵과 그릇을 사서 페인트와 비닐 스티커를 이용하여 고객 맞춤형으로 장식하여 판매하는 작은 가게를 운영한다. 이 상품을 제작하는 것은 어떻게 장식하고 얼마나 시간을 투자하느냐에 따라 여러 가지 조합이 가능하다. 리사의 목적은 상품당 25%의 수익을 남기고, 각 상품을 맞춤화하는 데 들어간 시간당 20달러의 추가 요금을 부과하는 것이다. 처음에 2.5달러였던 컵이 30분간의 장식을 거치면 최종가는 $2.5+25%+$10(시간당 20달러 기준 반시간 비용)이 되어 전체 비용은 $13.13가 된다. 리사의 상품군이 다양해질수록 이러한 형태의 계산은 더욱 복잡해질 것이다.

3단계 – 과제

http://www.wiley.com/go/rainer/MIS3e/spreadsheet를 방문하여 리사의 상품 정보가 담긴 스프레드시트를 다운받아라. 이 워크북에는 리사의 각 상품별 최종가의 결정을 도울 수 있는 지시가 포함되어 있다. 스프레드시트에서 이 지시를 따라 작업한 뒤 최종 과제를 교수에게 제출하라.

이 스프레드시트 기술을 활용하는 다른 방법들은 WileyPLUS에서 찾아볼 수 있다. 'Microsoft Office 2013 Lab Manual Spreadsheet Module: Excel 2013'을 열어 Lesson 11: Freezing Titles and Absolute Addressing에 대해 검토해보라.

1단계 – 배경

정보시스템은 입력 단계와 분석 단계에서부터 에러를 잡아내 데이터에 의해 잘못된 결론이 나지 않게 해주어야 한다. 잘못된 데이터는 기업으로 하여금 잘못된 제품을 생산하고 너무 많은 혹은 너무 적은 재고를 주문하게 하며, 특정 그룹에게 가야 할 메시지를 다른 그룹으로 보내게도 한다. 만약 당신이 당신 자신을 위한 혹은 당신의 팀을 위한 데이터베이스를 개발한다면 가능한 많은 에러를 체크하도록 시스템을 설계해야 한다. 엑세스 데이터베이스의 디자인 보기 모드는 당신이 데이터시트 보기에서 데이터를 넣을 때 편집과 검사 기능을 내장하도록 해준다.

물론 모든 에러를 잡아낼 수는 없을 것이다. 만약 거리 주소가 36Elm 대신에 63Elm으로 입력된다면, 데이터베이스는 이것이 잘못된 것인지는 모른다. 하지만 다른 에러들은 많이 잡아낼 수 있다. 이 활동에서 당신은 기본값, 범위검사, 그리고 리스트에서 값 검사를 이용해보게 될 것이다.

2단계 – 활동

http://www.wiley.com/go/rainer/MIS3e/database를 방문하여 6장 활동과 연결된 데이터베이스를 다운받아라. 이 데이터베이스는 고객, 주문, 품목명, 그리고 상품에 대한 테이블을 가지고 있다. 이것의 구성은 이 책의 섹션에 있는 예제와 비슷하다. 주문 부품 테이블은 여기에서 품목명 테이블에 대응된다. 다음 단계를 완성하라.

- 품목명 테이블을 디자인 보기에서 열어 품목수량의 기본값으로 1을 입력하라.

- 디자인 보기에서 고객 테이블을 열고 고객할인의 기본값으로 0을 넣어라. 또한 같은 필드에 0~25 사이로 할인을 제한하는 규칙을 입력하라. (만약 이 열의 표시 형식이 백분율로 되어 있다면, 당신은 상한을 0.25로 입력해야 할 것이다. 액세스는 퍼센트와 같은 형식을 표현해준다. 하지만 이것은 단지 표시 형식일 뿐이다. 프로그램에서는 내부적으로 이것을 분수로 처리하고 검증한다. 하지만 여기서 열 부분이 백분율로 처리되지 않았기 때문에 그냥 25를 입력하면 된다.) 만약 사용자가 범위 밖의 값을 입력하려 하면 내보낼 에러 메시지를 입력하라. (힌트 : 검증 텍스트를 사용하라.)

- 주문 테이블에서, 검증 규칙을 주문 날짜에 추가하라—주문 날짜는 오늘 날짜보다 늦을 수 없다. (제한값으로 오늘 날짜는 가능하다.)

- 하나의 열을 가진 국가목록이라는 테이블을 작성하라—당신이 주문을 기대하는 국가들. 여기에 당신의 조국을 포함하여 10개의 국가를 입력하라. (힌트 : 디자인 보기에서 찾아보기 탭을 이용하라.) 이 테이블을 고객 테이블의 국가 필드에 연결시켜라. 만약 고객의 국가가 목록에 보이지 않으면 고객 테이블에 새 국가명을 입력할 수 있어야 한다. (테이블에는 데이터가 있기 때문에, 끝났을 때 국가 이름을 다시 입력해야 할 것이다. 만약 당신이 도시 이름으로부터 알아낼 수 없다면 맨 앞에 써 두어라.)

3단계 – 과제

검사 기능을 내장하여 완성한 데이터베이스를 교수에게 제출하라.

데이터베이스 기술에 대한 다른 도움은 WileyPLUS에서 얻을 수 있다. 'Microsoft Office 2013 Lab Manual Database Module: Access 2013'을 열어 Lesson 6: Viewing Table Data에 대해 검토해보라.

제7장

정보 보안

학습목표 **>>>**

1. 정보 자원의 취약성을 증가시키는 다섯 가지 요인을 규명하고, 각 요인별로 구체적인
   예를 제시한다.

2. 인간의 실수와 사회 공학을 비교 및 대조해보고 각각에 대한 구체적인 예를 제시한다.

3. 열 가지 유형의 고의적 공격에 대해 논의해본다.

4. 세 가지 위험 감소 전략을 정의하고, 당신이 집을 사는 상황에 적용하여 각각의 예를
   제시해본다.

5. 조직이 정보 자원을 보호하기 위해 주로 사용하는 세 가지 통제 유형에 대해 확인하고
   각각의 예를 제시한다.

도입 사례 > 쇼단은 좋은 도구인가 나쁜 도구인가?

짐 스미스는 그의 생일 날 이방인으로부터 끔찍한 선물을 받게 되었다. 축하 파티를 하고 나서 딸의 방에서 낯선 목소리가 들려오는 것이었다. 어떤 남자가 잠자고 있는 두 살배기 딸에게 "일어나"라고 말하고 있었다. 딸의 침실로 달려갔을 때 스미스는 그 소리가 그의 베이비 모니터에서 나오고 있다는 것과 누구라도 그 모니터를 이용해서 카메라를 조작할 수 있다는 것을 알았다. 놀랍게도, 그 모니터는 사용자들이 인터넷을 통해 어디에서라도 오디오와 비디오를 감시할 수 있는 그런 기계였다. 스미스는 급히 모니터의 전원을 뺐다. 그 모니터는 중국 선전의 포스캠(www.foscam.us)에서 만든 제품이었다.

스미스에게 이 일이 일어나기 몇 달 전, 보안 연구자들은 모니터에 소프트웨어 결함이 있어 'admin'이라는 사용자 이름만 넣으면 침입자들이 원격지에서 그 모니터를 제어할 수 있다는 것을 발견했다. 포스캠은 이미 결함을 수정했지만 사용자들에게는 이에 대해 적극적으로 알리지 않았다. 스미스가 그의 포스캠 계정을 체크해보니 해커가 자신의 사용자 이름도 추가해 두어 원할 때마다 들어올 수 있게 되어 있었다. 스미스는 이제 포스캠을 상대로 집단행동을 취할 예정이다. 그는 쇼단(www.shodanhq.com)이라는 검색 엔진을 이용하여 다른 소송자들을 찾을 수 있었다. 사실 쇼단은 해커가 스미스를 찾기 위해 사용했을 툴이다. 쇼단은 인터넷을 검색하여 징비들을 찾아내는데, 대부분의 장비들은 이에 반응하도록 프로그램되어 있다. 차, 태아의 심장 모니터, 건물의 난방시스템, 급수 장비, 전력 통제기, 신호등, 혈당측정기 등 광범위한 기기들을 찾아낸다. 스미스가 사용한 베이비 모니터를 검색해보니

© blyjak/iStockphoto

4만 명 이상의 사람들이 이런 모니터를 이용하고 있었다. 그들 모두 해커의 공격대상인 것이다.

인터넷에 연결되어서는 안 되는 장비와 공격에 취약한 장비들을 찾고 있는 보안 연구자, 법 집행관, 해커들에게 있어 쇼단은 매우 치명적인 도구이다. 스웨덴의 기술 기업인 에릭슨이 작성한 산업 보고서에 의하면 2020년까지 500억 개의 장비가 사물인터넷에 연결될 것이라고 한다. (사물인터넷은 제10장에서 다룬다.)

해커들은 가정집, 보안 관리실, 병원운영실, 아동보호센터, 마약거래상 등 IP 주소만 입력하면 그 내부를 들여다볼 수 있는 보안이 매우 취약한 대상을 찾기 위해 쇼단을 사용한다. 쇼단은 보안, 조명, 냉난방 시스템 등이 모두 원격지에서 관리되어 해커들도 공격할 수 있는 은행, 아파트, 켄벤션센터, 심지어 호주에 있는 구글 본사까지 찾아내었다. 2013년 후반에, 한 보안 분석가는 IP 주소만 알면 해커가 통제할 수 있는 장비가 2,000개가량 인터넷에 존재한다고 지적하였다. 같은 해, 미 국토안보부는 해커들이 사이버상에서 주정부 기관과 뉴저지 제조 공장의 에너지 관리 시스템에 침투하기 위해 쇼단을 사용하였다고 발표했다.

쇼단의 프리미엄 모델은 사용자들에게 10개의 검색 결과를 무료로 제공한다. 대략 1만 명의 사용자들이 한 번의 검색으로 1만 개의 결과를 얻기 위해 최대 20달러에 이르는 회당 가격을 지불하고 있다. 12개의 기관 회원들은 대부분 사이버보안 기업들인데, 15억 개의 사물이 연결된 쇼단의 전체 데이터베이스에 접속하기 위해 5배가량의 사용료를 지불하고 있다. 쇼단은 많은 제조사들이 물건을 생산하면서 만들어낼 수 있는 실수 또는 고객들이 물건을 구매할 때 저지르는 보안에 대한 부주의함 등에 경종을 울린다는 점에서 매우 가치가 있다. 인터넷에 연결된 모든 장비는 패스워드 보안이 되어 있어야 하지만 많은 경우 그렇지 못하다. 게다가 기본 설정된 사용자 이름과 패스워드를 입력해보면 로그

인이 되는 경우도 허다하다. 얼마나 사이버 공격에 취약한 실정인가? 2013년에 익명의 사용자가 겨우 4개의 기본 설정 패스워드로 40만 개 이상의 인터넷에 연결된 장비들을 제어했던 것을 생각해보라.

출처 : A. Stern, "Getting Rid of Shady Toolbars," *Kaspersky Labs Daily*, March 27, 2014; A. Grau, "Shutting the Door on Shodan," *Manufacturing. net*, December 16, 2013; K. Hill, "A Google for Hackers," *Forbes*, September 23, 2013; A. Couts, "Shodan, the Search Engine That Points Hackers Directly to Your Webcam," *Digital Trends*, September 5, 2013; R. McMillan, "The Internet of Things: Shodan," *Wired*, July 8, 2013; D. Goldman, "Shodan: The Scariest Search Engine on the Internet," *CNN Money*, April 8, 2013; www.shodanhq.com, accessed March 27, 2014.

질문
1. 쇼단은 해커에게 더 도움이 되는가? 아니면 보안 관리자들에게 더 도움이 되는가?

2. 인터넷에 접속되는 장비를 생산하는 업체들에게 쇼단은 어떤 영향을 주는가?

3. 인터넷에 접속하는 장비들이 크게 증가함에 따라, 쇼단의 영향은 어떻게 될 것인가? 대답에 대한 근거가 될 수 있는 예를 들라.

서론

정보 보안은 IT와 밀접하게 관련되어 있으며 중요한 질문들을 제기한다. 예를 들면 민감한 정보를 보호함에 있어 조직들은 어떻게 주의를 다하고 있음을 보여줄 수 있을까? 보안위험의 원인이 조직의 관리적 부분, 기술적 부분에 있는가, 아니면 두 가지의 조합에 있는 것인가? 조직들은 어떻게 그들의 정보를 보다 효과적으로 보호해야 하는가? 무엇보다도 이 장에서 가장 중요한 질문은 인터넷을 안전하게 하는 것이 가능한지다. 이 질문에 대한 답은 우리 모두와 각자에게 영향을 미친다.

이러한 질문에 대한 답은 사실 명확치 않다. 당신이 정보기술의 관점에서 정보 보안에 대해 배워 감에 따라 당신은 이러한 이슈들과 그것의 중요성, 그것들의 관계, 그리고 상반성에 대해 더 잘 이해하게 될 것이다. 정보 보안과 관련된 이슈들은 개인뿐만 아니라 크고 작은 기업 모두에게 영향을 준다는 것을 명심하라.

정보 보안은 특히 작은 기업에게 중요하다. 큰 기업의 경우에는 정보 보안 문제를 겪더라도 문제를 해결하고 견뎌낼 만한 자원이 있다. 반면 작은 기업은 자원이 적기 때문에 데이터 유출만으로도 기업이 위태로워질 수 있다.

적절하게 사용된 정보기술은 개인과 조직 및 사회 전체에 막대한 이익을 준다. 제1장과 제2장에서 당신은 IT가 비즈니스의 생산성, 효율성 및 고객 반응에 기여하는 다양한 방법에 대해 읽었다. 제약이나 자선 활동과 같이 IT가 사람들의 건강과 행복을 개선한 분야에 대해서도 살펴보았다. 불행하게도 정보기술은 오용될 수 있고, 매우 끔찍한 결과를 불러오기도 한다. 다음의 경우를 살펴보라.

- 개인들이 자신의 신분을 도용당하게 할 수 있다.
- 조직의 고객 정보가 도용당하거나 금전적 손실로 이어져 고객 신뢰에 금이 가고 법적 문

제로 이어질 수 있다.

- 국가들이 사이버 테러리즘과 사이버 전쟁의 위협에 직면하게 된다. 미국의 경우 사이버 전쟁이 매우 중대한 문제이다. 오바마 대통령은 2012년 10월에 사이버 전쟁 명령에 사인했다. 이 명령에서 백악관은 처음으로 언제 그리고 어떻게 미군이 외부 위협에 대해 공격적 또는 방어적 사이버 운영을 할 것인지에 대한 기본 지침을 규정했다. 이 지침은 오바마 정부는 사이버 보안에 최우선 순위를 둔다는 것에 초점을 맞추고 있다.

정보기술의 오용은 분명 IT 관련 이슈의 가장 선두에 있는 문제이다. 연구 결과에 의하면 각 정보 유출 사건마다 기업들은 수백만 달러를 지불한다고 한다. 예를 들어 마무리 사례 1에서 다룬 타겟의 데이터 유출에 대해 생각해보라. 데이터 유출에 수반되는 직접비는 법의학 전문가 고용, 고객 안내, 걱정하거나 피해를 본 고객들로부터 온 문의를 처리하기 위한 전화 핫라인의 설치, 무료 신용 조회 제공, 차후 구매에 대한 할인 혜택 등을 포함한다. 부가적 간접비용으로는 고객 이동에 의한 사업기회 상실—일명 고객 전환이라고 한다—및 고객 신뢰 상실 등이 있다.

불행하게도, 조직 내 직원들의 부주의가 데이터 유출의 많은 부분을 야기한다. 직원들이 사실상 정보 보안에 있어 취약한 연결 고리와 같다는 것을 의미한다. 따라서 당신이 직장에 갔을 때를 대비하여 정보 보안에 대해 잘 학습해두는 것은 매우 중요하다.

7.1 정보 보안에 대한 소개

보안(security)의 정의는 범죄 활동, 위험, 피해나 손실 등에 대비하여 보호하려는 정도이다. 이러한 광의의 정의에 따라 **정보 보안**(information security)이란 승인되지 않은 접근, 사용, 유출, 방해, 변경, 파괴로부터 조직 내 정보나 정보시스템(조직의 정보 자원)을 보호하는 것을 의미한다. 고의성 범죄 행위나 정상적 작동을 방해하려는 행위들에 의해서 조직 내 정보나 정보시스템이 제 기능을 할 수 없게 되는 것은 분명한 사실이다.

진행에 앞서 주요 용어들을 살펴보겠다. 정보 자원에 대한 **위협**(threat)이란 시스템이 노출되는 어떠한 위험도 포함한다. 정보 자원의 **노출**(exposure)이란 위협에 의해 정보 자원의 기능이 저하 또는 마비된 경우에 따라오는 결함, 손실, 혹은 피해를 의미한다. 정보 자원의 **취약성**(vulnerability)이란 시스템이 위협에 의해 문제를 겪을 가능성을 의미한다.

조직 정보 자원의 취약성을 증가시키는 데는 많은 요인이 있으며, 그것들로부터 안전하게 하는 것은 훨씬 더 어려워지고 있다. 그 요인들은 다음과 같다.

© pressureUA/iStockphoto

인간의 실수 중 장비를 부주의하게 관리하는 것은 때때로 자산을 도둑맞기 쉽게 만든다.

- 오늘날의 상호 연결되고 의존적이며, 무선 네트워크로 연결된 비즈니스 환경
- 더 작고, 빠르고, 저렴해진 컴퓨터와 저장 장치들
- 컴퓨터 해커가 되는 데 필요한 기술의 감소
- 국제적 범죄 조직의 사이버 범죄로의 진출
- 관리적 지원의 부족

가장 첫 번째 요인은 메인프레임만 있던 것에서 오늘날 매우 복잡하고 상호 연결되어 있으며 상호 의존적이고 무선 네트워크로 연결된 경영 환경으로 진화한 것이다. 이제 인터넷은 수백만 대의 컴퓨터와 컴퓨터 네트워크들을 서로 자유롭고 완벽하게 커뮤니케이션하도록 해준다. 조직과 개인

들은 신뢰할 수 없는 네트워크와 잠재적 침입자에 노출되어 있다. 신뢰할 수 있는 네트워크란 대개 당신의 조직 내부에 있는 네트워크를 뜻한다. 일반적으로 신뢰할 수 없는 네트워크란 당신의 조직 외부에 있는 어떤 네트워크도 다 포함된다. 또한 무선기술은 직원들이 언제 어디서라도 계산 처리를 하고, 소통하고, 인터넷에 접근하도록 한다. 중요한 점은 무선 네트워크는 본질적으로 안전하지 않은 방송 커뮤니케이션 매체라는 것이다.

두 번째 요인은 현대의 컴퓨터와 저장장치가 점점 더 작아지고 빨라지고 가격은 싸졌으며 저장 용량은 증가된 반면 이동성은 더 좋아졌다는 사실이다. 이러한 특징으로 인해 대량의 민감한 정보들이 저장된 컴퓨터나 저장장치들이 더 쉽게 도난당하거나 분실될 수 있다. 그뿐만 아니라, 더 많은 사람들이 고성능의 컴퓨터를 갖게 되고 손쉽게 인터넷에 접속할 수 있게 됨으로써 정보 자산에 대한 공격의 정도를 높일 수 있게 되었다.

세 번째 요인은 해커가 되는 데 필요한 컴퓨팅 기술이 점점 감소하고 있다는 것이다. 그 이유는 인터넷에 이미 필요한 정보나 프로그램(스크립트라 불림)이 다 있기 때문에 기술이 거의 없는 사람들도 그것을 다운로드 받아 인터넷상에 연결된 어떠한 시스템이라도 공격하는 데 사용할 수 있기 때문이다(보안 전문가들은 또한 이러한 스크립트를 다양한 시스템의 보안 테스트와 같은 정당한 목적으로 사용하기도 한다).

네 번째 요인은 국제적으로 구성된 범죄 조직들이 **사이버범죄**(cybercrime)에까지 손을 뻗치고 있는 것이다. 사이버범죄란 컴퓨터 네트워크, 특히 인터넷상에서 발생하는 불법적 활동들을 의미한다. 아이디펜스(iDefense, http://labs.idefense.com)는 보안 정보를 정부와 포춘 500대 기업에 제공한다. 매우 조직적인 범죄 집단들이 수십억 달러에 육박하는 국제적 범죄를 관장하고 있다고 전한다. 뛰어난 해커에 의해 운영되는 네트워크의 경우 알려진 소프트웨어 보안 약점을 표적으로 삼는다. 이러한 범죄들은 전통적으로 폭력적이라기보다는 고수익성이라는 특징을 가지고 있다. 예를 들면 무장 강도에 의한 손실은 평균 수백 달러에 이르지만, 지능범들의 범죄에 의한 손실은 평균 수만 달러에 이른다. 이러한 범죄들은 또한 세상 어디에서, 언제라도 수행될 수 있고, 사이버범죄자들에게 국제적으로 안전한 피난처를 효과적으로 제공한다. 컴퓨터 기반 범죄들은 정보시스템을 복구 수립하는 비용 및 비즈니스 기회 손실에 의한 비용을 포함하여 매년 수십억 달러의 손실을 비즈니스에 입혀 왔다.

마지막, 다섯 번째 요인은 관리적 지원의 부족이다. 조직 전체가 보안 정책과 절차를 성실하게 수립 및 수행하도록 하려면 고위 관리자들이 기준을 설정해야 한다. 하지만 궁극적으로는 하위 레벨의 관리자들의 역할이 훨씬 더 중요하다. 이러한 관리자들이 직원들과 매일 가깝게 접촉하므로 직원들이 보안 절차를 잘 수행하는지 판단하기에 좋은 위치에 있기 때문이다.

다음 절로 넘어가기 전에…

1. 정보 보안을 정의해보라.

2. 위협, 노출, 취약성에 대해 정의해보라.

3. 해커가 되기 위해 요구되는 기술은 왜 점점 줄어들고 있는가?

개념 적용 7.1

학습목표 7.1 정보 자원의 취약성을 증가시키는 다섯 가지 요인을 규명하고, 각 요인별로 구체적인 예를 제시한다.

1단계 – 배경(당신이 배워야 하는 것)

이 절에서는 특히 웹을 기반으로 비즈니스를 함에 있어 정보시스템 보안의 중요성에 대하여 학습하였다. 보안을 위한 쇠사슬은 가장 약한 상태라고 보면 된다. 당신이 네트워크상에서 보안을 철저히 한다 하더라도 당신의 파트너가 그렇지 않다면 당신의 정보는 상대방의 네트워크로 전달되어 위험에 처하게 될 것이다.

2단계 - 활동(당신이 해야 하는 것)

http://www.wiley.com/go/rainer/MIS3e/applytheconcept에 방문하여 베리사인(VeriSign) 웹사이트로 연결된 링크를 클릭하라. 이 페이지를 읽는 동안, 베리사인은 웹사이트와 웹사용자들을 보호하는 웹사이트로 우리 모두가 중요하게 여기는 웹사이트라는 사실을 상기하라. 사실 당신은 전자상거래 사이트에서 베리사인 표시를 보면 안전하다고 느꼈을 것이다.

3단계 - 과제(당신이 제출해야 하는 것)

글을 읽고 나서, 잠재고객이 볼 만한 간단한 메모를 베리사인에 대해 작성해보라. 정보 자원의 취약성을 증가시키는 다섯 가지 요인을 규명하고, 어떻게 베리사인이 이러한 위협들로부터 고객의 디지털 자산을 보호하기 위해 대처하는지에 대한 예를 들어 설명하라. 이 메모를 교수에게 제출하라.

7.2 정보시스템에 대한 비고의적 위협

그림 7.1에서 보듯이 정보시스템은 많은 잠재적 위험 및 위협에 매우 취약하다. 위협은 크게 비고의적 위협과 고의적 위협으로 나눌 수 있다. 이 절에서는 비고의적 위협에 대해 배울 것이다. 다음 장에서는 고의적 위협에 대해 배울 것이다.

비고의적 위협은 어떤 악의적 의도가 없는 위협을 뜻한다. 사람의 실수는 비고의적이나 정보 보안에 있어 대표적으로 심각한 위협에 해당된다.

인간의 실수

우편 관리인에서부터 최고경영자까지 모든 기능 영역에 걸쳐 조직 내 직원들은 조직의 범위와 깊이를 구성한다. 이러한 직원들에게 있어 두 가지 중요한 점이 있다. 첫째, 상위직의 직원일수록 그 직원이 정보 보안에 부여할 수 있는 위협이 더 크다. 이러한 상황은 상위직 직원들이 일반적으로 기업 데이터에 접근할 권한을 더 많이 갖고 있고 정보 보안에 있어 특권을 갖기 때문이다. 둘째, 특히 인사 조직과 정보시스템 영역에 있는 직원들이 정보 보안에 심각한 위협을 줄 수 있다. 인사 조직 영역의 직원들은 대개 민감한 개인 정보에도 접근한다. 마찬가지로 정보시스템 영역 직원들도 민감한 조직 데이터에 접근할 뿐만 아니라 데이터를 생성, 저장, 전송 및 변경하는 것에 대한 통제수단을 갖는다.

다른 직원들로는 계약 직원, 컨설턴트, 건물 관리인, 경비 등이 있다. 하지만 이러한 직원들도 가끔 기업의 네트워크나 정보시스템, 그리고 정보 자산에 접속한다. 원칙적으로 직원은 아니지만, 컨설턴트들도 그 회사를 위해 일하는 사람들이다. 업무의 속성에 따라 이러한 사람들은 기업의 네트워크, 정보시스템 또는 정보 자산에 접속할 수 있는 것이다.

마지막으로, 정보 보안을 생각할 때 가장 빈번하게 간과되는 사람들이 건물 관리인이나 경비들이다. 기업들은 그들의 보안과 경비 서비스를 주로 외부 업체에게 용역 의뢰하는데, 비록 이 사람들이 그 기업의 직원은 아니지만 그들은 분명히 그 기업을 위해 일하는 것이다. 게다가 그들은 보통 대부분의(전부는 아닐지라도) 직원들이 퇴근한 후에도 상주한다. 그들은 모든 사무실의 열쇠를 가지고 있고, 기업 내 가장 민감한 장소에 나타나더라도 아무도 그들의 존재를 쉽게 의심하지 않는다. 실제로 *2600: The Hacker Quarterly*에 실린 기사에는 건물 관리인으로 취업하여 조직의 자산에 물리적으로 접근하는 방법에 대해 기술하고 있다.

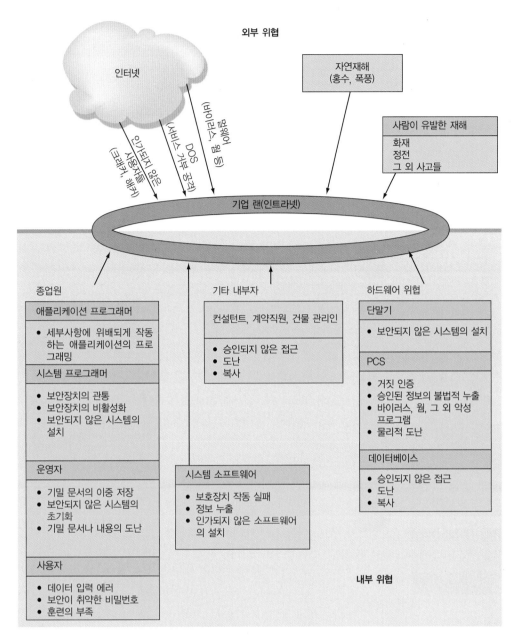

그림 7.1 보안 위협

　인간이 저지르는 잘못이나 실수란 게으름, 부주의, 정보 보안에 대한 인지 부족의 결과로 빚어지는 많은 문제들을 뜻한다. 인지 부족은 조직 차원에서 교육이나 훈련을 하지 않았기 때문이다. 표 7.1에서와 같이 인간의 실수는 여러 가지 형태로 나타난다.

　방금 학습한 인간의 실수들은 직원의 부분에서 볼 때 비고의적인 것이다. 하지만 고용인들의 비고의적 실수가 침략자들이 행한 행위의 결과로 나타나는 경우도 있다. 침략자들은 때때로 개인들이 비고의적으로 보이는 실수를 저지르고 그 결과로 민감한 정보를 유출하도록 만들기 위해 사회 공학을 사용하기도 한다.

표 7.1 인간의 실수

실수의 종류	설명 및 예
부주의한 랩톱 사용	랩톱의 분실, 택시에 두고 내리는 등의 관리 소홀
부주의한 컴퓨팅 장비의 사용	장비 분실, 사용상의 부주의로 인한 **멀웨어**(malware)의 설치
의심스러운 이메일을 여는 것	알려지지 않은 누군가로부터 받은 이메일을 열거나, 이메일에 포함된 링크를 클릭하는 것(이 장의 뒷부분에 나오는 **피싱 공격**을 읽어보라.)
부주의한 인터넷 서핑	의심스러운 웹사이트에 접근하는 것이 조직의 네트워크에 악성 또는 이상한 소프트웨어가 침투하게 할 수 있다.
정교하지 못한 패스워드의 구성 및 사용	패스워드를 엉성하게 구성하여 사용하는 것(이 장의 뒷부분에 나오는 **정교한 패스워드** 부분을 읽어보라.)
개인 사무실의 부주의한 관리	저녁시간 퇴근 후 잠기지 않은 책상이나 캐비닛, 사무실을 떠날 때 회사 네트워크에서 로그오프되지 않은 상태로 두는 것
관리되지 않은 장비의 부주의한 사용	관리되지 않은 장비는 조직 내 IT 부서의 통제나 기업의 보안 절차 밖에 있다. 고객이나 비즈니스 파트너의 컴퓨터나 호텔의 비즈니스 센터에 있는 컴퓨터 등이 여기에 속한다.
버려진 장비에 대한 부주의	메모리를 완전히 지우지 않은 채 오래된 컴퓨터 하드웨어나 디바이스를 버리는 것. 컴퓨터, 휴대전화, 디지털 복사기나 프린터 등에 모두 해당된다.
환경적 위험요소에 대한 부주의한 모니터링	먼지나 때, 습기, 고정된 전기공급 등은 모두 컴퓨팅 장비의 안전한 운영에 있어서 위험요소가 된다.

Blend/Image Source

Who is real and who is engaged in social engineering? Can you tell?

사회 공학

사회 공학(social engineering)적 공격에서 가해자들은 합법적이고 정당한 직원으로 하여금 패스워드와 같은 기업의 기밀을 누설하도록 만들기 위하여 사회적 기교를 바탕으로 속임수나 조작 등을 사용한다. 사회 공학적 공격의 가장 일반적인 예는 침입자들이 전화를 통하여 마치 기업의 관리자나 정보시스템 고용인인 것처럼 행동할 때 발생한다. 침입자들은 패스워드를 잊어버렸다고 주장하면서 합법적 직원들에게 사용할 수 있는 패스워드를 제공해달라고 요청한다. 또 다른 공공연한 방법으로는 해충 구제업자나 에어컨 기술자 또는 소방대원인 척하는 것이다. 사회 공학적 공격의 예는 매우 많다.

침략자가 정상적으로 보이는 ID 카드를 착용하고 빌딩 안의 한 회사로 들어간다. 그가 이리저리 걸어다니다 "헬프 데스크 전화번호가 변경되었습니다. 새로운 번호는 555-1234입니다."라고 말하며 게시판에 사인을 한다. 그러고는 빌딩을 빠져나와서 헬프 데스크인 줄 알고 전화한 직원들의 전화를 받게 된다. 전화를 받은 침략자는 자연스럽게 ID와 패스워드부터 요구하게 된다. 이제 그는 기업의 정보시스템에 접근하기 위해 필요한 기본 정보를 갖게 된 셈이다.

다른 두 가지 사회 공학적 공격 방법은 직원을 바짝 뒤쫓거나 어깨 너머로 정보를 캐내는 것이다. 바짝 뒤쫓기는 침략자로 하여금 잠금장치나 출입카드에 의해 통제되는 구역에 들어갈 수 있게 한다. 침략자는 정상적 직원을 바짝 뒤쫓아 가다가 그 직원이 막 입구로 들어가려 할 때 "문을 잡아주세요!"라고 외치며 바짝 따라 붙는 방법이다. 어깨 너머로 정보 캐내기는 침략자가 다른 직원의 어깨너머로 컴퓨터 화면을 보게 될 때 발생한다. 이 기술은 공항이나 통근 열차, 비행기와 같은 공공 장소에서 특히 성공적으로 수행된다.

┌─ **다음 절로 넘어가기 전에…** ─────────
│ 1. 정보시스템에 대한 비고의적 위협이란 무엇인가?
│ 2. 사회 공학적 공격의 또 다른 예들을 더 들라.
└──────────────────────────

개념 적용 7.2

학습목표 7.2 인간의 실수와 사회 공학을 비교 및 대조해보고 각각에 대한 구체적인 예를 제시한다.

1단계 – 배경

민감한 정보는 보통 물리적으로든 디지털로든 안전한 장소에 저장된다. 하지만 이 장에서 논의한 대로 때로는 부주의한 실수로 인해 초래되는 비고의적 위협도 있다. 직원들은 종종 정보를 집으로 가져가기 위해 USB 드라이브를 사용한다. 비록 그들이 정보를 가져가는 것이 법적으로는 아무런 문제가 없다 하더라도, USB를 사용하게 되면 인가되지 않은 기계로 정보가 복사되거나 정보를 잃게 되기 쉽다. 따라서 정보를 저장할 수 있는 모든 매체는 정보 보안에 위협이 된다—백업 드라이브, CD, DVD, 그리고 프린터까지!

　프린터는 왜 그럴까? 정보를 '복사'할 수 있기 때문일까? 꼭 그것만은 아니다. 더 알아보기 위하여 다음 활동을 진행해보라.

2단계 – 활동

http://www.wiley.com/go/rainer/MIS3e/applytheconcept에 접속하여 이 절에 해당하는 링크를 클릭해보라. 복사된 모든 서류의 이미지들이 어떻게 프린터에 있는 하드 드라이브에 저장되는지에 대해 설명하는 글을 찾을 수 있을 것이다. 하드 드라이브가 지워지지 않은 채로 이러한 프린터들이 버려지므로, 의료 기록이나 경찰 기록, 그리고 개인 정보까지 매우 위험한 상태로 그대로 남아 있는 것이다.

3단계 – 과제

위의 예를 사용하여 인간의 실수와 사회 공학을 비교해보라. 어떻게 사람들이 프린터를 가지고 실수를 할 수 있을까? 개인 정보의 사본에 접속하거나 만들어내기 위하여 어떻게 사회 공학을 사용할 수 있을까? 당신의 생각을 리포트에 담아 교수에게 제출하라.

7.3 정보시스템에 대한 고의적 위협

매우 다양한 종류의 고의적 행동이 있는데, 알기 쉽도록 리스트를 정리하면 다음과 같다.

- 스파이 행위 또는 무단 침입
- 정보 갈취
- 방해 행위와 기물 파손
- 장비나 정보의 도난
- 신원 도용
- 지적 자산에 대한 보호책
- 소프트웨어 공격
- 에일리언 소프트웨어
- 감시 제어와 데이터 수집 시스템의 공격
- 사이버 테러리즘과 사이버 전쟁

스파이 행위 또는 무단 침입

스파이 행위나 무단 침입은 허가받지 않은 사람들이 조직의 정보에 불법적으로 접근할 때 발생한다. 경쟁 정보와 산업 스파이를 구분하는 것은 매우 중요하다. 경쟁 정보는 기업의 웹사이트나 보도 자료를 탐색하거나 무역 박람회에 참석하는 등의 합법적 정보 수집 기술을 포함한다. 반대로 산업 스파이는 법적 한계점을 벗어나는 행위를 한다.

정보 갈취

정보 갈취는 공격자가 기업의 정보에 대해 절도 행위를 일삼겠다고 위협하거나 혹은 실제로 정보 절도 행위를 저지를 때 발생한다. 가해자는 정보를 훔치지 않는 것 또는 훔친 데이터를 돌려주는 것 또는 정보를 누설하지 않는 것에 대한 대가의 지불을 요구하기도 한다.

방해 행위와 기물 파손

방해 행위나 기물 파손은 기업의 이미지를 실추시키고 고객의 신뢰를 잃도록 한다. 온라인 기물 파손의 한 형태는 핵티비스트나 사이버 활동가로 행동하는 것이다. 이것은 첨단 기술을 기반으로 시민으로서 조직이나 정부기관의 운영, 정책, 행위 등에 대해 저항하는 일종의 반항행위라 할 수 있다.

장비나 정보의 도난

컴퓨터 장비나 저장장치는 저장장치의 증가(예 : 랩톱, 블랙베리, 개인용 디지털 보조기기, 스마트폰, 디지털 카메라, 썸드라이브, 아이패드)와 더불어 점점 더 작아지면서 성능은 향상되고 있다. 결과적으로, 이러한 장비들은 훔치기 더욱 쉬워졌으며, 공격자들이 정보를 훔치는 데 사용하기에도 더욱 용이해졌다.

표 7.1에서는 인간이 저지르는 실수 중 하나로 랩톱 사용에 있어서의 부주의를 지적하고 있다. 사실 이러한 부주의는 랩톱을 도용당하는 것으로 이어진다. 랩톱을 도용당한 데서 발생하는 비용은 데이터의 손실, 지적 재산의 손실, 랩톱 대체비용, 법률이나 규제와 관련된 비용, 조사비용, 생산성의 손실 등을 모두 포함한다.

쓰레기통 뒤지기라 알려져 있는 또 다른 형태의 도난은 버려진 정보를 얻기 위해 상업용 또는 거주자용 쓰레기를 뒤적거리는 것이다. 종이 파일이나 편지, 메모, 사진, 아이디와 패스워드, 신용카드 및 다른 형태의 정보들을 쓰레기통에서 찾을 수 있다. 불행하게도 많은 사람들은 자신이 무심코 던지는 쓰레기 속에 담긴 민감한 정보들이 복구 가능하다는 것을 잘 모른다. 일단 복구가 되면, 이러한 정보들은 사기의 목적으로 쓰이게 된다.

쓰레기통 뒤지기는 반드시 도둑질이라고 할 수는 없다. 왜냐하면 이러한 행동에 대한 법적 해석이 다양하기 때문이다. 쓰레기통을 뒤지는 사람들이 대개 개인적 영역을 침해하므로 미국 내 일부 지역에서는 이것을 불법으로 규정한다. 하지만 해당 법이 적용되는 경우에 있어 그 엄정함의 잣대는 매우 다양함을 보인다.

신원 도용

신원 도용(identity theft)이란 타인의 신원을 고의로 가로채는 것으로, 일반적으로 그 사람의 금융 정보를 얻거나 혹은 그 사람을 범죄에 활용하는 것을 목적으로 한다. 정보를 얻어내는 기술들은 다음과 같다.

- 편지를 훔치거나 쓰레기통 뒤지기를 하는 것
- 컴퓨터 데이터베이스에서 개인 정보를 훔치는 것
- 방대한 양의 개인 정보를 저장하고 있는 조직에 잠입하는 것(예 : 액시옴과 같은 데이터 집합자, www.acxiom.com)
- 전자적 커뮤니케이션에서 신뢰할 수 있는 기업을 비인격화하는 것(피싱, phishing)

신원 도용을 복구하는 데는 비용이 많이 들고, 시간도 많이 소비될 뿐만 아니라 매우 힘든 작업이다. 피해자들은 신용을 복구하는 데 어려움을 겪고 있고, 직업을 얻거나 유지하기도 어려우며, 보험이나 신용카드사의 요율 결정에서도 역효과가 난다고 말하고 있다. 이에 더하여, 희생자들은 신용 기록과 같은 데서 부정적 정보를 지우는 것도 매우 어렵다고 말한다.

그 누구의 개인 정보도 또 다른 방식으로 위험해질 수 있다. 예를 들어 신원은 검색 엔진에서 검색 내용을 관찰하는 방식으로도 노출될 수 있다. 범죄자는 한 사용자의 모든 검색 내용을 분석함으로써 그 사람이 누구이며 무엇을 하려 하는지도 알 수 있다. 하나의 예로, 뉴욕 타임스는 오로지 AOL 검색만으로도 특정인을 추적할 수도 있었다.

지적 자산에 대한 보호책

지적 자산을 보호하는 일은 지식 산업에 종사하는 사람들에게는 절대적으로 중요한 문제이다. **지적 자산**(intellectual property)이란 기업비밀, 특허, 저작권 등으로 보호되는 개인이나 기업에 의해 창작된 자산을 뜻한다.

기업비밀(trade secret)은 비즈니스 계획과 같이 기업이 비밀로 하고 있으며 공개된 정보를 기반으로 하지 않는 자산을 뜻한다. 예로는 기업의 전략 계획을 들 수 있다. **특허**(patent)란 발명이나 프로세스에 대해 20년간 배타적 독점권을 부여하는 것이다. **저작권**(copyright)은 지적 자산에 대한 소유권을 원작자가 살아 있는 동안과 사후 70년간 부여받도록 법으로 정한 것이다. 원작자는 해당 자산을 복사하는 누구에게라도 저작권료를 청구할 수 있다. 이러한 내용은 미국 법의 기준 내에서 해당되는 내용임을 알아둘 필요가 있다. 국제적 표준도 있긴 하지만 전체적으로 체계를 갖추는 것은 아직 요원해 보인다. 그러므로 미국의 법과 다른 나라의 법 사이에는 차이가 존재할 수 있다.

IT와 관련된 가장 일반적인 지적 자산은 소프트웨어라 할 수 있다. 미 연방의 컴퓨터 소프트웨어 저작권법(1980)은 컴퓨터 소프트웨어에 대한 소스와 오브젝트 코드를 보호하기 위한 것이지만, 이 법은 무엇이 '보호'받을 만한 대상인가를 정확히 구별해내지 못하고 있다. 예를 들면 저작권법은 비슷한 개념이나 기능 또는 풀 다운 메뉴, 색깔, 아이콘과 같은 일반적 특징에 대해서는 보호하지 않는다고 한다. 하지만 저작료 지불 없이 소프트웨어를 복사하는 것—컴퓨터에 설치할 수 있도록 디스크를 친구에게 건내는 것—은 모두 저작권법 위반이다. 이러한 행위를 **해적 행위**(piracy)라 부르는데, 이것은 소프트웨어 판매자의 입장에서는 가장 심각한 문제이다. 해적질된 소프트웨어의 가격은 전 세계적으로 매년 수십억 달러에 달한다.

소프트웨어 공격

소프트웨어 공격은 멀웨어(malware)에 의해 전 세계 컴퓨터들을 가능한 한 많이 감염시키는 것을 목적으로 한 것에서부터 오늘날의 수익 창출을 위해 웹을 기반으로 한 공격까지 진화해 왔다. 사이버범죄자들은 돈을 벌기 위해 멀웨어 공격에 깊게 개입해 왔고, 웹을 기반으로 매우 첨예하고 복잡한 형태의 공격을 취해 왔다. 표 7.2는 다양한 소프트웨어 공격을 보여주는데, 소

표 7.2 소프트웨어 공격의 유형

유형	설명
(1) 사용자 행동을 필요로 하는 원격 공격	
바이러스	다른 컴퓨터 프로그램에 첨부되어 악의적 작업을 수행하는 컴퓨터 코드의 일부
웜	악의적 작업을 수행하고 스스로 복사하거나 퍼져 나가는 컴퓨터 코드의 일부(다른 컴퓨터 프로그램을 요구하지는 않음)
피싱 공격	공식적 이메일이나 메시지인 것처럼 가장하여 민감한 개인 정보를 얻어내는 사기 행위
스피어 피싱	규모가 큰 그룹의 사람들을 대상으로 한다. 스피어 피싱 공격에서는 피싱 기법에 의해 민감한 개인 정보를 얻어낼 기회를 향상시키기 위하여 공격자가 개인에 대해 가능한 한 많은 피싱 정보를 찾아낸다.
(2) 사용자 행동을 필요로 하지 않는 원격 공격	
서비스 거부 공격	공격자들이 대상 컴퓨터 시스템에 매우 많은 정보 요구를 전송하여, 대상 시스템이 정상적으로 요구 처리를 하지 못하고 통상적으로 붕괴된다(기능을 멈추게 됨).
분산 서비스 거부 공격	공격자는 통상적으로 악성 프로그램을 사용하여 우선 많은 컴퓨터를 정복한다. 이러한 컴퓨터들은 **좀비**(zombie) 또는 **봇**(bot)이라고 불리는데[이들이 **봇넷**(botnet)을 구성함], 대상 컴퓨터에 일련의 조직화된 정보를 전송하여 붕괴시키는 작업을 한다.
(3) 시스템 개발 동안의 프로그래머에 의한 공격	
트로이 목마	다른 컴퓨터 프로그램에 숨어 있다가 활성화되었을 때에만 미리 의도된 작업들을 수행하는 소프트웨어 프로그램
백도어	통상적으로 공격자에게만 알려진 패스워드로 이것은 공격자가 어떠한 보안 절차 없이 컴퓨터 시스템에 마음대로 접속할 수 있도록 한다[**트랩 도어**(trap door)라고도 부름].
논리 폭탄	조직 내 존재하는 컴퓨터 프로그램에 내장되어 특정 날짜, 특정 시간이 되면 활성화되어 파괴적 작업을 수행하는 컴퓨터 프로그램 코드

프트웨어 공격이 사용자 행동을 필요로 하는 원격 공격, 사용자 행동을 필요로 하지 않는 원격 공격, 시스템 개발 동안의 프로그래머에 의한 공격의 세 영역으로 나누어짐을 알 수 있다. '비즈니스에서 IT 7.1'에서 소프트웨어 공격에 대한 예를 제공하고 있다.

비즈니스에서 IT 7.1

문자 메시지를 이용하여 ATM으로부터 현금 훔치기

노턴 인터넷 보안 프로그램을 만드는 시만텍(www.symantec.com)은 은행업계가 ATM을 대상으로 한 심각한 사이버공격의 위기에 놓여 있다고 경고한다. 일련의 사이버범죄자들이 문자메시지를 이용하여 ATM으로부터 현금을 빼내가는 프로그램을 개발하였다. '플로터스'라 불리는 이 악성 프로그램은 특정 종류의 독립된 ATM을 대상으로 작동된다. 사이버범죄자들이 직접 ATM에 접근해야 하기 때문에 플로터스는 설치하기가 쉽지 않다. 독립되어 있는 ATM을 대상으로 하기 때문이다.

ATM 공격 방식은 이렇다. 범죄자들은 우선 휴대전화를 USB 포트를 이용해 ATM에 연결한다. (이것을 하기 위해 그들은 물리적으로 ATM을 열어야 한다.) 그런 다음, 공격자들은 플로터스 악성 코드로 ATM을 감염시킨다. 휴대

전화가 USB 포트로 ATM에 연결되어 있기 때문에, 휴대전화 또한 이 연결을 기반으로 전원을 쓸 수 있어, 휴대전화의 배터리는 지속적으로 충전된다.

플로터스는 ATM에 들어오고 나가는 네트워크 트래픽을 감시한다. 플로터스에 감염된 ATM이 휴대전화로부터 특정 코드를 받게 되면, 그때부터는 범죄자에게서 오는 명령을 수행할 준비가 되는 것이다. 범죄자들은 이제 특정 단문 메시지 서비스 명령어를 ATM에 연결된 휴대전화에 보낼 수 있다. 휴대전화에서는 범죄자로부터 온 새 메시지를 감지하면, USB 케이블을 따라 그것을 ATM 기계로 전송한다.

범죄자들의 보스는 실제 ATM 공격을 감행하기 위해 '머니 노새'를 고용했다. 이것은 ATM에 들러 현금을 집어오는 위험한 일을 수행하기 위해 고용된 사람을 뜻한다. 플로터스의 이전 버전 매뉴얼에서는 보스가 머니 노새

와 16자리 숫자로 된 코드를 공유해야 했다. 머니 노새는 이 코드를 ATM 키보드에 입력하고 기계로부터 돈을 꺼내온다. 하지만 보스는 머니 노새가 얼마나 많은 돈을 꺼내는지에 대해서는 알 수 없으므로, 머니 노새는 돈의 일부를 가로챌 수도 있었다.

최신 버전의 플로터스에서는 보스가 ATM에 연결된 휴대전화에 문자 메시지를 보낸다. 그러면 휴대전화에서 보스에게 ATM에 있는 돈의 양을 지폐별로 알려준다. 그러면 보스는 얼마나 많은 돈을 어떤 지폐로 뽑을 것인지 ATM에 지시한다. 머니 노새는 마치 정상적으로 출금하는 사람처럼 행세하며 이 ATM 앞에 서 있다. ATM은 돈을 내보낸다. 중요한 것은 이제 머니 노새가 절대 코드를 알지 못한다는 것이다. 덕분에 보스는 추가적 보안을 하게 되었을 뿐만 아니라 중앙에서 출금 과정을 통제할 수 있게 된 것이다.

단문 메시지를 이용한 원격지 통제로 ATM에서 돈을 빼내는 수법은 이러한 범죄에 연루된 모든 사람들을 한결 편리하게 만들어주었다. 보스는 얼마의 돈을 머니 노새가 빼냈는지에 대해 정확히 알게 되었으며, 머니 노새는 현금을 빼내는 추가적 시간 때문에 ATM 주변에 더 오래 머무를 필요가 없어졌다. 보스와 한 몸처럼 작업하여 마치 머니 노새가 출금한 것처럼 자연스럽게 돈이 나오거나, 때로는 머니 노새가 단순히 ATM 앞을 지나가는 정도로만 보이게 되었다.

이러한 범죄를 막기 위해, 최근의 ATM들은 암호화된 하드 드라이브와 같이 더 진화된 보안기술을 탑재하고 있다. 하지만 여전히 윈도우 XP에서 구동되는 오래된 ATM은 이러한 공격을 막아내기 더 어렵다. 특히 ATM이 원격지에 놓인 경우에는 더 그렇다. 범죄의 과정을 더 어렵게 만들기 위해 은행들은 윈도우 7 또는 8으로 업그레이드해야 한다. 또한 적절한 물리적 보안을 적용하고, CCTV를 사용하여 ATM을 모니터링하는 것에 대해 생각해보아야 한다.

출처 : F. D'Sa, "Windows XP ATMs Being Hacked by a Simple SMS," *Deccan Chronicle*, March 26, 2014; L. Seltzer, "Robbing ATMs by SMS: Not in the Real World," *ZDNet*, March 25, 2014; J. Kirk, "ATM Malware, Controlled by a Text Message, Spews Cash," *Financial IT*, March 25, 2014; D. Regalado, "Texting ATMs for Cash Shows Cybercriminals' Increasing Sophistication," *Symantec.com*, March 24, 2014; K. Higgins, "Criminals Control, Cash Out Bank's ATM Machines," *Dark Reading*, February 13, 2014; C. Smith, "The Latest Malware Innovation: Infect ATMs and Have Them Pump Out Cash," *BGR*, January 1, 2014; T. Kitten, "ATM Malware: Sign of New Trend?" *Bank Info Security*, October 14, 2013; www.symantec.com, accessed March 27, 2014.

질문

1. 이 사례에서 언급된 것 외에, 이러한 ATM 공격을 막기 위해 은행들이 취할 수 있는 방어법은 또 어떤 것들이 있는가?

2. 더 새롭고 보안이 잘된 운영시스템이 나왔음에도 불구하고 왜 일부 은행들은 아직까지 윈도우 XP를 사용하고 있는가?

또 다른 형태의 소프트웨어 공격은 허위 악성코드를 사용하는 것이다. 허위 악성코드는 희생자들로 하여금 쓸모없거나 잠재적으로 위험한 소프트웨어를 구입하거나 다운로드하도록 하는 악성코드이다. '비즈니스에서 IT 7.2'에서는 허위 악성코드를 이용하여 일확천금을 얻은 두 범죄자의 예를 보여준다.

하지만 모든 사이버범죄가 다 치밀한 것은 아니다. 예를 들면 미국 대학에 있는 한 학생은 키로깅 소프트웨어(이 장에서 나중에 다룬다)를 사용하여 동료학생 750명의 패스워드를 훔친 죄로 1년간 감옥에 갇혀 있었다. 훔친 패스워드는 학생회 회장과 4석의 부회장을 차지하도록 자신과 자신의 동료들을 위해 투표하는 데 사용되었다. 이 5개의 직책은 학생들에게 합동으로 3만 6,000달러의 급료를 주는 것과 연계되어 있었다.

학생들은 대학의 보안 담당자가 학내 네트워크에서 이상한 움직임이 있다는 것을 발견해 덜미를 잡혔다. IP 주소를 추적하여 이상한 행동을 한 컴퓨터를 찾아냈다. 의심을 받게 된 한 학생의 컴퓨터에서 당국은 범죄 수법을 상세히 기록한 파워포인트 파일을 찾아냈다. 당국은 또한 이 컴퓨터에서 '어떻게 선거 결과를 조작할 것인가?', '키로거를 사용한 범죄 시간'과 같은 제목의 글 또한 발견했다.

대학 측에서 이러한 범죄를 알게 되자, 그 학생은 자신이 한 일을 위장하기 위해 다시 해킹을 했다. 반 친구의 실명으로 새로운 페이스북 계정을 만들고 가능한 가짜 대화를 하며 비난의 방향을 틀어보려 했다. 비록 그 학생은 자신의 죄를 항변하며 근신형을 요청했지만 이러한 행동들이 1년형을 선고받게 한 것이다.

에일리언 소프트웨어

많은 개인용 컴퓨터에는 에일리언 소프트웨어[페스트웨어(pestware)]가 사용자들도 알지 못하는 사이에 가동되고 있다. **에일리언 소프트웨어**(alien software)는 속임수를 이용하여 컴퓨터에 은밀히 설치되는 소프트웨어이다. 에일리언 소프트웨어는 통상적으로 바이러스, 웜, 트로이 목마만큼 악성은 아니지만 중요한 시스템 자원을 사용하는 문제가 있다. 또한 당신의 웹 서핑 습관과 기타 개인적 행동들을 보고하기도 한다.

페스트웨어의 대부분은 **애드웨어**(adware)—팝업 광고를 화면에 띄우기 위해 만들어진 소프트웨어—이다. 애드웨어는 대개 설치되어 있다. 광고기획사에 따르면, 이러한 광고를 지우는 100명의 사람 중 3명은 광고를 클릭한다고 한다. 이것은 인터넷 광고에 있어 매우 높은 '히트율(hit rate)'이다.

스파이웨어(spyware)는 사용자의 개인 정보를 동의 없이 모으는 소프트웨어이다. 여기서는 키스트로크 로거(keystroke logger)와 스크린 스크레이퍼(screen scraper)를 소개한다.

키스트로크 로거(또는 키로거)는 키 입력과 인터넷 웹브라우징 이력을 기록하여 보고한다. 그 목적은 범죄용(신용카드 번호와 같은 민감한 개인 정보나 패스워드의 보고)에서부터 단순히 괴롭히는 것(표적 광고를 위해 인터넷 검색 이력을 기록하는 것)까지 다양하다.

기업들은 인증용 입력 정보를 다른 형태로 변환시킴으로써 키로거들에 대응하려 하였다. 예를 들면 물결 모양의 일그러진 문자들을 읽도록 요구받은 적이 있다. 이러한 문자열은 캡차(CAPTCHA)라고 불리며 이것은 일종의 테스트이다. 캡차를 사용하는 이유는 이렇게 일그러진 문자들을(현재까지는) 컴퓨터가 정확히 읽어내지 못하기 때문이다. 당신이 그 문자들을 읽을 수 있다는 것은 당신이 적어도 스패머(spammer)와 같이 허가되지 않은 사람에 의해 구동된 소프트웨어는 아님을 의미한다. 결과적으로, 공격자들은 단순히 키 입력을 기록하기보다는 화면의 내용을 영화와 같이 기록하는 스크린 스크레이퍼(또는 스크린 그래버)를 사용하게 되었다.

스팸웨어(spam ware)는 스패머를 위해 당신의 컴퓨터를 일종의 발사대로 사용하기 위해 만들어진 페스트웨어이다. 스팸(Spam)은 보통 상품이나 서비스에 대한 광고를 목적으로 보내진 원치 않는 이메일이다. 당신의 컴퓨터가 이렇게 활용되면, 스패머에게서 온 이메일은 마치 당신이 보낸 것처럼 보인다. 더 나쁜 것은, 스팸은 당신의 이메일 주소록에 있는 모든 이들에게 보내질 것이다.

스팸은 성가실 뿐만 아니라 시간 및 금전적 손해를 일으킨다. 스팸으로 인해 미국 기업들은 해마다 수십억 달러의 비용을 지불한다. 이러한 비용은 생산성의 저하, 이메일 시스템의 차단, 추가적 저장 공간의 확보, 사용자 지원, 그리고 스팸방지용 소프트웨어의 설치로 인해 발생한다. 스팸은 또한 바이러스나 웜을 수반하여 훨씬 더 위험할 수 있다.

쿠키(cookie)는 웹사이트가 당신의 컴퓨터에 임시적으로 저장하는 작은 사이즈의 정보 파일을 뜻한다. 많은 경우, 쿠키는 유용하고 악의 없이 사용된다. 예를 들어 어떤 쿠키들은 패스워드와 사용자 아이디를 저장해두었다가 그 쿠키를 발급한 웹사이트의 새 페이지를 다시 열 때마다 아이디나 패스워드를 다시 입력할 필요가 없도록 하는 데 사용된다. 또는 다양한 온라인 상점에서 당신의 쇼핑카트를 위해 사용되기 때문에 온라인 쇼핑을 하려면 필요하기도 하다.

하지만 **추적용 쿠키**(tracking cookie)의 경우, 웹사이트 내에서 당신이 움직인 경로나 그곳에서 보낸 시간을 추적하거나, 어떠한 링크를 클릭하였는지 또는 마케팅 목적으로 기업이 알고자 하는 다른 상세정보들을 알아내는 데 사용될 수 있다. 추적용 쿠키는 이러한 정보를 당신의 이름, 구매내역, 신용카드 정보, 그리고 다른 개인 정보와 결합하여 당신의 소비 습관에 대해 마음대로 프로파일을 만들기도 한다.

대부분의 쿠키는 그것을 만든 측에 의해서만 읽힐 수 있다. 하지만 온라인 배너광고를 관리하는 기업 등 일부 기업은 기본적으로 쿠키를 서로 공유한다. 이러한 기업들은 당신이 어떤 페이지를 열었고, 어떤 광고를 클릭했는지 등과 같은 정보를 추적할 수 있다. 그런 다음 이러한 정보를 (아마도 수천만 개에 이르는) 그들의 고객 웹사이트와 공유하는 것이다.

감시 제어와 데이터 수집 시스템(SCADA)의 공격

SCADA(supervisory control and data acquisition)는 대형의 분산형 측정 및 통제시스템을 의미한다. SCADA 시스템은 오일정제소, 상·하수처리 공장, 전기 발전소, 원자력 발전소와 같은 화학적, 물리적 작업 혹은 수송을 위한 작업을 감시하고 통제하기 위하여 사용된다. 기본적으로 SCADA 시스템은 물리적 세계와 전자적 세계 사이에서 연결고리를 제공한다.

SCADA 시스템은 다양한 센서, 마스터 컴퓨터, 그리고 커뮤니케이션 기반구조를 갖추고 있다. 이러한 센서들은 물리적 장비에 연결되어, 스위치나 밸브의 개폐 여부와 같은 상황에 대한 데이터나 압력, 유출, 전압, 전류 등을 측정한 데이터를 읽는다. 장비에 신호를 보냄으로써 센서들은 스위치나 밸브를 열고 닫거나 펌프의 속도를 조절하기도 한다.

센서들은 네트워크에 접속되어 있으며, 각 센서들은 인터넷 주소(IP address)를 가지고 있다 (당신은 제4장에서 인터넷 주소에 대해서 공부하였다). 만약 어떤 공격자가 네트워크에 접속할 수 있다면 그 공격자는 큰 화학 공장의 작업을 멈추게 하거나 광범위한 영역에 걸쳐 전선망을 붕괴시킬 수도 있다. 이러한 행위는 '비즈니스에서 IT 7.2'에서 보듯이 아주 끔찍한 결과를 가져올 수 있다.

사이버 테러리즘과 사이버 전쟁

사이버 테러리즘(cyberterrorism)과 **사이버 전쟁**(cyberwarfare)은 공격자들이 물리적으로 실질적 손해나 심각한 붕괴를 일으키거나 혹은 대개 정치적 목적을 달성하기 위하여 표적의 인터넷을 기반으로 한 컴퓨터 시스템을 사용하여 공격하는 악의적 행동을 의미한다('비즈니스에서 IT 7.2'를 보라). 이러한 행동은 정보를 수집하는 것에서(SCADA 시스템을 통해) 중요한 기반구조를 공격하는 것에까지 이른다. 사이버 테러리즘은 개인이나 단체에 의해 감행되고, 사이버 전쟁은 국가 수준에서 일어나긴 하지만 여기서는 이 두 종류의 공격을 같은 의미로 본다. 뒤이어 나오는 내용들은 에스토니아와 공식적으로 소련의 일부인 조지아 공화국의 사이버 공격에 대한 것이다.

비즈니스에서 IT 7.2

The Mask

세계적인 정보 보안 기업인 캐스퍼스키 연구소(www.kaspersky.com)는 보고서에서 인터넷상에서 발견된 최고의 정교한 악성코드가 무엇인지 발표했다. 카레토(스페인어로 마스크라는 뜻)라고 불리는 이 소프트웨어는 컴퓨터를 감염시켜 정보를 빼내는 소프트웨어 툴 패키지다. 사실 이 소프트웨어는 너무나 정교해서 5년 이상이나 정체가 드러나지 않고 있었다. 희생자들의 컴퓨터에 다운로드되었지만, 이러한 사실을 알 수 없었던 것이다.

카레토를 만든 누군가가 워싱턴포스트나 가디언 같은 유명 언론사로 가장하여 스피어 피싱 이메일을 보낸다. 이 메일에 있는 링크를 클릭하는 순간 그 사용자는 시스템을 모두 스캔하여 취약한 곳을 찾아내고 그곳을 감염시키는 웹사이트로 가게 된다. 윈도우, 맥 운영시스템, 리눅스, iOS, 그리고 안드로이드까지 다양한 시스템을 공격하기 위한 다양한 버전의 소프트웨어

가 있다.

카레토가 일단 시스템을 감염시키고 나면, 민감한 정보들을 수집한다. 이 소프트웨어는 네트워크 트래픽을 가로채서 키보드 입력을 수집하고, 스카이프 대화 내용을 감시하고, 와이파이 트래픽을 분석하고, 무선장비로 진행된 모든 대화를 수집할 수 있다. 사용자의 화

© aetb/iStockphoto

면도 캡처하고 컴퓨터의 모든 작동을 감시할 수 있다. 뿐만 아니라, 감염된 컴퓨터에서 발견된 어떠한 암호키도 캡처하여, 다른 컴퓨터를 대상으로 공격할 수도 있다.

카레토는 공격 대상이 분명하다. 대부분의 공격은 정부기관, 대사관, 석유회사, 연구소, 투자회사, 시민단체를 대상으로 하고 있다. 캐스퍼스키에 따르면 31개국에서 380명 이상의 희생자들이 공격을 당했다고 한다.

여기서 질문은 '누가 이 프로그램을 만들었는가?'이다. 이 정도의 복잡도와 정교함을 갖추려면 국가 차원의 첩보센터 정도는 되어야 가능하다. (몇 년 전에 다루었던 악성 프로그램인 스턱스넷을 생각해보라.) 이 악성 프로그램에 내장된 스페인어 코드의 일부에서 범인은 스페인어를 모국어로 하는 사람임을 추정할 수 있다. 하지만, 스페인어를 쓰는 나라 중 어떤 나라에서 이렇게 정교하고 지능적인 프로그램을 개발했는지, 또 왜 개발했는지는 알수 없다. 연구진들은 또한 스페인어 코드는 다만 위장술책일 수도 있

다고 지적한다. 주의를 산만하게 하기 위하여 일부러 소스코드에 삽입했을 수도 있다는 뜻이다.

누가 카레토의 진짜 범인인지는 차치하더라도, 이러한 악성코드의 출현은 소프트웨어 기반의 스파이 작업이 새로운 힘의 근원이 되어 감을 부각시키고 있다. 2013년에 스노든이 유출한 문서를 보면 미 국가안보국(NSA)은 공격적 해킹 역량을 키우기 위해 '맞춤형 접근 운영' 부서를 대대적으로 신설하였다. 만약 NSA가 카레토를 개발하지 않았다면 비슷한 소프트웨어를 개

발하겠다는 뜻이다. 뿐만 아니라 중국, 러시아, 그리고 다른 국제 권력기관들의 첩보정보국에서도 이러한 소프트웨어를 개발하고 있을 것이다.

출처 : "Careto Detection : The Most Dangerous Maliious Code Security in History!" *Bubblews*, March 9, 2014; J. Plafke, "Sophisticated Malware Poses as Your Favorite News Site, Steals Your Data," *Extreme Tech*, February 13, 2014; S. Bansal, "The Mask, A Malware Campaign That Remained Undetected for 7 Years," *The Hacker News*, February 11, 2014; "Kaspersky Lab Uncovers 'The Mask': One of the Most Advanced Global Cyber-Espionage Operations to Date Due to the Complexity of the Toolset Used by the Attackers," *Kaspersky Labs Press Release*, February 11, 2014; L. Constantin, "Cyberespionage Operation 'The Mask' Compromised Organizations in 30-Plus Countries," *Network World*, February 10, 2014; K. Higgins, "Researchers Uncover 'The Mask' Global Cyberspying Operation," *Dark Reading*, February 10, 2014; T. Lee, "This Malware Is Frighteningly Sophisticated, and We Don't Know Who Created It," *The Washington Post*, February 10, 2014; www.kaspersky.com, accessed March 27, 2014.

질문

1. 카레토 소프트웨어가 공격대상으로 삼은 곳들은 어떤 의미를 갖는가?

2. 다음 문장의 의미를 분석해보라―"국가들이 만약 전쟁을 해야만 한다면, 카레토와 같은 악성 프로그램을 사용할 것이다."

3. 이렇게 정교한 멀웨어가 우리 모두에게 미칠 수 있는 영향에 대해 토론하라.

다음 절로 넘어가기 전에…

1. 왜 컴퓨팅 장비에 대한 절도는 점점 더 심각해지고 있는가?

2. 소프트웨어 공격의 세 가지 형태는 무엇인가?

3. 에일리언 소프트웨어를 정의하고, 왜 이것이 심각한 문제인지 설명하라.

4. SCADA 시스템은 무엇인가? 왜 SCADA 시스템에 대한 공격은 참담한 결과를 가져오는가?

개념 적용 7.3

학습목표 7.3 열 가지 유형의 고의적 공격에 대해 논의해본다.

1단계 – 배경

불행하게도 세상에는 다른 사람을 이용하여 이점을 얻는 사람들이 많이 있다. 사기, 첩보, 정보 왜곡, 신원 도용, 사이버 테러리즘, 스패밍, 피싱, 파밍, 그 외 많은 고의적 공격으로 인해 이제 우리는 정보를 공유함에 있어 항상 상대방의 신원과 적합성을 확인해야 한다.

2단계 – 활동

http://www.wiley.com/go/rainer/MIS3e/applytheconcept에 접속하여 이 절에 해당하는 링크를 클릭해보라. 외국 복권에 대한 동영상이 제공될 것이며 미국 우편 서비스의 웹사이트가 열릴 것이다. 이것은 언제 내가 사기를 당했는지 알게 해준다. 사기 수법인 스캠(scam)은 나이 드신 분들이 이것에 대해 잘 모른다는 것을 이용하여 노인들을 간단히 속여 왔다. 동영상을 보고 나서, 크레이그리스트, 이베이 또는 당신이 발견한 다른 사이트와 관련된 스캠 수법을 보여주는 웹사이트를 검색해보라.

3단계 – 과제

당신이 크레이그리스트와 같은 기업의 주인이라고 가정해보라. 구매자든 판매자든 모든 사용자들이 안전하게 이용할 수 있도록 '청결한' 사이트를 운영하고자 하는 당신의 의지를 설명하

라. 당신의 웹사이트에서 비즈니스를 함에 있어 당신의 사용자들이 알기를 원하는 10개의 고의적 위험에 대해 메모해라. 당신 자신이 정의한 사기의 의미를 전달하라. 이 메모를 당신의 교수에게 제출하라.

7.4 정보 자원을 보호하기 위한 조직의 노력

사이버범죄를 멈추는 것은 왜 이렇게 어려운가? 표 7.3은 정보를 보호하는 것과 관련된 어려움 중 중요한 것들을 나열하고 있다. 적당한 방지시스템을 전사적으로 구성하는 것은 매우 중요한 일이므로, 이것은 정보 자산을 통제하는 운영 관리자나 신중한 CIO라면 수행해야 할 가장 주요한 책임 중 하나이다. 사실 IT 보안은 조직 구성원 모두가 함께해야 하는 일이다.

정보 자산을 보호하는 것이 어려운 또 다른 이유는 온라인 상거래 산업에 있는 기업들이 거래의 성사를 까다롭게 하는 세이프가드를 설치할 의사들이 딱히 없기 때문이다. 예를 들면 신용카드 사용 시마다 패스워드나 개인의 고유번호 같은 것을 요구해볼 수도 있을 것이다. 하지만 이렇게 하면 사람들의 온라인 쇼핑은 줄어들 것이 뻔하다. 또한 AOL과 같은 기업이 FBI나 다른 기업과 함께 범죄행위에 앞장설 유인도 거의 없을 것이다. 신용카드 기업의 경우 도난당한 신용카드의 범인을 잡기 위해 금전적, 시간적으로 투자하는 것보다는 그냥 신용카드 사용을 중지시키는 것이 비용 면에서 더 낫다.

이러한 어려움에도 불구하고, 정보 보안 산업은 열심히 맞서 싸우고 있다. 기업들은 인터넷상의 문제에 대해 조기 경고를 보내는 소프트웨어와 서비스를 개발하고 있다. 반응적으로 사용되었던, 전통적 바이러스 방지 소프트웨어와 달리, 조기 경고 시스템은 사전 대비적이며 새로운 바이러스에 대비하기 위해 웹을 스캔하고 기업들에게 위험을 알린다.

조직들은 엄청난 시간과 돈을 그들의 정보 자산을 보호하는 데 사용한다. 이렇게 하기 전에, 조직들은 위험 관리를 수행한다.

위험(risk)이란 가해진 위협이 정보 자산에 영향을 줄 가능성을 의미한다. **위험 관리**(risk management)의 목적은 위협의 영향을 파악하고 통제하여 최소화하는 것이다. 위험 관리란 위험을 수용할 수 있는 수준으로 감소시키는 것을 의미하기도 한다. 위험 관리는 위험 분석, 위험

표 7.3 정보 자산 보호의 어려움

수백 개의 잠재적 위협이 존재한다.
컴퓨팅 자산은 여러 장소에 위치해 있을 수 있다.
정보 자산을 통제하는 사람들이 매우 많다.
컴퓨터 네트워크는 조직의 외부에 위치할 수 있어 보호하기 어렵다.
기술이 빠르게 변화하기 때문에 일부 통제수단들은 설치되자마자 쓸모없게 되어 버린다.
많은 컴퓨터 범죄들은 오랜 기간 동안 감지되지 않아서 경험을 통해 학습하기 어렵다.
보안 절차를 따르는 것이 불편하기 때문에 사람들이 보안 절차를 곧잘 위반한다.
컴퓨터 범죄를 저지르는 데 필요한 (컴퓨터에 관한) 지식의 양은 매우 적다. 누구라도 인터넷상에서 무료로 해킹하는 법을 배울 수 있다.
위험을 방지하기 위해 필요한 비용은 매우 크다. 따라서 대부분의 조직들은 모든 위험을 막는 데 필요한 비용을 지불할 여력이 없는 것이다.
가상적 공격에 대해 평가하는 것이 어렵기 때문에, 실제로 공격이 일어나기도 전에 통제수단의 투자에 대한 비용 효과 측면의 정당화를 해보는 것은 어려운 일이다.

감소, 통제 평가의 세 단계를 거친다.

위험 분석(risk analysis)이란 조직이 각 자산을 보호함에 있어 그 가치를 평가하고, 각 정보 자산이 해킹될 가능성과 해킹되었을 때 발생할 수 있는 비용을 그 정보 자산을 보호하기 위해 지불하는 비용과 비교하는 작업이다. 조직들은 그들의 정보시스템 보안 프로그램이 비용 효율적인지 확인하기 위하여 위험 분석을 한다. 위험 분석의 과정은 자산의 가치와 누설 가능성, 그리고 자산 보호를 위한 비용을 추정하여, 보호되어야 할 자산에 우선 순위를 매기는 것이다. 그런 다음 어떻게 위험을 감소시킬지 고민한다.

위험 감소(risk mitigation)에서는, 조직들은 위험에 대비하여 구체적 행동을 취한다. 이것을 두 가지로 나누어보면, (1) 인지된 위협이 발생하지 않도록 통제하는 것과 (2) 만약 위협이 실제 발생할 경우를 대비하여 복구책을 마련하는 것이다. 조직들은 몇 가지 위험 감소 전략을 채택한다. 세 가지의 가장 일반적인 전략은 위험 수용, 위험 제한, 그리고 위험 이전이다.

- **위험 수용** : 잠재적 위험을 수용하고 아무런 통제 없이 작업을 지속한다. 따라서 발생하는 어떠한 피해도 받아들인다.
- **위험 제한** : 위협의 영향을 최소화하는 통제책을 이용하여 위험 정도를 제한한다.
- **위험 이전** : 위험에 따른 손실을 보상할 수 있도록 보험 가입과 같은 방법을 이용하여 위험을 이전시킨다.

통제 평가에 있어, 조직들은 적절한 통제수단의 가치와 더불어 그 통제수단을 구성하는 데 드는 비용을 살펴본다. 만약 통제를 구성하는 비용이 자산을 보호하는 가치보다 더 크다면 그 통제수단은 비용 효율적이지 않다. 다음 절에서는 조직들이 그들의 정보 자산을 보호하기 위해 사용하는 다양한 통제수단에 대해 공부하게 될 것이다.

> **다음 절로 넘어가기 전에…**
>
> 1. 정보 자산을 보호하는 것이 왜 어려운 일인지에 대해 몇 가지 이유를 기술해보라.
> 2. 위험 관리와 위험 분석을 비교 및 대조해보라.

개념 적용 7.4

학습목표 7.4 세 가지 위험 감소 전략을 정의하고, 당신이 집을 사는 상황에 적용하여 각각의 예를 제시해본다.

1단계 – 배경

이 절에서는 비즈니스에서 위험을 다루는 법에 대해 상세히 살펴보았다. 위험 관리는 매우 중요해서 기업들은 때때로 전사의 부서에게 위험 분석과 감소를 감독하도록 지시한다. 기업들은 위험을 다룰 때 대개 위험 수용, 위험 제한, 위험 이전의 세 가지 기본 방식으로부터 하나를 취한다. 중요한 것은, 우리의 개인 자산에 대한 부분에서도 마찬가지라는 점이다.

기업처럼, 집 소유자들도 고의적 그리고 비고의적 위험에 직면한다. 이러한 위협을 경감하기 위하여 대부분의 집 소유자들은 특정 행동을 취한다. 예를 들어 해변가에 있는 집은 아칸소 주에 있는 집보다 허리케인에 훨씬 더 민감하다. 하지만 아칸소 주에 있는 집은 해변가의 집보다 토네이도에 훨씬 더 민감하다.

2단계 – 활동

당신이 집을 소유하고 있다고 가정해보라. 어떤 위험을 관리할 필요가 있을까? 어떤 자산을 평가해볼 필요가 있을까? 어떤 자산이 피해를 보게 될 가능성은 어느 정도인가? (주 : 당신은 각

자산마다 가치를 평가해볼 필요가 있다.) 각 자산이 피해를 입게 되었을 때 관련 비용은 어느 정도인가?

3단계 – 과제

집을 소유하는 경우에 대하여 세 가지 위험 관리 전략을 서류에 작성하고 각각의 예를 제시하라. 작성한 서류를 교수에게 제출하라.

7.5 정보 보안 통제

정보 자산을 보호하기 위하여 조직들은 **통제**(control)나 방어수단(또는 **보호조치**라고도 함)을 마련한다. 정보 보안 통제(information security control)란 데이터, 소프트웨어, 그리고 네트워크와 같은 정보시스템의 모든 요소를 보호하기 위한 것이다. 위협의 종류는 무척 다양하기 때문에 조직들은 통제를 다단계화하고 방어수단을 철저하게 준비한다.

통제란 우발적 위험을 막기 위한 것으로 고의적 행위들을 지연시키고 문제를 가능한 조기에 발견하며 피해 복구 능력을 강화하고 잘못된 것을 바로잡는 것을 뜻한다. 통제를 더 자세히 학습하기 전에 알아둘 것은 가장 효과적인 통제 수단은 사용자 교육과 훈련이라는 점이다. 효과적이고 지속적인 교육은 조직 내 모든 구성원이 보안의 절대적 중요성에 대해 인지하게 만든다.

이 절에서 당신은 세 가지 중요한 통제의 유형에 대해 배우게 될 것이다—물리적 통제, 접근 통제, 대화 통제. 그림 7.2는 이러한 통제들을 보여준다. 기업은 통제를 적용할 뿐만 아니라 재난 발생 시에도 비즈니스가 지속될 수 있도록 계획을 세워 두어야 하며, 정보 자원에 대한 감사도 해야 한다. 이 절에서는 이러한 주제에 대해서도 배우게 될 것이다.

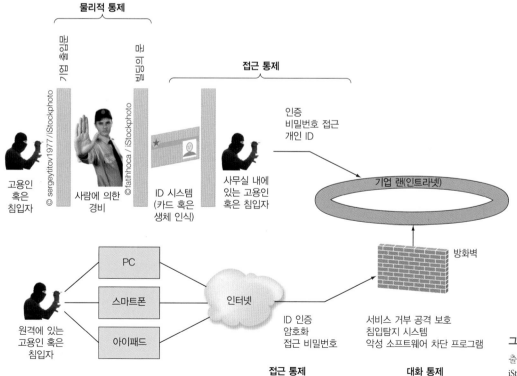

그림 7.2 방어 장치들의 위치

출처 : © Sergeytitov1977/
iStockphoto; © fatihoca/iStockphoto.

물리적 통제

물리적 통제(physical control)는 인가받지 않은 개인들이 기업 시설에 접근하는 것을 막는다. 일반적인 물리적 통제는 벽, 문, 담장, 출입구, 잠금장치, 방공 기지, 경비, 알람시스템 등을 포함한다. 더 정교한 물리적 통제에는 압력 센서, 온도 센서, 움직임 감지기와 같은 것이 있다. 물리적 통제의 약점 중 하나는 이것이 직원들에게는 무척 불편할 수 있다는 것이다.

경비작업은 적어도 두 가지 이유에서 매우 어렵기 때문에 특별히 언급할 필요가 있다. 첫째, 이 직업은 매우 지루하고 반복적이며 일반적으로 보수도 낮다. 둘째, 만약 경비들이 업무를 철저히 수행한다면, 특히 출입 통제 같은 것을 철저히 하느라 시간이 오래 걸리게 된다면 다른 직원들은 이것을 매우 싫어할 수 있다.

조직들은 다른 물리적 보안 방법도 고려한다. 이러한 통제수단을 이용하여 사용자들이 로그인하는 시간이나 장소에 제한을 가하기도 한다. 또는 로그인 시도 시 실패 허용 횟수를 제한하거나 모든 직원들이 퇴근 시에 컴퓨터에서 로그오프하도록 요구한다. 더하여 일정 시간 동안 사용하지 않으면 컴퓨터가 자동으로 로그오프되도록 설정하기도 한다.

접근 통제

접근 통제(access control)란 인가받지 않은 개인이 정보 자산을 사용하는 것을 제한하는 것이다. 이러한 통제는 인증과 승인이라는 두 가지 주요 기능을 가지고 있다. **인증**(authentication)이란 접근을 요청하는 개인에 대해 신원을 확인하는 것이다. 인증을 받고 나면, 승인이 적용된다. **승인**(authorization)이란 확인된 신원을 바탕으로 그 사람이 취할 수 있는 행동, 권한, 특권을 결정하는 것이다.

인증 인가된 사람인지 확인하기 위하여 조직은 그 사용자의 신원, 그 사용자가 가지고 있는 것, 그 사용자가 하는 행동, 그리고/혹은 그 사용자가 아는 것 중 한 가지 이상의 수단을 사용할 수 있다.

사용자의 신원이란[혹은 생체 인식 장치(biometrics)] 그 사람의 타고난 물리적 특성을 확인하는 인증 방법이다. 일반적인 생체 인식 장치로는 손가락 지문 스캔, 손바닥 스캔, 망막 스캔, 홍채 인식, 안면 인식이 있다. 이것들 중 손가락 지문 스캔, 손바닥 스캔, 홍채 인식이 가장 확정적인 신원 확인 방법이다.

사례 인도의 생체 기반 인증 프로젝트

인도에는 신원이 확인되지 않은 빈곤계층이 상당수 있다. 결국 이 나라는 아드하르라고 불리는 고유의 신원 확인 프로젝트를 시작하였는데, 아드하르는 몇 개의 인도 언어로 '근본'이라는 의미가 있다. 신원 확인 프로젝트의 목적은 인도에 있는 각 개인의 홍채를 스캔하고 지문을 연결하여 신원 번호를 발급하는 것이다. 이 과정은 결국 300개 이상의 언어와 방언을 가진 12억 인구를 아우르게 될 것이다. 생체 정보와 아드하르 신원 번호를 결합하여 확인 가능하고 휴대성 있는 고유의 국가 아이디가 생성되게 되는 것이다.

이 프로젝트는 특히 빈곤계층과 관련된 핵심 문제를 해결하고자 한다. 상당수의 인도 빈곤층은 출생 확인서 및 공식 서류가 없기 때문에 정부에 의해 공식적으로 신원 확인이 되지 않은 사람들이다. 따라서 이 사람들은 사용 권리가 있는 정부 서비스조차도 이용할 수 없는 것이다. 이 프로젝트가 시작되었을 당시, 다수의 인도 가구는 은행 거래를 하지 않고 있었다. 집안 어디엔가 현금으로 저축을 해야만 하는 상태였다.

아드하르는 2010년 9월에 시작되었다. 이때 홍채 스캐너, 지문 스캐너, 디지털 카메라, 그리고 랩톱을 이용한 관리자들이 몇몇 마을 사람들과 델리의 빈민가 사람들의 등록을 시작했다. 이 작업에서 가장 중요한 것은 각 기록에 해당되는 사람이 반드시 있어야 하며 또한 단 1명의 사람에게만 연결되어야 한다는 것이다. 이를 위하여 아드하르는 각 개인별로 10개 손가락 지문과 두 눈의 홍채를 모두 인식해야 한다. 10개의 지문과 2개의 홍채를 이용하여 정확도를 99%까지 올릴 수 있다. 하지만 인도와 같이 거대한 나라에서, 99%의 정확도란 1,200만 명의 사람은 잘못된 정보를 가지고 있음을 의미한다.

추가적으로, 아드하르는 방대한 물리적, 기술적 문제들을 갖고 있다. 한 번도 컴퓨터를 본 적이 없는 수백만의 문맹자들을 찾아내어 홍채를 스캔하도록 설득하는 것, 스캔된 정보의 정확성을 보장하여 방대한 양의 데이터를 안전하게 보호하는 것이다. 다른 문제점으로는 시민 자유주의자들이 프라이버시 문제를 제기하면서 이 프로젝트를 반대하고 있다는 것도 들 수 있다.

2013년 9월, 인도 법원은 인도인들이 주 보조금을 받기 위해 문제투성이의 아드하르 카드를 소지하도록 요구받을 수 없다고 선언했다. "어떤 사람도 아드하르 카드가 없다고 해서 고통 받아서는 안 된다."라고 법원이 말했다. 이 프로젝트는 상부의 지시에 의해 만들어진 것이다. 결국 이 프로젝트의 법적 정당성 논란이 발생하였다.

게다가 많은 사람들이 자신이 받은 카드에 이름, 주소, 그리고 개인 정보 오류가 있다고 불만을 제기했다. 한 신문의 보도에 의하면 어떤 사람은 자신의 사진 대신에 개의 얼굴이 담긴 카드를 수령하기도 했다.

2014년 중반경, 아드하르는 8억 5,000만 명을 등록시켜 10페타바이트의 데이터를 구성하였다(850억 건의 지문, 170억 건의 홍채 이미지, 8억 5,000만 건의 얼굴 사진). 현재의 등록 속도를 보고, 아드하르 기획자는 2016년 중반까지 모든 인구를 등록시킬 것이라고 기대한다.

출처 : B. Rohith, "Aadhaar Drive Loses Its Pace," *The Times of India*, March 15, 2014; J. Ribeiro, "Indian Biometric ID Project Faces Court Hurdle," *PC World*, September 24, 2013; S. Rai, "Why India's Identity Scheme Is Groundbreaking," *BBC News*, June 5, 2012; E. Hannon, "For India's Undocumented Citizens, an ID at Last," *NPR.org*, March 1, 2012; "World's Biggest Biometric ID Scheme Forges Ahead," *BBC News India*, February 12, 2012; M. Magnier, "India's Biometric ID Number Plan Divided by Bureaucracy," *Los Angeles Times*, January 28, 2012; B. Turbeville, "Cashless Society: India Implements First Biometric ID Program for All of Its 1.2 Billion Residents," *Infowars.com*, January 12, 2012; V. Beiser, "Identified," *Wired*, September 2011; www.iaadhaar.com, accessed April 25, 2014.

질문

1. 인도가 이러한 생체신원확인 시스템을 구축함에 있어 직면하게 되는 문제점을 기술하라.

2. 인도가 생체신원확인 시스템을 구축함으로써 얻고자 하는 이점에 대해 기술하라.

3. 인도의 생체신원확인 시스템이 인도의 빈곤 계층에게 제공해야 하는 이점에 대해 기술하라.

사용자가 가지고 있는 것이란 일반적인 ID 카드나 스마트 ID 카드, 토큰 등을 사용하는 인증 방법이다. 일반적 ID 카드, 혹은 덤(dumb) 카드에는 대개 그 사람의 사진과 서명이 있다. 스마트 ID 카드는 그 사용자에 대한 적절한 정보가 담긴 칩을 내장하고 있다. [인증용 스마트 ID 카드는 전자상거래용 스마트 카드와는 다르다(제9장 참조). 두 카드 모두 칩을 내장하고 있으나 그 목적은 다르다.] 토큰의 내장된 칩에는 직원이 내부 네트워크에 접근할 때 사용하는 로그인 번호를 보여주는 디지털 디스플레이가 있다. 그 번호는 매 로그인 시 변경된다.

사용자가 하는 행동이란 목소리나 서명 인식을 통한 인증 방법을 말한다. 목소리 인식(voice recognition)에서는 사용자가 통제와 감시 아래 미리 녹음해 둔 특정 구절(예 : 본인의 이름이나 소속 부서)을 말한다. 그러면 목소리 인식 시스템이 미리 녹음해 둔 신호와 현재 입력된 신호를 비교하게 된다. 서명 인식(signature recognition)에서는 사용자가 이름을 서명하면 시스템이 입력된 서명과 통제 및 감시 아래 미리 저장된 서명의 부합 여부를 확인한다. 서명 인식 시스템은 또한 서명의 속도와 서명 시의 압력 정도까지 확인한다.

사용자가 아는 것이란 패스워드나 패스프레이즈를 이용한 인증 방법을 말한다. **패스워드**(password)는 모든 조직에서 정보 보안 문제를 야기한다. 모든 사용자들은 보안 강도가 높은 패스워드를 사용하여 패스워드가 쉽게 노출되지 않도록 해야 한다.

보안 강도가 높은 패스워드(strong password)는 다음의 특징을 가지고 있다.

- 추측하기 어려워야 한다.

- 짧지 않고 길어야 한다.
- 대문자, 소문자, 숫자, 특수문자를 포함해야 한다.
- 인지 가능한 단어여서는 안 된다.
- 가족 이름이나 애완동물의 이름과 같이 잘 알려진 누군가 혹은 무언가의 이름이어서는 안 된다.
- 사회보장번호(SSN)나 생일과 같이 인지 가능한 숫자열이어서는 안 된다.

보안 강도가 높은 패스워드의 문제점은 외우기 어렵다는 것이다. 조직이 더 길고 어려운 패스워드의 설정과 더 잦은 패스워드 변경을 요구할수록 패스워드를 기억하기 힘들어지기 때문에 어디엔가 적어두게 된다. 따라서 사용자가 기억하기 쉬우면서도 강력한 패스워드를 만드는 것이 필요하다. 패스프레이즈를 만들게 되면 패스워드로 바로 사용할 수도 있고 아니면 강력한 패스워드의 작성에 도움이 될 것이다.

패스프레이즈(passphrase)는 패스워드보다는 길지만 쉽게 기억할 수 있는 문자열을 의미한다. 패스프레이즈의 예로는 'maytheforcebewithyoualways', 'goaheadmakemyday'와 같은 것들이 있다. 이런 식의 패스프레이즈를 강력한 패스워드로 바꿀 수 있다. 위의 패스프레이즈 중 가장 마지막 것에서, 각 단어의 첫 번째 글자만 뽑아보아라. gammd를 얻게 될 것이다. 그런 다음 한 문자씩 건너뛰며 대문자화하여 GaMmd를 만들어라. 그런 다음 특별한 문자와 번호를 붙여서 9GaMmD//*과 같은 것을 완성한다. 이제 당신은 기억하기 쉬우면서도 강력한 패스워드를 갖게 되었다.

승인된 사용자를 보다 효율적이고 효과적으로 알아내기 위하여, 조직들은 때때로 하나의 방식으로 인증을 하기보다는 다중 인증이라고 알려진 전략을 쓴다. 이 시스템은 사용자들이 원격지에서 로그인할 때 특히 중요하다.

단일 요소 인증은 취약하기로 유명한데 일반적으로 단순한 패스워드로 구성된다. 2요소 인증에는 패스워드와 일종의 생체 인식(예 : 지문 인식)이 사용된다. 3요소 인증은 세 가지 방식을 어떤 식으로든 조합하는 것을 뜻한다. 이렇게 인증이 까다로워질수록 비용을 많이 지불해야 하고 사용자들도 귀찮게 됨을 주지해야 한다.

승인 일단 사용자의 인증이 끝나고 나면 조직 내 시스템에 대해 그 사용자가 가질 수 있는 권한이나 특권이 정해지게 되는데 이 과정이 승인이다. **특권**(privillege)이란 그 시스템의 사용자가 수행할 수 있는 연관성 있는 컴퓨터 시스템 작업들의 집합을 의미한다. **최소 권한**(least privilege)이란 사용자들이 특정 활동에 대한 특권을 부여함에 있어, 그러한 승인에 대해 정당한 필요가 확인될 때만 부여하는 것을 의미한다.

대화 통제

대화(네트워크) 통제[communication(network) control]는 네트워크상의 데이터 이동에 대한 보안을 뜻한다. 대화 통제는 방화벽, 악성 소프트웨어 차단시스템, 화이트리스팅과 블랙리스팅, 암호화, 가상 사설망(VPN), 보안 소켓 계층(SSL), 고용인 감시 시스템으로 구성된다.

방화벽 방화벽(firewall)은 특정 타입의 정보가 인터넷과 같이 신뢰할 수 없는 네트워크로부터 당신의 기업 네트워크와 같은 사설 네트워크로 들어오는 것을 방지하는 시스템이다. 단순히 설명하자면 허가되지 않은 인터넷 사용자들이 사설 네트워크로 접근하는 것을 막는 것이다. 기업의 네트워크로 들어오거나 나가는 모든 메시지들은 방화벽을 거치게 된다. 방화벽은 특정 보안

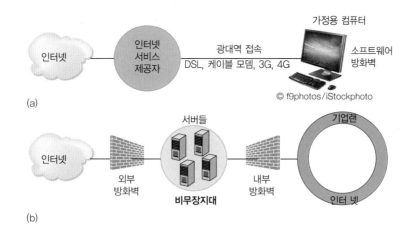

그림 7.3 (a) 가정용 컴퓨터를 위한 간단한 방화벽 (b) 2개의 방화벽과 비무장지대로 구성된 기업용 방화벽

출처 : © f9photos/iStock photo

규칙을 지키지 않는 메시지나 블록을 검사한다.

방화벽의 종류는 간단한 가정용부터 매우 복잡한 기업용까지 다양하다. 그림 7.3a는 가정용 컴퓨터를 위한 간단한 방화벽을 보여준다. 이 경우 방화벽은 컴퓨터에 소프트웨어로 설치된다. 그림 7.3b는 인터넷에 접하고 있는 외부 방화벽과 기업 네트워크에 접하고 있는 내부 방화벽이 설치된 기업용 방화벽을 보여준다. 기업용 방화벽은 통상적으로 업무용 컴퓨터와 여기서 구동되는 소프트웨어로 구성된다. 외부와 내부 방화벽 사이가 **비무장지대**(demilitarized zone, DMZ)이다. 인터넷으로부터 온 메시지는 외부 방화벽을 통과해야 한다. 만약 정의된 보안 규칙에 부합한다면, DMZ 내에 있는 기업 서버로 보내질 것이다. 이러한 서버들은 대개 웹페이지 요청이나 이메일을 처리한다. 기업의 내부 네트워크를 목적지로 구성된 메시지는 기업의 사적 네트워크에 접근하기 위해서 내부 방화벽을 통과해야 하고 자체 보안 규칙에 부합해야 한다.

바이러스나 웜의 위험은 매우 심각하기 때문에 많은 조직들이 방화벽을 사설 네트워크 내 전략적 위치에 두고 있다. 그렇기 때문에 바이러스나 웜이 외부 혹은 내부 방화벽에 침입해도 내부적 손상은 방지되는 것이다.

멀웨어 차단시스템 안티바이러스(antivirus, AV)라고도 불리는 **멀웨어 차단시스템**(anti-malware system)은 바이러스, 웜, 그리고 다른 멀웨어들을 확인하고 제거하기 위한 소프트웨어 패키지다. 이 소프트웨어는 조직 수준에서 정보시스템 부서에 의해 구현된다. 현재 수백 개의 AV 소프트웨어 패키지가 사용 가능하다. 가장 잘 알려진 것으로는 노턴 안티바이러스(www.symantec.com), 맥아피 바이러스스캔(www.mcafee.com), 그리고 트렌드 마이크로 PC 실린(www.trendmicro.com)이 있다.

비즈니스에서 IT 7.3

두 사이버보안 회사에 대한 이야기

파이어아이(www.fireeye.com)와 맨디언트(www.mandiant.com)는 세상에서 가장 뛰어난 사설 사이버범죄 방지 기업이다. 이 기업들은 표적 공격을 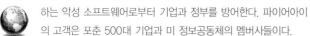 하는 악성 소프트웨어로부터 기업과 정부를 방어한다. 파이어아이의 고객은 포춘 500대 기업과 미 정보공동체의 멤버사들이다.

이 회사들의 소프트웨어는 악성 소프트웨어가 네트워크에 침입하게 되면

그 악성 소프트웨어의 전 생애 주기를 조사하는데, 악성 소프트웨어는 어떻게 네트워크에서 작동하며 무엇을 찾고 있는지, 어떤 서버가 악성 소프트웨어를 전송했는지, 어떤 통제 서버로부터 악성 소프트웨어들은 지시를 받는지 등과 같은 것들이다. 그러면 각 회사가 한 일을 예를 통해서 살펴보자.

파이어아이 VS 러스톡 봇넷 파이어아이와 러스톡 봇넷 간의 대결에 대해 살펴보자. 러스톡은 세상에서 가장 진보된 웹상의 봇넷이다. 이것은 가짜

© PN_Photo/iStockphoto

마약, 온라인 약품, 그리고 러시아 주식에 대한 광고를 삽입함으로써 사람들을 혼란스럽게 만든다. 2007년부터 2011년까지, 러스톡은 은밀하고 불법적으로 세상에 있는 100만 대 이상의 컴퓨터를 통제했다. 이런 식으로 수백만 달러로 추산되는 수익을 만들어냈다.

파이어아이는 역습에 대한 전략을 세우기 위해 수개월 동안 마이크로소프트, 화이자와 함께 작업하였다. 마이크로소프트와 화이자가 함께한 이유는 러스톡이 화이자의 제품인 비아그라의 가짜 상품을 판매했으며, 마이크로소프트의 로고를 이용하여 가짜 복권을 팔았기 때문이다. 2011년 3월 파이어아이의 지능시스템과 더불어, 미 육군원수는 미국 전역에 걸쳐 7개의 인터넷 데이터 센터를 공격했는데 이곳은 러스톡이 96개의 명령 서버를 숨겨 놓은 장소이다. 마이크로소프트의 변호사들과 기술자들, 그리고 컴퓨터 범죄과학 전문가들도 이 공격에 가담하였다. 네덜란드에 할당된 어느 팀은 2개의 러스톡 명령 서버를 추가적으로 찾아냈다.

비록 운영은 문제 없이 가능해졌지만, 러스톡이 다시 공격해 올 가능성은 여전했다. 알 수 없는 곳으로부터 봇 마스터가 갑자기 나타나 급습한 뒤 자신의 네트워크로 돌아가 버리고 마이크로소프트의 기술자들을 고립시켜 파일을 삭제하기 시작했다. 분명, 러스톡의 배후조종자들은 자신들의 하드 드라이브에 있는 것을 그 누구에게도 보여주고 싶지 않았을 것이다. 어렵사리 마이크로소프트 기술자들은 자신들 서버에 대한 통제권을 회복했다. 하지만 마이크로소프트 기술자들이 서버에 대한 통제권을 회복하는 데 걸린 30분 동안 지워진 데이터는 영원히 복구 불가능할 것이다.

마이크로소프트는 또한 봇넷을 운영하는 사람 또는 사람들의 신원에 대한 정보의 대가로 25만 달러를 제안했다(그리고 여전히 제안하고 있다). 불행하게도, 러스톡의 가해자들은 여전히 체포되지 않고 있으며, 보안 전문가들은 전 세계 60만 대 이상의 컴퓨터들이 여전히 러스톡의 악성 프로그램에 감염되어 있다고 보고 있다.

멘디언트와 중국의 해킹 2009년부터 사이버해킹이 도래한 이래, 중국을 기반으로 한 최첨단 해킹이 구글, 야후, 쥬니퍼 네트워크, 어도비 시스템 등 12개 유명 기업의 네트워크를 공격하여 소스코드에 접속하려 했다. 전문가들은 이 사이버공격이 해당 기업의 지적 자산을 훔칠 뿐 아니라, 화웨이 테크놀로지나 ZTE와 같은 중국 경쟁 기업이 연루된 적은 없지만 이러한 기업 대비 미국 기업들이 차지하고 있는 시장 경쟁력의 간극을 좁히기 위한 의도라고 믿었다.

그러다 2013년에 뉴욕 타임스, 월 스트리트 저널, 워싱턴 포스트 등을 포함한 주요 언론사의 컴퓨터 시스템에 대한 일련의 뉴스가 중국 정부와 연계되어 있는 해커들에 의해 새어나오기 시작했다. 중국 검열관은 분명 자국 정부에 대해 부정적 기사를 쓴 익명의 서방 저널리스트를 노출시킴으로써 저항을 억누르려 했을 것이다.

예를 들이 맨디언트는 뉴욕 타임스가 국방부 계약업체를 공격한 것으로 유명한 APT 12에 의해 공격대상이 되었다고 믿는다. 맨디언트에 따르면, 공격자들은 뉴스 회사의 내부 네트워크에 완전히 접속한 것으로 알려졌다. 하지만 그들은 중국 공산당 간부의 개인적 부에 대한 내용을 담고 있는 2개의 파일만 검색했을 뿐이다.

오늘날 중국의 공격대상은 훨씬 더 많은 것으로 보인다. 2011년에는 중국과의 무역 소송을 담당하고 있는 법무법인인 와일리 레인(www.wileyrein.com)이 공격을 당했다. 더 심하게는 백악관 또한 2012년에 공격을 받았다.

중국 정부와 연계된 해킹 그룹은 서방의 석유회사 그리고 가끔씩은 이 회사의 법률회사나 투자은행까지도 강하게 공격했다. 때때로 중국 기업이 인수하기 전에 사적 금융 정보를 빼내기 위함이다. 예를 들면 체사피크 에너지가 그들의 천연가스 지분을 수십억 달러에 매각하려 했을 때 이 회사의 투자은행인 제프리가 공격을 당했는데, 그 시점이 중국 정부 관리가 오클라호마에 있는 체사피크 본사에 방문했을 때 즈음이다.

이러한 공격을 막기 위하여 맨디언트는 특별한 방법을 쓰고 있다. 3~5명의 전문가로 구성된 팀이 할당되어 공격을 받았던 각 기업의 시스템을 심혈을 기울여 조사한다. 전문가들이 모든 보안 취약점과 악성코드들을 회사 네트워크상에서 찾아내면, 맨디언트는 악성코드를 없애고 때로는 48시간 내에 모든 감염 컴퓨터를 교체하기도 한다. 악성코드를 제거하려다 기업비밀이 제거될 것을 걱정하는 기업 입장에서는 손에 땀을 쥐게 하는 과정이다.

그리고 두 기업(파이어아이와 맨디언트)에 대한 가장 최신의 뉴스는 무엇일까? 2014년 1월 2일에 파이어아이(www.fireeye.com)는 10억 달러 이상의 현금과 주식으로 맨디언트를 인수했다. 사이버보안 시장에 새로운 거인이 탄생한 것이다. 새롭게 탄생한 회사가 어떻게 일을 할 것인지 살펴보자.

- 고객은 파이어아이 측(합병 후의 이름)에 라이선스 대가로 월 사용료를 지불한다.
- 파이어아이는 최고의 보안 관리를 위한 컨설팅을 한다.
- 고객사의 보안 운영팀은 보안 환경을 최첨단으로 구축하고 공격이 발생하면 바로 분석한다. 모든 공격 데이터는 추가 분석을 위하여 파이어아이의 운영센터로 전송된다.
- 추가적 월 사용료를 지불하면 기업의 보안 데이터와 즉각적 반응에 대한 확장된 분석을 제공한다. 만약 고객사의 보안팀에서 문제의 원인을 찾아내지 못한다면, 맨디언트 본사로부터 보안 전문가가 방문하여 해결한다.

출처 : J. Xavier, "FireEye's Kevin Mandia on the $1B Mandiant Acquisition," *Silicon Valley Business Journal*, February 28, 2014; D. Woods, "The Product Management Logic of the FireEye–Mandiant Deal," *New York Times*, January 3, 2014; "Report: Chinese Hackers Attacked Crucial Government Election Website," *CNN*, December 17, 2013; J. Vijayan, "China-Based Hacking Group Behind Hundreds of Attacks on U.S. Companies," *Computerworld*, September 17, 2013; "New York Times: Chinese Hackers Attacked Our Computers for Months," *CBS News*, August 7, 2013; C. Joye, "Anatomy of a Cyberattack on Business," *Financial Review*, June 4, 2013; D. Sanger and N. Perlroth, "Hackers From China Resume Attacks on U.S. Targets," *New York Times*, May 19, 2013; B. Stone and M. Riley, "Hacked? Who Ya Gonna Call?" *Bloomberg Business Week*, February 11–17, 2013; "FireEye Testimonials," *FireEye Information Center* (www.fireeye.com), January 8, 2013; S. Ragan, "Dutch Police Takedown C&Cs Used by Grum Botnet," *Security Week*, July 17, 2012; P. Cohan, "FireEye: Silicon Valley's Hottest Security Start-up," *Forbes*, May 24, 2012; K. Higgins, "Microsoft Offers $250,000 for Rustock Botnet Operator Identity," *Information Week*, July 19, 2011; C. Stewart, "Botnet Busters," *Bloomberg Business Week*, June 20–26, 2011; "Spammers Sought After

Botnet Takedown," *BBC News*, March 25, 2011; M. Schwartz, "Microsoft, Feds Knock Rustock Botnet Offline," *InformationWeek*, March 18, 2011; www.fireeye.com, www.mandiant.com, accessed March 28, 2014.

질문

1. 사법기관이 96개의 러스톡 명령 서버를 한 번에 소탕한 것이 왜 중요한지에 대해 설명하라.

2. 러스톡의 배후가 잡힌다면, 그들이 진짜 범인이라는 것을 증명할 수 있을까? 왜 그런가 또는 왜 그렇지 않은가? 이유를 들어 설명하라.

3. 여러 차례의 미국 기업과 정부 기관에 대한 공격의 배후가 중국 해커들이라는 결정적 증거는 없다고 맨디언트는 말했다. 이러한 증거 또한 찾기가 어려운 것일까? 왜 그런가? 또는 왜 그렇지 않은가? 이유를 들어 설명하라. 만약 이런 증거를 찾는 것이 가능하다면, 문제될 게 있는가? 왜 그런가? 또는 왜 그렇지 않은가? 이유를 들어 설명하라.

4. 파이어아이가 맨디언트를 인수한 것은 어떤 이점을 줄지 토론해보라. 그리고 맨디언트 입장에서는 어떤 이득이 있을지도 토론해보라.

멀웨어 차단시스템은 통상 반응적 특징을 가지고 있다. 다양한 종류의 멀웨어를 정의하고 특징을 규명한 뒤 시스템 내 이러한 특징들을 업데이트한다. 수상한 컴퓨터 코드가 있을 경우 기존의 특징과 부합되는지 알아본다. 만약 부합된다면 그 소프트웨어를 제거한다. 따라서 조직들이 멀웨어 리스트를 매우 빈번하게 업데이트해야 하는 것이다.

멀웨어는 매우 심각한 문제이므로 업계 선두 기업들은 멀웨어 차단시스템을 발빠르게 개발하여 반응할 뿐만 아니라 적극적으로 대응하려고 하고 있다. 이러한 시스템은 특징 비교보다는 행동 분석을 이용한다. 따라서 이론적으로는 멀웨어가 시스템을 감염시키기 전에 감지해내는 것이 가능하다.

화이트리스팅과 블랙리스팅 기술 분야의 연구 및 컨설팅 기업인 양키그룹(www.yankeegroup.com)의 보고서에 따르면 99%의 조직이 멀웨어 차단시스템을 설치했지만 62%의 기업은 여전히 멀웨어의 공격으로 고생하고 있다고 한다. 설명한 바와 같이 멀웨어 차단시스템은 대개 반응적으로 대처하는 반면, 멀웨어는 지속적으로 시스템을 감염시키고 있는 것이다.

화이트리스팅(whitelisting)은 이러한 문제를 해결하기 위한 한 방안이다. 화이트리스팅은 멀웨어를 가려내기 위하여 구동을 허용할 소프트웨어와 그렇지 않은 소프트웨어를 구별하는 절차이다. 허용할 수 있는 소프트웨어는 구동시키지만 그렇지 않은 소프트웨어는 구동을 방지하고, 새로운 소프트웨어는 적합성을 확인할 때까지 격리된 환경에서 구동시킨다.

화이트리스팅이 화이트리스트에 등록되지 않은 어떠한 소프트웨어도 허용하지 않는 기술이라면, **블랙리스팅**(blacklisting)은 블랙리스트에 등록되지 않은 모든 소프트웨어를 허용하는 기술이다. 따라서 블랙리스트는 기업 환경에서의 구동이 허용되지 않은 특정 소프트웨어의 목록을 의미한다. 예를 들면 기업은 P2P 파일 공유 소프트웨어 같은 것을 블랙리스트에 올린다. 소프트웨어뿐만 아니라 사람, 장비, 그리고 웹사이트까지 화이트리스트나 블랙리스트가 될 수 있다.

암호화 소식이 정보를 안전하게 전송할 채널이 없다면 비인가된 누군가에게 정보가 유출되는 것을 막기 위해 정보를 암호화해야 한다. **암호화**(encryption)란 원래의 메시지를 의도된 수신자를 제외한 누군가에 의해 읽힐 수 없는 형태로 변형시키는 것이다.

모든 암호화 시스템은 마구 뒤섞인 코드인 키(key)를 사용하여 암호화하고, 다시 복호화한다. 암호화 시스템의 대다수는 공개키 기반 암호화 방식을 사용한다. 공개키 암호화(public-key encryption) 또는 비대칭형 암호화는 두 가지의 다른 키인 공개키와 개인키(그림 7.4를 보라)를 사용한다. 공개키와 개인키는 동일한 수학적 공식과 알고리즘을 기반으로 동시에 생성된

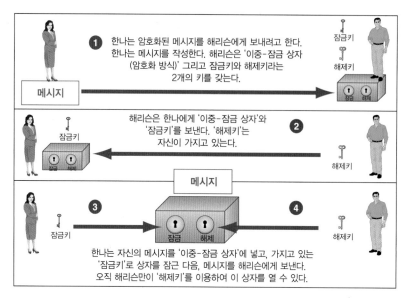

그림 7.4 공개키 기반 암호화의 작동 방식
출처 : Omnisec AG

다. 두 키가 수학적으로 연계되어 있기 때문에 하나의 키로 암호화된 데이터는 나머지 하나의 키에 의해 복호화될 수 있다. 공개키는 누구라도 접근 가능한 디렉토리에 있어 공개되어 있다. 개인키는 비밀스럽게 유지되고 결코 타인과 공유되지 않으며 절대 인터넷을 통해 전송되지 않는다. 이러한 시스템에서 만약 한나가 해리슨에게 메시지를 보내려고 한다면, 그녀는 먼저 메시지의 암호화에 사용할 해리슨의 공개키를 얻어야 한다. 해리슨이 한나의 메시지를 받으면, 그는 개인키를 복호화하는 데 사용한다.

비록 이 시스템이 개인용 정보에는 적합하지만, 인터넷을 통해 비즈니스를 하는 조직은 훨씬 더 복잡한 시스템을 요구한다. 이런 경우, **인증기관**(certificate authority)이라고 불리는 제3의 기관이 기업 간의 신용 중계자 역할을 한다. 인증기관은 디지털인증서를 발급하고, 인증서의 진위와 무결성을 확인해준다. **디지털인증서**(digital certificate)는 파일에 첨부된 전자 문서로서 그 파일의 발신지가 알려진 바대로 확실하고, 파일의 초기 형태에서 변형되지 않았다는 것을 보증한다. 그림 7.5에서 볼 수 있듯이, 소니는 디지털인증서를 베리사인이라는 인증기관에 요청하여 델과 비즈니스를 할 때 사용한다. 디지털인증서는 신원 확인용 번호, 발급자, 유효기간, 요청자의 공개키 등을 포함하고 있다. 인증기관의 예를 알고 싶으면 www.entrust.com, www.verisign.com, www.cybertrust.com, www.secude.com, www.thawte.com을 방문해보라.

가상 사설망 **가상 사설망**(virtual private network, VPN)은 고객에게 연결하기 위해 통상적으로 인터넷과 같은 공적 네트워크를 사용하는 사설망이다. VPN은 인터넷의 글로벌 연결성에 사설망의 안전성을 결합시켜 조직 네트워크의 범위를 확장시킨 것이다. 물리적으로는 분리되어 존재하지 않기 때문에 VPN은 가상이라 불린다. 공공 인터넷망을 자신들의 기반구조처럼 사용하는 것이다. 로그인, 암호화, 그리고 타 **프라이버시**(privacy) 강화기술들을 이용하여 가상의 사설망을 만드는 것이다.

VPN은 몇 가지 장점을 가지고 있다. 첫째, 원격지 사용자들이 기업 네트워크에 접속할 수 있게 한다. 둘째, 유연성을 제공한다. 모바일 사용자들도 적절히 구성된 장치만 있으면 조직의 네

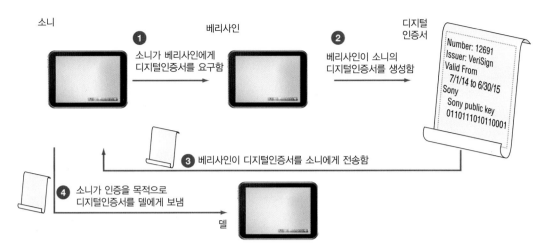

소니   베리사인   디지털 인증서

① 소니가 베리사인에게 디지털인증서를 요구함

② 베리사인이 소니의 디지털인증서를 생성함

Number: 12691
Issuer: VeriSign
Valid From
7/1/14 to 6/30/15
Sony

Sony public key
0110111010110001

③ 베리사인이 디지털인증서를 소니에게 전송함

④ 소니가 인증을 목적으로 디지털인증서를 델에게 보냄

델

그림 7.5 디지털인증서의 작동 방식. 소니나 델과 같은 비즈니스 파트너 간의 인증을 위하여 디지털인증서를 사용한다.

트워크에 접속할 수 있기 때문이다. 셋째, 조직들이 VPN을 통해 보안 정책을 시행할 수 있다. 예를 들면 관리되지 않은 장치로부터 접속된 경우 기업의 이메일 애플리케이션만 사용할 수 있도록 할 수 있다.

안전하게 보안된 전송을 위하여 VPN은 터널링이라는 절차를 사용한다. **터널링**(tunneling)이란 각 전송 데이터 패킷을 암호화하고 다른 패킷 내부에 암호화된 패킷을 넣는 것을 뜻한다. 이렇게 해서 패킷은 인터넷상에서 기밀성, 인증, 무결성을 유지할 수 있다. 그림 7.6은 VPN과 터널링을 보여준다.

보안 소켓 계층(SSL) **전송 계층 보안**(transport layer security, TLS)이라고도 불리는 SSL은 신용카드 구매나 온라인 뱅킹과 같은 안전 거래를 위해 사용되는 보안 표준이다. TLS는 웹서버와 브라우저 사이의 끝에서 끝 구간의 데이터를 암호화하고 복호화한다.

TLS는 'http'가 아니라 'https'로 시작하는 URL에 의해 표시되고, 가끔 브라우저의 상태표시줄에 자물쇠 아이콘을 표시하기도 한다. 자물쇠 아이콘을 이용하여 보안 접속임을 표시하거나 이러한 아이콘을 브라우저의 상태표시줄에 보이게 하는 것은 일부 브라우저들의 특징이다. 다른 브라우저들은 다른 아이콘을 사용하기도 한다(예를 들면 부러졌거나 완전한 모양의 키). 여기서 기억해두어야 할 점은 브라우저들이 보통 보안 접속에 대한 가시적 확인을 제공한다는 것이다.

직원 감시 시스템 많은 기업들은 직원의 실수와 같은 주요 보안 위협들로부터 네트워크를 보호하기 위해 적극적인 조치를 취한다. 기업들은 직원들의 컴퓨터, 이메일, 인터넷 서핑 행위 등을 감시하는 **직원 감시 시스템**(employee monitoring system)을 구축한다. 이것은 직원들 중 누가 인터넷 서핑을 위해 과도하게 시간을 소비했으며, 누가 의심스러운 웹 사이트에 방문했는지, 누가 음악을 불법으로 다운로드했는지 규명해내는 데 사용된다. 감시 시스템을 제공하는 업체로는 스펙터소프트(www.spectorsoft.com)나 웹센스(www.

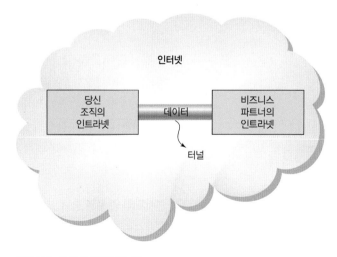

그림 7.6 가상 사설망과 터널링

인터넷

당신 조직의 인트라넷   데이터   비즈니스 파트너의 인트라넷

터널

websense.com)와 같은 기업이 있다.

경영 지속 계획

만일의 사태에 대비하는 것은 조직의 전략상 매우 중요하다. 어떠한 보안시스템에서도 가장 중요한 것은 기업의 경영 활동이 지속되도록 계획하는 것이며, 이것은 재해 복구 계획으로도 알려져 있다.

경영 활동의 지속(business continuity)이란 보호와 복구에 대한 계획을 연결시키는 작업의 사슬이라 할 수 있다. 경영 지속 계획의 목적은 재해 발생 후에 경영을 지속할 사람에게 지침을 내리기 위함이다. 이러한 계획하에 직원들은 정보 자산의 보안에 영향을 주는 사건들에 대응하고 사건들로부터 회복하여 일상적 경영 활동으로의 복귀를 준비하게 된다. 즉 핵심 경영 기능들이 지속되는 것을 보장하는 데 도움이 된다.

대형 재난이 발생한 경우에도, 경영 지속을 위하여 조직들은 몇몇 전략을 취한다. 이러한 전략으로는 핫 사이트, 웜 사이트, 콜드 사이트와 같은 것들이 있다. 핫 사이트(hot site)는 서비스, 커뮤니케이션 연결, 그리고 물리적 공장 운영까지 완벽하게 구성된 컴퓨터 시설을 뜻한다. 컴퓨팅 자원과 주변장치, 전화 시스템, 애플리케이션과 워크스테이션의 복사본을 만드는 것이다. 웜 사이트(warm site)는 핫 사이트와 동일한 서비스나 옵션들을 다수 제공한다. 하지만 웜 사이트는 통상 기업이 실제로 필요로 하는 애플리케이션을 포함하지 않는다. 웜 사이트는 서버와 같은 컴퓨팅 장비는 포함하지만, 사용자 워크스테이션은 종종 포함하지 않는다. 콜드 사이트(cold site)는 건물이나 사무실에 냉난방이나 습도조절과 같은 가장 기초적인 서비스와 시설을 제공한다. 이러한 종류의 사이트는 컴퓨터 하드웨어나 사용자 워크스테이션은 제공하지 않는다. 콜드 사이트의 특징은 오랜 리드 타임이 걸리는 사안들을 주로 다룬다는 것이다. 건물, 임대, 공간과 같은 것들은 긴 시간이 걸리는 사안이다. 고출력 전선을 설치하는 데는 장시간이 걸리지만 서버를 사거나 설치하는 것은 비교적 특별히 긴 시간이 걸리지 않을 것이다.

핫 사이트는 위험을 최대로 줄여주는 형태지만, 가장 고비용적 접근이다. 반대로 콜드 사이트는 위험 감소도 최소화되지만, 비용도 최소로 드는 방법이다.

정보시스템 감사

기업들은 정보시스템의 정상적 작동을 보장하기 위하여 보안 통제를 구현한다. 이러한 통제들은 조직의 시스템에 설치될 수도 있고, 시스템이 운영된 후 추가될 수도 있다. 통제장치를 설치하는 것이 필수적이긴 하나 보안에 있어 충분하다고는 할 수 없다. 더하여 보안 책임자들은 다음과 같은 질문에 답할 필요가 있다—모든 통제수단들이 의도한 대로 설치되었는가? 이러한 것들이 효과적일까? 어떠한 보안 위반도 발생하지 않았는가? 그렇다면 향후 발생 가능한 보안 위반을 방지하기 위하여 어떠한 행동들이 요구되는가?

이러한 질문들은 독립적이고 편향되지 않은 관찰자에 의해 답변되어야 한다. 이러한 관찰자들은 정보시스템 감사의 역할을 한다. 정보시스템 환경에서 **감사**(audit)란 정보시스템의 입력, 처리, 출력에 대해 면밀히 검사하는 것이다.

감사자와 감사의 종류 크게 두 종류가 있는데 내부 감사(자)와 외부 감사(자)이다. 정보시스템 감사자는 통상 내부 감사를 책임지고 있는데, 이 감사는 기업 내부 감사자들에 의해 수시로 진행된다. 외부 감사자들은 내부 감사의 결과와 정보시스템의 입력, 처리, 출력에 대해 확인해본다. 정보시스템의 외부 감사는 보통 공인회계법인에 의해 전체 외부 감사의 한 부분으로 진행된다.

정보시스템 감사는 정보시스템에 대한 모든 잠재적 위험과 그것의 통제에 대해 살펴본다. 주로 운영, 데이터 무결성, 소프트웨어 애플리케이션, 보안, 그리고 프라이버시, 예산과 지출, 비용 통제, 생산성과 같은 것들에 초점을 맞춘다. 감사자들은 ISACA(Information Systems Audit and Control Association, www.isaca.org)에서 제공하는 지침을 활용할 수 있다.

감사는 어떻게 진행되는가 IS 감사는 (1) 컴퓨터 주변에 대한 감사, (2) 컴퓨터를 통한 감사, (3) 컴퓨터를 이용한 감사로 분류된다.

컴퓨터 주변에 대한 감사란 특정 입력값에 대해 예상한 출력값이 나오는지 확인함으로써 처리 과정을 검증하는 것이다. 이러한 접근은 제한된 출력을 가지고 있는 시스템에서 가장 잘 사용된다. 컴퓨터를 통한 감사에서는 입력, 출력, 그리고 처리 과정이 모두 검사된다. 감사자는 프로그램 로직과 테스트 데이터를 확인한다. 컴퓨터를 이용한 감사는 고객 데이터, 감사 소프트웨어, 그리고 고객과 감사자의 하드웨어 조합을 이용하는 것이다. 이러한 접근은 감사자로 하여금 급여 정산 프로그램의 로직을 실제 데이터를 바탕으로 시뮬레이션해보는 작업같은 것을 할 수 있게 한다.

> **다음 절로 넘어가기 전에…**
>
> 1. 조직을 위해 가장 중요한 정보 보안 통제란 무엇인가?
> 2. 인증과 승인을 구별해보라. 둘 중에서 무엇이 항상 먼저 진행되는가?
> 3. 화이트리스팅과 블랙리스팅을 비교 또는 대조해보라.
> 4. 재난 복구 계획의 목적은 무엇인가?
> 5. 정보시스템 감사란 무엇인가?

개념 적용 7.5

학습목표 7.5 조직이 정보 자원을 보호하기 위해 주로 사용하는 세 가지 통제 유형에 대해 확인하고 각각의 예를 제시한다.

1단계 – 배경

보안 통제는 데이터, 소프트웨어, 하드웨어, 네트워크를 포함한 정보시스템의 모든 요소를 보호하기 위하여 설계되었다. 매우 다양한 위협들이 존재하므로 조직들은 여러 계층의 통제를 사용한다. 이 책에서 논의된 한 분야는 공개키 암호화 기법이다. 이 암호화 기법은 공개키와 개인키를 필요로 한다. 공개키는 공유되는 키이며 개인키로만 복호화할 수 있도록 메시지를 암호화하는 데 사용된다.

2단계 – 활동

http://www.wiley.com/go/rainer/MIS3e/applytheconcept에 접속하여 이 절에 해당하는 링크를 클릭해보라. 그러면 2004년도 영화인 〈내셔널 트레저〉에 대한 글을 보게 될 것이다. 실제 영화를 보는 것이 더 낫겠지만, 아마 영화에는 접속할 수 없을 것이다. 이 활동을 위해서는 이 글을 읽는 것만으로도 충분하다.

이 영화에서 (니콜라스 케이지가 연기한) 벤 게이츠는 그 나라에서 가장 희귀한 문서인 독립 선언문을 훔친다. 이 과정에서 당신은 어떻게 이 도둑이 세 가지 통제를 모두 속이는지 보게 될 것이다.

3단계 – 과제

국가 기밀 문서에 적용되었으나 결국 게이츠가 뚫는 세 가지 유형의 주요 통제에 대해 확인하고 영화에서 나온 각각의 예를 들라. 세 유형의 통제와 영화에서의 예를 문서로 작성하여 교수에게 제출하라.

나를 위한 IT 는 무엇인가?

회계 전공자

ACCT

공기업들과 그 회계사들이나 감사자들은 정보 보안에 대해 상당한 책임을 가지고 있다. 회계사들은 이제 일반적으로 인정된 회계 원칙(GAAP)에 따라 위험을 줄이고, 원칙의 준수를 확인하고 사기 거래를 제거하며, 거래의 투명성을 확보할 전문적 책임을 부여받고 있다. 미국 증권거래위원회(SEC)와 상장회사회계감독위원회(PCAOB)는 다른 규제기구들 사이에서 정보 보안, 사기 거래의 방지와 감지, 재무 보고서에 대한 내부 통제를 요구한다. 회계와 정보시스템이 결합된 법회계학은 오늘날 회계 분야에서 가장 빠르게 성장하고 있는 분야이다.

재무 전공자

FIN

정보 보안은 오늘날 조직의 성공에 필수 요인이기 때문에 더 이상 CIO만의 관심사로만 볼 것이 아니다. 글로벌 규제 요구 사항과 사베인스-옥슬리법의 구절에 따라 정보 보안에 대한 책임은 CFO나 CEO에게도 똑같이 있다. 결국 정보와 정보시스템의 보안을 포함한 보안 감사의 모든 측면에 재무 전공자들은 깊은 관심을 가져야 한다.

또한 CFO나 회계 담당자는 점점 더 정보기술 투자에 관여하고 있다. 그들은 어떠한 종류의 보안 위반도 기업에 엄청난 재무적 파장을 가져올 수 있는 것을 알고 있다. 은행이나 금융 기관들은 컴퓨터 범죄에 있어 최적의 대상이다. 연관하여 인터넷에서 거래되는 주식이나 채권 문제를 들 수 있다. 재무 담당자는 위험뿐만 아니라 이러한 위험에 적용 가능한 통제수단에 대해서도 인지하고 있어야 한다.

마케팅 전공자

MKT

마케팅 전문가들은 고객에 대한 데이터를 수집할 수 있는 새로운 기회를 갖게 되었다(예를 들면 B2C 전자상거래를 통하여). 고객들은 그들의 데이터가 적절한 수준으로 보호되길 원한다. 하지만 이윤에 눈이 먼 범죄 집단들은 데이터의 적극적 활용을 원한다. 따라서 마케팅 관리자들은 데이터 운영상의 위험을 반드시 분석해야 한다. 기업이나 고객 데이터를 보호하는 것에 실패한다면 심각한 공공 관계상의 문제를 일으키거나 고객들의 분노를 사게 될 것이다. 고객 관계 관리의 운영이나 고객의 온라인 구매 습관을 추적하는 것은 데이터의 오·남용(데이터가 암호화되지 않은 경우) 및 프라이버시 침해로 연결될 수 있다.

생산/운영 관리 전공자

POM

기업 운영의 모든 과정—재고 구매, 입고, 품질 관리, 생산, 배송—은 해당 기업이나 상대방 기업의 정보기술 보안 위반에 의해 붕괴될 수 있다. 공급사슬관리나 기업의 자원 관리 시스템상의 어느 취약 부분도 전체 공급사슬을 위험에 빠뜨릴 수 있다. 기업들은 다른 기업에도 영향을 줄 수 있는 IT 보안 실패에 대해 책임을 져야 한다.

인적자원관리 전공자

HRM

인적자원관리 담당자들은 고용인들의 기밀 정보를 안전하게 보호할 책임이 있다. 또한 모든 직원들이 기업의 정보 보안 정책과 절차를 이해했음을 분명하게 확인할 필요가 있다.

경영정보시스템 전공자

MIS

경영정보시스템의 기능은 조직의 정보 자산을 보호할 수 있도록 보안의 기반구조를 제공하는 것이다. 이러한 것은 공격이 발생하기 전까지는 드러나지 않는 기능이지만, 조직의 성공에 매우 결정적이다. 모든 애플리케이션의 개발, 네트워크의 배포, 새로운 정보기술의 도입은 IT 보안에 대한 차원에서 고려되어 지침이 내려져야 한다. 경영정보시스템 담당자는 조직이 보안 위험을 규명하고 보안 사고나 재해에 대해 대응책을 준비할 수 있도록 위험 노출 보안 모델을 개별화해야 한다.

공기업의 고위 관리자들은 경영정보시스템의 기능을 잘 살펴보아야 한다. 특히 내부 통제와 개선에 있어 '심각한 부족'이나 '재료의 약점'을 발견하여 사베인스-옥슬리법의 요구에 부합할 수 있도록 해야 한다. 다른 기능 영역 또한 보안의 의무를 다할 수 있도록 경영정보시스템 기능을 살펴보아야 한다.

요약

1. 정보 자원의 취약성을 증가시키는 다섯 가지 요인을 규명하고, 각 요인별로 구체적인 예를 제시한다.

   다섯 가지 요인은 다음과 같다.
   > 상호 연결되고 의존적이며 무선 네트워크를 기반으로 하는 오늘날의 비즈니스 환경
      >> 예 : 인터넷
   > 더 작고, 더 빠르고, 더 저렴한 컴퓨터와 저장 장치들
      >> 예 : 노트북, 썸드라이브, 아이패드
   > 컴퓨터 해커가 되기 위해 필요한 기술 요구의 감소
      >> 예 : 인터넷상에 배포되어 있는 정보시스템 해킹 프로그램
   > 사이버범죄를 저지르는 의도적 조직 범죄
      >> 예 : 조직적 범죄는 사이버범죄의 집단 이기주의(카르텔)를 구성하였다. 어디에서 사이버 공격이 시작되는지 알기 어렵기 때문에 이러한 집단 이기주의를 법정에 세우기는 어렵다.
   > 관리 지원의 결핍
      >> 예 : 당신의 회사가 1,000만 달러를 정보 보안 대책에 투자하여 작년에 정보 자산에 대해 어떠한 공격도 받지 않았다고 가정해보자. 근시안적으로 관리한다면 이듬해에는 더 적은 비용으로 동일한 결과를 얻을 수 있을 것이라 결론 내릴 수 있다. 이것은 잘못된 생각이다.

2. 인간의 실수와 사회 공학을 비교 및 대조해보고 각각에 대한 구체적인 예를 제시한다.

   인간의 실수는 비고의적 문제다. 하지만 직원들은 사회 공학적 공격과 같은 공격자의 행위에 의해 비고의적인 실수를 저지르기도 한다. 사회 공학은 합법적 직원이 기밀 정보를 누설하게끔 속임수나 조작과 같은 사회적 기법을 이용하는 공격이다.

   인간의 실수에 대한 예로는 바짝 뒤쫓기가 있다. 사회 공학의 예로는 공격자가 직원에게 전화를 걸어 직장 상사인 양 속이는 경우를 들 수 있다.

3. 열 가지 유형의 고의적 공격에 대해 논의해본다.

   고의적 공격의 종류는 다음과 같다.
   스파이 행위 혹은 무단 침입은 인가되지 않은 개인이 조직의 정보에 불법적으로 접근하려 할 때 발생한다.

   정보 갈취는 공격자가 기업의 정보 갈취를 위협하거나 실제로 훔쳐갈 때 발생한다. 대개 공격자들은 정보를 훔치지 않는 대가, 혹은 도용한 정보를 돌려주거나 정보를 누설하지 않는 대가를 지불할 것을 요구한다.

   방해 행위와 기물 파손은 조직의 웹사이트를 훼손하는 등 그 조직의 이미지에 타격을 주고 신뢰를 잃게 만드는 고의적 행위를 뜻한다.

   컴퓨터 장비나 저장 장치의 크기는 훨씬 작아졌으나 광범위하게 증가하고 있는 저장 장치 덕분에 성능은 훨씬 좋아졌다. 결과적으로 이러한 장치들은 도난의 대상이 되기에 더 쉬워지고 더 가치 있게 되었다.

   신원 도용은 일반적으로 금융정보를 얻어내거나 범죄에 이용하기 위하여 다른 사람의 신분을 고의적으로 이용하는 것이다.

   지적 자산을 보호하는 일은 지식 분야에서 생계를 유지하고 있는 사람들에게는 필수적이다. 지적 자산을 보호하는 것은 이러한 자산이 디지털 형태일 때 더욱 어렵다.

   소프트웨어 공격은 멀웨어가 컴퓨터 시스템을 뚫고 들어올 때 발생한다. 오늘날 이러한 공격은 통상 수익을 목적으로 하고 웹을 기반으로 진행된다.

   에일리언 소프트웨어는 사기성 방법으로 컴퓨터에 은밀히 설치된 소프트웨어이다. 에일리언 소프트웨어는 가치 있는 시스템 자산을 사용하고 당신의 웹 서핑 습관이나 다른 개인적 행위들에 대해 보고하는 역할을 한다.

   감시 제어와 데이터 수집 시스템(SCADA)의 공격은 대규모의 분산된 측정 및 통제 시스템을 뜻한다. SCADA 시스템은 화학, 물리, 혹은 전송 프로세스들을 감시 및 통제

하는 데 사용된다. SCADA 공격은 이 시스템이 통제하는 현업의 프로세스를 손상하려는 목적으로 시스템에 파고든다.

사이버 테러리즘이나 사이버 전쟁에서는 정치적 목적을 위해 물리적인 손해나 심각한 파괴 등을 야기하려는 목적으로, 공격자들이 인터넷을 이용하여 표적 컴퓨터를 조정한다.

4. 세 가지 위험 감소 전략을 정의하고, 당신이 집을 사는 상황에 적용하여 각각의 예를 제시해본다.

세 가지 위험 감소 전략은 다음과 같다.

위험 수용의 경우 조직은 잠재적 위험을 수용하고 별다른 통제 없이 운영을 지속하여 발생하는 위험을 흡수한다. 만약 당신이 집을 소유한다면 집에 대하여 보험을 들지 않기로 결정하는 것이 위험을 수용하는 것이다. 이것은 분명히 좋지 않은 전략이다.

위험 제한의 경우 조직은 위험의 영향을 최소화할 수 있는 통제수단을 강구하여 위험을 제한한다. 집의 소유주라면, 경고시스템을 설치하거나 집 주변에 있는 약한 나무들을 잘라내는 식으로 위험을 제한할 수 있다.

위험 이전의 경우 조직은 보험가입과 같이 손실을 보상받을 방법을 사용하여 위험을 이전시킨다. 대부분의 집 소유주들은 보험에 가입하여 위험을 이전시킨다.

5. 조직이 정보 자원을 보호하기 위해 주로 사용하는 세 가지 통제 유형에 대해 확인하고 각각의 예를 제시한다.

물리적 통제는 인가받지 않은 개인들이 기업 시설에 접근하는 것을 막는다. 일반적으로 물리적 통제는 벽, 문, 담장, 출입구, 잠금장치, 방공 기지, 경비, 알람시스템 등을 포함한다. 더 정교한 물리적 통제에는 압력 센서, 온도 센서, 움직임 감지기와 같은 것이 있다.

접근 통제란 인가받지 않은 개인이 정보 자산을 사용하는 것을 제한하는 것을 말한다. 이러한 통제는 인증과 승인이라는 두 가지 주요 기능을 가지고 있다. 인증이란 접근을 요청하는 개인에 대해 신원을 확인하는 것이다. 예를 들면 생체 인식과 같은 것을 이용하여 인증이 가능하다. 인증을 받고 나면 승인이 적용된다. 승인이란 확인된 신원을 바탕으로 그 사람이 취할 수 있는 행동, 권한, 특권을 결정하는 것이다. 예를 들면 승인은 최소 권한을 바탕으로 주어진다.

대화(네트워크) 통제는 네트워크상의 데이터 이동에 대한 보안을 뜻한다. 대화 통제는 방화벽, 악성 소프트웨어 차단시스템, 화이트리스팅과 블랙리스팅, 암호화, 가상 사설망(VPN), 보안 소켓 계층(SSL), 취약성 관리 시스템으로 구성된다.

>>> 용어 해설

가상 사설망(VPN) 암호화를 기반으로 사용자들이 보안 접속을 할 수 있도록 통상적으로 인터넷과 같은 공적 네트워크를 사용하는 사설망

감사 정보시스템의 입력, 처리, 출력에 대한 검사

감시 제어와 데이터 수집 시스템(SCADA) 화학, 물리, 혹은 전송 프로세스들을 감시 및 통제하기 위해 사용하는 대규모의 분산된 측정 및 통제 시스템

강력한 패스워드 추측하기 어려운 패스워드. 짧은 것보다는 긴 것을 택하며 대문자, 소문자, 숫자, 특수문자를 모두 포함하고, 쉽게 인식할 수 있는 단어나 숫자열이 아니어야 함

경영 활동의 지속 계획을 보호와 복구로 연결하는 사건의 일련

공개키 암호화(비대칭 암호화) 2개의 다른 키－공개키와 개인 키－를 사용하는 암호화

기업비밀 경영 계획과 같이 기업이 공개하지 않고 비밀리에 진행하는 지적 작업

네트워크 통제 '대화 통제' 참조

노출 어떤 위협이 정보 자산을 누설할 때 발생할 수 있는 피해, 손해 또는 손상

논리 폭탄 조직 내 존재하는 컴퓨터 프로그램에 내장되어 있는 컴퓨터 프로그램 코드의 일부

대화(네트워크) 통제 네트워크상의 데이터 이동에 대한 보안

디지털인증서 전송하는 파일이 의도했던 조직에서 보내졌으며, 원천적 형태나 내용이 변형되지 않았음을 증명하기 위하여 파일에 첨부된 전자 문서

멀웨어 바이러스나 웜과 같은 악성 소프트웨어

멀웨어 차단시스템(바이러스 차단 소프트웨어) 바이러스, 웜, 그리고 다른 멀웨어를 찾아내고 제거하기 위한 소프트웨어 패키지

물리적 통제 인가되지 않은 개인이 기업의 컴퓨터 시설에 접근하는 것을 제한하는 통제

바이러스 프로그램의 주인이 감염 사실을 알지 못하도록 다른 컴퓨터 프로그램에 첨부된 악성 컴퓨터 코드

방화벽 특정 종류의 정보가 인터넷과 같이 신뢰할 수 없는 네트워크로부터 기업 네트워크와 같은 사설 네트워크로 전송되는 것을 막기 위한 시스템(하드웨어 또는 소프트웨어이거나 하드웨어와 소프트웨어의 조합)

백도어 통상적으로 공격자에게만 알려진 패스워드로 이것은 공격자가 어떠한 보안 절차 없이 컴퓨터 시스템에 마음대로 접속할 수 있도록 한다.

보안 범법적 행위, 위험, 피해, 그리고/혹은 손실에 대한 보호의 정도

보안 소켓 계층(SSL)('전송 계층 보안'이라고도 알려짐) 신용카드 구매나 온라인 뱅킹과 같은 안전 거래를 위해 사용되는 보안 표준

봇 해커에 의해 감염되어 통제를 받는 컴퓨터

봇넷 봇마스터라 불리는 해커에 의해 감염되어 통제를 받는 컴퓨터들의 네트워크

분산 서비스 거부 공격 여러 대의 감염된 컴퓨터들이 동시에 정보 요청용 데이터 패킷을 전송하는 서비스 거부 공격

블랙리스팅 기업 환경에서 구동이 허가되지 않은 소프트웨어의 종류를 알아내는 과정

비무장지대(DMZ) 조직의 내부 네트워크와 통상 인터넷으로 간주되는 외부 네트워크 사이에 위치하고 있는 조직의 격리된 일부 네트워크 영역

사이버범죄 인터넷에서 범해지는 불법적 행위들

사이버 전쟁 파괴적 소프트웨어의 거대한 공격으로부터 한 국가의 정보시스템이 마비될 수 있는 전쟁

사이버 테러리즘 준국가적 혹은 비밀 단체에 의해 비전투용 대상을 상대로 행해진 폭력 과제의 일종으로 정보, 컴퓨터 시스템, 컴퓨터 프로그램을 대상으로 한 미리 계획된 정치적 동기의 공격

사회 공학 보안시스템 주변을 돌아다니며 기업의 내부 컴퓨터 사용자를 속여 민감한 정보를 누설하게 하거나 인가되지 않은 접근 권한을 얻어내는 것

생체 인식 개인의 생리적 또는 행위적 특징을 이용하여 과학적, 기술적 방법으로 진행하는 인증

서명 인식 사용자가 자신의 이름을 서명하면, 시스템이 통제 및 감시 상황하에서 미리 등록된 서명과 일치하는지 확인하는 것

서비스 거부 공격 컴퓨팅 자원에 과부하를 일으킬 목적으로 공격자들이 대상 컴퓨터 시스템에 매우 많은 정보 요구를 전송하는 사이버 공격

스파이웨어 키 입력을 기록하고, 패스워드를 잡아내는 에일리언 소프트웨어

스팸 원하지 않는 이메일

스팸웨어 당신의 컴퓨터를 스팸메일을 보내기 위한 발사대로 사용하려는 에일리언 소프트웨어

승인 확인된 신원을 바탕으로 그 사람이 취할 수 있는 행동, 권한, 특권을 결정하는 것

신원 도용 거짓 신원을 생성하여 사기 행위에 이용할 목적으로 타인의 개인 정보를 이용하는 범죄 행위

암호화 원천 메시지를 의도된 수신자 외에는 누구에게도 읽힐 수 없는 형태로 변형시키는 과정

애드웨어 팝업 광고가 당신의 화면에 나타나도록 디자인된 에일리언 소프트웨어

에일리언 소프트웨어 속임수를 이용하여 컴퓨터에 은밀히 설치된 소프트웨어

웜 복제를 위해 안전한 환경을 제공해야 하는 타 프로그램의 도움 없이 스스로를 복제하는 파괴적 컴퓨터 코드

웜 사이트 핫 사이트와 동일한 서비스와 옵션을 상당수 제공하지만 기업의 애플리케이션은 포함하지 않는 사이트

위험 위협이 실제 발생할 확률

위험 감소 조직들이 위험에 대비하여 구체적 행동을 취하는 과정으로, 예를 들면 통제수단을 구현하거나 재해 복구 계획을 세우는 것

위험 관리 위험을 관리 가능한 수준으로 감소시키기 위하여

위협의 영향을 규명하고 통제하며 최소화하는 과정

위험 분석 조직이 각 자산을 보호함에 있어 그 가치를 평가하고 각 정보 자산이 해킹될 가능성과 해킹되었을 때 발생할 수 있는 비용을 그 정보 자산을 보호하기 위해 지불하는 비용과 비교하는 작업

위험 수용 잠재적 위험을 수용하고 별다른 통제 없이 운영을 지속하여 발생하는 위험을 흡수하는 전략

위험 이전 보험 가입과 같이 손실을 보상받을 방법을 사용하여 위험을 이전시키는 전략

위험 제한 위협의 영향을 최소화하는 통제책을 이용하여 위험 정도를 제한하는 전략

위협 정보 자원이 노출될 수 있는 위험

음성 인식 통제 및 감시 상황하에서 미리 등록된 문장을 사용자가 이야기하면, 음성 인식 시스템이 두 목소리 신호가 일치하는지를 확인하는 것

인증 접근을 요청하는 사람의 신분을 결정하는 절차

인증기관 기업 간의 신용 중계자 역할을 하는 제3의 기관으로, 디지털인증서를 발급하고, 인증서의 진위와 무결성을 확인해준다.

저작권 지적 자산의 생성자에게 생애 동안 그리고 사후 70년간 제공하는 소유권

전송 계층 보안(TLS) '보안 소켓 계층' 참조

접근 통제 인가받지 않은 개인들이 정보 자원에 접근하는 것을 막는 것으로 사용자의 신원에 관한 통제

정보 보안 조직의 정보와 정보시스템을 비인가된 접속, 사용, 노출, 방해, 변형, 파괴로부터 보호하는 것

정보시스템 감사 시스템 침입을 방지하기 위한 절차, 장치 혹은 소프트웨어

좀비 컴퓨터 '봇'을 보라.

지적 자산 개인이나 기업에 의해 생성된 무형의 자산으로 기업비밀, 특허 또는 저작권법에 의해 보호됨

직원 감시 시스템 직원의 컴퓨터, 이메일 행위, 그리고 인터넷 서핑 행위를 감시하는 시스템

최소 권한 사용자들에게 특정 활동에 대한 특권을 부여할 때 그러한 승인에 대해 정당한 필요가 확인될 때만 부여하는 원칙

취약성 정보 자원이 위협에 의해 피해를 겪게 될 가능성

콜드 사이트 가장 기본적인 서비스와 시설만 제공하는 백업 장소

쿠키 웹사이트가 임시적으로 또는 대개는 영구적으로 컴퓨터에 저장하는 소량의 정보

키스트로크 로거(키로거) 해킹된 컴퓨터에서 일어난 모든 키보드 입력을 감지하는 하드웨어 혹은 소프트웨어

터널링 각 전송 데이터 패킷을 암호화하고 다른 패킷 내부에 암호화된 패킷을 넣는 것

통제 방어 수단(혹은 보호조치라고도 함)

트랩 도어 '백도어' 참조

트로이 목마 보안의 위험을 일으킬 수 있는 숨은 기능을 가지고 있는 소프트웨어 프로그램

특권 해당 시스템의 사용자가 수행할 수 있는 연관된 컴퓨터 시스템 작동의 집합체

특허 발명이나 프로세스에 대해 발명자에게 20년간 배타적 권리를 부여하는 문서

패스워드 사용자만이 알고 있는 비밀스러운 문자열 조합

패스프레이즈 일련의 문자열로 패스워드보다는 길지만 기억하기는 쉬움

프라이버시 혼자 있을 수 있고 부당한 개인적 침해로부터 자유로울 수 있는 권리

피싱 공격 공식적 이메일인 것처럼 가장함으로써 민감한 개인 정보를 사기적으로 얻기 위해 속임수를 사용하는 공격

핫 사이트 정보 자산과 서비스, 커뮤니케이션 연결, 그리고 물리적 공장 운영까지 완벽하게 구성된 컴퓨터 시설로 기업의 컴퓨팅 자산을 백업하고 IT 운영의 실시간 복구를 제공함

해적 행위 소유주에게 정당한 지불을 하지 않고(프리웨어나 데모 소프트웨어가 아닌) 소프트웨어 프로그램을 복제하는 것

화이트리스팅 기업이 수용 가능하여 구동할 수 있는 소프트웨어를 규명해내고, 그 외의 소프트웨어는 구동을 금지하며, 새로운 소프트웨어는 타당성이 검증될 때까지 격리된 환경에서 구동되도록 하는 과정

1. 왜 컴퓨터 시스템은 이렇게 취약한가?

2. 왜 정보 보안은 경영 관리에 있어 주요 관심사가 되어야 하는가?

3. 보안이란 기술적 문제인가? 경영의 문제인가? 둘 다 해당되는가? 당신의 대답을 설명해보라. [힌트 : 킴 내쉬 (Kim Nash)의 "Why Technology Isn't the Answer to Better Security?," *CIO*(www.cio.com), 2008. 10. 15를 읽어보라.]

4. 조직에서의 정보 보안을 집에 보험을 드는 것과 비교해 보라.

5. 인증과 승인은 전자상거래에서 왜 중요한가?

6. 왜 국제적 범죄 조직의 사이버범죄는 빠르게 확장되고 있는가?

7. 사베인스-옥슬리법이 왜 정보 보안에 영향을 미치는지 토론해보라.

8. 당신의 대학이나 직장에서는 어떤 종류의 사용자 인증이 사용되는가? 이러한 인증 수단이 효과적으로 보이는가? 더 강도 높은 인증 절차가 적용되면 어떠하겠는가? 그렇게 할 만한 가치가 있는가? 아니면 오히려 생산성을 떨어뜨리게 되겠는가?

9. 왜 연방정부기관은 SCADA 공격에 대해 그렇게 걱정하는가?

>>> 문제 해결 활동

1. 기업이 개인 데이터를 보호함에 있어 어느 정도의 법적 의무가 있는지 평가해보는 것은 중요하다. 완벽한 보안이란 불가능하기 때문에 이 질문에 대한 답에 따라 비용이 크게 영향을 받을 것이다.
   a. 기업이 구현한 보안 수단이 기업의 책무에 부합될 만큼 충분할 때는 언제인가?
   b. 보안 수단이 충분한지를 기업이 알 수 있는 방법이 있는가? 당신은 기업의 보안 수단이 충분할지를 결정하기 위한 방안을 고안해낼 수 있겠는가?

2. 로스앤젤레스에서 강한 지진이 발생할 일상적 확률이 0.07%라고 가정하자. 지진이 발생하면 당신의 컴퓨터 센터가 피해를 입을 확률은 5%이다. 만약 센터가 피해를 입게 된다면 추정되는 평균 손해액은 400만 달러이다.
   a. 기대 손해액을 달러로 계산해보라.
   b. 한 보험회사가 당신의 시설에 대해 연간 2만 5,000 달러의 보험료로 가입을 권한다. 이 제안에 대해 분석해보고 수락할 것인지를 토론해보라.

3. www.scambusters.org를 방문해보라. 그 조직이 무엇을 하는지 살펴보라. 이메일 사기와 웹사이트 사기에 대해 학습해보고 알아낸 것들에 대해 보고하라.

4. www.dhs.gov/dhspublic을 방문해보라. 'National Strategy to Secure Cyberspace' 사이트를 검색해서 그 기간의 주요 과제와 이제까지 수행한 것들에 대해 보고

서를 작성하라.

5. www.alltrustnetworks.com과 생체 인식기술의 다른 판매자 웹사이트도 방문해보라. 정보시스템으로의 접근을 통제하기 위하여 만든 장비들을 찾아보라. 상품의 리스트를 준비하고 각각의 주요 성능을 정리해보라.

6. 소프트웨어 해적 행위는 국제적 문제이다. 다음 웹사이트에 접속하라—www.bsa.org, www.microsoft.com/piracy. 이러한 문제를 완화하기 위해서 조직은 무엇을 할 수 있는가? 이 문제를 처리하는 조직들은 다른 조직보다 더 나은가?

7. 2011년 4월에 일어난 소니 플레이스테이션 네트워크 해킹을 조사해보라.
   a. 이것은 어떤 종류의 공격이었는가?
   b. 이 공격이 성공한 이유는 소니가 갖고 있는 기술적 문제 때문이었는가, 아니면 관리적 문제 때문이었는가? 아니면 둘 다 때문인가? 당신의 답변에 대해 구체적 예를 들어 설명해보라.
   c. 소니의 어떠한 통제수단이 실패했는가?
   d. 소니는 해킹을 방지할 수 있었는가? 만약 그렇다면, 어떻게 가능한가?
   e. 해킹에 대한 소니의 반응에 대해 토론하라.
   f. 해킹이 성공함으로써 소니가 입을 수 있는 피해에 대해 기술하라.

>>> 협력 활동

1단계 - 배경

이 장에서는 정보 보안의 중요성에 대해 다루어보았다. '나를 위한 IT는 무엇인가?'에서는 각 비즈니스 영역별로 어떻게 보안관리에 기여해야 하는지 방법들을 보여주었다.

2단계 - 활동

당신의 팀을 기능 영역별로 나누어라. 한 사람씩 회계 부사장, 재무 부사장, 인사 관리 부사장, 그리고 생산 부사장이 되어라. 당신 조직의 최고경영자는 왜 당신이 CIO를 영입하여 정보시스템을 감독하는 데 투자하려 하는지를 잘 이해하지 못한다고 가정해보라. 현재, 각 부서는 각자의 작업을 하고 있으며, 각자의 시스템을 가지고 있다. 모든 조직원은 전문가로부터 지원과 방향 설정이 필요하다고 느끼고 있으며,

그룹 부사장 또한 CIO의 필요성에 대해 동의한 상태이다.

3단계 - 과제

가상의 종합 보고서와 함께 간략한 경영 보고서를 작성하라. '가상'의 종합 보고서는 CIO가 어떻게 각 기능 영역을 지원할 것인지를 담고 있어야 하며, 따라서 간략 보고서에서는 각 직책이 각 팀원들에게 어떤 의미를 갖는지 강조해야 할 것이다. 각 팀원들에게 정보 보안 유지를 지원하는 CIO가 필요한 이유를 각자의 위치에서 조사해보도록 하라. 마지막으로, 당신의 경영 보고서를 교수에게 제출하라. 문서의 형식을 위해서는 구글에서 '경영보고서 템플릿'을 찾아보면 된다. 도움이 될 만한 많은 예를 찾을 수 있을 것이다.

마무리 사례 1 〉 타겟의 데이터 유출이 주는 교훈

비즈니스 문제 〉〉〉 타겟(Target, www.target.com)은 미국에서 월마트 다음으로 큰 규모의 대형 할인점이다. 2013년 후반에 타겟은 대량의 데이터가 유출되는 공격을 받았다고 발표했다. 이 사건은 2009년에 일어난 비소매 기업인 하트랜드 지불 시스템 사건과 비교되었다. 당시 1억 3,000만 카드 소유자들의 정보가 유출되었다. 또는 2007년에 일어난 TJX라는 소매 기업 사건과도 비교되는데, 그때는 9,000만 명의 카드 소유자들의 정보가 유출되었다.

공격 내용을 좀 더 자세히 들여다보자. 2013년 추수감사절 직전에, 정체를 알 수 없는 개인 또는 단체가 타겟의 보안 및 지불 시스템에 악성코드를 설치했다. 이 악성코드는 대략 1,800개의 미국 지점에서 사용된 모든 카드 정보를 빼내도록 만들어졌다.

놀랍게도, 타겟은 이러한 공격에 대비를 해 두었다. 추수감사절 6개월 전, 이 회사는 컴퓨터 보안 회사인 파이어아이('비즈니스에서 IT 7.3' 참조)가 만든 악성코드 탐지 툴을 설치했었다. 게다가 방갈로르에 보안 전문팀을 구성하여 그들의 시스템을 24시간 내내 모니터링하도록 했다. 만약 방갈로르에서 조금이라도 이상한 것을 눈치챘다면 미네소타주 미니애폴리스에 있는 타겟의 보안 운영 센터에 알렸을 것이다.

추수감사절 즈음, 타겟의 안티바이러스시스템인 시만텍 엔드포인트 프로텍션(www.symantec.com)은 며칠간 이상 현상이 나타난다는 것을 탐지했지만 타겟은 이 시스템 경고를 무시했다.

2013년 11월 30일, 공격자들은 악성코드를 탑재하여 신용카드번호를 빼내기 시작했다. 우선 경로를 위장하기 위해 미국 근처의 컴퓨터로 전송한 다음 다시 러시아에 있는 컴퓨터로 전송하였다. 파이어아이는 이 공격을 방갈로르에 통보했고 방갈로르에서는 다시 미니애폴리스에 있는 타겟의 보안팀에 경고를 보냈다. 그러고선… 아무런 조치도 뒤따르지 않았다. 몇 가지 이유로 미니애폴리스에서는 이 경고에 반응하지 않은 것이다. 더 나쁜 것은, 파이어아이 시스템에는 악성코드가 탐지되면 자동으로 삭제하는 기능이 있었지만 보안팀은 이 기능을 비활성화해 두었던 것이다.

2013년 12월 18일, 보안 전문가인 크렙스(Brian Crebs)('비즈니스에서 IT 8.1' 참조)는 타겟은 대량의 데이터 유출을 조사하고 있다고 발표했다. 그의 보고서는 뉴스채널을 통해 빠르게 퍼져 나갔다. 12월 19일, 타겟은 언론을 통해 공식적으로 이 사건을 발표했고, 사건이 11월 27일과 12월 15일 사이에 발생했다고 보고했다. 타겟은 최대 4,000만 명의 신용카드 또는 직불카드 정보가 유출되었을 것이라 경고했

다. 공격자들은 금융기관에서 발급된 카드들의 고객이름, 카드번호, 만기일, 카드보안번호를 손에 넣었다.

12월 27일, 타겟은 직불카드의 PIN 번호 또한 암호화된 채로 유출되었다고 발표함으로써 PIN 데이터는 유출되지 않았다는 이전의 발표를 번복하였다. 2014년 1월 10일, 타겟은 최대 7,000만 명의 이름, 집주소, 전화번호, 그리고 이메일주소까지 유출되었으며, 피해자는 1억 1,000만 명에 달할 수도 있다고 발표하였다.

공격자들은 11기가바이트의 데이터를 모스크바에 위치한 vpsville.ru라고 불리는 호스팅 업체로 전송했다. 타겟의 대변인은 회사가 모든 고객 정보를 효율적으로 감시하기에는 너무 많은 고객을 보유하고 있다며 방어했다.

타겟을 대상으로 정부 차원의 조사를 하기 위해 미 보안국의 조사관들이 냉장 및 HVAC(난방, 통풍, 에어컨디셔닝) 시스템을 제공하는 파지오 메커니컬 서비스라는 기업을 방문했다. 조사관들은 타겟의 공격자들이 우선 파지오를 피싱 공격하여 얻어낸 보안접속을 이용하여 2013년 11월 15일에 유통 네트워크에 침입하였다고 믿었다. 공격자들은 이 보안접속을 이용하여 타겟의 결제 및 POS 시스템에 접속했을 것이다. (2014년 중순경, 이러한 조사가 계속되고 있었지만 그 어떠한 것도 증명되지 않았다는 점은 주목할 필요가 있다.)

중요한 것은, 소문에 의한 것이지만, 파지오는 멀웨어바이츠라 불리는 무료 안티바이러스 소프트웨어를 사용하고 있었다는 것이다. 이 무료 소프트웨어는 개인 사용자용으로만 만들어졌다. 만약 파지오가 이 버전을 사용했다면, 이 회사는 멀웨어바이츠의 라이선스 규정을 위반한 셈이 된다. 더욱이 이 무료버전은 악성코드를 탐지하기 위해 파일을 실시간으로 읽고 있지 않기 때문에 산업계에서 사용하기에는 적합하지 않다. 파지오는 '우리의 정보시스템과 보안은 업계 관행에 완벽히 부합한다'고 주장했다.

파지오는 타겟의 네트워크에 접속할 수 있다. 타겟의 HVAC 시스템은 IP 주소를 이용하여 파지오에 의해 원격 감시 및 관리되기 때문이다. (주 : 이것은 유통업자, 슈퍼마켓, 또는 유사 업체에게 있어 일반적 관행이다.)

여느 기업의 일반적인 네트워크처럼 타겟의 시스템도 여러 개로 분리되어 있다. 특히 가장 민감한 시스템인 고객지불이나 개인 정보 영역은 인터넷과 같은 네트워크에서 분리되어 있다. 분명 타겟의 내부 방화벽에 문제가 있는 것이다. 그 결과, 공격자들은 공급사들이 접속할 수 있는 부분을 타고 고객 정보가 있는 더 깊숙한 부분까지 침투하게 되었다.

타겟의 데이터 유출에 관련된 주요 의문점은 파지오 측에서의 보안절차와 타겟 측에서의 통제 과정에 있다. 지불카드산업데이터 보안표준(PCI-DSS)을 기준으로 볼 때, 제3의 파트너로부터 어떠한 보안 결함이 있을지라도 타겟의 시스템은 신뢰할 만하다. PCI-DSS는 네트워크에 접속하기 위해서는 사용자, 관리자뿐만 아니라 제3자도 인증을 받도록 이중 인증을 요구하고 있기 때문이다.

하지만 한 가지 문제가 될 수 있는 것은, 제3자(예 : 거래처)에게 원격 접속을 인증할 때, 해당 기업의 여러 직원이 이 보안 네트워크에 접속할 수 있다는 점이다. 예를 들면 거래처에는 여러 명의 기술자가 있을 텐데 이들이 계속 번갈아가며 네트워크에 접속할 수 있다.

타겟 사건과 관련하여 영구히 의문점으로 남을 것 같은 부분은 다음과 같다.

- 타겟은 이중 인증을 이용하여 파지오의 네트워크 접속을 안전하게 관리했는가?

- 어느 수준까지의 네트워크 접속을 파지오에게 허용했는가?

- 타겟은 파지오의 접속을 적극적으로 모니터링하고 있었는가?

- 타겟의 HVAC 기기들은 다른 네트워크로부터의 공격을 막아내기 위하여 독립된 네트워크에 놓여 있었는가?

타겟의 대처 〉〉〉 타겟은 비정규적 상황에서 신용카드나 직불카드를 지켜보기 위하여 고객들로 하여금 자신들의 미국 내 지점에서 쇼핑을 많이 하도록 독려하였다(온라인 주문은 영향을 받지 않았다). 사건의 책임자를 밝혀내기 위하여 첩보기관 및 사법 당국과도 협조하였다.

타겟의 CEO인 스타인하펠(Gregg Steinhafel)은 언론을 통하여 고객들에게 사과하였다. 나아가 대중을 위한 사과 차원에서 미국 내 전 매장에 걸쳐 2013년 12월 21일과 22일 주말 동안 10% 할인 보상을 실시하였다. 마지막으로, 타겟은 피해 고객들에게 익스페리언(Experian)의 신용 정보 모니터링 서비스를 무료로 제공하였다.

데이터 유출의 결과 〉〉〉 가트너(www.gartner.com) 기술연구소의 보안 분석가들은 데이터 유출에 의한 비용이 10억 달러를 넘을 것이라 추산하였다. 이러한 비용은 카드 재발급을 위해 카드사에 지불한 것과 소송비용, 정부 조사 및 사법 처리 비용을 포함한다. 2014년 중순, 카드를 발급한 고객과 은행들이 타겟을 대상으로 90건 이상의 손해배상 소송을 제기하였다. 2013년 4사분기 타겟의 당기순이익은 46%나

감소했다.

또한 타겟은 암호화된 '핀과 칩' 형태의 신용카드 기술을 개발 중이며 2015년 1사분기에는 완료될 것이라고 발표했다. 이 기술로 매장용 카드를 새롭게 발급할 것이며, 미국 전 매장에 카드 판독기도 배포할 예정이다.

2014년 3월 6일, 타겟의 CIO가 사임하고 회사의 정보 보안 체계를 재점검한다고 밝혔다. 한 발 더 나아가 고객의 신임을 얻기 위하여 새로운 CIO를 외부에서 영입한다고 하였다. 타겟은 또한 최고 감사 책임자(chief compliance officer)라는 새로운 직책을 만들었다고 발표했다.

2014년 5월 5일, 타겟은 CEO인 스타인하펠이 사임한다고 밝혔다. 그는 35년간 재직했다.

궁극적으로, 타겟의 데이터 유출사건에 있어 가장 불행한 일은 만약 보안팀에서 경고했을 때 적절히 대응하기만 하였어도 이러한 일은 절대 일어나지 않았을 것이라는 점이다.

출처 : M. Schwartz, "Target Ignored Data Breach Alarms," *InformationWeek*, March 14, 2014; M. Riley, B. Elgin, D. Lawrence, and C. Matlack, "The Epic Hack," *Bloomberg BusinessWeek*, March 13, 2014; A. Shrivastava and M. Thomas, "Target Announces Technology Overhaul, CIO Departure," *Reuters*, March 5, 2014; B. Horovitz, "Breach Takes Toll on Target," *USA Today*, February 27, 2014; E. Harris, "Data Breach Hurts Profit at Target," *The New York Times*, February 27, 2014; J. Pagliery, "Why Retailers Aren't Protecting You from Hackers," *CNN Money*, February 18, 2014; A. Gonsalves, "Experts Question Security Used in Target Breach," *CSO Online*, February 13, 2014; M. Schwartz, "Target Breach: Phishing Attack Implicated," *InformationWeek*, February 13, 2014; L. MacVittie, "Target Breach Takeaway: Secure Your Remote Access," *InformationWeek*, February 10, 2014; M. Schwartz, "Target Breach: HVAC Contractor Systems Investigated," *InformationWeek*, February 6, 2014; D. Leger, "Target to Rush Card Chip Security," *USA Today*, February 5, 2014; H. Stout, "Target Vows to Speed Anti-Fraud Technology," *The New York Times*, February 5, 2014; E. Harris, N. Periroth, and N. Popper, "Neiman Marcus Data Breach Worse than First Said," *The New York Times*, January 24, 2014; M. Feibus, "A Tale of Two Cyberheists," *InformationWeek*, January 22, 2014; "Why the Target Data Hack Is Just the Beginning," *Bloomberg BusinessWeek*, January 16, 2014; M. Schwartz, "Target Breach: 8 Facts on Memory-Scraping Malware," *InformationWeek*, January 14, 2014; A. d'Innocenzio and M. Chapman, "Target: Breach Affected Millions More Customers," *Associated Press*, January 10, 2014; P. McNamara, "Target Confesses: Breach Victim Total Soars to 70 Million," *Network World*, January 10, 2014; D. Goldman, "Target Confirms PIN Data Was Stolen in Breach," *CNN Money*, December 27, 2013; C. Woodyard, "Target Offers 10% Off as Credit Fraud Apology," *USA Today*, December 22, 2013; J. Ribeiro, "Target Says 40 Million Cards Likely Skimmed in Security Breach," *Network World*, December 19, 2013; "Target Confirms Unauthorized Access to Payment Card Data in U.S. Stores," *Target Pressroom*, December 19, 2013; B. Krebs, "Sources: Target Investigating Data Breach," *Krebs on Security*, December 18, 2013; www.target.com, www.krebsonsecurity.com, accessed March 10, 2014.

질문

1. 데이터를 유출시킨 타겟의 보안시스템은 어떤 문제가 있었는지 기술하라.

2. 데이터 유출 후의 타겟의 대처는 적절했는가, 적절하지 못했는가? 그 이유는 무엇인가?

3. 상거래로부터 개인 정보를 보호하기 위하여 소비자들은 무엇을 해야 하는가?

마무리 사례 2 〉 신생 기업들이 새로운 다중인증 프로세스를 개발하다

문제 〉〉〉 우리는 온라인에서 은행업무를 보고, 금융거래를 하고, 세금환급을 처리하고, 우리의 사진, 문서, 데이터를 저장한다. 결국 온라인에 저장된 개인 정보의 양은 어마어마 하다. 나아가 우리는 여러 개의 온라인 계정을 연결하고 있다. 이메일 주소가 대부분 사용자들의 사용자 이름이 되는 것처럼 말이다. 따라서 온라인 계정의 수가 증가할수록 문제는 더 심각해진다. 이메일 주소를 사용자 이름으로 사용하고 패스워드를 입력하는 조합은 엄청난 문제를 일으킬 수 있는 단일고장점 문제를 파생한다.

이 문제가 어떻게 시작되었을까? 인터넷으로 일을 하는 기업들은 고객들이 온라인 거래를 하고 기업의 웹사이트에 고객 정보를 저장하는 것에 대해 안전하게 느낄 수 있는 방안을 고안해야 한다. 현실적으로 적용하기 위해서는, 온라인 기업의 보안시스템은 고객의 편의성과 보안성 사이의 트레이드 오프를 효율적으로 처리해야 했다. 만약 사용자들이 접속하기에 너무 어렵다면 최고의 보안시스템이 무용지물이 될 수 있다. 예를 들어 만약 고객에게 50자 이상의 패스워드를 설정하라고 하거나, 패스워드에 특수문자를 포함하게 한다면 계정을 안전하게 보호할지는 몰라도 기억하기가 힘들 것이다.

우리는 패스워드가 충분히 정교하기만 하다면 우리의 모든 데이터를 보호하기에 충분하다는 생각을 가지고 있다. 하지만 실상은 아무리 패스워드를 복잡하고 독특하게 만든다 할지라도 패스워드는 우리를 보호하지 못한다.

공격자들은 아무리 패스워드가 강력하다 할지라도 이것을 알아내기 위하여 몇 가지 수법을 쓰고 있다. 가장 일반적인 수법은 다음과 같다.

• 공격자들은 패스워드를 훔칠 수 있다. 사용자의 부주의는 무엇보다도 큰 위험요인이다. 따라서 가장 근본적인 해킹 방법은 단순히 짐작해내는 것이다. 몇 년간 위험을 경고해

왔음에도 불구하고 사람들은 여전히 생일날짜와 같이 취약하고 유추 가능한 패스워드를 쓰고 있다.

- 공격자들은 패스워드 암호를 풀 수 있다. 최근의 컴퓨터에서 무작위 대입 계산으로 패스워드를 풀어내는 데는 몇 초도 걸리지 않는다. 이 소프트웨어는 단순히 모든 가능한 문자, 숫자, 특수문자 조합을 패스워드를 찾아낼 때까지 시도한다.

- 공격자들은 패스워드를 온라인에서 얻을 수 있다. 2011년 이래로, 해커들은 2억 8,000만 개 이상의 '해쉬'—암호화되었지만 크랙이 가능한 패스워드—를 모두가 볼 수 있게 온라인에 풀어 놓았다.

- 공격자들은 피싱이나 스피어 피싱을 이용하여 패스워드를 알아낼 수 있다.

- 공격자들은 악성코드를 배포하여 당신의 데이터를 은밀히 타인에게 전송할 수 있다. 예를 들면 키로거 소프트웨어는 당신의 모든 키보드 입력을 잡아낸다.

패스워드의 궁극적 문제점은 여러 종류의 공격에 대해 이것이 단일고장점이라는 것이다. 모바일 로그인을 허용할 만큼 기억하기 쉽고, 이 웹사이트에서 저 웹사이트로 변경될 만큼 유연하며, 쉽게 재설정될 만큼 편리하고, 무작위 대입 해킹에도 안전한 패스워드 기반 보안시스템은 세상 어디에도 없다. 그렇다면, 개인 사용자와 기업들은 무엇을 해야 하는가?

다양한 해결 가능성 >>> 인증 절차를 개선하기 위한 몇 가지 계획이 추진 중이다. 예를 들면 신생 보안 기업인 녹녹 연구소(Nok Nok Labs, www.noknok.com)는 최종 사용자의 신원이 확실한지를 클라이언트 쪽에서 확인할 수 있는 새로운 프로토콜을 만들었다. 이 방법이 완벽히 안전하진 않지만, 사용자 이름을 알파벳과 문자조합의 패스워드와 같이 사용하는 것보다는 훨씬 더 안전하다.

녹녹의 목표는 카메라, 터치스크린, 마이크로폰과 같이 이미 사용자 디바이스에 있는 툴을 이용하여 인증방식을 혁신하는 것이다. 이 회사의 소프트웨어는 고객들로 하여금 로그인 데이터와 생체 데이터—목소리, 얼굴 특징, 지문—를 개인 컴퓨터나 스마트폰, 태블릿 등에 저장하도록 한다.

기업들은 녹녹의 프로토콜을 등록하여 고객들이 자신의 디바이스에서 패스워드 대신에 이 인증방식을 쓰도록 제공할 수 있다. 사용자들이 일치하는 정보를 제공하면, 그들의 디바이스는 안전하게 원하는 사이트로 접속한다. 이 과정에

강력한 다중인증방식이 사용된다. 이제 해커들이 사용자의 시스템에 침입하려면 사용자의 디바이스뿐만 아니라 눈, 손가락 등도 함께 훔쳐야 한다. 녹녹 프로토콜은 보안상의 장점이 많다. 예를 들면 직원들이 자신의 모바일 기기에서 공공 클라우드 서버에 접속하는 기업들이 더 많아질수록 이 강력한 인증방식은 더욱 효과를 발휘할 것이다. 게다가 만약 직원 중 누군가가 실수로 태블릿을 비행기에 두고 내린다 하더라도, 그것을 발견하는 누군가가 원래 주인의 목소리나 지문을 대신하는 것은 거의 불가능하다. 이 진보된 인증방식은 데이터 유출을 방지할 것이다.

FIDO 연합의 후원으로 진행되고 있는 추가적 계획은 '패스워드 죽이기'이다. 이 계획의 내면에는 지문 인식, 홍채 스캔, 또는 어떤 비접촉식 링이나 USB의 유일한 인식도 인터넷을 통해 전송될 수 없다는 개념이 자리 하고 있다. 대신 이러한 데이터는 로컬에서 검사될 것이다. 인터넷으로 전송되는 유일한 데이터는 개인 신원을 훔치기 위하여 모방하여 만들어낼 수 없는 암호화된 키일 뿐이다. 몇 가지 예를 생각해 보자.

- 시냅틱스(www.synaptics.com)는 몇몇 비즈니스 랩톱과 HTC의 원 맥스 스마트폰에 탑재되는 지문 인식기를 제조한다. 이 회사는 살짝 두드리면 지문을 인식하는 작은 센서도 만든다. 이 센서는 애플의 아이폰 5에 있는 것과 같은 버튼으로 통합될 수 있다.

- 바이오님(www.bionym.com)은 니미(Nymi)라고 불리는 손목밴드를 만든다. 이것은 심장박동을 이용하여 전화기 사용자의 신원을 확인한다.

- 아이락(www.eyelock.com)은 당신의 눈을 스캔하여 컴퓨터와 온라인 계정에 접속할 수 있도록 하는 미리스(Myris)라는 기기를 생산한다. 이 기계를 사용하기 위하여 당신은 기계의 아래쪽에 부착된 작은 거울을 15초 동안 응시해야 한다. 이 시간 동안 적외선 비디오카메라가 홍채에서 240개의 인증 포인트를 찾아낸다. 이것이 탐지해 내는 개인 서명에 의해 이 소프트웨어는 웹사이트에 패스워드를 입력하거나 컴퓨터 잠금을 해제한다.

- 유비코(www.yubico.com)는 유비키 네오(Yubikey Neo)라는 인증장치를 만드는데 이것은 플래시 드라이브와 비슷하다. 앱이나 웹서비스에 접속하려 할 때 USB 포트에 네오를 입력하거나 모바일 기기에 대고 살짝 치면 네오가 작동한다.

• NFC 링(http://nfcring.com)과 구글 링은 당신이 착용하는 반지를 의미한다. 비접촉식 RFID가 내장되어 있어 누군가 NFC 기능이 있는 폰을 집어 들었을 때 자동으로 이 폰의 잠금이 해지된다. 추가적으로, 도어락과 같은 다른 RFID 장비들에게도 작동 가능하다.

결과 〉〉〉 미래에는 온라인 신원 확인이 더 이상 패스워드 기반으로 되지 않을 것이다. 대신, 사용된다 하더라도, 패스워드는 다중처리에 있어 덜 중요한 요소가 될 것이다. 각 온라인 계정은 여러 가지 정보를 조합해야 할 것이다—우리가 누군지, 무엇을 하는지, 언제 어디에 가는지, 우리는 무엇을 가지고 있으며, 그곳에 있을 때 어떻게 행동하는지. 진정한 다중인증인 것이다. 생체공학은 미래의 인증시스템에서 의심할 여지 없이 중요한 역할을 수행할 것이다.

물론 이러한 도구들이 적용되는 미래의 보안시스템은 우리의 프라이버시를 상당히 희생하게도 할 것이다. 이러한 시스템은 우리의 위치, 습관, 그리고 아마도 우리의 말하는 패턴이나 DNA까지도 살펴려 할 것이다. 보안을 향상하는 유일한 방법은 모든 면에서 우리의 움직임이 추적되도록 하고 이러한 움직임이 실제의 신원과 연결되도록 하는 것이다. 이러한 변화는 상당한 투자와 불편을 수반한다. 뿐만 아니라 이것은 아마도 프라이버시 옹호자들의 걱정을 더 키울 것이다.

출처 : M. Dickey, "This Startup Lets You Use Your Heartbeat as a Password, and It's Awesome," *Business Insider*, January 9, 2014; T. Simonite, "CES 2014: A Technological Assault on the Password," *MIT Technology Review*, January 8, 2014; M. Flores, "Eyelock's Myris: You'll Never Have to Enter Another Password Again," *Tech Radar*, January 7, 2014; "FPC and Nok Nok Labs Deliver Infrastructure for Fingerprint-Based Strong Authentication," *PR Newswire*, November 26, 2013; M. Flacy, "NFC Ring Can Unlock Your Smartphone or Front Door," *Digital Trends*, August 8, 2013; M. Kelly, "Nok Nok Labs Improving Two-Factor Authentication with $4 M in Debt Financing," *VentureBeat*, June 18, 2013; O. Kharif, "An End to the Traditional Password," *Bloomberg BusinessWeek*, April 1–7, 2013; K. Hill, "Google Ordered to Teach America How to Put Passwords on Wi-Fi Networks," *Forbes*, March 13, 2013; R. Metz, "A Password You Wear on Your Wrist," *MIT Technology Review*, February 27, 2013; T. Simonite, "PayPal, Lenovo Launch New Campaign to Kill the Password," *MIT Technology Review*, February 12, 2013; J. Daly, "Passwords, Security, and the Future of Authentication," *EdTech Magazine*, February 11, 2013; C. Albanesius, "Sony Fined 250,000 British Pounds Over Playstation Hack," *PC Magazine*, January 24, 2013; R. Greenfield, "What the Future Without Passwords Will Look Like," *Yahoo! News*, January 22, 2013; M. Honan, "Kill the Password," *Wired*, December 2012; R. Metz, "Instead of a Password, Security Software Just Checks Your Eyes," *MIT Technology Review*, December 3, 2012; www.noknok.com, accessed March 27, 2014.

질문

1. 강력한 패스워드보다 녹녹의 방식이 나은 점을 생각해본다면 무엇이 있겠는가?

2. 당신이 사용하는 패스워드의 강점에 대해 살펴보라. 이것은 짐작해내기에 얼마나 취약한가? 무작위 대입 해킹에 대비해서는 어떠한가?

3. 보안 부담은 일차적으로 사용자에게 주어지는가? 아니면 거래하는 기업에 주어지는가? 아니면 양쪽 모두인가? 근거를 들어 설명해보라.

4. 당신의 온라인 거래에서 완벽한 보안을 기대한다는 것이 가능한가? 왜 그런가 또는 왜 그렇지 않은가? 당신의 대답을 설명해보라.

인턴십 활동 〉 all about sports

산업 : 소매업

고객 관계 관리(CRM) 툴들은 성공적 비즈니스를 위해 필요하다. 당신은 이러한 툴들에 대해 제12장에서 더 배우게 될 것이다. 지금은, 단지 당신이 고객, 구매, 선호, 상품에 대해 어마어마한 데이터를 보유하고 있다는 것만 알아두면 된다. 이 모든 데이터는 안전하게 저장되어야 한다.

이 활동에서 당신은 올 어바웃 스포츠의 마케팅 디렉터인 한나 쇼를 위해 일하게 될 것이다. 세일즈포스닷컴을 CRM 툴로 가지고 있으면서 올 어바웃 스포츠는 고객을 위한 특별한 경험을 만들었다. 이제 이 회사는 아이들의 나이나 성별

정보같은 완벽한 고객 프로파일(구매한 운동복 사이즈에 기반하여)과 막대한 구매 내역(고객이 야구를 하러 갈 때 사탕을 샀는지와 같은)과 그리고 외부 팀 가입(그들이 애틀랜타 브레이브스의 기념품을 사고 입는지) 등 그 이상의 정보를 가지고 있다. 이 모든 정보는 다소 개인적이며, 아이들에 대한 것들은 더욱 그렇다. 만약 올 어바웃 스포츠가 각 가정의 습관에 대해 얼마나 많이 아는지를 인지하게 된다면, 부모들은 다소 불안해질 것이다.

다음은 한나가 보낸 편지로, 그녀가 이번 프로젝트에서 무엇을 원하는지 상세히 보여주고 있다.

안녕하세요!

올 어바웃 스포츠에서 근무하는 우리는 최근 세일즈포스닷컴을 우리의 고객 관계 관리 프로그램으로 선택했습니다. 우리의 목표는 고객들에게 우리만의 특별한 경험을 제공하는 것입니다. 하지만 나는 고객의 프라이버시를 지키는 것만큼은 매우 중요하게 생각합니다. 특히나 아이들에 대한 정보는 말입니다.

저를 돕는 차원에서, 미 정부에서 발간된 매우 최근의 프레임워크를 검토해주기 바랍니다. '중요한 기반구조의 사이버 보안을 개선하는 프레임워크(Framework for Improving Critical Infrastructure Cybersecurity)'라고 불리는 것인데, 제목으로 검색하면 찾을 수 있을 겁니다. 제 생각엔 이 문서의 3절에서 '어떻게 이 프레임워크를 이용하는지'에 대해 기술하고 있을 것 같습니다. 이 절에서는 전자적 그리고 물리적 양면으로 고객의 정보를 보호하기 위해 취해야 할 행동에 대한 구체적 조언을 제시할 겁니다.

이 문서를 읽고 제게 요약해주세요. 복사하여 붙여넣기 하지 마시구요! 원한다면 제가 전체 문서를 읽을 수도 있습니다. 세일즈포스가 안전하면서도 우리 고객들을 위해 잘 설계되도록 하기 위해 내가 어떻게 진행해야 하는지 확실히 알 수 있게 해주길 바랍니다.

매우 고마워요.

한나

주 : 이 편지에 있는 모든 링크는 http://www.wiley.com/go/rainer/MIS3e/internship에서 이용 가능하다.

스프레드시트 활동 〉 논리함수

1단계 – 배경

논리함수는 사용자들이 인수를 입력하면 함수식이 그 정보를 평가하여 논리적 결과를 보여주는 함수이다. 엑셀은 당신이 알아야 하는 여러 가지 논리함수를 가지고 있다. 대표적인 네 가지는 다음과 같다.

1. IF : 논리 검사의 결과에 따라 미리 정해진 일을 수행한다.
2. IFERROR : 논리 검사의 결과가 특정 범위를 벗어나면 에러를 반환한다. 그렇지 않으면 처리 결과를 보여준다.
3. AND : 여러 개의 조건을 검사하여 모든 주어진 인수가 참이면 참(TRUE)을 반환하고, 인수 중 하나라도 참이 아니면 거짓(FALSE)을 반환한다.
4. OR : 여러 개의 조건을 검사하여 주어진 인수 중 하나라도 참이면 참(TRUE)을 반환한다.

2단계 – 활동

여러 비즈니스 시나리오에서 논리함수가 사용된다. 예를 들면 은행은 고객 대출을 처리할 때 많은 논리적 판단을 해야 한다.

토미는 은행의 대출 담당자이다. 그는 주간 대출 신청 회의를 위해 위원회를 만날 때마다 그리고 필요한 서류가 다 준비되어 있지 않을 때마다 당혹감을 감출 수 없다. 숫자에 의해 미리 결정될 필요가 있는 항목들 또한 몇 개 있다. 예를 들면 신청이 완벽하게 갖추어지기 전까지는 어떠한 신청도 검토될 수 없긴 해도, 미팅 전까지는 아무도 신청내역을 확인하지 않는다. 게다가 대출 신청자가 지난 6개월 내에 파산을 신청했거나 지난 2주 내에 대출 거절을 당한 적이 있다면, 사실 그 신청자는 검토에서 제외되어야 한다. 결국, 신청자가 이러한 요구 조건을 모두 만족할 때 위원회는 최종승인의 직전 절차로 대출을 사전승인한다. 비록 당신이 이 모든 조건을 손으로 확인할 수 있다 하더라도, 컴퓨터 프로그램을 이용하여 대부분의 분석을 해두면 위원회의 미팅 시간은 상당히 줄어들 것이다.

AND 함수는 대출 신청이 완전한지를 확인하는 데 도움을 준다. OR 함수는 누군가 파산신청을 했는지 혹은 대출거절을 당한 적이 있는지를 확인하게 한다. IF 함수는 어떤 다른 요구조건에 의해 부적격은 되지 않는지 평가함으로써 평균

신용 점수가 믿을 만한 기술적 기준인지를 판단하는 데 도움을 준다. 마지막으로 AND 구문은 신청자의 상태를 결정하는 데도 사용될 수 있다.

3단계 – 과제

http://www.wiley.com/go/rainer/MIS3e/spreadshee를 방문하여 토미가 이전 은행에서 처리했던 모든 대출 신청 데이터를 요약해 놓은 스프레드시트를 다운로드하라. 워크북에는 토미가 위원회에 필요한 모든 데이터를 잘 준비할 수 있도록 하는 데 필요한 공식들을 어떻게 사용해야 할지에 대한 안내가 있다.

스프레드시트의 지시를 따라 작업을 수행하고 최종본을 교수에게 제출하라.

스프레트시트 기술에 대한 추가적 도움은 WileyPLUS에서 얻을 수 있다. 'Microsoft Office 2013 Lab Manual Spreadsheet Module: Excel 2013'을 열어 Lesson 10: the IF Function을 읽어보라. AND와 OR 함수는 IF 함수와 비슷한 로직을 사용한다.

데이터베이스 활동 〉 폼

1단계 – 배경

이 활동에서 당신은 하나 이상의 관련된 테이블에서 원하는 열을 추출하는 폼 기능을 이용하여 어떻게 새로운 데이터를 보여주고 입력할 것인지를 배울 것이다. 이제까지 우리는 모든 데이터를 직접 테이블에 입력하고 대부분의 데이터를 테이블을 통해 보았다(리포트를 제외하고). 우리는 데이터시트 보기에서 테이블을 열고, 행을 선택하고, 데이터를 넣거나 살펴보았다. 하지만, 한 번에 한 테이블을 다루는 것은 다음의 두 가지 중요한 이유로 이상적이지 않다.

1. 정보를 의미 있는 방식으로 이해하려면, 때때로 하나 이상의 테이블을 동시에 살펴볼 필요가 있다.
2. 하나의 테이블에는 아마 수백 개의 열이 있고, 대부분은 그들을 모두 동시에 살펴볼 필요가 없을 것이다.

이 활동이 보여주듯이 폼을 사용하면 이 두 문제를 둘 다 해결할 것이다.

2단계 – 활동

http://www.wiley.com/go/rainer/MIS3e/database를 방문하여 제7장의 활동용 데이터베이스를 다운로드하라. 이 데이터베이스에는 3개의 테이블이 있다—구성원, 사진, 의견. 각 의견은 구성원들에 의해 만들어졌고, 이것은 구성원들에 의해 게시된 사진에 대한 것들이다. (그 구성원들은 아마 동일할 것이다. 즉 구성원들은 자기 자신의 사진에 대해 의견을 게시한다.) 관계 지도를 열어서, 데이터베이스 툴 리본 탭을 찾은 다음 이들이 어떻게 연결되어 있는지 보라.

1. 구성원 테이블에서, 새로운 구성원 정보를 입력하기 위한 폼을 작성하라. (힌트 : 생성 리본탭에 있는 폼 마법사를 사용하라.) 이 폼을 '새로운 구성원 폼'이라고 저장하고, 열어보라. 오늘 날짜를 클럽 가입일로 하여 당신 자신을 새 구성원으로 입력하라.

2. 사진 테이블과 구성원 테이블을 사용하여, 개별 구성원의 사진을 모두 보여주는 폼을 만들라. 이 폼을 '멤버별 사진'이라고 저장하라. 한 사용자의 새로운 사진을 올려봄으로써 당신의 폼을 테스트하라. 그런 다음, 당신이 올린 새 사진이 잘 게시되었는지 보기 위하여 사용자 정보를 보여주어라. (데이터베이스 활동 7은 실제 사진은 포함하지 않고 단지 사진의 메타데이터만 가지고 있다. 따라서 당신은 폼으로 하나를 올린 뒤 오직 하나의 사진만을 보게 될 것이다.)

3. 구성원 사진과 함께 의견을 보여주는 폼을 만들기 위하여 사진 테이블, 구성원 테이블, 그리고 의견 테이블을 사용하라. 이 작업을 하려면 사진과 의견을 보여주는 서브폼을 만들어야 한다. 그러면 구성원, 사진, 의견을 하나의 폼에서 보여주기 위해 이 서브폼을 메인 폼 안으로 넣을 수 있다. 이 폼을 '멤버별 사진 의견'으로 저장하라.

3단계 - 과제

완성된 데이터베이스를 모든 폼과 함께 교수에게 제출하라.

추가적인 도움은 WileyPlus에서 받을 수 있다. 'Microsoft Office 2013 Lab Manual Database Module: Access 2013'을 열어 'Lesson 5: Editing Records'를 복습하라.

제8장

소셜 컴퓨팅

학습목표 >>>

1. 여섯 가지 웹 2.0 도구와 웹 2.0 사이트의 두 가지 주요 형태를 논의한다.

2. 소셜커머스가 회사에게 가져다줄 수 있는 이점과 문제점에 대해 논의해본다.

3. 소셜 쇼핑에 사용되는 방법들을 알아본다.

4. 광고와 시장조사를 하는 데 있어 소셜 네트워크를 혁신적으로 사용할 수 있는 방법에 대해 논의해본다.

5. 소셜 컴퓨팅이 고객 서비스를 어떻게 향상시켰는지 논의해본다.

6. 인적자원관리자가 소셜 컴퓨팅을 활용하는 여러 가지 방법을 논의해본다.

도입 사례 > 사라지는 사진들 ▌

젊은 세대는 소셜미디어와 관련된 잠재적 문제점을 알아차리기 시작했다. 웹은 위험한 장소이고, 그곳에서 발생하는 모든 실수는 영원하다. 예를 들어 대학 관계자가 입학을 희망하는 학생의 소셜미디어 프로필을 그들이 입학하기 전에 본다고 하자. 유사하게, 최근에 졸업한 학생들이 별 다른 주의 없이 소셜미디어에 올린 철없던 시절의 글들을 그들의 잠재적 고용인이 볼 수 있다.

보냈던 사진이 일정한 시간이 지나면 사라지는 서비스를 제공하는 스냅챗(www.snapchat.com)은 이러한 문제점을 직접적으로 다루었다. 스냅챗의 가장 중요한 특징은 사용자들이 사진과 비디오를 찍고 문자와 그림을 추가하고, 이러한 파일들을 수신자가 미리 설정해 둔 목록으로 보낼 수 있다는 것이다. 이러한 사진과 비디오를 '스냅'이라고 한다. 스냅챗의 이용자들은 자신이 보낸 사진을 수신자가 볼 수 있는 시간을 제한하고 그 시간을 설정할 수 있다(2014년 중반쯤에는 그 범위가 1~10초였다). 제한된 시간이 초과되면 스냅들은 수신자들의 장치에서 사라지며 스냅챗 서버에 의해 지워지게 된다. 이메일 서비스가 직장에서 사람들이 서로에게 말하는 방법을 바꿨던 것처럼, 트위터가 사람들이 정보를 제공하는 방식을 바꿨던 것처럼, 스냅챗 역시 젊은 세대의 언어가 되었다.

스냅챗의 인기는 2011년부터 시작되었다. 스냅챗의 첫 사용자는 미국 로스앤젤레스에 위치한 오렌지카운티 고등학교 학생이었다. 그 학생들은 스냅챗 개발자의 사촌으로부터 스냅챗 앱에 대해 알게 되었는데, 이러한 미미한 시작에서 스냅챗은 수천만 명의 이용자들을 가지고 있는 거대한

© Antonio_Diaz / iStockphoto

서비스가 되었다. 현재 매일 총 4억 장의 스냅들이 스냅챗을 통해 전송되고 있으며 스냅챗은 아직도 성장하고 있다.

초기에 스냅챗은 페이스북의 CEO인 마크 주커버그의 관심을 받았다. 페이스북은 '찌르기(poke)'라고 불리는 비슷한 특징을 시도함으로써 바로 시장에 반응했지만 그들의 노력은 실패하고 말았다. 시간이 지나 2013년 가을, 주커버그는 스냅챗을 30억 달러에 사려고 했지만 스냅챗의 설립자는 팔기를 거부했다. 그 직후 구글이 40억 달러를 제시했을 때도 스냅챗의 설립자는 또 거절했다.

2013년의 10월, 스냅챗은 '스냅챗 스토리'라고 불리는 새로운 특징을 소개했다. 스냅챗 스토리에서 전송된 사진들은 즉시 사라지지 않는다. 사용자와 그들의 친구들은 이를 통해 사진들의 연결고리를 만들 수 있고, 이 연결고리들은 24시간 동안 사용자들이 서로 연락하는 데 사용할 수 있는 디지털 앨범이다. 마케터들이 매력적이라고 생각하는 제품으로 나아가면서 사용자들에게 사생활과 긴급성을 조금이라도 덜어준다는 점에서, 스냅챗 스토리는 스냅챗의 혁명을 의미한다. 그러나 2014년 중반까지는 스냅챗 스토리에 대한 반응이 미지근했다.

그 결과, 훨씬 적은 수의 마케터들만이 스냅챗에 대한 연구를 진행하고 있다. 예를 들어 타코 벨(Taco Bell, www.tacobell.com)은 2013년에 신메뉴인 소고기 크런치 부리토(Beefy Crunch Burrito)의 사진을 배포하는 데 스냅챗을 사용했다. 그리고 타코 벨은 그들의 사진 캠페인을 트위터에서 홍보했다. 스냅챗을 자신들의 영업 활동에 사용한 다른 사례로는 인터넷 소매업체인 카마룹(www.kamaloop.com)과 뉴욕의 요거트 체인인 16핸들스(http://16handles.com)를 들 수 있다.

스냅챗에서 '사라지려는' 특징은 스냅챗 서비스의 본질이긴 하지만, 소비자들의 일거수일투족을 알고 싶어 하는 마케터들에게는 환영받지 못한다. 시장에서 살아남기 위해서 스냅챗은 마케터들이 알고 싶어 하는 젊은 관객들에게까지 그들의 서비스를 제공하는 이익이 스냅챗의 불편한 특성을 능가한다고 마케터들을 설득해야 한다. 한 마케팅 사무소장은 이에 대해 "사용자들에 대한 데이터를 모으지 않는 스냅챗이 어떻게 자신을 마케터들에게 팔 수 있을까?"라고 의문을 제기했다.

당연히 스냅챗이 돈을 버는 다른 방법이 존재한다. 게임 개발자들은 그들의 게임을 유행시키기 위해 사용자들에게 그들의 경험을 공유하는 것을 가능케 하기 위해, 중국의 온라인 거물인 텐센트(Tencent)의 위챗(Wechat)을 포함해 아시아에서 메시지를 보낼 수 있는 플랫폼들을 사용해 왔다. 스냅챗은 이와 비슷한 기능을 해낼 수 있는데, 많은 이용자들을 확보한 뒤 그것을 기반으로 사진을 저장하는 기능과 같은 유료 서비스를 시작하는 것이다.

2013년 12월 31일, 스냅챗이 해킹당했을 때, 스냅챗은 작은 타격을 경험했었다. 그 해킹 사건으로 인해 약 460만 명의 사용자들의 이름과 휴대전화 번호의 일부가 공개되었다. 2014년 1월, 이 해킹 사건에 대항해서 스냅챗은 새로운 앱을 출시했다. 스냅챗의 새로운 앱에서는 사용자들을 사용자들의 휴대전화 번호를 저장해야만 이용할 수 있던 '친구 찾기' 기능을 더 이상 따르지 않아도 됐다.

출처 : R. Bushey, "Snapchat Finally Apologizes after 4.6 Million User Phone Numbers Leak–Here's How to Make Sure It Doesn't Happen Again," *Business Insider*, January 9, 2014; R. Lawler, "Snapchat Acknowledges Hack, Updated App Coming That Lets Users Opt-Out of Find Friends," *Engadget*, January 2, 2014; M. Peckham, "How to Survive the Snapchat Hack (and Others)," *Time*, January 2, 2014; J. Leyden, "Snapchat: In 'Theory' You Could Hack. . . . Oh CRAP Is That 4.6 MILLION Users' Details?" *The Register*, January 2, 2014; J. Hempel and A. Lashinsky, "Countdown to the Snapchat Revolution," *Fortune*, December 18, 2013; J. Kleinman, "Snapchat Allegedly Rejected $4B Buyout Offer from Google," *TechnoBuffalo*, November 15, 2013; E. Rusli and D. MacMillan, "Snapchat Spurned $3B Acquisition Offer from Facebook," *The Wall Street Journal*, November 13, 2013; A. Holpuch, "Snapchat Admits to Handing Unopened 'Snaps' to U.S. Law Enforcement, *The Guardian*, October 15, 2013; D. Etherington, "Snapchat Gets Its Own Timeline with Snapchat Stories, 24-Hour Photo & Video Tales," *TechCrunch*, October 3, 2013; N. Kemp, "What Marketers Should Know About Snapchat," *Brand Republic*, June 13, 2013; www.snapchat.com, accessed March 23, 2014.

질문

1. 스냅챗의 사용자들에게 줄 수 있는 이점과 단점을 설명하라. 두 경우 모두 구체적 예를 제시하라.

2. 시장에서 스냅챗이 이윤을 낼 수 있다고 생각하는가? 그렇다고 생각하면 왜 그렇게 생각하는가? 혹은 그렇지 않다면 왜 그렇지 않은가? 구체적 사례를 제시하라.

3. 스냅챗을 자신들의 마케팅 활동에 활용하는 것을 고려하던 마케터들에게 스냅챗의 해킹 사건이 어떻게 영향을 미칠 것인가?

4. 스냅챗의 개발자들은 그들의 서비스를 구글이나 페이스북에 팔았어야 했는가? 그렇다면 왜 그런가? 그렇지 않다면 왜 그렇지 않은가? 만약 당신이 스냅챗의 개발자였다면, 당신은 이 제안 중 하나를 받아들일 것인가? 왜 그런가?

서론

인간은 사회적 동물이라고 한다. 따라서 인간의 행동은 자연적으로 사회적일 수밖에 없다. 따라서 인간은 일반적으로 자신이 속해 있는 집단의 행동을 따라가기 마련이다. 결과적으로 사람은 자신의 주위에 있는 타인의 행동에 민감하게 반응하게 되며, 자신들의 의사결정은 사회적으로 영향을 받을 수밖에 없다.

전통적인 정보시스템은 조직의 활동과 기업의 업무 프로세스를 지원해주며, 이에 따라 비용 절감과 생산성 증대라는 효과를 가져올 수 있게 한다. 이런 전통적인 모델의 변형인 **소셜 컴퓨팅**(social computing)은 IT의 한 종류로서 사회적인 행동과 정보시스템을 결합하여 가치를 창출해낸다. 소셜 컴퓨팅은 구성원 간의 협업과 소통, 그리고 사용자 생성 콘텐츠(user-generated content) 생성에 큰 역할을 한다. 소셜 컴퓨팅에 있어서, 사회적 정보라는 것은 익명으로 생성되었기는 하지만, 굉장히 정확하고 의미 있는 정보라 할 수 있다. 이 정확하고 의미 있는 정보가 결국 특정한 개인에 의해 생성 혹은 연관이 되어 있으며, 이는 결국 그 개인이 속한 네트워크와 연계가 되기 때문이다.

소셜 컴퓨팅은 사회적으로 생성된 정보를 모든 구성원과 공유하게 된다. 이런 사회적 정보는 개인들에게 직접적으로 제공되어 볼 수 있거나(예 : 다른 사람들이 영화에 대해 올린 평점이나 리뷰), 혹은 간접적으로 제공되기도 한다(예 : 구글의 페이지랭크 알고리즘의 결과에 따라 검색한 결과를 보여줌).

소셜 컴퓨팅은 개인 사용자(기업이나 조직 사용자들이 아닌)들이 상호작용을 통한 커뮤니케이션과 협업을 통해 콘텐츠를 생성하고, 관리하고, 사용하는 것을 의미한다. 결과적으로, 소셜 컴퓨팅은 조직 내 권력의 관계 구조를 변화시키고 있다. 종업원과 고객들은 소셜 컴퓨팅을 통해 서로 관계를 설정할 수 있다. 즉 소셜 컴퓨팅은 '보통 사람들'의 이슈와 걱정거리 등을 직접 들을 수 있고 신경을 쓰는 사람들에게 큰 권한을 주고 영향을 줄 수 있다. 전통적인 고객과 종업원은 점차 소셜 컴퓨팅 사용을 더 하고 있으며, 이는 대부분 기업과 조직들에 큰 변화를 가져왔다.

대부분의 현대 조직과 정부는 아직까지 대중의 사회적 권력인 소셜 컴퓨팅에 대한 준비가 되어 있지 않다. 즉 오늘날 기업의 관리자, 임원진, 정부 관리들은 대중들이 정책, 제품, 그리고 다양한 이슈에 대해 이야기하고 있는 바를 더 이상 관리할 수가 없게 된 것이다.

새로운 시대의 기업의 임원진들과 정부의 관리자들은 신뢰성, 공정성, 투명성, 좋은 신념과 인간성을 보여주어야 한다. 만일 그렇지 못하다면 고객과 종업원들은 더 이상 그들의 리더를 신뢰하지 않을 것이며, 이는 잠재적으로 조직에 큰 피해를 주게 될 것이다. 예를 들어 특정 제품과 서비스에 만족하지 못한 고객들은 그런 불만 사항을 쉽게 퍼트릴 수 있을 것이다. 또는 새로운 종업원들은 임원진 혹은 고용주의 말을 신뢰하지 않고, 기존의 다른 종업원들의 말에 더 귀 기울이게 될 수 있다. 끝으로, 종업원들은 현재 개인 창업을 할 수 있는 많은 옵션이 존재하며, 이는 자신의 전 회사와 언제든지 경쟁할 수 있음을 나타낸다.

이러한 사례에서 보듯이, 세상은 점차 일반적인 개인들의 의견을 반영하게 되고 민주적으로 변화하고 있다. 이는 바로 소셜 컴퓨팅에 의해서 이루어지고 있는 것이다. 한편으로는, 소셜 컴퓨팅은 회사가 좀 더 활기차게 변화할 수 있도록 도와주며, 회사의 종업원과 고객들이 창의적이고 혁신적인 아이디어를 공유하게 할 수 있게 만들어주어 계속 발전할 수 있게 해준다. 다른 한편으로는, 개인 고객과 개별 종업원에게 귀를 기울이는 데 수동적인 회사는 점차 쇠퇴할 수밖에 없다. 아래의 사례들을 살펴보자.

예를 들어 케네스 콜(Kenneth Cole)은 이집트의 폭동을 이용해 봄 컬렉션의 소식을 트위터에 제안함으로써 맹비난을 받았고 아메리칸 어패럴(American Apparel)도 허리케인 샌디 세일을 진행하면서 온라인에서 집중 포화를 맞았다. 여기서 배울 수 있는 것은 만약 기업이 호감을 사거나 고객들의 충성심을 얻고 싶다면 다른 이들의 비극으로부터 이익을 얻으려고 하는 행동을 그만둬야 한다는 것이다.

또 다른 사례는 CVS 파마시(CVS Pharmacy)이다. CVS는 고객들에게 회사 트위터 계정에 가입하고 팔로워가 되어 피드백을 해주길 요구했다. 하지만 CVS의 계정은 잠겨 있었고 허가를 요청하지 않으면 고객들은 팔로우하거나 트윗들을 볼 수 없었다. 이 사례에서 배울 것은 소셜미디어 플랫폼을 사용하기 전에 어떻게 작동하는지 확실히 이해해야 한다는 것이다.

 소셜 컴퓨팅은 전 세계에서 폭발적으로 성장하고 있고, 중국의 소셜미디어 인구의 활동이 가장 활발하다. 맥킨지의 한 설문에 따르면, 중국인 응답자 중 91%가 지난 6개월 동안 1개의 소셜미디어 사이트를 방문했다고 답했다. 이에 비해 한국은 70%, 미국은 67%, 일본은 30%이다. 흥미롭게도, 이 설문에서 중국의 소비자들이 다른 어떤 나라의 소비자들보다 소셜미디어가 구매

결정에 큰 영향력을 갖고 있다는 점을 발견했다.

소셜 컴퓨팅은 아프리카에서도 극적인 증가를 보이고 있다. 특히 페이스북은 아프리카 대륙에서 급격히 성장하고 있고, 대부분의 국가에서 소셜 네트워크를 지배하고 있다. 그러나 아프리카에는 다음과 같은 페이스북의 경쟁자도 존재한다.

- 남아프리카에서 엠시트(Mxit, www.mxit.com)는 1,000만 명의 사용자가 활동하고 있는데 이는 페이스북 규모의 2배 이상이다.
- 가나에서는 Saya.im(www.saya.im)이라 불리는 모바일 소셜 네트워크가 서비스를 시작한 지 6주 만에 5만 명의 회원을 모았다.
- 케냐에서는 아이카우(iCow, www.icow.co.ke)라 불리는 모바일 소셜 네트워크가 농부들과 다른 회원들에게 축산 경영과 농업 정보를 제공한다.

오늘날 기업은 소셜 컴퓨팅을 마케팅, 고객 관리, 인사 관리 등 다양한 분야에서 혁신적인 방법으로 활용하고 있다. 사실 이미 많은 기업들이 소셜 컴퓨팅을 보다 더 다양한 방식으로 활용하기 위해 경쟁을 벌이고 있다. 예를 들어 소셜커머스(social commerce)라는 새로운 형태의 소셜 컴퓨팅을 기업들이 비즈니스에 적용하고 있기도 하다. 소셜 컴퓨팅은 웹 2.0이라는 기술과 웹사이트를 통해 구현이 되기 때문에, 이 장에서는 이런 기술과 웹사이트 등을 먼저 배우게 될 것이다. 그리고 나서 쇼핑, 광고, 시장조사, 고객 관리, 인사 관리 및 크라우드소싱과 같은 다양한 소셜커머스에 대해 배우게 될 것이다. 끝으로, 이런 소셜 컴퓨팅의 위험 요인과 문제점 등에 대해 배우고 이 장을 마무리하게 될 것이다.

이 장을 배우고 나면 소셜 컴퓨팅의 전반적인 이해와 함께 오늘날 기업들이 어떻게 이를 활용하는지 배우게 될 것이다. 소셜 컴퓨팅을 활용하는 기업들의 입장에서 이들의 장점과 단점, 그리고 위험과 보상이 무엇인지 파악할 수 있게 될 것이다. 사실 많은 학생들이 이미 소셜 네트워크 사이트에 대해 잘 알고 있기 때문에, 이런 소셜 컴퓨팅의 장단점을 이미 잘 알고 있을 것이다. 따라서 이 장은 독자들이 이미 소셜 컴퓨팅에 대해 알고 있는 지식을 기업의 입장에서 어떻게 활용하는지에 대하여 배우게 될 것이다. 독자들은 기업의 정책과 도구로서 어떻게 소셜 컴퓨팅을 활용하는지에 대하여 배우게 될 것이다. 또한 소셜 컴퓨팅을 어떻게 전략적으로 기업의 입장에서 디자인해야 하는지에 대해서도 배우게 될 것이다. 특히 소셜 컴퓨팅은 개인이 사업을 처음 시작할 때 큰 도움이 될 것이다.

8.1 웹 2.0

월드와이드웹(World Wide Web)은 1990년에 처음 등장하였다. 그리고 웹 1.0은 웹의 첫 번째 세대라고 할 수 있다. 실제로 제4장에서 우리는 '웹 1.0'이라는 말을 쓰지 않고, 웹이라고만 언급하였다. 왜냐하면 웹 2.0을 배우기 전까지는 굳이 언급할 필요가 없었기 때문이다.

웹 1.0의 주요 역할은 웹사이트를 만드는 것과 웹사이트를 상업화시킨 점이었다. 최종 사용자는 웹 1.0 기술 기반의 웹사이트와는 상호작용을 거의 할 수 없었다. 단순하게 웹사이트로부터 정보를 제공받았을 뿐이었다.

웹 2.0은 이제 보편화되었으나 상당히 정의하기 어려운 단어다. 오라일리(Tim O'Reilly)라는 유명한 블로거에 따르면, **웹 2.0**(Web 2.0)은 정보기술과 애플리케이션의 총합이며, 추가적으로 이를 활용하는 웹사이트라고 한다. 이러한 웹사이트들은 참여와 소셜 교류, 그리고 협력을 유도하면서 최종 사용자들의 사용 경험을 풍부하게 해준다. 웹 1.0과는 달리 웹 2.0은 단순하게 온라인의 특정 장소를 방문하는 방식은 아니다. 웹 2.0은 웹사이트가 정보 창출과 공유를 유도하게 하고, 사용자 중심으로 웹사이트 디자인을 할 수 있으며, 온라인 협업을 가능하게 하는 장소이기 때문이다. 웹 2.0은 개별 정보를 수집하여 하나의 지식과 지능을 만들어내고(예 : 위키), 단순한 소프트웨어를 제공하는 것이 아니라 필요한 기능을 제공하고(예 : 웹 서비스), 다양한 종류의 애플리케이션과 데이터를 편리하게 제공해준다(예 : 매시업).

이제 여러분은 에이잭스, 태깅, RSS, 블로그, 마이크로블로그, 위키와 같은 웹 2.0 도구들에 대해 배우게 될 것이다. 또한 웹 2.0 사이트의 가장 중요한 두 가지 형태인 소셜 네트워킹과 매시업에 대해서도 배우게 될 것이다.

에이잭스

대부분의 웹 2.0 애플리케이션들은 에이잭스 기반의 풍부하고 사용자 중심의 인터페이스를 가지고 있다. **에이잭스**(AJAX)는 간단히 말해 웹 개발 기술이다. 즉 웹페이지 전체를 다시 갱신(reload)할 필요 없이, 필요한 부분에서 새로운 데이터만 갱신해서 웹사이트에 보여주는 기술이다. 이는 응답 시간을 훨씬 빠르게 해주고 사용자의 만족도를 높여준다.

태깅

태그(tag)는 개별 정보들을 표현하고 설명해주는 키워드나 용어를 지칭한다. 예를 들어 블로그, 그림, 기사, 비디오 클립 등을 말한다. 사용자들은 일반적으로 자신들에게 의미가 있는 내용의 태그를 선택하게 된다. 태깅은 엄격한 분류체계가 아닌, 정보를 사용자 마음대로 정리할 수 있게 한다. 예를 들어 자동차 사진은 '승용차', '스포츠카', '현대차' 이런 식으로 분류하여 태깅할 수 있다. 태깅(tagging)은 폭소노미(folksonomies)의 일종이다. 이 폭소노미는 사용자가 태그를 사용하여 웹페이지, 사진, 비디오, 그리고 다른 웹 콘텐츠 등을 검색, 분류하여 만든 체계를 뜻한다.

하나의 특별한 태깅 형태는 지오태깅(geotagging)이다. 이는 지도에 정보를 태깅하는 것을 말한다. 예를 들어 구글 지도(Google Maps)는 사용자들이 그림이나 정보(예 : 음식점, 호텔 평점)들을 마음대로 구글 지도에 태깅할 수 있도록 만들었다. 따라서 사용자가 구글 지도를 사용한다면, 사용자는 현재 보고 있는 지도의 위치와 관련된 관광 명소, 평점, 리뷰 등 보다 더 많은 정보를 얻을 수 있을 것이다.

RSS

RSS(Really Simple Syndication)는 사용자가 웹에서 검색할 필요 없이 사용자가 원할 때, 원하는 정보(개인화된 정보)만 받아볼 수 있게 한다. RSS는 어느 누구에게나 자신의 블로그나 콘텐츠를 관심 있어 하는 다른 사람들에게 신문처럼 받아 볼 수 있게 만든다. 콘텐츠의 변화가 생기면, 그 콘텐츠를 구독하는 사람들은 정보가 변했다는 공지를 받으며 어떤 새로운 내용이 추가되었는지 기본적인 아이디어를 알 수 있다. 콘텐츠를 구독하는 사람들은 링크를 클릭함으로써 새로운 내용을 확인할 수 있다.

예를 들어 CNN.com은 월드 뉴스, 스포츠 뉴스, 기술 관련 뉴스, 연예 뉴스 등의 주요 기사들을 RSS 피드로 제공해주고 있다. 또한 NBC 방송국은 RSS 피드를 사용하여 시청자들이 쉽게 최신 버전의 프로그램들(예 : Meet The Press, NBC Nightly News 등)을 다운로드 받을 수 있게 하고 있다.

누구나 쉽게 신딕8(www.syndic8.com) 또는 뉴스이즈프리(www.newsisfree.com)에서 RSS를 제공하고 있는 수천 개의 웹사이트 찾아볼 수 있을 것이다. 그림 8.1은 어떻게 RSS가 검색되고 어떻게 RSS 피드가 위치되는지 설명해주고 있다.

RSS를 사용하기 위해서는, 선택한 웹사이트의 RSS 내용이 표시되는 특별한 뉴스 리더를 사용해야 한다. 이런 뉴스 리더들은 쉽게 찾아볼 수 있으며 무료로 사용가능한 것들도 많다[예 : 암페타데스크(www.disobey.com/amphetadesk) 또는 플럭(www.pluck.com)]. 하지만 최근에는 대부분의 웹브라우저들이 이 RSS 리더를 제공하고 있다. RSS에 대해 더 공부를 하고 싶으면 www.mnot.net/rss/tutorial을 방문하기 바란다.

블로그

웹로그[weblog, 앞으로는 줄여서 **블로그**(blog)로 통일함]는 대중에게 공개되는 개인의 웹페이지를 말한다. 개인들은 이 블로그 공간에서 자신의 감정이나 의견을 표현하고, 이는 입력한 순서대로 표시된다. 블로거(blogger)는 이 블로그를 만들고 관리하는 사람을 말한다. 블로거는 자신의 이야기를 쓰거나 뉴스를 전달하고, 다른 블로그나 웹사이트들의 링크를 제공할 수도 있다. 블로그를 만드는 가장 쉬운 방법은 블로깅 서비스를 제공하는 웹사이트에 가입하여 만드는 것이다. 미국에서는 www.blogger.com(현재 구글이 소유), www.xanga.com, www.sixapart.com 등이 유명하다. **블로그스피어**(blogsphere)는 웹상에서 수십만 블로그가 서로 연결된 집합 상태라고 보면 된다.

요즘 많은 회사들은 자사 제품과 서비스에 대해 의견을 표현하고 있는 블로그스피어상의 고객들을 주시하고 있다. 마케팅에서는 이를 고객생성 미디어(consumer-generated media)라고 한다. 예를 들어 닐슨(www.nielsen-online.com)은 블로그스피어를 검색하고 정리하여 다양한 분야의 정보를 고객들에게 제공해주기도 한다. 이를 통해 닐슨사는 자신의 고객들에게 잠재 시장이 어디인지(일반적인 시장에서부터 니치 마켓까지), 그리고 어떻게 찾는지 블로그스피어 정보를 통해 도와주고 있다. 또한 자신들 고객사의 나쁜 루머나 정보들이 대중 매체에 퍼지고 게재되기 전에 검색하여 알려주기도 하고, 새로운 마케팅 기법의 가능성을 예측해주기도 하며, 새 제품의 판매 예상치를 알려주기도 한다.

블로그는 때론 놀라울 정도로 유용한 정보를 TV나 신문과 같은 전통적인 매스컴에서 접하기 전에 제공하기도 한다. '비즈니스에서 IT 8.1'은 정보 보안에 대한 브라이언 크렙스(Brian Krebs)의 블로그를 소개한다.

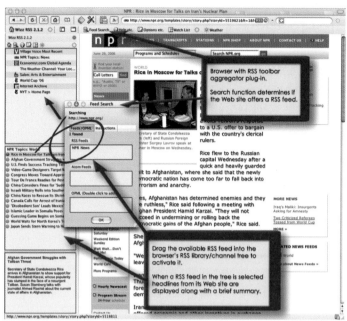

(Courtesy of NPR. Used with permission.)

그림 8.1 NPR(National Public Radio) 웹사이트의 RSS 툴바 모음과 검색 기능
(Courtesy of NPR)

정보 보안에 대한 브라이언 크렙스의 블로그

브라이언 크렙스(Brian Krebs)는 정보의 위험성을 알리는 사업을 해 왔다. 그는 보안 특종에 대한 엄청난 양의 기록을 보유하고 있으며, 온라인상에서 조직의 위험성을 그의 블로그에 게재하였다(http://krebsonsecurity.com). 크렙스는 출처를 밝히지 않고 자신이 어떤 해커가 어떤 회사의 방어시스템을 공격했는지에 대해 알게 되었는지에 대해 세부 정보들을 순차적으로 올렸다. 크렙스의 블로그는 동유럽에 기반을 두고 이윤을 추구하는 사이버 범죄에 대해 다룬다. 이 사이버 범죄들은 약품 판매 사기, 컴퓨터 시스템 파괴, 스팸, 사기, 그리고 발견한 사람이 크렙스가 처음이었던 최근 사이버 범죄와 같은 도난 등을 통해 수십억 달러를 번다.

크렙스의 블로그는 소비자들에게 매우 중요한 역할을 한다. 은행 강도 상황과 같이 빠르게 공공에게 알려질 수 있는 물리적 범죄와는 달리, 온라인 강도는 강도 사실을 알리는 것이 고객들을 겁먹게 하기 때문에 강도 사고 자체보다 더 많은 손실을 줄 수도 있다고 걱정하는 회사들에 의해 비밀로 다루어진다. 이러한 이유로 해커들은 고객들이 알기도 전에 여러 회사를 빠르게 공격할 수 있다. 그 결과, 크렙스가 데이터 침범을 발견하고 그것을 공표했을 때, 회사가 이 사실을 묵인하고자 하였더라도 사람들은 중요한 정보를 얻을 수 있었다.

2005년, 크렙스는 워싱턴 포스트지의 보안 해결책 블로그(Security Fix Blog)를 시작하였고 사이버 범죄가 자주 발생하는 채팅방과 온라인 포럼에 잠입하기 시작했다. 그는 해커들의 은어를 배웠고, 수백 시간의 러시아어 수업을 들었으며, 경제계 사람들에게 그들의 보안 지식과 기술을 공유하도록 설득했다.

크렙스는 제7장에서 언급된 스턱스넷(Stuxnet) 바이러스의 존재를 처음으로 보도한 사람이다. 또한 그는 처음으로 어도비(Adobe) 시스템의 프로그램 조작을 전달한 사람이며, 신용조사 기관인 익스페리언(Experian)이 어떻게 그들 고객들의 정보를 신원 도용자들에게 팔도록 현혹되었는지를 발견했다.

2013년 12월 중순, 크렙스는 거대한 정보 해킹에 대해 듣게 되었다. 큰 은행의 정보를 통해 그는 신용카드로부터 유출된 정보가 거래되는 웹사이트를 알게 되었고, 그 정보들은 이미 다양한 타겟 매장에서 사용된 것들이었다. 크렙스는 이러한 정보 유출을 목격한 두 번째 은행을 통해 이 정보가 확실한 것인지 확인했다. 두 은행은 동시에 한 웹사이트에 방문했고 그곳에서 많은 수의 유출된 카드를 구매했다. 또한 이러한 카드들은 2013년 11월 말부터 12월 중순까지 타겟 매장에서 사용되었다는 한 가지 공통점이 있다는 것이다.

크렙스는 12월 중순에 그가 얻은 정보가 맞는 것인지 증명했다. 그 후 2013년 12월 18일, 그는 해커들에 의해 수천만 명의 타겟 고객들의 금융 정보가 도난당했다고 발표했다. 또한 이 정보를 거래했을 거라고 생각했던 한 우크라이나 남자를 구별해냈다. 그는 나중에 온라인에 올리기를, 그 우크라이나 남자가 자신에게 이 사건에서 물러날 조건으로 1만 달러를 제시했다고 한다. 크렙스는 이 제안을 거절했고, 이 이야기를 블로그에 게재했다. 몇 주 후, 크렙스는 힐튼(Hilton)이나 매리어트(Marriot), 스타우드(Starwood) 호텔처럼 프랜차이즈 점들의 거대한 연결고리를 관리하는 니만 마커스(Neiman Marcus)와 화이트 로징(White Lodging)에서도 해킹을 감지했다. 이 해킹으로 인한 이 매장들에서의 총 희생자의 수는 미국 인구의 3분의 1을 능가한다.

크렙스는 그가 워싱턴 포스트에서보다 현재 더 많은 돈을 벌고 있다고 주장한다. 어센티파이(Authentify)와 아이비엠스 트러스티어(IBM's Trusteer)와 같은 보안 시스템 사업이 그의 웹사이트에서 홍보를 하고, 2013년 12월에만 약 80만 명의 방문자를 모았다. 또한 그는 매해 수십 번의 유료 강연을 나가며, 주로 금융기관을 위하여 이따금씩 정보들을 모으기도 한다.

또한 크렙스는 국제적으로도 매우 잘 알려져 있다. 많은 보안 산업 전문가들이 동유럽의 사이버 범죄가 어떻게 작용하는 건지, 그들이 어떻게 서로 서로 돕는 것인지, 그리고 누가 누구에게 하는 것인지 등에 대해 이해하고자 그에게 도움을 요청하기도 한다. 그에게 굉장히 익숙한 러시아 사이버 중범죄의 디지털 세계에서 그는 꽤 견고한 입지에 있다. 이러한 러시아 사이버 범죄자들은 그에게 정기적으로 연락을 취하며, 그들의 경쟁자들에 대한 정보를 흘리고, 그들의 이름과 거래 내역들을 그의 블로그에 올리지 않도록 로비와 협박을 한다. 예를 들면 가짜 온라인 약국에 대한 비용을 처리하던 두 러시아 스패머(spammers : 스팸메일을 보내는 사람)가 서로를 해킹했을 때, 두 사람은 각자 크렙스에게 서로의 계좌 파일을 보냈다. 크렙스는 이러한 이야기들을 독립 출판사 소스북스(Sourcebooks)가 2014년에 출간할 책에 적고자 한다.

크렙스의 리더십은 넓어지고 있다. 그러나 한 사람이 운영하기 때문에 기능적인 면에서 문제점이 있을 수도 있다. 사이버 범죄는 다양한 방식으로 그에 대한 혐오감을 표시해 왔다. 예를 들면 2013년 여름에 그는 집으로 헤로인 13팩을 배송받았다. 더한 것은, 2013년 3월 가짜 인질극 제보 때문에 SWAT팀이 그의 집으로 출동한 적이 있었다. 정확히 그 시점에 크렙스의 컴퓨터는 분산된 서비스 거부 공격을 받고 있었다.

출처 : N. Perlroth, "Reporting from the Web's Underbelly," *The New York Times*, February 17, 2014; K. Weise, "The Blogger Hackers Love to Hate," *Bloomberg BusinessWeek*, January 20–26, 2014; M. Stencel, "Tech Reporter Brian Krebs Hacks It on His Own, One Scoop at a Time," *Poynter*, January 16, 2014; N. Perlroth, "Who Is Selling Target's Data?" *The New York Times*, December 24, 2013; J. Bort, "Security Blogger Brian Krebs Is Trying to Track Down the Target Hacker by Talking to Suspected Credit Card Thieves," *SFGate*, December 24, 2013; C. Franzen, "Security Blogger Brian Krebs Suffers Simultaneous Cyber Attack, Police Raid," *The Verge*, March 15, 2013; J. Waters, "What to Do If You Fear Your Credit Card's Hacked," *MarketWatch*, March 30, 2012; M. Gross, "A Declaration of Cyber-War," *Vanity Fair*, April, 2011; krebsonsecurity.com, accessed January 21, 2014.

질문

1. 크렙스가 그의 블로그를 통해 돈을 벌 수 있던 방법들을 나열하라.

2. 당신이 최고 정보 보안 책임자라면, 당신은 어떻게 크렙스의 블로그를 당신의 보안체계에 활용할 것인가?

이처럼 블로그는 유용하지만 반대로 문제점도 포함하고 있다. 블로그의 가장 큰 장점은 최신 정보와 뉴스를 대중에게 가장 빠르게 전달한다는 점이다. 하지만 블로그는 부정확한 정보를 게재함으로써 종종 문제를 일으키기도 한다. 이처럼 문제점도 있지만, 블로그는 사람들이 정보를 모으고 소비하는 새로운 방식을 제시해주고 있다.

마이크로블로깅

마이크로블로깅(microblogging)이란 사용자가 단문의 메시지(혹은 이미지, 비디오 클립)를 작성하여 다른 사용자들에게 공유하는 블로깅 형태를 말한다. 이런 단문의 메시지는 휴대전화, 메신저, 이메일 혹은 웹사이트에서 작성되어 제공될 수 있다. 마이크로블로그는 메시지 길이에 제한(일반적으로 140자 이내)이 있기 때문에 일반적인 블로그와는 다르다. 가장 보편화된 마이크로블로그 서비스는 트위터이다.

트위터(twitter)는 **트윗**(tweet)이라고 불리는 메시지를 전송하고, 다른 사람의 트윗을 읽고, 업데이트할 수 있는 무료 마이크로블로깅 서비스이다. 트윗은 사용자의 프로필 페이지에 전시가 되며, 팔로우(follow)하는 다른 사용자들도 해당 트윗을 받아볼 수 있다.

트위터는 점차 기업의 유용한 툴로 자리 잡고 있다. 자사의 제품에 관심 있는 사람들과 쉽고 빠르게 제품 정보를 공유할 수 있으며, 이를 통해 고객과 좀 더 깊은 관계를 맺을 수 있다. 또한 기업들은 실시간 시장 정보와 고객들의 피드백을 트위터를 사용하여 수집하기도 한다. 개인 사용자들은 트위터를 사용하여 특정 회사 서비스에 대해 이야기할 수도 있고, 제품에 대한 아이디어를 제공해줄 수도 있으며, 제품에 대한 할인 쿠폰 등에 대한 정보를 받을 수도 있다.

시나 웨이보(Sina Weibo, http://english.sina.com/weibo/)는 중국에서 가장 유명한 마이크로블로깅 서비스다. 마무리 사례 2에서 얼마나 많은 다국적 회사들이 중국에서 마케팅 활동을 위해 이 서비스를 사용하는지 확인할 수 있다.

위키

위키(wiki)는 모든 사람이 글을 올릴 수 있고, 이미 게재된 글을 누구나 수정할 수 있는 웹사이트를 말한다. 위키는 모든 웹페이지마다 '편집' 링크를 제공하고 있어서 누구든지 추가하고, 수정하고, 삭제하고, 함께 글을 작성할 수 있게 한다.

위키는 인터넷 사용자들의 지식을 수집하고 이용한다. 즉 위키는 많은 개인들의 지식과 의견을 모두 모아서 제공하는 기능을 가지고 있다. 가장 유명한 예는 바로 위키피디아(www.wikipedia.org)라는 온라인 백과사전이다. 위키피디아는 2014년 중반 현재 450만 건의 글을 보유하고 있고, 1일 평균 500만 명의 방문자들이 있다. 위키피디아의 무료 자원 봉사자들이 수시로 글들을 모니터링하면서 중립적인 입장을 지키려 노력하고, 명백한 오류들을 삭제하고 있다. 그럼에도 불구하고, 위키피디아의 가장 큰 문제점은 과연 얼마나 정확하고 믿을 만한 정보를 제공하는지 보장이 되지 않는다는 점이다. 사실 많은 교사와 교수들이 위키피디아를 참조 문헌으로 넣지 못하게 하고 있다. 왜냐하면 어느 누구나, 어느 시간에건 마음대로 수정을 할 수 있기 때문이다. 또한 위키피디아는 전문가로부터 사실 확인이나 정보의 품질에 대하여 확인받고 있지 않다. 따라서 위키피디아 내용의 전문성에 대하여 많은 사람들이 의구심을 품고 있다.

기업들 역시 위키를 다양한 방식으로 사용하고 있다. 예를 들어 프로젝트 관리를 위해 위키를 사용한다. 프로젝트 구성원들은 위키를 정보를 저장하고 공유하는 데 사용하고 있다. 예를 들어 현재 프로젝트의 현황과 문제들을 지속적으로 업데이트하여 모든 구성원이 확인할 수 있게 하고, 프로젝트 자체의 진행 과정을 기록하기도 한다. 또한 기업들은 위키를 통하여 고객,

공급자, 프로젝트 파트너 등과 쉽게 협업할 수 있도록 한다. 위키는 지식 관리에도 유용하게 사용된다. 예를 들어 회사들은 회사 문서를 보관하고, 회사 문서에 작성에 대한 가이드라인, 자주 묻는 질문 등을 위키를 통해 회사 구성원들에게 제공하고 있다.

소셜 네트워킹 웹사이트

소셜 네트워크(social network)란 가치, 비전, 아이디어, 금전적인 관계, 우정, 분쟁 혹은 교류라는 다양한 이유로 인해 개인, 그룹, 조직이 구성되어 있는 사회적 구조를 말한다. **소셜 네트워킹**(social networking)이란 소셜 소프트웨어 도구(예 : 블로깅) 혹은 소셜 네트워킹 특성(예 : 미디어 공유)을 활용하는 다양한 활동을 의미한다.

소셜 네트워크는 네트워크 구성원들 간의 모든 관련 있는 링크와 연계의 지도로 표현될 수 있다. 한 사람의 링크와 연계의 지도는 바로 한 개인의 **소셜 그래프**(social graph)로 표시될 수 있다. 페이스북의 마크 주커버그가 페이스북 사용자들의 소셜 네트워크의 모든 관계를 보여주는 용어로서 개인의 소셜 네트워크라는 말을 처음 사용하였다. 페이스북은 개인 간의 이런 관계를 활용하여 더 풍부한 온라인상의 경험을 제공하였다.

소셜 네트워크는 개인 구성원들의 **사회적 자본**(social capital)을 결정짓는 데 활용되기도 한다. 사회적 자본이란 개인이 소셜 네트워크 안에서 얼마큼 많은 관계가 설정이 되어 있는지 혹은 멤버 간 얼마나 많이 연결이 되어 있는지를 말한다.

사용자들은 소셜 네트워크 웹사이트에서 개인의 프로필 페이지도 무료로 생성하고, 블로그나 위키를 사용하기도 한다. 예를 들어 사진이나 동영상 혹은 음악을 게재하고, 생각을 공유하고, 흥미로운 다른 웹사이트의 링크를 만들어 놓기도 한다. 소셜 네트워크 참여자들은 메신저와 트위터를 통해 채팅하기도 한다. 또한 자신들이 만든 키워드를 사용해 태그를 붙이기도 하여, 자신들의 콘텐츠를 검색 가능하게 하고 서로 소통하고 교류할 수 있게 만들기도 한다. 소셜 네트워크 사용자들은 서로 의견, 지식, 경험, 통찰, 서로에 대한 감정을 교환하고, 합치기도 하며, 공유하기도 한다. 이런 웹사이트들을 통해 사용자들은 자신과 비슷한 관심사를 가진 다른 사람을 찾기도 하며, 서로의 관심사와 목표를 위해 노력하기도 하고, 실제 세상에서 만난 적도 없는 사람들과 커뮤니티의 공감대를 형성하기도 한다.

소셜 네트워킹 사이트에 글을 게시하는 사용자들은 상당한 양의 개인 정보를 공개하는 경향이 있다. 따라서 그들이 조심하지 않으면 안 좋은 일이 발생할 수도 있다. '비즈니스에서 IT 8.2'에서 페이스북 포스트로 인해 부정적인 결과가 나타난 사례를 소개한다.

표 8.1은 다양한 온라인 소셜 네트워킹 플랫폼의 예를 보여주고 있다. 소셜 네트워킹 웹사이트는 사용자들이 자신의 콘텐츠를 텍스트, 음성, 이미지, 그리고 동영상 형식으로 게재할 수 있게 해준다.

기업형 소셜 네트워크

비즈니스에 주로 활용되는 소셜 네트워크는 대중이 사용할 수 있도록 공개되어 있다(예 : LinkedIn.com). 이 같은 소셜 네트워크는 특정 개인 기업이 만들고 관리하고 있다.

소셜 네트워킹은 비슷한 관심사를 가진 사람들을 편하게 연결해준다.

취소된 유럽여행

스내이(Patrick Snay)는 마이애미에 있는 걸리버(Gulliver) 예비 학교에서 몇 년간 교장으로 일했었다. 2010년, 학교는 그와의 계약을 갱신하지 않았고, 스내이는 나이에 대한 차별과 이 학교의 학생으로 있는 그의 딸에 대한 보복을 받았다는 이유로 그의 이전 고용자를 고소했다.

학교는 스내이에게 1만 달러의 복직임금과 8만 달러의 합의금을 제공하고, 스내이의 변호사에게도 역시 6만 달러를 제공하는 것에 동의하는 것으로 2011년 11월에 이 사건을 해결했다. 그 합의는 비밀 보장 협의서에 달려 있었는데, 스내이와 그의 부인은 그 합의의 '용어와 존재'를 비밀로 해야 한다는 것이었다. 스내이는 그의 딸 다나(Dana)에게 학교와 합의를 봤다는 사실을 바로 알려주었고 이 결과에 매우 만족했다.

다나는 이 사실을 비밀로 하지 않고 페이스북을 통해 자신의 지인들에게 알렸다. 그녀의 포스팅은 다음과 같다. "엄마와 아빠가 학교를 상대로 소송에서 이기셨다. 학교는 이번 여름 나의 유럽여행 비용을 공식적으로 내주게 될 것이다. 쌤통이다."

다나는 페이스북 친구가 1,200명 있으며, 그중 다수가 현재 걸리버 학교를 다니고 있거나 그전에 다닌 사람들이었다. 다나가 페이스북에 올린 글에 대한 소식은 순회 재판소 판결에 대해 항소하던 학교의 변호사에게도 전달되었다. 재판소가 그전의 합의를 유지시켰을 때에는 스내이가 소송에서 이겼다. 학교는 제3상고 법원에 항소했고, 법원은 합의를 기각시켰다. 법원은 스내이의 딸이 페이스북에 합의와 관련된 글을 올렸다는 점에서 스내이 가족이 비밀 협의를 어긴 것이라고 판결을 내렸다.

스내이는 현재 플로리다에 있는 코랄 게이블스(Coral Gables)에서 리비에라(Riviera) 예비학교 교장 직을 맡고 있다. 그는 재심리를 위한 기각 신청을 할 수 있으므로 플로리다 대법원에 항소할 수 있지만 변호사들은 그가 이 소송에서 이길 확률은 매우 희박하다고 했다. 그들은 페이스북이 공개적인

© zimmytws/iStockphoto

형식을 가지고 있고 소송에서 문제가 되었던 '실수'가 발생했던 곳이기도 하다는 점을 강조했다.

이 모든 것에서 이상한 점이 있다면, 그것은 다나가 그녀의 유럽여행에 대해서 그저 장난으로 말한 것으로 여겨진다는 것이다.

출처 : J. Allen, "Dana Snay's Facebook Post Costs Father $80K," *WebProNews*, March 6, 2014; P. Caufield, "Daughter's Facebook Post Botches Dad's $80,000 Settlement," *New York Daily News*, March 3, 2014; T. Greene, "Who Is Dana Snay? College Student's Facebook Bragging Costs Father $80,000 Lawsuit Settlement," *International Business Times*, February 28, 2014; E. Sole, "Daughter's Facebook Brag Costs Her Family $80,000," *Yahoo! Shine*, February 28, 2014; K. Waldman, "Teen's Facebook Post Costs Her Dad $80,000. Oops," *Slate*, February 28, 2014; "80,000 Mistake: Who Is to Blame?" *Babysitter Community*, February 28, 2014; D. Smiley, "Daughter's Facebook Boast Costs Former Gulliver Prep Headmaster $80,000 Discrimination Settlement," *Miami Herald*, February 26, 2014.

질문

1. 당신이 페이스북에 무엇인가를 올릴 때 조심해야 하는가? 위 상황과 연관지어 당신의 의견을 지지하라.

2. 다나에게 합의에 대해 얘기할 때, 다나의 부모님이 저지른 실수는 무엇인가? 그녀에게 모든 것을 다 말한 것? 소셜미디어에 자세한 것까지 올리는 것의 위험성에 대해 그녀에게 말하지 않은 것인가?

그렇지만 점차 많은 기업들이 자신들의 회사만을 위한 소셜 네트워크를 만들고 있다. 이를 통해 종업원, 퇴사자, 혹은 고객들과 관계를 맺고 있다. 이런 네트워크는 방화벽 안에서 구동되며, **기업형 소셜 네트워크**(enterprise social network)라고 불린다. 회사들은 이런 기업형 소셜 네트워크를 통하여 종업원들 간의 네트워크를 형성하게 하고, 가상의 팀을 만들 수도 있으며, 새로운 종업원의 업무 향상 속도를 높이기도 하고, 소속감을 높임으로써 종업원의 퇴사 비율을 낮추기도 한다. 종업원들은 대규모 기업 안에서 쉽게 찾기 어려운 다른 종업원들 혹은 타 지역의 종업원들과 교류를 통하여 협업을 할 수 있다.

기업형 소셜 네트워크는 아래와 같이 다양하게 사용될 수 있다.

- 조직 내외에서 네트워크와 커뮤니티 형성
- 사회적 협업 : 위키, 블로그, 메신저, 협업이 가능한 오피스 프로그램, 웹 기반의 특별히 만들어진 협업 플랫폼 등을 통해 협업이 가능하다. 예를 들어 래보라노바(www.laboranova.com)를 살펴보라.
- 소셜 게재 : 종업원 혹은 다른 사람들과 개인적으로 혹은 협업하여 콘텐츠(사진, 동영상, 슬

표 8.1 소셜 네트워킹 웹사이트의 분류

사회 지향 : 모두에게 개방된 사회적 특성 중심의 웹사이트
- 페이스북(www.facebook.com)
- 구글 오르컷(www.orkut.com)
- 구글 플러스(http://plus.google.com)
- 하이파이브(www.hi5.com)

전문적인 네트워킹 : 비즈니스 전문가들을 위한 네트워킹에 집중하는 웹사이트
- 링크드인(www.linkedin.com)

미디어 공유
- 넷캐스팅(Netcasting)에는 팟캐스팅(오디오)과 비디오캐스팅(오디오와 비디오)이 있다. 예를 들어 교육 기관은 학생들이 강의를 듣거나 연구실에서 이루어지는 실험을 관찰하고 스포츠 경기를 보도록 하기 위하여 넷캐스트를 이용한다. 2007년 애플은 스탠퍼드나 MIT 같은 주요 미국 대학들의 콘텐츠를 제공하는 아이튠즈 U를 선보였다.
- 웹 2.0 미디어 웹사이트 안에서 사람들은 함께 모여 사진, 오디오, 비디오 등과 같은 사용자 생성 디지털 미디어를 공유한다.
  - 비디오(아마존 인스턴트 비디오, 유튜브, 훌루닷컴, 페이스북)
  - 음악(아마존 MP3, 라펨(Last.fm), 랩소디, 판도라, 페이스북, 아이튠즈)
  - 사진(포토버킷, 플리커, 셔터플라이, 피카사, 페이스북)

커뮤니케이션
- 블로그 : 블로거, 라이브저널, 오픈 다이어리, 타입패드, 워드프레스, 복스, 익스프레션 엔진, 장가
- 마이크로블로깅 및 프레전스 애플리케이션 : 트위터, 플럭, 텀블러, 야머, 카이크

여러 사람들의 협력, 협동 : 위키(위키피디아, 피비웍스, 페인트)

소셜 북마킹(또는 소셜 태깅) : 사용자들이 인터넷 웹페이지의 북마크를 저장하고 구성하고 검색하며 관리하는 것에 집중된 웹사이트
- 딜리셔스(www.delicious.com)
- 스텀블어폰(www.stumbleupon.com)
- 구글 리더(http://reader.google.com)
- 사이트유라이크(www.citeulike.com)

소셜 뉴스 : 사용자가 직접 올린 뉴스가 투표에 의해 순위가 매겨지는 웹사이트
- 디그(www.digg.com)
- 차임.인(http://chime.in)
- 레딧(www.reddit.com)

이벤트 : 지인들에게 어떤 이벤트가 발생했을 때 알람으로 알려주는 웹사이트
- 이벤트풀(www.eventful.com)
- 밋업(www.meetup.com)
- 포스퀘어(www.foursquare.com)

가상현실 만남의 장소 : 사용자들이 만들어 운영하는 기본적인 3차원 웹사이트
- 세컨드 라이프(www.secondlife.com)

새로 나온 소셜 네트워크 중 흥미로운 곳들
- 엠파이어 애비뉴(www.empireavenue.com)는 사용자들이 관심 있는 사람들과 브랜드에 가상 통화를 이용하여 투자할 수 있는 사회적 교환 네트워크이다.
- 컬러(www.color.com)는 사용자의 위치와 다른 사람들과의 친밀도에 기반하여 즉각적인 소셜 네트워크를 만들어주는 무료 모바일 애플리케이션이다.
- 포스퀘어(www.foursquare.com)는 사용자들이 스마트폰 애플리케이션에 체크인하는 것만으로도 그들의 위치를 친구들에게 알릴 수 있는 위치 기반 모바일 서비스이다.
- 헌치(www.hunch.com)는 몇 가지 질문을 통해 사람들의 관심사를 보여준다. 이 사이트는 '취향 그래프'라는 것을 만드는데, 여기에는 사용자가 좋아하거나 싫어하는 모든 것이 나타나 있다.

마이크로잡을 위한 온라인 장터
- 태스크래빗(www.taskrabbit.com)과 잘리(www.zaarly.com)를 이용하면 하기 싫은 일을 개인 조수를 일시적으로 고용하여 시킬 수 있다. 직업이 없거나 능력 이하의 일을 하는 수천 명의 사람들이 이러한 웹사이트를 활용한다. 시간제 또는 전일제 업무는 특히 전업 주부, 퇴직자, 학생들에게 인기가 많다. 그들은 직접 업무를 선택하고 사용자와 급료를 협상한다.

라이드, 문서)를 구성원의 커뮤니티(예 : 유튜브, 플리커, 슬라이드셰어, 독스탁)에 게재
- 소셜 의견과 피드백
- 소셜 분석과 소셜 인텔리전스 : 개인 간 혹은 토픽, 의견들의 관계에서 발생하는 대화, 교류, 관계 등을 모니터링하고, 분석하고, 해석함. 소셜 인텔리전스는 개인과 그룹 간의 관계를 조사하는 데 유용하며, 특정 목적에 맞는 사람과 전문가들을 발견하는 데 유용하다. '비즈니스에 IT 8.3'에서 어떻게 시카고 경찰청이 소셜 분석을 사용해서 조직폭력배에 대한 소셜 인텔리전스를 수집할 수 있었는지 소개한다.

비즈니스에서 IT 8.3

조직폭력배 검거에 활용되는 소셜 네트워크 분석

조직폭력은 보통 무작위로 일어나는 것이 아니다. 오히려 영역 분쟁이나 개인적 의견충돌에 의해 발생한다. 즉 조직폭력은 지역적, 문화적, 그리고 사회적 연결성과 관련 있는 것이다. 몇몇 경찰 부서는 페이스북 같은 소셜 네트워크를 감시하는 데서 어떤 범죄가 곧 발생할 것인지에 대한 단서를 잘 찾아내기도 한다. 그러나 시카고에서 시행되고 있는 새로운 종류의 소프트웨어는 체포 기록의 데이터베이스 전체를 실생활에서 쓰이는 소셜 네트워크의 시각적 표현으로 바꿀 수 있다. 이러한 기술은 경찰로 하여금 개인의 친구와 적을 빠르게 구분하게 하는 것과 어디서 범죄가 발생할 것인지를 구분하게 하는 것을 가능케 할 것이다.

미국 육군사관학교 웨스트포인트(West Point)의 조교인 샤카리안(Paulo Shakarian) 소령은 해외 폭동들의 네트워크를 더 잘 이해하기 위해 소프트웨어를 개발해 왔다. 이 소프트웨어는 아프가니스탄에서 시험을 거치긴 했지만, 아직 효율적으로 사용되고 있진 않다. 2012년, 시카고 경찰관 베르테토(John Bertetto)가 샤카리안의 논문을 가지고 샤카리안을 찾아왔고 그에게 소셜 네트워크 분석이 시카고를 정말 도울 수 있느냐고 물어봤다.

샤카리안과 베르테토는 ORCA(Organizational, Relationship, and Contact Analyzer)를 개발했다. 이 소프트웨어 프로그램은 목록을 작성하는 데만 몇 시간 며칠이 걸렸을 무질서한 데이터베이스 목록 중 적절한 사람을 골라내는 네트워크를 몇 초 안에 만들어낼 수 있다. 2013년 여름 그들은 ORCA를 시험했는데 그 내용은 다음과 같다. 한 구역에서 지난 3년간의 익명의 체포 활동(총 5,418명)들을 분석했고, 이 체포들로 사회적 연결고리를 시각화하고 각각 보고서를 만들었다. (익명의 체포들은 개인적으로 식별 가능한 정보들은 모두 지워진 상태이다.)

ORCA는 함께 체포된 사람들을 연결시키는 것으로 시작하는데, 사람들이 적어도 같은 시간에 같은 장소에 있었다는 것을 기록이 보여줄 수 있는 가장 객관적인 방법이다. 거기서부터 ORCA는 조직에 있었다고 고백한 사람들은 분류한다. 그 후, 사회적 관계를 기반으로 하여 이 소프트웨어는 다른 사람들에게 특정 곳에 가입되어 있을 것이라는 수치적 확률을 정해주었

다. ORCA는 그룹과 하위그룹을 구분하기 위해 네트워크 안에서 사람들의 무리를 더 구체적으로 분석하였다. 예를 들면 길거리에서 한 구역을 담당하는 하위그룹은 폭력 조직의 구성원 중 하나일 수도 있다. 많은 그룹과 하위그룹과 연관된 사람들을 찾는 데 집중함으로써, ORCA는 가장 영향력 있는 개인을 가려낼 수 있다.

이 분석방법은 체포된 개인들 중에 11,000개의 관계를 만들어냈다. 이런 분석방법으로부터, ORCA는 18개 조직의 멤버였던 1,468명의 개인들로 이루어진 소셜 네트워크를 만들었다. ORCA는 '종자 집합(seed set)'을 찾아냈는데, 이 집합은 매우 잘 연결되어 있고 그 결과 매우 영향력이 높은 조직 안의 작은 그룹들이다. 또한 ORCA는 한 조직을 다른 조직과 연결시키는 '연결자'로 알려진 개인들을 발견했다. 예를 들어 이런 개인들은 한 조직으로부터 마약을 구매하고 다른 조직에게 팔 수도 있다. 흥미롭게도 ORCA는 이 모든 분석 과정을 일반 노트북으로 34초 만에 해낸다.

ORCA는 아직 개발 중이다. 향후 버전은 지리위치 데이터, 시간을 기반으로 한 데이터, 정보 제공자로부터 얻은 지식들을 통합할지도 모른다. 조직 구성원이 기존의 조직에서 나오고 새로운 조직을 시작하는 것이 일반적이기 때문에 시간 요소는 특히 중요하다.

출처 : M. Mruk, "Building a Social Network of Crime," *Popular Science*, January 14, 2014; C. Wood, "Counter-Insurgency Software Goes Stateside," *Government Technology*, July 24, 2013; P. Ball, "Unmasking Organised Crime Networks with Data," *BBC News*, July 9, 2013; "How Military Counterinsurgency Software Is Being Adapted to Tackle Gang Violence in Mainland USA," *Small Wars Journal*, July 9, 2013; D. Coldewey, "Gangs' Pecking Order Revealed by Army Software," *NBC News*, July 8, 2013; K. Campbell-Dollaghan, "The Army's Insurgent Tracking Software Is Now Being Used to Track Gangs," *Gizmodo*, July 7, 2013; "How Military Counterinsurgency Software Is Being Adapted to Tackle Gang Violence in Mainland USA," *MIT Technology Review*, July 4, 2013.

질문

1. 시카고 경찰이 ORCA에 어떤 데이터를 더 첨부할 수 있는가?
2. ORCA의 잠재적 위험요소는 무엇인가? 구체적 사례를 함께 제시하라.

매시업

매시업(mashup)은 다양한 웹사이트로부터 일정 부분의 콘텐츠를 제공받아서 새롭게 혼합하고 매치하여 제공하는 것을 의미한다. 즉 매시업은 다양한 웹사이트의 콘텐츠를 모아서 새로운 정보를 만들어내는 웹사이트를 말한다. 구글 지도가 사실상 매시업을 제공해주는 첫 서비스였다. 사용자들은 구글에서 지도를 볼 수 있으며, 자신의 데이터와 정보를 지도에 추가할 수 있다. 범죄 목격 장면 혹은 자동차 세일 등 다양한 내용으로 새롭게 만들어진 지도를 자신의 웹사이트나 블로그에 포스팅할 수 있게 되었다(그림 8.2 참조).

매시업의 다른 예는 다음과 같다(www.programmableweb.com에는 매시업 웹사이트들의 리스트를 볼 수 있다).

- 크레이그리스트는 미국 내에 크레이그리스트에 포스팅되어 있는 모든 아파트의 지도를 개발하였고 필요한 추가 정보들을 함께 제공해주고 있다(www.housingmaps.com).
- **Everyblock.com**은 매시업 행태의 웹사이트로서 신문, 블로그, 정부 데이터베이스의 콘텐츠들을 통합하여 제공해준다. 대부분의 정보는 대도시(예 : 시카고, 시애틀, 뉴욕 등)의 생활 정보를 제공하여 이웃과 동네에 어떤 일이 있었는지 알 수 있다. 특히 범죄 정보, 음식점 정보, 플리커에 있는 지역사회 사진이 어떤 것들이 게재되었는지 알려준다.

다음 절로 넘어가기 전에…

1. 블로그와 위키의 차이점에 대해 설명해보라.
2. 개인의 소셜 네트워크와 대중적인 소셜 네트워크의 차이점을 설명해보라.

개념 적용 8.1

학습목표 8.1 여섯 가지 웹 2.0 도구와 웹 2.0 사이트의 두 가지 주요 형태를 논의한다.

1단계 – 배경(당신이 배워야 하는 것)

이 절에서는 방문 목적으로서의 웹 1.0 대비 정보의 상호작용 및 교류 측면에서의 웹 2.0을 설명함으로써 각각의 차이점을 비교했다. 이런 차이점에 대하여 생각해보았든 그렇지 못했든 간

그림 8.2 구글 지도(www.googlemaps.com)는 매시업의 가장 유명한 예다. 구글 지도는 대중교통 관련 웹사이트에서 정보를 추출하여 고객들에게 환승 정보 등을 제공해주기도 한다.

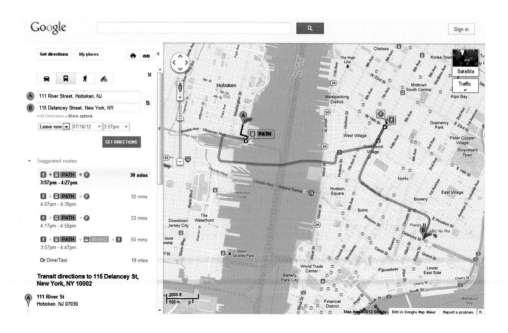

에 우리는 그 차이점이라는 것에 어느 정도 익숙하다. 우리들 대부분이 웹 2.0에 보다 익숙할 것이며, 많은 기업체들은 그들의 공식 사이트에 정보를 공유하기 시작했다.

2단계 – 활동(당신이 해야 하는 것)

http://www.wiley.com/go/rainer/MIS3e/applytheconcept에 접속하여 이 절에 해당하는 링크를 클릭하라. 그 비디오 클립은 웹 2.0 기술에 대하여 훌륭하게 설명해줄 것이다. 비디오를 보면서 웹 2.0만이 가능한 기능들을 메모하고 두 번째 링크를 클릭하면 포춘 500의 링크가 제공되는 CNN Money 웹페이지가 나타날 것이다. 상위 10개 사의 웹사이트를 둘러보고 그들이 채택한 웹 2.0 기술을 확인하라.

3단계 – 과제(당신이 제출해야 하는 것)

포춘 10(혹은 20)에 대해 다음의 사항들을 식별하는 표를 만들어라.

- 회사명
- 회사의 순위
- 회사의 업종(예 : 소매업, 컨설팅업, 통신업 등)
- 각 회사가 사용 중인 웹 2.0 기술의 목록
- 회사가 사용하지 않는 웹 2.0 기술

회사명	회사 순위	업종	사용하는 웹 2.0 기술	사용하지 않는 웹 2.0 기술

교수에게 과제물을 제출하라.

8.2 상거래에 있어서 소셜 컴퓨팅의 핵심

상거래에 있어서 소셜 컴퓨팅[혹은 **소셜커머스**(social commerce)]이란 소셜 컴퓨팅을 통하여 전자적으로 상거래 활동과 거래가 이루어지는 것을 말한다. 소셜커머스는 사회적인 교류와 사용자들의 공헌, 그리고 고객들이 활발하게 제품과 서비스에 대해 마케팅 활동을 할 수 있도록 지원해준다. 소셜커머스에서 개인은 온라인에서 협업을 통하여 믿을 만한 타인에게 제품에 대한 조언을 얻기도 하며, 좋은 제품과 서비스를 쉽게 찾기도 하고, 구매도 할 수 있다. 소셜커머스의 주요 사례는 다음과 같다.

- 디즈니는 페이스북에서 직접 티켓을 구매할 수 있게 허용한다.
- 펩시콜라는 고객이 펩시 제품을 파는 가게 근처에 왔을 때 실시간으로 정보를 제공한다. 펩시콜라는 고객들에게 포스퀘어를 통해 쿠폰이나 할인 정보를 보낸다.
- 마운틴 듀는 비디오 게임과 스포츠 팬들을 듀모크래시(Dewmocracy)라는 콘테스트를 통하여 확보한다. 이 회사는 자사 커뮤니티에 가장 핵심적인 멤버들의 아이디어를 받아 활용하기도 한다.
- 리바이스의 페이스북 광고에서는 개인 사용자의 친구가 좋아하는 장바구니를 만들 수 있다.

- 웬디스는 다양한 온라인 활동 혹은 퀴즈 등에 가장 빠르게 혹은 가장 재미있는 반응을 남긴 고객들에게 50달러 상품권을 선물하는 광고에 페이스북과 트위터를 활용한다.

소셜커머스의 잠재적인 가치는 무궁무진하다. 표 8.2는 고객들과 기업이 가질 수 있는 잠재적인 가치를 보여준다.

하지만 소셜 컴퓨팅을 사용하는 데 있어서 위험 요인도 같이 발생할 수 있다. 제품이나 브랜드, 회사가 소셜 컴퓨팅 웹사이트에 노출된다는 의미는 사용자가 마음대로 관련된 의견이나 콘텐츠를 생성할 수 있고 회사 측에서 편집을 하거나 걸러낼 수 없다는 말이다. 이런 상황에서 회사는 당연히 부정적인 리뷰 혹은 의견, 피드백을 잘 받아들일 준비가 되어 있어야 한다. 사실 부정적인 리뷰 혹은 의견, 피드백은 회사가 고객으로부터 받을 수 있는 가장 소중한 정보일 것이다.

소셜 컴퓨팅을 활용하는 회사는 항상 부정적인 게시물에 대해 걱정을 하고 있다. 예를 들어 한 기업이 페이스북에 기업 페이지를 생성했다면, 이는 잠재적으로 불만을 가진 고객들이나 비윤리적인 경쟁사들이 자사 페이스북 담벼락에 부정적인 의견을 게재할 수 있는 것이다.

하지만 만일 기업이 자사 페이스북 담벼락에 누구나 글을 남길 수 없게 한다면, 고객들은 기업이 이를 두려워한다고 생각할 것이다. 또한 회사 입장에서는 고객과 소통할 수 있는 기회를 놓치는 것이고, 자사의 제품과 서비스를 더 발전시킬 수 있는 기회 역시 놓치게 될 것이다. 만일 회사가 부정적인 게시물을 삭제한다면, 게시물을 올린 사람의 불만을 더욱 크게 만들 것이고, 이는 페이스북을 통해 회사가 게시물을 검열한다는 소식이 더 널리 퍼지게 될 것이다.

또 다른 위험 요인은 바로 게시물의 20-80 법칙이다. 즉 약 20%의 개인이 소셜 컴퓨팅 웹사이트에 의견을 게재하고, 이는 전체 블로그, 위키, 기타 소셜 컴퓨팅 웹사이트 콘텐츠의 약 80%를 차지한다. 월스트리트저널에 따르면, 약 3주간 걸쳐 디그(Digg)라는 웹사이트의 게시물을 분석해본 결과 약 90만 명의 등록된 멤버 중 오직 30명이 디그 홈페이지의 약 1/3의 콘텐츠를 작성했다고 밝혔다.

그 밖에 소셜 컴퓨팅의 위험 요인들은 다음과 같다.

- 정보 보안 문제

표 8.2 소셜커머스의 잠재적 혜택

소비자들에게 주는 혜택
- 소비자 불만에 대한 판매자들의 만족스럽고 신속한 반응. 이는 소비자들이 그들의 불만을 대중에 알릴 수 있고(트위터, 페이스북, 유튜브를 통해), 또 그런 사람들이 한꺼번에 불만을 제기했을 때 업체 측에서도 이를 쉽사리 진압하기가 어렵기 때문이다.
- 소비자들은 다른 소비자들을 도울 수 있다(온라인 포럼 등).
- 소비자들의 기대감을 완전하고 신속하게 충족시킬 수 있다.
- 소비자들이 소셜 네트워크 페이지에 머무는 동안 손쉽게 검색, 링크, 채팅을 할 수 있다.

사업자들에게 주는 혜택
- 신제품과 아이디어를 빠르고 저렴한 비용으로 테스트할 수 있다.
- 소비자들의 많은 것을 알 수 있다.
- 문제점을 빠르게 깨달음으로써 소비자 불만을 완화할 수 있다.
- 즉각적인 피드백을 통해 소비자들의 경험으로부터 많은 것을 배운다.
- 소비자들이 소셜 네트워크 사이트에서 해당 제품에 대한 긍정적인 의견을 나눌 때 매출이 증가한다.
- 성공적인 마케팅 전략을 수행하고 브랜드 인지도를 높일 수 있다.
- 사용자 생성 콘텐츠를 낮은 비용으로 마케팅 등에 활용한다.
- 바이럴 마케팅을 통해 비용이 전혀 없는 광고 효과를 얻을 수 있다.
- 영향력 있는 소비자들을 찾아내 그들에게 보상을 할 수 있다.

- 프라이버시 침해
- 지적 재산권과 상표권에 대한 침해
- 종업원의 비자발적인 참여 의사
- 개인 정보 혹은 기업의 전략적인 정보들의 유출
- 사용자가 생성한 콘텐츠 품질 하락 및 편향된 의견
- 사이버불링(cyberbullying, 온라인 집단 따돌림) 혹은 종업원 학대

언어 번역 소프트웨어를 만드는 회사인 로제타 스톤(www.rosettastone.com)의 사례를 살펴보자. 소셜 컴퓨팅을 통하여 더 많은 효과를 누리기 위해, 로제타 스톤은 페이스북을 통해 고객과의 교류를 관리하는 전략을 수립하였다. 이 전략은 개인이 직접 관리하기도 하고, 소프트웨어를 통해 회사 홈페이지를 모니터링하는 전략이었다. 특히 이 소프트웨어는 페이스북 담벼락을 모니터링하고 답변을 남기는 작업을 수행하였다.

사용자가 로제타 스톤의 페이스북 담벼락에 질문을 남긴다면, 그 즉시 답변을 받을 수 있을 것이다. 왜냐하면 페이스북 페이지가 파라추어(www.parature.com)에서 제작된 고객 관리 서비스 소프트웨어와 실시간으로 연동이 되어 있기 때문이다. 이 소프트웨어는 담벼락의 게시물들을 검색하여 회사의 답변이 필요한 게시물인지 혹은 개인들끼리 서로 잡담을 하는 것인지 구분을 해준다. 물론, 로제타 스톤의 고객 관리 서비스 직원들도 담벼락에 답변을 남기거나 의견을 남길 수 있다.

쇼핑, 광고, 마케팅 조사, 고객 관계 관리, 인사 관리 등 다양한 형태의 소셜 컴퓨팅 활동에 참여할 수 있다. 다음 절에서는 각각의 소셜 컴퓨팅 활동에 대해 배우게 될 것이다.

> **다음 절로 넘어가기 전에…**
>
> 1. 고객들에게 주어지는 소셜커머스의 이점을 설명해보라.
> 2. 소셜 컴퓨팅과 관련된 몇 가지 위험 요인을 말해보라.

개념 적용 8.2

학습목표 8.2 소셜커머스가 회사에게 가져다줄 수 있는 이점과 문제점을 논의해본다.

1단계 – 배경

이 절은 사생활, 보안, 저작권(다른 지적 재산권 문제), 낮은 품질의 내용을 포함한 소셜 컴퓨팅에 대한 많은 염려들에 대해 설명하고 있다. 그러나 이러한 문제점에도 불구하고 소셜 컴퓨팅은 매우 가치 있다! 즉 소셜 컴퓨팅이 양날의 검인 것이다.

당연히 소셜커머스는 소비자의 부정적인 의견을 만들어내지 않았다. 오히려, 소비자들에게 평가를 공유할 수 있는 장소를 제공해주었다. 소셜 컴퓨팅은 소비자의 경험과 회사의 제품, 회사의 실무가 더 투명한 세상을 만들고 있는 중이다. 회사는 반드시 진심으로 '고객 먼저'를 지켜야 하며, 그렇지 않으면 그들은 소셜미디어 세상에서 빠르게 '낙오될' 것이다.

2단계 – 활동

http://www.wiley.com/go/rainer/MIS3e/applytheconcept를 방문해서 이 절에 해당하는 링크를 누르면, 네슬레(Nestlé)에 대한 부정적인 유튜브 동영상을 다룬 블로그 기사를 볼 수 있을 것이다. 그 비디오가 입소문이 나기 시작했을 때, 네슬레의 법무팀은 이 동영상이 지워져야 한다고 주장했다. 그리고 블로그에 게재된 그 기사는 이와 같이 소셜미디어에 부정적 매스컴이 형성되었을 때 이를 해결하기 위해 취해야 할 여러 전략에 대해 설명해준다.

그다음으로, 두 번째 링크를 클릭하면, 울타리 너머로 깨지기 쉬운 소포를 던진 페덱스

(FedEx)의 택배기사와 관련된 글을 볼 수 있을 것이다. 이 동영상 역시 유명해졌지만, 페덱스는 이 영상을 지우고자 하는 어떤 행동도 취하지 않았다. 오히려 페덱스는 사건 속 택배기사를 찾아내었고 회사 내에서 징계를 받는 방식으로 사건을 마무리 지었다.

소셜 컴퓨팅과 관련된 위험(risk)을 관리하는 두 방식을 살펴보았을 때, 어떤 방식이 더 나은가?

3단계 – 과제

이 절에 등장한 동영상과 사건에 기초하여, 당신이 이 절에서 배운 소셜커머스가 회사에 가져다줄 수 있는 위험성과 이익을 요약하고 제출하라.

8.3 상거래에 있어서 소셜 컴퓨팅 : 쇼핑

소셜 쇼핑(social shopping)이란 소셜 네트워크의 모든 특성(예 : 친구, 그룹, 투표, 의견, 토론, 리뷰 등)을 활용하여 쇼핑에 접목하는 전자 상거래 방식을 의미한다. 소셜 쇼핑은 고객들에게 서로 비슷한 취향, 지역, 나이, 성별 등을 기반으로 서로 연계해준다.

특히 브랜드 의류 등과 같은 분야에서 쇼핑의 본질이 변화하고 있다. 예를 들어 갭, 샵밥, 인스타일, 리사 클라인 같은 브랜드 의류 업체는 스타일하이브(www.stylehive.com)라는 커뮤니티를 통해 연말 마지막 의류 등을 판매하기도 한다. 또한 의류 고객들은 디스넥스트(www.thisnext.com)라는 웹사이트를 이용해 프로필과 블로그를 만들고 자신이 좋아하는 제품을 소셜 커뮤니티를 통해 공유하기도 한다. 이런 상품들에 태깅함으로써 제품이 쉽게 검색될 수 있게 한다. 이렇게 함으로써 개인이 검색을 할 경우에 보다 더 개인화가 된 제품을 검색할 수 있게 도와준다.

사회적으로 쇼핑을 하는 여러 가지 방법이 존재한다. 이제 다음 절에서 그 방법들에 대해 배우게 될 것이다.

평점, 리뷰와 추천

물건을 구매하기 전 고객들은 일반적으로 제품에 대한 정보를 검색한다. 예를 들어 어떤 브랜드의 제품을 구매할 것인지, 어느 회사에서 구매할 것인지, 적절한 가격대는 어떤지에 대한 정보를 찾는다. 온라인 고객들은 가격 비교 웹사이트 혹은 이피니언(www.epinions.com)과 같은 고객 리뷰 웹사이트를 통해 쇼핑에 도움을 받기도 한다. 또한 최근에 고객들은 소셜 네트워킹을 활용하여 의사결정에 도움을 받기도 한다. 친구, 팬, 팔로워, 기존 고객들로부터 평점과 리뷰 등을 쉽게 정렬하여 비교 가능하다.

평점, 리뷰, 추천은 소셜 쇼핑에 가장 일반적으로 활용된다. 게다가 쇼핑 고객들은 자신의 의견 혹은 평점에 계속해서 의견을 달 수 있고 다른 사람들과 토론을 할 수 있는 기회도 있다(그림 8.3). 평점과 리뷰에 대해 다음과 같은 예제에서 좀 더 살펴보자.

- 고객 평점과 리뷰 : 특정 회사의 홈페이지, 소셜 네트워크 페이지, 고객 리뷰 사이트, 혹은 고객 피드(예 : 아마존, 아이튠즈, 버즈일리노이, 이피니언 등)에서 제공된다.
- 전문가 평점과 리뷰 : 독립적이고 권위 있는 웹사이트(예 : 메타크리틱)에서 제공된다.
- 후원받은 리뷰 : 리뷰당 금액을 받고 제공한다[예 : 스폰서리뷰(SponsoredReviews), 페이퍼포스트(PayPerPost)].
- 대화형 마케팅 : 개인의 이메일, 블로그, 실시간 채팅, 토론 그룹, 트윗에서 벌어지고 있는

대화. 이런 개인 대화들을 모니터링한다는 것은 시장조사와 고객 서비스를 위해 풍부한 데이터를 제공해준다는 의미이다.

예를 들어 마우이 짐(www.mauijim.com)이라는 선글라스 회사는 구전 효과를 마케팅의 가장 핵심적인 요소로 활용하고 있다. 이 회사는 바자보이스라는 리뷰 전문 회사의 웹사이트에 고객들이 자사의 모든 선글라스와 제품들에 대해 평점(5점 척도)과 리뷰를 남길 수 있게 하였다. 이 회사는 고객들의 구전 효과가 다양한 웹사이트에서 퍼지기를 원했다.

마우이 짐은 고객들이 자사의 모든 선글라스 제품에 대해 스타일, 핏(fit), 성능 등에 대한 솔직한 의견을 공유하기 원했다. 고객 리뷰들은 웹사이트의 검색 기능과 통합되었고, 특정 제품에 대한 고객들의 검색 결과는 고객 평점에 따라 보여지게 되었다. 이에 따라 마우이 짐은 이런 평점 효과에 대해 다량의 호의적인 고객 반응을 얻게 되었다.

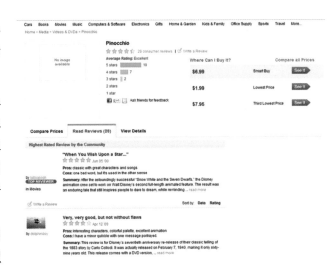

그림 8.3 이피니언(www.epinions.com)은 고객들이 자동차부터 음악까지 모든 제품에 대해 평점과 의견을 남길 수 있는 독립적인 웹사이트이다. 그림은 고객들이 아이들 영화에 대해서 리뷰를 남긴 것이다.

샵소셜리(www.shopsocially.com), 블리피(www.blippy.com), 스와이플리(www.swipely.com)와 같은 소셜 추천 웹사이트는 구매에 대한 대화를 촉진한다. 제품 추천은 고객의 지인이나 친구로부터 받을 수 있기 때문에 전혀 모르는 사람보다 더 믿을 수 있는 것이다.

디스넥스트(www.thisnext.com)는 사람들이 자신의 좋아하는 제품을 타인에게 추천하는 웹사이트이다. 이 웹사이트는 실제 쇼핑을 할 경우 가장 중요한 요소 두 가지를 활용하고 있다. 그 두 가지는 믿을 만한 소스로부터 발생한 구전을 활용한 추천 기능과 쉽게 제품을 찾을 수 있는 검색 기능이다.

그룹 쇼핑

그루폰(www.groupon.com), 리빙소셜(www.livingsocial.com, 그림 8.4)과 같은 그룹 쇼핑 웹사이트는 짧은 기간 동안에 대규모 할인 행사와 거래를 제공한다. 이런 공동구매는 특별 할인(반짝 행사) 등과 깊은 관련이 있다.

예를 들어 리빙소셜은 사람들에게 특정 도시의 레스토랑, 스파, 혹은 이벤트 관련 딜에 대해 참여할 수 있게 한다. 그러고 나서 '오늘의 딜' 혹은 '과거의 딜'을 클릭할 수 있다(종종 지난 딜도 계속해서 유효한 경우가 있음). 이런 딜들은 리빙소셜에 가입한 모든 사람에게 이메일로 정보가 보내진다. 만일 이 딜이 마음에 들면 클릭하여 수락을 하고, 그다음 날 해당 딜을 받을 수 있다. 그 딜을 구매하고 난 후에는 친구들과 공유할 수 있도록 링크가 생성된다. 만일 이 링크를 통해 함께 구매하는 3~4명의 친구를 모을 수 있다면, 이 딜은 무료가 된다.

비노베스트는 프랑스 와인 회사이며 페이스북을 활용하여 이런 공동구매를 실시한다. 이 회사는 특히 와인의 공동구매 딜에 유명한 소믈리에나 전문가의 의견도 함께 제공하고 있

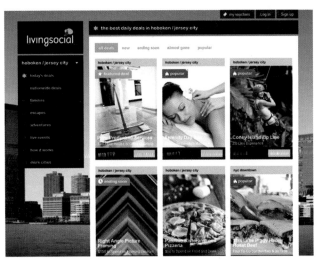

그림 8.4 리빙소셜(www.livingsocial.com)은 그룹 쇼핑 웹사이트의 가장 유명한 사례다.

다. 이 회사는 능동적인 가격 정책을 펴고 있다—더 많은 사람들이 구매할수록 가격은 저렴해진다.

개인들은 온라인상에서 실시간으로 공동구매를 할 수 있다. 사람이 특정 공동구매 웹사이트에 접속하고, 친구들과 가족들에게 연락을 하여 공동으로 동시에 온라인에서 물품을 구매할 수 있다. 두투게더(www.dotogether.com)나 웨트실(www.wetseal.com)은 이런 실시간 쇼핑 웹사이트이며 페이스북을 활용하여 서비스를 제공하고 있다. 개인은 페이스북에 접속하고 이 회사의 애플리케이션을 설치 후에, 친구들을 초대하여 온라인으로 쇼핑을 할 수가 있는 것이다.

쇼핑 커뮤니티와 클럽

쇼핑 클럽이란 클럽 멤버들에게 짧은 기간(며칠 동안만)에 비싼 품목의 제품을 큰 폭의 특별 할인된 가격에 제공해주는 것을 말한다. 클럽 주최자는 하루에 3~7개의 세일을 제공하며, 멤버들에게 이메일로 공지를 한다. 약 70% 가까이 할인을 해주며 굉장히 짧은 시간 동안에 판매된다.

고급 브랜드 회사 역시 온라인 쇼핑 클럽과 전략적으로 제휴를 맺고 있다. 고급 브랜드 회사는 특별 할인 제품, 샘플, 재고 처리, 계절 상품 등을 자사의 이미지를 해치지 않고 쉽게 처리할 수 있기 때문이다. 유명한 쇼핑 클럽의 예는 비욘드더랙(www.beyondtherack.com), 길트그룹(www.gilt.com), 루랄라(www.ruelala.com), 원킹스레인(www.onekingslane.com)이다.

카부들(www.kaboodle.com)은 쇼핑 커뮤니티의 또 다른 예다. 사용자가 웹에서 제품 정보를 수집하고 카부들 리스트에 저장하여 다른 사람들과 공유하는 무료 서비스이다. 카부들은 원하는 제품을 카탈로그에서 쉽게 찾을 수 있게 만들고, 사용자들 간에 카부들 리스트를 사용하여 서로 추천하게 만들어 쇼핑을 좀 더 편리하게 만든다. 카부들 리스트는 휴가 계획 공유, 일과 학교를 위한 연구 및 아이디어 공유, 좋아하는 밴드를 친구와 공유하는 등 모든 정보를 수집하고 공유할 수 있다.

소셜 장터와 직거래

소셜 장터(social marketplace)는 제품을 소개하고, 구매하고, 판매하는 소셜 네트워크의 힘을 더욱 강력하게 해주는 온라인 중개 역할을 한다. 소셜 장터는 구성원이 직접 제작한 물품에 대한 마케팅을 가능하게 해준다(그림 8.5). 소셜 장터의 유명한 예는 다음과 같다.

- 크레이그리스트(www.craigslist.com)는 온라인 정보와 분류하여 체계적으로 제공하고 있으며, 미팅과 이벤트를 할 수 있는 소셜 활동도 지원한다.
- 포토리아(www.fotolia.com)는 창의적인 사람들이 모여서 사진, 포럼, 블로그를 통하여 공유하고 배우고 서로 표현을 하는 소셜 장터이다. 구성원들은 상업적으로 판매가 가능한 무료 이미지 등을 제공하여, 다른 사람들이 사고 공유할 수 있게 한다.
- 플리사이(www.flipsy.com)는 책, 음악, 영화, 게임 등을 누구나 사고 팔 수 있는 웹사이트이다.

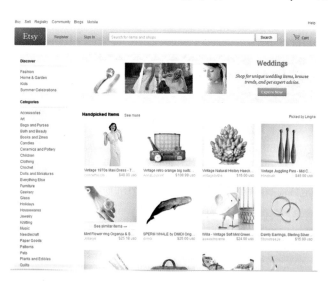

그림 8.5 엣시(www.etsy.com)는 모든 종류의 수제품과 빈티지 제품의 소셜 장터이다.

개인 대 개인 쇼핑 모델

개인 대 개인 쇼핑 모델(peer-to-peer shopping model)은 과거의 시장 장터에서 물물교환 형태의 거래가 온라인으로 변환된 것을 의미한다. 개인은 이 모델을 활용하여 물품을 사고, 팔고, 빌리고, 교환할 수 있다. 예를 들어 많은 웹사이트들이 온라인 공유 기능을 많이 활성화시키고 있다. 스냅굿즈(SnapGoods)는 특정 물품이 단기간 동안 필요로 하는 사람에게 서로 빌려주는 커뮤니티를 만들었다. 스냅굿즈는 이런 사람들이 인터넷을 통해 서로 연계될 수 있도록 도와준다.

이런 사이트들은 **공동 소비**(collaborative consumption), 즉 개인 대 개인 공유와 대여를 권장하고 있다. 사실 이런 현상은 경제가 계속 회복되지 않으면서 가속화되었다. 사람들이 돈을 적게 쓰면서 공유하고 대여하는 데 의지했기 때문이다. 하지만 공동소비는 친환경적인 측면이 있다. 제품을 생산하는 과정은 필요한 천연자원(물, 목재, 광물, 전기)을 고려할 때 지대한 환경적 영향을 미친다. 사람들끼리 제품을 공유하는 것은 모두가 동일한 제품을 사는 것보다 훨씬 자원 효율적이다.

하지만 이런 공동 소비의 가장 큰 장점은 바로 '사회'를 구성한다는 점이다. 현재 우리는 바로 이웃이 누군지도 잘 모른다. 하지만 온라인에서 만든 이방인들과는 물건을 서로 공유하고 있다는 점이다. 이를 통해 의미 있는 사회적 연결을 만들어내는 것이다. 어떤 사람들은 타인과 차를 공유하기도 하고, 자신의 집에 여행자를 공짜로 재우기도 한다. 아래의 사례는 공동 소비의 혜택에 대해 설명하고 있다.

사례 **공동 소비**

경제위기, 환경 문제, 그리고 소셜 컴퓨팅의 발전이 맞물리면서 완전히 새로운 비즈니스의 시대가 열리고 있다. 새로운 사업모델을 채택한 기업들은 자동차, 의류, 의자, 아파트, 도구, 식사, 그리고 심지어 기술의 공유까지도 용이하게 이루어지도록 만든다. 이러한 공유 시장의 기본적인 특성은 우리가 이미 보유하고 있는 물건들로부터 그 가치를 얻는다는 것이다.

공동 소비의 전제는 간단하다. 상품과 기술에 대한 접근성이 그것을 소유하는 것보다 더 중요하다는 사실이다. 공동 소비에는 아래와 같은 세 가지 유형이 있다.

- 물건을 공유하고 빌려오기 용이한 제품 서비스 시스템(예 : 차량 공유 등)
- 어떤 물건이 새로운 주인을 찾을 수 있는 재분배 시장(예 : 크레이그리스트 등)
- 자산과 기술이 공유되는 공동 라이프스타일(예 : 공동작업 공간)

대부분의 사람들에게 두 번째로 비싼 자산인 자동차를 고려해보자. 미국, 캐나다, 서유럽을 통틀어 보통 사람들은 운전하는 시간이 전체 가용 시간의 8%밖에 되지 않는다. 그러므로 자동차란 사실 값어치만큼 충분히 활용되지는 못한다. 2000년에 집카(Zipcar)는 도시 거주자들에게 무료로 자동차를 실제로 소유하는 특권을 누릴 수 있다는 확신을 주기 시작했다.

집카는 회원들에게 시간당 혹은 일별로 청구 가능한 자동차 예약을 제공하는 미국의 회원제 차량공유 회사이다. 회원들은 온라인이나 휴대전화를 통해 어느 때나 예약을 할 수 있다. 회원들은 차에 접근하기 위해서 차 문을 열 수 있는 접근 카드를 사용한다(열쇠는 이미 차 안에 있다). 또한 아이폰과 안드로이드 애플리케이션을 제공해서 회원들이 집카의 위치를 확인하거나 문을 잠글 때 경적을 울리도록 할 수 있다. 집카는 애플리케이션비, 연회비, 예약료를 한 번에 부과한다. 유류비, 주차비, 보험료와 유지비는 가격에 포함되어 있다.

최근 들어서는 집카보다 효율적인 사업모델을 가진 경쟁기업들이 속속 등장하고 있다. 릴레이라이드(http://relayrides.com), 짐라이드(www.zimride.com), 스프라이드(www.spride.com), 겟어라운드(www.getaround.com) 같은 회사들은 차량을 직접 소유하지 않는다. 그들은 개인들이 보유한 차량을 서로 공유하도록 도움을 줄 뿐이다. 예를 들어 어떤 사람이 자신의 차를 릴레이라이드를 통해 다른 누군가에게 빌려주고자 한다면 그 사람은 월간 250달러를 받는다. 또 어떤 사람은 릴레이라이드에서 자동차 한 대 값에 필적하는 돈을 받고 있다. 릴레이라이드는 100만 달러 보험을 들어 놓았기 때문에 빌리는 사람과 빌려주는 사람 모두를 보호할 수 있다. 따라서 리스크가 낮다.

차를 공유하는 것은 환경보호에도 물론 도움이 된다. 사람들이 어딘가로 이동하려 할 때 드는 비용이 고정비용(소유)에서 가변비용(임대)으로 바뀐다면, 실제로 운전을 해야 할 상황에서 보다 효율적인 선택을 할 수 있게 될 것이다. 연구조사 결과, 임대 차량 운전자들은 차량을 직접 소유한 운전자들에 비해 운행거리가 40% 정도 짧다는 사실이 밝혀졌다.

독일의 차량 제조업체인 다임러는 차량 공유라는 주제를 진지하게 받아들이고 있다. 그들의 카투고(www.car2go.com) 서비스는 집카와 비슷한데, 특별히 예약할 필요도 없고 빌린 곳에 차를 다시 반납할 필요가 없다는 점이 다르다. 카투고의 모바일 애플리케이션을 이용하면 거리를 걷는 도중에도 그 근방의 스마트카를 찾을 수 있고, 차량 앞 유리에 부착된 카드 리더와 핀번호를 통해 즉시 이용할 수 있으며, 빌려온 차량으로 어디든 운전해서 갈 수 있고 다른 사람을 위하여 그곳에 차를 남겨둘 수도 있다. 연비가 훌륭한 스마트카는 100와트의 집광판을 설치하여 차량 내 통신 기능과 배터리에 전력을 공급한다.

다임러는 또한 카투게더(www.car2gether.com)란 사이트를 만들어 차량을 소유한 사람들과 빌려 쓰고자 하는 사람들을 중개하고 있다. 차량 임대를 희망하는 사람들은 차량 소유주들에게 요청서를 보내고, 그들 모두의 프로필은 페이스북 및 트위터와 연결된다. 임대 기간이 끝나면 소유주와 임대인은 서로 등급을 매긴다.

차량 공유에 있어 많은 사람들이 우려하는 점은 바로 사람들 간의 신뢰다. 공유라는 것은 평판과 연관되어 있을 때에만 진정한 효과를 발휘한다. 대부분의 공유 체계(sharing platform)는 회원들이 서로를 감시하는 커뮤니티를 만드는 데서 오는 이슈들을 해결하려 노력하고 있다. 거의 모든 공유 체계들이 회원들에게 개인 정보를 요구하는 한편 회원들 간의 상호평가 시스템을 채택하고 있는 모습이다.

트러스트클라우드(http://trustcloud.com) 같은 스타트업들은 휴대 가능한 웹 기반 평가 시스템이 되길 원한다. 이 회사는 회원들의 온라인 데이터 사용(다른 사람들과 어울리며 페이스북, 링크드인, 트위터, 댓글 및 의견들로 가득한 트립어드바이저 같은 사이트 등에 흔적을 남기는 것)을 파악하는 알고리즘(물론 회원의 동의가 있을 때)을 만들어서 각 회원의 신뢰성, 일관성, 반응도를 측정한다. 그 결과로 마치 '오프라인' 세상의 신용등급처럼 취급되는 배지를 부여하여 어느 웹사이트를 가더라도 그 배지로 해당 회원의 신뢰도를 다른 사람들에게 알릴 수 있게 된다.

물론 페이스북은 이미 웹사이트 내 회원들의 데이터 사용 정보를 수집하고 있다. 따라서 페이스북은 잠재적으로 온라인 신뢰성의 결정권자가 될 수 있다.

공동 소비는 기존 기업들에게 잠재적으로 큰 지장을 줄 소지가 있다. 예를 들어 전에는 소비자인 줄 알았던 사람들이 10% 적게 소비하고 10% 많이 공유한다면, 기존 기업들의 수익성은 그 이상으로 악화될 것이기 때문이다.

출처 : D. Brodwin, "The Rise of the Collaborative Consumption Economy," *U.S. News and World Report*, August 9, 2012; D. Sacks, "The Sharing Economy," *Fast Company*, May, 2011; www.collaborativeconsumption.com, www.car2go.com, http://trustcloud.com, accessed March 30, 2013.

질문
1. 차량 공유의 잠재적인 약점은 무엇인가?
2. 공동 소비가 어떻게 기존 기업들의 영업에 지장을 주는지 설명하라.

다음 절로 넘어가기 전에…

1. 잠재적 고객들에게 평가, 리뷰, 추천이 중요한 이유는 무엇인가?
2. 공유 소비를 정의하고 어떻게 공유 소비가 친환경적 현상이 되는지 설명하라.

개념 적용 8.3

학습목표 8.3 소셜 쇼핑에 사용되는 방법들을 알아본다.

1단계 – 배경

이 절은 사회적 쇼핑을 그룹, 리뷰, 회의 같은 소셜 네트워크의 중요한 양상을 나타내고 그것들을 쇼핑에 접목시키는 것이라고 정의한다. 이러한 현상이 새로운 것은 아니다. 사람들은 꽤 오랫

동안 관대한 대화를 통해 사회적 쇼핑을 해 왔다.

오늘날, 대부분의 소비자들이 구매를 하기 전에 다른 소비자가 작성한 리뷰를 읽음으로써 많은 조사를 한다. 그러나 최근에는 이러한 정보의 유용성이 의심을 받고 있다. 사회적 쇼핑에 대해 배웠듯이, 온라인상에서 발생할 수 있는 잠재적 거짓 정보에 대해서 알고 있어야 한다.

2단계 – 활동

http://www.wiley.com/go/rainer/MIS3e/applytheconcept에 들어가서 개념 적용 8.3 링크를 클릭하면 뉴욕 타임스와 덴버 포스트의 기사를 읽을 수 있을 것이다. 이 두 기사는 모두 잘못된 긍정적 평가와 순위에 대한 문제를 다루고 있다.

이 주제에 대해 파트너와 얘기해보고, 그들의 의견을 녹음하라. 제품의 순위를 매기는 것이 타당한 것이 아닐 수도 있다는 사실에 대해 그들은 어떻게 반응했는가? 다음과 같은 질문을 하라.

- 제품을 고를 때 당신은 어떤 별 등급을 이용하는가?
- 당신은 제품에 대한 리뷰를 읽는가? 아니면 단순히 별의 숫자만으로 판단하는가?
- 만약 당신이 리뷰를 읽는다면, 당신은 좋은 리뷰만 읽는가? 혹은 안 좋은 리뷰만 읽는가? 혹은 두 리뷰 모두 섞어서 읽는가?
- 컨슈머 리포트(미국의 상품 정보 잡지)와 같은 제3자인 회사보다 리뷰를 더 믿는가?

3단계 – 과제

당신이 위에서 읽은 것과 당신의 친구들과의 대화를 고려해서, 소셜 쇼핑의 다양한 방법을 구분하라. 또한 각자의 방법에서 신뢰가 어떤 역할을 하는지에 대해서도 논의하라. 당신이 이 절에서 배운 것을 기록할 수 있도록 보고서를 작성하거나 발표를 준비하라.

8.4 상거래에 있어서 소셜 컴퓨팅 : 마케팅

마케팅은 소비자를 위한 가치를 창출하고 그로부터 수익성 있는 고객 관계를 만들어 가는 절차라고 정의할 수 있다. 마케팅 캠페인은 다음과 같은 여러 구성요소를 포함한다—(1) 타깃 고객을 정의한다. (2) 메시지를 수립한다(즉 그들의 문제를 어떻게 해결할지). (3) 메시지를 어떻게 전달할 것인지 결정한다(예 : 이메일, 우편, 웹광고, 소셜 네트워크 등). (4) 후속 조치. 광고와 시장조사는 소셜 컴퓨팅이 가장 유용하게 활용될 수 있는 마케팅 분야다.

광고

소셜 광고(social advertising)는 소셜미디어적인 맥락에서 광고 노출을 활용하는 광고 방식을 뜻한다. 소셜 광고는 동료 집단으로부터 받는 압력, 친구들의 추천과 관심, 그 외 다른 형태로 소셜미디어에 영향을 미칠 수 있는 사용자의 힘을 극대화하기 위한 첫 번째 형태이다.

광고는 소셜 네트워크 사이트 및 소셜커머스 사이트에서 돈을 벌기 위한 도전 과제로 여겨지고 있다. 광고주들은 소셜 네트워크에 얼마나 많은 사람들이 접속하는지, 또 그들이 소셜 네트워크 사이트에서 얼마나 많은 시간을 소비하는지 오랫동안 주목해 왔다. 그 결과 많은 광고주들이 소셜 네트워크에 기꺼이 자사의 광고를 게재하고 홍보행사를 진행하게 되었다. 그들은 현재 주요 소셜 네트워크 사이트에 광고를 내고 있다.

소셜커머스 광고의 대부분은 광고주들의 비용이 투입된 브랜드 콘텐츠(branded contents)

이다. 이 광고는 광고와 소셜 애플리케이션 두 가지로 분류할 수 있다. 소셜 광고는 소셜 네트워크 웹사이트 내 유료로 운영되는 광고자리에 광고를 내는 것을 말하고, 소셜 애플리케이션은 사용자들의 소통과 기여도를 높이기 위하여 개발된 온라인 애플리케이션(나이키 플러스 등)을 뜻한다.

바이럴(구전) 마케팅은 소셜 네트워크에서 특히 효력을 발휘한다. 예를 들어 스톰혹 빈야즈(www.stormhoek.com)는 블로거들에게 와인을 먼저 선물했다. 그 후 6개월 동안 약 100명 정도의 블로거들이 자발적으로 선물받은 와인에 대한 글을 올렸다. 글 대부분이 와인에 대해 긍정적이었고, 이를 해당 블로그의 구독자들과 다른 블로거들이 많이 읽게 되었다.

소셜미디어를 통해 광고할 때 쓸 수 있는 보다 참신한 방법에는 아래와 같은 것들이 있다.

- 온라인 스토어가 포함된 자사 페이스북 페이지를 만들어서 사람들을 끌어들이고 그들이 서로 소통할 수 있게끔 하는 방법
- 트위터에 자사의 성공 스토리를 업로드하는 방법
- 유튜브 비디오에 광고를 넣는 방법
- 2011년, 메르세데스 벤츠는 슈퍼볼 대회가 개최된 텍사스 주 댈러스를 가로지르는 '트윗 레이스' 대회를 주최하였는데, 이 대회에는 4개의 팀이 참가하였다. 각 팀은 연예인 코치의 도움을 받아 트위터 팔로워의 수를 늘려 갔다. 트윗과 리트윗이 늘어날 때, 그리고 경주 중인 벤츠의 사진을 찍어 업로드할 때마다 해당 팀의 점수가 올라간다. 최종 결승선을 끊었을 때 가장 많은 포인트를 얻은 팀이 승리하게 된다.
- 페이스북은 '스폰서 스토리'라는 기능을 신설하였다. 예를 들어 어떤 사용자가 페이스북 친구와 채팅을 하고 있는데 그 친구가 어떤 장소를 '체크인' 하거나 '좋아요'를 눌렀을 때, 그 장소가 스타벅스라고 한다면(물론 스타벅스는 페이스북에 비용을 지불한다) 네모난 박스가 처진 '스폰서 스토리'가 스타벅스의 상표와 함께 표출된다. 게다가 사용자의 뉴스피드에 스타벅스의 상호가 나타난다. 사용자들에게는 이러한 박스광고를 보이지 않게 할 수 있는 옵션이 부여된다.

소셜 광고의 흥미 있는 사례를 찾아보고 싶다면 유튜브를 살펴보면 된다. '비즈니스에서 IT 8.4'를 보면 유튜브가 엄청난 수의 공간을 이용하여 어떻게 광고수익을 내는지 알 수 있다.

비즈니스에서 IT 8.4

유튜브 vs TV

유튜브(YouTube, www.youtube.com)는 점점 커지고 있다. 2013년에 시청자의 수는 50% 정도 늘었고, 이는 매해 전 세계에서 10억 명의 사용자들을 끌어들이는 웹사이트와 같은 엄청난 성장률이다. 유튜브의 시청자들은 매달 60억 시간 정도 유튜브 비디오를 보고 열성적인 팬들은 그들이 가장 좋아하는 비디오를 유튜브에서 매일 본다. 많은 TV 시청자들이 부진해 있는 동안, 유튜브는 시청자들과 직접 소통하기를 원하는 전문 아티스트나 프로듀서들에게 좋은 플랫폼으로 작용해 왔다.

유튜브와 비디오들은 그들의 채널을 '강남 스타일'같은 강력한 유행이나 고양이 비디오들의 마구잡이 집합에서 전문적인 비디오들의 새로운 시대를 열기에 적당한 목적으로 만들었다. 당연히 엄청난 유행을 일으키거나 특이

한 비디오들은 유튜브 채널에 여전히 존재하며 그들은 아직도 전 세계 사람들에게 가장 강력한 재미를 전해주고 있다.

유튜브가 TV를 죽이자는 건 아니지만, 확실히 기존에 존재하던 사람들이 자신들의 취미를 즐기던 방식을 변화시켰다. 닐슨에 의하면 미국인들은 일주일에 TV를 34시간 보는 반면 인터넷에서 동영

상은 1시간 정도 본다. 그러나 젊은 세대는 이와는 많이 다른 방향으로 움직이고 있다. 18~24세의 이 청년들은 일주일에 TV로는 23시간, 온라인으로는 2.5시간 동영상을 시청하고 있다.

만약 비디오의 첫 번째 세대가 적은 채널로 구성된 네트워크 TV였고 두 번째 세대는 수백 개의 채널로 이루어진 케이블이었다면, 세 번째 세대는 틈새 소비자들에게 맞춰진 수만 개의 채널로 구성된 웹사이트이다. 이 세 번째 세대에서 유튜브는 사람들에게 비디오를 전파하는 가장 큰 플랫폼일 뿐 아니라 이 세대를 만들어가는 원동력이기도 하다. 본질적으로 유튜브는 누구나 동영상을 올릴 수 있는 개방적인 공간이다. 또한 유튜브 수익의 절반은 유튜브 채널에서 보여지는 광고로부터 오는 것이다.

구글을 제외한 그 어떤 검색 엔진보다도 더 많은 검색들이 유튜브에서 이루어지고 있다. 동영상을 공유하는 것은 구글이 광고를 전달하기에 적당한 시청자를 잘 찾을 수 있도록 도와주며, 이것은 특히 최근 동영상 시청 횟수가 급증하고 있는 휴대 기기에서 이루어지고 있다.

또한 유튜브는 소비자 행동에 대한 엄청난 데이터를 제공하여 구글로 하여금 그들의 서비스를 잘 조율할 수 있도록 도와준다. 더 나아가 유튜브는 브랜드가 콘텐츠를 만들 수 있도록 하고, 유행을 노리고 있는 많은 업로더들에게 힘을 실어 줌으로써 광고 시장을 더 강화하고 있다.

다른 기술 회사들도 웹 동영상 플랫폼을 개발하고 있다. 아마존(Amazon), 훌루(Hulu), 야후(Yahoo!), 마이크로소프트(Microsoft) 모두 이러한 온라인 엔터테인먼트를 두고 경쟁하고 있다. 게다가 넷플릭스(Netflix)는 House of Cards 같은 고품질의 기존 프로그램을 만드는 데 전념했다. 그러나 새로운 시청자들에게 빠르게 주류로 자리 잡고 있는 웹 콘텐츠용 동영상을 만드는 데 있어서 앞서 언급된 회사 중 그 어떤 회사도 유튜브의 라이벌이 되지 못했다.

유튜브 전문가들은 기존의 TV를 생산자들이 콘텐츠의 문지기 역할을 하는 방송국이나 케이블 네트워크에 그들의 프로그램을 판매하는 도매업자인 반면 유튜브는 완전히 소매업자라고 설명했다. 동영상을 만든 사람들은 기존에 콘텐츠를 배포할 수 있는 권리를 구매하던 중개인보다는 시청자들의 관심을 직접적으로 끌 수 있도록 그들의 비디오를 설계한다. 유튜브와 관련자들은 시청자로부터 즉각적인 피드백을 받고, 이에 기반해 그들의 프로그램에 대한 결정을 한다. 수단으로서 유튜브는 시청자들이 댓글이나 공유하기, 가끔 자신의 비디오를 통해서 유튜브 동영상에 반응할 수 있도록 되어 있는 상호작용에 의한 것이다. 사실 구글 전문가는 유튜브가 '대답해주기'인 반면, TV는 일방향이라고 특징지었다.

2013년 7월 유튜브 채널로서 시작된 젊은 층을 목표로 한 미국의 스케치 코미디 어썸니스TV(Awesomeness TV)를 생각해보자. 어썸니스의 마케팅 팀은 첫해에 1,000만 구독자를 목표로 했다. 사실 어썸니스는 한 달 만에 목표에 도달했다. 2014년 중반 드림웍스 애니메이션이 어썸니스를 3,300만 달러에 구매했다.

구글은 이제 유튜브로부터 매해 36억 달러를 벌어들이고 있고, 이 수익의 대부분은 광고로부터 오는 것이다. 산업 전문가들은 유튜브의 수익이 2014년에 20% 증가할 것이라고 예측한다. 그러나 케이블 방송 중개업자와 통신 회사로부터 지불되는 높은 광고료와 스포츠 이벤트에 대한 광고비용 덕분에 기존의 TV 네트워크 역시 여전히 고수익 상품으로 남아 있는 것을 기억해야 한다.

출처 : A. Taube, "If YouTube Were a TV Channel, Its Revenues Would Terrify Its Broadcast Network Rivals," *Business Insider*, December 13, 2013; M. Helft, "How YouTube Changes Everything," *Fortune*, August 12, 2013; A. Penny, "Why the Battle between YouTube and TV Matters to Brands," *The Guardian*, June 28, 2013; "YouTube: Battle with TV Is Already Over," Associated Press, May 2, 2013; A. Knapp, "Indie Hip-Hop Star Destorm Power on YouTube and the Future of Music," *Forbes*, March 1, 2012; H. Shaughnessy, "YouTube Creators and the Rise of Social Entertainment," *Forbes*, February 21, 2012; A. Knapp, "Meredith Valiando Is Bringing YouTube to Concert Halls," *Forbes*, February 18, 2012; H. Shaughnessy, "Where Is the Big Time Headed? RockStar, Comic, Actor, and the Story of the Social Brand," *Forbes*, February 1, 2012; J. Perez, "YouTube to Boost Original, Professional Programming," *CIO*, October 29, 2011; www.youtube.com, accessed March 22, 2014.

질문

1. 기존 TV와 유튜브가 시청자들에게 온라인 콘텐츠를 제공하는 방식이 어떻게 다른지 차이점을 설명하라.

2. 만약 당신이 기존 TV 네트워크의 경영인을 알고 있다면, 당신은 유튜브와 어떻게 경쟁할 것인가?

시장조사

전통적으로 마케팅 전문가들은 리서치 업체들로부터 수령한 인구통계학적 자료를 이용하여 잠재적 수요자를 식별하고 그들을 표적으로 삼는다. 그 자료를 얻기 위한 과정에는 시간과 비용이 소모되기 때문에 마케팅 전문가들은 잠재적인 소비자들에게 직접 질의해야 하는 것이 과거의 모습이었다. 그러나 요즘에는 소셜 네트워크의 사용자들이 자발적으로 그들의 정보를 웹사이트에 업로드한다(당신이 자주 찾는 소셜 네트워크 사이트에 어떤 정보를 올려놓는지 생각해보라.) 소셜 네트워크의 개방적인 본질로 인하여 판매자들은 쉽게 그들의 수요자를 찾고, 그들이 온라인에서 어떤 일을 하는지 지켜보며, 그들의 친구가 누구인지를 알 수 있다.

이런 정보는 실시간에 가깝게 시장을 바로 평가할 수 있다. 구전 마케팅(word of mouth marketing)은 언제나 가장 강력한 마케팅 전략으로 평가되어 왔다. 사람들은 대개 친구들이 좋아하거나 추천하는 제품을 쓰기 마련이기 때문이다. 소셜미디어 사이트에서는 수많은 제품과 서비스에 대한 데이터를 얻을 수 있다.

소셜 컴퓨팅을 활용하는 회사들은 또한 소비자들의 의견에 귀 기울여야 한다. 이러한 트렌드는 대화형 마케팅(conversational marketing)이라고 불리며 소비자들이 블로그, 위키, 온라인 포럼, 소셜 네트워크 사이트를 통해 회사에 피드백을 줄 수 있는 기반을 마련한다. 그리고 계속해서 소비자들은 자발적으로 다량의 피드백을 무상으로 제공하게 된다.

소셜 컴퓨팅은 기존의 표적표본(focus group)추출법보다 결과물을 빠르고 저렴하게 생산해 낼 뿐만 아니라, 고객과 보다 밀접한 관계를 쌓아 나간다. 예를 들어 델 컴퓨터는 아이디어스톰이라 불리는 피드백 전용 웹사이트를 운영하는데, 그곳에서는 여러 소비자들이 자사 제품에 대해 무언가 제안을 하거나 제품의 개선 사항에 투표를 한다(그림 8.6 참조).

유통업체들은 그러한 소비자들, 특히 젊은 층의 소비자들이 보이는 성향에 대해 눈치채고 있다. 그들은 회사에서 자신들의 목소리를 들어 주길 바라며, 다른 사람들이 자신의 의견에 동의하는지 알고 싶어 하는 특성이 있다. 따라서 유통업체들은 소비자들에게 자사의 웹사이트를 개방하여 소비자들로 하여금 제품 리뷰, 평가, 사진 및 비디오를 업로드할 수 있도록 허용하고 있다.

그 결과 다른 사용자들의 제품 리뷰는 온라인으로 물건을 구입하려는 사람들의 최우선 검색 자료가 될 수 있었다. 대략 절반 정도의 소비자들이 온라인 구매를 하기 전 제품 리뷰를 살펴보고 있으며, 2/3에 가까운 소비자들이 제품에 대한 평가와 리뷰를 제공하는 사이트에서 물품을 구매하고 있다.

소셜 컴퓨팅 분야를 시장조사에 활용하는 것은 비단 사업도구만을 말하는 것이 아니다. 소비자들은 온라인 쇼핑을 할 때 소셜 컴퓨팅이 보여주는 갖가지 혜택을 누리고 있다.

소셜 네트워크를 이용한 시장조사 수행하기

트위터나 페이스북 같은 웹 공간에서 발견할 수 있는 소비자들의 감성적인 측면은 기업들에게 있어 엄청난 가치를 지닌 정보의 원천이라 할 수 있다. 소셜 네트워크 사이트에서 이루어지는 소비자들의 다양한 활동으로 인하여 거대한 규모의 데이터가 생성되는데, 이는 경영진이 보다 나은 마케팅 전략과 제품 디자인 작업을 수행하고 또한 양질의 서비스를 제공하기 위해 분석해야 하는 대상이 된다. 소셜미디어로부터 나오는 데이터를 감시, 수집, 분석하여 전략적인 의사결정을 내리는 이 모든 절차를 통합하는 것을 **소셜 인텔리전스**(social intelligence)라고 부른다.

예를 들어 웬디스 인터내셔널(www.wendys.com)은 매년 모아지는 50만 건 이상의 고객 메시지를 걸러내는 소프트웨어를 사용하고 있다. 클라라브리지(www.clarabridge.com)의 문장 분석 소프트웨어(text analytics software)를 사용하고 있는 웬디스는 온라인 홈페이지의 글과 이메일, 영수증을 통한 설문조사, 그리고 소셜미디어에 달려 있는 댓글을 분석한다. 이 소프트웨어를 사용하기 전에 이 회사는 스프레드시트와 키워드 검색을 조합하여 댓글을 살펴보았는데, 이 방법은 느리고 고비용에 수동적인 접근 방법이었다. 그러나 최신 소프트웨어는 웬디스가 소비자들의 경험을 채 몇 분도 지나지 않은 시간에 마치 매장에서 그들을

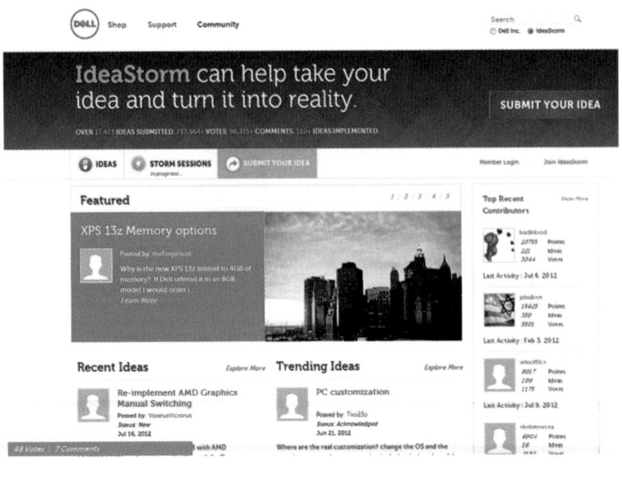

그림 8.6 델 컴퓨터는 아이디어스톰을 통해 소비자들과 아이디어 및 피드백을 주고받는다(www.ideastorm.com).

접대하는 것과 마찬가지 수준으로 추적할 수 있게 해주었다.

소셜 네트워크는 시장조사에 있어 매우 귀중한 정보의 원천이 되는 훌륭한 수단이다. 시장조사를 수행하기 위하여 페이스북, 트위터, 링크드인을 어떻게 활용할 수 있는지는 아래의 본문을 참조하라.

시장조사를 위한 페이스북 활용 페이스북을 시장조사에 이용하는 방법에는 다음과 같은 것들이 있다.

- 광고나 시장조사를 수행할 때 페이스북 친구들(가능하다면 친구의 친구들)로부터 피드백을 얻어라. 그들은 마치 무료로 표적표본을 얻는 것과 같은 효과를 준다.
- 사람들에게 메시지를 주어 제품의 시장성을 검정하라. 두세 가지 정도의 옵션을 주고 고객들이 직접 선택하게 만들고 그 이유를 들어라.
- 설문조사 결과(희망 참여자를 모집하기 위하여)를 얻기 위해 페이스북을 이용하라. 페이스북을 하나의 거대한 판으로 바꾸어 사용자들에게 설문조사 참여를 위해 모일 것을 부탁하라. 페이스북은 기업들에게 표시 광고를 위한 셀프 서비스 모델을 제시하고, 소비자들은 그 광고를 통해 설문조사에 접속할 수 있다. 또한 페이스북을 이용하면 기존의 인구통계학적인 요소(나이, 성별 등)를 이용하여 특수한 표적 집단을 만들 수 있다.

시장조사를 위한 트위터 활용 회사의 고객과 잠재고객, 그리고 산업을 선도하는 리더 모두가 트위터를 쓰고 있다. 트위터라는 풍부한 자원을 통해 즉각적인 데이터 업데이트가 가능하게 된다. 아래의 예시를 살펴보자.

- 트위터 서치(www.twitter.com/search)를 방문하여 어떤 회사의 이름을 입력하라. 당신은 그 회사가 하는 말을 팔로우할 수도 있고 다른 사람들이 그 회사에 대해 하는 말을 팔로우할 수도 있다. Monitoring@은 당신의 경쟁사들에게 답장을 줄 것이며 경쟁사의 직원들은 (a) 그들이 무엇을 하고 있는지, 그리고 더욱 중요한 (b) 그들이 그것에 대하여 어떻게 생각하는지를 알려줌으로써 당신이 자신만의 트위터 전략을 세울 수 있도록 도울 것이다. 물론 그 회사의 반응도 볼 수 있다.
- 소속 산업 내에서 사람을 찾을 수 있는 도구를 활용하라. 해당 산업에 특정된 키워드를 찾기 위하여 search.twitter.com을 이용하라. 각 회원들의 과거 기록과 트위터를 기반으로 하여 자동적으로 트위터 사용자들을 1~3가지로 분류하는 트웰로우(www.twellow.com)를 사용하라.
- 사람들 사이에서 오늘 하루 동안 가장 많이 화제가 된 것이 무엇인지 알고 싶은가? 트위트스태츠(www.tweetstats.com)의 차트를 살펴보면 마치 사람들의 생생한 대화에 끼어든 것처럼 가장 자주 사용된 단어가 무엇인지 알 수 있다.
- 트위터를 이용하여 고객들에게서 정보를 갈구하고 그들과 소통하려는 기업들이 점점 늘어나고 있다. 델(고객과의 소통), 제트블루(고객에 대한 연구), 테우스너 와인(피드백 수집, 정보 공유), 그리고 펩시(고객불만의 빠른 접수 및 처리)가 그 예시다.

시장조사를 위한 링크드인 활용 관심 있는 화제나 이슈에 대한 질문을 올릴 때 특정한 링크드인 그룹에 가면 더 나은 결과를 얻을 수 있다.

— 다음 절로 넘어가기 전에… —

1. 소셜 광고가 소셜이라는 요소 없이 광고하는 것보다 더 효과적인가?
2. 마케팅 전문가들이 어떻게 소셜 네트워크를 활용해서 마케팅 조사를 수행하는지 설명하라.

개념 적용 8.4

학습목표 8.4 광고와 시장조사를 하는 데 있어 소셜 네트워크를 혁신적으로 사용할 수 있는 방법에 대해 논의해본다.

1단계 – 배경

이 절은 몇몇 회사가 경쟁우위를 얻기 위해 광고를 어떻게 이용하는지를 중점적으로 살펴보았다. 이 기업들은 고객들로 하여금 소셜 네트워크에서 제품 정보를 공유하고 구매권을 가질 수 있도록 하였다. 아마 당신은 소셜 네트워크에서 제품에 대한 정보를 5명의 친구와 공유하라는 메시지를 받은 적이 있을 것이다. 이러한 형태의 소셜커머스는 우리 생활의 일부이다. 그렇다면 이렇게 입으로 전달되는 마케팅으로 얼마나 많은 사람들에게 그 효과가 전달될 수 있을까?

예를 들어 처음 그룹이 100명의 사람들로 구성되어 있고 그 사람들 각자는 3명의 사람과 한 해 메시지에 대해 공유하고 있을 때, 당신은 처음 그룹으로부터 세 번째 단계에서 말을 전달받은 사람이 얼마나 많은지 알고 싶다고 가정하자. 이때, 각 개인은 서로 다른 3명과 정보를 공유한다고 하자.

아래의 표는 각 개인이 두 사람과만 정보를 공유한다는 가정하에 만든 것이다. (세 사람과 공유할 때도 적용 가능하다.) 이 과정은 각 구성원이 세 사람과 정보를 공유할 때 정보가 도달되는 사람의 최종적 수를 알기 쉽게 해줄 것이다.

레벨 1은 최초의 100명이다. 레벨 2는 최초의 100명에 의해 2배가 된 사람들이다. 이 단계에서는 200명의 사람들에 도달한 것과 같다. 또 이 200명의 그룹은 다른 2명과 더 공유하게 되고, 그 결과 레벨 3의 400명에 도달하게 된다. 계속해서, 레벨 4는 800명에 달할 것이다. 이들의 합인 1,500명이 이 정보를 받게 되는 모든 사람의 최종적 수가 될 것이다.

레벨	100명이 각자 2명과 공유할 때	100명이 각자 3명과 공유할 때	200명이 각자 2명과 공유할 때
1	100	100	200
2	200 (100 × 2 = 200)		
3	400 (200 × 2 = 400)		
4	800 (400 × 2 = 800)		
전체	1500 (800 + 400 + 200 + 100)		

2단계 – 활동

이 표를 5단계까지 확장하면 소셜커머스가 잠재 고객에게까지 얼마나 빨리 정보를 전달할 수 있는지 알 수 있다. 표에서 나타난 대로 당신의 표에도 설명을 적어라.

3단계 – 과제

소셜 네트워크를 활용하는 것이 사람에 의해 퍼져 나가는 커뮤니케이션을 통해 얼마나 많은 사람들에게 도달하는지 알았다면, 이러한 소셜커머스의 힘을 잘 활용할 수 있는 혁신적인 방법에 대해 적어라. 특히 이런 방식이 어떻게 광고와 시장조사에 있어 어떻게 활용될 수 있는지 구체적으로 적고 교수에게 제출하라.

8.5 상거래에 있어서 소셜 컴퓨팅 : 고객 관계 관리

고객 서비스는 고객 서비스 담당자가 운영을 하는 방식과 고객이 새로운 인터넷 환경에서 회사와 소통하는 방식에 있어서 그동안 많은 변화와 시행착오를 겪어 왔다. 소셜 컴퓨팅은 회사에 대한 고객의 기대치와 회사가 수행할 수 있는 고객 관계 관리 역량에 있어서 큰 변화를 가져왔다. (고객 관계 관리에 대한 자세한 내용은 제12장에서 다룬다.)

어떻게 소셜 컴퓨팅이 고객 서비스를 발전시켰는가

고객은 현재 큰 권력을 가지고 있다. 기업들은 소셜 컴퓨팅을 꼼꼼히 모니터링하고 있다. 먼저 소셜 네트워크 멤버로부터 발생하는 부정적인 의견을 염두에 두고 있기 때문이며, 또한 고객들에게 보다 더 능동적으로 대처하여 고객 서비스를 발전시킬 수 있는 기회를 잡을 수 있기 때문이다.

요즘 고객들은 이런 군중의 힘과 온라인 커뮤니티를 어떻게 자신들에게 유리하게 활용할 수 있는지 잘 알고 있다. 이런 고객들은 어떻게 회사와 교류하고 소통할 것인지 잘 알고 있으며, 이를 통해 자신들의 기대치를 높인다. 이런 고객들은 단순 구매자가 아닌 참여자로서 기업 활동에 적극적으로 개입하기도 하며, 기업 활동에 지지도 하고 영향을 주기도 한다. 따라서 기업은 반드시 고객들에게 빠르고 정확하게 응답해야만 한다. 다행히 소셜 컴퓨팅은 회사에게 이렇게 빠른 대응을 할 수 있는 많은 기회를 제공한다. 이를 통해 기업들은 불만족한 고객들을 자사의 충성 고객으로 전환시킬 수도 있다.

이 사례에 주목해보자. 파파존스피자(Papa John's Pizza)는 뉴욕점 중 한 곳의 계산원을 해고하고 아시아계 미국인 고객에게 '찢어진 눈을 가진 여성(lady chinky eyes)'이라고 묘사한 영수증에 대해 사과했다. 비영리 탐사 저널리즘 그룹 프로퍼블리카(ProPublica)의 커뮤니케이션 관리자인 조민희(Minhee Cho)는 그녀의 트위터 계정에 영수증 사진을 게시했고 하루 만에 20만 명에 가까운 조회수를 기록했다. 파파존스의 회장이자 CEO인 슈내터(John Schnatter)는 즉각 페이스에 사과문을 올렸다. 그는 사과문에서 조민희 양에게 개인적으로도 사과를 했다고 주장했다.

> **다음 절로 넘어가기 전에…**
>
> 1. 왜 소셜 컴퓨팅이 고객 관계 관리에서 그토록 중요한지 이야기해보라.
> 2. 어떻게 소셜 컴퓨팅이 고객 서비스를 향상시켰는지 설명해보라.

개념 적용 8.5

학습목표 8.5 소셜 컴퓨팅이 고객 서비스를 어떻게 향상시켰는지 논의해본다.

1단계 – 배경

사회적 소비자 관계 관리는 고객의 로열티(충성도)를 유지하기 위해 소셜 네트워크를 활용한다. 재그(ZAGG : Zealous About Great Gadgets)는 이러한 전략을 잘 활용하는 회사 중 하나이다. 재그는 스마트폰이나 태블릿 PC 같은 휴대기기의 액세서리를 만들고 파는 회사이다. 더 나은 판매를 위해, 회사는 최고의 사회적 고객 관계 관리를 시행해 왔다.

재그가 새로운 상품을 개발하면, 회사는 소셜 네트워크 페이지에 그에 대한 정보를 게시할 뿐 아니라 그 과정에 소비자들을 참여시킨다. 예를 들면 아이패드용 재그폴리오가 출시됐을 때, 재그는 소비자로 하여금 이 신상품의 색을 투표로 고를 수 있도록 했다.

또한 재그는 상품과 관련된 이슈에 대한 소셜 네트워크를 관찰하는 데도 매우 뛰어났다. 재그의 소비자들로부터 불평을 듣는 것보다 직원들로부터 피드백을 받는 것이 더 빈번히 일어난다. 재그는 개별 소비자를 보유하고 있을 뿐 아니라, 자신들이 동등한 대우를 받을 것이라는 확신이 있는 모든 고객들의 신뢰를 받고 있으며 그 신뢰를 더 키우고 있다.

2단계 – 활동

http://www.wiley.com/go/rainer/MIS3e/applytheconcept에 들어가 재그의 웹사이트 링크를 클릭하면, 페이지의 아래에서 재그의 소셜 네트워크의 모든 링크들을 발견할 수 있을 것이다. 그들의 페이스북 페이지를 방문해서 타임라인을 보라. 고객들의 불만을 찾아보고 회사가 그 사항들을 어떻게 해결했는지 보라. 혹시 이 페이지에서 고객 대표가 온라인 상태인 것을 보았는가? 이 페이지가 투표나 증정품 제공과 같은 다른 어떤 경쟁을 제공하는가? 당신은 재그가 하고 있는 사회적 고객 관계 관리를 다시 설계해 제대로 수행할 수 있겠는가?

3단계 – 과제

당신이 마케팅 관리자이고, 소셜 컴퓨팅이 고객 서비스를 발전시키는 방법에 대한 보고서를 최고경영자에게 발표하는 임무를 맡았다고 상상해보라. 당신이 전달하고자 하는 바를 잘 전달할 수 있도록 개요를 작성하고 강의실에서 발표하라.

8.6 상거래에 있어서 소셜 컴퓨팅 : 인사 관리

많은 조직의 인사 관리 부서는 소셜 컴퓨팅 애플리케이션을 채용과 교육에서 활용하고 있다. 예를 들어 딜로이트는 소셜 네트워크를 통해 인사조직 관리자가 팀을 축소하고 재편할 수 있도록 한다.

채용

구직자나 구인자 모두 온라인 소셜 네트워크라는 새로운 플랫폼을 활용하여 채용과 취업을 하고 있다. 기업 채용자들은 온라인 소셜 네트워크, 블로그 등을 검색하여 필요한 인재를 찾아낸다. 즉 만일 구직자가 온라인에서 활동하고 있다면, 기업 채용자들에 의해 검색되고 발견될 수 있는 좋은 기회가 될 수 있다. 게다가 온라인 소셜 네트워크에는 이미 취업을 했으나 더 나은 직장을 찾고자 하는 수동적이고 잠재적인 수많은 구직자가 존재한다. 따라서, 활동적인 구직자든 수동적인 구직자든 상관없이, 자신의 프로필을 관리하고 업데이트하는 것이 점차 중요해지고 있다. 마무리 사례 1에서는 온라인 채용 프로세스의 어려움에 대해 살펴볼 것이고, 또한 개인이 어떻게 소셜 네트워크를 통해 직장을 구할 수 있는지에 대한 팁을 제공할 것이다.

또 다른 사례로, 어떤 인사 책임자는 동시에 8개의 다른 소셜 네트워크에 포스트할 수 있는 인사 소셜미디어 관리 소프트웨어인 불혼리치(Bullhorn Reach, www.bullhornreach.com)를 사용한다. 불혼리치는 그녀의 소셜 채용 활동 노력이 얼마나 효과적이었는지를 측정하기 위한 지표들을 분석할 수 있도록 한다.

직원 개발

인사 관리자들은 직원 개발을 가능하게 하고, 독려하고, 촉진하는 최선의 전략이 직원들과 관계를 형성하는 것임을 안다. 이것을 위하여 다수의 인사 전문가들은 모든 직원들의 지혜에 다가가기 위해 채터(Chatter, www.salesforce.com/chatter), 야머(Yammer, www.yammer.com), 티버(Tibbr, www.tibbr.com)과 같은 기업형 소셜 도구를 사용하고 있다. 이 도구들은 조직을 가로질러 효율적으로 일을 하도록 하거나 매출 기회, 캠페인, 프로젝트들에 협력할 수 있도록 직원들이 연결되게 돕는다. 이 도구들은 회사가 작업흐름을 간소화하게 하고 새로운 아이디어를 발견할 수 있도록 돕는다. 이 도구들은 인사 관리자가 조직 내에서 주제 관련 전문가를 찾을 수 있도록 돕고, 모든 프로젝트팀, 판매팀이나 기타 팀들에게 관련된 사람들을 추천한다.

인사 관리자들이 직원들의 능력이나 전문성, 열정들을 이러한 도구들을 통해 알게 되면서, 직원들에게 더 잘 동기부여를 할 수 있고, 따라서 그들의 일에 더 헌신적이고 흥이 날 수 있도록 돕는다. 그러면 직원들은 그들의 전문성에 대한 더 나은 보상을 받을 수 있다.

직원 개발의 또 다른 분야는 훈련이다. 직원 교육과 학습 관리에 사용되는 시간과 비용의 대부분은 e-러닝과 인터랙티브 소셜 학습 도구들을 활용하면서 최소화할 수 있다. 이 도구들은 학습자와 강사, 그리고 정보가 잘 연결될 수 있도록 돕는다. 기업들은 이러한 도구들이 부서 내부나 팀들 간 지식이전을 용이하게 함을 발견했다. 이러한 도구의 예로는 무들(Moodle, http://moodle.com), 주미아(Joomia, www.joomia.org), 블룸파이어(Bloomfire, www.bloomfire. com)이 있다.

다음 절로 넘어가기 전에…

1. 왜 링크드인이 채용 절차에서 그토록 중요해졌는지 설명해보라.

2. 구직 중이라면, 당신이 소셜 네트워크에서만 검색할 경우의 문제는 무엇인가?

개념 적용 8.6

학습목표 8.6 인적자원관리자가 소셜 컴퓨팅을 활용하는 여러 가지 방법을 논의해본다.

1단계 – 배경

사회적 인적자원관리는 우리가 조사하고, 그것을 일에 적용하고, 직원 고용 시 하게 되는 선택들을 다시 정의 내린다. 디지털화되는 것은 매우 자연스러운 것이지만, 매우 어색한 것이기도 하다. 직책 공고가 공개 게시판이나 몬스터 닷컴(Monster.com)의 지역 신문에서 이루어진다면, 직책에 대한 지원자는 폭발적으로 많아질 것이다. 우리는 현대 사회에서 서로 연결되어 있으며, 오프라인으로만 연결되는 과거로 돌아가는 것은 불가능하다. 당신은 대학교를 졸업하고 나서 틀림없이 소셜 네트워크를 활용하여 직업을 찾고 지원하게 될 것이다.

2단계 – 활동

http://www.wiley.com/go/rainer/MIS3e/applytheconcept에서 개념 적용 8.6의 첫 번째 링크를 클릭하면 소셜 네트워크를 전문으로 하는 링크드인(LinkedIn)에 관한 글을 볼 수 있을 것이다. 당신의 학교를 포함한 정보가 작성된 포트폴리오를 개설하라. 당신의 친구들도 포트폴리오를 작성했다면 친구와 계정을 연결하라(페이스북의 친구 맺기처럼). 이들 중 누구의 도움이 필요할지 당신은 모를 것이다.

그다음, 인터넷에서 '채용 정보 웹사이트'를 검색해보라. 그리고 어떤 웹사이트가 당신의 링크드인 프로필과 연동되는지 확인하라. 이렇게 전문적인 웹사이트들과 연동되는 것처럼, 개인적인 소셜 네트워크와 전문적인 소셜 네트워크 간의 차이점을 고려해보라.

3단계 – 과제

인적자원관리자가 소셜 컴퓨팅을 활용하는 다양한 방식과 당신 스스로를 온라인에서 가장 잘 표현할 수 있는 방법에 대해 토의하고 글로 작성하라. 교수에게 이 글을 제출하라.

나를 위한 IT는 무엇인가?

회계 감사팀은 복수의 프로젝트에서 일하고 있는 팀 구성원들과 연락하기 위해 내부적으로 소셜 네트워크 기술을 사용한다. 이러한 정보기술들은 공통된 의사소통 채널을 제공한다. 예를 들어 회계 감사팀 매니저가 팀 구성원들을 구독자로 지정하여 어떤 그룹을 만든 뒤 프로젝트에 관한 정보를 모든 사람들에게 한 번에 제공할 수 있다. 외부적으로 이러한 기술은 고객 또는 제3자와 접촉하는 기업 및 기업 내 서비스 제공자들에게 유용하다.

FIN 재무 전공자

이름이 알려져 있는 소셜 네트워크 사이트 대부분에는 재무 지향 서브그룹에 가입한 사용자가 많다. 그 그룹 내에는 정보를 공유하고 협력하는 재무 전문가들뿐만 아니라 재무 전문가가 아닌 잠재적 고객들도 있다.

MKT 마케팅 전공자

소셜 컴퓨팅 도구들과 애플리케이션은 마케팅 전문가가 블로그, 위키, 순위표 및 추천 등 다양한 방법으로 그들의 고객에게 가까이 다가갈 수 있게 해준다. 마케팅 전문가들은 지금 거의 실시간으로 제품에 대한 피드백을 받는다.

POM 생산/운영 관리 전공자

소셜 컴퓨팅 도구들과 애플리케이션은 생산 관리 직원들이 생산 개발 활동을 수행하면서 사업 파트너와 고객들에게 협조를 요청할 수 있도록 도움을 준다.

HRM 인적자원관리 전공자

소셜 네트워크는 인사 전문가에게 엄청난 혜택을 제공한다. 인사 담당자는 링크드인과 같은 사이트 접근을 통해서 다양한 방법으로 채용할 수 있다. 또한 다수의 소셜 네트워크 사이트에 접근하여 향후 채용 가능한 사람들에 대해 조사할 수 있다. 내부적으로 인사 담당자는 직원의 전문 지식과 경험을 위한 조직 내 소셜 네트워크를 활용하여 어떤 직무 또는 프로젝트 팀에 적합한 사람을 찾을 수 있다.

MIS 경영정보시스템 전공자

경영정보시스템 부서는 두 가지 측면에서 웹 2.0의 사용에 책임이 있다—(1) 출근하여 업무를 하는 동안 직원들의 웹 2.0 애플리케이션 사용 시간, 사용하는 콘텐츠를 모니터링한다. (2) 회사 직원들을 위해 내부적으로 활용할 수 있는 소셜 네트워크를 개발하고 그 콘텐츠를 모니터링해야 한다.

요약

1. 여섯 가지 웹 2.0 도구와 웹 2.0 사이트의 두 가지 주요 형태를 논의한다.

에이잭스는 전체 웹페이지가 아닌 일부분두 데이터를 새 것으로 전환할 수 있게 해주는 웹 개발 기술이다.

정보의 조각조각(예 : 블로그, 사진, 기사, 또는 비디오 클립)을 나타내는 태그라는 단어가 키워드이다.

RSS는 사용자가 원하는 정보를 그 사용자가 원할 때 웹사이트를 구석구석 다닐 필요 없이 얻을 수 있게 해준다.

웹로그, 줄여서 블로그는 대중에게 열려 있는 개인적

인 웹사이트를 뜻하는데, 그곳에서는 사이트의 개설자가 그들의 감정이나 의견을 표현하고 그것을 마치 연대기처럼 기록한다.

마이크로블로깅은 유저들이 짧은 메시지를 쓰도록(혹은 이미지 캡처하거나 비디오를 삽입할 수 있도록) 하는 블로깅의 한 형태이다.

위키는 누구든지 자료를 올릴 수 있고 올려진 자료를 수정할 수 있는 웹사이트이다. 위키는 사람들이 쉽게 상호 협력하고 인터넷 사용자들의 지성을 하나로 합칠 수 있는 환경을 조성한다.

소셜 네트워크 웹사이트는 사용자들이 그들만의 콘텐츠를 텍스트(예 : 블로그), 음성(예 : 팟캐스트), 사진, 그리고 비디오(예 : 비디오캐스트)의 형태로 웹에 업로드할 수 있는 기능을 제공한다.

매시업(Mashup)은 여러 웹사이트의 다양한 콘텐츠를 섞어 새로운 형태의 콘텐츠로 만들 수 있는 웹사이트다.

2. 소셜커머스가 회사에게 가져다줄 수 있는 이점과 문제점을 논의해본다.

소셜커머스는 전자상거래 활동을 소셜 컴퓨팅에 접목시킨 개념이다.

소셜커머스가 소비자에게 주는 혜택에는 소비자의 불만을 판매자가 빠르게 파악할 수 있다는 점, 소비자들 간의 상호 협력이 가능하다는 점, 소비자의 기대가 빠르고 충분히 충족될 수 있다는 점, 소비자들이 소셜 네트워크 페이지를 보는 동안 제품을 검색하고 연결하며 의견을 나누고 구입하는 것이 가능하다는 점이 있다.

소셜커머스가 판매자에게 주는 혜택에는 새로운 상품과 아이디어를 신속하며 낮은 비용에 시험해볼 수 있는 점, 소비자에 대하여 많은 지식을 쌓을 수 있다는 점, 문제를 빨리 파악하여 소비자 불만을 완화할 수 있는 점, 신속한 피드백을 통하여 소비자들의 경험으로부터 많은 것을 배울 수 있다는 점, 소비자들이 소셜 네트워크상에서 판매상품에 대해 긍정적인 반응을 보였을 때 그만큼 매상이 올라갈 수 있다는 점, 브랜드 인지도를 높이고 효과적인 마케팅 전략을 짤 수 있다는 점, 저렴한 가격으로 사용자가 제작한 콘텐츠를 마케팅 전략 등에 이용할 수 있다는 점, 바이럴 마케팅을 통해 특별한 비용 없이 광고가 가능하다는 점, 단골 고객을 확보하고 그들에게 포상을 할 수 있다는 점이 있다.

소셜 컴퓨팅의 리스크에는 정보 보안 문제, 프라이버시 침해, 지적재산권과 저작권 위배, 직원들의 반감, 개인 정보 및 회사 전략의 누출, 사용자가 만든 콘텐츠의 저품질 문제, 사이버 스토킹이나 직장 내 괴롭힘 문제 등이 있다.

3. 소셜 쇼핑에 사용되는 방법들을 알아본다.

소셜 쇼핑은 전자상거래의 한 방법인데, 소셜 네트워크의 주요 특성을 모두 따왔다. 친구하기, 그룹, 투표, 댓글, 토론, 리뷰 등 소셜 네트워크의 특성을 지니고 있으며 이것이 쇼핑으로 이어질 수 있도록 유도한다.

소셜 쇼핑을 하기 위한 방법에는 다른 소비자들이 하는 이야기를 듣는 것, 그룹 쇼핑, 커뮤니티나 클럽에서 쇼핑하는 것, 소셜 네트워크와 연동된 소셜 장터, p2p(peer-to-peer) 쇼핑이 있다.

4. 광고와 시장조사를 하는 데 있어 소셜 네트워크를 혁신적으로 사용할 수 있는 방법에 대해 논의해본다.

소셜 광고는 소셜 네트워크 사용자가 광고를 볼 수 있게 만드는 광고 방식을 뜻한다.

소셜미디어 광고의 혁신적인 방법에는 페이스북에 회사 페이지를 만드는 방법, 소비자들에게 사업 성공에 대한 이야기를 들려주는 방법, 유튜브 동영상에 광고를 넣는 방법, 자사 상품과 관련된 여러 가지 이야기에 '좋아요' 버튼을 추가하는 방법이 있다.

> 시장조사에 페이스북을 이용하면 광고 활동과 시장조사에 대해 페이스북 친구들(또한 친구의 친구들)로부터 피드백을 얻을 수 있고, 시장의 반응을 시험해볼 수도 있으며, 설문조사 페이지로 유도할 수도 있다.

> 시장조사에 트위터를 이용하면 트위터 검색을 사용할 수 있고 트웰로우를 쓸 수도 있으며 트위트스태츠에서 차트를 볼 수도 있다.

> 시장조사에 링크드인을 이용하면 관심 있는 주제나 이슈에 대한 질문을 올릴 수 있다.

5. 소셜 컴퓨팅이 고객 서비스를 어떻게 향상시켰는지 논의해본다.

최근 들어 소비자들의 힘이 막강해지고 있다. 기업들은 소셜 네트워크에서 발생하는 부정적인 소문이나 의견들을 체크하고 고객 서비스에서 발생하는 문제를 줄이는 과정에 소비자들을 참여시키는 것을 염두에 두고 있기 때문에 그 결과로 소셜 컴퓨팅을 항상 예의주시하고 있다.

　힘이 생긴 소비자들은 그들의 이익을 위하여 군중의 지혜와 힘을 어떻게 이용해야 하는지 알고 있다. 이런 소비자들은 기업들과 소통하는 것을 선택하여 그들의 기대감을 높인다. 또한 이들은 단순한 구매자에서 벗어나 지원하고 영향을 미치는 사람으로서 비즈니스에 직접 참여하고 적극적으로 연관되어 있다. 그 결과로 기업들은 소비자들에게 빠르고 정확하게 답변을 주어야 하는 상황에 놓였다. 다행히도 소셜 컴퓨팅은 기업들에게 불만 가득한 소비자들을 옹호자로 바꿀 수 있는 기회를 제공함으로써 소비자들에게 빠르고 정확한 답변을 줄 수 있다.

6. 인적자원관리자가 소셜 컴퓨팅을 활용하는 여러 가지 방법을 논의해본다.

> 채용 부문 : 채용 담당자와 구직자들 모두 새로운 구인구직의 한 방법으로 여겨지는 소셜 네트워크로 이동하고 있다. 기업의 채용 담당자들은 온라인 소셜 네트워크, 블로그, 또는 다른 종류의 소셜미디어를 검색하여 잠재적으로 채용할 가능성이 있는 사람들에 대한 정보를 얻는다. 만약 구직자들이 온라인에 친숙하고 적극적이라면, 채용 담당자들의 눈에 띌 수 있는 좋은 기회가 된다. 덧붙여, 소셜 네트워크에는 이미 직장을 갖고 있지만 더 좋은 직장이 있으면 이직하고자 하는, 일종의 소극적인 구직자들도 있다. 그리하여 적극적인 사람들과 소극적인 사람들이 온라인상에서 그들에게 많은 영향을 끼치는 온라인 프로필을 계속 유지하는 것이 중요하다고 볼 수 있다.

> 교육 부문 : 인사 담당자들은 직원들과 관계를 형성하기 위해 소셜미디어를 활용하고 있다. 인사 담당자가 직원들에 대해 알면 알수록, 직원들이 자신의 업물에 더욱 관여하고 기대하게 만드는 데 도움이 될 수 있다.

>>> 용어 해설

공동 소비 사용자 간 공유 또는 빌려주거나 받는 것

마이크로블로깅 사용자들이 짧은 메시지(사진이나 비디오를 넣을 수도 있다)를 작성하여 게재할 수 있는 형태의 블로깅

매시업 다수의 웹사이트로부터 다양한 정보를 취하고 그것들을 혼합해 새로운 형태의 콘텐츠로 만들어내는 웹사이트

블로그(웹로그) 대중에게 오픈된 개인적인 웹사이트며 사이트 주인이 그들이 매일 느끼는 감정을 연대기 형태로 표현하는 곳

블로그스피어 웹에 있는 수백만 개의 블로그를 지칭

사회적 자본 한 개인이 소셜 네트워크 속에서 또는 소셜 네트워크들 사이에서 관계를 갖고 있는 사람들 또는 기관, 단체들의 총칭

소셜 광고 사용자가 광고에 노출되는 방식에 사회적인 성질을 접목한 광고 방식

소셜 그래프 소셜 네트워크의 한 구성원에 관련된 모든 링크 또는 인간관계를 지도로 나타낸 것

소셜 네트워크 개인, 그룹 또는 조직과 관계된 가치, 비전, 아이디어, 금융거래, 우정, 연대, 갈등, 거래 등

소셜 네트워킹 블로깅과 같은 소셜 소프트웨어 도구들 또는 미디어 공유와 같은 소셜 네트워킹 기능들을 사용하는 것

소셜 쇼핑 친구, 그룹, 투표, 의견, 토론, 리뷰 등과 같은 소셜 네트워크의 모든 중요한 면을 갖추고 그들을 쇼핑에 집중하게 만드는 전자상거래의 방법

소셜 인텔리전스 소셜 네트워크 등에서 발생한 데이터를 모니터하고 수집하고 분석하며, 그 결과로 전략적인 의사결정을 내리는 것

소셜 장터 제품과 서비스를 소개하고 매매하기 위해 소셜 네트워크를 이용하는 온라인 중개인과 같은 역할을 한다.

소셜커머스 소셜 컴퓨팅을 통한 전자상거래 활동 및 거래

소셜 컴퓨팅 사람들이 다른 사람들과 함께 사회를 이루어 그 속에서 각각 행동하는 양식과 정보 시스템을 결합하여 가치를 창출하는 정보 기술의 한 가지 형태

에이잭스 정보 업데이트를 위해 웹페이지 전체를 회전시키는 대신에 웹페이지의 일부분만을 업데이트할 수 있게 하는 웹 개발 기술

웹로그 '블로그' 참조

웹 2.0 정보기술과 애플리케이션, 그리고 그것들 모두를 활용하는 웹사이트의 포괄적인 집합

웹 2.0 미디어 사용자 생성 콘텐츠를 제공하고 태깅, 평가, 의견 남기기 및 사용자들이 서로 소통하면서 미디어를 풍부하게 만들기 위해 기여할 것을 권장하는 웹사이트

위키 누구나 내용을 올리고 다른 사람의 내용을 바꿀 수 있는 웹사이트

태그 정보의 조각을 설명하는 용어

트위터 사용자들이 메시지를 보내고 다른 사람의 메시지와 업데이트를 볼 수 있는 무료 마이크로블로깅 서비스

트윗 트위터 사용자에 의해 올려지는 메시지나 업데이트들

RSS(Really Simple Syndication) 사용자들이 수천 가지 웹사이트를 찾아 다닐 필요 없이 그들이 원할 때 원하는 정보를 얻을 수 있는 기술

>>> 토론 주제

1. 정보시스템이 익숙하지 않은 사람에게 웹 2.0을 어떻게 설명해야 하는가?

2. 당신이 회사 CEO라면 회사와 관련된 블로그에 관심을 가질 것인가? 이유는 무엇인가? 만약 그렇다면, 다른 것에 비해 블로그가 더 중요하고 신뢰할 수 있다고 생각하는가? 그렇다면 회사와 관련된 블로그는 어떻게 찾을 수 있을 것인가?

3. 소셜 네트워크 웹사이트에 개인 페이지를 갖고 있는가? 만약 그렇다면 그 이유는 무엇인가? 그렇지 않다면 어떤 이유 때문인가? 소셜 네트워크 같은 페이지에 게재하고 싶지 않은 내용이 있기 때문인가?

4. 기업은 경영 절차에 혜택을 주는 최고의 소셜 컴퓨팅 기술과 애플리케이션을 어떻게 이용할 수 있는가?

5. 개인, 직원, 기업이 소셜 네트워크의 활용에 주의를 기울이게 만든 요인에는 어떤 것들이 있는가?

6. 고용주들은 왜 소셜 네트워크에 관심을 기울이는가?

7. 직원들의 소셜 네트워크 이용에 회사가 취해야 하는 규제 또는 가이드라인에는 어떤 종류가 있는가? 소셜 컴퓨팅 사이트는 보안에 위협이 되는가? 또는 기업의 평판에 해가 되는가? 만약 그렇다면, 어떻게 해가 되는가? 반대로 기업의 평판을 좋게 만들어줄 수도 있는가? 만약 그렇다면, 어떻게 이득이 되는가?

8. 마케팅 분야에서 소셜 마케팅이 주목받는 이유는 무엇인가?

9. 인사 관리자들이 소셜 마케팅에 흥미를 갖는 이유는 무엇인가?

>>> 문제 해결 활동

1. www.programmableweb.com에 접속하여 해당 웹사이트가 제공하는 다양한 서비스를 익혀라. 매시업을 만드는 방법을 배우고 자신만의 매시업을 만들어라. 같은 반 학생들에게 결과물을 발표하라.

2. 아마존의 매커니컬 터크 웹사이트(www.mturk.com)에 접속하여서 HITs 피고 벗뷔는 'Human Intelligence Tasks' 탭을 클릭하라. 약간의 돈을 더 벌기 위하여 흥미를 가질 만한 HIT에는 어떤 것들이 있는가? 왜 또는 왜 그렇지 않은가?

3. 판도라(www.pandora.com)에 접속하라. 판도라가 소셜 네트워크 사이트로 분류되는 이유는 무엇인가?

4. 챗룰렛(www.chatroulette.com)에 접속하라. 이 소셜

네트워크 웹사이트에서 흥미로운 점은 무엇인가?

5. 검색엔진을 이용하여 다음의 것들을 찾아보아라.

- 가장 유명하거나 가장 많은 방문 수를 기록한 블로그 2개를 골라 포스팅 중 마음에 드는 것을 팔로우하라. 그 블로그가 왜 유명해졌다고 생각하는가?

- 최고의 블로그(www.bloggerschoiceawards.com 참조). 2개를 골라 왜 최고의 블로그인지 생각해보라.

6. 어떻게 하면 성공적인 블로거가 될 수 있을지 연구해보라. 무엇이 성공적인 블로거를 판단하는 기준이 되는가? 얼마나 많은 시간이 필요할 것으로 보이는가? 성공하는 블로거들은 얼마나 자주 포스팅을 하는가?

>>> 협력 활동

1단계 - 배경

이 장은 소셜 컴퓨팅과 관련된 긍정적인 특징들과 부정적인 특징들을 많이 다루었다. 그러나 부정적인 특징에도 불구하고 취업지원자나 고용인으로서, 어쩌면 사업 관리자로서 소셜 컴퓨팅은 당신이 반드시 다루어야 할 사안이다.

몇몇 상황에서 당신은 당신만의 사회적 커뮤니케이션 도구들이 필요할 것이다. 당신이 이와 관련된 경험을 얻기 위해 우리는 당신에게 작은 벤처 기업들을 위한 소셜 네트워크를 만들도록 할 것이다.

2단계 - 활동

당신은 어떤 지역 자전거 매장의 공동 설립자이고 당신은 공공성이 필요하다. 이를 충족하기 위해 당신의 지역에서 매해 열리는 자전거 대회를 지원해야 한다. 그리고 그곳에는 당신이 고객이었으면 좋겠다고 생각하는 많은 참가자 클럽이 있다.

당신의 기업이 매우 작을지라도, 마케팅팀, 물류팀, 재무팀, 법률팀과 같은 당신을 지원해줄 수 있는 팀이 있다고 가정하자. 만약 당신의 팀에 그 분야의 전공자가 아닌 사람이

있다면, 각 멤버들은 역할을 선택하고 이 상황의 관점에서 활동을 조사해야 한다.

http://www.wiley.com/go/rainer/MIS3e/collaboration에 들어가 링크를 클릭하면, 당신으로 하여금 당신만의 소셜 네트워크를 형성하는 것을 가능케 하는 닝(Ning)에 관한 웹페이지를 볼 수 있을 것이다. 닝은 동영상을 관리하는 법과 유용한 정보들을 많이 제공한다. 당신의 동료들과 닝을 탐색하고 당신만의 소셜 네트워크가 기존의 것을 활용하는 것보다 얼마나 우월한지를 토론하라.

3단계 - 과제

만약 팀이라면, 팀원들이 함께 사용할 수 있는 구글 시트(구글 도규먼트)를 사용하기 위해 만든 드라이브(Google Drive)를 활용하고, 닝을 사용하거나 사용하지 않는 것이 좋은지에 대해 토론 제안을 하라. 만약 당신이 닝에서 새로운 계정을 만드는 것보다 기존에 존재하던 소셜 네트워크를 활용하는 것이 더 편하다면, 왜 당신만의 소셜 네트워크를 갖는 것이 더 나은 것인지 확실히 설명하라.

마무리 사례 1 〉 당신이 직업을 갖기를 원한다면

당신이 직업을 찾고 있다고 가정하자. 다른 평범한 구직자들처럼 당신은 아마 몬스터닷컴(www.monster.com)이나 커리어빌더(www.careerbuilder.com), 심플리하이어드(www.simplyhired.com) 같은 온라인 사이트에서 직업을 찾을 것이다. 현재 미국에 존재하는 신입 사원 자리의 대부분은 거의 온라인에만 게재되고 있다.

직업 사이트는 잠재 직원들과 고용인들을 연결시킬 수 있는 가장 빠르고, 가장 저렴하고, 가장 효과적인 방법이다. 불행히도 이러한 사이트들은 너무 많아 효과적이고 효율적으로 관리하는 것이 불가능한 이력서로 넘쳐난다.

당신에겐 운 좋게도, 직업 사이트는 이제 방대한 양의 계산이 가능해졌고, 수백만 장의 이력서를 잘 관리하기 위해 새롭고 보다 효율적인 검색 알고리즘을 사용한다. 게다가 당신은 이제 당신이 직업을 찾을 때 당신을 도울 수 있는 많은 회사들에게 접근하고 연락할 수 있다.

온라인에서 고용하는 기업들 중 가장 갑작스러운 변화는

아마도 구직자들이 기존의 구직 사이트로부터 벗어나 링크드인과 같은 소셜 네트워크로 이동한다는 사실일 것이다. 당신같은 지원자들은 링크드인으로 하여금 구직 사이트 시장에서 2010년에 4.7%였던 시장 점유율을 2014년 중반엔 12%를 넘을 수 있도록 하였다. 이러한 변화는 심플리 하이어드가 왜 그들의 조사 과정에서 소셜 네트워크를 활용했는지와 구직자들이 그들의 소셜 네트워크와 심플리 하이어드의 직업 목록을 연동하고 타겟 회사에 연락과 알선을 활성화할 수 있었는지를 잘 보여준다.

직업을 찾기 위한 가장 안전하면서도 확실한 방법은 링크드인으로 시작하는 것이다. 링크드인은 1억 6,500만 명의 회원이 등록되어 있다. 당신은 링크드인에 프로필을 반드시 게재해야 하고 사용료는 무료이다. (이 사례의 마지막 부분에서 당신의 링크드인 프로필에서 저지르지 말아야 할 실수들을 살펴보라.)

링크드인은 능력 있는 신입 사원을 찾아다니는 회사에게

회사의 신입 직원을 모집하는 상품을 판매하는 데 집중해 왔다. 수천만의 인사팀들이 링크드인의 이 기능을 사용한다.

링크드인 성공의 가장 근본적인 원인은 그들이 세분화된 시장을 정확하게 파악할 수 있었다는 점일 것이다. 링크드인의 자동화된 접근 방식은 직접 면접을 보는 기존의 방식이 더 선호되는 CEO 자리와 같은 직업 시장의 윗자리에는 어울리지 않는다. 이 스펙트럼의 가장 아랫부분, 다시 말해 계산대를 보는 직원이나 트럭 기사와 같이 적은 임금을 받고 단순 기술을 사용하는 직업군에서는 직업이 빠르게 분배될 수 있다. 링크드인은 적게는 5만 달러부터 많게는 25만 달러까지 지불할 수 있는 고급 기술을 요하는 직업들을 채울 수 있도록 하면서, 스펙트럼의 가장 윗부분과 가장 아랫부분 사이의 거대한 스위트 스팟(가장 효율적인 범위)을 목표로 한다. 이 스위트 스팟에 당신이 대학을 졸업하면서 진입하게 될 것이다.

또한 링크드인은 기존의 구직자를 찾는 방식이 간과하고 있던 숨겨진 지원자를 찾는 데 아주 효과적이다. 휴대전화 소매업 회사인 와이어리스 비전(Wireless Vision)의 인사팀 관리자의 사례를 살펴보자. 그 인사팀 관리자는 기업가 정신을 가진 회계팀 관리자를 고용하도록 요청받았다. 일반적인 직업 광고는 100명의 지원자밖에 모집하지 못하고, 그나마 모아진 사람들 모두가 주어진 직업에 적합하지 않았다. 그 결과 인사팀 관리자는 링크드인에서 직원을 찾기 시작했다. 그녀의 목표는 다음과 같다. 비슷한 제품을 취급하는 회사에서 일한 경험이 있고 프로필에 '시작하다', '창조하다'나 '건설하다'와 같은 단어가 포함된 회계사를 찾는 것이다. 얼마 지나지 않아, 인사팀 관리자는 자신만의 요금시스템을 개발한 에이비스 그룹의 베테랑을 찾아냈다. 관리자와 베테랑 두 사람이 이야기를 나누었고, 에이비스의 베테랑은 와이어리스의 새로운 회계팀 관리자가 되었다.

많은 구직 회사들은 링크드인과 경쟁하고 있다. 이 회사들은 소셜 네트워크의 기능을 향상시킬 수 있는 더 나은 매칭시스템을 만들고자 한다. 이와 관련된 사례로 다음 두 가지가 있다.

- 잡바이트(http://recruiting.jobvite.com)는 소셜 네트워크와 고용주들이 선호하는 개인의 이력들을 통합함으로써 거래 기업을 돕는다. 거래 기업의 고용인들은 그들의 온라인 친구들에게 틈새를 공략하라는 '잡바이트'를 보낼 수 있다.

- 다이스 오픈 웹(www.dice.com/openweb)은 온라인 사이트를 이용하며 활동적이거나 비활동적인 IT 지원자들을 구분해내고 기트허브(Git Hub)나 스택오버플로(Stack Overflow), 그라바타(Gravata), 쿼라(Quora), 블로거(Blogger), MS 인콰이어(MS Inquire), 구글 플러스(Google Plus), 트위터(Twitter), 페이스북(Facebook), 플리커(Flickr)를 포함한 50가지가 넘는 소셜미디어 사이트들로부터 지원자들에 대한 정보를 얻는다. 소셜미디어 사이트에 등록된 정보들을 통합함으로써 오픈 웹은 기존의 기준을 만족시키는 전문가들을 찾을 수 있다. 그 결과는 지원자의 전문적 경험이나 기여도, 이력, 능력, 열정과 관심도를 포함한 프로필이다.

모든 구직 사이트의 핵심은 기준만 맞추는 2,000명의 지원자를 모집하는 것이 아니라 20명의 괜찮은 지원자를 모집하는 것이다. 구직 사이트가 당신이 원하는 대로 작동할 수 있게끔 하는 가장 중요한 비밀은 그 사이트를 조심해서 사용하는 것이다. 당신이 직업을 찾고 있을 때, 목록을 구석구석 찾으면서 엄청나게 많은 양의 검색 필터를 시험하면서 컴퓨터를 하는 데 시간을 보내는 것은 너무나도 쉬운 일이다. 직업 코치들은 당신에게 하루의 8할을 네트워킹과 당신이 원하는 직업군에 있는 사람들과 연락하는 데 사용하라고 조언한다. 나머지 1할은 헤드헌터들에게 사용하고 또 다른 1할은 온라인 활동을 하는 데 사용하면 된다.

당신의 온라인 계정을 만드는 방법은 다음과 같다. 처음에 시작할 때 당신이 앞에서 본 것처럼, 당신은 링크드인에 프로필을 개설해야 한다.

그다음 인디드(www.indeed.com)나 심플리 하이어드처럼 구글과 비슷한 직업 수집 사이트에 접속하라. 인디드와 심플리 하이어드 모두 수백만 가지 직업의 목록을 보유하고 있고 필터를 이용해 당신이 찾는 직업의 범위를 좁힐 수 있을 것이다. 이때 사용되는 필터는 제목이나 회사의 이름, 장소와 그 밖의 여러 가지를 포함한다. 인디드는 당신으로 하여금 구체적인 연봉 범위에서 직업을 찾을 수 있게 해주는 반면 심플리 하이어드는 친근한 분위기를 가졌거나 사회적 책임을 다하거나, 친 애완견적인 분위기를 제공하는 일자리에 따라 직업을 찾을 수 있게 한다.

두 구직 사이트 모두 검색 옵션을 발전시켜 왔다. 일하고 싶은 회사의 이름이나 당신이 특정한 분야에 전문성이 있다는 것을 보장하는 고급 학위의 이름으로 두 사이트에 접속해보라. 예를 들어 당신이 재무분석가(Certificated Financial Analysts)라면 CFA의 이름으로 접속할 수 있다. 혹은 당신이 친환경적 효율성에 대한 전문적 기술을 가진 건축 디자이너라면 '리드(LEED)'라는 이름으로 접속할 수 있다.

심플리 하이어드는 '내가 누구를 알고 있지(Who do I know)'라는 유용한 도구를 갖고 있다. 만약 당신이 링크드인에 프로필을 가지고 있다면 이 도구는 다양한 직업군과 관련된 당신의 프로필을 보여줄 것이다. 또한 이 도구는 페이스북과도 연동된다.

이러한 통합 구직 사이트를 사용하는 방법이 하나 더 있다. 구직 사이트들이 당신의 메일함으로 직업 목록을 전송하도록 설정한다. 또한 당신에게 매일 직업에 대한 포스팅을 알려주는 알림을 설정하면 된다.

또한 당신은 전문 분야에 맞춰진 틈새 구직 사이트를 찾아봐야 한다. 예를 들어 기술직에 관해서는 다이스(www.dice.com)가 명성이 있다. 비영리 직업을 찾을 때는 아이디어리스트(www.idealist.org)를 이용하라. 정부 직책을 찾을 때에는 미국 정부의 사이트를 이용하는 것이 좋다(www.usajobs.gov).

또 다른 온라인 자료는 크레이그리스트(www.craigslist.com)이다. 크레이그리스트는 정보 수집자들이 사용하지 않는 사이트이다. 이 사이트는 지역의 직업 목록을 중점적으로 다루며 특히 입문 단계나 인턴직에 초점을 맞추고 있다.

특정한 직업 리스트를 배치하는 것을 넘어서, 직업 코치들은 구직 사이트들이 직무 분석표에서 골라내야 할 단어들과 당신의 이력서, 자기소개서, 이메일 등에 들어가야 할 키워드와 문장들의 원천이 될 수도 있다고 주장한다. 자기소개서를 작성할 때에는 직무 분석표에서 사용된 단어들을 사용하라.

볼트(Valut, www.valut.com)나 몬스터(Monster), 커리어빌더(Career Builder)와 같은 웹사이트들은 유용한 직업 팁을 제공한다. 특히 볼트는 진로 지도에 아주 유용한 정보를 제공한다.

온라인 조사를 넘어서 당신의 직업 탐구에 대한 노력을 확장하는 것은 매우 중요하다. 온라인에는 지나치게 과열된 경쟁이 존재하기 때문이다.

당신이 링크드인 프로필 작성 시 하지 말아야 할 실수

- 최근 사진이면서 전문적이게 보이는 사진을 게시하라. (애완동물, 배우자, 아기 등의 사진은 금지)

- 링크드인에 기록된 당신의 정보는 정확해야 하며 최근의 것이어야 한다.

- 당신의 전공 분야와 관련되거나 당신의 개인적 흥미와 관련된 그룹에 가입해야 한다.

- 당신이 가진 정확한 기술들만을 기록해야 하고 꾸밈이 없어야 한다.

- 평범한 연락 요청을 취하지 않고 그 사람에 대해 조사하고 알맞은 연락 방식을 취해야 한다.

- 링크드인의 사생활 설정을 무시하지 말아야 한다. 당신이 직업을 가지고 이직을 준비할 때 당신은 이 사실을 비밀로 하고 싶을 것이다. 당신은 현재 직장의 상사가 당신이 다른 직업을 찾고 있다는 사실을 모르게 하기 위해 링크드인의 사생활 설정 기능을 사용할 수 있다.

- 당신에 대한 요약을 그냥 넘기면 안 된다. 이 요약은 당신 스스로에 대해 알리는 압축된 방법이다. 1인칭 시점으로 요약본을 꼭 작성해야 한다.

- 과거의 일한 경력이나 자원봉사를 빠트리지 않아야 한다.

- 당신이 타인과 일하지 않으면서 일하고 있다고 말하지 않아야 한다.

출처 : S. Greengard, "Online Recruiter Adopts a New Web-Based Tool," *Baseline Magazine*, April 26, 2013; J. Leber, "A Startup That Scores Job Seekers, Whether They Know It or Not," *MIT Technology Review*, March 7, 2013; LearnVest, "8 Mistakes You Should Never Make on LinkedIn," Forbes, March 4, 2013; G. Anders, "LinkedIn's Fast-Lane Ambition: Watch These 5 Moves in 2013," Forbes, February 7, 2013; C. Ceniza-Levine, "What Recruiters Want from Job Seekers Today," Forbes, February 1, 2013; G. Anders, "The Other Social Network," Forbes, July 16, 2012; R. Sylvestre-Williams, "How Recruiters Use LinkedIn," Forbes, May 31, 2012; T. Team, "LinkedIn Looks to Hitch Ride from Mobile Ads," Forbes, February 14, 2012; R. Silverman, "No More Resumes, Say Some Firms," The Wall Street Journal, January 24, 2012; L. Weber, "Your Resume vs. Oblivion," *The Wall Street Journal*, January 24, 2012; S. Adams, "Secrets of Making the Most of Job Search Websites," Forbes, January 18, 2012; G. Anders, "The Rare Find," Bloomberg BusinessWeek, October 17–23, 2011; www.monster.com, www.linkedin.com, www.careerbuilder.com, www.jobvite.com, www.simplyhired.com, www.indeed.com, www.dice.com, www.idealist.org, www.usajobs.gov, www.craigslist.com, www.vault.com, www.gild.com, **accessed March 5, 2014.**

질문

1. 당신이 첫 직장을 찾고 있을 때 온라인 구직 사이트를 이용하는 것의 이점은 무엇인가?

2. 당신이 첫 직장을 찾고 있을 때 온라인 구직 사이트를 이용하는 것의 단점은 무엇인가?

마무리 사례 2 〉 마이크로블로깅을 통해 중국에 진출하기

비즈니스 문제 〉〉〉 다국적 기업은 광범위하고 빠르게 성장하고 있는 중국 시장에서 그들의 상품을 적은 비용으로 효율적으로 팔 수 있는 마케팅 전략을 찾고 있다. 이런 기업 중 다수가 자신들이 중국에 진출해서 입지를 굳히고 시장 점유율을 높일 수 있는 방법을 찾았다고 믿고 있다. 그 방법은 바로 마이크로블로깅을 이용하는 것이다. 그들은 소비자와 소통하고 캠페인을 실천하고 그들의 상품에 대한 긍정적인 정보들을 전달하고, 그들의 브랜드를 세우기 위해 마이크로블로깅을 사용한다.

해결책 〉〉〉 메르세데스 벤츠, 스타벅스, 노키아는 다양한 영업 종목을 보유하고 있다. 그럼에도 불구하고 중국에서 그들은 똑같은 마케팅 플랫폼을 사용한다. '가상의 도시 광장'에서 그들이 참가자가 되는 것이 바로 그것이다. 중국에서, 가상의 도시 광장은 마이크로블로그인데 이는 중국에서 회사들의 사업을 확장하기 위한 다국적 회사들의 전략들을 합쳐 놓은 플랫폼이다.

중국에서 가장 대표적인 마이크로블로깅 사이트는 시나 웨이보(웨이보라고 불림, http://english.sina.com/weibo/)이다. 중국의 인터넷 네트워크 정보 센터에 따르면 2013년에 약 5억 명의 사용자들이 이 사이트에 가입하였다. 또한 센터의 정보에 의하면 2013년에 26만 개 이상의 활성화된 회사 계정들이 마이크로블로깅을 하는 데 사용되었고 이 중 1,000개 이상의 계정이 다국적 기업의 것이었다. 이런 회사들은 22개의 다른 산업으로 그 영역을 확장했다.

2009년 8월 중국에 처음 마이크로블로그가 등장한 이래로, 마이크로블로그는 각계각층의 사람들이 그들의 개인적 이야기들을 공유하고 사회 활동에 참여하며 다양한 주제에 대해 토론을 펼칠 수 있는 거대한 온라인 사회로 진화했다. 상업적인 측면에서 봤을 때, 의견에 영향을 미치고 궁극적으로는 소비를 만들어낼 수 있는 힘은 다국적 기업들에게 마이크로블로그를 더 매력적으로 보이게 하였다. 예를 들어 TV로 하는 마케팅이 비싸기 때문에 중국처럼 큰 국가 전역에서 마케팅 활동을 하는 것은 회사에게 매우 어려우면서도 비용이 많이 드는 사안이다.

중국의 마이크로블로그들은 트위터 같은 서양의 마이크로블로그들과는 달리 추가 기능을 제공한다는 점에서 서양의 블로그들과는 다르다. 중국과 서양의 마이크로블로그의 가장 근본적인 차이점은 트위터가 미국에서 상대적으로 낮은 보급률을 보인다는 것이다. 퓨 리서치 센터(www.pewresearch.org)에 따르면 인터넷을 사용하는 미국 성인 인구의 74% 중 트위터를 사용하는 비율은 8%밖에 되지 않는다. 이와 반대로, 2012년 말 중국에서 인터넷을 사용하는 인구 중 마이크로블로그를 하는 사람의 비율은 55%에 달했다.

또 다른 중요한 차이점은 웨이보가 사용자들로 하여금 끊임없이 동영상과 사진들을 볼 수 있도록 해준다는 것이다. 이와는 대조적으로 트위터는 일반적으로 사용자들이 링크를 타고 들어가야 볼 수 있는 형태로 동영상과 사진을 게시한다. 또한 한 게시물당 최대 140자만 작성할 수 있는 트위터와 달리 웨이보는 140자와 함께 사진이나 동영상, 하이퍼링크와 같은 다른 기능들도 게시할 수 있다. 웨이보의 이런 추가적인 기능들은 회사들로 하여금 더 확실한 마케팅 캠페인을 취할 수 있도록 해주었다.

결과 〉〉〉 다국적 기업들이 구체적으로 어떻게 중국에서 마이크로블로그를 사용했는지에 대한 사례를 살펴보자.

- **메르세데스 벤츠**(www.mercedes-benz.com) 독일의 고급 브랜드인 메르세데스 벤츠는 중국에서의 마이크로블로그의 영향력을 알고 있었다. 2013년 1월에 벤츠는 중국에서 벤츠의 한정판 스마트 자동차를 판매하려는 캠페인을 시작했다. 벤츠는 이 캠페인 활동에 마이크로블로그를 활용하기로 결정했다. 그 결과 메르세데스 벤츠는 8시간 만에 웨이보를 통해 홍보된 2013년 새해 스마트 자동차 666대를 모두 판매했다.

- **스타벅스**(www.starbucks.com) 스타벅스의 웨이보 계정은 2012년 5월에 개설되었다. 이 거대한 커피업체는 현재 중국에서 70만 명의 팔로워를 보유하고 있다. 스타벅스는 그들의 첫 마케팅을 기존의 마케팅 캠페인으로 시작했다. 그러나 곧 공략된 마케팅(targeted marketing) 전략이 실시간 구매로 이어질 수 있다는 것을 깨달았다.

  2013년 스타벅스는 마이크로블로그에 프라푸치노의 판매를 늘리기 위해 캠페인을 게재했다. 이 캠페인을 진행했던 광고회사 JWT 상하이에 의하면, 두 달간의 캠페인이 진행되는 동안 스타벅스는 60개 이상의 게시물을 마이크로블로그에 게시했고 그것은 234,541개의 공유와 댓글로 이어졌다.

이 전략을 수치화해 생각해봤을 때, 회사의 50만 위안 (80,600달러)짜리 캠페인은 9,500만의 추천이라는 결과로 이어졌고 중국에서 프라푸치노 판매량은 14% 증가하게 되었다.

- **이케아**(www.ikea.com) 스웨덴의 가구 소매업체인 이케아는 2010년 10월에 웨이보에 계정을 만들었다. 이케아의 마이크로블로그는 두 가지 역할을 하는데, 고객들의 피드백과 제안을 경청하고 고객들의 관심과 필요에 대한 긍정적이고 시기적절한 피드백을 제공하는 것이 바로 그것이다. 이케아의 스케줄은 매일 고객의 질문에 답하고, 고객의 애로사항을 관련 A/S 부서에 전달하고, 키워드를 주시하며, 회사에 영향을 미칠 수 있는 다른 마이크로블로그에서 언급된 민감한 주제와 관련된 댓글들을 예상하는 것이다.

- **맥도날드**(www.mcdonalds.com) 2012년 3월 중국 CCTV (China Central Television)는 맥도날드가 베이징 동부의 산리툰 지역 고급 시장에 위치한 매장에서 유통기한이 지난 음식을 판매한다고 보도했다. 보도가 난 지 한 시간 만에 이 미국 국적의 거대 햄버거 회사는 산리툰 지점의 매장을 휴업할 것을 보도했고 맥도날드의 마이크로블로그에 사과문을 올렸는데, 이 때문에 38만 9,000개의 게시물이 작성되었다. 마이크로블로그를 이용한 이 전략은 맥도날드로 하여금 빠르고 성공적으로 위기를 관리할 수 있도록 해주었다.

위의 사례 모두 마이크로블로그에 대한 좋은 점을 알려준다. 그렇다면 마이크로블로그와 관련된 안 좋은 소식은 무엇이 있을까? 중국 정부의 보도에 의하면 2013년에 약 2,800만 명의 사람들이 웨이보를 떠났다. 왜 그럴까? 그 해답은 다음과 같다. 중국 정부는 2009년부터 트위터를 차단했고

그 결과 많은 중국인들이 웨이보를 걸러지지 않은 정보들의 원천으로 사용했기 때문이다. 웨이보는 온라인에서 목소리를 내는 것을 반대하는 쪽으로 옮겨 간 중국 당국의 주의를 끌었다. 중국 정부는 마이크로 블로거들을 감옥에 보낼 수 있도록 당국에 권한을 부여했고 많은 수의 사람들이 체포되었다.

마이크로블로그의 이런 발전들은 다국적 기업의 마케팅 활동을 하는 데 있어 통풍구의 역할을 할 수도 있지만, 시민들은 사용자 기반이 크게 확장되어 온 위챗(www.wechat.com)과 같은 문자 메시지 서비스로 돌아섰다. 그 결과 다국적 기업들은 미래의 마케팅 전략을 위해 위챗으로 돌아서야 할 수도 있다.

출처 : C. Bailey, "Weibo Wants You to Ride China's Micro-Blogging Explosion," *The Street*, March 20, 2014; "Chinese Microblogging Site Weibo Files $500M IPO," *Reuters*, March 14, 2014; "A Record of Over 800K Weibo Posts Published in the First Minute of Year of the Horse," *China Internet Watch*, February 19, 2014; "China Microblogging Site Weibo Sees Decline in Users," *BBC News Asia*, January 17, 2014; "9 Facts About Microblog Marketing in China," *Advangent*, October 29, 2013; K. Tang, "Why Starbucks Is Suddenly Becoming Rebel Chic in China," *BuzzFeed*, October 22, 2013; H. Shao, "Updated: Critizue of Starbucks by China's State Broadcaster Backfires," *Forbes*, October 22, 2013; "China Employs Two Million Microblog Monitors State Media Say," *BBC News China*, October 4, 2013; G. Hamblin, "Social Media Marketing: Microblogging," *TruCounsel Marketing*, August 14, 2013; V. Chu, A. Girdhar, and R. Sood, "Couching Tiger Tames the Dragon," *Business Today*, July 21, 2013; L. Jing and C. Yingqun, "Talking It Up Online," *China Daily*, April 22, 2013; "Mercedes-Benz Becomes First Brand to Sell Cars Via Weibo," *Tech & Science*, January 24, 2013; "Mercedes-Benz Experiments with Selling Smart Cars on China's Sina Weibo Microblog," *TheNextWeb*, January 21, 2013; N. Madden, "Marketers Like Starbucks Are Learning to Use Microblog Sina Weibo in China," *Advertising Age*, September 28, 2011; http://english.sina.com/weibo/, accessed March 22, 2014.

질문

1. 다국적 기업들이 웨이보에서 마케팅 활동을 진행함으로써 얻길 바라는 이점이나 이익에 대해서 설명하라.

2. 웨이보에서 마케팅 활동을 진행하면서 다국적 기업들이 직면하게 될 수도 있는 단점에 대해 설명하라.

소매업/연예 산업

소셜 컴퓨팅은 전 세계 소매업자들이 사용해 온 강력한 도구이다. 그루폰(Groupon)이나 리빙소셜(Living Social)과 같은 공동구매 사이트들은 특정 숫자의 사람들이 모여 특정 상품을 구매할 시 그 물건을 할인해준다. 이 경우, 한 친구가 다른 친구에게 자신이 얼마나 그 제품을 원하고 사람들이 충분히 그 제품을 구매할 때에만 구매할 수 있다고 말할 때 그 친구에게 약간의 압박으로 작용할 수 있다. 자신의 동료나 친구에게 받는 이런 압박은 사람들이 실제로 그 물건을 그다지 원하지 않더라도 그들이 그 제품을 구매하게끔 하려고 할 때 매우 강력하게 작용할 수 있다.

이런 인턴십 활동을 위해 당신은 '올 어바웃 스포츠(All About Sports)'라는 회사에서 일하게 될 것이다. 특히 이 회사의 마케팅 디렉터인 한나 쇼(Hannah Shaw)와 일하게 될 것이다. 소셜미디어를 이용해 판매를 촉진하고자 했던 한나의 이메일은 다음과 같다.

받는 사람 :	IT 인턴
보내는 사람 :	한나 쇼
제목 :	마케팅 프로그램을 위한 도움

안녕하세요!

저는 당신을 위한 매우 흥미로운 프로젝트를 갖고 있습니다! 제가 일하는 스포츠 용품 매장 '올어바웃 스포츠'는 온라인 소매업체들 때문에 최근 매출이 감소했습니다. 이 소매업체들은 저보다 제품을 더 많이 판매할 수 있고 이 때문에 그들이 더 낮은 가격에 물건을 판매할 수 있습니다. 저는 신문에 특집도 내보고 광고도 실어 보았지만 제품 판매에는 전혀 도움이 되지 않았습니다.

저는 단체 할인을 통해 판매를 더 촉진할 수 있도록 소셜 컴퓨팅을 사용하고 싶습니다. 저의 바람은 하나의 팀으로 이루어진 단체 구매를 위한 제품 할인을 마련하는 것입니다. 그러나 단체할인이 꼭 하나의 팀에만 적용되지 않아도 괜찮습니다. 저는 팀 스포츠를 하는 누구에게나 도움이 될 수 있고 구매하는 사람들이 모두 같은 것을 구매하게끔 하는 단체 구매를 제공할 수 있습니다. 이 일을 시작하기 위해 몇 가지 해야 할 일이 있습니다.

첫째로, 당신이 단체 할인을 제공할 수 있는 회사에 대한 조사를 해주십시오. 그루폰이나 리빙소셜같은 회사부터 조사하십시오. 만약 제가 고객이었을 때 이런 단체할인이 실제로 저에게 효과가 있을지 최대한 알아봐 주십시오. 이런 할인을 실시하였을 때 회사들이 얼마나 수익을 낼 수 있는지 그리고 제가 적용해야 할 범위가 어느 정도 되는지 알고 싶습니다. 또한 제 생각에는 이런 방법을 거치지 않고 저 혼자서도 물건을 팔 수 있을 것 같습니다. 당신은 어떻게 생각하십니까?

둘째로, 이러한 종류의 마케팅과 관련된 동영상들을 웹사이트에 올려주십시오. 판매를 이끌어내기 위해 단체 구매를 어떻게 사용해야 하는지에 대한 설명을 제공해줄 수 있는 사람들이 유튜브에 있을 것입니다.

이런 마케팅에 대해 동영상이나 웹사이트로부터 최대한 정보를 많이 얻은 후에 어떤 고객층을 목표로 해야 할지, 언제 그리고 왜 그들을 목표로 해야 하는지, 고객뿐 아니라 우리 회사도 이익을 얻기 위해 어떻게 마케팅을 설계해야 하는지 알려주십시오.

저는 이 프로젝트에 아주 관심이 많을 뿐 아니라 당신의 제안이 매우 기대됩니다.

한나

주 : 이 편지에 있는 모든 링크는 http://www.wiley.com/go/rainer/MIS3e/internship에서 이용 가능하다.

1단계 - 배경

데이터 접근의 자동화가 부정확한 데이터가 등장할 위험을 줄일 수 있기 때문에 현대 기업들에게는 큰 도움이 된다. 스프레드시트에서 데이터가 정확히 표기되어 있다는 것을 보증하는 것은 흔히 유용성이라고 한다. 본질적으로 데이터들이 따라야 할 규칙들을 만듦으로써 당신은 데이터를 유용하게 할 수 있는 것이다.

2단계 - 활동

당신은 안내 창구 담당자로 일하고 있고 당신의 동료들을 찾는 전화를 자주 받는다. 때때로 당신은 중요한 질문을 하는 것을 잊곤 한다. 그렇기 때문에 당신은 당신이 전화를 건 사람들로부터 필요한 정보를 잊지 않고 얻을 수 있게 하기 위해 스프레드시트를 만들기로 했다. 당신이 꼭 필요한 정보는 다음과 같다.

전화 건 사람의 이름

전화 건 사람이 찾는 사람의 이름

전화 건 사람의 전화번호

전화의 목적

이메일 주소

긴급한 정도

전화 받기에 가장 적절한 시간

당연히 당신은 이런 정보를 기억하기 위해 노력할 수 있고 전화 건 사람으로 하여금 음성메시지를 남길 수 있게 할 수 있다. 그러나 전화를 건 사람들은 대부분 중요한 정보를 남기는 것을 잊곤 한다. 결국에는 당신이 빠트린 게 아무것도 없다는 것을 확실히 하기 위해 당신은 모든 데이터를 유용하게 할 스프레드시트를 만들 것이다.

유용성이란 당신의 스프레드시트에 있는 데이터들이 현재의 특정 기준과 일치해야 함을 의미한다. 예를 들어 당신은 당신의 데이터를 특정 날짜 사이에서 설정할 수도 있다. 만약 당신이 미리 정해 놓은 범위 밖에 있는 데이터에 접근했을 때, 스프레드시트는 그 데이터가 잘못된 접근이라는 것을 알려줄 것이다.

3단계 - 과제

http://www.wiley.com/go/rainer/MIS3e/spreadsheet에 방문해서 당신의 통화 기록을 보는 데 사용할 수 있는 스프레드시트를 다운로드하면, 유용성에 대한 사용 방법 또한 열람할 수 있다. 스프레드시트에 있는 활동을 완수하고 교수에게 당신의 통화 기록을 제출하라.

스프레드시트에 있는 지시대로 활동을 완료하고 교수에게 당신의 최종 결과물을 제출하라.

1단계 – 배경

이 활동에서 당신은 폼 위저드(Form Wizard)를 사용하여 3개의 테이블 폼을 만들고 이 폼을 더 발전시킬 수 있을 것이다. 당신은 제7장에서의 활동에서 폼을 알게 되었다. 제7장에서 당신은 세 가지 폼을 만들었다. 하나는 1개의 테이블에 기반한 것이고, 다른 하나는 2개의 테이블에 기반한 것이고, 나머지 하나는 3개의 테이블에 기반한 것이다. 당신은 테이블들의 복잡한 관계를 잘 관리하기 위해 하위 폼을 만들어야 했을 것이다. 이 장에서는 더 복잡한 형태의 폼 디자인을 만들기 위해 당신의 지식을 확장시킬 것이다.

이 활동을 통해 당신은 실제 가게에서 사용될 수 있는 데이터베이스를 만들고 사용할 수 있게 될 것이다. 이 데이터베이스는 가게에서 팔리게 된 품목, 해당 품목의 제조업체, 유통업체들에 대한 데이터를 담게 된다. 유통업체는 여러 제조업체들로부터 해당 품목을 받아오게 될 것이다. 관계 지도(데이터베이스 도구 메뉴)는 이런 데이블들 간의 복잡한 관계를 보여주게 된다.

2단계 – 활동

http://www.wiley.com/go/rainer/MIS3e/database를 방문해서 제8장에서 사용될 데이터베이스 링크를 다운로드하라. 이 활동은 당신에게 당신이 제7장 활동에서 만들었던 폼과 비슷한 폼을 만들 수 있도록 할 것이다. 그러나 이번 활동에서 당신은 폼 위저드를 이용해서 폼을 만들 것이다. (데이터베이스 8은 다음과 같은 테이블들을 이용할 것이다—고객, 주문, 품목명, 제품.)

우선, 유통업체표와 제조업체표, 제품표를 수집하기 위해 폼 위저드를 사용하라. 유통업체에 대한 정보를 표시하고 2개의 하위 폼(제조업체 하위 폼과 제품 하위 폼)의 정보를 포함한 폼을 만들라. '분배표(DistTable)' 형태로 폼을 만들고 '하위 폼이 있는 폼'을 활용하라. 당신의 분배 폼을 '분배 형식(DsitForm)'이라고 저장한 후 창을 닫아라. 다시 창을 열면 폼 위저드가 당신이 요청한 정보들을 모아두었지만 서식 설정의 방법에서는 당신이 원하던 것과는 크게 일치하지 않는다는 것을 알 수 있을 것이다.

그다음으로 폼 위저드를 이용해 똑같은 폼을 만들라. 이번에는 '분배 형식2(Dist Form2)'라고 저장하라. 다른 평범한 이름(데이터베이스의 제목 이외의)으로 폼 이름을 다시 저장하고, 작은 글씨 등을 큰 텍스트로 조정하라. 그 결과 이전과는 달라진 여러 변화가 있을 것이다. 그러므로 원하는 결과를 얻기 위해서는 폼을 수정하고 다시 설정하는 시간을 가져야 한다.

3단계 – 과제

두 가지 형식의 폼이 모두 포함된 데이터베이스를 제출하라. 당신은 이제 어떻게 도안에서 복잡한 폼을 만드는지 그리고 폼이 더 돋보이고 그 내용이 잘 전달될 수 있도록 서식을 잘 정리하는지에 대해 배웠다.

데이터베이스를 잘 다룰 수 있는 추가적인 방법은 WileyPLUS에서 열람할 수 있다. 'Microsoft Office 2013 Lab Manual Database Module: Access 2013' 프로그램을 열고 Lesson 5: Editing Records를 검토하라. 위의 링크를 통해 방문할 수 있는 마이크로소프트 지원 웹사이트에서도 열람할 수 있다.

제9장

e - 비즈니스와 전자상거래

학습목표 >>>

1. 전자상거래의 여섯 가지 일반적인 유형을 기술한다.

2. B2C 전자상거래의 다양한 온라인 서비스를 기술하고 구체적인 예를 제시한다.

3. B2B 전자상거래의 세 가지 비즈니스 모델에 대해 설명한다.

4. 전자상거래와 관련된 윤리적 · 법적 문제를 구체적인 예를 제시하여 확인한다.

도입 사례 > 스와이플리

2009년에 설립된 스와이플리(www.swipely.com)는 상인들의 신용카드 결제를 담당하는 서비스를 제공한다. 이 서비스는 온라인 소프트웨어를 이용하는데, 추가적으로 하드웨어를 설치하지 않고 레스토랑이나 고급 상점, 부티크, 식료품점, 기타 소매업들을 포함한 개별 사업체에서 이용되는 단말기나 매장 시스템을 원활하게 사용하게 해준다. 소비자의 소비 방식이나 소셜미디어, 이에 대한 좋은 정보를 제공해주는 다른 데이터들을 소비자 행동을 이해할 수 있는 방식으로 통합하기 위해 상인들은 스와이플리의 제품을 이용한다.

스와이플리의 경쟁우위는 상인들로 하여금 그들의 소비자들을 보다 잘 이해할 수 있게 할 수 있다는 점이다. 스와이플리의 클라우드 서버는 카드 결제로 인해 남겨진 정보를 분석하고, 보안을 위해 개인 정보를 삭제한다. 또한 이 서버는 각각의 카드 번호가 언제, 무엇을 구매하였는지를 나타내는 소비자용 계기판 형태로 상인들에게 정보를 제공하는데, 이 계기판은 비오는 화요일이 수익에 어떻게 영향을 미치는지를 예측하는 것과 같은 매우 자세한 분석을 가능케 한다. 페이스북에서 진행되는 캠페인이나 옐프에 올라오는 후기들이 상인들의 매장에 사업적 영향을 얼마나 미치는지 알기 위해 스와이플리는 상인들의 SNS 계정과 연동되기도 한다.

MKT

소비자들이 상인들에게 그들의 이름과 이메일 주소를 제공한다면 스와이플리는 훨씬 더 효과적으로 일을 수행할 수 있다(실제로 소비자 중 20%는 그들의 정보를 제공할 의사가 있다). 이러한 추가적인 데이터들은 이메일이나 쿠폰 제공에 대한 반응처럼 마케터가 해 왔던 모든 일이 소비자 계기판에 포함될 수 있게 한다. 이런 형식의 고객 관리 소프트웨어에 수백 달러가 소모될 수도 있지만 스와이플리는 추가적인 비용은 청구하지 않는다.

스와이플리는 스퀘어(www.squareup.com)나 하트랜드 페이먼트 시스

©EdBockStock/Shutterstock

템(www.heartlandpaymentsystems.com), 체이스 페이먼테크(www.chasepaymentech.com) 등을 포함한 결제 처리 서비스를 제공하는 많은 회사들과 경쟁하고 있다. 소비자의 소비 습관에 대한 정보가 매우 중요하다는 것을 알기 때문에 많은 회사들은 이 분야에서 서로 경쟁하고 있다. 예를 들면 스퀘어는 스와이플리와 같은 고객을 두고 경쟁한다. 두 회사의 고객 중 하나인 더 블루 보틀 커피 컴퍼니(www.bluebottlecoffee.com)는 오클랜드와 샌프란시스코, 뉴욕에 12개가 넘는 지점을 가지고 있는데, 최근에 스퀘어로 옮겨 갔다. 이는 소비자 행동에 대한 분석을 스퀘어의 고객에게 제공할 수 있게끔 하는 첫 발판이 될 것이다.

현재 스퀘어에 대한 스와이플리의 경쟁우위는 가격이다. 스와이플리는 평균적으로 상인들이 그들이 고객과 하는 거래의 2.65%를 가격으로 책정하고 있다. 스와이플리의 평균적인 비용은 스퀘어보다 1스와이프당 1베이시스포인트

(0.01%) 더 저렴하다. 게다가 스와이플리가 클라우드를 기반으로 한 서비스면서 50개가 넘는 등록된 시스템들과 소통할 수 있기 때문에 상인들은 교육을 위한 도구를 구매하지 않아도 되며 그렇기에 그 도구들을 폐기할 필요도 없다.

그렇다면 스와이플리의 현재 상황은 어떠할까? 2013년 말, 스와이플리는 그들의 상인과 함께 10억 달러가 넘는 고객들의 거래를 담당하게 되었다.

출처 : E. Ducoff, "Swipely Reveals How Menu and Server Performance Impact Sales," *Swipely Press Release*, February 11, 2014; "Swipely Release Helps Operators Track Behavior," *QSR Magazine*, January 24, 2014; A. Wilhelm, "Now Processing $1B Annually, Swipely Announces a Partner Network to Support Growth," *TechCrunch*, September 24, 2013; E. Carlyle, "Plastic Insights," *Forbes*, May 27, 2013; O. Thomas, "When Hurricane Sandy Struck, This Company Changed Its Entire Sales Plan – In Minutes," *Business Insider*, January 19, 2013; L. Baverman, "Swipely Brings Big Data to Small Biz," *Upstart Business Journal*, November 8, 2012; T. Geron, "Swipely Expands Credit Card-Based Loyalty Service," *Forbes*, December 15, 2011; L. Gannes, "Swipely Aims to (Politely) Turn Purchases into Conversations," *GigaOM*, May 10, 2010; www.swipely.com, accessed February 4, 2014.

질문

1. 스와이플리로 하여금 시장에서 경쟁우위를 가질 수 있게 했던, 그리고 상인들이 얻게 된 이점에 대해 설명하라.

2. 제2장으로 되돌아가, 스와이플리가 상인으로서 전략적인 정보시스템의 역할을 제대로 했는가? 왜 그런가?

서론

현대 비즈니스의 엄청난 변화 중 하나는 **전자상거래**(e-commerce, EC)의 출현이다. 전자상거래는 광고에서부터 결제까지 비즈니스의 모든 기능 분야 및 기초 업무를 변화시키고 있다. 전자상거래의 영향은 매우 광범위하여 모든 조직에 영향을 미치고 있다. 이는 어떤 직종에서 일하는지와 관계없이 모든 회사에서 전자상거래를 실천하고 있을 가능성이 크다는 것을 의미한다.

전자상거래는 여러 가지 유의한 방법으로 조직에 영향을 미친다. 우선, 상품을 판매할 수 있는 다수의 잠재적 고객이라고 정의되는 소비자에 대한 기업의 접근성을 증대시킨다. 실질적으로 전자상거래는 기업이 낮은 비용으로 사업을 해외로 확장하고, 시장 점유율을 높이며, 비용을 절감할 수 있는 독보적인 기회를 제공한다. 전자상거래를 활용함에 따라 한때는 대기업들의 전유물이었던 시장 영역 내에서 다수의 소규모 기업들이 경쟁하고 있다.

전자상거래의 또 다른 주된 영향은 기존에 사업을 시작하려는 사업가들을 방해하던 수많은 장애물을 제거했다는 점이다. 전자상거래는 관련 웹사이트를 개발함으로써 스스로 기업을 운영할 수 있는 놀라운 기회를 준다.

전자상거래는 새로운 온라인 기업과 새로운 비즈니스모델의 개발, 그리고 전자상거래 관련 상품 및 서비스의 다양화를 가능하게 하여 과감히 경쟁의 본질을 변화시켰다. 제2장에서 학습한 경쟁전략을 떠올려보자. 특히 포터의 산업구조 분석모델에 대한 인터넷의 영향을 생각해보자. 인터넷은 해당 산업 내의 기업 지위를 향상시키거나 위협할 수 있다고 학습하였다.

이 장의 도입 사례를 보면 스와이플리가 상인들의 전자상거래 운영에 가치를 더하기 위해 어떻게 전자상거래 애플리케이션을 사용하고 있는지 확인할 수 있다. 나아가 스와이플리는 상인들이 고도의 경쟁 시장 속에서 경쟁우위를 획득할 수 있도록 돕는다.

대부분의 조직은 기업전략과 비즈니스모델에 영향을 주는 전자상거래 애플리케이션을 채용하게 될 것이기 때문에 전자상거래의 실용적 지식을 갖는 것은 중요하다. 이러한 지식은 조직에서 가치 있는 것이며, 전자상거래 애플리케이션이 기능 영역에서 빠르게 기여할 수 있도록 도와줄 것이다. 이 장 마지막의 '나를 위한 IT는 무엇인가?'를 읽음으로써, 기능 영역에서 논의되는 활동의 성과를 마음에 그려보라.

추후에는 도입 사례와 '비즈니스에서 IT 9.1'에서 제시한 것처럼 자신의 사업을 시작하거나 기업가가 되기 위하여 의사결정을 내리게 될 것이다. 플라이트카(FlightCar)의 두 창립자가 17

세웠다는 점이 흥미롭다. 자신만의 사업을 시작한다면, 전자상거래를 이해하는 것은 가장 기본적인 일이 될 것이다. 넓은 범위에서 사용되고 있는 전자상거래는 자신의 사업을 존속시키거나 위협할 수 있는 매우 중요한 것이기 때문이다.

이 장에서는 e-비즈니스의 주요 활용 사례들을 발견하고, 이를 뒷받침하기 위해 필요한 서비스들을 정의한다. 그리고 전자상거래의 중요한 형태를 학습한다. 이는 바로 B2C(business-to-consumer), B2B(business-to-business), C2C(consumer-to-consumer), B2E(business-to-employee), G2C(government-to-citizen) 전자상거래이다. 전자상거래의 빠른 성장으로 인하여 발생한 법적, 윤리적 문제를 확인함으로써 결론을 맺는다.

비즈니스에서 IT 9.1

플라이트카

대부분의 대도시에서는 공항에서 주차하는 것이 매우 어려운 일이다. 주차공간이 주차하기 힘들 수도 있고 비쌀 수도 있다. 게다가 당신이 돌아올 때까지 당신의 차는 그곳에서 당신을 기다릴 것이다. 플라이트카(www.flightcar.com)는 당신이 이곳에 없는 동안 당신의 차가 수익을 낼 수 있도록 변화시키고 싶어 한다.

플라이트카는 공항에 존재하는 플라이트카 주차공간에 그들의 고객들이 무료로 주차를 할 수 있도록 한다. 그 후 플라이트카는 그 차의 주인이 여행하고 있는 동안 다른 사람에게 대여해준다. 공항이 이런 벤처 기업들과 싸우는 동안 플라이트카는 앞으로 나아갔다.

플라이트카는 대여 수익을 다 합치면 100만 달러 정도 될 것이라고 확신했고, 운전이 미숙한 사람을 없애기 위해 미리 조사하여 차단했다. 만약 당신이 당신의 차를 대여하고 싶다면, 당신은 플라이트카 지역에 당신의 차를 주차시키면 된다. 플라이트카 관계 부서가 당신의 차를 체크인하면, 그들이 당신을 공항까지 태워다줄 것이다. 만약 당신의 차가 당신이 떠나 있는 사이에 대여된다면 당신은 1마일당 20센트씩 받게 된다.

당신이 돌아왔을 때 당신은 1-866-FLIGHTCAR에 전화하여 데리러 올 것을 요청하거나 플라이트카의 웹 애플리케이션을 이용할 수 있다. 플라이트카는 당신을 데리러 가기 위해 차를 보낼 것이다. 만약 당신이 그 차를 기다리기 원치 않는다면 플라이트카 주차장까지 택시를 타고 가서 회사에게 택시비를 요청할 수도 있다. 당신이 플라이트카의 주차장에 도착했을 때 당신의 차는 깨끗이 세차되고 청소까지 되어 있을 것이다. 또한 그 후에 당신은 당신의 차가 대여되었는지에 대한 확인 메일을 받을 수 있다.

지금까지는 플라이트카가 큰 사고를 경험하지 않았다. 만약 차가 사고를 당하면 플라이트카는 차 주인의 보험회사에 전화할 것이고 차주가 허락한다면 플라이트카는 차주가 돌아오기 전까지 그 차를 고치고자 노력할 것이다. 만약 회사가 그때까지 차를 수리하지 못한다면 차주에게 렌트카를 제공할 것이다.

2014년 중순쯤, 플라이트카는 보스턴, 로스앤젤레스, 샌프란시스코에 1만 3,000명의 고객과 6,000개의 임대를 활성화하게 되었다. 한 사용자는 그의 2011년식 현대 액센트를 대여해주며 플라이트카 서비스를 1년 동안 10번 정도 이용했다. 그의 차는 그 기간 중 절반 정도 동안 대여되었으며 100달

러 가까이 벌게 되었다. 또한 그는 공항에서의 주차비보다 많은 돈을 저축할 수 있었다. 그는 플라이트카의 가치를 소비자 서비스와 편리성의 조화라고 정의했다.

그러나 플라이트카는 문제점 또한 가지고 있다. 예를 들면 샌프란시스코의 도시는 P2P로 차를 공유하는 것과 플라이트카로 차를 대여하는 것의 차이점을 인정하지 않는다. 그 결과, 도시는 도시가 플라이트카로 잃게 된 세금과 비용에 대해 회사를 고소했다. (샌프란시스코는 자동차 대여 회사로부터 비용과 세금을 받기 때문이다.)

또 다른 문제점은 경쟁이다. 릴레이라이드(https://relayrides.com)와 허버(www.drivehubber.com)는 공항에서 이와 비슷한 서비스를 제공한다. 그러나 이 치열한 경쟁의 결과가 무엇이 될지는 두고 봐야 할 것이다.

출처 : R. Lawler, "Peer-to-Peer Car Rental Startup FlightCar Lands Some Senior Execs," *TechCrunch*, March 19, 2014; C. Forrest, "How Two 17-Year-Olds Disrupted the Transportation Industry, Got Sued, Got Funded," *TechRepublic*, February 21, 2014; J. Leo, "For Inexpensive Car Rental, Consider FllightCar.com," *The Los Angeles Times*, February 16, 2014; "FlightCar Launches New Service for Frequent Business Travelers to Participate in Peer-to-Peer Car Sharing," *PR Web*, February 4, 2014; "Travelport Teams Up with FlightCar," *Auto Rental News*, December 18, 2013; R. Lawler, "Airport Car Rental Startup FlightCar Launches at LAX, Unveils Mobile Web App," *TechCrunch*, November 13, 2013; C. Deamicis, "Let the Fight to the Car Sharing Death Begin: FlightCar Moves into Hubber's Territory," *Pando Daily*, November 13, 2013; J. Melvin, "Flightcar: San Francisco Sues Unruly SFO Car Rental Startup from Santa Clara," *San Jose Mercury News*, June 4, 2013; www.flightcar.com, www.drivehubber.com, https://relayrides.com, accessed March 20, 2014.

질문

1. 소비자에게 있어 플라이트카 비즈니스모델의 약점은 무엇인가? 구체적인 예시를 함께 제시하라.

2. 플라이트카가 시장에서 살아남을 수 있는가? 왜 그러한가? 의견을 보충 설명하라.

3. 당신은 플라이트카로 하여금 당신이 여행 가 있는 동안 차를 대여할 수 있도록 하겠는가? 왜 그런가? 의견을 보충 설명하라. 이 질문에 대한 당신의 답변이 2번 질문의 답에 영향을 미치는가?

9.1 e-비즈니스와 전자상거래의 개요

전자상거래 운영을 결정하려는 기업가 또는 기업은 반드시 효과적으로 이행하기 위한 전략을 개발해야 한다. 첫 번째 단계는 인터넷상의 웹사이트를 이용하여 비즈니스를 수행하길 원하는 명확한 이유를 결정해야 한다. 여기 웹사이트를 이용하려는 몇 가지 이유가 있다.

- 상품과 서비스를 판매하기 위해
- 사람들을 실제 장소로 방문하도록 만들기 위해
- 운영비용과 거래비용을 줄이기 위해
- 평판을 향상하기 위해

웹사이트는 이러한 목적을 달성시킬 수 있다. 그러나 기업 혹은 개인이 대체자원을 가지고 있지 않는 한, 단시간 안에 이 모든 것을 달성하기 어렵다. 각각의 목표를 달성하기 위한 적합한 웹사이트는 다소 차이점이 있을 것이다. 자신의 웹사이트를 수립하기 위하여, 상거래뿐만 아니라 사이트 트래픽을 발생시키고 유지하는 방법도 반드시 고려해야 한다. 중요한 점은 바로 당신이 전자상거래의 다양한 관점을 학습하면서 조직 또는 기업가로서의 전략을 마음에 품어야 한다는 것이다. 그러면 사용하고자 하는 웹사이트 유형에 대하여 올바른 판단을 할 수 있을 것이다.

이 절은 e-비즈니스와 전자상거래의 기초를 다루고 있다. 우선 당신은 두 개념을 정의하고 순수 전자상거래와 부분 전자상거래에 대하여 배우게 될 것이다. 그리고 전자상거래의 다양한 유형에 대하여 살펴본다. 다음으로 기업과 사람들이 인터넷을 통하여 구매하고 판매하는 전자상거래 방법에 중점을 둔다. 전자상거래의 이점과 한계를 고려함으로써 이 절을 결론 짓는다.

정의 및 개념

전자상거래는 인터넷을 포함한 컴퓨터 네트워크를 통하여 상품, 서비스, 정보를 구매, 판매, 전달 또는 교환하는 일련의 과정으로 설명된다. **e-비즈니스**(electronic business)는 조금 더 넓은 개념을 갖는다. e-비즈니스는 상품과 서비스의 구매 및 판매를 포함함은 물론, 서비스 받는 고객, 사업 파트너와의 협업, 조직 내의 전자거래 성과와 관련이 있다.

전자상거래는 디지털화의 정도에 따라서 특정 형태로 나뉠 수 있다. 디지털화 정도는 상거래가 물리적인 상태에 디지털화로 변한 범위를 의미한다. 이러한 개념은 상품 또는 서비스의 판매와 중개인이 관련되어 있다. 다시 말해, 상품이 물리적 형태거나 디지털 형태가 될 수 있고, 전달 중개인이 물리적 형태거나 디지털 형태가 될 수 있다.

전통적인 상거래에서는 모든 것이 물리적 형태이다. 순수하게 물리적 형태의 조직은 **오프라인 조직**(brick-and-mortar organization)이라고 한다(brick-and-mortar라는 용어로도 사용된다). 대조적으로, 순수한 전자상거래는 모든 것이 디지털이다. 순수한 전자상거래에서 기업은 **가상**(또는 **집중투자**)**조직**[virtual (or pure-play) organization]으로 간주된다. 디지털 형태와 물리적 형태가 혼합된 모든 조합들은 **부분적 전자상거래**로 간주되지만 순수한 전자상거래는 아니다. **온·오프라인 결합형 조직**(click-and-mortar organization)은 중요한 사업은 물리적 세계에서 운영하면서 다른 활동들은 전자상거래로 운영한다. 이는 *clicks-and-bricks*라고도 한다. 온·오프라인 결합형 조직은 부분적 전자상거래의 예시가 된다. 현재 전자상거래는 사람들이 기대하는 형태의 서비스를 기업이 제공함으로써 확실히 자리매김하고 있다.

월마트 온라인에서 셔츠를 구매하는 것과 아마존닷컴에서 책을 구매하는 것은 부분적 전자상거래에 해당한다. 왜냐하면 상품을 디지털 방식으로 구매 및 지불하고, 물리적 방식으로 FedEx 또는 UPS로 배송받기 때문이다. 대조적으로, 아마존닷컴에서 전자책 구매나 바이닷컴(buy.com)에서 소프트웨어 상품 구매는 순수한 전자상거래다. 왜냐하면 상품의 배달, 지불, 배송 전체 과정이 디지털화되어 있기 때문이다. 혼란을 피하기 위하여 우리는 순수 전자상거래와 부분적 전자상거래 모두를 포괄하여 전자상거래라는 용어를 사용한다.

전자상거래 유형

전자상거래는 다양한 주체로부터 실행된다. 이 절에서 우리는 전자상거래의 여섯 가지 일반적인 유형을 배울 것이다. 그리고 세 가지 형태(C2C, B2E, 전자정부)에 대해서 자세히 학습할 것이다. 그리고 B2C와 B2B는 상당히 복잡하기 때문에 다음 장에서 따로 배우게 될 것이다.

- B2C(business-to-consumer electronic commerce) : B2C에서 판매자는 기업조직이며, 구매자는 개인이다. 9.2절에서 B2C 전자상거래에 대해 배운다.
- B2B(business-to-business electronic commerce) : B2B 거래에서는 모든 구매자와 판매자가 기업조직이다. 전자상거래 규모의 대다수가 이러한 유형이라고 할 수 있다. 9.3절에서 B2B 전자상거래에 대해 배우게 된다. 또한 그림 1.5는 B2B 전자상거래를 보여주고 있다.
- C2C(consumer-to-consumer electronic commerce) : C2C에서는 개인이 상품 또는 서비스를 다른 개인에게 판매한다. 인터넷에서 C2C 실행을 위한 가장 중요한 전략은 경매와 안내 광고이다.

수십 개국에서 경매 사이트의 C2C 판매 및 구매는 폭발적이다. 대부분의 경매는 이베이(www.ebay.com)와 같은 중개자로부터 실시된다. 소비자는 경매를 진행하며 개인 및 조직을 도와주는 서비스 및 소프트웨어 판매기업인 www.auctionanything.com 같은 일반적 사이트를 선택할 수 있다. 더불어 많은 개인들이 자기 자신의 경매를 진행한다.

온라인 안내 광고의 중요한 범주는 인쇄광고에서 찾아볼 수 있는 것과 비슷하다. 범주는 차량, 부동산, 고용, 애완동물, 티켓, 여행, 안내광고 등으로 대부분의 인터넷 서비스 공급자(AOL, MSN 등), 인터넷 포털(Yahoo! 등), 온라인 신문으로부터 이용 가능하다. 이러한 사이트의 대다수는 구매자의 검색 범위를 좁힐 수 있도록 도와주는 검색 엔진을 포함하고 있다. 크레이그리스트(www.craigslist.org)는 가장 큰 온라인 안내광고 공급자이다.

인터넷 기반의 안내광고는 전통적인 안내광고에 비해 하나의 가장 큰 장점을 가지고 있다. 지역적으로 국한되지 않고 전 세계 독자에게 도달할 수 있게 해준다. 이러한 넓은 지역의 독자들은 상품 공급과 서비스 그리고 잠재적 구매자의 수를 크게 증가시킨다. 구매 또는 판매행위에 중요한 영향을 미치는 확장된 지리적 범위의 가치가 가장 중요하다. 예를 들어 지리적으로 1,000마일 이상 멀리 떨어진 기업으로부터 소프트웨어를 구매할 수 있게 된다.

- B2E(business-to-employee) B2E에서 조직은 직원에게 정보와 서비스를 제공하기 위하여 내부적으로 전자상거래를 사용한다. 예를 들면 기업은 종업원에게 전자적으로 복리후생을 지원해주거나, 직원들을 교육훈련 수업을 제고할 수 있도록 한다. 더불어 종업원은 기업 인트라넷에서 할인된 보험, 여행 패키지, 이벤트 티켓을 구매할 수 있다. 또한 종업원들은 전자적으로 부품 및 재료를 주문할 수 있다. 마지막으로 많은 기업들이 자사 종업원에게 자사의 상품을 항상 할인된 가격으로 판매하는 전자기업 몰을 가지고 있다.
- 전자정부(e-Government) 전자정부는 일반적인 인터넷 기술을 사용한다. 그리고 시민들, 비즈니스 파트너 및 공급자에게 정보와 공공 서비스를 제공하기 위하여 특화된 전자상거

래를 사용한다. 시민들을 대상으로 한다면 G2C(government-to-citizen) 전자상거래로 불리며, 비즈니스 파트너 및 공급자를 대상으로 한다면 G2B(government-to-business) 전자상거래로 불린다. G2B 전자상거래와 B2B 전자상거래는 개념적으로 비슷하다. 그러나 G2C 전자상거래의 기능은 민간부문의 B2C 전자상거래와 개념적으로 다르다.

- 전자정부는 또한 시민들이나 기업들 또는 정부 내부에서 상거래를 수행할 때 효과적인 방법이다. 전자정부는 특히 공공 서비스를 제공하는 데 더 효과적이고 효율적이도록 만든다. G2C 전자상거래의 한 예는 정부가 사회보장연금과 연금지불과 같이 보조금을 지급할 때 수취인의 은행 계좌로 바로 전송하는 것이다.

- 모바일 커머스(mobile commerce) 모바일 커머스라는 용어는 무선 환경에서의 실행 가능한 전자상거래로 표현된다. 이러한 대표적인 예는 인터넷상점을 휴대전화로 이용하는 것이다. 모바일 커머스는 제10장에서 배울 것이다.

전자상거래의 각 형태는 하나 혹은 여러 비즈니스모델에서 실행된다. **비즈니스모델**(business model)은 기업이 존속하기 위하여 이익을 발생시키는 방법이다. 표 9.1은 중요한 전자상거래 비즈니스모델을 요약하여 보여준다.

표 9.1 전자상거래 비즈니스모델

온라인 직접 마케팅	제조사 또는 소매업자가 소비자에게 직접 판매한다. 디지털 상품과 서비스에 매우 효과적이다. 상품 또는 서비스의 개인화가 가능하다. (예 : www.dell.com)
전자 입찰 시스템	사업이 공급자로부터 요청된다. 역경매 제도와 함께 B2B에서 사용된다.
지불 의사 가격 결정	소비자가 구매의사 가격을 결정한다. 중개인은 공급자를 찾아 연결시켜준다. (예 : www.priceline.com)
최저 가격 찾기	고객은 요구를 명시한다. 중개인은 공급자를 비교하고 가장 낮은 가격을 보여준다. 반드시 소비자는 단시간에 거래를 수용해야 한다. 그렇지 않으면 거래는 취소될 수 있다. (예 : www.hotwire.com)
협업 마케팅	공급업체는 파트너 사이트에 로고(또는 배너)를 삽입할 수 있도록 요청한다. 만약 소비자가 로고를 클릭한다면 공급업체의 사이트로 이동하게 되고, 이동 후 구매한다면 공급업체는 파트너에게 수수료를 지불한다.
바이럴 마케팅	수신자가 자신의 친구에게서 상품에 대한 정보를 발송한다.
공동 구매 (e-coops)	소량 구매자들이 대량으로 수요를 종합하여 그룹으로 낮은 가격의 입찰 또는 협상을 시도한다.
온라인 경매	기업은 인터넷상에서 다양한 형태의 경매를 진행한다. C2C에서 매우 인기가 있으며, 여러 유형의 전자상거래에서 진행된다. (예 : www.ebay.com)
고객화된 제품	고객은 자가 설정 상품 및 서비스를 위하여 인터넷을 사용한다. 판매자는 가격을 결정하여 빠르게 제공한다(주문생산 방식). (예 : www.jaguar.com)
전자시장과 교환	전자 마켓플레이스(개인 또는 공공)에서 거래가 효율적(구매자와 판매자에 대한 정보가 많고 교환 거래비용이 낮음)으로 실행된다.
온라인 물물교환	중개인은 온라인 물물교환을 관리하고 회사는 이러한 기여로 '포인트'를 받는다. 그리고 그 포인트는 다른 필요로 하는 상품 구매에 사용될 수 있다. (예 : www.bbu.com)
가격 할인	기업이 상당히 높은 가격 할인을 제공한다. 구매 결정에 있어 가격을 고려하는 고객에게 어필한다. (예 : www.half.com)
멤버십	오직 가입자만이 특정 정보 및 거래 진행 등의 서비스에 접근하여 사용할 수 있다. (예 : www.egreetings.com)

전자상거래 주요 메커니즘

기업과 고객은 인터넷의 다양한 방법으로 물품을 매매할 수 있다. 가장 널리 사용되는 메커니즘은 전자 카탈로그, 전자경매, 전자상점, 전자몰, 전자시장이다.

카탈로그는 종이로 인쇄되어 제공되었지만 오늘날에는 인터넷을 통한 카탈로그 제공이 가능하다. 전자 카탈로그는 상품의 데이터베이스, 디렉터리, 검색 기능과 설명 기능을 포함하고 있다. 이러한 것들은 전자상거래의 핵심이라고 할 수 있다.

경매(auction)는 판매자가 구매자에게 연속적으로 입찰을 요구하거나, 구매자가 판매자에게 입찰을 요구하는 상황에서의 경쟁 과정이라고 할 수 있다. 경매의 가장 중요한 특성은 경쟁입찰에 따라 가격이 역동적으로 결정된다는 것이다. 전자경매(e-auction)는 고객 기반 확대와 경매의 순환시간 단축으로 보통 판매자의 이익을 증대시킨다. 구매자는 일반적으로 낮은 가격으로 매매가 가능하기 때문에 전자경매로부터 이점을 가진다. 더불어, 전자경매는 경매를 위하여 실제 장소에 반드시 방문해야 할 필요가 없다.

인터넷은 관리비용이 적게 들고 많은 판매자와 구매자가 참여하는 경매를 만들기 위해 효율적인 인프라를 제공한다. 개인 소비자와 기업이 주로 경매에 참여하는데, 경매는 크게 일반 경매와 역경매로 나눌 수 있다.

일반경매(forward auction)는 판매자들이 많은 잠재적 구매자에 대한 경로로 사용하는 경매이다. 일반적으로 판매자가 경매사이트에 상품을 올려놓는다. 그리고 구매자들이 상품에 대하여 지속적으로 입찰을 한다. 가장 높은 입찰자가 해당 물품을 획득하게 된다. 판매자와 구매자는 개인 및 기업이 될 수 있다. 가장 인기 있는 경매사이트인 eBay.com이 일반경매의 형태다.

역경매(reverse auction)에서는 상품 또는 서비스를 원하는 구매자가 견적 요청(request for quotation, RFQ)을 웹사이트에 등록한다. 견적 요청은 원하는 구매와 관련된 자세한 정보를 제공한다. 공급자는 구매 요청서를 보고 전자적 방법으로 가격을 제시한다. 다른 모든 조건이 동등하다면 가장 낮은 금액의 입찰이 경매에서 승리한다. 역경매는 물품 수량과 가격 측면에서 큰 규모의 구매에 가장 일반적인 경매모형이다. 정부와 큰 기업들은 구매자에게 상당히 절약된 금액을 제공하는 역경매 접근법을 종종 이용한다.

경매는 판매자 사이트, 구매자 사이트, 제3자 사이트에서 실행될 수 있다. 예를 들어 제3자 웹사이트로 가장 잘 알려진 이베이는 다양한 경매 형태로 수십만 개의 상품을 제공한다. 전반적으로 아마존닷컴(amazon.com), 델옥션(dellauction.com)을 포함한 300개 이상의 주요 기업에서 온라인 경매를 제공한다.

전자상점은 단일상점으로 보여지는 웹사이트이다. 사이버 몰 또는 e-몰로 잘 알려진 전자몰은 하나의 인터넷 주소하의 개인상점을 수집해 놓은 형태이다. 전자상점과 전자몰은 B2C 전자상거래와 가장 가깝다. 위에서 언급한 각각에 대해서는 9.2절에서 자세하게 배울 것이다.

전자시장(e-marketplace)은 다수의 구매자와 판매자가 전자상거래와 e-비즈니스 활동을 실현할 수 있도록 웹상에 위치한 가상 시장이다. 전자시장은 B2B 전자상거래와 관련이 있다. 9.3절에서 전자시장에 대하여 학습한다.

전자결제 메커니즘

전자상거래에서 물건을 구매하고 팔기 위해서는 반드시 전자 지불이 필요하다. 이런 **전자결제 시스템**(electronic payment mechanism)은 물건 혹은 서비스 구매비용을 온라인상에서 지불할 수 있게 해준다. 결제와 지불은 오프라인이건 혹은 온라인이건 상관없이 가장 중요한 비즈니스 프로세스 중 하나이다. 과거 전통적인 상점은 주로 현찰과 수표가 주요 지불 결제수단이었다.

사실 이런 전통적인 지불 결제수단은 전자상거래 기업(특히 B2B)에게는 적합하지 않다. 구매자와 판매자가 직접 보고 거래를 하는 것이 아니기 때문에 현금은 사용할 수 없다. 그렇다고 항상 신용카드나 직불카드를 사용할 수는 없다. 어떤 상점에는 신용카드 혹은 직불카드를 받을 수 있는 시스템이나 계좌가 없기 때문이다. 끝으로 전화나 우편으로 지불하고 결제하는 것은 인터넷을 통한 결제보다 훨씬 더 위험하고 불안정하다. 따라서 전자상거래를 위해서는 온라인 지불 결제가 반드시 필요하게 되었다. 전자수표, 전자신용카드, 구매카드, 전자현찰이라는 네 가지 온라인 지불 결제에 대하여 알아보자.

전자수표 전자수표(electronic checks 혹은 e-Checks)의 개념은 일반 종이로 된 수표와 비슷하다. 일반적으로 B2B 거래에 많이 사용된다. 전자수표를 사용하고 싶어 하는 고객은 먼저 은행에 계좌를 개설해야 한다. 그리고 고객이 물건을 온라인상에서 구매하고, 이메일로 암호화된 전자 수표를 판매자에게 보내면 된다. 그 후 판매자가 받은 전자수표를 은행계좌에 입금하면, 구매자의 은행에서 판매자의 은행계좌로 그만큼의 돈이 이체된다.

일반수표와 마찬가지로 전자수표 역시 서명을 필요로 한다. 미국의 경우 이런 전자서명은 www.authorize.net에서 검증된다. 적법하게 서명되고 이서된 전자수표는 어음교환소(Clearinghouse, 한국의 경우 거래소가 이런 역할을 함)를 통하여 금융기관(은행) 간에 서로 교환이 된다(www.eccho.org 혹은 www.troygroup.com 참조).

전자신용카드 다양한 종류의 전자신용카드가 존재한다. 이런 카드들은 전자신용카드, 가상신용카드, 구매카드, 가치가 저장된 현금카드 등 다양한 목적으로 사용된다.

전자신용카드는 온라인 결제를 고객의 신용카드 계좌를 통해 지불할 수 있게 한다. 소규모 기업이나 개인의 B2C 결제에 많이 사용된다. 그림 9.1은 어떻게 전자신용카드가 사용되는지 보여준다.

- 1단계 : 아마존에서 책을 구매한다고 가정하자. 그러면 당신의 신용카드 정보와 구매 정보는 먼저 웹브라우저에서 암호화된다. 이는 개인 정보와 카드 정보가 개인의 컴퓨터에서 아마존으로 전송될 때 안전하게 만들어준다.
- 2단계 : 개인 정보가 아마존에 도달하였다 해도 바로 열리지 않는다. 이 암호화된 정보는 바로 어음교환소로 전달된다. 이 어음교환소에서 암호화된 정보를 풀고 인증하게 된다.
- 3단계 : 어음교환소가 당신의 신용카드를 발급한 은행에게 직접 당신의 정보가 정확한지 묻고 확인한다.
- 4단계 : 당신의 신용카드를 발급한 은행은 당신의 정보를 확인하고 어음교환소에 문제가 없음을 보고한다.
- 5단계 : 어음교환소는 아마존에 당신의 신용카드 정보에 문제가 없음을 알려준다.
- 6단계 : 아마존은 당신에게 구매가 문제 없이 이루어짐을 알려준다.
- 7단계 : 당신의 신용카드를 발급한 은행은 당신이 구매한 금액을 아마존으로 보내준다.
- 8단계 : 당신의 신용카드를 발급한 은행은 당신이 사용한 신용카드 정보를 알려준다.

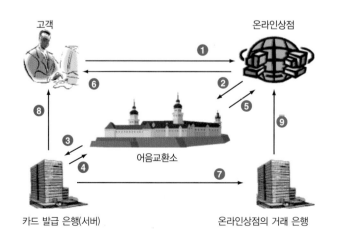

그림 9.1 전자 신용카드 사용 프로세스(표시된 숫자는 흐름을 나타냄)

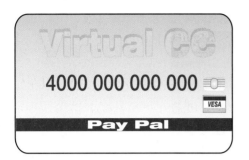

그림 9.2 가상신용카드 번호의 예

© Mike Clarke/AFP/Getty Images/NewsCom

그림 9.3 구매카드의 예

© Clarence Holmes Photography/Alamy

그림 9.4 뉴욕 시의 교통카드

© MARKA/Alamy

그림 9.5 스마트카드는 다양한 목적으로 사용될 수 있다.

- 9단계 : 아마존 거래은행은 해당 금액이 아마존 거래은행에 입금됨을 알려준다.

가상신용카드는 고객들이 온라인을 통해 쇼핑을 할 수 있도록 해준다(그림 9.2). 이런 카드들은 일회용이다. 고객들이 온라인에서 쇼핑할 때마다 이 일회용 신용카드 번호는 계속 바뀜으로써 범죄를 예방한다. 이런 가상 신용카드 번호는 구매를 하는 웹사이트에서만 유효하다. 가상 일회용 신용카드 번호로 구매한 내역 역시 일반 신용카드 구매와 똑같이 표시된다.

구매카드(purchasing card)는 B2B 거래에서 사용되는 전자신용카드를 말한다(그림 9.3). 어떤 나라에서는 이런 구매카드는 기업간 거래의 주요 결제수단으로 사용되기도 한다. 일반적인 카드는 약 30~60일 정도 결제 기간이 있지만, 이런 전자구매카드의 결제는 대부분 1주일 안에 빠르게 이루어진다.

가치가 저장된 현금카드(stored-value money card)는 미리 금액을 넣어두고 필요할 때마다 사용할 수 있다. 저장된 현금카드는 복사를 하거나 지하철, 버스 등을 탈 때 현금처럼 이용할 수 있다. 이 카드는 개인이 저장한 금액만큼만 언제든지 사용할 수가 있다. 또한 사용한 금액만큼 카드에서 차감이 된다. 그림 9.4는 뉴욕의 교통카드를 보여준다.

스마트카드(smart card)는 저장된 현금카드에 비해 훨씬 많은 정보를 담을 수 있으며 '칩(chip)'의 형태로 저장된다(그림 9.5). 스마트카드는 다양한 방식으로 사용된다. 예를 들어 스마트카드는 신용카드처럼 혹은 직불카드나 저장된 현금카드처럼 사용될 수 있다. 이 스마트카드는 적은 금액을 지불할 때 많이 사용된다.

일대일 지불 일대일 지불(person-to-person payment)은 신용카드 없이 개인 대 개인 혹은 개인 대 기업 간에 지정된 상대방 간에만 사용되는 전자현금이라 할 수 있다. 이 분야에서 선두기업은 바로 페이팔(이베이 소유)이다. 이와 같은 페이팔 서비스의 가장 안정적이고 편리한 점은 개인이 원하는 만큼 돈을 넣고 사용할 수 있다는 점이다. 따라서 페이팔 계정이 해킹당해도, 페이팔에 넣은 금액만큼만 해커가 접근할 수밖에 없다.

이런 일대일 지불 방식은 다음과 같이 사용된다. 첫째, 개인이 서비스업체(예 : 페이팔)를 선정하고 계좌를 만든다. 이 단계에서 개인의 정보와 아이디, 비밀번호, 그리고 신용카드 정보, 은행계좌 정보 등을 제공한다. 둘째, 개인의 기존 은행계좌에서 돈을 서비스 업체에서 만든 그 개인의 계좌로 이체한다. 그 다음에는 현금을 다른 사람에게 자유롭게 보낼 수 있게 된다. 단순히 서비스 업체(예 : 페이팔)에 아이디와 비밀번호로 접속하고, 돈을 받는 사람의 이메일을 기입하여 원하는 금액의 돈을 보내면 된다. 돈을 받는 사람은 이메일을 열어 확인할 수 있다. 그 이메일에는 서비스 업체의 링크가 포함되어 있다. 그 링크를 클릭하게 되면, 해당 서비스 업체에 가입하거나 로그인하게 되어 있다. 그 후에 돈을 받은 사람은 그 돈을 그 사람의 서비스 업체 계좌로 옮기거나 혹은 다른 은행계좌로 옮길지 결정하면 된다. 페이팔은 거래당 약 1달러의 수수료를 받고 있다.

전자상거래의 이점과 한계점

전자상거래로 인한 혁신은 조직, 개인, 그리고 사회에 많은 이익을 제공한다. 전자상거래는 지역 및 세계 시장에 접근 가능하게 하며, 구매절차, 유통, 정보검색의 낮은 비용으로 조직에게 이익을 가져다준다. 소비자는 하루 종일 다양한 상품과 서비스에 접근할 수 있으므로 이점을 가진다. 사회에 대한 중요한 이점은 도시, 지방, 개발도상국의 사람들에게 정보, 서비스, 상품을 쉽고 편리하게 전달할 수 있는 능력에 있다.

이러한 모든 이점에도 불구하고 전자상거래는 몇 가지 한계점을 가진다. 기술적, 비기술적 부분 모두에서 성장과 수용의 제약을 가진다. 가장 중요한 문제는 수용 가능한 보안표준의 부재이다. 또한 저개발국가들에서 통신광대역은 불충분하며 웹사이트 접근을 위하여 많은 비용이 든다. 비기술적인 한계점은 전자상거래에서 해결되지 못한 법적 문제 등으로 인한 불안감이다. 시간이 지남에 따라 이러한 한계점은 점차 줄어들고 극복될 것이다. 실제로 '비즈니스에서 IT 9.2'에서 개발도상국이 어떻게 한계점을 극복하고 있는지 두 가지 예를 통해 확인할 수 있다.

비즈니스에서 IT 9.2

개발도상국에서 전자상거래의 한계점 극복하기

중국. 거듭되는 식품 안전 사태로 인해 중국의 큰 도시에서 자연 식품이나 전통적으로 재배된 음식에 대한 수요가 생겨났다. 이때 생겨난 새로운 시장의 두 수혜자는 그들의 작은 농장에서 무를 재배하던 리청카이(83세)와 청유펑(76세)이다. 이 두 사람이 글을 모르고 자신의 지역 방언만 말할 수 있음에도 불구하고 그들은 전자상거래를 통해 도시에 살고 있는 맛있고 안전한 식품을 위해 가격을 더 지불할 용의가 있는 소비자들에게 그들의 상품을 판매할 수 있다. 그들이 전자상거래를 시작한 것은 다음과 같다.

26세의 '마을 공무원'인 장유와 다른 젊은 마을 공무원들은 전통적 방식으로 자신들의 지역에서 재배한 신선한 농작물에 관한 정보를 올리기 위해 중국의 마이크로블로킹 웹사이트인 시나 웨이보(http://english.sina.com/weibo)에 새로운 계정을 만들었다. 얼마 지나지 않아 그들은 지역 농부와 도시 소비자들을 연결시키기 위해 알리바바 그룹의 타오바오 웹사이트를 통해 온라인 스토어를 시작했다. 공식적으로 젊은 마을 공무원들의 농장(Young Village Officials' Farm)이라고 알려진 이 온라인 식료품점은 베이징과 상하이 그리고 다른 여러 곳에서도 고객들을 많이 보유하게 되었다. 또한 그들의 웨이보 팔로워 수는 1만여 명에 달한다. 소비자들은 온라인으로 주문을 하고 장은 주문에 대해서 말로 전달해 주기 위해 농부들을 직접 찾아간다. 장은 물류, 선박, 상품의 품질 경영 등을 관리한다.

장은 이 식료품이 성공할 수 있었던 이유가 지역 농작물 방식에 대한 새롭게 환기된 관심(소셜미디어에서 말한 것처럼)과 엄격한 품질 관리라고 주장한다. 한 가정의 월평균 소득이 600위안(약 99달러) 정도밖에 되지 않는 지역에서, 온라인 식료품점에서 농작물을 판매하는 농부들은 그들의 소득을 3분의 1가량 높일 수 있었다.

나이지리아. 나이지리아에는 '라고스를 한 번 가는 것만으로도 당신은 당신의 집을 가득 채울 수 있을 것이다'라는 오래된 속담이 있다. 오늘날 당신은 공격적으로 물건을 파는 수천 명의 행상인으로부터 혹은 복잡한 도시의 한가운데서, 칼이나 가구에서부터 음식, 장식품까지 모든 것을 살 수 있다. 불행히도 지역에서 쇼핑을 하는 것은 역사적으로 더 높은 가격과 적은 선택권, 그리고 매장에 가기 위해 몇 시간씩을 교통체증 속에서 소비하는 것을 의미해 왔다.

그러나 오늘날 나이지리아 사람들에겐 보다 폭넓은 쇼핑을 위한 다른 선택권이 있다. 바로 온라인 시장인 주미아(www.jumia.com.ng)이다. 예를 들어 Gbemigaa Omotoso가 삼성의 태블릿을 작년에 샀을 때, 그는 차 안에 있던 남자에게 그의 돈을 넘겼다. 이 거래는 온라인 소매업자 주미아가 나이지리아에서 물건을 판매할 때 새로운 도전을 접목하고자 한 노력 중 하나이다. 1억 6,000만 명의 나이지리아 사람 중 대부분이 온라인 결제를 잘 믿지 못하고 있을 때, 라고스에 기반을 둔 소매업자들은 배달 시 결제를 하는 서비스와 무료 반품 서비스를 제공함으로써 소비자들의 걱정스러운 생각을 뒤엎었다.

주미아와 또 다른 라이벌 콩가(www.konga.com)는 전자기기와 의류, 냉장고까지도 나이지리아 사람들의 집 앞까지 배달해주고 있다. 온라인 사기에 대한 두려움을 없애고 나이지리아 사람들에게 온라인에서 안전하게 쇼핑하는 방법을 알려주기 위해, 회사는 라고스와 포트 하커트(Port Harcourt) 같은 큰 도시들을 방문한 200명의 사람으로 구성된 직속 영업팀을 꾸렸다. 주미아의 로고가 새겨진 외투를 입고 교회나 집 등 어느 곳에서든 즉석에서 설명회를 가졌다. 그들은 소비자들에게 온라인 주문을 하는 법을 알려주었고 그들의 질문에 답해주는 시간을 가졌다.

주미아는 200개 정도 되는 자신들만의 운송수단을 구축하고 있다. 그중 3분의 2가 교통체증 속에서도 길을 찾기 쉬운 오토바이로 구성되어 있다. 도난 사고를 최소화하기 위해 마지막 배송은 저녁 7시에 이루어진다. 회사는 라고스에 있는 창고에서 9만 제곱피트 안에 있는 그 어떤 제품이라도 같은 도시에 있는 지역이라면 하루 안에, 같은 나라라면 어떤 곳이든 5일 안에 배송해줄 것을 고객들과 약속했다.

주미아에는 600명의 직원이 있다. 회사는 케냐와 모로코, 아이보리코스트, 이집트, 우간다, 남아프리카공화국에서도 서비스를 제공한다. 아직까지 큰 수익은 없어도, 주미아는 빠르게 판매가 확장되고 있음과 동시에 월마다 '200만 달러'의 수익을 내고 있다고 주장한다.

출처 : "'Taobao Village' Phenomenon Boosts E-Commerce in Rural China," *Fashionbi 247*, March 5, 2014; C. Larson, "In Rural China, You Don't Have to Read to Buy and Sell Online," *Bloomberg BusinessWeek*, February 17–23, 2014; "Ecommerce Transforms Rural Chinese Villages," *Financial Times*, February 16, 2014; B. Marino, "Alibaba Opens Ecommerce Door for Chinese Villagers," *Financial Times*, February 16, 2014; J. Erickson, "Viral Villages: E-Commerce Is Spreading in China's Agrarian Hinterlands," *Alizila*, February 11, 2014; K. Mbote, "Uganda: Jumia Extends Services to Uganda," *CIO East Africa*, February 8, 2014; P. Adepoju, "Jumia Nigeria Wins Best Online Retail Brand of the Year Award," *Biz Community*, January 31, 2014; B. Tan, "The Social Side of E-Commerce: Lessons from Rural China," *The Conversation*, January 6, 2014; "E-Commerce Booming in Africa," *IT Web Retail Technology*, December 10, 2013; C. Kay, C. Spillane, and J. Kew, "Trying to Build the Next Amazon – In Nigeria," *Bloomberg BusinessWeek*, November 25–December 1, 2013; C. Sheets, "Nigeria's Jumia: The Company Behind the 'Amazonification' of Africa," *International Business Times*, September 18, 2013; http://english.sina.com/weibo, www.jumia.com.ng, accessed March 21, 2014.

질문

1. 젊은 마을 공무원들의 농장(Young Village Officials Farm)과 주미아가 어떻게 전자상거래의 한계를 극복했는지 설명하라. 구체적인 예를 함께 제시하라.

2. 전자상거래가 중국의 시골 농부들에게 가져다준 이점은 무엇인가(수익이 늘어난 것 말고도 무엇이 있는가)?

3. 나이지리아 사람들에게 전자상거래가 가져다준 이점은 무엇인가?

다음 절로 넘어가기 전에…

1. 전자상거래를 정의하고 e-비즈니스와 구분하라.
2. B2C, B2B, C2C와 B2E 전자상거래를 구분하라.
3. 전자정부를 정의하라.
4. 일반경매와 역경매를 논의하라.
5. 다양한 온라인 지불 결제 방법을 논의하라.
6. 전자상거래의 이점과 한계점을 확인하라.

개념 적용 9.1

학습목표 9.1 전자상거래의 여섯 가지 일반적인 유형을 기술한다.

1단계 – 배경(당신이 배워야 하는 것)

오늘날에는 작은 사업체들을 위한 전자상거래를 현실화하는 데 집중하고 있는 회사들이 많다. 아마존이나 야후, 페이팔, 그리고 다른 독립체들 역시 작은 기업들이 제품을 판매하는 데 필요한 모든 것을 제공하는 서비스를 제공하고 인터넷 사용에 대한 비용을 받고 있다. 사실, 많은 소비자들은 앞서 언급된 큰 회사들의 안전성을 믿기 때문에 이 회사들을 통해 거래가 이루어지기 원한다.

2단계 – 활동(당신이 해야 하는 것)

http://ww.wiley.com/go/rainer/MIS3e/applytheconcept를 방문해서 이 절에 해당하는 링크를 클릭하면 페이팔 웹사이트에 도달할 수 있을 것이다. 페이지 가장 위에 있는 비즈니스 링크를 클릭하면 페이팔이 사업체와 고객들에게 얼마나 편리한 결제 방식을 제시하는지 알 수 있을 것이다.

3단계 – 과제(당신이 제출해야 하는 것)

전자상거래의 여섯 가지 공통점을 묘사하고 목록을 나누는 표를 작성하고 제출하라. 페이팔이 지지하는 것은 무엇이고 아닌 것은 무엇인가? 두 번째 그룹에 대해, 그들이 왜 지지받지 못했는지 설명할 수 있는가? 페이팔 역시 이 그룹으로 옮겨와야 하는가?

9.2 B2C 전자상거래

B2B 전자상거래는 B2C 전자상거래보다 훨씬 큰 규모이다. 하지만 B2C 전자상거래가 더 복잡하다. 그 이유는 다수의 구매자가 상대적으로 소수의 판매자와 하루에 수백만 번의 다양한 거래가 진행되기 때문이다. 예로서, 아마존 같은 온라인 소매점에서는 고객에게 수천 개의 상품이 제공되고 있다. 각각의 소비자가 상대적으로 소량의 상품을 구매하지만, 아마존은 1명의 고객을 가장 중요하게 여기며 거래를 관리한다. 각각의 주문은 빠르고 효율적으로 처리되며, 상품은 빠른 방법으로 소비자에게 배송된다. 더불어 반품도 관리한다. 이러한 간단한 예가 수백만으로 증가하게 되면 B2C 전자상거래의 복잡성을 느낄 수 있을 것이다. 전반적으로 B2B 복잡성은 사업과 관련된 경향이 있다. 반면에 B2C의 복잡성은 기술 및 규모에 더 관련되는 경향이 있다.

이 절에서는 B2C 전자상거래의 가장 중요한 문제를 설명한다. 고객들이 웹상의 기업에 접근하기 위하여 활용하는 두 가지 기초적인 방법을 배우게 될 것인데, 전자상점과 전자몰이 그것이다. 웹상에서 상품을 구매할 뿐만 아니라, 고객은 온라인 서비스에 접근한다. 따라서 다음 절에서는 뱅킹, 일자리 탐색, 안심거래, 여행 같은 온라인 서비스에 대해 알아본다. B2C 전자상거래는 판매자가 해결해야 할 두 가지 과제를 가지고 있다. 그것은 채널갈등과 주문 충족 프로세스이다. 이 절에서는 이 두 가지 주제에 대하여 자세히 확인해본다. 마지막으로 B2C 전자상거래에 참여하는 기업은 반드시 미래의 고객에게 홍보를 해야 한다. 따라서 온라인 광고에 대해서도 살펴본다.

전자상점과 전자몰

여러 세대를 거치는 동안 카탈로그, 텔레비전 쇼핑채널로 인한 홈쇼핑은 수백만 명의 고객을 끌어들였다. 오늘날 온라인 쇼핑은 카탈로그 쇼핑과 텔레비전 쇼핑에 대한 대안으로 각광받고 있다. **전자소매**(electronic retailing, e-tailing)는 일반적으로 전자 카탈로그 형태나 전자경매로 구성된 전자상점 및 전자몰을 통하여 상품과 서비스를 직접적으로 판매하는 것이다.

우편주문 쇼핑 경험과 유사하게, 전자상거래는 하루 종일 언제든지 집에서 상품 구매가 가능하게 해준다. 그뿐만 아니라, 전자상거래는 독특한 상품과 서비스를 취급하여 범위가 넓으며, 낮은 가격으로 제공된다. 게다가 고객들은 부가 상품 정보에 대해 매우 자세하게 확인할 수 있다. 더불어 고객들은 아주 쉽게 상품과 가격을 찾을 수 있고, 다른 판매자와 비교할 수 있다. 마지막으로 구매자는 수천, 수백 명의 판매자를 찾아낼 수 있다. 가장 널리 알려진 두 가지 온라인 쇼핑방법은 전자상점과 전자몰이다.

전자상점(electronic storefront) 앞에서 언급한 것처럼, 전자상점은 하나의 상점을 표현하는 웹사이트이다. 수천, 수백 개의 전자상점을 인터넷에서 찾아볼 수 있다. 각각의 상점은 자신만의 고유한 URL이나 인터넷 주소를 가지고 있고, 구매자는 이곳에서 주문할 수 있다. 에르메스, 샤퍼이미지, 월마트 같은 전자상점은 오프라인 매장도 추가로 운영하고 있다. 그 외의 전자상점은 웹상에서의 틈새시장을 발견한 기업가로부터 시작된 새로운 비즈니스들이다(예 : restaurant.com, Alloy.com). 제조사(예 : www.dell.com)와 소매업자(예 : www.officedepot.com)들도 전자상점을 이용한다.

전자몰

전자상점은 단일 상점으로 표현되는 반면, 사이버 몰과 e-몰로 잘 알려진 **전자몰**(electronic mall)은 단일 인터넷 주소하에 개별 상점을 그룹화하여 수집한 형태이다. 전자몰의 기본적 이념은 일반적인 쇼핑몰과 같다. 바로 다양한 범위의 상품과 서비스를 제공하는 원스톱 쇼핑을 제공하기 위함이다. 사이버 몰은 수천 명의 공급업자를 포함하고 있다. 예를 들면 마이크로소프트 쇼핑[현재는 빙(Bing) 쇼핑으로 변경됨, www.bing.com/shopping]은 수천 명의 공급업자로부터 수만 개의 상품을 판매하고 있다.

사이버 몰은 두 가지 유형을 가진다. 첫 번째 유형은 추천몰이다(예 : www.hawaii.com). 이 쇼핑몰에서는 어떠한 것도 구매할 수 없다. 대신 추천몰에 참여하고 있는 특정 상점으로 이동할 수 있다. 두 번째 유형은 실제로 구매가 가능한 형태이다(예 : http://shopping.google.com). 이러한 몰의 유형은 다양한 상점에서 쇼핑을 하고, 마지막에 단 한 번의 구매거래 처리 과정을 거친다. 다양한 공급업자의 상품을 구입할 수 있는 전자쇼핑카트를 사용하여 구매한 모든 상품을 한 번의 거래로 결제한다. 구글 같은 쇼핑몰 관리자는 이러한 서비스를 통하여 판매자로부터 수수료를 받는다.

온라인 서비스 산업

상품 구매뿐만 아니라, 고객은 웹을 통해 필요로 하는 서비스에 접근할 수 있다. 인터넷상에서 판매되는 책, 장난감, 컴퓨터는 일반적인 판매가격의 20~40% 정도 구매비용을 감소시킨다. 이러한 상품은 반드시 물리적 배송이 진행되어야 하므로 구매비용을 더 감소시키기는 어렵다. 소프트웨어, 음악 같은 소수의 상품만이 디지털화가 가능하며, 이에 따라 온라인으로 제공되어 추가적인 비용 절감이 가능하다. 반면에 항공티켓 구매, 주식 구입 또는 보험 가입 등의 서비스도 비용 절감을 실현하기 위하여 전자상거래로 거래된다. 매년 수백만 명의 고객들이 증가하면서 온라인거래는 매우 빠르게 증가하고 있다.

온라인 서비스와 관련되어 있는 전자상거래 문제 중 하나는 **탈중개화**(disintermediation)라는 것이다. 중간상인으로 잘 알려진 중개인은 두 가지 역할을 가지고 있다—(1) 중개인은 정보를 제공하며 (2) 컨설팅을 통하여 부가가치 서비스를 제공한다. 첫 번째 역할은 현재 완전히 자동화되었으며, 전자 마켓플레이스와 포털로부터 대부분 이 정보가 제공된다. 이러한 현상 때문에 정보를 제공하는 중개인의 역할은 소멸되었다. 이 과정을 탈중개화라고 부른다. '비즈니스서 IT 9.3'은 이러한 탈중개화의 한 예이다.

비즈니스에서 IT 9.3

펜스케 중고 트럭

2009년과 2010년 전반에 걸쳐 경제가 매우 안 좋았기 때문에 중고 트럭은 사업 아이템으로서 매력적이었다. 임대가 끝나가는 중고 트럭을 꾸준히 공급할 수 있는 펜스케 트럭(Penske Truck, www.pensketruck.com)은 잠재적 소비자에게 직접 트럭을 파는 것보다 도매업자에게 낮은 가격에 파는 것이 더 손실이라는 것을 깨달았다.

중고 트럭을 팔기 위해, 펜스케는 도매 고객들이 자주 사용하는 빈약한 웹사이트에 의지해 왔다. 도매고객뿐 아니라 펜스케 관계자 또한 그들의 도매업자들을 도와줄 때 품질을 확인하기 위해 그 웹사이트를 자주 이용한다.

화물차나 박스트럭이 필요한 꽃집이나 하드웨어 사업자처럼, 펜스케는 최종 소비자와 도매업자에게 트럭이 판매될 수 있게끔 하는 고품질의 웹사이트를 개설할 필요가 있었다.

그 결과, 펜스케 중고트럭(www.penskeusedtrucks.

© Hasenonkel/iStockphoto

com)은 하나의 거대한 전자상거래를 시행하기 위해 얼마나 다양한 사업 단위들이 함께 움직여야 하는지 알게 되었다. 펜스케의 중고차 재판매 마케팅팀은 중고차의 가치를 처음으로 발견했고 회사가 그 당시 비즈니스모델로는 적자를 내고 있다는 사실을 깨달았다. 또한 재판매 마케팅팀은 본사 마케팅 팀원들로 하여금 펜스케가 고객들을 더 유치하기 위해 어떻게 새로운 웹사이트를 활용할 수 있는지 강조했다. 이 2개의 팀은 새로운 웹사이트를 개설하기 위해 정보기술 부서(IT 부서)와도 함께 일을 진행했다.

펜스케는 웹사이트를 개설하는 데 몇 가지 어려움을 겪었다. 처음에는 사이트가 구매자들과 검색 엔진들의 주의를 끌기 위해 적당한 용어와 단어들을 사용해야 했다. 이 문제에 대해 제대로 생각해보기 위해 IT 부서와 마케팅 부서는 효과적인 단어들과 관련된 피드백을 얻기 위해 고객들을 인터뷰했다. 예를 들면 펜스케는 트럭의 한 종류를 '화물차'라고 불렀지만 몇몇 잠재 고객들은 그 트럭을 '하이 큐브'나 '박스 트럭'이라고 불렀다. 결과적으로,

인터뷰로부터 알게 된 추가적인 단어들과 펜스케와 고객이 공통적으로 사용했던 단어들은 펜스케의 키워드 기반을 100개에서 2,000개 이상으로 확장시켰다.

또 다른 문제점은 사진을 모으고 구성하는 것이었다. 웹사이트에서 사용될 사진을 얻는 것은 대부분 굉장히 간단하다. 불행히도 펜스케가 트럭을 한데 모으지 않았기 때문에, 사진을 모으는 과정이 펜스케에게는 다소 복잡했다. 오히려 그들의 차는 전국의 2,500개 지역 곳곳에 퍼져 있었다. 이에

대한 해결책은 펜스케가 트럭들을 관리하는 시스템을 재조율하고 회사가 웹사이트에 새로운 트럭에 대한 글을 올릴 때마다 그 트럭에 대한 5개의 사진이 함께 나타나게끔 하는 것이다.

그 결과 펜스케의 웹사이트는 과거의 자신들의 웹사이트보다 카맥스(www.carmax.com)와 유사하게 되었다. 일반적인 화물차부터 바퀴가 18개나 달린 냉동용 차량까지, 펜스케 차량의 모든 종류는 그들의 웹사이트에서 검색이 가능하며 펜스케는 매일 그들의 재고를 웹사이트에 올린다. 판매될 수 있는 차량의 수는 3,500대부터 5,000대까지 다양하다. 자동차 비교 장치를 통해 소비자들은 가격, 주행거리, 무게, 마력, 다른 여러 세부사항 등 여러 관점에서 최대 5대까지 차량을 비교할 수 있다. 정비 보고서는 각 차량들의 지난 3년 정비 기록과 수리 내역을 알려준다. 구매자들은 펜스케의 콜센터를 거친 전화 한 통으로 펜스케 트럭 구매를 마칠 수 있다.

좋은 제품을 제공하고 유용한 웹사이트를 만드는 것은 디지털 시대에서 기본적이고 전략적으로 필요하다. 성공적인 회사들은 당연히 이보다 잘해야 한다. 고객들을 끌어들이는 것은 강력한 검색 엔진 최적화(SEO)와 소셜미디어 전략을 함께 요한다. (검색 엔진 최적화란 그 웹사이트가 검색 엔진에 의

해 발표된 결과 목록에서 높은 순위에 있음을 보장함으로써 특정 웹사이트의 방문자의 수를 극대화하는 과정이다.)

펜스케의 마케팅 부서는 고객들이 웹사이트에서 검색할 때 사용하는 단어들을 잘 활용하라는 구글의 검색 엔진 최적화 조언을 따랐다. 웹사이트의 접속 분석을 할 때, 어떤 단어가 방문자로 하여금 웹사이트에 방문하게 했는지, 방문자는 어디로부터 온 것인지, 그들이 얼마나 홈페이지에 머물렀는지, 어떤 페이지에 그들이 관심을 보였는지에 대한 정보들을 분석하기 위해 펜스케는 어도비 애널리틱스(www.adobe.com) 소프트웨어를 사용하였다.

구글 검색 결과 역시 차의 유동성과 가격 같은 세부 정보들을 많이 포함하고 있었다. 검색 엔진 최적화 전략은 구글에서 펜스케에 대한 검색 트래픽이 37% 정도 증가할 수 있도록 했다.

소셜미디어나 블로그 분야에서 펜스케의 마케팅 부서는 마케팅 부서가 매일 트럭의 세부사항에 대한 정보를 올리거나 PenskeUsedTrucks.com으로 소비자를 직접 연결해주는 컨텐츠의 중심지로서 '무브 어헤드'(blog.gopenske.com)라는 회사 블로그를 사용했다. 또한 마케팅팀은 아침과 오후에 매일의 트럭 특별사항에 대해 트위터에 올린다. 게다가 펜스케는 페이스북과 유튜브, 핀터레스트와 구글 플러스 등에 활발히 활동하고 있는 소셜 페이지들을 보유하고 있다. 2013년 10월, 펜스케는 PenskeUsedTrucks.com의 모바일 버전도 출시했다.

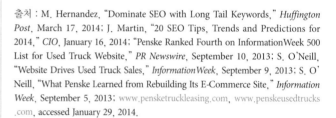

출처 : M. Hernandez, "Dominate SEO with Long Tail Keywords," *Huffington Post*, March 17, 2014; J. Martin, "20 SEO Tips, Trends and Predictions for 2014," *CIO*, January 16, 2014; "Penske Ranked Fourth on InformationWeek 500 List for Used Truck Website," *PR Newswire*, September 10, 2013; S. O'Neill, "Website Drives Used Truck Sales," *InformationWeek*, September 9, 2013; S. O'Neill, "What Penske Learned from Rebuilding Its E-Commerce Site," *Information Week*, September 5, 2013; www.pensketruckleasing.com, www.penskeusedtrucks.com, accessed January 29, 2014.

질문

1. 위 경우에서 도매업자와 같은 중개인을 없앤 것이 어떤 결과를 가져왔는지 설명하라. 예시를 함께 제시하라.

2. 기업에서 서로 다른 기능을 하는 부서들이 기업용 웹사이트를 만들 때 함께 일하는 것이 왜 중요한가?

3. 2번을 참고하여 '당신의 전공과 관계없이 정보기술(IT)에 대한 이해는 당신에게 가치 있을 것이다'라는 문장이 어떤 의미인지를 서술하라.

반면에, 부가가치 서비스는 전문가가 필요하다. 정보 제공 역할과 다르게 이러한 기능은 오직 부분적으로만 자동화되었다. 따라서 부가가치 서비스를 제공하는 중개인은 남았을 뿐만 아니라 실제로 활동하고 있다. 웹은 두 가지 상황에서 중개인을 돕는다. 그 두 가지 상황은 (1) 일자리 탐색과 같이 참여자의 수가 대규모일 경우, (2) 교환되어야 할 정보가 복잡할 경우이다.

이 절에서는 온라인 서비스 산업을 이끄는 은행, 안심거래(주식, 채권), 일자리 탐색, 여행 서비스, 온라인 광고를 살펴본다.

사이버뱅킹 **사이버뱅킹**(cyberbanking)으로 잘 알려진 전자은행은 실제 위치한 은행이 아닌 사무실, 길거리, 가정에서 다양한 은행 업무를 수행할 수 있다. 전자은행은 대금 결제부터 대출 신청까지 가능하다. 고객 측면에서는 시간을 절약해주고 편리함을 가져다준다. 은행 측면에서는 지점은행에 대한 낮은 비용의 대안이 된다(지점은행은 거래당 1.07달러의 비용이 발생하는 반면, 사이버은행은 거래당 약 0.02달러의 비용이 발생한다). 또한 지리적으로 멀리 떨어진 고객을 유치하는 것을 가능하게 한다. 온라인 서비스가 추가된 일반적인 은행뿐만 아니라 오직 인터넷거래에만 집중하는 **인터넷전문은행**(Internet-only banks)이 출현하고 있다. 가장 대표적인 인터넷전문은행은 '비즈니스에서 IT 9.4'에 소개된 인디애나의 퍼스트인터넷뱅크(www. firstib.com)이다.

비즈니스에서 IT 9.4

간단한 것이 기존의 은행 업무를 붕괴시키는가?

소비자 금융은 이미 붕괴될 준비가 되어 있는 산업이다. 은행들은 숨겨진 요금을 부과하고 사람들에게 혼란을 주는 언어를 사용하고 소비자를 좌절시키는 것으로 알려져 있다. 온라인에서만 가능한 은행들은 이러한 문제들을 해결하고 소비자의 만족도를 높일 수 있는 비즈니스모델을 제공할 수 있다.

이러한 은행 중 하나인 심플은행(www.simple.com)은 2009년에 설립되고 2012년 7월에 상업 업무를 시작했다. 새로운 은행의 지점을 찾기보다 심플은행은 뱅코프(Bancorp)와 함께 결제 네트워크 부분에서 도움을 주고 은행이 제공하는 모든 서비스들은 FDIC가 보증하는 것을 보장하였다. 심플은행은 기존 은행이 적절한 온라인 서비스와 모바일 서비스를 제공하지 못하고 있다는 생각에 등장한 것이다.

심플은행은 민트(www.mint.com)가 제공하는 예산 도구들과 비슷한 도구들과 금융 추적을 가능케 하는 고객 서비스에 중점을 둔 온라인에서만 가능한 은행이다. 민트는 무료이고 웹을 기반으로 하는 캐나다와 미국 고객들을 위한 개인 금융 관리 서비스를 제공한다. 민트의 주요 서비스는 고객이 은행과 신용카드, 투자, 대출 거래와 균형, 예산에 대한 정보를 잘 알 수 있게 해주는 것이다. 인투잇(www.intuit.com)은 민트를 2009년에 도입하였다.

심플은행의 목표는 사용하기에 편리한 클라우드 기반 애플리케이션과 거대한 고객 서비스를 제공하는 것이다. 이 은행의 웹사이트와 애플리케이션은 사용하기 어렵지 않고 최소한의 디자인으로 되어 있기 때문에 매력적이고 복잡하지 않다. 이 앱들은 소비자들로 하여금 휴가나 자동차 계약금을 위한 저축을 하도록 하는 골스(Goals)같은 금융 관리 도구를 중점적으로 다루고 있다. 골스는 고객들에게 그 목표치 금액까지 얼마나 남아있는지에 대해 계속해서 정보를 알려준다. 또 다른 혁신적 도구는 세이프 투 스펜드(Safe to Spend)이다. 이 도구는 예금 계좌에 남아 있는 금액을 알려주는데 고객들은 예정된 금액을 지불하고 그들의 목표치까지 남겨진 금액을 확보하고 나서야 이 계좌를 사용할 수 있다.

심플은행은 '푸시 알림'이라는 독특한 기능을 고객들에게 제공했다. 푸시 알림은 고객들이 구매를 하면 그들의 스마트폰에 메시지가 가는 기능을 한다. 푸시 알람 덕택에 고객들은 지리적으로 태그된 기록과 그들의 구매 정보를 더해 나감으로써 그들의 소비에 대한 그림을 상상할 수 있다. 이러한 정보 덕분에 소비자들은 자신들의 소비 습관을 더 잘 이해할 수 있으며 그들의 과거 구매 방식을 세세히 알 수 있다.

심플은행은 이자 수익과 결제 네트워크에서의 이자 변동 수익으로부터 이익을 창출한다. 이 수익들은 회사들이 카드 결제를 가능케 하기 위해 지불한 비용들이다. 심플은행은 IT 기반시설이나 물리적인 지점이 없기에 기존의 은행보다 더 낮은 은행 순이익에서도 기업을 이끌 수 있다.

© Anatoliy Babiy/iStockphoto

심플은행의 시장은 은행 고객들이 인터넷 뱅킹의 편리한 점을 좋아하지만 인터넷 뱅킹을 경계한다는 점에서 매우 모순적이다. 그러나 이러한 불안감에도 불구하고 퓨 리서치(www. pewresearch.org)는 2013년에 미국 성인 인구의 51%가 은행 업무를 온라인에서 처리한다고 발표했다.

심플은행은 급격한 성장을 경험했고 2013년 말에는 미국 전역에서 10만 명이나 되는 고객들을 끌어 모았다. 같은 해에 은행은 16억 달러의 거래를 완수했다. 그 후 2014년 2월 심플은행은 1억 1,700만 달러에 BBVA 컴패스 은행(www.bbvacompass.com)에 의해 인수되었다. 심플은행은 그들이 해 왔던 서비스를 계속 제공하고 기존 고객들에게 제공되던 서비스 또한 바뀌지 않을 것이라고 약속했다.

이러한 확언에도 불구하고 이 인수는 몇 가지 중요한 질문을 제기한다.

- 기존의 불편했던 은행들의 관습을 비판함으로써 고객들의 충성도를 형성했던 심플은행이 어떻게 그들의 비즈니스모델로 하여금 기존의 거대 은행들의 자회사만큼이나 온전하게 하였는가?
- 심플은행은 현재의 고객들을 유지할 수 있는가?
- BBVA가 심플은행을 인수함으로써 이루고자 한 것은 무엇인가? 이는 심플은행으로 하여금 기존의 은행 업무를 가능케 할 수 있는가? 심플은행은 BBVA로부터 얼마나 독립적으로 은행 업무를 수행할 수 있는가?

Banking Service Pioneer Simple," *BBVA Press Release*, February 20, 2014; C. Forrest, "Appetite for Disruption: Can Simple and the Web Reinvent Banking?" *TechRepublic*, January 17, 2014; A. Jeffries, "Simple's Online-Only Banking App Launches on Android," *The Verge*, January 15, 2013; A. Robertson, "Banking Substitute Simple Releases iPhone App," *The Verge*, May 9, 2012; www.simple. com, accessed March 20, 2014.

질문

1. 당신이라면 인터넷 은행으로 당신의 은행 업무를 처리할 의향이 있는 가? 왜 그러한가?
2. 심플은행 비즈니스모델의 단점은 무엇인가? 예시와 함께 서술하라.

• 인터넷에서만 가능한 은행들이 대부분 작은 스타트업 기업들이라는 점을 고려했을 때, 이런 작은 은행들에게 BBVA의 심플은행 인수는 무 엇을 의미하는가?
• BBVA의 인수가 은행 산업 전체 혼란에 미친 영향은 무엇인가?

이 글을 쓰면서, 필자는 이번 인수가 심플은행과 전반적인 온라인 은행 산 업에 어떻게 영향을 미치게 될 것인지 계속 고민하였다.

출처 : D. Wolman, "The Bank and the Anti-Bank," *The New Yorker*, February 26, 2014; D. Etherington, "Banking Startup Simple Acquired for $117M, Will Continue to Operate," *TechCrunch*, February 20, 2014; "BBVA Acquires Digital

---

국제무역을 위하여 국제은행과 다양한 통화를 다루는 능력은 중요하다. 전자 자금 이체와 전자 신용장은 국제은행의 중요한 서비스이다. 전자상거래 글로벌 무역을 지원하는 대표적인 예는 마스터카드와 결합된 트레이드카드이다. 트레이드카드는 세계 어느 곳에서든지 판매자 와 구매자에게 전자결제를 위한 안전한 방법을 제공하는 국제기업이다(www.tradecard.com 참조). 오안다(www.oanda.com)같은 은행 및 기업들은 160개 이상의 통화환전을 가능하게 한다.

온라인 주식거래 수백만의 미국인들은 주식, 채권 및 금융 업무를 위하여 컴퓨터를 사용하는 것으로 파악된다. 실제로 이트레이드, 아메리트레이드, 찰스슈왑 같은 유명한 증권회사들은 온 라인 거래를 지원한다. 한국에서는 주식거래자의 절반 이상이 이미 이러한 목적으로 인터넷 을 사용하고 있다. 그 이유는 무엇일까? 이에 대한 답은 저렴하기 때문이다. 웹에서 투자자들 은 특정 기업에 대한 상당히 많은 양의 정보와 투자 가능한 뮤추얼펀드를 찾아볼 수 있다(예 : http://money.cnn.com, www.bloomberg.com).

예를 들어 당신이 스콧트레이드에서 제공하는 계좌를 가지고 있다고 가정해보자. 인터넷이 가능한 개인 컴퓨터 또는 모바일을 이용하여 스콧트레이드 웹사이트(www.scottrade.com)에 접속한 후 'stock trading'을 클릭한다. 그리고 제공 메뉴를 이용하여 구매, 판매, 이익, 현금 등 자신의 주문에 대하여 자세히 입력한다. 그러면 컴퓨터는 당신에게 매수호가—매도호가에 대 한 정보를 전달해준다. 당신은 해당 거래를 수락하거나 거절할 수 있다.

온라인 구직시장 인터넷은 일자리를 찾는 사람들과 좋은 종업원을 찾고자 하는 기업에게 새로 운 환경을 제공하고 있다. 수천 개의 기업과 정부기관은 인터넷을 이용하여 일자리를 홍보하고 이력서를 받아서 채용을 진행한다.

많은 구직자들이 구직광고를 보고, 이력서를 넣고, 구인기업을 이용하기 위하여 온라인 구직 시장을 이용한다(예 : www.monster.com, www.simplyhired.com, www.linkedin.com, www. truecareers.com). 일자리를 가진 기업은 자신의 웹사이트에 일자리광고를 게시하고, 기업 채 용 활동게시판을 확인한다. 여러 국가의 정부가 인터넷을 이용하여 채용공고를 낸다.

여행 서비스 인터넷은 여행을 위하여 경제적인 계획을 세우고, 사전답사와 준비를 진행하기에 가장 이상적인 공간이다. 온라인 여행 서비스는 항공티켓 구매, 호텔 룸 예약, 차량 렌트를 가 능하게 한다. 대부분의 여행 서비스 사이트가 저렴한 항공티켓에 대한 정보를 이메일로 보내주는 서비스 기능을 가지고 있다. 대표적인 온라인 여행사이트는 익스피디아(expedia.com), 트래블로시티(travelocity.com), 오비츠(orbitz.com)가 있다. 온라인 서비스는 주요 항공 서비스, 여행사, 차량대여 업체, 호텔(예 : www.hotels.com), 투어회사로부터 정보를 제공받는다. 이러한 과정에서 프라이스라인(priceline.com)은 항공티켓 또는 호텔휴양시설에 대한 지불의사가격을 설정할 수 있도록 한다. 이러한 설정으로 자신의 가격과 일치하는 공급업자를 찾아준다.

전자상거래에서 고비용 문제는 항공산업에서의 '잘못된 가격 책정'이 원인이 된다. 하나의 사례를 살펴보면, 2012년 8월 6일에 이스라엘의 국영항공사인 엘알 항공(www.elal.com)은 최대 1,600달러인 이스라엘행 티켓을 300달러까지 제공하였다. 하지만 이 가격은 잘못된 것이고 실제로 가격은 더 높았다. 시간이 지나 엘알 항공은 이를 발견하고 가격을 올렸다. 하지만 온라인 여행 토론 그룹 덕분에 이미 몇몇 티켓이 팔려버렸다.

온라인 광고 광고는 구매자와 판매자 간의 거래에 영향을 주기 위하여 정보를 퍼트리는 행위이다. 전통적인 TV광고 또는 신문광고는 개인적으로 접근하지는 않는다. 반면 직접응답마케팅 또는 전화마케팅은 직접 메일을 보내거나 전화를 걸어 개인에게 접근하고 구매를 할 것을 요구한다. 직접응답은 개인화된 광고와 마케팅으로 접근한다. 그러나 이것은 비용이 많이 들고 느리며 비효과적이다. 극단적으로는 소비자에게 불쾌감을 줄 수도 있다.

인터넷 광고는 광고 과정, 풍부한 동적 미디어, 상호작용으로 재정의된다. 다양한 방법으로 전통적인 광고 형태를 향상시킨다. 무엇보다도 인터넷 광고는 최소한의 비용으로 언제든지 업데이트하여 유지시킬 수 있다. 더불어 이러한 광고는 전 세계에 존재하는 대규모 잠재구매자에 도달할 수 있다. 게다가 일반적으로 인터넷 광고는 라디오, 텔레비전, 인쇄광고보다 훨씬 저렴하다. 마지막으로 인터넷 광고는 상호작용이 가능하며, 특별한 흥미를 가진 그룹이나 개인을 대상으로 할 수 있다.

광고 방법 가장 일반적인 온라인 광고 방법에는 배너, 팝업, 이메일이 있다. **배너**(banner)는 간단한 전자광고판이다. 일반적으로 배너는 상품 또는 공급업자를 홍보하기 위한 간단한 텍스트 또는 그래픽 메시지를 가지고 있다. 보통 비디오 클립과 사운드 등도 포함된다. 고객이 배너를 클릭하면 광고주의 홈페이지로 이동한다. 배너광고는 인터넷에서 가장 일반적으로 사용되는 광고 유형이다.

배너광고의 가장 주된 장점은 목표 고객에게 맞춤 광고를 할 수 있다는 점이다. 만약 컴퓨터 시스템이 당신이 누구인지, 당신의 관심이 무엇인지 알고 있다면 당신의 흥미에 맞추어 선택된 배너를 보여준다. 배너의 주요 단점은 보여줄 수 있는 크기가 작기 때문에 정보 전달에 한계가 있다는 것이다. 또 다른 문제점은 이러한 배너를 많은 사람들이 쉽게 무시할 수 있다는 것이다.

팝업광고와 팝언더광고는 특정 웹사이트를 들어가거나 나갈 때 자동적으로 실행되는 윈도우 창을 말한다. **팝업광고**(pop-up ad)는 활성화된 윈도우 창 앞에 나타나고, **팝언더광고**(pop-under ad)는 활성화된 윈도우창 뒤에 나타난다. 즉 사용자가 활성화된 윈도우를 닫으면 광고를 볼 수 있는 형태이다. 많은 사용자들이 이러한 광고를 강하게 반대한다. 현재 웹 브라우저는 팝업광고를 막을 수 있도록 설정할 수 있다. 하지만 이러한 기능은 광고 제공이 아닌 콘텐츠를 제공하기 위하여 팝업 기능에 의존하는 웹사이트를 대상으로 문제를 발생시킨다. 예를 들면 버라이즌의 이메일 페이지에 로그인했을 때, 간략히 요약 정리된 새로운 소식을 볼 수 있다. 마우스 포인터를 해당 소식에 갖다 대면 더 많은 요약 내용을 윈도우 팝업 기능으로 제공해준다. 다른 예로, 웹CT 비스타 소프트웨어의 경우 토론 그룹의 글을 팝업 윈도우 창으로 보여준다. 팝업 차단은 첫 번째 경우에는 유용성을 낮추고, 두 번째 경우에는 중요한 기능을 제거한다. 이메일은 인터넷 광고와 마케팅채널로 활용되고 있다.

이메일은 비용 효과적이고, 다른 어떠한 광고채널보다 훨씬 빠르고 바람직한 응답을 보여준다. 마케터들은 이메일 주소 목록을 수집하거나 구매하여 고객 데이터베이스에 저장하고, 이메일을 통하여 광고를 발송한다. 이메일 주소 목록은 개인 또는 그룹을 대상으로 마케팅할 수 있는 효과적인 도구이다.

사실 고객들은 원치 않는 이메일, 또는 스팸메일을 받곤 한다. **스패밍**(spamming)은 수신자의 동의 없이 이루어지는 전자광고의 무분별한 배포를 의미한다. 불행히도, 스팸은 시간이 지남에 따라 더 악화되고 있다.

스팸메일에 대응하기 위한 두 가지 방법은 허용마케팅과 바이럴 마케팅이다. **허용 마케팅**(permission marketing)은 고객에게 온라인 광고 및 이메일에 대한 자발적 수신동의를 구하는 것이다. 일반적으로 소비자에게 무엇에 흥미가 있는지 확인하고 이와 관련된 마케팅 정보를 이메일로 발송하는 것을 허용하는 전사서류 작성을 요청한다. 때때로 소비자들은 광고를 받는 것에 대한 인센티브를 제공받기도 한다.

허용 마케팅은 많은 인터넷 마케팅 전략의 기초가 된다. 수백만 명의 사용자들이 아메리칸 항공, 사우스웨스트 항공사 등으로부터 주기적으로 이메일을 받는다. 이러한 마케팅 서비스의 사용자들은 좋아하는 지역 또는 고향으로 가는 저렴한 요금 정보를 제공받기 위하여 이메일 발송을 요청할 수 있다. 중요한 것은 사용자들은 언제든지 쉽게 이메일 수신을 거부할 수 있다는 점이다. 또한 허용 마케팅은 마케팅 리서치에 대단히 중요하다(예 : www.comscore.com).

허용 마케팅의 흥미 있는 사례 중 하나를 살펴보면, clickdough.com, expresspaidsurveys.com, crashSurfers.com은 광고메시지를 제공받기 희망하는 수백만 명의 고객 목록을 구축하고 있다. 이러한 고객들은 인터넷 서핑을 하는 동안 광고메시지를 보면 시간당 0.25~0.50달러만큼의 금액을 보수로 받는다.

바이럴 마케팅(viral marketing)이란 온라인상에서의 구전 마케팅을 뜻한다. 바이럴 마케팅 전략은 사람들로 하여금 친구, 가족, 그리고 여러 지인들에게 '확인해볼 것'을 제안하는 메시지를 보내는 것이다. 예를 들어 마케터는 전달하기 쉽도록 이메일 안에 조그마한 게임이나 프로그램을 넣기도 한다. 그는 몇천 개의 이메일을 발송할 뿐이지만, 수신자들이 차례로 그 메일을 수천 명의 잠재적인 소비자들에게 전달할 것이라 기대한다. 이런 방법을 통해 바이럴 마케팅은 수백만 명의 무차별한 소비자에게 스팸메일을 보낼 필요 없이 낮은 비용으로도 브랜드 인지도를 높일 수 있는 발판을 마련해준다.

전자소매 문제

전자소매의 인기가 증가함에도 불구하고, 많은 전자소매가 계속해서 성장을 방해하는 심각한 문제에 직면하고 있다. 아마도 가장 중요한 문제 두 가지는 채널갈등과 주문이행 프로세스일 것이다.

온·오프라인 설합형(click-and-mortar) 기업은 온라인으로 고객에게 직접 상품을 판매할 때 기존 유통업체와 갈등을 빚을 수 있다. **채널 갈등**(channel conflict)으로 잘 알려진 이러한 상황은 유통업자들에게 소외감을 안겨줄 수 있다. 채널 갈등은 몇몇 기업이 온라인에서 직접 판매를 하지 않도록 만든다. 예를 들면 월마트, 로스, 홈디포는 자사의 상점으로 고객들을 방문하도록 만든다. 비록 언급된 3개 기업들은 전자상거래 웹사이트를 운영하고 있지만, 온라인 사이트를 통한 판매보다는 상품, 가격, 특가품, 상점지역정보 제공에 더 주력하고 있다.

채널 갈등은 예를 들면 어느 정도의 금액을 광고에 투자해야 하는가와 같은 가격정책과 자원 배분 같은 영역에서 발생한다. 또 다른 갈등의 예는 온라인과 오프라인에서 동시에 유통 서비스를 제공하는 경우에도 발생한다. 예를 들어 온라인으로 구매되었던 반품을 기업은 어떻게 처리해야 할까? 특정 기업은 조직의 온라인 부분을 조직의 전통적인 오프라인 부분으로부터 완전히 분리시킨다. 그러나 이러한 접근법은 2개 조직채널 간의 운영비용을 증가시키고 동반상승 효과를 감소시킨다. 결과적으로 많은 기업들이 **멀티채널링**(multichanneling)을 통하여 온라인과 오프라인 채널을 통합하고 있다. 실제로 마무리 사례 2에서는 많은 기업들이 이 과정을 옴니채널링(omni-channeling)이라고 부른다.

멀티채널링은 **쇼루밍**(showrooming)의 기회를 창출했다. 쇼루밍은 쇼핑객들이 오프라인 상점에 방문해서 제품을 직접 시연해볼 때 발생한다. 그리고 그들은 스마트폰으로 제품에 대한 조사를 한다. 때로는, 그들이 현재 방문하고 있는 상점의 경쟁사 웹사이트에서 제품을 구매하기도 한다. 쇼루밍은 타겟(Target), 베스트 바이(Best Buy)와 같은 오프라인 상점 업자들에게 문제가 되는 동시에 아마존(Amazon), 이베이(eBay)와 같은 온라인상점 업자들에게는 이득이 된다.

두 번째로 중요한 문제는 e-소매업자에게 발생할 수 있는 문제로, 전자상거래의 주문처리에 대응하는 것이다. 언제든지 소비자에게 직접 상품을 판매하는 기업은 다양한 주문처리 활동을 수반한다. 다음 활동들을 반드시 수행해야 한다—배송하기 위한 상품의 빠른 탐색, 상품 포장, 고객 자택으로 신속하게 배송하기 위한 포장 준비, 배송비 및 상품대금 회수, 변심 및 결함 제품 반품처리 등.

B2C 상황에서는 기업이 많은 고객들에게 해당하는 여러 상품을 신속히 배송해야 하므로 이러한 활동들을 효과적이고 효율적으로 수행하는 것은 매우 어렵다. 이러한 이유로 B2C 활동과 관련된 기업들은 공급사슬에서 어려움을 경험한다.

고객이 주문한 상품을 제시간에 고객에게 전달하는 것과 더불어, 주문처리는 고객 서비스와 관련된 모든 것을 제공해야 한다. 예를 들어 고객은 새로운 기기에 대한 조립 및 작동 설명서를 받아야 한다. 그뿐만 아니라, 만약 고객이 상품에 만족하지 않는다면 교환 또는 반품 처리해야 한다.

1990년대 말에는 e-소매업자가 지속적으로 주문처리에 대한 문제에 직면하곤 했었다. 특히 휴가기간이 문제가 되었다. 이러한 문제는 늦은 배송, 잘못된 상품의 배송, 높은 배송비용, 만족스럽지 않은 고객보상에 대한 내용이 포함된다. e-소매업자 입장에서 인터넷을 통한 주문접수는 B2C 분야 전자상거래의 용이한 부분이다. 하지만 고객 자택까지의 배송절차는 어려운 부분이다. B2B에서는 비교적 주문처리가 덜 복잡하다. B2B의 거래규모는 거대하지만 거래의 횟수는 적기 때문이다. 더불어 이러한 기업에서는 오래전부터 주문처리 메커니즘을 수립하여 운영하고 있다.

다음 절로 넘어가기 전에…

1. 전자상점과 몰을 설명하라.
2. 사이버뱅킹, 증권거래, 구인검색, 여행 서비스 같은 다양한 온라인 서비스의 유형에 대해 설명하라.
3. 온라인 광고, 온라인 광고 방법 및 이익에 대하여 논의하라.
4. e-소매업과 관련된 중요한 문제를 논의하라.
5. 스팸메일, 허용 마케팅, 바이럴 마케팅이란 무엇인가?

개념 적용 9.2

학습목표 9.2 B2C 전자상거래의 다양한 온라인 서비스를 기술하고 구체적인 예를 제시한다.

당신이 지금까지 해 왔던 구매들을 생각해보면, 당신은 온라인에서 무엇인가를 구매했을 것이고, 경매 사이트를 방문했을 것이며(어쩌면 경매에서 물건을 낙찰받았을 수도 있다), 온라인 은행 업무에 참여했을 것이다. 당신의 세대는 전자상거래에 굉장히 익숙해 있다. B2C 거래를 하면서 당신은 몇몇 판매 회사와의 거래를 위한 계좌를 개설했을 것이며 이메일 광고를 받았을 것이다. 또한 당신은 인터넷 검색을 하는 동안에 팝업 광고도 받아 봤을 것이다.

과거와는 달라진 오늘날 비즈니스의 또 다른 특징은 회사가 이제는 당신이 그들의 광고를 대신해주길 원한다는 것이다. 이런 방식을 바이럴 마케팅(사람에서 사람에게 퍼져 나가는 마케팅)이라고 한다.

당신과 당신의 친구들이 온라인에서 중고품 할인점을 오픈하기로 결정했다고 하자. 이 할인점의 회원이 되기 위해, 사람들은 중고 시장에 기부해야 한다. 한 사람이 10개의 물품을 기부할 때마다 그 사람은 2개월짜리 회원권을 얻게 된다. 그러나 당신의 온라인 할인점은 IT 플랫폼이 없다. 쇼피파이(Shopify)가 당신에게 가장 적절한 IT 플랫폼을 제공할 수 있다고 생각했다. 쇼피파이는 개인이나 사업체들이 온라인 매장을 개설하는 것을 가능케 하는 전자상거래 플랫폼이다.

http://www.wiley.com/go/rainer/MIS3e/applytheconcept에 방문해서 이 절에 해당하는 링크를 클릭하면 쇼피파이의 웹사이트에 방문할 수 있을 것이다. 웹사이트 페이지 위쪽 부분에 다른 플랫폼 회사들의 예시들을 볼 수 있는 링크도 있을 것이다. 이 예시들을 살펴보면서 당신의 온라인 매장에 사용하고 싶은 아이디어들을 찾아라.

쇼피파이의 사이트를 다시 보고 나서 쇼피파이가 제공하는 다양한 B2C 서비스에 대해 발표를 준비하라. 당신의 주의를 끌었던 구체적인 사례를 제시하고 어떻게 실제 온라인 매장에 적용할 것인지 설명하라.

9.3 B2B 전자상거래

B2B 전자상거래에서는 구매자와 판매자가 모두 기업 또는 조직이다. B2B는 전체 전자상거래 규모의 약 85%를 차지하고 있다. B2B 거래를 위해 다양한 종류의 애플리케이션이 사용되고 있고, 이를 통해 공급사, 재판매사, 유통사, 고객사, 기타 협력사들이 긴밀하게 협업할 수 있다. 실제로 기업들은 자사의 공급사슬이나 협력사와의 관계를 재고하는 경우 B2B 전자상거래를 활용한다.

B2B 애플리케이션은 다양한 비즈니스모델을 만들어준다. 판매 측 시장, 구매 측 시장, 그리고 전자교환이 비즈니스의 수요 모델이라 할 수 있다.

판매 측 시장

판매 측 시장(sell-side marketplace) 모델에서 기업들은 자신의 물건과 서비스를 자신의 웹사이트 혹은 다른 중립적인 웹사이트 내에서 다른 기업에게 판매한다. 이 모델은 B2C 모델과 비슷하다. 즉 구매자가 판매자의 웹사이트에 방문해서 카탈로그를 보고 주문을 하는 방식이기 때문이다. 하지만 B2B에서는 구매자가 기업이나 조직이라는 점에서 다르다.

가장 중요한 요소는 판매자의 카탈로그가 기업고객들에게 경매 형식으로 적합하게 제시될 수 있는 방법이다. 델 컴퓨터(www.dellauction.com)와 같은 판매자는 경매를 주로 이용한다. 자신의 웹사이트뿐만 아니라, 다른 중립적인 경매 웹사이트(예 : 이베이)에서도 경매를 진행한다. 아리바(www.ariba.com)와 같은 기업은 기업 간의 오래된 자산과 창고물건 등을 경매할 수 있도록 도와준다.

이런 판매 측 시장 모델은 유명한 회사들이 주로 사용하고 있으며, 이미 수십만 기업들이 이용하고 있다. 판매자는 제조업체(예 : IBM, 델), 분배업체(예 : www.avnet.com), 혹은 유통업체(예 : www.bigboxx.com)가 될 수 있다. 판매자는 이러한 전자상거래를 통해 매출을 증대시키고, 광고비용을 줄이고, 신속하게 배달하고, 관리비용을 줄일 수 있다. 이런 판매 측 시장 모델은 고객별 맞춤 서비스(customization)에 유용하게 쓰일 수 있다. 많은 기업들이 자신의 고객들에게 온라인상에서 마음대로 주문할 수 있는 서비스를 제공하고 있다. 예를 들어 델 컴퓨터(www.dell.com)는 개인이 원하는 컴퓨터를 주문할 수 있다. 당신은 칩과 하드 디스크의 크기, 모니터의 종류 등을 선택할 수 있다. 비슷한 경우로, 재규어 웹사이트(www.jaguar.com)에서는 원하는 자동차를 소비자가 직접 선택할 수 있는 기능을 제공한다. 이 기업은 고객이 직접 맞춤 상품 제작에 참여하게 함으로써 고객과의 이해도를 증진시키고 보다 빠른 주문제작을 가능케 하고 있다.

구매 측 시장

조달(procurement)은 상품과 서비스를 얻기 위한 활동이나 과정을 살펴보는 데 대단히 중요하다. 조달은 구매와는 다르게 요구사항, 시장조사와 판매회사 평가 같은 구매 활동 및 계약 협상을 수립하는 데 필요한 활동을 포함한다. 구매(purchasing)은 주문을 하고 상품이나 서비스를 받기까지의 과정으로 조달의 한 부분이다.

구매 측 시장(buy-side marketplace) 모델에서는 구매자가 원하는 물건이나 서비스를 다른 기업으로부터 온라인상으로 구매하는 것을 말한다. 이 구매 측 시장 모델의 가장 유명한 예는 바로 역경매이다.

구매 측 시장 모델에서는 전자상거래 기술을 이용하여 구매프로세스를 완료한다. 이는 물건이나 서비스를 구매할 때 발생하는 비용을 최소화하고 관리비용 역시 줄일 수 있다. 또한 구매프로세스 시간을 단축시킬 수도 있다. 기업들은 물건을 구매하는 조달 프로세스와 공급자와의 교섭, 지불 프로세스, 그리고 배달 프로세스 등 모든 프로세스를 쉽게 인터넷상에서 수행하고 관리할 수 있다.

구매 프로세스를 온라인상에서 도움을 얻어 진행하는 것을 전자조달(e-procurement)이라고 한다. 전자조달은 역경매를 이용하며, 특히 공동구매를 통해 물건이나 서비스를 구매하게 된다. 공동구매(group purchasing)란 다수의 구매자들이 모여서 필요한 물건을 사는 주문을 내는 것이다. 따라서 구매량이 훨씬 커짐에 따라 많은 판매자들을 끌어들인다. 또한 구매자들이 공동으로 주문을 할 때는 구매량에 따라 할인에 대한 협상을 할 수 있다. 이런 공통된 물건을 구매하고 싶어 하는 수많은 소액 구매자들을 모아주는 역할을 하는 전자상거래 기업도 생겨났다(www.usa-llc.com).

전자 교환

교환이라 함은 하나의 구매자와 다수의 판매자가 존재하는 것을 말한다. 하지만 전자 마켓플레이스[혹은 공공 교환(public change) 또는 교환(exchange)]는 중립적인 업체에 의해 운영되며 다수의 구매자와 다수의 판매자를 연결해준다. 이런 공공 교환은 모든 기업에게 개방되어 있으며, 주로 중립적인 업체에 의해 개설되고 운영된다. 관리자는 모든 필요한 정보를 판매자와 구매자에게 공개한다. 따라서 판매자와 구매자는 접속하여 쉽게 필요한 정보를 얻을 수 있다. 이런 B2B 공공 교환장소에서는 기업들이 서로 컨택할 필요가 있다. 기업 간에 서로 컨택이 되어서 거래를 계속하는 경우에는 사설 채팅방 등으로 옮겨 거래를 계속 진행하게 된다.

이런 전자 교환장소에서는 원재료 또는 간접재료들을 다 포함해서 거래한다. 원재료는 자동차에 포함되는 강화유리가 될 수 있을 것이다. 간접재료는 MRO(maintenance, operations, repairs)에 필요한 사무실용품이 될 수 있다.

공공 교환은 수평, 수직, 그리고 기능적 교환의 세 가지로 나누어볼 수 있다. 이 세 가지 종류 모두 지불 및 결제에서부터 물류배송까지 다양한 형태의 서비스를 제공하고 있다.

수직적 교환은 판매자와 구매자를 특정 산업 안에서 연결시키는 것이다. 예를 들어 플라스틱 산업에서는 www.plasticsnet.com, 제지산업에서는 www.papersite.com을 들 수 있다. 이런 수직적 교환은 컨소시엄(consortium) 형태로 많이 운영된다. 즉 산업 내의 주요 업체들이 모여서 컨소시엄을 만들어 운영하게 된다. 예를 들어 매리어트와 하얏트호텔은 호텔산업을 위한 조달 컨소시엄을 운영하고, 쉐브론은 에너지산업의 전자 마켓플레이스를 운영하고 있다. 이런 수직적 전자 마켓플레이스는 해당 산업에 관련된 기업들을 위한 서비스를 제공하게 된다.

수평적 교환은 다양한 산업으로부터 판매자와 구매자를 연결해준다. 특히 MRO제품을 위하여 이런 수평적 교환이 많이 일어난다. 유명한 사례는 트레이더스시티(www.traderscity.com), 글로벌소스(www.globalsources.com), 알리바바(www.alibaba.com)를 들 수 있다.

기능적 교환은 필요한 서비스나 물건을 필요한 만큼 사용하기 원하는 구매자를 판매자와 연결해준다. 예를 들어 임플로이즈(www.employease.com)는 일용직 노동자나 아르바이트 인력들을 고용주에게 연결해준다.

다음 절로 넘어가기 전에…

1. 판매 측 시장과 구매 측 시장의 차이점을 간단히 설명해보라.

2. 수직적 교환, 수평적 교환, 그리고 기능적 교환의 차이점을 간단히 설명해보라.

 개념 적용 9.3

학습목표 9.3 B2B 전자상거래의 세 가지 비즈니스 모델에 대해 설명한다.

1단계 – 배경

이 절에서는 일반경매, 역경매와 교환에 대해 배웠다. 일반경매는 판매자가 여러 구매자와 접촉하고자 할 때 사용되고 역경매는 구매자가 여러 명의 판매자에게 물건을 요청할 때 이용된다. 교환에서는 구매자와 판매자 모두 웹사이트에서 빠르게 B2B 관계를 형성한다. 이러한 웹사이트나 교환되는 물건들은 제조업에서 필요한 재료일 수도 있고 사업에 필요한 다른 재료일 수도 있다.

2단계 – 활동

http://www.wiley.com/go/rainer/MIS3e/applytheconcepnt를 방문해서 이 절에 해당하는 링크를 클릭하면 이 절에서 언급된 수평적으로 이루어진(여러 산업에 걸쳐 구매자와 판매자를 위한) 교환들의 리스트를 볼 수 있을 것이다. 이렇게 거래된 제품들에 대해 조사할 때, 수평적 교환에 대해 잘 이해하고 있어야 한다.

글로벌소스와 자세히 비교하여 B2B 상거래의 세 가지 비즈니스모델에 대해 설명하라.

9.4 e-비즈니스의 윤리적 · 법적 문제

기술혁신은 종종 기존의 윤리적 기준을 변화하게 만들도록 강요하기도 한다. 이러한 새로운 기준은 종종 법률과 연계되기도 한다. 이 절에서는 프라이버시와 해고라는 가장 중요한 윤리적 문제에 대하여 배울 것이다. 또한 e-비즈니스와 관련해 발생하는 다양한 법적 문제에 대해서도 배워볼 것이다.

윤리적 문제

IT와 관련된 여러 윤리적 문제는 e-비즈니스 영역에 적용된다. 두 가지 중요한 문제는 바로 프라이버시와 해고라 할 수 있다.

개인 정보를 손쉽게 저장하고 유통시킬 수 있게 됨에 따라, e-비즈니스는 항상 프라이버시라는 문제를 내포하고 있다. 우선, 대부분의 전자결제시스템은 구매자 정보를 입력해야만 한다. 당연히 구매자의 개인 정보는 보호되어야 한다. 이에 따라 기업들은 이런 구매자가 입력한 정보를 암호화하여 처리하고 있다.

또 다른 프라이버시 문제는 바로 트래킹(tracking)이다. 예를 들어 인터넷상의 개인 활동들은 쿠키에 의해서 추적될 수 있다(제7장 참조). 쿠키는 개인 컴퓨터에 저장되고, 나중에 해당 웹사이트를 다시 방문했을 때 해당 웹사이트 서버가 개인 컴퓨터에 저장된 쿠키를 인식하게 되어 더 빠른 속도로 접속할 수 있게 해준다. 이에 따라 안티바이러스 소프트웨어는 주기적으로 저장된 쿠키를 조사하여 치료한다.

이런 프라이버시 문제 이외에도, 인터넷과 IT기술의 발달은 회사의 직원들과 관계자들을 해고하는 원인이 되었다. 이처럼 해고된 노동자들과 직원들이 많이 발생함에 따라 윤리적 문제가 발생하게 되었다. 그렇다면 과연 회사는 어떻게 해고 문제를 다루어야 하는가? 회사는 무조건 새로운 일자리를 만들어내야 하는 것인가? 그렇지 않다면, 회사는 어떠한 방식으로 해고된 직원들을 보상하고 지원해야 하는 것인가?

전자상거래와 관련된 법적 및 윤리적 문제

다양한 법적 이슈들이 특히 전자상거래와 관련되어 있다. 구매자와 판매자가 전혀 모르고 만날 기회도 없는 전자상거래 공간에서는 많은 사기와 범죄가 일어날 수 있는 것이다. 전자상거래 초창기에는 많은 사람들이 전자상거래 범죄를 목격해 왔다. 가짜 은행 웹사이트를 만들어 돈을 받은 후 사라진다거나, 인터넷을 통해 주가를 조작하는 등 다양한 형태로 전자상거래 범죄가 존재했다. 하지만 인터넷상의 범죄는 점차 급속도로 증가하고 있다. 이 절에서는 전자상거래와 관련된 범죄와 법적인 문제를 배우게 될 것이다.

인터넷상의 사기 인터넷 사기는 인터넷 사용자가 증가하는 것 이상으로 급속도로 늘어났다. 예를 들어 자신들이 주식을 보유하고 있는 회사에 대하여 특정 소문을 온라인상에 퍼트려 가격을 상승시키기도 했다. 어떤 경우에는 특정 소문이 사실이기도 하나, 이렇게 온라인상에 글을 올리고 소문을 퍼트리는 사람들이 돈을 받고 일하는 것이라는 사실은 대부분 모르고 있다. 소규모 투자자들은 바로 이런 소문에 의해 많이 희생되고 돈을 잃고 말았다.

주식 시장은 사기꾼들이 활동하는 여러 영역 중 하나일 뿐이다. 또한 경매 웹사이트의 구매자와 판매자 모두 사기에 많이 노출되어 있다. 또 다른 형태의 인터넷 사기는 이메일 등으로 투자를 유도하여 가짜 회사에 투자하게 만드는 형태도 있다. 이런 금융범죄는 인터넷을 통해 수많은 사람들이 그 대상이 될 수 있다. 미국 연방거래위원회(www.ftc.gov)는 정기적으로 온라인 사기의 사례를 보고하고 배포하여 국민들에게 주의를 주고 있다. 이후에 온라인 사기를 어떻게 피할 수 있는지 배우게 될 것이다.

도메인명 또 다른 법적 문제를 불러일으키는 것은 바로 도메인명이다. 도메인명은 주로 비영리기관이 할당하고 관리하고 있다. 분명히 회사 입장에서는 인터넷상에서 상품과 서비스를 팔기 위해서는 자신의 웹사이트를 고객들이 쉽게 찾을 수 있어야 한다. 일반적으로 회사이름과 도메인명이 서로 일치할수록 고객들은 쉽게 그 웹사이트를 찾을 수 있을 것이다.

도메인명은 그 도메인명을 소유한 기업이 비즈니스를 하고 있는 동안에는 적법하다고 할 수 있다. 하지만 크리스찬디올, 나이키, 도이치뱅크, 마이크로소프트와 같은 대기업들도 자신들의 도메인명을 지키기 위해 많은 법적 투쟁을 하고 있다. 예를 들어 델타항공사는 delta.com이라는 도메인명을 갖지 못했다. 왜냐하면 델타포시트(Delta Faucet)라는 회사가 1954년에 영업을 시작하면서 delta.com이라는 도메인명을 먼저 신청했기 때문이었다. 따라서 델타항공사는 처음에는 delta-airlines.com이라는 도메인명을 사용했고, 현재는 델타포시트로부터 delta.com이라는 도메인명을 사들였다. 반대로 델타포시트는 현재 deltafaucet.com이라는 도메인명을 사용하고 있다. 이처럼 많은 사례들이 현재 법적 소송 중에 있다.

사이버스쿼팅 사이버스쿼팅(cybersquatting)이란 다른 사람이나 다른 회사의 트레이드마크 등을 사용하여 돈을 벌기 위해 도메인명을 등록하고 이용하는 것을 말한다. 미국에서는 반사이버스쿼팅 소비자보호법(1999년)이 통과되어 이로 인해 피해를 본 사람과 회사들을 구제하기 위해 노력하고 있다.

그러나 어떤 경우에는 사이버스쿼팅이라고 할 수 있지만 법적으로 문제가 없는 경우도 종종 발생한다. 예를 들어 '도메인테이스팅(domain tasting)'을 들 수 있다. 이 도메인테이스팅은 복잡한 온라인 광고의 PPC(pay-per-click) 지불방식을 통하여 도메인 등록자들이 돈을 벌 수 있는 것을 말한다. 이는 웹페이지 명칭을 관리하고 규제하는 조직인 ICANN(internet corporation for assigned names and numbers, www.icann.org)의 정책으로부터 시작되었다. 2000년에 ICANN은 5일 안에 잘못된 도메인을 등록하여 취소할 경우 등록비 전액을 환불하는 정책을 만들었다. ICANN이 사실 이 정책을 만든 이유는 몇몇 회사들이 자사의 회사 도메인명을 입력할 때 실수로 잘못 입력하여 원하던 도메인명과 비슷한 다른 도메인명을 사들인 경우를 구제하기 위함이었다.

유명한 회사들의 도메인명과 굉장히 비슷한 도메인명을 수없이 등록하면서, 도메인테이스터는 이런 정책을 악용하였다. 이들은 야후나 구글에서 찾아볼 수 있는 광고들을 이런 비슷한 도메인명을 가진 웹사이트에 게재하여 웹사이트 트래픽을 유도하였다. 도메인테이스터는 아무 위험 없이 100% 확률로 수익을 창출할 수 있었다. 따라서 이들은 하루에 수만 건의 도메인명을 등록하고 또 갱신하여 등록하기도 하였다. 실제 조사에 따라 웹사이트 도메인명을 원래의 목적으로 구매하는 것은 전체 도메인명 구매의 약 2%밖에 되지 않는다고 한다. 나머지 98%는 사이버스쿼팅의 목적으로 도메인명을 구매하고 며칠 안에 수익을 내기 위함이라고 한다.

세금과 기타 수수료 세금 관련 문제는 미국처럼 연방정부의 형태인 국가에서 많이 일어나고 있다. 즉 미국 내 오프라인 상점에서 물건을 판매하게 되면, 해당 주의 주법을 따라 세금을 책정하게 된다. 이런 판매세는 e-비즈니스상에서 많은 문제를 야기하고 있다. 현재 미 연방, 주, 지역당국들이 e-비즈니스를 위한 세금정책 마련에 고심하고 있다. 이런 문제는 단순히 연방국가인 미국뿐만 아니라, 전자상거래가 전 세계를 통해 고객을 가질 수 있기 때문에 모든 국가에 해당된다. 예를 들어 어떤 주(혹은 국가)는 판매자가 판매세를 부담해야 한다. 따라서 전자상거래의 경우에는 서버가 어디에 위치하느냐에 따라 이런 세금정책이 달라질 수 있을 것이다.

이런 판매세 이외에도 다양한 세금(예 : 사업등록세, 프랜차이즈세금, 소비세, 주민세 등)을 전자상거래 기업에게 부과할 수 있을지, 부과할 수 있다면 어디에 위치한 당국에서 부과해야 하는지 불확실하다. 그리고 이 세금을 징수한다 치더라도 과연 이를 누가 관리하고 책임져야 하는 것인가? 전자상거래 기업에 세금을 부과하려는 당국의 노력은 '인터넷 프리덤 파이터'라는 조직과 정면대치하고 있다.

2013년 12월, 미국 대법원은 아마존처럼 물리적 장소가 없는 인터넷 소매업체들이 고객들로부터 판매세를 징수하도록 강제하려는 주의 활동에 관여하는 것을 거절했다. 이슈를 피하기 위한 대법원의 결정은 온라인 및 전통적인 소매업자들이 주마다 다른 법에 대해 불평하고 하급법원의 결정에 충돌하고 있는 문제에 대한 국가적 해결책을 찾기 위해 의회에 압력을 가한 것이다. 2014년 중반 현재, 5개를 제외한 모든 주에서 온라인 구매에도 판매세 부과를 시행했고, 온라인 소매업자들이 고객들로부터 판매세를 걷기 시작하도록 강제하는 법률이 통과하는 숫자가 증가하고 있다.

인터넷이 생기고 전자상거래가 나타나기 이전에도 기본법은 소매상이 소비자가 쇼핑하는 장소에 물리적으로 존재하지 않는 한 판매세를 받지 않아도 되었다. 쇼핑객들은 그런 구매들을 추적해서 매년 세금을 정산할 때 내기로 되어 있다. 하지만 이를 실제로 하거나 알고 있는 사람은 극소수이다.

그 결과 온라인 소매상들은 수년 동안 오프라인 경쟁 상점보다도 가격을 낮출 수 있게 되었다. 주정부와 지방정부가 불황에 현금 부족을 겪고 경우가 늘어나면서 그들은 다시 맞서기 시작했다. 2014년 중반 기준 19개 주에서 아마존에게 판매세를 징수하도록 요구했다.

저작권 이미 우리는 제6장에서 지적 재산권은 저작권에 의하여 보호받을 수 있고, 타인이 함부로 사용할 수 없다는 것을 배웠다. 현재 많은 사람들이 자신이 구매한 소프트웨어는 다른 사람들에게 마음대로 복사해줄 수 있는 권리가 있다고 착각하는 경우가 많다. 실제 소프트웨어를 마음대로 본인이 이용할 수 있는 권리를 구매한 것이지, 마음대로 분배할 권리를 구매한 것은 아니다. 그런 권리는 계속 저작권자에게만 있는 것이다. 마찬가지로 인터넷상의 콘텐츠를 마음대로 복사하는 것 역시 저작권법을 어기는 것이다. 사실 전자상거래상에서 지적 재산권을 보호하기는 정말 어렵다. 이는 각기 다른 저작권법을 가진 200여 개의 국가로부터 수십만 명이 수없이 많은 인터넷을 접속하여 사용하기 때문이다.

> **다음 절로 넘어가기 전에…**
>
> 1. 전자상거래와 관련된 중요한 윤리적 문제에 대해 설명하라.
> 2. 전자상거래와 관련된 중요한 법적인 문제에 대해 설명하라.
> 3. 전자상거래에서 판매자와 구매자를 보호할 수 있는 방법에 대해 설명하라.

개념 적용 9.4

학습목표 9.4 전자상거래와 관련된 윤리적·법적 문제를 구체적인 예를 제시하여 확인한다.

1단계 – 배경

아마존은 세계에서 가장 거대한 온라인 소매업체이다. 사실 아마존은 여러 종류의 온라인 소매업 중 하나일 뿐이다. 아마존은 애플과 구글, 마이크로소프트, 월마트, 소매업이나 기술 분야에서 유명한 여러 회사들과 경쟁한다.

그러나 당신은 아마존에 대해 큰 논란이 일고 있다는 것을 알고 있었는가? 특히 아마존은 모든 주에서 판매세를 받지 않는다. 별로 큰 문제처럼 보이지 않는가? 사실 이것은 큰 문제이다. '아마존의 판매세'에 대해서 검색해보면 당신은 이 문제에 대해 금방 알 수 있을 것이다. 당연히, 아마존은 그들의 면세 전략을 그들의 경쟁우위라고 생각한다. 당연히 아마존은 이 이점을 이용해 현 상태를 바꾸기 위해 세금정책을 개혁하고자 하는 주정부의 계획을 좌절시킨다.

이와는 반대의 관점으로, 만약 당신이 온라인에서 무언가를 사고 판매세를 지불하지 않는다면 당신은 당신의 소득세 내역에 포함시켜야 하며 소득정산 시 세금을 지불해야 할 것이다. 그러나 당신은 실제로 그렇게 하고 있는가? 다른 사람들도 그렇게 하고 있다고 생각하는가?

2단계 – 활동

아마존이 당신의 나라에서 판매세를 받고 있는지에 대해 인터넷으로 검색해보라. 만약 판매세를 받지 않는다면 앞서 언급된 이슈가 발생할 것이다. 아마존의 주문 처리 센터가 당신의 나라에도 있다고 가정하자. 이는 당신의 나라에서도 그 이슈가 적용되고 있고 그러므로 판매세를 받아야 한다는 것을 의미한다. 만약 소매업자가 당신에게는 판매세를 부과하고 다른 나라의 소비자에게는 판매세를 부과하지 않는다면 당신은 어떤 기분이겠는가? 또한, 당신의 국가에 있는 한 회사가 아마존의 서비스를 이용하고 판매세를 받지 않는다고 가정하자. 이때 그 회사와 아마존과의 관계는 당신의 국가에서 발생하는 모든 구매마다 판매세를 부과해야 한다는 것을 의미하는가?

3단계 – 과제

이 논쟁에 대해 생각할 시간을 가져본 뒤 아마존으로 하여금 모든 국가에서 부과되는 판매세를 받도록 하자는 주장과 그에 반대하는 주장의 목록을 만들라. 이 문제의 윤리적인 측면과 법률적인 측면에 대해 당신의 주장을 펼쳐라.

나를 위한 IT는 무엇인가?

ACCT 회계 전공자

회계 담당자는 몇 개의 전자상거래 문제들과 연관되어 있다. 주문시스템과 재고 관리와의 관계를 설계하는 데는 회계적 지식이 필요하다. 청구서와 지불 역시 회계 활동이고, 비용과 이익의 할당을 결정한다. 종이 서류를 대신하는 전자적 방법은 회계사의 일에 많은 영향을 줄 것이다. 마지막으로 어떤 제품과 서비스를 온라인에 올릴지 결정하기 위해 비용편익과 비용 조정 시스템을 세우고 입금취소 시스템을 만드는 것이 전자상거래의 성공에 가장 중요한 요인이 될 것이다.

뱅킹, 증권, 상품 시장, 그리고 다른 경제적 서비스의 세계는 전자상거래 때문에 재설계되고 있다. 온라인 증권거래의 지지 기반구조는 다른 어떤 전자상거래 활동들보다 더 빨리 성장하고 있다. 기존의 많은 혁신들은 경제의 법칙 그리고 금융 전문가와 재무 관리사들의 재정적인 인센티브를 변화시키고 있다. 예를 들면 온라인 뱅킹은 주 경계를 인지하지 못하고, 이것은 세계 무역에 자금을 대주는 것에 있어 새로운 체제를 만들어낼 수도 있다. 공공 재무 정보는 이제 순식간에 접근할 수 있다. 이러한 혁신들은 경제 관련 직원들이 운영하는 방식을 극적으로 변화시킬 것이다.

MKT 마케팅 전공자

마케팅과 판매에 있어 주요 혁명은 전자상거래에 의해 일어났다. 아마도 이것의 가장 명백한 특징은 현실에서 가상의 시장으로의 변천일 것이다. 그러나 역시 똑같이 중요한 것은 일대일 광고와 판매, 고객화, 그리고 상호 마케팅의 완전한 변화이다. 마케팅 경로들은 혼합되고, 사라지고, 다시 만들어지고 있다. 전자상거래 혁명은 새로운 제품과 시장을 만들어내고 있으며, 기존의 것들을 상당히 변화시키고 있다. 제품과 서비스의 디지털화 역시 마케팅과 판매에 영향을 미치고 있다. 공급자와 고객의 직접적인 경로는 빠르게 확대하고 있고, 고객 서비스의 본질을 완전히 변화시키고 있다. 고객들의 위한 전투가 심화됨에 따라, 마케팅과 판매부 직원들은 많은 조직들에 있어 가장 중요한 성공 요인이 되고 있다. 온라인 마케팅은 어떤 회사에게는 축복이 될 수도, 또 다른 회사에게는 저주가 될 수도 있다.

POM 생산/운영 관리 전공자

전자상거래는 판매량을 높이는 대량 생산에서 주

문량을 늘리는 대량 고객화/맞춤화/개별화로 제조시스템을 변화시키고 있다. 이 변화는 공급자와 다른 사업 파트너를 포함하고 있는 튼튼한 공급망, 정보 지원, 그리고 프로세스의 재설계를 필요로 하였다. 공급자들은 즉시 재주문의 필요 없이 재고를 감시하고 보충하기 위하여 엑스트라넷을 사용할 수 있다. 게다가 인터넷과 인트라넷은 순환 시간을 줄여준다. 복잡한 일정 관리 그리고 잉여 재고품과 같이 몇 년간 지속되어 온 많은 공급/운영 문제들은 웹 기술의 사용으로 빠르게 해결되고 있다. 이제 회사들은 더 쉽게 외국에 있는 제조업체들을 찾고 관리하기 위해서 외부적으로 그리고 내부적으로 네트워크를 사용할 수 있다. 또한 웹은 회사들이 부품과 부속품들을 위한 전자경매를 하게 도움으로써 조달을 재정비하여, 따라서 비용을 줄이고 있다. 결론적으로 진보적인 공급/운영 관리자의 역할은 전자상거래와 밀접한 관련이 있다.

HRM 인적자원관리 전공자

인적자원 전문가는 새로운 노동 시장과 이전 노동 시장에의 전자상거래의 영향을 이해할 필요가 있다. 또한 정부의 새로운 온라인 계획과 교육에 관해 능숙해지는 것은 중요하다. 게다가 인사팀 직원들은 반드시 전자상거래와 고용에 관한 주요 법적 이슈들에 대해 알고 있어야 한다.

MIS 경영정보시스템 전공자

경영정보시스템의 기능은 전자상거래가 정상적으로 행해지기 위해서 필요한 정보기술의 기반구조를 제공하는 것에 책임이 있다. 특히 이 기반구조는 회사의 네트워크, 인트라넷, 엑스트라넷을 포함한다. 경영정보시스템의 기능은 또한 전자상거래가 안전한지 확실히 하는 것에도 책임이 있다.

요약

1. 전자상거래의 여섯 가지 일반적인 유형을 기술한다.

B2C 전자상거래에서는 기업이 판매자이고 각 개인이 구매자이다. B2B 전자상거래에서는 판매자와 구매자가 모두 기업이다. C2C 전자상거래에서는 사람들이 다른 사람들에게 물건이나 서비스를 판매한다. B2E 전자상거래에서는 기업이 직원들에게 정보와 서비스를 제공하

기 위하여 내부적으로 전자상거래를 이용한다. 전자정부는 인터넷 기술을 기반으로 하고 특히 전자상거래를 이용하여 정보와 공공 서비스를 시민들에게 제공한다. (G2B 전자상거래라고도 한다.) 모바일 커머스는 무선 환경에서의 전자상거래를 뜻하는 말이다. 각 상거래의 예시는 본문에서 확인할 수 있다.

2. B2C 전자상거래의 다양한 온라인 서비스를 기술하고 구체적인 예를 제시한다.

고객들은 전자은행(electronic banking), 또는 사이버뱅킹을 통해 집, 직장, 도로 위에서도 은행에 갈 필요 없이 해당 은행의 제반 서비스를 이용할 수 있다.

온라인 증권거래 시스템을 이용하면 웹상에서 증권을 매매할 수 있다.

온라인 구직 사이트는 희소가치가 있는 구직자를 찾고자 하는 기업과 여러 구직자들을 이어주는 희망적인 환경을 제공한다. 수천 개의 기업들과 정부 조직은 지원 가능한 직군에 대해 알리고, 이력서를 받으며, 인터넷을 통해 지원서를 받는다.

온라인 여행사 웹사이트에서는 인터넷으로 항공권을 사고, 호텔을 예약하며, 차량을 렌트할 수 있다. 대부분의 사이트는 요금 검색 기능을 제공하는데, 이 기능을 이용하면 저렴한 항공권이 나왔을 때 이메일을 통해 알림을 받을 수 있다. 인터넷은 어떤 여행이든 경제적으로 계획하고 검색하며 처리할 수 있는 이상적인 공간이라고 볼 수 있다.

온라인 광고는 다양한 미디어를 포함하고 역동적이며 쌍방향적인 광고를 만들어낸다.

각 예는 본문에서 확인할 수 있다.

3. B2B 전자상거래의 세 가지 비즈니스 모델에 대해 설명한다.

판매 측 시장 모델에서는 기업들이 다른 기업들에게 제품 또는 서비스를 자사의 웹사이트나 그 외 웹사이트에서 판매하려 노력한다. 델 컴퓨터(www.dellauction.com)는 판매자 경매를 광범위하게 활용하고 있다. 여러 기업은 자사 홈페이지에서 이루어지는 경매뿐만 아니라 이베

이 같은 웹사이트를 통해 제품의 유동성을 높이고 있다.

구매 측 시장 모델에서는 기업들이 웹상에서 다른 기업의 제품이나 서비스를 구입한다.

다수의 판매자와 구매자들이 존재하는 전자시장은 공공 교환 또는 간단히 교환이라고도 불린다. 공공 교환은 모든 기업에게 열려 있으며 제3자적인 기업에 의해 운영되는 경우가 많다. 공공 교환에는 수직적, 수평적, 기능적 교환이라는 세 가지 유형이 있다. 수직적 교환은 주어진 산업 안에서 구매자와 판매자를 이어주고, 수평적 교환은 다양한 산업 내에서 구매자와 판매자를 이어준다. 그리고 기능적 교환에서는 일시적인 도움이나 별도의 사무실 공간 등 특수한 '요구에 따라' 필요한 서비스가 거래된다.

4. 전자상거래와 관련된 윤리적 · 법적 문제를 구체적인 예를 제시하여 확인한다.

e-비즈니스는 개인 정보 보호에 위협적이다. 우선 대부분의 전자결제시스템은 구매자가 누구인지 알지 못한다. 기업들은 구매자의 신원을 암호화하여 보호하는 것이 필요하다고 느낄 수도 있다. 개인 정보에서 발생하는 또 다른 주요 이슈는 인터넷 쿠키를 통해 각 개인의 행동이 추적되고 있다는 점이다.

전자상거래의 이용은 회사가 직원들은 물론 중개인과 대리점의 수를 줄일 만한 유인을 제공한다. 이렇게 필요 없어진 사람들, 특히 직원들을 어떻게 처리해야 하는가 하는 점에서 도덕적인 이슈가 제기될 수 있다. 구조조정을 해야 할 것인가? 직원들을 교육시켜 다른 부서에 투입할 것인가? 그렇지 않다면, 해고된 직원들을 어떻게 보상하고 지원할 것인가?

본문에서 예시를 확인할 수 있다.

>>> 용어 해설

가상(혹은 십층투자)소식 상품, 과성 그리고 운송 업체가 노부 디지털인 회사들

가치가 저장된 현금카드 미리 저축해둔 금액에 따라 사용할 수 있는 전자현찰의 형태로, 이 카드를 사용하는 만큼 저장된 금액이 차감됨

경매 판매자가 구매자로부터 계속해서 값을 부르기를 원하

거나 구매자는 판매자가 값을 부르기를 원하는 경쟁적인 과정으로, 경쟁적인 경매 입찰에 의해 가격은 극적으로 정해짐

공공 교환(혹은 교환) 많은 구매자들과 판매자들이 있는 전자시장. 누구나 진입할 수 있으며, 자주 제3자에 의해 소유되고 운영됨

공동구매 수량 할인을 받기 위한 많은 구매자들로부터의 구

입 주문 집합

교환 '공공 교환' 참조

구매 측 시장 회사들이 필요한 제품이나 서비스를 컴퓨터로 다른 회사들로부터 구매하거나, 종종 역경매를 통해 구매하는 회사들의 B2B 모델

멀티채널링 유통의 온라인 그리고 오프라인 경로를 통합한 회사의 프로세스

모바일 커머스(m-커머스) 무선 환경에서 행해지는 전자상거래

바이럴 마케팅 온라인 구전 마케팅

배너 판매 회사나 제품을 홍보하기 위한 짧은 문구나 그래픽 메시지를 포함하는 전자 간판

비즈니스모델 회사가 스스로 유지하기 위해 부를 창출하는 방법

사이버뱅킹 다양한 은행 일이 실제 은행이 아닌 집, 회사 혹은 길 위해서 행해짐, 혹은 전자 뱅킹이라고도 불림

사이버스쿼팅 인터넷 도메인이 나중에 높은 가격에 판매되기를 바라며 미리 선점하는 것

스마트카드 많은 양의 정보(저축된 기금을 포함하는)를 저장 가능하게 하고, 절차를 수행하게 해주는 마이크로프로세서를 포함한 카드

스패밍 받는 사람들의 동의를 얻지 않고 무차별적으로 이메일을 유포하는 것

역경매 대체로 조직인 한 구매자가 상품이나 서비스를 구매하려고 하고 공급자들이 입찰을 받아들이는 것으로, 가장 낮은 금액을 부른 입찰자가 그 제품을 얻게 됨

오프라인 조직 제품, 프로세스, 그리고 배달 중개상들이 모두 오프라인상에 실제로 존재하는 회사들

온·오프라인 결합형 조직 오프라인과 온라인 모두에서 사업을 하는 회사들

일대일 지불 신용카드의 사용 없이, 두 개인 간의 혹은 개인과 회사 간의 자금의 이동을 가능하게 하는 전자 현금의 한 유형

일반경매 판매지들이 많은 잠재적인 구매자들에의 판매 경로로 사용하며, 가장 높은 금액을 부른 입찰자가 그 제품을 얻게 됨

전자결제 시스템 고객들이 상품이나 서비스를 구매할 때, 개인수표를 사용하거나 현금을 사용하는 대신, 컴퓨터를 통해 구매할 수 있게 하는 컴퓨터 기반 시스템

전자몰 인터넷 주소하의 여러 개인 상점들의 집합. 사이버몰 혹은 e-몰이라고도 불림

전자상거래(EC 혹은 e-커머스) 구매, 판매, 수송 혹은 제품과 서비스의 교환 혹은 인터넷을 포함한 컴퓨터 네트워크를 통한 정보의 과정

전자소매 e-상점을 통한 상품과 서비스의 직접 판매, 대체로 전자 카탈로그 포맷 그리고/혹은 경매를 중심으로 운영됨

전자시장 수많은 판매자들과 구매자들이 전자 비즈니스 활동을 하는 웹상의 가상 시장 공간

전자정부 시민들, 사업 파트너들, 정부단체의 공급자들에게 그리고 공공부문에서 일하는 사람들에게 정보와 공공 서비스를 제공하기 위해 전자상거래를 사용

전자 조달 구매 프로세스를 온라인상에서 도움을 얻어 진행하는 것

채널 갈등 회사가 온라인으로 고객들에게 직접 판매하겠다고 결정 내렸을 때, 기존의 오프라인 유통 업자들 간의 갈등

탈중개화 전자상거래에서의 중개 단계들을 담당하는 계층들의 제거

판매 측 시장 회사들이 그들만의 사적 전자시장 웹사이트로부터 그리고/혹은 제3의 웹사이트로부터 그들의 제품이나 서비스를 다른 회사들에게 판매하려는 B2B 모델

팝언더 광고 어떤 촉매제에 의해 자동적으로 시작되고 실행되고 있는 윈도우 아래 나타나는 광고

팝업 광고 어떤 촉매제에 의해 자동적으로 시작되고 실행되고 있는 윈도우 위에 나타나는 광고

허용 마케팅 온라인 광고와 이메일을 자발적으로 받을지를 고객들에게 물어보는 마케팅 유형

B2B 전자상거래 판매자와 구매자가 모두 사업체인 전자상거래

B2C 전자상거래 판매자는 회사이고, 구매자는 개인 고객인 전자상거래, e-소매 거래라고도 함

B2E 전자상거래 그 종원업들에게 정보와 서비스를 제공하기

위하여 전자상거래를 내부적으로 사용하는 회사

C2C 전자상거래 판매자와 구매자가 모두 개인(사업체가 아님)인 전자상거래

e-비즈니스 상품과 서비스의 구매와 판매, 고객들에게 서비스 제공, 비즈니스 파트너들과 협력, e-러닝의 수행 그리고 사업체와의 전자거래를 포함한 넓은 의미의 전자상거래

e-상점 주문이 발생할 수 있는 이들만의 인터넷 주소가 있는 한 회사의 웹사이트

>>> 토론 주제

1. 전자상거래의 주요 한계점을 서술하라. 그중 어떤 것이 앞으로 사라질 가능성이 있다고 생각되는가? 그 이유는 무엇인가?

2. 복수의 전자상거래 비즈니스모델을 갖는 이유에 대하여 논하라.

3. 견적 요청(request for quotation)을 위한 B2B 경매와 구매자의 입찰의 차이점에 대해 이야기하라.

4. B2B 거래는 판매자와 구매자에게 어떤 혜택을 주는가?

5. G2C 전자상거래의 주요 혜택은 무엇인가?

6. B2C 안에서 온라인으로 결제할 수 있는 다양한 방법을 논하라. 그중 어떠한 방식을 선호하는가? 그 이유는 무엇인가?

7. B2C에서 주문 조달이 어렵다고 여겨지는 이유는 무엇인가?

8. 전자상거래의 실패 이유를 논하라.

9. 미스터 커피가 커피메이커를 온라인에서 판매해야만 하는가? (힌트 : 이 장의 채널 갈등에 관한 부분을 살펴보라.)

10. 몇 가지 경우, 사람들은 관련 회사에 비싼 값으로 도메인명을 팔기 위해서 사이버스쿼팅을 저지른다. 또 다른 경우에는 어떤 회사가 직접 사이버스쿼팅에 관여하여 그들의 경쟁사명과 매우 유사한 도메인명을 등록한다. 이는 웹 주소의 스펠링을 잘못 적은 사람으로 하여금 트래픽을 발생시키게 하기 위함이다. 각 방식들을 윤리적 본질과 합법성에 관련해 논하라. 두 가지 방식에 차이점이 있는가? 답변을 뒷받침할 수 있는 근거를 제시하라.

11. 정보처리기술(IT)이 사업 활동을 더 편리하게 해주었다고 생각하는가? 혹은 21세기 사업의 장벽을 만들었다고 생각하는가? 사례와 함께 당신의 주장을 펼쳐라.

12. 전자상거래의 등장으로 인해 이제는 컴퓨터 기술과 인터넷 접속, 컴퓨터와 스마트폰같은 전자기기가 없다면 기업들에게 어떤 일이 발생하겠는가? 시장에서 살아남을 수 있다고 생각하는가? 열심히 일함으로써 더 발전할 수 있겠는가?

>>> 문제 해결 활동

1. 당신은 현재 차 구입에 관심이 있다고 해보자. 당신은 수많은 웹사이트에서 정보를 찾아볼 수 있다. 신차와 중고차, 금융, 그리고 보험에 관련된 정보를 찾기 위하여 5개의 웹사이트에 접속하고 어떤 차량을 구입할 지 결정하라. 그리고 사용자 제소입세의 웹사이트도 이동하여 구입하기로 결정한 차량을 각 요소별로 구성하라. 마지막으로 www.autobytel.com에 들어가 그 차량을 검색해보라. 구매 결정을 할 때 어떤 정보가 가장 도움이 되는가? 경험한 것을 토대로 보고서를 작성하라.

2. 여러 가지 전자결제시스템을 비교하라. 구체적으로 이 장에서 인용된 판매사로부터 정보를 모으고 구글을 이용하여 다른 판매사도 찾아보라. 과제를 수행하면서 각 판매사의 보안등급과 속도, 비용, 그리고 편리성에 관심을 기울여라.

3. 나이아몬드와 보석을 온라인으로 판매하는 방법에 대하여 연구하라. www.bluenile.com, www.diamond.com, www.thaigem.com, www.tiffany.com, www.jewelryexchange.com 같은 웹사이트에 접속하라.

   a. 위 사이트들은 구매자에게 보석에 대해 교육하기 위해서 어떤 기능을 활용하는가?

   b. 위 사이트들은 어떻게 구매자들을 끌어 모으는가?

   c. 위 사이트들은 온라인 구매에 대한 소비자들의 신뢰

를 어떻게 증진시키는가?

    d. 위 사이트들이 제공하고 있는 고객 서비스에는 어떤 것이 있는가?

4. www.nacha.org에 접속하라. NACHA란 무엇이며 그 역할에는 어떤 것이 있는가? ACH는 무엇인가? ACH 전자결제에서 가장 중요한 역할을 담당하는 사람은 누구인가? ACH에서 현재 진행 중인 파일럿(pilot) 프로젝트에 대해 설명하라.

5. www.espn.com에 접속하라. 이 사이트가 수익을 창출하는 방법을 최소 다섯 가지 이상 밝혀라.

6. www.queendom.com에 접속하라. 그들이 제안하는 것을 검토해보고 그중 몇 가지는 직접 체험해보라. 이 사이트는 어떤 유형의 전자상거래라고 할 수 있는가? 이 웹사이트는 어떻게 수익을 내는가?

7. www.ediets.com에 접속하라. 이 회사가 제공하는 모든 서비스의 목록을 만들라. 이 회사의 수익모델을 밝혀라.

8. www.theknot.com에 접속하라. 이 사이트에서 벌어들이는 수익이 어디서 오는지 파악하라.

9. www.mint.com에 접속하라. 이 사이트의 수익모델을 밝혀라. 이 웹사이트에 당신의 신용카드와 현금카드 번호, 또는 은행 계좌번호를 알려준다면 어떤 위험이 발생할 수 있는가?

10. www.nissan.com의 사례를 연구하라. 유지 닛산은 사이버스쿼팅, 즉 특정 기업의 등록상표 이름이 포함된 인터넷 도메인을 선점한 사례로 볼 수 있는가? 왜 그런가? 또는 왜 그렇지 않은가? 주장을 뒷받침하는 근거를 제시하라. 자동차 제조업체인 닛산은 www.nissan.com에 어떻게 반응하고 있는가?

11. www.alibaba.com을 방문하라. 이 사이트가 어떤 능력이 있는지 파악하라. 이 사이트의 프라이빗 트레이딩 룸을 살펴보고 보고서를 작성하라. 이런 웹사이트는 물건을 구매 중인 사람에게 어떤 도움을 줄 수 있는가?

12. www.grubhub.com을 방문하여 사이트를 탐색해보라. 이 사이트가 왜 그렇게 성공적이라고 볼 수 있는가? 이 사이트와 경쟁할 만한 웹사이트를 만들 수 있는가? 왜 또는 왜 그렇지 않은가?

13. www.dell.com을 방문하여 'Desktops' 페이지를 찾아

라. 원하는 사양을 설정한 후 'My Cart'에 담아라. (카트에 물건을 담는 행위에는 비용이 따르지 않는다.) 이 프로그램에는 어떤 계산 프로그램이 쓰였는가? 실제 매장에서 구입하는 것과 비교하여 이런 절차가 갖는 장점은 무엇인가? 단점은 무엇인가?

14. www.checkfree.com과 www.lmlpayment.com에 들어가 그들의 서비스를 확인하고 보고서를 작성하라.

15. www.travelocity.com, www.orbitz.com, www.expedia.com, www.kayak.com, www.pinpoint.com 등 다양한 여행정보 사이트에 접속하라. 사용의 용이성 그리고 유용성을 기준으로 위의 웹사이트를 서로 비교하라. 그들 간의 차이점을 언급하라. 각 사이트에 일정표를 요청한다면, 어떤 사이트가 가장 좋은 조건으로 만족스러운 데이터를 제공한다고 생각하는가?

16. www.outofservice.com에 접속하여 음악취향과 성격에 대한 설문조사에 답하라. 설문을 완료하면 'Results'를 눌러 당신의 음악적 취향이 당신의 성격을 어떻게 설명해주는지 확인하라. 이 결과를 실제와 비교했을 때 얼마나 정확한가?

17. 안전한 온라인 쇼핑을 위한 팁

• 월마트 온라인, 디즈니 온라인, 아마존처럼 믿을 수 있는 브랜드명이 들어가 있는 사이트를 찾아라. 제품을 구입하기 전에, 해당 사이트가 불명확한 링크를 통해서가 아니라 실제로 주소를 입력하고 들어갈 수 있는지 여부를 확인하라.

• 회사의 주소와 전화 및 팩스 번호에 익숙하지 않은 판매 사이트를 찾아라. 회사에 전화를 걸어 직원들에게 그 판매 사이트에 대해 질문하라.

• 판매상이 해당 지역의 상공회의소(Chamber of Commerce)나 공정거래위원회(Better Business Bureau, www.bbbonline.org) 소속인지 확인하라. TRUSTe처럼 확인 인감이 있는지 찾아보라.

• 판매자의 보안 절차를 검토하고 개인 정보 보호정책을 읽는 작업을 통해 그 사이트가 과연 안전한 곳인지 조사하라.

• 환불보증, 품질보증, 서비스 계약서를 검토하라.

• 일반적인 매장들과 가격을 비교하라. 지나치게 낮아서 믿어지지 않는 가격에는 무언가 문제가 있을 것이다.

- 친구들에게 물어보거나 또는 커뮤니티 웹사이트 및 널리 알려진 게시판에서 추천이나 지지를 받고 있는지 확인하라.
- 분쟁이 발생했을 때 소비자가 갖는 권리를 파악하라.

소비자 보호단체 및 국제사기정보센터와 상의하라.
- www.consumerworld.org의 유용한 정보를 활용하라.
- 제품의 종류가 다양하기를 원한다면 www.reseller-ratings.com에서 유용한 정보를 찾을 수 있다.

>>> 협력 활동

1단계 – 배경

오프라인 매장을 운영하는 사업을 e-비즈니스로 전환하는 것은 상당히 복잡한 일이다. 20세기가 되었을 때(1900년대 초) 시어스로벅은 어떤 분야에서든 지배적인 힘을 가진 기업이었다. 이 회사의 비즈니스모델(카탈로그 발송, 청구서 및 주문의 수령, 요청사항 처리 및 수행)은 기존에 성행했던 각 지역의 '일반적 매장'보다 수년 앞서 있었다. 시어스의 역사에 대한 정보를 위키피디아에서 찾아보고, 우편으로 주문하는 카탈로그 모형을 이해해보자.

2단계 – 활동

다음의 역할에 따라 팀을 배정하라—소비자, 주문 절차, 매출채권 관리, 고객 주문 처리, 배달, 재고, 판매. 이제 소비자들이 카탈로그를 통하여 서로 다른 다섯 가지 물품을 주문한다고 할 때 위와 같은 역할에 따라 해당 주문을 적당한 순서에 맞게 진행하라. 이 문제를 보다 쉽게 해결하기 위하여, 소비자가 제품 가격을 완납했다고 가정하자.

소비자로 시작해서 각자가 이 과정에서 다음 사람으로 전달하기 위한 필요한 모든 정보를 구글 독(Google Doc)으로 만들도록 하라. 예를 들어 소비자는 주문 절차를 담당하는 사람에게 2장의 종이를 낼 것이다. 한 장은 주문이고 다른 한 장은 지불이다. 그러고 나면 주문 절차 담당자는 새로운 정보를 종이에 써서 다른 사람에게 알려줄 것이다. 그들은 또한 사람들 사이에 오고 가는 종이를 복사해서 가지고 있을 것이다. 이 주문은 우리가 만들어낸 가상의 '회사'를 통해 이동하기 때문에 우리는 얼마나 많은 종이 보고서와 정보가 전통적 비즈니스에서 발생했는지 알 수 있을 것이다.

3단계 – 과제

팀으로서 http://www.wiley.com/go/rainer/MIS3e/collaboration에 방문하고 아마존에 관련된 유튜브 동영상을 시청하라. 그리고 아마존의 전자상거래 모델과 직접 실험해본 전통적 상거래의 모델을 비교 요약해서 써보라. 정보를 전달할 때 누군가 실수를 했는가? 컴퓨터 정보시스템(전자상거래)을 도입하면 주문 처리의 흐름을 더 좋게 만들 수 있을까?

위에서 작성한 보고서를 교수에게 제출하라.

마무리 사례 1 〉 택시산업을 방해하는 우버

사업상의 문제점 〉〉〉 문제는 보편적이다. 승객으로서 무엇이 당신이 택시를 필요로 할 때 택시를 발견할 수 있는 최선의 방법인가?

택시 업계는 여러 문제를 가지고 있다. 예를 들어 샌프란시스코에서 택시를 잡는다고 생각해보자. 다른 주요 도시의 중심부처럼 그 도시는 인구가 증가했음에도 불구하고 택시면허를 운영하는 수를 제한하는 다년간의 정책을 갖고 있다. 게다가 주요 택시회사의 운행 관리원은 택시회사들이 주로 기사들에게 택시를 세놓음으로써 돈을 벌고 있어 즉각적인 고객 서비스에 대해 신경을 쓰지 않는 것처럼 보인다.

이에 대해 MIT공과대학의 한 교수가 "택시 업계는 높은 가격, 질 나쁜 서비스와 무책임감으로 특징지어진다"고 강조하기도 했다.

다른 문제는 승객들이 택시를 필요로 할 때, 택시가 아주 보기 힘든 경향이 있다는 것이다. 프린스턴대학의 한 경제학자는 뉴욕 시의 택시기사들이 그날의 목표 수입을 달성한 후에 귀가하는 경향이 있다는 사실을 알아냈다. 비올 때처럼 수요가 높은 날에 기사들이 수입을 극대화하기 위해 계속해서 운전하려 한다는 것은 상식이다. 하지만 택시기사들은 때때로 그들의 수입을 안정시키는 것을 선호한다는 것이 드러나고 있다. 따라서 평상시보다 날씨가 나쁘고 택시 수요가 더 높을 때 실제로 택시를 찾기 더 어렵다. 그 이유는 더 많은 사람들이 택시에 신호를 보내서만은 아니다. 오히려, 택시 기사들이 그들의 하루 할당금을 훨씬 빠르게 벌고 비번 사인을 켜서 택시 공급이 제한을 받았기 때문이다. 요약하면, 택시 업계는 방해를 위해 숙성되었다. 오늘날 정보기술은 그러한 방해를 가능하게 하고 있다.

가능한 해결책 〉〉〉 2010년에 창립된 우버(www.uber.com)는 승객들에게 직접 가장 가까운 택시 또는 리무진을 스마트폰으로 예약하고 그것이 그들의 위치에 접근할 때 그 차량을 추적하는 것을 허용한다. 승차 후에 우버는 자동적으로 운전자에게 고객의 신용카드로 보상을 받게 한다. 어떤 팁도 요구하는 것 없이 말이다. 그것은 붐비는 거리를 걸어다니는 것과 다가오는 차량을 향해 격렬하게 손을 흔드는 것보다 단순한 경험이고, 택시에 탑승할 수 있는 훨씬 기분 좋은 방법이다.

우버의 운영 방식 회사는 파트너를 모집한다—리무진 회사나 개인택시 운전기사, 자신의 차를 소유한 모든 사람—그리고 그들의 면허, 차량 유지, 연료와 자동차 보험 등을 추정하고 그들을 소프트웨어 사용에 대해 훈련시킨다. 우버는 운전기사들에 대한 배경조사도 실시한다. 운전기사들은 보통 승객이 낸 요금의 80%를 갖는다. 우버가 항상 운전기사들에게 최고의 거래를 제공하지는 않는다. 운전기사들은 다른 서비스로 더 많은 돈을 벌 수 있다. 하지만 운전기사들은 융통성과 우버가 제공하는 배정의 융통성(assignment flexibility)을 좋아한다.

더 새로워진 옵션인 우버X는 자신의 개인 차량을 운전하는 운전자들로부터 더 저렴한 가격의 탑승을 승객에게 제공한다. 우버는 이 프로그램을 특정한 최신 모델의 차에 제한하고 있고 운전기사들은 서비스 중인 다른 기사들처럼 똑같은 신원조사를 받는다.

우버 운전기사들은 언제 그들이 근무할지를 선택할 수 있다. 어떤 기사들은 그들의 잠재적 수입이 30% 정도 늘어나고 있는 것에 대해 우버를 신뢰하고 있다. 그들의 차들은 높은 기준에 따라 유지되고 엄격하게 검사를 받는다. 운전자와 탑승자 목적지까지의 이동 후에 서로를 평가한다. 이러한 처리 방식은 운전자와 탑승자 모두를 위한 경험을 향상시킨다.

우버 운전기사들의 한 가지 불평은 팁을 지불하지 않는 정책이다. 우버는 잠재적 고객들에게 우버 탑승이 택시 탑승보다 가격이 약간 비쌀지도 모른다. 하지만 승객은 팁을 제공할 필요는 없다고 알린다. 모든 고용과 지불이 우버를 통해 독점적으로 처리되고 운전기사와는 개인적으로 처리되지 않는다 할지라도 우버의 가격책정은 미터제 택시와 비슷하다.

스마트폰 버튼 터치 5분 내에 탑승이라는 약속을 실행하기 위해 우버는 끊임없이 다른 일들 중에서 우버에 속한 차량 중 얼마나 많은 차들이 도로에 있는가, 그것들이 어디로 가고 있는가, 그리고 탑승가격은 얼마인가 하는 것을 통제하는 알고리즘을 최대한 활용해야 한다. 우버 회사의 샌프란시스코 본사에서 갓뷰(God View)라고 불리는 소프트웨어는 우버시스템상에서 움직이는 모든 차량을 즉시 보여준다. 똑같은 지도상에서 작은 점들이 현재 자신의 스마트폰에 있는 우버 앱에 접근하는 모든 고객의 위치를 나타낸다. 우버의 일은 그런 차들과 작은 점들을 가능한 한 매끄럽게 모으는 것이다.

우버는 다양한 옵션에 대한 표준 지역 요금을 제안한다. 하지만 그것은 수요가 절정을 이룰 때 이러한 요금을 증가시킨다. 우버는 이 정책을 '급등 가격'이라고 부른다. 어떤 비평가들과 고객들은 그것을 '가격 바가지 씌우기'라고 부른다. 우버는 이런 비난을 부인한다. 그 회사는 증가한 수요를 충족하기 위해서 운전기사들은 도로에 나가는 것에 대한 추가적인 인센티브를 필요로 한다고 주장한다. 우버는 또한 많은 상품들이 역동적으로 가격이 매겨져 있다고 언급한다. 예를 들어 항공권이나 행복한 시간을 위한 칵테일처럼 말이다.

여러 기관과의 갈등 택시산업과 지역 당국을 포함한 여러 기관과 여러 갈등을 겪고 있다. 단속 기관들과 정치인들은 우버에 소속된 차들이 택시나 리무진 회사들이 따라야 하는 규제들을 지키지 않음으로써 법을 어기고 있다고 주장한 다. 우버는 자신들은 택시나 리무진 회사가 아니라 소프트웨어를 제공하고 있는 것이기 때문에 그들과 똑같은 규제를 받을 필요가 없다고 주장한다. 오히려 그 규제를 따라야 할 책임은 운전자들에게 있다는 것이다.

우버의 시장의 지역 정부들은 우버를 막기 위해 법적인 행동을 취해 왔다. 60억 달러 규모의 택시산업은 우버를 상대로 비공식적인 전생을 선포했다. 낧은 수의 리무진 서비스 전문가들이 우버의 사업 전략을 비판하며 우버를 공격했다.

예를 들어 샌프란시스코의 대중교통업체는 우버를 허가받지 않은 택시 서비스라 칭하며 우버에게 정지명령 공문을 보냈다. 그러나 우버는 그들은 단지 운전기사들과 탑승자들을 연결해주는 스프트웨어를 제공할 뿐이라고 주장했다. 우버는 계속해서 자신들의 서비스를 제공했고 정치인들이 참여하고 싶어 하는 선거구나 우버의 소비자들에게는 인지도를 얻었다.

우버는 정부와 특히 뉴욕이나 시카고, 보스턴, 워싱턴 DC와 같은 다른 도시의 택시산업들로부터 적대감을 얻게 되었다. 결국 워싱턴 시의회는 우버가 '나라 전반에 걸친 도시 대중교통 제정의 혁신적인 모델'이라고 부르는 합법적 틀을 통과시켰다. 워싱턴이 통과시킨 법은 다음과 같다.

- 이 법은 시간과 거리에 따라 디지털 신호와 요금을 사용하는 임대 자동차의 종류를 명백히 구분한다.
- 이 법은 택시나 세단, 리무진에 대한 하나의 자격증만을 발급하며 워싱턴 DC의 택시위원회로 하여금 실제 이 자격증을 발급하도록 한다.
- 이 법은 소비자들에게 도움이 될 요금의 투명성에 대한 기준을 세운다.
- 이 법은 우버와 그 파트너, 허가/규제된 세단 회사와 운전자가 규제로 인해 그 산업이 붕괴되지 않도록 하고 임대자동차 시장에 대한 규제를 확실하게 한다.

우버의 운전자들은 지역 정부의 규제와 우버의 규칙으로 인해 여러 제한을 받을 수도 있다. 우버를 택시 서비스로 규정하라는 정책을 샌프란시스코 공항이 강화한 이후로 샌프란시스코 공항에서 승객들을 내려주는 것에 대해 딱지를 떼게 되었다. 운전자들은 공항에 승객들을 내려주던 서비스를 계속 제공하고 딱지를 떼일 위험을 감수해야 할지를 선택해야 했다. 유연한 스케줄과 괜찮은 수입에 익숙해진 우버의 운전자들은 그 위험을 감수할 만하다고 생각했다.

우버는 시장에서 입지를 단단히 한 회사의 시장 점유율을 위협하는 것이 가능할 정도로 시장에서 계속 살아남았다. 우버는 택시를 잡을 수 있는 더 효과적인 방법을 제시할 뿐 아니라 택시 승차 수요가 가장 큰 지역을 알려주는 완전히 새로운 방법을 회사의 운전자들에게 제공했다. 이 과정에서

MKT 우버는 택시와 자동차 서비스가 그동안 전혀 신경 쓰지 않았던 지역에까지 회사의 서비스를 제공할 수 있게 되었다.

다른 기관들과의 갈등 외에도, 우버는 실시간으로 저가의 승차공유 서비스를 제공하는 신생기업 리프트(Lyft, www.lyft.me)나 사이드카(SideCar, http://www.side.cr)와 경쟁하게 되었다. 저가격정책에서 경쟁하기 위해 우버는 우버 택시(지역의 택시위원회와 협력하여)를 시장에 소개했다. 이 전략은 최근 수입이 많이 줄어든 기존의 리무진 운전자들의 불만을 야기했다.

결과 〉〉〉 2013년의 밸런타인데이에, 우버는 15개 도시에서 고객들에게 꽃을 주었다. 그날엔 고객들이 우버의 앱에서 '장미 버튼'을 선택할 수 있었고 우버의 운전자들은 자신이 사랑하는 사람에게 장미다발을 줄 수 있었다. 몇 달 후 우버는 하루짜리 이벤트를 시행하였다. 우버는 이날 이벤트 당첨 버튼을 누른 고객에게 아이스크림 트럭을 보냈다. 이런 이벤트들은 단순히 브랜드의 입지를 다지려는 노력이 아니라는 것을 보여준다. 이벤트들은 우버가 운전 제공 서비스를 제공할 뿐 아니라 때때로 경험과 제품을 전달할 수 있는 지상의 운송 네트워크 전달자 역할을 하고 있음을 알 수 있다.

효율적인 알고리즘과 지상에 있는 곳이라면 어디든 도달할 수 있는 서비스(사람들을 태우고 내려주기 위해 돌아다니는 차들)를 기반으로 우버는 실시간으로 무엇이 되었든 어디로든 운송할 수 있는 지역의 운송업 네트워크가 될 수도 있다. 이는 FedEx나 UPS에 대적할 만하다.

우버가 만약 운송산업까지 자신들의 사업을 확장시킨다면, 현재는 아직 리프트나 사이드카에 그친 경쟁은 아마존, 이베이, 월마트까지 확장될 수도 있다. 우버가 이런 거대한 경쟁자들과의 경쟁에서 대처하는 방법은 당일 서비스를 제공하는 온라인 소매업을 강화할 수 있는 후방 기술을 제공할 수 있다고 스스로를 소개하는 것이다. 다음과 같은 생각을 해보자. 2013년 가을에 샌프란시스코에서 구글이 쇼핑 익스프레스 서비스를 처음으로 소개했다. 이 서비스는 소비자로 하여금 지역 매장에서 구글에 의해 운영되는 앱을 이용해 온라인으로 쇼핑할 수 있게끔 해주는 서비스이다. 또한 구글은 소비자들이 구매한 물품들을 택배업체를 통해 당일 배송해준다. 이때의 운송업체는 우버가 될 수 있다.

2014년 중반쯤, 우버는 6개 대륙의 60개 도시로 진출했고 현재 400명이 넘는 직원을 보유하고 있다. 게다가 우버의 수익은 2013년 현재 매달 18% 가까운 비율로 증가하고 있다. 우버는 정확한 수치를 공개하지 않았지만 2014년에 그들의 수익은 1억 2,500만 달러 정도 된다는 소문이 있다.

출처 : B. Stone, "Invasion of the Taxi Snatchers: Uber Leads an Industry's Disruption," *Bloomberg BusinessWeek*, February 20, 2014; R. Dillet, "Protesting Taxi Drivers Attack Uber Car Near Paris," *Tech Crunch*, January 13, 2014; M. Wohlsen, "Uber in Overdrive," *Wired*, January, 2014; J. Hempel, "Why the Surge-Pricing Fiasco Is Great for Uber," *Fortune*, December 30, 2013; B. Fung, "How Uber Could Reinforce Car Culture," *The Washington Post*, December 24, 2013; J. Roberts, "Uber CEO Taunts Price Critics, Points to Airline 'Surge Pricing'," *GigaOM*, December 24, 2013; M. Wolff, "Wolff: The Tech Company of the Year Is Uber," *USA Today*, December 22, 2013; N. Bolton, "Customers Out in the Cold Balk at Uber's Surge Pricing," *The New York Times*, December 16, 2013; J. Hempel, "Hey Taxi Company, You Talkin' to Me?" *Fortune*, October 7, 2013; K. Yeung, "California Becomes First State to Regulate Ridesharing Services Benefiting Uber, Lyft, Sidecar, and InstantCab," *TheNextWeb*, September 19, 2013; T. Knowlton, "Uber Toronto Activates Surge Pricing During Storm, Trig-gering a Bad PR Storm of Its Own," *Techvibes.com*, July 9, 2013; R. Lawler, "Look Out, Lyft: Uber CEO Travis Kalanick Says It Will Do Ride Sharing, Too," *Tech-Crunch*, September 12, 2012; C. Albanesius, "Uber Rolling Out On-Demand Ice Cream Trucks," *PC Magazine*, July 12, 2012; N. Jackson, "Hailing a Cab with Your Phone," *The Atlantic*, November 16, 2010; www.uber.com, www.lyft.me, www.side.cr, accessed January 21, 2014.

질문

1. 택시회사가 어떻게 우버와 리프트, 사이드카와 겨룰 수 있었는지 논의하라. (힌트 : 택시회사는 왜 비슷한 정보기술을 사용했는가?)

2. 우버의 비즈니스모델의 단점을 설명하라. 구체적인 사례와 함께 제시하라.

마무리 사례 2 〉 아마존과 경쟁할 수 있는 옴니 채널 전략

비즈니스 문제 〉〉〉 최근 몇 년간, 큰 소매업체들이 사용해 왔던 실제 매장을 이용한 기존의 전략은 항상 높은 비용을 수반했고, 소매업체들에게 자산이라기보다는 부채로 작용해 왔다. 매장이 없는 아마존은 낮은 가격과 넓은 선택의 폭을 제시함으로써 높은 시장 점유율을 이루었고 세계에서 가장 큰 인터넷 소매업체가 되었다. 이제 새로운 경쟁지는 바로 위치이다. 그리고 기존의 소매업체들은 아마존에게 이것을 양보하지 않았다.

위치에 따라 아마존은 기존의 소매업체들에게 추가적인 문제점을 제시하였다. 당일 배송의 측면에서 아마존의 고객들은 계산대에서 8.99달러 혹은 그 이상을 지불한다. 1년에 99달러면 아마존의 프라임 서비스를 이용할 수 있고, 이 프라임 서비스는 대부분의 물품들을 이틀 안에는 무료로 배송해주고, 3.99달러부터 시작하는 당일 배달 서비스를 제공한다.

나아가 아마존의 당일 배송 시스템은 (a) 아마존의 근처 물류창고에 재고가 있을 경우거나 (b) 제3의 판매자가 즉각적으로 배송할 수 있는 경우에만 가능하다. 배달 시간을 더 줄이기 위해 아마존은 90개가 넘는 물류창고에 로봇과 보관창고, 냉장고를 투입하였다.

아마존은 FedEx나 UPS같은 운송회사를 통해 그들의 물품을 배송하고 이제는 미 우편근무를 통해 일요일에도 배송을 시행하고 있다. 더 많은 미국의 국민들에게 더 빨리 도달하기 위해 2011년부터 그들의 물류창고에 140억 달러를 투자해 왔다. 또한 아마존은 약 5,000개의 물류창고 일자리를 추가로 만들었다.

2014년 중반에 아마존은 약 15%의 미국인에게 당일 배송 서비스를 제공할 수 있었다. 또한 아마존은 현재 5개의 물류창고를 추가적으로 짓고 있으며 아마존이 20개의 거대도시 주변에 보관창고를 충분히 확보한 경우, 미국 인구의 50%에 도달하는 것을 목표로 하고 있다.

해결책 〉〉〉 아마존과 경쟁하기 위해 세계에서 가장 큰 소매업체들은 옴니채널 전략을 취하고 있다. 이 전략에서 고객들은 끊임없이 자신들의 온라인 쇼핑 경험과 매장에서의 쇼핑 경험을 조합한다. 아마존이 자신들의 주문이행센터를 고객들과 가까운 거리에 짓고 있기 때문에 이 전략은 점점 중요해지고 있다. 예를 들어 캘리포니아에서 아마존은 거대한 물류창고들을 짓고 있는데, 이 물류창고들은 샌프란시스코에서 로스앤젤레스까지 차로 1~2시간 정도 되는 거리에 있다.

옴니채널 전략을 실행하기 위해, 소매업체들은 온라인에서 아마존을 상대로 보다 효과적으로 경쟁에 참여할 수 있게끔 할 수 있는 작은 유통 중심지로 그들의 매장을 전환시켰다. 주문자들의 집에서 수백 마일이나 떨어진 곳에 위치한 물류창고로부터 인터넷 주문을 완료하는 대신, 월마트나 베스트바이, 타겟, 노드스트롬, 메이시스, 로스, 갭 같은 소매업체들은 주문 물품을 근처의 매장에서 배송을 완료했다. 매장 직원들은 선반에서 물품을 내리고 박스로 포장하고 FedEx나 UPS 트럭을 통해 온라인 소비자들에게 주문 제품을 보낸다.

매장에서 온 배송(ship-from-store)라고 알려진 이 방식은 보다 짧은 배송거리를 통해 비용을 아낄 수 있다. 더 중요한 것은, 이 방식은 배송속도를 높여줄 뿐 아니라 팔리지 않은 재고품이 가격이 인하된 채로 팔릴 때 발생하는 비용을 아마존으로 인해 최근 손실이었던 판매를 다시 회복시켜 주었다. 그렇다면 갭의 옴니채널 전략을 자세히 살펴보자.

미국에서 가장 큰 전문 의류 소매업체로서 갭은 미국에 있는 2,500개 매장과 전 세계에 있는 3,000개 매장의 상품 진열대를 항상 잘 채워두어야 한다. 이 과정은 늘 매장의 비싼 재고비용을 발생시켰다. 이와 동시에, 자신들의 상품에 대해 증가하고 있는 수요를 충족시키기 위해 갭은 인터넷에서의 주문이행 채널에 충분한 재고가 필요하다. 갭의 임무 중 하나는 디지털 전략을 통해 소비자로 하여금 끊임없이 구매하게 만드는 것이다.

매장 재고와 인터넷상에서의 재고를 통합하기 위해 갭은 '매장에서 온 배송'이라고 알려진 알고리즘을 개발해냈다. 이 알고리즘은 갭의 인터넷상거래 시스템에서 작동하는 것으로, 온라인 소비자로 하여금 매장 재고를 직접 구매할 수 있도록 해준다. 이 시스템은 끊임없이 갭의 전자상거래 시스템으로 통합되고 소비자들은 이에 대해 알지 못한다.

새로 등장한 전략 이익이 될 수 있게끔 하는 중요한 요소인 '매장에서 온 배송' 전략은 모든 매장에서 시행되는 것이 아니다. 이에 대한 과제는 다음과 같다. 만약 전자상거래 시스템이 매시간마다 변하는 모든 매장의 재고를 확인해야 한다면 전자상거래는 난관에 봉착하게 될 것이다. 그렇기에 갭의 정보기술(IT) 부서의 수석 부사장은 어떤 매장을 이 시스템에 포함시켜야 할지 아는 것은 '비밀 소스'와 다름없다고 했다. 정보는 전매특허라고 주장하면서 갭은 이 시스템이 얼마나 많은 매장을 다루고 있는지와 매장에서 온 배송이 시행되기 전과 비교했을 때 물류창고에서 제품을 배송받는 온라인 소비자들의 비율에 대해서는 공개하지 않을 것이다.

갭의 모든 매장이 이 전략에 활용되지 않은 또 다른 이유는 이 전략에 포함된 매장에서 일하는 직원은 주문을 받고 물건을 배송할 수 있게끔 교육을 받고 이 과정을 충분히 숙지하고 있어야 한다. 마치 그들이 주문이행센터나 물류센터의 직원인 것처럼 말이다. 고객들에게 그들이 주문한 물건이 다음 날 배송될 것이라는 정보를 공지하는 것이 실제로 일어날지 여부는 사실 갭의 직원에게 달려 있는 것이다.

이처럼 물리적인 채널(매장)과 온라인 채널의 경계가 모호하게 운영되기 위해서는 갭 본사의 IT 부서와 제품 관리 부서가 서로 가깝게 배치되어야 할 것이다. 또한 이 두 부서가 왜 회사의 성장과 혁신, 디지털 비즈니스 부서와 관련되는지를 잘 설명해줄 수 있을 것이다.

대부분의 소비자들이 사전쇼핑(preshopping)에 참여하고 있다. 사전쇼핑이란 소비자들이 회사의 웹사이트에 들어가서 상품에 대해 탐색하는 것을 의미한다. 제품을 보고, 그 재질을 느끼고, 입어보고 싶은 고객들을 위해 갭은 고객들이 찾던 상품을 보유한 가장 가까운 매장을 소비자에게 알려주는 '매장에서 찾기(Find In Store)' 기능을 추가했다. '매장에서 찾기' 기능은 '매장에서 예약하기(Reserve In Store)'로 이어졌고, '매장에서 예약하기' 기능은 소비자가 자신이 마음에 든 상품을 24시간 동안 맡아준다.

IT 부서가 생산에 참여하고 그다음 프로젝트로 넘어간다는 점에서 '매장에서 온 배송' 전략이 단일 프로젝트가 아니라는 것을 잘 알 수 있다. 추가된 기능으로 인해 IT 부서는 계속해서 시스템 전체가 얼마나 제대로 작동하고 있는지 계속 주시하고 오류가 있을 때는 적절히 수리할 수 있어야 한다. 이 알고리즘은 멈춰 있는 것이 아니기 때문이다.

결과 〉〉〉 월마트, 베스트 바이, 그리고 갭이라는 3개의 소매업체를 자세히 살펴보자. 2014년 중반, 월마트는 35개의 매장으로 온라인 주문을 완수하고 있었다. 매장에서 온 배송 전략은 기대 이상이었고 월마트는 이 서비스를 100개의 매장으로 확산시킬 수 있도록 계획하고 있다.

미국 인구의 3분의 2 이상이 월마트로부터 5마일 이내에 살고 있었기에 저장용 물류창고와 온라인 주문에 특화된 주문이행센터들을 포함한 넓은 유통 네트워크에서 매장들의 위치를 줄로 삼아 매장에서 온 배송 전략을 시행했다. 2014년 중반, 월마트 닷컴에서 주문된 10% 정도의 물품들이 매장에서부터 배송된 것이고 이 중 다수가 2일 이내에 배송되었다. 월마트의 당일 배송 요금은 10달러이다. 가끔 월마트는 매장에서 물건을 배송하기 위해 제3의 운송업체를 고용하기도 한다. 또한 월마트 직원들이 차로 배송을 갈 때도 있다.

미국에서 가장 큰 가전용품 소매업체인 베스트 바이는 블룸버그 비즈니스 위크 잡지의 2012년 8월호에서 '빅 박스 좀비(Big Box Zombie)'라고 불렸다. 그러나 이제 베스트 바이는 더 이상 그때와 같지 않다. 그 이유는 베스트 바이가 50개 매장에서 시행하고 있는 매장에서 온 배송 때문이다.

베스트 바이는 매년 10억 건 정도의 온라인 방문이 이루어지고 있다. 그중 2~4% 정도 소비자들은 회사의 전자상거래 물류창고에 재고가 없기 때문에 물건을 사지 못하는 경우가 있다. 그러나 80%의 경우, 회사는 늘 물리적 매장에 재고가 있게끔 한다. 베스트 바이는 매장에서 온 배송 전략이 2014년에 추가적으로 60억 달러 규모의 판매량과 1억 6,800만 달러의 이익을 낼 수 있게끔 해줄 것이라고 했다.

매장에서 온 배송 전략은 갭의 매장에서 처음으로 시행되었고 갭이 소유한 다른 체인점인 바나나 리퍼블릭과 아틀레타의 전자상거래에서도 이 전략을 시행했다. 이에 따라 갭의 연수익은 2013년에 5억 달러까지 증가했다.

출처 : R. Borison, "Gap Expands Omnichannel Inventory Program for Added Convenience," *Mobile Commerce Daily*, November 22, 2013; "Gap and Banana Republic Make Shopping Easier for Customers This Holiday Season," *MarketWatch*, November 20, 2013; "Get Online Orders in a Matter of Hours," *Bloomberg BusinessWeek*, November 14, 2013; A. Barr, "'Ship From Store' Strategy Saves Money Through Shorter Delivery Routes," *USA Today*, October 6, 2013; T. Stapleton, "Retail Innovation Shout Out: Gap Blurs Channel Lines with 'Ship From Store' Service," *Kalypso Viewpoints*, September 17, 2013; C. Babcock, "Gap Connects Store and Web," *Information Week*, September 9, 2013; C. Babcock, "How Gap Connects Store and Online Channels," *InformationWeek*, September 5, 2013; A. Blair, "Gap Pilots Reserve-In-Store Capability for Online Shoppers," *Retail Information System News*, June 3, 2013; A. Barr, "E-Tailers Embrace Same-Day Delivery, but U.S. Shoppers Shrug: Survey," *Reuters*, March 5, 2013; www.gap.com, accessed January 29, 2014.

질문

1. 왜 옴니채널 전략이 소매업체들의 임무 중 중요한 부분이 되었는가?

2. 매장에서 온 배송 전략을 시행하는 과정에서 소매업체들이 직면하게 된 문제점을 설명하라.

3. 아마존이 기존의 오프라인 소매업체들이 취한 매장에서 온 배송전략에 맞서 취할 수 있었던 전략을 설명하라.

인턴십 활동 〉  all about sports

산업 : 소매업

작은 사업체를 기존의 소매업 매장에서 온라인 매장의 형태로 바꾸는 것의 어려운 점은 채널이 복잡하다는 점이다. 대부분의 경우 매장들은 자신들의 모든 경제 활동을 다시 생각해볼 필요가 있다. 당신은 어떻게 당신의 고객들과 소통할 것이며 당신의 고객들은 어떻게 물건에 대한 정보를 찾을 것인가? 또한 당신은 주문을 어떻게 받아낼 것이며 결제와 배송은 어떻게 처리할 것인가?

이런 의문점은 해리슨 커비가 전자상거래에 뛰어들지 못하게 했다. 해리슨은 지역에서 '올어바웃 스포츠'라는 스포츠 물품 매장을 운영하고 있다. (제1, 7, 8장의 인턴십 활동과 같은 매장이다.) 해리슨의 매장은 대략 250개의 상시 상품과 400개의 계절 상품을 다루고 있으며 그는 매장을 확장하는 데 도움이 될 수 있는 웹사이트를 갖고 싶어 한다.

해리슨이 당신이 무엇을 해주었으면 하는지에 대한 내용이 담긴 편지는 다음과 같다.

받는 사람 :	IT 인턴
보내는 사람 :	해리슨 커비
제목 :	전자상거래로의 진출에 필요한 도움

안녕하세요!

당신에게 흥미로운 프로젝트가 있습니다. 제가 운영하고 있는 스포츠 물품 매장을 위한 온라인과 모바일 도구가 있었으면 합니다. 특히 저는 지역 픽업이 가능한 온라인 쇼핑을 제공하고 싶습니다. 혹시 연습이나 게임에 참여하기 위해 서둘러 보신 적이 있습니까? 갑자기 특정 장비가 필요했던 적이 있으십니까? 만약 당신이 이 물건을 구하러 매장에 도착했을 때, 이 물건을 온라인에서 주문하고 결제하고 기다릴 수 있다면 어떻게 하시겠습니까?

저는 배송 문제에 있어서 크게 상관하지 않지만 하나의 배송 파트너와 일을 했으면 좋겠습니다(UPS, FedEx, USPS). 그러나 제가 진짜 원하는 것은 저의 고객들이 온라인에서 물건을 주문하고 매장에서 찾아가게끔 하는 것입니다. 그들이 매장에 방문했을 때 그들에게 25%나 25달러 할인을 제공함으로써 더 구매할 수 있도록 할 수 있습니다.

우리 매장은 매우 작은 사업체이며 저는 복잡한 시스템을 관리할 만큼의 자원을 가지고 있지 않다는 것을 기억해주십시오. 저는 시행과 사용 관리가 편한 시스템이 필요합니다. 저는 하드웨어가 필요하지 않은 온라인과 클라우드, 서비스 플랫폼에 대해 들어보았습니다. 제 생각에는 이런 종류의 기술들이 저에게 가장 적합한 것 같습니다. 그러나 이 중에서 어떤 것이 제가 사용해야 할 것인지는 모르겠습니다. 제 친구가 볼루전을 추천했는데, 아마 당신이 웹사이트에서 이에 대한 정보를 찾을 수 있을 것이라고 생각합니다.

당신이 조사를 다 마친 뒤에 보고서와 해결책을 보내주십시오. 당신이 생각하기에 제가 이런 시스템을 스스로 다룰 수 있을 것 같은지 혹은 전자상거래 부분을 맡아줄 다른 사람을 고용해야 할 것 같은지에 대해 명시해주십시오.

당신의 답변이 정말 기대가 됩니다!

해리슨

주 : 이 편지에 있는 모든 링크는 http://www.wiley.com/go/rainer/MIS3e/internship에서 이용 가능하다.

1단계 - 배경

문자 순서든, 숫자 순서든 아니면 다른 기준에 의한 순서든 다른 순서에 따라 우리가 가진 데이터들을 분류할 수 있는 것은 매우 유용하다. 스프레드시트는 순서를 분류할 수 있는 분류 도구를 사용한다. 데이터세트나 데이터의 집합을 분류할 수 있다. 게다가 필터들은 당신으로 하여금 데이터 세트의 특정 부분을 지우는 것도 가능하게 한다. 예를 들어 만약 당신이 서로 다른 4개의 지역을 포함한 정보를 가지고 있다면 당신은 그 데이터들을 그들 중 하나, 혹은 2개, 3개의 그룹을 보기 위해 데이터를 걸러낼 수 있다. 이런 기능은 커다란 데이터들을 다루는 것을 가능케 했다.

2단계 - 활동

교육의 '암흑기' 때, 모든 것을 기록해 두었던 종이 성적표를 보관했다. 분류에서 사용되었던 옵션은 한 가지였는데 학생의 이름 순서대로였다. 그러나 때때로 이 기준은 학생들이 어떻게 비교했는지 보기 위한 활동 성적에 따라 분류할 때 매우 유용하다.

당신도 알 수 있듯이, 3명의 학생밖에 없을 때는 활동 5에 대한 성적 데이터들을 높은 순서부터 낮은 순서까지 재배열하는 것이 어려운 것이 아니다. 그러나 학생의 수가 50명이나 150명이라고 생각해보라! 이 일은 스프레드시트 없이는 매우 힘든 일이 될 것이다.

3단계 - 과제

http://www.wiley.com/go/rainer/MIS3e/spreadsheet를 방문해서 지역과 판매 대리인에 의한 판매 정보가 기록된 스프레드시트를 다운로드하라. 이 스프레드시트에는 분류하고 걸러내고 표를 이용하는 과정을 알려줄 지시사항이 있을 것이다.

스프레드시트에 명시된 지시를 따르고 교수에게 제출하라.

스프레드시트를 사용하는 추가적인 방법은 WileyPlus에서 열람할 수 있다. 'Microsoft office 2013 Lab Manual: Excel 2013'의 창을 열고 Lesson 14: Filters and Pivot Tables를 살펴보라. 위 링크를 통해 마이크로소프트 지원 웹사이트에서 열람할 수 있다.

이름	성	활동 1	활동 2	활동 3	활동 4	활동 5	활동 6
Bobby	Caldwell	85	74	95	94	45	62
Ian	Jacqueness	65	96	87	94	89	79
Warren	Yelch	63	84	91	85	75	81

1단계 - 배경

이 활동에서 당신은 1개 이상의 테이블과 여러 기준에 기반한 쿼리를 어떻게 만드는지 배울 것이다. 비즈니스적 질문들은 종종 다양한 테이블에서 추출된 데이터를 수반하고 그 결과 이런 데이터들을 합칠 수 있는 쿼리들은 매우 유용하다.

제5장의 활동에서, 당신은 필터링을 통해 하나의 테이블에서 레코드들을 선정했다. 때때로 이 선택 기준은 너무 복잡할 때가 있는데 특히 1개 이상의 테이블이 사용될 때 그러하다. 아마도 당신은 엑세스 사용에 익숙하지 않은 사용자가 쉽게 데이터를 사용할 수 있도록 데이터베이스를 설정할 수도 있다. 쿼리는 당신으로 하여금 이것을 가능케 한다.

2단계 - 활동

http://www.wiley.com/go/rainer/MIS3e/database를 방문해서 활동 9를 위한 데이터베이스 링크를 다운로드하라. 이 데이터베이스는 도넛 매장 체인점에 대한 데이터베이스이다. 회사 수익의 대부분은 이 도넛 매장을 방문하는 고객으로부터 온다. 이 회사는 스마트폰 앱이 있는데 이 앱은 (1) 스마트폰의 GPS 데이터로부터 고객의 위치를 알려주고, (2) 온라인으로 주문하고 신용카드로 결제할 수 있으며, (3) 바코드를 스마트폰에 전송하고, (4) 고객들이 카운터나 드라이브인 창문에 있는 리더기에 코드를 읽히고 도넛을 받을 수 있게끔 해준다.

당신이 활용할 데이터베이스는 이 앱에 도움을 주는 데이터다. 이 데이터베이스는 5개의 테이블이 있다. 매장, 고객, 제품, 주문, 그리고 품목명이다. 이 데이터베이스의 관계도를 통해 당신은 이 테이블들의 관계를 알 수 있을 것이다.

이 활동에서 당신은 다음과 같은 질문들에 답을 하기 위해 세 가지 쿼리를 만들 것이다.

1. 고객들이 얼마나 자주 스마트폰으로 주문하는가?
2. 얼마나 많은 고객들이 특정 매장에서 구매를 하는가?
3. 어떤 고객들이 비싼 제품을 주문할 것인가?

이 임무를 완수하기 위해 당신은 데이터베이스의 관계구조를 잘 알아야 한다. 또한 당신은 쿼리에 사용될 테이블과 데이터를 신중하게 선택해야 한다.

3단계 - 과제

당신의 데이터베이스를 저장하고 위에서 언급된 것처럼 세 가지 쿼리를 교수에게 제출하라.

데이터베이스를 사용하는 추가적인 방법은 WileyPlus에서 열람 가능하다. 'Microsoft Office 2013 Lab Manual: Access 2013'의 창을 열고 Lesson 7: The Query Command를 잘 살펴보라.

제 10 장

무선, 모바일 컴퓨팅과 모바일 커머스

개요

10.1 무선기술

10.2 무선 컴퓨터 네트워크와 인터넷 접속

10.3 모바일 컴퓨팅과 모바일 커머스

10.4 퍼베이시브 컴퓨팅

10.5 무선 보안

학습목표 >>>

1. 무선 전송 매체의 네 가지 주요 유형을 기술하고 각 유형별 장점과 단점을 한 가지씩 확인한다.

2. 단거리, 중거리, 장거리 네트워크의 기본 목적을 논의하고 기업이 각 네트워크 유형을 사용하는 기술을 한 가지씩 설명한다.

3. 모바일 커머스의 다섯 가지 주요 애플리케이션을 논의하고 각 애플리케이션이 기업에 어떻게 편익을 줄 수 있는지 구체적인 예를 든다.

4. 퍼베이시브 컴퓨팅의 근간이 되는 기술을 설명하고, 기업이 어떻게 그 기술을 사용할 수 있는지 예를 든다.

5. 무선 네트워크의 네 가지 주요 위협 요인을 확인하고, 각각이 사업에 어떻게 해를 끼칠 수 있는지 설명한다.

도입 사례 > 마이애미 아동병원의 원격의료를 통한 모바일 커머스

마이애미 아동병원[Miami Children's Hospital(MCH), www.mch.com]은 병원 수입의 새로운 원천을 창출함과 동시에 소아 치료의 범위를 넓히기 위해 원격의료 지휘본부를 배치했다. 200만 달러의 지휘본부는 의사와 환자, 그리고 의사와 의사 간의 소통뿐만 아니라 진단 테스트를 원격으로 볼 수 있도록 고화질 카메라와 대형 모니터를 제공한다. 마이애미 아동병원은 이 지휘본부를 이용하여 에콰도르나 우크라이나같이 먼 곳에 있는 환자들이 마이애미 아동병원 전문의들과 연락할 수 있도록 세 가지 원격의료모델(모바일용, 준정적, 극정적)을 개발하였다.

모바일 모델

모바일 모델에는 MCH IT 개발자들이 가상 검사실로서 기능할 아이패드 애플리케이션을 만들어냈다. 가족들이 애플리케이션을 다운로드하고, 집에서 로그인하고, 일반 의사(상담 1건당 30달러) 또는 전문의(50달러)와 약속을 잡는다. MCH는 이 애플리케이션을 불가피하게 보험사를 수반하는 청구 프로세스를 피할 수 있게 하는 현금사업이라고 보고 있다. 클라우드에 기반한 이 앱은 임상 간호와 환자의 진료비 납부 인터페이스를 제공한다.

별도의 의사용 앱은 의사가 MCH 지휘본부나 자신의 기기로 로그인한 후 온라인으로 가상 대기실의 환자를 선택하게 해준다. 의사들은 환자를 선택하고 암호화된 비디오 상담에 참여한다. 이 앱은 시각적 검사에 제한되기 때문에

© Blend_Images/iStockphoto

상담 서비스에 가장 적합하다. 이는 감기나 축농증같은 긴급하지 않은 증상의 환자를 겨냥한 것이다.

MCH는 가정용 의료진단도구에 그 모바일 앱을 통합시키고 있다. 이 도구들은 가족들이 의사에게 데이터를 전송하는 데 사용하는 블루투스 가능 의료기기(예 : 팔뚝형 혈압측정계나 청진기)를 포함하고 있다. MCH는 모바일 애플리케이션의 지형적 범위를 넓히고 지휘본부에 의사의 24시간 근무대기를 계획하고 있다.

이 앱은 또한 서너(www.cerner.com)가 개발한 MCH의 전자건강기록(EHR)과 통합된다. MCH 경영진들은 환자와 그 가족들이 애플의 페이스타임같은 고객 서비스와 비슷하게 경험할 것이라고 자신한다.

원격의료를 위해 아이패드를 사용하는 것 이외에도, 태블릿 플랫폼을 MCH의 행정 기반요소와 통합해 왔다. 환자들은 태블릿을 통해 최초의 의료와 청구 및 인구통계적 정보를 입력케 하는 앱을 사용하여 등록한다. MCH는 환자들이 아이패드에 부착된 기기를 통해 신용카드를 긁을 때 청구한 금액을 받는다. 환자들도 또한 아이패드에서 동의서를 읽고 사인할 수 있다.

MCH는 환자들의 접수에 소요되는 시간 단축에 기술적 전략의 초점을 두었다. 아이패드에서의 등록 과정이 가능한 것은 개선의 일부분으로서, 문서 기반 시스템에서 전자시스템, 즉 블루투스 기능을 가진 의료기기를 사용하여 곧바로 환자 데이터를 전자건강기록(EHR)으로 전송하는 시스템으로의 전환이다. 이전에는 간호사가 환자로부터 바이딜신호를 얻어시 종이에 적고 그 데이터를 전자건강기록에 손으로 직접 입력해야 했다. 이제는 혈압계나 청진기로부터 데이터가 바로 전자건강기록에 전송된다. 이러한 기술에 의해 가능해진 프로세스 변화는 의료 관련 업체들이 정보기술을 더욱 효과적으로 사용하게 도와줄 것이다.

준정적 모델

준정적 모델(semistatic model)에서 MCH는 화상회의 기술과 의료기기들(청진기, 혈압계, 검사 카메라 등)을 장착한 의료차량을 미국과 해외의 병원에 배치했다. 시간당 100달러로 환자들은 실시간으로 마이애미 지휘본부 밖에 있는 MCH 전문가에게 상담을 받을 수 있다. 지역 병원의 의사는 환자와 함께 있으면서 진료 도구를 사용하고, 그 방에서 환자와 함께 의사 대 의사의 대화를 한다. 임상의들은 필요에 따라 차량을 병원 주변에서 이동할 수도 있다. MCH는 에콰도르, 케이맨제도, 바티칸시티, 우크라이나, 그리고 기타 국제적 입지의 병원들에 차량을 배치해 왔다. MCH는 병원에 그 차량들을 1년에 1,000달러가량에 임대해준다. 차량은 팔기보다는 임대함으로써 MCH가 의료기술을 항상 최신으로 유지하도록 하고 있다.

극정적 모델

극정적 모델(extremley static model)에서 MCH는 쇼핑몰이나 쇼핑센터같은 소매 환경에 의료 서비스를 갖추기 위해 간이 의료시설 생산 기업인 헬스스팟(www.healthspot.net)과 제휴하고 있다. 간이 의료시설에는 화상회의 장비와 온도계, 청진기, 혈압계, 검이경과 같은 임상기구들이 있으나 의사들이 있지는 않다. 대신 간호사나 임상 간호사가 MCH 의사들의 화상회의를 통한 가상의 검진 수행을 보조한다. 모든 상담은 녹화되고 환자와 의사 모두가 그것을 참조할 수 있다.

간이 의료시설은 MCH에게 새로운 시장기회를 마련해준다. 예를 들어 소아과 후보전문의가 부족하다고 하자. 수요가 가장 큰 시골 지역에 이런 제공업체들의 간이 의료시설이 있을 수 있다. 이 간이 의료시설은 위급하지 않은 환자들을 겨냥한 것이다. MCH는 쇼핑몰을 넘어서 공항이나 심지어 유람선 항구 같은 장소에까지 이러한 간이 의류시설을 구상하고 있다.

출처 : B. Guarino, "Telemedicine Shows Satisfaction and Safety, but Obstacles Remain," *Pharmacy Practice News*, February 28, 2014; D. Alexander, "Kiosk Company Wants to Bring the Doctor's Office to Workplaces, Pharmacies, and Impoverished Villages," *Forbes*, February 17, 2014; A. Rudansky, "Telemedicine Creates Opportunity," *InformationWeek*, September 9, 2013; D. Brazell, "Telemedicine to Help Save More Lives," *Medical University of South Carolina*, August 2, 2013; S. Wunker, "A New Age for Healthcare Kiosks – Five Ways Next Generation Kiosks Disrupt Medicine and Healthcare Marketing," *Forbes*, July 16, 2013; E. Huizenga, "Pediatric Care Benefiting from the Advantages of Telemedicine," *SearchHealthIT*, May 3, 2013; "HealthSpot and Miami Children's Hospital Pursue a Superior Healthcare Experience," *EMRandEHRNews*, January 8, 2013; www.mch.com, accessed March 1, 2014.

질문

1. 환자용 아이패드 모바일 앱의 장점과 단점을 서술하라. 의료 차량과 간이 의료시설에 대해서도 장단점을 서술하라.

2. 마이애미 아동병원용 아이패드 모바일 앱의 장점과 단점을 서술하라. 의료 차량과 간이 의료시설에 대해서도 장단점을 서술하라.

서론

사용자가 무선 컴퓨터를 사용하는 데 필요한 옛날의 전통적인 작업 환경은 비효과적이고 비능률적이었다. 이에 대한 해결책은 운반하기 쉽도록 작고, 무선 네트워크를 통해 소통할 수 있는 컴퓨터를 구축하는 것이었다. 언제 어디서든 소통할 수 있는 능력은 생산성과 속도를 증가시키고, 고객 서비스를 개선함으로써 전략적 우위를 조직에 제공한다. **무선**(wireless)은 전자기파가 컴퓨터와 스마트폰 및 아이패드와 같은 통신기기들 사이에 신호를 보내는 전자기파 통신기술을 의미한다.

　계속하기 전에, 무선과 모바일을 구분하는 것이 중요하다. 왜냐하면 이들은 서로 다른 것을 의미하기 때문이다. 무선이라는 용어는 정확히 선이 없다는 것을 의미한다. 대조적으로, 모바일은 시간의 흐름에 따라 위치가 변하는 것을 지칭한다. 마이파이(MiFi) 같은 무선 네트워크도 모바일이다. 그러나 다른 무선 네트워크는 고정형이다. 예를 들면 전자파 타워는 고정형 무선 네트워크를 형성한다.

무선기술은 개인과 조직으로 하여금 모바일 컴퓨팅과 모바일 커머스 및 퍼베이시브 컴퓨팅을 가능케 해준다. 이들 용어는 여기서 정의되고, 후반에서 각기 논의할 것이다.

모바일 컴퓨팅은 실시간 모바일 기기와 다른 컴퓨팅 환경 사이의 무선 접속을 의미한다. 인터넷이나 인트라넷과 같은 **모바일 커머스**는 m-커머스로 알려져 있는데 모바일 기기로 수행되는 전자상거래를 지칭한다. **퍼베이시브 컴퓨팅**은 유비쿼터스 컴퓨팅으로 불리며, 가상으로 모든 대상물이 무선 또는 유선으로 글로벌 네트워크에 접속된 처리능력을 갖고 있음을 의미한다.

무선기술과 모바일 커머스는 급속히 확산되고 무선 컴퓨팅을 대체하거나 보완하고 있다. 사실 시스코(www.cisco.com)는 모바일 웹트래픽의 규모가 향후 10년간 계속해서 급증할 것으로 예측했다.

거의 모든(전부는 아니지만) 조직이 무선 컴퓨팅을 한다. 그러므로 당신의 커리어가 시작될 때 스마트폰과 무선 컴퓨터를 사용하게 될 것이다. 분명한 것은 무선 애플리케이션을 사용할 뿐만 아니라, 무선 컴퓨팅이 소속된 조직에 중요하기 때문에 무선 컴퓨팅에 대해서 배우는 것이 중요하다는 점이다. 각 업무에서 무선거래를 수행하는 고객과 만나야 하고 모바일 커머스 애플리케이션을 분석하고 개발하는 것 및 무선보안에 참여해야 할 것이다. 그리고 그 목록은 계속 늘어날 것이다.

간단히 말하자면, 무선기술과 모바일 커머스 애플리케이션에 대한 이해가 보다 조직에 중요해진다는 것이다. 이 장의 끝부분에 있는 '나를 위한 IT는 무엇인가?'에서 기능 영역별로 논의된 활동을 수행하는 자신을 그려볼 수 있다. 더욱이 그것을 하고 싶어 하는 사람의 경우에는, 무선기술에 대한 이해가 자신의 비즈니스를 시작하고 성장시키는 데 도움을 줄 수 있다.

모바일 컴퓨팅이 기반한 무선 하부구조는 전체 정보기술 분야를 재구성할 수 있다. 모바일 컴퓨팅과 모바일 커머스의 한계와 기술 및 애플리케이션은 이 장의 주요 초점이다. 또한 무선 기기와 무선 전송매체에 관해 배우는 것으로 장을 시작한다. 무선 컴퓨터 네트워크와 무선 인터넷 접속을 계속해서 검토한다. 이때 무선기술로 가능한 모바일 컴퓨팅과 모바일 커머스를 본다. 다음으로 퍼베이시브 컴퓨팅을 주목하고 무선 환경의 주요 구성요소, 즉 무선보안에 친숙해짐으로써 장을 마친다.

10.1 무선기술

무선기술은 스마트폰과 같은 무선기기와 초단파, 위성, 무선 등과 같은 무선 전송 매체를 포함한다. 이런 기술은 근본적으로 조직의 운영 방식을 변화시키고 있다.

개개인은 몇 가지 이유에서 무선기기가 사용하기 편하고 생산적이라는 것을 알아가고 있다. 첫째, 이전에 낭비했던 시간을 효율적으로 사용할 수 있다(예 : 대중교통수단을 이용하여 이동하는 동안). 둘째, 그들의 근무지가 훨씬 더 유연해진다. 왜냐하면 이런 기기를 휴대할 수 있기 때문이다. 셋째, 무선기술은 개인적인 의무와 직업적 책무와 관련한 근무 시간을 계획할 수 있게 한다.

무선기기

무선기기는 사용자에게 세 가지 이점을 제공한다.

- 작아서 휴대가 용이하다.
- 충분한 컴퓨팅 파워로 과업을 효율적으로 수행할 수 있다.

- 인터넷과 다른 기기를 사용하여 무선으로 통신할 수 있다.

현대의 스마트폰은 비물질화(dematerialization)라 불리는 과정을 보여준다. 본질적으로 비물질화는 많은 실제적인 기기의 기능들이 다른 하나의 물리적 기기 속에 포함될 때 발생한다. 스마트폰은 디지털카메라, 비디오, 라디오, TV, 웹브라우저를 통한 인터넷 접속, 녹음 스튜디오, 영화관, GPS 네비게이터, 워드 프로세서, 스프레드시트, 스테레오, 손전등, 보드 게임, 카드 게임, 비디오 게임, 의료 서비스, 지도, 백과사전, 사전, 번역기, 교과서, 시계, 알람시계, 책, 계산기, 주소록, 신용카드 리더기, 확대경, 현금 및 신용카드, 자동차 키, 호텔 키, 휴대전화, 와이파이, 이메일 접속, 문자 메시지, QWERTY 키보드 등과 그밖에 많은 기능을 포함하고 있다. 그림 10.1은 스마트폰의 비물질화 과정을 보여주고 있다.

스마트폰의 한 가지 부정적인 면은 기밀정보를 복사하고 전달하는 데 쓰일 수 있다는 것이다. 예를 들이 당신이 인텔의 중역이라면 당신은 작업자로 하여금 새로운 비밀기술을 가지고 있는 동료의 사진을 스냅촬영하기를 바라는가? 불행히도 관리자는 이런 기기를 무선으로 전송할 수 있는 디지털카메라가 아니라 전화기로 생각한다. 새로운 전파 방해 장비는 그러한 위협에 대처하기 위해 개발되고 있다. 삼성(www.samsung.com)과 같은 일부 기업은 그런 위험을 인식했고 이를 방지하기 위해 그런 기기를 금해 왔다. 이러한 단점에도 불구하고 휴대전화, 특히 스마트폰은 우리가 깨닫는 것보다 훨씬 더 많이 인간 사회에 영향을 미치고 있다.

예를 들어 아프리카를 생각해볼 수 있다. 아프리카 10억 인구의 6명 중 1명이 이제 휴대전화를 사용한다. 이러한 전화가 다양한 방식으로 대륙을 초월하여 의료 서비스를 변화시키고 있다.

- 처음에 의료인은 사망한 사람, 사망의 원인, 질병군의 발생 장소 등의 정보를 얻을 수 있는 고품질의 데이터를 획득하고 있다.
- 휴대전화는 부모가 아주 쉽게 아이의 출생일을 등록할 수 있게 해주고, 정부가 예방접종

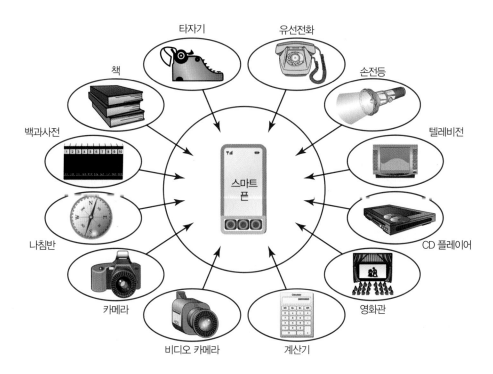

그림 10.1 스마트폰의 비물질화 과정

표 10.1 무선 매체의 장단점

채널	장점	단점
극초단파	높은 대역폭 상대적으로 덜 비쌈	방해받지 않는 가시선(송수신 직결선)을 가져야 함 환경적 방해요소에 취약
위성	높은 대역폭 넓은 서비스 영역	비쌈 방해받지 않는 가시선(송수신 직결선)을 가져야 함 전파 지연 발생 보안을 위한 암호화 필요
무선통신	높은 대역폭 신호가 벽을 통과함 비싸지 않으며 설치가 용이함	전기 장애를 유발함 암호화하지 않을 경우 정보 누출 가능성이 있음
적외선	저대역폭에서 중대역폭	방해받지 않는 가시선(송수신 직결선)을 가져야 함 짧은 거리에만 사용 가능

일정과 같은 진료계획을 보다 정확하게 수립할 수 있게 해준다.
- 휴대전화는 백신의 공급사슬을 개선하고 품절사태를 예방함으로써 아이가 예방접종하러 왔을 때 백신을 제공받을 수 있게 해준다.
- 그 분야의 의료 종사자들은 환자의 건강 기록과 예약시간 정보에 접근할 수 있다.

무선 전송 매체

무선 매체 또는 방송 매체는 무선으로 신호를 전송한다. 무선 매체의 주요 유형은 극초단파, 위성, 무선통신, 적외선이다. 표 10.1은 각 유형별 장점과 단점을 보여준다.

극초단파 극초단파 전송(microwave transmission)시스템은 전자기파를 통해 데이터를 전송한다. 이 시스템은 고용량, 장거리, 가시선(송수신 직결선) 통신에 사용된다. 가시선(송수신 직결선)은 보내는 사람과 받는 사람이 서로의 시야에 있는 것을 의미한다. 이 요건은 지구 표면이 평평하지 않고 곡면이기 때문에 문제를 야기한다. 이러한 이유로 극초단파 기지국은 보통 30마일 이상 떨어져 설치될 수 없다.

분명히 극초단파 전송은 데이터통신 니즈에 제한적인 솔루션을, 특히 아주 먼 거리에만 제공한다. 게다가 극초단파 전송은 폭우, 눈보라와 같은 심각한 날씨의 환경적 방해요소에 취약하다. 비록 장거리 극초단파 데이터 통신시스템으로 여전히 널리 사용되지만 위성통신시스템으로 대체되고 있다.

위성 위성 전송(satellite transmission)시스템은 통신위성을 사용한다. 현재 정지궤도(GEO), 중궤도(MEO), 저궤도(LEO)의 세 가지 유형의 지구위성이 있다. 각 유형은 상이한 궤도를 갖는다. GEO 위성은 지구로부터 가장 멀리 떨어져 있으며 LEO는 지구와 가장 가까이에 있다. 여기서 세 가지 유형의 위성을 검토하고 두 가지 주요한 위성 애플리케이션, 즉 GPS와 인터넷 전송을 논의한다. 표 10.2는 위성의 세 가지 유형을 비교한 것이다.

극초단파 전송의 경우 위성은 가시선(송수신 직결선)을 통해 데이터를 주고받는다. 그러나 방대한 지상송신범위—위성 전송이 접근 가능한 지구 표면—가 극초단파 데이터 중계 기지국의 한계를 극복한다. 지상송신범위의 크기를 좌우하는 가장 기본적인 법칙은 단순하다. 위성궤도가 높을수록 지상송신범위는 커진다. 따라서 중궤도 위성은 GEO 위성보다 더 작은 지상송신

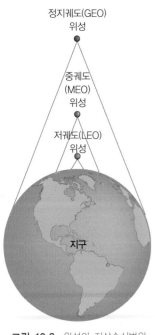

그림 10.2 위성의 지상송신범위 비교

표 10.2 통신위성의 세 가지 기본 유형

유형 특성	궤도	수	용도
GEO			
• 상대적으로 정지해 있다. • 지구 전체를 서비스하는 데 소수의 위성만 필요하다. • 전송 지연(대략 0.25초) • 구축과 시행에 비용이 가장 많이 든다. • 가장 긴 궤도 수명(수년)	22,300마일	8	TV신호
MEO			
• 상대적으로 움직인다. • 지구 전체를 서비스하는 데 중간 정도의 위성이 필요하다. • 중간 정도의 전력을 가진 발신자를 필요로 한다. • 무시할 정도의 전송 지연 • 구축과 시행이 덜 비싸다. • 중간 정도의 궤도 수명(6~12년)	6,434마일	10~12	GPS
LEO			
• 상대적으로 빠르게 움직인다. • 지구 전체를 서비스하는 데 많은 숫자의 위성이 필요하다. • 단지 저전력의 발신자만을 필요로 한다. • 무시할 정도의 전송 지연 • 구축과 시행에 비용이 가장 적게 든다. • 가장 짧은 궤도 수명(5년 정도)	400~700마일	다수	전화

범위를 갖는다. 또한 저궤도 위성은 다른 모든 위성보다 가장 작은 지상송신범위를 갖는다. 그림 10.2는 세 가지 위성의 지상송신범위를 비교한 것이다.

믿을 수 없을 만큼 많은 위성 애플리케이션이 있고 그중 한 가지가 궤도에서 얻는 상업용 영상이다. '비즈니스에서 IT 10.1'은 스카이박스가 어떻게 사용자에게 고품질 영상을 제공하고 있는지를 보여준다.

비즈니스에서 IT 10.1

스카이박스 이미징은 지구궤도로부터 얻은 상업용 영상을 제공한다

 1,000개 또는 그 이상의 위성이 주어진 시간에 지구의 궤도를 돌고 있고, 그 100대 정도만이 시각적 데이터를 전송한다. 그 100대 중 12대만이 1제곱미터 또는 그 이하 넓이의 땅을 한 픽셀에 담은 고화질 이미지를 보내온다. 더욱이, 12대 중 오직 9대만이 상업용 우주 기반 영상 시장에 팔고 그 시장의 80%는 모든 구매자들보다 우선권이 있는 미국 정부에 의해 제어된다. 만약 정부관계기관이 그 기관을 위해 위성시간을 원한다면, 그 기관은 간단히 그것을 요구할 것이다.

2013년 1월 정부가 영상 관련 예산을 감축한 후, 시장에서 가장 큰 2개 기업―DigitalGlobe(www.digitalglobe.com)와 5/9의 상업 이미지 위성을 운영하는 GeoEye―은 디지털글로브(DigitalGlobe)라는 이름 아래 합병하지 않을 수 없었다. 단지 9개의 위성만으로 그리고 정부의 위성 운영에 대한 요구 때문에 지구의 특정 지역에 대한 사진을 주문하고 얻는 데까지 며칠, 몇 주, 심지어는 몇 달씩이나 걸린다.

상업적 목적으로 정부의 허가를 받은 영상 해상도―해상도란 날카로운 정도, 선명도를 의미한다―로 궤도를 도는 위성은 각각의 자동차나 몇 피트 너머의 물체도 선명하게 보여준다. 그 결과, 거의 전적으로 사용되지 않은 데이터의 원천―가끔 기업이나 정부가 기밀로 부치려고 하는 정보―이 바로 우리 머리 위에서 궤도를 돌고 있다.

스카이박스 이미징(Skybox Imaging, www.skyboximaging.com)이라고 불리는 신규업체는 전례 없는 무언가를 디자인하고 만들어냈다. 비싸지 않은 소비자용 하드웨어를 사용함으로써, 그 기업은 기존 위성보다 구축과 유지비용이 극적으로 덜 비싼 위성들로 지구를 에워싸려고 계획하고 있다. 그 카메라들로 지구를 덮어버림으로써 스카이박스는 재빨리 상업용 우주사진 산업을 붕괴할 것이다. 지구를 도는 오직 6개의 작은 위성만으로 스카이박스는 사실상 같은 위치의 사진을 실시간으로 하루 두 번씩 현재 비용보다 아주 적은 비용으로 제공할 수 있는 것이다.

긴 시간이 흐르면, 스카이박스의 실제 이익은 판매하는 영상에 있지 않을 것이다. 대신에, 그 이익은 매일 그들의 위성이 찍어내는 팔리지 않은 사진들—컴퓨터나 사람이 분석해서 매우 유용하고 매력적인—의 막대한 모음집에서부터 나올 것이다. 이런 종류의 데이터의 몇 가지 예는 다음과 같다.

- 미국의 모든 월마트 주차장에 있는 자동차 대수
- 중국에서 경제적으로 가장 빠른 성장을 보이고 있는 3개 지역의 주변 도로에 있는 주유소 숫자
- 남부 아프리카의 가장 큰 금광 주변에 있는 구덩이와 광재 더미의 규모. 이러한 사진들은 분석가들이 금광의 생산성을 추정할 수 있게 해준다.
- 인도 갠지스 강 유역의 전력량 증가는 산업화와 인구 증가에 의한 결과이다.

이러한 사진들은 국가, 산업, 그리고 개인 사업 등의 경제적 상황에 대한 단서를 포함하고 있다. 스카이박스는 완전히 위성사진만을 기반으로 해서 모든 국가의 주요 경제적 지표를 추정하기 위한 실질적인 방법을 이미 브레인스토밍해 왔다. 일단 분석가들이 공장을 떠나는 트럭이 어떤 상품이나 주요 물품을 선적하는지 알아내면, 동일한 분석 과정으로 소매 체인점이나 채광 기업, 전자기기 기업들의 수익에 대한 훨씬 더 직접적인 통찰력을 얻게 될 것이다.

많은 사람들—투자자, 환경 운동가, 운동가, 기자—이 이러한 정보에 실시간으로 접근하고 싶어 하지만 현재 몇몇 정부기관을 제외하고는 아무도 그러지 못하고 있다. 스카이박스는 충분한 숫자의 위성을 궤도에 올리고, 사진을 다시 지구로 전송하여 분석함으로써 극적으로 이 상황을 바꿀 수 있다. 이것이 바로 스카이박스가 해낸 것이다.

결정적으로 스카이박스는 누구나 구매할 수 있는 기존의 값싼 규격품 기술에 오직 점진적인 변화만 가져다주었다. 스카이박스는 완전히 값싼 재료나 사전 포장된 키트만을 가지고 만든 일종의 저가 위성인 큐브샛(www.cubesat.org)과 함께 시작하였다. 그 결과는 기본 센서, 통신 페이로드, 태양열 전지판, 배터리를 탑재한 각 변 4인치의 정육면체로서, 6만 달러도 채 들지 않는 비용으로 만들어져 발사되었다.

스카이박스는 2003년에 첫 큐브샛을 쏘아 올렸다. 그때부터 컴퓨터 프로세스 능력이나 속도에서 믿기 어려울 만큼의 진보를 보였고, 통신 분야에서도 비슷한 진보를 보였다. 결과적으로 스카이박스의 엔지니어들은 상업용 수준의 사진을 찍을 수 있는 페이로드를 단 무게 220파운드, 3피트 높이의 위성을 만들 수 있었다. 또한 스카이박스는 상업용 위성영상 기업들이 전형적으로 필요로 하는 30피트짜리의 훨씬 비싼 안테나 대신 6피트짜리 안테나와 저녁그릇만 한 접시를 사용하였다.

스카이박스는 하드웨어보다는 소프트웨어에 초점을 두었다. 스카이박스가 사용한 카메라를 생각해보자. 다른 위성과 비교해볼 때 더 저렴하고, 더 낮은 해상도에, 세련되지 못하다. 하지만 스카이박스는 직접 제작한 소프트웨어 알고리즘으로 수십 개의 이미지를 통합해서 사용자들이 어떤 개별사진에서도 볼 수 없는 것까지 구별할 수 있게 한다. 장외 프로세싱(프로세싱이 위성 자체가 아닌 지상의 컴퓨터에서 이루어짐)에 초점을 둔 것은 위성 자체에서 이루어지는 프로세싱의 감소를 의미하고, 이로 인해 위성이 더 가볍고 덜 비싸질 수 있게 했다.

스카이박스가 이룬 것에 대한 비유로 당신의 스마트폰을 생각해보자. 당신에게 휴대전화, PDA, 컴퓨터, 그리고 카메라가 있던 때가 있었다. 오늘날은 정보통신기술이 발달하면서 그러한 기능들이 하나로 통합되어 더욱더 저렴하고 작은 물리적 패키지(오늘날 스마트폰)에 담겨 있다.

스카이박스는 그들의 첫 번째 위성 스카이샛-1(SkySat-1)을 2013년 11월 21일 러시아 야스니에서 드네프르 로켓에 실어 쏘아 올렸다. 스카이샛-1은 페이로드 문이 열린 지 불과 몇 시간 뒤에 첫 번째 사진을 찍기 시작했다. 영상의 품질은 스카이박스의 예상을 넘어섰다. 심지어 비보정 상태의 사진에서 자동차의 바람막이 유리, 차의 색상 차이, 도로 표시까지 자세히 알아보는 것이 가능했다. 이러한 위성의 비용 효과를 본 스카이박스는 모두 거의 실시간에 가깝게 지구 전체 사진을 빠짐없이 제공하기 위해 24개의 위성을 더 쏘아 올리기로 했다.

스카이박스는 문제에 직면했다. 스카이박스가 가진 우주 기반 상업용 사진 시장에 지장을 주는 위험은 미국 국가안보에도 위협을 줄 수 있었다. 그 결과, 정부는 스카이박스의 라이선스를 취소하고, 관련 기술과 대역폭을 압수할 뿐 아니라, 주파수와 서비스의 사용자에 제한을 두었다. 결국에는 미국 정부가 스카이박스의 이미징 능력의 일부를 다른 행상을 도입하는 식으로 징발할 것으로 예상된다. 하지만 스카이박스는 그들의 네트워크가 정말 넓고 빨라져서 수많은 이미지와 데이터가 모든 사람에게 남겨질 것으로 확신한다.

최소한 2개의 신규 업체가 위성 형상화에 대한 사업을 개발하고 있다. 하나는 국제우주정거장에 달려 있는 성능 좋은 망원경으로 촬영한 영상에 대한 저작권을 가진 어스캐스트(Urthecast, www.urthecast.com)이다. 또 하나는 엄청난 저가의(비록 성능은 떨어지지만) 위성 네트워크를 쏘아 올릴 계획인 플래닛 랩스(PlanetLabs, www.planet-labs.com)이다.

출처: M. Kelley, "HD Video from Space Is Going to Change the World," *Business Insider*, March 7, 2014; B. Mason, "Incredible HD Video of Earth from Space Brings Maps to Life," *Wired*, March 4, 2014; R. Sharma, "All Set for Take-Off: Silicon Valley Startups Redefine Space Imaging Market," *Forbes*, February 26, 2014; "Satellite Images of the Protests in Kiev," *The New York Times*, February 18, 2014;" Emirates Space Imaging Ties Up with Skybox Imaging for Meena," *Skybox Imaging Press Release*, February 13, 2014; D. Werner, "Planet Labs CubeSats Deployed from ISS with Many More to Follow," *Space News*, February 11, 2014; D. Butler, "Many Eyes on Earth," *Nature*, January 8, 2014; R. Meyer, "Silicon Valley's New Spy Satellites," *The Atlantic*, January 7, 2014; R. Meyer, "For the First Time Ever, You Can Buy HD Video of Earth from Space," *The Atlantic*, December 27, 2013; "Exelis to Help Advance Near Real-Time Global Observation," *The Wall Street Journal*, December 17, 2013; A. Truong, "Proof That Cheaper Satellites Can Take Incredibly Detailed Photos of Earth," *Fast Company*, December 11, 2013; "Skybox Unveils First Images from Newly Launched Earth-Observation Satellite," *Space News*, December 11, 2013; "Skybox Launch Successful," *Directions Magazine*, November 22, 2013; D. Samuels, "The Watchers," *Wired*, July 2013; J. Dorrier, "Tiny CubeSat Satellites Spur Revolution in Space," *Singularity Hub*, June 23, 2013; www.skyboximaging.com, www.urthecast.com, www.planet-labs.com, accessed March 13, 2014.

질문

1. (사례에서 언급하지 않은) 스카이박스 이미징의 다른 애플리케이션을 서술하라.

2. 미국 정부는 왜 스카이박스 이미징의 사업에 반대할 수 있는가? 구체적인 사례를 들어 설명하라.

3. 다른 국가들은 스카이박스 이미징 사업에 반대하는가? 반대한다면, 어디인가? 그 이유는 무엇인가?

극초단파의 가시선(송수신 직결선) 전송과 대조적으로, 위성은 방송 전송방식을 사용하는데, 이는 단 한 번에 여러 수신자에게 신호를 보낸다. 따라서 비록 위성이 극초단파와 같은 송수신 직결선이라 할지라도 위성은 방송 전송을 하기에 충분히 높으며, 이로 인해 극초단파의 한계를 극복하고 있다.

궤도 유형 정지궤도(GEO) 위성은 적도 바로 위는 22,300마일 떨어져 있다. 이 위성은 지구 표면 위에 고정된 위치를 유지하며 궤도주기는 지구가 24시간 자전하는 것과 일치한다. 이러한 이유로 지구상의 수신자는 GEO 위성을 추적할 필요가 없다. GEO 위성은 TV 프로그램을 케이블 운영자에게 보내는 것이나 직접 가정에 방송하는 것이 탁월하다.

GEO 위성의 가장 중요한 한계점은 전송하고 되돌아오는 데 0.25초가 소요된다는 것이다. 이런 짧은 중단, 즉 일종의 **전송 지연**(propagation delay)은 양방향 전화통화에 어려움을 초래한다. 또한 GEO 위성은 매우 크고 비싸며 론칭하는 데 상당한 파워가 필요하다.

중궤도(MEO) 위성은 지구 표면으로부터 6,000마일상에 있다. MEO는 GEO보다 지구를 커버하는 데 더 많은 숫자의 위성이 필요하다. 왜냐하면 MEO의 지상송신범위가 더 좁기 때문이다. MEO 위성은 GEO 위성에 비해 두 가지 장점을 가지고 있다. MEO 위성은 덜 비싸며 감지될 만한 전송 지연의 문제가 없다. 그러나 MEO 위성이 지구 표면의 한 점으로 움직이기 때문에 수신자가 이 위성을 추적해야만 한다.

저궤도(LEO) 위성은 지구 표면으로부터 400~700마일 떨어져 있다. LEO 위성은 지구와 훨씬 가깝기 때문에 MEO 위성만큼이나 전송 지연이 거의 없다. 그러나 LEO 위성은 지구 표면으로 이동한다. 그러므로 수신자가 추적해야 한다. LEO 위성을 추적하는 것은 MEO 위성을 추적하는 것보다 더 어려운데, 이것은 LEO 위성이 상대적으로 MEO 위성보다 훨씬 더 빨리 움직이기 때문이다.

GEO나 MEO 위성과 달리 LEO 위성은 미약한 송신기로부터 나오는 신호를 받을 수 있다. 이런 특성은 저궤도 위성을 통해 위성전화가 작동될 수 있게 해준다. 왜냐하면 보다 적은 파워와 보다 적은 배터리로 운영될 수 있기 때문이다. LEO 위성의 또 다른 장점은 GEO와 MEO 위성에 비해 론칭하는 데 비용이 덜 들며 파워도 적게 소모된다.

그러나 동시에 LEO 위성의 지상송신범위는 작다. 이는 보다 많은 위성으로 지구를 커버해야한다는 것을 의미한다. 이런 이유로 단 하나의 조직이 종종 여러 개의 LEO 위성을 생산한다. 이는 LEO 위성체라고 알려져 있다. 이의 두 가지 예는 이리듐(Iridium)과 글로벌스타(Globalstar)이다.

이리듐(www.iridium.com)은 66개의 위성으로 구성된 궤도 내 LEO 위성체와 12개의 궤도 내 스페어위성을 설치했다. 그 기업은 그것이 극지방을 포함하여 완벽하게 지구 표면에 위성통신 서비스를 제공한다고 본다. 글로벌스타(www.globalstar.com)도 궤도 내에 LEO 위성체를 가지고 있다.

위성항법장치 **위성항법장치**(global positioning system, GPS)는 위성을 사용하여 사용자가 지구상 어디에 있든지 사용자의 위치를 알 수 있게 하는 무선시스템이다. GPS는 세계적으로 공유되는 24개의 중궤도 위성이 지원한다. 각 위성의 정확한 위치는 언제나 알 수 있는데, 이는 위성이 계속적으로 시간신호와 함께 자신의 위치를 내보내기 때문이다. 신호의 알려진 속도와 세 위성(2차원적 위치를 위해)으로부터의 거리 또는 네 위성(3차원 위치를 위해)으로부터의 거리를 사용하여 수신국의 위치 또는 10피트 범위 이내의 사용자를 찾을 수 있다. GPS 소프트웨어도 사용자의 위도와 경도를 전자적 지도로 전환할 수 있다.

대부분의 사람들이 자동차 안에 있는 GPS, 즉 방향을 입력하면 운전자에게 '말을 해주는' 시

그림 10.3 자동차 안에서 GPS 정보 획득

AP Chiu/Jeff Chiu

스템에 익숙하다. 그림 10.3은 운전자가 GPS 정보를 획득하는 두 가지 방식을 보여주고 있다—대시보드 내비게이션 시스템과 아이폰의 GPS 앱(이 경우에 톰톰, www.tomtom.com).

내비게이션과 지도 작성 및 서베이와 같은 활동을 위해 GPS를 상업적으로 사용하는 것은 확산되고 있고, 특히 원격에서 가능해지고 있다. 이제 미국의 휴대전화는 긴급전화[예 : **무선 911**(wireless 911)로 알려져 있는 911]를 하고 있는 사람의 위치를 즉각적으로 찾을 수 있도록 내장된 GPS를 가지고 있다.

세 가지 다른 GPS가 계획 중이거나 운영 중이다. 러시아의 GPS인 GLONASS는 1995년 완성되었다. 그러나 그 시스템은 소비에트 경제의 몰락으로 파손되었다. 2010년 GLONASS는 러시아 영토의 100%를 서비스할 수 있었다. 유럽연합 GPS인 갈릴레오는 2019년 완성될 것으로 기대되고 있다. 중국은 2020년 베이더우를 완성할 것을 예상하고 있다.

위성 인터넷 위성 인터넷(internet over satellite, IoS)은 전 세계 많은 지역에서 인터넷 접속을 위한 유일한 선택이다. 왜냐하면 필요한 케이블을 설치하는 것이 너무 비싸거나 물리적으로 불가능하기 때문이다. 위성 인터넷은 사용자로 하여금 GEO 위성을 통해 인터넷에 접속할 수 있게 해준다. 비록 위성 인터넷이 그것에 접속할 수 없는 많은 사람들에게 인터넷을 쓸 수 있게 해주지만 그것도 단점을 가지고 있다. GEO 위성 전송은 전파 지연을 수반할 뿐만 아니라 천둥과 같은 환경적 영향에 의해 방해를 받을 수 있다.

무선통신 무선 전송(radio transmission)은 무선 주파수를 사용하여 발신자와 수신자 간에 직접적으로 데이터를 전송한다. 무선 전송은 몇 가지 이점을 가지고 있다. 첫째, 무선은 보통의 사무실 벽들을 통과하여 쉽게 움직인다. 둘째, 무선기기는 꽤 비싸지 않고 설치하기가 쉽다. 셋째, 무선은 빠른 속도로 데이터를 전송할 수 있다. 이런 이유로 무선은 점차 컴퓨터를 주변기기와 LAN(제4장에서 다룸)에 연결하는 데 사용되고 있다.

그러나 다른 기술과 마찬가지로 무선 전송도 단점이 있다. 첫째 무선 매체는 전기적 방해 문제점을 유발할 수 있다. 또한 무선 전송은 똑같은 주파수를 사용하는 유사한 장비를 지닌 사람들에게 누설되기 쉽다.

무선 전송의 또 다른 문제점은 발신국으로부터 너무 멀리 떨어져 있을 때 신호가 끊길 수 있다는 것이다. 대부분의 무선 신호는 발신국으로부터 30~40마일을 이동할 수 있다. 그러나 위성 무선통신은 이런 문제점을 극복한 것이다. **위성 무선통신**(satellite radio, 또는 디지털 무선통신)은 우주로부터 집 또는 차의 라디오에 빛을 쏘아보내 방해받지 않고 CD 품질에 가깝게 전송한다. 게다가 위성 무선은 많은 형태의 음악과 뉴스 및 토크를 기지국에 제공한다.

XM 위성라디오와 시리우스 위성라디오는 위성 무선 서비스를 론칭한 경쟁자였다. XM은 GEO 위성으로부터 신호를 보낸 반면, 시리우스는 MEO 위성을 사용했다. 2008년 7월 두 기업은 시리우스 XM(www.siriusxm.com)으로 합병했다. 청취자들은 매월 사용료를 내고 서비스를 신청한다.

적외선 무선 전송의 마지막 유형은 적외선 전송이다. **적외선**(infrared)은 사람 눈으로 보통 볼 수 없는 빨간 빛이다. 적외선의 흔한 응용은 텔레비전, VCR, DVD, CD 플레이어의 리모컨이다. 게다가 무선통신과 마찬가지로 적외선 트랜시버는 컴퓨터와 주변기기 및 LAN 사이의 단거리 연결에 사용된다. 트랜스시버는 신호를 전송하고 받을 수 있는 기기이다.

개념 적용 10.1

학습목표 10.1 무선 전송 매체의 네 가지 주요 유형을 기술하고 각 유형별 장점과 단점을 한 가지씩 확인한다.

다음 절로 넘어가기 전에…

1. 가장 보편적인 무선기기 유형을 기술하라.
2. 전송 매체의 다양한 유형을 기술하라.

1단계 – 배경(당신이 배워야 하는 것)

이 절에서 논의한 것처럼 모바일 통신은 다른 어떤 기술보다도 더 빨리 그리고 극적으로 이 세상을 변화시켰다. 몇 가지 무선통신 매체가 이용 가능하다 할지라도, 한 가지 기술이 사업상의 모든 니즈를 혼자서 충족시키는 것은 드물 것이다. 비스링크(Vislink)는 고품질 영상의 방송을 수집, 전달하는 세계적인 기술 기업이다. 이들 방송은 스포츠와 뉴스 및 법 집행 등 여러 영역에서 활용된다. 비록 비스링크가 영상부문에 특화되어 있지만, 여러 지역에서의 라이브 피드(live feed)를 얻기 위하여 다수의 모바일 전송 매체에 의존한다. 레이전트(Rajant)는 비스링크가 무선 매체로 사용해 온 공급업체 중 하나이다.

2단계 – 활동(당신이 해야 하는 것)

http://www.wiley.com/go/rainer/MIS3e/applytheconcept에 접속하여 이 절에 해당하는 링크를 클릭한다. 세 가지 링크가 있는데, 하나는 비스링크의 웹사이트이고 다른 하나는 레이전트의 웹사이트이며, 나머지 하나는 비스링크가 레이전트의 무선 메시 네트워크를 이용하여 사법기관에 라이브 피드를 제공하는 방법을 시연해주는 유튜브이다.

3단계 – 과제(당신이 제출해야 하는 것)

동영상을 보면서 언급된 무선 전송 매체에 귀 기울이고, 그중에서 얼마나 많은 매체가 이 절에서 논의되었는지에 주의를 기울여라. 전송 매체 유형의 장단점에 중점을 두고, 그 전송 매체가 비스링크/레이전트가 시연한 제품에 왜 사용되지 않았는지를 요약하여 제출하라.

10.2 무선 컴퓨터 네트워크와 인터넷 접속

다양한 무선기기와 이 기기들이 무선 신호를 어떻게 전송하는지에 대해 배웠다. 이 기기는 보통 무선 컴퓨터 네트워크를 형성하고 무선 인터넷 접속을 제공한다. 다음에서는 유효 거리에 따라 무선 네트워크를 단거리와 중거리 및 광역으로 범주화할 것이다.

단거리 무선 네트워크

단거리 무선 네트워크는 하나의 기기를 또 다른 기기에 연결하는 과업을 단순화하며 선을 제거하고 사용자로 하여금 기기를 사용하는 동안 주변을 이동할 수 있게 해준다. 일반적으로 단거리 무선 네트워크는 100피트 내지는 그 이하의 범위를 갖는다. 이 절에서 세 가지 단거리 기본 네트워크인 블루투스와 UWB 및 NFC를 살펴볼 것이다.

블루투스 블루투스(Bluetooth, www.bluetooth.com)는 소규모의 개인 영역 네트워크를 생성하는 데 사용되는 산업 규격이다. **개인 영역 네트워크**(personal area network)는 컴퓨터 기기, 예를 들면 전화, 디지털 개인 비서, 그리고 스마트폰 사이의 커뮤니케이션을 위해 사용되는 네트워크이다. 이는 한 개인에게 아주 가까이 위치한다. 블루투스 1.0은 10m 이내에 8개의 기기까지 연결할 수 있는데 700Kbps 저전력의 무선 기반 커뮤니케이션을 사용한다. 블루투스 4.0은 25Mbps까지 전송할 수 있으며 보다 큰 파워로 100m 범위이다. 이 표준을 개발한 스칸디나비안 모바일 핸드셋 기업인 에릭슨이 10세기 덴마크 왕 헤럴드 블라탄의 이름을 따서 블루투스라 이름 지었다(블라탄은 블루투스를 의미한다). 에릭슨은 아일랜드와 덴마크를 통일했기 때문에 블라탄의 이름을 따서 표준을 지었다.

블루투스의 일반적인 애플리케이션은 휴대전화와 휴대용 뮤직 플레이어의 무선 핸드셋이다. 블루투스의 이점은 낮은 전력 소비와 전(全)방향성의 무선을 사용한다는 점—즉 전송하는 사람으로부터 모든 방향으로 방출되는 파장—을 포함한다. 이런 이유로 연결을 위해 한 가지 블루투스 장치를 또 다른 기기에 지정할 필요가 없다.

블루투스 스마트로 유통되고 있는 블루투스 저전력 서비스는 건강 관리, 체력 단련, 보안 및 홈 엔터테인먼트 산업에 응용될 수 있다. '기존의' 블루투스와 비교할 때, 통신 범위가 비슷함에도 불구하고 덜 비싸고 전력도 적게 소모된다.

초광대역 **초광대역**(ultra-wideband, UWB)은 100Mbps가 넘는 전송속도의 높은 대역 무선기술이다. 이런 빠른 속도는 PC로부터 TV로의 스트리밍 멀티미디어와 같은 애플리케이션을 위한 훌륭한 선택이 되게 한다.

초광대역 기술의 선구자인 타임 도메인(Time Domain, www.timedomain.com)은 많은 UWB 애플리케이션을 개발해 왔다. 한 가지 재미있는 애플리케이션은 PLUS 실시간 로케이션 시스템(RTLS)이다. 조직은 PLUS를 사용하여 다수의 사람들과 자산을 동시에 위치시킬 수 있다. 종업원과 고객 또는 방문자들이 PLUS 배지 태그를 입고 PLUS 자산 태그를 장비와 제품에 설치한다. PLUS는 간병인(예 : 의사, 간호사, 기술자)의 실시간 위치, 모바일 장비(예 : 랩톱, 모니터)가 중요한 의료 환경에서 아주 가치가 있다.

무선 근거리 자기장 통신 **무선 근거리 자기장 통신**(near-field commucation, NFC)은 모든 근거리 네트워크 중에서 가장 작은 범주이다. 그것은 휴대전화와 신용카드 같은 모바일 기기에 내장되도록 설계된다. 예를 들면 NFC를 사용함으로써 고객은 결제하기 위하여 POS 터미널의 몇 센티미터 이내에 자신의 모바일 기기나 카드를 갖다 대면 된다.

중거리 무선 네트워크

중거리 무선 네트워크는 친숙한 **무선 근거리 통신망**(wireless local area network, WLAN)이다. 중거리 무선 네트워크의 가장 흔한 유형은 와이파이다. WLAN은 다양한 환경 속에서 이용되며 일부 WLAN은 여러 가지 문제가 있다.

와이파이 **와이파이**(Wireless Fidelity, WiFi)는 중거리 WLAN이다. 이는 근본적으로 유선 LAN이지만 케이블이 없다. 전통적으로 소위 **무선 접속 포인트**(wireless access point)라 불리는 안테나가 있는 송신기가 유선 LAN이나 위성 접시에 연결되어 인터넷 접속이 이루어진다(그림 10.4). 무선 접속 포인트는 작은 지리적 반경(수백 피트까지) 안에 있는 수많은 사용자에게 서비스를 제공한다. 이는 **핫스팟**(hotspot)으로 알려져 있다. 보다 큰 지리적 영역의 수많은 사용자들을 지원하려면 다수의 무선 접속 포인트가 필요하다. 랩톱 PC와 같은 모바일 기기는 보통 무선으로 통신하기 위해서 빌트인 무선 네트워크 인터페이스 기능을 가지고 있다.

와이파이는 공항, 호텔, 인터넷 카페, 대학, 컨퍼런스 센터, 사무실, 집에 위치해 있는 공공 핫스팟으로부터 빠르고 용이한 인터넷이나 인트라넷 브로드밴드 접속을 제공한다. 사용자는 캠

그림 10.4 무선 접속 포인트

퍼스를 거닐면서 사무실로 가는 길에 또는 집 안에서 인터넷을 접속할 수 있다. 게다가 사용자는 랩톱, 데스크톱, PDA로 무선 네트워크카드를 추가하여 와이파이에 접속할 수 있다. 대부분의 PC와 랩톱 제조업체는 이런 카드를 PC 안에 포함시킨다.

IEEE(국제전기전자기술자협회)는 무선 컴퓨터 네트워크에 일련의 표준을 제정해 왔다. 와이파이의 IEEE 표준은 802.11군이다.

- 802.11a : 54Mbps의 무선 대역폭을 지원. 높은 비용, 짧은 범위, 벽을 투과하기 어려움
- 802.11b : 11Mbps의 무선 대역폭을 지원. 낮은 비용, 보다 긴 범위
- 802.11g : 54Mbps의 무선 대역폭을 지원. 높은 비용, 보다 긴 범위
- 802.11n : 600Mbps를 초과하여 무선 대역폭을 지원. 802.11g보다 높은 비용, 802.11g보다 긴 범위
- 802.11ac : 1.3Gbps의 무선 대역폭을 지원(초당 13억 비트). 고화질 영상이 동시에 여러 기기에 전송될 수 있는 '멀티미디어 홈'을 충분히 지원할 수 있는 능력을 제공
- 802.11ad : 7Gbps의 무선 대역폭을 지원. '무선 홈'에 반대되는 '무선 사무실'을 목표고객으로 함

와이파이의 주요한 편익은 낮은 원가와 단순한 인터넷 접속을 제공하는 능력이다. 그것은 무선 인터넷을 촉진하는 가장 큰 요인이다—즉 무선으로 인터넷에 접속하는 능력이다.

기업들은 와이파이를 전략에 통합시키고 있다. 예를 들면 스타벅스, 맥도날드, 파네라, 반스앤노블은 고객들에게 주로 인터넷 접속을 위해 와이파이를 제공한다. '비즈니스에서 IT 10.2'에서 볼 수 있듯이, 러시아 소치에서 개최된 동계올림픽에서도 와이파이를 광범위하게 이용하였다.

비즈니스에서 IT 10.2

와이파이 네트워크가 2014년 동계올림픽에 소통을 제공하다

흑해에 위치한 인구 35만 명의 도시인 러시아 소치가 2014년 동계올림픽을 주최했다. 2개의 올림픽 장소가 있는데 하나는 소치에 있는 올림픽 마을이고 또 하나는 크라스나야 폴라나 산 근처의 알프스 지역 일대이다. 통신 기반시설에 대한 투자와 더불어, 러시아는 소치의 전력망, 운송시스템, 그리고 하수처리시설을 개선하기 위해 수십억 달러를 들였다. 불행히도, 러시아는 경기를 위한 정보기술 인프라를 구축하는 데 처음부터 시작해야만 했다.

이 기반시설의 한 가지 중요한 요소는 통신이었다. 이런 요구사항을 충족시키고자, 캘리포니아에 기반을 두고 있는 비즈니스 솔루션 업체인 아바야(Avaya, www.avaya.com)가 동계올림픽을 위해 와이파이 네트워크를 구축했다. 이 네트워크는 2014년 2월 7일 올림픽이 열릴 때, 초당 54테라비트를 처리하도록 설계되었다.

국제올림픽위원회(IOC)가 아바야를 채택한 이유 중 하나는 그 기업이 2010년 캐나다 밴쿠버 동계올림픽을 위한 와이파이 네트워크를 구축했기 때문이다. 그러나 소치 올림픽은 무선 네트워크가 단지 4테라비트만을 처리할 수 있었던 2010년 올림픽과는 완전히 대조적이었다. 밴쿠버에서 아바야는 음성, 데이터, 화상 인터넷망을 구축했다. 이 프로젝트는 회사로 하여금 소치에서 같은 유형의 IP네트워크를 구축할 수 있게 하는 매우 귀중한 경험을 제공했다. 흥미롭게도, 밴쿠버에서 아바야는 한 사람당 하나의 모바일 기

기만 허용했다. 밴쿠버 올림픽 때는 유선 트래픽이 무선 트래픽보다 4:1로 우세했다. 소치에서는 거의 같은 폭으로 무선 트래픽이 유선 트래픽보다 우세했다.

소치에서 와이파이 네트워크를 구축하는 일은 아바야에게 수많은 문제를 안겨주었다. 그중 몇 개를 살펴보면 다음과 같다.

- 네트워크가 11개의 경기장소와 3개의 올림픽촌, 복합적인 미디어센터, 시상센터, 그리고 정보센터에 걸쳐 4만 명의 운동선수와 그 가족들, 관리자들과 스태프, 대중매체, 국제올림픽위원회 임원, 그리고 봉사자들에게 데이터와 음성, 영상, 그리고 인터넷 접속을 제공해야 했다.
- 아바야는 대략 하루에 7만 5,000명 정도 되는 방문객들과 올림픽 선수 및 기자들이 전례 없는 숫자의 스마트폰과 태블릿 및 다른 모바일 기기를 가지고 있는 것을 알았다. 이런 문제에 대응하고자 아무 문제나 방해 없이 12만 대의 기기를 지원하도록 소치의 와이파이 네트워크를 구축했다. 이 시스템을 유지하기 위해서 아바야는 2,500개의 무선 접속 포인트를 설치했다.
- 아바야는 네트워크상의 올림픽 가족 사용자들이 이용할 수 있는 30개의 인터넷망 고화질 올림픽 TV 채널을 제공해야 했다. 인터넷망 TV(IPTV)의 지원은 별도의 케이블TV(CATV) 네트워크가 필요없게 만들었다.
- 또 다른 과제는 러시아로 물품을 들여오는 것으로, 최고의 상황에서

시간을 소모할 수 있는 과정이다. 이 과정을 신속하게 하고자 아바야는 개막식 18개월 전에 실행계획을 편성하고 보급물자가 그들이 필요로 하는 장소와 시간에 반드시 도착할 수 있도록 직원들을 배치했다. 이것은 아바야에겐 불안한 경험이었다. 생각해보라. 예를 들어 장비 트럭 중 하나가 카자흐스탄의 시골지역을 지나던 중 며칠째 무선 연락이 끊어졌다. 또 다른 트럭은 무방비의 컴퓨터 하드웨어를 싣고 평탄치 않은 길을 수백 마일이나 운전한 후에 소치에 도착했다. 다행히도 이 두 경우 모두 장비는 사용 가능한 상태로 도착했다.

- 또 다른 과제는 훈련이었다. 아바야 러시아 제휴업체와의 협약에 의거하여, 아바야는 올림픽 기간 동안의 네트워크 지원을 위해 170명의 러시아 기술자들을 훈련했다.
- 아바야는 극도의 나쁜 날씨에도 네트워크 장비가 작동하도록 설계해야 했다.

이러한 많은 과제들에도 불구하고 아바야는 소치에서의 개막식 때 성공적으로 와이파이 네트워크를 구축했다. 네트워크는 5개의 보조 네트워크로 구성되어 있었다—하나는 운동선수들을 위해서, 2개는 대중매체(하나는 무료, 다른 하나는 유료), 하나는 올림픽 직원들, 그리고 하나는 의원들을 위해서. 아바야는 각 그룹마다 그룹의 접속 비밀번호를 제공했고, 그것은 필요한 곳에 추가적인 보호 비밀번호층을 더했다. 아바야는 최초로 관중석을 포함한 올림픽게임 장소에 대략 2,500개의 802.11n 무선 접속 포인트로 와이파이 트래픽을 배포했다. 이는 또한 올림픽 게임에 음성 서비스를 제공했으며, 6,500개 이상의 음성메일이 수신되었다.

아바야 네트워크는 해안 도시 아들러에 첫 번째 기술운영센터(TOC)를 본부로 두었다. 두 번째 기술운영센터는 아들러의 경기장에서 북동쪽으로 10마일 거리에 있는 소치 올림픽공원에 위치했다. 하나의 기술운영센터가 이용되고 있을 때에는 다른 하나는 최소인원에 의해 대기상태로 유지된다. 각 기술운영센터는 러시아의 국가통신운영책임자인 로스텔레콤(www.rostelecom.ru)이 제공하는 10Gbps의 유선케이블로 바깥세상과 연결된다. 기술운

영센터들은 자연재해나 사람에 의한 사고 시에도 충분한 여유 인력을 보장하기 위해 서로 떨어진 입지에 위치해 있다.

아바야의 와이파이 네트워크는 어떤 방식의 트래픽을 처리했을까? 아바야의 네트워크 분석에 따르면, 올림픽의 첫째 주 동안의 단지 4시간 동안 네트워크는 트위터로부터 5,130메가바이트의 데이터를, 페이스북으로부터 2,222메가바이트를, 스카이프로부터 1,475메가바이트를, 그리고 인스타그램으로부터 746메가바이트를 처리했다.

올림픽이 2월 23일에 끝난 뒤에 아바야의 많은 기반시설이 제거되었다. 하지만 올림픽 경기를 위해 구축된 통신시설—새로운 리조트 타운이 건설되고 있는 코카서스의 올림픽 스키 경기장에 설치된 전화와 IP 네트워킹을 포함한—은 남아 있을 것이다.

출처 : N. Cochrane, "The Most Data-Intensive Games Ever, Sochi Takes Mobile Gold," *The Sydney Morning Herald*, February 24, 2014; K. Bent, "Game Time: How Avaya's Technology Fueled the 2014 Winter Olympics," *CRN*, February 21, 2014; N. Shchelko, "Forget Its Hotels, Sochi's Tech Has Been Up for the Olympic Challenge," *Ars Technica*, February 20, 2014; L. Leavitt, "Sochi Is the First Truly Connected Olympics," *Forbes*, February 18, 2014; "Avaya Technology Firsts Keep the Sochi 2014 Olympic Winter Games Connected," *Evoke Telecom*, February 13, 2014; S. Leaks, "How Avaya Will Keep Sochi Connected for the 2014 Winter Olympics," *Sport Techie*, February 7, 2014; D. Poeter, "Mid Olympic Hacking Fears, Avaya Offers Safer Surfing in Sochi," *PC Magazine*, February 6, 2014; J. Careless, "Avaya Builds Massive Wi-Fi Net for 2014 Winter Olympics," *Network World*, December 16, 2013; E. Lai, "Going for Gold," *Avaya Innovations Magazine*, Quarter 3, 2013; www.avaya.com, accessed January 28, 2014.

질문

1. 왜 무선통신이 2014년 동계올림픽의 성공에 중요했는지 서술하라. 당신의 답을 지지할 구체적인 사례를 들라.

2. 이 사례에서 언급되지 않았지만 아바야가 고려해야만 했던 또 다른 잠재적 문제점은 무엇인가? 당신의 답을 지지할 구체적인 사례를 들라.

와이파이가 아주 대중적이 되었지만 문제가 없진 않다. 로밍과 보안 및 비용의 세 가지 요인이 와이파이의 상업 시장 확장을 막고 있다.

- 첫 번째 요인을 고려하자면 사용자는 핫스팟이 상이한 와이파이 네트워크 서비스를 사용할 경우 핫스팟에서 핫스팟으로 로밍할 수 없다. 서비스가 무료가 아니라면 사용자는 별도의 계정에 로그인해야 하며 각 서비스마다 별도로 수수료를 내야 한다(일부 와이파이 핫스팟은 무료 서비스를 제공하는 반면 일부 와이파이는 비용을 내야 한다).
- 보안은 와이파이의 확산을 막는 두 번째 장애물이다. 와이파이는 무선을 사용하기 때문에 침입자를 막기가 어렵다.
- 와이파이 확산의 마지막 제한 요인은 비용이다. 와이파이 서비스가 상대적으로 덜 비싸지만 많은 전문가들은 상업용 와이파이 서비스가 그렇게 많은 무료 핫스팟을 사용자에게 제공할 때에도 생존할 수 있는지 의문을 제기한다.

와이파이 다이렉트 2010년 후반까지 와이파이는 핫스팟의 중앙에 무선 안테나가 필요했고 개별 컴퓨터나 다른 기기 사이의 특별한 접속이 다소 제한되었다. 이러한 한계 때문에 조직은 전형적으로 약 800피트까지의 커뮤니케이션을 위해 와이파이를 사용해 왔으며 보다 짧은 특별한

접속을 위해서는 블루투스를 사용해 왔다.

와이파이 다이렉트는 와이파이의 새로운 버전이다. 이는 P2P 커뮤니케이션을 가능케 해서 기기들이 직접적으로 접속할 수 있다. 와이파이 다이렉트는 무선 안테나 없이도 사용자로 하여금 기기 사이에 콘텐츠를 전송할 수 있게 해준다. 그것은 250Mbps의 와이파이 속도와 800피트 거리에서 기기들을 접속할 수 있다. 더욱이 와이파이 다이렉트의 기기들은 블루투스가 할 수 있는 것과 똑같이 다른 기기들에게 자신의 이용 가능성을 널리 알릴 수 있다. 끝으로 와이파이 다이렉트는 현재 사용 중인 10억 이상의 와이파이 기기와 호환 가능하다.

와이파이 다이렉트는 기기 대 기기 네트워킹의 영역에서 블루투스의 지배에 도전할 것이다. 그것은 유사한 유형의 연결성을 제공하지만 보다 큰 범위와 훨씬 빠른 데이터 전송 특성을 제공한다.

마이파이 마이파이는 사용자가 어디를 가든지 영속적인 와이파이 핫스팟을 제공하는 소규모의 휴대 가능한 무선기기이다. 따라서 사용자는 언제든지 인터넷에 접속할 수 있다. 마이파이의 범위는 대략 10미터이다. 노바텔이 개발한 마이파이 기기는 또한 인텔리전트 모바일 핫스팟으로 불린다. 마이파이 기기를 통해 와이파이에 접속하는 것은 5명의 사람이 동시에 연결될 수 있고 동일한 접속을 공유한다.

마이파이는 3G 셀룰러 네트워크 서비스 지역이 있는 곳은 어디든지 브로드밴드 인터넷 접속을 제공한다. 또한 사용자로 하여금 VoIP 기술을 사용하여 지역 내와 국제적으로 무료 통화를 할 수 있게 해준다. 마이파이의 한 가지 단점은 취득과 사용비용이다.

슈퍼 와이파이 슈퍼 와이파이는 미국 연방통신위원회가 장거리 무선 인터넷 접속을 위한 네트워크 제안서를 설명하기 위해 만든 용어이다. '와이파이'라는 명칭의 사용은 슈퍼 와이파이가 와이파이 기술에 기초하고 있지 않기 때문에 비난을 받아 왔다. 그럼에도 불구하고 슈퍼 와이파이는 TV 채널 주파수 사이의 저주파 백색공간을 사용한다. 이 낮은 주파수는 보통의 와이파이 주파수보다 신호를 더 멀리 보내고 벽을 더 잘 통과한다.

슈퍼 와이파이는 이미 텍사스 주 휴스턴과 노스캐롤라이나 주 윌밍턴에서 사용 중이다. 그 기술은 또한 휴대전화 통신사의 3G 기술을 위협하고 있으며, 시골지역에서의 브로드밴드 무선 인터넷 접속을 가능케 할 수 있다.

무선 메시네트워크 메시네트워크(mesh network)는 여러 개의 와이파이 접속 포인트를 사용하여 꽤 큰 광역 네트워크를 만든다. 메시네트워크는 장거리 무선에 포함될 수도 있겠지만 여기서는 메시네트워크를 본질적으로 상호 연결된 LAN으로 보고자 한다.

미국 전체의 공공 무선 메시 프로그램은 속도가 떨어지고 기능을 잃어가고 있다(예 : 필라델피아와 보스턴 및 롱아일랜드 지역). 그 시스템을 유지하려고 도시들과 파트너 협약을 맺은 서비스 제공업체들이 떠나가고 있는데 이는 주로 프로젝트의 비용이 올라가고 수익모델이 불분명하기 때문이다.

이런 문제에도 불구하고 성공적인 메시네트워크 애플리케이션의 많은 예들이 있다.

- 미국 군대는 무선 메시네트워크를 사용하여 실전에서 랩톱에 접속한다.
- 전기계량기는 현재 주거지에 설치하여 중앙 사무실에서도 계량기 데이터를 전송받아 청구서를 보낸다. 사람이 읽을 필요도 없고 케이블로 계량기를 연결할 필요도 없다.
- LEO 이리듐 위성체는 근접한 위성들 사이의 무선 연결과 더불어 메시네트워크로서 작동한다. 2개의 위성전화 사이의 통화는 한 위성에서 또 다른 위성으로 메시를 통하여 라우

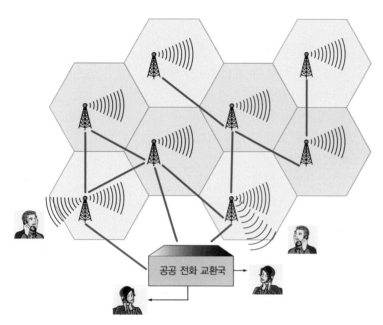

그림 10.5 스마트폰과 GPS 시스템
출처 : Image Source; © Engine Images-Fotolia.com; © AP/Wide World Photos

팅되는데 지구의 기지국을 통과할 필요가 없다. 결과적으로 신호가 더 짧은 거리를 이동하며 전송 지연이 줄게 된다. 더욱이 위성체는 더 적은 수의 지구 기지국으로 운영될 수 있다.

광역 무선 네트워크

광역 무선 네트워크는 지리적으로 분산된 영역에 사용자가 인터넷을 접속할 수 있게 해준다. 이 네트워크는 보통 허가된 스펙트럼상에서 운영된다. 즉 그들은 정부가 규제하는 무선 스펙트럼의 일부분을 사용한다. 대조적으로, 블루투스와 와이파이는 허가되지 않는 스펙트럼상에서 운용되므로 방해받기 쉽고 보안의 문제점이 생기기 쉽다. 일반적으로 광역 무선 네트워크 기술은 셀룰러 무선통신과 무선 브로드밴드 두 가지 범주에 속한다.

셀룰러 무선 **셀룰러폰**(cellular telephone, 휴대전화)은 끊김 없는 핸드오프로 셀룰러 네트워크의 양방향 무선통신을 제공한다. 셀룰러폰은 고정된 지상선에 부착된 1개의 기지국을 통해 제한된 범위에서만 이루어지는 전화 서비스를 제공하는 선이 없는 전화와 다르다(예를 들면 집 안에서 또는 사무실 안에서).

휴대전화는 소위 셀이라 불리는 근접한 지리적 영역 내에 놓인 기지국 또는 무선 안테나로 통신하는 것이다(그림 10.5 참조). 전화 메시지는 지역셀(즉 안테나)에 전송되어 셀에서 셀로 전해지며 목적지의 셀에 이르기까지 전달된다. 최종셀에서 메시지는 휴대전화에 전해지거나 유선전화에 전송되기 위해 공공 교환 전화시스템에 전달된다. 이것은 휴대전화를 사용하여 표준 유선전화뿐만 아니라 다른 휴대전화와 통화하기 때문이다.

비록 우리는 셀룰러 네트워크가 방대한 거리에 걸쳐 있다고 생각하지만, '비즈니스에서 IT 10.3'은 인도네시아의 멀리 떨어진 시골 지역의 소규모 셀룰러 네트워크의 사례를 보여준다.

비즈니스에서 IT 10.3

인도네시아의 멀리 떨어진 부족을 위한 아주 작은 휴대용 네트워크

전 세계의 주로 멀리 떨어진 시골 지역의 수백만의 사람들에게는 기본적인 휴대전화 서비스 범위조차도 결여되어 있다. 주요 무선통신회사들—인도네시아의 텔콤셀(Telkomsel, www.telkomsel.com)같은—은 대부분 그런 지역에 서비스를 제공할 사업을 기획하지 못한다. 이러한 상황에서는 지역사회가 그 서비스 범위를 스스로 제공해야만 한다.

인도네시아 파푸아의 먼 고산지대에 있는 토착민들은 1938년 과학자들이 그들을 우연히 발견하기 전까지 바깥세상과 접촉하기를 피했다. 가장 가까운 휴대전화 서비스 지역과 차로 4시간 거리에 있으나, 작은 휴대용 네트워크가 세워진 곳이 이 지역이다. 그 네트워크는 나무 꼭대기에 준으 연결한 값싼 기지국을 이용한다. 그 기지국은 휴대전화와 보다 큰 네트워크(인터넷 또는 통신회사 네트워크 같은) 간의 연결을 제공하는 다중 쌍방향채널이다.

버클리의 캘리포니아대학 팀이 그 작은 네트워크를 설치했다. 그 프로젝트의 리더는 "이 네트워크는 나무 안에 설치된 상자 안의 통신회사이다"라고 했다. 그 '나무 안의 상자'는 중계탑의 역할을 하는 기지국이다.

그들은 일부분 기존의 기반시설로 네트워크를 구축했다. 그 네트워크는 작은 수력 발전기와 지역 학교에 인터넷을 제공하는 위성접시를 사용했다. 지역 휴대전화 연결을 위해서는 무선 접속장치를, 야간 사용을 위해서는 배터리를, 지역 인터넷 핫스팟을 위해서는 와이파이 라우터를, 그리고 거기에 비용 청구시스템을 추가했다.

그 네트워크는 야간엔 저전력 '수면모드'로 작동하고 사용자들이 켤 수 있다. 밤에 메시지나 전화를 하기 위해 해야 할 것은 마을 중앙에 놓인 3개의 기기 중 하나를 찾아가서 무선 접속 포인트를 '깨우기' 위해 빨간 버튼을 누르는 것이다. 도착하는 전화나 메시지도 또한 무선 접속 포인트를 '깨운다'.

하지만 증폭기가 작동되기 시작하는 동안 그 전화나 메시지가 20초 지연된다. 이런 지연은 신호가 이용 가능해지도록 한다. 이 과정은 24시간 가능하면서도, 밤새 켜놓았을 때 사용하는 전력의 절반을 절약한다.

마을 사람들은 인도네시아의 다른 지역에 사는 가족들과 대화하기 위해 전화를 하거나 짧은 문자를 보내거나 계곡 건너로 문자를 보낼 수 있어서 기뻐했다. 계곡을 건너 다음 마을로 가는 여정에서 몇 시간 동안 가파르고 미끄러운 언덕을 오르고 내렸다.

네트워크는 현재 지역 비정부기구(NGO)가 관리하는 독립형 통신회사에 의해 운영되며, 인터넷을 통해 세상의 나머지 부분과의 위성연결과 지역의 대금 청구를 위해서는 노트북으로 작동되고 있다. 그 네트워크는 지역 통신회사들이 전화번호를 제공하지 않기 때문에 스웨덴식 전화번호에 의존하고 있다.

네트워크는 2013년에 1만 달러의 초기 투자로 작동하기 시작했다. 2014년 중반에 187명의 휴대전화 가입자를 보유하고, 월평균 368달러의 이윤을 포함하여 830달러의 수익을 냈다. 그 기업은 마을 사람들에게 에어타임 크레딧을 팔기 위한 3명을 포함해서 몇 개의 직업을 제공했다. 그 팀은 네트워크에 대한 암묵적인 승인을 인도네시아 정부의 고위인사들로부터 받았으나 공식적인 면허는 없다.

이 기술은 전통적인 하향식 통신사업 모델이 적용될 수 없는, 세상에서 가장 도달하기 힘든 곳에 '라스트 마일'이라는 자율경영 모바일 통신 서비스 범위의 새로운 모델을 제공했다. 파푸아의 네트워크는 외딴 지역과 주민들이 그들 자신의 네트워크를 이익이 되고 지속 가능하게 유지할 수 있음을 입증한 것이다. 그들은 기존의 통신회사들을 필요로 하지 않는다. 그들은 스스로 할 수 있다.

출처 : K. Heimerl, "Cellular Repeaters for Rural Coverage," *Technology and Infrastructure for Emerging Regions*, January 8, 2014; K. Heimerl, S. Hassan, K. Ali, E. Brewer, and T. Parikh, "Local, Sustainable, Small-Scale Cellular Networks," *Proceedings of the International Conference on Information and Communication Technologies and Development*, Cape Town, South Africa, 2013; D. Talbot, "How Remote Places Can Get Cellular Coverage by Doing It Themselves," *MIT Technology Review*, December 11, 2013; K. Heimerl, "The Village Base Station Goes Live in Rural Papua," *Technology and Infrastructure for Emerging Regions*, February 14, 2013; "Deploying the Village Base Station in Papua," *Technology and Infrastructure for Emerging Regions*, November 10, 2012.

질문

1. 주민들에게 있어서 네트워크의 장점 몇 가지를 묘사하라.

2. 인도네시아 정부에 있어서 네트워크의 장점 몇 가지를 묘사하라.

셀룰러 기술은 급속히 발전하고 있으며 보다 빠른 전송 속도와 보다 다양한 특징을 갖춰 가고 있다. 기술은 몇몇 단계를 거쳐 발전해 가고 있다.

- 1세대(1G) 셀룰러는 아날로그 신호를 사용했고 낮은 대역폭(능력)을 가졌다.
- 2세대(2G)는 주로 음성통신에 디지털 신호를 사용한다. 데이터 통신에는 10Kbps까지 제공한다.
- 2.5세대(2.5G)는 디지털 신호를 사용하며 144Kbps까지 음성과 데이터 통신을 제공한다.
- 3세대(3G)는 디지털 신호를 사용하며 걷는 속도로 움직이고 있을 때 384Kbps까지 음성과 데이터를 전송할 수 있으며, 차로 움직일 경우에는 128Kbps, 고정된 위치에서는 2Mbps까지 가능하다. 3G는 비디오와 웹브라우징 및 인스턴트 메시징을 지원한다.

3세대 셀룰러 서비스는 단점을 가지고 있다. 가장 근본적인 문제점은 북미의 셀룰러 회사들이 두 가지 별도의 기술을 사용한다는 점이다. 버라이즌과 스프린트는 CDMA를 사용하는 반면, 싱귤러와 다른 통신사는 GSM을 사용한다. CDMA 기업들은 현재 EV-DO(Evolution-Data Optimized) 기술을 사용하고 있으며 이는 무선 브로드밴드 셀룰러 무선통신 표준이다.

게다가 3G는 상대적으로 값이 비싸다. 사실 대부분의 통신사가 다운로드할 수 있는 정보량과 서비스의 사용 복적을 제한하고 있다. 예를 늘면 일부 통신사는 오디오나 비디오에 다운로드와 스트리밍을 금지한다. 만약 그 제한을 어기면 통신사는 서비스를 끊을 권리를 갖고 있다.

- 4세대(4G)는 아직 개발 중에 있으며 하나로 정의된 기술이나 표준이 아니다. 국제전기통신연합은 4G를 위한 스피드 요건을 정해 놓았다. 자동차와 기차 같은 높은 유동성의 통신을 위해서는 100Mbps 그리고 보행자와 같은 유동성이 낮은 통신을 위해서는 1Gbps이다. 4G시스템은 모든 유형의 모바일 기기에 모든 IP 기반 모바일 브로드밴드 시스템을 안전하게 제공할 것으로 예상되고 있다. 현행 '4G'가 제공하는 대다수의 서비스는 국제전기통

신연합의 규제 속도를 충족시키지 못하지만, 그럼에도 불구하고 그들은 그들의 서비스를 4G라고 지칭하고 있다. '개인에게 IT'에서 더 많은 정보를 얻을 수 있다.

- 5세대(5G)는 2020년까지 전개될 것으로 예상되며, 기존 세대보다 더 빠르고 더 지능적일 것으로 예상된다. 5G로 웨어러블 컴퓨터(예 : Fibit)와 스마트폰, 태블릿 및 위치와 상황을 인식하는 센서가 장착된 여러 기기들이 우리가 사용하는 앱과 서비스로 함께 일할 것이다.

무선 브로드밴드 또는 WiMAX WiMAX(Worldwide Interoperability for Microwave Access)는 IEEE 표준 802.16의 이름이다. 와이파이가 300피트인 것에 비해 WiMAX는 31마일까지 무선접속범위를 가진다. WiMAX도 데이터 전송률은 75Mbps를 갖는다. 그것은 안전한 시스템으로 음성과 비디오를 제공한다. WiMAX 안테나는 수마일 떨어져 있는 집과 사무실 안테나에 브로드밴드 인터넷 접속을 제공할 수 있다. 그러므로 그 기술은 현재 서비스되지 않고 있는 지역과 시골 지역에 장거리 브로드밴드 무선 접속을 제공할 수 있다.

개인에게 IT

GSM3GHSDPA+4GLTE는 무엇인가?

이 장에서는 소비자가 사용할 수 있는 다양한 모바일 플랫폼에 대해 설명하고 있다. 휴대폰, 블루투스, 와이파이, 위성 등 사용 가능한 무선 옵션이 있다. 그것은 이해하기에 단순해 보인다. 하지만 셀룰러 영역 안에서 혼란스러워지는데, 왜냐하면 전기통신회사들이 너무 많은 축약어를 사용하기 때문이다. 버라이즌 3G가 AT&T의 3G와 같다면 궁금해본 적 없는가? 4G와 4G LTE는? 물론 거의 대부분의 사람들이 4G가 3G보다 빠르다고 당연하게 생각하지만 얼마만큼이나 빠를까?

일단, 애플은 모바일 운영 체제(iOS)에 대한 업데이트를 발표했고 갑자기 AT&T는 iPhone 3G를 보여주는 것이 아니라 4G를 보여주기 시작했! 아무런 휴대폰 업데이트도 없이! 꽤 좋은가? 아니다. 이 사례에서 그것은 기술의 변화라기보다는 단지 용어의 변화였다. 3G와 4G의 네트워크 속도는 변하지 않았다. (주의 : AT&T의 '4G LTE'는 다른 기술이고 AT&T 3G 또는 4G보다 훨씬 빠른 속도를 제공한다.)

실제 연결 속도는 얼마나 많은 비트(1 또는 0)를 1초에 옮길 수 있는지를 의미하는 비트로 표시된다. 만약 1.5Mbps라고 표시한다면, 이것은 초당 150만 비트라고 할 수 있다. 이것은 엄청난 속도로 들리겠지만, 초당 비트를 아는 것은 단지 당신이 경험할 실제 속도의 일부분을 이해하는 것일 뿐이다. 이것은 연결속도와 처리속도가 다르기 때문이다. 실제 처리속도는 항상 연결속도보다 낮다.

그것은 당신의 차와 똑같이 작동한다. 당신의 차는 아마 100마력 이상으로 운전하는 것이 가능할 것이다. 그러나 당신은 다양한 속도 제한 때문에

'감속하고' 가능한 최대속도를 내지 못할 것이다. 당신의 실제 속도는 당신이 선택한 경로와 경로의 제한속도에 의해 좌우된다. 그래서 아무리 AT&T, 버라이즌, 스프린트 등이 놀랄 정도의 무선속도(20Mbps까지!)를 자랑한다 해도 그들은 언제나 '~까지'라고 말하는데 왜냐하면 그들은 당신이 절대 그 속도로 파일을 다운로드하지 않을 것을 알기 때문이다.

네트워크의 실제 속도를 아는 최고의 방법은 당신의 동네에 있는 무선 가게에 가서 그들이 갖고 있는 데모 모델을 사용하여 속도를 측정하여 화면상에서 볼 수 있다. 이것은 당신에게 당신이 그 네트워크로부터 예측할 수 있는 실제 처리속도를 직접 경험하게 해줄 것이다. 이 숫자는 훨씬 더 현실적이며 3G, 4G, 4G LTE 같은 용어를 이해하는 것보다 더 많은 것을 의미할 것이다.

측정하는 방법은 다음과 같다. 첫째, 기기가 오직 하나의 셀룰러 네트워크(와이파이가 아닌)에만 연결되어 있는지 확인한다. 그러고 나서 http://speedtest.net에 들어가서 '측정 시작'을 누른다. 나는 이 테스트를 내 아이폰 4S로 AT&T의 4G(4G LTE가 아닌)를 측정했다. 나의 다운로드 속도는 3.80Mbps였고, 업로드 속도는 1.71Mbps였다. 이 숫자들은 주어진 이름(3G, 4G 등)보다 더 많은 정보를 준다. 왜냐하면 당신은 무선 연결에서 예상하는 바를 정확히 볼 수 있기 때문이다. 이 측정을 경쟁 점포(AT&T, 버라이즌, 스프린트, T-모바일 등)에서 실행하면 비교할 수 있는 데이터를 갖게 될 것이다. 이름이 바뀔 때마다, 당신은 언제나 그 측정을 실행함으로써 사실을 알 수 있을 것이다.

개념 적용 10.2

학습목표 10.2 단거리, 중거리, 장거리 네트워크의 기본 목적을 논의하고 기업이 각 네트워크 유형을 사용하는 기술을 한 가지씩 설명한다.

다음 절로 **넘어가기 전에…**

1. 블루투스가 무엇인가? WLAN은 무엇인가?
2. 와이파이와 셀룰러 서비스 및 WiMAX를 서술하라.

1단계 – 배경

오늘날 많은 휴대전화는 무선통신기기를 수반한다. 아이폰 5S와 갤럭시 S4는 세 가지 상이한 무선 송수신기와 1개의 무선 수신기를 갖고 있다. 무선 송수신기는 셀룰러(4G LTE, 4G, 3G)와 블루투스, 와이파이이며, GPS는 무선 수신기이다. 삼성 S4도 또한 적외선과 NFC칩을 내장하고 있다. 한 기기가 단거리, 중거리, 장거리 연결성을 사용할 수 있기 때문에 연결성의 가능성은 거의 무한하다.

2단계 – 활동

http://www.wiley.com/go/rainer/MIS3e/applytheconcept에 접속하여 Serial IO가 시연하는 동영상을 보라. 이는 또한 웹사이트에 링크되어 있으며, 거기서 기업에 사용되는 무선 제품의 몇 가지 예를 발견할 것이다. 이 제품들 대부분이 단거리용 기기이긴 하지만 일부 중거리와 장거리 무선 네트워크에도 연결될 수 있다. 사실 이 기기들은 윈도우즈, 맥, 안드로이드, iOS, 블랙베리 등 여러 플랫폼을 지원한다.

3단계 – 과제

비디오와 Serial IO 웹사이트에 기초하여, 기업이 사업목적을 달성하기 위하여 단거리, 중거리, 장거리 네트워크에 사용된 기술을 어떻게 사용할 수 있는지를 설명하는 테이블을 작성하여 제출하라.

10.3 모바일 컴퓨팅과 모바일 커머스

전통적인 컴퓨팅 환경에서는 사용자가 컴퓨터에 온다. 컴퓨터는 다른 컴퓨터와 유선으로 연결되어 있고 네트워크와도 연결되어 있다. 이 네트워크는 선으로 연결될 필요가 있기 때문에 이동 중에 있는 사람들이 그것을 사용하는 것이 어렵거나 불가능하다. 특히 판매원, 수리요원, 서비스종업원, 법률대리인과 유틸리티 작업자들은 현장에 있는 동안, 또는 이동하면서 정보기술을 사용할 수 있다면 더 효과적일 수 있다. 따라서 모바일 컴퓨팅은 집 밖에서 일하는 사람을 위해서뿐만 아니라 조직의 밖에서 일하는 작업자를 위해서 설계되었다.

모바일 컴퓨팅(mobile computing)은 모바일 기기와 인터넷 또는 인트라넷과 같은 컴퓨터 환경 간의 실시간 접속을 지칭한다. 이 혁신은 사람들이 컴퓨터를 사용하는 방식을 혁신하는 것이다. 그것은 직장과 가정, 교육, 의료, 오락 등 많은 영역에 확산되고 있다.

모바일 컴퓨팅은 다른 형태의 컴퓨팅과는 차별화되는 두 가지 주요 특성을 가지고 있다. 이동성은 사용자가 기기를 가지고 다니고 그들이 어디에 있든 간에 다른 시스템과 실시간 접촉을 할 수 있는 것을 의미한다. 넓은 접촉은 사용자가 개방형 모바일 기기를 가지고 다닐 때 즉각적으로 먼 거리에서조차 닿을 수 있다는 사실을 일컫는다.

이 두 가지 특성은 지역과 시간의 장벽을 깨는 다섯 가지 부가가치 특성, 즉 편재성, 편의성, 즉각적 연결성, 개인화, 제품과 서비스의 현지화를 창출한다. 모바일 기기는 사용자의 위치와 상관없이 정보와 통신을 제공할 수 있다(편재성). 인터넷 가능한 모바일 기기로 사용자는 모뎀을 통해서나 PC를 켜지 않고 쉽고 빠르게 웹과 인트라넷 및 다른 모바일 기기에 접속할 수 있다(편의성과 즉각적 연결성). 기업은 정보를 고객화할 수 있고 SMS로서 개별 소비자에게 그것을 보낼 수 있다(고객화). 그리고 사용자의 물리적 위치를 아는 것은 기업으로 하여금 제품과 서비스를 광고하는 데 도움을 준다(현지화). 모바일 컴퓨팅은 모바일 커머스의 기반을 제공한다(m-커머스).

모바일 커머스

일상 삶에 영향을 주는 것 외에 모바일 컴퓨팅은 또한 기업과 개인이 모바일 커머스에 참여할 수 있게 함으로써 사업수행방식을 변화시키고 있다. 이 장의 초반에 본 것처럼 **모바일 커머스**(mobile commerce, M-커머스)는 무선 환경, 특히 인터넷을 통해 수행되는 전자상거래를 일컫는다. 정규 전자상거래 애플리케이션과 마찬가지로 M-커머스는 인터넷과 사설 통신라인, 스마트카드, 다른 하부구조를 통해 거래가 이루어진다. M-커머스는 기업이 기존 고객에게 새로운 서비스를 제공하고 신규 고객을 유인할 기회를 만들어준다. M-커머스 애플리케이션이 산

업별로 어떻게 분류되는지 알기 위해서 www.wirelessresearch.eu를 보라.

M-커머스의 발전은 다음 요인에 의해 추진된다.

- 모바일 기기의 폭넓은 이용 가능성. 2014년 중반까지 60억 대 이상의 휴대전화가 전 세계에서 사용되었다. 전문가들은 선진국에서 휴대전화의 70%가 수년 내에 인터넷 접속을 하게 될 것으로 추정한다. 이 장에서 이미 논의했듯이 휴대전화는 개도국에서 훨씬 더 빨리 확산되고 있다. 따라서 잠재적인 대량시장은 모바일 컴퓨팅과 M-커머스를 위해 개발되고 있는 것이다.
- 가격 하락. 무선기기의 가격이 하락하고 있고 계속해서 떨어질 것이다.
- 대역폭 개선. M-커머스를 적절히 실행하기 위해서는 텍스트와 음성, 비디오 및 멀티미디어를 전송하기 위한 충분한 대역폭이 필요하다. 와이파이와 4G 셀룰러 기술 및 WiMAX가 필요한 대역폭을 제공한다.

모바일 컴퓨팅과 M-커머스는 많은 애플리케이션을 포함한다. 이 애플리케이션은 다양한 기술의 능력에서 비롯된다. 이 애플리케이션과 이것이 비즈니스에 미치는 영향을 다음에서 검토할 것이다.

모바일 커머스 애플리케이션

모바일 커머스 애플리케이션은 많고 다양하다. 가장 흔한 애플리케이션은 위치 기반 애플리케이션, 금융 서비스, 인트라비즈니스(intrabusiness) 애플리케이션, 정보 접속, 원격측정을 포함한다. 이 절의 나머지는 이런 다양한 애플리케이션과 이것이 사람의 삶과 비즈니스 수행방식에 미치는 영향을 검토한다.

위치 기반 애플리케이션과 서비스 M-커머스 B2C 애플리케이션은 위치 기반 서비스와 위치 기반 애플리케이션을 포함한다. 위치 기반 모바일 커머스는 소위 **위치 기반 커머스**(location-based commerce, **L-커머스**)라 한다.

위치 기반 서비스는 주어진 위치에 국한된 정보를 제공한다. 예를 들면 모바일 사용자는 (1) ATM이나 레스토랑 같은 가장 가까운 서비스를 요구할 수 있고 (2) 교통체증이나 사건을 경고하거나 (3) 친구를 찾을 수 있다. 무선통신사는 택시, 서비스 요원, 의사, 렌탈장비 등과

같은 위치 기반 서비스를 제공할 수 있다. 예를 들면 함대의 일정계획, 소포나 기차의 유개화차와 같은 물품추적, 내비게이션, 날씨, 교통, 객실 스케줄, 타게팅 광고, 공항 체크인의 자동화 등이 있다.

예를 들면 위치 기반 마케팅이 마케팅 프로세스를 어떻게 보다 생산적으로 만들 수 있는지를 생각해보자. 마케터는 이런 기술을 사용하여 모바일 사용자의 현재 위치와 취향을 통합할 수 있다. 그때 마케터는 소비자의 무선 기기에 근처의 가게와 몰 및 레스토랑에 관련된 광고 메시지를 보낼 수 있다. 애플의 아이비콘(iBeacon) 앱은 흥미 있는 위치 기반 서비스로서 '비즈니스에서 IT 10.4'에 설명되어 있다.

비즈니스에서 IT 10.4

애플의 아이비콘

애플(www.apple.com)의 아이비콘은 iOS7에서 찾을 수 있는 새로운 기능으로서, 사용자에게 위치 인식과 상황적 정보를 제공하는 위치 기반의 아이폰 앱이다. 아이비콘은 블루투스 저전력[블루투스 스마트(Bluetooth Smart)라고도 불린다. 10.2절 참조] 송신기인 무선 송신소(비콘)들을 사용한다. 상황적 정보가 귀중한 곳 어디에나 놓일 수 있는 이 무선 송신소(비콘)는 25센트 동전보다 조금 더 넓고 더 두꺼운 작은 원반이다. 무선 송신소(비콘)들은 블루투스 신호를 내보내는 것으로 스마트폰의 위치를 알아낸다.

아이비콘의 목적은 광고나 사업 파트너들이 사람의 위치와 관련 있는 정보와 쿠폰 및 다른 매체를 제공하기 위함이다. 아이비콘의 사용에 대해 박물관, 도시 여행, 그리고 쇼핑 경험 등을 위한 상호작용적 앱의 넓은 범위에 걸쳐 보도되고 있다. 사용자들은 GPS 기술에 의지하지 않아도 전시회에 대한 위치 관련 정보를 볼 수 있고, 도시 여행 시 가이드도 받을 수 있으며, 상점 등을 지나치거나 들어갈 때 거래를 위한 알림을 받을 수 있다. 아이비콘은 또한 쇼핑객들이 POS에서 지갑이나 신용카드를 꺼낼 필요 없이 결제할 수 있게 해준다.

아이비콘 사용의 한 예로서 메이저리그 야구(MLB, www.mlb.com)를 보자. 뉴욕 메츠의 홈인 시티필드에서 아이비콘은 간단한 인사말이나 경기장 상점에서의 할인행사 같은 메시지를 제공한다. 예를 들어 한 팬이 인도에서 야구장에 가면서 출입문의 문턱에 가까워질 때, 그의 아이폰 5S에 '시티필드에 오신 것을 환영합니다'라는 메시지가 뜬다. 또 그가 회전문과 가까워지면, 그의 스마트폰에서 앱이 열리면서 그날 경기의 티켓을 보고 싶은지를 묻는다. (이 앱이 있으면 팬들은 자신의 티켓을 이메일로 확인하느라 회전문에서 멈추지 않아도 된다.) 그가 경기장 앞에 있는 메츠의 홈런 애플과 맞닥뜨렸을 때 랜드마크 옆의 표지판 가까이에 아이폰을 대면 그의 스마트폰에 그 랜드마크의 역사에 대해 자세히 설명하는 영상이 나타난다.

그가 경기장에 들이기면, 또 다른 메시지가 뜬다. 이빈에는 그 시림이 시티필드를 처음 방문한 것에 대해 인사를 한다. 경기장은 그가 몇 번이나 거기에 왔었는지 '알고' 있다. 예를 들면 이런 지식은 열 번째 경기를 관람 중인 팬들에게 특별 쿠폰이나 할인권을 주는 데 활용할 수 있다.

MLB는 또한 아이비콘 앱과 MLB의 At the Ballpark 앱을 통합하기 위해서 협력하고 있다. MLB는 블루투스 스마트(Bluetooth Smart)가 보다 유연하기 때문에 다른 기술들보다 선호한다. 이 아이비콘 앱은 거리의 넓은 다양성을 위해 조절할 수 있으며, 전부 애플리케이션에 달려있다. 이를테면 메

© gpointstudio / iStockphoto

츠 상점을 들어오는 팬들은 쿠폰을 받게 될 것이다. 반면에, 그냥 가게를 지나쳐 가는 다른 팬들은 아무것도 받지 못할 것이다.

아이비콘 앱은 2014년 야구장에서 상용화할 수 있게 됨으로써 야구 구단의 기호에 따라 각 야구경기장마다 각기 다른 특성들을 제공하게 되었다. MLB는 또한 야구장에서 아이비콘과 블루투스 스마트에 실행되는 모바일 결제를 모색하고 있다.

아이비콘같은 위치 기반 서비스는 시행에 어려움을 겪고 있다. 비록 소매업자들은 자신들의 가게 앞을 지나가는 사람들을 타깃으로 할 수 있다는 생각을 좋아하겠지만 개인에 대해 너무 많은 것을 안다는 것과 관련된 내재적인 우려가 있다. 일부 고객들은 상점이 제공하는 것에 고마워할 수 있는 반면, 다른 고객들은 이러한 상점들이 자신의 움직임을 추적한다는 것에 대해 불안해하거나 짜증낼 수 있다. 이렇게 잠재적 소비자들과 멀어지는 것을 피하기 위해 대부분의 소매업자들은 '사전 동의(opt in)'를 사용한다. MLB는 일부러 At the Ballpark 앱을 쓰고 있는(배경에서도) 사용자들만 제공받을 수 있도록 디자인했다. MLB는 계속해서 어떠한 팬들도 놀라지 않게 하려 한다.

사생활 침해 문제는 개인의 위치를 추적할 수 있는 기술을 이용하는 다른 사업들을 멈추지 못했다. 심각하게도 이러한 각각의 기술들이 그들만의 결점을 가지고 있다. GPS는 실내에서는 정확하지 않고, 기기의 배터리를 빠른 속도로 잡아먹는다. Quick response(QR) 코드는 사용자로 하여금 특정한 앱을 켜서 코드의 선명한 사진을 찍도록 한다. NFC는 사용자의 기기를 특정한 곳에 갖다 대도록 한다. 심지어는 항상 정확히 작동하는 것도 아니다.

예를 들어 신발 가게를 생각해보라. 한 고객이 가게를 방문했을 때, 선반 아래 있는 아이비콘이 그녀(제인, 로열티 카드번호 12345)가 나이키 신발 코너 앞 특정 위치에 있음을 그녀의 스마트폰에 알린다. 가게 주인은 그녀의 행동을 지켜볼 수 있다—그녀가 얼마나 오랫동안 나이키 신발을 보고 있을까? 결과적으로 그 가게는 그녀에게 나이키 신발의 할인쿠폰을 보낼 수 있디.

아이비콘의 다른 흥미로운 응용 다음과 같다.

- 박물관을 위한 실내 위치 앱은 (1) 박물관을 안내할 지도를 제공한다. (2) 어떤 갤러리를 방문하고 있는지를 알 수 있다. (3) 이동한 갤러리 안의 전시물에 대한 정보를 제공한다.
- 각 세션에 들어갈 때마다 어떤 세션에 참석했는지를 추적하고 출판된 후에는 그 세션의 비디오를 자동으로 다운로드하는 회의 운영시스템
- 현관문에 접근했다가 뒤로 물러나는 것을 상상해보자. 거실에 들어갈 때 텔레비전의 가장 좋아하는 채널이 자동으로 켜진다.
- 주유소의 경우 고객들이 주유하는 것보다 더 많은 것을 할 때, 고객들은 더 가치 있어진다. 아이비콘 덕에 주유소는 언제 고객들이 주유하는지를 알 수 있다. 이것은 샌드위치나 음료수 할인을 제공할 수 있는 완벽한 기회다.

출처 : A. Bohna, "iBeacons: An Overview," *YMC*, February 6, 2014; M. McFarland, "How iBeacons Could Change the World Forever," *The Washington Post*, January 7, 2014; M. Panzarino, "inMarket Rolls Out iBeacons to 200 Safeway, Giant Eagle Grocery Stores to Reach Shoppers When It Matters," *Tech Crunch*, January 6, 2014; K. Vanhemert, "4 Reasons Why Apple's iBeacon Is About to Disrupt Interaction Design," *Wired*, December 11, 2013; "iBeacon – The Game Changer in InStore Navigation," *Technopark Living*, December 8, 2013; L. Tung, "Apple Launches iBeacon in 254 Stores to Streamline Shopping Experience," *ZD Net*, December 6, 2013; E. Anderson, "Shelfbucks Shares Use Cases for Apple's iBeacon for Retailers," *Bestfit Mobile*, November 20, 2013; "Apple iBeacons Explained – Smart Home Occupancy Sensing Explained?" *Automated Home*, October 3, 2013; J. O'Grady, "iBeacons: Coming Soon to a Baseball Stadium Near You," *ZD Net*, October 1, 2013; R. Cheng, "Baseball's Beacon Trials Hint at Apple's Location Revolution," *CNET*, September 28, 2013; www.apple.com, accessed March 18, 2014.

질문

1. 또 다른 아이비콘의 용도를 생각해본다면 무엇이 있는가?
2. 프라이버시 침해 이외에 생각할 수 있는 아이비콘 앱의 단점은 무엇인가?

금융 서비스 모바일 금융애플리케이션은 뱅킹, 무선결제, 소액결제, 현금이체, 무선 지갑, 청구서 결제 서비스를 포함한다. 모바일 금융 애플리케이션의 핵심은 고객들이 어디에 있느냐, 언제 하려 하느냐에 상관없이 거래를 보다 편하게 할 수 있게 하는 것이다. 고객들은 그런 편리함을 요구하고 있다.

많은 국가에서 은행은 점차 금융과 계정 정보에 대한 모바일 접근을 제공하고 있다. 예를 들면 씨티은행(www.citibank.com)은 고객들에게 휴대전화로 계정 정보의 변경 내용을 알려준다.

만약 독일의 프랑크푸르트에서 택시를 탔다면 휴대전화를 이용해서 지불할 수 있다. 그렇게 아주 작은 구매금액(일반적으로 10달러 이하)은 소위 소액결제라 부른다.

웹 쇼퍼는 전통적으로 신용카드로 결제하기를 좋아한다. 그러나 신용카드 회사가 때때로 거래수수료를 부과하기 때문에 신용카드는 소액구매에 비효율적이다. 상대적으로 값이 비싸지 않은 디지털 콘텐츠(음악, 벨소리, 게임 다운로드)의 성장은 판매자가 소액거래의 신용카드 수수료 지불을 꺼리기 때문에 소액결제의 성장을 촉진하고 있다.

그러나 궁극적으로 소액결제 애플리케이션의 성공은 거래비용에 좌우될 것이다. 거래비용은 거래 규모가 클 때만 작아진다. 거래 규모를 증가시킬 수 있는 한 가지 기술은 **모바일 지갑**(mobile wallet)이다. 다양한 기업들이 모바일 지갑 기술을 제공하여 카드 소지자로 하여금 모바일 기기를 단 한 번 클릭함으로써 물건을 구매할 수 있게 하고 있다. '마무리 사례 1'은 모바일 지갑을 상세히 보여주고 있다.

중국에서 스마트페이는 사용자가 모바일폰을 사용하여 전화요금과 공공요금을 지불하고 복권과 항공권을 구매하게 해준다. 스마트페이는 모바일과 전화 및 인터넷 기반 결제 서비스를 한데 모은 포털인 172.com(www.172.com 참조)을 론칭했다. 그 포털은 모든 거래를 편리하게 수행하고 정보를 한 곳에 모아 제공하도록 설계되었다.

인트라비즈니스 애플리케이션 비록 B2C M-커머스가 상당한 공공성을 갖지만 대부분 오늘날의 M-커머스 애플리케이션은 실제로 조직 내에서 사용된다. 이 절에서 기업들이 모바일 컴퓨팅을 사용하여 어떻게 종업원을 지원하는지 보고자 한다.

모바일 기기는 점차 워크플로 애플리케이션의 중요한 부분이 되어 가고 있다. 예를 들면 업무의 상세정보와 더불어 업무를 모바일 종업원에게 할당하는 일에 비음성 모바일 서비스를 사용한다. 모바일 배송과 파견 서비스의 목표시장은 수송(음식·기름·신문·짐의 배달, 급송 택배 서비스, 견인 트럭, 택시), 유틸리티(가스, 전기, 전화, 수도), 현장 서비스(컴퓨터, 사무실장비, 집수리), 의료(방문간호사, 의사, 사회적 서비스), 보안(순찰, 경보기 설치) 등이다.

정보의 접근 모바일 포털과 음성 포털은 모바일 기기로 이용할 수 있는 제한된 공간 내에서 기능하는 형태로 콘텐츠를 제공하고 취합하도록 설계된다. 이런 포털은 사용자의 장소와 시간에 상관없이 정보를 제공한다.

모바일 포털(mobile portal)은 모바일 사용자를 위해 콘텐츠와 서비스를 취합하고 제공한다. 이들 서비스는 뉴스, 스포츠, 이메일, 오락, 여행, 레스토랑 정보, 커뮤니티 서비스, 주식거래 등이다. 세계에서 가장 잘 알려진 모바일 포털인 NTT 도코모(www.nttdocomo.com)의 i-모드는 4,000만 이상의 가입자가 있으며 주로 일본에 있다. 유럽의 주요 포털은 보다폰(Vodafone)과 O2 및 T-모바일이다. 예를 들면 야후와 AOL 및 MSN과 같은 일부 전통적인 포털도 또한 모바일 포털을 가지고 있다.

음성 포털(voice portal)은 오디오 인터페이스가 있는 웹사이트이다. 음성 포털은 일반전화나 휴대전화를 통해 접근할 수 있기 때문에 정상적인 의미에서 웹사이트가 아니다. 특정한 전화번호가 웹사이트에 연결되게 해주는데 웹사이트는 구두로 정보를 요구할 수 있다. 그 시스템은 정보를 탐색하고 컴퓨터가 생성하는 음성답변으로 번역하여 당신이 알고자 하는 것을 말해준다. 대부분의 항공사는 이런 방식으로 비행상태에 대한 실시간 정보를 제공한다.

음성 포털의 또 다른 예는 음성이 작동하는 tellme.com이 개발한 511여행정보이다. 그것은 전화를 건 사람이 날씨와 식당, 교통상황 및 다른 정보를 물을 수 있게 해준다. 정보를 탐색할 뿐만 아니라 일부 사이트는 실제의 상호작용도 제공한다. 예를 들면 아이핑(www.iping.com)은 사용자로 하여금 웹사이트를 통해 정보를 입력하게 하고 일깨워주는 전화를 받는 리마인더와 통지 서비스이다. 이 서비스는 미팅이나 회의에 대해서 여러 사람들에게 알려주기 위해 전화를 걸 수 있다.

원격측정 애플리케이션 **원격측정**(telemetry)은 무선통신으로 원격 센서로부터 수집된 데이터를 수신한다. 원격측정은 수많은 모바일 컴퓨팅 애플리케이션을 가지고 있다. 예를 들면 기술자는 원격측정을 사용하여 장비의 유지보수 문제점을 확인할 수 있다. 또 다른 예로 의사는 먼 거리에서 환자를 모니터링하고 의료장비를 통제할 수 있다.

자동차 제조업체는 원격측정 애플리케이션을 사용하여 원격으로 자동차를 진단하고 예방적 유지보수를 할 수 있다. 예를 들면 많은 제너럴 모터스 자동차의 운전자는 온스타 시스템(www.onstar.com)을 다양한 방식으로 사용할 수 있다.

'내 아이폰 찾기(Find My iPhone)'라는 아이폰 앱은 개인을 위한 흥미 있는 원격측정 애플리케이션이다. '내 아이폰 찾기'는 애플의 아이클라우드(www.apple.com/icloud)의 한 부분이다. 만약 당신이 당신의 아이폰을 분실했을 때 지도상에서 아이폰의 위치를 볼 수 있는 방법은 두 가지가 있다. 애플의 아이클라우드에 들어가거나, 또 다른 아이폰이나 아이패드 및 아이팟으로 '내 아이폰 찾기' 앱을 사용하는 것이다.

만약 당신이 기억하는 어딘가에 아이폰을 두었다면 메시지를 써서 아이폰 스크린에 메시지를 나타낼 수 있다. 메시지는 '제 아이폰을 두고 왔습니다. 301-555-1211로 전화주십시오.'라고 말하게 된다. 당신의 메시지는 스크린이 잠겼다 해도 아이폰에 나타난다. 그리고 지도는 아이폰이 근처에 있음을 보여주고, 만약 서류더미 아래 있다면 아이폰이 소리를 내도록 할 수 있다.

만약 공공장소에 아이폰을 두고 왔다면 콘텐츠를 보호하고 싶을 것이다. 원격으로 4자리 비밀번호 잠금을 걸어서 사람들이 자신의 아이폰을 사용하거나 정보에 접근하는 것 또는 설정을 바꾸는 것을 막을 수 있다. 또한 모든 콘텐츠를 지우고 제조 당시의 설정으로 돌릴 수 있다. 마침내 아이폰을 찾았다면 그것을 컴퓨터에 연결한 후 아이튠즈를 사용하여 가장 최근의 백업 상태로 회복시킬 수 있다.

만약 아이폰을 잃어버리고 컴퓨터에 접속할 수 없다면 친구의 아이폰이나 아이패드, 아이팟에 '내 아이폰 찾기' 앱을 다운로드해서 그 기능에 접속할 수 있다.

┌─ **다음 절로 넘어가기 전에…**
1. 모바일 컴퓨팅의 주요 추진력은 무엇인가?
2. 모바일 포털과 음성 포털을 서술하라.
3. 무선 금융 서비스를 서술하라.
4. 주요한 인트라비즈니스 무선 애플리케이션을 열거하라.

개념 적용 10.3

학습목표 10.3 모바일 커머스의 다섯 가지 주요 애플리케이션을 논의하고 각 애플리케이션이 기업에 어떻게 편익을 줄 수 있는지 구체적인 예를 든다.

1단계 – 배경

모바일 연결성은 소비자의 삶을 바꿨을 뿐만 아니라 사업에 있어서 무엇이 가능한지에 대한 규칙을 극적으로 재구성해 왔다. 물론 가능한 것과 적법한 것이 항상 똑같은 것은 아니어서, 가능한 것이 그럴싸하진 않다. 그럼에도 불구하고 위치를 인식하는 기기들이 단거리, 중거리, 장거리 네트워크에 의해 상호 연결되어 있기 때문에 가능성은 정말로 무한하다.

2단계 – 활동

http://www.wiley.com/go/rainer/MIS3e/applytheconcept에 접속하여 애플의 아이비콘과 그것이 뉴욕 메츠의 시티필드에서 사용된 내용의 유튜브를 보라. 그리고 '비즈니스에서 IT 10.4'를 다시 읽어보라. 그것은 애플의 아이비콘 기술과 이 절에서 언급한 모든 애플리케이션에 대해 서술하고 있다. 그 모바일 기술의 애플리케이션은 위치, 금융, 인트라비즈니스, 정보 접근, 원격측정 등이다.

3단계 – 과제

모바일 커머스의 다섯 가지 주요한 애플리케이션들이 각각 뉴욕 메츠와 MLB 및 고객들에게 어떻게 편익을 제공할 수 있는지에 대한 구체적인 예를 들라. 그 예를 교수에게 제출하라.

10.4 퍼베이시브 컴퓨팅

모든 사물이 무선 또는 유선으로 글로벌 네트워크에 연결됨으로써 처리능력을 갖는 세계가 **퍼베이시브 컴퓨팅**[pervasive computing, 유비쿼터스 컴퓨팅(ubiquitous computing)]의 세계다. 퍼베이시브 컴퓨팅이란 '어디서든지 컴퓨팅'으로 우리 주변의 사물에 내장된다 — 거실, 전등, 자동차, 식기세척기, 휴대전화, 옷 등에 보이지 않게 내장되어 있다.

에를 들면 스마트홈에서는 컴퓨디, 텔레비전, 진열기구, 가정보안시스템, 많은 가전제품 안에 가정의 네트워크를 통해 또 다른 것들과 통신할 수 있다. 또한 삐삐, 휴대전화, TV, 컴퓨터, PDA, 심지어 자동차를 포함한 다양한 기기를 통해 연결된 시스템을 통제할 수 있다. 스마트홈의 주요한 요소 중 하나는 무선 또는 유선으로 가정의 네트워크를 통해 컴퓨터나 소형 휴대기기가 통제할 수 있는 인터넷이 가능한 가전제품인 스마트가전이다. 무선 주파수 식별기기(RFID)와 무선 센서 네트워크의 두 가지 기술이 퍼베이시브 컴퓨팅의 하부구조를 제공한다.

Media Bakery

RFID

RFID(radio-frequency identification) 기술은 제조업체로 하여금 제품에 안테나와 컴퓨터 칩의 태그를 장착하여 무선 신호를 통해 움직임을 추적할 수 있게 해준다. RFID는 바코드를 대체하기 위해 개발되었다.

UPC(universal product code)로 알려진 전형적인 바코드는 12자리로 구성되며 여러 그룹으로 묶여 있다. 첫 번째 자리는 품목 유형을 식별한다. 다음 다섯 자리는 제조업체를 확인해주며

비즈니스에서 **IT** 10.5

막스 앤 스펜서 RFID를 품다

막스 앤 스펜서(M&S; www.marksandspencer.com)는 영국에 766개의 상점을 가지고 있는 선도적인 소매업체 중 하나이다. 2,100만 명 이상이 고품질의 옷, 국산품, 그리고 혁신적인 식료품 등을 사기 위해 매주 그들의 가게를 방문한다. 전통적으로 M&S는 재고 추적에 있어서 광 스캐너와 바코드에 의존했다. 하지만 프로세스가 너무 느리고 오류가 쉽게 발생했다. 결과적으로 M&S는 RFID 기술을 시행하기로 결정했다. M&S는 그때부터 RFID 사용의 선구자가 되었다.

M&S는 자신들을 영국의 전통적인 소매업체로부터 선도적인 국제적 멀티채널 소매업체로 탈바꿈하려고 한다. 유럽, 중동, 그리고 아시아에 걸쳐 418개의 국제적 점포를 운영 중인 M&S는 2013년 오스트리아, 벨기에, 독일, 스페인 지역의 고객용 웹사이트 론칭과 더불어 4대 신규 유럽시장에 진입할 것이라고 발표했다. M&S의 CEO는 국제적인 소매업체가 되기 위한 전

략이 RFID와 직접적으로 연관되어 있지는 않다고 말한다. 하지만 RFID를 사용한 물품추적은 재고 정확성을 개선하고 이는 고객의 주문을 충족하는 데 상당한 도움을 줄 것이다.

2001년 M&S는 공급업체와 유통센터 사이의 신선한 음식 배달을 추적하기 위해 재사용 가능한 RFID 태그를 음식을 담는 쟁반에 붙이기 시작했고 어떻게 하면 RFID 기술이 더 잘 작동할 수 있는지 알아내기 시작했다. M&S의 공급업체는 쟁반 위 상품의 내용물과 유통기한을 포함한 정보를 태그에 넣었다. 이 태그들은 창고에서 들어갈 때 읽히고, 신선한 상품들이 M&S 상점에 신속히 운송되는지를 확인하는 데 쓰인다. 빈 쟁반은 공급업체로 되돌아가 씻기고, 그 후에 다시 채워지고 다시 코딩된다. RFID 배치는 매우 잘

운영되었고 현재 RFID 태그가 부착된 약 1,000만 개의 식료품 쟁반뿐만 아니라 신선한 꽃이나 식물을 담은 쟁반들도 공급사슬을 따라 움직일 때 추적된다.

처음 노력의 성공에 기초하여 M&S는 2004년 남성 정장, 셔츠, 그리고 넥타이 등 1만여 개의 물품에 RFID 태그를 배치했다. 이런 노력은 재고의 정확도를 상당히 증가시켜 M&S는 550개의 영국 매장에서 남성 정장 바지,

캐주얼 바지, 재킷, 셔츠 뿐만 아니라 여성의 니트 의류와 코트, 정장 바지나 캐주얼 바지 및 정장 같은 다른 의류에까지 RFID 태그 배치를 확장했다.

M&S가 의류에 RFID 태그 부착을 시작했을 때, 이 기술을 물품의 추적

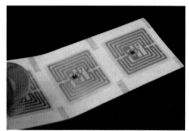
© albln/iStockphoto

에 쓴다는 개념은 이 산업에서 처음이었다. M&S는 처음에 남성 정장과 셔츠, 넥타이에 태그를 붙이려고 했다. 왜냐하면 이러한 상품들은 회사의 유통센터로부터 상점까지 배송되는 상이한 방법들을 나타내기 때문이다. 정장은 옷걸이에 걸려서 운반되고, 셔츠는 재사용할 수 있는 운반용기에 담겨서 평평하게 운반되고, 그다음엔 상점으로 운반되기에 앞서 옷걸이로 옮겨진다.

의류 품목은 2014년 중반 10억 개에 가까운 태그를 M&S에 제공한 에이버리 데니슨(Avery Dennison)에 의해 RFID 태그를 사용하여 식별된다. 에이버리 데니슨은 감압 접착제 재료의 의류 라벨과 태그 및 RFID 태그를 생산하는 세계적인 회사이다.

처음에 M&S는 연축전지를 전원으로 사용하는 카트에 장착된 고정형 RFID 리더를 사용했다. 2006년과 2007년 M&S는 이 RFID 리더기를 블루투스를 통해 휴대용 스캐너와 연결되어 있는 리더로 구성된 2개로 된 리더기로 교체했다. 그 리더기는 고객을 직접 상대하지 않는 지원 부서에 보관되며, 이른 아침이나 저녁에는 매장에 배치되기도 한다.

판매원은 그 휴대용 기기의 드롭다운 메뉴에서 상점 부서를 선택하고 매장과 상점의 창고에 있는 각 품목을 읽어들인다. RFID시스템은 M&S가 시간당 1만 5,000개의 속도로 상품을 정확하게 읽을 수 있게 한다. 또한 중복 인식을 없었다. 스캔이 끝난 후, 모바일 기기는 상점의 무선 네트워크를 통해 중앙의 RFID 데이터베이스에 데이터를 전송한다. M&S는 이 정보를 사용하여 자동으로 상점의 데이터베이스를 업데이트한다.

의류에 품목별 태그를 붙이는 것은 M&S에게 수많은 혜택을 제공했다. 아마도 가장 중요한 것은 소매업자들이 각 점포별 각 특정 상품의 정확한 수량을 안다는 것이다. 이 새로운 기술 덕분에 M&S는 정확한 제품을 해당 상점에 제때에 확실히 배송할 수 있게 되었다. 창고의 재고회전율이 50%까지 향상되고 품절 제품은 40%까지 감소했다.

가장 중요하게도 RFID는 특정 상점의 재고 수준을 위한 '진실의 싱글 버전'을 만들어냈다. 이러한 재고 수준을 다른 모든 M&S시스템이 사용함으로써 각 상점별로 필요한 재고량을 정확히 계산하여 분배할 수 있었다. 각 상점에서 누락된 물품들은 정규적으로 매일 매장에 배송하는 분배시스템에 의해 채워진다. 또한 M&S 상점에 있는 의류의 정확한 사이즈를 유지하는 능력은 고객만족도를 향상시켰다.

또 다른 RFID시스템의 혜택은 각각의 상점이 누락된 재고를 주문하기 위해 본사 또는 유통센터로 전화하는 양이 줄어듦으로 인한 시간 절약이다. 매장들은 만약 재고가 있다면 그것이 매장으로 보내질 것이라고 믿는다. 이런 과정은 매장팀이 창고의 재고와 조정보다는 오히려 고객 서비스에 집중할 수 있도록 해주었다.

2012년 M&S는 침구류, 액세서리, 주방용품 같은 가정용 제품에 2세대 RFID 기술을 배치하기 시작했다. 2세대 RFID 기술은 사용자로 하여금 아주 근접하여 다중 RFID 리더와 다중 RFID 애플리케이션을 관리할 수 있게 하였다. 다시 말해 RFID 리더들 사이의 전파방해에 대처할 수 있다는 것이다. 그것은 또한 1세대 RFID 기술보다 더 빠르고 정확하다.

M&S는 2세대 RFID 태그의 8~10개 유형들을 배치했고, 이들 모두 에이버리 데니슨이 공급하는 것이다. M&S는 몇몇 태그를 다양한 의류 상품에 사용하고 미용제품과 금속 함유 품목에 각기 사용할 것이다. M&S는 또한 액체상품을 위한 태그 개발을 위해 에이버리 데니슨과 함께 일하는 중이다. (금속과 두꺼운 액체 품목은 RFID 신호를 방해하고 일반적으로 더욱 강력한 RFID 태그를 필요로 한다.)

동시에 M&S는 2세대 RFID 태그뿐만 아니라 오래된 RFID 태그를 읽을 수 있는 휴대용 리더기를 배치하는 중이다. M&S는 또한 그들의 RFID시스템을 관리하기 위한 전용 소프트웨어를 개발하는 중이다. 기존 데이터베이스를 사용할 작정이며, RFID 데이터를 저장하기 위해 사내 시스템을 개발하였다.

M&S 경영진은 RFID가 제품이 언제 어디에서 생산되었는지와 제품들이 어디로 가야 할 필요가 있는지에 대해서 보다 정확한 그림을 산출할 것으로 확신한다. RFID는 또한 사이즈, 색상, 스타일, 그리고 기타 요소들을 포함해서 보다 완전한 제품 명세를 가능하게 한다.

마지막으로 RFID는 M&S에게 품목 수준의 보다 정확한 재고 관리뿐 아니라 공급사슬에 대한 가시성의 증가를 제공한다. 소매업자들은 지나친 가격인하와 절도 및 사기뿐 아니라 연간 재고보유에 관련되는 비용을 줄여 왔다. RFID는 또한 M&S에게 고객이 소매업체와 상호작용하는 여러 채널을 매끄럽게 통합하도록 도와줄 고객 정보 서비스를 전체적으로 시행할 기회를 제공한다.

2014년 M&S는 상품의 100%에 RFID 기술을 태그한 첫 소매업자가 되는 하나의 지표를 달성했다.

출처 : "Marks & Spencer Expands RFID Rollout," *RFID24-7*, February 27, 2014; "Marks & Spencer Introduce RFID Enabled Footwear Inspiration Station," *Retail Innovation*, February 23, 2014; "Accurate Inventory Tracking Benefits M&S," *Retail Technology*, February 18, 2014; "RFID Leader Marks & Spencer Drives Apparel Sales with Accurate Inventory Tracking," *Avery Dennison Press Release*, 2013; B. Violino, "Marks & Spencer Rolls Out RFID to All Its Stores," *RFID Journal*, March 25, 2013; "M&S Extends RFID Across Departments," *Logistics Manager*, January 17, 2013; T. Sharma, "Marks & Spencer Extends Its Use of RFID Technology," *RFID Ready*, January 17, 2013; L. Barrie, "Marks & Spencer Expands RFID to All Clothing," *Just-Style*, January 15, 2013; L. Bateman, "M&S Sets Its Sights on Becoming Closed Loop," *Greenwise Business*, June 19, 2012; C. Swedberg, "Marks & Spencer to Tag Items at 120 Stores," *RFID Journal*, November 16, 2006; J. Collins, "Marks & Spencer to Extend Trial to 53 Stores," *RFID Journal*, February 18, 2005; B. Violino, "EPC in Fashion at Marks & Spencer," *RFID Journal*, April 10, 2003; www.marksandspencer.com, accessed March 12, 2014.

질문

1. RFID 기술이 어떻게 고객만족도의 증가를 이끌어냈는지 서술하라.

2. 막스 앤 스펜서와 같은 소매업체에서 RFID 기술을 시행함에 있어 잠재적 단점은 무엇인가?

3. 왜 막스 앤 스펜서는 처음에 제한된 기반에서 RFID 기술을 배치했는가? 당신의 의견으로는 이것이 맞는 전략인가? 왜 그런가? 아니면 왜 아닌가? 구체적으로 서술하라.

© Ecken, Dominique/
Keystone Pressedienst/
Zuma Press

그림 10.6 RFID 태그
(출처 : ⓒ Ecken, Dominique/
Keystone Pressedienst/
Zuma Press)

그다음 다섯 자리는 제품을 확인해준다. 마지막 자릿수는 에러를 찾기 위한 자릿수이다. 바코드가 잘 기능해 왔지만 한계점을 가지고 있다. 첫째, 스캐닝기기에 송수신자 간 교신이 가능해야 한다. 이 시스템은 점포 안에서 잘 기능하지만 제조공장이나 창고 또는 선적장에서 문제를 야기할 수 있다. 둘째, 바코드는 종이에 인쇄되기 때문에 못쓰게 되거나 더럽혀지고 분실될 수 있다. 셋째, 바코드는 제조업체와 제품을 확인할 수 있지만 실제 제품을 확인할 수는 없다.

RFID시스템은 마이크로칩이 내장된 태그(데이터를 담고 있는)와 RFID 리더기에 무선 신호를 전송할 안테나를 사용한다. 그 리더기는 데이터 처리를 위하여 컴퓨터의 네트워크를 통해 데이터를 보낸다. RFID 태그의 칩은 품목을 유일하게 식별할 정보로 프로그램된다. 그것은 또한 품목의 위치와 그것이 언제 어디서 만들었는지에 대한 정보를 담고 있다. 그림 10.6은 RFID 리더기와 RFID 태그가 달린 팔레트를 보여준다.

RFID 태그는 능동적 태그와 수동적 태그의 두 가지 기본 유형이 있다. 능동적 RFID 태그는 내부 배터리를 사용하며 무선 주파수를 리더기에 보낸다. 능동적 태그는 배터리를 가지고 있기 때문에 수동적 RFID보다 값이 비싸며 보다 먼 거리에서 읽을 수 있다. 그러므로 능동적 태그는 보다 비싼 품목에 사용된다. 수동적 RFID 태그는 전적으로 리더기의 파워에 의존한다. 따라서 능동적 태그보다 값이 덜 비싸고 단지 20피트 범위만 읽을 수 있다. 따라서 일반적으로 보다 저렴한 상품에 부착된다. RFID의 문제점은 비용과 태그의 상대적으로 큰 크기이다. '비즈니스에서 IT 10.5'에서 알 수 있듯이, RFID 기술이 많이 사용되고 있다.

QR코드도 바코드를 대체하기 위해 개발되고 있다. 그림 10.7은 바코드와 QR 코드 및 RFID 태그를 보여준다.

QR코드는 2차원 코드로서, 전용 리더기와 카메라폰으로 읽을 수 있다. QR코드는 바코드에 비해 몇 가지 이점이 있다.

- QR코드는 바코드에 비해 훨씬 많은 정보를 저장할 수 있다.
- QR코드에 저장되는 데이터 형식은 숫자, 텍스트, URL은 물론 심지어 일본 문자까지도 포함된다.
- QR코드는 정보를 수직과 수평으로 저장하기 때문에 크기가 작다.
- QR코드는 어떤 방향이나 각도에서도 읽을 수 있어서 QR코드를 읽지 못할 가능성이 감소한다.
- QR코드는 바코드에 비해 훼손될 염려가 훨씬 적다.

© Oehoeboeroe/iStockphoto;
© ra-photos/iStockphoto;
Media Bakery

그림 10.7 바코드와 RFID 태그 및 QR코드

무선 센서 네트워크

무선 센서 네트워크(wireless sensor network, WSN)는 상호 연결된, 배터리 파워의, 물리적 환경에 배치될 수 있는 소위 **모트**(mote, 노드와 유사함)라 불리는 무선 센서들의 네트워크이다. 모트는 확장된 공간에 있는 많은 점들로부터 데이터를 수집한다. 각각의 모트는 처리와 저장 및 무선 주파수 센서와 안테나를 가지고 있다. 각각의 모트는 전송할 데이터가 있을 때 1초가 안 되는 시간 동안 '일어난다'(또는 활성화된다). 이때 그들 데이터를 가장 가까운 이웃에 중개한다. 그래서 모든 모트가 기지국의 원격컴퓨터에 데이터를 전송하는 대신에 그들이 저장하고 분석될 수 있는 중앙컴퓨터에 이르기까지 데이터가 모트별로 이동된다. 무선 센서 네트워크의 장점은 한 모트가 실패하면 다른 모트가 그 데이터를 가져갈 수 있다는 것이다. 이런 프로세스가 무선 센서 네트워크를 아주 효율적이고 신뢰성 있게 만든다. 또한 네트워크가 보다 많은 대역폭을 필요로 하면 필요로 하는 장소와 시간에 새로운 모트를 배치함으로써 쉽게 성과를 향상시킬 수 있다.

모트는 중앙컴퓨터가 네트워크 내에서 상이한 각도로 동일한 활동에 대한 보고서를 통합할 수 있는 정보를 제공한다. 그러므로 네트워크는 사람이 움직이고 있는 방향, 자동차의 중량, 농작물에 쏟아지는 강우량과 같은 훨씬 정확성이 큰 정보를 가질 수 있다.

무선 센서의 많은 애플리케이션이 있다. 네스트 랩스(Nest Labs, www.nest.com)는 센서와 웹 기술을 결합한 '디지털 온도계'를 생산한다. 그것은 기온을 감지할 뿐 아니라, 집 안에 있는 사람들이 움직이는 것을 포착하고 에너지를 절감하기 위해 방의 온도를 조절한다.

모든 제품에 센서를 내장하는 것은 제품을 똑똑하게 만든다. 스마트 장비에는 장비에 문제가 발생하기 전에 수리가 필요한 시점을 사람에게 알려주는 교량과 유정굴착장치의 센서들도 포함된다. 제트엔진의 센서들은 엔진의 운용 성능에 대해 실시간 데이터를 산출한다. 과일과 야채상자의 센서는 위치를 추적할 수 있고 농산물의 변화를 감지함으로써 손상되기 전에 미리 알려준다. 그리하여 선적의 경로를 바꾸거나 일정을 조정한다.

아이오와의 더뷰크에서 IBM은 지방정부와 장기 프로젝트를 시작했는데, 이는 센서와 소프트웨어 및 인터넷을 사용하여 도시의 수도와 전기 및 수송의 사용을 개선하는 것이다. 2011년 시범적 프로젝트에서 디지털 수도계량기는 151가구에 설치했으며, 소프트웨어로 물의 사용량과 패턴을 모니터링하고, 거주자들에게 보다 적게 사용하는 방법을 알려줄 뿐 아니라 누수 가능성에 대해서도 경고해주었다. 시범적 연구에서 절감된 양은 전체 도시로 본다면 연간 6,500만 갤런의 물을 절약한 셈이 된다.

센서의 아주 유용한 애플리케이션은 전기계량기에 내장하여 스마트 그리드를 구축하는 것이다. 스마트 계량기는 전기 사용을 모니터링하고 전기회사에 그 데이터를 전송한다.

사물인터넷

무선 센서는 사물인터넷의 근간을 이루는 기술이다. **사물인터넷**(Internet of Things, IoT)은 하나의 시나리오로서 사물과 동물 및 사람에게 유일한 식별자를 제공하여, 사람 대 사람 또는 사람 대 컴퓨터의 상호작용 없이 네트워크를 통해 데이터를 자동으로 전달하는 능력이다. 첫 번째 인터넷 기기는 1980년대 초반 카네기멜론대학의 콜라 자판기였다. 대학의 프로그래머들이 인터넷을 통해 그 기계와 접속하고 그 기계의 상태를 모니터하고 그들이 그 기계로 가려 할 때 차가운 음료가 그들을 기다리고 있는지 아닌지를 알 수 있었다.

사물인터넷에서 사물은 심장 모니터 임플란트를 시술한 사람일 수도 있고, 바이오칩 발신기를 단 농장의 동물일 수도 있고, 타이어 압력이 낮을 때 운전자에게 알리는 센서가 부착된 자동차일 수 있으며, IP주소를 할당하여 네트워크를 통해 데이터를 전달하는 능력을 가진 여러 가지 자연적 또는 인공적 사물이다. 우리는 지구상의 모든 '사물'에 IPv6를 사용하여 IP주소를 할당할 수 있다.

2014년 중반 사물인터넷은 제조와 전력 및 에너지부문에서의 **기계 대 기계**(machine-to machine, M2M) 통신과 가장 밀접하게 관련된다. 종종 이런 M2M 통신 기능을 가진 제품을 스마트 제품이라 한다.

예를 들면 사물인터넷은 우리가 모든 것을 추적하고 셀 수 있게 해주며, 낭비와 손실 및 비용을 크게 줄여준다. 또한 사물의 수리나 교체 및 소환 시점을 알 수 있다. 또한 쉽게 상할 수 있는 제품이 신선한지, '최상'의 상태를 지났는지도 알 수도 있다. 다른 관점에서 보면, 사물인터넷은 개인의 데이터 프라이버시와 데이터 주권(data sovereignty), 데이터 보안에 대한 우려를 가져온다.

> **다음 절로 넘어가기 전에…**
>
> 1. 퍼베이시브 컴퓨팅과 RFID 및 무선 센서 네트워크를 정의하라.
> 2. RFID 기술의 두 가지 구체적인 비즈니스 용도를 서술하라.
> 3. 사물인터넷이란 무엇인가?

개념 적용 10.4

학습목표 10.4 퍼베이시브 컴퓨팅의 근간이 되는 기술을 서술하고, 기업이 어떻게 그 기술을 사용할 수 있는지 예를 든다.

1단계 – 배경

퍼베이시브 컴퓨팅은 감사하기도 하고 걱정스럽기도 하다. 우리를 둘러싼 기기들이 우리의 움직임과 구매, 바이탈 사인, 의사결정 등에 대한 데이터를 수집할 수 있다는 사실은 많은 사람들을 깜짝 놀라게 만든다. 그러나 동시에 이러한 기기들은 고려할 수 없었던 의사결정 과정의 고려 요인들을 포함시킬 뿐만 아니라 실시간 데이터에 접근함으로써 우리가 보다 나은 의사결정을 하도록 도와준다.

2단계 – 활동

RFID와 WSN(무선 센서 네트워크)은 퍼베이시브 컴퓨팅을 가능케 하는 근간이 되는 기술이다. 우리가 'RFID'에 대해 유튜브를 검색하면 찬성하는 입장보다는 반대 입장을 가진 영상을 더 많이 보게 될 것이다. 하지만 우리는 여기서 긍정적 사용에 초점을 둔다. 두 가지 영상을 http://www.wiley.com/go/rainer/MIS3e/applytheconcept를 방문하여 시청하라. 하나는 RFID 재고관리에 관한 것이고, 다른 하나는 농경에 사용된 WSN에 관한 것이다.

3단계 – 과제

퍼베이시브 컴퓨팅이 존재할 수 있게 한 기술을 서술하고, 비디오에서 기업이 어떻게 그 기술을 사용하는지에 대해 작성해 제출하라. 또한 비디오에 나오지 않는 한 가지 기업 사례를 추가로 작성하여 교수에게 제출하라.

10.5 무선 보안

분명히 무선 네트워크는 비즈니스에 수많은 편익을 제공한다. 그러나 또한 관리상의 문제점, 즉 본질적으로 보안이 취약함을 보여준다. 무선은 방송매체이며 장비에 접근 가능하고 가까이 있는 사람이 전송을 가로챌 수 있다. 무선 네트워크의 네 가지 주요 위협은 비인증 접속 포인트(AP), 워 드라이빙, 도청, 전파방해이다.

비인증 접속 포인트(rogue access point)는 무선 네트워크의 권한을 받지 않은 접속 포인트이다. 이는 해를 끼칠 의도는 없지만 IT 부서에 알리지는 못하는 접속 포인트를 설정한 조직 내의 어떤 사람일 수 있다. 보다 심각한 경우에 비인증 접속 포인트는 사악한 목적으로 무선 네트워크에 접속하려는 '이블 트윈'이다.

이블 트윈 공격 시, 공격자는 와이파이가 가능한 컴퓨터 부근에 있으며, 인터넷에는 별개로 연결되어 있다. 무선 네트워크를 찾고 정보를 제공하는 기기(www.canarywireless.com)인 핫스포터를 사용하여 공격자는 권한을 받은 사용자가 기대하는 대로 동일한 무선 네트워크 이름 또는 SSID로 무선 액세스 포인트를 시뮬레이트한다. 신호가 아주 강하면 사용자는 실제 액세스 포인트 대신 공격자의 시스템에 접속하게 된다. 그때 공격자는 사용자 이름과 패스워드 및 계정 번호와 같은 신원 확인 정보의 제공을 요구하는 웹페이지를 그들에게 지원할 수 있다. 다른 경우에 공격자는 단순히 무선 전송내용을 수집한다. 이러한 공격은 공공 핫스팟(예 : 맥도날드, 스타벅스)으로 기업 네트워크보다 더 효과적이다.

워 드라이빙은 도시나 그 밖에 주변을 운전하거나 걷는 동안 WLAN을 설치하는 행위이다. 워 드라이빙을 하기 위해서 와이파이 탐지기와 무선으로 가능한 컴퓨터가 필요하다. WLAN이 그것이 설치된 건물 너머까지 범위가 확장되면 권한이 없는 사용자가 네트워크에 침입할 수도 있다. 침입자는 무료로 인터넷 접속을 하고 중요한 데이터와 기타 자원에 접속할 수 있다.

도청은 권한이 없는 사용자가 무선 네트워크로 이동 중인 데이터에 접속하는 노력을 지칭한다. 마지막으로, 무선 전파방해는 사람이나 기기가 의도적으로 또는 의도하지는 않았지만 무선 네

다음 절로 넘어가기 전에…

1. 무선 네트워크의 보안에 주요한 위협 요인 네 가지를 서술하라.
2. 위협 요인 가운데 기업에 가장 위험한 것은 무엇인가? 개인에게 가장 위험한 것은 무엇인가? 이에 대한 근거를 서술하라.

트워크 전송을 방해하는 것이다.

개념 적용 10.5

학습목표 10.5 무선 네트워크의 네 가지 주요 위협 요인을 확인하고, 각각이 사업에 어떻게 해를 끼칠 수 있는지 설명한다.

1단계 – 배경

일반적으로 혁신은 몇 가지 좋은 목적을 달성하려는 의도를 갖고 있다. 그러나 시간이 지나면서 대부분의 혁신은 부정적인 의도를 지닌 사람들에 의해 사용되는 약점을 보이게 된다. 이 절은 주목해야 할 네 가지 보안 이슈를 논의했다.

기술의 가장 놀라운 측면 중 하나는 정보를 공유하는 것이 너무 쉬워졌다는 점이다. 비록 그것이 기술의 가장 대중적이고 유용한 특징 중 하나라 할지라도 나쁜 의도를 지닌 사람들이 불법행위를 하는 데 필요한 도구의 공유를 너무 쉽게 만들었다는 점이다. 예를 들면 유튜브는 비인증 접속 포인트를 만드는 방법에 대한 비디오를 제공한다. 이 비디오를 단지 보여주는 것은 불법이 아니다. 그러나 그 비인증 접속 포인트를 가지고 사람들이 행하는 행위가 매우 불법적인 일일 수 있다.

2단계 – 활동

위키피디아(링크는 http://www.wiley.com/go/rainer/MIS3e/applytheconcept에서 찾을 수 있다)를 방문하여 무선 네트워크의 네 가지 위협을 검색하라. 또한 사례와 외부 링크를 검토하라. 네트워크 소유주에게 어려움을 줄 수 있는 피해의 유형에 대해 간단히 적어보라.

3단계 – 과제

기업이 1단계와 2단계에 제시된 네 가지 주요 위협 요인으로부터 받을 수 있는 피해를 설명하는 표를 작성하여 교수에게 제출하라.

나를 위한 IT는 무엇인가?

ACCT 회계 전공자

무선 애플리케이션은 회계사로 하여금 재고를 파악하고 감사하는 데 도움을 준다. 또한 원가통제를 위한 정보의 흐름을 보다 신속하게 할 수 있다. 가격 관리와 재고통제 및 다른 회계 관련 활동이 무선기술로 개선될 수 있다.

FIN 재무 전공자

무선 서비스는 은행과 다른 금융기관에 경쟁우위를 제공한다. 예를 들면 소액결제를 포함한 무선 전자결제는 기존 결제수단보다 편리하고 덜 비싸다. 모바일 기기를 통한 전자 청구서 납부는 보다 일반적이 되고 보안과 정확성을 증가시키며 사이클 타임을 촉진하고 처리비용을 줄게 한다.

MKT 마케팅 전공자

마케팅, 광고, 판매의 새로운 세계를 상상하라. 극적으로 매출을 증가시킬 잠재력은 모바일 컴퓨팅이 약속하는 것이다. 마케팅의 특별한 관심은 퍼베이시브 컴퓨팅과 RFID에서 얻어지는 새로운 기회뿐만 아니라 위치 기반 광고에 있다. 끝으로 무선기술은 또한 판매자동화에 새로운 기회를 제공하여 고객(CRM)과 기업 서비스 모두에게 보다 빠르고 나은 커뮤니케이션을 할 수 있게 해준다.

POM 생산/운영 관리 전공자

무선기술은 모든 유형의 모바일 종업원을 지원하는 많은 기회를 제공한다. 웨어러블 컴퓨터(wearable computer)는 외근요원과 현장에서 일하는 수리요원으로 하여금 보다 빠르고 보다 훌륭하며 보다 저렴하게 고객을 서비스할 수 있게 해준다. 또한 무선기기는 공장 내에서 생산성을 증가시킴으로써 계획 기능과 통제 기능뿐만 아니라 협동을 증대시킨다. 또한 모바일 컴퓨팅 기술은 보다 신속하게 경고신호를 보내고 고립된 종업원에게 즉각적으로 메시지를 보내서 안전성을 개선할 수 있다.

HRM 인적자원관리 전공자

모바일 컴퓨팅은 인적자원 훈련을 개선하고 언제 어디서나 그것을 확장할 수 있다. 급여 통지를 SMS로 보낼 수 있다. 또한 무선기기는 종업원이 자신만의 편익을 선택하고 개인의 데이터를 수정하는 부분에 훨씬 더 많은 편리함을 제공할 수 있다.

MIS 경영정보시스템 전공자

경영정보시스템은 무선 하부구조를 제공하여 모든 조직 구성원이 언제 어디서라도 컴퓨팅하고 커뮤니케이션할 수 있게 해준다. 이러한 편의성은 재미있고 창조적인 새로운 애플리케이션을 제공하여 조직이 비용을 줄이고 경영활동의 효율성과 효과성을 개선하게 한다(예를 들면 공급사슬의 투명성을 달성하는 것). 불행히도 앞서 본 것과 같이, 무선 애플리케이션은 원천적으로 불안정하다. 이러한 보안의 결여는 경영정보시스템이 극복해야 하는 심각한 문제점이다.

요약

1. 무선 전송 매체의 네 가지 주요 유형을 기술하고 각 유형별 장점과 단점을 한 가지씩 확인한다.

   극초단파 전송시스템은 대용량, 장거리, 가시선(송수신 직결선) 통신에 사용된다. 한 가지 장점은 대용량이다. 한 가지 단점은 극초단파 전송이 폭우나 눈보라같은 심각한 기후의 환경적 방해요인에 취약하다는 것이다.

   위성 전송시스템은 가시선을 통해 데이터를 전송하고 수신하며 통신위성을 사용한다. 한 가지 장점은 방대한 수신권—위성의 전송이 미치는 지구 표면의 범위—은 극초단파 데이터 지연 수신국의 한계를 극복한 것이다. 극초단파와 마찬가지로 위성 전송은 심각한 날씨와 같은 환경적 방해요인에 취약하다.

   무선통신시스템은 무선 주파수를 사용하여 발신자와 수신자 간에 직접적으로 데이터를 보낸다. 한 가지 장점은 무선 주파수가 쉽게 사무실 벽을 통해서 전달된다는 것이다. 한 가지 단점은 무선통신이 똑같은 주파수를 사용하는 유사한 장비의 어떤 사람에 의해서든 도청될 수 있다는 것이다.

   적외선은 사람의 눈으로 보통 볼 수 없는 빨간 빛이다. 적외선의 흔한 애플리케이션은 TV, VCR, DVD, CD 플레이어의 리모컨이다. 적외선의 장점은 벽을 뚫고 들어가지 않아서 다른 기기를 방해하지 않는다는 것이다. 한 가지 단점은 적외선 신호는 가구에 의해 쉽게 막힐 수 있다는 점이다.

2. 단거리, 중거리, 장거리 네트워크의 기본 목적을 논의하고 기업이 각 네트워크 유형을 사용하는 기술을 한 가지씩 설명한다.

   단거리 무선 네트워크는 한 기기를 또 다른 기기에 연결하는 과업을 단순하게 만들어주는데 선을 제거하고 사용자로 하여금 기기를 사용하면서 주변을 돌아다닐 수 있게 해준다. 일반적으로 단거리 무선 네트워크는 100피트 또는 그 이하의 범위를 갖는다. 단거리 무선 네트워크는 블루투스, 초광대역, NFC를 포함한다. 초광대역의 비즈니스 애플리케이션은 타임 도메인의 PLUS 실시간 위치시스템이다. PLUS를 사용하여 조직은 다수의 사람들과 자산을 동시에 위치시킬 수 있다.

   중거리 무선 네트워크는 와이파이와 메시네트워크를 포함한다. 와이파이는 공항, 호텔, 인터넷카페, 대학, 컨퍼런스센터, 사무실, 집에 위치한 공용 핫스팟으로부터 인터넷이나 인트라넷 대역폭 접속을 빠르고 쉽게 제공한다. 메시네트워크는 복수의 와이파이 접속 포인트를 사용하여 상당히 넓은 광역 네트워크를 생성한다.

   광역 무선 네트워크는 사용자들을 지리적으로 분산된 영역의 인터넷에 접속시킨다. 광역 무선 네트워크는 셀룰러폰과 무선 대역폭을 포함한다. 셀룰러폰은 양방향 무선 커뮤니케이션을 기지국의 셀룰러 네트워크를 통해 제공한다. 핸드오프로 무선 브로드밴드(와이맥스)는 31마일까지의 무선접속범위를 가지며 데이터 전송률은 75Mbps이다. 와이맥스는 장거리 브로드밴드 무선접속을 제공하여 시골 지역과 멀리 떨어진 비즈니스 입지에도 연결될 수 있다.

3. 모바일 커머스의 다섯 가지 주요 애플리케이션을 논의하고 각 애플리케이션이 기업에 어떻게 편익을 줄 수 있는지 구체적인 예를 든다.

   위치 기반 서비스는 위치에 국한된 정보를 제공한다. 예를 들면 모바일 사용자는 (1) ATM이나 레스토랑 같은 가장 가까운 비즈니스 또는 서비스를 요구할 수 있고, (2) 교통혼잡이나 사고와 같은 것을 경고해주며, (3) 친구를 찾는다. 위치 기반 광고로 마케터는 모바일 사용자의 현재 위치와 취향을 통합할 수 있다. 이때 무선기기에 사용자 특유의 광고메시지를 보낼 수 있다.

   모바일 금융 애플리케이션은 뱅킹과 무선결제 및 소액결제, 자금이체, 무선 지갑, 청구서 결제 서비스를 포함한다. 모바일 금융 애플리케이션의 핵심은 고객이 시간이나 장소에 상관없이 보다 편리하게 거래할 수 있게 하는 것이다.

   인트라비즈니스 애플리케이션은 조직 내에서 사용되는 m-커머스 애플리케이션으로 구성된다. 기업은 비음성 모바일 서비스를 사용하여 파견 기능을 보조할 수 있다. 즉 모바일 종업원에게 업무에 관한 상세한 정보와 함께 업무를 할당하는 것이다.

   정보에 접근할 때 모바일 포털과 음성 포털은 모바일 기기로 이용 가능한 제한된 공간 내에서 일하는 형식으로 콘텐츠를 취합하고 제공하도록 설계된다. 이러한 포털은 사용자에게 언제 어디서든 정보를 제공해준다.

   원격측정은 원격 센서로부터 수집된 데이터를 우선 전

송하고 수신하는 것이다. 기업기술자는 원격측정을 사용하여 장비 내의 유지보수 문제점을 확인할 수 있다. 자동차 제조업체는 원격측정 애플리케이션을 사용하여 원격으로 자동차를 진단하고 사전에 유지보수한다.

4. 퍼베이시브 컴퓨팅의 근간이 되는 기술을 설명하고, 기업이 어떻게 그 기술을 사용할 수 있는지 예를 든다.

퍼베이시브 컴퓨팅은 우리 주변의 사물에 내장되어 볼 수 없지만 모든 곳에서 이루어지는 컴퓨팅이다. 무선 식별(RFID)과 무선 센서 네트워크(WSN)의 두 가지 기술이 퍼베이시브 컴퓨팅의 하부구조로 제공된다.

RFID는 내장된 마이크로칩을 담고 있는 태그가 장착된 개별품목의 위치를 자동으로 식별하기 위해 무선웨이브를 사용하는 기술에 대한 용어이다. WSN은 확장된 공간 위에 여러 지점으로부터 데이터를 수집하기 위해 물리적 환경하에 배치된 상호 연결된 배터리 동력의 무선기기 네트워크이다.

5. 무선 네트워크의 네 가지 주요 위협 요인을 확인하고, 각각이 사업에 어떻게 해를 끼칠 수 있는지 설명한다.

무선 네트워크의 주요한 네 가지 위협은 비인증 접속 포인트, 워 드라이빙, 도청, 무선 전파방해이다. 비인증 접속 포인트는 무선 네트워크에 대한 무허가 액세스 포인트이다. 워 드라이빙은 도시나 그 밖의 곳을 운전하면서 WLAN의 소재를 파악하는 행위이다. 도청은 무선 네트워크를 통해 이동되는 데이터를 무허가 사용자가 접속하는 것을 일컫는다. 무선 전파방해는 의도적으로 또는 의도치 않게 사람이나 기기가 무선 네트워크 전송을 방해하는 것을 말한다.

>>> 용어 해설

개인 영역 네트워크 개인에게 가까이 있는 컴퓨터 기기들 사이의 통신을 위해 사용되는 컴퓨터 네트워크

극초단파 전송(마이크로웨이브) 극초단파를 사용하는 무선시스템으로 대용량과 장거리 및 포인트 투 포인트 통신에 사용

메시네트워크 상당히 넓을 수 있는 광역 네트워크를 구성하는 복수의 와이파이 접속 포인트로 구성된 네트워크

모바일 지갑 모바일 기기로부터 단 한 번의 클릭으로 사용자가 구매할 수 있게 해주는 기술

모바일 커머스 전자상거래로 모바일 기기를 가지고 수행되는 거래

모바일 컴퓨팅 인터넷이나 인트라넷과 같은 다른 컴퓨팅 환경과 모바일 기기 사이의 실시간 접속

모바일 포털 모바일 사용자를 위해 콘텐츠와 서비스를 취합하고 제공하는 포털

무선 무선 통신기기 사이의 전자기파가 신호를 보내는 통신

무선 911 무선기기로 수행되는 911 응급전화

무선 근거리 자기장 통신(NFC) 휴대전화와 신용카드와 같은 모바일 기기에 내장되도록 설계된 가장 작은 단거리 무선 네트워크

무선 근거리 통신망(WLAN) 통신을 위한 무선 전송에 사용되는 컴퓨터 네트워크로 제한된 지리적 범주에서 사용

무선 센서 네트워크(WSN) 물리적 환경에 배치한 상호 연결된, 배터리 동력의, 무선 센서들의 네트워크

무선 전송 무선 전파를 사용하여 발신자와 수신자 간에 직접적으로 데이터를 전송

무선 접속 포인트 WLAN에 모바일 기기를 접속하는 안테나

블루투스 무선기기 사이의 데이터와 음성의 근거리 접속을 가능케 하는 칩 기술

사물인터넷 하나의 시나리오로서 사물과 동물 및 사람에게 유일한 식별자를 제공하여, 사람 대 사람 또는 사람 대 컴퓨터의 상호작용 없이 네트워크를 통해 데이터를 자동으로 전달하는 능력

셀룰러폰 기지국의 셀룰러 네트워크를 통한 양방향 무선통신을 이음새 없는 핸드오프로 제공하는 전화

와이파이 IEEE 802.11 표준에 기초한 WLAN을 위한 일련의 표준

원격측정 원격 센서로부터 수집한 데이터를 무선으로 전송하고 수신함

위성 전송 무선 전송시스템으로 방송통신을 위해 위성을 사용

위성 무선통신(디지털 무선통신) 무선시스템으로 위성으로부터 라디오에 빛을 보내어 방해받지 않고 CD 품질 수준에 가까운 음악을 전송

위성항법장치(GPS) 지구상의 어느 곳에서든지 사용자의 위치를 사용자로 하여금 알 수 있게 해주는 위성을 사용하는 무선시스템

위치 기반 커머스 특정한 지역과 특정한 시간대의 개인을 타깃으로 하는 모바일 커머스

유비쿼터스 컴퓨팅 '퍼베이시브 컴퓨팅' 참조

음성 포털 오디오 인터페이스를 갖춘 웹사이트

적외선 일종의 무선 전송으로 보통 사람의 눈으로 볼 수 없는 빨간색 빛을 사용하는 방식

전송 지연 물리적 매체를 통한 신호의 전송시간 때문에 발생하는 통신 지연

초광대역 무선통신 100Mbps의 속도를 초과하는 높은 대역폭의 무선 전송기술로 PC로부터 TV에 이르기까지 스트리밍 멀티미디어와 같은 애플리케이션에 사용

퍼베이시브 컴퓨팅(또는 유비쿼터스 컴퓨팅) 모든 사물이 글로벌 네트워크에 무선 또는 유선 접속으로 처리능력을 갖는 컴퓨터 환경

핫스팟 무선 접속 포인트가 많은 사용자에게 서비스를 제공하는 작은 지리적 반경

RFID 안테나와 컴퓨터칩이 장착된 태그를 부착하여 제조업체가 무선 신호를 통해 태그의 움직임을 추적할 수 있는 무선기술

>>> 토론 주제

1. 당신의 휴대전화를 지갑만큼 쉽게 분실할 수 있다면, 당신은 자신의 개인 데이터를 휴대함에 있어서 어느 것이 보다 안전하다고 느끼는가?

2. 모바일 컴퓨팅이 차세대 기술이라면, 레스토랑에서 결제하기 위하여 당신이 지금 자신의 신용카드 또는 직불카드를 넘겨주는 방식으로 웨이터에게 자신의 휴대전화를 주는 것이 편안하게 느껴지는가? 왜 편안하게 느껴지는가? 아니면 왜 그렇지 않은가?

3. 만약 당신이 NFC 가능 스마트폰을 분실하거나 도난 당했다면 어떤 일이 벌어질까? 당신은 어떻게 자신의 개인정보를 보호할 것인가?

4. 당신은 모바일(또는 디지털)지갑이 좋은 아이디어라고 생각하는가? 왜 그렇다고 생각하는가? 아니면 그렇지 않다고 생각하는가?

5. m-커머스가 e-비즈니스의 영역을 어떻게 확장할 수 있는지 논의하라.

6. 모바일 컴퓨팅이 정보 격차의 몇몇 문제를 어떻게 해결할 수 있는지 논의하라.

7. 무선 커머스가 소비자에게 주는 주요 이점 3~4개를 열거하고 어떤 편익을 제공하는지 설명하라.

8. 와이파이가 모바일 컴퓨팅과 m-커머스를 지원하는 데 사용되어 왔던 방식을 논의하라. 와이파이가 m-커머스를 위해 휴대전화 사용에 영향을 미치는 방식을 서술하라.

9. 위치 기반 도구를 사용하여 차를 찾거나 가장 가까운 주유소를 찾는 데 도움을 줄 수 있다. 그러나 어떤 사람들은 위치 기반 도구를 프라이버시 침해로 본다. 위치 기반 도구에 대한 찬반을 토의하라.

10. 고령자의 의료 서비스를 위한 원격측정의 이점을 논의하라.

11. 무선기기가 어떻게 장애자들을 도울 수 있는지 논의하라.

12. 일부 전문가들은 와이파이가 3G 셀룰러 서비스와의 전쟁에서 이기고 있다고 말한다. 다른 전문가들은 동의하지 않는다. 이런 양측 주장을 논의하고 이를 주장하는 근거를 논하라.

13. 퍼베이시브 컴퓨팅 애플리케이션 중 어느 것이 향후 수년간 가장 많은 시장 호응을 얻을 것으로 생각되는가?

>>> 문제 해결 활동

1. 음성 포털의 상업적 애플리케이션을 조사해보자. 마이크로소프트 같은 벤더들을 방문해보라(http://www.wiley.com/go/rainer/MIS3e/problemsolving에 링크되어 있음). 이들 벤더가 제공하는 기능과 애플리케이션은 무엇인가?

2. 검색 엔진을 사용하여 와이파이 핫스팟을 당신 영역 내 어디에 둘 것인지를 정해보자. (힌트 : http://www.wiley.com/go/rainer/MIS3e/problemsolving에 접속하라.)

3. RFID 태그와 같은 새로운 데이터 획득기기가 어떻게 조직으로 하여금 타깃마케팅과 같은 활동을 위해 고객들을 정확히 정의하고 세분화하는 데 사용되는지 알아보자. 웹을 찾아서 RFID 기술의 장에서 열거되지 않은 다섯 가지 잠재적인 신규 애플리케이션을 개발하자. 국가법률이 모든 사람의 신체에 국가신분제도로서 그런 기기가 내장되도록 강제한다면 어떤 문제가 발생하겠는가?

4. GPS의 상업적 사용을 조사해보자. www.neigps.com으로 가자. 일부 소비자 지향 제품들이 산업 내에서 사용될 수 있는가? 발견한 내용을 보고서로 준비하라.

5. www.bluetooth.com에 접속하라. 블루투스 기술로 향상되고 있는 제품 유형을 조사하라. 어떻게 제품들이 블루투스 기술로 향상되었는지 설명하라.

6. www.nokia.com을 검색하라. 노키아가 현재 지원하는, 그리고 미래에 지원할 계획인 모바일 서비스와 애플리케이션의 유형에 대한 요약 보고서를 준비하라.

7. www.ibm.com에 들어가서 '무선 e-비즈니스'를 검색하라. IBM의 소프트웨어와 하드웨어가 지원하는 무선 기능과 애플리케이션의 유형을 정하는 스토리를 조사하고 이 애플리케이션이 특정한 비즈니스와 산업에 어떤 방식으로 도움을 주었는지를 기술하라.

8. http://www.wiley.com/go/rainer/MIS3e/problem-solving에 접속하여 3G와 4G 셀룰러 서비스의 현황을 조사하고 발견점에 근거하여 보고서를 준비하라.

9. 피트니 보우 비즈니스 인사이트(www.pbinsight.com)에 들어가서 위치 기반 서비스 데모를 찾아 모든 데모를 시행해보고 발견점을 요약하라.

10. www.packetvideo.com에 들어가서 데모와 제품을 검토하고 기능을 열거하라.

11. www.onstar.com에 들어가서 온스타가 어떤 유형의 발빠른 서비스를 제공하는지 알아보고 온스타가 개인 자동차 소유주에게 제공하는 서비스와 이들 서비스가 어떻게 다른지 설명하라.

12. 각종 검색 엔진에 접속하여 접속하여 '사물인터넷'과 관련된 기사를 찾아보라. 그것을 지원하는 데 어떤 유형의 기술이 필요한가? 왜 그것이 중요한가?

>>> 협력 활동

1단계 - 배경

그린웨이 메디컬 테크놀로지는 전자의료기록(EHR) 소프트웨어를 판매한다. 일부 제품은 내과의사가 모바일 기기로 환자의 기록에 접속할 수 있다. 많은 의사들이 쉽고 신속하게 정보를 공유함으로써 동료들의 다른 의견을 들을 수 있는 유연성을 매우 좋아한다. 또한 집이나 도로 및 기차 어디서든 차트를 계속해서 파악할 수 있는 능력에 대해 높이 평가하고 있다. 그러나 환자는 어떻게 자신의 정보가 셀룰러 네트워크와 모바일 기기를 통해 공유되는지에 관한 보안상의 문제를 합법적이라고 여긴다.

2단계 - 활동

당신의 팀을 환자, 의사, 간호사, 행정 담당, IT 디렉터로 나누어라. 각 그룹은 웹을 사용하여 각자의 전문적인 업무에 모바일 기기를 응용할 방법에 대해 검색하라. 또한 사적인 정보에 대한 모바일 접속이 갖는 보안/프라이버시 문제를 조사하라. 그룹과 공유할 자신의 문제를 기록하라.

지위(드롭다운 박스)와 긍정적 입장(문자열 박스) 및 부정적 입장(문자열 박스)의 정보를 얻기 위한 구글 폼을 작성하라. 끝으로 모바일 기기 사용에 대한 팀 구성원의 찬반 의견을 투표할 장소를 포함시켜라. 기억할 것은 자신의 개인적인 의견이 아니라 속한 입장에서 투표해야 한다는 점이다.

3단계 - 과제

팀으로서 만나서 작업의 결과를 검토하라. 모바일 기기 사용에 대한 찬성 또는 반대의 의견이 하나로 모아졌는가?

마무리 사례 1 〉 리퍼블릭 와이어리스와 프리덤팝은 무선산업을 방해할지도 모른다

비즈니스 문제 〉〉〉 2012년 시스코 시스템스(www.cisco.com)에 따르면 스마트폰에서 나오는 전체 데이터 트래픽의 30% 이상이 와이파이 라우터를 통과한다. 시스코는 이 수치가 2017년에는 거의 50%까지 오를 것으로 예상하고 있다. 이러한 경향은 태블릿과 함께 더욱 확연해졌는데 이는 태블릿의 거의 70%가 와이파이를 통해서만 인터넷에 연결되기 때문이다. 다시 말해 이러한 경향은 전자기 주파수 일부의 독점권뿐만 아니라, 땅을 사서 거기에 송신탑까지 세운 미국의 대형 통신업체들의 문제를 표명한다. 그들의 전략은 음성 요금제에서 나오는 수익이 감소함에 따라 보다 비싼 데이터 요금제를 더 빨리 팔려는 것이다.

그에 반해서, 와이파이 네트워크는 구축하는 데 상당히 덜 비쌌다. 송신기는 당신의 거실에 있는 라우터이다. 와이파이는 미 연방통신위원회로부터의 면허가 필요하지 않으며, 당신은 이미 집에서 인터넷 접속 서비스에 대해 값을 지불하고 있기 때문에 그 주파수에 대해 비용을 지불하지 않는다.

10년 후 미국의 4개의 대형 무선통신업체—AT&T(www.att.com), 버라이즌(www.verizon.com), T-모바일(www.t-mobile.com), 스프린트(www.sprint.com)—는 그들의 네트워크를 업그레이드하는 데 수백억 달러를 지불했고, 다투듯이 가장 빠르고 가장 큰 네트워크는 우리가 다 같이 구축해 온 한 가지, 즉 와이파이다.

시스코의 보고서에 의하면, 셀룰러 네트워크의 트래픽이 2012년에 예상한 것만큼 늘어나지 않았는데, 이는 부분적으로 모바일 기기 사용자들이 집이나 사무실 와이파이 네트워크에 가능한 한 자동으로 연결되도록 설정해 놓았기 때문이다. 이 전략은 사용자들로 하여금 통신업체의 새로운 데이터 제한에 따른 요금을 피할 수 있게 해주었다.

산업 분석가들은 무선산업의 경험법칙은 하나의 스마트폰이 한 달에 4기가바이트의 데이터를 사용한다고 말한다. 1기가바이트는 셀룰러 네트워크를 지나가고, 남은 3기가바이트는 대부분 집에서 와이파이를 통해서 지나간다. 통신업체의 질문은 "어떻게 하면 그 3기가바이트에서 돈을 벌 수 있는가?" 그리고 소비자의 질문은 "어떻게 하면 1기가바이트의 비용을 줄일 수 있을까?"이다.

대형 통신업체들은 보통 와이파이에 주목하기 위해 4G 셀룰러 네트워크에 너무 집착한다. 미국에서 AT&T는 업계에서 '심리스 오프로딩(seamless offloading)'이라고 불리는 것을 제공하는 유일한 주요 통신업체이다. 심리스 오프로딩은 이렇게 작동한다. AT&T는 기업들과 여러 공공장소에 32,000개의 와이파이 핫스팟과 협의를 맺었다. 고객이 일정 범위 안에 들어가면 핫스팟이 그 사람의 스마트폰을 감지하여 즉시 와이파이 네트워크에 스마트폰을 로그인한다. 한 번 와이파이에 연결되면, 고객은 더 이상 데이터 비용이 발생하지 않는다. 차이나 모바일(www.chinamobileltd.com), 브라질의 TIM Participacoes(www.tim.com.br), 영국의 O2(www.o2.co.uk)도 심리스 오프로딩을 제공한다.

MIS 이 핫스팟들로 AT&T는 와이파이가 어떤 장소에서는 스마트폰 사용자뿐만 아니라 통신업체에게도 더욱 경제적인 것을 발견했다. 무선 네트워크를 개선하는 효율적인 방법은 송신기를 빽빽하게 모아서 데이터를 주고받는 것이다. 쇼핑몰 같이 붐비는 지역은 근처에 거대한 탑을 짓는 것보다 부동산 주인과 더불어 여러 개의 단거리 와이파이 셀을 구축하는 것이 더 큰 이윤을 낼 수 있다. 대형 통신업체의 경우, 이런 과정은 시간이 지나면서 수십억의 비용 절감을 가져다준다. 지구 다른 곳에서는 이러한 와이파이로의 이동은 유선 인터넷 서비스 제공자인 영국의 브리티시텔레콤(http://home.bt.com), 프랑스의 프리 모바일(http://mobile.free.fr), 그리고 일본의 KDDI(www.kddi.com)로 하여금 사실 그들이 모든 고객의 와이파이를 작동시키기 때문에 여분의 무선 네트워크를 소유하고 있음을 깨닫게 해주었다. 왜냐하면 그들이 모든 고객들에게 와이파이를 공급하기 때문이다.

미국에서 유일하게 심리스 오프로딩을 제공하는 주요 통신사와 어디서나 흔하게 무료로 쓸 수 있는 와이파이 네트워크로 말미암아 무선산업은 혼란에 빠졌다. 잠재된 혼란은 소위 네트워크의 '뒤집기'이다. 와이파이가 통신업체의 주요 서비스이고 셀룰러 네트워크가 그것의 백업 서비스로 기능할 때 네트워크는 뒤집어진 것이다. 리퍼블릭 와이어리스(Republic Wireless)와 프리덤팝

(freedompop)이 네트워크를 뒤집었다.

두 가지 파괴적 해결책 〉〉〉 리퍼블릭 와이어리스(https://republicwireless.com)는 한 달에 5달러로 무제한 전화와 문자를 제공하고, 40달러를 추가하면 데이터를 무제한 제공하는 무선 통신 서비스 제공자이다. 리퍼블릭 와이어리스는 셀룰러 네트워크를 구축하지 않았기 때문에 이렇게 낮은 가격으로 서비스를 제공할 수 있다. 대신에 이동하는 고객들을 위해 스프린트(Sprint)로부터 네트워크 사용량을 빌린다. 리퍼블릭 와이어리스의 다른 모든 전화, 문자, 데이터는 와이파이를 사용한다. 와이파이는 50%의 전화와 문자 그리고 90%의 데이터를 구성한다.

리퍼블릭은 2013년 11월 무선 서비스를 시작했다. 그 통신사는 고객의 집 또는 사무실의 와이파이 네트워크를 통화에 사용하도록 조정된 안드로이드 운영체제의 스마트폰의 선불구매를 요구한다.

리퍼블릭은 스프린트의 모바일 네트워크와 와이파이(와이파이를 쓸 수 있다고 하자) 간에 매끄럽게 전환할 수 있는 안드로이드 운영체제를 위한 전용 인터넷 전화에 의존한다. 리퍼블릭은 사용자들이 기기에서 직접 서비스 요금제를 변경케 함으로써 사용자의 필요에 따라 와이파이와 3G, 4G 셀룰러 신호를 이용할 수 있게 했다. 더 나아가 회원들은 그들의 요금제를 한 달에 두 번까지 바꿀 수 있다.

프리덤팝(www.freedompop.com)은 혁신된 안드로이드폰을 약정 없이 99~199달러 사이 가격으로 판매한다. 게다가 다른 프리덤팝 전화 간 통화를 무제한으로 제공할 뿐 아니라 한 달에 500메가바이트의 4기가바이트 데이터를 주고, 무제한 문자와 언제나 쓸 수 있는 200분의 전화까지 준다. 프리덤팝은 2기가바이트 또는 그 이상의 데이터를 월 18달러의 가격에 판매한다. 이를 월 40달러에 무제한 음성통화와 문자를 제공하고 60달러에 2기가바이트 데이터를 제공하는 버라이즌 아이폰 요금제인 '모든 것을 공유하세요' 요금제와 비교해보라. 그렇게 프리덤팝이 18달러에 제공하는 서비스를 버라이즌은 100달러에 제공한다.

프리덤팝은 스프린트에서 구매한 대역폭으로 인터넷 전화를 사용하여 음성과 데이터를 전송한다. 이러한 시작은 공짜 요금제로 신규 고객을 유인하지만 빠른 다운로드 속도, 미사용 데이터 다음 달로 넘기기, 그리고 기기 보험과 같은 서비스를 3.99달러에 제공한다. 고객의 절반 이상이 월 요금제(고객의 25%)와 추가적인 요소들(고객의 28%)에 대해 값을 지불하고 있다. 이러한 추가 서비스들은 90%의 이윤을 남긴다.

프리덤팝은 입증된 소셜 마케팅 전략을 사용한다. 프리덤팝 기기를 가진 어느 누구와도 시간을 공유할 수 있는데 이는 고객 충성도와 사용량을 증가시킨다. 고객들은 또한 친구들을 등록하면 공짜 데이터를 보상으로 받는다. 얼마나 매력적인 요소인가? 프리덤팝이 그들의 홈페이지에서 각 가입자로부터 17명을 초대한다고 생각해보라.

결과 〉〉〉 2014년 중반에 리퍼블릭 와이어리스와 프리덤팝 둘 다 본질적으로 신생 기업이었다. 엄밀히 말하면 어느 회사가 성공할지는 불확실하다. 또한 그들이 어떻게 주요 통신사에 영향을 줄지도 불확실하다. 비록 궁극적인 승자는 소비자로 나타날 것이지만 말이다.

출처 : R. Broida, "The One Real Problem with Republic Wireless," *CNET*, March 10, 2014; B. Greeley, "The Biggest, Cheapest Network of All," *Bloomberg BusinessWeek*, January 6–12, 2014; M. Reardon, "Is Republic Wireless Too Good to Be True?" *CNET*, January 4, 2014; D. McNay, "Republic Wireless: Game Changer in Revolution Against AT&T, Verizon," *The Huffington Post*, November 26, 2013; "W. Mossberg, "Smartphone with Wi-Fi Smarts," *The Wall Street Journal*, November 26, 2013; A. Atkins, "Wi-Fi vs. Cellular Networks: Why Wi-Fi Wins Every Time," Scratch Wireless, November 25, 2013; M. Miller, "Republic Wireless Moto X Review: Top Consumer Smartphone and Low Cost Service Are a Killer Combo," *ZD Net*, November 25, 2013; "Republic Wireless Offers Moto X for $299 and Four New Plans Starting at $5 Per Month," *Republic Wireless Press Release*, November 13, 2013; T. Geron, "Data for Nothing, Calls for Free," Forbes, June 24, 2013; S. Vaughan-Nichols, "The Merger of Cellular and Wi-Fi: The Wireless Network's Future," *ZD Net*, January 9, 2013; S. Segan, "Republic Wireless: It's All About Wi-Fi," *PC Magazine*, November 8, 2011; https://republicwireless.com, www.freedompop.com, accessed March 11, 2014.

질문

1. 어떻게 리퍼블릭 와이어리스와 프리덤팝이 미국의 주요 무선통신업체에게 지장을 주었는지 설명하라.

2. 주요 무선통신업체들은 리퍼블릭과 프리덤팝의 비즈니스모델과 싸우기 위해서 어떠한 조치를 취해야 하는가?

마무리 사례 2 〉 페이스북은 모바일 광고 문제를 해결했는가?

비즈니스 문제 〉〉〉 2012년 페이스북(www.facebook.com)은 온라인 활동을 컴퓨터에서 스마트폰과 태블릿으로 옮기는 데 실패했다. 2012년 5월 공개 공모(IPO) 직전 페이스북은 회원의 절반 이상이 모바일 기기에서 페이스북 서비스를 이용하고 있음에도 불구하고 모바일 웹사이트나 모바일 앱에서 '어떠한 의미 있는 수익'도 얻지 못하고 있다고 밝혔다.

페이스북은 모바일 기기와 관련되어 있는 가장 흔한 두 가지 문제, 즉 작은 화면과 모바일 광고의 영향을 측정하는 마케터의 능력의 차이를 다루어야만 했다. 이러한 요인들은 광고들을 모바일 기기에서 훨씬 덜 효과적이게 만든다. 결과적으로 마케터들은 광고에 돈을 내려 하지 않았다.

페이스북 홍보팀은 모바일 광고에 집중하고자 '스폰서 스토리(Sponsored Stories)'라고 불리는 새로운 종류의 웹 광고를 추진하는 데 정신이 팔려 있었다. 이러한 광고들은 페이지에 '좋아요'를 누르거나 마케터들이 수수료를 내고 회원의 친구들에게 홍보하려는 상점에 체크인하는 페이스북 회원에 의한 활동이다. CEO 주커버그(Mark Zuckerberg)는 이러한 광고들을 페이스북 광고의 미래로 간주했다. 왜냐하면 사용자들은 그들의 친구들이 올린 진짜 포스트를 잘 무시하지 않기 때문이다.

2013년 8월까지 모바일 사용량과 수익 간 차이가 벌어진 것은 페이스북 지분 가격을 원래 제공한 가격의 50%까지 떨어뜨렸다. 주커버그는 2013년 9월 페이스북은 모바일에서 '수많은 실수'를 했다고 시인했다.

IT 해결책 〉〉〉 페이스북은 광고들을 사용자들의 자연스러운 활동의 흐름에 직접적으로 통합시키는 것—페이스북의 경우 사람들이 친구의 업데이트를 보는 메인 피드—이 배너와 다른 팝업 광고보다 훨씬 낮다는 것을 발견했다. 비록 '네이티브 광고'는 논란이 많을 수 있지만 아직까지는 광고를 **MKT** 모바일 컴퓨팅에 가장 성공적으로 접목시킨 것으로 보인다.

페이스북은 광고로 예약된 우측뿐만 아니라 페이스북의 가장 중요한 진짜 사유지, 즉 사람들이 소셜 네트워크에서 가장 많은 시간을 보내는 뉴스 피드에 광고를 올리기 시작했다. 페이스북 운영진들은 이것이 위험한 단계—똑같은 유형의 광고가 모바일로도 이어질 때 부분적으로—였음을 알고 있었다. 뉴스 피드에 있는 광고들이 사람들을 짜증나게 하면 어떡하지?

그 두려움은 실현되지 않았다. 스폰서 스토리는 더 많은 클릭을 만들어냈다. 광고회사인 TBG 디지털의 조사에 따르면, 모바일 광고는 데스크톱 광고에 비해 2배나 많은 클릭 수를 얻었고 광고주들로부터도 거의 3배에 가까운 수익을 요구했다. 짧은 기간 동안 모바일 광고는 매일 50만 달러의 수익을 올리고 있었다.

페이스북은 모바일 애플리케이션 제작자가 사용자들로 하여금 회사의 게임이나 프로그램을 설치를 고무시키도록 허용하는 것을 포함한 다른 모바일 광고를 론칭했다. 이 단계는 더욱 커다란 도약이었다. 그것은 광고주들로 하여금 '좋아요'를 기다리거나 '좋아요'를 만들기 위해 다른 사회적인 행동을 기다릴 필요 없는 모바일 뉴스 피드에서의 첫 번째 광고였다. 광고주들은 대신에 그들이 기존에 해 왔던 광고들처럼 가능성 있는 목표고객을 겨냥하기 위해 페이스북이 가진 방대한 양의 사용자 프로필에서 나온 신상 자료를 이용할 수 있었다.

이 과정도 또한 효과가 있었다. 예를 들어 Cie 게임즈(Cie Games)가 그들의 첫 아이폰 게임, 즉 카타운 스트리트(Car Town Street)에 플레이어를 끌어들이기 위하여 앱 설치 광고를 사용했다. 광고를 얻는 비용은 다른 모바일 광고 네트워크를 사용하는 것보다 페이스북의 광고를 사용하는 것이 40%나 더 저렴했다. 그 외에 월마트도 페이스북으로부터 매년 5,000만 개의 모바일 광고를 구매한다.

결과 〉〉〉 모바일 광고로부터의 수익이 2012년 5월 거의 0에서 시작하여 그 해 마지막 세 달 동안 3억 500만 달러까지 증가했다. 이 수치는 페이스북 전체 광고 매출액의 23%에 해당하며, 이로 인해 페이스북의 지분 가치가 2013년 1월 30달러 이상으로 회복되는 데 도움이 되었다. 2013년 4사분기 동안에 페이스북은 페이스북 전체 광고 수익인 12억 4,000만 달러의 53%를 벌어들였다.

페이스북의 성공은 모바일 마케팅과 관련하여 여러 개의 신화를 만들어냈다. 광고주들은 빈번히 작은 화면에 크고 호화스러운 광고를 낼 수 없다며 불평한다. 하지만 페이스북의 모바일 광고는 데스크톱 광고보다 화면의 더 큰 부분을 차지하는데 이는 많은 클릭을 일으키는 원인 중 하나이다. 사실 많은 광고들이 점점 더 사진을 많이 포함하고 있고, 페이스북은 적극적으로 비디오를 모바일 광고에 통합하고자 검토 중에 있다.

산업 분석가들은 사용자들이 그들의 친구들의 포스트에 광고가 섞일까 망설이는 것을 우려했다. 지금까지 이 일은 일어나지 않았다. 연구 결과는 광고가 댓글, 좋아요, 그리고 다른 상호작용들을 고작 2%밖에 낮추지 않았고, 이 하락은 페이스북이 받아들일 수 있었다. 하지만 페이스북은 모바일 광고가 사용자 피드에 과부하되지 않도록 조심해야 할 것이다.

이렇게 입증된 성공에도 불구하고, 페이스북은 아직 모바일 광고 수익의 선구자인 구글에 훨씬 못 미친다. 2013년 구글은 모바일 광고에 전 세계적으로 지불된 1,180억 달러 중 390억 달러—전체의 33%—를 벌어들였다.

출처 : A. Campos, "Why Facebook Is Releasing News Feed Video Ads," *The Motley Fool*, March 17, 2014; Z. Terrelonge, "Facebook Officially Launches 15-Second 'Premium Video Ads'," *Mobile Entertainment*, March 14, 2014; S. Parkerson, "New Premium Video Ads Are Facebook's Latest Move to Dominate Ad Dollars," *App Developer Magazine*, March 14, 2014; E. Price, "Prepare Yourself: Facebook Video Ads Are Headed Your Way Soon," *Engadget*, March 13, 2014; J. Edwards, "Facebook Is Powering Millions of App Downloads a Year," *Slate*, March 13, 2014; H. Weber, "Facebook Finally Launches Autoplaying Video Ads on Desktop and Mobile," *VentureBeat*, March 13, 2014; R. Tate, "Facebook Lures Developers with Mobile Ads and a Promise of Riches," *Wired*, March 12, 2014; D. Serfaty, "Why CMOs Must Change Their Plans for Facebook," *Forbes*, March 11, 2014; L. White, "Digital Ad Spend Quickly Shifting to Mobile: Are You Ready?" *Marketing Land*, February 27, 2014; M. Mawad, "Facebook Mobile Strength Breeds Apps in Hunt for Ad Dollars," *Bloomberg*, February 24, 2014; M. Charski, "Facebook, Twitter Retargeting Tools Appeal to Creators of Mobile Ads," *Data Informed*, February 18, 2014; R. Hof, "How Facebook Slew the Mobile Monster," *MIT Technology Review*, May 6, 2013; www.facebook.com, accessed March 18, 2014.

질문

1. 왜 페이스북에 하는 모바일 광고가 효과적인지 설명하라. 답을 뒷받침할 구체적인 예를 들라.

2. 당신의 스마트폰이나 태블릿에서 페이스북을 들어가라. 당신의 뉴스 피드에 있는 직접적으로 놓인 광고가 당신을 귀찮게 하는가? 왜 그런가? 왜 그렇지 않은가?

3. 당신은 데스크톱으로 페이스북에 접속하고 있다. 당신의 뉴스 피드에 있는 직접적으로 놓인 광고가 당신을 귀찮게 하는가? 왜 그런가? 왜 그렇지 않은가?

4. 2번과 3번의 답변에 차이점이 있다면 왜 그런지 설명하라.

인턴십 활동 〉 ● FIRST NOBLE BANK

금융 산업

모바일 커뮤니케이션은 지난 15년 동안 우리 삶을 극적으로 바꿔 왔다. 우리는 유선전화를 통해 가구마다 연결되던 시대에서 무선기기를 통해 개개인 간 연결되는 시대로 발전해 왔다. 무선기기는 단지 전화가 아니라 훨씬 그 이상의 것이다. 종종 '스마트폰'으로 언급되는 그것은 우리로 하여금 전화통화는 물론이고 소셜미디어와 문자메시지, 영상전화, 사진 공유, 이메일을 통해 연결되게 한다. 이런 시점에서 기업이 고객에게 접근하기 위해 이와 같은 강력한 기기를 사용하는 것은 놀랄 일도 아니다.

이번 인턴십 활동은 퍼스트 노블 은행의 IT 담당자이자 부사장인 제레미 파를 위해 업무를 수행한다. 제레미는 그의 은행이 고객들로 하여금 모바일 웹이나 모바일 앱을 통해 계좌정보에 접근할 수 있게 할 모바일의 새로운 진전을 학습하는 것에 특히 관심이 많다.

아래는 이 프로젝트에 관련한 제레미의 이메일이다.

받는 사람 :	IT 인턴
보내는 사람 :	제레미 파
제목 :	모바일 뱅킹 앱에 대한 도움

안녕하세요?

인턴 활동 기간 중에 당신이 훌륭하게 수행한 업무에 대해 감사를 표하는 것으로 시작하려 합니다. 이제 당신이 내가 지대한 관심을 갖는 주제에 주목해주길 원합니다.

나는 우리 은행이 모바일 기술을 사용함으로써 고객들이 스마트폰이나 태블릿을 통해 계좌정보에 접근할 수 있는 방법을 배우는 데 관심이 큽니다. 당신의 업무는 가능한 모바일 제공업체를 조사하고 여러 파트너(예 : D3 뱅킹)의 강점과 한계점에 대한 피드백을 제공하는 것입니다. 나는 또한 당신이 국가 수준에서 고객을 확보하고 있는 체이스 은행이나 네이션와이드 은행과 같은 '대형 은행'뿐만 아니라, 지역 은행이 제공하는 모바일 기술에 대해서도 조사하길 원합니다.

당신은 경쟁사가 제공하는 모바일 앱 기능과 모바일 앱 제공업체가 제공하는 모바일 기능에 대한 실무지식을 확장한 후, 당신이 판단하기에 우리 은행이 모바일 앱 기능에 기초한 시장에서 경쟁하기에 최상의 위치인 파트너를 확인해주길 바랍니다.

감사합니다.

제레미 드림

주 : 이 편지에 있는 모든 링크는 http://www.wiley.com/go/rainer/MIS3e/internship에서 이용 가능하다.

1단계 – 배경

당신이 마지막 연습문제에서 본 것처럼 정렬과 필터링 및 테이블은 스프레드시트에서 아주 유용한 도구이다. 피벗 테이블은 사용자로 하여금 일반 테이블에서는 할 수 없었던 방식으로 'slice and dice'를 할 수 있게 해주기 때문에 훨씬 더 강력하다.

피벗 테이블은 열머리글과 테이블 서식으로 된 데이터로 구성된다. 또한 열에서 행으로 데이터를 이동시킬 수 있고 데이터의 출력 형식, 즉 합계, 평균, 개수 또는 다른 기능들을 선택할 수 있다—데이터 머리글 밖에서 만들 수 있는 피벗 테이블에 4개의 부분이 있다.

피벗 테이블은 매우 복잡하고 당신이 그것을 이해할 수 있는 유일한 방법은 한 가지 예를 보는 것이다. 피벗 테이블의 기초를 다지기 위해 http://www.wiley.com/go/rainer/MIS3e/spreadsheet를 방문하라.

2단계 – 활동

당신이 데이터를 정렬하고 필터링하고자 학습했던 제9장의 매출액 데이터를 불러들이자. 이제 다음에 열거한 요구 정보 목록을 받았다고 가정하자. 당신은 이 정보를 정렬하고 필터링하는 것 그 이상을 해야 할 필요가 있다. 피벗 테이블은 다음의 지시사항을 완성하는 데 필요할 것이다.

1. 첫째, 각 제품(새들 1, 새들 2, 새들 3)별 총매출액의 지역별 합계를 탐색한다.

2. 둘째, 전반적으로 최고의 성과를 달성한 판매 대리인을 확인하는 데 도움을 받는다. 스프레드시트 활동 9에서 스킬랜스와 크리스티나가 총매출액의 최고 기록을 달성했다. 그 두 사람 가운데 제품별 최고 판매자는 누구인가?

3. 마지막으로, 각 시장 내에서 두 개의 새들 최고치를 구하라.

3단계 – 과제

http://www.wiley.com/go/rainer/MIS3e/spreadsheet를 방문하여 2단계에서 열거된 작업을 완성하라. 당신이 스프레드시트상의 작업을 완성하고 위의 질문에 답한 후, 당신이 흥미롭게 여기는 사실 한 가지를 찾아라. 당신이 답하고자 했던 마지막 질문을 지원하기 위해 마지막 피벗 테이블 하나를 작성하라. 4개의 피벗 테이블이 모두 포함된 스프레드시트를 제출하라.

스프레드시트의 지시사항을 따르고, 최종적으로 작성한 것을 교수에게 제출하라.

이런 스프레드시트와 관련한 추가적인 도움을 WileyPLUS에서 받을 수 있다. 'Microsoft Office 2013 Lab Manual Spreadsheet Module: Excel 2013'을 열고 Lesson 14: Filters and Pivot Tables를 검토하라. 또한 마이크로소프트 지원 웹사이트에서도 도움을 받을 수 있다.

1단계 - 배경

제9장의 활동은 당신에게 하나 이상의 테이블에서 얻은 데이터를 결합하고 당신이 원하는 결합데이터의 행을 선택하는는 방법을 설명해주었다. 이 활동에서 당신은 테이블보다는 오히려 쿼리를 데이터 소스로 사용하여 보고서를 작성하는 방법을 배울 것이다.

이 과제에서 당신은 보고서의 레이아웃 및 요약 기능을 쿼리의 선택 및 테이블 결합 기능과 결합할 것이다. 이 결합은 필요로 하는 경영자에게 데이터를 표현하는 강력한 도구가 될 것이다.

2단계 - 활동

http://www.wiley.com/go/rainer/MIS3e/database를 방문하여 제10장 활동을 위해 연결된 데이터베이스를 다운로드하라. 이 업무는 제9장 활동의 연장이 될 것이다. Store Order Query를 열고, 취소한 주문을 쿼리할 열을 추가한다. 당신은 자신의 보고서에 완료되지 않은 주문을 보려는 것이 아니다. 이 과업은 비록 아주 단순하지만, 의미가 있는 보고서가 되려면 서식 설정을 수정할 필요가 있다. 당신이 취소된 주문을 모두 제거할 때, 불필요한 정보를 알려줄 하나의 열만 남게 된다. 당신은 그 하나의 열을 숨긴 상태로 쿼리를 완성할 수 있다.

당신은 디자인과 레이아웃 뷰의 결합을 사용하여 위의 과업을 완수할 수 있다. 수정한 Store Order Query에 기초하여 Customer Name과 Order Date 및 Order Total이 포함된 보고서를 새로 작성하라. 그 보고서에서 고객별 Order Total을 산출하고 보고서 명칭을 'CustomerInCity'로 하라.

만약 당신이 다시 데이터를 다시 가져오면 StoreOrderQry는 보스턴 지역 데이터이다. 이 보고서를 다시 시카고 데이터로 작성하게 되면 'ChicagoCityReport'로 이름을 부여하라.

3단계 - 과제

고급의 보스턴 보고서와 시카고 보고서를 제출하라.

이런 스프레드시트와 관련한 추가적인 도움을 WileyPLUS에서 받을 수 있다. 'Microsoft Office 2013 Lab Manual Database Module: Access 2013'을 열고 Lesson 11: Creating a Report Template, Lesson 12: Printing a Report, Lesson 13: Modifying a Report Template를 검토하라. 또한 2단계에서 언급한 마이크로소프트 지원 웹사이트에서도 도움을 받을 수 있다.

제**11**장

조직 내 정보시스템

개요

11.1 거래처리시스템

11.2 기능별 정보시스템

11.3 ERP 시스템

11.4 ERP의 비즈니스 프로세스 지원

학습목표 >>>

1. 거래처리시스템의 목적을 설명한다.

2. 정보시스템이 조직의 각 기능영역에 제공할 수 있는 지원의 유형을 설명한다.

3. ERP 시스템의 네 가지 장점과 네 가지 단점을 확인한다.

4. ERP 시스템이 지원하는 세 가지 비즈니스 프로세스를 서술한다.

도입 사례 > 라이온 킹이 회복되다

〈라이온 킹〉은 1997년 비평가들의 호평에 브로드웨이에서 열렸다. 공연은 최고의 뮤지컬상을 포함한 6개의 토니상을 수상했다. 브로드웨이에서 히트를 친 많은 쇼처럼, 〈라이온 킹〉은 티켓 매출의 증가를 일찍부터 즐겼고 매주 100만 달러의 수입을 올렸다. 그러나 〈프로듀서스(Producers, 2001)〉와 같은 새로운 뮤지컬들이 인기 있게 되면서 수입은 결국 줄어들었다. 이런 추세를 뒤엎기 위해, 디즈니는 사실 잠시 동안 〈라이온 킹〉 티켓을 할인했다.

2006년 디즈니는 뮤지컬 〈메리 포핀스〉에게 자리를 내주기 위해 〈라이온 킹〉을 뉴암스테르담극장으로부터 보다 작은 민스코프극장으로 옮겼다. 그 당시 디즈니의 경영진은 〈인어공주〉와 같은 새로운 뮤지컬을 오픈하는 데 바빴다. 이 엔터테인먼트 대기업은 두 공연의 목표 관중이 다른데도 불구하고 〈라이온 킹〉을 그 광고에 넣는 실수를 범했다. 2008년 불경기 전과 후 모두 〈라이온 킹〉의 티켓 매출액은 승산이 없었다. 2009년 3월 주별 총수익이 81만 3,000달러까지 내려갔다.

티켓 판매에 새 힘을 불어넣기 위해서 2011년 〈라이온 킹〉의 제작업체인 디즈니 연극 제작소는 민스코프극장에서 열리는 모든 공연의 1,700개 좌석 각각에 관객들이 지불할 것으로 생각되는 가장 높은 티켓가격을 추천하기 위하여, 이를 전담할 수율관리시스템(YMS, '가변적 가격 책정'으로 알려져 있는)을 시행했다. 비록 다른 공연들도 관광객들이 많이 오는 휴가 주간에 좌석 가격을 올리기 위해서 YMS를 이용하지만, 디즈니만이 항공사나 호텔산업 등이 성취한 수율관리의 정교함에 이르렀다. 디즈니는 수요와 티켓 구매 패턴에 기초하여 가격을 분석하고 책정하고자 시스템을 사용한다.

FIN

수율관리시스템(YMS)은 기업으로 하여금 다양한 가격 책정 전략, 즉 소비자행동을 이해하고 예측하며 소비자행동에 영향을 주는 것에 기초하여 고정되

© Apples Eyes Studio/Shutterstock

고 소멸될 자원(항공기 좌석, 호텔 객실, 연극 좌석 등과 같은)으로부터 얻는 수익을 최대화하는 전략을 시행할 수 있도록 해준다. YMS는 적절한 고객에게 적절한 시간에 적절한 가격으로 재고를 판매하도록 설계된다.

〈라이온 킹〉의 경우, 디즈니의 YMS는 1,150만 기존 관객의 기록을 분석한다. 그러면 다른 종류의 공연—예를 들면 크리스마스 같은 성수기나 2월 주중 야간과 같은 비수기, 그리고 그 사이의 기간—에 대해서 가격을 추천한다. 예를 들어 과거 특정한 주의 티켓 수요는 그다음 해 같은 주의 추천 가격에 영향을 미친다.

관객의 수요를 강력히 유지하기 위해서, 디즈니는 브로드웨이의 히트작들 중에서 굉장히 특이한 선택을 했다. 디즈니는 YMS의 티켓 상한가가 227달러임을 감안했다. 이 가격은 〈더 북 오브 몰몬〉(477달러), 〈킹키 부츠〉(349달러), 그리고 〈위키드〉(300달러)같은 블록버스터급 공연의 가격보다 한참 아

래다. 이러한 가격 책정 전략은 최소한 세 가지 이점을 제공한다—(1) 〈라이온 킹〉으로 하여금 상대적으로 대규모 단체나 가족들이 감당할 만한 가격에 제공할 수 있게 한다. (2) 부정적인 구전 피드백을 가져올 수 있는 구매자의 후회를 줄인다. (3) 디즈니가 장기간에 걸쳐 가격을 올릴 수 있는 유연성을 제공한다.

디즈니는 그들의 YMS로부터 얻은 결과에 근거하여 전체 좌석에 대해 동일한 가격을 부과하는 기존 전략을 버렸다. 대신에 프로듀서들은 그 공연의 과거 기록을 토대로 예측함으로써 바쁜 주의 가격을 올린다. 상호작용적인 좌석 지도는 YMS를 수반한다. 따라서 고객들이 좌석을 눈으로 직접 보고 선택하게 한다. 디즈니는 좌석 차트를 검토할 때 고객들이 종종 더 좋고 더 비싼 좌석을 선택한다는 것을 발견했다.

디즈니의 YMS는 얼마나 성공적인가? 2013년 〈라이온 킹〉은 〈위키드〉를 대신하여 10년 동안 즐기지 못했던 1위 자리를 차지함으로써 브로드웨이를 놀라게 했다. 2014년 3월까지 〈라이온 킹〉은 주당 150만 달러의 수익을 올리고 있었다. 덧붙여 소비자의 수요도 증가했다. 〈라이온 킹〉은 2008년 5만

남짓이었던 관객 수를 2013년에 70만 명까지 끌어올렸다.

출처 : A. Phadnis, "SpiceJet Revenue Management GM Quits Two Days After Discount Sale," *Business Standard*, April 3, 2014; J. Gereben, "Dynamic Ticket Pricing," *San Francisco Classical Voice*, March 18, 2014; S. Sluis, "Dynamic Pricing Finds a Seat on Broadway," *Destination CRM*, March 17, 2014; P. Healy, "Ticket Pricing Puts 'Lion King' Atop Broadway's Circle of Life," *New York Times*, March 17, 2014; L. Homer, "3 Rules for Pricing Right," *TRG Arts*, October 16, 2013; C. Jones, "How Theater Ticket Prices Are Changing Like Airline Fares," *Chicago Tribune*, October 22, 2012; "Marriott Takes Revenue Management to the Next Level," *arriott Press Release*, June 4, 2012; P. Healy, "Broadway Hits Make Most of Premium Pricing," *New York Times*, November 24, 2011; www.lionking.com, accessed April 8, 2014.

질문

1. 왜 수율관리시스템이 브로드웨이 공연 제작자들에게 그렇게 중요한가? (힌트 : 일단 막이 올라갔을 때 팔리지 않은 좌석의 가치는 얼마인가?)

2. 디즈니 수율관리시스템의 잠재적 단점을 서술하라.

서론

도입 사례는 정보시스템이 조직의 성공에 필수적인 부분으로 기능하는 것을 보여준다. 정말로 디즈니가 수율관리시스템을 실행하지 않았더라면, 라이온 킹은 아마도 분명히 브로드웨이의 상영을 종료할 수밖에 없었을 것이다. 정보시스템은 모든 곳에 있고 수많은 방법으로 조직에 영향을 준다. 정보시스템은 자주 대규모 조직 환경에서 논의되지만, 소규모 조직에서도 또한 주요한 역할을 한다.

'조직 내 정보시스템'을 조직 자체가 소유할 필요는 없다. 대신에 조직은 외부 벤더가 소유한 아주 생산적인 정보시스템을 사용할 수 있다. 여기서 중요한 점은 실제로 그 시스템을 누가 소유했는지와 상관없이 '조직 내 정보시스템'이 내부의 프로세스를 지원하도록 만들어졌는지다.

조직 내 정보시스템에 대한 실용적인 지식을 갖는 것이 다양한 이유에서 중요하다. 첫째, 기업의 거래처리시스템과 ERP 시스템이 주로 제공하는 전사적 데이터에 접근할 수 있다. 둘째, 많은 입력 자료를 이들 시스템이 받는 보고서의 내용과 형식으로 전환할 것이다. 셋째, 이 보고서의 정보를 사용해서 보다 생산적으로 업무를 수행할 것이다.

이 장에서 조직 내 다양한 시스템을 볼 것이다. 먼저 조직 내의 가장 근본적인 정보시스템인 거래처리시스템을 찾아보고 계속해서 기능영역 정보시스템과 ERP 시스템을 볼 것이다.

11.1 거래처리시스템

대규모 소식에서는 매일 수백만 내지는 수십억의 거래가 발생한다. **거래**(transaction)는 데이터베이스에 저장된 가치 있는 데이터를 창출할 모든 사업상의 사건이다. 거래의 예로서는 생산된 제품, 판매된 서비스, 고용된 인력, 발생된 급여수표 등이 있다. 또 다른 예로서는 월마트에서 체크아웃할 때 매번 계산원이 바코드리더에 품목을 읽히는 것 자체가 하나의 거래이다.

거래처리시스템(transaction processing system, TPS)은 조직의 기본적인 사업거래로부터 발생하는 데이터를 처리하고 수집, 저장, 모니터링하는 것을 지원한다. 이들 각각은 데이터를 창출한다. 거래처리시스템은 끊임없이 데이터를 수집하며 전형적으로 실시간, 즉 데이터가 생성

되자마자 수집하여 전사적 데이터베이스에 입력자료를 제공한다. TPS는 핵심 운영 활동을 지원하기 때문에 기업의 성공에 아주 중요하다.

현대의 기업세계에서 거래처리시스템은 기능영역 정보시스템과 비즈니스 인텔리전스시스템뿐만 아니라 고객 관계 관리, 지식경영 및 전자상거래 등의 입력요소가 된다. 거래처리시스템은 대용량과 수량의 다양한 변동 모두를 효율적으로 다루어야만 한다. 게다가 에러와 고장시간을 피해야 하고 거래 기록은 정확하고 안전하게 산출되어 프라이버시와 보안을 유지해야 한다. 그림 11.1은 거래처리시스템이 어떻게 데이터를 관리하는지 보여준다. TPS가 거래자료의 복잡성을 관리하는 방법의 예를 들어보자.

- 1명 이상의 사람 또는 응용 프로그램이 동시에 데이터베이스에 접근할 수 있을 때 데이터베이스는 에러로부터 보호되어야 한다. 가장 일반적인 에러는 업데이트의 결과에 대한 것이다.

- 거래처리가 하나 이상의 컴퓨터에서 일어날 때 데이터베이스와 모든 사용자가 불일치로부터 보호되어야 한다. 예를 들면 에러가 ATM 취소 시점에 발생하면 고객은 현금을 받지만 은행의 컴퓨터는 그가 받지 않았다는 것을 나타낸다(역으로 고객이 현금을 받지 않았지만 은행의 컴퓨터는 그가 받은 것으로 나타낸다).

- 구매한 품목이 반품되었을 때 거래를 취소하는 것이 또한 필요하다. 만약 실수로 입력된 것이 드러나면, 거래 전체를 모두 취소하는 것이 가능해야만 한다. 구매한 품목이 반품되었을 때 거래를 취소하는 것도 필요하다.

- 감사 궤적을 유지·보관하는 것이 중요할 수 있다. 사실 특정 거래에 있어서 감사 궤적은 법적으로 요구될 수 있다.

이와 같은 이슈들은 조직이 수백만 달러를 값비싼 메인프레임 컴퓨터에 지불하는 이유를 설명해준다. 오늘날 기업 환경에서 기업들은 이런 컴퓨터의 확실성, 신뢰성, 처리용량을 확보해서 기업의 거래처리량을 다룰 수 있어야만 한다.

TPS가 처리하는 특정한 데이터와 상관없이 그것이 제조기업에서 일어나든 서비스기업이든 정부이든 간에 실제의 프로세스는 표준이 되는 경향이 있다. 첫째, 데이터는 사람이나 센서에 의해 수집되고 입력장치를 통해 컴퓨터에 입력된다. 일반적으로 말하자면 조직은 수반되는 양이 많기 때문에 가능한 한 TPS 자료 입력을 자동화하고자 하며 이를 **원천데이터자동화**(source data automation)라 부른다.

다음으로 그 시스템은 두 가지 기본 방식인 배치 프로세싱과 온라인 프로세싱 중 한 가지로 처리한다. **배치 프로세싱**(batch processing)에서 기업은 거래가 발생할 때마다 자료를 수집하여 그룹 또는 묶음으로 분류한다. 그때 그 시스템은 정기적으로(예 : 매일 밤) 묶음으로 처리한다.

온라인 거래처리(online transaction processing, OLTP)에서 기업거래는 발생하자마자 온라인으로 처리된다. 예를 들면 가게에서 물품의 값을 지불할 때 그 시스템은 판매를 기록하면서 재고를 한 단위 감소시키고 매출액을 한 단위 증가시키고 점포의 현금을 증가시킨다. 그 시스템은 온라인 기술을 사용해서 실시간으로 이 과업을 수행한다.

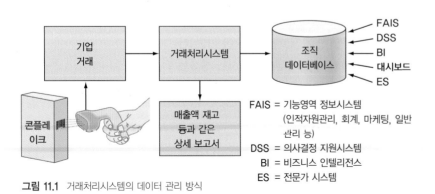

FAIS = 기능영역 정보시스템
　　　　(인적자원관리, 회계, 마케팅, 일반
　　　　관리 등)
DSS = 의사결정 지원시스템
BI = 비즈니스 인텔리전스
ES = 전문가 시스템

그림 11.1 거래처리시스템의 데이터 관리 방식

학습목표 11.1 거래처리시스템의 목적을 설명한다.

┌─ 다음 절로 넘어가기 전에…
1. 거래처리시스템을 정의하라.
2. 거래처리시스템의 주요 기능을 열거하라.

1단계 – 배경(당신이 배워야 하는 것)

이 절은 거래처리시스템이 데이터를 수집하고 자동으로 각 기능영역 시스템에 데이터가 전송되는 것을 보여준다. 대부분의 거래처리시스템은 조직의 기존 프로세스에 기초하여 설계된다. 거래처리시스템이 어떻게 운영되는지를 이해하기 위하여 대학생들의 지원 프로세스를 통한 데이터 흐름을 살펴본다.

2단계 – 활동(당신이 해야 하는 것)

http://www.wiley.com/go/rainer/MIS3e/applytheconcept에 접속하여 이 절에 해당하는 링크를 클릭한다. 이는 자료흐름도(DFD)의 작성 과정을 기술한 웹페이지로 안내한다. 이 웹페이지는 앞서 언급한 예제(대학생의 지원 과정)를 사용하여 조직 내 데이터의 흐름을 보여준다. 이 설명을 검토하고 이 프로세스에 포함된 거래를 확인하라.

3단계 – 과제(당신이 제출해야 하는 것)

대학생들의 지원 프로세스가 통합된 TPS의 목적을 설명할 내용을 간략히 준비하고 이를 교수에게 제출하라.

11.2 기능별 정보시스템

조직 내 각 부서 또는 기능영역은 자신의 애플리케이션 프로그램들의 집합 또는 정보시스템의 모음을 갖는다. 각 **기능별 정보시스템**(functional area information systems, FAISs)은 각 영역의 내부 효율성과 효과성을 증가시킴으로써 조직 내의 특정한 기능영역을 지원한다. 종종 기능별 정보시스템은 다양한 보고서로 정보를 전달한다. 그 예로 회계 정보시스템, 재무 정보시스템, 생산/운영 정보시스템, 마케팅 정보시스템, 인적자원 정보시스템 등이 있다.

그림 11.1에서 볼 수 있듯이, 기능별 정보시스템은 기업 데이터베이스로부터 데이터에 접근한다. 다음 절에서 기능별 정보시스템이 기능영역에 제공하는 지원에 대해 알아보고자 한다.

회계/재무 정보시스템

회계와 재무 기능영역의 일차적인 임무는 조직 내 자금 유입과 유출을 관리하는 것이다. 이런 임무는 자금이 조직의 모든 기능영역에 수반되기 때문에 매우 넓다. 그러므로 회계/재무 정보시스템은 아주 다양하고 포괄적이다. 이 절에서는 회계/재무 기능 중에서 특별히 선택한 활동에 대해서만 논의할 것이다.

재무 계획과 예산 수립 금융자산에 대한 적절한 관리는 재무 계획과 예산 수립에 있어 주요한 과업이다. 관리자는 자원의 획득과 사용에 대해 계획해야 한다.

- **재무 및 경제 예측** 자금의 이용 가능성과 사용에 대한 지식은 성공적인 재무 계획의 주요 구성요소이다. 현금흐름추정은 조직이 필요로 하는 펀드 유형과 필요로 하는 시점 및 어떻게 획득할 것인지에 대한 정보를 조직에 제공하기 때문에 특히 중요하다.

  조직 운영에 필요한 자금은 주주의 투자, 채권 판매, 은행 융자, 제품과 서비스의 판매 및 투자 수익 등의 여러 원천에서 나온다. 지속적인 운영과 자본 투자를 위한 자금조달과 관련한 의사결정은 의사결정 지원시스템과 비즈니스 인텔리전스 애플리케이션(제5장) 및 전문가 시스템이 지원할 수 있다. 또한 경제 및 재무 예측을 수행하기 위한 수많은 소프트웨어 패키지를 사용할 수 있다. 이들 패키지는 인터넷을 통해 다운로드할 수 있으며, 일부는 무료로 사용할 수 있다.

- 예산 수립 회계/재무 기능의 중요한 부분은 연간 예산으로서 담당자들과 활동들 간에 조직의 재무자원을 배분하는 것이다. 예산은 관리자로 하여금 조직의 사명과 목적을 가장 잘 지원할 수 있는 방식으로 자원을 배분할 수 있게 해준다.

일부 소프트웨어 패키지는 예산 준비와 통제를 지원하는 데 사용되며, 예산 프로세스에 참여하는 참여자들 간의 의사소통 촉진에 사용될 수 있다. 이 패키지는 예산 프로세스에 소요되는 시간을 감소시킬 수 있다. 더욱이 자동으로 패턴과 추세에서 벗어난 예외사항을 모니터링할 수 있다.

재무거래의 관리 많은 회계/재무 소프트웨어 패키지는 다른 기능영역과 통합된다. 예를 들어 세이지(Sage)의 피치트리(www.peachtree.com)는 매출원장, 매입원장, 현금 출납장, 판매 주문 처리, 송장, 재고 통제, 고정자산 대장 등을 제공한다. 이런 패키지는 예산 프로세스에 소요되는 시간을 절감시킨다. 더욱이 자동으로 패턴과 트렌드 분석을 통해 예외사항을 모니터링할 수 있다.

전자상거래를 수행하는 기업은 고객의 금융 정보(예 : 신용한도액), 재고 수준, 제조 데이터베이스(이용 가능한 생산능력을 보고 주문하기 위해)에 접근할 필요가 있다. 예를 들면 마이크로소프트 다이나믹스 GP는 재무와 프로젝트, 유통, 제조 및 e-비즈니스 니즈를 충족시키는 50개의 가장 보편적인 모듈을 제공한다.

조직과 비즈니스 프로세스 및 사업 활동은 재무적 거래로 운영되며 또한 재무적 거래를 관리한다.

- 글로벌 주식거래. 금융 시장은 인터넷을 통해 실시간 주식 시세가 중계되고 매도와 매수가 이루어지는 전자 주식거래가 범세계적으로 365일 24시간 운영된다.
- 다양한 통화 관리. 글로벌 거래는 상이한 통화로 이루어진다. 상이한 통화의 환율은 매우 유동적이다. 재무/회계시스템은 여러 나라에서 발생한 재무데이터를 취하여 곧바로 상이한 통화에서 통화로 전환한다. 이들 데이터에 기초한 보고서는 수일에 걸쳐 만들어졌던 것을 이제는 수 초 만에 만들 수 있다. 이런 시스템은 또한 여러 언어를 다루어야 한다.
- 가상 결산. 기업들은 보통 규제 요건을 충족하기 위해 전통적으로 장부(회계 기록)를 분기별로 결산한다. 오늘날 많은 기업들은 언제라도 신속하게 장부를 결산할 수 있기를 원한다. 정보시스템은 소위 가상 결산으로 신속하게 장부를 결산할 수 있게 해줄 수 있다. 이 프로세스는 조직의 재무 건전성에 필요한 정보를 거의 실시간으로 제공한다.
- 지출관리자동화. 지출관리자동화(expense management automation, EMA)는 데이터 입력과 여행 및 접대비의 처리를 자동화하는 시스템을 지칭한다. EMA 시스템은 기업으로 하여금 비용정보를 신속하고 일관되게 수집할 수 있게 하고 기업정책과 계약을 강제하고 비행기와 호텔 서비스 등의 계획하지 않은 구매를 줄일 수 있게 하는 웹 기반 애플리케이션이다. 또한 기업으로 하여금 지출 승인이 열악한 문서작업으로 인하여 지체되지 않기 때문에 종업원에게 보다 신속하게 지불하게 해준다.

투자 관리 조직은 많은 자금을 주식과 부동산 및 기타 자산에 투자한다. 이와 같은 투자에 대한 관리는 여러 가지 이유에서 복잡하다. 첫째, 수천 가지의 투자 대안이 있으며 전 세계 도처에 퍼져 있다. 또한 이러한 투자는 복잡한 규제와 세법에 따라야 하며 이는 각 지역마다 모두 다르다.

투자 의사결정은 관리자가 연방기관, 대학, 연구조사기관, 재무 서비스 기업 등을 포함한 다양한 기관으로부터 얻은 재무/경제 보고서를 평가하도록 해야 한다. 또한 수천 개의 웹사이트가 재무 데이터를 제공하며 많은 데이터가 무료이다.

막대한 양의 온라인 재무 데이터를 모니터링, 해석 및 분석하기 위해 두 가지 주요한 IT 도구인 (1) 인터넷 검색 엔진, (2) 비즈니스 인텔리전스와 의사결정 지원 소프트웨어를 사용한다.

통제와 감사 조직이 비즈니스를 존속하지 못하는 주요한 이유 한 가지는 충분한 현금흐름의 예측과 현금흐름을 보장할 수 없어서다. 비용의 과소평가, 낭비, 사기에의 연루나 재무제표의 잘못된 관리는 재앙으로 이어질 수 있다. 결과적으로 조직이 재정과 재무 보고서를 효과적으로 통제하는 것이 절대적으로 필요하다. 가장 보편적인 형태의 재무 통제를 살펴보자.

- 예산 통제. 일단 조직이 연간 예산을 완성하면 월별로 나눈다. 다양한 계층의 관리자는 부서별 지출을 감독하고 예산과 기업 전체 계획의 진척과 비교한다.

- 감사. 감사는 두 가지의 기본적인 목적을 갖는데, 그것은 (1) 조직이 어떻게 자금을 사용하는지를 감독하고, (2) 조직의 재무 건전성을 평가하는 것이다. 내부감사는 조직의 회계/재무 인력이 수행한다. 이들 종업원은 또한 외부의 CPA 기업이 실시하는 정기적인 외부 감사를 준비한다.

- 재무비율분석. 또 다른 주요 회계/재무 기능은 일련의 재무비율을 평가함으로써 기업의 재무 건전성을 모니터링하는 것이다. 여기 포함되는 것은 유동성 비율(현금의 이용 가능성과 채무의 비율), 활동성 비율(얼마나 빨리 비현금성 자산을 현금성 자산으로 전환할 수 있는지), 채무 비율(장기 채무의 상환능력 측정) 및 수익률이다.

마케팅 정보시스템

모든 조직에 있어서 고객의 중요성을 과대평가하는 것은 불가능하다. 그러므로 모든 성공적인 기업은 고객 니즈를 이해해야 하고 니즈에 맞게 마케팅과 광고전략을 개발해야 한다. 정보시스템은 수많은 형태의 지원을 마케팅 기능에 제공한다. 사실 고객 중심 조직은 아주 중요해서 제12장에서 다시 다룬다.

생산/운영 관리 정보시스템

생산/운영 관리 기능은 투입물을 유용한 결과물로 전환하는 공정뿐만 아니라 기업의 전반적인 운영에 책임이 있다. 생산/운영 기능의 범위와 다양성 때문에 여기서는 기업 내 로지스틱스와 자재 관리, 생산/운영 활동의 계획, 컴퓨터 통합생산(CIM), 제품수명주기 관리(PLM)의 네 가지만 보기로 한다.

생산/운영 관리 기능은 또한 조직의 공급사슬관리에 책임이 있다. 공급사슬관리는 현대 조직의 성공에 아주 중요하기 때문에 제13장에서 상세하게 다룬다.

기업 내 로지스틱스와 자재 관리 로지스틱스 관리는 주문, 구매, 기업 내 로지스틱스(자재 수입), 외부 로지스틱스(선적)를 다룬다. 관련 활동은 재고 관리와 품질 통제를 포함한다.

자재 관리 이름이 보여주듯이 재고 관리는 얼마나 많은 재고를 유지할 것인지를 정하는 것이다. 과도한 재고와 불충분한 재고 모두 문제를 야기한다. 과도한 재고는 저장비용과 폐기비용

'품질보증'은 품질 표준을 유지하기 위하여 전 생산 과정을 통한 데이터 수집과 분석이 필요하다.

및 진부화로 인하여 비용이 많이 들 수 있다. 그러나 불충분한 재고를 유지하는 것도 막판 주문과 매출 손실로 인해 비용이 많이 든다.

운영인력은 주문 시점과 주문량을 결정한다. 경제적 주문량(EOQ)과 같은 재고 모델은 이런 의사결정을 지원한다. 이 모델의 애플리케이션을 자동화하는 수많은 상업용 소프트웨어가 사용될 수 있다.

많은 대기업들은 공급자로 하여금 재고 수준을 모니터링하여 필요할 때마다 제품을 선적하게 한다. 이러한 전략을 벤더 재고 관리(VMI)라 하며 이는 기업으로 하여금 구매주문을 할 필요가 없게 해준다.

품질 관리 품질 관리 시스템은 제조 부서가 사용하며 완제품과 재공품의 품질뿐만 아니라 수입 자재와 부품의 품질에 관한 정보를 제공한다. 이 시스템은 모든 검사결과를 기록하고 수립한 기준과 실제 성과를 비교한다. 또한 품질에 관한 정보를 담고 있는 정기 보고서, 예를 들면 결함률과 필요한 재작업의 비율을 계산한다. 품질 관리 데이터는 웹 기반 센서로 수집하고 실시간 분석하거나 향후 분석을 위해 데이터베이스에 저장할 수 있다.

생산/운영계획 많은 기업에서 생산/운영계획은 정보기술의 지원을 받는다. 생산운영계획은 자재소요계획(MRP), 제조자원계획(MRP II), 기업자원계획(ERP)으로 발전해 왔다. 여기서 간략히 MRP와 MRP II를 논의하고 뒷부분에서 ERP를 살펴볼 것이다.

EOQ 접근법을 사용하는 재고시스템은 완전히 독립적인 수요에 대한 것이다. 예를 들면 컴퓨터 제조업체가 판매하는 동일한 PC의 수량, 그러나 제조공정에서 몇몇 품목의 수요는 상호의존적이다. 예를 들면 세 종류의 의자를 만드는 기업이 있다고 할 때 모든 의자는 똑같은 나사와 볼트를 사용한다. 이 경우에 나사와 볼트의 수요는 세 가지 종류 의자의 총수요에 따라 달라지고 각각의 선적 일정에 좌우된다. 상호 의존적인 품목의 생산, 구매, 재고 관리를 통합하는 계획 과정을 소위 **자재소요계획(MRP)**이라 한다.

MRP는 생산일정계획과 재고를 다룬다. 보다 복잡한 계획 과정은 자금과 인력같은 관련자원을 배분하는 것을 포함한다. 이 경우에 보다 복잡한 통합 소프트웨어를 소위 MRP II라 부른다. 기업의 생산, 재고 관리, 구매, 자금조달, 인력 문제를 통합한다. 그러므로 MRP II는 MRP 시스템에 기능이 추가된 것이다. 사실 MRP II가 ERP로 발전했다.

컴퓨터 통합생산 컴퓨터 통합생산Computer-integrated manufacturing(CIM), 디지털 제조라고도 함은 다양한 공장 자동화 시스템을 통합한 접근법이다. CIM의 세 가지 기본 목적은 다음과 같다 —(1) 모든 제조기술과 기법을 단순화한다. (2) 가능한 한 많은 제조공정을 자동화한다. (3) 컴퓨터시스템을 통해 디자인, 제조, 기타 관련 기능 모두를 통합하고 조정한다.

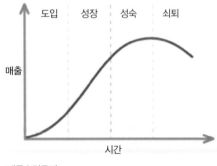
제품수명주기

제품수명주기 관리 단 하나의 조직에서조차 신제품을 디자인하고 개발하는 것은 비용이 많이 들고 시간이 많이 걸릴 수 있다. 여러 조직이 함께 할 경우 그 프로세스는 매우 복잡해질 수 있다. 제품수명주기 관리(PLM)는 제조업체로 하여금 제품 설계와 개발 및 공급사슬관리를 지원하는 제품 관련 데이터를 공유하도록 하는 기업전략이다. PLM은 웹 기반 협력기술을 응용하여 제품을 개발한다. 제조공정과 그것을 지원하는 로지스틱스와 같은 전혀 별개의 기능을 통합함으로써 PLM은 기능들이 협력하게 하고 시작부터 제품의 완성에 이르기까지 본질적으로 하나의 팀을 구성하게 한다.

인적자원관리를 위한 정보시스템

초기의 인적자원 정보시스템(HRIS) 애플리케이션은 주로 편익 관리와 휴가일수의 기록 관리와 같은 거래처리시스템을 다루었다. 그러나 조직시스템이 인트라넷과 웹으로 옮겨 감에 따라 HRIS 애플리케이션을 갖게 되었다.

많은 HRIS 애플리케이션은 HR 포털을 통해 제공된다. 예를 들면 수많은 조직은 웹 포털을 사용하여 구인 안내를 광고하고 온라인 고용과 훈련을 실행한다. 이 장에서 조직이 IT를 사용하여 주요한 HR 기능, 즉 채용, HR 유지보수와 개발, HR 계획과 관리를 어떻게 수행하는지 보고자 한다.

채용 채용은 잠재적 종업원을 탐색하고 이들을 평가하며 누구를 고용할 것인지를 결정하는 것이다. 일부 기업은 쓸 만한 응시자로 넘쳐나는 반면, 일부 기업은 적합한 인재를 찾는 데 어려움이 있다. IT는 두 가지 경우 모두 도움이 될 수 있다. 또한 IT는 구직자를 테스트하고 선별하는 것과 같은 관련 활동을 지원한다.

수백만 개의 이력서가 온라인으로 들어오기 때문에 기업이 특별한 검색 엔진의 도움으로 적절한 후보를 찾는 것은 놀라운 일이 아니다. 온라인 리크루팅은 보다 많은 후보를 검토할 수 있고 후보들은 더 좋은 응시자가 될 수 있다. 게다가 온라인 리크루팅의 비용은 보통 신문이나 잡지에 광고하는 것과 같은 전형적인 리크루팅 방법보다 더 저렴하다.

인적자원개발 종업원들이 채용된 후 그들은 기업의 인적자원 풀의 일부가 되어서 평가받고 개발되어야 한다는 것을 의미한다. IT는 이런 활동을 지원한다.

대부분의 종업원은 바로 위의 상사가 정기적으로 평가한다. 동료 또는 부하직원도 다른 종업원을 평가하기도 한다. 보통 평가는 디지털로 이루어지며 보상으로부터 이직 및 해고에 이르기까지 많은 의사결정을 하는 데 사용된다.

IT는 또한 훈련과 재훈련에서 중요한 역할을 한다. 가장 혁신적인 개발 과정의 일부는 컴퓨터 지원교육에서 발생하며 훈련 활동의 지원을 위한 멀티미디어 애플리케이션도 사용된다. 예를 들면 기업은 인트라넷이나 웹을 통해 기업의 훈련 활동을 많이 수행한다.

인적자원계획과 관리 대기업의 인적자원관리는 광범위한 계획과 상세한 전략을 필요로 한다. 다음 세 가지 영역은 IT가 지원하는 분야이다.

- 급여와 종업원 인사 기록. HR 부서는 급여 준비를 담당한다. 이 프로세스는 급료지불을 자동화하고 종업원의 계좌에 온라인으로 급여를 보내는 것이다.
- 편익 관리. 종업원의 조직에 대한 공헌은 임금, 보너스, 기타 편익으로 보상해준다. 편익은 건강과 치아 관리, 연금분담금, 복지센터, 보육센터를 포함한다.

  편익을 관리하는 것은 제공하는 옵션이 많기 때문에, 그리고 조직의 성향이 종업원에게 편익을 선택할 수 있게 하기 때문에 복잡한 과업이다. 많은 조직에서, 종업원은 기업 포털에 접속하여 구체적인 편익을 스스로 등록할 수 있다.
- 직원관계관리. 보다 종업원을 잘 관리하려는 노력에서, 기업은 직원관계관리(ERM) 애플리케이션을 개발하고 있다. 전형적인 ERM 애플리케이션은 종업원의 문제를 위한 콜센터이다.

표 11.1은 기능영역 정보시스템이 지원하는 활동을 개괄적으로 보여준다. 그림 11.2는 이 다섯 가지 영역을 지원하는 정보시스템을 도식화한 것이다.

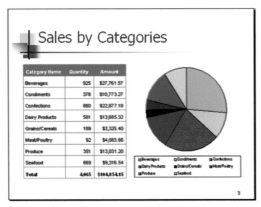

월별 판매 보고서

보고서

모든 정보시스템, 즉 거래처리시스템, 기능영역별 정보시스템, ERP 시스템, 고객 관계 관리, 비즈니스 인텔리전스 시스템 등은 보고서를 산출한다. 우리는 보고서가 FAIS(기능영역별 정보시스템)나 ERP 시스템과 연관되어 있기 때문에 여기서 보고서를 논의한다. 그러나 중요한 것은 모든 정보시스템이 보고서를 산출한다는 것이다. 이들 보고서는 일반적으로 일상, 특별 및 예외의 3개 범주에 속한다.

일상 보고서(routine report)는 일정 간격으로 산출된다. 매 시간 품질 관리 보고서로부터 매일의 결근율에 이르기까지 다양하다. 비록 일상 보고서는 조직에 아주 중요하지만 관리자는 일상 보고서에 포함되지 않는 특별한 정보를 자주 필요로 한다. 또한 그 정보를 다른 시점에 필요로 한다("나는 일주일 동안이 아니라 지난 3일 동안의 정보가 오늘 필요하다").

일상에서 벗어난 그런 보고서를 **특별 보고서**[ad-hoc(on-demand) report]라 한다. 특별 보고

표 11.1 기능영역별 정보시스템이 지원하는 활동

회계/재무

재무 계획 — 자금의 이용 가능성과 비용
예산 수립 — 재무자원을 담당자와 활동들 간에 배분하는 것
자본예산 수립 — 자산취득의 재무 활동
재무거래의 관리
복수통화의 관리
가상 결산 — 어느 때라도 장부를 종결할 수 있는 능력
투자 관리 — 주식, 채권, 부동산, 기타 투자수단들을 관리하는 것
예산 통제 — 지출을 감독하고 예산과 비교하는 것
감사 — 조직의 재무 건전성 조건과 정확성을 확보하는 것
급여

마케팅과 판매

고객 관계 — 누가 고객인지를 알고 그들을 충성고객으로 대하는 것
고객 프로필과 취향
판매자동화 — 소프트웨어를 사용하여 판매업무를 자동화하고 이를 통해 판매원의 생산성을 개선

생산/운영 관리 및 로지스틱스

재고 관리 — 주문할 재고 수준, 유지할 재고 수준, 주문할 재고 시점의 관리
품질 관리 — 수입자재의 결함과 생산 제품의 결함을 통제
자재소요계획 — 상호 의존적 품목의 생산과 구매 및 재고 관리를 통합하는 계획 과정(MRP)
제조자원 — 기업의 생산, 재고 관리, 구매, 자금조달, 인력 관리를 통합하는 계획 과정(MRP II)
적시생산시스템 — 자재와 부품이 생산에 필요로 하는 시점과 장소에 정확하게 도착하도록 하는 생산과 재고 관리의 원칙(JIT)
컴퓨터통합생산 — 컴퓨터지원설계(CAD), 컴퓨터지원제조(CAM), MRP, JIT와 같은 여러 가지 컴퓨터 시스템을 통합하는 제조 접근법
제품수명주기 관리 — 제조업체로 하여금 웹을 사용하여 제품 설계와 개발노력을 협력하게 하는 기업전략

인적자원관리

채용 — 종업원을 구하고 테스트하고 고용할지를 결정하는 것
성과평가 — 상급자가 정기적으로 평가
훈련
종업원 기록
편익 관리 — 의료, 퇴직, 장애, 실업 등

수익성 계획	재무 계획	고용 계획, 아웃소싱	제품수명주기 관리	판매 예측, 광고계획	전략적
감사, 예산 수립	투자 관리	편익 관리, 성과평가	품질 관리, 재고 관리	고객 관계, 판매자동화	전술적
급여, 외상매입금, 외상매출금	현금 관리, 금융거래관리	인사기록유지	주문완료, 주문처리	가격설정, 고객의 프로파일링	운영적
회계	재무	인적자원	생산/운영	마케팅	

그림 11.2 기능영역을 지원하는 정보시스템의 예

서는 또한 다음과 같은 유형의 정보가 필요하다.

- **드릴다운 보고서**(drill-down report)는 훨씬 상세한 수준에서 표시된다. 예를 들면 관리자는 지역별 매출액을 검토하고 판매원별 그리고 매장별로 '보다 상세하게 드릴다운'할 수 있다.
- **주요지표 보고서**(key-indicator report)는 주요 활동의 성과를 요약한 것이다. 예를 들면 재무담당 중역이 현금흐름과 보유현금을 모니터링하기를 원할 수 있다.
- **비교 보고서**(comparative report)는 상이한 기간 동안 한 부서의 성과를 비교하거나 또는 부서들 간의 성과를 비교한다.

어떤 관리자는 **예외 보고서**(exception report)를 좋아한다. 예외 보고서는 특정한 한계값을 벗어난 경우의 정보만을 포함한다. 관리자는 예외에 의한 관리를 실행하기 위해 먼저 성과표준을 만든다. 그리고 그 성과를 모니터링하기 위한 시스템을 수립한다(지출과 같은 거래활동에 관한 데이터 유입을 통해). 표준에 대한 실제 성과를 비교하고 성과에 대비한 예외사항을 확인한다. 그 시스템은 관리자로 하여금 예외 보고서를 통해 예외사항을 관리자에게 알려준다.

예를 들어 매출의 경우를 보자. 첫째, 관리자는 매출수량을 수립한다. 이때 기업은 모든 데이터를 수집하고 분석하는 영역별 정보시스템을 실행시킨다. 예외 보고서는 판매량이 기준치를 벗어났을 경우에만 확인한다. 예를 들면 판매수량의 20% 이상 부족할 때이다. 그것은 기준허용범위 내에 떨어지는 보고사항이 아니다. 모든 '수용 가능한' 성과를 놔둠으로써 예외 보고서는 관리자로 하여금 시간을 절감하게 하고 주요 문제에 초점을 둘 수 있게 한다.

다음 절로 넘어가기 전에…

1. 기능별 정보시스템은 무엇인가? 그것의 주요 특성을 열거하라.
2. 정보시스템이 어떻게 재무/회계시스템에 편익을 주는가?
3. 생산/운영 인력이 어떻게 정보시스템을 사용하여 보다 효과적/효율적으로 업무를 수행하는지를 설명하라.
4. 가장 중요한 HRIS 애플리케이션은 무엇인가?
5. 보고서의 세 가지 기본 유형을 비교하고 대조해보라.

개념 적용 11.2

학습목표 11.2 정보시스템이 조직의 각 기능영역에 제공할 수 있는 지원의 유형을 설명한다.

1단계 — 배경

이 절은 기능별 정보시스템의 개념을 소개하고 있다. 우리가 아는 것처럼 기업의 모든 영역은 각기 어떻게 데이터가 저장, 분석, 응용 및 배포되어야 하는지를 정의하는 프로세스를 갖고 있다. 재고 관리는 자재와 제품의 이동을 기록하면 되기 때문에 컴퓨터시스템 내에서 쉽게 이루어질 수 있다. 그러나 재고 관리와 생산 및 운영 관리를 함께 통합하려면, 내부의 생산 라인을 지원하는 아주 효과적인 기능별 시스템을 가져야 한다.

2단계 — 활동

http://www.wiley.com/go/rainer/MIS3e/applytheconcept에 접속하여 이 절에 해당하는 링크를 클릭한다. 이 절에서 논의한 정보시스템의 실례를 다룬 4개의 웹사이트로 안내할 것이다. 숙고한 후, 이 장에서 다룬 개념에 다시 연관지을 수 있는 구체적인 자료를 찾아라.

3단계 — 과제

조직 내 각 기능영역에 제공된 정보시스템의 지원 유형을 설명하는 보고서를 준비하고, 교수에게 보고서를 제출하라.

11.3 ERP 시스템

역사적으로, 기능영역별 정보시스템은 서로 독립적으로 개발되어서 결국 **정보 사일로**가 된다. 이들 사일로는 서로 커뮤니케이션을 잘 할 수 없었고 이러한 커뮤니케이션과 통합의 결여는 조직을 비효율적으로 만들었다. 이런 비효율성은 특히 여러 기능영역을 수반하는 비즈니스 프로세스에서 두드러진다.

ERP 시스템은 기능영역 정보시스템들 사이의 커뮤니케이션 결여를 바로잡고자 계획된 것이다. ERP 시스템은 공용의 데이터베이스를 통해 기능영역을 완전하게 통합함으로써 이러한 문제점을 해결한다. 이와 같은 이유에서 전문가는 ERP 시스템이 조직의 생산성을 크게 증가시킬 것으로 확신한다. **ERP 시스템**[enterprise resource planning(ERP) system]은 전체 조직의 비즈니스 프로세스 관점을 채택하여 계획, 관리, 모든 조직 자원의 사용을 통합하고 여기서 공용의 소프트웨어 플랫폼과 데이터베이스를 사용한다.

ERP 시스템의 주요한 목적은 조직의 기능영역들을 빈틈없이 통합하고 이들을 이음새 없이 정보가 흐를 수 있게 하는 것이다. 완벽한 통합은 한 기능영역의 변화가 즉각적으로 다른 모든 관련 기능영역에 반영된다는 것을 의미한다. 특히 ERP 시스템은 조직의 비즈니스 프로세스를 통제하는 데 필요한 정보를 제공해준다.

ERP 시스템은 기능영역별 정보시스템(FAIS)이 발전한 것이라는 점을 여기서 이해하는 것이 중요하다. 즉 ERP 시스템은 FAIS와 똑같은 종류의 기능을 가지고 있고 똑같은 보고서를 산출한다. ERP 시스템은 단지 다양한 FAIS의 기능을 통합하는 것이다.

일부 기업들은 자체적으로 ERP 시스템을 개발해 왔지만 대부분의 조직들은 상업적으로 이용 가능한 ERP 소프트웨어를 사용한다. 유망한 ERP 소프트웨어 벤더는 SAP(www.sap.com)이다. 또 다른 주요 벤더는 오라클(www.oracle.com)과 피플소프트(www.peoplesoft.com), 그리고 지금은 오라클 기업이다(700명 이상의 고객을 가진 피플소프트가 시장선도자이다). ERP 소프트웨어에 대한 최신 정보를 얻으려면 http://erp.ittoolbox.com을 방문하면 된다.

ERP 시스템은 비록 규모가 크고 복잡하기 때문에 실행하기 어려울 수 있지만 많은 기업들이 아주 성공적으로 실행해 왔다. '비즈니스에서 IT 11.1'은 독일의 엔지니어링 대기업이 성공적으로 ERP를 전개한 이야기이다.

비즈니스에서 IT 11.1

GEA 그룹이 재무 보고를 위해 SAP를 이용하다

전 세계 2만 5,000명의 직원들과 함께 GEA 그룹(GEA, www.gea.com)은 식품과 에너지산업 분야에서 혁신적이고 에너지 효율적인 시스템을 개발하고 생산하며 판매한다. GEA의 목표는 고객들이 식품을 고효율적인 방법으로 처리하고 부족한 에너지 자원을 보존하는 것을 돕는 것이다. 이러한 두 산업의 매출액은 회사 수익의 70%를 차지한다. 이는 2013년에 대략 80억 달러가량이다.

GEA는 MDAX index(독일 회사들을 상장하는 주가지수)에 주식이 상장되어 있는 하나의 공공 기업체로서, 정해진 기한까지 4분기와 연중 및 연말 재무제표를 작성해야 한다. GEA는 경영 보고, 기업의 사업전망, 그리고 주식 관련 정보뿐만 아니라 통합된 대차대조표, 손익계산서, 현금흐름표, 주주 지분계산서 및 이에 관련된 노트들도 제공한다.

이러한 재무 계산서들을 만드는 것은 시간소모가 큰 일이다. GEA에서는 이 일의 책임을 독일 뒤셀도르프에 있는 본사의 회계 부서 내의 비교적 작은 팀에게 넘긴다. 그 팀은 초안 보고서를 만들기 위해 통합할 업무 부서들로부터 필요한 재무 데이터를 수집하는 것으로 시작한다. 보다 많은 최신 데이터와 재무 수치들이 계속 진행 중인 기반에 추가될 때 팀은 그 내용과 보고서의 그래픽을 계속해서 수정하고 업데이트해야 한다.

보고서를 만들기 위한 대부분의 과정이 수작업으로 이루어지고 표준화되지 않았기 때문에 매우 시간소모가 컸다. 더 나아가 수작업 데이터 처리는 오류를 초래하고 같은 보고서가 상이한 버전으로 유포되는 등의 위험한 요소를 수반한다. 짧게 말해서, GEA는 재무제표를 작성해 왔던 기존 과정들에 내재된 약점들을 해결할 만족스러운 해법을 갖고 있지 않았다.

이러한 문제들을 해결하기 위해서, GEA는 기업의 성과 관리를 위한 SAP 해법 중 하나인 SAP(www.sap.com) Disclosure Management application을 도입했다. 이 소프트웨어는 모든 재무 데이터와 재무제표를 준비하는 데 필요한 모든 재무 자료와 정보들을 제공한다. 게다가 다수의 사용자들이 하나의 보고서를 동시에 병행적으로 처리할 수 있도록 해준다.

SAP partner cundus AG와의 협력하에, GEA 회계 부서는 새로운 솔루션을 고작 8주 만에 성공적으로 시행할 수 있었다. 대략 20명 정도의 사용자들은 최소의 훈련을 필요로 했는데, 이는 응용 프로그램이 사용자에게 매우 친숙하고 간단하기 때문이다. 많은 기능들이 따로 설명이 필요 없다. 이 도입은 기업의 분기별 재무제표 작성과 병행하여 이루어졌다.

GEA는 현재 재무제표를 만드는 데 필요한 모든 데이터와 정보를 모으고 있고, 그것을 회계 부서에서 담당한다. 팀원들에게 많은 과정들이 단순해

졌다. 재무 보고서—업무 부서에서 나오는 대차대조표 수치, 메모, 문자, 그래픽, 표—를 작성하는 데 요구되는 모든 데이터가 이제 SAP 솔루션으로 매끄럽게 흘러 들어가고 있다.

© lukas_zb/iStockphoto

동시에 회계감사의 순응하는 태도로 프로세스의 모든 단계들이 문서화됨과 동시에 내장된 승인 요건이 접근 권한을 정확하게 통제한다. 그래서 기업 운영진과 회계 감사원 양측 모두 재무 수치들의 출처를 추적하는 해법에 의해 만들어진 감사 추적을 이용할 수 있고 누가 언제 그 수치들을 변경했는지 알 수 있다.

더 나아가 GEA는 이제 요구되거나 바라는 형식—MS 워드, 엑셀, 파워포인트, 어도비 PDF 파일 등—으로 보고서를 만들 수 있다. 이 과정의 간략화는 이제 외부 그래픽 디자인 회사에까지 확장되어 재무 보고서의 인쇄본을 보다 빠르게 만들 수 있게 되었다.

이제 GEA의 회계 부서는 보고서의 현황에 대해 언제나 명확히 볼 수 있다. 그 결과, GEA 운영진에게는 정보흐름의 가시적인 개선을 가져왔다. 새로운 솔루션은 또한 동일한 보고서의 상이한 버전이 유포되는 것을 막을 수 있는 특징을 갖고 있어 통합된 버전으로 통제할 수 있다.

SAP 솔루션 덕분에 GEA는 재무 보고서를 이전보다 20% 더 빨리 작성할 수 있다. 결과적으로 GEA는 독일과 해외에서 적시의 외부 보고와 독일 내외의 법률적 요구사항을 보다 잘 충족시킬 수 있다.

출처 : "GEA Revenue and Profit Hit New Record High in 2013," *GEA Press Release*, 2014; "Innovating for Sustainable Business Practices," *SAP Customer Success Story*, 2014; www.gea.com, accessed April 9, 2014.

질문

1. 재무 보고서가 적시성을 가져야 하는 이유에 대해서 토의하라.

2. 어떻게 SAP가 GEA 그룹으로 하여금 그들의 재무 보고서를 효율적으로 적시에 작성토록 하였는지 설명하라.

3. GEA 그룹에게 SAP 솔루션의 장점은 무엇인가?

ERP II 시스템

ERP 시스템은 원래 원자재 관리, 재고 통제, 주문 입력 및 물류 등의 제조 관련 비즈니스 프로세스를 촉진하는 데 사용되었다. 그러나 이런 초기의 ERP 시스템은 판매와 마케팅 같은 다른 기능영역으로 확장되지 않았다. 또한 조직으로 하여금 고객의 구체적인 정보를 획득할 수 있게 하는 고객 관계 관리(CRM) 능력을 포함하지도 않았다. 더욱이 웹 기반 고객 서비스나 고객의 주문처리를 제공하지 않았다.

시간이 지나면서 ERP 시스템은 관리업무와 판매, 마케팅 및 인적자원 프로세스를 포함하도록 발전했다. 기업은 이제 ERP에 전사적 접근법을 사용하여 웹을 이용하고 가치사슬의 모든 부문과 연결된다. 이 시스템이 ERP II이다.

ERP II 시스템(ERP II system)은 기업 간 시스템으로 재고와 생산, 고객, 공급업자, 유통업자 등 기업의 주요 비즈니스 시스템 사이에 웹의 링크를 제공한다. 이러한 링크는 내부의 ERP 애플리케이션과 외부에 초점을 둔 공급사슬관리와 고객 관계 관리의 애플리케이션을 통합한다. 그림 11.3은 조직과 ERP II 시스템의 기능을 보여준다.

ERP II 시스템의 다양한 기능은 e-비즈니스 스위트로서 제공된다. 주요한 ERP 벤더는 ERP와 CRM, SCM, 자재 구매, 의사결정 지원, 기업포털, 기타 다른 비즈니스 애플리케이션과 기능 등을 통합하는 모듈러 웹 기반 소프트웨어 스위트이다. 예로 오라클의 e-비즈니스 스위트와 SAP의 마이SAP이다. 이 시스템의 목적은 기업으로 하여금 다양한 별개의 e-비즈니스 애플리케이션보다 오히려 단독의 웹 가능 통합시스템을 사용하여 대부분의 비즈니스 프로세스를 수행할 수 있게 하려는 것이다.

ERP II 시스템은 다양한 모듈로 구성되는데, 핵심 ERP 모듈(재무 관리, 운영 관리, 인적자원 관리)과 확장 ERP 모듈(고객 관계 관리, 공급사슬관리, 비즈니스 인텔리전스, e-비즈니스)로 양분된다. 만약 시스템이 핵심 ERP 모듈을 갖고 있지 않으면 그것은 ERP 시스템이라 불릴 수 없다. 대조적으로 확장 ERP 모듈은 선택적으로 사용된다. 표 11.2는 이러한 각각의 모듈을 설명하고 있다.

ERP 시스템의 편익과 한계

ERP 시스템은 조직에게 상당히 중요한 편익을 제공할 수 있다. 주요한 편익은 다음 범주로 나뉜다.

- 조직의 유연성과 민첩성. ERP 시스템은 비즈니스 프로세스와 정보시스템 및 정보자원의 부서별/기능별 사일로를 쪼갠다. 이런 방식으로 조직은 보다 유연하고 민첩하며 적응적이 된다. 그러므로 조직은 신속하게 기업 상황에 반응할 수 있고 새로운 비즈니스 기회를 이용할 수 있다.
- 의사결정 지원. ERP 시스템은 기능영역에 걸친 기업 성과에 관한 기업 정보를 제공한다. 이러한 정보는 관리자의 능력을 개선하여 보다 나은 적시의 의사결정을 하게 해준다.
- 품질과 효율성. ERP 시스템은 조직의 비즈니스 프로세스를 통합하고 개선하여 고객 서비스와 생산 및 유통의 품질을 크게 개선한다.

이런 모든 편익에도 불구하고 ERP 시스템은 문제점을 안고 있다. ERP 실행의 주요 한계점은 다음과 같다.

ERP 소프트웨어의 비즈니스 프로세스는 ERP 벤더가 개발한 최선의 관행(베스트 프랙티스)에 의해 미리 정의된다. 최선의 관행이란 기업목적을 달성하기 위한 문제해결방법 또는 가장 성공

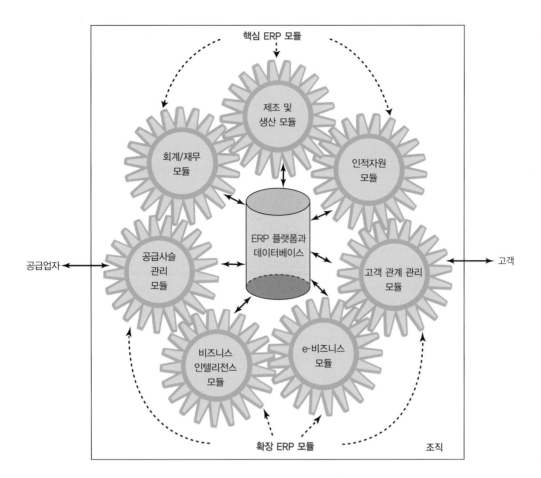

핵심 ERP 모듈

제조 및
생산 모듈

회계/재무
모듈

인적자원
모듈

ERP 플랫폼과
데이터베이스

공급사슬
관리
모듈

공급업자

고객 관계 관리
모듈

고객

비즈니스
인텔리전스
모듈

e-비즈니스
모듈

확장 ERP 모듈

조직

그림 11.3 ERP II 시스템

적인 해결책이다. 결과적으로 기업은 기존의 비즈니스 프로세스를 변경하여 ERP 소프트웨어에 통합된 사전에 정의된 비즈니스 프로세스에 맞추어야 한다. 잘 확립된 절차를 가진 기업의 경우에 이러한 요건은 큰 문제가 될 수 있으며, 특히 종업원들이 기존의 업무 수행 방식을 버리려 하지 않고 변화에 저항할 경우에는 더욱 그렇다.

그러나 동시에 ERP 실행은 개선의 기회를 제공하며, 어떤 경우에는 비효율적이고 비효과적이며 낙후된 절차를 완전히 재설계할 수도 있다. 사실 많은 기업이 경쟁우위 원천으로 고려하지 않는 지원 활동들뿐만 아니라, 회계와 재무 및 인적자원관리 등의 최선의 관행을 실행함으로써 편익을 얻는다.

그러나 제2장을 상기해볼 때, 서로 다른 기업은 각기 다른 구성으로 가치사슬을 조직함으로써 투입요소를 가치 있는 성과로 변환하여 경쟁우위를 달성한다. 그러므로 최선의 관행이 정의대로 대부분의 조직에 적절하다 할지라도 경쟁우위를 주는 프로세스들을 변경해야만 한다면 '최상'이 아닐 수 있다.

게다가 ERP 시스템은 실행하기가 매우 복잡하고 돈이 많이 들고 시간이 많이 소모될 수 있다(다음 절에서 상세히 다룬다). 사실 새로운 ERP 시스템의 실행비용과 실패 위험은 상당히 크다. 꽤 많은 기업들이 ERP 도입 실패를 경험했다. 수익과 이윤 및 시장점유율의 막대한 손실은 핵심 비즈니스 프로세스와 정보시스템이 실패하거나 적절히 운영되지 못했을 때 유발되었다. 많은 경우에 주문과 선적이 실패했고 재고수량의 변경이 정확하게 기록되지 않았으며, 신뢰할 수 없는 재고 수준이 심각한 재고 고갈을 초래했다. 허쉬푸드, 나이키, A-DEC, 코네티컷 제너럴(Connecticut General) 등은 수억 달러의 손실을 보았다. 50억 달러 규모의 의약 도매업체인 폭

표 11.2 ERP 모듈

핵심 ERP 모듈

재무 관리 이 모듈은 회계, 재무 보고, 성과 관리, 기업 지배구조를 지원한다. 또한 회계자료, 총계정원장, 외상매입금, 외상매출금, 고정자산, 현금 관리 등과 같은 재무 프로세스 및 예측, 제품원가회계, 원가중심회계, 자산회계, 세금회계, 신용 관리, 예산 수립, 자산 관리를 관리한다.

생산 관리 이 모듈은 수요 예측, 원자재 조달, 재고 관리, 원자재 구매, 선적, 생산계획, 생산일정계획, 자재소요계획, 품질통제, 유통, 수송, 공장과 장비 유지보수와 같은 생산계획과 실행의 다양한 측면을 관리한다.

인적자원관리 이 모듈은 인사 관리(인력계획, 종업원 채용, 분담업무 추적, 인력계획과 개발, 성과 관리 및 검토 포함), 시간회계, 급여, 보상, 편익회계, 규제요건 등을 지원한다.

확장 ERP 모듈

고객 관계 관리(제12장에서 상세히 논의함) 이 모듈은 조직과 고객의 모든 관계를 지원한다. 또한 조직이 고객 충성도와 고객유지를 증가시킬 수 있도록 도와주어서 수익성을 개선하도록 도와준다. 또한 고객 데이터와 상호작용에 대한 통합된 관점을 제공하여 고객 니즈에 더 잘 반응하게 한다.

공급사슬관리(제13장에서 상세히 논의함) 이 모듈은 공급사슬의 단계들 사이에 흐르는 정보를 관리함으로써 공급사슬 효율성과 효과성을 극대화한다. 또한 원자재 획득으로부터 고객의 최종제품 수령에 이르기까지 공급사슬을 계획하고 일정계획 및 통제, 그리고 최적화를 도와준다.

비즈니스 인텔리전스(제5장에서 상세히 논의함) 이 모듈은 조직 전체에 걸쳐 사용된 정보를 사용하고 조직화하며 관리자가 의사결정하는 것을 돕기 위해 분석적 도구를 적용한다.

e-비즈니스(제9장에서 상세히 논의함) 고객과 공급업자는 주문상태, 재고 수준, 송장을 포함하는 ERP 정보에 대한 접근을 요구한다. 더욱이 그들은 이러한 정보를 단순한 형식으로 웹을 통해 접속할 수 있기를 희망한다. 결과적으로 이 모듈은 2개의 접근 채널을 통해 ERP 시스템 정보에 접근할 수 있다. B2C, 즉 고객을 위한 하나의 채널과 B2B는 공급업자와 파트너를 위한 하나의 채널이다.

스메이어 드럭스(FoxMeyer Drugs)의 경우, ERP 실행이 실패하여 파산 보호를 초래했다.

거의 모든 ERP 도입 실패의 경우 기업의 관리자와 IT 전문가는 비즈니스 프로세스와 정보시스템을 근본적으로 변경해야 하는 새로운 ERP 시스템의 준비에 필요한 계획 과정과 개발 과정 및 훈련 과정의 복잡성을 과소평가했다. 계획과 개발 과정에서 종업원이 받는 영향과 관리 프로세스의 변화, 그리고 너무나 많이, 그리고 너무 빨리 진행된 전환 프로세스의 시도가 ERP 프로젝트의 실패를 전형적으로 초래한다. 새로운 과업의 불충분한 트레이닝과 적절한 데이터 전환의 실패 및 새로운 시스템에 대한 테스팅이 성공적이지 못한 실행을 야기했다. 이 장의 끝부분에 있는 사례는 ERP 시스템의 실행과 유지보수에 수반되는 많은 어려움을 강조하고 있다.

- 영향을 받게 되는 종업원이 계획 및 개발 단계와 변화 관리 프로세스에 참여하지 않는 것
- 전환 과정에서 너무 빠르게 너무 많은 것을 달성하려고 시도하는 것
- ERP 시스템을 필요로 하는 새로운 과업에 있어서 불충분한 훈련
- 새로운 시스템을 테스트하고 적절한 데이터 전환을 실행하지 못하는 것

ERP 시스템의 실행

기업은 온프레미스(on-premise) 소프트웨어나 SaaS(Software as a Service)를 사용하여 ERP를 실행할 수 있다.

온프레미스 ERP의 실행 ERP 시스템에 의해 관리되는 가치사슬 프로세스 유형과 기업 특유의 가치사슬에 따라, 온프레미스 ERP 시스템을 실행하는 세 가지 전략적 접근법이 있다.

일반적 접근법 : 이 접근법에서 기업은 패키지의 빌트인 시스템 구성 옵션을 사용하여, 표준

ERP 패키지를 실행한다. 시스템을 이 방식으로 실행할 경우 패키지의 표준 설정에서 아주 조금 벗어난다. 일반적 접근법은 기업으로 하여금 보다 신속하게 실행하게 한다. 그러나 조직 특유의 프로세스에 소프트웨어를 적용시키는 범위는 제한되어 있다. 다행히도 일반적 접근법의 실행은 일반적 기능을 제공하기 때문에, 비록 프로세스와 완벽하게 맞지는 않지만, 상대적으로 쉽게 기업의 일반적인 비즈니스 프로세스를 지원할 수 있다.

주문제작 접근법 : 이 접근법에서 기업은 구체적으로 기업에 맞게 설계된 ERP 기능을 새롭게 개발함으로써 보다 고객화된 ERP 시스템을 실행한다. ERP의 고객화 정도에 관련된 의사결정은 각 조직에 따라 다르다. 주문제작 접근법을 사용하기 위해서 기업은 주의 깊게 기존의 비즈니스 프로세스를 분석하고 조직 특유의 특성과 프로세스에 일치하는 시스템을 개발해야 한다. 뿐만 아니라 고객화는 비용이 많이 들고 위험성이 있다. 왜냐하면 ERP 소프트웨어의 새로운 버전이 나올 때마다 컴퓨터 프로그래밍이 업데이트되어야 하기 때문이다.

베스트 오브 브리드(best-of-breed, 최상의 소프트웨어들을 혼용하는) 접근법 : 이 접근법은 일반적 접근법과 주문제작 접근법의 편익을 결합한 것으로, 완벽한 고객화에 따르는 엄청난 비용과 위험을 피하는 것이다. 이 접근법을 채택한 기업은 여러 소프트웨어 공급업체로부터 확장 ERP 모듈과 핵심 ERP 모듈을 가져와서 기업의 독특한 내부 프로세스와 가치사슬에 가장 잘 맞게 결합하고 부합시킨 것이다. 그리하여 기업은 벤더로부터 핵심 ERP 모듈을 몇 개 선택함으로써 해당 산업 내 베스트 프랙티스의 이점을 취한다―예를 들면 재무 관리와 인적자원관리. 동시에 그것은 또한 전문화된 소프트웨어를 선택하여 기업 특유의 비즈니스 프로세스를 지원한다―예를 들면 생산, 창고, 유통. 때때로 기업들은 어렵게 베스트 오브 브리드 접근법에 이른다. 예를 들면 델(Dell)은 다른 기업 애플리케이션과 잘 통합된 보다 작고 유연한 시스템이 답이라는 것을 깨닫기 전에, 주요 벤더로부터 통합된 ERP 시스템을 구입하여 자사의 독특한 프로세스에 맞추고자 고객화하는 데 수백만 달러를 허비했다.

SaaS ERP 실행 기업은 완벽한 소프트웨어 솔루션을 사지 않고도 ERP 시스템을 획득할 수 있다(즉 온프레미스 ERP 실행). 많은 조직들이 클라우드 기반의 ERP 시스템을 획득하기 위해서 SaaS를 사용하고 있다(제14장에서 논의함).

이러한 비즈니스모델에서 기업은 SaaS모델을 사용하여 인터넷에서 그들의 제품을 제공하는 ERP 벤더로부터 소프트웨어를 빌린다. ERP 클라우드 벤더는 소프트웨어의 업데이트를 관리하고 시스템의 보안과 이용 가능성을 책임진다.

클라우드 기반 ERP 시스템은 일부 기업에게는 완벽하게 맞을 수 있다. 예를 들면 IT에 대규모 투자를 할 여유가 없으나, 완전히 통합되어야 할 필요가 있으며 상대적으로 구조화된 비즈니스 프로세스를 가진 기업들이 클라우드 컴퓨팅으로부터 편익을 얻을 수 있다.

기업과 클라우드 벤더 간의 관계는 계약과 서비스 수준 협약(Service Level Agreement, SLA)(제14장 참조)에 의해서 규제된다. SLA는 서비스의 특성과 품질을 정의한다―예를 들면 보장된 가동 시간 또는 시스템을 이용할 수 있는 시간 비율 등. 이와 같은 조건을 충족시키지 못하는 클라우드 벤더는 불이익을 받게 될 수 있다.

온프레미스 ERP 또는 SaaS ERP를 사용할지에 대한 의사결정은 각 조직에 달려있고 조직이 여러 장점과 단점을 어떻게 평가하는지에 달려있다. 다음은 클라우드 기반 ERP 시스템의 세 가지 주요 장점이다.

- 그 시스템은 인터넷이 접속되는 어느 장소에서든 사용될 수 있다. 결과적으로 사용자는

어떤 장소에서든 온라인으로 공유할 수 있고 집중화된 자원(데이터와 데이터베이스)을 사용하여 일할 수 있다. 사용자들은 공급업체의 안전한 가상 사설망(VPN)을 통해 ERP 시스템에 접근할 수 있다.

- 클라우드 기반 ERP를 사용하는 기업은 온프레미스를 실행할 경우에 보통 발생하는 초기의 하드웨어와 소프트웨어 비용을 피할 수 있다. 예를 들면 온프레미스로 SAP를 실행하기 위해, 기업은 SAP의 사용 라이선스뿐만 아니라 SAP 소프트웨어를 구매해야 한다. 이러한 투자 규모는 중소기업으로 하여금 ERP를 채택할 수 없게 만든다.
- 클라우드 기반 ERP 솔루션은 확장이나 축소의 경우에도 아무런 무리가 없다. 즉 새로운 ERP 모듈을 구매함으로써 새로운 비즈니스 프로세스와 새로운 사업 파트너에게 ERP의 지원을 확장할 수 있다.

기업이 클라우드 기반 ERP 시스템을 채택함에 있어서 주의 깊게 평가해야 할 단점들이 또 있다. 다음은 클라우드 기반 ERP 시스템의 세 가지 주요 단점이다.

- 클라우드 기반 ERP 시스템이 온프레미스 시스템보다 더 안전한지는 분명하지 않다. 사실 2012년 노스 브리지 벤처 파트너스(North Bridge Venture Partners)가 실시한 조사에서, 보안은 기업이 클라우드 기반 ERP를 채택하지 않았던 주요 이유였다.
- 클라우드 기반 ERP를 채택한 기업은 전략적인 IT 자원에 대한 통제권을 희생해야 한다. 이러한 이유로, 일부 기업들은 기업 내 IT 부서가 직접 시스템을 관리할 수 있는 온프레미스 ERP 시스템을 선호한다.
- 세 번째 단점은 IT 자원에 대한 통제권 결여가 가져오는 직접적 결과이다. 이 단점은 ERP 시스템이 문제가 발생할 때 드러난다. 예를 들면 일부 ERP 기능이 일시적으로 느려지거나 또는 사용할 수 없게 된다. 그런 경우에 클라우드 벤더의 시스템 지원으로 해결하기보다는 오히려 즉각적으로 문제를 해결할 수 있는 기업 내 IT 부서가 있는 것이 시스템의 복구 속도를 높일 수 있다.

이런 상황은 특히 기술 집약적 기업에 있어서 중요하다. 그런 기업에서는 IT가 고객들과의 업무를 실행하는 데 아주 중요하다. 개인이나 국가 보안과 관련된 상황과 응급 상황을 관리하는 정부 조직 및 전자상거래 기업과 은행 등이 그 예이다(의료기관, 경찰, 국토안보부, 반테러 부서).

마지막으로 클라우드 기반 ERP 벤더가 제공하는 소프트웨어가 느리거나 이용 불가능하게 되면 고객에게 업무 연속성(business continuity) 문제를 유발하게 된다(제7장 참조). 즉 갑작스러운 시스템의 문제나 실패는 기업이 업무를 수행할 수 없게 만든다. 업무 지속성을 잃게 되면, 고객들이 서비스를 받을 수 없고 또 종업원이 업무를 수행할 수 없기 때문에 기업은 손해를 입게 된다. 업무 연속성의 손실은 또한 고객이 기업을 신뢰하지 않기 때문에 기업의 평판을 떨어뜨린다.

전사적 애플리케이션 통합

일부 조직의 경우에 ERP 시스템은 부적절하다. 기존 시스템으로부터 전환하는 과정이 너무 어렵고 시간이 많이 걸리거나 비싸다는 것을 아는 제조기업뿐만 아니라 비제조기업의 경우에도 마찬가지다

그러나 그런 기업들은 서로 연결될 필요가 있는 고립된 연결시스템을 가지고 있다. 이런 과업을 달성하기 위해서 일부 기업들은 기업 애플리케이션 통합을 사용한다. **전사적 애플리케이**

션 통합시스템[enterprise application integration(EAI) system]은 애플리케이션을 함께 연결하는 소프트웨어의 계층을 제공함으로써 기존 시스템을 통합한다. 이러한 소프트웨어의 계층을 미들웨어라고 한다. 본질적으로 EAI 시스템은 기존 애플리케이션이 커뮤니케이션하고 데이터를 공유할 수 있게 함으로써 조직으로 하여금 기존의 애플리케이션을 사용하되 고립된 정보시스템이 초래한 많은 문제를 제거해준다.

다음 절로 넘어가기 전에…

1. ERP를 정의하고, ERP의 기능을 서술하라.
2. ERP II 시스템은 무엇인가?
3. 핵심 ERP 모듈과 확장 ERP 모듈의 차이를 설명하라.
4. ERP 소프트웨어의 단점을 서술하라.
5. ERP의 구성, 주문제작과 베스트 오브 브리드 간의 두드러진 차이점은 무엇인가?

개념 적용 11.3

학습목표 11.3 ERP 시스템의 네 가지 장점과 네 가지 단점을 확인한다.

1단계 – 배경

이 절은 ERP가 모든 기능영역을 지원하는 단일시스템을 구축함으로써 조직 내 정보 사일로를 제거하는 것을 보여주었다. ERP 시스템의 한 예가 SAP 비즈니스 원(SAP Business One)이다. SAP는 ERP 분야의 선도적 솔루션이다. SAP와 같은 ERP를 사용함에 있어서 장점과 단점을 고려해보자.

2단계 – 활동

http://www.wiley.com/go/rainer/MIS3e/applytheconcept에 접속하여 이 절에 해당하는 링크를 클릭한다. 이는 사용자 'angeltechdotit'가 만든 'SAP-Business-One.wmv'라는 제목의 유튜브 동영상을 볼 수 있게 해준다. 이 동영상에서 보듯이, 아주 짧은 순간 동안 SAP 비즈니스 원이 제시하는 정보를 찾기 위해 얼마나 많은 부서와 접촉해야 하는지를 알 수 있다. 만약 이 조직이 정보 사일로를 벗어나 운영된다면, 각 담당자들은 수많은 노트를 해야 하고 여러 부서를 방문해야 한다. 또한 뒤늦게 고객들에게 다시 전화로 답변해야 한다.

3단계 – 과제

OEC가 ERP 없이 고객의 요구사항을 다루어야 하는 것이 얼마나 복잡할지에 대해 생각해본 후, OEC가 SAP 비즈니스 원 ERP를 사용할 경우의 장점과 단점을 확인하라. 생각한 바를 적어 교수에게 제출하라.

11.4 ERP의 비즈니스 프로세스 지원

ERP 시스템은 수많은 표준적 비즈니스 프로세스를 효과적으로 지원한다. 특히 ERP는 end-to-end와 부서 간 프로세스를 관리한다. **부서 간 프로세스**(cross-departmental process)는 (1) 한 부서에서 시작하여 나른 부서에서 종결되고, (2) 동일한 부서에서 시작하고 종결되시만 여러 부서가 프로세스에 포함된다.

구매, 주문 충족, 생산 프로세스

다음은 부서 간 프로세스의 두드러진 세 가지 예이다.

- 구매 프로세스 : 창고 부서(구매 필요성)에서 시작하여 회계 부서(지불)에서 종결된다.
- 주문 충족 프로세스 : 판매 부서(고객의 주문)에서 시작하여 회계 부서(상품 대금의 결제)에

서 종결된다.

- 생산 프로세스 : 창고 부서에서 시작하고 종결(생산 필요성과 완제품의 접수)되나, 또한 생산 부서도 포함된다.

다음 절에서 각각의 특유한 단계에 초점을 두어, 세 가지 프로세스를 보다 상세히 검토한다.

구매 프로세스 구매 프로세스(procurement process)는 기업이 외부 원천에서 제품이나 서비스를 획득할 필요가 있을 때 시작되고 획득 후 대금을 지불하고 제품을 수령하게 되면 종료된다. 기업이 제품을 얻기 위해 필요한 구매 프로세스를 생각해보자. 이 프로세스는 세 가지 주요 부서, 즉 창고, 구매, 회계 부서를 포함하며 그것은 다음과 같은 단계로 구성된다.

- 창고 부서에서 시작된 그 프로세스는 필요한 제품을 구매하기 위해 구매 요청서를 작성한다.
- 창고 부서가 구매 부서에 구매 요청서를 보내면, 구매 부서는 구매 주문서(purchase order, PO)를 작성하고 그것을 벤더에게 보낸다. 일반적으로 기업은 여러 벤더들 중에서 고를 수 있으며 편의성과 속도, 신뢰성 및 다른 특성을 고려하여 요구사항에 가장 적합한 것을 선택한다.
- 기업은 주문한 후 창고 부서가 제품을 받게 되고, 창고 부서는 기업이 주문한 것과 일치하는지 확인한다. 구매 주문서대로 배송된 제품에 부착된 포장 목록을 비교함으로써 이 과업을 수행한다.
- 배송 내용이 주문과 일치하면 창고는 제품 수령 서류를 발급한다.
- 동시에 또는 잠시 후에 회계 부서가 벤더로부터 송장을 받는다. 그때 회계 부서는 구매 주문서와 제품 수령서류 및 송장이 일치하는지를 확인한다. 이와 같은 과정을 3자간 일치(three-way-match)라고 한다.
- 회계 부서가 일치 여부를 검증한 후에 지불 과정을 진행하고 벤더에게 결제대금을 보낸다.

그림 11.4는 구매 프로세스를 설명해준다.

주문 충족 프로세스 기업이 제품을 구매하는 구매 프로세스와는 대조적으로, **주문 충족 프로세스**(order fulfillment process)에서는 기업이 제품을 고객에게 판매한다. 주문 충족 프로세스는 기업이 고객의 주문을 받을 때 시작되고 기업이 결제대금을 받을 때 종료된다.

주문 충족 프로세스는 두 가지 기본 전략, 즉 재고판매와 주문생산을 취할 수 있다—재고판매는 창고(재고)의 제품을 사용하여 고객 주문을 직접적으로 충족시키는 것이다. 이 제품은 표준화된 것으로 기업이 구매자를 위해 고객화할 수 없다. 대조적으로 **주문생산**은 고객이 고객 요구사항에 맞추어 제품을 고객화한다.

주문 충족 프로세스에는 세 가지 주요 부서, 즉 판매, 창고, 회계 부서가 포함된다. 이 프로세스는 다음 단계를 수반한다.

- 판매 부서는 고객의 문의를 받게 되는데 본질적으로 특정 제품의 가격이나 구매 가능 여부에 관한 정보를 요구한다(여기에서 서비스보다는 제품에 대한 고객 주문의 충족을 다룬다).
- 판매 부서가 문의를 받은 후 판매 가능 여부와 가격에 관한 견적을 제공한다.
- 고객이 가격과 조건에 동의하면 판매 부서는 고객의 구매 주문서와 판매 주문서를 작성

한다.

- 판매 부서는 창고 부서에 판매 주문서를 보낸다. 판매 주문서는 특정한 고객 주문을 충족시키는 데 수반되는 내부 프로세스를 기업이 추적할 수 있게 도와주는 부서 간 서류이다. 뿐만 아니라 판매 주문서는 제품의 수량과 가격 및 기타 특성 등 상세내용을 포함하고 있다.

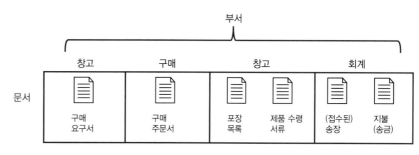

그림 11.4 구매 프로세스에 수반된 부서와 문서의 흐름

- 창고는 배송을 준비하고 두 가지 내부 서류를 작성한다. 그중 한 가지인 피킹 서류는 창고에서 제품을 꺼내오는데, 다른 한 가지인 포장목록 서류는 선적 시 수반되며, 배송 관련 상세내용을 담고 있다.
- 동시에 회계 부서는 고객에게 송장을 발부한다.
- 프로세스는 회계 부서가 송장과 일치하는 결제대금을 받을 때 종결된다.

그림 11.5는 주문 충족 프로세스를 보여주고 있는데, 기본 단계는 두 가지 전략에 있어서 동일하기 때문에 재고판매와 주문생산 모두에 적용된다.

생산 프로세스 생산 프로세스(production process)는 모든 기업이 제품을 생산하는 것은 아니기 때문에 모든 기업에서 일어나지는 않는다. 사실 많은 기업의 활동은 구매와 소비자에게 판매하는 것에 제한된다.

생산 프로세스는 두 가지 상이한 전략을 따른다—재고생산과 주문생산(제13장의 풀모델과 푸시모델 참조). 재고생산은 기업이 제품을 생산하거나 재고를 증가시킬 때 발생한다. 즉 재고는 창고에 저장되어 있어서 판매될 수 있는 완제품이다. 대조적으로 주문생산은 고객의 특정한 주문이 있을 때 발생한다.

자신의 제품을 생산하는 제조 기업은 생산과 창고 부서 사이를 이동하는 부서 간 생산공정을 관리한다. 생산 부서는 다음 단계를 수반한다.

- 창고 부서는 기업이 완제품을 생산할 필요가 있을 때 계획된 주문서를 발행한다. 왜냐하면 창고가 불충분한 재고를 갖고 있거나 고객들이 현재 재고가 없는 제품을 주문할 수 있기 때문이다.
- 일단 계획된 주문서가 생산 부서에 도착하면 생산 관리자가 그 주문을 인정하고 특정 제품의 특정 수량을 생산하도록 지시하는 생산지시서를 발행한다.

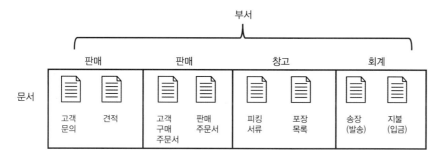

그림 11.5 주문 충족 프로세스에 수반된 부서와 문서의 흐름

- 완제품을 조립하기 위해 생산 부서는 많은 원자재나 부품을 필요로 한다. 이 원자재를 얻기 위해 생산 부서는 필요한 부품을 모두 기록한 목록, 즉 원자재 출고 신청서를 작성하고 이를 창고 부서에 보낸다.
- 만약 부품이 창고에 있으면 창고 부서는 부품을 생산 부서에 제공한다. 만약 부품이 없으면 기업은 구매 프로세스를 통해 자재를 구매해야 한다.
- 생산 부서는 제품을 생산한 후에 명시된 생산 지시서를 업데이트한다. 계획대로 특정 수량의 제품을 창고에 배송한다.
- 창고 부서는 완제품을 받자마자 입고된 판매 가능 제품의 수량을 확인하여 제품 수령서를 발행한다.

위의 생산공정에 대한 개관은 아주 단순한 것이다. 사실 그 공정은 매우 복잡하며 추가적인 단계가 빈번하게 발생한다. 뿐만 아니라, ERP 시스템은 자재명세서(최종제품을 완성하는 데 소요되는 모든 부품의 목록), 작업센터의 목록(생산공정을 수행할 장소), 그리고 제품 공정 순서(생산 단계) 등의 여러 가지 서류와 정보들을 수집한다. 이런 모든 주제는 생산공정에 대한 깊이 있는 분석을 필요로 하기 때문에 여기서 논의할 범주를 벗어난다. 그림 11.6은 생산 프로세스를 설명해준다.

원자재 구매와 주문 충족 및 생산공정에 있어서의 편차나 예외 상황을 가져오는 많은 사건들이 발생할 수 있다. 편차는 다음과 같다.

- 제품 수령의 지연
- 배송과 배송 관련 청구서 발행에 있어서 성공적이지 못한 3자간 일치의 문제
- 견적서의 거절
- 배송의 지연
- 배송을 준비하거나 고객에게 청구서를 발송함에 있어서의 실수
- 제품의 과잉 생산
- 생산공정에 사용될 수 없는 부품의 수령
- 공급업자의 특정 부품을 이용할 수 없는 것

기업은 ERP 시스템이 각 공정 내 발생하는 모든 활동을 추적할 수 있기 때문에 원자재 구매와 주문 충족 및 생산공정을 관리하는 데 이를 사용한다. 더욱이 시스템은 각 프로세스의 각 단계에서 생성된 모든 문서를 실시간으로 필요할 때면 언제든지 쓸 수 있는 중앙집중형 데이터베이스 내에 저장한다. 그러므로 하나 또는 그 이상의 부서 간 프로세스 중에 발생한 예외나 실수는 단지 ERP 시스템을 조회하거나 보다 주의 깊게 수정하거나 검토해야 할 특정 문서나 정보를 검색하기만 하면 즉각적으로 해결된다. 그러므로 각 프로세스에서 각 단계를 따르고 해당 문서

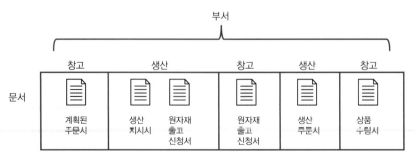

그림 11.6 생산 프로세스에 수반된 부서와 문서의 흐름

를 ERP 시스템에 등록 기재하는 것이 중요하다.

그림 11.7은 방금 논의했던 교차기능적 프로세스를 보여주는 것으로, ERP 시스템에 의해 가능한 세 가지 프로세스의 통합을 강조하고 있다.

조직 간 프로세스 : SCM/CRM ERP

비록 구매와 주문 충족 프로세스가 공급업자와 고객을 포함하지만, 기업 내에서 시작하고 종결되기 때문에 조직 내 프로세스로 고려된다. 그러나 ERP 시스템은 한 기업에서 시작하고 다른 기업에서 종결되는 프로세스도 관리할 수 있다. 이런 프로세스를 조직 간 프로세스라 지칭하며, 일반적으로 SCM(공급사슬관리)과 CRM(고객 관계 관리) 시스템을 수반한다. 제12장에서 CRM과 제13장에서 SCM에 대한 보다 상세한 설명을 볼 수 있다. 여기서는 기업이 속한 산업의 가치사슬 내 프로세스의 통합에 초점을 두고자 한다.

SCM과 CRM 프로세스는 한 산업 내의 수많은 기업들이 판매 생산 제품과 서비스의 활동들을 조정하는 것을 돕는다. 소멸성 상품들을 적절히 관리해야만 하는 공급사슬로 구성된 식료품점의 한 체인을 생각해볼 수 있다. 한편으로 점포 관리자는 소멸성 제품의 유효기간 전에 제품을 판매할 수 있을 것이란 확신이 드는 수량만큼만 저장할 필요가 있다. 반면 고객들이 필요로 하는 제품이 품절되는 것을 원하지는 않는다.

ERP SCM 시스템은 공급자로부터 신선한 소멸성 상품들을 실시간으로 구매하도록 자동으로 요청하는 기능을 가지고 있다. 즉 소멸성 상품을 구매할 때마다 시스템은 구매 관련 데이터를 수집하고, 점포의 재고 수준을 조정하고, 제품의 벤더뿐만 아니라 식료품 체인점의 창고에 이러한 데이터를 전송한다. 시스템은 벤더시스템뿐만 아니라 창고와 회계 부서에 POS 바코드 스캐닝 시스템을 연결함으로써 이 프로세스를 실행한다. 또한 SCM 시스템은 기존 데이터를 사용하여 점포의 공급 수준이 너무 낮아지기 전에 언제 신선한 제품을 주문해야 할지를 예측할 수 있다.

ERP CRM 시스템은 또한 지리적 영역과 계절, 요일, 고객 유형과 같은 주요 변수들에 기초하여 제품 소비에 대한 예측분석을 하여 기업에 편익을 제공한다. 분석은 또한 식료품점으로 하

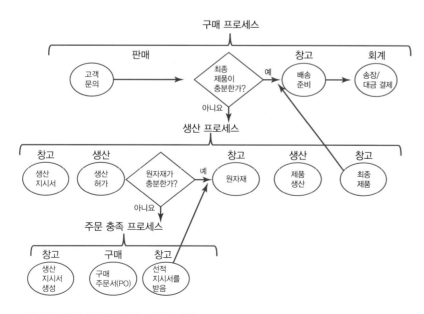

그림 11.7 ERP 시스템에 의한 프로세스 통합

다음 절로 넘어가기 전에…

1. ERP 시스템이 일반적으로 지원하는 조직 간 세 가지 주요 프로세스는 무엇인가?
2. 각 프로세스 내 모든 단계들이 ERP 시스템 내에 저장되는 문서를 생성하는 것이 왜 중요한가?
3. 조직 간 프로세스와 조직 내 프로세스 간 차이는 무엇인가?
4. 조직 내 프로세스를 지원하는 두 가지 주요한 ES 시스템은 무엇인가?

여금 소멸성 제품의 고객 니즈를 충족시키기 위해 공급사슬을 조정할 수 있게 도와준다. 더 나아가 CRM 시스템은 특별한 고객 니즈를 확인하고 이와 같은 정보를 사용하여 구체적인 제품 광고를 제안하게 해준다. 이와 같은 광고는 잠재적 수요를 판매기회로 전환하고 판매기회는 다시 판매시세와 주문으로 전환된다. 이런 과정을 소위 주문 수요라 한다.

개념 적용 11.4

학습목표 11.4 ERP 시스템이 지원하는 세 가지 비즈니스 프로세스를 서술한다.

1단계 – 배경

이 장의 서두에서 TPS, FAIS, ERP 시스템으로부터 생성되는 보고서에 대해 논의했다. 특히 이 보고서들은 정말로 ERP의 진정한 힘이다. 올바른 의사결정을 위해 적시에 올바른 담당자에게 올바른 정보를 제공하는 것은 ERP를 설치하고 실행하는 모든 활동의 목적이다. 교재 앞부분에서 보았듯이 관리자는 IT 의사결정 지원 도구를 필요로 한다. 왜냐하면 의사결정이 보다 복잡해지고, 결정할 시간은 부족하며, 보다 많은 선택 대안이 있고, 부정확한 의사결정에 따른 비용은 점점 증가하기 때문이다.

2단계 – 활동

http://www.wiley.com/go/rainer/MIS3e/applytheconcept에 접속하여 이 절에 해당하는 링크를 클릭한다. 사용자 'kinhvan69'가 만든 'Phoebus ERP-Customized Dashboard'라는 제목의 유튜브 동영상을 볼 수 있다. 이 동영상은 포이보스(Phoebus)가 제공하는 대시보드 도구를 소개하고, 개별 사용자가 자신의 필요에 따라 고객화하는 능력을 알려준다. 이러한 유형의 대시보드가 이 장에서 학습한 많은 보고서를 모두 통합해준다.

동영상을 보면서, 이 절에서 논의한 대로 ERP 시스템이 지원하는 세 가지 주요 프로세스 유형(구매, 주문 충족, 생산)의 예를 찾아보라.

3단계 – 과제

세 가지 주요 프로세스 유형과 이를 ERP가 지원하는 방식을 논의하라. 대시보드 비디오에서 학습한 것을 사용하여 이 프로세스들을 지원하기 위해 대시보드가 제시할 수 있는 정보 유형이 무엇인지 논의하라.

나를 위한 IT는 무엇인가?

회계 전공자

ACCT 거래처리시스템의 기능과 결과물을 이해하는 것은 모든 회계사의 주요한 문제이다. 모든 기능영역의 다양한 활동을 이해하는 것이 필요하며 그것들이 어떻게 상호 연결되는지 알아야 한다. 회계정보시스템은 ERP 패키지의 핵심 요소이다. 사실 대규모의 모든 CPA 기업은 수천 명의 특별히 훈련된 회계 전공자를 활용하여 ERP 구현에 대해 고객에게 상담해준다.

재무 전공자

FIN IT는 재무 분석가와 관리자로 하여금 자신의 과업을 보다 잘 수행할 수 있도록 도와준다. 특히 중요한 것은 현금흐름을 분석하고 원만한 기업운영에 필요한 재무상태를 확보하도록 해주는 것이다. 또한 재무 애플리케이션은 위험분석, 투자 관리, 상이한 통화와 회계규정을 포괄하는 글로벌 거래 활동을 지원할 수 있다.

재무 활동과 모델링은 ERP 시스템의 주요 구성요소이다. 대부분의 가치사슬 중심에 있는 자금의 흐름은 효율적이고 효과적으로 실행되어야 한다. 재무 계획은 통화정책과 금융규제가 고려되어야 하는 글로벌 공급사슬에서 특히 중요하다.

마케팅 전공자

MKT 마케팅과 판매비용은 보통 원가절감 프로그램의 목표이다. 또한 판매자동화는 판매원의 생산성을 개선할 뿐만 아니라 결국 원가를 절감시키고 고객 서비스를 개선한다.

생산/운영 관리 전공자

POM 생산과업 관리, 자재취급, 짧은 시간간격의 재고관리, 낮은 원가, 높은 품질은 경쟁력에 중요하다. 이러한 활동은 적절히 정보기술이 지원할 때만 달성될 수 있다. 더욱이 정보기술은 다른 기능영역, 특히 판매와의 상호작용을 아주 많이 향상시킬 수 있다. 설계와 제조 및 로지스틱스의 협력은 현대 정보시스템이 어떻게 연결될 수 있는지에 대한 지식을 필요로 한다.

인적자원관리 전공자

HRM 인적자원관리자는 일부 일상적인 기능을 위해 IT를 사용함으로써 효율성과 효과성을 증가시킬 수 있다. 인적자원 부서의 구성원은 인적자원 부서와 다른 부서 간의 정보흐름이 어떠한지 이해할 필요가 있다. 끝으로 ERP 시스템을 통한 기능영역의 통합은 인적자원관리 부서가 수행하는 과업에 관련된 종업원들의 기술 요구사항과 희소성에 큰 영향을 미친다.

경영정보시스템 전공자

MIS 경영정보시스템 기능은 조직에서 가장 근본이 되는 정보시스템, 즉 거래처리시스템에 책임이 있다. 거래처리시스템은 데이터베이스를 위한 데이터를 제공한다. 즉 다른 모든 정보시스템이 이 데이터를 사용한다. 경영정보시스템 부서의 구성원은 모든 조직 수준과 기능영역을 지원하는 애플리케이션을 개발한다. 또한 애플리케이션은 기업이 파트너와 비즈니스를 수행할 수 있게 해준다.

요약

1. 거래처리시스템의 목적을 설명한다.

   거래처리시스템은 모든 거래에서 발생한 데이터를 모니터링하고 저장, 통제 및 처리한다. 이는 조직 데이터베이스의 입력 자료가 된다.

2. 정보시스템이 조직의 각 기능영역에 제공할 수 있는 지원의 유형을 설명한다.

   주요한 사업 영역은 생산/운영, 마케팅, 회계/재무, 인적자원관리 부문이다. 표 11.1은 기능별 정보시스템이 지원하는 각 영역의 여러 활동을 개괄적으로 보여준다.

3. ERP 시스템의 네 가지 장점과 네 가지 단점을 확인한다.

   ERP 시스템은 모든 조직 자원의 계획과 관리 및 사용을 통합한다. ERP 시스템의 주요 목적은 조직의 기능영역을 완전히 통합하는 것이다. 이러한 통합은 다양한 기능영역 간에 정보를 이음새 없이 흐를 수 있게 해준다.
   ERP 시스템의 주요한 편익은 다음과 같다.

   > ERP 시스템은 조직의 자원을 통합하기 때문에 조직을 보다 유연하고 민첩하며 적응력 있게 만들어준다. 그러므로 조직은 신속하게 기업 상황에 반응할 수 있고 새로운 비즈니스 기회를 이용할 수 있다.
   > ERP 시스템은 기능영역에 걸친 기업 성과에 관한 주요 정보를 제공한다. 이러한 정보는 관리자의 능력을 개선하여 적시에 보다 나은 의사결정을 하게 해준다.
   > ERP 시스템은 조직의 자원을 통합함으로써 고객 서

비스와 생산 및 유통의 품질을 크게 개선하는 결과를 가져온다.
   ERP 시스템의 주요한 단점은 다음과 같다.

   > ERP 소프트웨어의 비즈니스 프로세스는 ERP 벤더가 개발한 최선의 관행에 의해 미리 정의된다. 결과적으로 기업은 소프트웨어의 사전에 정의된 비즈니스 프로세스에 맞추기 위해서 기존의 비즈니스 프로세스를 변경해야 한다. 잘 확립된 절차를 가진 기업의 경우에 이러한 요건은 큰 문제가 될 수 있다.
   > ERP 시스템은 실행하기가 매우 복잡하고, 돈이 많이 들고, 시간이 많이 소모될 수 있다. 사실 새로운 ERP 시스템의 실행비용과 실패 위험은 상당히 크다.

4. ERP 시스템이 지원하는 세 가지 비즈니스 프로세스를 서술한다.

   구매 프로세스는 창고 부서(구매할 필요가 있는)에서 시작하여 회계 부서(결제대금을 송금)에서 종료된다.

   주문 충족 프로세스는 판매 부서(고객의 구매 요구)에서 시작하여 회계 부서(결제대금을 받음)에서 종료된다.

   생산 프로세스는 창고 부서에서 시작하여 종료(생산의 필요성과 완성품의 수령)되지만 생산 부서도 과정에 함께 한다.

   우리는 당신에게 이 각 과정에 대하여 상세한 단계들을 설명하고 있다.

>>> 용어 해설

거래 데이터베이스에 저장되고 획득될 가치가 있는 데이터를 산출하는 비즈니스 사건

거래처리시스템 조직의 기본적 거래 활동으로부터 발생한 데이터를 모니터링하고 수집, 저장 및 처리하는 것을 지원하는 정보시스템

구매 프로세스 교차기능적 비즈니스 프로세스로서 한 기업이 외부로부터 재화나 서비스를 획득할 필요가 있을 때 시작되며, 그 기업이 주문한 것을 받고 대가를 지불하면 종결된다.

기능별 정보시스템 계획 과정과 조직화 및 운영 통제를 지원

하기 위해 기능영역별 관리자(보통 중간 수준)에게 정보를 제공하는 시스템

드릴다운 보고서 일상 보고서에 포함되는 보고서로서 보다 상세한 수준의 내용을 보여준다.

배치 프로세싱 고정된 일정 간격으로 묶음별 데이터를 처리하는 거래처리시스템

부서 간 프로세스 한 부서에서 시작하고 다른 부서에서 종결되는 비즈니스 프로세스 또는 여러 부서가 업무에 참여하지만 한 부서에서 시작하여 동일한 부서에서 종결된다.

비교 보고서 여러 부서 또는 여러 시기별 성과를 비교하는

보고서

생산 프로세스 교차기능적 비즈니스 프로세스로, 한 기업이 물리적 제품을 생산함

예외 보고서 특정한 기준치를 벗어나는 정보만을 포함하는 보고서

온라인 거래처리 거래가 발생한 후 실시간으로 빈번하게 데이터를 처리하는 거래처리시스템

일상 보고서 일정 간격으로 산출되는 보고서

전사적 애플리케이션 통합시스템 애플리케이션을 함께 연결하는 소프트웨어에 계층을 제공함으로써 기존 시스템을 통합하는 시스템

주문 충족 프로세스 교차기능적 비즈니스 프로세스로, 기업이 고객의 주문을 받을 때 시작되며, 고객으로부터 대금을

받게 되면 종결된다.

주요지표 보고서 주요 활동의 성과를 요약하는 보고서

컴퓨터 통합생산 다양한 공장 자동화 시스템을 통합하는 정보시스템으로, 소위 디지털 제조라 부른다.

특별 보고서 비일상 보고서로서 일상 보고서에 포함되지 않는 특별한 정보를 포함하는 보고서

ERP 시스템 모든 조직자원의 계획과 관리 및 사용을 통합하기 위해 전체 조직에 대한 비즈니스 프로세스 관점을 취하는 정보시스템으로 공통의 소프트웨어 플랫폼과 데이터베이스를 사용함

ERP II 시스템 기업의 주요 시스템(예 : 재고와 생산)과 고객, 공급업자, 유통업자 등의 웹 가능 링크를 제공하는 기업 간 ERP 시스템

>>> 토론 주제

1. 기능영역별 IT 애플리케이션을 구성하는 것이 왜 논리적인가?

2. 서비스조직에서 TPS의 역할을 서술하라.

3. TPS와 FAIS 사이의 관계를 서술하라.

4. IT가 어떻게 예산 수립 프로세스를 촉진하는지 토의하라.

5. 인터넷은 어떻게 투자 의사결정을 지원할 수 있는가?

6. 통합된 회계 소프트웨어 패키지의 편익을 서술하라.

7. 감사 지원에서 IT가 행하는 역할을 논의하라.

8. 인적자원관리에서 웹의 역할을 조사하라.

9. 정보 사일로와 전사적 자원계획 간의 관계는 무엇인가?

>>> 문제 해결 활동

1. 인터넷에서 직업을 구하는 것은 찾아야 할 곳이 너무 많아서 어려움이 있다. 다음 사이트를 방문하라—www. careerbuilder.com, www.craigslist.org, www.linkedin. com, www.jobcentral.com, www.monster.com. 이들 각 사이트는 구직자에게 무엇을 제공하는가?

2. www.sas.com에 들어가서 수익최적화에 접속하라. 그 소프트웨어가 가격을 최석화하는 데 어떻게 도움이 되는지 설명하라.

3. www.eleapsoftware.com에 들어가서 온라인 트레이닝으로 도움을 주는 제품을 검토하라. 이 제품의 가장 매력적인 특징은 무엇인가?

4. http://www.wiley.com/go/rainer/MIS3e/problem-solving에서 Microsoft Dynamics의 데모를 검토하라. 자신이 선택한 각기 다른 기능영역의 세 가지 데모를 검토하라. 각 제품의 기능에 대한 보고서를 준비하라.

5. 다음의 재무 소프트웨어 패키지의 기능을 검토하라—파이낸셜 애널라이저(오라클)와 CFO 비전(SAS 인스티튜트). 소프트웨어 패키지의 기능을 비교하는 보고서를 준비하라.

6. 인터넷을 서핑하고 무료로 제공되는 회계 소프트웨어를 찾아라(http:www.wiley.com/go/rainer/MIS3e/problemsolving, www.rkom.com, www.tucows.com, www.passtheshareware.com, www.freeware-guide.com에서 CNet 소프트웨어를 사용해보라). 소프트웨어를 다운로드하고 시도해보라. 각 소프트웨어의 사용 용

이성과 유용성을 비교하라.

7. 다음 재무 소프트웨어의 기능을 검토하라―텍포털
(TekPortal, www.tekknowledge.com), 파이낸셜 애
널라이저(www.oracle.com)와 파이낸셜 매니지먼트
(www.sas.com). 소프트웨어 패키지의 기능을 비교하
는 보고서를 준비하라.

8. 세이지 소프트웨어(http://us.simplyaccounting.com)의

심플리 어카운팅 베이직(Simply Acounting Basic)을 찾
아 이 제품을 소규모 기업에 추천하는 이유를 설명하라.

9. www.halogensoftware.com과 www.successfactors.
com에 들어가서 소프트웨어 제품을 비교 검토하라.

10. www.iemployee.com에 들어가 그것이 인적자원관리
활동에 제공하는 지원내용을 찾고 그 제품의 기능에 대
한 보고서를 준비하라.

>>> 협력 활동

1단계 - 배경
거래처리시스템과 기능영역시스템 및 ERP 시스템은 조직
내 수많은 의사결정을 지원하는 기초를 제공한다. 여러 데
이터베이스 또는 데이터 웨어하우스에 들어 있는 모든 데이
터는 의사결정을 지원하기 위해 제공되는 다양한 시스템이
접근할 수 있다.

2단계 - 활동
당신의 팀을 가능한 한 전공에 기초하여 재고, 판매, 생산,
인사, 회계 등의 포지션으로 나눈다. (나누기에 전공이 충분
치 않으면 선호도에 따라 나눈다.) 당신이 부품을 판매하는
제조업체이고 당신의 최고 판매사원이 방금 1만 개 거래를
마쳤다고 상상해보자.

위에서 언급한 각 시스템마다 이 거래에 대해 설명하고

저장 및 분석, 배포하기 위해 필요한 정보를 기술해보자.

모든 구성원이 데이터 니즈 목록을 완성한 후, 한 팀으로
서 이 거래에 필요한 모든 정보를 얻기 위한 구글 폼을 작성
하여 공유하고 이를 스프레드시트에 통합하라. 그다음 거
래 시트로부터 영역 특유의 데이터(재고, 매출액, 생산, 인력
등)를 얻는 새로운 시트를 작성하라.

3단계 - 과제
이것은 매우 기본적인 연습이지만 조직 전반에 걸친 데이터
를 획득하고 공유할 수 있는 시스템의 설계가 갖는 복잡성을
평가할 수 있게 해준다. 한 팀으로서 TPS를 구축하는 데 구
글 폼을 사용한 당신의 경험에 대하여 요약하라. 요약을 제
출하고 당신의 구글 폼과 구글 스프레드시트에 연결시켜라.

마무리 사례 1 〉 제너럴모터스는 그들의 IT 전략을 전환시켰다

문제 〉〉〉 제너럴모터스(GM, www.gm.com)는 아웃소싱
을 탈피하여 미국의 수천 명에 이르는 기술 전문가들을 고용
하는 방향으로 정보기술의 운용과 전략을 전환하는 중에 있
다. 이 과정을 인소싱이라고 한다.

하지만 현재 GM의 가장 긴급한 이슈는 자동차 제조사
가 쉐비 코발트(Chevy Cobalt)와 점화 스위치에 결함이 있
는 다른 자동차들을 리콜하는 데 너무 늦다는 혐의에서 비롯
된다. 이러한 실패는 13명의 사망으로 이어졌고, 이것은 의
회 조사뿐만 아니라 연속된 소송까지 유발했다. 이 리콜은
2003~2007년 사이에 생산된 160만 대의 차량이 포함된다.
이 위기는 GM에게 IT 기반시설의 개선을 더욱 중요하게 만
들었다.

차량 품질 문제의 조기 발견은 GM이 분석 과정에 생산 데
이터를 통합하지 않은 사실 때문에 복잡해졌다. 대신에 그
생산 데이터는 브랜드별로 나뉘었고 그 브랜드 안에서 차량
모델별로 세분화되었었다. 기자가 물었다. "현재 기업 데이
터 웨어하우스(EDW)가 GM으로 하여금 점화 스위치 결함
등과 같은 문제를 확인하고 보다 빨리 처리하는 데 도움을
주었습니까?" GM의 CIO인 모트(Randy Mott)는 대답했다.
"우리가 데이터를 분석하는 데 사용하기 쉽고 보편적인 방
식을 사용한 적이 있습니까, 아니면 과거에 다른 결론에 도
달한 적이 있나요? 저는 그랬다고 확신합니다."(제5장에서
기업 데이터 웨어하우스에 대해 자세히 논의했다.)

IT 해결책 >>> 품질 분석과 다른 목적들을 위해 하나의 EDW를 만들어내는 것은 언제나 GM의 IT 전환계획의 일부였다. 2014년 중반까지 GM은 상품개발, 구매, 물류, 품질, 생산, 고객 관리, 판매, 마케팅, 재무 및 기타 기능에 관련된 1.1페타바이트의 데이터를 새로운 저장소로 옮겼고, 보다 많은 데이터를 통합할 계획이다. 사실 GM은 데이터를 사용하여 자동차 품질을 개선하기 시작했다. EDW의 주요 기능은 GM의 미래 계획을 돕는 것이다. EDW를 이용하여 GM은 안전성과 품질을 개선하고, 수익성을 평가하기 위해 차량식별번호(VIN)의 데이터를 분할하고 분석할 수 있다.

GM사는 전 세계의 그들의 기업과 부지에 흩어져 있는 200개의 데이터 마트 중 55개를 그들의 EDW 안으로 유입시켰다. GM은 전 세계 170여 개의 공장에서 나오는 구조화된 데이터와 구조화되지 않은 데이터를 모두 입력하고 있다. GM은 또한 그들의 IT 부서가 구축하고 있는 애플리케이션, 즉 GM의 딜러들이 그들의 서비스 업무를 관리하는 데 유용한 새로운 애플리케이션에서 나오는 데이터도 통합하고 있다. GM은 2015년 말까지 100%의 IT 운용 데이터와 90%의 품질 데이터, 그리고 50%의 물류와 구매조달 데이터를 EDW에 옮길 것으로 예상하고 있다.

EDW의 노력을 넘어서 GM은 IT 전환을 위하여 다른 요소들을 추진하고 있다. 모트는 직원들이 더욱 비용 효과적이며, 더 많은 혁신을 추구하고, 아웃소싱했던 IT 부서보다 더 빠르게 결과를 얻을 것으로 믿는다. 그래서 자동차 제조업체는 (2013년 1월) 10%였던 사내 IT 업무 성과를 2015년 말에는 90%까지 끌어올렸다. 이런 전환의 결과로, GM은 2018년까지 1만 2,000명의 사내 IT 전문가를 둘 것으로 예상되며, 그중 2,000명은 '사업을 운영할' IT 기능을 수행하게 하고, 나머지는 새로운 애플리케이션 개발에 집중케 할 것이다.

모트는 애플리케이션 개발이나 데이터센터 운영 등과 같은 전통적인 IT 아웃소싱에 대해 회의적이다. 그는 GM의 물류 계약을 검토 중이며, 그들의 IT 요소들을 기업 내부로 옮기도록 요구하고 있다. 왜 모트는 GM이 물류 관련 IT를 이 분야의 전문 기업보다 더 잘 수행할 수 있다고 믿는가? 그는 GM의 규모에서, 자동차 제조업체가 보다 싸고 자동차 제조업체의 니즈에 잘 맞는 기술을 제공할 것으로 보았다. 그는 더 나아가 GM이 이미 전 세계 곳곳에서 1,420억 달러 가치의 부품들을 움직이고 있다고 주장했다. 그런데 왜 GM은 그들의 물류 기능을 지원하기 위해 IT를 제공하지 않았어야 했는가?

GM은 2013년 10월 두 번의 주말에 걸쳐 340개 이상의 메인프레임 애플리케이션을 아웃소싱 공급업체의 데이터센터로부터 GM의 새로운 데이터센터로 이전해 왔다. 모트는 그의 사내 IT 부서가 전문적인 운영이라는 성공적 과정을 증거로 강조했다.

진짜 테스트는 GM의 IT 부서가 그들의 경쟁사들보다 더 나은 혁신을 가져오느냐이다. 몇 가지 예를 들 수 있다. 혁신 한 가지는 GM이 그들의 딜러에게 공짜로 주는 태블릿 앱이다. 이 앱은 판매자가 데스크톱으로 돌아갈 필요 없이 휴대기기에서 재고와 공급사슬상의 제품, 그리고 자동차에 대한 인센티브를 볼 수 있게 해준다. GM은 또한 더 나은 고객 경험을 제공하려는 바람으로 딜러의 보다 나은 자동차 서비스 운영을 돕기 위해 새로운 서비스인 자동화 애플리케이션을 배치하고 있다.

GM은 또한 데이터를 옮기고 관리하는 데는 보다 적은 시간을 쓰고, 자동차 개발에 더 많은 시간을 쓰도록 엔지니어들의 시스템을 단순화하는 데 집중하고 있다. GM은 또 충격 테스트의 보다 정확한 시뮬레이션과 자동차의 개발속도 제고를 위한 고성능 컴퓨팅 계획을 늘리고 있다. 생산부문에서는 자동차업체가 실시간으로 공장의 도색작업 품질을 파악하는 과정을 모니터하고 분석하는 데 적용하고 있다. 그럼으로써 자동차가 마지막 검사장소나 딜러에게 도달하기 전에 문제들을 발견할 수 있다.

결과 >>> GM의 CEO인 바라(Mary Barra)는 2014년 1월부터 GM사가 리콜을 관리하지 못한 것에 대하여 사과했다. 그녀는 또한 무엇이 잘못됐는지에 대한 조사에 착수했다. 게다가 그녀는 전 세계의 자동차 안전을 담당할 부회장 자리를 새로 만들었고, 그로 하여금 데이터를 사용하여 안전성 문제를 예방하도록 했다. 그는 전체 조직을 스캔할 것이고 안전성 데이터를 식별하고 분석하며, 전 세계의 자동차 안전성 성과에 대한 그림을 실시간으로 정확하게 GM에 제공할 것이다.

위에서 논의한 수많은 계획의 결과를 보고하기에는 아직 너무 이르다. 하지만, GM은 2013년에 1,550억 달러의 수익을 기록했는데, 이는 2012년보다 2% 증가한 값이다.

출처 : P. Lebeau, "Many GM Cars Unlikely to Get Faults Fixed, Despite Major Recall," *NBC News*, April 8, 2014; S. Glinton, "Just How New Is the 'New' GM?" *NPR*, April 8, 2014; G. Wallace, "General Motors Owners Still Waiting for Recall Repairs," *CNN Money*, April 7, 2014; J. Nocera, "GM's Cobalt Crisis," *New York Times*, April 7, 2014; C. Murphy, "GM's Data Strategy Pushed to Center Stage," *Information Week*, March 27, 2014; S. Frizell, "General Motors Hit with Class Action Lawsuit Over Recall," *Time*, March 15, 2014; S. Gallagher, "General Motors Is Literally Tearing Its Competition to Bits," *Ars Technica*, September 26, 2013; A. Luft, "Why Did GM Choose Arizona, Texas, Georgia, and Michigan for Its 4 IT Innovation Centers?" *GM Authority*, March 12, 2013; M. Wayland, "GM Announces $21 Million Innovation Center, Final in 'IT Transformation'," *MLive*, March 6, 2013; "GM Hiring 1,000 Information Technology Workers in Arizona," *Automotive News*, March 6, 2013; P. Lucas, "GM: Information Technology Center in Roswell, Ga., Will Create 1,000 Jobs," *The Augusta Chronicle*, January 10, 2013; "GM Now Hiring – 10,000 Information Technology Workers," *NBC News*, October 8, 2012; www.gm.com, accessed April 8, 2014.

질문

1. '찬성'의 입장에서 GM의 인소싱 전략에 대해 논의하라.

2. '반대'의 입장에서 GM의 인소싱 전략에 대해 논의하라.

3. GM의 정보기술이 2014년 리콜과 같은 안전성 문제를 예방하는 데 도움이 될 수 있는지 논의하라.

마무리 사례 2 〉 항공사는 비행 취소와 싸우기 위해 정보기술을 이용한다

문제 〉〉〉 2013~2014년의 매우 힘들었던 겨울, 수만 건의 비행 취소는 항공사들이 여행객의 목적지 도달을 위해 앞 다투어 차선책을 찾게 만들었다. 항공 여행에 특화된 데이터와 소프트웨어 회사인 매스플라이트(www.masflight.com)에 따르면, 일단 비행이 취소되면 여행객들이 목적지에 도달하기까지 약 18시간이 걸린다. 2014년 2월 14일 매스플라이트는 항공산업에 그해 이미 7만 6,400건의 비행 취소가 발생하여 570만 승객들에게 영향을 미치고 2014년 겨울을 2010년 이래 최악의 항공 서비스가 되게 했다고 발표했다.

하지만 날씨가 비행 취소의 유일한 문제점은 아니다. 3시간 이상 활주로상의 비행기에 승객들이 앉아 있을 경우 벌금으로 항공사를 위협하거나 파일럿을 더 쉽게 하라는 연방법규 또한 비행 취소의 건수를 늘린다.

IT 해결책 〉〉〉 비록 취소율이 2013~2014년 겨울 동안 증가했지만, 항공사들이 승객을 효율적으로 목적지로 데려다주기 위한 정보기술의 활용 능력 또한 증가했다. 항공사들은 이제 태풍이 불기 전에 사전 대책 단계를 밟고 있고, 비행이 취소되었을 때 자동으로 다른 비행기를 다시 예약하는 소프트웨어를 시행했다. 더 나아가, 승객들은 항공사의 웹사이트와 모바일 앱을 이용하여 그들의 여행을 재조정할 수 있다.

예를 들어 델타 항공이 날씨 상황에 대해서 미리 통지를 받았을 때 그 날씨가 오기 24~36시간 전에 티켓 교환 비용을 없애기 시작한다. 이 정책은 폭풍 전후의 승객들을 다 감당한다. 비행 일정을 재조정하기보다 비행을 취소하는 것을 택한 승객들은 환불을 받을 것이다.

주요 항공사들은 여행 일정표를 다시 만드는 일을 좀 더 쉽게 할 많은 허브를 가지고 있다. 예를 들어서 애틀랜타(델타의 허브)가 안 좋은 날씨를 겪고 있다면 승객들은 디트로이트나 미니애폴리스 또는 솔트레이크시티를 거쳐서 가도록 재조정할 수 있다. 개선된 예약 소프트웨어는 승객이 다시 예약하는 과정을 순조롭게 했다. 이전에 이 과정은 수작업이며 시간을 많이 요했다. 새로운 재예약시스템은 이 과정을 자동화했고 항공사가 훨씬 더 빨리 다른 비행기를 찾을 수 있도록 했다.

결과 〉〉〉 그러면, 항공사 시스템은 어떻게 작동하는가? 질문에 대답하기 위해 프레드 존스의 경우를 생각해보자. 2014년 2월 중반, 남부와 북동부를 눈과 얼음으로 강타한 겨울 폭풍 중에, 존스는 애틀랜타에서 휴스턴까지 비행기를 이용할 계획이었다. 하지만 항공사로부터의 전화 덕분에 폭풍을 피해 갈 수 있었다. 항공사는 폭풍으로 인해 발생할 수 있는 비행 취소를 존스에게 알렸고, 존스는 성공적으로 경로를 재조정해 중요한 사업상 모임에 참석할 수 있었다. 불행히도 존스는 오직 하나뿐인 성공적 사례였다. 사실 2014년 2월 겨울 폭풍 동안, 항공사들이 그들을 목적지로 데려다주기 위해서 애쓰는 동안, 많은 사람들이 여러 공항에서 자야만 했다.

출처 : M. Schlangenstein, "American Airlines Says Winter Storms Cut $115 Million in Revenue," *Bloomberg BusinessWeek*, April 8, 2014; A. Langfield, "Pent-Up Winter Demand to Boost Business Travel Spending," *CNBC*, April 7, 2014; C. Jones, "Airlines, Airports Improve Technology for Passengers," *USA Today*, April 7, 2014; C. Jones, "Airlines Better at Getting Stuck Fliers Up in Air," *USA Today*, February 27, 2014; J. Mouawad, "Airlines Work to Catch Up to the Digital Age," *New York Times*, June 4, 2010; www.masflight.com, accessed April 8, 2014.

질문

1. 항공사의 새로운 정보시스템이 어떻게 여행객을 유익하게 하는지 서술하라.

2. 이러한 정보시스템으로 인해 일어날 수 있는 문제들은 무엇인가?

3. 제12장을 보라. 당신은 그 항공사의 새로운 정보시스템을 전략정보시스템으로 분류할 것인가? 왜 그런가? 왜 그렇지 않은가?

제조 산업

ERP 시스템의 구축은 모든 조직, 특히 시스템이 현재 구축되어 있는 조직에게 있어서 고결한 목표이다. 새로운 시스템으로의 이전은 단순히 소프트웨어를 업데이트하는 것보다 훨씬 더 많은 것을 수반한다. 그것은 또한 조직으로 하여금 비즈니스 프로세스와 행위의 수정과 종업원의 훈련 및 경영자와 사용자 모두의 새로운 시스템 구매에 대한 확신을 요구한다.

이와 같은 업무를 위해 당신은 와이어 제조 기업인 사우스 웨스트 와이어의 CIO 할레 스미스를 도울 것이다. 할레는 조직 내 생산과 데이터 흐름의 정비를 돕기 위한 ERP의 탐색과 구축을 맡아 왔다. 그녀는 이것이 매우 힘든 싸움이 될 것을 알고 있다. 당신의 과업은 성공적하지 못한 ERP 구축 과정을 조사함으로써 할레가 이러한 노력들의 실패 이유를 이해하는 데 도움을 주는 것이다.

아래는 할레가 보낸 이메일이다.

받는 사람 :	IT 인턴
보내는 사람 :	할레 스미스
제목 :	ERP 구축

안녕하세요?

나는 이 프로젝트를 하고 있는 나를 도와줄 인턴이 있다는 것이 매우 흥분됩니다. 솔직히 그들이 나에게 ERP를 구축하기 위한 조사과정에 착수하라고 요구했을 때 너무 많은 옵션이 존재하고 너무나 많은 실패 사례에 대해 들어 왔기 때문에 나는 매우 예민해졌습니다. 내가 깨달은 바는 대부분의 ERP 시스템이 모듈로 구축될 수 있다는 것입니다. 그 발상은 당신이 조직 전반에 걸친 지원과 관심을 얻기 위해 앞서 성공적으로 실행할 수 있는 모듈을 확인하는 것입니다.

OpenERP는 여러 컨퍼런스에서 들어본 오픈소스 솔루션입니다. 그것은 클라우드 기반 소프트웨어로 기술적 측면에서 실행하기에 쉬울 것입니다. 나는 당신이 OpenERP 시스템을 검토함으로써 구축 계획과 관련된 피드백을 제공해주길 바랍니다. 구체적으로, 초기 단계의 프로젝트 관리와 MRP, 창고 관리 및 구매 관리 모듈의 구축에 관심이 있습니다. 이 모듈들이 얼마나 잘 함께 실행될까요?

나에게 ERP를 어떻게 구축하면 안 되는지 조언할 수 있도록 몇 가지 성공적이지 못한 프로젝트(허쉬가 좋은 사례지요)를 검토하는 것도 도움이 될 수 있을 것입니다. 궁극적으로 나는 OpenERP의 조사에서 얻은 ERP 애플리케이션과 허쉬의 ERP 실패 사례에서 배운 유의사항 모두에 대한 당신의 피드백에 감사를 드립니다.

이 프로젝트에 대한 당신의 수고에 진심으로 감사드립니다.

할레 드림

주 : 이 편지에 있는 모든 링크는 http://www.wiley.com/go/rainer/MIS3e/internship에서 이용 가능하다.

1단계 - 배경

데이터의 시각적 표현은 아주 유용하다. 이런 목적에서 대부분의 스프레드시트는 자동으로 차트 작성 기능을 제공한다. 이러한 차트는 최소한의 설정만으로 볼 수 있도록 작성되고 서식이 설정된다.

세 가지 기본 차트 형식은 원형 차트와 직선 차트(또는 직선 그래프) 및 산포도이다. 원형 차트는 하나의 원 안에 각 조각이 각기 다른 부분을 나타내도록 데이터를 표시한다. 주식 포트폴리오는 종종 원형 차트를 사용하여 여러 펀드의 분포 양상을 설명해준다. 직선 차트는 일정 기간 동안의 데이터 추세를 표시해준다. 주식 가격은 종종 직선 차트를 사용하여 주가의 상승과 하락을 나타낸다. 비록 직선 차트가 예측능력은 없지만 추세를 알 수는 있다. 끝으로 산포도는 2개 범주 안에 데이터가 어디에 속하는지를 보여준다. 어떤 경우에는 품목들이 어떻게 한 곳에 모이는지를 확인하는 데도 도움을 준다.

2단계 - 활동

이 활동은 서로 다른 3개의 워크시트에서 작성하지만 모두 동일한 워크북 내에 포함된다. 한 시트는 2013년 매 개장일별 기록된 S&P 500종 평균 주가 지수의 폐장 가격 목록이다. 이것은 가장 쉽게 작성할 수 있는 차트이다. 직선 그래프는 당신이 한눈에 252개의 데이터 포인트를 볼 수 있는 형식으로 데이터를 나타내준다.

두 번째 시트는 주식 포트폴리오이다. 당신의 첫 번째 과업은 포트폴리오 내에 포함된 상이한 주식과 펀드의 백분율을 계산하는 것이다. 이때 당신은 원형 차트와 막대 차트를 작성하여 이 데이터를 표시한다.

마지막 시트는 2013년 4기통 엔진으로 생산된 모든 승용차의 데이터를 나타낸다. 그것은 도시와 고속도로의 연비를 보여준다. 당신은 이 데이터를 사용하여 산포도를 작성함으로써 4기통 차량 가운데 눈에 띄는 '그룹들'이 있는지를 파악한다. 당신은 그룹을 확인하기 위해 이전 활동에서 얻었던 정렬과 필터링 기술을 사용해야 할 것이다.

3단계 - 과제

http://www.wiley.com/go/rainer/MIS3e/spreadsheet를 방문하여 위에 언급한 워크북을 다운로드하라. 당신은 이 활동의 완성 방법에 대한 추가적인 지시사항을 따름으로써 2단계에 서술된 3개의 시트를 찾을 수 있을 것이다.

스프레드시트상의 지시사항을 따르고 교수에게 최종 결과물을 제출하라.

이런 스프레드시트와 관련한 추가적인 도움을 WileyPLUS에서 받을 수 있다. 'Microsoft Office 2013 Lab Manual Spreadsheet Module: Excel 2013'을 열고 Lesson 12: Creating Charts를 검토하라.

1단계 – 배경

이 활동에서 당신은 매개변수의 사용 방법을 배움으로써 쿼리 선택 기준의 입력 과정을 단순하게 할 수 있다. 지금까지는 당신이 정보를 조회하고자 할 때 디자인 그리드와 같은 것을 사용했다. 이 접근법은 평범한 사용자들에게 이상적이지는 못하다. 이 활동은 당신에게 이런 단계를 피하기 위해 쿼리의 매개변수 사용 방법을 보여준다.

자주 고객 정보를 이용하여 일하는 사람들은 그들이 누구의 정보를 검토하고자 하는지를 명시해야만 한다. 쿼리는 이 과업을 수행할 수 있다. 그러나 고객 서비스 부서가 각 질문마다 쿼리 디자인을 수정할 필요는 없다. 액세스 내의 매개변수는 사용자가 입력하는 값으로서 쿼리가 어떤 데이터를 돌려줄 것인지를 결정한다. 쿼리를 매번 수행할 때마다 액세스는 사용자로 하여금 값을 입력하도록 요구한다. 고정된 값이 쿼리 안에 내장되지 않는다.

2단계 – 활동

이 활동을 하기에 앞서 당신은 http://www.wiley.com/go/rainer/MIS3e/database를 방문하여 제10장의 활동을 위해 작성했던 데이터베이스를 다운로드하라.

이 활동에서 당신은 쿼리를 하기 위하여 데이터를 입력할 단순한 인터페이스를 제공할 것이다. Customer와 Order 및 Store의 3개 테이블로부터 새로운 쿼리 디자인을 작성하라. CustName, StoreCity, OrderDate, OrderTotal을 디자인 그리드에 입력하라. 쿼리 내에 값을 입력하거나 새로운 쿼리를 만들기보다는, 쿼리하려는 값(고객, 도시, 제품 등)을 사용자가 고르도록 요구하는 프롬프트를 사용하라.

1. 당신이 작성한 쿼리에서, 쿼리를 시작하기 전에 사용자로 하여금 고객이름의 입력을 요구하는 매개변수를 추가하라. 그것이 올바른 프롬프트를 확실히 표시하도록 쿼리를 수행하라. 이 쿼리를 CustOrderParamQry로 저장하라.

2. Product Price와 Product Name 및 Customer Name을 사용하여 매개변수를 사용한 쿼리. 즉 판정 기준치로서 사용하려는 금액을 사용자가 표현케하는 매개변수 쿼리를 작성하라. 다음으로 그 금액 이상을 지불한 고객을 찾아라. 쿼리를 두 번 수행하라―한 번은 판정 기준치를 1달러 50센트로 수행하고, 두 번째는 5달러로 다시 수행하라. 이 쿼리를 ExpensiveProdParamQry로 저장하라.

3. 쿼리는 동일한 행에 있는 다른 데이터에 기초하여 열을 계산할 수 있다. 이것은 당신이 그 쿼리 내의 한 테이블에서 가져오는 한, 보이지 않도록 선택한 데이터일 수 있다. 스태프가 한 가지 특정 품목의 여러 단위가 포함된 주문의 총액을 계산하는 쿼리를 작성하라(실제 상점에서 이 기능은 전자적으로 수행되겠지만, 쿼리는 여전히 좋은 사례이다). Product Table의 ProdName과 ProdPrice를 선택하여 수식을 만들어라. 동일한 품목 2개의 비용을 계산할 수식을 작성하라. 3개와 4개 및 5개를 원하는 고객을 위해서도 작성하라. 이 쿼리를 ProdPriceQry로 저장하라.

3단계 – 과제

위에 열거한 세 가지 쿼리가 포함된 데이터베이스를 제출하라. 추가적인 도움이 필요하면 2단계에 명시한 마이크로소프트 지원 웹사이트를 방문하라.

제12장

조직을 고객으로 확장하기

개요

12.1 고객 관계 관리의 정의

12.2 운영적 CRM 시스템

12.3 분석적 CRM 시스템

12.4 CRM 시스템의 다른 유형

학습목표 >>>

1. 고객 관계 관리(CRM)와 협력적 CRM을 정의하고 주요 기능을 확인한다.

2. 운영적 CRM 시스템의 두 가지 주요 구성요소를 서술하고, 기업이 어떻게 각 애플리케이션을 사용했는지 예를 든다.

3. 분석적 CRM 시스템이 기업에 제공하는 편익을 서술한다.

4. 모바일 CRM 시스템, 온디맨드 CRM 시스템 및 오픈소스 CRM 시스템 각각의 장단점을 설명한다.

도입 사례 > 온라인 고객 서비스 평가

과거에 당신은 몇 번이나 소매업체와 연락한 적이 있는가? 그중에 몇 번이나 거기에 대해 피드백을 주었는가? 당신이 피드백할 기회는 아예 없거나, 아주 적었을 것이다. 사실 소비자들은 보통 믿을 수 없을 만큼 좋거나 믿을 수 없을 만큼 나쁠 때 피드백을 한다. 소매업체들에겐 불행한 일이지만, 이러한 사례들이 소비자 상호작용의 95%가량을 파악할 수 없다. 하지만 스텔라서비스(StellaService)에게는 이러한 경험들이 최적의 상태이다.

J.D. 파워 앤드 어소시에이츠가 새로운 자동차의 성능과 장기적인 신인성(디펜더빌리티)을 평가하고 닐슨(www.nielsen.com)이 TV 시청자, 라디오 청취자, 그리고 신문 구독자를 평가하는 것과 같이, 스텔라서비스(www.stellaservice.com)는 온라인 고객 서비스를 평가한다. 즉 이 기업은 세계적인 회계/감사 기업체인 KPMG(www.kpmg.com)의 회계 감사 과정을 통해 온라인 소매업체들의 고객 서비스 성과를 측정하고 평가한다. 그들의 임무는 온라인 고객 관리의 투명도를 증진하는 것이다.

이 정책을 시행하기 위해 스텔라서비스 직원들은 시어즈(Sears)와 다른 수천 개의 소매점에서 10달러짜리 셔츠, 1,000달러짜리 자전거 부품, 그리고 가능한 거의 모든 제품들을 주문하고 또 환불하면서 실제 고객처럼 행동한다. 이러한 익명의 구매자들은 스트레스 테스트를 하고 매달 인터넷상에서 이루어지는 2만 개의 거래에 대해 300여 개의 평가척도로 성과를 추적한다. 그 후 스텔라서비스는 시어즈나 그의 경쟁업체에 그 데이터를 되판다. 시어즈의 경우, 예를 들어 포장과 품질, 그리고 구매자 문의에 대한 트위터 반응 시간은 높은 점수를 받았지만, 환불속도는 개선의 여지가 있었다.

MKT

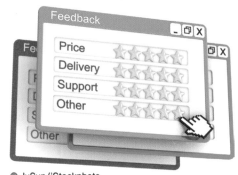

© JuSun/iStockphoto

2014년 중반 스텔라서비스의 평가 서비스에 가입한 소매업체는 아마존과 아마존의 자회사인 신발업체 자포스(Zappos), 다이어퍼즈닷컴(Diapers.com), 1-800-플라워즈닷컴(1-800-Flowers.com), 그리고 길트그루프(Giltgroupe) 같은 부티크 사이트이다. 꾸준히 고품질 고객 서비스를 제공하는 소매업체는 스텔라서비스로부터 자신의 웹사이트와 광고매체에 내보일 수 있는 로고, 즉 스텔라서비스 실(seal) 인증을 받게 된다.

기업은 온라인 서비스에서의 피드백을 위해 매년 10만 달러 이상을 지불한다. 스텔라서비스의 평가를 받기 위해 돈을 지불하는 기업체 중 오직 50%의 기업만 인증을 받는다. 이런 기업은 또한 경쟁사가 어떤 잘못을 하고 있는지 발견하기 위해 그들의 데이터를 꼼꼼히 살펴볼 수도 있다.

스텔라서비스는 구글 트러스티드 스토어(Google Trusted Stores) 프로그램과 제휴에 들어갔다. 이런 결합은 어떻게 작용할까? 한 예로 귀걸이에 대한 구글 검색이 스텔라서비스 데이터와 나란히 구글의 실 인증을 보여줄 것이다. 이러한 인증은 구매자로 하여금 꾸준하게 탁월한 경험을 제공하는 온라인 상점에서 구매했다는 확신을 갖게 한다.

스텔라서비스의 한 예를 보자. 스텔라서비스가 제공한 데이터에 따르면, 엄청난 양의 데이터 누출 이후, 타겟(www.target.com)과 연결되는 대기시간이 급증했다(제7장 마무리 사례 1 참조). 이 누출 사건 이후, 스텔라서비스가 고용한 발신자들이 이틀 동안 하루 3통씩 전화를 걸었을 때 통화할 수 없었다. 다른 두 사례의 경우, 발신자가 전화통화가 되기까지 20분 동안이나 기다렸다. 스텔라서비스는 또한 타겟의 경우 고객지원센터로의 이메일 연락이 급증했다고 했다. 특히 12월 18~25일에 응답시간이 최장 2일이었고, 12월 23일에는 18시간이 걸렸다고 전했다. 그에 반해 그 소매업체의 누출 사건이 있기 전 3개월 동안의 평균 응답시간은 8시간이었다.

출처 : K. Gustafson, "Target Shoppers Faced Long Waits Post-Security Breach," *CNBC*, January 8, 2014; G. Marvin, "Google Trusted Stores Now Integrates with AdWords, Shows StellaService Ratings in US," *Search Engine Land*, November 25, 2013; C. O'Connor, "Thinking Inside the Box," *Forbes*, September 23, 2013; L. Stangel, "Google Rolling Out E-Commerce Customer Service Ratings," *Silicon Valley Business Journal*, May 30, 2013; A. Barr, "Google to License Retailer Ratings from StellaService," *Reuters*, May 29, 2013; M. Creamer, "StellaService Strives to Give E-Tailers Credibility They Desire," *Advertising Age*, March 29, 2011; www.stellaservice.com, accessed April 1, 2014.

질문

1. 온라인 소매업체에게 있어서 자신의 웹사이트와 광고에 스텔라서비스의 실 인증을 올릴 수 있다는 것이 왜 그렇게 중요한가?

2. 왜 스텔라서비스는 오프라인 소매업체들에게 동일한 서비스를 제공하지 않는가?

서론

이 장의 도입 사례는 기업과 고객 간 관계의 본질이 특히 요즘 소셜미디어 영역에서 변화해 가는 예를 보여준다. 개인의 기술 사용 방법이 변하게 됨에 따라, 기업이 고객과 접촉하는 데 사용하는 방법도 또한 변해야만 한다. 스텔라서비스의 경우에서 보듯이, 두 가지 이유에서 온라인 고객 서비스를 평가하는 것은 중요하다. 첫째, 고객들은 기업들이 여러 영역에서 얼마나 잘 수행하고 있는지를 알 수 있다. 둘째, 기업은 자신과 경쟁사가 얼마나 잘 수행하고 있는지도 알 수 있다. 스텔라서비스 평가는 오프라인 쇼핑보다는 보통 인간미를 느낄 수 없는 온라인 쇼핑의 증가를 감안할 때 특히 중요하다.

조직은 점차 업무관행에서 고객중심적 접근법을 강조하고 있다. 왜냐하면 장기적인 고객 관계가 각 사업 거래를 넘어서 확장됨으로써 지속 가능한 고객가치를 제공한다는 것을 깨달았기 때문이다. 매우 중요한 것은 **고객 관계 관리**(customer relationship management)가 단지 대기업에게만 중요한 것이 아니라는 점이다. 오히려 작은 기업에게 더욱 중요한 것이다.

이 시점에서 당신은 스스로 자문해봐야 한다—왜 내가 CRM에 관해 배워야만 하는가? 이 장에서 볼 수 있듯이, 그 대답은 고객이 모든 조직에 아주 중요하기 때문이다. 당신의 업무가 무엇이든 간에, 그 업무는 고객 관리에 직접적 또는 간접적으로 영향을 미칠 것이다. '나를 위한 IT는 무엇인가?'에서 보듯이, 업무에 즉각적으로 영향을 줄 수 있는 여러 기회를 접하게 될 것이다. 그러므로 CRM과 CRM 시스템에 관한 실무지식을 갖는 것이 중요하다.

제11장에서 조직 내 업무를 지원하는 정보시스템에 대해 배웠다. 이 장에서는 조직을 고객에게까지 확장한 활동들, 즉 고객 관계 관리 시스템을 지원하는 정보시스템을 공부하고자 한다. CRM과 CRM 시스템은 오늘날의 사업 성공에 아주 중요하다.

12.1 고객 관계 관리의 정의

슈퍼마켓과 쇼핑몰, 그리고 자동차가 있기 전 사람들은 물건을 사러 이웃 가게에 갔다. 주인과 종업원은 고객의 이름을 알고 있고 고객의 취향도 알고 있었다. 고객들로서는 그 가게에 충성

고객이 되고 반복적으로 구매한다. 그러나 시간이 지나면서 이러한 개인적인 고객 관계가 사람들이 도시로 이동하고 자동차를 갖게 되고 또 슈퍼마켓과 백화점이 규모의 경제를 달성하고자 세워지면서 점차 인간미가 없어졌다. 비록 가격은 더 저렴하고 품질은 더 균일해졌다 해도, 고객과의 관계는 익명의 비인격적인 관계가 되었다.

고객 관계는 인터넷과 웹의 급속한 성장으로 훨씬 인간미가 없어졌다. 오늘날 과도한 경쟁시장에서 고객은 점차 강력해져 간다. 고객이 한 기업의 제품/서비스에 불만족하게 되면, 경쟁사는 마우스 한 번만 클릭하면 된다. 더욱이 점점 더 많은 고객들이 웹상에서 쇼핑함에 따라 기업은 개인적으로 좋은 첫인상을 줄 기회조차 갖지 못한다.

CRM은 퍼스널 마케팅으로 돌아가는 것이다. 즉 대중 시장에 마케팅하기보다는 오히려 개별적으로 각 고객을 마케팅하는 것이다. 이런 접근법을 사용함으로써 기업은 각 고객에 관한 정보, 예를 들면 기존 구매내역이나 니즈 및 필요사항 등을 고객이 훨씬 더 받아들일 가능성이 높은 것을 제공하는 데 활용할 수 있다. 즉 CRM 접근법은 고객 친밀감을 얻기 위해 계획된 것으로 다양한 CRM 시스템과 애플리케이션의 형식으로 정보기술에 의해 실현된다.

CRM은 고객중심적이며 고객주도적인 조직의 전략이다. 즉 조직은 제품과 서비스의 요구사항을 파악하고 고품질과 민감하게 반응하는 서비스를 제공함으로써 고객을 만족시키는 데 중점을 둔다. CRM은 프로세스 또는 기술 자체가 아니다. 오히려 고객중심적 방식으로 생각하고 행동하는 것이다. 오늘날 조직의 초점은 거래를 수행하는 것에서 고객 관계를 관리하는 것으로 이동하였다. 일반적으로 조직은 고객이 성공적인 기업의 핵심이며, 기업의 성공은 고객과의 관계를 효과적으로 관리하는 것에 달려 있음을 알고 있다.

CRM 접근법은 다양한 시스템과 애플리케이션의 형태로 구현된 정보기술에 의해 가능하다. 그러나 CRM은 소프트웨어에 관한 것만이 아니다. 종종 고객 관계 관리의 문제점은 단순히 시간과 정보다. 과거의 시스템도 정보를 담고 있지만, 정보에 접근하는 데 너무 오래 걸리고 여러 애플리케이션 모두에서 쓸 수 있는 것도 아니다. 그 결과 고객과 함께 보낼 시간이 줄게 된다.

과거 시스템과는 대조적으로, 오늘날의 CRM 전략과 시스템은 고객에게뿐 아니라 기업에게도 가치를 제공하는 지속 가능한 장기적 고객 관계를 구축한다. 즉 CRM은 기업으로 하여금 신규 고객을 획득하고 수익성 있는 기존 고객을 유지할 뿐만 아니라 기존 고객과의 관계를 확대해 나가는 데도 도움을 준다. 특히 고객을 유지하는 것은 반복 구매 고객이 기업의 가장 큰 수익 창출요인이기 때문에 중요하다. 또한 조직은 경쟁 기업으로 옮겨 간 고객을 다시 돌아오게 하는 것이 처음부터 고객을 만족하도록 유지하는 것보다 훨씬 더 많은 비용이 든다는 것을 오래전부터 알고 있다. 고객중심적 정책으로 유명하고 성공한 기업이 '비즈니스에서 IT 12.1'에서 보듯이 아마존이다.

비즈니스에서 **IT** 12.1

아마존 : 최고급 고객 서비스

가트너의 '기업 증폭시키기 : CIO 아젠다'에 따르면, 고객 경험은 경영진의 86%에게 있어 1순위이다. 아마존(www.amazon.com)은 고객 관계 관리에 놀랍도록 효과적이나. 아마존은 이전의 어떠한 기업도 할 수 없었던 방법으로 데이터 효율성과 고객 서비스를 통합하여 경이로운 성공을 이루어냈다.

아마존의 기본적인 고객 관계 관리(CRM) 전략은 예측과 예방에 항상 초점을 둔다. 아마존은 상품을 주문한 후의 고객 질문이 '내가 이걸 언제 받게 되지?'라는 것을 알고 있다. 그러므로 소매업자는 사전에 고객들에게 (이메일이나 구매 페이지에서) '주문하신 물건은 화요일에 받으실 수 있습니다'라고 알려준다. 이 과정은 전화기 결려오는 것은 없애고 고객들이 아마존의 서비스에 감동하게 했다.

다음을 포함한 아마존의 최적화된 상품 정보 페이지를 생각해보라.

- 사양, 특징, 그리고 경쟁력 있는 장점 등을 포함한 상품 상세 정보
- 실시간 재고와 구매 가능 여부
- 가격 비교
- 배송과 결제 옵션, 특별 사은품, 그리고 상품 홍보
- 현재 상품과 함께 자주 구매되는 교차판매 상품
- 예상되는 상품 배송 시간

이러한 정보들을 사용자들이 보기 편하게 하나로 보여줌으로써, 아마존은 쇼핑객들로 하여금 정보를 얻어 효율적인 구매 결정을 하도록 도와주었다. 고객이 다시 아마존 사이트로 돌아왔을 때, 아마존은 고객이 검색했던 상품 목록 등과 같은 거래 기록을 분석함으로써 고객의 추가 구매를 위해 개인화되고 판매에 최적화된 페이지를 제공한다. 상품 상세 정보, 사용자 리뷰 상품 구매 가능 여부, 고객 주문 처리 정보, 그리고 결제 옵션 등 이 모든 정보들이 정확하고 실시간으로 통합되어 있다.

근본적으로 아마존은 어떻게 고객들이 기업들과 소통해야 하는지, 고객들이 기업에게 무엇을 기대하는지, 어떻게 상품을 다루는지, 그리고 어떻게 선적과 배달을 관리해야 하는지 등과 같은 소매업의 비즈니스 모델을 과감히 무너뜨렸다. 아마존은 고객 경험을 높이 개인화된 것으로 회복시켰다. 아마존은 고객들에게 어떤 상품을 원하고 언제 그 상품들을 원하는지 선택할 수 있는 플랫폼에서 방대하지만 관리 가능한 서비스를 제공한다.

아마존의 CRM 철학을 더 잘 이해하기 위해 두 가지 혁신적인 서비스를 살펴보자—아마존 프라임과 메이데이. 아마존 프라임은 고객들에게 덜 비싼 2일 배송 서비스로 시작했다. 오늘날 아마존 프라임은 무료배송뿐만 아니라 고객들이 보고 다운로드할 수 있는 수천 개의 무료 동영상을 제공한다. 아마존은 프라임 고객이 서비스에 가입하기 전보다 40%나 더 소비하는 것을 알았다.

메이데이는 또 다른 인기 있는 고객 서비스이다. 아마존의 태블릿—아마존 킨들 HDX 시리즈—은 메이데이 버튼을 포함하고 있다. 그 버튼을 누르면 15초 내에 화면 위 작은 동영상 창 안에 실시간으로 고객 서비스 판매 대리인이 나타난다. 그 판매 대리인은 당신의 고객 서비스에 대한 문제들을 해결하기 위해 당신의 태블릿을 통제할 수 있다(당신의 허락하에). 메이데이는 1년 365일 24시간 이용 가능하다.

이러한 서비스에 더불어 아마존은 미래 혁신을 계획하고 있다—아마존 프라임 에어. 2013년 후반 아마존의 설립자 베조스(Jeff Bezos)는 아마존이 무인 자율 비행기인 드론을 사용한 소포 배달을 검토 중이라고 발표했다. 소포가 해운회사에서 옥토콥터(프로펠러가 8개인 무인기)에 의해 이륙되고 GPS좌표를 통해 배달 주소로 날아갈 것이다. 아마존은 이러한 배송시스템을 시행하는 데 많은 장애물이 있다고 시인했다(예를 들어 미 연방항공국의 규정에 대해 생각해보라). 그럼에도 불구하고 아마존은 다시 한 번 주저함 없이 최상의 고객 시비스 제공에 집중했다.

그리고 그 집중의 결과는? 2014년 3월 사무용품 회사 스테이플스

© 4774344sean/iStockphoto

(Staples, www.staple.com)는 미국과 캐나다에 있는 225개 오프라인 거래 상점을 닫을 것이라고 발표했다. 이와 같은 결정은 온라인 판매가 '소매업의 미래'를 결정짓게 될 것임을 시사하는 것이다. 2013년 스테이플스의 매출액은 60억 달러가량 하락했다. 거기다 매출의 절반 이상은 온라인 채널에서 만들어졌다. 스테이플스는 아마존에 보조를 맞추기 위해 노력했던 다른 소매업자들과 합류했다. 예를 들어 라디오샤크(RadioShack, www.radioshack.com)도 수익이 큰 폭으로 떨어진 뒤 1,100개의 매장을 닫을 것이라고 발표했다. 베스트바이(BestBuy, www.bestbuy.com)도 또한 수익의 하락으로 고통 받고 있는 중이다. 이러한 추세를 '아마존 효과'라고 한다.

출처 : M. Wulfraat, "Logistics Comment: How the 'Amazon Effect' Is Changing the American Manufacturing Industry," *Supply Chain Digest*, March 26, 2014; I. Lunden, "The Amazon Effect: Staples to Close 225 Stores, Says It's Now Making Half of All Sales Online," *TechCrunch*, March 6, 2014; "How Technology Contributes to Customer Experience," *Baseline Magazine*, March 6, 2014; J. Bort, "Larry Ellison: Amazon, Salesforce.com Are Now Oracle's Biggest Competitors," *Business Insider*, January 2014; P. Greenberg, "Why Customer-Obsessed Amazon Is Our Most Important Business Force," *ZDNet*, January 22, 2014; S. Raisch, "Retailers Need to Adapt to the Amazon Effect," *Today's Garden Center*, January 6, 2014; D. Gross, "Amazon's Drone Delivery: How Would It Work?" *CNN Technology News*, December 2, 2013; J. Talton, "Digging into the 'Amazon Effect'," *The Seattle Times*, July 30, 2013; S. Duplessie, "IT Is About to Meet the Amazon Effect," *Computerworld*, June 5, 2013; K. Liyakasa, "Uncovering the 'Amazon Effect'," *Destination CRM*, August 16, 2012; www.amazon.com, accessed April 7, 2014.

질문

1. 아마존이 오프라인 매장 소매업체에 비해 갖는 장점을 서술하라.
2. 고객 관계 관리에 대해 아마존이 끈질기게 힘쓴 여러 가지 측면을 서술하라.

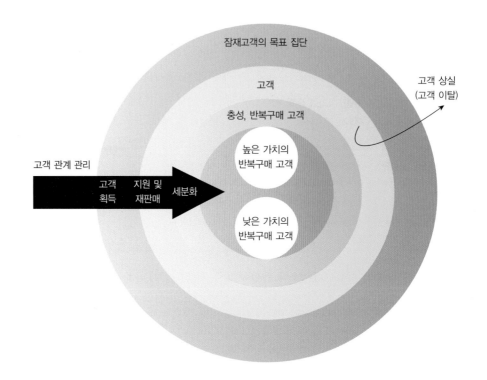

잠재고객의 목표 집단

고객

충성, 반복구매 고객

높은 가치의
반복구매 고객

낮은 가치의
반복구매 고객

고객 관계 관리

고객 지원 및 세분화
획득 재판매

고객 상실
(고객 이탈)

그림 12.1 고객 관계 관리 프로세스

그림 12.1은 CRM 프로세스를 나타낸 것이다. 프로세스는 일정한 수의 예상 고객이 구매를 할 것이고 고객이 될 것이다. 조직의 고객 중에서 일정 수는 반복구매 고객이 될 것이다. 이때 반복 구매 고객은 낮은 가치의 반복구매 고객과 높은 가치의 반복구매 고객으로 세분화된다. 조직의 전체 목적은 수년에 걸친 고객의 잠재적 수익흐름, 즉 고객의 생애가치를 극대화하는 것이다.

모든 조직은 시간이 지나면서 어쩔 수 없이 고객의 일정 비율을 잃게 된다. 이를 소위 가입해 지, 즉 서비스 제공자를 바꾸는 고객이라 한다. CRM 노력의 최적의 결과는 높은 가치의 반복구매 고객을 극대화하고 고객 이탈(customer churn)을 줄이는 것이다.

CRM은 기본적으로 단순한 아이디어이다. 고객의 니즈가 다르고 기업에 대한 고객가치 또한 다르기 때문에 고객마다 다르게 대해야 한다. 성공적인 CRM 전략은 고객만족을 개선할 뿐만 아니라 기업의 판매와 서비스 종업원을 보다 생산적으로 만들어서 결국 이윤을 향상시키는 것이다. 사실 미시간대학교 국가품질연구센터의 연구자들은 고객만족도의 1% 증가는 기업의 증권 시가총액의 300% 증가로 이어질 수 있다는 것을 발견했다. 간단히 말하자면 고객만족의 사소한 증가가 기업의 전체 가치를 크게 증가시킬 수 있다는 것이다.

여기까지 조직의 CRM 전략을 들여다보았다. CRM 전략과 CRM 시스템을 구분하는 것이 중요하다. 기본적으로 CRM 시스템은 조직의 CRM 전략을 지원하기 위해 계획한 정보시스템이다. 고객과의 탁월한 관계를 추구하는 기업에게는 관계를 지원하는 데 필요한 인프라를 제공하는 CRM 시스템의 사용이 필요하다. 고객 서비스와 지원이 성공한 기업에게 중요하기 때문에 조직은 CRM 시스템과 CRM 전략 모두를 강조해야 한다.

대략적으로, CRM 시스템은 몇몇의 대형 고객을 가진 기업을 위해 설계된 하이엔드(High-end) CRM에서 다수의 소규모 고객을 가진 기업에 맞게 설계된 로엔드(Low-end) CRM에 이르는 연속선상에 있다. 로엔드시스템의 한 예는 아마존으로,

CRM 시스템을 사용하여 책을 추천함으로써 고객을 돌아오게 하는 것이다. 하이엔드시스템의 한 예는 보잉사로, 신형 787비행기를 델타 항공에 판매하기 위한 스태프 활동의 조정에 CRM을 사용한다. 이 장의 사례를 공부함으로써 특정한 CRM 시스템이 연속선상의 어디에 해당하는지를 알아보자.

비록 CRM은 상황에 따라 다르지만, 성공적인 CRM 정책은 모두 두 가지 기본적인 요소를 공유하고 있다. 첫째, 기업은 많은 고객 접점 유형들을 확인해야 한다. 둘째, 각 고객에 대한 데이터를 통합할 필요가 있다. 보다 상세하게 이 두 가지 요소를 검토해보자.

고객 접점

조직은 고객과의 수많은 그리고 다양한 상호작용을 인식해야 한다. 이런 다양한 상호작용을 **고객 접점**(customer touch point)이라 한다. 전통적인 고객 접점에는 전화 접촉, 직접적인 메일, 그리고 고객이 점포를 방문했을 때의 실제적인 상호작용이 포함된다. 그러나 조직의 CRM 시스템은 보다 보편적으로 사용되는 개인 기술의 사용을 통해 발생하는 그 이외의 많은 고객 접점을 다루어야만 한다. 이런 접점은 이메일, 웹사이트, 스마트폰을 통한 커뮤케이션 등이다(그림 12.2 참조).

데이터 통합

데이터 통합은 또한 조직의 CRM 노력에 아주 중요하다. 고객 데이터는 조직의 CRM 시스템에 의해 효과적으로 다루어져야 한다. 과거 고객 데이터는 기업 전반 각 영역의 고립된 시스템들에 위치해 있었다. 예를 들면 재무, 판매, 물류 및 마케팅 등의 분리된 별개의 데이터베이스 속에서 고객 데이터베이스를 찾아야 하는 것은 드문 일이 아니었다. 이 모든 데이터가 동일한 고객과 관련되어 있다 해도 여러 영역에 걸친 동일한 고객 데이터를 공유하는 것은 어려운 일이었다.

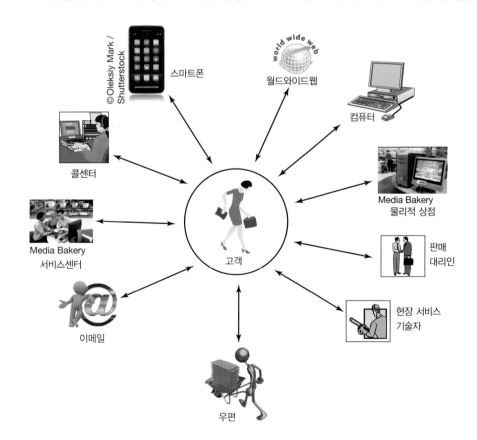

그림 12.2 고객 접점
출처 : 스마트폰 : Oleksiy Mark/Shutterstock, 서비스센터 : Media Bakery, 물리적 상점 : Media Bakery.

제3장에서 보았듯이, 데이터 웨어하우스를 둘러싸고 구축된 현대의 상호 관련된 시스템은 이제 기업의 모든 조직 단위가 고객 관련 데이터를 이용할 수 있게 해준다. 각 고객에 대한 이런 완벽한 데이터 세트를 소위 그 고객의 360도 시야라 한다. 이에 접근함으로써 기업은 고객과의 관계를 증진하게 되고 궁극적으로 보다 생산적이며 수익성 있는 의사결정을 내리게 할 수 있다.

데이터 통합과 고객의 360도 시야는 기업의 기능영역이 쉽게 고객 정보를 공유할 수 있게 해준다. 이런 정보 공유는 협력적 CRM으로 이끈다. **협력적 CRM 시스템**(collaborative CRM system)은 전체 조직에 걸친 고객과의 상호작용적 커뮤니케이션을 효율적, 효과적으로 할 수 있게 해준다. 즉 협력적 CRM 시스템은 마케팅과 판매 및 고객 지원의 모든 부문에서 조직과 고객 사이의 커뮤니케이션을 통합하는 것이다. 협력적 CRM 시스템은 또한 고객으로 하여금 조직에 곧바로 피드백할 수 있게 해준다. 제8장에서 읽은 것처럼, 블로그나 위키와 같은 웹 2.0 애플리케이션은 신제품 개발뿐만 아니라 제품과 서비스 요소에 투입될 고객 입력자료를 중요하게 여기는 기업에게 매우 중요하다.

조직 내 CRM 시스템은 운영적 CRM 시스템과 분석적 CRM 시스템 두 가지 주요 구성요소로 이루어진다. 이는 다음 절에서 배울 것이다.

┌─ **다음 절로** 넘어가기 **전에…** ─────┐
1. CRM의 정의는 무엇인가?
2. 왜 CRM이 모든 조직에 중요한가?
3. 고객 접점을 정의하고 예를 들라.
└──────────────────────────────────┘

개념 적용 12.1

학습목표 12.1 고객 관계 관리(CRM)와 협력적 CRM을 정의하고 주요 기능을 확인한다.

1단계 – 배경(당신이 배워야 하는 것)

이 절은 CRM 시스템의 개념을 설명하고 거래보다는 관계에 중점을 두는 것이 더 바람직하다는 것을 이야기하고 있다. 이는 관계가 거래를 생성시키고, 관계를 증가시키면 고객을 유지할 수 있기 때문이다.

2단계 – 활동(당신이 해야 하는 것)

http://www.wiley.com/go/rainer/MIS3e/applytheconcept에 접속하여 이 절에 해당하는 링크를 클릭한다. 이는 유튜브로 연결해준다. 유튜브는 REI(Recreational Equipment Incorporated)가 어떻게 CRM을 사용하여 고객에게 서비스하는지를 보여준다.

3단계 – 과제 (당신이 제출해야 하는 것)

보고서에 CRM과 협력적 CRM 전략의 주요 기능을 확인하라. REI의 CRM 접근법은 무엇인가? REI의 개선을 도울 수 있는 제안은 무엇인가? 보고서를 교수에게 제출하라.

12.2 운영적 CRM 시스템

운영적 CRM 시스템(operational CRM system)은 대고객 비즈니스 프로세스를 지원한다. **대고객 비즈니스 프로세스**(front-office process)는 직접 고객과 상호작용하는 것으로 판매와 마케팅 및 서비스 등이다. 운영적 CRM 시스템의 두 가지 주요 구성요소는 고객 대면 애플리케이션과 고객 접촉 애플리케이션이다.

운영적 CRM 시스템은 다음과 같은 편익을 제공한다.

- 효율적이며 개인화된 마케팅과 판매 및 서비스
- 고객별 360도 시야
- 접점과는 별개로 판매 및 서비스 종업원이 고객과의 상호작용에 대한 완벽한 이력에 접근할 수 있는 능력

운영적 CRM 시스템의 또 다른 예로, 국제적인 산업장비 제조회사인 캐터필러(Caterpillar, www.cat.com)를 들 수 있다. 캐터필러는 다음과 같은 목적을 달성하기 위해 CRM 도구를 사용한다.

- 다수 종업원들의 정보 공유를 최적화하고 기존 프로세스를 합리화함으로써 판매와 회계 업무의 개선을 보조
- 고객만족 개선과 수익극대화 목적을 위해 고객과의 개별적인 관계를 형성
- 가장 수익성 높은 고객을 찾아, 그 고객들에게 최상의 서비스를 제공
- 종업원들에게 고객을 이해하는 데 필요한 정보와 프로세스를 제공
- 고객 니즈를 이해하고 확인함으로써 효과적으로 기업과 기업의 고객 기반 및 유통 파트너 간의 관계를 효과적으로 구축

고객 대면 애플리케이션

고객 대면 CRM 애플리케이션(customer-facing CRM application)은 조직의 판매, 현장 서비스, 고객 상호작용센터가 고객과 직접적으로 상호작용하는 곳에서 사용하는 애플리케이션이다. 이 애플리케이션은 고객 서비스와 지원, 판매자동화, 마케팅, 광고 관리를 포함한다.

고객 서비스 및 지원 고객 서비스 및 지원은 서비스 요청, 고객 불평, 반품, 정보 요청 등을 자동화하는 시스템을 지칭한다. 오늘날 조직은 **고객 상호작용센터**(customer interaction center, CIC)를 실행해 왔는데, 이는 조직이 다수의 커뮤니케이션 채널, 예를 들면 웹, 전화, 팩스 등과 같은 대면적 상호작용을 함으로써 고객의 커뮤니케이션 취향을 지원한다. 고객 상호작용센터는 여러 가지 다른 형태의 고객 상호작용을 다룬다.

가장 잘 알려진 고객 상호작용센터 중 하나는 콜센터이다. 콜센터는 방대한 양의 요구사항을 전화로 수신하고 전송할 목적으로 사용되는 중앙집중적 사무실이다. 콜센터는 기업으로 하여금 제품 지원과 고객 불평을 포함한 아주 다양한 질문에 대응할 수 있게 해준다.

조직은 CIC를 사용하여 판매팀을 위한 전화 목록을 작성하고 이 구성원은 판매 가능성이 있는 고객들에게 전화를 건다. 이런 유형의 상호작용을 아웃바운드 전화 판매라고 지칭한다. 고객들은 주문하기에 앞서 제품과 서비스에 대해 묻기 위해서 직접적으로 CIC와 커뮤니케이션할 수 있다. 또한 그들이 이미 주문한 것에 대한 정보를 얻기 위해서도 커뮤니케이션할 수 있다. 이런 상호작용을 인바운드 원격 서비스라고 한다.

또한 CIC는 정보 헬프데스크를 제공한다. 헬프데스크는 고객들이 제품과 서비스에 대해 질문하는 것을 도와주고 고객 불평을 처리해준다. 불평은 품질 관리 체크, 대체 부품이나 제품의 조달, 서비스 요청, 반품 승인서의 생성, 그리고 반품과 같은 후속 조치를 창출한다.

새로운 기술은 전통적인 CIC의 기능을 이메일과 웹 상호작용을 포함하도록 확장하고 있다. 예를 들면 에피코(www.epicor.com)는 자동화된 이메일 응답과 웹 지식베이스 같은 웹 채널을 결합하는 소프트웨어 솔루션을 제공한다. 그 소프트웨어가 제공하는 정보는 CIC와 현장 서

비스 요원이 사용할 수 있다. 또 다른 새로운 기술인 실시간 채팅은 고객으로 하여금 기업과 연결되고 즉각적인 메시지 전달을 수행하도록 해준다. 실시간 채팅의 장점은 문서와 사진(www. livechatinc.com과 www.websitealive.com 참조)을 보여줄 수 있다는 점이다. 일부 기업은 실제 사람이 상담하기보다 오히려 컴퓨터가 채팅을 한다.

판매자동화 **판매자동화**(sales force automation, SFA)는 판매거래 프로세스의 모든 구성요소를 자동으로 기록하는 운영적 CRM 시스템의 구성요소이다. SFA 시스템은 고객과의 모든 접촉, 각 접촉의 목적, 그리고 필요로 하는 모든 팔로우 업을 추적하는 접촉 관리 시스템을 포함한다. 이 시스템은 접촉의 중복과 여분을 제거함으로써 결국 고객을 짜증나게 하는 위험을 감소시킨다. SFA는 또한 매출 주도 추적 시스템을 포함하는데, 이는 잠재적 고객 또는 관련 제품을 소유하고 있는 고객의 명단을 제공해준다.

SFA 시스템의 또 다른 요소는 판매 예측 시스템, 즉 향후 판매를 예측하는 수학적 기법과 제품지식시스템, 즉 제품과 서비스 관련 정보의 포괄적 원천을 포함한다. 또한 보다 발전된 SFA 시스템은 고객으로 하여금 자신의 구체적인 니즈를 충족시키기 위해 제품을 구성할 수 있도록 소위 컨피규레이터라고 불리는 온라인 제품 구축 특성을 가지고 있다. 예를 들면 자신의 런닝슈즈를 나이키ID(http://nikeid.nike.com)에서 맞춤 생산할 수 있다. 마지막으로 현행 SFA 시스템은 스마트폰에서 볼 수 있는 웹 기반 인터페이스를 통해 현장의 판매원과 원격으로 접촉할 수 있게 해준다.

마케팅 지금까지 어떻게 판매와 고객 서비스 직원들이 CRM 시스템으로부터 편익을 얻을 수 있는지에 주로 초점을 두었다. CRM 시스템은 또한 마케팅 부서에도 중요한 애플리케이션을 가지고 있다. 예를 들면 마케터로 하여금 최상의 고객을 확인할 수 있게 하고, 마케팅 광고를 관리하며 판매팀을 위해 우수한 품질을 창출할 수 있게 해준다. 게다가 CRM 마케팅 애플리케이션은 방대한 고객 데이터를 분류함으로써 소위 데이터 마이닝이라 알려진 과정을 거침으로써 소비자 구매습관의 스냅샷이라 할 수 있는 구매 프로파일을 작성하여 추가적인 판매를 이끌어내는데, 이는 교차판매와 업셀링 및 묶음판매 등을 통한 것이다.

교차판매(cross-selling)는 기존 구매에 기초하여 고객들에게 추가적으로 관련 제품을 마케팅하는 것이다. 이러한 판매 접근법은 은행이 매우 성공적으로 이용해 왔다. 예를 들어 당신이 만약 은행에 당좌 및 저축 계정을 갖고 있다면, 은행 직원은 예금증서(CD) 또는 다른 유형의 투자 상품을 추천할 것이다.

업셀링(upselling)은 기업이 소비자의 초기 제품이나 서비스 선택에 기초하여 또는 반대되는 보다 고가의 관련 제품이나 서비스를 구매할 기회를 고객에게 제공하는 판매전략이다. 예를 들면 고객이 TV를 새로 사기 위해서 전자상가에 들어가면 판매원이 LCD TV 옆에 있는 1080i HD LCD를 보다 비싼 것을 팔려는 희망에서 보여준다(고객이 기꺼이 비싼 값을 지불할 것임을 가정하고). 업셀링의 다른 일반적인 예는 전자제품 구매의 보증과 주유소에서 주유한 후 세차를 하는 것 등이다.

묶음 판매(bundling)는 교차판매의 한 형태로서, 기업이 제품의 개별 값들의 합보다 더 낮은 가격으로 제품이나 서비스를 묶어서 판매하는 것이다. 예를 들면 케이블 기업은 케이블 TV와 인터넷 접속 및 일반전화를 보다 낮은 가격에 묶어서 판매한다.

광고 관리 **광고 관리 애플리케이션**(campaign management application)은 조직으로 하여금 적절한 메시지를 적절한 채널을 통하여 적절한 사람에게 보낼 수 있는 광고를 계획할 수 있게 도와준다. 조직은 선택된 목표 고객이 광고 메시지를 받지 못하는 일이 없도록 아주 조심스럽게 고객을 다룬다. 더욱이 기업은 이런 애플리케이션을 사용하여 각 고객에게 맞는 개별 메시지를 구성한다.

고객 접촉 애플리케이션

기업들은 수년 동안 수작업으로 CRM 시스템을 사용해 왔다. e-CRM은 1990년대 중반 나타난 것으로 조직이 인터넷과 웹 및 다른 전자적 접촉점(이메일, POS 터미널)을 사용하여 고객 관계를 관리하기 시작했을 때이다. 고객들은 고객 대면 애플리케이션의 경우처럼 기업과 상호작용하기보다는 이러한 기술과 애플리케이션에 직접적으로 접촉한다. 그런 애플리케이션은 소위 **고객 접촉 CRM 애플리케이션**(customer-touching CRM applications) 또는 **e-CRM 애플리케이션**[electronic CRM (e-CRM) applications]이라 한다. 이런 애플리케이션을 사용하여 고객들은 일반적으로 자기 자신을 도울 수 있다. 많은 유형의 e-CRM 애플리케이션이 있다. 몇 가지 주요 유형을 살펴보자.

검색 및 비교 기능 웹상에서 이용 가능한 제품과 서비스가 너무나 많아서 고객들은 자신이 원하는 것을 찾는 것이 종종 어렵다. 이러한 고객들을 도와주기 위해 많은 온라인 상점과 몰은 독립적인 비교 웹사이트(www.mysimon.com)가 하는 것처럼 검색과 비교 기능을 제공해준다.

기술 및 정보 서비스 많은 조직들은 개인화된 경험을 제공하여 고객들이 제품을 구매하거나 충성고객으로 남아 있게 한다. 예를 들면 웹사이트는 종종 고객으로 하여금 제품 매뉴얼을 다운로드할 수 있게 해준다. 한 예로 제너럴 일렉트릭(www.ge.com)은 상세한 기술 정보와 유지 보수 정보를 제공하며 오래된 가전제품을 고치는 데 필요한 대체부품을 팔기도 한다. 또 다른 예는 굿이어(www.goodyear.com)의 웹사이트로 타이어와 그것의 사용에 관한 정보를 제공한다.

고객화 제품과 서비스 온라인 판매자가 사용하는 또 다른 고객 접촉 서비스는 매스 커스터마이제이션으로 고객이 자신의 제품을 구성할 수 있게 한 것이다. 예를 들면 델 컴퓨터(www.dell.com)는 고객으로 하여금 자신의 컴퓨터를 구성할 수 있게 해준다. 갭(www.gap.com)도 고객이 의상을 믹스 매치할 수 있게 해준다. 히츠카드(www.hitsquad.com)와 뮤지컬그리팅(www.musicalgreeting.com), 애플 아이튠즈(www.apple.com/itunes), 서프라이즈(www.surprise.com) 같은 웹사이트는 고객으로 하여금 개별적으로 라이브러리에서 음악을 고르고, 기존의 뮤직 스토어에서 제공하지 못하는 특징들로 CD를 고객화할 수 있게 해준다.

게다가 고객들은 언제든지 컴퓨터나 스마트폰으로 자신의 계정 잔액을 보거나 주문 제품의 선적 상태를 체크할 수 있다. 만약 아마존에서 책을 주문하면 도착 예정일을 찾아볼 수 있다. 다른 많은 기업들은 이런 모델을 따르고 유사한 서비스를 제공한다(www.fedex.com과 www.ups.com 참조).

© Amy Eira/PhotoEdit

개인화된 웹페이지 많은 조직들은 고객으로 하여금 자신의 개인화된 웹페이지를 만들 수 있게 해준다. 고객들은 이를 사용하여 구매 내역을 기록하고 취향과 문제점 및 요구사항까지도 기록한다. 예를 들면 아메리칸 에어라인은 여행 계획을 등록한 각 고객들을 위한 웹페이지를 만들었다.

FAQ 자주 묻는 질문은 반복적인 문의사항에 대답해주는 단순한 도구이다. 이 도구를 사용해서 필요로 하는 정보를 찾는 고객들은 실제의 사람과 커뮤니케이션할 필요가 없다.

이메일과 자동 응답 고객 서비스의 가장 흔한 도구는 이메일이다. 값이 싸고 빠른 이메일은 고객의 문의사항에 대한 답변을 제공하기 위해서 사용될 뿐 아니라 정보를 제공하고 주의를 주며 제품 정보를 알려주고 어떠한 주제에 대한 것이든 서신을 주고받는 것이다.

로열티 프로그램 **로열티 프로그램**(loyalty program)은 반복적으로 한 판매자의 제품이나 서비스를 사용하는 고객을 인식한다. 로열티 프로그램은 두 가지 조건이 만날 때 적합하다. 아주 높은 빈도의 반복구매와 각 고객을 위한 제품의 제한된 고객화가 바로 그것이다.

비록 로열티 프로그램이 자주 '보상 프로그램'으로 일컬어지지만 로열티 프로그램의 목적은 과거의 행동에 보상을 해주는 것이 아니라 미래의 행동에 영향을 주려는 것이다. 여기서 주목할 중요한 점은 가장 수익성 높은 고객들이 반드시 가장 쉽게 영향을 받는 행동을 하는 것은 아니라는 것이다. 한 예로서 대부분의 미국 주요 항공사들은 2만 5,000마일을 여행한 사람과 파트너에게 '엘리트' 편익을 제공한다. 1등석을 이용한 고객은 이코노미석을 이용한 고객의 몇 배에 달하는 값을 지불한다. 그러나 1등석 여행자는 이코노미 승객보다 1.5~2배 정도의 속도로 '엘리트'에 도달한다. 그 이유는 비록 1등석 승객이 할인추구형 고객보다 훨씬 더 수익성이 높지만 로열티 프로그램에 의해 덜 영향을 받기 때문이다. 할인추구형 승객은 상용고객 우대제도 (frequent flyer program)의 편익에 훨씬 더 열광적으로 반응한다. 그러므로 항공사들은 1등석 고객보다 더 많은 편익을 할인추구형 고객에게 부여한다(그들이 지불한 것에 비해).

항공사의 상용고객 우대제도가 아마도 가장 잘 알려진 로열티 프로그램일 것이다. 카지노에서도 클럽에 자주 나오는 고객에게 보상해주고 또 슈퍼마켓도 자주 쇼핑을 나오는 고객에게 로열티 프로그램을 사용하여 보상을 제공한다. 로열티 프로그램은 데이터베이스 또는 데이터 웨어하우스를 사용하여 고객이 발생시킨 포인트(마일리지)의 기록을 유지하고 거기에 맞는 보상을 제공한다. 그 후 프로그램은 분석 도구를 사용하여 데이터를 추출하고 고객 행동에 대해 학습한다.

<table>
<tr><td>

── **다음 절로** 넘어가기 **전에**…

1. 고객 대면 애플리케이션과 고객 접촉 애플리케이션을 구분하라.
2. 교차판매, 업셀링, 묶음 판매의 예를 들라.

</td></tr>
</table>

개념 적용 12.2

학습목표 12.2 운영적 CRM 시스템의 두 가지 주요 구성요소를 서술하고, 기업이 어떻게 각 애플리케이션을 사용했는지 예를 든다.

1단계 – 배경

이 절은 고객 대면 CRM과 고객 접촉 CRM 애플리케이션의 개념 및 운영적 CRM 시스템의 두 가지 주요 구성요소를 소개한다. 많은 조직들이 두 가지 유형의 CRM을 결합하여 고객 관계를 구축하고 발전시킬 뿐 아니라 계속 유지해 나가고 있다. 이 활동은 당신으로 하여금 웹사이트와 오프라인에서 업무를 수행할 때 이들 시스템을 알 수 있게 도와줄 것이다.

2단계 – 활동

당신이 쇼핑하고 싶은 실제 상점을 방문하라(이 연습을 위해 반드시 무엇을 살 필요는 없다). 그리고 그 상점의 웹사이트를 방문해보라. 두 가지 접근법을 비교할 수 있도록 인터넷 사이트와 실제 상점이 모두 갖춰진 상점을 반드시 선택하라.

그 상점을 들어갈 때 고객을 CRM에 결속시킬 수 있는 단서를 찾아보라. 그 기업은 고객 보상 프로그램을 운영하고 있는가? 그 상점은 어떻게 그 프로그램을 운영하는가? 당신은 그 프로그램에 가입했는가? 가입하게 되면 얻는 이점은 무엇인가? 오프라인 멤버십이 온라인과 묶여 있는가? 그렇다면 어떤 방법으로 하고 있는가? 그렇지 않다면, 그 상점은 오프라인 멤버십과 온라인 멤버십을 각각 갖고 있는 것으로 보이는가?

3단계 – 과제

2단계에 언급된 요점을 고려하여, 기업이 고객 대면 CRM과 고객 접촉 CRM 애플리케이션을 사용하여 온라인과 기존의 전통적인 쇼핑 경험을 어떻게 통합하는지 서술하라. 보고서를 준비하여 교수에게 제출하라.

12.3 분석적 CRM 시스템

운영적 CRM 시스템이 대면적 비즈니스 프로세스를 지원한다면, **분석적 CRM 시스템**(analytical CRM system)은 실행 가능한 비즈니스 인텔리전스를 제공하고자 고객의 행동과 지각을 분석한다. 예를 들면 분석적 CRM 시스템은 마케팅 활동과 판매 및 새로운 서비스 조치에 대한 고객들의 반응뿐만 아니라, 고객의 요구사항과 거래내역에 대한 정보를 제공한다. 또한 고객행동에 대한 통계모델을 만들어 시간의 경과에 다른 고객가치를 분석하며 고객의 획득과 유지 및 고객의 이탈에 대한 예측 정보를 제공한다. 그림 12.3은 운영적 CRM 시스템과 분석적 CRM 시스템의 관계를 나타낸 것이다.

분석적 CRM 시스템의 중요한 기술은 데이터 웨어하우스, 데이터마이닝, 의사결정 지원 및 기타 비즈니스 인텔리전스 기술을 포함한다. 일단 시스템이 분석을 완료하면 조직에 대한 정보는 리포트와 디지털 대시보드의 형태로 사용 가능하다.

분석적 CRM 시스템은 다음과 같은 다양한 목적을 위해 고객 데이터를 분석한다.

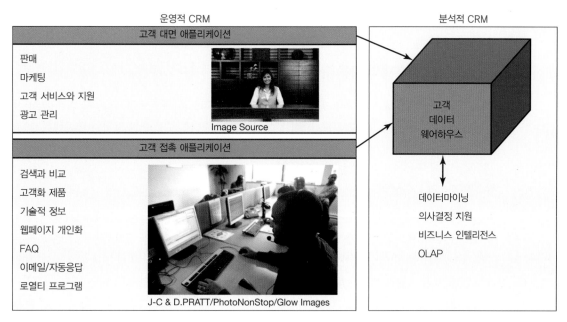

그림 12.3 운영적 CRM 시스템과 분석적 CRM 시스템 간의 관계

다음 절로 넘어가기 전에…

1. 운영적 CRM 시스템과 분석적 CRM 시스템 간의 관계는 무엇인가?
2. 분석적 CRM 시스템의 기능은 무엇인가?

- 표적 시장 광고의 기획과 실행
- 고객 획득, 교차판매 및 업셀링의 증가
- 제품 및 서비스와 관련된 의사결정의 투입요소 제공(가격 결정과 제품 개발)
- 재무예측과 고객 수익성 분석의 제공

개념 적용 12.3

학습목표 12.3 분석적 CRM 시스템이 기업에 제공하는 편익을 서술한다.

1단계 – 배경

이 절은 분석적 CRM을 고객행동과 시간경과에 따른 고객 관계 가치에 대한 통계적 모델뿐만 아니라 고객의 획득과 유지 및 고객의 이탈을 예측할 수 있는 시스템으로 정의했다. 이는 웹사이트에서 보다 많이 쇼핑할수록 시스템은 당신에 관하여 보다 많은 것을 알게 된다는 것이다. 구글이 아주 대표적인 예이다.

2단계 – 활동

http://www.wiley.com/go/rainer/MIS3e/applytheconcept에 접속하여 이 절에 해당하는 링크를 클릭한다. 이는 피플소프트 CRM 분석을 하도록 구성된 오라클 웹사이트로 가게 될 것이다. 이 논문을 읽을 때, 기업이 어떻게 분석적 CRM 시스템으로부터 편익을 얻을 수 있는지에 초점을 두고 기업 관점에서 CRM을 생각해보라.

3단계 – 과제

오늘 당신이 새로운 업무를 맡은 첫날이고 기업의 CRM 시스템을 사용할 기회가 주어졌다고 가정하자. 점심 때 동료가 이 시스템을 판매 프로그램의 부분으로서 사용하는 데 대해 불평하고 있었다면, 당신은 분석적 CRM 시스템이 기업에 주는 편익을 어떻게 설명할 것인지 서술하라. 이를 교수에게 제출하라.

12.4 CRM 시스템의 다른 유형

이제까지 운영적 CRM 시스템과 분석적 CRM 시스템을 검토해 왔으므로, 다른 유형의 CRM 시스템에 초점을 두어 알아보고자 한다. 이 분야의 흥미 있는 네 가지 발전 형태는 온디맨드 CRM 시스템과 모바일 CRM 시스템, 오픈소스 CRM 시스템 및 소셜 CRM이다.

온디맨드 CRM 시스템

CRM 시스템은 온프레미스나 온디맨드로 실행된다. 전통적으로 조직은 온프레미스 CRM 시스템, 즉 벤더로부터 시스템을 구매하고 현장에 시스템을 설치해주는 것을 의미하는 시스템을 사용했다. 이런 배치는 비싸고 시간이 낭비될 뿐 아니라 유연하지 못하다. 특히 소규모 기업의 경우에는 그 비용을 정당화할 수 없다.

온디맨드 CRM 시스템은 온프레미스 CRM 시스템의 단점에 대한 해결책이 되었다. **온디맨드 CRM 시스템**(on-demand CRM system)은 벤더의 데이터센터에서 외부 벤더가 호스팅하는 CRM 시스템이다. 이런 배치는 조직이 시스템을 구매해야 하는 비용을 절감해준다. 게다가 벤더가 시스템을 만들고 유지보수하기 때문에 조직 구성원은 그것에 어떻게 접속하고 사용하는 지만 알면 된다. 온디맨드의 개념은 유틸리티 컴퓨팅 또는 SaaS(Software-as-a-Service)에서 잘 알 수 있다.

세일즈포스(www.salesforce.com)가 가장 잘 알려진 온디맨드 CRM 벤더이다. 세일즈포스의 목적은 CRM 소프트웨어를 구매하는 대신에 기업이 그 소프트웨어를 빌릴 수 있게 하는 새로운 비즈니스모델을 제공하는 것이다. 세일즈포스 성공의 비밀은 CRM이 고객화를 많이 하지 않고 도 고객들의 요구사항을 충족시키기 때문이다.

세일즈포스의 한 고객은 매사추세츠 주 웰슬리의 뱁슨칼리지(Babson College)이다. 뱁슨의 목적은 지원자에게 가능한 최상의 경험을 제공하는 것이다. 이 미션을 달성하고자 세일즈포스 를 이용하여 단일 지역 내 유망 학생들에 대한 모든 정보를 얻기로 결정했다. 입학과 관련된 부 서의 모든 구성원이 등록 프로세스 내에 있는 각 지원자의 상태를 알려줄 보고서와 연락처와 지원 상황에 즉각적으로 접근할 수 있게 했다. 이 시스템은 관리자가 지원자에게 적시의 중요 한 정보를 쉽게 제공할 수 있게 해주었다.

이런 편익에도 불구하고 온디맨드 CRM 시스템은 잠재적인 문제점을 안고 있다. 첫째, 벤더 가 신뢰할 수 없는 것으로 드러났을 경우 기업은 CRM 기능을 전혀 쓸 수 없게 된다. 둘째, 호스 팅 소프트웨어가 어렵거나 수정이 불가능할 경우 벤더만이 업그레이드할 수 있다. 셋째, 벤더 가 호스팅하는 CRM 소프트웨어는 조직의 기존 소프트웨어와 통합되기 어렵다. 마지막으로, 벤 더에게 전략적 고객 데이터를 주는 것은 항상 보안과 프라이버시 침해의 위험이 따른다.

모바일 CRM 시스템

모바일 CRM 시스템(mobile CRM system)은 고객과의 관계를 구축하고 유지할 목적으로 모바 일 매체를 통하여 판매, 마케팅, 고객 서비스 활동과 관련된 커뮤니케이션을 수행할 수 있게 하 는 상호작용적 CRM 시스템이다. 단순하게 말하자면 모바일 CRM 시스템은 스마트폰과 같은 휴대용 장비를 통해 고객과 직접적으로 상호작용하는 것이다. 장래를 고려하는 많은 기업들은 모바일 CRM이 언제 어디서나 접속할 수 있는 개인화된 고객 관계를 형성하는 통로로서 방대한 약속을 줄 것이라고 믿는다. 사실 모바일 마케팅을 통해 제공되는 잠재적 기회는 아주 커서 많 은 기업들이 이미 모바일 CRM 시스템을 향후 마케팅 활동의 초석으로 정의했다. 마무리 사례 1은 디즈니 월드의 모바일 CRM 애플리케이션을 논의한다.

오픈소스 CRM 시스템

오픈소스 소프트웨어의 소스코드는 개발자나 사용자에게 비용부담이 전혀 없이 이용 가능하 다. 그러므로 **오픈소스 CRM 시스템**(open-source CRM system)은 소스코드를 개발자와 사용자 가 이용할 수 있는 CRM 시스템이다.

오픈소스 CRM 시스템은 다른 CRM 소프트웨어보다 더 많거나 적은 특징 또는 기능을 제공 하지 않으며, 온프레미스나 온디맨드로 실행된다. 유망한 오픈소스 CRM 시스템으로는 슈가 CRM(www.sugarcrm.com)과 컨커시브(www.concursive.com) 및 V티거(www.vtiger.com) 등 이 있다.

오픈소스 CRM 시스템의 편익은 적절한 가격과 다양한 애플리케이션이다. 또한 이들 시스템 은 고객화가 쉽다. 이는 조직의 특정한 니즈에 맞게 CRM 소프트웨어를 디자인해야 하는 조직 에게 매력적인 특징이다. 끝으로, 오픈소스 CRM 시스템은 신속한 업데이트와 오류 수정이 가 능하며, 광범위한 지원 정보를 무료로 사용할 수 있다. '비즈니스에서 IT 12.2'는 유쉽(uShip)이슈가 CRM을 실행함으로써 어떻게 많은 편익을 얻을 수 있었는지를 설명해준다.

그러나 모든 소프트웨어와 마찬가지로 오픈소스 CRM 시스템도 위험요소를 가지고 있다. 가장 심각한 위험은 품질 통제이다. 오픈소스 CRM 시스템은 급료를 받지 않는 대규모의 개발자 커뮤니티에 의해 만들어지기 때문에 제품 품질에 대해 책임을 질 당사자가 없다. 더욱이 최상의 결과를 얻기 위해서는 오픈소스 CRM 시스템이 개발된 플랫폼과 동일한 플랫폼을 기업이 가져야만 한다.

비즈니스에서 IT 12.2

SugarCRM으로부터 얻는 유쉽의 편익

 유쉽(uShip, www.uship.com)은 배송 서비스를 위한 세계적인 온라인 시장이다. 개인과 기업들이 자동차운송, 해상운송, 이사나 사무실 이전과 제거 서비스, 그리고 중공업 장비의 운송을 포함한 다양한 범주 중에서 선택하여 배송해야 할 물건들을 발송한다.

유쉽의 운송 서비스 제공자는 고객 수하물을 가져갈 권리를 얻고자 경쟁 가격을 제시한다. 배나 자동차, 그리고 소단위 취급화물을 비롯한 몇몇 품목에 대해서는 고객들이 (1) 운송 서비스에 대해 선불 가격을 선택할 수 있고, (2) 운송업자에 알맞은 수용 가능한 가격을 입력할 수 있다. 고객들은 이베이(eBay)의 '바로 구매(buy it now)' 기능처럼 이러한 가격으로 즉시 배송을 예약하거나 경매 가격의 제시를 기다린다. 사이트의 역경매 방식은 서비스 제공자들로 하여금 배송할 경로를 찾고 빈 수하물 공간을 채우게 함으로써 운송 가격을 낮춘다.

유쉽은 고객과 서비스 제공자들 모두에게 피드백 평가시스템을 사용한다. 운송업체들은 몇몇 서비스 품목, 장비 사진, 영상, 수하물 보험 정보, 그리고 미 연방 운송 면허 부서, 운전 인가 부서, 면허 검증 부서에 대한 정보를 특별히 포함한 회사 프로파일들을 유지한다.

A&E의 리얼리티 TV 쇼 〈운송 전쟁(Shipping Wars)〉의 팬들은 유쉽과 친근하다. 이 프로그램은 6개의 독립된 운송업자들이 전통적인 운송업체들이 운반하지 않는 물건들을 운반하기 위해 경매에서 가격을 제시하는 쇼에 쓰인 운송 시장이다.

처음에 유쉽은 이베이와 파트너십을 맺으면서 주로 소비자 시장에 초점을 두었다. 그 뒤 2013년 후반에 유쉽은 사업으로 2개 시장 세그먼트로 개발하기 시작했다―꽉 찬 트럭 한 대 분량(Full-truckload, FTL)과 트럭 한 대 분량보다 적은(Less-than-truckload, LTL). 하지만 유쉽은 그들의 빠른 성장을 뒷받침할 만한 기반시설을 가지고 있지 않았다. 유쉽은 문자와 통화 정보 같은 고객 접촉 정보에 대한 집중화된 접근 포인트가 필요했다. 복잡한 고객 관리 문제와 상업 계좌들은 소매 고객들보다 더 긴 관리를 요구한다. 그래서 유쉽은 두 가지를 모두 수용할 시스템이 필요했다. 게다가 유쉽의 LTL 판매팀은 현장 기반인 반면 소매와 FTL 판매팀은 기업 내에서 업무를 수행한다. 유쉽은 두 판매팀 모두 같은 CRM 플랫폼을 사용하고자 했다.

유쉽은 그들의 CRM 플랫폼으로 SugarCRM(www.sugarcrm.com)을 선택했다. SugarCRM은 유쉽의 통신시스템과 데이터베이스, 유쉽닷컴 웹사이트, 그리고 지원센터 애플리케이션을 통합할 수 있는 기능을 가지고 있었다. SugarCRM 솔루션의 실행을 돕기 위해서 유쉽은 시스템통합(SI) 업체 에피콤(Epicom, www.epicom.com)을 선택했다. 에피콤은 시스템의 구축에 있어 단계적인 접근을 사용했다. 1단계는 유쉽의 상업용 계정에 대한 솔루션을 개발했고, 2단계는 그들의 소매 계정을 위한 해결 방법을 개발했다. 그리고 3단계는 유쉽의 통신시스템을 위한 솔루션을 개발했다.

SugarCRM은 유쉽으로 하여금 새로운 고객들을 효율적으로 과정 중에 있게 하고 수백 개의 각기 다른 계정을 단 하나의 인터페이스로 관리하며 우수한 고객 경험을 제공하고 회사의 빠른 성장을 뒷받침할 수 있게 해준다. 새로운 시스템은 유쉽의 모든 업무 영역에서 속도와 생산성을 증진시킬 수 있게 하였다. 사실 유쉽의 전체 효율성은 20%까지 증가했다.

한 예로 고객 서비스로 처리해야 할 문제가 발생할 경우, 유쉽은 그 계정을 찾는 데 1~2분이 걸렸다. SugarCRM은 즉시 그 계정을 유쉽의 고객 담당 부서에 보낸다. 유쉽의 업무 보고는 또한 더 효율적이고 효과적이며 직원 1명당 일주일에 6~8시간을 절약할 수 있다. 게다가 분석 부서의 업무량도 상당히 감소했다. SugarCRM 패키지가 없다면, 이 업무량을 처리하기 위해 직원들을 추가로 더 고용해야 했을 것이다.

출처 : "uShip, eBay Deal Puts Spotlight on Larger-Than-Parcel Shipping," *Business Wire*, March 10, 2014; "New Service for LTL Spot Rate Marketplace from uShip," *Fleet News Daily*, March, 2014; J. Berman, "uShip Introduces Online LTL Spot Rate Marketplace," Logistics Management, January 23, 2014; A. Heim, "Online Shipping Marketplace uShip Plans on Leveraging Brazil's Logistics Woes to Bolster Its Business," *TheNextWeb*, January 23, 2013; "uShip," *SugarCRM Case Study*, 2012; www.uship.com, www.sugarcrm.com, www.epicom.com, accessed April 2, 2014.

질문

1. SugarCRM이 유쉽에게 제공한 장점을 서술하라.

2. 어떤 사업상의 니즈가 유쉽으로 하여금 CRM 시스템을 실행하게 결정했는지를 서술하라.

소셜 CRM

소셜 CRM(social CRM)은 소셜미디어 기술과 서비스의 사용으로써 조직으로 하여금 고객을 협력적 대화에 참여케 하여 결국 상호간에 믿을 수 있는 투명한 방식으로 유익한 가치를 주게 된다. 사실 소셜 CRM은 고객이 취하는 쌍방향 대화에 대한 기업의 반응이다. 소셜 CRM에서 조직은 페이스북과 트위터 및 링크드인(다른 여러 가지들 중에서)과 같은 여러 서비스에서 자사의 제품과 서비스 및 브랜드 등에 관련하여 언급되는지를 모니터하고 이에 대응한다.

소셜미디어는 또한 고객들이 보다 빠르고 더 좋은 고객 서비스를 얻기 위해 사용하고 있는 방법들을 제공하고 있다. '비즈니스에서 IT 12.3'은 모턴 스테이크하우스(Morton's Steakhouse)가 고객의 트위터에 반응함으로써 고객을 어떻게 감동시켰는지를 상세히 알 수 있게 해준다.

비즈니스에서 IT 12.3

모턴 스테이크하우스는 고객들을 놀라게 한다

© peshkov/iStockphoto

피터 샌크맨은 하루 종일 미팅이 잡혀 있고 또 저녁 늦게 비행기로 귀가하여 결국 저녁을 거르게 된다. 그래서 그는 장난 삼아 트위터로 모턴 스테이크하우스에 공항에 도착했을 때 허리 등심 스테이크를 준비해 달라고 했다.

모턴 스테이크하우스는 그 메시지를 보았고 트위터 메시지가 단골 고객(단골 트위터–샌크맨은 10만 명의 트위터 팔로워가 있다)으로부터 온 것을 발견했고 샌크맨이 무엇을 주로 주문했는지 그리고 어떤 비행기를 탔는지에 대한 정보를 얻고 그의 저녁식사를 위해 뉴어크 공항(뉴저지)까지 배달을 보냈다. 샌크맨은 공항 프런트 로비에 도착했을 때 턱시도를 입고 자신의 이름이 적힌 카드를 들고 있는 사람을 보았다. 그는 또한 24온스짜리 허리 등심 스테이크와 대형 새우와 추가 주문한 감자, 빵, 냅킨 2개, 그리고 은식기가 들어 있는 가방을 들고 있었다.

가장 가까운 모턴 식당은 공항에서 약 24마일 떨어져 있었고, 샌크맨의 비행시간은 두 시간밖에 되지 않았다. 이 이야기는 모턴 식당의 고객 서비스와 빠른 소셜미디어에 대해 많은 것을 이야기해준다. 인정하건대, 이 이야기 전체가 인터넷을 통해 폭발적으로 바이러스처럼 퍼져 나가는 떠들썩한 선전이었다. 요점은 이게 아니다. 하지만 기업들이 그들 스스로에게 반드시 물어봐야 할 질문은 "당신의 기업은 이런 것을 할 생각이나 했는가?"이다.

출처 : C. Chan, "Morton's Steakhouse Met a Man at the Airport with a Steak After He Asked for One on Twitter," *Gizmodo*, August 19, 2011; M. Flacy, "After a Single Tweet, Air Traveler Gets a Morton's Surprise at Newark Airport," *Digital Trends*, August 18, 2011; "Peter Shankman Tweet Joke Leads to Morton's Surprise Steak Dinner at Newark Airport," *The Huffington Post*, August 11, 2013; www.mortons.com, accessed March 31, 2014.

질문

1. 모턴의 소셜미디어 관찰을 통해 어떻게 CRM이 퍼스널 마케팅을 소생시켰는지를 설명하라.

2. 이와 같은 소셜미디어의 밀착된 모니터링이 갖는 단점은 무엇인가? 답을 뒷받침할 구체적인 예를 들라.

개념 적용 12.4

학습목표 12.4 모바일 CRM 시스템, 온디맨드 CRM 시스템 및 오픈소스 CRM 시스템 각각의 장단점을 설명한다.

┌─ 다음 절로 넘어가기 전에…
1. 온디맨드 CRM 시스템을 정의하라.
2. 모바일 CRM 시스템을 정의하라.
3. 오픈소스 CRM 시스템을 정의하라.

1단계 – 배경

이 절은 CRM 시스템의 운영적 또는 분석적 유형이 아니라, 대신에 CRM 시스템을 실제로 실행하는 상이한 방식에 대해 개략적으로 살펴보았다—예를 들면 모바일 CRM, 오픈소스 CRM, 온디맨드 CRM(클라우드) 또는 그 이외의 CRM을 실행할 수 있다. 당신은 실행하려는 어떠한 시스템에서도 대부분(모두는 아니고)의 옵션이 가능하다.

2단계 – 활동

http://www.wiley.com/go/rainer/MIS3e/applytheconcept에 접속하여 이 절에 해당하는 링크를 클릭한다. 링크 중 하나는 온디맨드 CRM(세일즈포스)을 설명해줄 유튜브 동영상을 보여주며 다른 하나는 오픈소스 CRM(슈가CRM) 동영상이다. 마지막 링크는 하이브리드(혼합형) 접근법인 세일즈 클라우드(Sales Cloud, 모바일 클라우드 CRM)를 보여준다. 이 동영상은 특히 각 접근법의 장점과 단점에 주목하게 해준다. 장점은 발견하기 쉬울 것이다(이것은 홍보 영상이기 때문에). 각각의 단점은 다른 CRM의 장점을 비교하면 명백해진다. 왜냐하면 한 CRM이 실행할 수 없는 특정한 기능을 다른 CRM이 실행할 수 있기 때문이다.

3단계 – 과제

각 접근법의 장점과 단점을 강조한 표를 작성하라. 소프트웨어의 기능이나 사용자의 경험 속에 차이점이 있는가? 교수에게 작성한 표를 제출하라.

나를 위한 IT는 무엇인가?

ACCT 회계 전공자

CRM 시스템은 법적 조치에 상응한 지원을 위해 고객과의 상호작용과 관련된 재무 보고를 통제하는 데 도움을 줄 수 있다. 예를 들면 사베인스-옥슬리법은 기업으로 하여금 제3자가 감사할 수 있는 정확한 재무 보고를 위한 충분한 통제요소를 확립하고 유지할 것을 요구하고 있다. 302와 401(b)조항은 전년도 기간 동안 보고된 매출 수치가 정확하다는 것을 포함하여 고객 활동에 대한 시사점을 담고 있다. 409조항은 기업으로 하여금 전략적 고객의 상실 또는 제품 품질에 대한 고객의 중요한 불평과 같은 재무 상태에 중요한 결과를 가져올 수 있는 변화를 보고하도록 하고 있다.

CRM 시스템은 판매기회로부터 판매주문, 송장, 회계서류에 이르기까지 문서의 흐름을 추적할 수 있어서 재무/회계 관리자가 전체 흐름을 모니터링할 수 있게 해준다. 매출건적 가격과 주문을 추적할 수 있는 CRM 시스템은 의문스러운 판매거래를 확인하는 프로세스 통제를 통합하는 데 사용될 수 있다. CRM 시스템은 예외사항을 알리는 기능을 제공함으로써 기업이 위험에 빠질 수 있는 조건 밖에 존재하는 변수들을 확인할 수 있게 한다.

FIN 재무 전공자

CRM 시스템은 기업으로 하여금 개별광고의 적절한 비용을 수집할 수 있게 하고 마케팅비용을 추적할 수 있게 해준다. 이런 비용은 기업의 계획과 재무목적에 대응되어서 마케팅 광고의 재무적 성과를 볼 수 있게 해준다.

가격 정책은 재무 보고에 영향을 주는 또 다른 주요 영역이다. 예를 들면 어떤 할인정책이 이용 가능한가? 가격은 언제 중단될 수 있는가? 누가 할인정책을 승인하는가? CRM 시스템은 이런 이슈를 위해 통제 기능을 수행할 수 있다.

MKT 마케팅 전공자

CRM 시스템은 마케팅 전문가의 모든 활동을 통합하는 분야이다. CRM 시스템은 마케팅 의사결정을 수행하는 데 필요한 근거를 제공하는 고객 데이터를 가지고 있다. 이 데이터를 사용하여 마케터는 잠재적 판매기회를 향상시키고 수익을 증대시킬 수 있는 가격을 수립하고 고객화된 제품믹스로 적시에 목표고객의 판매광고를 개발한다. 또한 CRM 시스템은 이전의 거래에서 획득한 기존 데이터를 사용함으로써 기존 고객들에게 향후 매출을 유도하기 위한 예측모델을 개발하도록 지원해준다.

POM 생산/운영 관리 전공자

생산은 원자재의 획득, 변환, 최종제품의 공급을 수반한다. 그러나 이 모든 활동은 판매에 의해 추진된다. 제품 수요의 증가 또는 감소가 원자재 필요량의 증가 또는 감소를 가져온다. 기업 수요에 절대 필요한 것은 향후 매출의 예측으로서 CRM 시스템의 중요한 부분이다. 판매 예측은 CRM 시스템에 저장된 기존 데이터의 사용을 통하여 이루어진다.

이러한 정보는 제조공정을 위해 주문하는 생산 관리자에게 아주 중요하다. 정확한 매출의 미래 예측 없이는 생산 관리자가 재고 문제에 직면하게 된다(이 장에서 상세히 논의됨). 생산과 운영지원을 위한 CRM 시스템의 사용은 기업의 자원을 효율적으로 관리하는 데 중요하다.

HRM 인적자원관리 전공자

기업은 고객 관계를 향상시키려 하기 때문에 고객과 상호작용하는 종업원이 CRM 전략의 성공에 중요하다는 것을 인식해야만 한다. 본질적으로 CRM은 기업과 CRM의 계획을 촉진하려는 종업원의 열망과 능력에 따라 성공적이 될 수 있다. 사실 연구 분석가들은 고객충성도가 종업원의 능력과 헌신에 주로 기초한다는 것을 보여주고 있다.

결과적으로 인적자원관리자는 기업이 가치 있는 고객 관계를 바라면 종업원과의 가치 있는 관계가 필요하다는 것을 알고 있다. 그러므로 인적자원관리자는 종업원 만족을 증가시키기 위한 프로그램을 도입하고 CRM 전략을 실행할 수 있도록 종업원을 훈련시키고 있다.

MIS 경영정보시스템 전공자

기업 내의 IT부문은 기업 데이터베이스와 데이터 웨어하우스 및 데이터의 정확성과 완전성에 책임이 있다. 즉 IT 부서는 고객의 360도 시야에서 사용된 데이터를 제공한다. 더욱이 IT 요원은 고객 상호작용센터의 근간이 되는 기술을 제공한다.

요약

1. 고객 관계 관리(CRM)와 협력적 CRM을 정의하고 주요 기능을 확인한다.

   CRM은 고객중심과 고객주도의 기업전략이다. 즉 조직은 제품과 서비스에 대한 고객 요구사항을 분석하고 이를 고품질의 대응적 서비스로 제공함으로써 고객만족에 중점을 두는 것이다. CRM 기능은 신규고객 획득, 기존 고객의 유지, 기존고객과의 관계를 잘 만들어가는 것을 포함하고 있다.

   협력적 CRM은 데이터 통합과 고객의 360도 시야가 조직의 기능영역으로 하여금 쉽게 고객 정보를 공유할 수 있게 하는 조직의 CRM 전략이다. 협력적 CRM의 기능은 조직과 마케팅, 판매, 고객지원 프로세스 등의 모든 측면에서 고객 사이의 커뮤니케이션을 통합하고 고객으로 하여금 조직에 대한 직접적 피드백을 제공할 수 있게 한다.

2. 운영적 CRM 시스템의 두 가지 주요 구성요소를 서술하고, 기업이 어떻게 각 애플리케이션을 사용했는지 예를 든다.

   운영적 CRM 시스템은 고객과 직접적으로 상호작용하는 대고객 비즈니스 프로세스를 지원한다(판매, 마케팅, 서비스 등). 운영적 CRM 시스템의 두 가지 주요한 구성요소는 고객 대면 애플리케이션과 고객 접촉 애플리케이션이다.

   고객 대면 CRM 애플리케이션은 고객 서비스와 지원, 판매자동화, 마케팅 및 광고 관리를 포함한다. 고객 접촉 애플리케이션은 검색과 비교능력을 갖추고 기술적 정보를 비롯한 기타 정보와 서비스, 고객화 제품/서비스, 개인화된 웹페이지, FAQ, 이메일, 자동화된 응답 및 로열티 프로그램 등을 포함하는 것이다.

3. 분석적 CRM 시스템이 기업에 제공하는 편익을 서술한다.

   분석적 CRM 시스템은 비즈니스 인텔리전스를 제공하기 위해 고객의 행동과 인식을 분석한다. 조직은 분석시스템을 사용하여 표적 시장 마케팅 광고의 설계와 실행, 고객 모집의 증대, 교차판매, 업셀링, 제품/서비스 관련한 의사결정에 투입요소를 제공하는 것(가격정책과 제품 개발 등), 재무예측과 고객수익성 분석 등의 여러 목적을 달성한다.

4. 모바일 CRM 시스템, 온디맨드 CRM 시스템 및 오픈소스 CRM 시스템 각각의 장단점을 확인한다.

온디맨드 CRM 시스템은 벤더의 데이터센터에서 외부 벤더가 호스팅하는 CRM 시스템이다. 온디맨드 CRM 시스템의 장점은 보다 저렴한 비용과 더불어 종업원이 소프트웨어에 접속하고 이용할 줄만 알면 된다는 점이다. 단점은 신뢰할 수 없는 벤더의 경우를 포함하여 소프트웨어를 수정하는 것이 어렵거나 벤더가 호스팅해주는 소프트웨어와 기존 소프트웨어의 통합이 어려울 때이다.

모바일 CRM 시스템은 조직과 고객 간 관계를 구축하고 유지할 목적으로 판매와 마케팅 및 고객 서비스 활동과 관련된 커뮤니케이션을 모바일 매체를 통하여 수행하는 상호작용적 CRM 시스템이다. 모바일 CRM 시스템의 장점은 고객에게 편의성을 제공하고 고객과 아주 개인적인 관계를 구축할 기회를 준다는 점이다. 단점은 고객의 기대 수준을 계속 유지하는 것이 어렵다는 점이다. 즉 기업은 거의 실시간에 가깝게 모바일 환경에서 고객 니즈에 아주 민감해야 한다.

오픈소스 CRM 시스템은 시스템의 소스코드를 개발자나 사용자 모두 이용할 수 있는 CRM 시스템이다. 오픈소스 CRM 시스템의 편익은 유리한 가격조건과 폭넓은 응용 프로그램, 용이한 고객화, 신속한 업데이트와 오류 수정 및 광범위한 지원 정보의 무료 제공 등이다. 오픈소스 CRM 시스템의 가장 큰 단점은 품질 통제이다.

>>> 용어 해설

고객 관계 관리 제품과 서비스 요구사항을 강조함으로써 고객을 만족시키고 고품질과 반응적 서비스를 제공하는 데 중점을 두는 고객초점의 고객지향 조직전략

고객 대면 CRM 애플리케이션 고객 서비스와 지원, 판매자동화, 마케팅, 광고 관리 등을 포함하여 고객이 조직과 직접적으로 상호작용하는 영역

고객 상호작용센터 조직이 다수의 커뮤니케이션 채널을 사용하여 기업 내부 원격 서비스와 기업 외부 원격판매 등과 같은 영역에서 고객과 상호작용하기 위해 사용하는 CRM 활동

고객 접점 고객과 조직 사이의 모든 상호작용

고객 접촉 CRM 애플리케이션 고객들이 상호작용하고 전형적으로 스스로를 돕는 애플리케이션과 기술

광고 관리 애플리케이션 조직이 적절한 채널을 통해 적합한 사람에게 적절한 메시지를 보내게 하는 마케팅 광고 계획을 돕는 CRM 애플리케이션

교차판매 기존의 구매행위에 기초하여 고객들에게 추가적인 관련 제품을 마케팅하는 것

대고객 비즈니스 프로세스 판매와 마케팅 및 서비스 등 직접 고객과 상호작용하는 것

로열티 프로그램 미래 행동에 영향을 주기 위해 고객들에게

보상을 제공하는 프로그램

모바일 CRM 시스템 조직과 고객 간의 고객 관계를 구축하고 유지할 목적으로 판매와 마케팅 및 고객 서비스 활동과 관련된 커뮤니케이션을 모바일 매체를 통해 수행하는 상호작용적 CRM 시스템

묶음 판매 제품을 각각 합산한 가격보다 저렴한 가격으로 제품이나 서비스를 함께 판매하는 교차판매의 한 형태

분석적 CRM 시스템 비즈니스 인텔리전스를 제공하기 위해 고객의 행동과 인식을 분석하는 CRM 시스템

소셜 CRM 조직이 믿을 수 있고 투명한 방식으로 서로에게 유익한 가치를 제공하고자 고객과의 협력적 대화에 참여케 할 수 있는 소셜미디어 기술과 서비스의 사용

업셀링 조직이 고객에게 고객의 초기 제품이나 서비스 선택과 같은 방향에서 또는 반대되는 보다 고가의 관련 제품이나 서비스를 구매할 기회를 제공하는 판매전략

오픈소스 CRM 시스템 개발자와 사용자가 소스코드를 사용할 수 있는 CRM 소프트웨어

온디맨드 CRM 시스템 벤더의 데이터센터에서 외부 벤더가 포스팅하는 CRM 시스템

운영적 CRM 시스템 고객과 직접적으로 상호작용하는 대고

객 비즈니스 프로세스(판매와 마케팅 및 서비스)를 지원하는 CRM의 구성요소

전방 프로세스 고객과 직접적으로 상호작용하는 프로세스; 즉, 판매와 마케팅 및 서비스

판매자동화 판매거래 프로세스의 모든 부분에서 자동으로

기록하는 운영적 CRM 시스템의 구성요소

협력적 CRM 시스템 마케팅과 판매 및 고객 지원 서비스의 모든 측면에서 조직과 고객 간의 커뮤니케이션을 통합하는 CRM 시스템

e-CRM 애플리케이션 '고객 접촉 CRM 애플리케이션' 참조

>>> 토론 주제

1. CRM 시스템은 조직이 고객과 친밀해지는 데 도움을 주는가?

2. 데이터 통합과 CRM 시스템 간에는 어떤 관계가 있는가?

3. CRM과 고객 프라이버시 간의 관계를 논의하라.

4. 운영적 CRM 시스템과 분석적 CRM 시스템을 구분하라.

5. 고객 대면 CRM 애플리케이션과 고객 접촉 CRM 애플리케이션 간의 차이를 논하라.

6. 웹 기반 고객 상호작용센터가 성공적인 CRM 시스템에 왜 중요한지 설명하라.

7. 기업은 왜 e-CRM 시스템에 관심이 있는가?

8. CRM 애플리케이션을 정당화하는 것이 왜 어려운지 논의하라.

9. 급속히 성장하는 고객 기반 소규모 기업의 CIO라고 가정할 때 어떤 CRM 시스템을 사용하겠는가? 온프레미스 CRM 시스템, 온디맨드 CRM 시스템, 오픈소스 CRM 시스템인가? 오픈소스 CRM 시스템이 온프레미스나 온디맨드로 실행된다는 것을 기억하라. 자신의 기업을 위한 CRM 시스템 각 유형의 장단점을 논의하라.

10. 캐터필러의 CRM 노력과 관련된 사례를 검토하라. 그 기업의 CRM 전략은 CRM의 연속선상(로엔드부터 하이엔드까지)의 어디에 해당되는가? 그 이유를 설명하라.

>>> 문제 해결 활동

1. www.ups.com과 www.fedex.com을 방문하여 두 회사가 지원하는 IT 지원 고객 서비스와 도구를 검토해보라. 각 기업의 웹사이트에서 제공하는 고객 지원 서비스를 비교하고 대조해보라.

2. www.anntaylor.com과 www.tiffany.com을 방문하여, 각 기업이 웹사이트에서 제공하는 고객 서비스 활동을 비교하고 대조해보라. 두드러지게 비슷한 점이나 차이

점은 무엇인가?

3. 자신의 대학의 웹사이트에 접속하여 대학이 고객 관계 관리를 위해 어떻게 하고 있는지 논의하라. (힌트 : 누가 대학의 고객인지를 결정하라.)

4. www.sugarcrm.com에 접속하여 상호작용적 투어를 하고 슈가CRM의 기능에 관한 보고서를 준비하라.

>>> 협력 활동

1단계 - 배경

CRM 도구는 일반적으로 마케팅 부서에 정보를 제공한다. 그러나 다른 장에서도 볼 수 있듯이, 한 부서의 정보가 다른 부서의 활동에 영향을 주게 된다. 예를 들면 다음 분기의 생산량을 결정하게 되면 소요 인력과 공급업체가 수정되고 그 결정에서 비롯된 정보를 조직 내 여러 의사결정자들과 공유함으로써 그들로 하여금 적절한 계획을 수립케 한다.

2단계 - 활동

당신이 자동차 제조회사의 소유주라고 가정해보라. 당신의 공급사슬은 B2B(제조업체와 공급업체)와 B2C(대리점과 고객)의 두 가지 관계를 갖고 있다. 그러므로 마케팅 부서는 B2B와 B2C 채널을 포함한다. 이런 상황은 고객 관계의 흥미 있는 조합을 만들어낸다. 단 하나의 CRM 솔루션으로 B2B와 B2C 관계를 모두 지원하는 것이 가능한가?

당신 팀을 2개 그룹으로 나누어라. 한 그룹은 제조회사의 종업원을 대표하게 하고 두 번째 그룹은 대리점을 대표하게 한다. 제조회사 그룹은 http://www.wiley.com/go/rainer/MIS3e/collaboration을 방문하여 현대자동차가 앨라배마 주 몽고메리에서 자동차의 제조 방법을 보여주는 동영상을 보라. 수집하고 공유하는 데이터의 단서를 조사하고 그 데이터의 생성 장소를 기록하라. 대리점을 대표하는 그룹은 가장 근접한 현대자동차 대리점의 웹사이트를 방문하여 수집/공유하는 데이터의 단서를 찾아보라. 두 그룹 모두 각자의 마케팅 전략과 메시지를 역설계(逆設計)하고 표적 고객을 확인하라.

각 그룹은 그들이 고객 관계를 관리하는 데 도움을 줄

CRM 솔루션의 웹을 찾아야만 한다. 제조회사는 다른 기업체들을 다루어야 하고(B2B), 대리점은 개별 고객들을 다루어야 한다(B2C)는 점을 기억하라. 당신은 일반적으로 널리 쓰이는 운영적 또는 분석적 CRM 시스템을 찾고 있는가? 당신은 클라우드나 모바일 또는 오픈소스 또는 이들의 어떤 조합이 가장 좋은 대안이라고 생각하는가? 그렇다면 그 이유는 무엇인가?

3단계 – 과제

구글 드라이브를 사용하여 구글 문서를 작성하고 공유하라. 각 그룹(제조업체와 대리점)은 각기 발견한 내용에 대해 평가하라. CRM을 사용하여 제조업체와 대리점 모두를 지원할 방법에 대한 추천사항을 메모하라.

마무리 사례 1 〉 디즈니 월드에서의 모바일 CRM

문제 〉〉〉 과거에 디즈니 월드(http://disneyworld.disney.go.com)의 입장객들은 입구 회전문을 통해서 들어오고 종이 티켓을 사고 무엇을 탈지 결정하고 현금이나 카드로 음식과 물건을 구매했다. 또한 사람들은 디즈니 호텔 키 카드를 사용하여 물건을 구매할 수 있었다. 사람들은 한정된 숫자의 무료로 먼저타기(line-skipping) 티켓을 나눠주던 패스트패스(FastPass) 키오스크로 달려가곤 했다. 하지만 곧 정체가 발생하고 사람들은 기다리고 또 기다렸다.

해결책 〉〉〉 디즈니는 디즈니 월드 입장객의 거의 모든 행동 방식을 과감히 바꾼 마이매직플러스(MyMagic+)라 불리는 휴대용 CRM 시스템을 내놓았다. 마이매직플러스의 의도는 디즈니 공원에 방문하는 경험을 보다 쉽게 하고, 또 오늘날의 고객 행동을 보다 잘 반영하려는 것이다. 디즈니는 마이매직플러스가 손님들을 보다 행복하게 하고 또 스트레스를 덜 받게 함으로써 디즈니 공원에서 더 많은 돈을 쓰게 될 것이라고 장담했다.

마이매직플러스는 집에서 나오기 전 새로운 웹사이트와 애플리케이션[마이 디즈니 익스피리언스(My Disney Experience)]을 사용하여 3개의 패스트패스를 먼저 선택하게 했다. 고객들은 놀이기구나 퍼레이드의 VIP석, 불꽃놀이, 그리고 캐릭터와의 만남에서 그 패스를 쓸 수 있다. 올랜도에 거주하는 고객들은 또한 매직밴드라고 불리는 RFID 팔찌를 미리 등록할 수 있다. 이 밴드는 객실 키, 공원 티켓,

패스트패스, 그리고 신용카드로 사용된다.

마이매직플러스의 도입으로 디즈니 월드는 입구 회전문을 없앴고 손님들은 현금이 필요 없다. 공원에 들어가기 위해서 회전문을 없앤 기둥에 자신의 매직밴드를 가져다 댄다. 손님들의 매직밴드는 신용카드 정보로 암호화되어 있어서 팔찌를 한 번만 가져다 대면 핫도그나 미키마우스 귀(머리띠)를 살 수 있다. 스마트폰은 줄 설 필요 없이 스페이스마운틴의 탑승 시간을 알려준다.

매직밴드는 또한 개인의 상세 정보로 암호화되어 있어서 디즈니 직원들과 보다 개인화된 방식으로 소통할 수 있게 해준다. 이전에 신데렐라를 맡은 직원은 일반적인 방법으로만 인사할 수 있었다. 지금은—만약 부모님들이 선택한다면—숨겨진 센서들이 개인화된 인사에 필요한 정보를 제공하는 매직밴드 데이터를 읽는다. 캐릭터들은 이름을 유도하여 알아낼 필요도 없이 "안녕, 수잔." 하면서 "난 오늘이 너의 생일인 것을 알아!"라고 말할 수 있다.

디즈니 월드는 또한 이러한 데이터를 사용하여 놀이기구의 대기 장소가 보다 덜 지루하도록 만든다. 예를 들면 새로운 매직킹덤의 놀이기구인 언더 더 씨는 매직밴드를 착용한 사람들과 잡담을 나눌 수 있는 인어공주의 바다갈매기 스커틀(Scuttle)의 로봇 버전을 보여준다. 디즈니는 과거에 수동적이었던 경험들을 가능한 상호작용적으로 만들고 싶어 한다. 사생활 침해를 완화하기 위해서 디즈니는 매직밴드시스

템을 손님들에게 요구하지 않는다. 더 나아가 매직밴드를 사용하는 손님들은 자신의 정보를 어느 정도 공유하고 싶은지 결정한다. 예를 들어 온라인 옵션 메뉴는 다양한 선택권을 제공한다—디즈니 공원의 직원이 당신의 이름을 알기 원하는가? 디즈니사가 당신 집으로 특별 사은품을 보내주길 원하는가? 디즈니에 머무는 동안에는 어떤가? 하지만 손님이 비록 가장 제한적인 설정을 선택하더라도 매직밴드는 어쨌든 그 손님이 어떻게 공원을 이용했는지에 대한 일반적인 정보는 수집할 것이다.

마이매직플러스와 매직밴드의 배치와 관련된 보급의 문제가 상당히 많다. 디즈니 월드는 6만 명의 직원을 두고 있어 그중 많은 사람들이 새로운 기술을 다시 훈련받아야 한다. 디즈니 월드는 이미 와이파이를 설치했기 때문에 스마트폰 사용자들은 마이 디즈니 익스피리언스 앱에 보다 쉽게 접속할 수 있다. 게다가 새로운 기술과 절차들 모두 엄청난 수의 입장객들에게 매일 전달해야 한다.

만약 당신이 매직밴드를 잃어버리거나 도난당했다면 어떻게 될까? 당신은 두 가지 선택권이 있다. 첫째, 공원 직원들은 매직밴드를 비활성화해야 한다. 그렇지 않으면 당신의 밴드를 대신해서 마이 디즈니 익스피리언스 앱을 사용할 수 있다. 안전 예방책으로 디즈니는 매직밴드로 50달러 이상을 구매할 때엔 손님에게 PIN을 입력하게 한다. 디즈니는 밴드 자체가 개인 식별 정보를 포함하지 않는다고 얘기한다.

결과 〉〉〉 좋은 소식. 마이매직플러스는 디즈니가 사람들이 공원에 돌아다닐 때 그들의 움직임을 추적하는 데 도움을 주고, 디즈니가 노동력을 효율적으로 관리하고 배치하게 해준다. 마이매직플러스는 손님들이 어떻게 공원을 관광할지 미리 계획하게 해준다. 바라건대, 이 기능은 사람들로 하여금 유니버셜 스튜디오의 해리포터 마법 세계에 즉흥적으로 방문하는 것을 막아준다. 이 과정은 긴 대기행렬과 긴 대기시간을 단축시켜 줄 것이다.

잠재적인 나쁜 소식. 새로운 CRM 시스템은 디즈니를 프라이버시와 개인 정보 수집 논쟁의 중심에 놓이게 했다. 다른

거대 기업들처럼 디즈니는 고객에게 보다 효율적으로 마케팅하기 위해 고객의 기호와 같은 정보들을 가능한 많이 모으고 싶어 한다.

디즈니는 잠재적인 프라이버시 침해 문제, 특히 어린이에 대한 문제를 알고 있다. 하지만 디즈니는 마이매직플러스가 그들의 마케팅과 CRM 전략에 매우 필수적이라고 판단했다. 디즈니는 새로운 기술과 공원에서의 고객 경험—경험을 좌우하는 향수를 훼손하지 않으면서—을 과감히 통합해야 한다고 강력히 주장한다. 그렇지 않으면 미래의 고객들과 무관해지는 위험을 진다.

사생활 침해 문제에 대해서 물어봤을 때, 한 디즈니 고객은 이렇게 대답했다. "우리가 공원에서 방황할 때, '빅 브라더'가 우리를 지켜보는 한 '진짜' 프라이버시에 대해 걱정하는 사람은 보안 카메라로 이미 가득 차 있는 테마파크 주변에서 어슬렁거리지는 않을 것이다."

출처 : B. Barnes, "Billion-Dollar Bracelet Is Key to Magical Kingdom," *New York Times*, April 2, 2014; D. Peterson, "Walt Disney World Offers MyMagic+, FastPass+, and MagicBands to Day Guests," *Examiner*, March 31, 2014; D. Bevil, "Disney World: MyMagic+, MagicBands Ready for Day Guests," *Orlando Sentinel*, March 31, 2014; K. Gambacorta, "Putting Disney MagicBands to the Test," *Fox News*, March 21, 2014; R. Brigante, "Walt Disney World Readies Full Rollout of MyMagic+ as MagicBands Become Available for Annual Passholders," *Inside the Magic*, March 7, 2014; W. Pramik, "New Disney MagicBands Make Touring – and Spending – Easy," *Cleveland Plain Dealer*, March 5, 2014; D. Lansky, "What Disney Got Wrong with Its Magic Bands," *The Huffington Post*, March 4, 2014; S. Sekula, "Disney Gets Personal with New MyMagic+ System," *USA Today*, February 25, 2014; E. Dockterman, "Now Disney Can Track Your Every Move with NSA-Style Wristbands," *Time*, January 2, 2014; L. Jenkins, "MyMagic+ Debuts at Disney," *Fodor's Travel*, December 13, 2013; J. Burstein, "Disney's Latest Experiment with Technology: MagicBands," *Miami Herald*, November 27, 2013; B. Barnes, "At Disney Parks, a Bracelet Meant to Build Loyalty (and Sales)," *New York Times*, January 7, 2013; https://disneyworld.disney.go.com, accessed April 1, 2014.

질문

1. 어떻게 마이매직플러스와 매직밴드가 디즈니 공원에서의 고객 경험에 긍정적으로 기여하는가? 답을 뒷받침할 구체적인 예를 들라.

2. 프라이버시 이외에, 마이매직플러스와 매직밴드가 고객들에게 가져올 다른 단점은 무엇이 있는가? 디즈니에게는? 디즈니 직원들에게는? 답을 뒷받침할 구체적인 예를 들라.

마무리 사례 2 〉 OABC는 그들의 새로운 B2C 채널을 운영한다

식품 안전은 중국 정부와 대중들의 관심의 증가를 이끌어냈고, 이러한 관심은 중국에 유기농 시장의 기회를 열어주었다. 2013년 중국의 유기농식품 총매출액은 연간 30% 이상의 성장률로 20억 달러에 달했다.

2007년 OABC(Organic and Beyond Corporation)(www. oabc.cc/en/)는 유기농 음식을 재배하고, 생산하고, 유통하

고, 배달한다. 베이징에 본부를 두고 있으며 중국에 6개의 지점을 두고 있다. 또한 유기농 야채, 과일, 곡물, 중국산 호수 게, 그리고 다른 많은 상품들을 생산하기 위해 농장들을 설립했다.

2013년 말에 OABC는 우선적으로 식당과 같은 소매점에 농산물을 팔면서 B2B 모델을 운영했다. 그에 반해 OABC의 B2C 채널은 상대적으로 작았다. 하지만 OABC는 수익을 늘리기 위해 이 B2C 채널을 확장하고 싶어 했다. 이를 달성하기 위해 기업은 잠재적인 수백만 건의 작은 주문들을 처리할 수 있도록 정보시스템—대규모의 판매와 배달을 관리하도록 디자인된—을 변경해야만 했다. 이러한 변경을 위해서 OABC는 B2C 시장을 지원할 새로운 길을 찾기 위해 스스로 다시 만들어야 할 것이다.

OABC는 고객중심 사업 프로세스와 모든 고객만족 사업 프로세스를 아우르는 시스템을 시행하기 위해 IBM 글로벌 비즈니스 서비스를 고용했고 OABC와 IBM은 OABC의 B2C 영업의 기반을 제공하기 위해 오라클의 시벨(Siebel) 고객 관계 관리(CRM) 시스템을 선택했다.

OABC는 고객 관리를 변화시킬 수 있었고 그로 인해 판매 관리가 향상되고 유통이 최적화되었으며, 주문 이행 시간이 단축되고 서비스가 개인화되는 중이다. OABC는 또한 관리자가 주문 과정과 배송 과정, 그리고 전반적인 기업 성과 등을 가시화할 수 있도록 하는 시스템을 시행했다.

실시간에 가까운 정보시스템은 OABC로 하여금 그들의 새로운 B2C 시장을 이해하고 생산과 배송 과정을 수요에 맞추며 최소한의 낭비와 최저 비용에 운영할 수 있게 해주었다. 게다가 OABC는 이제 매출 실적을 추적할 수 있으며, 개선의 기회를 식별할 수 있다.

오늘날 OABC는 3만 명의 고객들에게 서비스할 수 있으며 B2C 유기농 식품 시장의 중요한 몫을 잡으면서 흑자 운영을 하고 있다. OABC의 B2C 채널은 6개의 대도시 지역에서 20만 이상의 가구에 배달 서비스를 제공한다. OABC는 2013년 연간 수익 3,000만 달러를 기록했다.

출처 : "EnfoDesk: China B2C Market Hit 763.71 Billion Yuan in 2013," *China Internet Watch*, March 19, 2014; "China Online Shopping Maintains High Growth in Q3 2013," *iResearch China*, December 3, 2013; "China B2C Online Shopping Industry Report, 2013–2016," *PRNewswire*, October 17, 2013; "OABC Grows Organically to Reach More than 400,000 Consumers," *IBM Sales and Distribution Success Story*, September, 18, 2013; S. Millward, "China's E-Commerce to Hit $71 Billion in Q2: These Are the Top 10 E-Stores," *Tech in Asia*, August 28, 2013; "Top 10 China B2C E-Commerce Websites," *Advangent*, August 20, 2013; M. Klein, "What B2B Can Learn from B2C," *Direct Marketing News*, August 2, 2013; www. oabc.cc/en/, accessed April 6, 2014.

질문

1. 왜 중국에서 B2C 전자상거래가 중요한가?
2. 왜 B2C 전자상거래에서 고객 관계 관리가 중요한가?

인턴십 활동 〉 southwest wire A PRODUCTION COMPANY

제조 산업

고객 관계 관리(CRM)와 공급사슬관리(SCM) 도구는 조직의 외부 관계를 관리하는 데 도움을 준다. 사실 CRM 도구는 비록 그들이 상호작용하는 외부 주체가 공급사슬모델의 반대편에 있긴 하지만, SCM 시스템에 유용한 정보를 제공한다.

이 활동은 CRM에 초점을 두며 제13장의 활동은 SCM에 초점을 둘 것이다. 당신이 완성한 작업에 덧붙여 당신은 지금 설치된 애플리케이션 목록에 CRM을 추가하는 것이다.

다음은 사우스 웨스트 와이어의 CIO인 할레 스미스에게서 받은 또 다른 이메일 내용이다.

받는 사람 :	IT 인턴
보내는 사람 :	할레 스미스
제목 :	CRM 구축

안녕하세요?

OpenERP 프로젝트에 도움을 주어 매우 감사합니다. 우리는 프로젝트 관리와 MRP, 창고 관리 및 구매 관리 모듈을 성공적으로 구축해 왔습니다. 이제 CRM 애플리케이션을 추가하려고 합니다.

OpenERP는 CRM 도구를 제공하지만 이용 가능한 다른 도구들도 있습니다. 슈가CRM(SugarCRM)은 온라인으로 시연해 볼 수 있는 대중적인 도구입니다. 물론 당신의 이름과 주소를 입력해야 할 것으로 생각하지만, 그들이 제공해주는 내용들이 흥미로웠습니다. OpenERP와 슈가CRM을 비교하여 어떤 것이 우리 기업의 니즈에 더 적절하다고 생각되는지 알려주기 바랍니다. 물론 한 가지 주요한 고려사항은 구축과 통합의 용이성입니다. 그러나 쉽게 통합할 수 있다는 것 때문에 수준 이하의 CRM을 얻고 싶지는 않습니다. 근본적으로 당신이 느끼기에 가장 강력하고 유연하며 사용 가능한 CRM 도구가 어떤 것인지에 대한 당신의 피드백을 원합니다.

이 프로젝트에 대한 당신의 수고에 깊이 감사드립니다.

할레 드림

주 : 이 편지에 있는 모든 링크는 http://www.wiley.com/go/rainer/MIS3e/internship에서 이용 가능하다.

스프레드시트 활동 〉 기본 차트 : 차트 형식

1단계 – 배경

각 차트가 비록 유용하다 해도 일련의 차트가 훨씬 더 큰 편익을 준다. 차트의 통합된 모음을 소위 대시보드라 하는데, 이는 당신이 신속하고 쉽게 데이터를 볼 수 있고 조직 내의 주요 트렌드와 활동을 확인하게 하기 때문이다.

그것은 또한 각각의 워크시트에 위치한 데이터에 연결될 수 있게 해준다. 이런 기능은 다수의 복사본을 수정하기보다는 단 하나의 위치에서 데이터를 수정할 수 있게 해준다. 데이터베이스에서는 이런 기능을 관계를 사용함으로써 가능하지만 또 다른 연습 예제에서 설명할 것이다.

2단계 – 활동

당신이 자신의 투자 포트폴리오를 관리하고자 하며 계속해서 파악해야 할 다수의 뮤추얼 펀드와 주식을 소유하고 있다고 가정하자. 당신의 전체 포트폴리오는 한눈에 파악하기가 어렵다. 당신은 각각의 주식을 검토할 수 있지만, 당신의 모든 지분이 어떻게 당신의 '큰 그림'으로 전환될 수 있는지를 이해하기가 쉽지 않다.

재무 정보를 표시하기 위하여 원형 차트와 막대 차트, 산포도 및 직선 그래프를 작성했던 것을 기억해보라. 이 활동에서 당신은 동일한 과업을 수행할 것이다. 그러나 데이터는 각각의 워크시트에 저장하고 단번에 여러 차트를 볼 수있는 대시보드와 유사한 무언가를 만들기 위해 더 많은 서식설정을 해야 할 것이다.

펀드 가격의 사소한 변화가 포트폴리오의 전체 가치에 어떻게 영향을 미치는지를 볼 수 있다면 얼마나 유용할지 상상해보라.

3단계 – 과제

http://www.wiley.com/go/rainer/MIS3e/spreadsheet에 방문하여 필요한 워크시트를 다운로드하라. 추가적인 지시사항은 개인의 투자 포트폴리오 대시보드를 작성하기 위해 4개의 차트를 각각 작성하는 동안 제공될 것이다. 스프레드시트를 완성하여 교수에게 제출하라.

스프레드시트의 지시사항을 따르고 교수에게 최종적으로 작성한 것을 제출하라.

이런 스프레드시트와 관련한 추가적인 도움을 WileyPLUS에서 받을 수 있다. 'Microsoft Office 2013 Lab Manual Spreadsheet Module: Excel 2013'을 Lesson 12: Creating Charts와 Lesson 13: Enhancing Worksheet Appearance를 검토하라. 또한 마이크로소프트 지원 웹사이트에서도 도움을 받을 수 있다. 이 페이지는 또한 차트와 그래프의 서식 설정에 도움을 줄 것이다.

1단계 - 배경

폼과 쿼리는 호혜적 관계이다. 폼은 쿼리에 입력 요소를 제공함에 있어 상대적으로 쉬운 방법이다. 쿼리 결과는 테이블을 대신하여 폼을 구동케 한다. 이 활동에서 당신은 폼이 어떻게 쿼리를 구동케 하는지를 알게 될 것이다. 바라건대 이 연습 과정은 두 가지 기능 모두에 대한 이해를 증진시킬 것이다. 또한 당신이 보다 매력적인 사용자 인터페이스를 만들 수 있도록 해줌으로써 일련의 파라미터 입력 대화상자를 단 하나의 폼으로 대체할 수 있게 해준다. 그것을 사용하기 위하여 당신은 쿼리와 폼 모두를 만들어야 한다.

2단계 - 활동

http://www.wiley.com/go/rainer/MIS3e/database에 방문하여 제12장 활동을 위해 연결된 데이터베이스를 다운로드하라. 이 데이터베이스는 한 컴퓨터 체인점의 매출액 데이터를 포함하고 있다.

우리는 이 쿼리를 통해 어떤 고객이 선택한 상점에서 선택한 범주의 제품을 주문했는지와 어떤 제품을 그들이 주문했는지를 확인하고자 한다. 시작하려면 쿼리 디자인 창의 윗부분에 5개의 데이터베이스 테이블이 모두 나타나도록 해야 한다. 이때 4개의 필드를 더블 클릭함으로써 이 필드들이 쿼리 디자인에 들어가도록 해야 한다—StoreTbl로부터 StoreCity 필드, ProductTbl로부터 ProductCategory 필드, CustomerTbl로부터 CustName 필드, ProductTbl로부터 ProdDescrip 필드. 이를 테스트하기 위해 쿼리를 실행한다. 312개의 정렬되지 않은 구매 목록을 볼 수 있다. 볼 수 없다면 오류를 찾기 위해 이전 단계들을 검토해야 한다. 끝으로 쿼리를 닫고 CS_Qry로 저장한다.

다음 단계는 이 쿼리를 활성화할 폼을 만드는 것이다. 당신의 마지막 폼은 당신으로 하여금 당신이 관심 있는 제품 범주뿐만 아니라, 당신이 정보를 얻고 싶은 상점을 입력하도록 해야 한다. 당신이 대화상자에 정보를 입력하지 않은 채로 '폼을 통한 쿼리(query by form)'를 실행한다면, 당신이 얻은 결과는 전체 데이터시트와 비슷할 것이다. 모든 데이터가 나타날 것이다. 그러나 상점의 도시 또는 제품 범주를 입력하면 당신이 요구한 데이터만 보게 된다.

3단계 - 과제

당신의 폼이 일단 사용될 수 있으면 Store City와 Product Category의 여러 조합으로 데이터베이스를 쿼리할 수 있다. 답변을 적고 당신이 찾는 조합들 간에 존재하는 차이점에 대한 견해를 서술하라.

공급사슬관리

개요

학습목표 >>>

1. 공급사슬의 세 가지 구성요소와 세 가지 흐름에 대해 설명한다.

2. 공급사슬상의 문제를 해결하기 위한 대표적인 전략을 설명한다.

3. 공급사슬관리를 지원하는 세 가지 주요 기술에 대한 이점을 설명한다.

도입 사례 > 코카콜라 엔터프라이지스

코카콜라는 전 세계적으로 가장 강력한 브랜드를 가진 기업이다. 코카콜라는 100여 년 동안 청량음료 시장에서 선두 자리를 놓치지 않고 있다. 코카콜라 엔터프라이지스[Coca-Cola Enterprises(CCE), www.cokecce.com]는 유럽에서 코카콜라 제품의 마케팅, 제조, 유통을 전담하는 기업이다. CCE는 벨기에, 프랑스, 영국, 룩셈부르크, 모나코, 네덜란드, 노르웨이, 스웨덴에서 독점적으로 청량음료를 제조하고 있다. 이 기업은 코카콜라에서 농축액을 구매하여 제조 국가에서 인기가 많은 음료수를 만들기 위해 다른 첨가물들을 혼합한다.

CCE는 17개의 공장, 96개의 생산라인, 21개의 물류센터에서 110억 병 또는 캔을 제조 및 보관하고 있다. 이 기업은 레스토랑과 음식 판매점 등 100만 개 이상의 소매점에 제품을 배달해주는 역할도 담당한다. 그래서 이들 소매점은 매년 1억 7,000만 명 이상의 소비자들에게 300억 인분의 음료를 제공하였다.

장기적이면서 지속 가능한 성장을 추구하는 과정에서 CCE는 다른 제조 및 물류 기업들이 겪는 유사한 어려움에 봉착하였다. 가장 시급한 과제는 오래된 정보시스템을 최신 시스템으로 교체하는 작업이다. 이 작업을 통해 통합적인 관점에서 비즈니스 관련 정보들을 살펴볼 수 있으며, 비즈니스 프로세스들도 간소화할 수 있다.

POM CCE 경영진은 새로운 IT 플랫폼 구축이 유럽 시장 확장의 핵심적 성공 요인으로 작용할 것으로 간주하였다. 이 플랫폼은 CCE가 효율적이고 효과적으로 새로운 지역으로 사업을 확장할 수 있도록 일관된 형태의 표준화 툴과 프로세스들을 제공해주기 때문이다.

CCE는 공급사슬에 심혈을 기울이는 고객 서비스 기업이다. 그러므로 그들의 생산공장과 소매 기업들의 재고를 보충할 수 있는 공급사슬을 통합시키는

작업도 중요하다고 인식하고 있다. CCE의 목표는 제품의 공급 측면에서 제품을 생산하고, 제품의 소비 촉진 측면에서 제품 보충을 통합적으로 운영하는 것이다.

CCE는 결국 유럽 전 공장에 새로운 공급사슬관리 솔루션을 구축하였다. 새로운 시스템은 기존 공급사슬 프로세스들을 대체하였고 자동화도 시켰다. 새로운 시스템들의 기능을 자유자재로 활용하기 위해서 조직원들이 새로운 기술과 기능들을 익히는 것은 필수적이다. CCE는 새로운 시스템을 공급하고 조직원들에게 새로운 비즈니스 프로세스 교육을 위해 CSC(www.csc.com)를 파트너로 선정하였다.

© withGod/Shutterstock

새로운 시스템은 통합된 SAP(www.sap.com)의 ERP로 CCE가 기존에 사용했던 시스템의 '주문 지불(order to cash)', '정산(requisition to payment)', '성과피드백(record to report)' 프로세스를 교체하였다. 새로운 시스템은 프로세스 생애주기를 줄여주었을 뿐만 아니라 생산성도 향상시켰다. 새로운 시스템은 공급사슬 가시성을 더욱 제고하였으며, 의사결정도 향상되었다.

출처 : J. Stewart, "For Coke, Challenge Is Staying Relevant," *New York Times*, February 28, 2014; "Coca-Cola Supply Chain Management Success Story," *Scoop.it*, March 12, 2013; "Coca-Cola Enterprises," *CSC Success Story*, 2013; "Coca-Cola Supply Chain Improving," *i-Procure*, 2013; B. Hochfelder, "Things Go Better with Coke's Supply Chain," *Supply and Demand Chain Executive*, September 2, 2011; www.cokecce.com, accessed April 10, 2014.

질문

1. CCE 입장에서 새로운 공급사슬관리 기술이 중요한 이유를 기술하라.

2. CCE에서 새로운 시스템의 이점에 대해 논의하라.

3. 제2장을 참조하여, 새로운 공급사슬관리 시스템이 CCE의 전략적 정보 시스템인지 논의하라.

13.1 공급사슬

최근 기업들은 핵심 역량(core competency)에 집중하고 보다 유연하고 민첩해지고자 노력한다. 이러한 유연성과 민첩성 향상을 위해 기업들은 필요한 물품과 서비스를 직접 제조하기보다 다른 전문 기업에 의존하는 경향이 있다. 기업들은 다른 전문 공급업체들이 자사보다 더 효율적이고 효과적으로 이러한 활동을 수행할 수 있다는 것을 인식하고 있다. 이렇듯, 기업들은 점점 더 많은 공급업체들에게 의존하고 있으며, 이러한 현상은 공급사슬이라는 개념을 생겨나게 하였다. **공급사슬**(supply chain)이란 원자재 공급업체, 공장, 창고를 거쳐 최종 소비자에 이르는 과정에 있어서의 원료, 정보, 자금, 서비스의 균형 잡힌 흐름을 의미한다. 이러한 공급사슬은 상품, 정보, 서비스를 최종 소비자에게 전달하는 기업과 프로세스도 포함한다.

공급사슬은 공급사슬 파트너 간의 신뢰와 협력을 증진하고, 결과적으로 공급사슬 투명성과 재고 회전율을 개선한다. **공급사슬 가시성**(supply chain visibility)은 공급사슬상의 모든 기업이 구입한 재료가 공급업체들의 생산, 운송 과정을 거쳐 입고 작업장에 도착하는 동안 관련 데이터를 접속하여 확인해볼 수 있는 능력을 뜻한다. 또한 기업들은 아웃바운드 제품이 생산되고, 조립되고, 재고로 보관되고, 그들의 운송 네트워크를 통해 소비자의 입고 작업장에 이르기까지 관련 데이터에 접속하고 볼 수 있다. 기업이 필요한 재료를 받은 뒤 고객에게 빨리 상품과 서비스를 제공하면 **재고 회전율**(inventory velocity)이 높아지고, 이는 고객들의 만족도 향상으로 이어질 것이다.

그래서 공급사슬은 최근 기업들이 전반적인 전략을 수립하는 데 있어 필수적인 요소로 고려되고 있다. 공급사슬을 효과적으로 관리하기 위해 기업들은 공급업체, 비즈니스 파트너, 유통업체, 소비자와 밀접하게 통합해야 한다. 이러한 통합 시 가장 중요한 요소 중 하나는 공급사슬의 참여자들 간 정보 교환 및 공유를 증진할 수 있는 정보시스템의 사용이다.

왜 공급사슬관리를 공부해야 하는지 의문을 제기할 수도 있다. 그 이유는 바로 공급사슬이 기업 환경에서 핵심적인 요인으로 고려되고 있으며, 전반적인 경영 전략 수립에도 영향을 미치기 때문이다. 따라서 향후 당신이 회사에 입사해서 일을 시작하게 된다면, 부서 및 지위와 상관없이 공급사슬과 관련된 업무들을 수행해야 할 것이다. 당신은 공급사슬관리가 단지 대기업에만 필요할 것이라고 생각하지만, 실제 규모가 작은 중소기업에서 공급사슬관리는 더욱 중요하게 다루어지고 있다.

공급사슬의 구조와 구성요소

공급사슬은 파트너 기업들이 서로 어떻게 연결되어 있는지를 살펴볼 수 있는 그림을 통해 쉽게 이해할 수 있다. 그림 13.1은 전형적인 공급사슬을 보여주고 있다. 그림 1.5에서 공급사슬에 대해 설명했던 것을 기억해보자. 공급사슬은 다음과 같은 세 가지 부분에 관여한다는 사실에 주

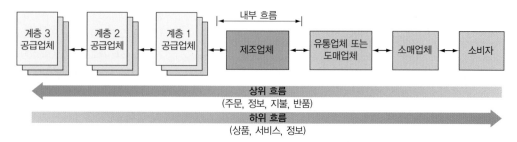

그림 13.1 일반적인 공급사슬

목해야 한다.

1. **상위 흐름(upstream).** 상위 흐름에서는 외부 공급업체로부터 구매와 조달을 하게 된다.

   이 상위 흐름에서 공급사슬관리자는 제품과 서비스를 생산하는 데 필요한 부품 및 제품을 공급해줄 공급업체들을 선정해야 한다. 또한 공급사슬관리자는 기업과 그 공급자들 간의 가격 책정, 운반, 지불 과정을 고민해야 한다. 상위 흐름에는 재고를 관리하고, 운송된 물건을 접수하고 검증하여 제조 설비로 운송하고, 공급업체들에게 지불을 승인하는 일련의 과정들도 포함한다.

2. **내부 흐름(internal).** 내부 흐름은 포장, 조립, 제조 과정으로 이루어진다.

   공급사슬관리자는 제조, 검사, 포장, 운송 준비를 위해 필요한 여러 가지 활동 일정을 계획하고 관리한다. 또한 공급사슬관리자는 제품 품질, 생산 결과물, 직원 생산성 등을 모니터링하기도 한다.

3. **하위 흐름(downstream).** 하위 흐름에서는 최종 소비자들에게 배달되기까지의 과정을 다루는데, 주로 외부 유통업체들에 의해 수행된다.

   이 하위 흐름에서 공급사슬관리자는 고객 주문을 접수하고, 웨어하우스 네트워크를 개발하고, 그들의 상품을 고객에게 운송해줄 운송업체를 선정하고, 대금 지불을 위한 송장 발행시스템을 개발하는 모든 과정을 총괄적으로 관리한다.

정보와 제품의 흐름은 양방향으로 이루어질 수 있다. 예를 들어 제품에 하자가 있거나 고객의 변심에 의해서 물건이 반송될 수도 있는데 이러한 과정을 역물류(reverse flow, reverse logistics)라고 한다. 의류 소매사업을 예로 들자면, 역물류는 고객이 옷에 문제가 있거나 혹은 해당 상품이 마음에 들지 않아서 반품하는 것을 말한다.

공급자들의 계층 그림 13.1을 자세히 살펴보면 공급업체들도 여러 계층으로 이루어졌다는 것을 확인할 수 있다. 이는 공급업체가 하나 또는 그 이상의 하위 공급업체를 가질 수 있고, 이러한 하위 공급업체들도 또 그들 자체의 공급업체들을 가질 수 있기 때문이다. 자동차 제조산업을 예로 들자면, 계층 3 공급업체는 유리, 플라스틱, 고무와 같은 기본적인 원재료를 생산하며, 계층 2 공급업체는 이러한 원재료를 이용하여 바람막이창, 타이어, 플라스틱 주형과 같은 부품 및 제품을 생산한다. 계층 1 공급업체들은 계기판이나 조립된 좌석과 같은 통합된 구성요소를 만들어낸다.

공급사슬상의 흐름 공급사슬상에서 흐름은 일반적으로 재료, 정보, 자금 측면에서 살펴본다. 첫째, 재료 흐름(material flow)은 물리적인 제품의 흐름을 뜻하며, 공급사슬상을 이동하는 원재

료, 중간재 등이 포함된다. 또한 재료 흐름에는 반품, 재활용 및 재료나 제품의 처분과 같은 역
흐름(역물류)도 포함한다. 따라서 공급사슬은 제품의 수명주기(product life cycle) 접근법과 연
관이 있다.

정보 흐름(information flow)은 수요, 운송, 주문, 반품, 스케줄과 관련된 데이터의 흐름을 뜻
하며, 변경되었거나 통합된 데이터도 포함된다. 마지막으로 자금 흐름(financial flow)은 자금 이
송, 지불, 신용카드 정보 및 승인, 지불 스케줄, 전자 지불, 신용 관련 데이터 등과 관련이 있다.

하지만 산업 특성이나 기업 특성에 따라 다른 흐름의 형태를 가질 수 있다. 예를 들어 서비스
산업에서는 물리적인 재료 흐름이 없는 경우가 많고, 물리적 문서 또는 전자 문서 형식으로 된
정보 흐름만을 포함하는 경우가 많다. 특히 소프트웨어, 디지털 음악 등 콘텐츠가 디지털로 진
화함에 따라 공급사슬에 어떠한 물리적 재료 흐름도 없는 경우도 발생할 수 있다. 하지만 이러
한 경우에 두 형태의 정보 흐름이 있다는 것을 주목해야 한다. 하나는 디지털화된 소프트웨어
와 같이 재료 흐름을 정보 흐름이 대체하는 것이고, 다른 하나는
주문이나 청구서 발행과 같이 지원 정보들이 생겨나는 것이다.
그래서 기업들이 공급사슬을 효과적으로 관리하기 위해서는 공
급사슬상의 모든 관련된 당사자들 사이의 재료, 정보, 자금 흐름
들이 조화롭게 관리될 수 있도록 노력을 기울여야 한다.

 FIN

> **다음 절로 넘어가기 전에…**
>
> 1. 공급사슬이란 무엇인가?
> 2. 공급사슬의 세 가지 부문에 대해서 설명하라.
> 3. 공급사슬의 흐름에 대해 설명하라.

개념 적용 13.1

학습목표 13.1 공급사슬의 세 가지 구성요소와 세 가지 흐름에 대해 설명한다.

1단계 – 배경(당신이 배워야 하는 것)

이 절에서는 공급사슬의 흐름, 재료, 위치(상위, 내부, 하위)를 다루었다. 공급사슬을 통해 어떻
게 제품이 움직이는지 이해하는 것이 중요하다. 이는 모든 이동 과정에서 데이터들이 생성되기
때문이다. 실제로 효율적 운영을 위해 제품 자체보다 물건이나 제품이 배송되면서 생성되는 데
이터가 점차 중요해지고 있다.

2단계 – 활동(당신이 해야 하는 것)

http://www.wiley.com/go/rainer/MIS3e/applytheconcept에 접속하여 이 절에 해당하는 링
크를 클릭하라. 'wpcareyschool'이라는 사용자가 제공한 'Module 1: What is Supply Chain
Management? (ASU-WPC-SCM)'라는 제목의 유튜브 동영상을 보라.

동영상을 시청하면서, 생수가 이동하면서 생성되는 데이터를 생각해보라. 생수를 취급하기
위해서는 재고 업데이트, 선적 정보, 품질 체크, 공급자 데이터 등 여러 정보가 필요하다. 여기
에는 내부 조직뿐만 아니라 모든 공급업체의 인사 관련 정보, 조직원 정보, 기계 정보도 포함
된다.

3단계 – 과제(당신이 제출해야 하는 것)

2단계에서 배운 사례를 바탕으로 생수병 공급사슬에서 3개의 구성요소와 세 가지 흐름에 대해
설명하라. 작성한 보고서를 교수에게 제출하라.

13.2 공급사슬관리

공급사슬관리(supply chain management, SCM)는 제품을 생산하는 데 필요한 원재료를 획득하고 해당 제품이 고객에게 인도되는 프로세스를 증진하는 역할을 한다. 즉 공급사슬관리는 공급사슬을 따라 행해지는 모든 활동을 계획, 분배, 최적화하는 과정이다. 공급사슬관리의 다섯 가지 주요 기능은 아래와 같다.

1. **계획**(plan) : 계획은 공급사슬관리의 전략적인 영역이다. 기업들은 자사의 제품이나 서비스가 고객 수요를 충족시키기 위해서 모든 자원을 관리하는 전략을 수립해야 한다. 계획에서는 효과적으로 공급사슬이 운영되고 있는지 점검할 수 있는 측정 가능한 결과물들을 개발해야 하고 가장 저렴한 가격으로 높은 품질과 가치를 고객에게 전달해야 한다.

2. **발굴**(source) : 발굴 영역에서 기업은 자사의 제품이나 서비스를 만드는 데 필요한 부품과 서비스를 전달받기 위해 공급업체를 선정한다. 공급사슬관리자들은 공급업체들과 가격, 배송, 결제 과정을 개발하고, 공급업체들과 관계를 점검하고 증진할 수 있는 측정 항목을 개발한다. 또한 그들은 상품과 서비스 재고를 관리하고, 선적을 받거나 확인하고, 선적된 원료를 제조 공장에 전달하며, 공급업체 결재를 책임지는 프로세스를 개발한다.

3. **생산**(make) : 이 영역은 제조 부분이다. 공급사슬관리는 생산, 테스트, 포장, 배송 준비에 필요한 활동에 대한 스케줄을 수립한다. 이 영역에서는 공급사슬을 가장 철두철미하게 관리해야 하며, 기업들은 품질 수준, 생산량, 노동생산성을 측정한다.

4. **배송**(deliver) : 물류라고 자주 언급되는 배송 영역은 고객 주문의 수령을 조직화하고, 물류센터 네트워크를 개발하고, 자사 제품을 고객에게 전달하는 물류업체를 선정하며, 결제받기 위한 송장시스템을 개발한다.

5. **반품**(return) : 공급사슬관리자는 하자가 발생했거나 반품되었거나 잘못 배송된 상품들을 다시 받기 위해 민첩하고 유연한 네트워크를 만들어야 한다. 또한 전달한 상품에 문제가 발생한 고객들을 도와야 한다.

다른 부서와 마찬가지로, 효율적인 공급사슬관리를 위해서는 정보시스템의 활용이 필요하다. 공급사슬관리 시스템은 공급사슬상의 문제나 마찰을 줄이는 것을 목표로 한다. 이러한 문제나 마찰은 시간 및 비용, 재고를 증가시킬 뿐만 아니라 소비자 만족도를 감소시키는 요인으로 작용한다. 공급사슬관리는 비즈니스 절차와 고객 서비스를 개선함과 동시에 재고 수준을 낮추고 공급사슬 주기를 줄임으로써 불확실성과 위험성을 줄여준다. 이러한 이점들을 결국 기업들이 더 많은 수익을 창출할 수 있도록 하고 경쟁력도 높여준다.

조직 간 정보시스템(interorganizational information system, IOS)은 2개 이상의 기업 간 정보 흐름과 관련이 있다. 조직 간 정보시스템은 비즈니스 파트너들과 정보를 교류할 수 있는 환경을 조성해줌으로써 다음과 같은 편익을 얻을 수 있도록 도와준다.

- 일상적인 거래비용을 절감시킨다.
- 발생할 수 있는 오류를 줄임으로써 정보 흐름의 질을 향상시킨다.
- 상거래가 수행되기까지 걸리는 시간을 단축시킨다.
- 송이도 이루어지던 행정 업무와 그와 관련된 비효율성과 비용을 제거한다.
- 사용자를 위한 정보 전달과 처리를 편리하게 한다.

공급사슬관리의 가장 중요한 목표는 조직의 공급사슬 가시성을 제공해주는 것이다. 공급사슬 가시성(supply chain visibility)은 제조업체에서 도착지까지 이동하는 과정에서 제품을 추적할 수 있는 조직의 역량이다. 공급사슬 가시성의 목표는 공급사슬상의 모든 참여자가 관련 데이터에 접근하여 공급사슬을 향상시키는 것이다. 그래서 공급사슬 가시성을 통해 기업들은 필요로 하는 곳에 제품을 이동시킬 수 있어 문제를 빠르게 해결하거나 변화에 빠르게 대처할 수 있다. '비즈니스에서 IT 13.1'에서는 크레이트 앤 배럴이 공급사슬 가시성을 어떻게 향상시켰는지 살펴보고자 한다.

비즈니스에서 IT 13.1

크레이트 앤 배럴은 공급사슬 가시성을 향상시켰다

크레이트 앤 배럴[Crate & Barrel(CB), www.crateandbarrel.com]은 홈가구와 인테리어 제품을 판매하는 선두 업체이다. 글로벌화를 통해 여러 기회들을 얻을 수 있지만, 다양한 위험에 노출될 수 있다는 점을 인지하였다. 이 기업은 다양한 판매상으로부터 물건을 구매하여 미국으로 들여와 다시 다른 국가로 판매하는 전략을 구사하고 있다. 소매상들은 공급사슬이 더욱 투명하게 관리되기를 원했다. 예를 들어 소매상들은 해외에서 물건을 공급받을 때 해외 간 배송에서 합의된 미국이 아닌 가까운 해외 시장으로 선적하기를 원했다. CB는 미국 중심의 공급사슬에서 글로벌 공급사슬로 진화하길 기대했다. 소매상들의 궁극적 목표는 CB 제품이 전 세계 어디라도 빠르고 효율적으로 운반되길 원했다.

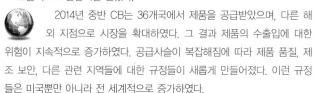 2014년 중반 CB는 36개국에서 제품을 공급받았으며, 다른 해외 지점으로 시장을 확대하였다. 그 결과 제품의 수출입에 대한 위험이 지속적으로 증가하였다. 공급사슬이 복잡해짐에 따라 제품 품질, 제조 보안, 다른 관련 지역들에 대한 규정들이 새롭게 만들어졌다. 이런 규정들은 미국뿐만 아니라 전 세계적으로 증가하였다.

글로벌화와 더불어, 전자상거래도 수많은 기회와 위험을 제공하였다. 전 세계 소비자들이 온라인으로 CB 제품을 구매할 수 있기 때문에 기회가 생기기도 하지만, 전자상거래는 서비스와 정보 측면에서 소비자들의 기대를 향상시키기 때문에 위협적인 요인으로 작용할 수 있다. 실제 전자상거래가 불러일으킨 가격 투명성으로 인해, 원가 인하는 CB 공급사슬의 당면 과제가 되었다.

공급사슬 비용과 위험을 줄이기 위해서 CB는 공급사슬 가시싱을 증진하고자 하였다. 이를 위해 어떤 제품을, 어디에서, 계획한 제품을 언제 받을 수 있는지 등의 공급사슬 관련 데이터들을 필요로 하였다. CB는 글로벌 무역 관리 솔루션을 제공하는 앰버로드(Amber Road, www.amberroad.com)의 새로운 공급사슬 가시화 시스템을 구축하였다.

 새로운 시스템은 주문, 재고, 선적, 이벤트 등과 CB의 전반적인 공급사슬을 살펴볼 수 있는 여러 기능을 탑재하였다. 새로운 시스템은 인바운드 수입 가시화, 아웃바운드 수출 가시화, 해외 선적을 포함하였다.

공급사슬 가시화는 공급사슬의 유연성 향상에도 도움을 주었다. 공급사슬

© Lightspring/Shutterstock

상 필연적으로 문제가 발생하기 때문에 공급사슬 유연성이 필수적이다. 공급사슬상 문제들은 기업이 배송하는 중 적절한 수정이 필요하다. 앰버로드 시스템의 사용은 CB가 지역 내 재고가 어디 위치해 있으며, 필요 지역으로 재고가 배송 가능한지를 알려준다. CB는 이 과정을 통해 선적을 보다 적게, 보다 자주 보낼 수 있기를 기대하고 있다. 이런 전략은 선적비용은 높아지지만 매출 향상을 통해 비용을 상쇄하고, 재고비용도 감소시키는 효과가 있다. 일반적으로 기업이 장기간 재고로 보관하거나 공급사슬상 잘못된 위치에 재고가 있을 경우 발생하는 비용은 선적비용보다 훨씬 비싸기 때문이다.

출처 : A. Gonzalez, "Where Will You Find Supply Chain Innovation," *LinkedIn Pulse*, April 10, 2014; "Supply Chain News: eFulfillmente Wars Continue On, with New Ordering Gizmo from Amazon, New Retail Partners for eBay Now," *Supply Chain Digest*, April 7, 2014; "Ultriva's New Strategic Insights Regarding End to End Supply Chain Visibility Featuring Research from Gartner," *PR.com*, April 6, 2014; S. Hickman, "Indonesian Teak Farmers Achieve Traceability to the Tree Stump," *The Guardian*, March 18, 2014; "Crate & Barrel's Vision for Global Supply Chain Visibility Is Crystal Clear," *Supply Chain Digest*, January 16, 2014; B. Heaney, "Supply Chain Visibility," *Aberdeen Group*, May, 2013; D. Kent, "Finding Profitable Proximity," *EBN*, December 24, 2012; www.crateandbarrel.com, www.amberroad.com, accessed April 11, 2014.

질문

1. 기업 입장에서 공급사슬 가시성의 이점에 대해 기술하라.
2. CB의 선적비용 증가가 실제 이윤을 증가시킬 수 있는 방법에 대해 설명하라.

푸시 모델과 풀 모델

여러 공급사슬관리 시스템은 푸시 모델을 기반으로 한다. **푸시 모델**(push model)은 예측생산방식(make-to-stock)이라고도 알려져 있는데, 고객 수요를 경험에 비추어 예측하고 이 결과에 따라서 제조 과정이 시작된다. 이때 고객이 어떤 상품을 원하는지뿐만 아니라 각 상품의 양까지도 예측할 수 있어야 한다. 기업은 예측에 따라 대량 생산을 통해 상품을 생산하고 이 상품들을 고객들에게 공격적으로 판매한다.

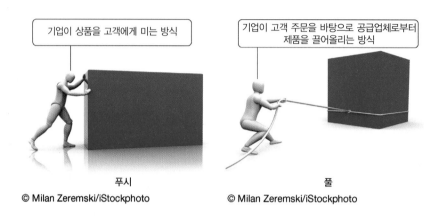

기업이 상품을 고객에게 미는 방식 · 기업이 고객 주문을 바탕으로 공급업체로부터 제품을 끌어올리는 방식

푸시 · 풀

© Milan Zeremski/iStockphoto · © Milan Zeremski/iStockphoto

불행히도 이러한 수요 예측은 때때로 빗나갈 수도 있다. 예를 들어 자동차 제조업체가 신차를 개발하는 상황을 생각해보자. 마케팅 관리자는 고객 설문, 경쟁사 제품 분석 등의 다양한 소비자 조사를 실시하고, 판매량을 예측하는 부문에서는 이러한 예측 결과를 제공할 것이다. 하지만 만약 높은 수준의 수요를 예측했지만 실제 수요가 많이 발생하지 않았을 때, 자동차 제조사는 높은 수준의 재고를 보유해야 하고, 이에 따라 더 많은 유지비용을 지출하게 된다. 다시 말해 자동차 제조사에서 20만 대가 팔릴 것이라고 예상했지만 실제 고객 수요가 15만 대를 기록했다면, 5만 대의 자동차를 재고로 보유해야 한다. 이런 상황에서 이 제조사는 쌓아 놓은 재고 자동차를 할인된 가격에 판매해야 할 것이다.

반대로, 15만 대의 자동차가 팔릴 것으로 예상했는데 실제 고객의 수요는 20만 대가 발생할 수도 있다. 이렇게 수요를 너무 낮게 예측한 경우, 자동차 제조사는 고객의 수요에 부응하기 위해서 생산 시간을 늘려야 할 것이고 이에 따라 대규모의 시간 외 근무 수당 비용이 발생할 것이다. 또한 만약 고객이 원하는 차를 제공하지 못한다면 고객을 경쟁사에 잃게 될 위험성도 있다. 푸시 모델 기반의 공급사슬관리가 일으킬 수 있는 문제들을 다음 절에서 살펴보도록 하자.

푸시 모델과 관련된 불확실성을 피하기 위해서, 많은 기업들은 **풀 모델**(pull model) 기반의 공급사슬관리를 도입하고 있으며, 주로 웹을 기반으로 한 정보 흐름을 활용하고 있다. 풀 모델은 주문생산방식(make-to-order)으로도 알려져 있으며, 공급사슬상의 구성원들이 고객들이 주문한 것만 생산하고 전달하는 방식을 뜻한다. 따라서 기업은 고객들이 주문한 것만을 생산하게 되는데, 이 과정은 대량 맞춤생산(mass customization)과 밀접히 연관되어 있다.

풀 모델을 가장 적절하게 활용한 기업은 델 컴퓨터이다. 델의 제조 과정은 고객 주문에서 시작한다. 고객 주문은 고객이 원하는 정확한 컴퓨터 타입을 알 수 있고 공급업체들이 맡아야 할 부품들을 민첩하게 알려줄 수 있다. 이런 방법으로 델의 공급업체들은 델이 컴퓨터를 만드는 데 필요한 만큼만 선적할 수 있다.

하지만 모든 회사가 풀 모델 기반의 공급사슬관리 시스템을 사용할 수 있는 것은 아니다. 예를 들어 자동차 제조업은 PC 제조업에 비해 훨씬 더 복잡하고 비용도 많이 들기 때문에, 기업들은 새로운 모델을 제조하기 위해서 보다 긴 리드 타임이 필요하다. 그래서 자동차 제조업체들은 풀 모델을 사용하기는 하나 특정 고객들이 주문하는 몇몇 차종에만 적용한다.

공급사슬상의 문제점

앞서 지적한 것과 같이, 공급사슬 내에서 마찰이 생길 수 있다. 비효율적인 공급사슬의 가장 중대한 문제점은 고객 서비스의 질이 떨어진다는 점이다. 개인 또는 사업체 등의 고객들이 원하는 시간 및 장소에서 상품과 서비스를 제공받지 못하는 경우도 있고, 품질이 떨어지는 상품들을 고객에게 제공하기도 한다. 또한 높은 재고비용과 수익 손실 역시 비효율적인 공급사슬상의 문제점이다.

공급사슬상의 문제는 크게 두 요인, 즉 (1) 불확실성, (2) 다양한 경영 활동, 내부 조직, 사업 파트너를 통합시켜야 할 필요성에 의해 발생한다. 불확실성은 두 가지 측면에서 살펴볼 수 있다. 첫째, 고객 수요 예측에 존재하는 불확실성 때문이다. 특정 제품에 대한 수요는 경쟁사 제품, 가격, 기상 상황, 기술 발전, 전반적인 경제 상황과 소비자 신뢰 등 다양한 요인에 의해 영향을 받으므로, 자연적으로 수요 예측에 불확실성이 존재하게 된다. 또한 제품의 인도 기간에도 불확실성이 존재하는데, 제조 설비 고장, 도로 건설, 교통 체증 등 다양한 요인이 영향을 미치게 된다. 그리고 재료와 부품의 결함으로 제조상 지연이 되었을 때 제품의 인도 기간이 길어질 수 있다.

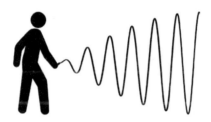

관리자들이 공급사슬 전반에 걸쳐 정확한 재고 수준을 정하는 데 있어 가장 큰 문제점은 **채찍 효과**(bullwhip effect)라고 알려져 있다. 채찍 효과는 공급사슬 위아래에서 발생하는 주문의 불규칙한 변동을 일컫는다(그림 13.2 참조). 기본적으로, 고객의 수요에 영향을 미치는 변수들은 공급사슬상의 각 업체 관리자 시각에서는 확장되어 보일 수 있다. 만약 주문 및 재고와 관련된 결정을 내리는 각각의 별개 기업들이 공급사슬 전체의 이익보다 각자의 이익을 중시하게 되면, 공급사슬상에서 많게는 7~8개 지점에서 재고의 정체가 발생할 수 있다. 관련 연구에 따르

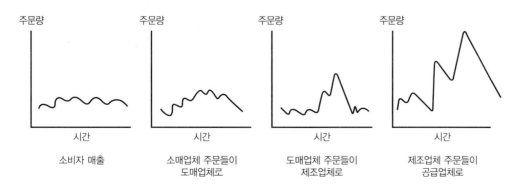

주문량	주문량	주문량	주문량
시간	시간	시간	시간
소비자 매출	소매업체 주문들이 도매업체로	도매업체 주문들이 제조업체로	제조업체 주문들이 공급업체로

그림 13.2 채찍 효과

면, 심한 경우 재고의 정체에 의해 100일 이상의 공급량에 해당하는 재고가 쌓일 수 있다고 밝히고 있다. 일반적인 상황의 경우 재고가 10~20일 정도의 공급량을 유지하는 것과 비교된다. 마무리 사례 2에서는 3M이 공급사슬 문제를 어떻게 해결하였는지 살펴보고자 한다.

공급사슬 문제점에 대한 해결책

기업들은 공급사슬에서 발생하는 문제들로 인해 많은 비용을 지출하고 있다. 기업들은 공급사슬 문제에 대해 혁신적인 해결책을 찾으려고 노력한다. 예를 들어 1970년대 석유 파동 당시, 대규모 화물 운송 회사인 라이더시스템(Ryder's systems)은 공급사슬의 상위 흐름 부문을 관리하고, 회사 트럭들이 이용할 충분한 석유를 공급하기 위해서 정유 공장을 사들였다. 라이더가 정유 공장을 사기로 한 결정은 **수직적 통합**(vertical integration)의 한 예이다. 수직적 통합은 기업이 필수적인 공급품을 그들이 필요로 하는 때에 공급받을 수 있도록 공급사슬상의 상위 흐름에 위치한 공급업체를 흡수하는 기업 전략이다. 하지만 라이더는 정유 사업에 대한 풍부한 지식이 없어 관리가 힘들었고, 석유 파동이 끝난 뒤 기름 공급에 대한 우려가 없어짐에 따라 다시 정유 공장을 매각하였다.

즉 라이더가 선택한 수직적 통합은 공급사슬을 관리하기 위한 최적의 방법이 아니었던 것이다. 다음 절에서는 공급사슬 문제를 해결하기 위해서 선택 가능한 해결책들을 살펴볼 것이고, IT 시스템이 어떻게 지원해줄 수 있을지를 논의할 것이다.

재고를 활용한 공급사슬 문제 해결 공급사슬 문제를 해결하기 위한 가장 보편적인 해결책은 공급사슬의 불확실성에 대비하여 재고를 비축하는 것이다. 하지만 높은 수준의 재고를 보유하는 것은 많은 유지비용을 발생시키기 때문에, 기업들은 재고를 최적화하여 관리하고자 한다.

공급사슬 정보들은 초창기에는 수동적으로 입력되었지만 최근에는 센서, RFID 태그, GPS, 여러 기기 및 시스템을 통해 생성된다. 이는 공급사슬관리에 어떠한 의미를 부여할까? 첫째, 제공되는 정보들은 공급사슬을 거쳐 가면서 생성되는 실시간 정보들이다. 그러므로 공급사슬은 노동에 기반한 추적 및 모니터링의 필요성이 감소할 것이다. 이는 새로운 기술을 통해 화물 컨테이너, 트럭, 상품, 부품들이 자신의 상태에 대한 정보를 제공할 것이기 때문이다.

에어버스(Airbus)는 세계에서 가장 큰 상업용 항공기 제조기업으로 100좌석 이상 기종의 절반 이상을 생산한다. 에어버스의 공급업체들은 지리적으로 많이 분산되어 있고, 조달된 부품과 기타 자산들이 19개의 다른 제조 지역으로 이동해야 하기 때문에, 각기 부품에 대해 추적하기가 힘들었다.

전반적인 공급사슬 가시성을 향상하기 위해서, 에어버스는 공급업체에서 들어오는 선적들의 편차 확인을 위한 스마트 센싱 솔루션을 개발하였다. 스마트 센싱 솔루션은 다음과 같이 동작한다—공급업체의 창고에서 에어버스 조립라인으로 부품들이 이동하는 동안 부품들은 스마트 컨테이너에 담겨 이동하게 된다. 스마트 컨테이너에는 중요한 정보를 포함한 RFID 태그를 포함하게 된다. 각 부품이 공급사슬을 따라 이동할 때마다, RFID 리더기는 각 태그에 있는 정보를 읽게 된다. 선적이 잘못된 장소에 위치해 있거나 정확한 부품이 포함되지 않았을 때에는 생산 차질이 발생하기 전에 문제를 수정할 수 있도록 RFID 리더기가 종사자에게 관련 정보를 알려주게 된다.

에어버스의 공급사슬 솔루션은 잘못된 부품의 배달 사고를 줄이고, 관련된 문제 해결 비용도 줄일 수 있었다. 잘못된 선적과 배송의 수를 줄임으로써 (1) 전체 운반 컨테이너 수의 8%를 줄일 수 있었고, (2) 심각한 재고 운반비용을 낮추고, (3) 각 부품의 전반적인 흐름을 효율적으로 만들어주었다.

기업들은 재고를 최소화하기 위해 **적기 공급 생산 방식**(just-in-time, JIT) **재고시스템**을 도입한다. JIT 시스템은 생산 과정에서 부품의 정확한 수를 공급하여 정확한 시간에 최종 제품이 조립될 수 있도록 한다.

하지만 JIT의 여러 이득에도 불구하고 몇 가지 문제점도 발생하였다. 첫째, 공급업체들은 주문과 동시에 즉각적으로 부품을 조달할 것으로 기대되었기 때문에 기존에 비해 더 많은 재고를 떠안아야 했다. 즉 JIT 시스템에서도 재고는 사라지지 않았다. 오히려 재고가 단순히 고객에서 공급업체로 옮겨 갔을 뿐이었다. 이러한 시스템은 공급업체가 증가한 재고를 여러 고객에게 분산시킬 수 있는 환경에서는 공급사슬이 개선될 수 있었지만, 항상 그러한 상황만 발생하지는 않았다.

더욱이, JIT 시스템은 두세 번의 대규모 수송 방법에서 여러 차례 소규모로 수송하도록 변경되었다. 이러한 절차는 운송 측면에서 오히려 효율성을 떨어뜨리는 결과를 초래하였다.

정보 공유 공급사슬상의 문제를 해결하는 또 다른 일반적인 방법은 공급사슬 전체의 정보를 공유하는 것이다. 특히 정보 공유는 수요 예측 개선에 도움을 줄 수 있다. 정보는 전자 자료 교환, 엑스트라넷, 포털을 통해 공유될 수 있는데, 이 주제들은 다음 절에서 자세히 다룰 것이다.

가장 주목할 만한 정보 공유는 주로 대규모의 제조업체와 소매업체들 사이에서 일어나고 있다. 예를 들어 월마트는 P&G가 월마트에 납품하는 모든 상품에 대한 전 매장의 일일 매출 정보에 접속할 수 있도록 하고 있다. 이는 P&G가 월마트 매장의 재고를 적절한 시기에 보충(inventory replenishment)할 수 있도록 해준다. 재고 수준을 실시간으로 모니터링함으로써, P&G는 월마트의 모든 매장에서 각 상품의 재고가 일정 수준 아래로 떨어질 시기를 알 수 있고, 이런 데이터를 바탕으로 P&G는 즉각적으로 물건을 수송할 수 있다.

월마트와 P&G의 정보 공유는 공급자 재고 관리 전략의 일부로서 자동적으로 일어나게 설계되었다. **공급자 재고 관리**(vendor-managed inventory, VMI)는 소매업체보다는 공급업체가 특정한 상품이나 상품군의 전반적인 재고를 관리할 때 필요하다. P&G도 다른 주요 소매업체들과 유사한 계약을 맺고 있다. 이러한 전략은 P&G에게 자사 상품에 대한 소비자의 정확하고 시의적절한 정보를 제공해준다. 따라서 P&G는 채찍 효과를 최소화할 수 있고, 제조 계획을 좀 더 정확하게 수립할 수 있다.

> **다음 절로 넘어가기 전에…**
> 1. 푸시 모델과 풀 모델의 차이를 설명하라.
> 2. 공급사슬상에서 일어날 수 있는 다양한 문제점을 기술하라.
> 3. 공급사슬상의 문제점을 해결할 수 있는 해결책을 논의하라.

개념 적용 13.2

학습목표 13.2 공급사슬상의 문제를 해결하기 위한 대표적인 전략을 설명한다.

1단계 – 배경

이 절에서는 고객 수요가 불확실하기 때문에 공급사슬을 관리하는 것이 쉽지 않은 일임을 배웠다. 예측을 비슷하게 할 수 있지만, 보통 실제 수요는 예측 수요와 차이가 발생한다. 조직들이 JIT 기반의 재고 모형을 활용함에 따라 공급사슬상의 참여자들이 공유해야 할 데이터 역시 증가하였다. 또한 조직이 고객 수용에 대해 유연하고 빠르게 대응하기 위해서는 적절한 시기에 데이터를 공유해야 한다.

http://www.wiley.com/go/rainer/MIS3e/applytheconcept에 접속하여 이 절에 해당하는 링크를 클릭하라. 맥주에 대한 공급사슬을 관리할 수 있는 자료와 활동들을 얻을 수 있을 것이다. 상하기 쉬운 상품이기 때문에 시간적 이슈들을 고려하는 것이 중요하다. 시뮬레이션은 공급사슬이 평형(equilibrium) 상태로 시작해서 갑자기 변화할 것이다.

당신은 시뮬레이션을 통해 공급사슬 전반에서 작업을 수월하게 하기 위해서 정보 공유가 얼마나 필요한지 주목하게 될 것이다.

3단계 - 과제

당신의 경험을 바탕으로 공급사슬의 어려움(재고 구축, JIT 재고, 공급자 재고 관리)을 다루기 위한 인기 있는 전략이 이 상품에도 적용될 수 있을지 논의하라. 그리고 당신이 작성한 리포트를 교수에게 제출하라.

13.3 공급사슬관리를 위한 정보기술 지원

여러 산업 분야에서 성공적인 운영 관리를 위해서는 공급사슬관리가 필수적이다. 지금까지 살펴보았듯이, 공급사슬관리 시스템도 일반적인 기업 간 정보시스템(IOS)과 마찬가지로 다양한 형태의 정보기술에 의존한다. 공급사슬관리 시스템과 기업 간 정보시스템을 지원하는 기술에는 전자 자료 교환, 엑스트라넷, 웹서비스가 있다.

전자 자료 교환

전자 자료 교환(electronic data interchange, EDI)은 비즈니스 파트너 간 구매 주문서와 같은 일상적인 문서를 전자적으로 교환할 수 있게 해주는 통신 표준이다. EDI는 이러한 문서들을 동의한 표준 서식으로 만들어, **트랜스레이터**(translator)를 통해 메시지를 전송한다. 그리고 전송된 메시지는 인터넷을 통해 상대방에게 전달된다.

EDI는 수동적인 전송시스템과 비교했을 때 많은 이점이 있다. 먼저, EDI는 각각의 데이터 입력을 컴퓨터가 검사하기 때문에 데이터 입력 오류를 최소화할 수 있다. 더욱이 메시지의 길이가 짧아지고, 암호화를 통해 메시지를 보안할 수 있다는 장점이 있다. 또한 EDI는 상대방에게 전달되는 시간을 단축시켜 생산성을 향상시키고, 고객 서비스를 높이며, 종이 사용과 보관을 줄일 수 있다. 그림 13.3은 기존 주문 처리 과정과 EDI를 이용했을 때의 주문 처리 과정을 비교하였다.

EDI도 단점을 가지고 있기는 하다. EDI의 요구 조건을 충족시키기 위하여 비즈니스 프로세스를 재구조화해야 할 때도 있다. 또한 오늘날 여러 EDI 표준이 사용되고 있어, 한 기업이 여러 비즈니스 파트너와 의사소통하기 위해서 몇 가지의 EDI 표준을 동시에 사용해야 할 수도 있다.

하지만 오늘날 모든 기업들이 광대역 인터넷 망을 구축하고 있고, 대용량의 디자인 파일, 상품 사진, PDF 브로슈어 등을 이메일을 통해 일상적으로 전송할 수 있는 환경에서, 파일 용량을 줄이는 것은 더 이상 중요한 이슈가 아니다. 그래서 실제 EDI는 XML 기반의 웹서비스로 대체되고 있는 실정이다.

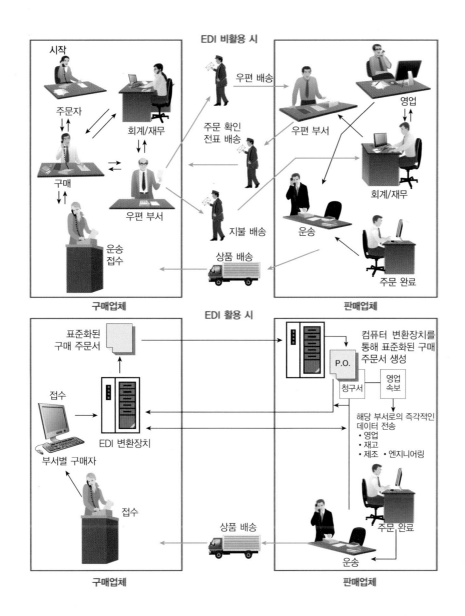

그림 13.3 기존의 주문 처리 과정과 EDI를 이용할 때의 주문 처리 과정

출처 : E. Turban

엑스트라넷

회사는 엑스트라넷을 생성하기 위해서 다양한 비즈니스 파트너들의 내부 전산망을 연결해야 IOS와 SCM 시스템 실행이 가능하다. **엑스트라넷**(extranet)은 서로의 기업 내부 전산망의 특정 영역에 대한 접근권을 허용함으로써 인터넷을 통해 비즈니스 파트너들을 연결한다(그림 13.4 참조).

　엑스트라넷의 주된 목적은 비즈니스 파트너 간의 협업을 장려하는 것이다. 엑스트라넷은 특정한 B2B 공급업체들과 고객, 그 외의 비즈니스 파트너들에게 공개되어, 인터넷을 통해 손쉽게 엑스트라넷에 접속할 수 있다. 엑스트라넷은 기업 외부에 있는 사람들이 기업 내부 직원들과 함께 일할 수 있는 환경을 조성하기도 한다. 또한 엑스트라넷은 비즈니스 파트너들이 인터넷을 통해 기업의 내부 전산망에 접속하여 데이터에 접근하고, 주문을 하고, 주문 상태를 확인하고, 의사소통이나 협업할 수 있도록 도와준다. 파트너들은 재고 수준을 손쉽게 확인할 수 있고, 관련 데이터를 활용하여 자체 서비스 활동을 수행할 수도 있다.

　엑스트라넷은 인터넷을 통한 커뮤니케이션의 보안 강화를 위해서 가상 사설망(VPN) 기술을 이용한다. 엑스트라넷의 주요 장점은 보다 빠른 프로세스와 정보 흐름, 개선된 주문 입력과 고

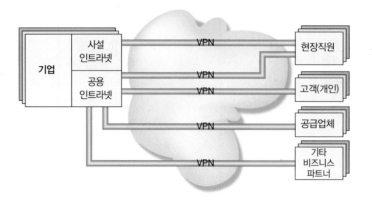

그림 13.4 엑스트라넷의 구조

객 서비스, 비용(의사소통비용, 간접 관리비용 등) 절감, 그리고 전반적인 비즈니스 효율성의 개선이다.

엑스트라넷에 세 가지 주된 타입이 있다. 기업들은 비즈니스 파트너들과 공급사슬의 목적에 따라 특정 타입의 엑스트라넷을 선택해야 한다. 다음 절에서는 엑스트라넷의 세 가지 타입과 주요 비즈니스 응용 프로그램에 대해서 살펴보고자 한다.

기업과 중개인, 고객, 공급자 이 타입의 엑스트라넷은 한 회사를 중심으로 이루어진다. 대표적인 예로 페덱스의 엑스트라넷을 들 수 있는데, 고객들은 인터넷을 통해 페덱스의 내부 전산망에 있는 데이터베이스에 접속하여 배송 현황을 확인할 수 있다. 고객들이 스스로 소포의 위치를 체크할 수 있는 환경을 조성해줌에 따라, 기존에 전화를 통해 일을 처리했던 것과 비교했을 때보다 인건비를 절감할 수 있었다.

산업 엑스트라넷 한 회사 중심으로 엑스트라넷을 구축한 것과 같이, 특정 산업 내의 주요 기업체들이 협력하여 모두에게 이익이 되는 엑스트라넷을 구축할 수도 있다. 예를 들어 ANXe비즈니스(www.anx.com)는 기업 간 정보 공유를 위한 안전한 글로벌 매체로서, 기업들이 네트워크를 통해서 효과적으로 협업할 수 있도록 도와준다. ANX 네트워크는 항공우주, 자동차, 화학, 전자, 금융 서비스, 의료, 물류, 제조, 운송 등의 산업에서 활용되고 있으며, 글로벌 기업들이 B2B 거래를 수행하는 데 핵심적인 역할을 한다. 이 네트워크는 고객들에게 신뢰할 수 있는 엑스트라넷과 VPN 서비스를 제공한다.

합작 투자와 기타 비즈니스 파트너 기업 마지막 엑스트라넷 타입은 합작 투자의 파트너들과 효율적인 의사소통과 협력을 촉진하는 수단으로 이용된다. 뱅크오브아메리카의 상업 대출을 위한 엑스트라넷이 대표적인 예이다. 대출 관련 업무를 수행하는 데 필요한 파트너로는 대출기관, 중개기관, 에스크로 업체(거래 정산소), 권리회사(title company, 소유권 문제를 확인·처리하는 업무를 담당하는 회사)가 있다. 엑스트라넷은 대출기관과 대출 신청자, 대출 기획자, 뱅크오브아메리카를 연결해준다. 다른 예로 렌딩 트리(Lending Tree, www.lendingtree.com)가 있는데, 이 회사는 주택 구매를 위한 주택담보대출을 제공하고 주택담보대출 상품을 온라인상에서 판매한다. 렌딩 트리는 채권자를 비롯한 비즈니스 파트너들을 위해서 엑스트라넷을 활용한다.

포털과 거래

제4장에서 설명한 대로, 기업 포털은 웹브라우저를 통해 기업 내 주요한 사업 정보를 접근 가능하게 한다. B2B 공급사슬관리 환경에서, 이러한 포털은 회사들과 그들의 공급자들이 매우 밀접

하게 협력할 수 있도록 도와준다.

기본적인 기업 포털의 두 가지 형태는 회사의 공급자들을 위한 조달(구매) 포털(상위 흐름 공급사슬)과 회사의 소비자를 위한 유통 포털(하위 흐름 공급사슬)이다. **조달 포털** (procurement portal)은 하나의 구매자와 여러 개의 공급업체 사이에서 일어나는 상품의 구매와 조달과 관련된 비즈니스 프로세스를 자동화한다. 예를 들어 보잉사는 보잉 서플라이어 포털이라는 조달 포털을 만들어서 공급업체들과 사업을 수행하고 있다. **유통 포털**(distribution portal)은 하나의 공급업체와 여러 구매자들 사이에서 일어나는 상품의 판매와 유통과 관계되는 비즈니스 프로세스를 자동화한다. 예를 들어 델은 자사의 소비자들에게 유통 포털(http://premier.dell.com)을 통해서 서비스를 제공하고 있다.

비즈니스에서 IT 13.2

인도의 새로운 자동차 공급사슬 엑스트라넷

© RicAguiar/iStockphoto

공급사슬관리의 가장 큰 장애물은 공급사슬 파트너들과의 연결과 통합 결여이다. 인도의 자동차 공급사슬을 예로 살펴보자. 이 공급사슬에는 40개의 자동차 생산 위탁업체들이 존재하며 700여 개의 부품업체들도 포함된다.

인도의 자동차 공급사슬은 구매, 청구, 예측 등 대부분의 비즈니스 프로세스들이 주로 수동적인 커뮤니케이션에 의존한다. 더욱이 공급업체, 제조업체, 고객들에게 공유하는 거래 데이터들조차 부정확한 경우가 빈번하다. 결과적으로 공급사슬은 프로세스가 지연되거나 부정확한 자료가 공유되는 등의 비효율적인 일들이 주기적으로 발생한다. 예를 들어 공급업체가 제조업체들에게 데이터를 이송하기 위해서는 제조업체마다 다른 포맷으로 변경하는 작업을 거쳐야 한다.

2014년 중순 이러한 이슈를 해소하기 위해 IBM과 2개의 자동차산업협회는 모든 인도의 자동차 부품업체와 제조업체가 전자적으로 연결된 공급사슬관리 엑스트라넷을 구축하였다. 두 협회는 인도 자동차제조업협회(Society of Indian Automobile Manufacturers, SIAM)와 인도 자동차부품제조협회(Automotive Components Manufacturers Association, ACMA)이다.

이 엑스트라넷은 공급업체들이 표준화된 형태로 데이터를 생성하여 클라우드 기반의 네트워크로 데이터를 보낼 수 있는

Auto DX(www.autodx.org)이다. 제조업체들은 전송된 데이터를 직접 살펴볼 수 있으며, Auto DX 기능을 통해 제조업체의 특별한 데이터 형태에 맞게 재구성할 수도 있다. 또한 엑스트라넷은 수많은 이기종의 EDI 거래와 문서 형태를 지원하고, EDI가 가능하지 않은 공급업체를 위해 웹 기반의 소프트웨어 툴도 제공하였다.

Auto DX의 모든 참여자들은 자동차 위탁업체들을 포함하여 운영비용을 분담할 예정이다. 인도의 자동차 제조업체들은 공급업체들이 시스템을 강압적으로 사용하고, 모든 비용을 공급업체들이 지불하는 것을 방지하기 위해 운영비용을 부담하는 비용 구조를 처음부터 고려하였다.

인도의 자동차산업은 엑스트라넷 도입을 통해 데이터와 데이터 교환 형태를 표준화하여 효율성을 증진할 수 있을 것으로 기대하고 있다. 이러한 활동은 공급사슬의 자동화로 확장될 수 있다. SIAM과 ACMA는 모든 주요 참여자들이 2014년 말까지 Auto DX를 도입하기를 기대하고 있다.

출처 : "IBM, Indian Auto Groups Launch Ambitious Connectivity Hub to Integrate OEMs, Parts Suppliers," *Supply Chain Digest*, April 2, 2014; J. Brandon, "Automotive CIOs Say Cloud Exchange Could Reduce Supply Chain Costs 80%," *Business Cloud News*, March 10, 2014; N. Roy, "IBM Cloud-Based AutoDX Exchange for Indian Automotive Industry," *Rush Lane*, March 6, 2014; "Auto DX to Improve Supply Chain in Automotive Sector," *Support Biz*, February 26, 2014; R. Mani, "Auto CIOs-Industry Get Into Turbo Mode: Launch AutoDX," *Dynamic CIO*, February 5, 2014; "SIAM, ACMA Launch AutoDX," *Gaadi.com*, February 4, 2014; www.autodx.org, accessed April 10, 2014.

질문

1. Auto DX 구축 시 어려움에 대해서 논의하라.

2. 인도 자동차 공급사슬에서 Auto DX가 제공하는 이점을 기술하라.

다음 절로 넘어가기 전에...

1. EDI를 정의하고 주요 장점과 한계점을 나열하라.
2. 엑스트라넷의 개념을 정의하고, 사용되는 주요 기술을 설명하라.
3. 엑스트라넷의 주요 형태를 나열하고 간단히 정의하라.
4. 조달 포털과 유통 포털의 차이점을 설명하라.

개념 적용 13.3

학습목표 13.3 공급사슬관리를 지원하는 세 가지 주요 기술에 대한 이점을 설명한다.

1단계 – 배경

전자 자료 교환은 비즈니스 파트너들이 구매 주문 등의 정형화된 문서들을 교환할 수 있는 통신 표준이라고 정의하였다. '개념 적용 13.2'를 통해 정보의 전자적 교환 필요성을 이해하게 되었을 것이다. 이 활동은 당신이 자신의 공급사슬을 관리할 수 있도록 도와줄 것이다. 데이터의 전자적 공유가 없는 환경을 생각해보라.

2단계 – 활동

http://www.wiley.com/go/rainer/MIS3e/applytheconcept에 접속하여 이 절에 해당하는 링크를 클릭하라. 유튜브에서 'hitekequipment'라는 사용자가 제공한 'What is EDI'라는 제목의 동영상을 찾아라. 또한 전자 자료 교환과 통신 표준에 관련된 자료들도 찾아보라.

동영상에서 본 것처럼 두 기업 사이에 정보 교환이 필요한 이유들에 주목하라. 공급업체가 단 하나의 공급사슬만 갖지는 않을 것이다. 즉 공급업체들은 여러 고객 업체들과 전자 자료 교환으로 정보를 공유해야 함을 의미한다.

3단계 – 과제

이 절의 내용과 2단계에서 살펴본 영상을 바탕으로 공급사슬관리를 지원하는 세 가지 주요 기술(전자 자료 교환, 엑스트라넷, 기업 포털)의 효용에 대해서 논의하라. 다시 말해서 이런 기술들은 어떻게 참여자들이 상호작용하여 자료를 교환할 수 있는지 논의하라. 그리고 설명한 보고서를 교수에게 제출하라.

나를 위한 IT는 무엇인가?

회계 전공자
ACCT

원가 회계 담당자는 재고와 판매된 상품의 원가와 관련된 회계 재무 정보를 입력하고 관리하는 데 중요한 역할을 한다. 공급사슬에서 회계 관련 대량의 데이터들이 공급사슬 내의 다양한 파트너로부터 들어올 것이다. 이러한 데이터를 준비하고 검토하는 것이 회계 부서, 감사관, CFO가 수행해야 하는 업무이다.

더 나아가 회계 규정과 원칙, 그리고 국경을 초월한 데이터 이관 등은 국제 무역에 있어서 매우 중요한 이슈이다. 기업 간 정보시스템은 이러한 글로벌상의 거래를 용이하게 한다. 회계사들에게 중요한 이슈는 관세와 정부 보고서이다. 그래서 EDI 기반의 정보시스템을 구축하는 데 회계사들의 관심이 필요하다. 끝으로, 자금이체 등과 같은 국제적인 거래 환경에서 부정, 사기의 적발도 정보시스템을 통한 적절한 관리와 감사에 의해서 가능하다.

재무 전공자

재무 전공자들은 공급사슬상의 파트너 간에 생성

되고 공유되는 데이터를 분석할 책임이 있다. 재무 분석가들은 공급사슬 효율성과 현금 흐름을 개선하기 위한 조치를 제안할 수 있으며, 이런 분석은 공급사슬상의 모든 파트너사들에게 이익을 가져다줄 수 있다. 기업들은 공급사슬 참여사들과 가격 정책 수립을 위해 통합된 데이터 기반의 재무모델을 개발할 것이다. 광범위한 재무 모형화를 통해서 재무 분석가들은 공급사슬의 유동성 관리를 도울 수 있다.

기업 간 정보시스템을 구축하는 데 여러 재무 관련 이슈들이 존재한다. 예를 들어 EDI와 엑스트라넷을 연계하는 과정에서 지급, 구매 등의 재무 관련 데이터를 구조화하는 것과 연관이 있다. 글로벌 공급사슬에서는 각 나라마다의 복잡한 재무 협정들이 영향을 미칠 수 있다.

마케팅 전공자

대용량의 유용한 영업 정보들을 공급사슬관리 시스템에 연결된 파트너들로부터 얻을 수 있다. 예를 들어 다양한 고객 지원 활동들은 공급사슬의 하위 흐름 부분에서 이루어진다. 마케팅 매니저는 공급사슬의 하위 흐름에 위치한 파트너들의 활동이 자사의 공급사슬 운영에 미치는 영향을 살펴보는 것도 매우 중요하다.

더구나 공급사슬을 지원하는 정보시스템으로부터 엄청난 양의 데이터가 CRM 시스템으로 유입된다. 이러한 공급사슬상의 데이터와 기존 고객 데이터를 바탕으로 효과적인 마케팅 프로그램을 기획할 수 있다.

생산/운영 관리 전공자

생산/운영 관리 전공자들은 공급사슬 개발 프로세스에서 중요한 역할을 담당한다. 많은 기업에서 생산/운영관리 인력은 제조 분야에서 광범위한 지식을 바탕으로 공급사슬 통합 프로세스를 주도적으로 관리한다. 생산/운영관리 관련 인력들은 조달, 생산, 자재 관리, 수송 처리 등을 담당하고 있기 때문에, 통합적인 관점에서 공급사슬관리에 필요한 기술을 습득해야 한다.

공급사슬의 하위 흐름 부분에서 마케팅, 유동경로, 고객서비스가 일어난다. 하위 흐름의 활동들이 다른 부분의 활동들과 어떻게 연관되어 있는지 이해하는 것도 매우 중요하다. 공급사슬상에서 발생한 문제들은 고객만족을 저해하고 마케팅 노력을 의미 없게 만들 수도 있다. 따라서 마케팅 전문가들도 공급사슬상의 문제들을 이해하고, 해결책을 찾는 것도 필수적이다. 또한 효과적인 고객 서비스와 광고를 디자인하기 위해서, CRM과 관련 마케팅 기법들을 배우는 것 역시 중요하다.

전 세계적으로 기업 경쟁이 치열해짐에 따라, 새로운 글로벌 시장을 개척하는 것이 중요하다. 기업 간 정보시스템 사용은 글로벌 시장에서 마케팅과 세일즈를 개선할 수 있는 기회를 제공한다. 이러한 기업 간 정보시스템 기술과 구축은 마케팅 부서가 뛰어난 성과를 얻는 데 도움을 줄 것이다.

인적자원관리 전공자

공급사슬에 참여하는 회사들은 직원들 간 상호 교류가 필수적이다. 이러한 직원들 간 상호 교류는 인적자원관리자가 담당하게 된다. 담당자들은 직원 선발, 직무 기술, 직무 순환, 책임/의무 규정 등 공급사슬상의 인사와 관련된 이슈들을 해결해야 한다. 이러한 모든 이슈들은 공급사슬상의 파트너들과 복잡하게 연관되어 있기 때문에 인적자원관리 담당자들은 파트너들과의 관계 및 자원의 흐름에 대한 깊은 이해가 요구된다.

해외 기업들을 포함한 비즈니스 파트너와 협력할 수 있는 인력을 선발하고 양성하기 위해서는 기업 간 정보시스템이 어떻게 작동하는지를 이해해야 한다. 문화 차이, 광범위한 커뮤니케이션 및 협력은 정보기술 활용을 통해 쉽게 극복할 수 있다.

경영정보시스템 전공자

경영정보시스템 전공자들은 공급사슬의 비즈니스 프로세스들을 뒷받침하는 정보시스템—사내 또는 기업 간—을 디자인하고 지원하는 데 매우 중요한 역할을 담당한다. 이러한 역할들을 수행하기 위해서, 경영정보시스템 인력들은 사업과 시스템, 그리고 둘 사이의 교차점에 대해서 충분한 지식과 경험을 갖추고 있어야 한다.

요약

1. 공급사슬의 세 가지 구성요소와 세 가지 흐름에 대해 설명한다.

   공급사슬이란 재료, 정보, 자금, 서비스가 원재료 공급업체로부터 공장, 창고를 거쳐 최종 소비자에게 이르기까지의 일련의 과정을 뜻한다. 공급사슬은 크게 세 부문으로 나눌 수 있다. 상위 흐름에서는 주로 외부 공급업체로부터의 조달과 구매가 이루어진다. 내부 흐름에서는 포장, 조립 또는 제조가 이루어진다. 그리고 하위 흐름에서는 주로 외부 유통업체에 의한 유통이 이루어진다.

   공급사슬의 세 가지 흐름은 재료 흐름, 정보 흐름, 자금 흐름으로 구분할 수 있다. 재료 흐름은 물리적 상품, 원자재, 공급품 등이며, 정보 흐름은 수요, 수송, 주문, 반품, 스케줄과 관련된 데이터와 이러한 데이터의 변경으로 이루어진다. 그리고 자금 흐름은 자금 이체, 지불, 신용카드 정보 및 승인, 지불 스케줄, 전자 지불, 신용 관련 데이터를 포함한다.

2. 공급사슬상의 문제를 해결하기 위한 대표적인 전략을 설명한다.

   공급사슬 전반에 걸쳐 정확한 재고 수준을 정하는 데 가장 큰 두 가지 어려움은 수요 예측과 채찍 효과이다. 상품에 대한 수요는 경쟁, 가격, 기후 조건, 기술 발전, 경제 상황, 소비자 신용도 등의 다양한 요소에 의해 영향을 받는다. 채찍 효과는 공급사슬의 상위 흐름과 하위 흐름에서 발생하는 주문량의 불규칙한 변동을 일컫는다.

   가장 일반적인 해결책은 공급사슬 불확실성에 대비하기 위해 일정 수준의 재고를 유지하는 것이다. 또 하나의 방법으로는 JIT 재고시스템이 있다. JIT 시스템은 정확히 알맞은 시기에 완제품으로 조립될 수 있도록 정확한 숫자의 부품을 제공한다. 마지막 해결책은 공급자 재고 관리(VMI)로 공급업체가 특정 상품 및 상품군에 대한 전반적인 재고 프로세스를 관리하는 것이다.

3. 공급사슬관리를 지원하는 세 가지 주요 기술에 대한 이점을 설명한다.

   EDI는 파트너 간 구매 발주서와 같은 일상적인 문서를 표준화된 문서를 통해 전자적으로 전송할 수 있는 통신 표준을 뜻한다.

   엑스트라넷은 비즈니스 파트너들에게 사내 전산망의 특정 부분에 대한 접근 권한을 제공함으로써 인터넷을 통해 손쉽게 정보를 공유할 수 있는 전산망이다. 엑스트라넷의 주된 목표는 파트너 간의 협력을 돕는 것이다.

   기업 포털은 웹을 통해 기업 내에서 주요 사업 정보에 대한 단일 지점 접근을 가능하게 한다. 기업 간 전자상거래 환경에서 기업 포털은 기업들과 공급업체들이 매우 긴밀하게 협력할 수 있는 수단으로 활용된다.

>>> 용어 해설

공급사슬 재료, 정보, 자금, 서비스 등이 원자재 공급업체에서 공장, 창고를 거쳐 최종 소비자에게로 유통시키는 조직적인 흐름

공급사슬 가시성 공급사슬의 참여 기업들이 제조 프로세스상에서 구매한 자재들의 이동 경로 및 관련 데이터에 대한 접근 능력

공급사슬관리 기업 CEO들이 공급사슬을 구성하는 파트너사들과 프로세스에 대한 통합적인 관리 감독을 시행하고, 운영상의 이점을 얻기 위해 참여자 간 긴밀한 협력 관계를 촉진하는 활동

공급자 재고 관리 공급업체가 판매업체의 상품이나 상품군 재고를 모니터링하고 필요시 상품을 보충하는 재고 전략

수직적 통합 공급사슬의 상위 흐름과 내부 흐름을 통합하는 전략으로 주로 상위 흐름 공급업체를 매입함으로써 공급품의 시의적절한 공급을 보장하기 위한 전략

엑스트라넷 비즈니스 파트너들에게 사내 전산망의 일부 접근을 허용하여 인터넷을 통해 데이터 접근이 가능한 사설 인트라넷

유통 포털 단일 공급업체와 다수의 구매업체 간의 상품 판매 및 유통과 관련된 비즈니스 프로세스를 자동화하는 기업 포털

재고 회전율 기업이 필요한 재료를 받은 뒤 고객에게 상품과 서비스를 제공할 수 있는 속도

적기 공급 생산 방식(JIT) 재고시스템 공급업체가 필요한 시점에 완제품이 조립될 수 있도록 정확한 양의 부품을 공급하는 시스템으로, 재고를 최소화할 수 있는 관리 방식

전자 자료 교환(EDI) 비즈니스 파트너 간 일상적 문서 전송을 전자적으로 가능하게 하는 통신 표준

조달 포털 단일 구매업체와 다수의 공급업체 간의 물품 구매와 조달과 관계된 비즈니스 프로세스를 자동화시켜주는 기업 포털

조직 간 정보시스템(IOS) 2개 이상의 기업 간 정보 흐름을 지원하는 정보시스템

채찍 효과 공급사슬 위아래에서 발생하는 주문의 급격한 변동으로, 공급사슬의 역방향으로 갈수록 수요 변동 폭이 점증적으로 증대되는 현상

푸시 모델 고객이 원할 것으로 예상되는 상품 예측과 각 상품의 판매량에 대한 예측으로부터 생산 과정이 시작되는 비즈니스모델로, 기업은 수요 예측에 따라 대량 생산을 하고 판매하기 때문에 기업이 고객에게 관련 상품을 강하게 '밀어붙이는' 경향이 있음

풀 모델 고객 주문에 기반하여 생산 프로세스가 운영되며, 기업은 고객이 주문한 것만 생산하고 전달하는 비즈니스모델로 대량 맞춤 생산에 알맞은 프로세스

>>> 토론 주제

1. 공급사슬의 중요한 구성 요인을 나열하고 설명하라.

2. 공급사슬 접근법이 어떻게 기업의 전반적인 전략의 일부가 될 수 있는지 설명하라.

3. 정보시스템이 공급사슬 전략 수행 시 얼마나 중요한 역할을 하는지 설명하라.

4. 롤스로이스 모터카(www.rolls-roycemotorcars.com)는 공급사슬에서 푸시 모델과 풀 모델 중 어떤 모델을 선택할 수 있겠는가? 이유는 무엇인가?

5. 공급사슬관리에서 계획이 중요한 이유는 무엇인가?

>>> 문제 해결 활동

1. www.ups.com과 www.fedex.com에 접속하라. 두 물류 기업에서 제공하는 정보기술을 활용한 고객 서비스와 IT 관련 툴은 무엇이 있는지 조사하라. 두 기업이 공급사슬 개선을 위해 기울인 노력에 대해 보고서를 작성하라.

2. www.supply-chain.org, www.cio.com, www.findarticles.com, www.google.com에 접속하여 공급사슬관리에 대한 최근 정보를 검색하라.

3. 웹 검색을 통해, 이 장에서 다룬 예를 제외하고 조달 포털, 유통 포털, 익스체인지 서버를 찾아라. 찾은 사이트들의 공통적인 특징과 각각의 독특한 특징을 나열하라.

>>> 협력 활동

1단계 – 배경

공급사슬관리는 기업들이 재고를 관리하는 데 도움을 주기 때문에 매우 중요하다. 재고 관리는 비용을 줄이고 이익을 증대하는 데 중요한 요인으로 작용한다. 그러나 많은 공급사슬관리에서는 품질, 법률적 계약, 배달, 상품 스케줄, 예측 등도 다루고 있다.

2단계 – 활동

팀을 몇 개로 나누어서 다른 산업의 지역 기반 기업을 방문하라. 한 그룹은 자동차 대리점, 주유소, 레스토랑, 자동차 정비 공장, 병원 등 공급사슬이 필요한 지역 기업을 방문하라. 매니저와 공급사슬에 대해 논의를 진행하라. 어떤 상점들은 지역 물류 창고를 운영할 수도 있으며, 여러 공급업체를 가지고 있을 수도 있다. 배달되는 상품, 주문 주기, 공유

되는 정보 등 여러 사항을 물어보라.

3단계 – 과제
구글 드라이브를 사용하여 당신의 팀이 방문한 기업에 대한 공급사슬모델을 그려라. 자재, 정보, 자금의 상위와 하위 흐름을 포함하라. 모델을 교수와 동료들과 공유하고, 다른 팀의 공급사슬과 비교하라. 다양한 산업 영역에서 유사점과 차이점을 발견하게 될 것이다. 당신이 찾아야 하는 공통점은 정보의 필요성이다.

마무리 사례 1 〉 슈퍼 리테일 그룹은 수요 예측과 재고 보충을 통합하였다

문제 〉〉〉 슈퍼 리테일 그룹(Super Retail Group, www.superretailgroup.com.au)은 호주에서 가장 큰 레저 소매점으로, 연매출은 20억 호주달러가 넘는다. 이 그룹은 7개 브랜드를 보유하고 있으며 자동차 제품, 사이클 부품, 스포츠 제품에 초점을 맞추고 있고, 호주와 뉴질랜드 지역 600개 이상의 상점에서 판매되고 있다.

슈퍼 그룹은 2005년부터 합병을 통해 급성장을 거듭하였다. 성장을 통해 매출액과 브랜드는 강화되었지만, 기업의 공급사슬 또한 극도로 복잡해졌다. 이 기업은 전통적으로 각 브랜드를 각기 다른 부서에서 관리하였다. 그 결과 2011년까지 7개의 각기 다른 공급사슬을 관리하고 있었으며, 공급사슬은 아시아 조달업무를 포함하여 호주와 뉴질랜드로 배송하는 업무에 걸쳐 있었다. 희박한 인구 밀도를 보이는 호주의 지리적 특성은 슈퍼 그룹의 공급사슬 복잡성을 가중시켰다.

슈퍼 그룹 경영진은 2012년부터 2015년까지 5,000만 호주달러 이상을 공급사슬과 재고 관리에 투자하기로 결정하였다. 각기 다른 물류센터를 집중화시키고, 아시아 조달을 통합하며, 배송을 위한 온라인 판매 조달을 개발하고, 주요 무역 파트너들과 관계를 강화하였다.

초기 핵심 전략은 여러 브랜드의 수요 예측과 재고 보충을 통합하는 것이었다. 슈퍼 그룹이 다른 기업들을 합병하고 자사 브랜드 상품을 확대할수록 수요 예측은 점점 중요해졌다. 슈퍼 그룹 입장에서 아시아 지역에서 조달 관련 지연시간 관리와 브랜드 내 계절 및 이벤트로 인한 변동성 관리가 필수적이었다.

슈퍼 그룹은 물리적인 제품보다 디지털 제품에 더욱 심혈을 기울였으며, 디지털 제품은 물리적 제품과 수요 패턴이 상이하였다. 종합하면 소매점들은 지리적인 복잡성, 제품 분류의 최소 단위(stock-keeping unit, SKU) 복잡성, 7개 브랜드의 수요 변동성을 관리할 수 있는 예측과 보충 모형이 필요하였다.

IT 해결책 〉〉〉 수요 계획과 주문 이행을 통합하고, 각 브랜드의 고객 초점을 향상시키기 위해 슈퍼 그룹의 레저 판매 부문에 JDA(www.jda.com)가 개발한 소프트웨어를 설치하였다. JDA는 클라우드 기반의 신속한 설치로 구축 10개월 만에 운영할 수 있었다. JDA는 빠른 구축이 가능하고 비용을 절감할 수 있는 장점 때문에 클라우드 환경에서 소프트웨어 설치를 선택하였다.

클라우드 기반의 시스템 설치는 슈퍼 그룹의 IT 인프라스트럭처 비용 절감에 도움을 주었다. 즉 슈퍼 그룹은 서버 및 저장 등의 하드웨어, 애플리케이션 등의 소프트웨어, 네트워크 구매비용을 절감할 수 있었다. 슈퍼 그룹은 모든 하드웨어와 소프트웨어 비용을 정확하게 계산하기 쉽지 않다는 것을 깨달았다. 오히려 IT 인프라스트럭처 개발 시 빈번하게 생각지도 못한 비용이 드는 것을 인지하고 있었다. 예를 들어 슈퍼 그룹은 소프트웨어 솔루션 호스팅만으로 매월 2만 호주달러를 지불해야 했다. 더욱이 슈퍼 그룹은 소프트웨어를 구축할 내부 IT 인력과 새로운 소프트웨어를 지원할 충분한 역량의 IT팀이 전무하였다.

레저부문에서 사전 테스트에는 40만 개의 제품 부품들이 포함되었으며, 140만 개 부품으로 확대되었다. 레저부문의 제품들은 복잡하기 때문에, 이 부문은 새로운 시스템을 효과적으로 사전 테스트하는 데 적합하였다. 예를 들어 호주는 68종의 어류 서식지로, 슈퍼 그룹은 이와 관련된 다양한 종류의 미끼들을 판매하고 있으며, 여러 지역에 맞는 상품들을 관리하고 있다.

결과 〉〉〉 클리우드 기반 시스템은 레저부문의 방대한 제품들을 관리할 수 있을 뿐만 아니라 매우 신뢰할 만하다는 것을 증명하였다. 시스템 이용 가능성은 거의 100%였으며, 슈퍼 그룹이 관리해야 하는 방대한 데이터들이 모두 포함되었다. 슈퍼 그룹은 사전 테스트로 6개월간 운영한 뒤 재고가 20% 정도 감소하는 의미 있는 성과를 얻었다.

전략적 측면에서 슈퍼 그룹의 새로운 시스템은 시장에서 성공적으로 경쟁하는 데 필요한 고객 초점을 지원하였다. 실제로 슈퍼 그룹 경영진은 JDA 소프트웨어는 고객 지향적 관점으로 사고방식 전환을 이끌어냈다고 이야기하였다.

슈퍼 그룹은 레저부문의 사전 테스트를 완료하였고, 자동차부문의 새로운 시스템을 테스하고 있다. 슈퍼 그룹은 클라우드 기반으로 JDA 솔루션을 설치하고 관리를 최종 목표로 두고 있다.

출처 : S. Small, "Super Retail Group Posts Damp Profit Result after 'Internal' Issues," *Courier-Mail*, February 20, 2014; S. Davis, "Super Retail Group Ltd's 'Positive' Rating Reaffirmed at Deutsche Bank," *WKRB*, February 4, 2014; E. Knight, "Camping, Sporting Goods Company Super Retail Group Finds Life No Picnic of Late," *The Sydney Morning Herald*, January 18, 2014; M. King, "Why Super Retail Group Ltd Shares Sank," *The Motley Fool*, January 17, 2014; "Super Retail Group to Grow Store Footprint Following Solid Results," *Retail Biz*, October 24, 2013; L. Tay, "Super Retail Group Boosts IT Spend," *IT News*, February 20, 2013; "Catching Success Via the Cloud," *JDA Case Study*, 2012; www.super-retailgroup.com.au, accessed April 10, 2014.

질문

1. 슈퍼 그룹은 공급사슬에서 JDA 소프트웨어를 왜 구매하려고 하는지 논의하라.

2. 슈퍼 그룹이 레저부문에서 사전 테스트를 실시한 이유에 대해 논의하라.

3. 슈퍼 그룹이 클라우드 기반 솔루션을 구축하려는 이유에 대해 논의하라. 당신은 이 결정이 올바르다고 생각하는가?

마무리 사례 2 〉 3M이 공급사슬 문제들을 해결하다

3M(www.3m.com)은 접착 테이프부터 태양광 패널에 이르기까지 6만 5,000개의 제품을 생산하고 있으며, 41개국 214개의 공장을 보유하고 있다. 3M은 수년 동안 다양한 상품을 출시하다 보니 공급사슬도 상당히 복잡해졌다.

공급사슬이 복잡해진 주요 이유는 위험 회피적인 기업 문화에 있다. 특히 3M은 '적게 만들어 적게 팔자(make a little, sell a little)'는 기업 문화를 가지고 있다. 이는 새 제품이 시장에서 호응을 얻기 전까지 새로운 기계 및 관련 공장 건설을 하지 않는다는 것을 의미한다. 대신 3M은 공장들이 수백 마일 떨어져 있어도 기존 기계들과 인력들을 활용한다. 이런 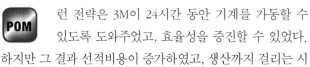 런 전략은 3M이 24시간 동안 기계를 가동할 수 있도록 도와주었고, 효율성을 증진할 수 있었다. 하지만 그 결과 선적비용이 증가하였고, 생산까지 걸리는 시간도 길어졌다.

상당히 복잡한 공급사슬을 가진 커맨드 액자 걸이(Command picture-hanging hooks)와 리트만 청진기(Littmann stethoscope)를 살펴보자. 커맨드 액자 걸이는 플라스틱과 접착 테이프로 이루어져 있다. 이런 재료들은 복잡해 보이지 않지만 액자 걸이를 생산하기 위해서 미국 4개 주 4개의 공장을 거쳐야 하며 총 1,300마일 이상의 여정이 필요하다. 이 생산 여정은 접착제를 생산하는 미주리 주 스프링필드 시에 위치한 3M 공장에서 시작한다. 스프링필드에서 접착제를 선적하고 550마일 떨어진 인디애나 주 하트퍼드 시의 3M 공장에서 폴리에틸렌과 접합한다. 다음으로 600마일 떨어진 미니애폴리스에 위치한 공장에서 3M 로고

와 표준 사이즈로 절단을 한다. 마지막으로 200마일 떨어진 위스콘신 주에서 플라스틱 고리와 접착제를 함께 동봉하고 투명한 플라스틱 용기에 포장한다.

리트만 청진기도 매우 복잡한 공급사슬을 가지고 있다. 현재까지 청진기 생산을 위해 14개 외부 위탁업체들과 3개의 3M 공장을 거쳐야 한다.

3M은 이런 공급사슬 문제를 인지하기 시작했고, 비용을 줄이고 생산 프로세스상 유연성 향상을 위해 공급사슬을 줄이기 위한 전략을 수립하였다. 각기 다른 위치의 공장들은 제조 흐름상 문제에 대비하여 버퍼 재고를 가지고 있어야 하므로, 복잡한 공급사슬은 재고비용을 증가시킨다. 재고가 상품 생산에 활용되기까지 공간과 비용이 들기 때문에, 재고로 지불해야 하는 비용도 높다. 3M은 복잡한 공급사슬을 간결하게 하고, 수요 기반의 상품 생산에 박차를 가했다.

또한 3M은 세계 특정 지역에 여러 제품 생산이 가능한 '슈퍼 허브(super hubs)'라는 보다 크고 효율적인 공장을 건설하였다. 그 가운데 6개는 미국에 위치해 있으며, 나머지 4개는 싱가포르, 일본, 독일, 폴란드에 위치해 있다. 생산을 소비자들에 더 근접해서 하기 때문에 선적비용을 줄일 수 있을뿐만 아니라 지역 선호에 따라 맞춤 제품을 생산할 수 있어 위험을 줄일 수 있다. 3M은 주요 제품에서 효율성 증진을 기대했다. 이 목표 성취를 위해 리드 타임(제품 주문이 들어와서 배달되기까지의 총 기간) 25% 감축을 계획했다.

3M 허페이는 3M의 지점으로 미국 기업을 위한 다양한 상품을 생산할 수 있는 슈퍼 허브로 계획되었다. 최근 중국에

는 10개 생산 지역들이 있으며, 허페이에 10억 위안(1,630만 달러)을 들여 공장을 건설하였으며, 중국 내 가장 큰 공장으로 자리매김하였다.

2010년 3M은 미네소타 주 허친슨에 위치한 슈퍼 허브에서 커맨드 액자 걸이를 생산하기 시작했다. 이 공장에서는 접착 테이프, 넥스케어 밴드, 난로 필터 등 다양한 제품을 생산한다. 미국 시장을 위해 완제품을 생산하기도 하지만, 아시아와 유럽 시장에 맞는 제품 생산을 위해 미완성 접착제를 싱가포르와 폴란드로 수출하기도 한다. 이 커맨드 생산을 위한 사이클 타임도 100일에서 35일로 단축시켰다.

리트만 청진기는 어떻게 되었을까? 미주리 주 컬럼비아에 위치한 공장에서 모든 공정이 진행되고 있으며, 사이클 타임도 165일에서 50일로 줄였다.

출처 : B. Ferrari, "The Paradigm Shift Towards U.S. Manufacturing – More Evidence, Momentum, and Commitment," *Supply Chain Matters*, September 3, 2013; M. Chenguang and Z. Jun, "3M Eyes 1b Yuan Super Plant," *China Daily*, June 13, 2013; "Global Supply Chain Leaders to Discuss Reducing Cost and Improving Performance at 2013 LifeScience Alley Conference," *Medcity News*, October 31, 2013; S. Culp, "Supply Chain Disruption a Major Threat to Business," *Forbes*, February 15, 2013; A. Saltmarsh, "Creating a Super Hub," *Packaging Europe*, February 4, 2013; "3M to Establish Super Hub in Turkey," *Hurriyet Daily News*, October 10, 2012; "Industrial Giant 3M on Mission to Remove Its Supply Chain 'Hairballs'," *Supply Chain Digest*, June 6, 2012; J. Hagerty, "3M Begins Untangling Its 'Hairballs'," *The Wall Street Journal*, May 17, 2012; M. Mangelsdorf, "Understanding the 'Bullwhip' Effect in Supply Chains," *MIT Technology Review*, January 27, 2010; www.3m.com, accessed March 15, 2014.

질문

1. 3M처럼 크고 복잡한 조직은 크고 복잡한 공급사슬을 갖는 이유를 설명하라.

2. 슈퍼 허브를 활용한 3M의 장점에 대해 논의하라.

3. 슈퍼 허브를 활용한 3M의 단점에 대해 논의하라.

4. 이 경우 3M은 채찍 효과를 경험할까? 당신의 답에 대한 이유를 제시하라.

인턴십 활동 〉 southwest wire A PRODUCTION COMPANY

제조업

고객 관계 관리와 공급사슬관리는 기업의 외부 관계 관리를 돕는다. 실제 고객 관계 관리 툴은 공급사슬 모형의 반대편에 위치하고 있지만, 공급사슬관리 시스템에 유용한 정보를 제공한다.

이 활동은 공급사슬관리에 초점을 두었다. 이전 장에서 사우스웨스트 와이어의 CIO인 할레 스미스가 고객 관계 관리 툴을 준비했던 것과 유사한 작업이다.

다음은 할레로부터 온 다른 이메일이다.

받는 사람 :	IT 인턴
보내는 사람 :	할레 스미스
제목 :	SCM 구축

안녕하세요.

고객 관계 관리 구축 프로젝트에 도움을 주어 고맙습니다. 슈가CRM 시스템이 통합하는 과정에서 충분하지 않다고 판단해서, 오픈ERP의 고객 관계 관리 툴을 구축하기로 결정했습니다.

오픈ERP는 SCM이라는 애플리케이션을 제공하지는 않지만, 관련 기능을 수행할 수 있는 여러 애플리케이션이 존재합니다. 지난 활동에서 프로젝트 관리, 자재 관리, 재고 관리, 구매 관리 툴을 이미 구축했습니다. 이번에는 오픈ERP 이외의 기업에서 제공하는 SCM 패키지도 고려하려고 합니다. 모든 툴을 하나의 패키지로 통합 운영하는 것이 명백히 좋습니다. 그러나 다른 SCM 툴이 오픈ERP에서 제공하는 툴보다 우수할 경우 그 툴의 사용을 포기하는 것은 어렵습니다.

SAP는 큰 규모의 ERP 기업으로 전 세계적으로 성공적으로 운영되고 있습니다(비록 ERP 구축이 자주 되지는 않습니다). SAP가 제공하는 SCM 툴 시현 영상을 보고, 오픈ERP 툴과 비교하십시오. 그리고 어떤 기업이 우리의 필요를 더 충족시켜줄 수 있을지 결정하고, 당신의 선택 이유를 설명해주세요.

당신이 이 프로젝트에 참여하여 매우 고맙습니다.

할레

주 : 이 편지에 있는 모든 링크는 http://www.wiley.com/go/rainer/MIS3e/internship에서 이용 가능하다.

1단계 – 배경

차트와 그래프는 매우 유용하지만, 때로는 요약된 시각 자료를 보여주는 것보다 정확한 숫자를 보여줄 필요가 있다. 또한 정렬은 오름차순 정렬과 내림차순 정렬밖에 없기 때문에 당신이 찾는 숫자들을 항상 제공하지 않는다. 조건부 서식은 특정 셀의 원하는 값을 찾는 공식을 넣을 수 있도록 도와준다. 그래서 수립한 결정식에 기반하여 당신이 요구한 데이터들이 도출된다.

2단계 – 활동

당신이 선생님이 되어 도움이 절실히 필요한 학생들을 찾아보자. 당신이 5명의 학생을 담당하고 있을 경우, 당신은 아래와 같은 표에서 쉽게 데이터를 살펴볼 수 있다.

셀리	85
밀리아	74
롤라 마에	98
니콜라스	78
할레	80

이 예제에서 밀리아와 니콜라스는 이 시험에서 가장 낮은 점수를 받았다. 그래서 이 두 학생이 가장 절실하게 도움이 필요할 것이다. 그러나 만약 대학의 대형 강의처럼 150명의 학생을 담당해야 한다면, 누구를 도와주어야 하는지 구분하기가 매우 어렵다.

3단계 – 과제

http://www.wiley.com/go/rainer/MIS3e/spreadsheet에 방문하여 이와 관련된 활동 자료를 다운로드하라. 활동 자료에는 위의 예제와 비슷한 점수가 나열되어 있고, 5명이 아닌 84명의 학생의 네 번의 활동과 두 번의 시험 점수가 기록되어 있다. 누가 어려움을 겪고 있고, 누가 잘하고 있는지 구분할 수 있도록 다른 방법으로 서식을 만들어야 한다.

위 웹페이지에는 엑셀에서 조건부 서식을 만드는 데 도움을 줄 수 있는 마이크로소프트 지원 페이지 링크도 포함되어 있다. 다른 스프레드시트 프로그램을 사용할 경우, 'Help' 메뉴에서 도움을 받을 수 있다.

스트레드시트의 설명을 따라가면서 당신의 최종 결과를 제출하라.

데이터베이스 활동 〉 폼 고도화

1단계 – 배경

이 활동에서는 메뉴 인터페이스 만드는 방법에 대해서 배울 것이다. 액세스에서는 탐색 폼이다. 메뉴 인터페이스는 쉽게 시스템의 주요 정보에 접근할 수 있게 만들어줌으로써 사용자들의 학습이 필요 없도록 만들 수 있다. 당신이 액세스를 열었을 때 무슨 일이 벌어졌는지 생각해보라. "기존 데이터베이스를 열기 원하십니까?"처럼 손쉽게 이동할 수 있는 스크린을 볼 수 있다.

이런 형태의 탐색은 초보 사용자들도 쉽게 올바른 선택을 할 수 있다. 복잡한 디자인 환경에서 모든 사용자들은 코드보다는 프롬프트(prompt) 기반으로 시스템을 사용할 수 있다. 그래서 우리는 사용하기 쉽게 데이터베이스를 디자인해야 하고, 이를 위해 탐색 폼을 사용해야 한다.

2단계 – 활동

http://www.wiley.com/go/rainer/MIS3e/database에 방문하여 제13장과 관련된 데이터베이스 활동을 다운로드하라. 이 활동에서는 폼과 보고서들을 포함한 데이터베이스를 가지고, 그것들을 사용할 수 있는 메뉴를 개발할 것이다. 그리고 그러한 메뉴들을 가진 데이터베이스를 설정할 것이다.

당신이 이 데이터베이스를 살펴보면, 4개의 리포트가 만들어져 있는 것을 확인할 수 있다. 당신은 사용자들이 간단하게 리포트를 선택할 수 있기를 원한다. 그래서 탐색 폼이 필요하다. 당신은 다음과 같은 과정을 거처 폼을 만들어야 한다. 첫째, 모든 4개의 리포트를 포함한 탐색 폼을 만들어라. 제목, 열 크기 등 보다 시각적으로 어필할 수 있도록 폼의 형태를 수정하라. 이 폼을 'Report List'로 저장하라.

다음으로, 새로운 'Report List'와 CustInfoForm을 세로 탭 왼쪽을 사용하여 두 번째 폼을 만들어라. 사용자들이 전 단락에서 나열된 리포트들이 선택되는지 확인하도록 새로운 폼을 체크하라. 탐색을 쉽게 하기 위해서 되돌림 버튼을 만드는 것도 도움이 된다.

마지막으로 폼에 나갈 수 있는 버튼을 추가하라. 'Customer Info'로 탐색 폼을 저장하고, 닫아라. 정확한 영역에 정보들이 위치하는지 다시 폼을 열어서 실행하라.

3단계 – 과제
당신의 2개의 탐색 폼을 저장하고 교수에게 제출하라.

2단계에서 제시한 URL에 접속하면 마이크로소프트 지원 웹사이트에서 지원하는 데이터베이스에 대한 추가적인 도움을 받을 수 있다.

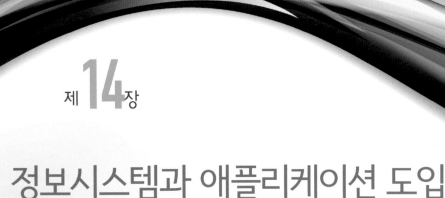

제 14장

정보시스템과 애플리케이션 도입

학습목표 > > >

1. IT 전략 계획을 수행할 때 회사들이 고려해야 할 손익분석에 대해 논의한다.

2. 기업이 새로운 애플리케이션을 도입하고자 할 때 고려해야 할 네 가지 비즈니스 결정에 대해 논의한다.

3. 시스템 개발 생애주기의 6단계를 확인하고, 각 단계의 필수 업무와 중요성을 설명한다.

4. 시스템 개발 품질을 높일 수 있는 대체 개발 방법과 툴에 대해서 설명한다.

5. 공급업체 및 소프트웨어 선정 프로세스를 분석한다.

도입 사례 > 링크드인의 신속한 개발 프로세스는 회사 정상화에 도움을 주었다

비즈니스 네트워크 사이트로 가장 인기있는 링크드인(www.linkedin.com)은 2011년 5월 성공적으로 기업 공개를 하였다. 주식 공개 첫날, 주식 가격은 공모가의 2배를 넘어섰으며, 90억 달러 가치의 기업으로 발돋움하였다. 하지만 링크드인은 시스템 운영 측면에서 여러 문제를 안고 있었다. 수백 명의 프로그래머들은 지긋지긋한 문제를 해결하기 위해서 몇 달 동안 고군분투하였다.

2011년 11월 링크드인은 가입자들이 증가할수록 시스템이 더욱 버거워진다는 것을 인지하였다. 더욱이 프로그래머조차 기력을 소진한 상태였다. 이런 문제들을 해결하기 위해 링크드인은 2012년 2월 오퍼레이션 인버전(Operation InVersion)을 출시하였다. 프로그래머들이 웹사이트 컴퓨팅 구조를 점검할 수 있도록 두 달 정도 새로운 기능 개발을 하지 않도록 하였다. 빠르게 변화하는 소셜 컴퓨팅 시대에 이러한 개발 중지는 매우 위험한 것이었고, 단순한 문제가 아니었다.

비록 개발 중지는 위험했지만, 성공적으로 마무리되었다. 오늘날 링크드인은 프로그래머들이 모바일 버전 개발 등 새로운 기능을 손쉽게 할 수 있는 고도화된 코딩 툴을 제공하였다. 프로그래머들이 새로운 기능을 코딩하고 그것을 웹사이트에 삽입하면 실제 구동 결과를 살펴볼 수 있게 되었다. 이런 코딩 민첩성은 2013년 초순 링크드인이 100억 달러 가치로 발돋움하는 핵심 요인으로 작용하였다.

링크드인 프로그래머들은 사용자들의 언어와 지역에 맞춰 테스트를 진행하였고, 모바일 버전에서 빠르게 구동될 수 있도록 무엇을 수정해야 하는지를

© Erik Khalitov/iStockphoto

알 수 있었다. 예를 들어 새로운 메뉴, 새로운 서비스 등 즉각적으로 사이트에 변화를 적용할 수 있었다. 그래서 하루나 며칠에 한 번 업데이트되는 페이스북이나 구글과 다르게 하루에도 세 번 정도 사이트가 업데이트된다.

2003년 창업한 링크드인은 웹 컴퓨팅에서 저렴하고 유연한 오픈소스 기반 데이터베이스를 사용하지 않고, 중앙 데이터베이스에 오라클 소프트웨어를 적용하였다. 기업 공개 뒤 링크드인은 NoSQL 데이터베이스 소프트웨어로 변경하였다. (제3장에서 NoSQL에 대해 자세히 논의하였다.) 링크드인은 다른 기업들에서 적용되고 있는 데이터 저장과 메시징 시스템을 자체 구축하였다.

MIS

인버전 프로젝트의 가장 중요한 성공 요인은 프로그래머들이 개발한 코딩에서 에러를 인공지능적으로 체크해주는 기능이다. 다른 기업들은 자체 알고리즘 소프트웨어 툴을 가지고 있지만, 사이트에 새로운 코딩을 삽입하는 과정에서 감독하는 팀을 파견한다. 하지만 링크드인에서 이 과정들은 대부분 자동화하였다.

하루에 세 번 업데이트를 하는 과정에서 최소 한 가지 이상 문제들이 발생하였다. 사용자들은 링크드인 홈페이지가 여러 서비스와 피드(feed)들로 북적거리는 것을 인지하였다.

링크드인은 다음 단계를 대비하는 개발도 진행하였다. 다음 단계에서는 사용자들의 경제 및 직업 데이터 마이닝을 통해 최신 트렌드를 찾고, 사람들이 어떠한 커리어를 개발해 나가는 것이 좋을지 조언해주는 서비스 제공을 고려하고 있다. 예를 들어 링크드인은 용접공들이 어디로 이주하고 있으며, 어떤 기술이 필요한지 등 트렌드를 성공적으로 밝힐 수 있을 것으로 믿고 있다. 요약하면, 링크드인은 사용자들에게 데이터를 제공받아 다시 사용자들에게 정보를 주는 기업을 목표로 하고 있다.

출처 : M. Nisen, "How LinkedIn Saved Its Engineers from Marathon Late-Night Coding Sessions," *Business Insider*, April 29, 2013; "How LinkedIn's Project Inversion Saved the Company," *Slashdot*, April 29, 2013; A. Vance, "LinkedIn's Hidden Horsepower," *Bloomberg BusinessWeek*, April 15–21, 2013; A. Vance, "Inside Operation InVersion, the Code Freeze That Saved LinkedIn," *Bloomberg BusinessWeek*, April 10, 2013; P. Houston, "Innovation Lesson: Disrupt Before You're Disrupted," *InformationWeek*, November 9, 2012; www.linkedin.com, accessed March 24, 2014.

질문

1. 웹사이트의 새로운 기능 개발 중지는 어떻게 링크드인을 정상화했는지 논의하라.

2. 링크드인이 새로운 기능을 삽입하고, 사용자들의 경제 및 직업 데이터를 마이닝하는 데 신속한 애플리케이션 개발이 어떻게 도움을 주었는지 논의하라.

서론

경쟁력 있는 기업들은 효율성을 개선하고 전략적인 이점을 얻기 위해 발 빠르게 새로운 정보기술을 도입하거나 기존 시스템을 업데이트한다. 하지만 오늘날 정보시스템 도입은 내부적으로 새로운 시스템을 개발하는 것만을 의미하지 않고, IT 자원 역시 소프트웨어와 하드웨어만을 포함하지 않는다. 옛날에는 대부분 기업들이 자체적으로 시스템을 개발하려는 전략을 채택했지만, 최근에는 IT 아웃소싱 같은 자체 개발뿐만 아니라 외부 구매 등의 여러 가지 옵션을 갖게 되었다. 그래서 기업들은 IT 자원을 도입하는 데 있어서 더 넓은 시각을 갖게 되었다. 이에 따라, 기업들은 어떤 IT 기능들을 내부에 남겨둘 것인지를 결정해야 하고, 심지어 전체 IT 자원이 외부 기업에 의해 관리되는 상황도 발생하게 되었다. 하지만 기업이 어떠한 IT 도입 접근법을 채택하더라도 IT 프로젝트를 관리할 수 있는 역량을 갖추고 있어야 한다.

이 장에서는 경영 측면에서 IT 자원을 도입하는 프로세스에 대해서 배울 것이다. 이는 당신이 향후 입사하게 될 기업의 정보시스템과 애플리케이션을 도입하는 과정에 밀접하게 관여될 수 있기 때문이다. 그래서 이 장에서 언급된 '사용자'를 자신이라고 생각하고 이 장에 임하길 바란다. 또한 IT 시스템 도입을 위한 다양한 옵션과 평가하는 방법에 대해서 배울 것이다. 마지막으로, 기업이 새로운 정보시스템들의 도입을 어떻게 계획을 세우고 정당화하는지에 대해서도 배우게 될 것이다.

14.1 IT 애플리케이션 계획 수립과 정당화

기업들은 애플리케이션의 필요성을 분석하고, 비용과 편익을 고려하여 구매를 정당화해야 한다. 정보시스템에 대한 필요성은 주로 기업의 계획 수립과 경쟁사 대비 실적 분석과 관련이 있다. 비용-편익 측면의 정당화 과정에서는 특정 IT 애플리케이션에 투자하는 것과 해당 자금을 다른 프로젝트에 투자하는 것의 차이를 비교해야 한다. 이 장에서는 규모가 큰 기업들의 일반적인 프로세스를 중점적으로 다룰 것이다. 규모가 작은 기업들은 덜 공식적인 프로세스를 적용

그림 14.1 정보시스템 계획 과정

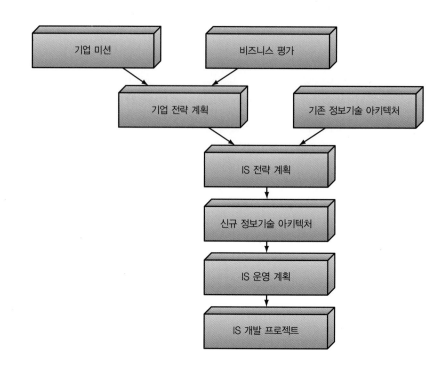

하거나 프로세스 자체가 없는 경우가 많다. 비록 작은 기업들이 IT 애플리케이션 계획 수립과 정당화를 위한 공식적인 프로세스가 존재하지 않더라도, 공식적인 프로세스 과정의 필요성을 인식할 필요가 있다. 향후 작은 기업의 의사결정자들도 정보시스템을 변화를 꾀할 때 각 단계를 고려해야 한다.

기업은 정보시스템 도입의 필요성과 성과를 평가할 때 주로 **애플리케이션 포트폴리오**(application portfolio)를 활용한다. 애플리케이션 포트폴리오에는 기존에 보유하고 있거나 잠재적으로 도입할 IT 애플리케이션의 우선순위 목록을 작성하며, 이런 애플리케이션들은 새로 도입이 필요하거나 있다면 수정이 필요한 애플리케이션들이다.

IT 계획 수립

그림 14.1에 제시하였듯이, 새로운 IT 애플리케이션의 계획 수립 프로세스는 기업의 **전략적 계획**에 대한 분석에서 시작된다. 기업의 전략적 계획이란 기업의 전반적인 미션, 그 미션에 따르는 목표, 그리고 이러한 목표를 달성하기 위한 개괄적인 단계들을 뜻한다. 이러한 전략적 계획 수립 프로세스는 기업이 급변하는 시장에서 기회를 발굴할 수 있도록 기업의 목표와 자원을 수정한다.

기업의 전략적 계획과 기존 IT 아키텍처(IT architecture)는 IT 전략 계획 수립 시 기초 자료로 활용된다. IT 아키텍처는 기업의 미션 달성을 위해서 정보 자원들의 활용 방법에 대해 상세히 기술한다. 이는 정보 자원의 기술적인 측면과 관리 측면을 모두 포함한다. 기술적인 측면들은 하드웨어, 운영시스템, 네트워킹, 데이터 관리 시스템, 애플리케이션 소프트웨어를 모두 포함한다. 관리 측면은 IT 부서가 어떻게 관리되어야 하는지, 실무 현장 관리자가 어떻게 이 문제에 관여할지, IT 관련 결정들을 어떻게 내릴지 등을 구체적으로 기술한다.

IT 전략 계획(IT strategic plan)은 IT 기반 기술에 대해 기술하고 기업의 목표를 달성하기 위해서 필요한 주요 IT 계획들을 밝히는 장기적인 목표를 뜻한다. IT 전략 계획은 다음의 세 목표를 달성해야 한다.

1. IT 전략 계획은 기업의 전략적인 계획과 일치를 이루어야 한다. 이러한 일치는 기업의 정보시스템들이 기업의 전략들을 지원해야 하기 때문에 매우 중요하다. 제2장의 기업 전략과 정보시스템에 대한 논의를 다시 생각해보라.

   노드스트롬과 월마트의 사례를 생각해보자. 노드스트롬은 고객 서비스 개선을 위한 애플리케이션을 도입하는 것에 호의적인 태도를 취할 수 있지만, 월마트는 부정적인 태도를 가질 것이다. 왜냐하면 고객 서비스 개선 애플리케이션 도입이 노드스트롬의 서비스 최우선 전략과 잘 부합하기 때문이다. 하지만 애플리케이션 도입은 월마트의 저가 전략과는 잘 맞지 않다. 동일 산업 분야의 두 회사가 같은 애플리케이션을 도입하는 문제지만, "과연 우리가 이 애플리케이션을 개발해야 하는가?"라는 질문에 대한 대답은 기업 전략에 따라 달라질 수 있다.

2. IT 전략 계획은 사용자, 애플리케이션, 데이터베이스를 완벽하게 연결하는 IT 아키텍처를 제공해야 한다.

3. IT 전략 계획은 정보시스템 개발 자원을 서로 경쟁하는 프로젝트 사이에 효율적으로 배분하여 프로젝트들이 제시간에, 예산 범위 안에서 요구되는 기능들을 모두 수행할 수 있도록 해야 한다.

현재 사용 중인 IT 아키텍처는 향후 시스템 개발에 제약을 가할 수 있기 때문에 IT 전략 계획 수립 시 현행 시스템은 필수적인 입력물로 고려되어야 한다. 하지만 기업이 새로운 IT 아키텍처로 변경할 경우, 기존 시스템에 대한 제약에서 벗어날 수 있지만, 너무 많은 비용과 시간이 소모된다.

지금 애플의 맥 시스템을 사용하고 있으며, 새로운 소프트웨어 애플리케이션이 필요하다고 가정하자. 당신은 인터넷 검색을 통해 맥과 마이크로소프트 윈도우용의 여러 가지 패키지를 찾아냈다. 하지만 불행히도 최적의 패키지는 윈도우에서만 사용 가능하다. 당신이 윈도우 시스템으로 변경하기 위해서는 패키지가 얼마나 가치 있어야 하는가?

IT 전략 계획을 개발하고 실행하는 데 있어 중대한 요소 중 하나는 **IT 운영위원회**(IT steering committee)이다. 이 위원회는 여러 관리자와 기업의 각 부서를 대표하는 직원들로 구성되고, IT 도입 우선순위를 정하고, 기업의 니즈를 확실히 충족할 수 있는 경영정보시스템 기능을 구축하는 역할을 담당한다. 이 위원회의 주요 업무는 기업 전략과 IT 전략을 연결시키고, 경영정보시스템 기능을 위한 자원의 배분을 승인하고, 그 기능의 성과 측정 방안을 수립하고, 성과를 평가하는 것이다. IT 운영위원회는 업무 수행 시 필요한 정보시스템과 애플리케이션을 얻게 해주므로 매우 중요하다.

회사가 IT 전략 계획을 확정하면, 그 뒤 이를 바탕으로 **IS 운영 계획**(IS operational plan)을 수립한다. IS 운영 계획은 IS 부서와 각 부문 관리자들이 IT 전략 계획을 지원하기 위하여 실행해야 하는 확실한 일련의 프로젝트들로 이루어진다. 전형적인 IS 운영 계획은 다음과 같은 요소들을 담고 있다.

- 미션 : IT 전략에서 도출된 IS 기능의 미션
- IS 환경 : 각 부서 및 기업 전반에서 필요로 하는 정보 수요 요약
- IS 기능의 목표 : IS 기능들의 현재 최고 목표값
- IS 기능의 제약 : IS 기능에의 기술적, 재정적, 인력 및 기타 자원의 제약
- 애플리케이션 포트폴리오 : 기존 애플리케이션들과 현재 개발되거나 지속될 프로젝트에 대한 자세한 우선순위 목록
- 자원 배분과 프로젝트 관리 : 어떻게, 언제, 누가, 무엇을 할 것인지에 대한 목록

IT 투자 평가와 정당화 : 편익, 비용 및 문제점

새로운 정보시스템 도입의 첫 단계는 IT 계획 수립이다. 모든 회사들은 한정된 자원을 가지고 있기 때문에, 그들이 IT를 비롯한 특정 분야에 투자를 할 때는 그 분야에 투자를 하는 이유를 정당화해야만 한다. 근본적으로, IT 투자 정당화는 비용을 계산하고 얻을 수 있는 편익을 평가하고, 편익과 비용을 비교하게 된다. 이런 비교를 손익분석(cost-benefit analysis)이라고 한다. 하지만 손익분석은 생각처럼 쉬운 일이 아니다.

비용 평가 IT 투자비용을 달러 가치로 환산하는 것은 생각하는 것처럼 쉬운 일은 아니다. 회사들이 부딪히게 되는 주된 문제점 중 하나는 고정된 비용을 서로 다른 몇 가지 프로젝트들에 적절히 배분하는 것이다. 고정비용은 활동 수준의 변화와 관계없이 똑같이 유지되는 비용이다. IT 분야에서 고정비용은 기반시설비용, IT 서비스 및 IT 관리와 관련된 비용을 포함한다. 예를 들어 IT 부서 임원의 급여는 고정된 것으로, 애플리케이션을 추가한다고 해서 변화하지 않는다.

또 다른 문제는 시스템이 설치된 이후에도 시스템 비용이 지속적으로 발생한다는 점이다. 유지보수, 디버깅, 시스템 개선을 위한 비용이 해를 거듭하며 축적될 수 있다. 기업들은 가끔 투자를 결정할 때 이러한 비용을 간과하지만, 실제로는 이런 점들을 고려하여 비용을 산정해야 한다.

예상치 못한 비용으로 문제가 발생한 극단적인 사건은 2000년에 있었던 Y2K(Year 2000) 사태이다. 2000년대로 재설정하는 프로그래밍 프로젝트는 전 세계적으로 1조 달러의 비용이 소요되었다. 1960년대 컴퓨터 메모리가 매우 고가였기 때문에, 메모리 절약을 위해 프로그래머들은 날짜 필드의 '연도' 부분을 _ _ _ _으로 남기는 대신에 19_ _으로 만들었다. 컴퓨터 프로그램에 1과 9가 변경 불가한 숫자로 코딩되어, 나머지 두 숫자만 변경 가능함에 따라 컴퓨터 프로그램은 메모리를 절약할 수 있었다. 하지만 이러한 프로세스는 결국 2000년이 다가왔을 때 컴퓨터가 2000년이 아닌 1900년을 표시하는 결과를 초래할 수 있었다. 이러한 프로그래밍 기술은 재무 애플리케이션, 보험 애플리케이션 등을 포함한 수없이 많은 프로그램들에 심각한 문제를 야기할 수도 있었다.

이러한 Y2K 사태의 예는 데이터베이스 디자인 선택이 기업에 아주 오랜 기간 영향을 미칠 수 있음을 보여준다. 21세기가 다가옴에 따라 1960년대에 만들어진 하드웨어와 소프트웨어를 사용하는 사람은 약간의 레거시 애플리케이션(legacy application)을 제외하고 없었다. 하지만 1960년대에 이루어진 데이터베이스 디자인 선택은 여전히 영향을 미치고 있었다.

편익 평가 IT 프로젝트의 편익을 평가하는 것은 일반적으로 비용을 측정하는 것보다 더 복잡하다. 편익은 많은 경우 눈에 보이지 않는 형태로 나타나기 때문에 수량화하기가 어렵다. 예를 들어 개선된 고객 및 파트너 관계, 개선된 의사결정이 무형 편익의 대표적인 예다. 향후 당신은 아마도 정보시스템이 제공하는 무형의 편익에 대해서 조언해 달라는 요구를 받을 수 있다.

기업이 다양한 목적으로 IT를 사용한다는 점이 편익 분석을 더욱 복잡하게 만든다. 더구나 IT 투자가 수익을 창출하기 위해서는 투자한 IT 기술이 성공적으로 실행되어야 한다. 하지만 현실 기업 환경에서 도입한 시스템이 제때 예산 내 구현이 안 되거나, 처음 구상했던 기능들이 모두 실현되지 않는 경우가 자주 발생한다. 또한 제안된 시스템이 '최첨단'인 경우, 기업이 얻을 수 있는 재정적인 보상의 형태에 대해서 확인할 수 있는 근거가 부족할 수도 있다.

손익분석 시행 기업이 IT 투자에 대한 비용과 편익을 분석한 후에는 그 둘을 서로 비교해야 한다. 당신은 재무 수업을 통해 손익분석에 대해 이미 자세하게 배웠거나 앞으로 배우게 될 것이다. 중요한 것은 실제 사업상의 문제점들이 '이것은 재무 문제이다', '이것은 IS 문제이다'라고 깔끔하게 구분할 수 있는 형태로 제시되지 않는다는 점이다. 오히려 실제 사업상의 문제들은 여러 실무 분야에 걸쳐서 나타난다.

손익분석을 위한 획일적인 전략은 없으며, 오히려 기업은 다양한 방식을 통해서 손익분석을 수행할 수 있다. 네 가지의 일반적인 접근법이 있는데, 바로 (1) 순현재가치법 (net present value, NPV), (2) 투자수익률(return on investment, ROI), (3) 손익분기점 분석(breakeven analysis), (4) 비즈니스 사례 접근법(business case approach)이다.

- 순현재가치법은 분석가들이 기업의 자금조달 비용을 '할인'함으로써 편익의 미래 가치를 현재 가치로 환산한다. 미래 편익의 현재 가치와 편익을 얻기 위해서 필요한 비용을 비교하여, 편익이 비용보다 큰지를 살펴본다.
- 투자수익률 방법은 가용 자원으로 수익을 창출하는 데 있어서 매니지먼트의 효율성을 측정한다. ROI는 프로젝트에 의해서 발생하는 순이익을 프로젝트에 투자된 평균 자원으로 나누어서 측정한다. ROI는 백분율을 사용하며, 퍼센티지가 높을수록 수익률이 높다.
- 손익분기점 분석은 프로젝트에서 얻은 편익의 누적 달러 가치가 프로젝트에 들어간 투자비용과 같아지는 지점을 결정한다.
- 비즈니스 사례 접근법에서는 하나 이상의 특정 애플리케이션이나 프로젝트에 자금을 투자하는 것을 정당화하기 위해서 시스템 개발자가 비즈니스 사례를 작성한다. 비즈니스 사례들은 당신이 무엇을 하는지, 어떻게 그것을 하는지, 어떻게 새로운 시스템이 당신을 더 잘 지원할 수 있는지를 설명하기 때문에 IS 전문가들이 비즈니스 사례를 작성할 때 주된 조언자의 역할을 하게 될 것이다.

다음 절로 넘어가기 **전에…**

1. IT 비용 평가와 관련된 발생 가능한 문제들에는 무엇이 있는가?
2. IT에서 얻을 수 있는 편익의 무형성이 가져오는 어려움들에는 어떤 것들이 있는가?
3. 순현재가치법, 투자수익률, 손익분기점 분석, 비즈니스 사례 접근법에 대해 설명하라.

개념 적용 14.1

학습목표 14.1 IT 전략 계획을 수행할 때 회사들이 고려해야 할 손익분석에 대해 논의한다.

1단계 – 배경(당신이 배워야 하는 것)

아직 잘 인식하지 못하겠지만, 당신은 매번 이 분석을 수행한다. 만약 주말에 해변가에 가기를 원했지만, 8시간 운전이 필요하고, 목적지에서 보낼 시간이 충분치 않아 가지 않기로 결정했다고 생각해보자. 이 경우 비용이 이득보다 더 컸기 때문이다. 그러나 만약 당신이 하루 더 즐길 수 있었다면, 이득이 비용보다 클 것이다. 이 예제의 어려움은 이득을 측정하기 어렵다는 점이다. 손익분석은 모든 주요 요인을 수량화하여 사용해야 하며, 정확한 숫자로 표현하기 힘든 주관적 이득이 포함되기도 한다.

2단계 – 활동(당신이 해야 하는 것)

http://www.wiley.com/go/rainer/MIS3e/applytheconcept에 접속하여 이 절에 해당하는 링크를 클릭하라. 순현재가치법, 투자수익률 방법, 손익분기점 분석을 다룬 세 편의 짧은 재무 관련 동영상을 볼 것이다. 비즈니스 사례 분석은 재무적 접근법은 아니고, 더 깊은 설명은 필요가 없다.

당신이 홍보 상품을 판매할 수 있는 웹사이트를 만든다고 생각해보라. 당신은 웹사이트 구축에 경험이 없기 때문에 다른 사람에게 이 작업으로 돈을 지불해야 한다. 당신은 사이트 연구를 통해 사이트 구축에 3,500달러 정도 비용이 소요될 것으로 예측하였다. 이번 예제에서는 매달 호스팅 비용은 고려하지 않을 것이다. 이 디자인으로 5년 정도 사용한 뒤 업데이트하려고 계획 중이다. 1년 차에는 500달러, 2년 차에는 750달러, 3년 차에는 750달러, 4년 차에는 1,000달러, 5년 차에는 1,500달러 정도 매출을 올릴 수 있을 것으로 기대하고 있다. 이 예제에서 순현재가치법, 투자수익률 방법, 손익분기점 분석을 수행하고, 어떤 접근법이 도움이 되는지 논의하라. 또한 비즈니스 사례 분석은 재무적 방법이 제공하지 않는 어떤 점들을 도와줄 수 있는지 설명하라. 당신은 그림을 포함한 보고서를 준비하여 교수에게 제출하라.

14.2 IT 애플리케이션 도입 전략

회사가 IT 투자를 정당화한 이후에는 도입을 어떻게 해나갈 것인지를 결정해야 한다. 손익분석과 같이 IT 애플리케이션을 도입하는 데도 여러 가지 옵션이 존재한다. 어떤 옵션을 선택할지 고르기 위해 회사들은 여러 사업상 결정을 내려야 한다. 핵심적인 결정들은 다음과 같다.

- 회사는 얼마나 많은 프로그램 코드를 작성하고자 하는가? 회사는 미리 완성된 애플리케이션을 선택하거나(프로그램 코드를 전혀 작성하지 않음), 미리 완성된 애플리케이션을 사용자에 맞게 일부 변경하거나(일부 프로그램 코드를 작성), 전체 애플리케이션을 주문 제작(모든 프로그램 코드를 새롭게 작성)할 수도 있다.

- 회사는 애플리케이션 사용에 대한 비용을 어떻게 지불할 것인가? 회사가 일단 얼마나 많은 프로그램 코드를 작성할 것인지를 결정하고 나면 그에 따른 비용을 어떻게 지불할 것인지 결정해야만 한다. 미리 완성된 애플리케이션 또는 사용자에 맞게 수정된 애플리케이션의 경우, 회사는 그것들을 구매하거나 대여하게 된다. 완전히 주문 제작된 애플리케이션의 경우 회사는 내부 자금을 사용한다.

- 애플리케이션을 어디서 가동시킬 것인가? 다음으로 이 애플리케이션을 회사의 자체 플랫폼에서 가동시킬지 아니면 다른 플랫폼에서 가동시킬지를 결정해야 한다. 다시 말해 회사는 서비스로서 소프트웨어 판매업체 또는 애플리케이션 임대 서비스 제공업체 중 하나를 선택할 수 있다. 이 장의 뒷부분에서 이런 옵션들에 대해 자세히 살펴볼 것이다.

- 애플리케이션을 어디에서 가져올 것인가? 미리 완성된 애플리케이션은 오픈소스 소프트웨어일 수도 있고 판매업체로부터 구매할 수도 있다. 회사는 미리 완성된 오픈소스 소프트웨어 또는 판매업자가 판매하는 미리 작성된 독점 애플리케이션을 원하는 대로 수정하는 것을 선택할 수 있다. 또한 기업은 사내에서 애플리케이션을 자사에 맞게 변경할 수도 있고, 이를 아웃소싱할 수도 있다. 마지막으로 회사는 완전히 맞춤형의 애플리케이션을 새롭게 작성하거나 이러한 프로세스를 아웃소싱할 수도 있다.

다음 절에서는 회사가 애플리케이션을 도입하는 다양한 옵션에 대해서 좀 더 자세히 살펴볼 것이다. 기업은 모든 실행 가능한 도입 방법을 그들의 사업상 조건들과 견주어 결정을 내려야 한다.

- 미리 완성된 애플리케이션 구매
- 미리 완성된 애플리케이션 수정

- 애플리케이션 대여
- 애플리케이션 임대 서비스 제공업체와 서비스형 소프트웨어 판매업체
- 오픈소스 소프트웨어 사용
- 아웃소싱
- 맞춤 개발 적용

미리 완성된 애플리케이션 구매

많은 상업적인 소프트웨어 패키지는 IT 애플리케이션에 필요한 표준 특성들을 담고 있다. 따라서 이미 완성되어 있는 패키지를 구매하는 것은 내부적으로 애플리케이션을 자체 제작하는 것보다는 비용효율적이고 시간을 절약하는 전략일 수 있다. 그럼에도 불구하고 기업들은 선택한 패키지가 현재 및 미래에 필요로 하는 기능들을 모두 담고 있는지를 신중히 살펴보고 구매를 결정해야 한다. 만약 필요한 기능이 제공되지 않는 경우 구매했던 패키지들은 빠른 시일 내에 더 이상 쓸모없어질 수도 있다. 회사가 이러한 구매 의사결정을 하기 전에, 적절한 패키지가 어떤 특성들을 담고 있어야 하는지를 신중히 판단해야 한다.

현실적으로, 하나의 소프트웨어 패키지가 기업의 모든 요구사항을 충족하는 경우는 드물다. 이러한 이유로 회사는 때때로 다양한 요구사항을 충족시키기 위해서 여러 패키지를 구매하기도 한다. 그런 경우, 회사는 구매한 소프트웨어 패키지들뿐만 아니라 기존 소프트웨어와 통합하는 과정을 거쳐야 한다. 표 14.1은 구매 옵션의 장점과 한계를 요약해서 보여주고 있다.

미리 완성된 애플리케이션 수정

소프트웨어 판매업체가 애플리케이션을 구매업체의 요구사항에 맞게 수정할 수 있도록 허용해준다면, 미리 완성된 애플리케이션을 구매하여 수정하는 것은 매력적인 선택이다. 하지만 수정하는 방법이 기업의 요구사항을 해결하기 위한 유일한 방법일 경우 그다지 매력적이지 않을 수 있다. 또한 소프트웨어가 매우 비싸거나 단시간 내에 구식이 될 가능성이 높은 경우에는 최선의 전략이라고 보기 어렵다. 더구나 미리 완성된 애플리케이션을 사용자 필요에 따라 수정하는

표 14.1 구매 옵션의 장점과 단점

장점

바로 구매할 수 있는 다양한 종류의 규격품을 구매할 수 있다.

소프트웨어를 테스트해볼 수 있다.

회사는 개발하는 대신 구매함으로써 많은 시간을 절약할 수 있다.

회사는 상품 투자 전 소프트웨어 구매에서 얻을 수 있는 결과를 미리 알 수 있다.

소프트웨어를 구매함으로써 프로젝트를 수행하기 위한 인력을 따로 고용할 필요가 없어진다.

단점

소프트웨어가 회사가 필요로 하는 요구사항을 정확히 충족시키지 못할 수 있다.

소프트웨어를 수정하는 것이 어렵거나 불가능할 수 있으며, 소프트웨어 실행을 위해 대규모 사업 프로세스 변경이 필요할 수도 있다.

회사는 소프트웨어의 개선이나 새로운 버전에 대해서는 통제권을 갖지 못한다.

구매한 소프트웨어가 기존 시스템과 호환되지 않을 수 있다.

판매업체가 상품을 더 이상 판매하지 않거나 폐업할 수 있다.

소프트웨어 관리 회사는 그들만의 우선순위와 사업상의 고려사항을 갖고 있다.

구매하는 회사는 소프트웨어가 어떻게, 왜 해당 방식으로 작동하는지에 대해서 자세히 알기 어렵다.

것은 매우 어려울 수 있는데, 특히 대규모의 복잡한 애플리케이션의 경우 더욱 그러하다. '비즈니스에서 IT 14.1'에서 캘리포니아 주 마린 자치구가 SAP 시스템을 도입하기 위해 들였던 부단한 노력을 살펴볼 수 있다.

비즈니스에서 IT 14.1

처참한 개발 프로젝트

2004년, 캘리포니아 주 마린 자치구는 오래된 재무 관리, 급여 지급, 인력 관리시스템을 최신 SAP의 전사적 자원 관리(ERP)시스템으로 교체하기로 결정했다. 마린 자치구는 해당 ERP 구축 시 소프트웨어 컨설턴트 역할을 해줄 수 있는 여러 회사로부터 제안서를 받았다. 오라클, 피플소프트, SAP를 포함한 13개 회사가 제안서를 제출했다. 2005년 4월, 마린 자치구는 SAP 시스템에 대한 전문적인 지식과 다양한 컨설팅 경험을 갖고 있는 딜로이트 컨설팅을 선정했다.

2005년부터 2009년에 걸쳐 4년간 마린 자치구는 직원들이 회계 및 재정 문제로 고심하고 있는 와중에도 딜로이트에게 점점 더 많은 컨설팅 요금을 지불했다. 무엇보다도, 직원들은 급여 지급이나 미수금 계정 등의 일상적인 재무 기능을 수행할 수 있는 SAP 시스템조차 프로그래밍을 할 수 없었다. 배심원 조사는 2009년 4월까지 해당 시스템이 납세자들에게 2,860만 달러의 부담을 줬다고 결론지었다.

그 당시 마린 자치구는 투표를 통해 진행 중이던 SAP 프로젝트를 중단하기로 결정하면서, 암묵적으로 딜로이트의 소프트웨어와 관련 구축 서비스 비용으로 3,000만 달러가량을 낭비했음을 인정했다. 마린 자치구의 정보시스템 기술 그룹은 딜로이트에서 설치한 SAP 시스템을 수정하는 것이 새로운 시스템을 구축하는 것보다 10년에 걸쳐서 25% 가까이 더 많은 비용이 소요될 것이라고 결론 내렸다.

2010년, 마린 자치구는 딜로이트의 사기 혐의를 제의했다. 여기에는 딜로이트가 자치구의 SAP 프로젝트를 그들의 젊은 컨설턴트들에게 공공부문의 SAP 경험을 제공하기 위한 훈련으로 이용했다는 주장이 포함되었다. 또한 그 항의서는 딜로이트가 그들의 부족한 SAP 및 공공부문 지식을 고의적으로 숨기고, 프로젝트의 중대한 위험 요소들에 대한 정보를 감추었으며, SAP 시스템이 계획한 대로 가동 준비가 완료되었다고 거짓으로 주장하고 있음을 밝히고 있다. 또한 부적절한 테스트를 수행하였으며, 필수적인 테스트를 수행하는 데 실패했다는 사실을 숨겨서 시스템의 결함들이 가동일 이전에 드러나지 않도록 했다고 밝히고 있다. 마린 자치구는 이에 더해 딜로이트에 많은 컨설팅 요금을 지불했음에도 불구하고 시스템이 계속해서 심각한 문제들을 일으키고 있다고 주장하고 있다.

딜로이트는 마린 자치구가 계약한 서비스 수수료 및 이자 55만 달러를 지불하지 않았다고 맞고소를 하였다. 이 맞고소에서 딜로이트는 자사가 계약서상에 명시된 의무를 모두 이행하였으며, 이는 딜로이트의 업무에 대해 프로젝트의 책임자인 자치구의 공무원이 모두 승인을 했다고 주장하였다.

2010년 12월, 마린 자치구는 딜로이트사와 두 SAP 자회사를 고소하면서, 딜로이트가 자치구로부터 2,000만 달러가 넘는 돈을 거짓으로 사기치기 위한 일종의 공갈 행위에 관여했다고 주장하였다. 가장 최근 소송에서는 자치구의 전 직원으로 SAP 프로젝트의 관리자를 역임한 컬버(Ernest Culver)

© AlexRaths/iStockphoto

도 피고로 제소되었다. 마린 자치구는 컬버가 딜로이트와 SAP에 면접을 보고 현재 SAP의 공공부문 부서에서 일하고 있다고 주장했다. 자치구는 SAP 프로젝트가 진행되는 동안 컬버가 딜로이트에게 결함이 있는 작업을 맡기고 지불을 승인하여, 마린 자치구가 딜로이트와 SAP 공공 서비스와 새로운 계약을 맺도록 유도했다고 주장하였다.

2011년 12월 말경 판사는 부패조직척결법(Racketeer Influenced and Corrupt Organizations Act, RICO)에 의거하여 마린 자치구가 SAP에 대해 제기한 사기 혐의에 대해서는 증거가 불충분하나 일부 수정하여 소송이 가능하다고 판결했다. 또한 판사는 마린 자치구가 SAP에 대해 제기한 컬버 관련 뇌물 수수 혐의에 대해서는 타당하다고 여길 만한 증거가 충분하다고 판단하였다. 하지만 판사는 미국 SAP 사업부에 대한 소송을 기각해 달라는 SAP의 발의는 거부했다.

2012년 1월 중순, 마린 자치구는 연방정부에 SAP, 딜로이트 컨설팅, 컬버에 대한 수정 소송을 제기했다. 마린 자치구 감사위원회장은 위원회가 그들의 납세자들에 대한 책임을 다할 것이라고 말했다.

2013년 초 마린 자치구는 딜로트이 컨설팅과의 소송을 마무리하였다. 이는 법원이 전문조사를 실시한 뒤 자치구의 여러 주장과 결론을 기각한 데 따른 것으로, 법원은 자치구가 나머지 사기 소송과 프로젝트 관리자였던 자치구 직원 컬버의 부적절한 영향 행사를 자발적으로 취하해야 한다고 판결을 내렸다. 마린 독립 일간지에 따르면, 자치구는 딜로이트로부터 390만 달러를 지급받았으나 이는 소송비용보다 적은 금액이었다.

마린 자치구와 딜로이트 컨설팅 모두 SAP 소프트웨어에 대해서 비난하지 않는 점에 주목해야 한다. 고객과 시스템 완성자의 역학관계가 이번 실패를 야기하였다.

2013년 11월 마린 자치구는 기존 SAP 시스템을 대체할 새로운 ERP 소프트웨어를 찾기 시작했다. 자치구 관계자는 이 작업의 참여를 원하는 벤더들을 위해 입찰 요청서를 승인하였다. 관계자는 규모가 큰 경쟁업체보다 작고 보다 집중해서 업무를 진행할 수 있는 2차 벤더들에 관심을 보였다. 2013년 12월까지 입찰 요청서에 대한 회신을 받아 2014년 6월까지 계약서에 서명하기를 기대했다. 흥미있는 점은 자치구는 모든 기능 관리를 위해

단일 제품보다는 여러 벤더로부터 다양한 제품을 사용하도록 개방되어 있다고 밝힌 것이다. 자치구는 비즈니스 프로세스와 프로젝트 범위를 살펴보기 위해 60만 달러를 투자하여 외부 컨설팅을 받았다.

자치구 관계자는 실패한 SAP 구축에서 아래과 같은 여러 사항을 배울 수 있었다고 밝혔다.

- 소프트웨어와 그 소프트웨어를 구축하는 조직의 '적합성'을 고려할 필요성. 관계자는 너무 큰 1차 ERP 벤더는 마린 자치구의 크기와 복잡성과 잘 맞지 않는 복잡하고 값비싼 제품들만 가지고 있다고 판단하였다.
- 프로젝트의 모든 단계에서 조직원들의 투입을 고려해야 할 필요성. 특히 소프트웨어의 비즈니스 요구를 정의하는 단계에서 조직원들의 투입을 신중히 고려해야 한다.
- 자치구의 정형화된 비즈니스 사례 문서 작성의 필요성
- 프로젝트 동안 비용이 많이 드는 교육과 변화 관리 필요성

출처 : M. Krigsman, "Marin County Restarts ERP Project," *ZDNet*, November 8, 2013; C. Kanaracus, "Marin County Seeks New Software Vendor to Replace SAP System," *Government IT*, November 1, 2013; M. Krigsman, "Big Money: Marin County and Deloitte Settle ERP Lawsuit Under Gag Order," *ZDNet*, January 14, 2013; N. Johnson, "Marin County Cuts Its Losses, Settles Its Computer Lawsuit for $3.9 Million," *Marin Independent Journal*, January 9, 2013; C. Kanaracus, "Judge Tosses Racketeering Claims in Marin County Lawsuit Against SAP," *PC World*, December 28, 2011; C. Kanaracus, "Marin County Alleges SAP, Deloitte Engaged in Racketeering," *Computerworld*, February 2, 2011; M. Krigsman, "Understanding Marin County's $30 Million ERP Failure," *ZDNet*, September 2, 2010; C. Kanaracus, "Marin County to Rip and Replace Ailing SAP System," *IDG News Service*, August 24, 2010; M. Krigsman, "Marin County Sues Deloitte: Alleges Fraud on SAP Project," *ZDNet*, June 3, 2010; J. Vijayan, "Deloitte Hit with $30M Lawsuit over ERP Project," *Computerworld*, June 3, 2010; T. Claburn, "Deloitte Sued Over Failed SAP Implementation," *InformationWeek*, June 1, 2010; www.co.marin.ca.us, www.deloitte.com, accessed March 14, 2013.

질문

1. 딜로이트와 SAP의 입장에서 소송에 대하여 논의하라.
2. 마린 자치구의 입장에서 소송에 대하여 논의하라.
3. 마린 자치구가 다른 ERP 구축을 시도하는 것은 좋은 생각인가? 당신의 대답을 지지하라.
4. 마린 자치구가 사용할 수 있는 다른 타입의 소프트웨어는 있는가? (힌트 : 클라우드 컴퓨팅을 고려하라.)
5. 마린 자치구가 다른 벤더들에서 여러 소프트웨어들을 사용하는 것은 좋은 생각인가? 당신의 대답을 지지하라.

애플리케이션 대여

애플리케이션을 구매하거나 자체 개발하는 옵션들과 비교했을 때, 대여하는 방법은 회사의 시간과 자금을 모두 절약할 수 있게 해준다. 물론 대여한 패키지가 구매한 패키지와 마찬가지로 회사의 애플리케이션에 대한 요구사항을 정확하게 충족시켜 주지 않을 수도 있다. 하지만 소프트웨어는 해당 산업의 기업들이 일반적으로 중요하고 필요한 기능들을 대부분 포함하고 있다. 회사는 다시 어떠한 특성과 기능들이 필수적인지 결정할 필요가 있다.

일반적으로 애플리케이션 대여에 관심 있는 회사들은 공급자 소프트웨어를 평가할 때 80/20 법칙을 적용한다. 간단히 말해 소프트웨어가 회사의 요구사항 중 80%를 충족시키면, 회사는 나머지 20%를 활용하기 위해서 비즈니스 프로세스 변경을 심각하게 고려해야 한다는 것이다. 많은 경우 이렇게 약간의 비즈니스 프로세스를 변경하는 것이 판매 회사의 소프트웨어를 수정하는 것보다 현명한 장기 해결책이 될 수 있다. 그렇지 않은 경우, 회사는 판매업체가 업데이트된 버전을 내놓을 때마다 소프트웨어를 기업에 맞게 수정해야 할 것이다.

특히 소프트웨어 대여 전략은 IT 소프트웨어에 대규모 투자를 하기 힘든 중소 규모(small and medium-sized enterprise, SME) 기업에게 매력적인 방법이다. 큰 규모의 회사들 역시 대규모 투자를 하기 전 잠재적인 IT 솔루션을 테스트해보기 위해서 소프트웨어 패키지를 대여하는 것을 선호하기도 한다. 또한 역량을 갖춘 충분한 IT 인력이 부족한 회사 역시 내부적으로 소프트웨어를 개발하는 대신 대여하는 방안을 선택할 것이다. 사내 자체 개발 인력들을 소유한 회사들도 내부적으로 전략적인 애플리케이션이 개발될 때까지 오랜 시간 기다리는 여유가 없을 때 대여를 선택할 수도 있다. 따라서 그들은 시장 변화에 빠르게 대응하기 위해 공급자 소프트웨어를 대여하거나 구매한다.

애플리케이션 대여 방법은 크게 세 가지로 나눌 수 있다. 첫 번째 방법은 소프트웨어 개발업체로부터 애플리케이션을 대여해서 회사의 자체 플랫폼에 설치하고 가동하는 것이다. 애플리

케이션 판매업체는 설치를 돕고 때때로 시스템 지원과 유지보수를 위한 계약을 제시하기도 할 것이다. 여러 기본적인 애플리케이션이 이러한 방식으로 대여되고 있다.

다른 두 가지 방법은 애플리케이션을 대여하여 판매업체의 플랫폼에서 구동하는 것이다. 대표적으로 애플리케이션 임대 서비스 제공업체와 서비스형 소프트웨어 판매업체 방법이 있다.

애플리케이션 임대 서비스 제공업체와 서비스형 소프트웨어 판매업체

애플리케이션 임대 서비스 제공업체(application service provider, ASP)는 기업에서 필요로 하는 소프트웨어와 조합, 개발, 운영, 유지보수 서비스들을 패키지화하여 임대하는 중개상 또는 판매업체이다. 고객들은 인터넷에 접속하여 해당 애플리케이션들을 이용할 수 있다. 그림 14.2는 ASP의 운영 방법을 보여주고 있으며, ASP는 각 고객을 위한 애플리케이션과 데이터베이스를 호스팅한다.

서비스형 소프트웨어(Software-as-a-Service, SaaS)는 판매업체가 애플리케이션을 호스팅하고 이러한 애플리케이션을 네트워크(주로 인터넷)를 통해서 고객들에게 제공하는 소프트웨어 전달 방법이다. 고객들은 소프트웨어를 소유하지 않고 사용에 대한 비용을 지불한다. SaaS는 고객사들이 애플리케이션을 자사의 컴퓨터에 설치하거나 가동할 필요를 없애주기 때문에, 고객사들은 소프트웨어의 구매, 운영, 유지보수 비용(자금, 시간, IT 인력)을 절약할 수 있다. 예를 들어 SaaS 방식으로 고객 관계 관리(CRM) 솔루션을 제공하는 세일즈포스(www.salesforce.com)는 고객사들에게 이러한 이점을 제공한다. 그림 14.3은 SaaS 제공업체의 운영 방식을 보여준다. SaaS 제공업체는 여러 고객들이 같이 사용할 수 있는 하나의 애플리케이션을 호스팅한다는 사실에 주목하라. 또한 판매업체는 고객의 프라이버시를 보호하고 고객 데이터의 보안을 위해서 각 고객을 위해 데이터베이스를 분할하여 호스팅한다.

이런 점에서, 회사들은 세 가지 대여 방법을 선택한 뒤 어디서 애플리케이션을 얻을 것인지 결정해야 한다. 일반적으로 이미 완성된 애플리케이션의 경우 오픈소스 소프트웨어를 이용하거나 판매업체로부터 소프트웨어를 구할 수 있다. 미리 완성된 애플리케이션의 맞춤 서비스를 위해, 오픈소스 소프트웨어나 판매업체 소프트웨어는 사용자 니즈에 맞게 수정해야 할 수도 있다. 완전한 기업 맞춤 서비스 제공을 위해서는 내부적으로 소프트웨어를 새로이 작성하거나 이러한 프로세스를 외부업체에 위탁할 수 있다.

그림 14.2 ASP의 운영 방식

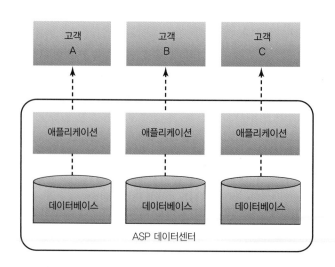

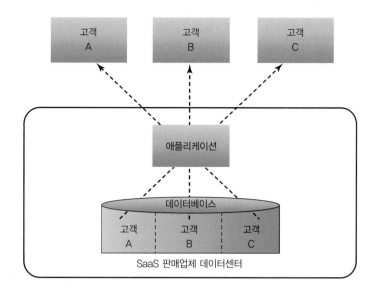

그림 14.3 SaaS 제공업체의 운영 방식

오픈소스 소프트웨어 사용

기업들은 오픈소스 소프트웨어를 구축할 수 있는 라이선스를 얻고 난 뒤 이를 그대로 사용하거나, 필요에 따라 약간 수정을 하거나, 이를 기반으로 새로운 애플리케이션을 개발하기도 한다. 일반적으로 오픈소스 애플리케이션은 라이선싱, 지불, 지원 부분을 제외하고는 기본적으로 독점 소유 애플리케이션과 동일하다. 오픈소스는 개념적으로 다른 개발 옵션이라기보다는 애플리케이션의 대체 소스로 인식되고 있다.

아웃소싱

외부 전문 IT 기업으로부터 IT 애플리케이션을 도입하는 것을 아웃소싱이라고 부른다. **아웃소싱**(outsourcing)은 다양한 상황에서 사용되는 전략임을 명심하라. 회사는 특정 상황에서 이런 아웃소싱 전략을 선택할 수 있다. 예를 들어 회사들은 미리 많은 투자를 하지 않고 새로운 IT 기술을 시험하고 싶어 할 수도 있다. 또한 아웃소싱 도입 기업들은 내부 네트워크를 보호하고 외부 전문가들과 접촉할 수도 있다. 하지만 아웃소싱의 가장 큰 단점은 회사의 귀중한 기업 데이터가 외부 아웃소싱업체의 통제하에 놓일 수도 있다는 것이다.

여러 형태의 판매업체들은 전자상거래 애플리케이션을 비롯한 IT 시스템을 개발하고 운영하는 서비스를 제공한다. IBM, 오라클 등 많은 소프트웨어 회사들은 IT 애플리케이션을 개발, 운영, 관리하는 다양한 아웃소싱 서비스를 제공한다. EDS와 같은 IT 아웃소싱 업체들도 다양한 서비스를 제공한다. 또한 대형 CPA 회사들과 액센츄어와 같은 경영 컨설팅업체도 아웃소싱 서비스를 제공한다.

IT 아웃소싱이 큰 인기를 끌자, IT 운영센터를 인도, 중국 등 해외로 이전하는 오프쇼어링(offshoring)도 유행하였다. 오프쇼어링 방식은 비용을 절약해주지만 다양한 위험요소가 존재한다. 어떤 서비스가 해외로 이전되느냐에 따라 위험요소도 달라진다. 만약 회사가 애플리케이션 개발을 해외에 위탁하면 가장 큰 위험요소는 사용자와 개발자 간의 열악한 커뮤니케이션이 될 것이다. 이런 위험 요인들에 대처하고자 어떤 기업들은 아웃소싱했던 업무들을 다시 자체적으로 처리하고 있으며, 이를 역아웃소싱(reverse outsourcing) 또는 인소싱(insourcing)이라고 한다. '비즈니스에서 IT 14.2'에서는 제너럴모터스의 역아웃소싱 과정을 자세하게 살펴보고자 한다.

제너럴모터스가 정보시스템 기능을 자체 개발하다

소프트웨어는 제너럴모터스(GM, www.gm.com)가 어떤 부품을 공급받고 엔지니어와 디자이너가 어떻게 협력하는지 등 다양한 부분에 영향을 미친다. 자동차는 보다 더 컴퓨터화되고 있어 소프트웨어는 점차 중요하게 고려되고 있다. 실제로 1961년 아폴로 미션과 비교했을 때 자동차의 소프트웨어와 컴퓨팅 파워는 엄청나게 증가하였다. 최근에는 자동차 계기판과 연결된 다양한 애플리케이션들이 있으며, 자율 주행 자동차도 조만간 상용화될 것이다. GM 캐딜락은 2015년까지 부분적으로 자율 주행이 가능한 자동차 생산을 고려하고 있으며, 이러한 이유로 소프트웨어는 GM 입장에서 핵심적인 요인으로 작용하게 된다.

제너럴모터스의 새로운 CIO 모트(Randy Mott)가 2012년 2월 취임했을 때, IT 관련 업무의 90% 정도는 아웃소싱으로 진행되었다. 이러한 형태는 새로운 제품 개발까지 긴 리드 타임을 야기하였을 뿐만 아니라 벤더들의 자동차산업에 대한 낮은 이해로 다양한 문제를 발생시켰다. 모트는 기존 아웃소싱 기반 시스템을 자체 구축 전략으로 수정하였다. 이 전략 수행을 위해 1만 명 이상의 인력 채용과 미국 내 4개의 소프트웨어 혁신센터를 설립하였다. GM은 자동차산업에 대한 깊은 이해력을 갖춘 자체 IT 인력을 확보하는 것이 다양한 이득을 제공해줄 것으로 기대하였다.

- 소프트웨어 애플리케이션 수를 줄였다. 모트는 GM이 전 세계적으로 4,000개 이상의 애플리케이션을 사용하고 있을 것으로 예상하였다. 이 애플리케이션들은 중복되는 것이 많아 제거해야 할 필요가 있었다.
- 기업의 증가하는 신차 출시에 맞추어 소프트웨어 개발도 신속하게 하였다.
- 자동차산업에 대한 이해가 낮은 IT 인력을 높은 이해력을 갖춘 자체 인력으로 대체하였다. GM은 높은 이해력을 갖춘 자체 인력들이 더욱

뛰어나고 혁신적인 소프트웨어 애플리케이션을 개발할 수 있을 것으로 기대하고 있다.

제너럴모터스는 23개의 데이터센터를 2개의 크고 효율적인 센터로 통합하였다. 글로벌 데이터센터 구축은 경영진들이 더욱 자세한 시장과 매출을 분석할 수 있고, 의사결정에서 소셜미디어 피드백과 같은 외부 정보와도 연동할 수 있다. 마지막으로 GM은 데이터센터를 관리할 수 있는 IT 인력을 추가적으로 채용할 계획이다.

출처 : B. Levishon, "General Motors Hits 52-Week High as Insourcing, Cutbacks, and Treasury Sale Boost Stock," *Barron's*, December 9, 2013; D. Burrus, "GM Is Insourcing Its Data Centers: What's Your Plan to Leverage High-Value Data?" *BigThink*, July 1, 2013; P. Ponticel, "GM Pushes IT Insourcing Strategy with Two New Data Centers," *SAE International*, May 14, 2013; S. Rosenbush and J. Bennett, "GM Opens New Data Center Modeled on Google, Facebook," *The Wall Street Journal*, May 13, 2013; J. Leber, "With Computerized Cars Ahead, GM Puts IT Outsourcing in the Rearview Mirror," *MIT Technology Review*, November 5, 2012; K. Flinders, "Could GM's Decision to Insource IT Start a Trend?" *Computer Weekly*, October 29, 2012; S. Overby, "GM Bets on Insourcing, Brings Back 10,000 IT Jobs," *CIO Magazine*, October 5, 2012; P. Thibodeau, "GM to Hire 10,000 IT Pros as It 'Insources' Work," *Computerworld*, September 7, 2012; C. Murphy, "General Motors Will Slash Outsourcing in IT Overhaul," *InformationWeek*, July 9, 2012; www.gm.com, accessed March 19, 2014.

질문

1. 모트의 자체 구축 전략이 가질 수 있는 단점들은 무엇인지 논의하라.

2. GM의 아웃소싱 전략은 왜 4,000개 이상의 소프트웨어 애플리케이션을 사용하도록 했는지 논의하라. GM의 자체 구축 전략은 이런 문제를 해결할 수 있을지 논의하라.

맞춤 개발 적용

다른 옵션은 맞춤 주문 제작이다. 이를 사내에서 진행할 수도 있고 외부업체에 위탁할 수도 있다. 일반적으로 맞춤 개발(custom development)이 구매나 대여보다 시간과 돈이 많이 소요되기는 하지만, 기업의 특정한 요구사항을 더 잘 충족시킬 수 있다.

IT 운영위원회가 새로운 시스템에 대한 제안을 받고 시행해볼 만한 가치가 있다고 판단할 때 개발 프로세스는 시작하게 된다. 이러한 제안은 주로 사용자로부터 나오게 되기 때문에, 개발 프로세스를 이해한다면 향후 당신이 시스템 개발을 제안하는 데 도움을 받을 수 있을 것이다. 하지만 이런 개발 프로세스를 이해하지 못하면 다른 사용자의 제안이 선택될 확률이 높아지며 당신이 쓸 수 있는 가용 자원도 적어질 것이다.

회사가 개발 프로세스를 진행하는 동안 초기와 후반 단계의 마음가짐이 달라질 수 있다. 초기 시스템 검사에서 기업은 무슨 애플리케이션을 개발할지를 결정해야 하고, 그 프로그램이 개발될 수도 아닐 수도 있음을 인지해야 한다. 하지만 개발 프로세스의 후반 단계에서는 기업은 애플리케이션을 구축하는 데 모든 열정을 다해야 한다. 프로젝트는 언제라도 취소될 수 있지만 이러한 태도 변화는 중요하다.

맞춤 개발의 근간이 되는 시스템 개발 생애주기(systems development life cycle, SDLC) 방법에 대해 다음 절에서 다루기로 하자. 14.4절에서는 SDLC를 보완하는 프로토타이핑, 합동 애플리케이션 개발, 통합 컴퓨터 보조시스템 개발 툴, 신속 애플리케이션 개발 방법론들을 다룰 것이다. 또한 애자일 개발, 최종 사용자 개발, 컴포넌트 기반 개발, 객체 지향 개발의 네 가지 추가적인 방법론들도 고려하게 될 것이다.

SDLC는 일반적으로 규모가 큰 정보시스템 구축 프로젝트에 사용된다. 하지만 소규모 창업 기업들은 모바일 애플리케이션과 같은 작은 규모의 정보시스템 구축을 위해 맞춤 개발을 사용한다. '비즈니스에서 IT 14.3'에서는 소규모 창업 기업들이 실제로 애플리케이션을 자체 구축하는 방법을 자세하게 살펴보고자 한다.

비즈니스에서 IT 14.3

당신의 애플리케이션을 스스로 구축하라

스마트폰과 태블릿의 대중화와 4G 무선 기술의 발달로 모바일 애플리케이션들이 폭발적으로 증가하고 있다. 아티스트, 소규모 업체, 피자 전문점들은 맞춤 애플리케이션을 개발할 경제 및 기술적 인력을 갖추고 있지 않다. 하지만 소규모 기업들도 자신의 모바일 애플리케이션을 개발할 수 있다.

Appsme(www.appsme.com), AppMakr(www.appmakr.com), Appsbar(www.appsbar.com) 등 많은 온라인 툴들은 이미 만들어진 템플릿에 문자, 이미지, 다른 기능 등을 접목하여 간단한 애플리케이션을 만들 수 있다. 하지만 이런 기능들은 기능적 제약이 많으며, 추가 기능 삽입을 위해 직접 코드를 입력하는 작업을 거쳐야 한다.

이런 한계를 극복하고자 신입 모바일 개발자들을 위한 스스로 만들 수 있는 집중 과정을 운영 중이다. 몇 주에 걸쳐 개발자들은 프래그매틱 스튜디오(Pragmatic Studio)와 같은 프로그램을 능숙하게 다룰 수 있으며, 4일 트레이닝 과정에 2,700달러를 지불해야 한다.

다른 창업 기업들은 복잡하고 세련된 애플리케이션을 개발하고자 직접 개발보다는 전문 IT 인력을 사용한다. 전문 IT 인력은 1만 5,000달러가 소비되며, 앞서 이 장에서 언급한 것과 같이 애플리케이션 개발 뒤에도 더 많은 비용이 들기도 한다. 운영체제가 업데이트되거나 새로운 디바이스가 출시되면 애플리케이션 작동에 영향을 미칠 수 있다.

이 프로세스가 어떻게 구동되는지 몇 개의 예를 살펴보자.

비즈니스 컨설턴트인 마이크 비치흐(Mike Vichich)는 몇 년 동안 여행을 다니면서 신용카드로 많은 포인트를 적립하였다. 포인트를 현금화하는 과정에서 그는 신용카드의 포인트를 확인하고 잘 활용할 수 있는 아이폰 애플리케이션 Glyph(www.paywithglyph.com)를 고안해냈다. 하지만 비치흐는 큰 장애물에 부딪혔다. 그는 모바일 애플리케이션 개발에 대한 관련 지식이 전혀 없던 것이다.

비치흐는 특별한 경우는 아니다. 여러 창업 기업들은 빠르게 변화하는 모바일 애플리케이션 시장에서 기업을 성공적으로 관리할 수 있지만 자사의 모바일 애플리케이션을 만드는 데 기술적 지식을 소유하기는 힘들다. 다행히 그 기업들이 선택할 수 있는 다양한 방법이 존재한다—(1) 온라인 애플리케이션 구축 툴을 사용한다. (2) 컴퓨터 프로그래밍과 코딩을 배울 수 있는 집중 교육을 받는다. (3) 고급 IT 인력을 계약식으로 재용한다. (4) 자체

전임 개발자를 뽑는다. 비치흐는 1번과 3번 방법을 혼합적으로 사용하여, 2013년 11월 앱스토어에 Glyph를 출시하였다.

마이클 페리(Michael Perry)는 다양한 프로그램 언어를 무료로 온라인에서 습득할 수 있는 코드아카데미(www.codeacademy.com)에서 126시간 교육을 받았다. 비즈니스 파트너는 임시직으로 애플리케이션 개발에 참여하고 있었기 때문에 많은 시간을 다른 전임 회사에 몰두할 수밖에 없었다. 비즈니스 운영을 책임지고 있는 페리는 비즈니스 관련 애플리케이션 출시를 위해 혼자서도 코딩할 줄 알아야 한다고 생각했다. 상인들이 잠재 고객들을 찾고 혜택을 제공해줄 GVING(http://gving.com)이라는 애플리케이션을 앱스토어에 출시하였다. 지금 페리는 애플리케이션의 프로그래밍을 인계받은 3명의 개발자들을 이끌고 있다.

텍스스 주 오스틴에서 오스틴 트리 엑스퍼트(Austin Tree Experts)를 소유하고 있는 키스 브라운(Keith Brown)은 온라인 애플리케이션 구축 툴과 집중 교육 과정을 병행하였다. 애플리케이션은 조직원들과 소비자들이 목재들에 대한 자세한 정보를 검색하고 기록할 수 있었다. 오스틴 트리 엑스퍼트의 웹과 모바일 애플리케이션(www.austintreeexperts.com)은 집주인, 지방 광역단체, 아파트 복합단지, 개발자, 엔지니어, 기술자 등이 사용한다. 이 기업은 재단, 가지치기, 제거, 심기, 거름 주기, 컨설팅, 건설 현장 서비스 등 다양한 목재 관련 서비스를 제공한다.

애플리케이션 구축업체 코디차(Codiqa, https://codiqa.com)는 애플리케이션 배치와 일반적 기능을 위한 기본적 코드에 도움을 주었다. 하지만 코디차는 나무 위치를 나타내주는 GPS 기능이나 나무 이미지를 캡처하여 업로딩할 수 있는 맞춤화된 기능을 덧붙일 수 없었기 때문에, 브라운은 온라인 강의를 위해 W3Schools.com(www.w3schools.com)과 HTML5rocks.com(www.html5rocks.com)으로 눈을 돌렸다. 의문이 생겼을 때는 StackOverflow.com에 질문을 올리기도 하였다. 브라운은 30시간 정도의 힘든 작업을 통해 성공적으로 애플리케이션을 구축할 수 있었다.

출처 : S. Hirsch, "The Democratization of App Building Has Created a New Paradigm," *Betanews*, March 12, 2014; S. Angeles, "14 Best App Makers of 2014," *Business News Daily*, February 20, 2014; P. Rubens, "DIY Apps and the Rise of 'Citizen Developers'," *BBC News*, February 6, 2014; E. Maltby and A. Loten, "App Building, the Do-It-Yourself Way," *The Wall Street Journal*, March 7, 2013; M. Carney, "New and Improved Glyph: Hack

Your Credit Card Utilization," *Pando Daily*, February 13, 2013; S. Perez, "Glyph's New iPhone App Tells You What Credit Cards to Use to Earn Better Rewards," *Tech Crunch*, November 13, 2012; C. Steele, "Do It Yourself: Create Your Own iOS or Android Apps," *PC Magazine*, March 16, 2012.

질문

1. 당신이 애플리케이션을 개발할 수 있는 코딩 수업을 수강할 때의 장점

들은 무엇인지 논의하라. 당신의 답을 뒷받침할 수 있는 구체적인 예를 제시하라.

2. 당신이 애플리케이션을 개발할 수 있는 코딩 수업을 수강할 때의 단점들은 무엇인지 논의하라. 당신의 답을 뒷받침할 수 있는 구체적인 예를 제시하라.

다음 절로 넘어가기 전에…

1. 기업이 정보시스템을 도입할 때 고려해야 하는 네 가지 근본적인 사업상의 결정에 대해 설명하라.

2. 기업이 해야 하는 네 가지 결정과 관련하여 이 절에서 다루어진 일곱 가지 개발 방법에 대해 각각 논의하라.

개념 적용 14.2

학습목표 14.2 기업이 새로운 애플리케이션을 도입하고자 할 때 고려해야 할 네 가지 비즈니스 결정에 대해 논의한다.

1단계 – 배경

이 절에서는 정보시스템을 획득할 수 있는 다양한 방법에 대해서 다루었다. 최근 가장 인기있는 방법은 서비스형 소프트웨어(SaaS)이다. 이 방법을 통해 소프트웨어를 사용하는 기업들은 소프트웨어 구동에 필요한 하드웨어를 유지할 필요가 없게 되었다. 기업들은 간단히 인터넷을 통해 접속하면 소프트웨어에 접속할 수 있는 환경이 되었다.

2단계 – 활동

http://www.wiley.com/go/rainer/MIS3e/applytheconcept에 접속하여 이 절에 해당하는 링크를 클릭하라. SaaS를 설명하는 2개의 동영상 링크가 있을 것이다. 이 동영상을 시청한 뒤, 제공업체와 고객들은 어떤 하드웨어가 필요할지 생각해보라. 또한 데이터가 서비스업체에 저장되는 데 법률과 관련된 사항을 고려해보라.

3단계 – 과제

기업이 새로운 소프트웨어를 획득하는 데 SaaS 모형을 사용하기로 결정했다고 생각해보라. 기업이 이런 획득에서 고려해야 할 네 가지 비즈니스 결정에 대해서 논의하고 관련 보고서를 교수에게 제출하라.

14.3 전통적인 시스템 개발 생애주기

시스템 개발 생애주기(systems development life cycle, SDLC)는 기업들이 대규모 IT 프로젝트를 수행하기 위해 사용되는 시스템 개발 방법이다. SDLC는 순차적인 프로세스로 이루어진 구조화된 프레임워크를 통해 시스템 개발을 하게 된다. 그림 14.4에 6단계의 프로세스와 각 단계별 수행 업무들을 제시하였다.

- 시스템 예비조사
- 시스템 분석
- 시스템 설계

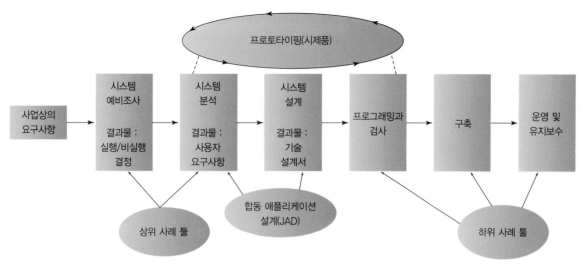

그림 14.4 SDLC의 6단계 프로세스 및 지원 툴

- 프로그래밍과 검사
- 구축
- 운영 및 유지보수

SDLC를 설명하는 다른 모델들은 여기서 제시된 6개의 프로세스보다 많거나 적은 단계들로 이루어져 있지만, 과업의 흐름은 대체로 동일하다. SDLC의 특정 단계에서 문제가 발생했을 때, 개발자들은 종종 이전의 단계로 돌아가야 한다.

시스템 개발 프로젝트는 팀 공동의 노력을 통해서 필요한 결과를 이루어낼 수 있다. 개발팀은 일반적으로 사용자, 시스템 분석가, 프로그래머, 전문 기술자들로 이루어진다. 사용자는 시스템을 활용하는 기업의 모든 부서와 모든 직급의 종사자라고 생각하면 된다. **시스템 분석가**(systems analyst)는 IS 전문가로, 전문적으로 정보시스템을 분석하고 설계하는 사람이다. **프로그래머**(programmer)는 사용자 요구를 만족시키기 위해서 기존 컴퓨터 프로그램을 수정하거나 새로운 프로그램을 작성하는 IS 전문가이다. **기술 전문가**(technical specialist)는 데이터베이스나 전기통신공학 등 특정 기술 분야의 전문가이다. **시스템 이해관계자**(system stakeholder)는 회사의 정보시스템 변화에 영향을 받는 모든 사람들로, 사용자나 관리자를 예로 들 수 있다. 이해관계자들은 일반적으로 여러 시기에 다양하게 시스템 개발에 관여하게 된다.

그림 14.5와 같이, 대체적으로 사용자들은 SDLC의 초기 단계와 마무리 단계에서 높은 수준으로 관여를 하지만, 프로그래밍과 검사 단계에서는 관여도가 낮다. 표 14.2는 SDLC의 장점과 단점을 제시하고 있다.

시스템 예비조사

전통적인 SDLC는 **시스템 예비조사**(system investigation)로 시작된다. 시스템 개발 전문가들은 그들이 (1) 해결해야 할 사업상의 문제점을 이해하고, (2) 시스템을 위한 기술적인 옵션들을 명시하고, (3) 개발 과정에서 발생 가능성이 높은 문제점들을 예측하는 데 더 많은 시간을 투자할수록 성공의 확률도 높아진다는 데 동의한다. 이러한 이유로, 시스템 예비조사는 타당성 조사라는 방법을 통해서 비즈니스 문제점을 다루게 된다.

시스템 예비조사 단계에서 가장 중요한 과업은 **타당성 조사**(feasibility study)이다. 기업들

그림 14.5 SDLC 단계별 사용자 및 개발자 관여도 비교

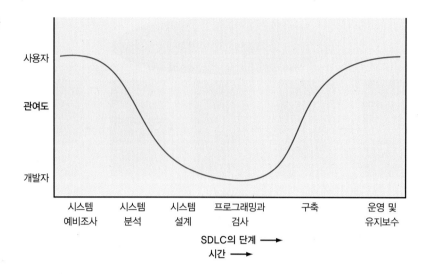

표 14.2 시스템 도입 방안들의 장점과 단점

전통적인 시스템 개발(SDLC)

장점
- 직원들이 조직적으로 구조화된 프로세스의 모든 단계를 거치도록 한다.
- 표준화를 통해서 일정 수준 이상의 품질을 보장한다.
- 사용자 요구사항을 수집하는 데 있어서 중요한 사안을 빠뜨릴 가능성이 낮다.

단점
- 지나친 문서 작업을 할 수도 있다.
- 사용자들은 승인된 사양에 대해서 연구할 의지나 역량이 부족할 수도 있다.
- 아이디어가 시스템으로 구축되기까지 시간이 너무 오래 걸린다.
- 사용자들은 제안된 시스템을 위한 요구사항을 기술하는 데 어려움을 겪을 수 있다.

프로토타이핑

장점
- 사용자 요구사항을 명확하게 하도록 돕는다.
- 설계의 실행 가능성을 입증하도록 돕는다.
- 적극적인 사용자 참여를 고취시킨다.
- 시스템 개발자와 사용자 간의 밀접한 관계를 촉진한다.
- 정확히 규정되지 않은 문제점들을 해결하는 데 도움을 준다.
- 최종 시스템을 부분적으로 제작할 수 있다.

단점
- 부적절한 문제 분석을 조장할 수 있다.
- 대규모 사용자들을 위해서는 실용적이지 않다.
- 시스템이 완성되었을 때 사용자들이 시제품을 포기하지 않을 수도 있다.
- 시스템이 완성된 것인지, 계속 유지할 수 있는 것인지에 대해서 혼란을 줄 수 있다.
- 시스템이 빠르게 만들어짐에 따라 질이 떨어질 수 있다.

합동 애플리케이션 설계(JAD)

장점
- 개발 프로세스에 많은 사용자들을 관여시킨다.
- 시간을 절약할 수 있다.
- 새로운 시스템에 대해 사용자들이 적극으로 지원한다.
- 시스템의 질이 개선된다.
- 새로운 시스템을 실행하기가 용이하다.
- 새로운 시스템을 위한 훈련비용이 적게 든다.

표 14.2 시스템 도입 방안들의 장점과 단점(계속)

단점

- 모든 사용자들을 JAD 회의에 참여시키기가 어렵다.
- JAD 접근법은 일반적인 단체 회의가 갖는 모든 단점을 갖는다.

통합 컴퓨터 지원 소프트웨어 엔지니어링

장점

- 주기가 긴 시스템을 개발할 수 있다.
- 사용자 요구사항을 밀접하게 충족시키는 시스템을 제작할 수 있다.
- 개발 프로세스가 빠르다.
- 변화하는 비즈니스 상황에 유연하게 대처하고 적응할 수 있는 시스템을 제작할 수 있다.
- 문서작업을 훌륭하게 해낼 수 있다.

단점

- 일반적으로 시스템을 개발 및 유지보수하는 데 비용이 많이 든다.
- 사용자 요구사항에 대한 보다 광범위하고 정확한 정의를 필요로 한다.
- 사용자 맞춤 제작이 힘들다.

신속 애플리케이션 개발

장점

- 시스템 개발 속도가 빠르다.
- 개발 초기부터 사용자들이 깊숙이 관여한다.
- 기존 애플리케이션을 다시 작성하여 프로세스를 개선할 수 있다.

단점

- 최종 시스템의 기능적인 구성요소들을 제작할 수 있으나, 최종 시스템이 될 수 없다.

최종 사용자 개발

장점

- IS 부서를 거치지 않음으로써 지연을 방지할 수 있다.
- 사용자가 애플리케이션을 관리하고 필요에 따라 바꿀 수 있다.
- 사용자의 요구사항을 직접적으로 충족시킬 수 있다.
- 새로운 시스템을 사용자가 더 쉽게 받아들인다.
- IT 자원을 다른 곳에 쓸 수 있다.

단점

- 결국은 IS 부서의 유지관리를 필요로 할지도 모른다.
- 문서작업이 힘들 수 있다.
- 품질 관리가 잘 이루어지지 않을 수 있다.
- 시스템이 기존 시스템에 적절한 인터페이스를 갖지 않을 수 있다.
- 저품질의 시스템을 만들 수 있다.

객체 지향 개발

장점

- 객체들은 현실세계를 모델링한다.
- 일부 컴퓨터 코드를 재사용할 수 있다.

단점

- 좁은 범위의 시스템(예 : 객체의 수가 많지 않은 시스템)에 잘 어울린다.

은 정보시스템과 관련된 모든 비즈니스 문제점에 대해서 세 가지 해결책을 제시할 수 있다—
(1) 아무것도 변경하지 않고 기존 시스템을 그대로 사용한다. (2) 기존 시스템을 수정하거나 개
선한다. (3) 새로운 시스템을 개발한다. 타당성 조사는 특정 비즈니스 문제점에 대해서 세 가지

해결책 중 가장 합리적인 방법을 찾을 수 있도록 한다. 또한 타당성 조사는 다음과 같이 프로젝트의 기술적, 경제적, 행동학적 실행 가능성 측면에서 대략의 평가를 제공한다.

- 기술적 실현 가능성(technical feasibility)은 회사가 비즈니스 문제를 해결하기 위해서 필요한 하드웨어, 소프트웨어, 커뮤니케이션 구성요소를 개발하거나 도입할 수 있는지를 결정한다. 또한 기업들이 기존에 보유하고 있는 기술을 프로젝트의 성과 목표를 달성하기 위해서 이용할 수 있는지도 결정한다.
- 경제적 실현 가능성(economic feasibility)은 프로젝트로 인한 재정적인 위험이 감당할 수준인지 결정하고, 만약 도입을 결정했을 경우 기업이 프로젝트를 성공적으로 완료하기 위해서 필요한 시간과 돈이 있는지를 분석해야 한다. 경제적 실현 가능성을 분석하기 위해서 NPV, ROI, 손익분기점 분석, 비즈니스 사례 접근법과 같은 일반적인 재무 분석 방법이 사용된다.
- 행동학적 실현 가능성(behavioral feasibility)은 시스템 개발 프로젝트의 인력 관련 문제를 다룬다. 당신은 타당성 조사의 이런 행동학적 측면에 깊이 관여하게 될 것이다.

타당성 조사 완료 이후 운영위원회가 프로젝트 추진 여부를 결정할 것이고, 운영위원회가 존재하지 않으면 경영층이 결정할 것이다. 추진 여부 결정은 타당성 조사 결과에만 전적으로 의존하는 것은 아니며, 때로는 실현 가능한 모든 프로젝트에 투자할 충분한 자금이 없는 경우도 존재할 수 있다. 따라서 회사는 실행 가능한 프로젝트의 우선순위를 매기고, 높은 우선순위의 프로젝트들을 먼저 추진하게 된다. 자금 지원을 받지 못하는 실현 가능한 프로젝트들은 IT 부서에 전혀 전달이 되지 않을 수도 있고, 이러한 프로젝트들은 IT 부서들의 숨겨진 백로그(hidden backlog, 밀린 일 리스트)에 남게 된다.

프로젝트를 추진하지 않기로 결정했다면, 이 프로젝트는 상황이 좀 더 나아질 때까지 잠시 미루어지거나 아예 폐기되기도 한다. 만약 프로젝트를 추진하기로 결정하면, 프로젝트는 진행이 되고 시스템 분석 단계가 시작된다.

시스템 분석

일단 개발 프로젝트가 모든 참여자로부터 필요한 승인을 얻으면 시스템 분석 단계가 시작된다. **시스템 분석**(systems analysis) 단계는 기업이 정보시스템으로 해결하고자 하는 비즈니스 문제점들에 대해 검토한다.

시스템 분석 단계의 주요 목표는 개선된 시스템 또는 새로운 시스템을 위한 필요조건을 결정하기 위해서 기존 시스템에 대한 정보를 수집하는 것이다. 이 단계의 최종 산출물은 시스템 요구사항(system requirement)이다. 시스템 요구사항은 새로운 시스템이 만족시켜야 할 요구사항에 대한 구체적인 진술을 뜻한다.

시스템 분석 단계에서 가장 어려운 과업은 시스템이 충족시켜야 하는 특정한 요건을 확인하는 것이다. 이러한 필요조건들은 **사용자 요건**(user requirement)이라고도 불리는데, 이는 주로 사용자들에 의해서 제공된다. 시스템 개발자들은 새로운 시스템에 대한 사용자 요건을 충분히 검토한 뒤 시스템 설계 단계로 넘어간다.

시스템 설계

시스템 설계(systems design)는 시스템이 어떻게 비즈니스 문제들을 해결하는지를 기술한다. 시스템 설계 단계의 결과물은 일련의 기술적 시스템 사양 설명서(technical system specification)

로 다음과 같은 내용을 명시한다.

- 시스템 입력, 출력, 사용자 인터페이스
- 하드웨어, 소프트웨어, 데이터베이스, 전기통신, 인원, 절차
- 구성요소가 어떻게 통합되는지에 대한 청사진

시스템 사양 설명서가 모든 참여자로부터 승인을 얻으면 더 이상 변화되어서는 안 된다. 시스템 사양 설명서 외에 더해지는 기능들은 프로젝트 **범위 초과**(scope creep)의 문제를 야기하는데, 이는 프로젝트의 예산과 스케줄에 심각한 문제를 발생시킬 수 있다. 이러한 범위 초과의 문제는 비용이 많이 들기 때문에, 성공적인 프로젝트의 관리자들은 사용자들의 변화 요청을 지속적으로 관리하여 프로젝트가 통제될 수 있도록 해야 한다.

프로그래밍과 검사

기업이 소프트웨어를 사내에서 내부적으로 구축하기로 결정하면 프로그래밍 단계가 시작된다. **프로그래밍**(programming)은 시스템 설계 사양을 컴퓨터 코드로 전환하는 것을 말한다. 컴퓨터 코드를 작성하는 것은 과학적이면서도 구조적이기 때문에 이러한 프로세스는 오랜 시간이 걸릴 수 있다. 대규모 시스템 개발 프로젝트의 경우, 수십만 줄 이상의 방대한 양의 컴퓨터 코드와 수백 명의 컴퓨터 프로그래머들이 필요할 수도 있다. 이러한 대규모 프로젝트는 프로그래밍팀을 고용하기도 한다. 이 팀은 종종 각 부문의 사용자들을 포함하기도 하는데, 이들은 프로그래머들이 비즈니스 문제점들에 집중할 수 있도록 돕는다.

검사는 프로그래밍 과정 전반에 걸쳐 철저하고 지속적으로 이루어져야 한다. 검사 단계는 컴퓨터 코드가 기대했던 결과를 도출하는지 체크하는 프로세스이다. 또한 이 단계에서는 컴퓨터 코드의 오류나 버그를 발견하여 수정 과정을 거치기도 한다.

구축

구축(implementation 또는 deployment)은 기존의 낡은 컴퓨터 시스템에서 새로운 시스템으로 전환하는 과정을 뜻한다. 이러한 전환 프로세스는 조직의 변화와도 연관이 있다. MIS 부서가 아닌 최종 사용자만이 조직의 변화를 관리할 수 있으며, MIS 부서는 일반적으로 변화 프로세스를 관리할 만한 충분한 신뢰성을 가지지 못한다. 기업은 직접 변환, 파일럿 변환, 단계 변환 등의 세 가지 전환 전략을 주로 활용한다.

직접 변환(direct conversion)은 적절한 시점에 기존 시스템을 중단하고 새로운 시스템을 가동하는 방식이다. 직접 변환 방식은 가장 비용이 많이 들고 가장 위험한 방식이다. 왜냐하면 새로운 시스템이 계획한 대로 작동하지 않을 때 기존 시스템이 지원해줄 수 없기 때문이다. 이러한 위험성 때문에 직접 전환 방식을 채택하는 경우는 드물다.

파일럿 변환(pilot conversion)은 조직의 한 부문에서 먼저 새로운 시스템을 도입하는 방식이다. 새로운 시스템을 일정 기간 가동한 후 평가를 받게 된다. 제대로 가동되는지 확인되면, 조직의 다른 부문에도 새로운 시스템을 구축하게 된다.

단계 변환(phased conversion)은 개별 모듈과 같은 새로운 시스템의 구성요소들을 단계별로 소개한다. 각각의 모듈별로 평가가 이루어진다. 제대로 작동이 되면 전체 시스템이 가동할 준비가 될 때까지 나머지 모듈들도 순차적으로 소개된다. 규모가 큰 기업들은 일반적으로 파일럿 변환과 단계 변환을 결합하여 사용한다. 다시 말하면, 각각의 단계별로 파일럿 그룹을 이용하여 단계 변환을 실행한다.

네 번째 전략은 병행 변환(parallel conversion)으로, 기존 시스템과 새로운 시스템을 일정 기간 동안 동시에 운용하는 방법이다. 오늘날 이 방법은 매우 드물게 사용된다. 온라인 사이트의 경우 두 시스템을 동시에 사용하는 것은 완전히 비실용적이다. 예를 들어 아마존 사이트에서 주문을 마치고 났더니 "주문을 하기 전과 똑같은 정보를 다른 형식으로 다른 스크린에서 한 번 더 작성해주십시오."라는 메시지가 나타난다고 상상해보라. 아마존과 같은 온라인 사이트에서 병행 변환 방식을 사용하면 치명적인 결과를 맞이하게 될 것이다.

기업들이 사용하는 다양한 구축 과정에도 불구하고, 새로운 시스템은 광고된 것처럼 작동하지 않을 수 있다. 실제 새로운 시스템은 교체되는 오래된 시스템보다 더 많은 문제가 발생할 수 있다. '비즈니스에서 IT 14.4'에서는 에이번 프로덕츠에서 새로운 시스템 구축이 발생시킨 심각한 문제에 대해서 다루고자 한다.

비즈니스에서 IT 14.4

잘못된 소프트웨어 구축으로 1억 2,500만 달러를 날린 에이번

에이번 프로덕츠(Avon, www.avon.com)는 140여 개국에 대리점을 통해 미용, 건강, 피부 관리 제품을 판매하는 미국의 세계적 제조 및 유통 업체이다. 100억 달러 이상의 가치를 지니고 있으며, 미용 분야에서 다섯 번째로 큰 기업이다. 또한 직접 판매 측면에서는 두 번째로 크며, 640만 명의 판매원들과 외판원들이 근무하고 있다. 이 기업은 다단계 판매업체로, 판매 직원의 개인적 매출 실적뿐만 아니라 그 직원이 채용한 인력의 매출 실적을 기반으로 성과급을 지원한다. 판매 직원은 전문 상담과 입소문을 통해 소비자들에게 직접 제품을 판매하기를 기대한다.

2009년 CEO인 안드레아 정(Andrea Jung)은 '에이번 레이디(Avon Ladies, 에이번의 외판원들)'가 아이패드를 가지고 다니면서 소비자들에게 전달하는 판매 경험을 디지털화하기를 원했다. 정은 에이번 제품들이 아이패드를 통해 주문을 함으로써 기업의 수요 기반 공급사슬을 신속하게 진행시킬 수 있을 것으로 기대했다. 에이번 레이디는 제품 정보와 재고 정보를 살펴볼 수 있고, 전자적으로 주문을 할 수 있을 것으로 기대했다.

이 프로그램을 구축하기 위해 에이번은 SAP 기반의 주문 관리시스템을 개발하였다. 이 시스템은 SAP ERP를 활용한 후방(물류 및 주문 충족 부분)과 IBM 전자상거래 소프트웨어를 활용한 전방(소비자들과의 접촉 부분)으로 이루어졌다. 에이번은 외판원들에게 더 나은 재고에 대한 정보와 고객 경험을 제공해주기를 원했다. 2013년 5월 에이번은 사전 시스템을 출시하였고, 캐나다에서 웹사이트를 오픈하였다.

소프트웨어 개발 프로젝트가 실패했을 때, 사용자들은 자주 엄청나게 심각한 결과를 경험하게 된다. 캐나다 에이번의 경우가 여기에 속하며, 2014년 중반에 외판원들은 실패한 주문 정보시스템과 웹사이트로 인한 문제들에 힘겹게 대처하였다. 정은 출시가 되자마자 시스템이 정상적으로 작동하지 않았다고 주장하였다. 여러 외판원들은 새로운 홈페이지에 로그인도 할 수 없었고, 만약 로그인을 한다고 해도 주문을 넣거나 저장할 수 없었으며, 재고 정보도 정확히 확인할 수가 없었다. 또한 외판원들은 웹사이트가 너무

복잡해서 **주문**을 시스템에 입력하기끼지 너무 많은 단계를 거쳐야 한다고 밝혔다. 정은 새로운 시스템이 사업을 무너뜨렸다고 결론 지었다.

© pcatalin/iStockphoto

결국 정에게 보고된 300명의 독립적인 판매 외판원 가운데 100명이 그만두었다. 캐나다 전 지역에서 1만 6,000명 이상의 외판원들이 에이번을 그만두었다. 새로운 시스템에 어려움을 겪고 있는 외판원들이 한 달에 50~100달러 정도를 벌었으며, 자신의 시간과 노력을 투자할 가치가 없다고 느끼기 시작했다. 판매 인력의 이직은 수익 창출을 위해 독립적인 외판원들에게 의존하는 에이번과 같은 다단계 판매 회사에는 치명적이다.

2013년 말 정은 시스템 도입으로 시장을 잃고 뚜렷한 투자자본수익률을 보이지 않아 전 세계적으로 시스템 적용을 중지하기로 결정하였다. 그러나 에이번은 새로운 시스템을 계속 유지시켰고 사용하기 너무 복잡했기 때문에 많은 판매원들이 회사를 떠나는 결과를 초래하였다. 판매원들의 일반적인 아이패드 애플리케이션 사용 경험과 너무 큰 괴리가 있었다. 에이번은 새로운 시스템들에서 문제가 발생했음에도 불구하고 캐나다에서 그 시스템을 계속 사용하기로 했다고 밝혔다. 실제로 에이번은 전 세계적으로 시스템을 도입하지 않겠다고 결정한 뒤에도 소프트웨어 관련 비용으로 1억 2,500만 달러를 지출하였다.

에이번이 사전 시스템에서 여러 문제에 부딪혔지만, SAP는 에이번의 후방시스템 관련 애플리케이션 개발에만 참여하였고, 외판원들이 사용하는 전방시스템 부분에는 책임이 없다고 밝혔다. SAP는 주문 관리시스템은 계획한 대로 잘 작동하고 있다고 주장하였다.

에이번 시스템의 실패 사례는 시스템 사용성이 성공의 핵심적 역할을 담당함을 보여주고 있다. 구글, 아마존, 애플과 같이 간단하고 디자인이 잘된 애플리케이션에 익숙한 사람들이 업무 애플리케이션들을 인내하면서 사용할 인내심이 없다. 소비자 관련 소프트웨어는 간단하고 직관적으로 사용할

수 있으며, 비즈니스 소프트웨어도 이런 식으로 사용할 수 있기를 기대한다. 만약 그렇지 않으면, 기존과는 다르게 사용자들이 사용을 꺼릴 것이다.

2014년 중반까지 에이번은 문제를 통제하기 위해서 노력하고 있다. 에이번의 목표는 인력 강화와 판매 인력의 새로운 시스템 지원을 통해 캐나다 지역 운영을 안정화하는 것이다.

출처 : "With Friends Like These … Uncovering Responsibility in Avon's Rollout Failure," *Enterprise Applications Consulting*, December 20, 2013; D. Henschen, "Inside Avon's Failed Order-Management Project," *InformationWeek*, December 16, 2013; N. Salerni, "Avon Cancels $125 Million Order Management System; Was the iPad App Too Hard to Use?" *iPhone in Canada*, December 15, 2013; "How NOT to Throw Out 125 Million Dollars," *Useful Usability*, December 12,

2013; D. Henschen, "Avon Pulls Plug on $125 Million SAP Project," *InformationWeek*, December 12, 2013; D. Fitzgerald, "Avon to Halt Rollout of New Order Management System," *The Wall Street Journal*, December 11, 2013; S. Rosenbush, "Avon's Failed SAP Implementation Reflects Rise of Usability," *The Wall Street Journal*, December 11, 2013; www.avon.com, accessed March 10, 2014.

질문

1. 에이번의 실패는 에이번의 책임인가? SAP의 책임인가? IBM의 책임인가? 아니면 모두의 책임인가? 당신 대답을 설명하라.

2. 제2장에서 전략 정보시스템에 대한 논의를 상기하여, 에이번의 새로운 시스템이 전략 정보시스템인지 논의하라.

운영 및 유지보수

새로운 시스템이 구축되면, 다시 새로운 시스템으로 바뀌기 전까지 일정 기간 동안 운영이 될 것이다. 새로운 시스템 운영이 안정화되면, 회사는 시스템 능력을 평가하고 시스템이 제대로 활용되고 있는지 감사를 시행한다.

시스템은 여러 형태의 유지보수를 필요로 한다. 첫 번째는 프로그램 디버깅(debugging)으로, 이는 시스템의 생존 기간 동안 지속되는 프로세스이다. 두 번째는 시스템 업데이트로, 시스템을 비즈니스 상황에 맞추는 작업이다. 예를 들어 세율 변화와 같은 새로운 정부 규정을 시스템에 적용하는 것을 들 수 있다. 이러한 수정 및 업그레이드 작업은 주로 새로운 기능을 추가하지 않는 대신 시스템이 지속적으로 올바른 목표를 달성할 수 있도록 도와주는 역할을 한다. 그에 반해서, 세 번째 형태는 기존 시스템의 운영을 방해하지 않으면서 새로운 기능을 더하는 것이다.

> **다음 절로 넘어가기 전에…**
>
> 1. 타당성 조사를 정의하라.
> 2. 시스템 분석과 시스템 설계의 차이는 무엇인가?
> 3. 구조화된 프로그래밍이 무엇인지 설명하라.
> 4. 네 가지 변환 방법은 무엇인가?

개념 적용 14.3

학습목표 14.3 시스템 개발 생애주기의 6단계를 확인하고, 각 단계의 필수 업무와 중요성을 설명한다.

1단계 – 배경

시스템 개발 생애주기는 한 단계가 끝났을 때 다음 단계를 시작하는 매우 시스템적인 접근법이다. 타당성 조사에서 올바른 판단을 했다면, 시스템 개발 생애주기는 따라 하기 적합한 모형이다.

2단계 – 활동

http://www.wiley.com/go/rainer/MIS3e/applytheconcept에 접속하여 이 절에 해당하는 링크를 클릭하여 'Software Development Life Cycle'이라는 제목의 동영상을 시청하라. 이 동영상은 잘못된 커뮤니케이션이 얼마나 소프트웨어 개발 과정에 악영향을 미칠 수 있는지를 사실적으로 설명하고 있다.

동영상 시청 후 시스템 개발 생애주기의 6단계 주요 업무와 중요성을 논의하라. 그리고 한 단계에서 다음 단계로 넘어갈 때 커뮤니케이션의 중요성에 대해서도 논의하라.

14.4 시스템 개발을 위한 대체 개발 방법과 툴

시스템 개발을 위한 다른 방법들에는 합동 애플리케이션 설계, 신속 애플리케이션 개발, 애자일 개발, 최종 사용자 개발이 있다.

합동 애플리케이션 설계

합동 애플리케이션 설계(joint application design, JAD)는 사용자 요구사항을 수집하고 시스템 설계를 수행하기 위한 그룹 기반의 툴이다. 합동 애플리케이션 설계는 SDLC의 시스템 분석과 시스템 설계 단계에서 가장 자주 사용되며, 시스템 분석가들과 최종 사용자들이 함께 회의에 참여한다. 이는 기본적으로 두 그룹이 상호작용하여 정보 요구사항을 빠르게 생성할 수 있는 공동의 의사결정 프로세스이다. 회의 동안 모든 사용자들은 시스템 요건을 함께 정의하고 동의한다. 이러한 프로세스는 엄청난 시간을 절약하게 해준다. 표 14.2는 JAD 프로세스의 장점과 단점을 보여준다.

신속 애플리케이션 개발

신속 애플리케이션 개발(rapid application development, RAD)은 합동 애플리케이션 설계(JAD), 프로토타이핑, 뒤에서 다룰 ICASE 툴을 결합한 시스템 개발 방식으로 높은 품질의 시스템을 빠르게 개발할 수 있다. RAD의 첫 단계에서 개발자들은 시스템 요건을 수집하기 위해 JAD 방법을 이용한다. 이러한 전략은 최종 사용자들이 초기 단계부터 철저하게 관여하도록 하는 효과가 있다. RAD 개발 프로세스는 프로토타이핑 방식과 비슷하게 반복적이다. 다시 말해서 개발 요건, 설계, 시스템 자체가 개발되고 시스템 개선을 위해 일련의 과정이 반복 시행된다. RAD는 빠른 속도로 개발 요건을 구성하고 시제품을 개발하기 위해서 ICASE 툴을 이용한다. 시제품들이 개발되고 수정되고 나면, 사용자들이 검토를 하고 추가적으로 JAD를 수행한다. RAD는 시제품이라기보다는 최종 시스템의 기능적인 요소들을 생산한다. RAD 프로세스가 전통적인 SDLC와 어떻게 다른지 그림 14.6에서 확인하라. RAD 프로세스의 장점과 단점을 표 14.2에 제시하였다.

애자일 개발

애자일 개발(agile development)은 큰 규모의 프로젝트를 짧은 기간에 완수할 수 있는 일련의 작은 하위 프로젝트들로 나누어서 반복적이고 지속적인 피드백을 이용하여 소프트웨어를 신속하게 개발하는 방법이다. 이 방법을 성공적으로 수행하기 위해서는 잦은 의사소통, 개발, 테스트, 인도를 필요로 한다. 애자일 개발은 비즈니스 사용자의 요구 해결을 위해 빠른 개발과 잦은 사용자 접촉에 중점을 둔다. 이 개발 방식은 사용자가 필요로 할지도 모르는 모든 기능을 다 포함시킬 필요는 없다. 오히려, 사용자에게 중요하고 즉각적인 요구만을 충족시킨다. 차후 다른 추가 기능이 필요해지면 그때 업데이트를 시키면 된다. 애자일 개발의 핵심 철학은 성공하기 위해서 지금 당장 필요한 기능들만 개발하는 것이다.

애자일 개발의 한 가지 타입은 **스크럼 접근법**(scrum approach)을 이용하는 것으로, 럭비의 스

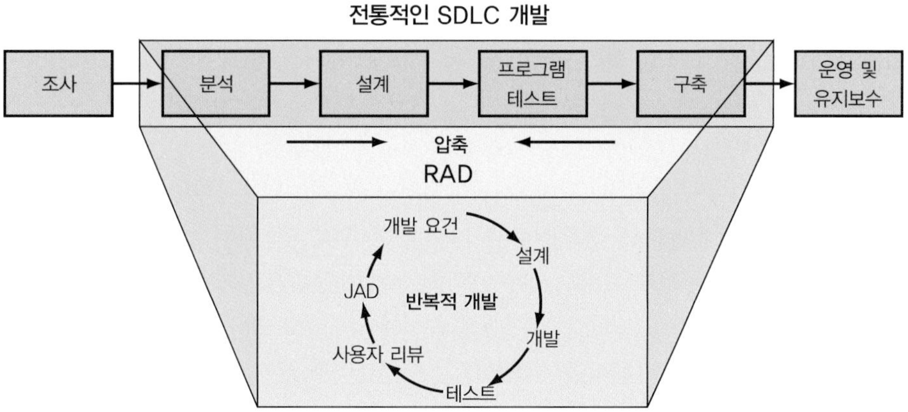

전통적인 SDLC 개발

그림 14.6 신속 프로토타이핑 개발 프로세스 대 SDLC
출처 : www.datawarehousetraining.com/Methodologies/rapidapplication-development

크럼을 짜듯 단결과 팀워크를 중시하는 방법이다. 스크럼 접근법의 핵심 원칙은 프로젝트 도중 사용자가 원하고 필요로 하는 요건을 마음대로 바꿀 수 있다는 것이다. 스크럼은 개발과 관련된 문제가 처음부터 충분히 이해되고 정의될 수 없음을 인정하다. 따라서 스크럼 접근법은 반복되는 작업을 빠르게 수행하고 새로운 사용자의 요구사항이 생길 때 효과적으로 대응할 수 있는 개발팀의 능력을 최대화하는 데 중점을 둔다.

스크럼 접근법은 여러 세트의 일과 사전에 정의된 역할을 포함한다. 주된 역할들은 다음과 같다.

- **스크럼 마스터**(scrum master) : 프로세스를 유지하고, 일반적으로 프로젝트 매니저를 대체한다.
- **제품 책임자**(product owner) : 비즈니스 사용자와 프로젝트의 다른 이해관계자들을 대표한다.
- **팀**(team) : 여러 가지 기능을 수행하는 7명 정도의 그룹으로 실제적인 분석, 설계, 코딩, 실행, 검사 등의 업무를 수행한다.

스크럼이 작동하는 방식은 다음과 같다. 스프린트(sprint)는 스크럼의 핵심적인 개념으로 제품 백로그(product backlog)를 완수하기 위해 주기적으로 반복되는 2~4주의 기간이다. 각각의 스프린트 동안, 팀은 핵심 단위 프로세스를 반복적으로 실행하여 제품의 완성도를 높여 간다. 각 스프린트에서 수행할 작업은 제품 백로그에서 선정되는데, 제품 백로그란 제품에 담고자 하는 기능의 우선순위를 정리한 리스트이다.

스프린트 계획 회의에서 각 스프린트에서 다루어질 백로그 아이템을 결정한다. 이 회의 동안 제품 책임자는 팀원들이 완료하기를 바라는 제품 백로그의 아이템을 알려준다. 다음 스프린트 동안 팀 멤버들은 이 프로젝트들 중 얼마나 많은 프로젝트를 수행할 수 있는지를 결정하고 이러한 정보를 스프린트 백로그에 기록한다.

스프린트가 일단 시작되면 누구도 스프린트 백로그를 수정하지 않으며, 이는 스프린트 기간 동안 요구사항이 변하지 않고 고정된다는 것을 의미한다. 각 스프린트는 마감일을 정확하게 준수해야 하며, 만약 어떤 이유에서건 요구사항이 완성되지 않으면 다시 제품 백로그로 돌아가야 한다. 각 스프린트가 완료된 이후 팀은 완성된 소프트웨어 사용 방법을 시연한다.

최종 사용자 개발

최종 사용자 개발(end-user development)은 기업의 최종 사용자가 최소한의 IT 부서의 도움을 받아 스스로 애플리케이션을 개발하는 방법이다. 표 14.2에 최종 사용자 개발 방식의 장점과 단점을 나열하였다.

시스템 개발 툴

다양한 시스템 개발 방법과 함께 다양한 시스템 개발 툴이 이용될 수 있다. 이러한 시스템 개발 툴에는 프로토타이핑, 통합 컴퓨터 지원 소프트웨어 엔지니어링(ICASE), 컴포넌트 기반 개발, 객체 지향 개발이 있다.

프로토타이핑 프로토타이핑(prototyping) 접근법은 사용자 요구사항의 최초 리스트를 정의하고, 시스템 모형을 개발하고, 사용자의 피드백을 바탕으로 여러 번의 반복 작업을 통해서 시스템을 다듬는 방식이다. 개발자들은 시스템이 처음부터 사용자가 요구하는 사양을 완벽하게 갖출 것을 기대하지 않으며, 시스템을 한 번에 개발하려고 계획하지도 않는다. 대신 개발자들은 시스템의 축소판인 **프로토타입**(prototype)을 빠르게 개발한다. 프로토타입은 두 가지 형태를 띨 수 있다. 사용자들이 새로운 시스템에서 가장 관심 있는 일부 구성요소들만을 만들 수 있고, 다른 경우에는 전체 시스템의 축소판을 만들기도 한다.

사용자들은 프로토타입의 사용 경험을 바탕으로 프로토타입을 개선할 수 있는 제안을 한다. 개발자들은 사용자들과 함께 프로토타입을 검토하고 그들의 제안을 바탕으로 시제품을 수정한다. 이러한 프로세스는 사용자들이 시스템을 승인하거나 시스템이 사용자의 요구를 충족시킬 수 없다는 것이 밝혀질 때까지 반복된다. 만약 시스템이 실행 가능하게 되면, 개발자들은 프로토타입을 이용하여 전체 시스템을 개발한다. 프로토타이핑은 사용자들이 실제 볼 수 있고 상호 작용할 수 있는 스크린 개발에서 주로 사용된다. 표 14.2는 프로토타이핑 접근법의 장점과 단점을 보여주고 있다.

프로토타이핑 접근법의 실제적인 문제는 프로토타입이 보통 실제 시스템보다 더 완벽해 보인다는 점이다. 프로토타입은 실제 데이터베이스를 사용하지 않을 수 있고, 필수적인 오류 체크를 하지 않거나, 필수적인 보안 기능이 포함되지 않을 수도 있다. 완성된 시스템과 유사한 프로토타입을 검토한 사용자들은 이러한 문제점들을 깨닫지 못할 수도 있다. 결과적으로 사용자들은 완벽해 보이는 프로토타입을 바탕으로 실제 시스템에 대해 비현실적인 높은 기대 수준을 가질 수 있다.

통합 컴퓨터 지원 소프트웨어 공정 컴퓨터 지원 소프트웨어 공정(integrated computer-assisted software engineering tool, ICASE)은 SDLC의 여러 업무를 자동화하는 툴이다. SDLC의 초기 단계(시스템 예비조사, 시스템 분석, 설계)를 자동화하는 데 이용되는 툴을 **상급 CASE 툴**(upper CASE tool)이라고 부른다. SDLC의 후기 단계(프로그래밍, 검사, 운영, 유지보수)를 자동화하는 데 이용되는 툴은 **하위 CASE 툴**(lower CASE tool)이라고 한다. 상위 CASE 툴과 하위 CASE 툴을 연결시키는 CASE 툴을 **통합 CASE 툴**(integrated CASE tool)이라고 한다. 표 14.2는 ICASE 툴의 장점과 단점을 나열하고 있다.

컴포넌트 기반 개발 컴포넌트 기반 개발(component-based development)은 애플리케이션을 만들기 위하여 이미 존재하는 표준 구성요소들을 이용한다. 구성요소들은 쇼핑 카트, 사용자 인증, 카탈로그 등과 같은 하나의 특정 기능을 수행하는 재활용 가능한 애플리케이션이다. 컴포넌트 기반 개발은 웹 서비스와 서비스 지향 아키텍처와 밀접한 관련이 있다.

많은 신생 기업들은 컴포넌트들을 결합하여 애플리케이션 개발한다. 예를 들어 닝(www.

ning.com)은 기업들이 그들만의 소셜 네트워크를 생성하고, 맞춤 서비스를 제공하고, 결과를 공유할 수 있도록 지원하고 있다.

객체 지향 개발 객체 지향 개발(object-oriented development)은 전통적인 개발 접근법들과 다르게 컴퓨터 시스템에 대한 다른 시각을 바탕으로 한다. 전통적인 접근법은 원래 목표한 과업을 수행하는 시스템을 개발하였기 때문에 본 과업 이외의 다른 과업들을 처리하기 힘들다. 이는 다른 과업들이 동일한 개체를 다루고 있을 때도 적용된다. 예를 들어 청구서 발부 시스템은 청구서 발행 업무를 처리할 수 있겠지만 마케팅 부서의 우편물 발행 업무나 판매 인력의 잠재 고객 목록 생성 업무는 처리하지 못할 것이다. 이는 청구서 발행, 우편물 발행, 고객 목록 작성 업무 모두 고객 성명, 주소, 구매 내역과 같은 유사한 데이터를 사용함에도 불구하고 처리하지 못한다. 이와 반대로, 객체 지향 시스템은 수행할 과업에 초점을 두기보다 과업을 수행하기 위해서 본떠 만들어야 하는 실제 세계의 측면들에 초점을 둔다. 따라서 회사가 고객 및 고객과의 상호작용에 대한 우수한 모델을 가지고 있다면, 이러한 모델 적용을 통해 청구서 발부, 우편물 발송, 판매 잠재고객 목록 작성을 한 시스템에서 처리할 수 있다.

객체 지향 시스템의 개발 프로세스는 타당성 조사와 기존 시스템에 대한 분석과 함께 시작된다. 시스템 개발자들은 새로운 시스템 내의 객체들(objects)을 구분해내는데, 이 객체들은 객체 지향 분석과 설계의 근본 요인들로 고려된다. 각 객체는 고객 또는 은행 계좌, 학생, 과정 등과 같은 유형(tangible)의 개체(entity)를 나타낸다. 객체들은 속성(property)과 데이터값을 갖는다. 예를 들어 각 고객은 주민등록번호, 이름, 주소, 계좌번호 등을 갖는다. 또한 객체들은 그들의 속성들에 대해서 수행될 수 있는 작업을 포함한다. 예를 들어 고객 객체에 대해서 수행될 수 있는 작업으로는 잔액확인, 계좌개설, 예금 인출 등이 있다. 작업은 행위(behavior)라고도 불린다.

이러한 접근법은 객체 지향 분석가들이 속성과 작업을 포함하여, 새로운 시스템에 필요한 관련 객체들을 정의할 수 있게 한다. 그리고 나서 분석가들은 객체들이 새로운 시스템의 목표를 달성하기 위해서 어떻게 상호작용하는지를 모형화한다. 어떤 경우에는 분석가들이 새로운 시스템에 다른 애플리케이션(또는 객체 집합)에 존재하는 객체들을 재사용할 수도 있다. 이러한 프로세스는 분석가들이 이러한 객체를 프로그래밍하는 시간을 절약할 수 있게 한다. 하지만 대부분의 경우, 객체를 재사용하더라도 그러한 객체와 새로운 시스템 간의 상호작용을 사용자에 맞도록 수정하기 위해서는 약간의 프로그래밍은 필수적이다.

지금까지 새로운 시스템을 도입하기 위해서 사용할 수 있는 다양한 방법을 배웠다. 표 14.2는 이러한 방법의 장점과 단점에 대한 개요를 보여주고 있다.

> **다음 절로 넘어가기 전에…**
>
> 1. 전통적인 SDLC의 품질을 높여주는 툴에 대해 설명하라.
> 2. SDLC 외에 시스템 개발을 위해 사용할 수 있는 대체 방법들에 대해 설명하라.

개념 적용 14.4

학습목표 14.4 시스템 개발 품질을 높일 수 있는 대체 개발 방법과 툴에 대해서 설명한다.

1단계 – 배경

시스템 개발 생애주기는 매우 철두철미한 개발 방법이다. 하지만 많은 시간과 돈이 소비된다. 이 절에서는 여러 대안 방법에 대해서 살펴보았다. 협동 애플리케이션 개발, 신속 애플리케이션 개발, 애자일 개발은 시스템 개발을 위한 툴들과 함께 사용된다.

2단계 – 활동

http://www.wiley.com/go/rainer/MIS3e/applytheconcept에 접속하여 이 절에 해당하는 링크를 클릭하라. 프로토타이핑에 관한 Vimeo 영상을 볼 수 있을 것이다.

당신이 아이폰 애플리케이션 개발자라고 생각해보라. 점심 때 어느 지인이 버튼을 누르는 것보다, '클릭'이라고 말하면 애플리케이션이 실행되어 사진이 찍히는 새로운 애플리케이션 아이디어를 제공했다고 하자.

이 애플리케이션은 어떤 디자인을 가지고 있는 것이 좋을까? 적어도 2개의 스크린 화면을 스케치해야 한다. 첫째는 카메라 스크린이고 둘째는 옵션 스크린이다. 친구들과 이 스크린에 대해 논의하고, 친구의 생각도 들어보라. 아이폰을 소유하고 있는 친구를 찾아, 당신의 시제품에 대한 친구의 아이디어를 모아보라.

3단계 – 과제

당신의 경험을 바탕으로 애플리케이션을 개발할 때 논의되었던 툴과 대체 개발 방법이 어떻게 도움을 줄 수 있는지 논의하라. 당신의 생각에 대한 보고서를 작성하여 교수에게 제출하라.

14.5 판매업체 및 소프트웨어 선정

오늘날의 복잡한 IT 또는 전자상거래 시스템을 개발하기 위해 필요한 시간, 재정적 자원, 기술적 전문성을 가진 기업들이 거의 없는 실정이며, 특히 중소 규모의 기업은 더욱 이러한 현상이 심하다. 그 결과 기업들은 소프트웨어, 하드웨어, 기술적 전문성을 제공하는 외부 판매업체들에 점점 의존하는 경향이 있다. 결과적으로, 외부 판매업체와 그들이 제공하는 소프트웨어를 관리하는 것이 IT 애플리케이션 개발의 주요한 측면이 되고 있다. 소프트웨어 판매업체와 애플리케이션 패키지를 선정하는 데 다음 6단계가 주로 사용된다.

1단계 : 잠재적인 판매업체 확인 기업은 다양한 출처를 통해서 잠재적인 소프트웨어 애플리케이션 판매업체를 확인할 수 있다.

- 소프트웨어 카탈로그
- 하드웨어 판매업체 제공 리스트
- 기술 및 무역 관련 저널
- 애플리케이션 분야 경험을 가진 컨설턴트, 분석가
- 타 회사의 동료
- 웹 검색

이러한 출처들을 통해서 너무 많은 판매업체 및 패키지 후보를 접하게 되므로 몇 가지 평가 기준을 이용하여 향후 고려할 필요가 있는 후보군만 선택해야 한다. 예를 들어 규모가 너무 작거나 미심쩍은 평판을 가진 판매업체들을 제외시킬 수 있다. 또한 기업에서 필요로 하는 기능을 제공하지 않거나 회사의 기존 하드웨어 및 소프트웨어와 호환되지 않은 패키지들을 제외시킬 수도 있다.

2단계 : 평가 기준 결정 판매업체 및 소프트웨어 패키지를 평가하는 데 있어서 가장 어려우면서도 중요한 과업은 자세한 평가 기준 세트를 고르는 것이다. 구매자가 자세한 기준을 결정해야 할 분야들은 다음과 같다.

- 판매업체의 특징
- 시스템의 기능적 요건
- 소프트웨어가 충족시켜야 할 기술적 요건
- 제출된 문서의 양과 질
- 패키지에 대한 판매업체의 지원

이러한 기준들은 **입찰 요청서**(request for proposal, RFP)에 정리되어 있어야 한다. 입찰 요청서는 잠재적인 판매업체들에게 입찰 참여 요청을 하는 문서로서, 그들의 소프트웨어 패키지에 대해 설명하고 그것들이 어떻게 회사의 니즈를 충족시킬 수 있을지 설명하는 제안서 제출을 요구한다. 입찰 요청서는 판매업체에게 시스템의 목적과 필요 요건에 대한 정보를 제공한다. 특히 시스템이 사용될 환경, 제안서를 평가하는 데 회사가 사용할 일반적인 기준, 제안서 제출의 조건 등에 대해서 설명한다. 끝으로, 회사는 판매업체가 그들의 패키지를 회사의 시설에서 특정한 입력들과 데이터 파일을 이용하여 시연하기를 요청할 수도 있다.

3단계 : 판매업체 및 패키지 평가 회사는 입찰 요청서에 대한 회신으로 평가해야 할 방대한 양의 정보를 얻게 된다. 평가 목적은 입찰 요청서에 기술된 회사 니즈와 판매업체 및 그들의 애플리케이션 패키지의 역량 차이를 결정하는 것이다. 회사는 종종 (1) 각 기준에 가중치를 부여하고, (2) 가중치가 부여된 기준(예 : 1부터 10)에 따라 판매업체의 순위를 매기고, (3) 순위와 연관된 가중치를 곱함으로써 판매업체와 패키지에 전체적인 점수를 매긴다. 그리고 나서 회사는 전반적으로 가장 높은 점수를 받은 판매업체들만 포함하여 잠재 공급업체 리스트를 줄여 나갈 수 있다. 표 14.3에서는 이 단계에서 사용되는 일반적인 패키지 선정 기준을 나열하였다.

4단계 : 판매업체 및 패키지 선정 회사가 잠재 공급업체 리스트를 줄인 뒤 회사의 IT 니즈와 판매업체 패키지 간 차이를 없애기 위한 노력을 들여야 한다. 회사는 어떻게 패키지를 수정할 것인지를 결정하기 위해서 판매업체와 협상을 시작할 수 있다. 따라서 결정에 있어 가장 중요한 요인 중 하나는 회사의 필요에 맞게 시스템을 수정하거나 회사의 컴퓨터 사용 환경에 통합시키기 위해 필요한 추가적인 개발 노력이다. 또한 회사는 사용자와 시스템을 지원해야 할 IT 인력들의 의견도 고려해야 한다.

5단계 : 계약 협상 소프트웨어 판매업체와의 계약은 매우 중요하다. 이 계약에는 소프트웨어 가격, 판매업체가 제공하기로 합의한 지원의 종류와 양이 명시된다. 시스템이나 판매업체가 예상대로 기능하지 못할 때는 이 계약이 유일한 준거가 되기 때문에, 계약서는 제안서를 직접적으로 참조할 필요가 있다. 제안서에는 판매업체가 도입 시스템에서 지원하려는 기능들이 문서화되어 있기 때문이다. 또한 만약 판매업체가 회사의 필요에 맞게 소프트웨어를 수정할 것이라면 계약은 이러한 수정에 대한 세밀한 사양(필수적으로 필요조건을 포함해야 함)을 포함해야만 한다. 끝으로, 계약은 소프트웨어 패키지가 통과해야 하는 인수 시험(acceptance test)에 대해서 자세히 기술해야 한다.

계약서는 법적인 문서이기 때문에 굉장히 어려울 수도 있다. 이러한 이유로 회사들은 숙련된 계약 협상 전문가나 변호사의 서비스를 필요로 할 수도 있다. 많은 기업들이 협상을 돕고 계약을 작성 및 승인할 소프트웨어 구매 전문가를 고용하기도 한다. 이러한 전문가들은 초기 단계부터 이러한 선정 프로세스에 참여한다.

6단계 : 서비스 수준 합의서 작성 서비스 수준 합의서(service-level agreement, SLA)는 회사와

표 14.3 소프트웨어 애플리케이션 패키지 선정 기준

기능성(이 패키지는 기업이 필요한 기능들을 제공하는가?)
비용과 재정적인 조건
업그레이드 정책 및 비용
판매업체의 평판 및 지원 가능성
판매업체의 성공 이야기(판매업체의 웹사이트 방문, 고객 접촉)
시스템 유연성
인터넷 인터페이스의 용이성
문서의 유용성과 품질
필요한 하드웨어 및 네트워킹 자원
필요한 훈련(판매업체로부터 제공되는지 확인)
보안
개발자와 사용자의 학습 속도
그래픽 프레젠테이션
데이터 처리
필요한 하드웨어

판매업체 간 업무 구분을 규정하는 공식적인 합의서이다. SLA 설명서에는 합의된 중요 단계, 품질 검사, 특정 상황 대처 방식으로 이루어진다. 논란이 발생할 경우를 대비해, SLA 설명서에는 품질 검사가 어떻게 이루어지는지, 무엇을 처리해야 하는지에 대해서도 다루어야 한다. SLA는 (1) 양 계약 당사자의 책임을 규정하고, (2) 지원 서비스를 설계하는 틀을 제공하며, (3) 회사가 그들의 시스템에 대한 가능한 한 많은 통제권을 유지하도록 함으로써 성공적으로 목표들을 달성하도록 도움을 준다. SLA는 성과, 유용성, 백업 및 복원, 업그레이드, 하드웨어와 소프트웨어 소유권 등의 문제를 포함한다. 예를 들어 SLA는 애플리케이션 서비스 제공자들이 고객들에게 99.9%의 시간 동안 시스템이 작동할 수 있도록 보장해야 함을 명기할 수도 있다.

다음 절로 넘어가기 전에…

1. 판매업체와 소프트웨어 패키지 선정의 주요 단계를 나열하라.
2. 입찰 요청서(RFP)에 대해 설명하라.
3. 서비스 수준 합의서(SLAs)가 왜 시스템 개발에서 중요한 역할을 하는지 설명하라.

개념 적용 14.5

학습목표 14.5 공급업체 및 소프트웨어 선정 프로세스를 분석한다.

1단계 – 배경

정보시스템을 획득하는 부분은 정확히 당신이 필요한 것에 의해 결정된다. 시스템을 디자인하거나 시스템을 제3의 업체에 맡기기로 결정했다면, 입찰 요청서를 포스팅할 것이다. 입찰 요청서에는 기업이 원하는 모든 사항, 시간 계획, 예산 제한 등의 내용이 기술될 것이다.

2단계 – 활동

http://www.wiley.com/go/rainer/MIS3e/applytheconcept에 접속하여 14.5절에 해당하는 링크를 클릭하라. 중소기업들의 시스템 계획, 문서화를 도와주는 데 특화된 웹사이트들을 볼 수 있을 것이다. 특히 이 페이지에서는 입찰 요청서 예제도 제공하고 있으니, 예제를 로드해 읽어

보라.

3단계 – 과제

벤더와 소프트웨어를 선택하는 2단계를 고려했을 때, 이번 입찰 요청서는 나머지 과정에 적합할지 분석하라. 기업이 이 입찰요청서에 이르기 위해 무슨 결정들을 해야 하는가? 이 입찰 요청서가 나머지 과정에서 기업을 어떻게 인도하는가? 당신의 분석 결과를 교수에게 제출하라.

나를 위한 IT는 무엇인가?

회계 전공자

ACCT
　회계 부서 직원들은 제안된 프로젝트의 손익분석 수행을 돕는다. 또한 그들은 진행 중인 프로젝트의 비용이 예산 안에서 집행되는지 모니터링한다. 회계 관련 직원들은 직장 생활을 하는 동안 여러 지점에서 시스템 개발에 관여하게 될 것이다.

재무 전공자

FIN
　재무 부서 직원들은 종종 대규모 시스템 개발 프로젝트의 예산 작성 등의 재무 이슈들에 관여하게 된다. 또한 그들은 손익 및 리스크 분석에도 참여하게 된다. 이러한 프로젝트 비용과 투자수익률을 결정하기 위해서는 최근 새로운 기술들에 대해 정통해야 한다. 끝으로, 재무 부서는 대용량의 정보를 관리해야 하기 때문에 새로운 시스템 도입의 수혜자이기도 하다.

마케팅 전공자

MKT
　대부분의 기업에서 재무 부서와 마찬가지로 마케팅 부서 역시 엄청난 양의 데이터와 정보를 다루게 된다. 따라서 재무와 마찬가지로, 마케팅 역시 CRM 등의 시스템 개발이 중요한 분야이다. 향후 마케팅 관련 직원들은 점점 더 많이 시스템 개발팀에 참여하게 될 것이다. 이러한 참여는 시스템을 개발하도록 돕는다는 것을 의미하며, 기업이 고객에게 직접적으로 영향을 미치는 웹 기반의 시스템은 특히 그

러할 것이다.

생산/운영 관리 전공자

POM
　생산/운영 관리 직원들도 일반적으로 개발팀에 참여한다. 생산 과정이 점차 자동화되고 있으며, 디자인에서 물류, 고객 지원에 이르기까지 다른 관련 시스템들과 통합되고 있는 추세이다. 생산시스템은 종종 마케팅, 재무, 인사 등과 상호작용하기도 하고, ERP와 같은 기업 전반에 걸친 시스템의 일부일 수도 있다. 또한 생산/운영 관리의 많은 최종 사용자들은 자체적인 시스템을 개발하거나 특정 애플리케이션 개발을 위해서 IT 인력들과 협업하기도 한다.

인적자원관리 전공자

HRM
　인사 부서는 시스템 도입 프로세스의 여러 측면에서 밀접하게 관여한다. 새로운 시스템 도입을 위해서 새로운 직원들을 뽑거나, 직무 기술서를 수정하고, 직원을 해고해야 할 때도 있다. 인적자원관리 부서의 직원은 이 모든 업무를 수행한다. 또한 만약 기업이 개발 프로젝트를 위해서 컨설턴트를 고용하거나 이러한 서비스를 아웃소싱할 경우, 이러한 공급업체들과의 계약을 처리하기도 한다.

경영정보시스템 전공자

MIS
　회사가 새로운 시스템을 도입하기 위해서 적용하는 접근법이 무엇인지에 상관없이, 경영정보시스템 부서

는 이러한 작업의 선봉에 선다. 만약 기업이 애플리케이션을 구매하거나 대여하기로 결정하면, 경영정보시스템 부서는 다양한 판매업체의 제안을 검토하고 그들과 협상하는 작업을 주도한다. 만약 기업이 애플리케이션을 사내에서 직접 개발하기로 한다면, 그 업무를 주로 경영정보시스템 부서에서 담당하게 된다. 경영정보시스템 분석가들은 사용자들의 정보 요구사항을 개발하기 위해서 최종 사용자들과 밀접하게 협업한다. 경영정보시스템 프로그래머들은 컴퓨터 코드를 작성하고, 그것을 검토하며, 새로운 시스템을 구축하는 업무를 담당한다.

요약

1. IT 전략 계획을 수행할 때 회사들이 고려해야 할 손익분석에 대해 논의한다.

   손익분석을 위한 네 가지 일반적인 접근법은 다음과 같다.

   > 순현재가치법(NPV)은 기업의 자금조달비용을 할인함으로써 편익의 미래 가치를 현재 가치로 환산한다. 미래 편익의 현재 가치와 편익을 얻기 위해서 필요한 비용을 비교하여, 편익이 비용보다 큰지를 살펴본다.

   > 투자수익률(ROI) 방법은 가용 자원으로 수익을 창출하는 데 있어서 매니지먼트의 효율성을 측정한다. ROI는 프로젝트에 의해서 발생하는 순이익을 프로젝트에 투자된 평균 자원으로 나누어서 측정한다. ROI는 백분율을 사용하며, 퍼센티지가 높을수록 더 수익률이 높음을 뜻한다.

   > 손익분기점 분석은 프로젝트에서 얻은 편익의 누적 달러가치가 프로젝트에 들어간 투자비용과 같아지는 지점을 결정한다.

   > 비즈니스 사례 접근법에서는 하나 이상의 특정 애플리케이션이나 프로젝트에 자금을 투자하는 것을 정당화하기 위해서 시스템 개발자가 비즈니스 사례를 작성한다.

2. 기업이 새로운 애플리케이션을 도입하고자 할 때 고려해야 할 네 가지 비즈니스 결정에 대해 논의한다.

   > 회사는 얼마나 많은 프로그램 코드를 작성하고자 하는가? 회사는 미리 완성된 애플리케이션을 선택하거나(프로그램 코드를 전혀 작성하지 않음), 미리 완성된 애플리케이션을 사용자에 맞게 일부 변경하거나(일부 프로그램 코드를 작성), 전체 애플리케이션을 주문 제작(모든 프로그램 코드를 새롭게 작성)할 수도 있다.

   > 회사는 애플리케이션 사용에 대한 비용을 어떻게 지불할 것인가? 회사가 일단 얼마나 많은 프로그램 코드를 작성할 것인지를 결정하고 나면 그에 따른 비용을 어떻게 지불할 것인지 결정해야만 한다. 미리 완성된 애플리케이션 또는 사용자에 맞게 수정된 애플리케이션의 경우, 회사는 그것들을 구매하거나 대여하게 된다. 완전히 주문 제작된 애플리케이션의 경우 회사는 내부 자금을 사용한다.

   > 애플리케이션을 어디서 가동시킬 것인가? 다음으로 이 애플리케이션을 회사의 자체 플랫폼에서 가동시킬 것인지 아니면 다른 플랫폼에서 가동시킬지를 결정해야 한다. 다시 말해 회사는 서비스로서의 소프트웨어 판매업체 또는 애플리케이션 임대 서비스 제공업체 중 하나를 선택할 수 있다.

   > 애플리케이션은 어디에서 가져올 것인가? 미리 완성된 애플리케이션은 오픈소스 소프트웨어일 수도 있고 판매업체로부터 구매할 수도 있다. 회사는 미리 완성된 오픈소스 소프트웨어 또는 판매업자가 판매하는 미리 작성된 독점 애플리케이션을 원하는 대로 수정하는 것을 선택할 수 있다. 또한 기업은 사내에서 애플리케이션을 자사에 맞게 변경할 수도 있고, 이를 아웃소싱할 수도 있다. 마지막으로 회사는 완전히 맞춤형의 애플리케이션을 새로이 작성하거나 이러한 프로세스를 아웃소싱할 수도 있다.

3. 시스템 개발 생애주기의 6단계를 확인하고, 각 단계의 필수 업무와 중요성을 설명한다.

   여섯 가지 프로세스는 다음과 같다.

   > 시스템 예비조사 : 타당성 조사라는 방법을 통해 비즈니스 문제점(또는 비즈니스 기회)을 다룬다. 시스템 예비조사 단계에서 가장 중요한 과업이 타당성 조사이다.

   > 시스템 분석 : 기업이 정보시스템으로 해결하고자 하

는 비즈니스 문제점들에 대해 검토한다. 시스템 분석 단계의 주요 목표는 개선된 시스템 또는 새로운 시스템을 위한 필요조건을 결정하기 위해서 기존 시스템에 대한 정보를 수집하는 것이다. 이 단계의 최종 산출물은 시스템 요구사항이다. 시스템 요구사항은 새로운 시스템이 만족시켜야 할 요구사항에 대한 구체적인 진술을 뜻한다.

> **시스템 설계** : 시스템이 어떻게 비즈니스 문제들을 해결하는지를 기술한다. 시스템 설계 단계의 결과물은 일련의 기술적 시스템 사양 설명서를 작성한다.

> **프로그래밍과 검사** : 프로그래밍은 시스템 설계 사양을 컴퓨터 코드로 전환하는 것을 말한다. 테스팅은 컴퓨터 코드가 기대했던 결과를 만들어내는지를 체크하는 프로세스이다. 이는 또한 컴퓨터 코드의 오류나 버그를 발견하기 위해서도 이루어진다. 결과물은 새로운 애플리케이션이다.

> **구축** : 기존 낡은 컴퓨터 시스템에서 새로운 시스템으로 전환하는 과정을 뜻한다. 직접 변환, 파일럿 변환, 단계 변환 전략이 있으며, 결과물은 제대로 작동하는 애플리케이션이다.

> **운영 및 유지보수** : 유지보수의 종류로는 디버깅, 시스템 업데이트, 새로운 기능 추가가 있다.

4. 시스템 개발 품질을 높일 수 있는 대체 개발 방법과 툴에 대해서 설명한다.

다음은 대체 방법이다.

> **합동 애플리케이션 설계**는 사용자 요구사항을 수집하고 시스템 설계를 수행하기 위한 그룹 기반의 툴이다.

> **신속 애플리케이션 개발**은 JAD, 프로토타이핑, ICASE 툴을 결합한 시스템 개발 방식으로 높은 품질의 시스템을 빠르게 개발할 수 있다.

> **애자일 개발**은 빠른 반복을 통해 각 기능들을 신속하게 개발하는 방법으로 주로 주 단위로 측정된다.

> **최종 사용자 개발**은 기업의 최종 사용자가 최소한의 IT 부서의 도움을 받아 스스로 애플리케이션을 개발하는 방법이다.

다음은 시스템 개발 툴이다.

> **프로토타이핑 접근법**은 사용자 요구사항의 최초 리스트를 정의하고, 시스템 모형을 개발하고, 사용자의 피드백을 바탕으로 여러 번의 반복작업을 통해서 시스템을 다듬는 방식이다.

> **통합 컴퓨터 지원 소프트웨어 공정(ICASE)**은 상위 CASE 툴(시스템 예비조사, 시스템 분석, 설계 자동화)과 하위 CASE 툴(프로그래밍, 검사, 운영, 유지보수)을 결합한다.

> **컴포넌트 기반 개발**은 애플리케이션을 만들기 위한 이미 존재하는 표준 구성요소들을 이용한다. 구성요소들은 쇼핑 카트, 사용자 인증, 카탈로그 등과 같은 하나의 특정 기능을 수행하는 재활용 가능한 애플리케이션이다.

> **객체 지향 개발**은 수행할 과업에 초점을 두기보다 과업을 수행하기 위하여 본떠서 만들어야 하는 실제 세계의 측면들에 초점을 둔다. 시스템 개발자들은 새로운 시스템 내의 객체들을 구분해낸다. 각 객체는 고객 또는 은행 계좌, 학생, 과정 등과 같은 유형의 개체를 나타낸다. 객체들은 속성과 데이터값을 갖는다. 객체들은 또한 그들의 속성들에 대해서 수행될 수 있는 작업을 갖는다.

표 14.2는 대체 방법과 툴의 장단점을 보여주고 있다.

5. 공급업체 및 소프트웨어 선정 프로세스를 분석한다.

판매업체와 소프트웨어 선정 프로세스는 6단계로 이루어진다.

> 잠재적인 판매업체를 확인한다.

> 평가 기준을 결정한다.

> 판매업체와 패키지를 평가한다.

> 판매업체와 패키지를 선택한다.

> 계약을 협상한다.

> 서비스 수준 합의서를 작성한다.

객체 지향 개발 과업을 수행하기 위하여 본떠서 만들어야 하는 실제 세계의 측면들에 초점을 두는 시스템 개발 방법으로, 객체를 시스템 분석 및 설계의 기본 단위로 사용하는 시스템 개발의 접근 방법

구축 기존 낡은 컴퓨터 시스템에서 새로운 시스템으로 전환하는 과정

기술 전문가 데이터베이스나 정보 통신 등과 같은 특정 종류의 기술의 전문가

단계 변환 전체 시스템이 가동할 준비가 될 때까지 새로운 시스템의 구성요소를 순차적으로 소개하는 실행 프로세스

범위 초과 프로젝트가 시작된 이후 정보시스템에 기능을 추가하는 것

상위 CASE 툴 SDLC의 초기 단계(시스템 예비조사, 시스템 분석, 설계)를 자동화하는 데 이용되는 툴

서비스 수준 합의서 회사와 판매업체 간 업무 구분을 규정하는 공식적인 합의서

서비스형 소프트웨어 판매업체가 애플리케이션을 호스팅하고 이러한 애플리케이션을 네트워크(주로 인터넷)를 통해서 고객들에게 제공하는 소프트웨어 전달 방법

시스템 개발 생애주기 기업들이 대규모 IT 프로젝트를 수행하기 위해 사용되는 시스템 개발 방법으로, 정보시스템을 개발하기 위해서 사용하는 순차적인 프로세스로 이루어짐

시스템 분석 기업이 정보시스템으로 해결하고자 하는 비즈니스 문제의 검토

시스템 분석가 정보시스템을 분석하고 설계를 전문적으로 담당하는 정보시스템 전문가

시스템 설계 새로운 시스템이 비즈니스 문제를 어떻게 해결할 것인지를 설명함

시스템 예비조사 타당성 조사 방법을 통해 비즈니스 문제점을 다루게 되는 전통적 SDLC의 초기 단계

시스템 이해관계자 정보시스템의 변화에 의해서 영향을 받는 모든 사람들

신속 애플리케이션 개발 합동 애플리케이션 설계(JAD), 프로토타이핑, ICASE 툴을 결합한 시스템 개발 방식으로 높은 품질의 시스템을 빠르게 개발할 수 있는 방식

아웃소싱 IT 서비스를 도입하기 위해서 외부 전문업체를 이용하는 방법

애자일 개발 큰 규모의 프로젝트를 짧은 기간에 완수할 수 있는 일련의 작은 하위 프로젝트들로 나누어서 반복적이고 지속적인 피드백을 이용하여 소프트웨어를 신속하게 개발하는 방법. 이 방법을 성공적으로 수행하기 위해서는 잦은 의사소통, 개발, 테스트, 인도를 필요로 함

애플리케이션 임대 서비스 제공업체 기업에서 필요로 하는 소프트웨어와 조합, 개발, 운영, 유지보수 서비스들을 패키지화하여 임대하는 중개상 또는 판매업체

애플리케이션 포트폴리오 기존에 보유하고 있거나 잠재적으로 도입할 IT 애플리케이션의 우선순위 목록을 작성하며, 이런 애플리케이션들은 새로 도입할 필요가 있거나, 있다면 수정이 필요한 애플리케이션 집합

입찰 요청서 잠재적인 판매업체들에게 입찰 참여 요청을 하는 문서로서, 그들의 소프트웨어 패키지에 대해 설명하고 그것들이 어떻게 회사의 니즈를 충족시킬 수 있을지 설명하는 제안서 제출을 요구하기 위해서 보내는 문서

직접 변환 적절한 시점에 기존 시스템을 중단하고 새로운 시스템이 가동하는 방식

최종 사용자 개발 기업의 최종 사용자가 최소한의 IT 부서의 도움을 받아 스스로 애플리케이션을 개발하는 방법

컴포넌트 기반 개발 애플리케이션을 만들기 위한 이미 존재하는 표준 구성요소들을 이용하는 소프트웨어 개발 방법

컴퓨터 지원 소프트웨어 공정(CASE) SDLC의 많은 과업들을 자동화하는 특화된 툴들을 이용하는 개발 방법. 상위 CASE 툴은 SDLC의 초기 단계를 자동화하고 하위 CASE 툴은 SDLC의 후기 단계를 자동화함

타당성 조사 제안된 프로젝트의 성공 가능성을 측정하고 프로젝트의 타당성에 대한 대략의 평가를 제공

통합 CASE 툴 상위 CASE와 하위 CASE 툴 간의 연결을 제공하는 CASE 툴

파일럿 변환 한 공장이나 하나의 기능 분야와 같은 조직의 한 부분에서 새로운 시스템을 먼저 도입하는 실행 프로세

스. 시스템이 제대로 가동되는 것이 확인되면, 시스템을 조직의 다른 부분에도 실행함

프로그래머 사용자 요구사항을 충족시키기 위해서 기존 컴퓨터 프로그램을 수정하거나 새로운 컴퓨터 프로그램을 작성하는 정보시스템 전문가

프로그래밍 시스템 설계 사양의 컴퓨터 코드로의 전환

프로토타이핑 사용자 요구사항의 최초 리스트를 정의하고, 시스템 모형을 개발하고, 사용자의 피드백을 바탕으로 여러 번의 반복작업을 통해서 시스템을 다듬는 방식

프로토타입 전체 시스템의 축소판 모형 또는 사용자들이 가장 흥미 있어 하는 새로운 시스템의 일부 구성요소들을 포함하는 모형

하위 CASE 툴 SDLC의 후기 단계(프로그래밍, 검사, 운영, 유지보수)를 자동화하는 데 이용되는 툴

합동 애플리케이션 설계(JAD) 사용자 요구사항을 수집하고 시스템 설계를 수행하기 위한 그룹 기반의 툴

IS 운영 계획 IS 부서와 각 부문 관리자들이 IT 전략 계획을 지원하기 위하여 실행해야 하는 확실한 일련의 프로젝트들로 이루어짐

IT 운영위원회 기업의 다양한 부서를 대표하는 관리자들과 직원들의 그룹으로 구성된 위원회로 IT 우선순위를 수립하고 경영정보시스템 기능이 기업의 필요를 충족시키게 하기 위해서 만들어짐

IT 전략 계획 IT 기반 기술에 대해 기술하고 기업의 목표를 달성하기 위해서 필요한 주요 IT 계획들을 밝히는 장기적인 목표를 뜻함

>>> 토론 주제

1. 구매 옵션보다 대여 옵션을 선택했을 때의 장점에 대해 논의하라.

2. 모든 비즈니스 관리자가 IT 자원 도입 관련 현안을 이해하는 것이 중요한 이유는 무엇인가?

3. 기업에 있는 모든 사람들이 시스템 개발 프로세스에 대한 기본적인 내용을 이해하는 것이 중요한 이유는 무엇인가?

4. 프로토타이핑 접근법은 모든 시스템 개발 프로젝트에서 사용되어야 하는가? 왜 그런가? 혹은 왜 그렇지 않은가?

5. 타당성 조사의 여러 가지 종류를 논의하라. 그들은 모두 왜 필요한가?

6. 무형의 이점과 제안된 해결책 평가와 관련된 현안을 논의하라.

7. 최종 사용자 개발로 만들어진 정보시스템의 질이 낮을 수도 있는 이유들을 논의하라. 이러한 상황을 개선하기 위해서 무엇을 할 수 있는가?

>>> 문제 해결 활동

1. www.ecommerce-guide.com에 접속하라. 상품 리뷰 부분을 찾아서 세 가지 소프트웨어 지불 방법에 대한 리뷰를 읽고 그것들을 가능한 구성요소로 평가하라.

2. 인터넷 검색 엔진을 이용하여 CASE와 ICASE에 대한 정보를 찾고 여러 판매업체를 선택하여 그들의 제안을 비교하라.

3. www.ning.com에 접속하여 이 사이트가 애플리케이션을 만드는 데 사용할 수 있는 구성요소를 어떻게 제공하는지 관찰하라. 이 사이트에서 작은 애플리케이션을 만들어라.

4. www-01.ibm.com/software에 접속하여 웹스피어 상품을 찾아라. 최근의 고객 성공 스토리를 읽고 그 소프트웨어가 왜 그렇게 인기가 있었는지 생각해보자.

5. 가트너(www.gartner.com), 양키그룹(www.yankee-group.com), CIO(www.cio.com)의 웹사이트를 방문하라. ASP에 대한 최근 글을 찾고 그를 통해 알게 된 사실에 대해서 보고서를 준비하라.

6. 스토어프론트(www.storefront.net)는 e-비즈니스 소프

트웨어 판매업체이다. 이 회사는 웹사이트를 통해서 구매자들을 위해 회사가 만들어줄 수 있는 인터넷 점포의 종류를 설명하는 데모 영상을 제공한다. 이 사이트는 또한 점포 개설을 위해서 이 회사의 소프트웨어가 어떻게 사용되는지에 대한 데모 영상을 제공한다.

   a. 스토어프론트에 가입한 후, 데모 영상을 실행하여 어떻게 이루어지는지 확인하라.

   b. 스토어프론트는 어떠한 기능들을 제공하는가?

   c. 스토어프론트는 소규모 또는 대규모 상점 중 어떤 상점을 지원하는가?

   d. 온라인 점포를 개설하기 위해서 스토어프론트가 제공하는 다른 제품에는 무엇이 있는가? 어떤 타입의 점포를 이러한 상품들이 지원하는가?

>>> 협력 활동

1단계 – 배경

시스템 획득과 구축은 정보시스템 생명에 중요한 역할을 한다. 무엇이 필요한지에 대해 올바른 결정이 내려져야 하지만, 시스템 구축에 실패하면 모든 노력이 헛되게 된다. 이 장에서는 정보시스템을 개발하고 구축하는 다양한 기술에 대해 다루었다.

2단계 – 활동

당신의 학교는 교수들이 학생들에게 자료, 성적, 숙제, 스케줄, 강의계획서 등을 제공하기 위해서 학습 관리시스템을 활용하고 있을 것이다. 당신의 학교에서는 아마 Blackboard, WebCT, Desire2Learn, Moodle, 그리고 기타 학습 관리시스템들을 사용할 것이다.

팀원들과 그룹을 만들고, 이 시스템이 단지 접속할 수 있는 데모만 있다고 생각해보자. 신속 애플리케이션 개발의 초기 단계에 있다고 가정하고 시스템 레이아웃, 기능, 사용자 경험에 대해 피드백을 하라.

3단계 – 과제

각 팀은 개인 의견을 공유할 수 있는 구글 문서를 만들고 공유하라. 그런 다음 1개의 파일로 취합하여 교수에게 제출하라. 수정된 레이아웃이 어떻게 기능성을 향상시킬 수 있는지 스크린샷을 활용하여 설명하라.

마무리 사례 1 〉 Healthcare.gov의 잘못된 출발

 비즈니스 문제 〉〉〉 Healthcare.gov(www.healthcare.gov)는 2010년 오바마케어로 알려진 환자보호 및 부담적정보험법(Patient Protection and Affordable Care Act)을 시행하기 위한 의료보험거래소 웹사이트이다. 이 사이트는 자체적인 보험거래소를 만들지 않는 36개 주 거주자들에게 활용되도록 기획되었다. Healthcare.gov는 미국 시민들이 개인 의료보험을 구매하고, 최저 생활비보다 4배 이상 벌지 못하는 시민들에게 보조금을 제공한다. 더욱이 메디케이드(Medicaid) 자격이 있는 저소득 시민들을 지원하고, 소규모 기업을 위한 시장도 따로 제공한다.

소비자들이 접속해서 보이는 화면에 소비자의 선택사항들과 채워야 할 필요 서류들이 제시된다. 사이트 이면에는 데이터베이스와 서비스가 존재한다. 메디케어와 메디케이드 센터는 웹사이트 디자인을 감독하는 역할을 하였다. 연방정부 발주 계약 업체인 CGI 그룹이 대부분의 사이트를 구축하였다. CGI는 2013년 사이트 구축을 위해 거의 3억 달러 규모의 계약을 체결하였다.

불행하게도, 오바마 팀은 의료보험을 개혁하는 데는 관심이 많았지만 정책을 실제로 구현하는 단계에는 관심을 갖지 않았다. 백악관에서 사이트에 포함되어야 할 기능 등을 논의하는 미팅에 아무도 참여하지 않았다. 오바마 팀은 모든 상황이 잘 진행되고 있다는 계약업체의 확신을 그냥 신뢰하였다. 오바마 팀은 사람들이 실제 거래소를 방문할지만 주로 고민하였다. 불행하게도 사용자들이 사이트에 접속했을 때 무엇을 마주하는지 고려하지 못했다. 미디어는 마케팅과 등록 장애에 대해서 집중 보도하였다. 백악관은 Healthcare.gov 출시 전 발견된 수많은 문제에도 불구하고 지속적으로 작은 부분에만 집중하였다. 2013년 6월 연방정부 감사관들은 마감 시한 미준수와 미완성된 사이트를 경고하기 시작했다.

Healthcare.gov는 계획대로 2013년 10월 1일 출시되었다. 하지만 사람들의 의료보험 가입이 안 되는 등 심각한 기술적 문제가 발생하였다. 오바마 정부 관계자가 빠르게 문제를 복구하겠다고 약속했음에도 불구하고, 문제들과 버그들이 더욱 빈번히 발생했다. 컨설팅업체인 밀워드 브라운 디지털(Millward Brown Digital)은 첫 주 가입을 시도한 370만 명 가운데 1%만 가입에 성공하였다고 밝혔다. 로그인을 한 사람조차도 사이트가 종료되기 일쑤라고 밝혔다.

2013년 10월 4일 오바마 대통령은 Healthcare.gov에 여러 사람이 한꺼번에 몰리면서 문제가 발생했다고 밝혔다. 하지만 실제 문제는 더욱 심각했다. 사이트는 잘못 설계되었을 뿐만 아니라 테스트 단계와 기능 구현들도 잘못되었다. 데이터베이스 측면에서도 데이터들이 혼동되게 설계되었고, 불필요한 데이터도 저장되고 있었다. 정부가 보험회사에 제공한 신규 가입자 보고서에서도 잘못된 구문과 중복된 데이터 등 여러 에러가 발견되었다. 보험업체들은 개인들의 여러 보험 가입과 취소 관련 문서를 받았지만, 문서에 시간이 표시되어 있지 않아 어느 문서가 최신 자료인지 알기 힘들었다. 보험회사들은 정확한 정보를 얻기 위해 고객들에게 직접 전화하는 수밖에 없었다. 해당 사이트에 적은 사람들만 가입되어 있어 가능한 방법이었다.

보안 측면의 문제는 더욱 심각했다. 웹사이트의 에러 메시지에 암호화 없이 개인 정보가 노출되었다. 또한 사용자가 이메일에 접속하지 않아도 이메일 검증 시스템에 우회하여 접근할 수 있었다.

이러한 이슈들을 해결하기 위해 정부 관계자는 새로운 거래업체와 실리콘 밸리의 전문가를 섭외하였다. 하지만 업체와 인력 보충에도 수많은 문제들을 투명하게 해결하지 못했다. 오바마 정부의 보좌관은 심각한 버그의 발생과 무엇이 잘못되고 있는지 언급하기를 꺼렸다. 그들의 주요 고민은 시민들이 보험 시장에 대해 관심을 지속적으로 갖게 하는 것이었다.

정부는 11월 13일 처참히 실패한 10월 사이트 출시를 다룬 월간 보고서를 발간하였다. 월간 보고서에는 한 달 동안 2만 7,000명 미만의 사람들만 등록했다고 밝혔다. 이 수는 정부가 예상한 가입자의 10% 정도밖에 안 되었다.

해결책 〉〉〉 Healthcare.gov 혼란이 가중되자, 오바마와 프로젝트 팀장은 사이트 재건을 위해 다양한 IT 기업에서 뛰어난 역량의 프로그래머들을 발탁하였다. 이 팀은 다양한 계

약업체들이 서로 논쟁하고, 사이트의 잘못에 대해서 아무도 책임지지 않는 상황이 더욱 상황을 악화한다고 판단했다. 또한 Healthcare.gov가 국제적 웃음거리로 전락하고, 오바마의 의료 정책을 훼손하고 있음에도 불구하고 계약업체들은 긴급하게 해결하려고 하지 않았다.

Healthcare.gov 운영 인력이 발견한 가장 충격적인 사실은 게시판조차 만들어지지 않았다는 것이다. 그 결과 프로그래머들이 웹사이트에서 어떠한 문제가 발생하였고, 몇 명이 사용하였고, 클릭을 했을 때 응답시간은 얼마가 걸렸고, 웹트래픽이 어디서 많이 발생하는지에 대해 측정하는 신뢰할 만한 방법이 없었다. 이 팀은 첫 번째로 게시판을 만드는 작업을 하였다. 게시판을 살펴보다 심각한 문제들이 빠르게 수정되어야 할 필요가 있다고 판단하였다. 이 사이트는 사용자들이 매번 접속할 때마다 데이터베이스에 요청하여 고객 정보들을 가지고 오도록 설계되었다. 하지만 구조화되고 대용량의 사이트들은 이런 문제를 피하기 위해서 빈번하게 사용되는 정보는 캐시에 저장한다. 캐시(cache)에 저장된 데이터를 요청하면 더욱 빠르게 데이터를 받을 수 있을 뿐만 아니라 전반적인 데이터베이스를 거치지 않아도 된다는 장점이 있다. 캐시를 활용하지 않을 경우에는 불필요한 병목 현상이 발생한다. 그래서 이 팀은 즉각 데이터들을 캐시에 저장하도록 수정하였고, 웹사이트 응답 시간을 8초에서 2초로 단축시켰다. 비록 2초의 응답시간도 느린 편이지만, 사이트 성능 측면에서 개선되었다고 판단할 수 있다.

이 팀이 데이터를 캐시에 성공적으로 저장한 뒤, 대부분의 사람들이 사이트를 접속하는 데 문제가 없도록 6주 뒤인 11월 말까지 모든 문제를 수정할 것이라고 발표하였다. 더욱이 이 팀은 개발자들이 Healthcare.gov 구축 시 가장 기본적인 실수를 저질렀다고 밝혔다. 전자상거래 웹사이트는 모든 사람에게 한꺼번에 오픈하는 경우가 없다. 오히려 작은 그룹의 소비자들에게만 소개하고 이를 확장하는 전략을 사용한다. 이런 전략은 서비스가 구동하는지 관찰하고, 필요 시 수정이 가능할 뿐만 아니라 이를 다른 그룹으로 확대할 수도 있다. 이 팀은 Healthcare.gov도 이런 전략을 사용해야 하지만 정부가 이 방법론 적용에 실패했다고 밝혔다.

이 팀이 수정해야 할 특히 어려운 문제에 대해서 생각해 보자. 웹사이트에서는 등록을 원하는 개인들의 식별자를 생성하는 데 너무 많은 시간이 걸렸다. ID 생성기는 시스템 과부하를 유발하여 웹사이트가 동작을 멈추게 할 수도 있다. 이런 문제를 해결하기 위해서 이 팀은 새로운 컴퓨터 코드인

패치를 작동시켰다. 이 패치는 부분적으로 성공하였지만, 며칠 뒤 생성한 ID가 보험회사가 요구하는 숫자와 다르다는 것을 발견하였다. 결과적으로 이 팀은 새로 설치한 패치를 제거하였고, 옛날 버전의 ID 생성기를 다시 사용하였다. 11월 말까지 기존 ID 생성기는 자주 웹사이트를 다운시켰다. 이 팀은 재빠르게 보험회사와 공유가 가능한 숫자를 형성할 수 있는 새로운 패치를 개발하였다. 이번에는 테스트 과정 없이 바로 사이트에 삽입하였으며, 이런 긴급한 과정에서의 응급 패치를 '핫픽스(hot fix)'라고 한다. 다행히 핫픽스는 제대로 작동하였다.

특정 전문가들은 즉각적인 문제 해결에 초점을 두었지만, 나머지 전문가들은 다른 근무지에서 11월 30일을 마감 기일로 정하고 긴 시간이 필요한 이슈들을 해결하고 있었다. 제일 중요한 일은 규모였다. Healthcare.gov가 가동될 때 발생하는 트래픽을 사이트가 잘 관리할 수 있을까?

결과 〉〉〉 12월 1일 이 팀은 Healthcare.gov가 호전되었다는 기사를 다룬 정책 보고서를 발간하였다. 순차적인 하드웨어 업그레이드를 실시하였으며, 5만 명 이상이 동시에 접속해도 사이트는 잘 작동하였다. 이 팀은 400개 이상의 버그를 수정하였고, 사이트 사용성을 11월 초 43%에서 95%로 향상시켰다. 더불어 페이지당 평균 응답시간을 수정을 통해 0.343초로 줄였다. (원래 임시 수정으로 8초에서 2초로 줄인 상태였다.)

규모 확장 준비에서 가장 중요한 것은 오류율이다. 오류율은 클릭은 했는데 사이트가 반응하지 않는 정도를 의미한다. 10월 오류율은 놀랍게도 6% 정도였지만, 수정 이후 0.5%로 낮아졌다. 2014년 1월 말에는 오류율이 이보다 더 낮아졌다.

12월 23일 웹사이트는 동시에 8만 3,000명의 사용자가 접속해도 문제가 발생하지 않았으며, 그날 하루에만 12만 9,000명이 등록할 수 있었다. 이는 10월 전체 등록한 인원의 5배를 넘는 수치이다. 크리스마스에는 다른 9만 3,000명이 등록하였다.

초기 계약업체가 3억 달러 이상 비용을 소비한 사이트는 작동이 잘 안됐지만, 새로운 팀은 1/10시간으로 사이트를 정상화시켰으며, 오바마 대통령이 건강보험을 개혁할 수 있는 발판을 마련해주었다.

정부 관계자는 2014년 3월 31일까지 오바마케어에 600만 명이 등록할 것이라고 예상하였다. 시스템 내에 등록하는 사람들이 적으면 다른 사람이 등록하는 비용이 증가할 수 있다. 2014년 5월 말 백악관은 Healthcare.gov에 800만 명이 등록했다고 밝혔다.

2014년 4월 Healthcare.gov 사이트 문제의 책임을 물어 보건복지부 장관을 시벨리우스(Kathleen Sebelius)로 교체하였다.

출처 : R. Abelson and K. Thomas, "A Final Push for Healthcare," *The New York Times*, March 25, 2014; L. Nichols, "Healthcare.gov Glitch Fixed Quickly Ahead of Open-Enrollment Deadline," *PR Week*, March 24, 2014; K. Kennedy, "4.2 Million Enrolled in Insurance Through February," *USA Today*, March 11, 2014; S. Brill, "Code Red," *Time*, March 10, 2014; A. Aigner-Treworgy and J. Acosta, "Obamacare Enrollment Hits 4 Million, Push Underway to Hit Revised Goal," *Political Ticker*, February 25, 2014; K. Diller, "How Developers Could Have Avoided HealthCare.gov Technical Problems," *SearchSoftwareQuality*, January 30, 2014; P. Wait, "Accenture Jumps into Healthcare.gov Hot Seat," *InformationWeek*, January 14, 2014; D. Talbot, "Diagnosis for Healthcare.gov: Unrealistic Technology Expectations," *MIT Technology Review*, December 2, 2013; M. Scherer, "More Than a Glitch," *Time*, November 4, 2013; E. Scannell, "The IT Fundamentals That Healthcare.gov Ignored," *TechTarget*, November 1, 2013; P. Ford, "The Obamacare Website Didn't Have to Fail: How to Do Better Next Time," *Bloomberg BusinessWeek*, October 16, 2013; www.healthcare.gov, accessed February 15, 2014.

질문

1. Healthcare.gov 사이트에서 발생한 문제는 경영적, 기술적, 아니면 두 가지 측면 모두에 기인했는가? 당신의 대답을 지지할 수 있는 예를 제시하라.

2. 거대한 정보시스템 구축 프로젝트가 성공하기 위해서 Healthcare.gov는 어떤 시사점을 제공해주는가?

마무리 사례 2 〉 미국 연방항공국의 차세대 항공 교통 시스템

문제 〉〉〉 미국 항공 교통 시스템은 중요한 안전 기록을 보관 중이다. 그럼에도 불구하고 잦은 네트워크 고장과 지연은 여러 비효율적인 결과들을 초래하여 매년 수십만 달러의 손실을 발생시킨다. 미국 연방항공국(FAA, www.faa.gov)은 미국 항공 교통 시스템의 증가하는 데이터 복잡성에 심혈을 기울이지 않으면 2022년까지 매년 경제적 활동 손실이 발생하고, 220억 달러 정도 국가적 비용이 발생할 수 있다고 예측하였다. 더욱 중요한 것은 안전 이슈가 증가하여 잠재적으로 항공기 승객을 위협할 수 있다고 밝혔다.

의도된 해결책 〉〉〉 미국 연방항공국은 산재해 있는 문제들을 해결하기 위해 차세대 항공 교통 시스템(NextGen, www.faa.gov/nextgen)을 2004년 개발하기 시작했다. NextGen의 목적은 미국 항공 통제 시스템을 지상 기반 시스템에서 위성 기반 시스템으로 변경하는 것이다. NextGen은 거리 단축, 시간 및 연료 절약, 교통 정체 감소, 항공 통제 시스템의 항공기 증가를 관리하기 위해 글로벌 위성 항법 장치를 사용하였다. 또한 통제관이 보다 더 안전하게 항공기를 모니터링하고 관리할 수 있게 하였다. 항공기들은 기존보다 더 근접하게, 더 가까운 루트로 비행할 수 있으며, 활주로가 열리기 전에 기다려야 하는 지연 상황을 피할 수 있다. NextGen 구축을 위해 FAA는 국가의 모든 항공 교통 시스템을 변경해야 했다.

FAA는 20년 기간, 40억 달러의 프로젝트를 계획했으며, 업그레이드된 시스템과 레이더, 위성 기반의 원격 감시 시스템을 구축하고자 하였다. 위성 기반의 원격 감시 시스템은 항공 교통 관제사 없이도 근처 비행기의 위치를 인식할 수 있게 도와준다. 시스템 구축 목적은 보다 정확하고 자동적으로 비행기를 관리하여 더욱 근접하고 안전하게 운항할 수 있도록 하는 것이었다. FAA는 2012~2025년 사이에 차례로 미국 전역에 걸쳐 NextGen을 적용하고자 계획하였다.

FAA는 2018년까지 NextGen이 14억 갤런의 항공 연료를 아끼고, 이산화탄소 배출을 1,400만 톤 줄이고, 수십억 달러를 아낄 수 있을 것으로 예상되었다. 1마일마다 항공사는 유류비나 인건비 등으로 각 좌석당 0.10~0.15달러의 비용이 든다.

NextGen 구축 과정에서의 문제점 〉〉〉 평탄치 않은 개발 과정, 예산 초과, 규제 기관과 항공사 간 갈등은 세상에서 가장 복잡한 항공 통제 관리 네트워크를 현대화하는 것이 얼마나 어려운 일인지 증명하였다. NextGen의 느린 개발 속도는 혹평에 휩싸였다. 2013년 4월 정부책임처(Government Accountability Office, GAO)에서 발간한 보고서에서는 프로젝트가 시작 단계지만 관료주의, 새로운 운항 과정 설계의 지연, 공항 주민과 환경론자들의 갈등 심화로 프로젝트가 지연되고 있다고 밝히고 있다. 보고서에서는 FAA가 NextGen의 현실적 목표, 예산, 기대 부응에 모두 실패하였다고, 2035년이 되어야 NextGen을 완료할 수 있으며, 예상한 비용보다 3배 이상 더 들 수 있다고 우려하였다.

FAA 책임자 웨르타(Michael Huerta)는 2008년까지 개발 업체가 구축 목표의 80%를 만족시켰다고 보고하였다. 그는 정부의 예산 삭감에도 NextGen을 지속적으로 개발할 것이라고 밝혔다.

NextGen에는 초기 문제들이 있었다. FAA는 초기 산업 투입 없이 새로운 항공 경로를 정하였다. NextGen 전체 비용의 최소 70만 달러를 책임져야 하는 항공사들은 도입 전에 벌써 보다 더 정확한 경로로 운항할 수 있도록 정교한 컴퓨터와 다른 조종 장치들을 도입하였다. 더욱이 여러 참여자들의 이견도 자주 발생하였다. 단순한 예로 항공 경로를 간단하게 재정비하는 사업도 지역의 소음 우려로 인해 환경 평가를 진행해야 했기 때문에 수년이 걸릴 수도 있다.

새로운 착륙 방법에서 특정 비행기가 잘못된 ID를 부여받으면 착륙이 불가능한 등의 NextGen 구축 과정에서 여러 가지 어려움이 발생하였다. 주요 계획들은 지연과 비용 증가의 위험성을 경험하였다. GAO에 따르면 FAA가 NextGen의 완전한 온라인 연결을 위한 실행적인 계획이 부족하였다.

항공 관료들은 비용 절감의 기대된 혜택들이 보이지 않아 만족스럽지는 않았기 때문에, 더 많은 돈이 NextGen에 투입되기 전에 더 좋은 결과를 도출해야 한다고 주장하였다. 입법자들도 불만족한 상태였다. NextGen은 모든 정부의 지지를 받았지만, 예산 삭감에 직면한 정부가 전체 운영에 필요한 자금을 지원받지 못할 수 있다는 압박감에 시달렸다. 2013년 9월 정부 산업자문위원회에서는 예산이 삭감되는 상황에서 FAA는 온라인에서 즉시 이용할 수 있도록 11개 계획에 중점을 두라고 조언하였다. 위원들은 150개의 NextGen 계획 가운데 나머지는 기다릴 수 있다고 결정하였다.

GPS 기반의 과정조차 예상치 못한 문제들로 더디게 진행되었다. 각 공항의 개발은 수년이 걸릴 것으로 예상되었다. 대규모 공항의 경우, 새로운 GPS 기반의 과정이 드물게 사용되었다. 성수기 때 관제사들은 대부분 조종사들이 사용하는 새로운 과정과 지역 및 작은 규모의 비행기가 사용하는 기존 과정을 번갈아서 사용할 시간이 부족했다. 결론적으로 모든 비행기들이 공통적으로 사용 가능한 기존 과정을 주로 사용하였다.

2014년 중순 FAA의 내부 보고서에서 NextGen 구축에 1,200억 달러가 소요될 것으로 예상했으며, 이는 초기 예상비용의 3배를 넘는 금액이었다. 그리고 2035년이 되어서야 시스템이 모든 공항에서 사용될 수 있을 것으로 기대하였다.

2014년 중순까지 결과 〉〉〉 비행기 지연을 줄일 수 있는 미국의 새로운 정보시스템은 결국 좋은 결과를 가져왔다. 다음 몇 가지 예를 살펴보자.

- FAA에 따르면, 보스턴의 공항 지상 이동 관리 시스템 구축은 항공 연료 5,000갤런 이상을 절감하고, 50톤의 이산화탄소 배출을 줄일 수 있다고 밝혔다.

- 항공기 모니터링 기술과 결합된 지상 경보 시스템을 통해 이륙 준비에서 실제 이륙까지 시간을 뉴욕 주 JFK 공항은 연간 7,000시간, 테네시 주 멤피스 공항은 5,000시간을 줄일 수 있었다.

- NextGen은 델타 항공과 페덱스(www.fedex.com)가 있는 멤피스에서 테스트되었다.

- 항공 관제사 조합은 타워 플라이트 데이터 매니저 시스템 (Tower Flight Data Manager System)이라는 새로운 원격 감시 시스템이 댈러스 포트워스 국제 공항에서 성공적으로 운영되고 있다고 밝혔다. 타워 플라이트 데이터 매니저 시스템은 원격 감시, 비행기 데이터, 공항 환경, 기타 중요한 정보들을 관제사에게 제공해준다.

- 특화된 최적화 측면 하강(Specialized Optimized Profile Descents)은 초기 맞춤 착륙으로 알려져 있으며, 샌프란시스코, 마이애미, 덴버 공항에서 운영 중에 있다.

알래스카 항공(www.alaskaair.com)의 예를 더욱 자세하게 살펴보자. 2013년 봄까지 시애틀-터코마 국제 공항을 착륙하는 조종사들은 더 이상 항공 관제사들과 교신 없이 하강할 수 있고, 자동 조정 장치로 부드럽게 날 수 있었다.

알래스카 항공 조종사는 새로운 항공 모의 비행 장치 기술을 통해 GPS 기반 보잉 737은 더욱 정교하게 경로를 인도받아 기존보다 20마일을 줄였다고 밝혔다. 더욱이 수정된 항공 경로는 기존 시스템에서 불가능했던 급선회 구간도 포함하였다. 새로운 장비는 조종사들이 편안하게 착륙하고, 영공의 좁은 지역(narrow bands)으로 비행기를 인도할 수 있다. 이런 좁은 지역 항공 방법은 항공기 소음에 시달리는 지역 주민의 수를 줄일 수 있다. 조종사들은 비행기가 궤도에 잘 머물고 있는지 비행기 컴퓨터를 모니터링만 하면 된다.

새로운 장치가 갖춰지지 않은 비행기나 2개의 현대화되지 않은 활주로는 기존 시스템을 사용하였다. 이런 상황에서 시애틀-터코마 공항 착륙 시 무선 표지를 따라야만 했다. 관제사들은 방향, 고도, 속도 변경에 대한 다양한 명령을 조종사들에게 하달하였다. 이러한 과정은 연료 소비를 증가시키며, 경로 길이도 증가시켰다.

알래스카 항공은 2009년 시애틀-터코마 공항에 FAA와는 별도로 관련 기술 적용에 착수하였다. 알래스카 항공은 기상 악화로 악명 높은 알래스카 공항 때문에 레이더 기반 방법을 사용하고 있었다. FAA는 초기에 이 계획을 허가해주었고, 1년 정도 작업이 소요되었다. 대행업체는 총 480만 달러를 들여 시애틀-터코마 공항의 4개 활주로 가운데 2개를 GPS 유도 기술로 업데이트하였다.

알래스카 항공사 조종사들의 90%는 2개의 GPS 기반 방식을 사용하고 있다. 알래스카 항공 경영진은 시애틀과 몇 개의 공항에서 위성 기반의 이착륙을 통해 1년에 1,760만 달러와 20만 갤런의 연료를 절감할 수 있다고 밝혔다.

요약하면, 2014년 중순까지 모든 프로젝트의 성공 여부는 아직 알 수 없지만, 알래스카 항공은 NextGen의 여러 요인들을 성공적으로 적용하고 있다.

출처 : C. Howard, "NextGen GA Fund Selects Banks to Help Finance General Aviation NextGen Installations, Accelerate FAA's NextGen Implementation," *Avionics Intelligence*, March 14, 2014; W. Bellamy, "NextGen Among Top US Transportation Issues for 2014," *Avionics Today*, December 17, 2013; J. Lowy, "The FAA's Next Big Issue Is Acting on Its NextGen Air Traffic Control Dreams," *Associated Press*, November 1, 2013; J. Lowy, "Air Traffic Control Modernization Hits Turbulence," *Associated Press*, October 31, 2013; S. Carey, "The FAA's $40 Billion Adventure," *The Wall Street Journal*, August 19, 2013; W. Jackson, "What's Keeping FAA's NextGen Air Traffic Control on the Runway?" *GCN.com*, July 22, 2013; S. Carey, "The FAA's $40 Billion Adventure," *The Wall Street Journal*, March 20, 2013; J. Mouawad, "Alaska Airlines, Flying Above an Industry's Troubles," *The New York Times*, March 2, 2013; J. Hoover, "Problems Plague FAA's NextGen Air Traffic Control Upgrade," *Information Week*, October 5, 2011; "Fact Sheet – Next Generation Air Transportation System," *FAA News*, May 27, 2010; www.faa.gov/nextgen, www.faa.gov, accessed January 30, 2014.

질문

1. NextGen 구축에서 발생한 여러 문제를 나열하라.

2. 무어의 법칙에 따르면 하드웨어 용량은 18개월에 2배 정도 증가한다. 하드웨어 프로세스 파워 증가와 크기 감소가 NextGen 시스템에 미치는 영향은 무엇인가?

3. 클라우드 컴퓨팅 솔루션은 미래 NextGen 시스템에 어떤 영향을 미치겠는가?

southwest wire **A PRODUCTION COMPANY**

제조업

지난 세 번의 인턴십 과제에서 사우스웨스트 와이어의 제조부문과 CIO인 할레 스미스와 함께 업무를 진행했다. 초기 ERP 구성 요인들은 대부분 구축되었고, SCM과 CRM 모듈도 통합되었다. 할레는 사우스웨스트 와이어가 더 나은 결정을 할 수 있었는지 지난 과정들을 돌이켜보기를 원한

다. 할레는 조직 협력, 사용자 필요, 조직의 현재 프로세스보다는 소프트웨어 패키지가 제공하는 기회에 초점을 맞춰 결정하였다.

이번 활동을 통해 할레는 경험을 바탕으로 향후 더 나은 구축을 하고자 한다. 아래는 할레가 보낸 이메일이다.

받는 사람 :	IT 인턴
보내는 사람 :	할레 스미스
제목 :	일반적인 시스템 구축에 관한 질문

안녕하세요!

ERP, SCM, CRM 구축 프로젝트에 참여해줘서 무척 고맙습니다. 모든 것들을 설치되었고, 잘 동작합니다. 그런데 기존 시스템이 더 나은 기능과 새로운 시스템이 지원하지 않는 기능 등으로 약간 불평이 있다고 들었습니다. 일반적으로 이런 문제들을 피해서 일할 수 있고, 시스템이 작동하고 있습니다. 하지만 향후 시스템 구축 향상을 위해 이번 경험을 통해 배울 필요가 있습니다.

나는 호주의 홀로센트릭(Holocentric)이라는 회사가 새로운 시스템 구축의 성공률이 높다고 들었습니다. 만약 전통적 구축 방법과 홀로센트릭 방법을 비교한 웹사이트를 찾을 수 있으면 한 번 보시기 바랍니다. 유튜브에서도 관련 정보를 제공하는 동영상을 찾을 수 있습니다.

마지막으로 전통적 구축 방법과 홀로센트릭 방법을 비교한 문서를 작성하여 저에게 보내주시기 바랍니다. 향후 구축 시 이 문서를 참고하고자 합니다.

이 프로젝트에 참여해주셔서 정말 고맙습니다.

할레

주 : 이 편지에 있는 모든 링크는 http://www.wiley.com/go/rainer/MIS3e/internship에서 이용 가능하다.

스프레드시트 활동 〉 VLOOKUP 함수

1단계 - 배경

테이블이나 차트에서 테이터를 조회하고 한 수치를 기준으로 또 다른 특정 수치를 찾아야 하는 일이 종종 발생한다. VLOOKUP 함수를 통해 이러한 과제를 수행할 수 있다. 실제로, 엑셀 스프레드시트는 여러 가지 'Lookup(검색)' 툴을 제공한다. 일단 하나의 lookup 툴 작동 원리를 이해하면 나머지 함수에 대해서도 이해하기가 쉽다.

검색 기능에는 네 가지 요소가 있다. 첫 번째는 검색값(lookup value)이다. 이는 찾고자 하는 값으로, 특정 셀에 들어 있다. 하지만 일반적으로 이 값을 조건으로 지정하기보

다는 값을 찾을 수 있는 셀의 위치를 지정하는데 이러한 특징은 검색할 다른 값을 고를 수 있도록 해준다. 다음 요소는 검색 범위[테이블 배열(table array)]이다. 이는 결과값을 조회할 데이터의 범위이다. 두 열로 이루어지며, 조회 열 데이터는 오름차순으로 정렬되어 있어야 한다.

세 번째 요소는 열 번호(index number)이다. 이는 검색 범위의 두 열 중 어느 열에서 데이터를 반환할지를 지정하는 것이다. 왼쪽부터 오른쪽으로 차례로 열 번호가 매겨진다. 따라서 만약 왼쪽 열에서 데이터를 반환하고자 하면 열 번호 위치에 1을 입력한다. 그리고 데이터를 오른쪽 열에서 반환

하고자 한다면 2를 입력한다. 마지막으로 검색 유형이 있는데 이는 정확히 일치하는 값만을 가져올 것인지 아니면 차상 위값을 찾아도 되는지를 알려주는 값이다. 정확히 일치하는 수치만 찾기를 원하면 1을, 아니면 2를 입력한다.

2단계 - 활동

당신이 유통 매장에서 50개의 우편번호에 제품을 선적하는 업무를 담당하고 있다고 생각해보자. 주 정책과 우편번호가 도시 내에 있는지에 따라 주마다 다른 세율을 가지고 있다. 종합 세율(combined tax rates)은 항상 다르다. 당신은 고객들이 주문을 할 때마다 테이블에서 정확한 세율을 살펴보아야 한다. 이 시스템은 이상적이지 않지만, 관리가 가능하다. 그러나 비즈니스가 확장되면 이런 접근법은 정확성과 신뢰성이 떨어진다.

스프레드시트를 활용하여 정확한 세율을 찾는 것이 더 좋은 전략이다. 특히 단계 1에서 언급한 lookup 툴은 이런 활동을 하는 데 적합하다.

3단계 - 과제

http://www.wiley.com/go/rainer/MIS3e/spreadsheet에 방문하여, 이 활동과 관련된 활동 자료를 다운로드하라. 이 활동자료에는 뉴욕 주의 2,154개의 세율 리스트가 들어 있다. 여기에는 주, 도시, 종합 세율이 표시되어 있다. 이 활동자료에는 당신이 활동을 마무리하기 위한 정확한 설명서가 제공되어 있다.

설명서를 바탕으로 스프레드시트를 완성하고 교수에게 제출하라.

WileyPLUS에 접속하면 스프레드시트에 대한 추가적 도움을 받을 수 있다. 'Microsoft Office 2013 Lab Manual Advanced Spreadsheet Module: Excel 2013'을 열어서, E104와 E105페이지의 'Lesson 1: Enhanced Decision-Making—IF and LOOKUP'을 살펴보라.

데이터베이스 활동 〉 템플릿을 통한 데이터베이스 형성

1단계 - 배경

당신은 지금까지 데이터베이스 활동을 하는 데 기존 데이터를 가지고 있는 데이터베이스를 활용하였다. 당신은 분석과 의미 있는 데이터를 만들기 위해 쿼리와 레포트를 작성하고 수정하는 방법에 대해서 배웠다.

그러나 데이터베이스가 없는 경우를 생각해보자. 당신이 어떤 것을 분석하고자 하는데 관련 데이터를 가지고 있지 않은 경우는 어떨까? 이 시나리오에서 당신은 자신의 데이터베이스를 만들 필요가 있다. 사전 준비 없이 데이터베이스를 구축하는 것은 여러 시간이 소요되는 작업이다. 그러나 템플릿을 통해 당신은 시간을 절약할 수 있다.

2단계 - 활동

당신의 가족은 작은 규모의 건축 공급사슬 회사를 운영하고 있다. 다행히도 지리적 위치 덕분에 대형 매장의 영향을 덜 받고 있다. 로우스(Lowe's)나 홈디포(Home Depot)가 들어

와서 수익을 내기 힘든 시골 지역이다. 그리고 고객들은 당신 가격에서 편리하게 쇼핑할 수 있다.

생산 관리 수업을 수강한 뒤 당신은 재고를 어떻게 관리하고 있는지 할아버지께 여쭤보았다. 할아버지의 대답은 좀 모호했다. 재고가 직원들에 의해 광범위하게 관리되는데, 물건이 다 떨어져서 재고가 부족하기 시작할 때에야 경영진에게 이를 알리도록 되어 있었다. 아무도 몇 개의 제품이 분실됐고, 사용 가능하고, 주문 중에 있는지 알지 못했.

당신은 재고 관리를 할 수 있는 더 좋은 방법이 있다고 확신했다. 매장 컴퓨터에는 마이크로소프트의 엑세스가 설치되어 있었다. 당신은 혁신적인 방법을 이용하기보다 재고 관리 템플릿을 찾기로 결정하였다.

당신의 과제는 웹사이트에서 마이크로소프트 엑세스 재고 관리 템플릿을 웹싱에서 찾고 새장히는 것이니. 그니고 서장한 파일을 열어서 테이블, 관세, 쿼리, 리포트, 탐색, 다

른 기능들을 살펴보라. 당신은 템플릿을 가족이 운영하는 매장에 얼마나 적합하게 수정할 수 있는가?

3단계 – 과제

데이터베이스 레이아웃에서 타이틀과 레벨을 수정하고, 당신에게 필요한 다른 수정 리스트를 만들라. 데이터베이스와 수정 리스트를 제출하라. 쿼리와 리포트를 통해 당신의 재고 관리 필요에 맞게 템플릿을 수정할 수 있는지 논의하라.

WileyPLUS에 접속하면 데이터베이스에 대한 추가적 도움을 받을 수 있다. 'Microsoft Office 2013 Lab Manual Database Module: Access 2013'을 열어 Lesson 2: Creating a Table Structure를 살펴보라.

찾아보기